생리심리학 제9판

Foundations of Behavioral Neuroscience

Ninth Edition

Neil R. Carlson 지음

정봉교 · 현성용 · 윤병수 옮김

박학사

Foundations of Behavioral Neuroscience, 9/e

Neil R. Carlson

Authorized translation from the English language edition, entitled FOUNDATIONS OF BEHAVIORAL NEUROSCIENCE 9th Edition, ISBN: 0205940242 by CARLSON, NEIL R., published by Pearson Education, Inc, Copyright © 2014

KOREAN language edition published by PAK HAK SA, Copyright © 2016
KOREAN translation rights arranged with PEARSON EDUCATION, INC., through AGENCY ONE, SEOUL KOREA

Printed in Korea

ISBN 978-89-98521-47-9

역자 서문

경이로운 과학적 발견과 발명이 급격하게 이루어지고 있는 현재의 세상에서 그래도 우리가 도전해야 할 최후의 그리고 아마도 가장 위대한 미개척지가 우리의 내부에 자리 잡고 있다. 뇌 연구는 전통적으로 동물을 이용하여 탐구되었고 이에 따른 상당한 지식이 축적되어 현재의 뇌에 관한 이해의 기반이 되고 있다. 그렇지만 우리가 살고 있는 현재 21세기에는 뇌를 연구하는 최신의 기법, 특히 의식이 있는 상태에서 심리적 과제를 수행하고 있는 사람의 뇌를 관찰하는 것을 가능하게 해준 기능적 영상법을 바탕으로 활동적인 뇌에 관한 지식이 하루가 다르게 진화되어 축적되고 있다. 따라서 이 분야에서 발표되는 논문의 수는 가파르게 증가하고 있으며, 인간의 정상적 및 병리적 기능에 대한 설명이 과학적 탐구 내에서 가장 훌륭한 입지를 차지하고 있다. 또한 뇌에 관한 이해는 과거에는 뇌 연구 전문가들의 관심에 주로 머물렀으나, 현재에는 개인뿐만 아니라 사회적 수준에서 인간의 장애를 해결하고 긍정적으로 성장시키는 데 결정적으로 중요하다는 점이 인정되고 있다. 따라서 심리적 및 사회적 현상과 관련된 뇌의 구조와 기능에 대한 과학적 및 실용적 관심은 뇌 연구 전문가들의 기초 연구를 자극할 뿐만 아니라 모든 학문분야의 융합적 접근의 물러일으키고 또한 일반인을 대상으로 삶의 개선을 위한 도구로 활용되는 것을 가능하게 한다.

심리학 내에서 생리심리학적 접근은 뇌의 연구에서 중요한 부분을 차지하고 있으며, 인접 심리학 분야와 협동하여 인간의 과학적 이해에서 핵심적인 역할을 수행하고 있다. 선진 각국의 대학에서는 학부과정에서 생리심리학과 관련된 과목이 다양하게 개설되어 강의되고 있으며 학과의 교수와 연구자 중 다수가 신경과학, 특히 생리심리학을 전문분야로 하고 있다. 우리나라에서도 전 학문분야에 걸쳐 뇌에 대한 관심이 상당히 대두되고 있고, 뇌 연구자들이 증가하고 있는 추세이다. 그러나 심리학 내에서 뇌에 관한 기초연구를 수행하는 학자들은 1990년대를 정점으로 답보하고 있는 실정으로, 앞으로는 생리심리학을 전문적으로 연구하거나 강의할 수 있는 인적 자원의 부족뿐만 아니라, 강의 교재의 저술 또는 번역의 부족을 우려할 수밖에 없다. 그러나 심리학 내에서 뇌과학적 지식을 바탕으로 응용적 연구에 관심을 가진 연구자와 학생들이 증가하고 있다는 점은 다행으로 생각한다. 따라서 심리학 내에서 후진들의 관심을 지속적으로 확보하고 유지하기 위해서 다양하고 흥미로운 생리심리학 교재를 확보하여 강의의 수월성을 높일 필요가 있다고 판단되어 이 책을 번역하게 되었다.

이 책의 저자인 N. R. Carlson은 University of Massachusetts, Amherst에 재직하고 있으며 『Physiology of Behavior』이라는 생리심리학 입문서의 저자로 저명하며, 대학에서 강의교재용으로 사용하기 위해 더 편리한 책에 대한 요구가 있다고 생각되어 『Foundation of Physiological Psychology』 초판을 저술하였다. 그리고 신경과학 연구의 급격한 발전에 따라 발견되는 새롭고 흥미로운 정보들은 포함하면서 계속적으로 개정판을 출간하여 7판을 출판하였다. 본 역자들은 7판을 『생리심리학』이라는 서명으로 번역, 출간하였다. 그러나 저자는 8판을 출간하면서 저서의 이름을 『Foundations of Behavioral Neuroscience』로 변경했는데, 이것은 생리심리학이 전통적으로 행동신경과학이라고 불렸고, 또한 정서신경과학, 인지신경과학 그리고 사회신경과학 등이 뇌를 연구하는 세분된 영역으로 심리학 내에 존재하므로 그런 변화가 있었을 것으로 추측된다. 본 역자들은 『Foundations of Behavioral Neuroscience』(9판)를 번역하면서 역서의 제목으로 기존의 『생리심리학』이라는 명칭을 유지하였다. 이것은 독자들에게 비교적 친숙한 명칭을 유지하기 위한 것이고, 또한 이 저서가 심리학에서 신경과학적 연구에 대한 포괄적인 입문서로서 행동신경과학이라는 명칭에 국한되는 것이 바람직하지 않다고 판단했기 때문이다.

이 책은 심리학에서 신경과학적 접근이 다루는 중요한 내용을 상세하게 수록하고 있다. 첫 번째 부분은 생리심리학의 기초지식을 담고 있는데, 이 분야의 역사, 뉴런의 구조와 기능, 신경해부학, 정신약물학, 연구법을 다룬다. 두 번째 부분은 현재까지 연구관심과 성과를 기초로 시각을 강조하지만, 감각체계를 전반적으로 다루고 있다. 세 번째 부분은 동기와 행동의 관계를 다루고 있는데 수면, 생식, 정서 및 섭식이다. 네 번째 부분은 학습과 기억 그리고 인간의 의사소통을 포함하고 있다. 마지막으로 신경학적 장애와 정신적 장애를 포함하고 있는데, 이 부분의 지식은 신경심리학과 임상심리학 같은 응용 분야에서 유용한 정보를 담고 있다고 생각된다.

우선 역자들이 이 책의 번역서를 출간한 것이 2008년이었고, 저서에 포함된 저작권의 문제 등으로 이 책의 개정판을 번역할 가능성이 불투명했는데 9판의 번역에 착수할 수 있게 되어 매우 감개무량하게 생각한다. 그러나 대개의 일이 그렇듯이 번역하는 과정에서 항상 겪게 되는 문제는 한글 학술용어 표준화의 미비와 문체의 통일성 부족이다. 이 책의 역자들은 모두 생리심리학 분야에서 오랫동안 연구했고 동일한 교재를 사용하여 강의를 수행한 경험이 있기 때문에 한글 생리심리학 학술용어의 사용에 상당히 공통점이 있을 것으로 기대했고, 특히 이전 판의 번역에서 공동작업을 했다는 경험이 이런 어려움을 쉽게 극복시켜줄 것으로 생각했다. 그러나 비록 역자들 간의 용어 일치성은 증가시킨다 해도, 전통적으로 심리학 내에서 사용하던 생리심리학 용어를 근간으로 했기 때문에 생물학, 의학 또는 대중적으로 소개되는 용어와 다소 괴리가 있음을 인정할 수밖에 없다. 문체의 통일성은 이전 판의 번역 경험과 교정과정에서 문체의 통일성을 유지하기 위한 노력에 심혈을 기울였기 때문에 점점 개선되어 가고 있다고 생각되지만 아직도 미흡하다. 독자들이 이 책을 읽는 과정에서 발견되는 오류를 지적해 주면 역자들은 흔쾌하게 수용하고 기회가 닿는 대로 고치고 개선할 것을 약속한다.

이 책을 번역하는 과정에서 전문적인 충고를 직접 얻지는 않았지만, 저술 또는 역서를 통해서 국내의 다수 심리학자들의 도움을 받았다는 점에서 감사드리고 싶다. 국내의 번역서 출간 환경이 점점 더 어려워지고 있는 실정에서 이 책의 번역을 결정해 준 박학사의 구본하 사장님 그리고 편집, 교정 및 인쇄를 총괄하여 수고해 준 김재석 님에게도 감사의 뜻을 전합니다.

2016년 1월

역자 대표

저자 서문

나는 일생 동안 기계가 작동하는 원리를 알고 싶었다. 내가 소년이었을 때, 기계 내부에 무엇이 있는가를 알기 위해서, 자명종, 라디오, 어머니의 재봉틀 그리고 다른 흥미로운 가정용 기계장치들을 분해하였다. 그 후 부모님이 안심할 수 있게 나는 그런 습관에서 벗어났지만(혹은 최소한 그것들을 재조립하는 데 진전이 있었으나), 아직도 호기심에 차 있다. 나는 대학 시절 이래 우리가 알고 있는 가장 복잡한 장치, 즉 인간 뇌의 기능에 관해 모든 것을 알아내려고 노력하였다.

오늘날 '신경과학' 연구 분야는 매우 분주하고 생산적이다. 다수의 과학자가 더 발전된 방법을 사용하여, 흥미로운 결과를 얻음으로써 행동의 생리학을 이해하려고 노력하고 있다. 그들의 발견은 나에게 더 많은 쓸 거리를 제공하므로 나는 그들의 헌신과 열성적인 연구에 경탄하고, 나에게 말할 거리를 제공하는 것에 대해 감사하고 있다. 그들의 노력이 없었다면 나는 이 책을 쓸 수가 없었을 것이다.

나는 이 과목을 강의하고 있고, 인간과 관련된 연구를 더 많이 강조하는 『행동의 생리학(Physiology of Behavior)』에 대한 더 간략한 책을 원하는 동료들의 요청에 따라 이 책의 초판을 저술하였다. 이 책의 첫 번째 부분은 기초지식에 관한 것으로 이 분야의 역사, 뉴런의 구조와 기능, 신경해부학, 정신약물학, 연구법을 다룬다. 두 번째 부분은 입력, 즉 감각체계에 관한 것이다. 세 번째 부분은 '동기화된' 행동이라고 불리는 것을 다루고 있는데, 수면, 생식, 정서 및 섭식이다. 네 번째 부분은 학습과 언어적 의사소통을 다룬다. 마지막 부분은 신경학적 장애와 정신적 장애를 다룬다.

내용 변화

이 책의 모든 장의 내용이 수정되었다. 동료들은 이 책에서 설명되는 흥미로운 연구결과들을 제공함으로써 나를 분주하게 만든다. 풀어야 할 문제는 항상 책의 길이를 지나치게 길게 하지 않고 흥미로운 신규 재료를 포함하는 것이다.

다음의 목록은 이 판에 수록된 새로운 정보들의 일부이다.

- 정상적인 뇌발달에 있어서 프라이온 단백질의 역할
- 시각장애 동물의 시력을 회복하기 위한 광유전학적 방법에 관한 연구
- 선천적 실음악증
- 시각장애인의 시각피질에 대한 청각입력의 증가
- 신생아 뇌에서 음악적 처리
- 수면통제에서 항상성, 비항상성 및 생체주기 요인의 신경적 기제
- 사춘기 시작에서 키스펩틴의 역할
- 조건정서반응의 소거에서 복내측 전전두피질의 역할
- 도덕적 판단에서 세로토닌의 역할

- 비언어적 정서 발성에 대한 비교문화적 재인
- 갈증에 관여하는 삼투압 수용기의 확인
- 체중조절에 관여하는 유전자에 관한 연구
- 장기상승과 학습에서 PKM-zeta의 역할
- 공간학습에서 장소세포, 격자세포, 머리방향세포 및 경계선세포의 역할
- 사람의 목소리 재인의 뇌기제에 관한 연구
- 필기 언어의 보편적 특징에 관한 연구
- 외상성 뇌손상에 관한 새로운 내용
- 거울뉴런과 뇌졸중 치료
- 헌팅턴병의 치료에서 소간섭 RNA의 사용에 관한 연구
- 알츠하이머병에서 잘못 접힌 $A\beta$의 프라이온 유사 전달의 역할
- 파킨슨병을 치료하기 위한 기저핵에 대한 유전자 전달 실험
- AIDS 치매증후군에서 교세포 감염의 역할
- 조현병과 우울증에 있어서 DISC1 돌연변이의 역할
- 우울증의 발병에서 출생 계절의 효과
- 자폐장애에서 사회적 상호작용에 대한 옥시토신의 효과
- PTSD에 대한 민감성에서 COMT 유전자의 역할
- TMS를 사용한 PTSD의 치료
- 니코틴의 식욕감소효과에서 MCH와 오렉신의 역할
- 니코틴중독에서 $\alpha 5$ ACh의 대립유전자의 역할
- 약물중독의 치료에서 DBS와 TMS 사용에 관한 연구

학습을 위한 전략

이 책의 전반부에 걸쳐서 다루게 되는 주제는 생리심리학의 지식을 일상생활에 적용하는 것을 돕기 위해서 이루어졌다. 예를 들면 여러분은 1장에서 '학습을 위한 전략'이라는 절을 접하게 될 것이고, 5장에서는 '연구 방법과 전략'이라는 절에서 여러분은 혼란스러울 정도로 많은 연구법의 목록은 접하지 않고, 대신에 연구 프로젝트가 진행되는 방식으로 조직된 일단의 가설적인 연구를 통해 인도될 것이다. 연구의 각 단계는 진행 중인 프로그램에 적용될 수 있는 맥락에서 특별한 절차를 예시해 준다.

각 장에서 다음의 절은 그 장에 관한 전반적 개관과 동시에 다루는 주제에 대한 편의적 개관을 제공한다.

- **학습목표.** 각 장은 학습목표의 목록으로 시작하는데, 이 책을 학습하는 데 있어서 안내 역할을 한다.
- **머리말.** 각 장은 머리말로 시작을 하는데, 이것은 신경학적 장애 또는 신경과학적 쟁점을 포함하는 일화에 대한 설명을 담고 있다.
- **맺는말.** 각 장의 끝에 있는 맺는말은 독자가 그 장에서 학습한 것을 바탕으로 논의하는 중에 머리말에서 제기된 쟁점들을 해결하거나 또는 관련된 주제를 소개한다.
- **절 요약.** 절 요약은 책의 각각의 주요한 절 다음에 있다. 그 요약은 유용한 개관을 제공할 뿐만 아니라 각 장의 내용을 적절한 단위로 분할한다.
- **생각해 봅시다.** 대부분 절 요약은 '생각해 봅시다'를 포함하고 있다. 이 물음은 학생들에게 이전 절에서 학습했던 것에 대해 생각해 볼 기회를 제공한다.
- **용어해설.** 용어해설은 책의 뒷부분에 제시된다.
- **핵심 개념.** 각 장은 그 장에서 논의된 주제에 대한 간략한 개관을 제공하는 핵심 개념 절로 끝마친다.

교육용 도안

I-Hua Graphics의 Jay Alexander가 이 책에 있는 실례들을 마련하였다. Jay와 나는 수년 동안을 내 책을 위해 공동작업을 하였다. 나는 우리의 합작 결과가 일단의 명료하고, 매력 있고 그리고 교육적으로 효과적인 실례라고 생각한다.

결론

신경과학 연구의 빠른 진보와 보조를 맞추려고 하는 것은 교수와 교재 저술가들에게 도전을 제공한다. 어떤 학생이 그 당시에 사실이라고 믿는 것을 단순히 암기한

다면, 곧 구태의연하게 되는 지식만을 갖게 된다. 이 책에서 나는 기본적인 생리적 과정에 대한 충분한 배경 재료와 지식을 제공하려고 노력함으로써, 독자는 연구로 새로운 정보가 제공될 때마다 자신이 이전에 학습했던 것을 수정할 수 있다.

나는 이 교재를 흥미롭고도 많은 정보를 제공하도록 설계하였고, 추가 연구를 위한 확고한 기초를 제공하려고 노력하였다. 이 분야 또는 관련된 분야에서 후속 과목을 수강하지 않을 학생들은 자신의 행동을 더 낫게 이해한다는 데 만족해야만 한다. 또한 그들은 인간의 지각, 기분 또는 행동에 영향을 미치는 장애와 관련된 의학적 치료에 대한 앞으로의 발전을 더 잘 이해할 것이다. 나는 이 책을 주의 깊게 읽은 사람들이 이제부터 새로운 관점에서 인간행동을 이해하기를 희망한다.

감사의 글

비록 내가 이 책의 부족한 점에 대한 비판을 수용한다고 할지라도, 나는 내가 포함해야만 하는 주제를 제안하기 위해서 자신의 연구 복사물을 보내주고, 이 책에 사용된 사진을 보내주고 그리고 이전 판의 결점을 지적해 준 동료들에게도 감사드린다. 나는 이 책을 읽고 의견을 제시해 준 다음의 검토자들에게도 감사한다.

John Agnew, University of Colorado at Boulder
Robert Berks, Granite State College
Melissa Birkett, Northern Arizona University
Ann Cohen, University of Pittsburgh
Bradley Cooke, Georgia State University
Kristen D'Anci, Salem State University
Derek Daniels, State University of New York at Buffalo
Marcia Finkelstein, University of South Florida
Philip Gasquoine, University of Texas—Pan American
James Hunsicker, Southwestern Oklahoma State University
Linda James, Georgian Court University
Stephen Kiefer, Kansas State University
Ewan McNay, State University of New York at Albany
Mindy Miserendino, Sacred Heart University
Glenn Morrow, Medaille College
Jason Parker, Old Dominion University
Beth Powell, Smith College
Maria-Teresa Romero, State University of New York at Binghamton
Teri Rust, Lewis-Clark State College
Suzanne Sollars, University of Nebraska at Omaha
Robert Tayler, Ohio University Chillicothe
Sheralee Tershner, Western New England University
Andrew Thaw, Millsaps College
Nancy Zook, State University of New York at Purchase

나는 또한 Pearson 출판사의 직원들, 즉 원고 검토 편집자인 Amber Chow, 마케팅 매니저인 Nicole Kunzmann, 편집 프로젝트 매니저인 Diane Szulecki, 출간 프로젝트 매니저인 Sherry Lewis와 Roxanne Klaas, 그리고 교열 담당자인 Chris Feldman에게도 감사를 한다. 나는 또한 내 아내 Mary의 지원에도 감사해야만 한다. 글쓰기는 하루에 수 시간을 홀로 생각에 잠겨야만 하기 때문에 외로운 일이다. 나는 내가 자신에게 너무 무관심하였다는 느낌을 갖지 않게 하고, 읽고, 반성하고 그리고 쓰는 시간을 허용해 준 그녀에게 감사한다.

독자에게

나는 여러분이 이 책을 읽으면서 뇌에 대해 학습할 뿐만 아니라 그것이 얼마나 불가사의한 기관인가를 이해하기를 희망한다. 뇌는 경이롭게 복잡하고, 아마도 우리가 뇌를 이해하기 위해서 뇌를 사용할 수 있다는 점이 가장 주목할 만한 것이다.

이 책을 저술하면서 나는 임상 및 연구 과학자들의 발견에 관한 흥미로운 이야기를 하면서 학생들과 대화하고 있는 내 자신을 상상하였다. 여러분의 존재를 상상하는 것은 글쓰기 작업을 덜 외롭게 만들었다. 나는 그 대화가 계속되기를 희망한다. 여러분이 이 책에 대해 좋아하는 것과 싫어하는 것에 대해 나에게 편지를 써서 보내 주기 바란다. 나의 이메일 주소는 nrc@psych.umass.edu이다. 여러분이 이메일을 보내면, 우리는 서로 대화를 교환할 수 있다.

차례

제 1 장 행동신경과학의 기원

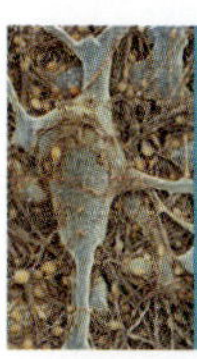

제 2 장 신경계를 구성하는 세포의 구조와 기능

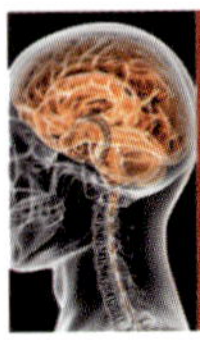

제 3 장 신경계의 구조

제 4 장 정신약물학

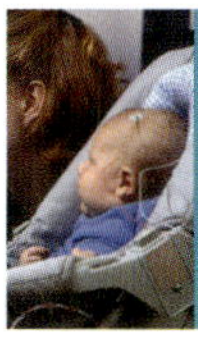

제 5 장 연구방법

제 6 장 시각

제7장 청각, 체감각, 화학적 감각

제8장 수면과 생물학적 리듬

제9장 생식행동

제10장 정서

제11장 섭식행동

제 12 장 학습과 기억

제 13 장 인간의 의사소통

제 14 장 신경학적 장애

제 15 장 조현병, 정동장애, 불안장애

제 16 장 자폐, 주의력결핍, 스트레스 및 물질남용장애

♣ 이 책의 **참고 문헌**은 박학사 웹사이트(http://www.pakhaksa.co.kr)의 자료실에서 내려받을 수 있습니다.

CHAPTER

1 행동신경과학의 기원

ORNL/Science Source/Photo Researchers, Inc.

개요

학습목표

1. 분할 뇌를 가진 사람들의 행동을 기술하고, 이런 현상의 연구가 자기이식을 이해하는 데 기여하는 바를 설명한다.
2. 과학적 연구목표를 기술한다.
3. 행동신경과학의 생물학적 근원을 기술한다.
4. 행동특질의 진화에 있어서 자연선택의 역할을 기술한다.
5. 인간 종의 진화를 기술한다.
6. 동물연구의 가치와 동물보호에 관한 윤리적 문제를 논의한다.
7. 신경과학에서 취업 전망을 기술한다.
8. 이 책으로부터 가능한 한 많은 것을 학습하는 데 도움이 되는 학습전략을 요약한다.

머리말 | 데카르트의 영감

고독하고 지성적인 18세 젊은이인 데카르트는 파리의 서쪽에 있는 생제르맹에 틀어박혀 살고 있었다. 그는 최근에 신경계의 쇠약을 겪으며 회복하기 위해서 은둔을 선택하였다. 생제르맹에 오기 전 그는 앙리 IV세와 마리 드 메디시스를 위해 건립된 멋진 궁정정원에 관한 소식을 들었고, 어느 따뜻한 날에 그곳을 찾아가기로 결심하였다. 문지기는 데카르트를 입구에서 제지하였으나 그가 라 플레슈에 있는 왕립학교 학생이라는 것을 알고는 들어가도록 허락하였다. 정원은 센 강이 내려다보이는 여섯 개의 커다란 테라스로 이루어져 있는데, 대칭적이며 질서정연한 형태로 정원수가 가꾸어져 있어서 프랑스인의 사랑을 받고 있었다. 각각의 테라스 끝 언덕배기에는 석회암을 잘라서 만든 돌집들이 있었다. 데카르트는 한 돌집 안으로 들어갔다. 그는 물이 콸콸거리는 소리와 더불어 으스스한 음악 소리를 들었으나 처음에는 어둠 속에서 아무것도 볼 수 없었다. 그는 눈이 어둠에 적응되자 흔들리는 등불에 비치는 형상을 발견하고 그 형상에 다가갔고 곧 그것이 젊은 여성의 상이라는 것을 깨달았다. 가까이 다가간 그는 그것이 작은 연못에서 목욕을 하고 있는 디아나의 동상이라는 것을 알았다. 그 그리스 여신은 갑자기 달아나서 청동으로 만들어진 장미 숲 뒤에 숨었다. 데카르트는 그녀를 쫓아갔는데, 위압적인 넵투누스의 동상이 앞에서 벌떡 일어서서 삼지창으로 길을 막았다.

데카르트는 즐거웠다. 그는 수력으로 작동하는 기관과 움직이는 동상에 관해 들었으나 그것을 실제로 접하리라고는 기대하지 않았다. 그가 돌집 입구로 되돌아 걸어 왔을 때, 그 기계를 작동시키는 밸브를 통제하는 바닥에 묻혀 있는 판들을 보았다. 그는 오후 내내 음악 소리를 들으며 동상으로 인해 즐거워하면서 돌집을 배회하였다.

데카르트는 생제르맹에 머무는 동안 궁정정원을 여러 번 찾아갔다. 그는 생물과 무생물의 운동 사이의 관계에 대해 생각했는데, 그것은 철학자들의 관심거리였다. 그는 분명히 목적을 갖고 있으나 무생물인 동상의 운동에서 심신관계에서 어떤 중요한 물음에 대한 해답을 얻었다고 생각했다. 르네 데카르트는 생제르맹을 떠난 후에도 기억 속에서 그 돌집을 다시 방문하였다. 그는 그곳의 설계자인 플로렌스의 프란시니 형제의 이름을 따서 자신의 딸의 이름을 프란시네라고 지었다.

이 세상에서 최후의—아마도 가장 위대한—미개척 영역은 우리 내부에 자리 잡고 있다. 인간의 신경계는 우리가 할 수 있는 것, 알 수 있는 것 그리고 경험할 수 있는 것을 모두 가능하게 해준다. 신경계의 복잡성은 무한하고, 이를 연구하고 이해하는 과제는 인간이 이제까지 착수해 온 모든 탐구를 왜소해 보이게 만든다.

모든 인간의 가장 보편적인 특징 중 하나는 호기심이다. 우리는 사건이 발생한 원인을 설명하기를 원한다. 고대 사람들은 자연현상이 생기를 주는 영혼(animating spirits)에 의해 초래된다고 믿었다. 모든 움직이는 대상—동물, 바람과 파도, 태양, 달 및 별—은 자신을 움직이게 하는 영혼을 갖고 있다고 가정되었다. 예를 들면, 돌을 떨어뜨리면 돌에 생기를 주는 영혼이 대지(Mother Earth)와 재결합하기를 원하기 때문에 돌이 떨어진다는 것이다. 우리의 선조는 자연에 대해 더 잘 알게 됨에 따라 움직이는 무생물에 대해 물활론(animism)이라고 부르는 접근을 포기하는 대신에 물리적 설명을 지지하였다. 그러나 그들은 인간행동을 설명하기 위해 아직도 영혼을 계속 사용하고 있다.

초기 역사 시대로부터 인간은 자신에게 생명을 불어넣은 무형적인 어떤 것—정신, 혼 또는 영—을 소유하고 있다고 믿었다. 이 믿음은 우리가 자신의 존재를 자각한다는 사실로부터 유래한다. 우리는 생각하거나 행동할 때 자신의 내부에 있는 어떤 것이 행동을 하려고 생각하거나 혹은 결정하는 것처럼 느낀다. 그러나 인간 정신의 성질은 무엇인가? 우리는 움직이는 것을 가능하

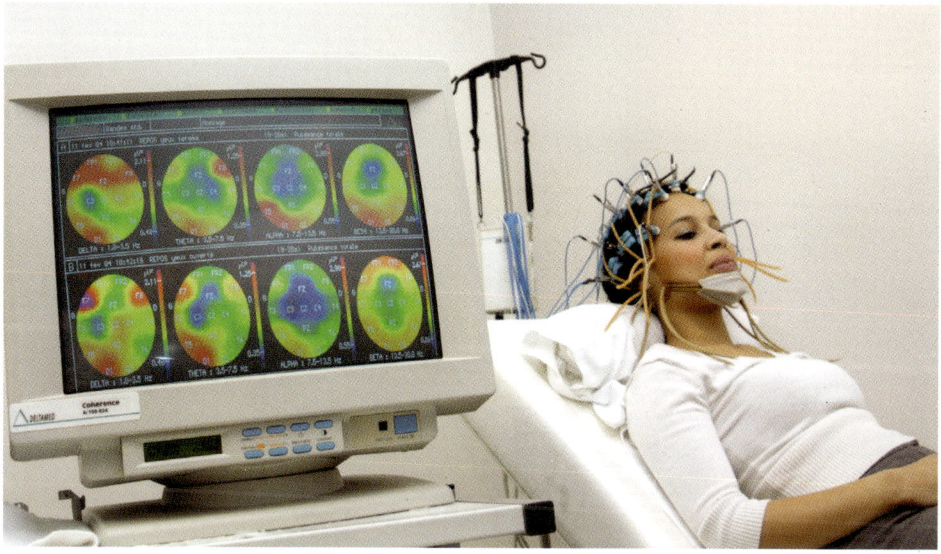

과학자와 기술자는 신경과학자들이 인간 뇌의 활동을 연구하는 것을 가능하게 해주는 연구방법을 개발하였다.

AJ Photo/Photo Researchers, Inc.

게 해주는 근육을 가진 신체와 주변 세상에 대한 정보를 지각하게 해주는 눈과 귀 같은 감각기관을 갖고 있다. 우리의 신체 내부에서 신경계는 감각기관으로부터 정보를 받아들이고 근육의 움직임을 통제하는 중심적 역할을 한다. 그러나 정신이 무엇이며 어떤 역할을 하는가? 정신이 신경계를 통제하는가? 정신이 신경계의 일부인가? 정신은 신체처럼 물리적이고 유형적인가 또는 항상 숨겨진 채로 있는 영혼인가?

행동신경과학자들은 인간성을 연구하기 위해서 경험적 및 실용적 접근을 취한다. 우리 대부분은 정신이 신경계의 활동에 의해 발생하는 현상이라고 믿는다. 우리는 인체의 작용—특히, 신경계의 작용—을 이해한다면 우리가 지각하는 방식, 사고하는 방식, 기억하는 방식 그리고 행동하는 방식을 설명할 수 있다고 믿는다. 우리는 우리 자신의 자기자각의 성질조차도 설명할 수 있을 것이다. 물론 우리는 아직 신경계의 작용을 잘 이해하고 있지 못하고 있는데, 그래서 시간만이 이런 믿음이 성당한가를 알려 줄 것이다.

인간 의식을 이해하기: 생리학적 접근

행동신경과학자는 인간 의식을 어떻게 연구하는가? 우선 용어를 정의해 보자. 의식(consciousness)이란 단어는 단순히 깨어 있음을 포함하는 다양한 개념을 의미하는 데 사용된다. 그래서 연구자들은 쥐가 깨어 있고 마취되어 있지 않다는 사실을 의미하는 '의식이 있는 쥐(conscious rats)'를 사용한 실험에 관해 논문을 쓴다. 나는 어떤 다른 것을 의미하는 것으로 의식을 사용하는데, 즉 우리가 자신의 사고, 지각, 기억 및 감정을 자각하고 있다는—그것에 관해 다른 사람에게 이야기할 수 있다는—사실이다.

우리는 뇌손상 혹은 약물이 의식에 심한 영향을 미칠 수 있다는 것은 안다. 우리는 의식이 뇌의 구조 또는 화학물질의 변화에 의해서도 변경될 수 있다는 것은 알기 때문에, 행동과 마찬가지로 의식이 생리학적 기초를 갖고 있다고 가정할 것이다. 우리는 그런 자기자각의 기원에 관해 추측할 수 있다. 의식과 의사소통 능력은 서로 관련이 있는 것처럼 보인다. 복잡한 사회구조와 엄청난 학습능력을 갖고 있는 인간은 의사소통 능력에 의해, 즉 의도를 서로 표현하거나 요청함으로써 잘 지원받는다. 언어적 의사소통은 우리에게 협동을 가능하게 하고 행동의 관습과 법칙을 형성하도록 해주는데, 아마도 이런 능력의 진화가 의식이라는 현상을 발생시켰을 것이다. 즉, 다른 사람들과 정보를 주고받는 능력은 우리로 하여금 자신의 머릿속에서 스스로 정보를 주고받는 것을 가능하게 하는데, 달리 말하면 우리 자신의 존재에 관해 생각하고 자각할 수 있게 해준다(그림 1.1 참조).

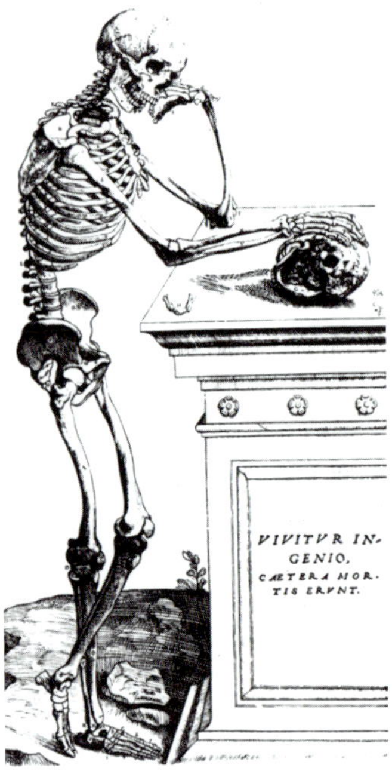

그림 1.1 뇌를 연구하기. 인간 뇌는 자신의 가능을 언제 완전히 이해할 것인가? Andreas Vesalius의 『인간신체의 작용에 관하여[De Humani corporis fabrica(On the Workings of the Human Body)]』 제1판에 있는 목판화

National Library of Medicine.

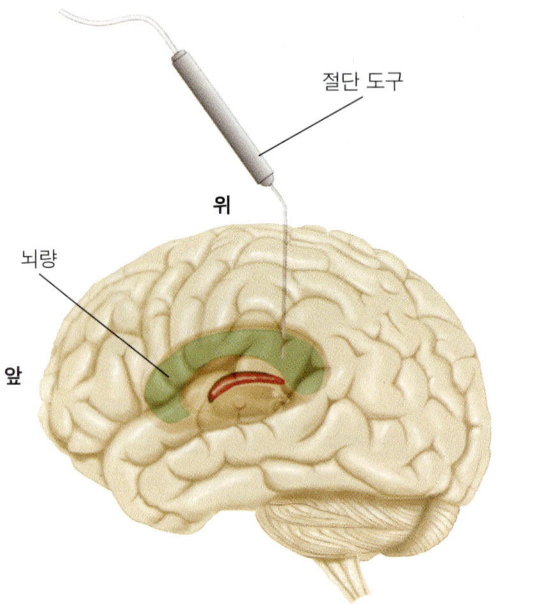

그림 1.2 분할 뇌수술. 뇌의 측면에 창이 열려 있어서 우리는 뇌의 중심부에 절단된 뇌량을 볼 수 있다.

분할 뇌

특별한 외과수술을 받은 사람에 대한 연구가 지각을 담당하고 있는 뇌의 부분을 언어행동을 담당하고 있는 뇌의 부분으로부터 절단하는 것이 어떻게 그것을 의식으로부터 단절시켜 주는가를 극적으로 증명해 주었다. 이 결과는 언어행동에 관여하는 뇌의 영역이 의식을 담당하고 있는 영역이라는 것을 시사해 준다.

외과수술은 약물로 통제할 수 없는 심한 간질증상을 가진 사람을 위해서 시술되었다. 이 사람들에서는 뇌의 한쪽 반구에 있는 신경세포가 지나치게 활동하는데, 이런 과잉활동은 뇌량이라 불리는 구조에 의해 다른 쪽 반구로 전파된다. **뇌량**corpus callosum은 뇌의 한쪽 반구와 대응하는 다른 쪽 반구를 연결하는 커다란 신경섬유다발이다. 뇌의 양측 반구가 격렬한 활동을 하고 서로를 자극하여 전신성 간질발작을 일으키는데, 이 발작은 하루에 몇 번이나 일어나기 때문에 그 사람은 정상적인 생활을 할 수 없게 된다. 신경외과의사는 뇌량을 절단하는 것(**분할 뇌수술**split-brain operation)이 간질발작의 발생 빈도를 현저하게 감소시킨다는 것을 발견하였다.

그림 1.2는 분할 뇌수술을 묘사하고 있다. 우리는 뇌가 전방부터 후방까지 중앙 아래쪽으로 절단된 뇌를 볼 수 있다. '창'은 뇌의 좌측에서 개방되었고, 그래서 우리는 신경외과의의 전문적인 집도에 의해서 잘려진 뇌량을 볼 수 있다(그림 1.2 참조).

Sperry(1966) 및 Gazzaniga와 동료들(Gazzaniga & LeDoux, 1978; Gazzaniga, 2005)은 분할 뇌 환자를 광범위하게 연구하였다. 뇌의 가장 큰 부분은 **대뇌반구**cerebral hemispheres로 불리는 두 개의 대칭적인 부분으로 이루어지는데, 그것들은 각각 신체의 반대쪽으로부터 감각정보를 받으며 또한 반대쪽 신체의 운동도 통제한다. 뇌량은 두 반구들이 정보를 공유하는 것을 가능하게 함으로써 각 반구는 상대 쪽이 지각하고 행동하는 것을 알 수 있다. 그러나 분할 뇌수술이 시술된 후 두 반구는 연결이 단절되고 독립적으로 작용한다. 다시 말해 감각기제, 기억 및 운동체계는 더 이상 정보를 교환하지 않는다. 이런 절단의 효과는 우연적인 관찰자에게는 분명하게 보이지 않는데, 단지 하나의 반구가—대부분의 사람에게서 좌반구가—언어를 통제한다는 단순한 이유 때문이다. 분할 뇌를 가진 간질환자의 우반구는 언어적 지시를 잘 이해할 수 있는 것처럼 보이지만, 우반구는 언어를 산출할 수는 없다.

단지 뇌의 한 반구가 경험하는 것만 말로 표현할 수 있기 때문에, 분할 뇌를 가진 어떤 사람과 이야기를 하는 사람은 하나의 반구, 즉 좌반구와 대화를 하고 있는 것이다. 우반구의 작용은 탐지되기가 더 어렵다. 그 환자의 좌반구조차도 우반구의 독립적 존재를 학습해야만 한다. 환자가 수술을 받은 후 처음에 알아챈다고 말하는 것 중 하나는 자신의 왼손이 '독자적 정신'을 갖고 있는 것처럼 보인다는 것이다. 예를 들면, 환자는 어떤 책을 매우 흥미 있게 읽고 있음에도 왼손에 들고 있는 그 책을 내려놓고 있는 자신을 보게 된다. 이런 갈등은 왼손을 통제하고 있는 우반구가 독서를 할 수 없어서 그 책을 지루하게 여기기 때문에 발생한다. 환자들은 때때로 왼손으로 의도하지도 않은 외설스런 몸짓을 하고 있는 자신을 보고 놀란다. 어떤 심리학자는 분할 뇌를 가진 한 남자가 한 손으로는 아내를 때리려고 하고 다른 손으로는 보호하려고 애를 썼다는 사실을 보고하였다. 그가 실제로 아내에게 고통을 주려고 하였는가? 추측컨대 그렇다고 할 수도 있고, 그렇지 않다고 할 수 있다.

감각정보의 교차표상에 대한 하나의 예외는 후각체계이다. 즉, 어떤 사람이 좌측 콧구멍으로 꽃냄새를 맡으면, 좌반구만이 그 냄새 감각을 받아들인다. 그래서 분할 뇌 환자의 우측 콧구멍이 닫혀 있고 좌측 콧구멍만 열려 있다면, 환자는 그 냄새가 무엇인가를 우리에게 말해 줄 수가 있다(Gordon & Sperry, 1969). 그러나 냄새가 우측 콧구멍으로만 들어가면 환자는 아무 냄새도 맡지 못했다고 말할 것이다. 그렇지만 실제로 우측 뇌는 그 냄새를 지각하고 확인할 수가 있다. 그렇다는 것을 보여 주기 위해서 우리는 환자에게 우측 콧구멍으로 냄새를 맡으면서 시야로부터 숨겨져 있는 어떤 대상을 손으로 잡도록 요청한다. 냄새를 탐지하는 반구에 의해 통제되는 왼손을 사용하도록 요청을 받으면 환자는 냄새에 대응하는 대상—꽃향기에 대해서는 플라스틱 꽃, 생선 냄새에 대해서는 장난감 고기, 솔향기에 대해서는 모형 나무 등—을 선택할 것이다. 그러나 오른손을 사용하도록 요청받으면 환자는 검사에 실패하는데 왜냐하면 오른손은 냄새를 맡지 못한 좌반구와 연결되어 있기 때문이다(그림 1.3 참조).

뇌량의 절단효과는 어떤 대상에 대한 정보가 언어적 의사소통을 담당하는 좌반구에 위치한 뇌 부위에 도달하는 경우에만 우리가 그것을 의식하게 된다는 결론을 강화시킨다. 정보가 좌반구의 구조에 도달하지 않으면, 그 정보는 이런 기제와 연관된 의식을 하지 못한다. 우리는 아직도 의식의 생리학에 대해서 거의 아는 것이 없으나 뇌손상을 가진 사람들에 대한 연구는 어떤 유용한 통찰을 제공하기 시작하고 있다. 이 주제는 나머지 장들에서 논의될 것이다.

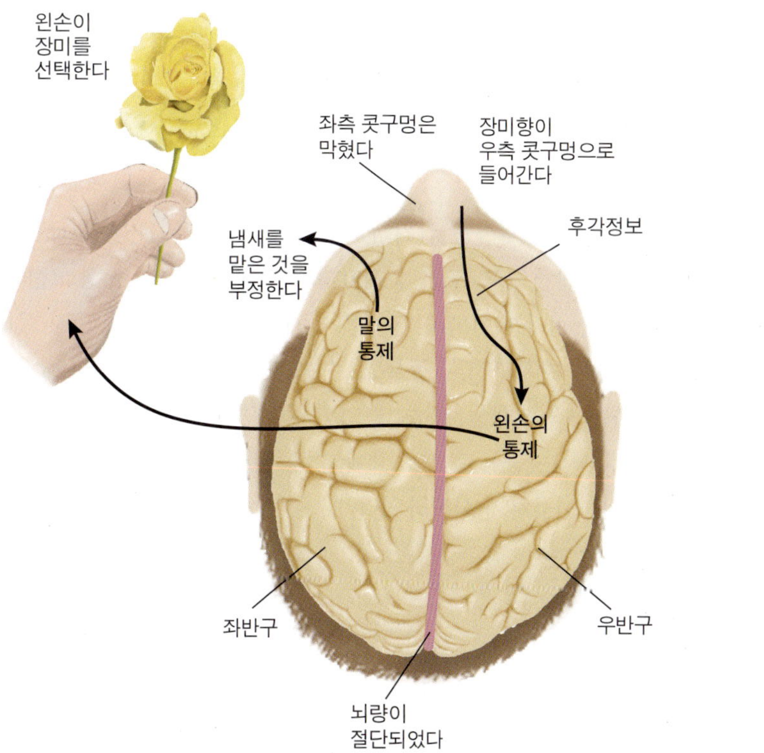

그림 1.3 분할 뇌의 냄새 맡기. 어떤 대상의 확인은 분할 뇌를 가진 사람에 의한 후각자극에 대한 반응으로 발생한다.

절 요약

인간 의식을 이해하기: 생리학적 접근

정신의 개념은 오랫동안 아마도 인류의 역사 초기부터 우리와 함께 하였다. 현대과학은 세상이 물질과 에너지로 구성되었고, 우리가 정신이라고 부르는 것은 모든 다른 자연현상을 지배하는 동일한 법칙에 의해 설명된다고 결론지었다. 인간 신경계 기능에 관한 연구는 분할 뇌의 구체적인 예가 보여 주듯이 이 입장을 지지하는 경향이 있다. 좌반구에 있는 언어기제로부터 뇌 기능을 단절시키는 뇌손상은 정신이 모든 뇌 기능에 직접 접근할 수는 없다는 것을 밝혀준다.

어떤 대상에 대한 감각정보가 분할 뇌수술을 받은 사람의 우반구에만 제시될 때, 그 사람은 대상을 의식하지 못함에도 불구하고 왼손의 동작에 의해서 그 대상이 지각되었음을 보여 준다. 이 현상은 의식이 좌반구 언어기제의 작용을 포함한다는 것을 시사한다. 실제로 의식은 대부분 우리의 '스스로에게 이야기하기'의 문제일 수가 있다. 그래서 우리는 뇌의 언어 기능을 이해하면, 뇌가 자신의 존재에 대해 의식할 수 있는 방법을 이해하는 데 있어서 상당한 진척을 보일 것이다.

생각해 봅시다

1. 충분히 대용량이고 복잡한 컴퓨터가 자신을 인식하도록 프로그램되었을 수가 있겠는가? 어떤 누군가가 언젠가는 그것이 될 것이라고 주장했다고 가정하자. 여러분은 이 주장을 증명하거나 또는 반증하기 위해 어떤 증거를 필요로 하는가?
2. 의식이 인간 이외의 동물에서도 발견되는가? 어떤 동물의 서로 간 그리고 인간과 의사소통하는 능력은 최소한 어떤 형태의 자기 및 다른 대상을 자각하는 증거인가?
3. 분할 뇌를 지닌 사람의 좌반구가 수신되는 정보와 자신의 사고를 의식한다는 점은 분명하다. 우반구의 심적 과정은 의식되지 않는다. 그러나 우반구도 의식하는 것이 가능하지만 단지 우리에게 이야기해 줄 수 없는 것인가? 어떻게 우리가 사실이 그런지를 알아낼 것인가? 여러분은 이 문제와 첫 번째 물음에서 제기된 문제 사이에서 어떤 유사성을 찾았는가?

행동신경과학의 성질

현대 행동신경과학의 역사는 심리학의 실험법과 생리학의 실험법을 결합하였고, 모든 심리학자가 관심을 갖는 주제에 그것을 응용했던 심리학자에 의해 기록되었다. 그래서 우리는 지각과정, 운동통제, 수면과 각성, 생식행동, 소화행동, 정서행동, 학습 및 언어 등을 연구하였다. 최근에 우리는 중독과 정신장애 같은 병리학적 조건의 생리학을 연구하기 시작하였다.

연구목표

모든 과학자의 목표는 자신이 연구하는 현상을 설명하는 것이다. 그렇다면 **설명**(explain)은 무엇을 의미하는가? 과학적 설명은 두 가지 형태를 취하는데, 그것은 일반화와 환원이다. 대부분의 심리학자는 **일반화**generalization를 다룬다. 그들은 특정 행동의 예를 자신의 실험으로부터 연역 추리된 일반법칙의 예로 설명한다. 예를 들면, 대부분의 심리학자는 개에 대한 병적으로 심한 공포를 **고전적 조건형성**(classical conditioning)이라 불리는 특정 형태의 학습의 예로 설명할 것이다. 아마도 그 사람은 어린 시절에 개에 의해 크게 놀란 적이 있었을 것이다. 불쾌한 자극이 개의 모습과 짝지어졌고(아마도 그 사람은 활발한 개에 의해 넘어졌거나 또는 난폭한 개에 의해 공격받았을 것이다), 나중에 개의 모습은 어린 시절의 반응, 즉 공포를 유발한다.

대부분의 생리학자는 **환원**reduction을 다룬다. 그들은 복잡한 현상을 더 단순한 현상에 의해 설명한다. 예를 들면, 그들은 근육의 운동을 근육세포의 막에서 발생하는 변화, 즉 특정 화학물질의 유입과 세포 내에 있는 단백질 분자 사이의 상호작용에 의해서 설명한다. 대조적으로 분자생물학자는 이런 사건을 다양한 분자를 서로 결합하고 분자의 다양한 부분을 서로 이끌리게 하는 힘에 의해서 설명한다. 다음으로 원자물리학자의 임무는 물질과 에너지 자체를 기술하고, 자연에서 발견되는 다양한 힘을 설명하는 것이다. 각 분야의 과학자는 자신이 연구하고 있는 현상을 설명하기 위해서 더 원소적인 일반화의 집합을 요구하는 환원을 사용한다.

행동신경과학자의 과제는 행동을 생리학적 용어로 설명하는 것이다. 그러나 행동신경과학자는 단순한 환원주의자일 수만은 없다. 행동을 관찰하고 그것을 동시적으로 발생하는 생리적 사건과 관련짓는 것만으로는 충분하지 않다. 동일한 행동이 상이한 이유로 인해 발생할 수 있고, 상이한 생리적 기제에 의해 시작될 수 있다. 그러므로 우리는 어떤 생리적 사건이 어떤 행동을 발생시켰는가를 이해하기 전에 그 행동이 발생하는 이유를 '심리학적으로' 이해해야만 한다.

어떤 구체적인 예를 들어 보자. 다른 포유류와 같이 생쥐는 종종 둥지를 짓는다. 행동관찰에 따르면 생쥐가 두 가지 조건에서 둥지를 짓는다는 것은 보여 주는데, 기온이 낮을 때와 임신을 했을 때이다. 임신을 하지 않은 생쥐는 기온이 낮을 때만 둥지를 짓지만, 임신한 생쥐는 기온과 관계가 없이 둥지를 지을 것이다. 동일한 행동이 다른 이유로 해서 발생한다. 사실상 둥지 치기 행동은 두 가지 상이한 생리적 기제에 의해서 통제된다. 둥지 치기는 체온조절 과정과 관련된 행동 또는 모성행동의 맥락에서 연구될 수 있다.

뇌손상을 가진 사람은 우리에게 언어, 지각, 기억 및 정서에 관여하는 뇌기제에 관한 통찰을 제공해 준다.

Neil Carlson.

실제로 행동신경과학자의 연구 노력은 두 가지 형태의 설명을 포함하는데 그것은 일반화와 환원이다. 실험을 위한 아이디어는 행동에 대한 심리학적 일반화와 생리적 지식 양자에 대한 연구자의 지식에 의해 자극된다. 그러므로 훌륭한 행동신경과학자는 훌륭한 심리학자인 동시에 생리학자여야 한다.

행동신경과학의 생물학적 근원

행동의 생리학에 관한 연구는 고대에 뿌리를 두고 있다. 심장의 활동은 생명에 필요하고 또한 정서가 심장을 더 격렬하게 뛰도록 만들기 때문에 이집트, 인도 및 중국을 포함하는 많은 고대 문화는 심장을 사고와 정서의 소재지로 생각하였다. 고대 그리스인도 그렇게 생각했지만 Hippocrates(460~370 B.C.)는 그 역할이 뇌에 있다고 결론지었다.

모든 고대 그리스 학자가 히포크라테스의 견해에 동의하지 않았다. 아리스토텔레스도 동의하지 않았는데, 그는 뇌가 심장의 정열을 식히는 기능을 한다고 생각하였다. 그러나 아리스토텔레스에 대해 최대의 존경을 표했던 Galen(A. D. 130~200)은 아리스토텔레스가 뇌에 대해 주장한 역할이 '전적으로 불합리한데, 그 경우에 자연은 뇌를 심장으로부터 그렇게 떨어져서 배치하지 않았을 것이고, …… 그리고 모든 감각원[감각신경]을 뇌에 부착하지도 않았을 것이다'라고 결론지었다(Galen, 1968년 번역본, p. 387). Galen은 뇌를 충분히 이해하기 위해서 소, 양, 돼지, 고양이, 개, 족제비 및 원숭이의 뇌를 해부하고 연구하였다(Finger, 1994).

17세기 프랑스 철학자이며 수학자인 르네 데카르트(René Descartes)는 현대 철학의 아버지라고 불렸다. 비록 그는 생물학자는 아니었지만 행동을 통제하는 데 있어서 마음과 뇌의 역할에 대한 그의 생각은 행동신경과학의 역사에서 훌륭한 출발점을 제공한다. 데카르트는 세상이 순수하게 기계적 실체이므로 일단 신에 의해서 동작이 시작되면 신성의 개입 없이도 제 과정으로 진행된다고 가정했다. 그래서 세상을 이해하기 위해서 우리는 세상이 구성된 방식을 이해하기만 하면 된다. 데카르트에게는 동물이 기계적 장치이고, 그들의 행동은 환경자극에 의해 통제된다. 그의 인간 신체에 대한 견해는 이와 동일한데, 신체는 기계라는 것이다. 데카르트가 관찰했듯이 인간 신체의 어떤 운동들은 자동적이고 불수의적이다. 예를 들면, 어떤 사람의 손가락이 뜨거운 물체에 닿으면 팔은 즉시 자극원으로부터 후퇴한다. 이런 반응은 마음의 참여를 요구하지 않고 자동적으로 발생한다. 데카르트는 이런 작용을 **반사**reflex라고 불렀다. 외부로부터 들어오는 에너지가 신경계를 통해서 근육까지 갔다가 되돌아오는데, 그것이 근육을 수축시킨다는 것이다. 이 용어는 오늘날까지 사용되고 있으나 우리는 반사의 작동을 다르게 설명한다.

데카르트는 대부분의 동시대 철학자들처럼 이원론자이다. 그는 사람이 우주의 법칙에 종속되지 않는 독특한 인간의 속성인 마음을 소유하고 있다고 믿었다. 그러나 그의 생각은 한 가지 중요한 점에서 선행 철학자들과 달랐는데, 그는 인간의 마음과 마음의 신체적인 소재지인 뇌 사이의 연결을 최초로 제안했다. 그는 신체의 감각기관이 환경에서 발생하고 있는 정보를 마음에게 제공하고, 마음은 이 정보를 사용하여 신체의 운동을 통제한다고 믿었다. 특히 그는 이런 상호작용이 대뇌반구의 아래에 파묻혀 있으면서 뇌간의 위에 위치하고 있는 작은 기관인 송과선에서 발생한다고 가정했다. 그는 뇌가 액체로 채워진 속이 빈 방인 **뇌실**(ventricles)을 포함하고 있다는 것을 주목했고, 이 액체가 압축되었다고 가정했다. 그의 이론에서 마음이 어떤 행위를 수행하기를 결심할 때 작은 조이스틱처럼 송과선을 특정 방향으로 기울어지게 하고, 이에 따라서 압축된 액체를 뇌로부터 적절한 신경으로 흘러들어 가게 한다는 것이다. 이런 액체의 흐름이 동일한 근육을 팽창시키고 움직이게 한다(그림 1.4 참조).

앞서 머리말에서 보았듯이 젊은 시절의 데카르트는 궁정의 정원에 있는 움직이는 동상에 의해 깊은 인상을 받았다(Jaynes, 1970). 이 장치는 신체가 작동하는 방식에 대한 이론을 구성하는 데카르트에게 있어서 모형 역할을 하였다. 움직이는 동상의 압축된 물은 뇌실에 있는 압축된 액체로 대체되었고, 파이프는 신경으로, 원통은 근육으로, 숨겨진 밸브는 송과선으로 대체되었다. 이 이야기는 기계 장치가 신경계의 작용방식을 설명하기 위한 모형으로 사용되었던 초기의 한 예이다. 과학에서 **모형**model은 알려진 원칙에 따라 작용하고, 최소한

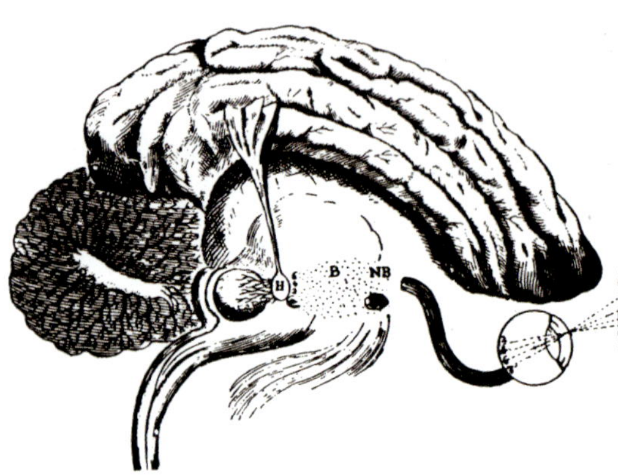

그림 1.4 데카르트의 이론. 이 목판화는 1662년에 출간된 르네 데카르트의 저서 『인간에 관한(De homine)』에서 나타난다. 데카르트는 '영혼'(오늘날 우리가 마음이라고 부르는 것)이 송과선에 영향을 미침으로써 근육의 운동을 통제한다고 믿었다. 그의 이론에 의하면 눈은 뇌에 시각정보를 보내고, 그곳에서 영혼에 의해 검사가 될 수 있다. 영혼이 행위를 하려고 결정할 때 송과선을 기울이고, 송과선은 신경을 통해서 적절한 근육으로 압축된 액체의 방향을 바꾼다. 그의 설명은 파리 근교에 있는 궁정정원에 있는 동상을 움직이는 기제를 따른 것이다.

좀 더 복잡한 체계가 할 수 있는 어떤 것을 할 수 있는 비교적 단순한 체계이다. 예를 들면, 과학자가 신경계의 요소가 전기충동에 의해 의사소통하는 것을 발견했을 때, 연구자는 전화교환기 그리고 최근에는 컴퓨터에 기초를 둔 뇌의 모형을 개발하였다. 완전히 수학적 속성을 가진 추상적 모형도 개발되었다.

데카르트의 모형은 순수한 철학적 고찰과는 달리 실험적으로 검증될 수 있기 때문에 유용하였다. 실제로 생물학자들이 데카르트가 틀렸다는 것을 곧 증명하였다. 예를 들면, 17세기 이탈리아 생리학자인 루이지 갈바니(Luigi Galvani)는 개구리의 신경에 대한 전기적 자극은 이 신경에 연결된 근육을 수축시킨다는 것을 발견했다. 신경과 근육이 신체로부터 분리되었을 때에도 수축이 발생하였으므로, 갈바니는 근육이 수축하는 능력과 신경이 근육에 정보를 보내는 능력은 그 조직 자체의 특징이라고 결론지었다. 그래서 뇌는 신경을 통해서 압축된 액체를 전달함으로써 근육을 팽창시키지 않았다. 갈바니의 실험은 다른 연구자로 하여금 신경에 의해 전달되는 정보의 성질과 근육이 수축하는 수단을 연구하

그림 1.5 Johannes Müller(1801~1858).

National Library of Medicine.

도록 자극하였다. 이런 노력의 결과는 행동의 생리학에 관한 지식의 축적을 가져왔다.

실험생리학의 발달에 있어서 가장 중요한 인물 중 하나는 19세기 독일 생리학자인 요하네스 뮐러(Johannes Müller)였다(그림 1.5 참조). 뮐러는 생리학에 실험 기법을 적용하는 것을 강력히 옹호한 학자였다. 이전에 대부분의 자연과학자의 활동은 관찰과 분류에 국한되었다. 비록 이런 활동이 필수적이지만, 뮐러는 신체의 작용에 대한 우리의 이해에 있어서 주요 진보는 실험적으로 동물의 기관을 제거하기 또는 떼어 내기, 다양한 화학적 자극에 대한 그것들의 반응을 검사하기, 다른 경우에는 환경을 변화시키고 그 기관들이 반응하는 방식을 알아보기 등에 의해서만 성취될 수 있다고 주장하였다. 행동의 생리학 연구에 대한 그의 가장 중요한 기여는 자신의 **특수신경에너지설**doctrine of specific nerve energies이었다. 뮐러는 비록 모든 신경이 동일한 기본적 정보, 즉 전기충동을 전송하지만, 우리가 상이한 신경정보를 상이한 방식으로 지각한다는 것을 관찰하였다. 예를 들면, 시신경에 의해 전달되는 정보는 시감각 경험을 일으키고, 청신경에 의해 전달되는 정보는 소리의 감각경험을 일으킨다. 상이한 감각경험이 동일한 기본적 정보로부터 어떻게 발생하는가?

그 대답은 정보가 상이한 채널을 통해서 발생한다는 것이다. 시신경으로부터 정보를 받는 뇌 부위는 비록 신경이 실제로는 기계적으로 자극될지라도 그 활동을 시각자극으로 해석한다(예를 들면, 우리가 눈을 문지를 때 빛의 섬광을 본다). 뇌의 상이한 부위는 상이한 신경으로부터 정보를 받기 때문에 뇌는 기능적으로 구분되어야만 한다. 즉, 어떤 부위는 어떤 기능을 하는 반면에, 다른 부위는 다른 기능을 한다.

뮐러의 실험법과 자신의 특수신경에너지설로부터 나온 논리적 연역에 대한 옹호는 뇌에 대한 직접적 실험을 수행하는 장을 마련하였다. 실제로 19세기 프랑스 생리학자인 피에르 플루랭스(Pierre Flourens)는 바로 그런 작업을 감행하였다. 플로랭스는 동물 뇌의 다양한 부위를 제거하고 나서 행동을 관찰하였다. 그는 손상된 동물이 어떤 것을 더 이상 할 수 없다는 것을 관찰함으로써 뇌의 상실된 부위의 기능을 추론할 수 있었다. 이런 방법을 **실험적 절제**experimental ablation라고 부른다. 플루랭스는 심장박동과 호흡, 의도적 운동 및 시각과 청각 반사를 통제하는 뇌의 영역들을 발견하였다고 주장하였다.

플루랭스가 자신의 실험을 수행한 후 곧 프랑스 외과의사인 폴 브로카(Paul Broca)는 실험적 절제의 원리를 인간 뇌에 적용하였다. 물론 그는 인간 뇌의 일부가 어떤 기능을 하는가를 알아보기 위해서 의도적으로 그 부위를 제거하지는 않았다. 대신에 그는 뇌졸중에 의해 뇌가 손상된 사람들의 행동을 관찰하였다. 1861년에 그는 뇌졸중으로 인해 언어능력이 손상되었던 사람의 뇌를 사후 부검하였다. 브로카는 자신의 관찰을 통해서 뇌의 좌측에 있는 대뇌피질의 일부가 언어에 필요한 기능을 수행한다고 결론지었다(그림 1.6 참조). 다른 의사들도 곧 그의 결론을 지지하는 증거를 얻었다. 여러분이 13장에서 살펴보겠지만 언어의 통제는 뇌의 특정영역에만 국재화되지는 않는다. 사실상 언어는 많은 상이한 기능을 요구하는데, 그것은 뇌의 전반에 걸쳐 조직화되어 있다. 그럼에도 불구하고 실험적 절제의 방법은 인간과 실험동물의 뇌를 이해하는 데 있어서 중요성을 유지한다.

일찍이 언급했듯이 루이지 갈바니는 근육이 수축하기 위해 동력을 제공하는 에너지원을 갖고 있다는 것을 증명하기 위해서 전기를 사용하였다. 1870년대에 독일 생리학자인 구스타프 프리치(Gustav Fritsch)와 에드워드 히치히(Eduard Hitzig)는 뇌의 생리학을 이해하기 위한 도구로 전기 자극을 사용하였다. 그들은 개의 노출

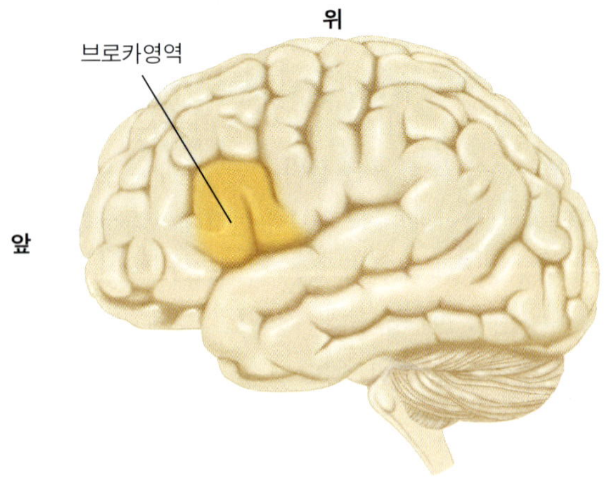

그림 1.6 브로카영역. 이 뇌 영역은 뇌의 좌반구에 있는 일부 영역에 대한 손상이 사람의 말하는 능력을 손상시킨다는 것을 발견한 프랑스 외과의사인 폴 브로카의 이름을 따른 것이다.

된 뇌 표면에 미약한 전기를 흘리고, 그 자극의 효과를 관찰하였다. 또한 뇌의 상이한 부위에 있는 특정영역을 자극하는 것은 신체의 반대편에 있는 특정 근육의 수축을 일으킨다는 것을 발견하였다. 지금 우리는 이 영역을 **일차운동피질**(primary motor cortex)이라고 부르는데, 이곳의 뉴런이 근육을 수축시키는 뉴런과 직접 소통한다. 우리는 또한 뇌의 다른 영역이 일차운동피질과 연결되어 있어서 행동을 통제한다는 것을 안다. 예를 들면, 브로카가 발견한 언어영역은 우리가 말을 하는 데 사용하는 입술, 혀 및 목구멍을 통제하는 일차운동피질의 일부분과 연결되어 있어서 이 부분을 통제한다.

19세기 과학에 대한 가장 뛰어난 공헌자 중 하나는 독일의 물리학자이며 생리학자인 헤르만 폰 헬름홀츠(Hermann von Helmholtz)이다. 헬름홀츠는 에너지 보존의 법칙에 대한 수학공식을 고안하였고, 검안경(눈의 망막을 검사하는 데 사용)을 발명하였고, 색채시와 색맹에 대한 중요하고도 영향력 있는 이론을 제안하였으며, 청각, 음악 및 많은 생리적 과정을 연구했다. 헬름홀츠는 신경전도의 속도를 측정하려고 시도한 최초의 과학자이기도 하다. 과학자들은 이전에는 그런 전도가 광속에 근접한 속도로 전달되는 전선을 통한 전도와 동일하다고 믿었다. 그러나 헬름홀츠는 신경전도가 훨씬 더 느리다는 것—초당 약 27m—을 발견하였다. 이 측정은 2장에서 살펴보겠지만 신경전도가 단순한 전기적 신호 이상이라는 것을 입증하였다.

실험생리학에서 20세기의 발전은 미약한 전기신호를 탐지하기 위한 예민한 증폭기, 세포 내외의 화학적 변화를 분석하기 위한 신경화학적 기법, 세포와 그 구성물을 관찰하기 위한 조직학적 기법과 같은 많은 중요한 발명을 포함한다. 이런 발전은 현대에 속하기 때문에 이후의 장들에서 자세히 논의한다.

절 요약

행동신경과학의 성질

모든 과학자들은 자연현상을 설명하는 것을 희망한다. 이 맥락에서 **설명**(explanation)이란 용어는 두 가지 기본적 의미를 갖는데, 일반화와 환원이다. 일반화는 현상을 본질적인 특징에 따라 분류하는 것을 의미하므로 일반적 법칙이 공식화될 수 있다. 예를 들면, 중력이 두 물체의 질량과 그것 사이의 거리와 관련이 있다는 관찰은 행성의 운동을 설명하는 것에 도움을 준다. 환원은 좀 더 기본적인 물리적 과정을 바탕으로 현상을 기술하는 것을 의미한다. 예를 들면, 중력은 힘과 원자 내의 미립자에 의해서 설명될 수 있다.

행동신경과학자는 행동을 설명하기 위해서 일반화와 환원을 사용한다. 대체로 일반화는 심리학의 전통적 방법을 사용하고, 환원은 행동을 신체 내의—주로 신경계 내의—생리적 사건으로 설명한다. 그래서 행동신경과학은 실험심리학과 실험생리학 양자의 전통을 기반으로 한다.

오늘날의 행동신경과학은 과거의 중요한 발전에 근거를 둔다. 데카르트가 수력으로 작동하는 동상에 기초를 두고 뇌의 모형을 제안했을 때, 그의 모형은 중요한 발견을 가져왔던 관찰을 자극하였다. 갈바니의 실험 결과는 마침내 신경에 의해 전달되는 뇌, 감각기관 및 근육 사이의 정보의 성질을 이해하게 해주었다. 뮐러의 특수신경에너지설은 실험적 절제와 전기적 자극의 방법을 통해서 뇌의 특정 부위들의 기능을 연구하는 길을 열어 주었다.

생각해 봅시다

1. 행동신경과학의 역사를 연구하는 것의 가치는 무엇인가? 그것은 시간낭비인가?
2. 우리가 최근 연구를 공부하였고, 지금 부정확한 것으로 알고 있는 설명을 무시하였다고 가정하자. 우리는 시간을 좀 더 유익하게 사용하고 있는가 아니면 무엇인가를 놓치고 있는가?

자연선택과 진화

뮐러와 헬름홀츠의 전통에 따라 다른 생물학자는 자신이 보고 있는 것을 관찰하고, 분류하고 그리고 사고하는 것을 계속하였고, 일부는 가치 있는 결론을 얻었다. 이 과학자 중 가장 중요한 사람은 찰스 다윈(Charles Darwin)이다(그림 1.7 참조). 다윈은 **자연선택**(natural selection)과 **진화**(evolution)의 원리를 공식화하였고, 그것은 생물학의 혁명을 가져왔다.

기능주의와 특질의 유전

다윈의 이론은 모든 유기체의 특징들—구조, 색깔 및 행동—이 기능적 중요성을 갖는다는 점을 강조하였다. 예를 들면, 강한 발톱과 예리한 부리는 독수리로 하여금

그림 1.7 Charles Darwin(1809~1882). 다윈의 진화이론은 생물학에 혁명을 일으켰고 초기 심리학자에게 강한 영향을 주었다.

George Bernard/Photo Researchers, Inc.

먹이를 잡거나 먹는 것을 가능하게 해준다. 녹색 잎을 먹고 사는 대부분의 풀쐐기는 녹색이어서 새가 그들의 몸 색깔을 배경과 구분하는 것을 어렵게 만든다. 대부분의 생쥐는 둥지를 치는데, 그것은 자신의 새끼를 따뜻하게 하고 위험으로부터 보호한다. 분명히 그 행동 자체는 유전되지 않는다—그것이 어떻게 가능할까? 유전되는 것은 그 행동이 일어나도록 해주는 뇌이다. 그래서 다윈의 이론은 생물의 특징이 유용한 기능을 수행한다는 믿음인 **기능주의**functionalism를 탄생시켰다. 그래서 다양한 행동의 생리적 기초를 이해하기 위해서, 우리는 그 행동이 성취하려는 것을 이해하여야만 한다. 우리는 연구하고 있는 종의 자연사에 관해 이해하여야만 하는데 그러면 그 행동이 맥락에서 이해될 수 있다.

복잡한 기계가 작동하는 것을 이해하기 위해서 우리는 그 기능이 무엇인가를 알아야만 한다. 이 원리는 기계적 장치에 대해서 만큼이나 생명체에서도 사실이다. 그러나 기계와 유기체 사이에는 중요한 차이가 존재한다. 기계는 설계될 때 어떤 목적을 가진 발명자가 있는 반면에 유기체는 일련의 오랜 사건이 발생한 결과이다. 엄격하게 말하면 우리는 생물의 어떤 생리적 기제가 어떤 **목적**(purpose)을 갖고 있다고 말할 수는 없다. 그러나 그것은 **기능**(function)을 갖고 있고, 우리는 그것을 알아보려고 시도할 수 있다. 예를 들면 그림 1.8에 보이는 앞다리(팔)는 상이한 종의 포유류에서는 상이한 용도로 이용된다(그림 1.8 참조).

적응적 특질에 대한 기능적 분석의 한 가지 좋은 예는 Blest(1957)의 실험에서 예시된다. 어떤 종의 나방과 나비는 날개에 눈 모양—특히 올빼미와 같은 포식자의 눈 모양—과 닮은 반점을 가지고 있다(그림 1.9 참조). 이 곤충은 정상적으로는 보호를 위해 위장에 의존하는데, 접혔을 때 날개의 뒷면은 나무의 껍질과 같은 색채를 띤다. 그러나 새가 접근하면 곤충의 날개가 펼쳐지고 숨

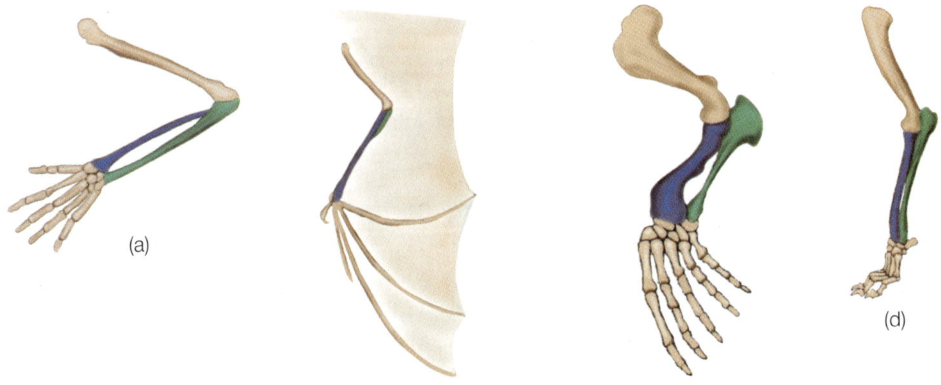

그림 1.8 팔의 뼈. 이 그림은 (a) 인간, (b) 박쥐, (c) 고래, (d) 개의 뼈를 보여 준다. 자연선택의 과정을 통해서 이 뼈들은 많은 상이한 기능에 적합하도록 적응해 왔다.

그림 1.9 올빼미 나비. 이 나비는 새가 접근하면 눈 모양의 반점을 보여 주는데 그때 새는 날아가 버린다.

Neil Carlson.

겨진 눈 모양의 반점이 갑자기 나타난다. 그때에 새는 그 곤충을 먹기보다는 도망간다. Blest는 나방이나 나비의 날개에 있는 눈 모양의 반점이 실제로 그것을 본 새를 혼란시키는가를 알아보기 위해서 실험하였다. 그는 밀웜(mealworm)을 상이한 배경 위에 놓았고 새가 그 벌레를 잡아먹는 숫자를 세었다. 실제로 벌레가 눈 모양의 반점을 포함한 배경에 놓였을 때, 새는 그것을 피하는 경향이 있다.

다윈은 종이 자신들의 적응적 특징을 획득하는 수단을 설명하기 위해서 자신의 진화이론을 제시하였다. 이 이론의 주춧돌은 **자연선택**natural selection의 원리이다. 다윈은 어떤 종의 구성원이 모두 동일하지는 않았고, 그들이 보이는 어떤 차이는 후손에게 유전된다는 것을 주목하였다. 어떤 개체의 특징이 좀 더 성공적으로 번식하는 것을 가능하게 한다면, 개체의 후손 중 일부는 그 이로운 특징을 상속받고, 더 많은 후손을 번식시킬 것이다. 결과적으로 그 특징은 그 종에서 더욱 우세해질 것이다. 그는 동물사육사들이 바람직한 특질을 소유하고 있는 동물끼리만 교배를 시켜서 특정 특질을 소유하고 있는 혈통을 개발할 수 있다는 것을 관찰했다. 동물사육사에 의해 통제되는 인공선택(artificial selection)이 다양한 종류의 개, 고양이 및 가축을 생산할 수 있다면 아마 자연선택도 종의 발달에 관여할 수 있을 것이다. 물론 진화의 과정을 형성하는 것은 동물사육사의 손이 아니라 바로 자연환경이다.

진화한다는 것은 점진적으로 발달한다는 것을 의미한다(라틴어 어원, *evolvere*, '펼쳐지다'). **진화**evolution의 과정은 자연선택의 결과로 식물과 동물 종의 구조와 생리에서 점진적인 변화이다. 유기체가 환경에서 미개척의 기회를 이용할 수 있는 새로운 특징을 발달시킬 때 새로운 종들이 진화한다.

다윈과 동료 과학자들은 자연선택의 원리가 작용하는 기제에 대해 아무것도 알지 못했다. 사실상 분자유전학의 원리는 20세기 중반이 되어서야 발견되었다. 여기에서 간략하게 그 과정이 작용하는 방식을 살펴보자. 모든 유성생식을 하는 다세포 유기체는 많은 수의 세포들로 이루어졌는데, 세포는 염색체를 갖고 있다. 염색체는 세포가 성장하고 자신의 기능을 수행하는 데 필요한 단백질을 생산하는 방안을 포함하고 있는 크고 복잡한 분자이다. 본질적으로 염색체는 특정 종의 특정 구성원을 발달시키기(즉, 태아기의 발달) 위한 청사진을 담고 있는데 계획이 변경되면 상이한 유기체가 출생한다.

계획이 변경되면 돌연변이가 때때로 발생한다. **돌연변이**mutations는 서로 결합하여 새로운 유기체로 발달하는 정자 또는 난자의 염색체에서 발생하는 우연적 변화이다. 예를 들면, 우주의 방사선이 동물의 고환 또는 난소에 있는 염색체와 충돌하면 그 유기체의 후손에 영향을 주는 돌연변이를 일으킨다. 대부분의 돌연변이는 파괴적이어서 후손은 생존에 실패하거나 또는 어떤 종류의 결함을 갖고 생존한다. 그러나 돌연변이의 일부는 유익할 수가 있고, 그것을 소유하고 있는 유기체에게 **선택적 장점**selective advantage을 베푼다. 즉, 그 동물은 같은 종의 다른 구성원보다 번식하기에 충분할 정도로 오래 생존할 가능성이 높기 때문에 자신의 염색체를 후손에게 전수할 가능성이 높다. 많은 상이한 특질이 선택적 장점을 베풀 수 있는데, 특정 질병에 대한 저항, 새로운 종류의 음식물을 소화할 수 있는 능력, 방어 또는 사냥을 하기 위한 효과적인 무기, 그리고 이성에 대해 더욱 매력적인 외모 등이다(결국, 자신의 염색체를 전수하기 위해 번식해야만 한다).

당연히 돌연변이에 의해 변경될 수 있는 특질은 신체적 특질이고, 염색체는 단백질을 생산하여 세포의 구조와 화학에 영향을 준다. 그러나 이런 신체적 변경의 효과는 동물의 행동에서 나타날 수 있으므로 자연선택의 과정은 행동에 간접적으로 작용할 수 있다. 예를 들면, 특정 돌연변이가 작은 동물에게 새로운 자극이 출현했을 때 움직임을 멈추고 행동을 동결하도록 뇌의 변화를 초래한다면, 그 동물은 포식자가 지나갈 때 탐지되지 않고 도피할 가능성이 높다. 이런 경향성은 그 동물이 생존하여 후손을 남길 가능성을 높여서 자신의 유전자를 나음 세대에 전달할 수 있게 한다.

다른 돌연변이들은 즉각적으로는 유리하지 않으나 소유한 개체에게 어떤 불이익을 초래하지 않기 때문에 최소한 종의 몇몇 구성원에 의해 유전될 수도 있다. 수천의 그런 돌연변이 때문에 특정 종의 구성원은 다양한 유전자를 소유하고, 모두 서로 어느 정도는 다르다. 다양성은 어떤 종을 위해서는 결정적인 이점이다. 상이한 환경은 상이한 종류의 유기체에게 적절한 서식지를 제공한다. 환경이 변화하면 종은 적응하거나 아니면 멸종할 위험에 처하게 된다. 그 종의 어떤 구성원들이 새로운 환경에 적응할 수 있도록 해주는 특징을 제공하는 유전자를 갖추고 있으면 그들의 후손은 생존하고 종은 지속할 것이다.

인간 뇌의 진화

우리 인간의 초기 선조는 다른 종과의 경쟁을 하는 것을 가능하게 해준 몇 가지 특징을 소유하였다. 기민한 손은 도구를 만들고 사용하는 것을 가능하게 했으며, 우수한 색채시는 잘 익은 과일, 사냥감, 위험한 포식동물을 탐지하는 것에 도움을 주었다. 불을 익숙하게 사용하는 것은 음식을 요리하고, 보온을 하고, 야행성 포식동물을 놀라게 할 수 있었다. 직립자세와 두 발 보행은 눈을 지면으로부터 충분히 멀리 떨어지게 함으로써 평원의 먼 곳을 볼 수 있게 하면서, 먼 거리를 효율적으로 걸어가는 것을 가능하게 해주었다. 또한 두 발 보행은 도구와 음식을 운반할 수 있게 해주었는데, 이것은 과일, 뿌리 및 고기조각을 자신의 종족에게로 운반할 수 있게 해주었음을 의미한다. 언어적 능력은 종족의 모든 구성원의 집합적 지식을 결합하고, 계획을 세우고, 정보를 후속 세대에 전수하고, 우세한 종으로서 지위를 확립해 주었던 복잡한 문명을 형성하는 것을 가능하게 해주었다. 이런 모든 특징은 더 큰 뇌를 요구하였다.

큰 뇌는 큰 두개골을 요구하였고, 직립자세는 여성의 산도의 크기를 제한하였다. 신생아의 머리는 대략 출산이 가능한 크기이다. 실제로 아기의 출생은 우리와 가장 가까운 영장류를 포함하여 비교적 작은 뇌를 가진 포유류의 출생보다 훨씬 더 힘들었다. 아기의 뇌는 성인의 신체적 및 지성적 능력을 형성할 만큼 충분히 크거나 복잡하지 않았기 때문에, 출생 후에도 계속 성장한다. 사실상, 모는 포유류(그리고 이 문제에 관해서 모든 조류)는 신경계가 발달하는 일정 시기 동안 부모의 돌봄이 필요하다. 어린 포유류(특히, 어린 인간)는 자신을 돌보아 줄 성숙한 동물과 함께 있는 것이 보장되어야 한다는 사실은 일정 기간의 수습이 가능하다는 것을 의미한다. 결과적으로, 진화적 과정은 반드시 전문화된 과제를 수행하는 전문화된 신경세포의 회로로 이루어진 뇌를 생산할 필요가 없었다. 대신에 그것은 단순히 경험에 의해 수정될 수 있는 충분한 신경회로를 가진 큰 뇌를 발달시켰을 것이다. 성숙한 동물은 자신의 새끼를 양육하고 보호하고 그리고 그들에게 성숙한 동물로서 필요한 기술을 제공하였다. 물론 일부 전문화된 회로(예: 우리가 말하는 것을 위해 사용하는 복잡한 소리를 분석하는 데 관여하는 회로)가 필요했으나, 대체로 뇌는 범용 프로그램이 가능한 컴퓨터이다.

생존하고 있는 우리와 가장 가까운 친척—우리를 제외한 현생 인류의 조상(유인원)—은 침팬지, 고릴라 그리고 오랑우탄이다. DNA 분석에 따르면 유전적으로 이 네 가지 종들 사이에는 거의 차이가 없다. 예를 들면 인간과 침팬지는 서로 DNA의 98.8%를 공유한다(그림 1.10 참조).

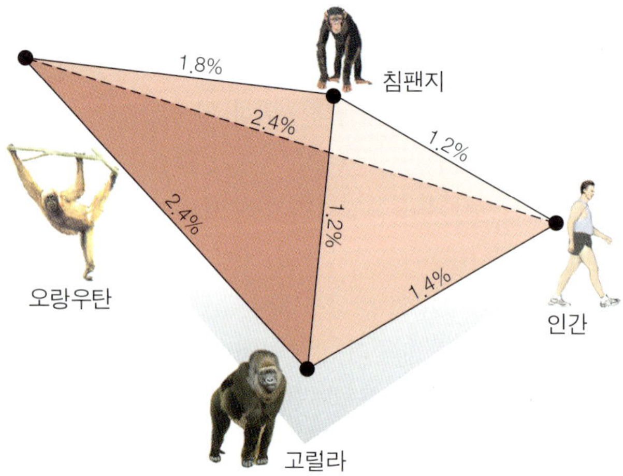

그림 1.10 유인원 종간의 DNA. 피라미드는 네 가지 중요한 유인원 종간의 DNA 차이의 비율을 나타내 준다.

Redrawn from Lewin, R. *Human Evolution: An Illustrated Introduction*. Boston: Blackwell Scientific Publications, 1993.

어떤 유형의 유전적 변화가 큰 뇌를 생산하는 데 요구되는가? 이 물음은 3장에서 더 세부적으로 다루어질 것이지만, 그러나 가장 중요한 원리는 성장할 시간을 더 많이 갖기 위해서 성숙의 과정을 늦추는 것처럼 보인다. 우리가 보게 되듯이 뇌에서 태아기의 세포분열이 인간에서 지속하는데 평균 무게는 350g 그리고 약 1,000억 개의 뉴런을 포함하는 뇌를 발달시킨다. 출생 후 뇌는 계속 성장한다. 새로운 뉴런의 생산은 거의 중지되지만 이미 존재하는 뉴런은 성장하여 서로 간의 연결을 형성하고, 뉴런을 보호하고 지탱하는 새로운 유형의 뇌세포를 증식하기 시작한다. 청소년 후기에 이르러서 인간의 뇌는 성인 뇌 크기인 1,400g에 도달하고, 신생아 뇌무게의 약 네 배가 된다. 이런 성숙의 지속은 **유형성숙**neoteny('어린 시절의 연장')이라고 알려졌다. 성숙한 인간의 머리와 뇌는 신체의 다른 부위에 비해 불균형적인 크기를 포함하여 어떤 유아적 특징을 유지한다. 그림 1.11은 침팬지와 인간의 태아와 성숙한 두개골을 보여 준다. 여러분이 볼 수 있듯이 태아의 두개골은 성숙한 두개골보다 서로 더 유사하다. 격자선은 성장의 형태를 보여 주는데, 출생에서부터 성인기까지 인간의 두개골에서 변화가 더 적다는 것을 나타낸다(그림 1.11 참조).

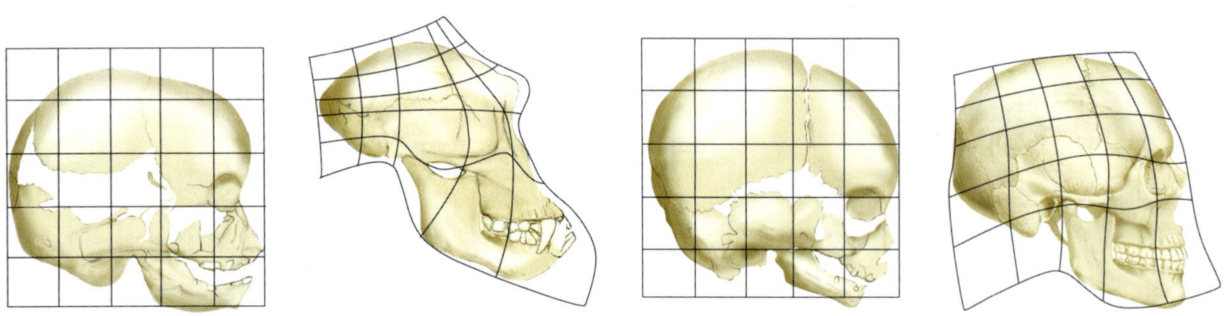

그림 1.11 인간의 두개골 진화에서의 유형성숙. 인간과 침팬지 태아의 두개골은 성숙한 두개골보다 더 유사하다. 격자선은 성장의 패턴을 보여 주는데, 인간의 뇌가 출생에서부터 성인기까지 훨씬 덜 변함을 보여 준다.

Redrawn from Lewin, R. *Human Evolution: An Illustrated Introduction*, 3rd ed. Boston: Blackwell Scientific Publications, 1993.

절 요약

자연선택과 진화

자연선택의 개념에 기초를 둔 다윈의 진화론은 현대 행동신경과학에 중요한 기여를 하였다. 그 이론은 우리가 기관 또는 신체 일부 또는 행동에 의해 수행되는 기능을 이해해야만 한다고 주장하였다. 무선적인 돌연변이를 통한 개체의 유전적 물질의 변화는 상이한 단백질을 생산하는데, 이것은 어떤 신체적 특징의 변경을 초래한다. 그 변화가 개체에 있어서 선택적 장점을 제공한다면, 새로운 유전자는 그 종의 더 많은 구성원에게 전수된다. 행동도 신경계의 구조상의 변화에 따른 선택적 이점을 통해서 진화할 수 있다.

큰 뇌의 진화는 도구 만들기, 불을 피우기 및 언어의 발달을 가능하게 하였으며 이것에 따라 복잡한 사회구조의 발달이 허용되었다. 큰 뇌는 또한 큰 기억용량과 과거 사건들의 형태를 인식하고 미래를 계획하는 능력을 제공하였다. 직립자세는 여성의 산도의 크기와 그곳을 통과해야 하는 뇌의 크기를 제한하기 때문에, 대부분의 뇌 성장은 출생 후에 발생해야만 하고, 이것은 아이가 부모 보호의 연장을 필요로 한다는 것을 의미한다. 이 수습의 시기는 발달하는 뇌가 경험에 의해 수정되는 것을 가능하게 한다.

비록 인간의 DNA는 침팬지와 단지 1.2%만 다르다고 할지라도 인간의 뇌는 침팬지의 뇌보다 세 배나 더 큰데, 이것은 소수의 유전자가 인간 뇌의 증가와 관련이 있다는 것을 의미한다. 이 유전자는 뇌의 발달은 정지시키는 사건을 퇴화시키는 것처럼 보이는데, 이로 인해 유형성숙이라고 알려진 현상이 초래된다.

생각해 봅시다

1. 인간이 자기 자각을 할 수 있다는 사실이 어떤 유용한 기능을 제공하는가? 어떻게 이 특질이 우리 종의 진화 과정 동안에 선택되었는가?
2. 여러분은 인간과 침팬지의 DNA 차이가 단지 1.2%라는 사실에 놀라지 않았는가? 여러분은 이 사실에 대해 어떻게 느끼는가?
3. 우리 종이 계속 진화한다면(그리고 대부분의 유전학자는 이것이 사실이라고 믿고 있는데), 여러분은 어떤 종류의 변화가 발생할 것이라고 생각하는가?

동물연구의 윤리적 문제

이 책에서 기술되는 대부분의 연구는 살아 있는 동물을 대상으로 한 실험을 포함한다. 우리는 자신의 목적을 위해서 다른 종의 동물을 사용할 때마다 자신이 하고 있는 실험이 인도주의적이고, 가치가 있다는 사실을 확신해야만 한다. 저자는 양면을 고려한 후에야 자격을 갖춘 훌륭한 행동의 생리학 연구가 될 수 있다고 믿는다. 인도주의적 취급은 절차의 문제이다. 우리는 실험동물을 안락하고 위생적인 조건에서 건강하게 사육하는 방법을 알고 있다. 우리는 동물이 수술받는 동안이나 수술 후 고통을 느끼지 않도록 마취세나 진통제를 투여하는 방법을 알고 있고, 또한 적절한 수술 절차와 항생제를 사용하여 감염을 방지하는 방법도 알고 있다. 대부분의 산업화된 사회에서는 동물보호에 관한 엄격한 규정을 갖고 있고, 동물에게 사용되는 실험절차의 승인을 요구한다. 우리가 돌보고 있는 동물을 부당하게 다루는 것에 대해서는 변명의 여지가 없다. 사실상, 대다수의 실험동물은 인도적인 처우를 받는다.

우리는 동물을 많은 목적을 위해 사용한다. 우리는 고기와 달걀을 먹고, 우유를 마시고, 가죽을 이용하고, 인간의 질병을 치료하기 위해서 동물로부터 인슐린과 다른 호르몬들을 추출하고, 농장에서 작업을 시키거나, 우리가 즐기기 위해서 동물을 훈련시킨다. 애완동물을 갖는다는 것도 한 형태의 이용인데, 우리가 동물을 집에서 살게 하는 것을 결정하는 것이지 그들이 결정하는 것은 아니다. 사실 우리는 오래전부터 다른 동물을 이용해 왔다.

애완동물을 소유하는 것은 과학적 연구를 수행하는 것보다 동물에게 더 많은 고통을 초래할 수 있다. Miller(1983)가 말했듯이 애완동물 소유자는 애완동물을 집에서 기르기 위해서 수의사를 포함하는 전문가 위원회로부터 허락받을 필요가 없고, 자신의 집이 깨끗하고 위생적이라는 것을, 애완동물이 적절히 운동할 수 있을 만큼 여유 공간이 있다는 것을 또는 애완동물의 식사가 적절하다는 것을 확인할 수 있는 주기적 검사를 받을 필요가 없다. 그러나 과학자는 그렇게 해야 한다. Miller는 또한 50배나 많은 개와 고양이가 동물애호협회에 의해 도살되는데, 이는 그들이 과학적 연구에 사용되었기 때문이 아니라 애완동물 소유자에 의해 버려졌기 때문이다.

어떤 사람이 인간에게 제공되는 이익에는 관심이 없고 오로지 다른 동물을 어떤 방식으로든 사용하는 것은 잘못되었다고 믿는다면, 동물을 대상으로 하는 과학적 연구의 가치를 그에게 확신시킬 수 있는 사람은 없다. 이 사람에게는 논쟁이 처음부터 막혀 있다. 도덕 절대주의는 논리적으로 해결될 수 없는데, 종교적 신념처럼 수용되거나 아니면 기각될 수 있을 뿐이지 증명되거나 부정될 수 없다. 동물을 대상으로 하는 과학적 연구

애완동물 소유자와는 달리, 자신의 연구에서 동물을 사용하는 과학자는 동물이 적절한 보호를 받도록 보장해 주기 위해서 고안된 엄격한 규정을 준수해야만 한다.

Patrick Landmann/Science Source/Photo Researchers, Inc.

를 지지하는 저자의 주장은 연구가 인간에게 주는 이점에 대한 평가에 기초를 두고 있다(우리는 동물을 대상으로 하는 연구가 종종 다른 동물을 돕는다는 것을 기억해야만 하는데, 의사에 의해 사용되는 처치와 마찬가지로 수의사에 의해 사용되는 처치도 그런 연구에서 유래된다).

동물을 대상으로 하는 연구의 장점을 기술하기 전에, 연구와 교육에서 동물의 이용이 동물의 권리 옹호론자들의 특수한 표적이 된다는 것을 지적한다. Nicholl과 Russell(1990)은 동물권리 옹호론자들에 의해 저술된 21권의 책을 읽고 동물의 상이한 이용에 대한 관심을 표시한 페이지의 수를 세었다. 다음으로 그들은 저자가 이런 이용에 대해 보인 상대적 관심과 이 범주의 각각에 실제로 포함된 동물의 수를 비교하였다. 그 결과는 저자가 상대적으로 음식, 사냥 또는 모피를 위해서 사용된 동물 또는 무게 단위로 도살되는 동물에 대해서는 거의 관심이 없다는 것을 보여 준다. 대조적으로 비록 0.3%의 동물이 연구와 교육을 위해서 사용됨에도 불구하고 그 페이지의 63.3%가 이런 이용에 대한 비판으로 채워졌다. 사용된 100만 마리의 동물당 페이지 수에 따르면, 저자들은 음식에 대해서는 0.08, 사냥에 대해서는 0.23, 모피에 대해서는 1.27, 무게 단위로 도살되는 데 대해서는 1.44 그리고 연구와 교육에 대해서는 53.2를 할애하였다. 저자는 음식에 대해서보다는 665배의 많은 관심을, 사냥에 대해서보다는 231배나 많은 관심을 연구와 교육에 대해 기울였다. 연구와 교육에 비해 3분의 2 정도의 동물을 소모하고 있는 모피를 위해서 동물을 이용하는 것조차도 동물당 41.9배나 적게 관심을 끌었다.

연구와 교육에서 동물의 이용을 향해 보여 주는 동물권리 옹호론자의 이런 관심의 불균형은 수수께끼인데, 특히 이것이 필수불가결한 동물의 이용 중 하나이기 때문이다. 우리는 동물을 먹지 않고도 생존할 수 있고, 사냥하지 않고도 살 수가 있고, 모피가 없어도 살 수 있다. 그러나 연구와 후속연구자를 훈련하기 위해서 동물을 이용하지 못한다면, 우리는 질병의 이해와 치료에 있어서 진보할 수가 없다. 머지않아 과학자들은 말라리아나 AIDS 같은 질병의 전염을 방지할 백신을 개발할 것이다. 일부 동물 권리 옹호론자들은 백신이 발견되지 않음으로써 그 질병에 의해 초래될 수백만의 인간의 죽음

을 방지하는 것보다 그런 백신을 연구하기 위해서 실험동물이 죽는 것을 방지하는 것이 더욱 가치 있는 목표라고 믿는다. 제약회사에서 동물을 더 이상 사용하지 못한다면, 우리가 이미 정복했다던 질병도 새로운 희생자를 만들어 내게 될 것이다. 제약회사에서 동물을 사용하지 못한다면 인간의 질병을 치료하기 위해서 사용되는 호르몬을 더 이상 추출할 수 없게 될 것이고, 질병을 방지하는 데 사용되는 많은 백신도 마련할 수 없게 될 것이다.

우리 종은 의학적, 정신적 및 행동적 문제에 의해서 괴로움을 받는데, 그것 중 다수가 생물학적 연구를 통해서만 해결될 수 있다. 몇 가지 주요 신경학적 장애를 고려해 보자. 뇌에 있는 혈관의 출혈 또는 폐쇄에 의해 초래되는 뇌졸중은 종종 사람의 신체를 부분적으로 마비시키거나, 읽거나, 쓰거나 또는 친구나 친척과 대화를 하지 못하게 한다. 신경세포가 서로 의사소통하는 수단에 관한 기초연구는 뇌세포 죽음의 원인에 관한 중요한 발견을 가져왔다. 그 연구는 구체적인 실용적 목표를 지향하지 않았으나, 잠재적인 이점은 실제로 연구자들에게 놀라움으로 다가왔다.

여러분이 이 책의 뒷부분에서 살펴보겠지만, 실험동물을 사용하는 연구는 파킨슨병, 조현병, 조울증, 불안장애, 강박장애, 신경성 식욕부진, 비만 및 약물중독과 같은 신경학적 및 정신적 장애의 원인과 치료에 관한 중요한 발견을 가져올 것이다. 비록 많은 진보가 있어 왔지만, 그 문제들은 아직도 우리에게 존재하고, 많은 인간의 고통을 초래한다. 우리가 실험동물로 연구를 계속할 수 없다면, 그 문제들은 해결되지 않을 것이다. 어떤 사람은 우리가 연구에서 실험동물을 사용하는 대신에 조직배양 또는 컴퓨터를 사용할 수 있다고 제안했지만 불행하게도 조직배양 또는 컴퓨터는 생명체의 대체물이 될 수 없다. 우리는 조직배양을 해서 중독과 같은 행동문제를 연구할 방법이 없고 또한 동물의 신경계 작용을 흉내 내는 컴퓨터 프로그램을 만들 수가 없다(우리가 할 수 있다면, 그것은 우리가 이미 그것을 알고 있다는 것을 의미한다).

동물연구를 정당화하는 가장 쉬운 방법은 저자가 지금 하였던 것과 마찬가지로 인간 건강에 대한 실질적이고 잠재적인 이점을 지적하는 것이다. 그러나 우리는 덜 실용적이나 아마도 동등하게 중요한 주장을 하면서 이런 연구를 정당화할 수 있다. 우리 종을 특징짓는 것 중 하나는 우리를 둘러싸고 있는 세상에 대한 탐구이다. 예를 들면, 천문학자는 우주를 연구하고 그 신비를 파헤치려고 노력한다. 그들의 발견이 더 나은 약물 또는 더 빠른 운송수단과 같은 실용적인 이익을 가져오지 않는다고 하더라도, 그것이 우주의 기원과 운명에 대한 우리의 이해를 확충한다는 사실은 그들의 노력을 정당화해 줄 것이다. 지식의 추구는 그 자체로 가치 있는 노력이다. 우리 내부에 있는 우주—우리 존재 또는 우리가 할 수 있는 모든 것과 관련이 있는 우리의 신경계—를 이해하려는 시도는 확실히 가치가 있다.

신경과학에서 진로

행동신경과학이란 무엇인가 그리고 행동신경과학자는 무엇을 하는가? 여러분이 이 책을 끝낼 때쯤이면 이 물음에 대한 완전한 대답을 얻겠지만, 우리가 공부를 시작하기 전에 행동신경과학을 전공하는 사람에게 열려 있는 분야와 진로를 기술해 보는 것도 가치가 있을 것이다.

행동신경과학자behavioral neuroscientists는 인간 이외의 동물에서 관찰될 수 있는 모든 행동현상을 연구한다. 그들은 행동의 생리학을 이해하려고 시도하는데, 즉 신체의 다른 부분(특히, 호르몬을 분비하는 내분비체계)과 상호작용함으로써 행동을 통제하는 신경계의 역할을 이해하려고 한다. 그들은 감각과정, 수면, 정서행동, 소화행동, 공격행동, 성행동, 부모행동 및 학습과 기억 같은 주제들을 연구한다. 그들은 또한 불안, 우울, 강박관념 및 행동, 공포증, 정신신체질환 및 조현병같이 인간을 괴롭히는 장애들의 동물모형을 연구한다.

비록 이 책에서 기술된 이 분야의 원래 명칭이 생리심리학(physiological psychology)이지만, 생물심리학(biological psychology, biopsychology), 심리생물학(psychobiology) 그리고 가장 흔한 명칭으로 행동신경과학(behavioral neuroscience)과 같은 몇 가지 다른 용어들이 현재 일반적으로 사용되고 있다. 대부분의 전문적인 행동신경과학자들은 심리학의 대학원과정 또는 협동과정으로부터 박사학위(Ph.D.)를 받는다. (저자가 취득한 대학학위는 신경과학과 행동 Ph.D.이다. 이 프로그램은 심리학, 생물학, 생화학 및 컴퓨터과학 분야의 교수진을 포함한다.)

행동신경과학은 **신경과학**(neuroscience)이라고 불리는 큰 분야에 속한다. 신경과학자들은 신경계의 모든 측면들—신경계의 해부학, 화학, 생리학, 발달 및 기능—에 관심을 갖고 있다. 신경과학자들의 연구는 분자유전학의 연구에서부터 사회행동의 연구까지 포괄한다. 이 분야는 최근 몇 년 동안 급성장하였는데, 신경과학회(Society for Neuroscience)의 회원은 현재 3만 8,000명을 넘고 있다.

대부분의 전문 행동신경과학자는 대학에 근무하면서 연구와 교육을 실시하고 있고, 다른 행동신경과학자들은 연구에 전념하기 위해서 연구기관—예를 들면, 정부기관 또는 사설 후원기관에 의해서 소유되거나 운영되는 실험실—에 적을 두고 있다. 소수의 인력은 기업체에서 일하는데, 보통 행동에 대한 약물의 효과를 평가하는 데 관심을 갖고 있는 제약회사에서 근무한다. 전문가나 독립적인 연구자가 되기 위해서 박사학위를 취득해야 하는데, 보통 Ph.D.를 취득하고 일부는 M.D.를 취득한 후 연구로 방향을 돌리는 경우가 있다. 현재 대부분의 신경과학자들은 2년간의 일시적인 박사후 과정을 거치는데, 많은 연구경험을 갖기 위해서 선배 과학자의 실험에서 연구를 한다. 이 시기 동안 그들은 자신의 연구발견을 기술하는 논문을 쓰고 과학학술지에 출간하기 위해 투고를 한다. 이 논문과 이것이 게재된 학술지는 영구적인 직업을 얻는 데 중요한 요인이 된다.

두 개의 다른 분야들—**신경학**(neurology)과 **인지신경과학**(cognitive neuroscience)—은 종종 행동신경과학과 중복된다. 신경학자들은 신경계의 질병을 진단하고 치료하는 데 관여하는 의사이다. 대부분의 신경학자들은 의학적 치료를 하고 있으나 소수는 행동의 생리학에 대한 이해를 증진시키기 위해서 연구에 종사한다. 그들은 자연적 원인에 의해서 뇌가 손상된 사람들의 행동을 연구하고, 최신 뇌 스캔 장치를 이용하여 사람이 다양한 행동을 하고 있는 동안 나타나는 뇌의 다양한 영역들의 활동을 연구한다. 이 연구는 심리학 박사학위를 갖고 있으면서 신경학의 원리와 절차에 있어서 전문적인 훈련을 받은 과학자인 인지신경과학자에 의해서도 수행된다.

절 요약

동물연구의 윤리적 문제와 신경과학에서 진로

행동의 생리학에 관한 연구는 반드시 실험실 동물을 사용한다. 실험실 동물이 안락하게 사육되고 인도적으로 취급되는가를 살펴보는 것은 실험동물을 사용하는 모든 과학자의 의무이고, 법에 규정되어 있다. 그런 연구는 이미 인류에게 많은 이점을 제공하고 있고, 앞으로도 계속 그럴 것으로 전망된다.

행동신경과학(원래는 생리심리학이라고 불리고 생물심리학, 심리생물학이라고도 함)은 행동의 생리학에 대한 이해에 기여하는 분야이다. 행동신경과학자는 신경과학이라는 넓은 분야의 다른 과학자와 공동연구를 한다. 행동신경과학(또는 인지신경과학)에서 직업을 갖기 위해서는 박사학위를 취득하고 2년 또는 그 이상의 기간 동안 '박사 후 과정 연구생(postdoc)'—저명한 과학자의 실험실에서 일하는 과학자—으로 역할을 한다.

생각해 봅시다

여러분은 왜 어떤 사람들이 다른 목적보다는 연구와 교육을 위해서 동물을 사용하는 것에 대해서 더 불편함을 나타낸다고 생각합니까?

학습전략

뇌는 복잡한 기관으로 우리의 능력 및 모든 복잡성과 관련이 있다. 과학자들은 이 기관을 상당히 오랫동안 연구하였고, 특히 최근에 와서는 뇌가 작용하는 방식에 대해 많은 것을 알게 되었다. 이런 진보를 단순히 몇 문장으로 요약하는 것은 불가능하며, 따라서 이 책은 상당히 많은 정보를 담고 있다. 저자는 이 정보를 논리적으로 조직화하려고 노력하고 있고, 여러분이 알 필요가 있는 것을 이야기할 것이다. 여러분은 어떤 것을 알기 위해서 다른 것을 먼저 알 필요가 있다. 저자는 가능하면 명확하게 쓰려고 노력하고 있으며 단순하고 분명한 예를 제시하고 있다. 여러분이 이 책에 있는 정보를 숙달하기 위해서는 수동적으로 읽는 것만으로는 부족하고, 어떤 공부를 해야만 한다.

행동의 생리학을 이해하는 것은 사실을 기억하는 것 이상을 포함한다. 물론 신경계 구조의 명칭, 화학물질과 약물의 명칭, 특정 현상에 대한 과학적 용어 그리고 그것들은 연구하는 데 이용되는 절차 등과 같이 기억해야만 하는 사실도 있다. 그러나 어느 부분에서도 정보의 탐색은 완전하지 않고, 우리는 배워야만 할 것의 일부만을 알 뿐이다. 우리가 현재 받아들이고 있는 '사실'도 언젠가는 부정확하다고 밝혀지리라는 점도 거의 확실하다. 여러분이 하는 모든 것이 사실을 학습하는 것이라면, 이 사실이 수정될 때 여러분은 어떻게 할 것인가?

퇴보에 대한 해결책은 사실이 얻어지는 과정에 대한 지식이다. 과학적 사실은 과학자가 자신의 관찰에 대해 내리는 결론이다. 여러분이 단지 결론만 학습한다면 퇴보하는 것은 거의 불가피하다. 여러분은 어떤 결론이 뒤집혀졌고, 새로운 결론이 무엇인가를 기억해야만 하는데, 그런 종류의 기계적 학습은 어렵다. 그러나 여러분은 과학자가 사용하는 연구전략, 관찰하는 방식 그리고 결론을 도출하는 추론법을 학습한다면, 새로운 관찰들(그리고 새로운 '사실들')이 출현하면 쉽게 수정될 수 있는 이해를 발달시킬 것이다. 여러분이 그 결론의 배후에 있는 것을 이해한다면 이미 알고 있는 것에 새로운 정보를 통합하여 그 결론을 스스로 수정할 것이다.

학습, 지식 및 과학적 방법에 대한 이런 사실을 인식시키기 위해서, 이 책은 사실의 수집을 제시할 뿐만 아니라 과학자가 행동의 생리학을 이해하려고 시도할 때 사용하는 절차, 실험 및 논리적 추론 또한 기술할 것이다. 편의상 여러분이 결론에 초점을 두고 그런 결론을 내리게 되는 과정을 무시하면 신속히 퇴보할 정보를 획득하는 위험을 감수하게 된다. 다른 한편으로 여러분이 실험을 이해하고 그 결과로부터 결론이 유도되는 방법을 이해하려고 노력한다면 생생하고 성장하는 지식을 얻게 될 것이다.

지금부터 공부에 관한 얼마간의 실용적인 충고를 하자면, 여러분은 학업을 이수하는 과정에서 계속 공부를 하였고 틀림없이 그동안 유용한 전략을 학습하였다. 비록 여러분이 효율적이고 효과적인 학습기술을 갖고 있다고 할지라고 최소한 어떤 방식으로든 개선할 여지가 있음을 고려하자.

처음 과제를 읽을 경우에 가능하다면 중단하지 말아야 하는데, 즉 세부적인 것을 기억하는 것에 대해 많은 걱정을 하지 말고 그 장을 전부 읽어야 한다. 다음으로 그 주제를 다루는 첫 번째 수업 후에 과제를 다시 한 번 진지하게 읽어야 한다. 그러는 과정에서 펜과 종이를 사용하여 메모한다. 형광펜을 이용하여 줄을 긋지 마라. 그 페이지 위에 있는 어떤 단어를 형광펜으로 긋는 것은 어떤 일시적인 만족을 제공할 것이다. 여러분은 형광펜으로 그어진 단어가 여러분의 지식으로 전환되었다고 생각할 것이다. 여러분이 중요한 것만 선택하여 표시했으므로 읽기 과제를 복습할 때, 형광펜으로 표시된 단어만 읽을 것이다. 그러나 그것은 착각이다.

활동적이 되고, 수동적이 되지 마라. 스스로 전체-단어와 글귀를 써 내려가도록 하라. 정보를 여러분 자신의 단어로 해석하는 행위는 여러분에게 다음 시험 전에 신속하게 공부할 수 있도록 어떤 것을 제공할 뿐만 아니라 어떤 것을 여러분의 머리에 새겨 준다(이것은 시험 볼 때 도움을 줄 것이다). 형광펜을 사용하는 것은 나중에 학습을 지연시키지만, 정보를 여러분 자신의 단어로 재해석하는 것은 학습과정을 바로 그 순간부터 출발시킨다.

여러분이 다음 장을 읽기 전에, 여러분의 학습에 도움을 주는 이 책의 설계에 대해서 몇 가지 말해 두어야겠다. 본문과 예는 가능하다면 가깝게 정리되어 있다. 저자의 경험에 비추어 보면, 어떤 책을 읽을 때 가장 곤란한 측면 중 하나는 실례를 찾지 못하는 것이다. 따라서 이 책에서 여러분은 굵은 고딕체(즉, 그림 5.6 등)로 표시된 그림 참조를 보게 되는데, 그때는 읽기를 멈추고 그림을 보라는 의미이다. 이 참조 표시는 저자가 적절하다고 생각하는 위치에 배열되어 있다. 여러분이 본문으로부터 눈길을 돌릴지라도 결정적인 위치에서 한 줄의 추론도 방해받지 않을 것이고 다시 진행하기 위해서 몇몇 문장을 다시 읽을 필요도 없다. 여러분은 '그림 4.1은 악어와 인간을 보여 준다. 이 악어는 선형으로 배열되어 있는데, 우리는 그 눈 사이에서 시작하고 척수의 중심으로 통해 아래로 계속되는 직선을 그릴 수 있다(그림 4.1 참조)'와 같이 기술된 부분을 발견할 것이다. 이 특별한 예는 사소한 것이고, 여러분이 그 그림을 언제 보더라도 문제가 되지 않는다. 그러나 다른 경우에 그 재료가 더 복잡하고, 여러분은 읽기를 멈추고 실례를 검토하기 전에 무엇을 찾는지를 안다면 곤란을 덜 겪을 것이다.

여러분은 본문에 있는 어떤 단어는 고딕체로 쓰여 있고 다른 단어들은 **굵은 활자체**boldface로 인쇄되어 있는 것에 주목하기 바란다. 고딕체는 두 가지 중 하나를 의미하는데, 그 단어가 강조되나 새로운 용어가 아니라는 것 또는 저자가 여러분이 학습할 필요가 없는 새로운 용어라는 것을 지적하는 것이다. 다른 한편으로 굵은 활자체로 쓰인 단어는 여러분이 학습해야만 하는 새로운 용어이다. 본문에 있는 대부분의 굵은 활자체 용어는 생리심리학자들의 어휘이다. 그것은 종종 나중의 장들에서 다시 사용될 것이다.

여러분은 각각의 주요 부분 뒤에는 한 장(chapter)에 약 세 개에서 다섯 개가 제시되는 절 요약(section summary)을 볼 수 있는데, 그것은 여러분이 잠깐 멈추어서 논의가 진행되는 방향을 이해하였는가를 확신하기 위해서 조금 전에 읽었던 것을 다시 숙고해 보는 공간을 제공한다. 대부분의 절 요약 다음으로 '생각해 봅시다'라는 제목으로 몇 가지 물음이 따라오는데 그것은 여러분이 학습한 것에 대한 여러분의 생각을 자극하고 아직까지 대답되지 않은 물음에 적용하는 것을 도울 것이다. 대체로 이 부분들은 그 장에서 소개된 정보에 대한 세부적인 요약을 제공한다. 저자의 학생들은 시험을 보기 직전에 절 요약을 복습한다고 말한다.

준비는 끝났다. 다음 장은 여러분이 이해할 만한 어떤 것을 시작할 것인데, 신경계의 가장 중요한 요소인 뉴런의 구조와 기능이다.

맺는말 | 뇌 기능의 모형

르네 데카르트는 신경계의 작용을 연구할 방법이 없었다. 그러나 그는 생제르맹에 있는 궁정공원의 인물 동상이 동력을 얻고 통제되는 방식을 이해했는데, 그것은 그에게 신체를 복잡한 조각의 배관으로 보도록 하였다. 많은 과학자는 데카르트의 예를 따라서 뇌가 작용하는 방식을 설명하기 위해서 그 당시에 유행했던 기계장치를 사용하였다.

무엇이 사람에게 뇌의 작용을 설명하기 위해서 인공장치를 사용하도록 자극했는가? 저자가 생각하기에 가장 중요한 이유는 뇌가 매우 복잡하다는 점이다. 가장 복잡한 인간의 발명품도 뇌보다는 훨씬 단순하고, 사람에 의해 설계되고 제작되었기 때문에 우리는 그것들을 이해할 수 있다. 인공장치가 뇌가 하는 어떤 것을 할 수 있다면, 아마도 뇌와 그 장치는 동일한 방식으로 그 과제들을 성취할 것이다.

20세기 후반에 발달했던 뇌 기능에 대한 대부분의 모형은 현대의 범용 디지털 컴퓨터에 바탕을 두고 있다. 실제로 그것은 컴퓨터 자체에 바탕을 둔 것이 아니라 컴퓨터 **프로그램**에 바탕을 두었다. 컴퓨터는 숫자 또는 단어로 부호화될 수 있는 어떤 종류의 정보라도 저장하도록 프로그램될 수 있고, 명시적으로 기술될 수 있는 어떤 논리적 문제라도 해결할 수가 있으며, 작성된 어떤 수학공식도 계산할 수 있다. 그러므로 최소한 원리상으로 컴퓨터는 우리가 하는 것을 하도록, 즉 지각하고, 기억하고, 연역적 추론을 하고, 문제를 해결하도록 프로그램될 수 있다.

인간 뇌 기능을 모사하는 컴퓨터 프로그램의 작성은 이 기능의 성질을 명료화하는 데 도움을 줄 수 있다. 예를 들면, 프로그램을 작성하여 어떤 유형의 형태의 지각과 분류를 모사하기 위해서, 연구자는 반드시 무엇이 요구되는가를 정확하게 구체화해야 한다. 그 프로그램이 형태를 재인하는 데 실패하면, 연구자는 그 모형이 잘못되었거나 혹은 모형이 프로그램에서 실행되는 방식에서 잘못이 있다는 것을 안다. 연구자는 그 모형을 수정하고, 다시 시도하고 그리고 모형이 최종적으로 작용할 때까지(혹은 그 과제가 지나치게 야심적이라고 여겨져서 포기할 때까지) 작업을 계속한다.

이상적으로는, 이 과제가 연구자에게 뇌가 수행해야만 하는 과정의 종류에 관해 말해 준다. 그러나 보통 특정 목표를 성취하기 위해서는 한 가지 이상의 방법이 있는데, 컴퓨터 모델링에 대한 비판은 인간의 뇌가 수행하는 어떤 과제를 수행하고 그리고 정확하게 동일한 결과에 도달하지만, 전적으로 상이한 방식으로 그 과제를 수행하는 프로그램을 작성하는 것이 가능하다고 지적하였다. 사실상 컴퓨터가 작업하는 방식과 우리가 인간 뇌의 구조에 대해 알고 있는 것을 놓고 보면, 컴퓨터 프로그램은 상이하게 작업을 하는 것이 분명하다.

우리가 뇌의 기능에 대한 모형을 우리에게 친숙한 물리적 장치에 기초를 둘 때, 관찰하기 어려운 어떤 것에 대해 구체적으로 생각할 수 있는 이점을 누릴 수 있다. 그러나 뇌가 컴퓨터처럼 움직이지 않는다면 모형은 뇌에 관해 많은 것을 알려 주지 못한다. 그런 모형은 컴퓨터 용어에 의해 제약을 받고, 컴퓨터가 할 수 있는 방식대로만 어떤 것을 할 수 있다. 뇌가 실제로 컴퓨터가 할 수 없는 어떤 상이한 종류의 것을 할 수 있다면, 그 모형은 이런 특징을 결코 담을 수 없다.

사실상 컴퓨터와 뇌는 근본적으로 다르다. 현대 컴퓨터는 **순차적 장치**(serial devices)이므로 한 번에 한 단계의 작업을 한다. 프로그램은 컴퓨터 메모리에 저장된 일련의 지시로 구성되며, 컴퓨터는 이 지시를 한 번에 하나씩 따른다. 이 각 단계는 시간을 필요로 하기 때문에 복잡한 프로그램은 실행되는 데 더 많은 시간을 사용한다. 그러나 우리는 컴퓨터가 많은 시간을 필요로 하는 것을 매우 신속하게 한다. 가장 좋은 예가 시지각이다. 우리는 복잡한 도형을 단순한 도형만큼 신속하게 재인할 수 있는데, 예를 들면 단순한 삼각형을 확인하는 것이나 친구의 얼굴을 재인하는 데 동일한 시간을 사용한다. 동일한 점이 순차적 컴퓨터에서는 사실이 아니다. 컴퓨터는 비디오카메라와 같은 입력장치를 통해 장면을 '검사'해야만 한다. 그 사진의 각 점의 명도에 관한 정보는 숫자로 바뀌어서 기억 장소에 저장된다. 그다음으로 프로그램은 한 번에 하나씩 각 기억 장소를 검사하고 선, 모서리, 결 및 형태를 결정하기 위한 계산을 한다. 마지막으로 이 형태가 표상하는 것을 결정하려고 시도한다. 얼굴을 재인하는 것은 삼각형을 재인하는 것보다 많은 시간을 필요로 한다.

순차적 컴퓨터와 달리 뇌는 **병렬 처리장치**이므로 많은 상이한 모듈(뉴런의 회로의 집합)이 상이한 과제에서 동시적으로 작업을 한다. 복잡한 과제는 많은 소과제로 분해되고, 분리된 모듈이 그것들 각각에 대해 작업한다. 뇌는 수십억 개의 뉴런으로 구성되었기 때문에 상이한 과제에 대해 상이한 뉴런의 클러스터를 사용할 여유가 있다. 그래서 많은 것이 동시적으로 발생하기 때문에 그 과제는 신속하게 수행된다.

핵심 개념

인간 의식을 이해하기: 생리학적 접근

1. 행동신경과학자들은 마음이 뇌에 의해 수행되는 어떤 기능이라고 믿는다.
2. 인간 뇌 기능의 연구는 인간의 의식의 성질에 관한 어떤 통찰을 얻는 것을 돕는데, 그것은 뇌의 언어기능과 관련이 있는 것 같다. 이 장은 한 가지 예를 기술하는데, 분할 뇌수술의 효과이다.

행동신경과학의 성질

3. 과학자는 일반화의 환원을 통해서 자연현상을 설명하려고 시도한다. 행동신경과학자들은 심리학과

생리학의 방법을 사용하기 때문에, 두 유형의 설명을 모두 채택한다.

4. 데카르트는 궁정에 있는 움직이는 동상에 기초하여 뇌가 운동을 통제하는 방법을 설명하기 위한 최초의 모형을 개발하였다. 추후에 연구자는 자신의 생각을 과학적 실험을 통해서 검증하였다.

자연선택과 진화

5. 기능을 강조하는 다윈의 진화론은 행동신경과학자가 뇌기제, 행동 및 유기체의 환경에 대한 적응 사이의 관계를 발견하는 것을 돕는다.
6. 우세한 종으로서 인간의 위치는 두 발로 서는 자세, 민첩한 손, 우수한 시각 그리고 다양한 환경에 적응하고, 광범위한 자원을 이용하고, 언어의 발달에 의해 대규모의 복잡한 공동체를 형성하는 것을 가능하게 해준 우리의 커다랗고 복잡한 뇌에 의해 제공되는 행동적 및 인지적 능력의 덕택이다.

동물연구의 윤리적 문제

7. 동물을 이용한 과학적 연구는 우리에게 신경계의 기능을 포함하는 신체의 기능에 대해서 우리가 알고 있는 대부분의 것을 가르쳐 주었다. 이 지식은 신경 및 정신 장애를 예방하고 치료하는 방법을 발전시키는 데 필수적이다.

신경과학에서 진로

8. 행동신경과학자들은 동물연구를 수행함으로써 행동의 생리학을 연구한다. 그들은 자신의 특정 관심 분야에 대한 연구에서 다른 신경과학자의 연구방법과 발견을 이용한다.

CHAPTER

2 신경계를 구성하는 세포의 구조와 기능

개요

Thomas Deerinck, NCMIR / Photo Researchers, Inc.

학습목표

1. 뉴런의 각 부분을 묘사하고 명칭을 붙이고 기능을 살펴본다.
2. 중추신경계와 말초신경계의 지지세포를 기술하고, 혈뇌장벽의 중요성을 설명한다.
3. 철회반사의 신경기제와 뇌에 의한 억제를 간략히 살펴본다.
4. 활동전위 측정 방법을 살펴보고, 확산력과 정전압의 균형이 어떻게 막전위를 유발하는지를 설명한다.
5. 활동전위에서 이온통로의 역할을 살펴보고, 실무율과 발화율 법칙을 설명한다.
6. 시냅스의 구조, 전달물질의 방출 및 시냅스후 수용기의 활성화에 대해 설명한다.
7. 시냅스후 전위와 이를 일으키는 이온의 움직임과 종결시키는 과정 그리고 시냅스후 전위들의 통합에 대해 설명한다.
8. 시냅스 교신에서 자가수용기와 축색축색 시냅스에 대해 살펴보고 비시냅스 교신에서 신경조절물질과 호르몬의 역할에 대해 살펴본다.

머리말 | 반응하지 않는 근육

캐스린은 점점 절망적이 되었다. 지금껏 그녀는 건강하고 활동적이었으며 적절한 식사와 규칙적인 운동으로 건강을 유지해 왔다. 그녀는 거의 매일 헬스클럽에 나가 무리하지 않을 정도로 에어로빅과 수영을 즐겼다. 그러나 몇 달 전부터 그녀는 자신의 일상적인 생활 계획을 지키기가 어려워졌다. 처음에는 에어로빅 수업이 끝날 무렵 피로를 느꼈다. 특히 팔이 무겁게 느껴졌다. 수영장에서 수영을 시작할 때, 팔을 머리 위로 올리는 것이 무척 힘들었다. 그래서 자유형과 배영을 포기하고 대신에 평영을 하였다. 감기 증상 같은 것은 없었기 때문에 잠을 조금 더 자고 음식을 조금 더 먹으면 괜찮을 것이라고 여겼다.

그러나 몇 주가 지나자 사정은 더 나빠졌다. 에어로빅 수업은 고통스러운 일이 되어 버렸다. 에어로빅 강사는 걱정이 되어 의사를 찾아가 보라고 하였다. 진찰을 받았으나 의사도 아무런 문제점을 발견하지 못했다. 빈혈도 아니고, 감염 증상도 보이지 않았으며, 영양 상태도 좋아 보였다. 의사는 그녀에게 직장 생활이 어떤지 물어보았다. "저, 요즘 압력이 심해요. 부서장이 몇 주 전에 그만두어 임시로 제가 그 직무를 떠맡게 되었죠. 그 자리를 차지할 기회가 왔다고 생각했지만, 사장이 제 직무수행 능력을 평가하고 있다는 느낌이 들어요." 캐스린과 의사는 심한 스트레스가 문제의 원인이라는 데 동의하였다. "현재로는 투약이 필요 없을 것 같습니다만 조만간 좋아지지 않으면 정밀검사를 해봅시다."라고 의사가 말하였다.

그녀의 증상은 잠시 좋아지는 것처럼 보이다가 갑자기 더 나빠졌다. 그녀는 헬스클럽에 나가는 것도 중단하였고, 심지어 하루 일과도 완수하기 어렵게 되었다. 자신이 활기가 없다는 것을 사람들이 알아차릴 거라고 불안해했으며, 승진 기회가 사라질 것을 두려워하였다.

어느 날 오후, 그녀는 벽에 있는 시계를 쳐다보려고 하였으나 좀처럼 볼 수가 없었다. 눈꺼풀이 아래로 처지고 머리가 무거워지는 것을 느꼈다. 그때 한 상사가 책상으로 다가와 앉으며 그녀가 추진 중이던 새 프로젝트를 자신에게 넘겨줄 것을 요구하였다. 그녀는 말을 하면서 자신이 점점 약해지는 것을 느꼈다. 턱과 혀가 점점 마비되는 듯했고 목소리도 약해졌다. 갑작스런 공포감과 함께 숨쉬기도 매우 어려웠다. 간신히 이야기를 마치자마자 그녀는 두통이 심하다고 둘러대고 서류가방을 꾸려 집으로 돌아왔다.

그녀는 의사에게 전화하였고, 의사는 즉시 신경학자인 T 박사에게 검진을 받도록 주선해 주었다. 그녀의 증상에 대한 대략적인 설명을 듣고 간단히 검진을 마친 T 박사가 말했다. "캐스린 양, 원인이 무엇인지 알 것 같습니다. 주사를 맞은 후 반응을 살펴봅시다." T 박사는 간호사에게 몇 가지 지시를 내렸다. 간호사가 주사기를 가지고 오자 T 박사는 캐스린의 팔에 주사하였다.

T 박사는 그녀의 직장 일에 관하여 질문하기 시작했고, 그녀는 천천히 거의 속삭이는 목소리로 대답하였다. 그러나 질문이 계속되면서 말하기가 점점 더 쉬워짐을 느꼈다. 캐스린은 등을 바로 세우고 심호흡을 하였다. 상태가 좋아졌음을 확신할 수 있었다. 활력이 회복된 것이다. 일어나서 팔을 머리 위로 올려보았다. "와! 이것 봐요." 그녀는 흥분하여 계속 소리쳤다. "팔이 다시 올라가요. 활력을 되찾았어요. 도대체 무슨 약을 주신 거죠? 치료가 된 건가요?"

(그녀의 질문에 대한 답은 52쪽에 있다.)

뇌는 근육을 움직이는 기관이다. 지나치게 단순한 소리로 들릴지 모르지만, 궁극적으로 운동 또는 더 정확히 말하자면 행동이 신경계의 일차적 기능이다. 유용한 운동을 수행하기 위해서 뇌는 신체 외부, 즉 환경에서 무슨 일이 일어나는지 알아야만 한다. 그래서 신체에는 외부의 사건을 탐지하는 데 전문화된 세포들도 존재한다. 물론 인간과 같이 복잡한 동물은 외부사건에 자동적으로 반응하지 않는다. 우리 뇌는 현재의 환경과 과거의 경험에 따라 각기 다른 방식으로 행동할 만큼 충분히 융통성이 있다. 지각하고 행동하는 것 이

외에도 우리는 기억하고 판단을 내릴 수 있다. 이런 모든 능력은 수십억 개의 세포로 구성된 신경계 덕분에 가능하며, 또한 신경계에 의해 통제된다.

이 장에서는 신경계에서 가장 중요한 세포의 구조와 기능에 대해 살펴본다. 빛, 소리, 냄새, 맛, 신체 접촉과 같은 환경정보들이 **감각뉴런**sensory neurons이라는 전문화된 세포에 의해 수집된다. 운동은 근육의 수축으로 일어나며 **운동뉴런**motor neurons에 의해 통제된다[여기에서 운동(motor)이란 용어는 기계 엔진을 지칭하는 것이 아니라 원래의 의미인 움직임(movement)을 지칭하는 것이다].

감각뉴런과 운동뉴런 사이에는 **개재뉴런**interneurons이 있는데, 개재뉴런은 중추신경계 내부에만 존재한다. 국소 개재뉴런(local interneurons)은 인근의 뉴런과 회로를 형성하여 작은 정보 조각들을 분석한다. 연결 개재뉴런(relay interneurons)은 뇌의 한 영역에 있는 국소 개재뉴런의 회로와 다른 영역의 회로를 연결한다. 이러한 연결을 통해 뇌 전체에 걸친 뉴런의 회로가 환경자극을 지각하고, 학습하고, 기억하고, 결정하고, 복잡한 행동을 통제하는 등의 과제에 필수적인 기능을 수행한다.

인간의 신경계에는 얼마나 많은 뉴런이 존재할까? 아직까지 세어 본 사람은 아무도 없지만 약 1,000억 개 정도로 추정된다.

신경계가 어떻게 행동을 통제하는가를 이해하기 위해 우리는 먼저 신경계를 구성하는 세포에 대해 알아야 한다. 이 장에서는 신경계의 세포만을 다루기 때문에 여러분은 신경계의 구조에 대해 아직까지 자세히 알 필요는 없으며, 그것은 3장에서 다룰 것이다. 그러나 신경계는 기본적으로 두 부분, 즉 중추신경계와 말초신경계로 이루어진다는 것은 알아야 한다. **중추신경계**central nervous system; CNS는 두개골과 척추로 둘러싸인 부분으로 뇌와 척수로 이루어져 있고, **말초신경계**peripheral nervous system; PNS는 이 골격계의 바깥에 존재하는 신경과 여러 감각기관으로 이루어져 있다.

신경계의 세포

이 장의 첫 부분은 신경계의 가장 중요한 세포인 뉴런과 그 지지세포, 그리고 중추신경계의 뉴런과 신체 다른 부위를 화학적으로 단절시키는 역할을 하는 혈뇌장벽에 대해 살펴보겠다.

뉴런

기본구조

뉴런은 신경계의 정보처리와 정보 전달자이다. 뉴런은 전문화된 역할에 따라 다양한 형태가 있다. 그러나 어떤 형태의 뉴런이든 기본적으로 다음과 같은 네 가지 구조 또는 부분—(1) 세포체, (2) 수상돌기, (3) 축색, (4) 종말단추—을 가지고 있다.

세포체. **세포체**soma 또는 cell body는 세포의 생명을 유지시켜 주는 핵과 여러 구조물을 포함하고 있다(그림 2.1 참조). 그 형태는 뉴런의 종류에 따라 상당히 다르다.

수상돌기. 뉴런의 **수상돌기**dendrite(그리스어로 dendron은 '나무'를 뜻한다)는 나무와 비슷하게 생겼다(그림 2.1 참조). 뉴런들은 서로 대화를 하는데, 수상돌기는 메시지를 받아들이는 데 중요한 수용부의 역할을 한다. 뉴런 간의 메시지는 시냅스를 통해 전달되는데, **시냅스**synapse란 신호를 보내는 세포의 종말단추와 그 신호를 받아들이는 세포의 세포체 또는 수상돌기 막 사이의 연결부위이다(*synapse*란 단어는 '함께 합친다'는 의미의 그리스어 *sunaptein*에서 유래된 것이다). 시냅스에서의 교신은 종말단추에서 다른 세포의 막 쪽으로 한 방향으로만 이루어진다. (다른 일반 법칙처럼 여기에도 약간의 예외는 있다. 4장에서 살펴보겠지만 몇몇 시냅스는 양방향으로 정보를 전달한다.)

축색. **축색**axon은 길고 가는 관처럼 생겼으며, 가끔 수초(myelin sheath)로 덮여 있다(수초는 다음에 다룰 것이다). 축색은 세포체에서 종말단추로 정보를 전달한다(그림 2.1 참조). 축색이 전달하는 신호를 활동전위(action potential)라고 한다. 이 기능은 아주 중요하기 때문에 다음에 더 자세히 설명할 것이다. 여기서는 활동전위가 세포체와 축색의 연결부위에서 시작해서 종말단추로 전달되는 전기적 화학적 사건이라는 정도로만 알

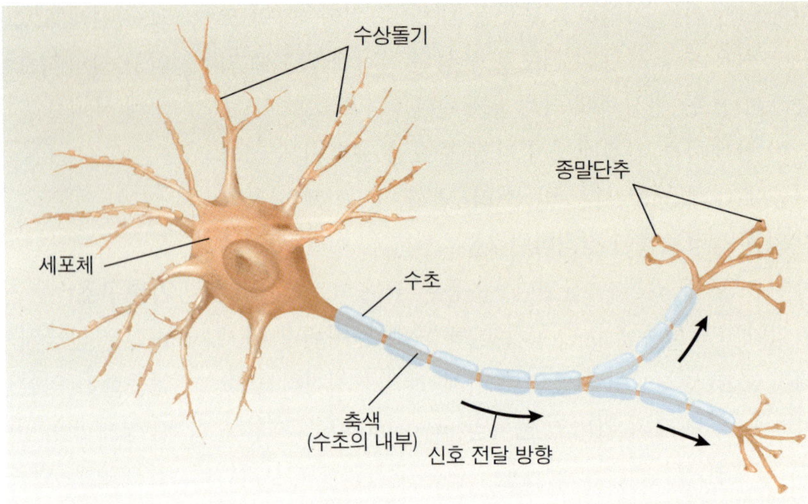

그림 2.1 다극성 뉴런의 주요 부분들.

아도 충분하다. 활동전위는 아주 짧은 펄스로서, 특정 축색에서 그 크기와 지속시간이 동일하다. 활동전위가 축색이 갈라지는 곳에 이르면 모든 가지로 전파되지만 그 크기는 감소하지 않는다. 그래서 각 가지는 완전한 강도의 활동전위를 받는다.

수상돌기와 마찬가지로 축색과 그 가지의 모양은 다양하다. 실제로 뉴런의 세 가지 기본 형태는 수상돌기와 축색이 세포체에서 뻗어 나오는 양상에 따라 분류된다. 그림 2.1에 그려져 있는 뉴런은 중추신경계에서 볼 수 있는 가장 일반적인 형태로 **다극성 뉴런**multipolar neuron이라고 한다. 이러한 형태의 뉴런은 세포체 막에서 하나의 축색과 여러 개의 수상돌기가 뻗어 나오고 있다. **양극성 뉴런**bipolar neuron은 세포체의 양쪽 끝에서 하나의 축색과 하나의 수상돌기가 뻗어 나온다(그림 2.2a 참조). 양극성 뉴런은 주로 감각뉴런으로서 그 수상돌기가 외부 환경에서 발생한 사상을 탐지하여 그 정보를 중추신경계로 전달한다.

세 번째 유형의 뉴런은 **단극성 뉴런**unipolar neuron이다. 이 뉴런은 세포체에서 길이가 짧은 하나의 줄기가 뻗어 나와 두 개의 가지로 나누어진다(그림 2.2b 참조). 양극성 뉴런처럼 단극성 뉴런도 감각정보를 중추신경계로 전달한다. 중추신경계 바깥쪽으로 향하는 분지(나뭇가지 같은 모양)가 수상돌기이고, 중추신경계 내로 향하는 분지가 축색이다. 대부분의 단극성 뉴런의 수상돌기는 촉각, 온도변화, 그리고 피부에 가해지는 기타 감각정보들을 탐지한다. 일부 단극성 뉴런은 관절, 근육, 내장기관에서 발생한 사건들을 탐지한다.

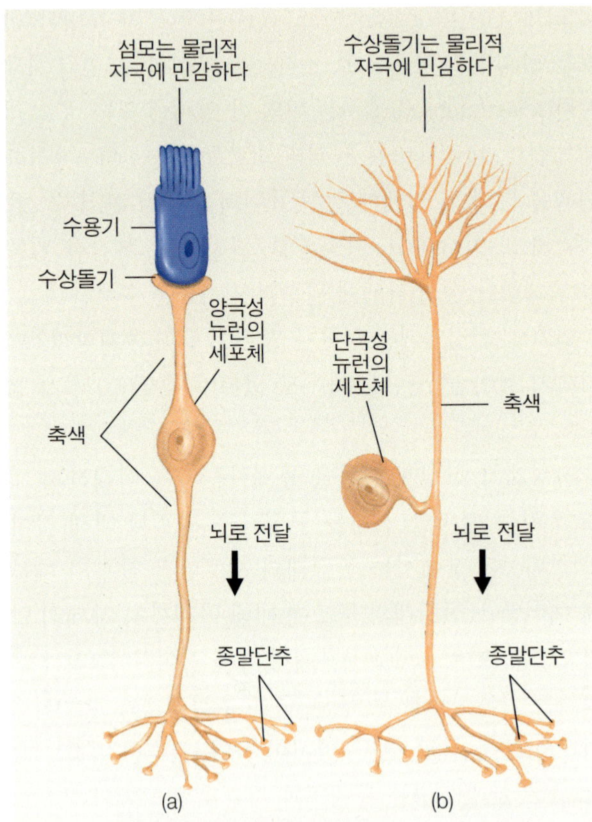

그림 2.2 뉴런들. (a) 양극성 뉴런, 주로 감각계에 존재(예: 시각, 청각). (b) 단극성 뉴런, 체감각계에 존재(촉각, 통각, 기타)

중추신경계는 뇌와 척수에 연결되어 있는 신경을 통해 신체의 여타 부위와 의사소통하고 있다. 신경은 수천 개의 신경섬유다발로서, 약간 질긴 보호막으로 싸여

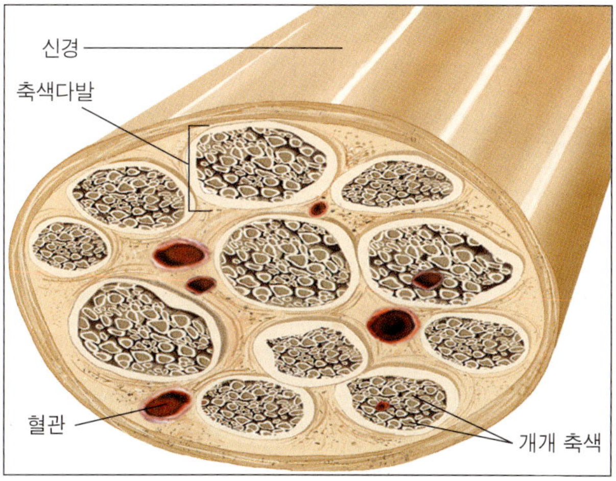

그림 2.3 신경. 신경은 개별 신경섬유들(축삭들)의 다발을 싸고 있는 조직 껍질로 되어 있다.

있다. 현미경으로 살펴보면 신경은 마치 전선 다발로 된 전화케이블처럼 보인다(그림 2.3 참조). 전화케이블의 개별 선과 같이 신경섬유들은 감각기관에서 뇌로, 뇌에서 근육이나 분비선으로 신호를 전달한다.

종말단추. 대부분의 축색들은 여러 차례 갈라져서 분지한다. 각 가지의 끝은 **종말단추**terminal buttons라고 하는 작은 혹처럼 되어 있다(일부 신경과학자들은 프랑스어 원어인 *bouton*이라는 용어를 선호하고, 또 다른 학자들은 단순히 *terminals*라고 한다). 종말단추는 매우 특수한 기능을 하는데, 활동전위가 축색을 따라 종말단추에 전달되면 종말단추는 **신경전달물질**neurotransmitter이라는 화학물질을 분비한다. 이 화학물질(CNS에는 다양한 종류의 화학물질이 있다)은 수용세포를 흥분시키거나 억제하는데, 이에 따라 그 수용세포가 축색에서 활동전위를 일으킬 것인가 아닌가를 결정하는 데 도움을 준다. 이 과정과 관련된 자세한 내용은 이 장의 뒷부분에서 기술될 것이다.

개개의 뉴런은 다른 뉴런들의 축색 종말단추에서 정보를 전달받고, 자신의 축색에 있는 종말단추는 또 다른 뉴런과 시냅스를 형성한다. 하나의 뉴런은 수십 혹은 수백 개의 다른 뉴런에게서 정보를 받을 수 있고, 또한 수없이 많은 시냅스를 이룰 수 있다. 그림 2.4는 이러한 연결 상태를 보여 주고 있다. 그림에서 보다시피 종말단추는 수상돌기나 세포체의 막과 시냅스를 형성한다(그림 2.4 참조).

내부 구조물

그림 2.5는 전형적인 다극성 뉴런의 내부 구조를 보여 주고 있다(그림 2.5 참조). **세포막**membrane은 세포의 경

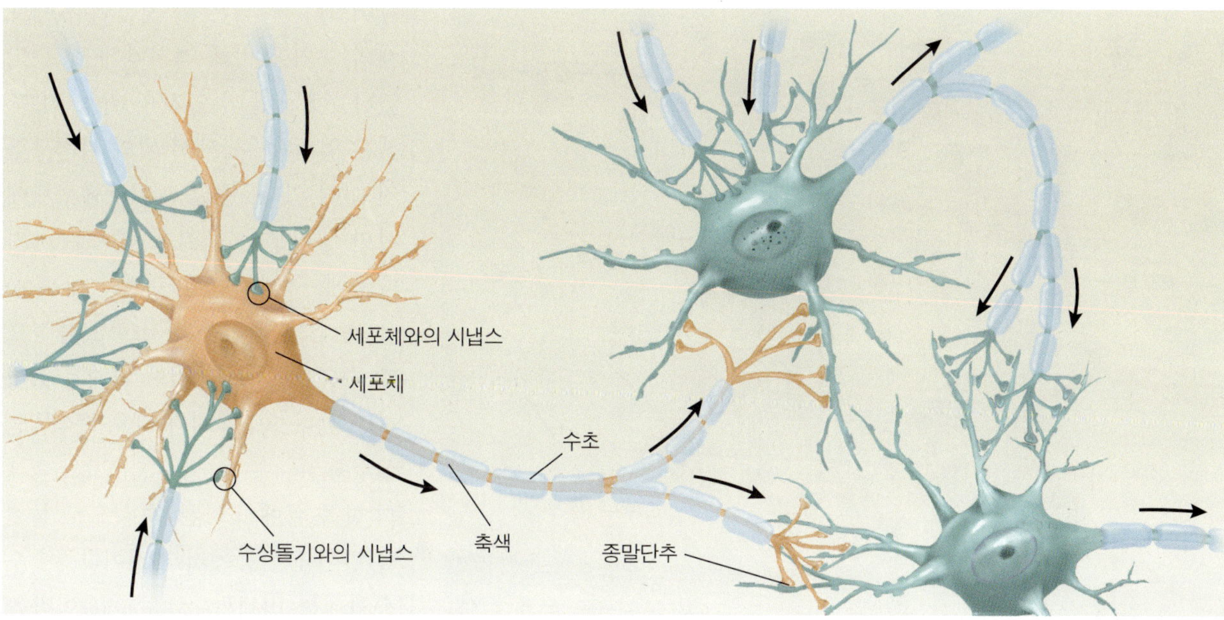

그림 2.4 뉴런 간의 시냅스 연결의 개관. 화살표는 정보흐름의 방향을 표시한다.

계를 형성한다. 세포막은 두 층의 지질 분자로 구성되어 있으며, 그 속에는 특수한 기능을 수행하는 여러 가지 단백질 분자들이 매몰되어 있다. 어떤 단백질은 세포 바깥에 있는 물질(호르몬 등)을 탐지하여, 그 물질이 존재한다는 정보를 세포 안으로 전달한다. 다른 단백질은 어떤 물질은 세포 안으로 유입시키고 다른 물질은 세포 안으로 들어가지 못하게 막는 조절 작용을 한다. 또 다른 단백질은 세포 안과 밖으로 분자를 능동적으로 운반하는 운반자의 기능을 한다. 뉴런의 세포막에 있는 단백질은 정보 전달에 특히 중요하기 때문에 이 장의 뒷부분에서 더 자세하게 다룰 것이다.

세포는 젤리와 같은 **세포질**cytoplasm로 가득 차 있는데, 신체 내부에 전문화된 기관이 있는 것처럼 세포질에는 전문화된 작은 구조물이 들어 있다. 이 구조물 가운데 **미토콘드리아**mitochondria는 포도당과 같은 영양소를 분해하여 세포가 그 기능을 수행할 수 있도록 에너지를 공급한다. 즉, 미토콘드리아는 세포가 에너지원으로 사용하는 **아데노신삼인산**adenosine triphosphate; ATP을 생산한다. 아주 오래전에는 미토콘드리아가 독립적인 유기체로서 큰 세포에 침입하곤 하였다. 미토콘드리아는 큰 세포보다 더 효율적으로 에너지를 추출할 수 있기 때문에, 큰 세포에게 유용하였고 결국에는 영원히 큰 세포의 일부분이 되고 말았다. 그 후에도 여전히 미토콘드리아는 자체 유전정보를 가지고 있어서 그들이 살고 있는 세포와는 독립적으로 증식한다. 우리는 어머니로부터 미토콘드리아를 물려받으며, 아버지의 정자는 난자를 수정시킬 때 미토콘드리아를 물려주지 않는다.

세포의 중심부에는 **핵**nucleus(라틴어인 'nut'에서 유래됨)이 있으며, 핵에는 염색체가 있다. 이미 잘 알고 있겠지만 **염색체**chromosome는 **데옥시리보핵산**deoxyribonucleic acid; DNA의 기다란 연쇄로 되어 있고 염색체는 매우 중요한 기능을 한다. 염색체는 단백질을 만드는 제조법을 지니고 있다. 염색체의 일부분인 **유전자**gene는 각각의 단백질을 위한 제조법을 가지고 있다.

단백질은 세포의 기능에 매우 중요하다. 만약 조직배양으로 자란 뉴런이 세제에 노출되면 지질의 세포막과 세포 내부의 여러 물질은 용해되어 없어지고, 세제에 녹지 않는 단백질 연쇄로 된 구조물만 남는다. 이 구조물을 **세포골격**cytoskeleton이라고 하는데 이것이 뉴런의 형태를 유지해 준다. 세포골격은 여러 종류의 단백질 연쇄로 이루어져 있으며, 이들이 서로 연결되어 응집력이 있는 덩어리를 이룬다.

또한 단백질은 효소로 작용한다. **효소**enzymes는 결혼 중매인 또는 이혼 심판관처럼 세포에서 특정분자들을 함께 결합시키거나 따로 분리시키는 역할을 한다. 그래서 효소는 세포 내의 원재료에서 무엇을 만들지, 그리고 어떤 분자를 그대로 남겨 둘지를 결정한다.

단백질은 또한 세포 내에서 물질을 수송하는 데에도 관여한다. 축색은 그 지름이나 세포체의 크기에 비해 엄청나게 길 수도 있다. 예를 들어 인간의 가장 긴 축색은 엄지발가락에서 뇌의 기저부까지 뻗어 있다. 종말단추는 세포체에서만 생산되는 물질을 필요로 하기 때문에, 축색원형질(축색의 세포질)을 통해 그 물질을 빠르고 효율적으로 수송할 수 있는 어떤 기제가 있어야만 한다. 이 체계가 바로 **축색원형질수송**axoplasmic transport으로, 축색의 한쪽 끝에서 다른 쪽 끝으로 물질을 밀어내는 능동적 과정이다. 이 수송체계는 **미세관**microtubules이라는 긴 단백질 연쇄로 이루어지는데, 미

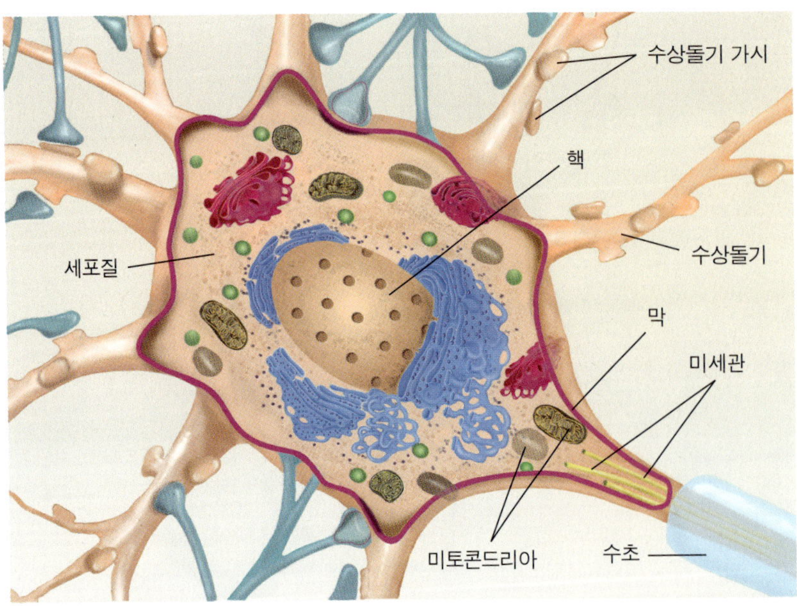

그림 2.5 다극성 뉴런의 주요 내부 구조물.

세관은 13개의 신경세사가 원통형으로 배열된 것이다. 미세관은 마치 철도와 같이 수송되어야 할 물질의 이동을 안내해 준다. 세포체에서 종말단추 방향으로의 수송을 **순행성 축색원형질 수송**(anterograde axoplasmic transport, *antero*-는 '전방을 향해'라는 의미이다)이라고 한다. **역행성 축색원형질 수송**(retrograde axoplasmic transport)은 종말단추에서 세포체 방향으로 물질을 이동시킨다(*retro*-는 '후방을 향해'라는 의미임). 순행성 축색원형질 수송은 하루에 500mm 이상으로 매우 빠르고, 역행성 축색원형질 수송의 속도는 그 절반 정도이다. 이들 두 가지 수송을 위해 에너지가 필요한데, 이는 미토콘드리아에서 생산되는 ATP로 공급된다.

지지세포

중추신경계 용량의 절반 정도만이 뉴런으로 구성되어 있고, 나머지는 다양한 지지세포로 이루어져 있다. 뉴런의 신진대사 속도는 아주 빠르지만 그곳에는 영양소를 비축할 아무런 수단이 없기 때문에 지속적으로 영양소와 산소가 공급되지 않으면 곧 죽게 된다. 그러므로 뉴런을 지지하고 보호하는 기능을 가진 세포는 우리의 생존에 매우 중요하다.

아교세포

중추신경계의 가장 중요한 지지세포는 **신경아교세포**(neuroglia 또는 nerve glue)이다. **아교세포**glia 또는 glial cells는 뉴런보다 훨씬 더 많다. 뇌에 있는 세포 중 약 85%가 아교세포이다. 아교세포가 중추신경계의 뉴런들을 접착시켜 주지만 사실은 그것보다 훨씬 더 많은 역할을 수행한다. 뉴런은 아주 잘 보호되어야 하는 존재로 아교세포에 의해 신체의 나머지 부분과 물리적 · 화학적으로 보호되고 있다. 아교세포는 뉴런을 둘러싸서 그 위치를 유지시켜 주며, 영양소를 공급해 주고, 다른 뉴런과의 신호 교환에 쓰이는 화학물질의 공급을 조절해 준다. 또한 아교세포는 뉴런 사이를 절연시켜 신경신호가 서로 뒤섞이지 않게 해주며, 심지어 질병이나 상처로 죽은 뉴런의 잔해를 파괴하고 제거하는 청소부 역할도 한다.

중추신경계에는 여러 종류의 아교세포들이 있으며, 그들 각각은 특별한 역할을 하는데, 그중에서 가장 중요한 세 가지 유형은 **성상세포**(astrocyte), **희소돌기아교세포**(oligodendrocyte), **미세아교세포**(microglia)이다.

성상세포astrocyte는 세포의 모양을 정확하게 묘사하여 '별 모양 세포'라는 의미이다. 성상세포는 뉴런을 물리적으로 지지하고, 뇌 속의 찌꺼기를 청소하며, 뉴런이 기능하는 데 필요한 화학물질을 생산한다. 또한 성상세포는 뉴런을 둘러싸고 있는 용액에 들어 있는 화학물질이 일정한 수준으로 유지될 수 있도록 화학물질을 흡수하거나 방출하여 세포외액의 화학적 농도를 조절하기도 한다. 끝으로 성상세포는 뉴런에게 영양소를 공급해 준다.

성상세포의 돌기 중 일부는 혈관을 둘러싸고, 다른 돌기들은 뉴런 쪽을 둘러싼다. 그래서 뉴런의 세포체와 수상돌기 막은 성상세포에 의해 거의 완전히 둘러싸여 있다. 최근의 연구 결과 성상세포는 모세혈관에서 영양소를 받아 저장한 다음, 필요할 때 뉴런에 영양소를 주는 것으로 알려졌다(Tsacopoulos & Magistretti, 1996; Brown, Tekkök, & Ransom, 2004). 성상세포는 뉴런에게 화학물질을 전달하는 역할 이외에 뉴런의 위치를 유지시켜 주는 기질(基質, matrix)의 역할도 한다. 또한 성상세포는 시냅스를 둘러싸고 격리시켜서 종말단추에서 방출되는 신경전달물질이 확산되는 것을 방지해 준다(그림 2.6 참조).

중추신경계에 있는 세포가 죽으면 어떤 종류의 성상세포는 죽은 세포의 잔해를 청소하는 역할을 담당한다. 이 세포는 중추신경계를 두루 돌아다니는데 아메바가 이동할 때처럼 돌기('위족', pseudopodia)를 뻗거나 수축시키는 방식으로 미끄러져 다닌다. 성상세포가 죽은 뉴런의 잔해에 닿으면 돌기를 내밀어 삼켜 소화해 버린다. 우리는 이 과정을 **식작용**phagocytosis이라고 부른다(*phagein*은 '먹다', *kutos*는 '세포'를 뜻한다). 만일 청소할 조직이 많은 경우에는 성상세포가 분열하여 그 일을 감당할 수 있도록 더 많은 세포가 만들어진다. 일단 죽은 조직이 분해되고 나면 성상세포의 얼개가 빈 공간을 채우기 위해 남게 되고, 특수한 종류의 성상세포가 상처조직을 형성하여 그 영역을 둘러싼다.

희소돌기아교세포oligodendrocyte의 주된 기능은 축색을 지지하고, **수초**myelin sheath를 만들어 축색을 절연

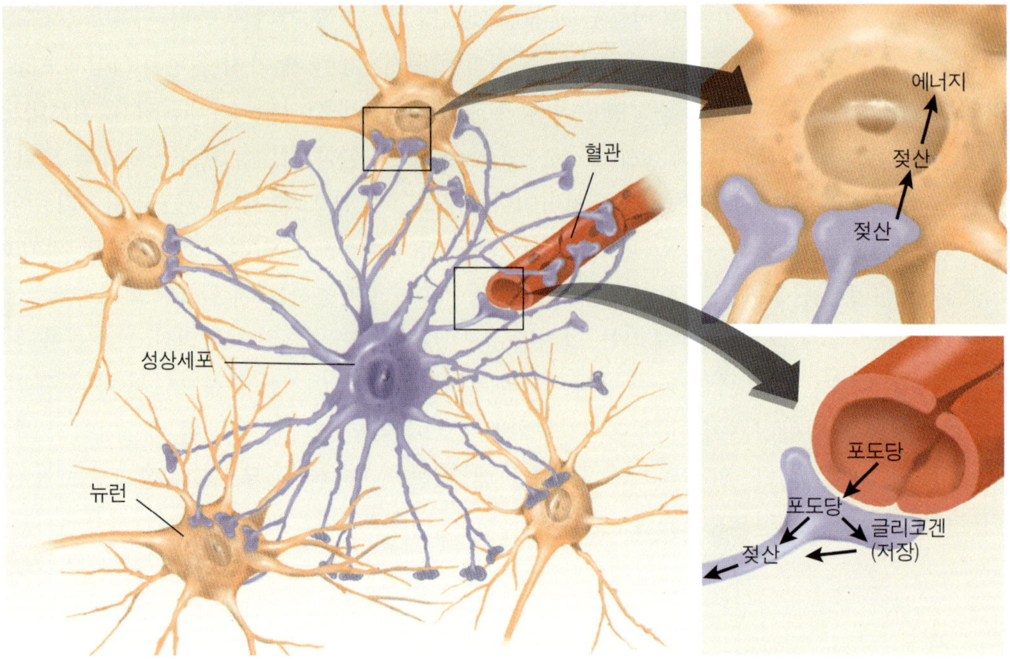

그림 2.6 성상세포의 구조와 위치. 이 세포의 돌기가 중추신경계의 모세혈관과 뉴런을 감싸고 있다.

시킨다(어떤 뉴런은 수초가 없는 무수축색이다). 80%의 지질과 20%의 단백질로 구성된 수초는 희소돌기아교세포에 의해서 만들어지고, 관 형태로 축색을 둘러싼다. 이 관은 연속적인 것이 아니라 길이가 약 1mm 정도인 일련의 분절로 이루어지는데, 이 분절 사이에는 1~2μm 정도 수초가 없는 부분이 있다(μm는 10^{-6}m 또는 1mm의 1,000분의 1이다). 이처럼 수초가 없이 노출된 축색 부위를 발견자의 이름을 따서 **랑비에 결절**node of Ranvier이라고 한다. 그래서 유수축색은 긴 염주 목걸이와 유사한 모양을 하고 있다(실제로 아주 긴 염주는 길이가 지름의 약 80배나 되는 것도 있다).

하나의 희소돌기아교세포는 50마디의 수초를 만든

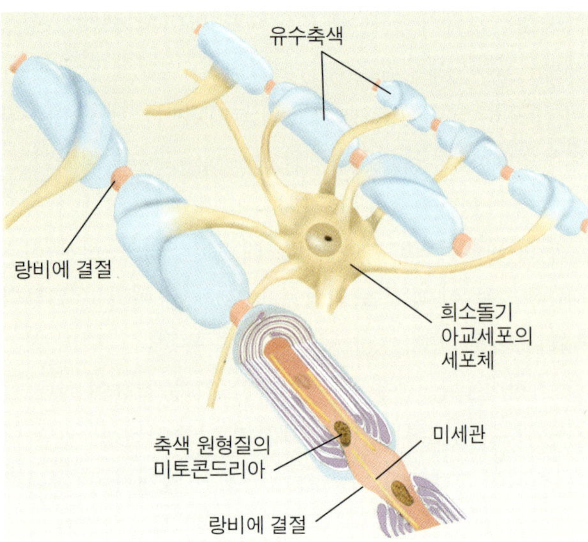

그림 2.7 희소돌기아교세포. 희소돌기아교세포는 중추신경계에서 여러 개의 축색을 감싸서 수초를 형성한다. 하나의 세포가 인접한 여러 축색에서 수초 한 마디씩을 만든다.

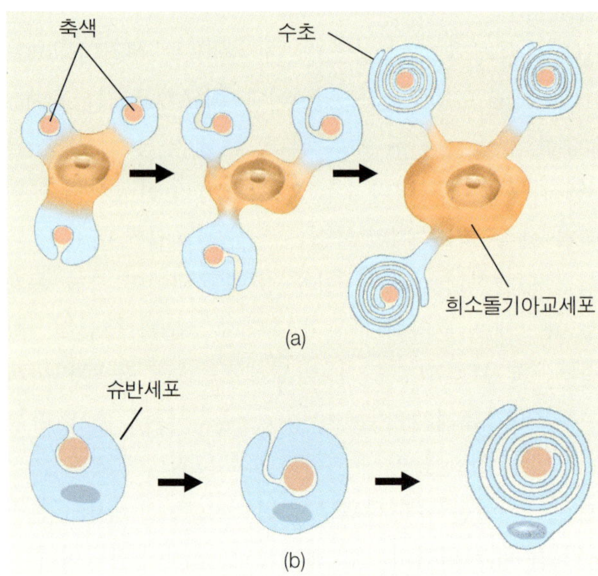

그림 2.8 수초의 형성. 희소돌기아교세포의 돌기 또는 슈반세포 전체가 개개의 축색을 여러 번 둘러싸서 한 마디의 수초를 만든다. (a) 희소돌기아교세포, (b) 슈반세포.

다. 중추신경계가 발달하는 동안 희소돌기아교세포는 카누의 노와 비슷하게 생긴 돌기를 만든다. 그다음에 각각의 노처럼 생긴 돌기가 축색의 한 분절을 여러 차례 감싸게 되고, 그렇게 하는 동안 수초의 층이 만들어진다. 그러므로 노처럼 생긴 돌기 하나가 축색의 수초 한 마디가 되는 것이다(그림 2.7과 그림 2.8a 참조).

이름 그대로 **미세아교세포**microglia는 아교세포 중에서 크기가 가장 작다. 몇몇 성상세포처럼 미세아교세포는 죽은 뉴런을 잡아먹어 분해하는 식작용을 한다. 그러나 이러한 기능 이외에 미세아교세포는 뇌에 있는 면역계의 일부로서 미생물의 침입으로부터 뇌를 보호해 주는 역할을 한다. 미세아교세포는 뇌손상에 대한 반응으로 염증을 일으킨다.

은퇴한 신경과 의사인 C 박사는 20년 이상 동안 다발성 경화증으로 고생하다 심장마비로 사망하였다. 23년 전 어느 날 저녁, 그녀는 남편과 함께 평소에 좋아하던 음식점에서 식사를 했다. 식사 후 자리에서 일어날 때 그녀가 비틀거리며 쓰러질 뻔하자, 남편이 농담으로 말하였다. "여보, 당신 마지막 와인 잔은 마시지 말걸 그랬어." 그녀는 남편의 농담에 웃었지만, 자신이 비틀거린 것이 저녁 식사 때 마신 와인 두 잔 때문이 아니라는 것을 잘 알고 있었다. 그녀는 갑자기 자신이 깨달았어야 하는 몇몇 증상들을 무시했었다는 사실을 인식하게 되었다.

그 다음 날 그녀는 동료 의사에게 자문을 구하였고, 그 의사는 C 박사의 잠정적 진단이 맞을 것이라는 데 동의하였다. 그녀의 증상은 다발성 경화증에 꼭 들어맞았다. 그녀는 물체가 두 개로 보이는 복시를 경험하였고, 가끔은 자신의 발이 견고하지 않은 것처럼 느껴졌으며, 또 때로는 오른손이 따끔거리며 아픈 것을 느꼈다. 이러한 증상들이 아주 잠깐 동안만 지속되다가 완전히 사라지는 것이 문제였는데, 그래서 그녀는 이 증상을 무시하거나 또는 이 증상이 중요하다는 것을 스스로에게 부정했다.

C 박사가 사망한 지 몇 주 후 의과대학생들과 신경학 전공의들이 의과대학 신경병리학자인 D 박사의 부검실에 모였고, 그곳에는 스테인리스 트레이에 뇌와 척수가 놓여 있었다. "이것은 C 박사의 것입니다. 몇 년 전에 그녀가 자신의 장기를 의과대학에 기증하였습니다."라고 D 박사가 설명하였다. 그 자리에 있는 모든 사람이 비록 개인적으로는 알지 못하더라도 생전에 존경받는 의사와 교수로서 C 박사의 명성을 잘 알고 있었기 때문에 그 뇌를 아주 열심히 보았다. D 박사는 참석자들을 벽에 걸려 있는 여러 장의 MRI 사진 쪽으로 데려갔다. "이 사진에는 몇 군데의 백질 손상이 분명하게 나타나는데, 6개월 후에 찍은 다음 사진에는 나타나지 않습니다. 그리고 여기 다른 사진에도 마찬가지로 손상이 나타나지만 다음 사진에는 나타나지 않습니다. 면역계가 특정영역의 수초를 공격했고, 그다음에 아교세포가 그 손상된 찌꺼기를 청소했습니다. 그래서 이 MRI 사진에는 손상이 나타나지 않지만, 그 축색은 더 이상 정보를 전달할 수 없습니다."

그는 C 박사의 뇌를 여러 개의 절편으로 잘랐다. "여기 이것이 보입니까?" 그는 백질덩이에 있는 탈색된 반점 하나를 가리켰다. "이것이 경화성 반점으로서 주변 조직보다 더 단단하게 느껴집니다. 이런 반점이 뇌와 척수에 걸쳐 여러 군데 있으므로 이 질병을 다발성 경화증이라고 합니다." 그는 척수를 들고 자신의 엄지와 검지손가락으로 길이를 따라 만져 내려가다가 멈추고 말하였다. "그래, 바로 여기서도 경화성 반점이 느껴집니다."

D 박사는 척수를 내려놓고 물었다. "누가 이 질병의 병인에 대해 설명해 보겠습니까?"

학생 중 한 명이 대답했다. "자가면역 질환입니다. 면역계가 자기 신체의 수초단백질에 민감해져서 주기적으로 수초를 공격하고, 그래서 다양한 신경학적 증상들을 일으킵니다. 어떤 학자들은 아동기에 감염되었던 바이러스 질병이 면역계로 하여금 자신의 수초단백질을 이물질로 보게 만든다고 합니다."

D 박사가 말했다. "맞습니다. 다발성 경화증 진단의 일차적 준거는 신경학적 증상들이 가끔씩 여러 곳에서 나타난다는 것입니다. 그 증상들이 한꺼번에 다 나타나지 않고, 신경계의 여러 다른 부위의 손상에 의해서만 나타나게 되는데, 이것은 다발성 경화증의 증상들이 뇌졸중의 결과가 아니라는 것을 의미합니다."

슈반세포

중추신경계에서는 희소돌기아교세포가 축색을 지지하고 수초를 만든다. 한편 말초신경계에서는 **슈반세포** Schwann cell가 동일한 기능을 수행한다. 말초신경계에 있는 대부분의 축색은 수초를 가지고 있다. 중추신경계에서와 마찬가지로 수초는 분절의 형태로 만들어지는데, 하나의 슈반세포가 축색 둘레를 여러 차례 감싸서 하나의 분절을 만든다. 중추신경계의 희소돌기아교세포는 노처럼 생긴 돌기를 많이 만들어서 여러 개의 축색을 감싸는 반면, 말초신경계의 슈반세포는 세포 전체가 축색을 감싸서 한 축색에 한 마디의 수초만 만든다(그림 2.8b 참조).

중추신경계의 희소돌기아교세포와 말초신경계의 슈반세포 간에 또 다른 중요한 차이가 있는데, 그들이 만드는 수초단백질의 화학적 성분이 다르다. 다발성 경화증 환자의 면역계는 희소돌기아교세포가 만든 수초단백질만 공격하는데, 그래서 말초신경계의 수초는 살아남는다.

피부에 양향을 주는 촉각, 온도변화, 통증, 기타 감각자극들은 단극성 뉴런의 수상돌기에 의해 탐지된다.

Jeff Greenberg/The Image Works.

혈뇌장벽

100여 년 전 Paul Ehrlich는 동물의 혈류에 푸른 물감을 주입하면, 뇌와 척수를 제외하고 나머지 모든 조직이 파란색으로 물든다는 것을 발견하였다. 그러나 같은 물감을 뇌실로 주입하자 파란색이 CNS 전체로 퍼져나갔다(Bradbury, 1979). 이 실험은 혈액과 뇌세포를 둘러싸고 있는 체액 사이를 가로막고 있는 장벽, 즉 **혈뇌장벽** blood-brain barrier이 있음을 시사한다.

어떤 물질은 혈뇌장벽을 통과할 수 있으나, 어떤 물질은 통과하지 못한다. 즉, 혈뇌장벽은 **선택적 투과성**(selective permear: *per*는 '통하여', *mear*는 '통과하다'를 뜻한다)을 갖는다. 신체 대부분에서는 모세혈관 내벽의 세포들이 그리 조밀하게 결속되어 있지 않다. 세포 사이에 작은 틈이 있어서 대부분의 물질이 혈장과 혈관 바깥의 체액 사이를 자유롭게 드나들 수 있다. 중추신경계의 모세혈관에는 이 틈이 없기 때문에 많은 물질이 혈액 밖으로 나갈 수 없다. 그래서 뇌의 모세혈관 벽이 혈뇌장벽을 구성한다(그림 2.9 참조). 어떤 물질들은 특수 단백질에 의해 능동적으로 수송되어야 한다. 예를 들어 포도당 수송자는 뇌에 연료를 제공하고, 또 다른 수송자는 유해 노폐물을 뇌에서 제거한다(Rubin & Staddon, 1999; Zlokovic, 2008).

혈뇌장벽의 기능은 무엇인가? 앞으로 살펴보겠지만,

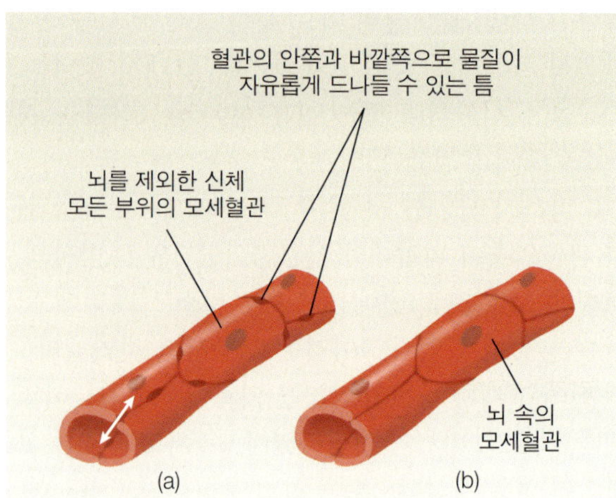

그림 2.9 혈뇌장벽. (a) 뇌 이외의 신체 대부분에 있는 모세혈관 내벽의 세포는 물질이 혈장과 혈관 바깥을 자유롭게 드나들 수 있는 틈을 가지고 있다. (b) 뇌의 모세혈관 내벽의 세포들은 조밀하게 결속되어 있다.

뇌에서의 정보 전달은 뉴런 내부의 물질과 뉴런을 둘러싸고 있는 세포외액에 있는 물질 간의 미묘한 균형에 의해 이루어진다. 만약 세포외액의 성분이 아주 조금만 변하더라도 신경정보의 전달은 방해를 받게 되며, 이는 곧 뇌 기능이 방해를 받는다는 의미이다. 혈뇌장벽의 존재는 이 체액의 성분을 보다 쉽게 조절하도록 해준다. 덧붙여서 우리가 먹는 많은 음식은 뉴런 간의 정보전달을 방해할 수 있는 화학물질을 함유하고 있다. 혈뇌장벽은 이러한 유해물질이 뇌로 들어오는 것을 막아 준다.

혈뇌장벽이 신경계 전체에 고르게 존재하는 것은 아니다. 몇몇 곳에서 장벽은 비교적 투과성이 높아서, 차단되어야 하는 물질들이 이곳에서는 자유롭게 통과할 수 있다. 예를 들어, **최후야**area postrema는 구토를 조절하는 뇌 부위로서, 이곳의 혈뇌장벽은 상당히 약해서 뉴런이 혈액 속의 독성물질을 탐지할 수 있도록 해준다. 위장에서 순환계로 들어온 독성물질이 이 영역을 자극하게 되면 구토를 일으킨다. 운이 좋으면 독에 의해 심한 손상을 입기 전에 몸 밖으로 배출할 수 있다.

절 요약

신경계의 세포

뉴런은 신경계의 가장 중요한 세포이다. 중추신경계(CNS)는 뇌와 척수로 이루어져 있고, 말초신경계(PNS)는 신경과 감각기관으로 구성되어 있다.

뉴런은 세포체, 수상돌기, 축색, 그리고 종말단추의 네 부분으로 되어 있고, 축색의 끝 부분에 있는 시냅스를 통해 교신한다. 활동전위가 축색을 따라 내려가면 종말단추는 화학물질을 분비하는데, 그 결과 다른 뉴런을 흥분시키거나 또는 억제하게 된다. 흥분성 시냅스와 억제성 시냅스를 가지고 있는 뉴런의 회로망의 상호작용이 우리의 지각, 기억, 사고, 행동 모두를 관장한다.

뉴런에는 꽤 많은 양의 투명한 세포질이 막으로 둘러싸여 있다. 세포막에는 특정 물질을 세포 안팎으로 운송하는 등의 특수한 기능을 가진 단백질 분자가 파묻혀 있다. 핵은 신체가 만들 수 있는 모든 단백질의 제조법이 담긴 유전정보를 가지고 있다. 미세관과 단백질 세사는 세포 골격을 구성하며 화학물질을 수송하는 데 도움을 준다. 미토콘드리아는 세포가 영양소에서 에너지를 추출하는 데 필요한 대부분의 화학반응이 일어나는 장소이다.

뉴런은 중추신경계에 있는 이교세포와 말초신경계에 있는 지지세포에 의해 지지를 받는다. CNS 내에서 성상세포는 기본적으로 뉴런을 지지해 줄 뿐만 아니라 잔해를 제거하며, 조직이 손상되었을 때 상처조직을 형성하기도 한다. 희소돌기아교세포는 축색을 절연시키는 물질인 수초를 형성하고 무수축색 또한 지지해 준다. 미세아교세포는 면역계의 대표적인 식세포이다. PNS에서는 슈반세포가 세포를 지지하고 수초를 만든다.

대부분의 기관에서 분자는 조직에 분포한 모세혈관 내의 혈액과, 세포가 잠겨 있는 세포외액 사이를 자유롭게 이동한다. 분자는 모세혈관을 형성하고 있는 세포 사이의 틈을 통과한다. 그러나 CNS의 모세혈관에는 이 틈이 거의 없어서 혈뇌장벽을 형성한다. 결과적으로 혈뇌장벽을 통과하여 뇌로 들어가거나 빠져나갈 수 있는 물질은 매우 한정되어 있다.

생각해 봅시다

세포 내에 있는 미토콘드리아는 원래 먼 옛날 우리의 조상에게 침입한 미생물이었다는 사실은 진화과정에서 두 가지 이상의 종(種)이 상호작용하였음을 알려 준다. 많은 종의 내부에는 다른 유기체들이 서식하고 있다. 실제로 우리 내장에 사는 박테리아는 우리의 건강에 도움을 준다. 어떤 미생물은 유전정보를 교환할 수 있어서 한 종에서 발달한 적응적인 돌연변이가 다른 종에 의해 수용될 수 있다. 우리 신경계 세포의 어떤 특성들이 다른 종에서 우리 조상에게 전달되었을 가능성이 있을까?

뉴런 내에서의 교신

이 절은 뉴런 내에서의 교신의 본질–활동전위가 세포체에서 축색을 따라 종말단추까지 전달되어 종말단추에서 신경전달물질이 방출되는 방식–을 살펴보겠다. 시냅스 전달–뉴런 간의 교신–에 대해서는 다음 절에서 자세히 다룰 것이다. 이 절에서 보게 될 것은 활동전위가 축색 내부와 축색을 둘러싸고 있는 액체 사이에 일부 물질들이 이동하게 되는 일련의 축색 막의 변화이다. 이러한 교환이 전기적 흐름을 일으킨다.

신경교신: 개요

활동전위에 대해 이야기하기 전에 한 걸음 물러서서 뉴런이 유용한 행동을 일으키기 위해 어떻게 상호작용하는가를 보자. 우선 철회반사를 통제하는 세 개의 뉴런과 하나의 근육으로 된 간단한 회로망을 생각해 보자. 다음 두 개의 그림에서 다극성 뉴런이 짧은 돌기가 여러 개인 별 모양으로 그려져 있다. 별 모양의 가지가 수상돌기를 나타내며, 그 축색의 끝 부분에 하나 또는 두 개의 종말단추만 그려 놓았다. 이 예에서 감각뉴런은 고통스런 자극을 탐지한다. 그 수상돌기가 유해자극(뜨거운 물건)에 의해 자극받으면 축색을 따라 척수에 위치해 있는 종말단추로 정보를 보낸다(여러분은 이 세포가 단극성 뉴런이라는 것을 알 수 있을 것이다. 그림 2.10 참조). 감각뉴런의 종말단추는 개재뉴런을 흥분시키는 신경전달물질을 방출하고, 정보가 개재뉴런의 축색을 따라 계속 전달된다. 개재뉴런의 종말단추는 운동뉴런을 흥분시키는 신경전달물질을 방출하고, 정보는 다시 운동뉴런의 축색을 타고 전달된다. 운동뉴런의 축색은 신경을 형성하여 근육으로 간다. 운동뉴런의 축색이 신경전달물질을 방출하면 근육세포가 수축하고 뜨거운 물건에서 손을 떼게 만든다(그림 2.10 참조).

지금까지 살펴본 모든 시냅스는 흥분적 효과를 일으켰다. 이제 억제성 시냅스의 효과를 알아보기 위해 사건을 약간 복잡하게 만들어 보자. 여러분이 오븐에서 뜨거운 냄비를 꺼내야 한다고 생각해 보자. 냄비를 꺼내 들고 식탁으로 가는 동안 뜨거운 열은 여러분이 끼고 있는 얇은 냄비 장갑 속으로 침투한다. 뜨거운 냄비에 의해 유발된 통증이 철회반사를 촉발해 냄비를 떨어뜨리려 한다. 그러나 여러분은 냄비를 식탁 위에 내려놓을 때까지 뜨거운 냄비를 잡고 있어야 한다. 어떤 기제가 냄비를 바닥으로 떨어뜨리려는 철회반사를 막는가?

뜨거운 냄비에서 유발된 통증은 운동뉴런에 흥분성 시냅스 활동을 증가시켜서 냄비에서 손을 떼도록 하는 경향이 있다. 그러나 이러한 흥분은 다른 곳, 즉 뇌에서 제공되는 억제에 의해 상쇄된다. 뇌는 여러분이 냄비를 바닥에 떨어뜨리면 어떤 재앙이 일어날 것인가를 인식하는 신경회로를 가지고 있다. 이러한 신경회로가 냄비를 떨어뜨리려는 철회반사를 막도록 척수에 신호를 보

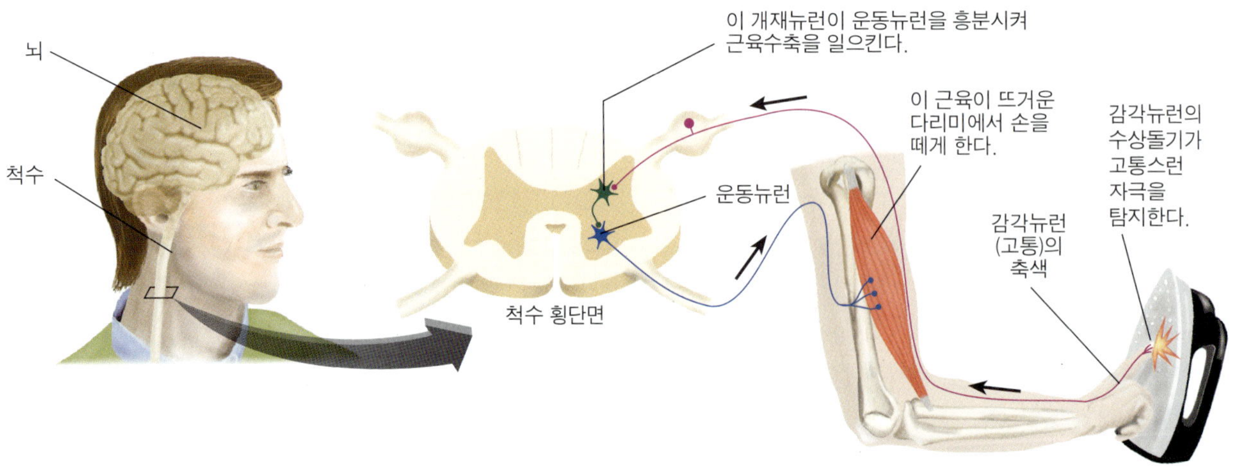

그림 2.10 **철회반사.** 신경계의 유용한 기능에 대한 간단한 예. 고통스런 자극이 뜨거운 다리미에서 손을 떼게 만든다.

낸다.

그림 2.11은 이러한 정보가 어떻게 척수에 도달되는가를 보여 준다. 그림에서 보듯이 뇌에 있는 뉴런의 축색이 척수에 도달하면 그 종말단추가 억제성 개재뉴런과 시냅스를 형성한다. 뇌의 뉴런이 활성화되면 종말단추는 억제성 개재뉴런을 흥분시킨다. 이 개재뉴런은 억제성 신경전달물질을 방출하여 운동뉴런의 활동을 감소시키고, 그 결과 철회반사가 차단된다. 이러한 회로는 두 개의 상반된 경향성, 냄비를 떨어뜨리려는 것과 그것을 잡으려는 것 간의 경쟁이라 할 수 있다(그림 2.11 참조).

물론 대부분의 반사기제는 이보다 훨씬 더 복잡하고, 반사를 억제하는 기제는 더욱더 복잡하다. 그리고 수천 개의 뉴런이 반사과정에 관여하기도 한다. 그림 2.11에 그려진 다섯 개의 뉴런은 많은 다른 뉴런을 대표하는 것이다. 수십 개의 감각뉴런이 뜨거운 대상을 탐지하고, 수백 개의 개재뉴런이 감각뉴런의 활동에 의해 자극을 받으며, 수백 개의 운동뉴런이 근육수축을 일으킨다. 그리고 반사를 억제해야 한다면 뇌에 있는 수천 개의 뉴런이 활성화되어야 한다. 하지만 이러한 단순한 모형은 신경교신 과정에 대한 개요이며, 이 장의 뒷부분에서 더 자세히 설명할 것이다.

축색의 전위 측정

축색을 따라 전도되는 신호의 특성을 살펴보자. 이를 위해서 우리는 상당히 큰 축색을 구해야 한다. 다행스럽게도 신경과학자들은 자연에서 오징어의 거대 축색(거대오징어의 축색이 아니라 오징어의 거대 축색이다)을 구할 수 있었다. 지름이 거의 0.5mm나 되는 이 축색은 포유류의 가장 큰 축색보다도 수백 배가 더 크다(이 거대한 축색은 위기반응, 즉 갑작스런 외투 수축반응을 조절한다. 외투가 갑자기 수축하면 분출구에서 물이 배출되면서 오징어는 위험에서 멀리 벗어날 수 있다). 먼저 분리한 오징어의 거대 축색을 하루 또는 이틀 정도 살아 있을 수 있도록 바닷물이 담긴 접시에 넣어둔다.

축색에서 발생한 전하를 측정하기 위해서 우리는 한 쌍의 전극을 사용한다. **전극**electrodes은 전기가 드나들 수 있는 통로를 제공해 주는 도체이다. 전극 중 하나는 보통 전선으로 바닷물 속에 넣어두고, 다른 하나는 축색의 신호를 기록하기 위해 사용되는 특수한 것이다. 오징어 거대 축색이라도 그 지름이 상당히 작기 때문에 축색에 손상을 주지 않고 막전위를 기록하기 위해서는 아주 가는 전극을 사용해야 한다. 이렇게 하기 위해서 우리는 미세전극을 사용한다.

미세전극microelectrode은 아주 가는 전극으로, 금속이나 유리로 만들어진다. 얇은 유리관의 중심부분을 가열하여 양끝을 잡아당기면 뾰족한 끝 부분의 지름이 1,000분의 1mm 이하가 되는 극도로 가는 유리관이 만들어진다. 유리는 전기가 통하지 않으므로 유리 미세전극에는 염화칼륨 용액과 같은 전도성 용액을 채운다.

바닷물에는 전선으로 만든 전극을 넣고, 축색에는 미

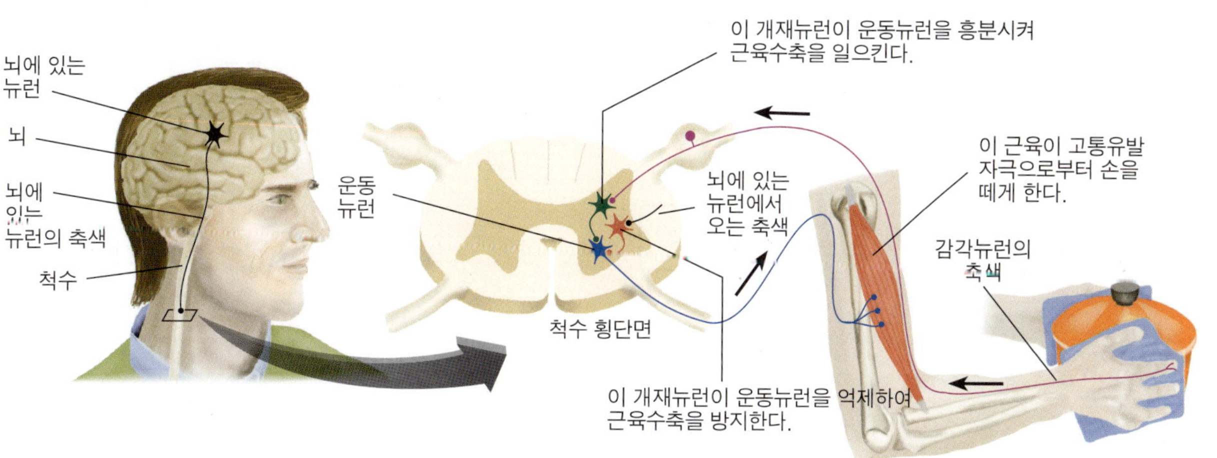

그림 2.11 **억제의 역할.** 뇌에서 나온 억제성 신호가 철회반사를 차단하여 냄비를 떨어뜨리지 못하게 한다.

세전극을 삽입한다(그림 2.12a 참조). 이렇게 하는 순간 우리는 축색 내부가 바깥쪽에 비해 부적으로 대전(帶電)되어 있음을 볼 수 있으며, 전하의 차이는 70mV (millivolts, 또는 1,000분의 1V)이다. 그러므로 막의 내부가 −70mV인데, 이 전하를 **막전위**membrane potential라 한다. 전위(potential)란 용어는 비축된 에너지원(이 경우에는 전기적 에너지)을 가리킨다. 예를 들어서, 손전등에 들어가는 건전지는 전기회로에 연결되어 있지 않을 때 1.5V의 전위차가 있다. 전구를 건전지에 연결하면, 이 전위에너지가 흐르면서 방사에너지(빛)로 전환된다(그림 2.12b 참조). 이와 마찬가지로 축색의 안쪽과 바깥쪽에 연결된 두 개의 전극을 아주 민감한 전압계에 연결하면 전위에너지가 전압계의 바늘을 움직이게 하는 운동으로 바뀐다. 물론 축색 막의 전기적 에너지는 건전지와 비교하면 아주 미약하다.

나중에 살펴보겠지만 축색을 통해 전달되는 신호는 막전위의 순간적인 변화이다. 그러나 이 변화는 너무 빠르게 일어나기 때문에 전압계를 사용해서는 관찰할 수가 없다. 그래서 이를 관찰하기 위해 **오실로스코프** oscilloscope를 사용한다. 이 장치는 전압계와 마찬가지로 전압을 측정하며, 기록한 전압은 시간에 대한 함수로 그래프로 나타난다. 텔레비전 화면과 같은 곳에 그래프가 그려지는데 수직축은 전압을 나타내고 수평축은 왼쪽에서 오른쪽으로 시간 경과를 나타낸다.

축색 속으로 미세전극을 삽입하면, 축색에 아무런 자극도 가하지 않을 경우 오실로스코프에는 −70mV의 수평선이 나타난다. 이러한 막 사이의 전하를 **안정전위** resting potential, 즉 휴식상태의 막전위라고 한다. 이제 안정전위에 변화를 일으켜 어떤 일이 일어나는지 살펴보자. 그렇게 하기 위해서는 특정 위치의 막전위를 변화시킬 수 있는 전기자극 장치가 필요하다(그림 2.13 참조). 축색 내부에 삽입된 또 다른 전극을 통해 자극 장치에서 전류를 흘려보낸다. 축색의 내부는 음전기를 띠기 때문에 막 내부에 가해진 양전하는 막에 **감분극**depolarization을 일으킨다. 즉, 전극 근처의 막 사이에 걸린 전하가 줄어들어 막전위가 감소한다.

인위적으로 한 지점의 막전위를 변화시키면 축색에 무슨 일이 일어나는지 살펴보자. 그림 2.14는 아주 짧은 감분극 자극을 가하고 그 효과를 오실로스코프로 관찰한 것이다. 각각의 효과를 비교하기 쉽도록 개별 자극의 효과를 나타내는 그래프를 하나의 그림에 겹쳐서 그렸다. 아주 약한 자극(1번)에서 시작하여 점진적으로 강도를 증가시키면서 일련의 감분극 자극을 가하였다. 각

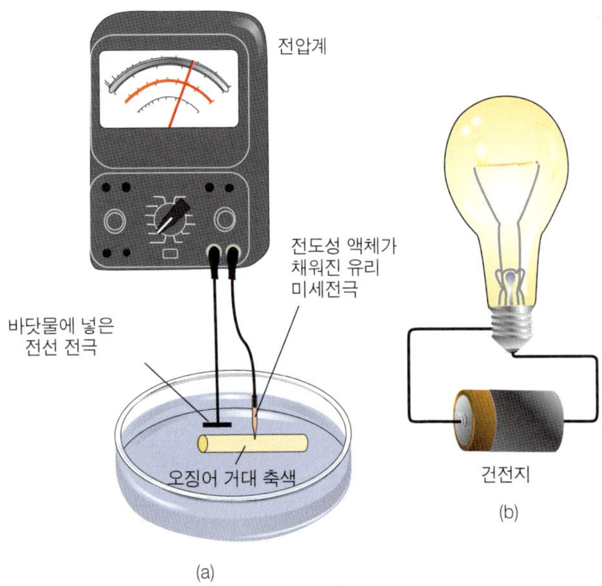

그림 2.12 전하측정. (a) 전압계로 축색 막의 전하를 탐지, (b) 전구로 건전지의 전하를 탐지

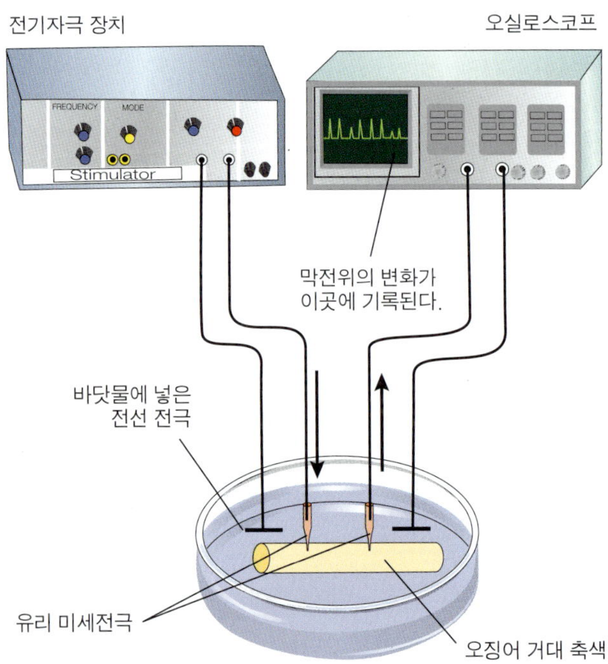

그림 2.13 연구 중인 축색. 축색의 막전위를 기록하면서 축색에 자극을 가하는 장치

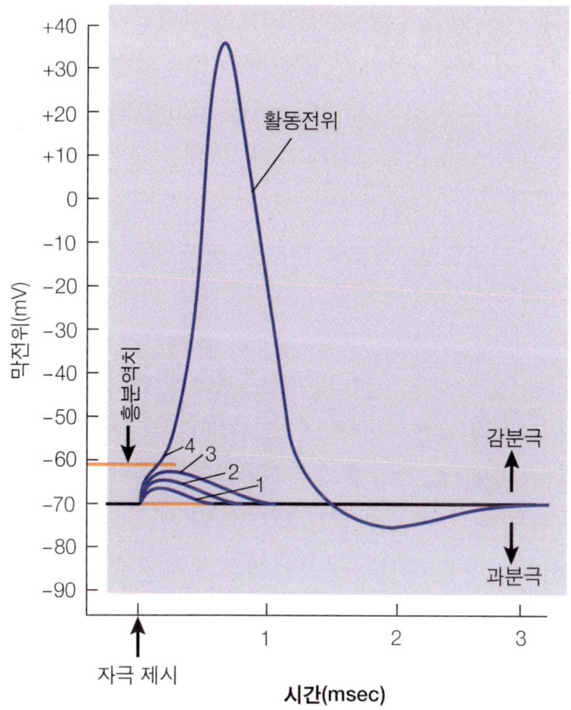

그림 2.14 활동전위. 그림 2.13의 축색에 여러 강도의 감분극 자극을 가하였을 때 오실로스코프 화면에 나타난 결과

자극은 순간적으로 막전위를 약간 더 감분극시킨다. 마지막으로 네 번째 감분극 자극이 가해지자 막전위가 갑자기 역전되어 막 내부는 양전하, 막 외부는 음전하를 띠게 된다. 막전위는 곧 정상으로 돌아가지만, 처음 잠시 동안에는 안정전위를 넘어서서 정상보다 더 크게 분극화되는 **과분극**hyperpolarization 상태에 이른다. 전체 과정은 약 2msec 동안에 일어난다(그림 2.14 참조).

막전위가 아주 급격히 역전되는 이러한 현상을 **활동전위**action potential라고 한다. 이 활동전위가 바로 축색을 타고 세포체에서 종말단추로 전달되는 신호이다. 활동전위를 유발하는 전압의 수준(그림의 4번 자극)을 **흥분역치**threshold of excitation라고 한다.

막전위: 두 가지 힘의 균형

활동전위가 일어나는 원인을 이해하기 위해서는 먼저 막전위가 존재하는 이유를 알아야 한다. 앞으로 보게 되겠지만, 이 전위는 확산과 정전압이라는 두 가지 대립적인 힘 사이에 균형이 유지된 결과이다.

확산력

설탕 한 스푼을 물이 담긴 컵 속에 조심스럽게 쏟아 부으면 설탕은 바닥에 가라앉는다. 차츰 설탕이 용해되지만 설탕 분자는 여전히 그릇의 바닥 가까이에 머문다. 더 많은 시간이 지나면(아마도 며칠 정도) 물을 젓지 않아도 설탕 분자는 물 전체로 골고루 퍼진다. 이처럼 분자는 스스로 자신이 녹아 있는 용매 전체에 골고루 퍼져 가는데 이 과정을 **확산**diffusion이라고 한다.

확산을 막는 힘이나 장애물이 없으면 분자는 고농도의 영역에서 저농도의 영역으로 확산된다. 분자는 끊임없이 움직이고 있으며, 그 운동 비율은 온도에 비례한다. 절대 영점[0K(kelvin) = −273.15℃ = −459.7℉]에서만 분자는 무선 운동을 멈춘다. 그 이외의 모든 온도에서 분자는 충돌하고, 다른 방향으로 방향을 바꾸어 서로 밀어내면서 이리저리 움직인다. 설탕과 물의 경우 이런 충돌의 결과로 설탕 분자는 위쪽으로(설탕 분자의 농도가 높은 곳에서 낮은 곳으로), 물 분자는 아래쪽으로 퍼져나간다.

정전압

어떤 물질은 물에 녹으면 서로 반대되는 전하를 가지는 두 부분으로 나누어진다. 이런 특성을 지닌 물질을 **전해질**electrolytes이라 하고, 분해된 전하를 띤 입자를 **이온**ion이라고 한다. 이온에는 기본적으로 두 가지 종류가 있다. 양이온(cation)은 양전하를 가지며, 음이온(anion)은 음전하를 가지고 있다. 예를 들어, 염화나트륨(NaCl, 소금)은 물에 녹아 양이온인 나트륨(Na^+)과 음이온인 염소(Cl^-)로 분리된다. [*cation*과 *anion*을 가장 쉽게 기억하는 방법은 *cation*의 + 부호를 검은 고양이(cat)가 길을 가로지르는 장면으로 생각하는 것이다.]

잘 알다시피 같은 종류의 전하를 가진 입자들은 서로 반발하고(+와 +, −와 −는 서로 밀어냄), 다른 전하를 띤 입자들은 서로 끌어당긴다(+와 −는 끌어당김). 따라서 음이온과 음이온, 양이온과 양이온은 서로 반발하지만, 양이온과 음이온은 서로 끌어당긴다. 이처럼 서로 끌어당기거나 반발할 때 작용하는 힘을 **정전압**electrostatic pressure이라고 한다. 확산력이 분자를 농도가 높은 영역에서 농도가 낮은 영역으로 이동시키듯이 정전압도 분자를 이동시킨다. 양이온은 양이온이 많은 곳에서 밀려 나가고, 음이온은 음이온이 많은 곳에서 밀려 나간다.

세포내액과 세포외액의 이온들

세포 내부의 체액인 **세포내액**intracellular fluid과 세포를 둘러싸고 있는 **세포외액**extracellular fluid에는 여러 이온이 녹아 있다. 이 이온에 의한 확산력과 정전압이 막전위를 발생시킨다. 막전위는 확산력과 정전압 사이의 균형에 의해 생기기 때문에, 막전위가 어떻게 발생하는지 이해하기 위해서는 세포외액과 세포내액에 녹아 있는 다양한 이온의 농도를 알아야 한다.

이들 체액에는 여러 가지 중요한 이온이 들어 있다. 여기에서는 다음의 네 가지－유기 음이온(organic anion: A^-), 염소이온(Cl^-), 나트륨이온(Na^+), 칼륨이온(K^+)－만 다룬다. 나트륨과 칼륨의 라틴어는 *natrium*과 *kalium*이다. 그래서 이들을 각각 Na와 K로 표기한다. 음으로 대전된 단백질인 유기 음이온은 세포의 신진대사 산물로서 세포내액에만 존재한다. 다른 세 가지 이온은 세포내액과 세포외액 모두에 들어 있는데, K^+은 세포내액에 현저히 많은 반면 Na^+과 Cl^-는 세포외액에 훨씬 더 많다. 그림 2.15에 그려져 있는 사각형의 크기가 네 가지 이온의 상대적인 농도를 나타낸다(그림 2.15 참조). 이러한 이온의 분포를 가장 쉽게 기억하려면, 세포를 둘러싸고 있는 체액이 소금(NaCl) 농도가 높은 바닷물과 비슷하다고 생각해 보라. 인체를 구성하는 세포의 원시 조상은 바다에서 살았으므로 바닷물이 그들의 세포외액이었다. 그래서 우리의 세포외액은 바닷물과 유사하며 11장에서 기술할 조절기제에 의해 생산, 유지된다.

그림 2.15에 그려진 바와 같이 각 이온에 작용하는 확산력과 정전압을 검토하고, 그 이온이 그곳에 위치하는 이유를 추론해 보자. 유기 음이온(A^-)은 축색 막을 통과할 수 없다. 그러므로 비록 세포 내의 유기 음이온이 막전위에 영향을 주기는 하지만 막을 투과할 수 없기 때문에 세포 내에만 존재한다.

칼륨이온(K^+)은 축색 안쪽에 많이 분포하고 있으므로 확산력에 의해 세포 밖으로 밀려 나간다. 그러나 세포 바깥은 내부에 비해 양으로 대전되므로 정전압이 칼륨 양이온을 안으로 밀어 넣으려고 한다. 그래서 이들 반대방향의 두 힘이 균형을 유지하면 칼륨이온은 그 상태를 유지한다(그림 2.15 참조).

염소이온(Cl^-)은 축색 바깥에 집중되어 있다. 그러므

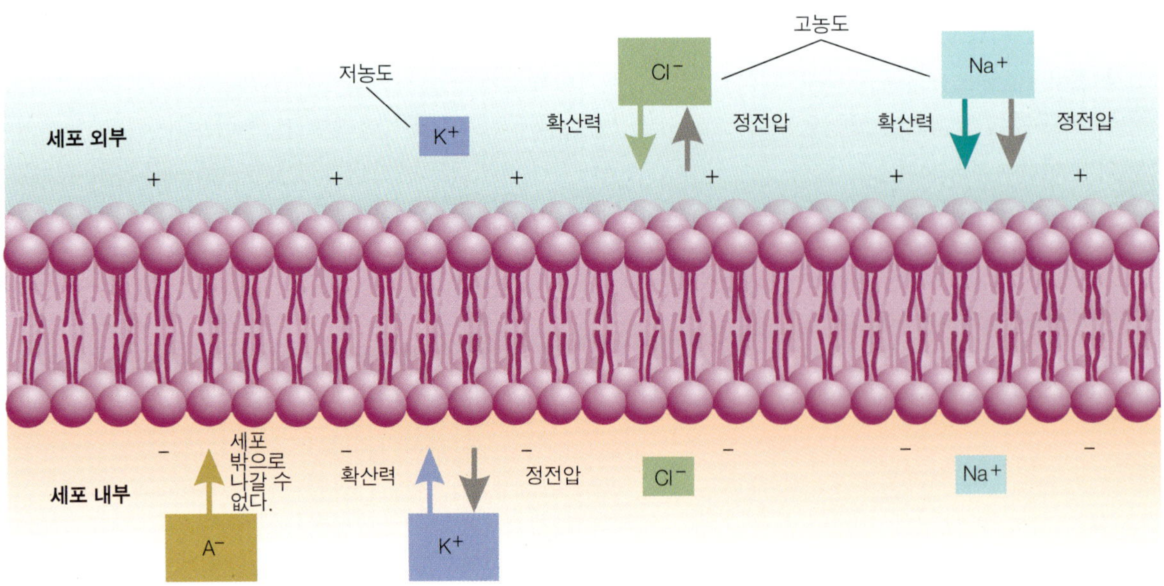

그림 2.15 막전위의 통제. 뉴런 안팎에 존재하는 중요한 이온들의 상대적인 농도와 그에 작용하는 힘

로 확산력은 이 이온을 안쪽으로 밀어 넣으려 하지만, 축색 안쪽은 음으로 대전되어 있기 때문에 정전압은 음이온을 바깥으로 밀어낸다. 이 또한 두 가지 대립적인 힘은 서로 균형을 유지한다(그림 2.15 참조).

나트륨이온(Na^+)도 염소이온과 마찬가지로 축색의 바깥쪽에 훨씬 많이 분포되어 있어서 확산력이 나트륨이온을 세포 안으로 밀어 넣으려고 한다. 그러나 염소이온과는 달리 나트륨이온은 양전하를 띤다. 그러므로 정전압도 나트륨이온이 세포 안으로 들어가는 것을 막지 못하며, 실제로 축색 안의 음전하가 Na^+를 끌어당긴다(그림 2.15 참조).

그렇다면 확산력과 정전압이 모두 Na^+를 세포 안으로 밀어 넣으려는 데도 불구하고 어떻게 해서 Na^+는 세포외액에 더 높은 농도로 유지될 수 있을까? 그 답은 다음과 같다. 또 다른 힘이 나트륨을 계속해서 축색 밖으로 밀어낸다. 이 힘은 세포막에 함몰되어 있는 많은 수의 단백질에 의해 만들어지며, 미토콘드리아에서 생성된 에너지를 사용하여 작동한다. **나트륨-칼륨 수송체** sodium-potassium transporters로 알려진 이 분자들은 두 개의 칼륨이온을 세포 안으로 밀어 넣는 대신에 세 개의 나트륨이온을 바깥으로 밀어내는 식으로 Na^+와 K^+를 교환한다(그림 2.16 참조).

세포막은 Na^+를 쉽게 통과시키지 않기 때문에 나트륨-칼륨 수송체는 세포 안의 Na^+ 농도를 매우 효율적으로 낮게 유지시킨다. 또한 이 수송체는 K^+을 세포 안으로 운반하여 세포 내의 K^+ 농도를 조금 증가시킨다. 세포막은 Na^+보다 K^+에 대해 약 100배 이상 투과적이며, 그래서 K^+ 농도의 증가는 아주 미약한 것이다. 이 장의 후반부에서 살펴보겠지만 신경억제 과정에서 이러한 미약한 증가가 아주 중요하게 작용한다. 나트륨-칼륨 수송체는 많은 에너지를 사용하는데, 뉴런의 대사 작용에서 생긴 에너지의 40% 이상이 수송체를 작동시키는 데 사용된다. 나트륨-칼륨 수송체는 뉴런, 근세포, 아교세포를 비롯한 대부분의 체세포의 막에 존재한다.

활동전위

이제까지 본 것처럼 확산력과 정전압이라는 두 힘이 모두 Na^+를 세포 안으로 밀어 넣으려고 한다. 그러나 막은 이 이온을 잘 투과시키지 않으며, 나트륨-칼륨 수송체가 계속해서 Na^+를 배출시키기 때문에 세포 내의 Na^+ 수준은 낮게 유지된다. 그러나 만약 세포막이 갑자

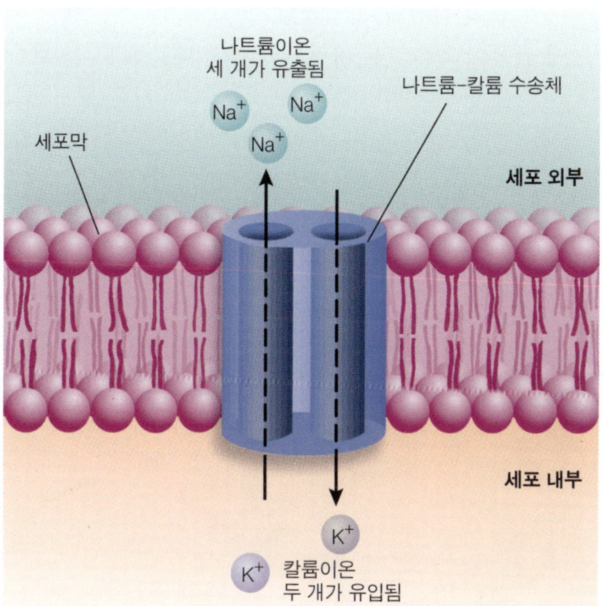

그림 2.16 나트륨-칼륨 수송체. 이 수송체들이 세포막에 있다.

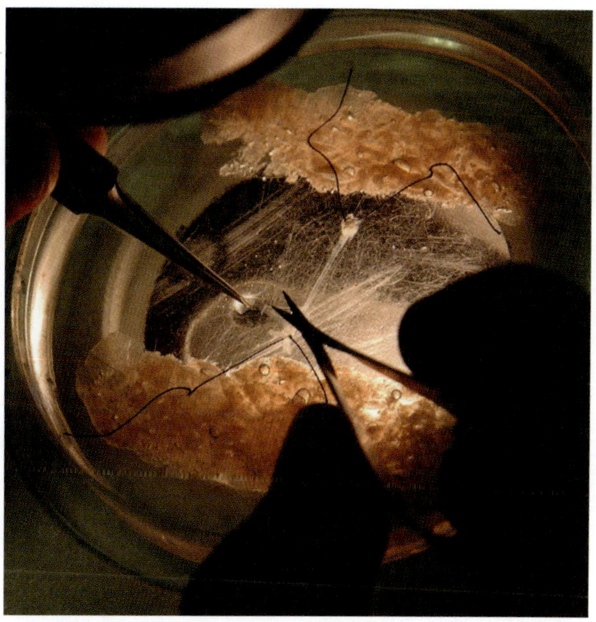

오징어의 거대 축색을 이용하여 연구자들은 축색을 통해 전달되는 정보의 본질에 대해 밝혀냈다.

Lisa Poole/AP Photo.

기 Na^+의 투과를 허용한다면 어떻게 될 것인지 상상해 보라. 확산력과 정전압은 Na^+를 세포 안으로 밀어 넣으려 할 것이다. 이렇게 양전하를 띤 이온이 갑작스럽게 유입되면 막전위가 급격히 변화한다. 실제로 이러한 기제에 의해 활동전위가 유발된다는 사실이 실험을 통해 밝혀졌다. Na^+에 대한 막의 투과성이 순간적으로 증가하여 Na^+ 이온이 세포 안으로 들어오면, 곧이어 K^+에 대한 막의 투과성이 일시적으로 증가하여 K^+를 세포 밖으로 나가게 한다. 이러한 투과성의 일시적인 증가가 어떻게 일어났을까?

앞에서 살펴보았듯이 세포막에 매몰되어 있는 어떤 단백질 분자—나트륨-칼륨 수송체—는 나트륨이온을 세포 밖으로 퍼내고 칼륨이온을 세포 안으로 퍼오는 능동적 작용을 한다. 또 다른 단백질 분자는 이온이 세포 안으로 들어오거나 또는 밖으로 나갈 수 있는 통로가 된다. 이런 단백질 분자를 **이온통로**ion channel라고 하는데, 개폐가 가능한 출입구(구멍)를 가지고 있다. 이온통로가 열리면 특정 이온이 그 구멍을 통해 세포 안으로 들어오거나 밖으로 나갈 수 있다(그림 2.17 참조). 신경세포막에는 이온통로가 매우 많이 존재한다. 예를 들어, 오징어 거대 축색의 막에는 μm^2당 수백 개의 나트륨통로가 있다(1mm²는 100만 μm^2이므로 이 책에 인쇄된 'o' 정도 넓이의 축색 막에는 수억 개의 나트륨통로가 있다). 하나의 나트륨통로가 열리면 초당 100만 개의 이온이 통과할 수 있다. 그러므로 특정 순간 특정 이온의 투과성은 개방된 이온통로의 수에 의해 결정된다.

다음의 번호가 적힌 내용은 활동전위가 일어나는 동안 막을 통과하는 이온의 움직임을 순서대로 기술한 것이다. 그림의 번호는 문단의 번호와 일치한다(그림 2.18 참조).

1. 흥분역치에 도달하는 순간 막의 나트륨통로가 열리고 확산력과 정전압에 의해 Na^+가 유입된다. 나트륨통로의 개방은 막전위의 감분극에 의해 촉발되며, 활동전위가 시작되는 시점인 흥분역치에 다다르면 완전히 열린다. 이 통로는 막전위의 변화에 의해 열리기 때문에 **전압-의존성 이온통로**voltage-dependent ion channels라고 한다. 나트륨 양이온이 유입되면 막전위가 −70mV에서 +40mV까지 급격히 변화된다.
2. 축색의 막에는 전압-의존성 칼륨통로도 존재하는데, 이것은 전압-의존성 나트륨통로에 비해 덜 민감하다. 즉, 칼륨통로가 열리기 위해서는 더 큰 감분극이 있어야 한다. 그래서 칼륨통로는 나트륨통로보다 늦게 열린다.
3. 활동전위가 정점에 도달할 무렵(약 1msec 후), 나트륨통로는 불응기(refractory) 상태가 된다. 이제 이 통로는 막이 다시 안정전위에 도달할 때까지 열리지 않는다. 그러므로 더 이상 Na^+가 세포 안으로 유입되지 않는다.
4. 이때, 전압-의존성 칼륨통로가 열려 있어 K^+ 이온은 막을 통해 자유롭게 이동할 수 있다. 이 시점에서 축색 안쪽이 양전기로 대전되어 있기 때문에 K^+는 확산

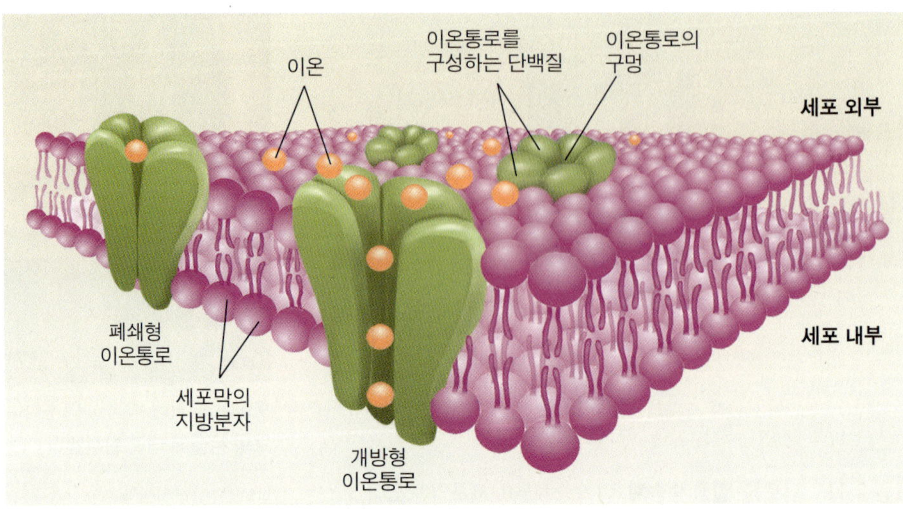

그림 2.17 이온통로. 이온통로가 열리면 이를 통해 이온이 세포 안으로 들어오거나 세포 밖으로 나갈 수 있다.

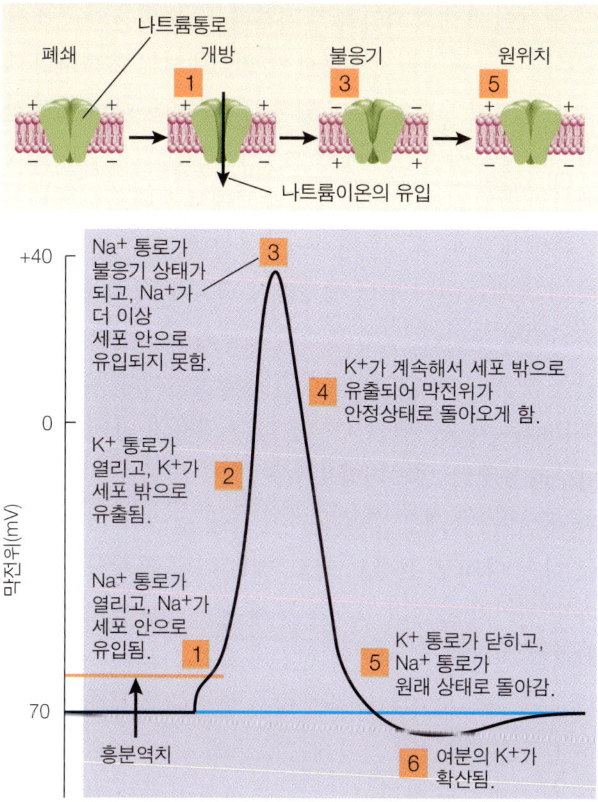

그림 2.18 활동전위가 일어나는 동안 이온의 움직임. 위의 그림은 흥분역치에서 나트륨통로가 열리고, 활동전위의 정점에서 불응기 상태가 되고, 막전위가 정상으로 돌아갈 때 원래 상태로 돌아가는 것을 보여 준다.

력과 정전압에 의해 세포 바깥으로 밀려 나간다. 이렇게 양이온이 유출되면서 막전위는 정상 수준으로 되돌아가고, 칼륨통로는 다시 닫히기 시작한다.

5. 일단 막전위가 정상 수준으로 환원됨에 따라 칼륨통로가 닫히고 칼륨이 더 이상 유출되지 않는다. 이때쯤 나트륨통로는 새로운 감분극에 의해 통로가 열릴 수 있도록 준비한다.
6. 실제로 막전위는 안정전위(−70mV)를 초과하였다가 점차 정상으로 되돌아온다. 막 바깥에 축적된 칼륨이온 때문에 막이 일시적으로 과분극된다. 여분의 K^+ 이온들은 곧 확산되어 막전위는 −70mV로 환원된다. 마지막으로, 나트륨-칼륨 수송체가 유입된 Na^+를 제거하고 유출된 K^+를 회수한다.

오징어 거대 축색에서 한 차례의 활동전위는 세포 안의 Na^+의 수를 약 0.0003% 정도 일시적으로 증가시킨다는 사실이 실험으로 밝혀졌다. 비록 막 바로 안쪽의 농도가 높아졌다고 하더라도 이미 그곳에 있었던 이온의 수와 비교해 볼 때 세포로 들어간 이온의 수는 매우 적은 것이다. 이것은 단기적으로 볼 때 나트륨-칼륨 수송체의 역할이 그리 중요하지 않다는 것을 의미한다. 축색원형질로 확산되어 들어가는 Na^+의 수는 미미하고, Na^+의 농도가 증가하는 것도 거의 눈에 띄지 않는 정도이다. 그러나 장기적으로 볼 때 나트륨-칼륨 수송체의 역할은 매우 중요하다. 나트륨-칼륨 수송체가 활동하지 않으면 축색원형질 내부의 나트륨이온 농도가 계속 증가해서 결국 축색이 더 이상 기능하지 못하게 된다.

활동전위의 전도

이제 안정막전위와 활동전위의 발생에 대한 기초적인 면을 이해했으니, 축색을 따라 신호가 이동하는 **활동전위의 전도**(conduction of the action potential)에 관해 살펴보자. 이 현상을 알아보기 위하여 다시 오징어의 거대 축색을 이용하겠다. 축색의 한쪽 끝에 삽입된 전극에 전기자극기를 연결하고, 이 자극 전극과 어느 정도씩 떨어뜨려 여러 개의 기록 전극을 삽입하여 오실로스코프로 연결한다. 그런 다음 축색 끝에 감분극 자극을 가하여 활동전위를 유발하고, 각각의 기록 전극에서 활동전위를 기록한다. 이 방법을 통해 우리는 활동전위가 축색을 따라 내려가는 것을 관찰할 수 있다. 활동전위는 전도되면서 그 크기는 일정하게 유지된다(그림 2.19 참조).

이 실험은 축색 전도의 기본 법칙인 **실무율**all-or-none law을 보여 준다. 이 법칙은 활동전위란 일어나든지 일어나지 않든지 둘 중 하나이고, 일단 활동전위가 유발되면 축색을 통해 종말단추까지 전도된다는 것이다. 활동전위는 커지거나 줄어들지 않고, 항상 같은 크기로 유지된다. 활동전위가 축색의 분기점에 도달하면 갈라지지만 그 크기는 줄어들지 않는다. 축색은 활동전위가 축색 중간에서 시작되면 양방향으로 모두 전달될 수 있다. 그러나 살아 있는 동물에서 활동전위는 세포체와 연결된 곳에서 시작되기 때문에 축색에서는 한 방향으로 전달되는 것이 보통이다.

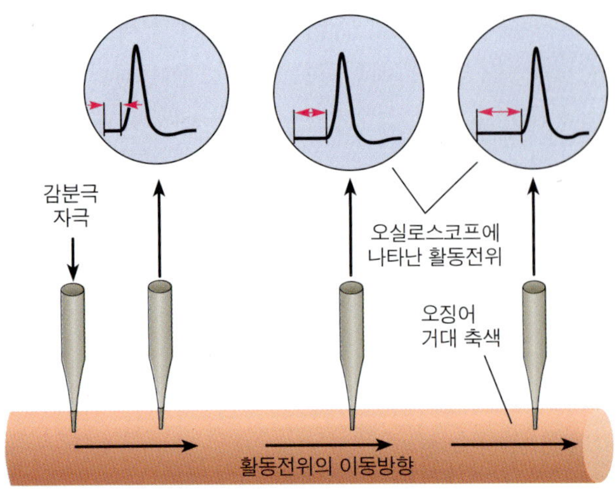

그림 2.19 활동전위의 전도. 축색을 통해 활동전위가 전도될 때 그 크기는 감소되지 않는다. 전도 속도는 자극이 가해진 후 활동전위가 나타날 때까지 걸리는 시간으로 계산할 수 있다.

그런데 우리가 잘 알다시피, 근육 수축의 강도는 아주 약한 것에서 아주 강한 것에 이르기까지 매우 다양하며, 자극의 강도 또한 거의 감지할 수 없는 정도에서 극도로 강력한 것까지 다양하다. 우리는 축색에서의 활동전위가 근육수축의 정도를 조절하고 물리적 자극의 강도를 표상한다고 알고 있다. 그러나 활동전위가 실무율적인 사건이라면 어떻게 그것으로 연속적인 패턴으로 변화하는 정보를 표상할 수 있을까? 이에 대한 답은 간단하다. 정보의 기본요소는 단일 활동전위가 아니며, 축색에서의 발화 비율(rate of firing)에 따라 다양한 정보가 표상되는 것이다(여기서 발화란 활동전위의 생성을 의미한다). 높은 발화율은 강한 근육 수축을 일으키고, 밝은 빛과 같은 강한 자극은 눈에 연결된 축색을 높은 비율로 발화시킨다. 그러므로 실무율은 **비율법칙**rate law으로 보완된다(그림 2.20 참조).

포유류 신경계에는 극히 작은 축색을 제외한 대부분의 축색이 유수축색임을 상기하라. 유수축색의 분절은 CNS에서는 희소돌기아교세포, PNS에서는 슈반세포에 의해 생성된 수초로 덮여 있다. 각 분절은 랑비에 결절이라는 수초가 없는 부분으로 분리되어 있다. 유수축색에서의 활동전위 전도는 무수축색에서와 다소 다르다.

슈반세포와 희소돌기아교세포는 축색 주변을 단단히 둘러싸고 있어서 이 세포와 축색 사이에 세포외액이 존재하지 못한다. 유수축색이 세포외액과 접촉하는 유일한 부분은 수초가 없는 랑비에 결절뿐이다. 수초화된 부분에는 세포외액의 나트륨이 존재하지 않기 때문에 나트륨통로가 열리더라도 Na^+가 축색 안으로 유입되지 못한다. 축색은 활동전위에 의해 생긴 전기적 신호를 다음 랑비에 결절로 전도한다. 이런 전기적 신호는 마치 전기가 절연된 전선을 통해 전도되는 것처럼 수동적으로 전달된다. 전기적 신호가 축색을 따라 내려가면서 조금 작아지기는 하지만 다음 랑비에 결절에서 새로운 활동전위를 일으키기에는 충분히 크다. 다음 결절에서 새로 발화된 활동전위는 수초화된 부분을 따라 그다음 결절까지 전달되어 그곳에서 새로운 활동전위가 발화된다. 이처럼 결절에서 결절로 뛰는 것과 같은 전도를 **도약전도**saltatory conduction(라틴어로 *saltare*는 '춤을 추다'라는 뜻이다)라고 한다(그림 2.21 참조).

도약전도에는 두 가지 이점이 있다. 첫 번째 이점은 경제성이다. 나트륨-칼륨 수송체는 활동전위 동안 과다하게 유입된 Na^+를 세포 밖으로 내보내기 위해 에너지를 사용해야 한다. 무수축색에서는 Na^+가 어느 곳에서나 들어오기 때문에 축색 전체에 나트륨-칼륨 수송체가 있어야 한다. 그러나 유수축색에서는 Na^+가 랑비에 결절을 통해서만 들어올 수 있기 때문에 유입되는 Na^+의 양이 적을 것이고 결과적으로 내보낼 양도 적어진다. 그러므로 유수축색은 나트륨의 균형을 유지하기 위해

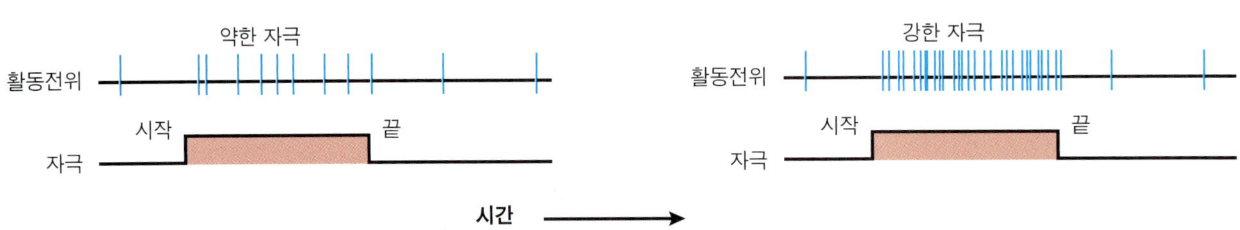

그림 2.20 비율법칙. 자극의 강도는 축색의 발화 비율로 표상된다. 각 활동전위의 크기는 항상 일정하다.

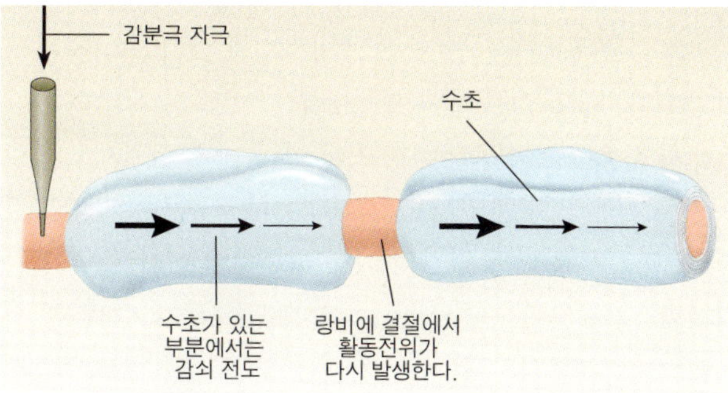

그림 2.21 도약전도. 이 그림은 유수축색에서 활동전위의 전도를 보여 준다.

에너지를 훨씬 적게 사용해도 된다.

수초의 두 번째 이점은 속도가 빠르다는 것이다. 결절 사이의 전도는 속도가 매우 빠르기 때문에 활동전위 전도는 유수축색에서 훨씬 빨라진다. 축색의 전도 속도가 높기 때문에 동물은 더 빨리 반응하고, 생각할 수 있다. 전도 속도를 증가시키는 다른 방법은 축색의 크기를 증가시키는 것이다. 지름이 500μm인 오징어의 무수축색은 지름이 크기 때문에 약 35m/sec의 전도 속도를 가지는 데 반해, 지름이 6μm 밖에 안 되는 고양이의 유수축색도 비슷한 전도 속도를 갖는다. 지름이 20μm인 가장 빠른 유수축색은 120m/sec(또는 432km/h)의 속도로 활동전위를 전달할 수 있다. 이 정도의 속도면 신호는 축색 한 끝에서 다른 끝까지 시간 지체가 거의 없이 순간적으로 전달된다.

절 요약

뉴런 내에서의 교신

유용한 행동을 수행하기 위해서 뉴런이 어떻게 연결되어 있는가를 알아보기 위해 철회반사 예를 살펴보았다. 이 반사를 담당하는 회로는 세 부류의 뉴런들, 감각뉴런, 개재뉴런, 운동뉴런으로 이루어져 있다. 뇌에 있는 뉴런이 운동뉴런과 시냅스를 맺고 있는 억제성 뉴런을 활성화하면 반사가 억제될 수 있다.

축색을 통해 전도되는 신호를 활동전위라고 한다. 신체의 모든 세포막이 전기적으로 대전되어 있지만, 축색만이 활동전위를 만들 수 있다. 안정막전위는 세포의 안과 바깥에 존재하는 다양한 이온의 농도가 서로 상이하기 때문에 일어난다. 세포외액(바닷물과 비슷함)에는 Na^+와 Cl^-가 많고, 세포내액에는 K^+와 다양한 유기 음이온(A^-)이 많다.

세포막은 물을 자유롭게 통과시키지만 다양한 이온, 특히 Na^+와 K^+에 대한 투과성은 이온통로에 의해 조절된다. 막전위가 안정전위(−70mV)일 때는 전압-의존성 나트륨통로 및 칼륨통로의 문이 닫혀 있다. 약간의 Na^+가 계속해서 축색 안으로 스며들지만, 나트륨-칼륨 수송체에 의해 즉시 세포 밖으로 유출된다는 사실이 실험을 통해 밝혀졌다(또한 나트륨-칼륨 수송체는 칼륨을 세포 안으로 유입시킨다). 전기자극으로 축색의 막전위를 감분극시켜 막전위가 흥분역치에 도달하면 전압-의존성 나트륨통로가 열리고, 확산력과 정전기압에 의해 Na^+가 세포 안으로 밀려 들어온다. 양이온의 유입량이 더 많아질수록 막전위가 감소하다가 어느 순간 역전되어 막의 내부가 양전기를 띠게 된다. 나트륨통로는 일시적으로 열렸다가 곧 다시 닫힌다. Na^+의 유입으로 발생한 감분극이 전압-의존성 칼륨통로를 활성화시키면, K^+는 그 농도 기울기를 따라 세포 밖으로 나간다. 이러한 K^+의 유출이 막전위를 순식간에 안정 수준으로 환원시킨다.

활동전위는 실무율 법칙에 따르기 때문에 뉴런은 자극강도를 발화 비율로 표상한다. 보통 활동전위는 축색이 세포체와 연결된 곳에서 시작된다. 무수축색에서 활동전위는 크기가 일정하게 유지된 채 연속적으로 아래로 전달되어 종말단추에 도달한다(축색이 갈라지는 곳에서 활동전위는 각각의 분지로 계속 전달된다). 유수축색의 경우에는 랑비에 결절에서만 이온이 막을 통과할 수 있다. 왜냐하면 그 밖의 다른 곳은 수초로 덮여 있어서 세포외액과 분리되어 있기 때문이다. 따라서 활동전위는 하나의 랑비에 결절에서 다음 결절까지는 수동적으로 전달된다. 전기적 신호가 랑비에 결절에 도달하면, 전압-의존성 나트륨통로가 열리고 다시 완전한 활동전위가 유발된다. 이러한 기제는 축색의 수초화된 부분에는 나트륨-칼륨 수송체가 필요 없기 때문에 상당한 양의 에너지를 절

약해 준다. 또한 도약전도는 무수축색에 비해 활동전위의 전도 속도를 매우 빠르게 해준다.

생각해 봅시다

인간의 뇌는 놀랄 정도로 복잡하지만, 뇌의 진화는 다양한 사소한 기제들에 의해 일어났을 것이다. 예를 들어, 세포가 수초를 만드는 능력을 개발하지 못했다면 어떻게 되었을까? 만일 그랬다면 활동전위를 신속히 전달하기 위해서 무수축색이 엄청나게 커야 한다. 핍돌기교세포가 수초를 생산하지 않았다면 인간의 뇌는 얼마나 커졌을까? 수초가 없었어도 인간의 뇌가 지금처럼 진화할 수 있었을까?

뉴런 간의 교신

뉴런의 기본적인 구조와 막전위의 본질에 대해 알았으니 이제 뉴런이 서로 교신하는 방식에 대해 알아보자. 이러한 교신을 통해 뉴런의 회로는 감각정보를 수집하고, 계획을 수립하고, 행동을 개시하게 할 수 있다.

뉴런끼리 교신하는 일차적인 수단은 **시냅스 전달**(synaptic transmission)이다. 즉, 시냅스를 통해 한 뉴런에서 다른 뉴런으로 신호가 전달된다. 앞에서 본 것처럼 이 신호들은 종말단추에서 방출되는 신경전달물질에 의해 전달된다. 이러한 화학물질은 종말단추와 시냅스를 형성하고 있는 뉴런의 막 사이에 채워져 있는 체액으로 확산된다. 이 절에서 살펴보겠지만 신경전달물질은 **시냅스후 전위**postsynaptic potentials—짧은 감분극 또는 과분극—를 일으키고, 이것이 시냅스후 뉴런의 발화비율을 증가 또는 감소시킨다.

신경전달물질은 **결합부위**binding site라고 하는 수용기 분자의 특정영역과 결합하여 그 효과를 일으킨다. 마치 열쇠와 자물쇠처럼 화학물질 분자는 결합부위에 꼭 들어맞게 되어 있다. 다시 말해 결합부위의 형태와 신경전달물질의 분자구조가 딱 들어맞게 되어 있다. 결합부위와 결합하는 화학물질을 **배위자**ligand라고 하는데, '결합하다'는 의미의 라틴어 *ligare*에서 유래된 것이다. 신경전달물질은 자연적 배위자로서 뉴런에서 생성되고 방출된다. 자연(주로 동물의 독이나 식물)에서 발견되는 다른 화학물질도 역시 배위자가 될 수 있다. 또한 인공적인 배위자를 실험실에서 만들 수도 있다. 이러한 화학물질에 대해서는 약물의 효과를 다루는 4장에서 이야기할 것이다.

시냅스의 구조

이미 배웠듯이 시냅스는 한 뉴런의 축색가지 끝에 있는 종말단추와 다른 뉴런의 막 사이의 시냅스이다. 시냅스는 세 곳, 수상돌기, 세포체, 축색에 있을 수 있다. 이러한 시냅스들을 각각 **축색수상돌기**(axodendritic), **축색세포체**(axosomatic), **축색축색**(axoaxonic) 시냅스라 한다. 축색수상돌기 시냅스는 종말단추와 수상돌기의 편평한 부분 또는 돌출 부분인 **수상돌기 가시**dendritic spines와의 시냅스이다(그림 2.22 참조).

그림 2.23은 시냅스의 그림이다. 종말단추의 끝 부분인 **시냅스전 막**presynaptic membrane은 신호를 받아들이는 뉴런(시냅스후 뉴런)에 있는 **시냅스후 막**postsynaptic membrane과 마주보고 있다. 이들 두 개의 막은 **시냅스 간격**synaptic cleft이라는 작은 틈으로 분리되어 있는데, 이 틈의 크기는 시냅스에 따라 다르지만 보통 약 20nm [1나노미터(nm)는 10억 분의 1m]이다. 시냅스 간격에는 세포외액이 있어서, 이를 통해 신경전달물질이 확산된다(그림 2.23 참조).

그림 2.23에서 알 수 있듯이, 종말단추의 세포질에는 두 가지 두드러진 구조물인 미토콘드리아와 시냅스 소낭이 있다. 또한 미세관도 보이는데 이것은 세포체와 종말단추 간에 물질을 수송하는 데 관여한다. 미토콘드리아의 존재는 종말단추가 그 기능을 수행하기 위해서 에너지가 필요하다는 것을 암시한다. **시냅스 소낭**synaptic vesicles은 구형 또는 타원형의 작은 구조물이다. 그 속에는 종말단추에서 방출되는 신경전달물질이라는 것이 들어 있다. (소낭은 '작은 주머니'를 의미한다.) 하나의 종말단추에는 적게는 수백 개 많게는 백만 개의 시냅스 소낭이 있다. 이 소낭들은 대부분 시냅스전 막의

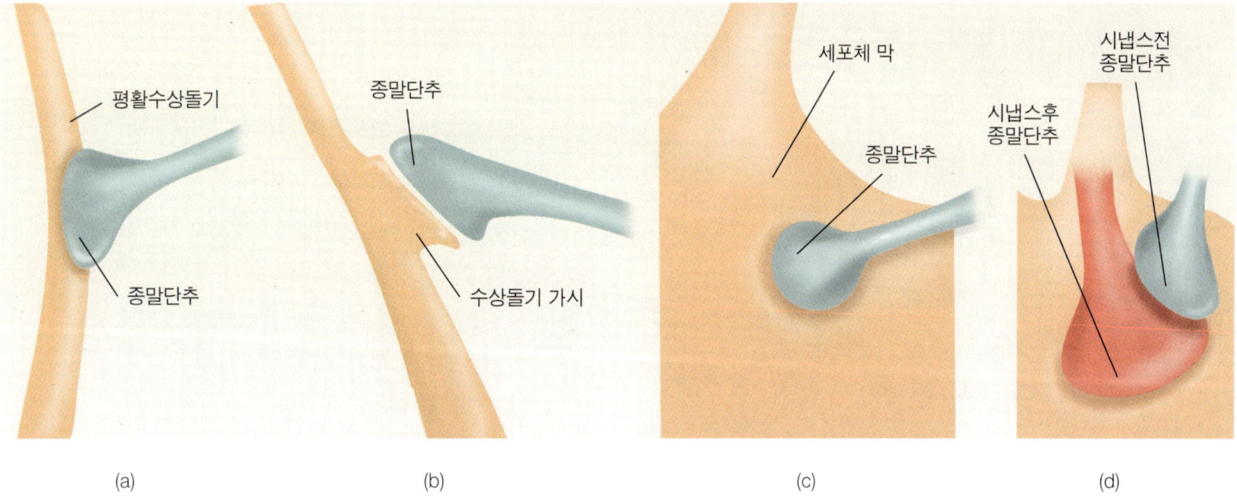

그림 2.22 시냅스의 유형. 축색수상돌기 시냅스는 수상돌기의 편평한 부분(a) 또는 수상돌기 가시(b)와 시냅스한다. 축색세포체 시냅스는 세포체 막과 시냅스한다(c). 축색축색 시냅스는 두 개의 종말단추 사이의 시냅스이다(d).

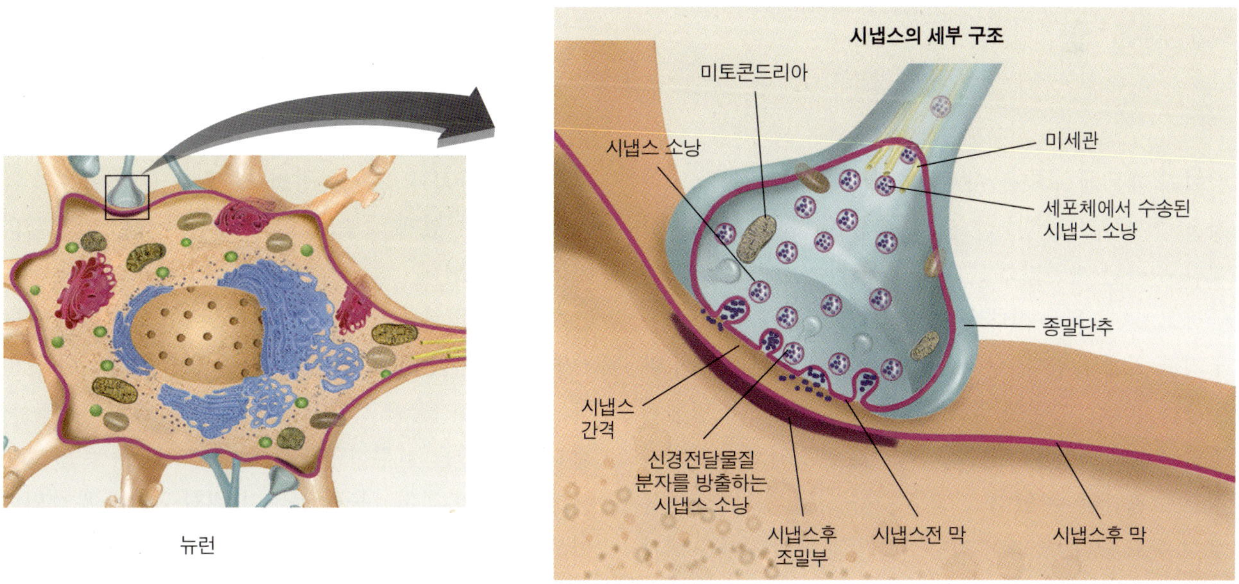

그림 2.23 시냅스의 세부 구조.

특정 부분, 즉 신경전달물질을 방출하는 **방출영역**release zone 주위에 있다(그림 2.23 참조).

전자현미경으로 보면 종말단추 아래에 있는 시냅스후 막은 세포막의 다른 부위보다 다소 두껍고 밀도가 높게 보인다. 이러한 시냅스후 조밀부는 수용기—시냅스 간격에 있는 신경전달물질을 탐지하는 특수 단백질 분자—가 있기 때문이며, 단백질 세사가 그 수용기를 제자리에 있도록 붙잡고 있다(그림 2.23 참조).

신경전달물질의 방출

활동전위가 축색을 따라 전도되면 그 축색의 모든 종말단추 내부에서 시냅스전 막의 바로 안쪽에 있는 몇 개의 시냅스 소낭이 막과 결합한 다음 터져서 그 속에 담고 있는 전달물질을 시냅스 간격으로 쏟아낸다.

Heuser와 동료들(Heuser, 1977; Heuser et al., 1979)은 이러한 과정을 보여 주는 사진을 찍었다. 신경전달물질의 방출은 불과 몇 msec만에 끝나는 아주 순간적인 사

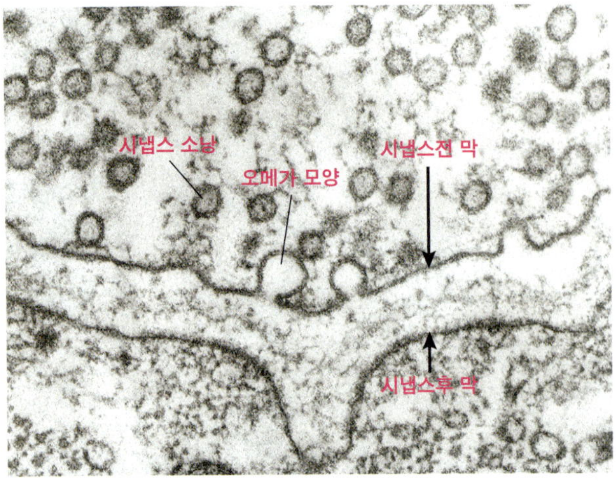

그림 2.24 신경전달물질의 방출. 이 전자현미경 사진은 개구리의 근육과 종말단추의 시냅스 횡단면이다. 오메가 모양의 그림은 시냅스전 막과 융합된 시냅스 소낭이다.

Heuser, J. E., in Society for Neuroscience Symposia, Vol. II, edited by W. M. Cowan and J. A. Ferrendelli. Bethesda, MD: Society for Neuroscience, 1977

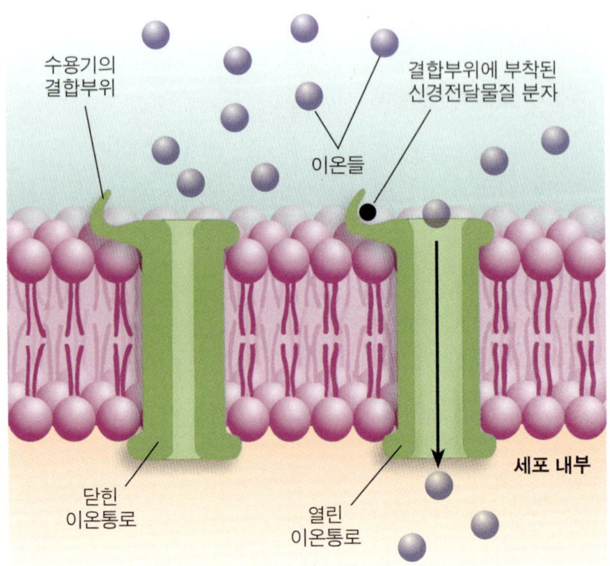

그림 2.25 이온성 수용기. 신경전달물질 분자가 결합부위에 부착되면 이온통로가 열린다. 설명을 위해 도식적으로 그림을 그렸지만, 실제로는 신경전달물질 분자가 개개 이온보다 훨씬 크다.

건이기 때문에 그것을 자세히 연구하기 위해서는 그 과정을 중지시키는 특수한 절차가 필요하다. 실험자는 신체와 분리된 개구리의 근육에 붙어 있는 신경을 전기자극하고, 그 근육을 절대온도 4°(약 −453°F)로 얼려 놓은 구리판 위에 올렸다. 극저온의 금속과 접촉한 조직의 바깥층은 2msec 이내에 얼어 버린다. 이렇게 급속 냉동된 종말단추의 구성 요소는 화학적으로 안정되고 전자현미경으로 관찰할 수 있다. 그림 2.24는 시냅스의 횡단면을 보여 주고 있다. 소낭이 시냅스전 막과 융합되어 오메가(Ω) 모양을 이루고 있음을 주목하라(그림 2.24 참조).

수용기의 활성화

신경전달물질 분자가 어떤 기제로 시냅스후 막에 감분극 또는 과분극을 일으키는가? 이 과정은 신경전달물질이 시냅스 간격으로 확산되어 **시냅스후 수용기**postsynaptic receptor라는 시냅스후 막의 특수한 단백질 분자로 이루어진 결합부위에 부착됨으로써 일어난다. 일단 신경전달물질이 결합하면, 시냅스후 수용기는 **신경전달물질-의존성 이온통로**neurotransmitter-dependent ion channel를 열어, 특정 이온을 세포 안팎으로 통과시킨다. 따라서 시냅스 간격에 있는 신경전달물질은 특정 이온이 막을 통과할 수 있게 해주고, 그 결과 국소적인 막전위의 변화가 나타난다.

신경전달물질은 적어도 두 가지 방법, 즉 직접적 또는 간접적으로 이온통로를 연다. 직접적인 방법이 더 단순하므로 먼저 기술할 것이다. 그림 2.25는 결합부위를 직접 가지고 있는 신경전달물질-의존성 이온통로를 보여준다. 해당 신경전달물질 분자가 결합부위에 부착되면 이온통로가 열린다. 이와 같은 수용기/이온통로 조합의 공식명칭은 **이온성 수용기**ionotropic receptor이다(그림 2.25 참조).

이온성 수용기는 시끈가오리(Torpedo)라는 전기가오리가 전기를 생성하는 기관에서 처음 발견되었는데, 그곳에는 이 유형의 수용기가 많이 존재한다. 이 수용기는 아세틸콜린(acetylcholine)이라는 신경전달물질에 민감한 것으로 나트륨통로를 지니고 있다. 이 통로가 열리면 나트륨이온이 세포 안으로 들어가 막을 감분극시킨다.

간접적인 방법은 조금 더 복잡하다. 대부분의 수용기는 이온통로를 직접 여는 것이 아니라 일련의 화학적 사건을 일으킨다. 이 수용기를 **대사성 수용기**metabotropic receptor라고 하는데, 그 이유는 수용기 활성화 과정에서 세포가 대사 에너지를 소비하는 단계가 있기 때문이다. 대사성 수용기와 아주 가까운 곳에 **G 단백질**G protein이라는 또 다른 막 단백질이 붙어 있다. 신경전달물질 분자가 수용기와 결합하면 이 수용기는 수용기 근처 막 내부에 있는 G 단백질을 활성화시키고, 활성화된 G 단백질은 **이차전령**second messenger이라는 특정 화학물질의 생성을 자극한다(신경전달물질이 일차전령이다). 이차전령 분자는 세포질 내로 확산되어 근처의 이온통로와 결합하게 되고, 그 결과 이온통로가 열리게 된다. 이온성 수용기와 비교하면 대사성 수용기에 의해 생성되는 시냅스후 전위는 시작은 느리지만 더 오래 지속된다(그림 2.26 참조).

제일 처음 발견된 이차전령은 ATP에서 합성되는 화학물질인 사이클릭 AMP(cyclic AMP)이다. 그 후로 몇 가지 다른 이차전령이 발견되었다. 나중에 살펴보겠지만, 이차전령은 시냅스 교신과 비시냅스 교신 모두에서 중요한 역할을 한다. 이것은 이온통로를 여는 것 이외에도 여러 가지 일을 한다. 예를 들어, 핵이나 세포의 다른 부분으로 이동하여 세포의 기능에 영향을 주는 생화학적 변화를 일으킨다. 심지어 특정 유전인자를 활성화하거나 작동을 중단시켜 특정 단백질의 생산을 개시하거나 종료시킨다.

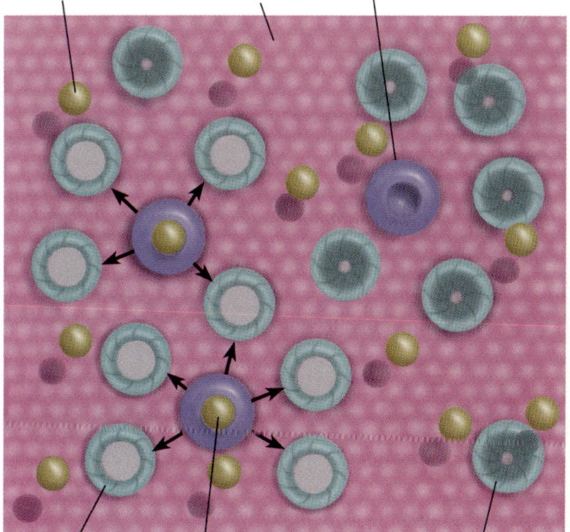

그림 2.26 대사성 수용기. 신경전달물질 분자가 수용기와 결합하면 이차전령이 근처에 있는 이온통로를 열게 한다.

시냅스후 전위

앞에서 언급한 바와 같이 시냅스후 전위는 감분극(흥분성) 또는 과분극(억제성)될 수 있다. 특정 시냅스에서 시냅스후 전위의 형태를 결정하는 것은 신경전달물질 자체가 아니다. 대신에 시냅스후 수용기의 특성, 즉 그 수용기가 어떤 이온통로를 여느냐에 의해 결정된다.

그림 2.27은 시냅스후 막에 존재하는 세 가지 주요 신경전달물질 의존성 이온통로, 즉 나트륨(Na^+), 칼륨(K^+), 염소(Cl^-) 통로를 보여 주고 있다. 그림에는 직접 작용하는(이온성) 이온통로만 그려져 있지만, 많은 이온통로들이 G 단백질과 결합되는 대사성 수용기에 의해서도 간접적으로 활성화된다는 사실을 알아야 한다.

전달물질 의존성 나트륨통로가 흥분성 시냅스후 전위의 가장 중요한 원천이다. 앞에서 본 것처럼 나트륨-칼륨 수송체가 나트륨을 세포 밖에 머물도록 하는데, 나트륨통로가 열리면 나트륨이온이 세포 안으로 들어가 감분극, 즉 **흥분성 시냅스후 전위**excitatory postsynaptic potential; EPSP를 일으킨다(그림 2.27a 참조).

우리는 앞에서 나트륨-칼륨 수송체가 칼륨을 세포 안에 조금 더 많게 유지시킨다는 것을 보았다. 만약 칼륨통로가 열리면 칼륨이온이 농도기울기를 따라 세포 밖으로 나간다. 칼륨은 양전하를 띠고 있기 때문에 이 이온이 밖으로 나가면 세포막은 과분극, 즉 **억제성 시냅스후 전위**inhibitory postsynaptic potential; IPSP를 일으킨다(그림 2.27b 참조).

많은 시냅스에서 억제성 전달물질은 칼륨통로 대신(또는 칼륨통로와 함께) 염소통로를 연다. 염소이온통로의 개방효과는 그 뉴런의 막전위에 의존한다. 만약 막이 안정상태에 있다면 염소이온에 대한 확산력과 정전압은 완전한 균형상태를 이루고 있기 때문에 아무런 일도 발생하지 않는다. 그러나 막전위가 근처의 흥분성 시냅스의 활성화에 의해 감분극되어 있다면, 염소통로의 개방은 염소이온을 세포 안으로 밀어 넣는다. 음이온이 세포 안으로 들어오면 막전위는 다시 안정상태로 돌아가게 된다. 그래서 염소이온통로의 개방은 EPSP를

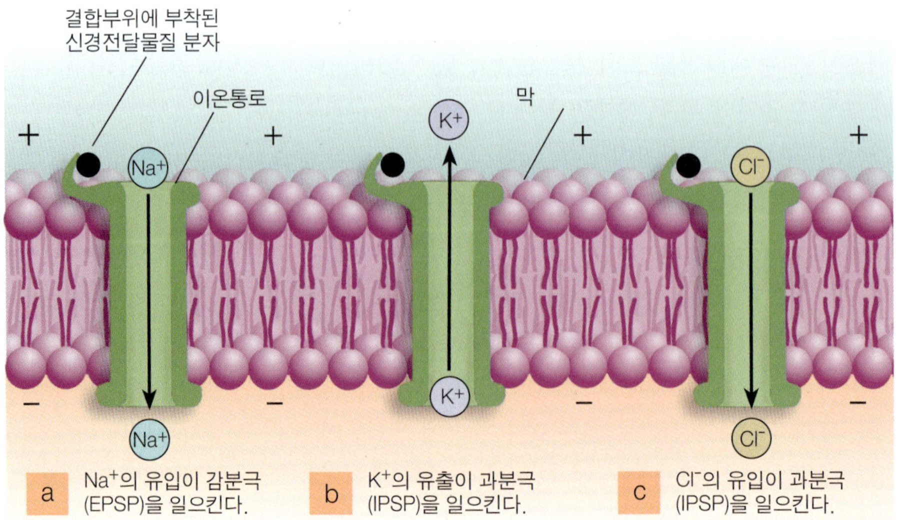

그림 2.27 시냅스후 전위 동안의 이온 이동.

중화시키는 작용을 한다(그림 2.27c 참조).

시냅스후 전위의 종료

시냅스후 전위들은 신경전달물질 분자가 시냅스후 수용기와 결합함으로써 발생하는 작은 감분극 또는 과분극이다. 이들은 재흡수와 효소적 불활성화에 의해 아주 잠깐 동안만 유지된다.

거의 모든 신경전달물질에 의해 생성된 시냅스후 전위들은 **재흡수**reuptake에 의해 종료된다. 재흡수 과정은 시냅스 간격에 있는 전달물질을 종말단추 속으로 아주 빠르게 제거한다. 신경전달물질이 종말단추의 막을 뚫고 소낭으로 돌아오는 것은 아니다. 대신에 종말단추의 막에는 세포 에너지를 사용하여 시냅스 간격에 있는 전달물질을 직접 세포질 속으로 이동시키는—마치 나트륨-칼륨 수송체가 Na^+와 K^+를 이동시키는 것 같은—특수한 수송체 분자들이 있다. 활동전위가 종말단추에 도달하면, 종말단추는 소량의 신경전달물질을 시냅스 간격에 방출한 다음 곧바로 그것을 다시 회수함으로써 시냅스후 수용기는 아주 잠깐 동안만 전달물질에 노출된다(그림 2.28 참조).

효소적 불활성화enzymatic deactivation는 신경전달물질 분자를 파괴하는 효소에 의해 이루어진다. 지금까지 밝혀진 바에 따르면, 이런 방식으로 시냅스후 전위가 종료되는 것은 **아세틸콜린**acetylcholine; ACh이라는 한 가지 전달물질에만 국한되는 현상이다. 운동신경과 근섬유 간의 시냅스, 그리고 중추신경계 내의 뉴런 간의 일부 시냅스가 아세틸콜린에 의해 매개된다. 아세틸콜린에 의해 생성된 시냅스후 전위는 아주 짧은 시간 동안만 유지되는데, 그 이유는 시냅스후 막에 **아세틸콜린 분해효소**acetylcholinesterase; AChE라는 효소가 있기 때문이다. 아세틸콜린 분해효소는 아세틸콜린을 콜린과 아세테이트라는 구성 성분으로 분해하여 파괴시킨다. 분해된 물질은 어느 것도 시냅스후 수용기를 활성화시키지 못하므로 아세틸콜린 분자가 분해되는 즉시 시냅스후 전위는 종료된다. 아세틸콜린 분해효소는 아세틸콜린에 대한 아주 강력한 파괴자이다. 아세틸콜린 분해효소 한 분자가 1초에 5,000개 이상의 아세틸콜린 분자를 분해한다.

시냅스후 전위의 효과: 신경통합

이제까지 뉴런이 시냅스를 통해 상호연결되어 있고, 활동전위가 어떻게 신경전달물질의 방출을 촉발하며, 전달물질이 어떻게 흥분성 또는 억제성 시냅스후 전위를 일으키는지 살펴보았다. 흥분성 시냅스후 전위는 시냅스후 뉴런이 발화할 가능성을 증가시킨다. 억제성 시냅스후 전위는 이러한 가능성을 감소시킨다('발화'란 활동전위를 의미한다). 그래서 축색의 발화 비율은 그 세포의 세포체와 수상돌기에 있는 흥분성 시냅스와 억제성 시냅스의 상대적 활동에 의해 결정된다. 만약 흥분성 시냅스의 활동이 없거나 억제성 시냅스 활동이 더 높다면 발화 비율은 거의 제로 상태가 될 것이다.

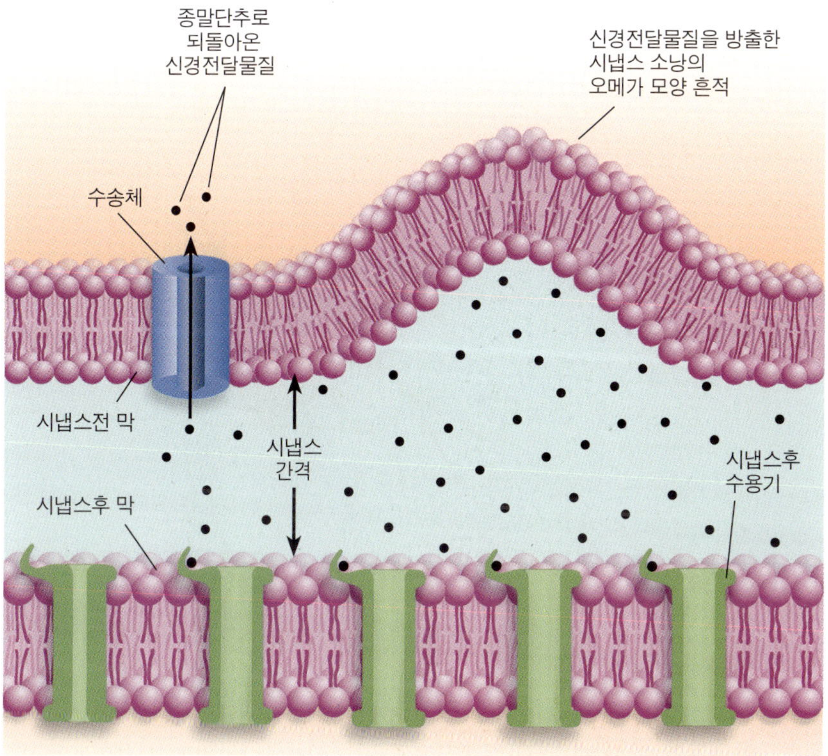

그림 2.28 재흡수. 시냅스 간격으로 방출된 신경전달물질 분자는 종말단추 속으로 되돌아간다.

이러한 과정을 자세히 살펴보자. 특정 뉴런에서 일어나는 홍분성 시냅스와 억제성 시냅스 효과의 상호작용을 **신경통합**neural integration이라고 한다(통합이란 두 기능을 결합한다는 점에서 '합계를 낸다'는 뜻이다). 그림 2.29는 하나의 시냅스후 뉴런에 대한 흥분성 시냅스와 억제성 시냅스의 효과를 보여 준다. 그림 2.29a는 여러 개의 흥분성 시냅스들이 활성화될 때 나타나는 현상을 보여 준다. 신경전달물질의 방출로 시냅스후 뉴런의 수상돌기에 여러 개의 EPSP들이 발생한다. 이러한 EPSP들(빨간색)이 수상돌기와 세포체를 거쳐 **축색소구**(axon hillock)에 도달된다. 만약 감분극이 축색소구에 도달할 때에도 충분히 강하다면 그 축색은 발화한다(그림 2.29a 참조).

이제 억제성 시냅스가 동시에 활성화되면 어떻게 되는지 살펴보자. 억제성 시냅스후 전위는 과분극이기 때문에 막전위가 홍분역치에서 멀어지게 한다. 따라서 억제성 시냅스후 전위는 홍분성 시냅스후 전위의 효과를 상쇄시킨다(그림 2.29b 참조).

뉴런의 발화 비율은 그 수상돌기와 세포체에 대한 흥분성 시냅스와 억제성 시냅스의 상대적 활동에 의해 통제된다. 만약 흥분성 시냅스의 활동이 증가하면 발화 비율도 증가하고, 억제성 시냅스의 활동이 증가하면 발화 비율은 감소한다.

자가수용기

시냅스후 수용기는 시냅스 간격에 있는 전달물질의 존재를 탐지하여 홍분성 혹은 억제성 전위를 일으킨다. 그러나 시냅스후 막에만 전달물질에 반응하는 수용기가 있는 것은 아니다. 많은 뉴런이 스스로 방출한 전달물질에 반응하는 수용기를 가지고 있는데, 이를 **자가수용기**autoreceptor라고 한다.

자가수용기는 세포막의 어느 곳에든 있을 수 있지만, 여기서는 종말단추에 있는 것을 살펴보겠다. 대부분의 경우 자가수용기는 이온통로를 조절하지는 않는다. 그래서 자가수용기가 적절한 전달물질에 의해 자극을 받아도 종말단추의 막전위를 변화시키지 않는다. 그 대신 전달물질의 합성과 방출 등의 내적 과정을 조절한다(추측할 수 있겠지만 자가수용기는 대사성이다. 따라서 자가수용기는 G 단백질과 이차전령을 통해 내적 과정을 조절한다). 대부분의 경우 자가수용기가 활성화되면 억제적 영향력을 발휘한다. 즉, 뉴런 근처의 세포외액에

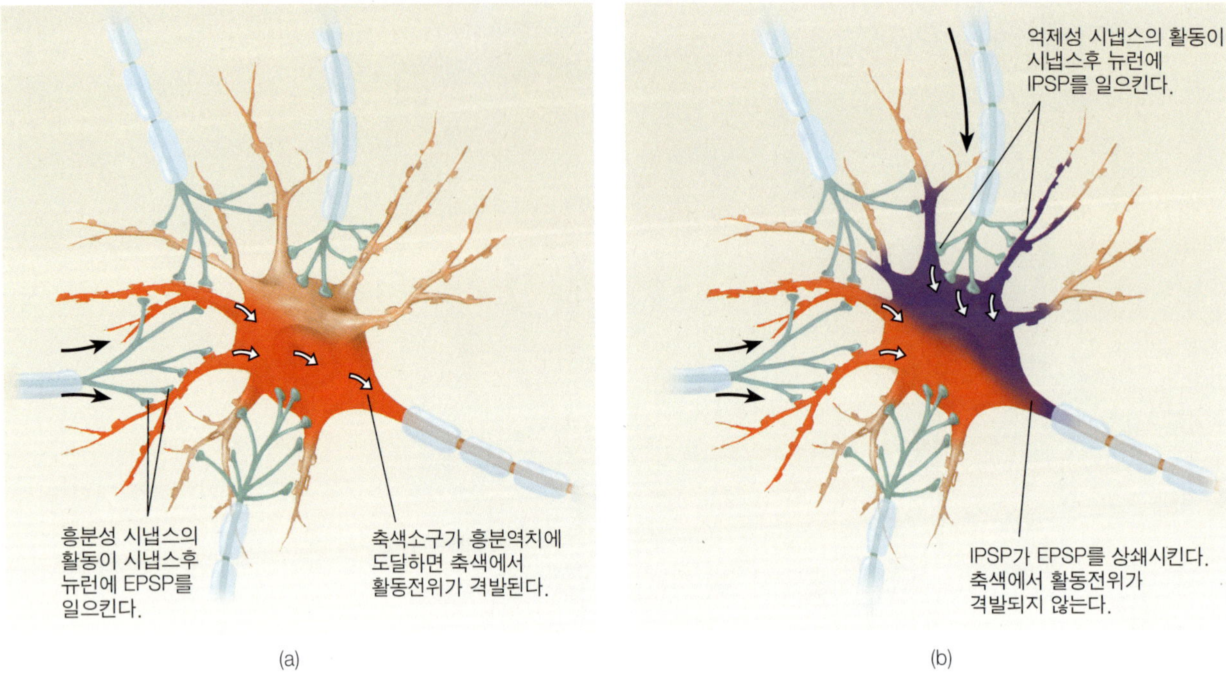

그림 2.29 신경통합. (a) 여러 개의 흥분성 시냅스가 동시에 활성화되면, 여러 개의 EPSP(빨간색)가 축색을 향해 가면서 서로 합쳐져서, 축색이 발화하게 된다. (b) 여러 개의 억제성 시냅스가 활성화되면, 여러 개의 IPSP(파란색)이 EPSP의 효과를 감소시켜, 축색이 발화하지 못하게 한다.

서 전달물질이 감지되면 그 뉴런의 전달물질 합성률과 방출량이 감소된다. 많은 연구자는 자가수용기가 전달물질의 방출량을 통제하는 조절기제라고 생각한다. 만약 전달물질이 너무 많이 방출되면 자가수용기는 생산과 방출을 억제시키고, 방출량이 충분치 않으면 전달물질의 생산과 방출을 증가시킨다.

축색축색 시냅스

그림 2.21에 나타나 있는 것처럼 중추신경계에는 세 가지 유형의 시냅스가 있다. 그중에서 축색수상돌기 시냅스와 축색세포체 시냅스의 활동은 시냅스후 흥분과 억제를 일으킨다. 세 번째 유형인 축색축색 시냅스는 신경통합에 직접 관여하지 않는 대신에 이들 시냅스의 활동은 시냅스후 축색의 종말단추에서 방출하는 전달물질의 양을 변화시킨다. 시냅스는 시냅스전 조절, 즉 시냅스전 억제와 촉진을 일으킨다.

앞에서 살펴본 바와 같이 종말단추에서 전달물질을 방출하는 것은 활동전위에 의해 개시된다. 보통은 특정 종말단추에서 하나의 활동전위가 도달할 때마다 일정한 양의 전달물질을 방출한다. 그러나 전달물질의 방출은 축색축색 시냅스의 활동에 의해 조절될 수 있다. 만약 축색축색 시냅스의 활동이 전달물질의 방출을 감소시키면 이를 **시냅스전 억제**presynaptic inhibition라고 한다. 만약 전달물질의 방출을 증가시키면 이를 **시냅스전 촉진**presynaptic facilitation이라고 한다(그림 2.30 참조). 4장에서 보겠지만 마리화나의 활성성분은 시냅스전 수용기와 결합하여 그 효과를 일으킨다.

비시냅스 화학적 교신

신경전달물질은 뉴런의 종말단추에서 방출되어 아주 근접한 다른 세포의 막에 있는 수용기에 의해 탐지된다. 이러한 개별 시냅스에서의 교신은 사적인 교신이다. **신경조절물질**neuromodulators은 아주 멀리까지 가는 뉴런에서 방출되는 화학물질로서 전달물질보다 훨씬 더 멀리까지 확산된다. 대부분의 신경조절물질은 **펩타이드**peptides인데, 이것은 아미노산이 펩타이드 결합(peptide bond)이라는 화학적 결합에 의해 서로 연결되어 있는 아미노산 연쇄이다. 신경조절물질은 많은 양이

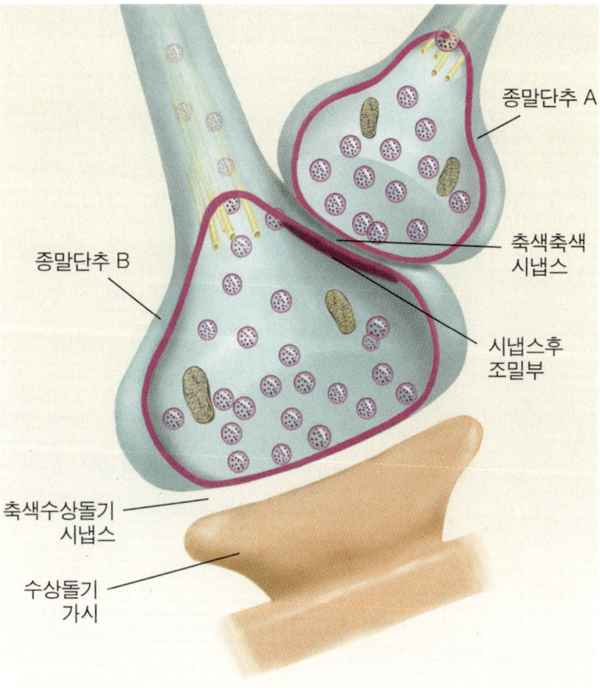

그림 2.30 **축색축색 시냅스.** 종말단추 A의 활동은 종말단추 B에서 방출되는 전달물질의 양을 증가시키거나 감소시킬 수 있다.

분비되고 멀리까지 확산되어 뇌의 특정영역에 있는 많은 뉴런의 활동을 조절한다. 예를 들어 신경조절물질은 경계, 공포감, 통각 예민성 등과 같은 일반적 행동상태에 영향을 준다. 4장에서 가장 중요한 신경전달물질과 신경조절물질에 대해 설명할 것이다.

호르몬hormons은 **내분비선**endocrine glands에 있는 세포에 의해 분비되거나(그리스어인 endo-는 '내부'라는 뜻이며, krinein은 '분비하다'라는 뜻이다) 또는 위, 장, 신장, 뇌 등과 같은 여러 기관에 있는 세포에 의해 분비된다. 호르몬을 분비하는 세포는 호르몬을 세포외액으로 방출한다. 그러면 호르몬은 혈류를 타고 신체 전체로 배달된다. 호르몬은 세포막 표면이나 세포핵 내부에 전문화된 수용기를 가지고 있는 세포(뉴런도 포함)들의 활동에 영향을 준다. 특정 호르몬에 대한 수용기를 가지고 있는 세포를 그 호르몬의 **표적세포**target cell라고 하는데, 이 세포만 그 호르몬에 대해 반응한다. 많은 뉴런이 호르몬 수용기를 가지고 있고, 호르몬은 수용기를 자극하여 뉴런의 활동을 변화시킴으로써 행동에 영향을 준다. 예를 들어 성호르몬인 테스토스테론은 대부분의 수컷 포유동물의 공격성을 증가시킨다.

절 요약

뉴런 간의 교신

시냅스는 한 뉴런의 종말단추와 다른 뉴런의 막(보통 세포체나 수상돌기의 막) 사이의 접합이다. 활동전위가 축색을 따라 전도되면 종말단추의 끝에서 전달물질이 방출되고, 이 화학물질은 시냅스후 막에 감분극(EPSP) 또는 과분극(IPSP)를 일으킨다. 시냅스후 세포의 발화 비율은 그 세포의 수상돌기와 세포체에 대한 흥분성 또는 억제성 시냅스의 상대적 활동에 의해 결정되는데, 이를 **신경통합**이라고 한다.

종말단추에는 신경전달물질 분자로 채워진 시냅스 소낭이 있다. 활동전위가 종말단추에 도달하면 전달물질을 방출시킨다. 일부 시냅스 소낭이 종말단추의 시냅스전 막과 융합된 후 터져서 시냅스 간격으로 전달물질을 방출한다.

전달물질 분자에 의해 시냅스후 수용기가 활성화되면 전달물질-의존성 이온통로가 개방되고, 결과적으로 시냅스후 전위가 발생된다. 이온성 수용기는 배위자가 결합부위에 부착되면 직접 열리는 이온통로를 가지고 있다. 대사성 수용기는 G 단백질과 연결되어 이차전령이라는 화학물질을 만들어서 이온통로를 연다.

시냅스후 전위의 속성은 특정 시냅스에서 시냅스후 수용기가 어떤 이온통로를 여느냐에 의해 결정된다. 흥분성 시냅스후 전위는 세포로 Na^{+}이 유입되어 발생하고, 억제성 시냅스후 전위는 K^{+}가 세포 밖으로 나가거나 Cl^{-}가 세포 안으로 들어올 때 발생한다.

일반적으로 시냅스후 전위는 순간적인 사건으로, 두 가지 방식에 의해 종결된다. 가장 일반적인 기제는 재흡수이다. 시냅스전 막에 위치한 수송체에 의해 시냅스 간격으로 방출된 전달물질을 제거하여 세포질로 회수한다. 아세틸콜린은 아세틸콜린 분해효소에 의해 불활성화된다.

시냅스후 막뿐만 아니라, 시냅스전 막 또한 전달물질의 존재를 탐지하는 수용기를 갖고 있다. 시냅스전 수용기를 자가수용기라고 부르는데, 이것은 뉴런이 방출한 전달물질의 양을 탐지하여 전달물질의 합성과 방출량을 적절하게 조절한다. 축색축색 시냅스는 전달물질의 방출량을 감소 또는 증가시킴으로써 시냅스전 억제 또는 시냅스전 촉진을 일으킨다.

전달물질과 마찬가지로 신경조절물질과 호르몬도 수용기의 결합부위에 부착되어 세포의 전기적 또는 화학적 변화를 일으킴으로써 세포에 영향을 준다. 하지만 전달물질의 작용은 아주 국소적인 반면에 신경조절물질과 호르몬은 훨씬 더 광범위한 영향을 미친다.

생각해 봅시다

1. 시냅스 전달은 왜 화학물질을 사용하는 것일까? 뉴런들 간의 직접적인 전기적 결합이 더 간단한 방법인데, 왜 우리는 그것을 광범위하게 사용하지 않는 것일까? (인간의 뇌에서도 극소수의 시냅스 연결은 전기적 결합 방식을 사용한다.) 일반적으로 자연은 주어진 목적을 달성하기 위해 가장 간단한 방법을 사용하는데, 그렇다면 화학적 전달을 사용하는 것은 어떤 이점이 있는가?
2. 그림 2.11에 묘사된 철회반사에 대한 통제를 생각해 보자. 동일한 과제를 수행하도록 전기적 시냅스를 사용하여 회로를 설계할 수 있는가?

맺는말 | 중증근무력증

"치료가 된 건가요?" 캐스린이 물었다.

"그렇게 간단하면 얼마나 좋겠습니까!" T 박사가 애처롭게 웃으면서 말했다. "치료된 것이 아니라서 애석하지만 이제 당신의 증상이 무엇 때문인지를 알았어요. 치료 방법은 있습니다." 캐스린이 실망하는 것을 보며 의사가 서둘러 덧붙였다. "중증근무력증(myasthenia gravis)이라는 병입니다. 방금 맞은 주사는 단지 몇 분밖에 효과가 지속되지 않지만, 효과가 훨씬 더 오래가는 알약을 조제해 드리겠습니다." 실제로, 의사의 말을 듣는 동안 캐스린은 힘이 다시 빠지는 것을 느끼며 주저앉았다.

중증근무력증은 영국 의사 Thomas Willis에 의해 1672년에 처음으로 기술되었다. 그것은 병명 그대로 '근육의 쇠약'을 의미한다. 그리 흔한 병은 아니지만 전문가들은 많은 경우—물론 캐스린보다 훨씬 약한 경우—에 제대로 진단이 내려지지 않는다고 본다. 캐스린의 병은 얼굴, 목, 팔, 몸 근육에 나타나기도 하고, 때로는 눈 근육에만 나타나기도 한다. 1930년대 전이라면 캐스린은 누워서 지내다가 틀림없이 호흡곤란과 기침으로 인한 폐렴 때문에 몇 년 안에 죽었을 것이다. 그러나 다행히도 캐스린의 미래는 그렇게 암담하지 않은데, 중증근무력증의 원인이 알려지면서 비록 완쾌되지는 않을지라도 치료가 가능하게 되었다.

중증근무력증에 걸렸다는 두드러진 증거는 피로감이다. 환자는 쉬고 있을 때에는 비교적 괜찮지만, 잠시 동안이라도 움직인 후에는 매우 피곤해한다. 여러 해 동안의 연구 결과 이러한 쇠약이 신경계나 근육 자체의 문제가 아니라 근육에 대한 시냅스에서의 문제임을 알게 되었다. 19세기 후반 한 의사가 중증근무력증 환자의 피부에 전극을 놓고, 그 근육을 움직이는 신경을 전기적으로 자극하였다. 신경을 자극할 때마다 근육이 수축하였지만 그 수축은 점차 약해져 갔다. 그러나 전극을 근육에 놓고 직접 자극했을 때에는, 근 수축은 피로함을 나타내지 않았다. 이후 전기기록법이 발달하면서 연구자들은 중증근무력증 환자들의 신경활동전위가 완전히 정상임을 발견했다. 신경전도와 근육수축이 정상이라면 문제는 시냅스에 있는 것이다.

1934년 Mary Walker 박사는 중증근무력증의 증상이 근육에 대한 시냅스에서 신경전달을 차단하는 독물인 쿠라레의 효과와 유사함을 밝혔다. 쿠라레 독에 대한 해독제는 피조스티그민(physostigmine)이라는 약물로 그것은 아세틸콜린 분해효소(AChE)를 비활성화시킨다. 이 장에서 배운 바와 같이 아세틸콜린 분해효소는 신경전달물질 아세틸콜린(ACh)을 파괴시키는 효소로서 시냅스후 전위를 종결시킨다. 아세틸콜린 분해효소를 불활성화시킴으로써 피조스티그민은 시냅스후 막에 미치는 아세틸콜린의 효과를 크게 증가시키고 지속시킨다. 따라서 근육의 시냅스에서 시냅스 전달의 강도가 증가하고, 쿠라레의 효과가 역전된다(4장에서 쿠라레와 피조스티그민에 관해 자세히 다룰 것이다).

Walker 박사는 피조스티그민이 쿠라레의 독성 효과를 역전시킨다면, 아마도 그것은 중증근무력증의 증상 또한 역전시킬 것이라고 판단하였다. 실제로 그러하였다. 그 후 제약회사는 복용이 가능하고 더 지속적인 효과를 갖는 약을 개발하였다. 오늘날 주사약은 진단용으로 사용되고, 먹는 약은 치료용으로 사용된다.

연구자들은 이제 중증근무력증(MG)의 원인을 밝히려고 노력하고 있다. 그들은 몇 가지 흥미로운 점을 관찰하였다. 첫째, 중증근무력증 환자들은 대부분 흉선에 종양이나 다른 비정상성을 지니는데, 흉선을 제거하면 증상이 종종 호전되었다(캐스린의 담당 신경학자는 이러한 처치를 권할 것이다). 둘째, 중증근무력증 환자의 근육 조직을 현미경으로 검사해 보면 시냅스 주변 영역에만 손상이 있고, 이 영역에 백혈구가 침투하였음을 볼 수 있다. 이 두 가지 사실은 면역계가 관련되어 있다는 것을 시사한다. 백혈구는 면역반응을 담당하고 있고, 흉선은 백혈구를 생산하는 곳 중의 하나이다.

사실상 중증근무력증은 자가면역 질병(autoimmune disease)이다. 보통 면역계는 침입한 미생물에 들어 있는 단백질에 대한 공습경보를 내려 감염을 방지한다. 면역계는 이 외부 단백질을 공격하는 항체를 생산하여 미생물을 죽인다. 그러나 때로는 면역계가 잘못하여 정상적으로 우리 몸에 존재하는 단백질 중에서 어떤 것에 대해 민감해지는 경우가 있다. 연구자들은 중증근무력증 환자의 피에서 아세틸콜린 수용기를 구성하는 단백질에 대항하는 항체를 발견하였다. 따라서 중증근무력증은 면역계가 시냅스 전달에 필수적인 아세틸콜린 수용기를 공격하여 그것을 파괴하는 자가면역 질병이다.

최근 연구자들은 중증근무력증의 동물 모델을 확립하는 데 성공하였다. 동물 모델은 실험동물에게 질병을 유발시켜 인간의 질병과 매우 흡사하게 만드는 것이다. 이를 통해 질병의 경과 과정을 연구할 수 있고, 가능한 처치와 치료방법을 검증할 수 있다. 중증근무력증의 동물 모델은 전기가오리(Torpedo)에게서 아세틸콜린 수용기 단백질을 추출하여 그것을 실험동물에게 주입하여 만든다. 동물의 면역계는 그 단백질에 민감하게 되어, 자신의 아세틸콜린 수용기까지 공격하는 항체를 생성한다. 동물은 중증근무력증 환자가 보이는 것과 똑같은 근육피로를 나타내었고 피조스티그민과 같은 약물을 주입하자 회복되었다.

중증근무력증 동물 모델 연구로부터 나온 한 가지 희망적인 결과는 동물 면역계가 아세틸콜린 수용기를 파괴하는 항체를 생산하지 않도록 둔감화될 수 있다는 것이나. 아세틸콜린 수용기 단백질을 수정하여 실험동물에게 주입시키면 그들의 면역계는 변형된 단백질에 대항하는 항체를 생성시킨다. 자신의 원래 아세틸콜린 수용기는 이 항체에게 공격당하지 않는다. 그 후 동물에게 순수한 아세틸콜린 수용기 단백질을 주입하여도 중증근무력증이 유발되지 않는다. 순수한 단백질은 이전에 민감해진 단백질과 너무 유사하기 때문에 면역계가 또 다른 항체를 생산할 만큼 성가시지 않음이 분명하다. 면역계로 하여금 아세틸콜린 수용기를 공격하는 항체에 비해 해롭지 않은 항체를 생산하게 함으로써, 중증근무력증을 초기 단계에 예방할 수 있는 백신을 개발할 수 있을 것이다.

최근 들어 효과적인 약물이 개발되고 있지만 중증근무력증은 여전히 심각한 질병이다. 약물은 원기를 정상상태로 회복시켜 주지 못할 뿐더러 심각한 부작용을 초래하기도 한다. 그러나 최근 실험실에서 얻은 성과는 캐스린과 같은 환자에게 보다 밝은 미래에 대한 희망을 준다.

핵심 개념

신경계의 세포

1. 뉴런은 세포체, 수상돌기, 축색, 종말단추로 이루어져 있다. 상호연결된 뉴런의 회로가 신경계에서 수행하는 기능을 담당한다. 뉴런은 아교세포와 슈반세포에 의해 지지되는데, 이들은 수초를 형성하고, 뉴런을 보좌해 주며, 물리적으로 지지해 준다. 혈뇌장벽은 뇌로 들어오는 화학물질을 조절하는 데 도움을 준다.

뉴런 내에서의 교신

2. 활동전위는 축색의 막전위가 흥분역치 수준에 도달할 때 일어난다. 비록 활동전위가 전기적인 것이지만, 이는 막에 있는 전압-의존성 이온통로를 통과하는 나트륨이온과 칼륨이온의 흐름에 의해 야기된다. 유수축색에서 일어나는 도약전도는 무수축색에서의 전도보다 훨씬 더 빠르고 효율적이다.

뉴런 간의 교신

3. 뉴런은 시냅스를 통해서 교신하는데, 시냅스전 뉴런이 시냅스후 뉴런에게 흥분적 또는 억제적 효과를 일으킨다. 이러한 효과는 시냅스후 뉴런의 축색이 종말단추로 내려보내는 활동전위의 발화 비율을 증가 또는 감소시킨다.
4. 활동전위가 축색 끝에 도착하면 몇 개의 시냅스 소낭들이 시냅스 간격으로 전달물질을 방출한다. 신경전달물질 분자는 시냅스후 막에 있는 수용기에 부착된다.
5. 시냅스후 수용기가 전달물질에 의해 활성화되면, 전압에 의해 조절되는 나트륨, 칼륨, 염소이온통로가 열려서 흥분성 또는 억제성 시냅스후 전위를 일으킨다.
6. 시냅스후 전위는 전달물질이 파괴되거나 혹은 종말단추로 다시 재흡수됨으로써 종료된다.
7. 자가수용기는 신경전달물질의 방출량을 조절한다.
8. 축색축색 시냅스는 두 개의 종말단추 간의 접합이다. 첫 번째 종말단추에서 전달물질이 방출되면 두 번째 종말단추에서 방출되는 전달물질의 양이 증가 또는 감소한다.
9. 신경조절물질과 호르몬도 전달물질과 유사한 작용을 한다. 이들은 표적세포에 있는 수용기와 결합하여 활성화한다.

CHAPTER

3 신경계의 구조

개요

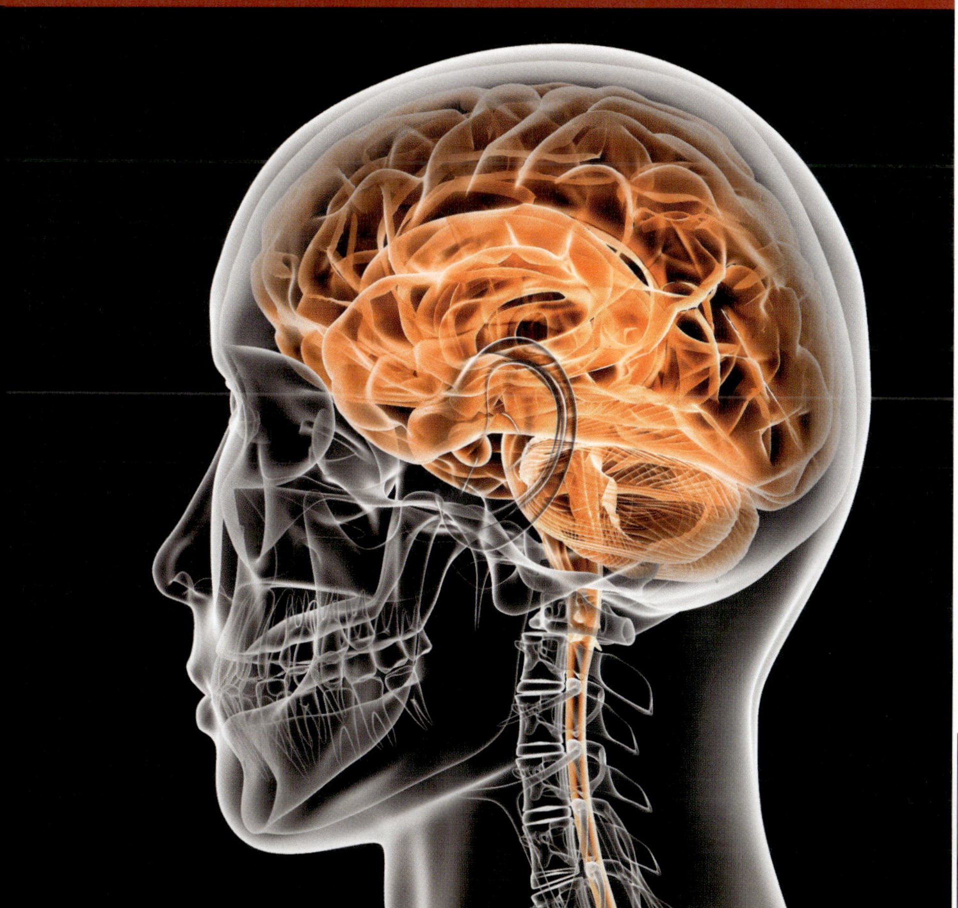

Science Photo Library/Getty Images

학습목표

1. 뇌의 생김새를 기술하고 절편의 방향과 절편 면을 나타내는 데 사용되는 용어들을 알아본다.
2. 신경계의 부위들, 뇌막, 뇌실계 및 뇌척수액의 생성과 뇌에서의 흐름을 기술한다.
3. 중추신경계의 발달을 설명한다.
4. 전뇌의 중요한 두 개의 구조 중의 하나인 종뇌를 기술한다.
5. 간뇌의 중요한 두 개의 구조를 기술한다.
6. 중뇌, 후뇌 및 척수의 중요한 구조를 기술한다.
7. 자율신경계 두 분할을 포함한 말초신경계를 기술한다.

머리말 | 왼쪽이 사라지다

S 여사는 고혈압 병력을 가진 60세 할머니이다. 고혈압은 그녀가 복용하고 있는 약으로도 잘 통제되지 않았다. 어느 날 저녁, 그녀가 안락의자에 앉아 신문을 보고 있을 때 전화벨이 울렸다. 그녀가 의자에서 일어나 전화기 쪽으로 걸어갈 때 그녀는 현기증을 느껴 조리대에 기대 멈춰 섰다. 그리고 그 이후에 어떤 일이 일어났는지에 대해 아무런 기억이 없었다.

다음 날 아침, 평소 S 여사와 커피를 마시기 위해 이 집에 자주 들르는 이웃이 이상한 말을 중얼거리며 바닥에 쓰러져 있는 그녀를 발견했다. 그 이웃은 구급차를 불렀고 그녀는 병원으로 후송되었다.

병원에 입원한 이틀 뒤에 나는 신경과장이 이끄는 팀을 따라 그녀의 방으로 갔다. 그녀의 사례를 맡은 신경과 레지던트는 그녀가 뇌의 오른쪽 뒤 부위에 뇌졸중을 가지고 있다고 설명했다. 그는 CT 사진을 벽에 있는 판독기에 걸고 그녀의 뇌 특정영역에서 혈액 축적에 의한 하얀 점을 우리에게 보여 주었다(당신은 그림 5.17에서 그 사진을 볼 수 있다).

우리 10여 명은 S 여사의 방에 들어갔다. 그녀는 깨어 있었지만 조금 혼란스러운 것처럼 보였다. 신경과 레지던트는 그녀에게 인사를 하고 기분이 어떤지 물었다. "좋은 것 같아요."라고 그녀는 말했다. "나는 아직까지 왜 내가 여기에 있는지 잘 모르겠습니다."

"당신은 이 방에 있는 다른 사람들을 볼 수 있습니까?"

"왜요, 물론이죠."

"여기에 사람들이 몇 명 있습니까?"

그녀는 고개를 오른쪽으로 돌려 수를 세기 시작했다. 그녀는 그녀의 침대 다리 쪽에 있는 사람들을 세고 나서 '7명'이라고 말했다. 그녀의 침대 왼쪽에서 누군가가 "우리는 뭐예요?"라고 물었다. "뭐가요?"라고 그녀는 되물으면서 그녀가 이미 세었던 사람들을 쳐다보았다. "여기요, 당신의 왼쪽! 아니요, 당신의 왼쪽을 보세요!"라고 그 목소리는 다시 말했다. 그녀는 천천히, 아니 마지못해 고개를 왼쪽으로 돌렸다. 그 목소리는 반복되었고 마침내 그녀는 누가 말을 하고 있는지 알아챘다. 그녀는 "오, 내가 추측컨대 거기에 많은 사람들이 있네요."라고 말했다.

신경과 레지던트는 그녀의 침대 왼쪽으로 다가가 그녀의 왼쪽 팔을 건드렸다. "이것은 무엇입니까?"라고 그는 물었다. "어디요?"라고 그녀는 말했다. "여기요."라고 그는 대답하면서 그녀의 팔을 잡아 올려 부드럽게 그녀의 얼굴 앞쪽으로 움직였다.

"오, 그것은 팔이네."

"팔? 누구의 팔입니까?"

"잘 모르겠네요. …… 내 생각에 그것은 당신들 것 같은데요."

"아니요. 그것은 당신의 팔입니다. 보세요, 이것은 당신의 일부입니다." 그는 손가락으로 그녀의 팔에서 그녀의 어깨까지 짚어 올라갔다.

"음, 당신이 그렇다면……"이라며 그녀는 말했지만 아직 그 말에 수긍하지 않았다.

우리가 레지던트의 휴게실로 돌아왔을 때, 신경과장은 뇌의 특정영역 손상에 따른 한 측면을 무시하는 전형적인 예를 보았다면서 이러한 현상을 설명했다. "사람들은 그들 신체의 왼쪽 편으로부터의 감각을 지각할 수 있지만 그들은 왼쪽 편에 대한 주의를 기울이지 않습니다. 한 여성은 그녀의 오른쪽 얼굴만 화장을 하고, 한 남성은 그의 턱수염의 한쪽 편만 면도를 합니다. 셔츠나 코트를 입을 때 그들은 오른팔을 넣고 오른 어깨에 옷을 걸치기 위해 왼손을 사용하지만 왼팔을 잊어버리고는 옷을 한쪽 어깨에 걸쳐 있도록 놔두지요. 또한 그들은 왼쪽 편에 놓여 있는 사물을 보지 않거나 사물의 왼쪽 편 반쪽을 보지 않습니다. 한 번은 아침 식사를 끝내고 앞에 식판을 놔둔 채로 침대에 앉아 있는 한 남성을 보았습니다. 그의 식판에는 팬케이크가 반이나 남아 있었어요. 내가 "식사 다했습니까?"라고 묻자, 그는 "그럼요."라고 말했습니다. 나는 먹지 않고 남은 부분이 오른쪽에 오도록 그 식판을 돌렸습니다. 그러자 그는 놀라 바라보면서 "염병할, 이것은 어디에서 나타난 거야?"라고 외쳤습니다.

신경과학 연구의 목표는 뇌의 작용 방법을 이해하는 것이다. 이러한 연구 결과들을 이해하기 위해서, 여러분은 신경계의 기본구조에 대해 잘 알아야 한다. 이 장에서 소개되는 용어 수가 최소가 되도록 애썼지만 그 수가 적지는 않다. 당신이 이 장에서 그 구조를 잘 익혀 둔다면 뒤의 장에서 제시되는 학습자료를 어려움 없이 받아들일 수 있을 것이다.

신경계의 기본 특징

저자는 신경계를 기술하기 전에 그것을 기술하는 데 사용되는 용어들을 논하고자 한다. 뇌의 전반적인 해부학은 오래전부터 기술되었고 현미경의 도움 없이 볼 수 있었던 것은 이름이 붙여졌다. 초기 해부학자들은 대부분 일상 사물과의 유사성에 따라 뇌 구조물에 이름을 붙였다. 예를 들면, **편도체**(amygdala)는 '아몬더 형태의 물건', **해마**(hippocampus)는 '바다의 말', **슬**(genu)은 '무릎', **피질**(cortex)은 '나무껍질', **뇌교**(pons)는 '교량', **구**(uncus)는 '갈고리' 등이다. 저자는 이 책에 나오는 해부학 용어를 소개할 때 그 용어의 의미를 번역할 것이다. 왜냐하면 의미를 아는 것이 용어를 더욱 기억하기 쉽도록 하기 때문이다. 예컨대, **피질**(cortex)은 '나무껍질(bark)'을 의미한다는 것을 알면 당신은 피질이 뇌의 바깥층이라는 것을 기억하는 데 도움이 될 것이다.

뇌처럼 복잡한 구조의 특징을 기술할 때, 우리는 방향을 나타내는 용어를 사용하는 것이 필요하다. 일반적으로 신경계에서의 방향은 척수(spinal cord) 아래 끝에서부터 뇌의 앞부분까지 중추신경계의 길이로 이어지는 가상의 선인 **신경축**neuraxis과 관련지어 기술된다. 단순화시켜 똑바른 신경축을 가진 동물을 생각해 보자. 그림 3.1은 한 마리의 악어와 두 명의 사람을 보여 준다. 이 악어는 확실하게 하나의 직선 형태로 나타난다. 우리는 눈 사이에서 출발하여 척수 중앙 아래로 이어지는 하나의 선을 그을 수 있다(그림 3.1 참조). 앞부분의 끝은 **전측**anterior, 그 꼬리는 **후측**posterior이다. 또한 **문측**rostral(부리 쪽)과 **미측**caudal(꼬리 쪽)이라는 용어는 특별하게 뇌를 언급할 때 사용된다. 머리의 위와 등은 **배측**dorsal 면인 반면에 **복측**ventral 면은 앞과 땅을 향한다(*dorsum*은 '등'을 의미하고 *ventrum*은 '배'를 의미한다). 이러한 방향은 인간의 경우 좀 더 복잡하다. 우리는 직립하고 우리의 신경축은 굽어 있기 때문에 머리 꼭대기는 등에 수직이 된다[당신은 또한 상(superior)과 하(inferior)라는 용어를 접하게 된다. 뇌를 언급할 때, 이 용어들은 가치판단을 나타내는 것이 아니고 상은 '위', 하는 '아래'를 의미한다. 예컨대, **상구**(superior colliculi)는 **하구**(inferior colliculi) 위에 위치한다]. 악어와 사람 모두의 전면은 **외측**lateral과 **내측**medial 용어를 설명하는데, 각각은 바깥쪽과 중심선 쪽을 의미한다(그림 3.1 참조).

두 개의 다른 유용한 용어는 **동측**(ipsilateral)과 **대측**(contralateral)이다. **동측**ipsilateral은 신체의 동일한 면에 있는 구조를 언급하는 것이다(*Ipsi*는 '같다'라는 의미이다). 우리가 후구(olfactory bulb)는 축색을 동측 반구로 보낸다고 말한다면, 왼쪽 후구는 축색을 왼쪽 반구로 오른쪽 후구는 축색을 오른쪽 반구로 보낸다는 것을 의미한다. **대측**contralateral은 신체의 반대편에 있는 구조들을 언급한다. 우리가 왼쪽 대뇌피질의 특정영역이 대측 손의 운동을 통제한다고 말한다면, 그 영역은 오른쪽 손의 운동을 통제한다는 것을 의미한다.

신경계 내에 무엇이 있는지를 보기 위해 우리는 그것을 절단하여 열어 보아야 한다. 우리가 발견한 것의 정보를 전달할 수 있기 위해 우리는 표준화된 방법으로 그것을 절단하여야 한다. 그림 3.2는 인간의 신경계를 보여 준다. 신경계는 세 가지 방법으로 절단될 수 있다.

1. 소시지처럼 횡단으로 자르면 **횡단절편**cross sections이 된다(뇌를 언급할 때는 **전두절편**frontal sections이라고 하기도 하고, **관상절편**coronal sections이라고 하기도 한다).
2. 땅과 수평으로 자르면 **수평절편**horizontal sections이 된다.
3. 땅과 수직으로 신경축과 수평으로 자르면 **시상절편**sagittal sections이 된다. **정중시상면**midsagittal plane은 뇌를 두 개의 대칭적인 반으로 나누는 것이다. 그림 3.2에서의 시상절편은 정중시상면을 보여 준다.

우리의 직립자세 때문에 척수의 횡단절편은 땅과 수평

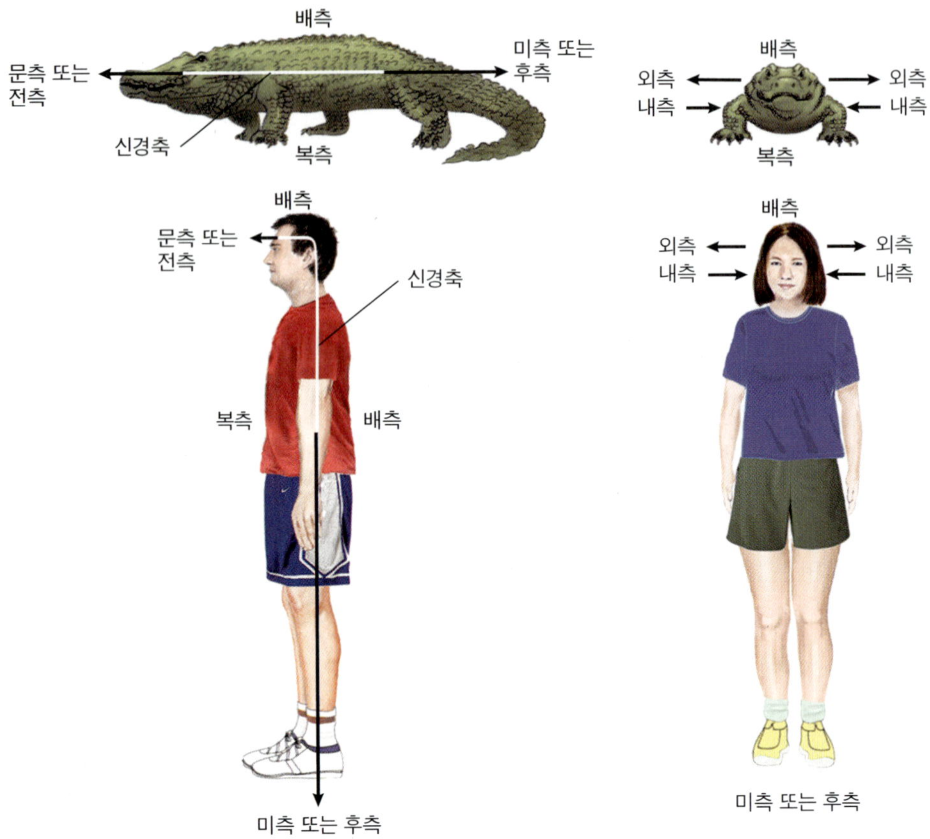

그림 3.1 악어와 인간의 모습. 측면과 전면의 모습은 해부학적 방향을 나타낼 때 사용되는 용어를 보여 준다.

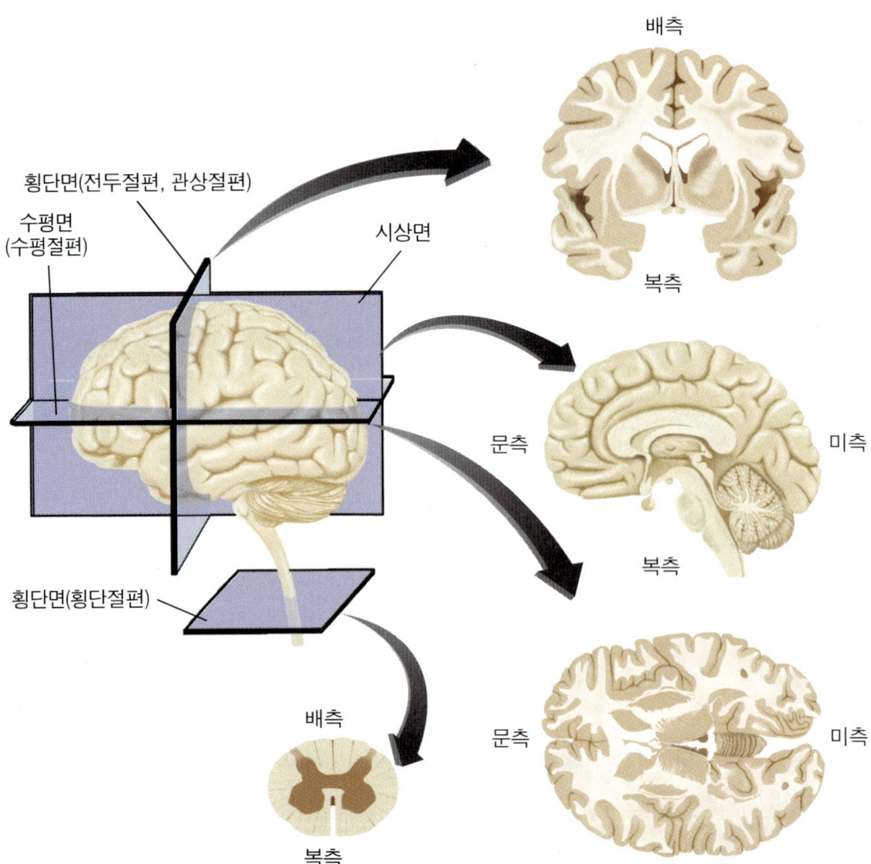

그림 3.2 뇌의 절편과 절편면. 인간의 중추신경계에 적용되는 절편면

이 된다는 것을 주의하라(그림 3.2 참조).

개관

신경계는 뇌(brain)와 척수(spinal cord)로 구성되어 있으며 이것은 **중추신경계**(central nervous system; CNS)를 형성한다. 뇌신경(cranial nerves), 척수신경(spinal nerves) 및 말초 절(peripheral ganglia)들은 **말초신경계**(peripheral nervous system; PNS)를 형성한다. CNS는 뼈 속에 있다. 뇌는 두개골에 의해 둘러싸여 있고 척수는 척추 주(vertebral column) 속에 있다(표 3.1 참조).

그림 3.3은 신체의 나머지 부분과 뇌와 척수와의 관계를 보여 준다. 이 그림에서 친숙하지 않은 명칭에 대해 집착하지 마라. 이러한 구조들은 이후에 설명된다(그림 3.3 참조). 뇌는 뉴런(neuron), 교(glia) 및 다른 지지세포로 구성되어 있다. 뇌는 신체에서 가장 보호받는 기관으로 단단한 뼈의 두개골 속에 있으며 뇌척수액 속에 떠 있다. 뇌는 충분한 혈액을 공급받고 혈뇌장벽(blood-brain barrier)에 의해 화학적으로도 보호받는다.

뇌막

뇌, 척수, 뇌신경, 척수신경 및 말초 절 등의 전체 신경계는 질긴 연결조직에 의해 덮여 있다. 뇌와 척수를 둘러싸고 있는 이 보호막을 **뇌막**meninges(단수는 *meninx*, '막'의 그리스 단어)이라고 한다. 뇌막은 세 개의 층으로 되어 있으며 그림 3.3에 제시되어 있다. 바깥층은 두껍고 질기고 유연성이 있지만 늘어나지 않는데, 이것은 **경막**dura mater으로 '견고한 엄마(hard mother)'라는 의미이다. 뇌막의 중간층인 **지주막**arachnoid membrane은 거미에서 나온 거미줄(arachnoid trabeculae)인 거미집 형태로부터 붙여졌다(그리스어로 *arachne*는 '거미'를 의미하고 *trabecula*는 '통로' 또는 '줄'을 의미한다). 부드럽고 스펀지 같은 지주막은 경막 아래에 놓여 있다. 뇌와 척수에 밀착되어 모든 회(convolution) 표면을 감싸는 것을 **유막**pia mater[경건한 엄마(pious mother)]이라 한다. 뇌와 척수의 작은 혈관은 이 층 안에 있다. 유막과 지주막 사이에 공간이 있는데 이것을 **지주막하강**subarachnoid space이라고 한다. 이 공간에는 **뇌척수액**cerebrospinal fluid; CSF이라는 액체로 채워져 있다(그림 3.3 참조).

표 3.1 신경계의 주요 부분

중추신경계(CNS)	말초신경계(PNS)
뇌	신경
척수	말초신경절

말초신경계는 뇌막의 두 개 층으로 덮여 있다. 뇌척수액과 관련이 있는 중간층(지주막)은 오직 뇌와 척수만 덮고 있다. 중추신경계 그 밖의 것에는 바깥층과 안층(경막과 유막)이 융합되어 척수신경, 뇌신경 및 말초절을 덮는 막을 형성한다.

뇌실계와 뇌척수액의 생성

뇌는 매우 부드럽고 젤리 같다. 정교한 구조를 가지고 있고 무게가 1,400g쯤 되는 인간의 뇌는 쇼크로부터 보호받도록 되어 있다. 다행스럽게도 뇌는 잘 보호되고 있다. 뇌는 지주막하강에 채워진 CSF의 욕조에 떠 있다. 뇌는 액체 속에 완전히 잠겨 있기 때문에 뇌의 궁극적인 무게는 대략 80g으로 감소된다. 그래서 뇌의 기부에 대한 압력은 현저히 감소된다. 뇌와 척수를 둘러싸고 있는 CSF는 갑작스러운 뇌 운동에서 기인될 수 있는 중추신경계에 대한 쇼크 또한 감소시킨다.

뇌는 일련의 빈 공간을 가지고 있는데 그 공간은 **뇌실**ventricles이라는 상호연결되는 방이다. 뇌실은 CSF로 채워져 있다(그림 3.4 참조). 가장 큰 방은 2개의 **측뇌실**lateral ventricles이라고 하는데 이것은 **제3뇌실**third ventricle과 연결되어 있다. 제3뇌실은 뇌의 정중선에 위치하고 있는데 이것의 벽은 뇌 주위부분을 대칭적으로 반으로 분리시킨다. 시상간교(massa intermedia)라는 신경조직의 연결다리는 제3뇌실의 중간을 통해 연결되어 있는데 이것은 유용한 참조점으로 사용된다. 긴 관인 **중뇌수도**cerebral aqueduct는 제3뇌실을 **제4뇌실**fourth ventricle까지 연결한다. 측뇌실은 제1뇌실과 제2뇌실로 구성되어 있지만 그렇게 언급되지는 않는다(그림 3.4 참조).

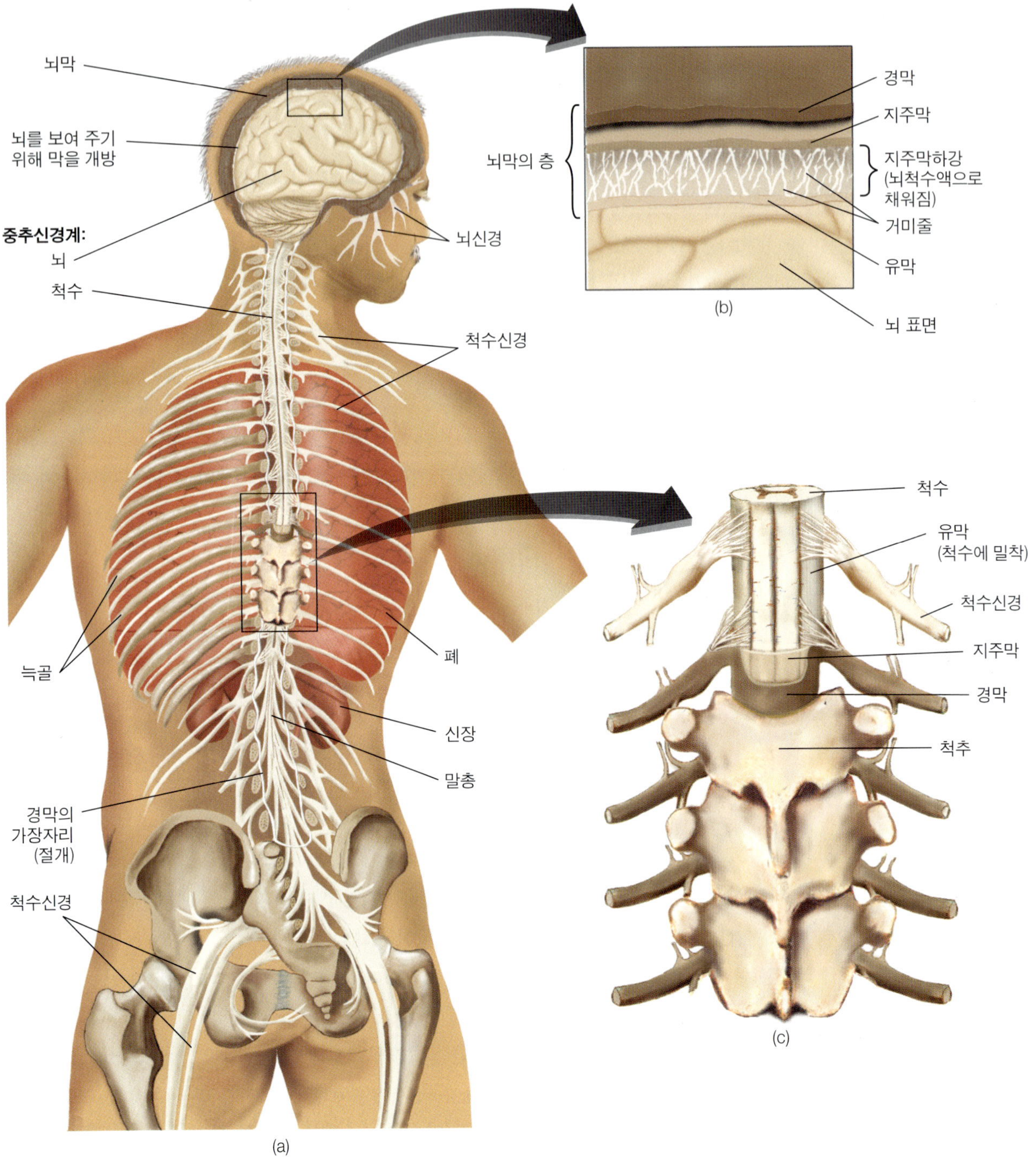

그림 3.3 **신경계.** 이 그림은 (a) 신경계와 신체의 나머지 부위와의 관계, (b) 중추신경계를 덮고 있는 뇌막의 세부 내용, (c) 하부척수와 말총의 확대 모습을 보여 준다.

뇌척수액은 혈액에서 추출되는데 그 성분은 혈장과 유사하다. 이것은 **맥락총**choroid plexus이라는 특별한 조직에 의해 만들어지는데 이곳에는 풍부한 혈액이 공급된다. 맥락총은 네 개의 뇌실 모두에서 돌출된 형태로 나타난다. CSF는 지속적으로 생성되는데 전체 용량은 대략 125ml이고 그것의 반감기(half-life: 뇌실계 CSF 용량의 반이 새로운 CSF로 대치될 때까지 걸리는 시간)는 약 3시간이다. 그래서 이러한 용량이 매일 맥락총에 의해 여러 번 생성된다.

뇌척수액은 측뇌실의 맥락총에 의해 생성되어 제3뇌

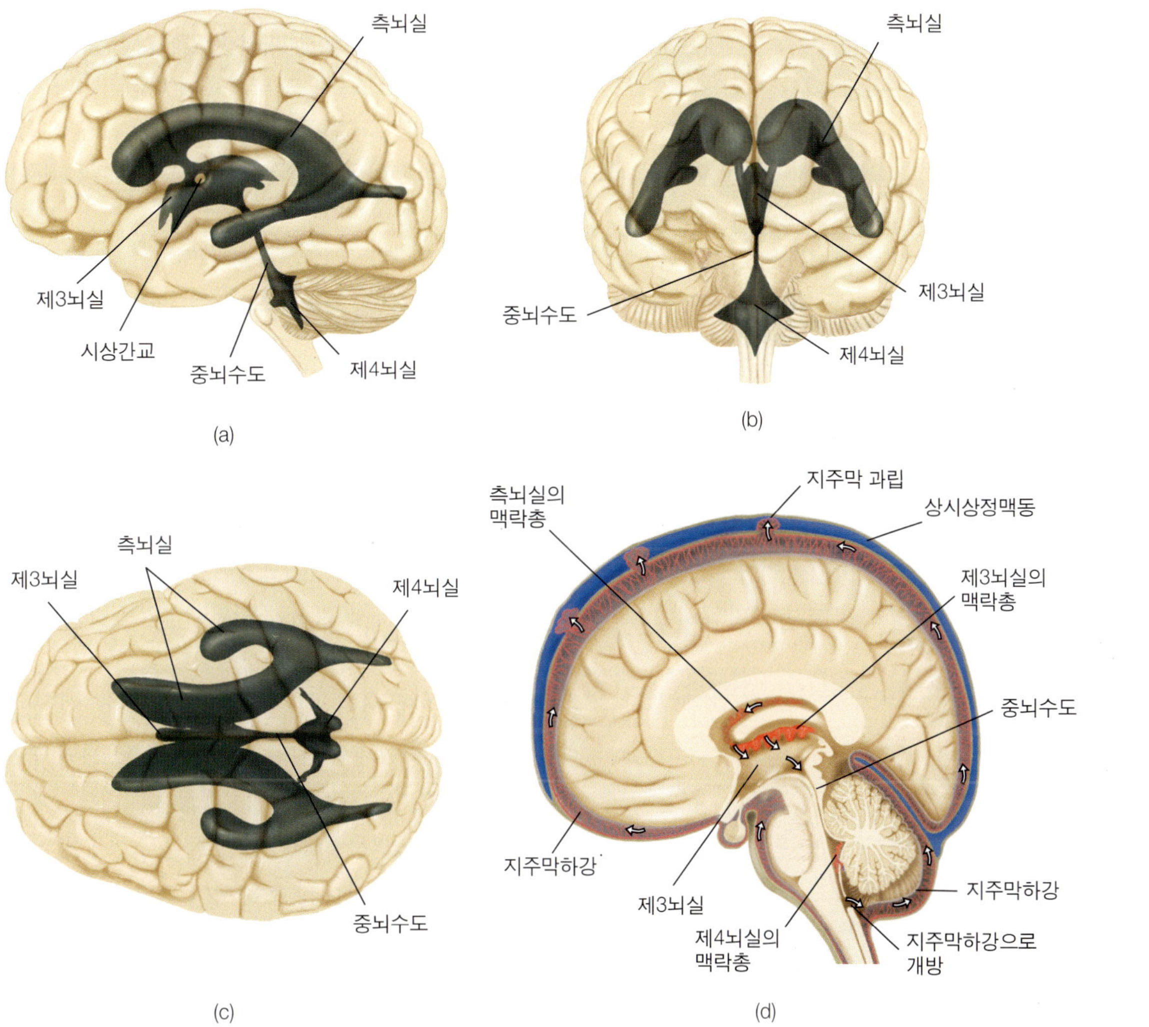

그림 3.4 뇌의 뇌실계. 이 그림은 (a) 뇌의 좌측면, (b) 전면, (c) 윗면 및 (d) 정중시상면을 보여 준다.

실까지 흘러간다. 제3뇌실의 맥락총에서 생성된 더 많은 CSF는 중뇌수도를 통해 제4뇌실로 흘러가고 여기에서 CSF가 더 생성된다. CSF는 뇌를 둘러싸고 있는 지주막하강과 연결되어 있는 작은 구멍을 통해 제4뇌실에서 빠져나간다. CSF는 중추신경계를 둘러싸고 있는 지주막하강을 통해 흘러가서 혈액공급체계로 재흡수된다.

절 요약

신경계의 기본 특징

해부학자들은 신체부위의 위치를 기술하기 위해 일련의 용어를 채택해 왔다. **전측**은 머리 쪽이고, **후측**은 꼬리 쪽, **외측**은 바깥쪽, **내측**은 중심 쪽, **배측**은 등 쪽, 그리고 **복측**은 신체의 앞면 쪽이다. 신경계에서 특별한 경우에, **문측**은 부리(또는 코) 쪽을 의미하고 **미측**은 꼬리 쪽을 의미한다. **동측**은 '같은 쪽'을 의미하고 **대측**은 '다른 쪽'을 의미한다. 횡단절편(뇌의 경우, 전두절편, 관상절편)은 신경계를 신경축에 직각으로 절단한 것이고 수평절편은 바닥과 수평으로 뇌를 절단한 것이며 시상절편은 바닥과 수직으로, 즉 신경축과 수평이 되게 뇌를 절단한 것이다.

중추신경계(CNS)는 뇌와 척수로 구성되어 있으며 말초신경계(PNS)는 척수신경과 뇌신경 그리고 말초신경절로 구성되어 있다. CNS는 뇌막, 즉 경막, 지주막 및 유막으로 둘러싸여 있다. 지주막 아래의 공간에는 뇌척수액(CSF)으로 채워져 있으며 그 안에 뇌가 떠 있다. PNS는 경막과 유막으로만 둘러싸여 있다. 뇌척수액은 측뇌실, 제3뇌실 및 제4뇌실의 맥락총에서 생성된다. 뇌척수액은 두 개의 측뇌실에서 제3뇌실로 흘러, 제4뇌실로 가는 중뇌수도를 통해 지주막하강으로 들어가서 마지막으로 혈관으로 돌아간다.

중추신경계

뇌가 지나칠 정도로 복잡할지라도, 뇌 발달의 기본 특징에 대한 이해는 가장 중요한 구조의 위치를 익히고 기억하는 것을 더욱 쉽게 할 것이다. 이러한 목표를 갖고, 저자는 여기에서 중추신경계의 발달 맥락에서 그 특징을 소개한다.

중추신경계의 발달

중추신경계는 태아기 초기에 빈 관의 형태로 시작되어 그것이 완전히 발달된 후에도 그러한 기본 형태는 유지된다. 발달 동안 그 관 부분들은 길어지고 주머니와 층이 형성되고 그 관 주위의 조직은 뇌가 최종적인 형태에 도달할 때까지 두꺼워진다.

뇌 발달의 개관

인간 신경계의 발달은 임신 후 18일경에 시작된다. 태아의 등쪽 외배엽(ectoderm)은 두꺼워지고 하나의 판을 형성한다. 이 판의 가장자리들은 문측에서 미측 방향으로 나 있는 세로선을 따라 서로를 향해 솟아올라 가는 융기를 형성한다. 21일경에는 이러한 융기들이 서로 만나 융합되어 하나의 관, 즉 **신경관**neural tube이 형성되는데 이것이 뇌와 척수가 된다.

28일경이 되면 신경관은 닫히고 이것의 문측 끝은 서로 연결된 세 개의 방으로 발달한다. 이 방들은 뇌실이 되고 뇌실 주위에 있는 조직은 뇌의 세 가지 중요한 부분인 전뇌(forebrain), 중뇌(midbrain) 및 후뇌(hindbrain)가 된다(그림 3.5a와 3.5c 참조). 발달이 진행되면서 문측 방(전뇌)은 세 부분으로 나누어지는데 두 개의 측뇌실과 제3뇌실이다. 측뇌실 주위의 영역은 종뇌(telencephalon: '끝에 있는 뇌')가 되고 제3뇌실 주위 영역은 간뇌(diencephalon: '사이에 있는 뇌')가 된다(그림 3.5b와 3.5d 참조). 마지막 형태에서 중뇌 안에 있는 방은 가늘어져서 중뇌수도를 형성하고 후뇌에서는 두 개의 구조, 즉 후뇌(metencephalon: '뒤에 있는 뇌')와 수뇌(myelencephalon: '골수 뇌')가 발달된다(그림 3.5e 참조).

표 3.2에 여기에서 소개한 용어들이 요약되어 있고 뇌의 각 영역에서 나타나는 중요한 몇 개의 구조물을 언급해 놓았다. 그 표에 있는 색상은 그림 3.5에 있는 것과 일치되어 있다. 이러한 구조물은 표 3.2에 제시된 순서대로 이 장의 나머지 부분에서 기술될 것이다(표 3.2 참조).

태아 뇌 발달

뇌 발달은 얇은 관으로 시작하여 수천억 개의 세포로 구성되어 있으며 무게가 1,400g쯤 되는 구조로 끝난다. 어디에서 이러한 세포가 만들어지고 이것들의 성장을 통제하는 것은 무엇인가?

가장 많이 알려진 **대뇌피질**cerebral cortex의 발달에 대해 살펴보자. 여기서 설명되는 원리는 뇌의 다른 영역의 발달에 적용되는 원리와 유사하다(이러한 과정에 대한 자세한 내용은 Cooper, 2008과 Rakic, 2009를 참조). 피질(cortex)은 '나무껍질(bark)'을 의미하는데 대뇌피질은 두께가 약 3mm 정도이고 나무의 껍질처럼 대뇌반구를 둘러싸고 있다. 신체 크기와 비교해 볼 때 인간의 대뇌피질은 다른 종에 비해 가장 크다. 이 책의 뒤에서 볼 수 있는 것처럼 대뇌피질의 뉴런 회로들은 지각, 인지 및 운동조절에 중요한 역할을 한다.

신경관의 내부에 정렬되어 있는 줄기세포(stem cell)는 중추신경계의 세포로 자라게 된다. 대뇌피질은 안쪽

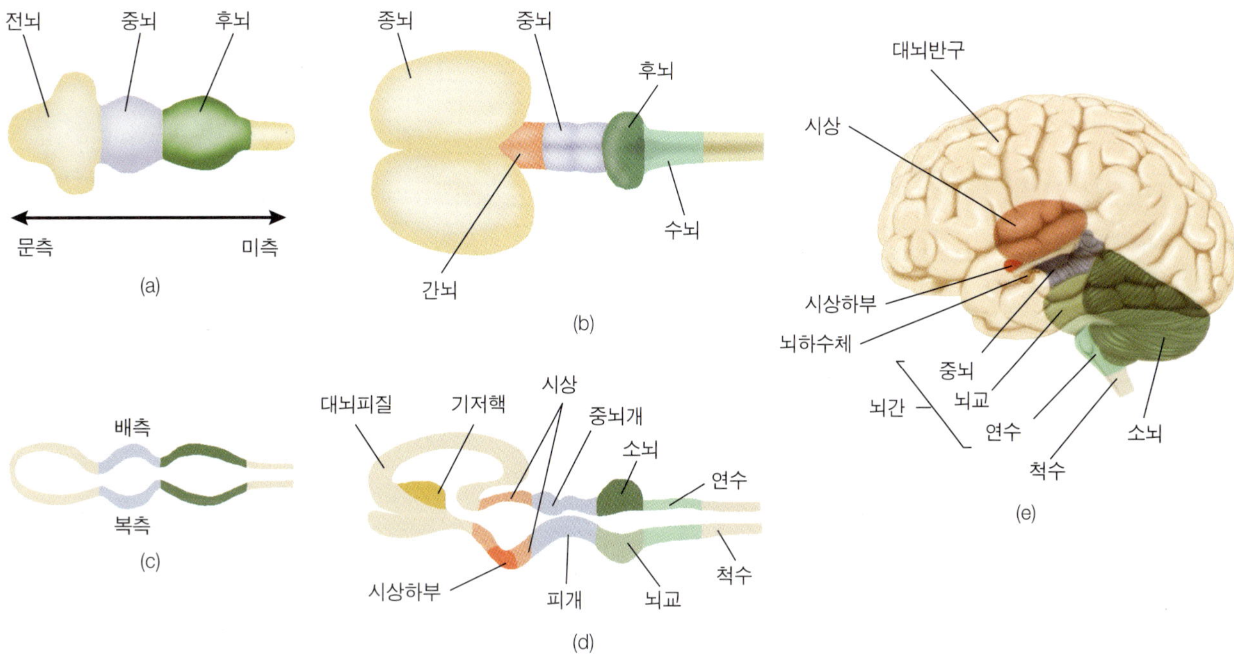

그림 3.5 뇌 발달. 뇌 발달의 개략적 형태는 뇌실과의 관계를 보여 주다. 모습 (a)와 (c)는 초기 발달을 보여 주고, 모습 (b)와 (d)는 후기 발달을 보여 준다, 모습 (e)는 뇌간이 비치는 반투명 인간 뇌의 외측면을 보여 준다. 모든 그림의 색상은 상응하는 영역들을 나타낸다.

표 3.2 뇌의 해부학적 분할

주요 구획	뇌실	세부 구획	주요 구조물
전뇌	측뇌실	종뇌	대뇌피질
			기저핵
			변연계
	제3뇌실	간뇌	시상
			시상하부
중뇌	중뇌수도	중뇌	중뇌개 피개
후뇌	제4뇌실	후뇌	소뇌
			뇌교
		수뇌	연수

에서 바깥쪽으로 발달한다. 즉, 생성된 첫 번째 세포들은 짧은 거리를 이동해서 첫 번째(가장 깊은) 층을 형성한다. 새로 태어난 세포들의 이후 움직임은 첫 번째 층을 지나 두 번째 층을 형성한다. 이러한 과정은 대뇌피질의 모든 여섯 개의 층이 완성될 때까지 계속된다. 생성된 마지막 세포는 이전에 만들어진 모든 세포를 통과해야 한다.

뇌의 세포로 자라게 되는 줄기세포는 **시조세포**progenitor cells로 알려져 있다(*progenitor*는 후손의 직계 조상을 의미한다). 발달의 첫 단계 동안 신경관 벽의 바로 바

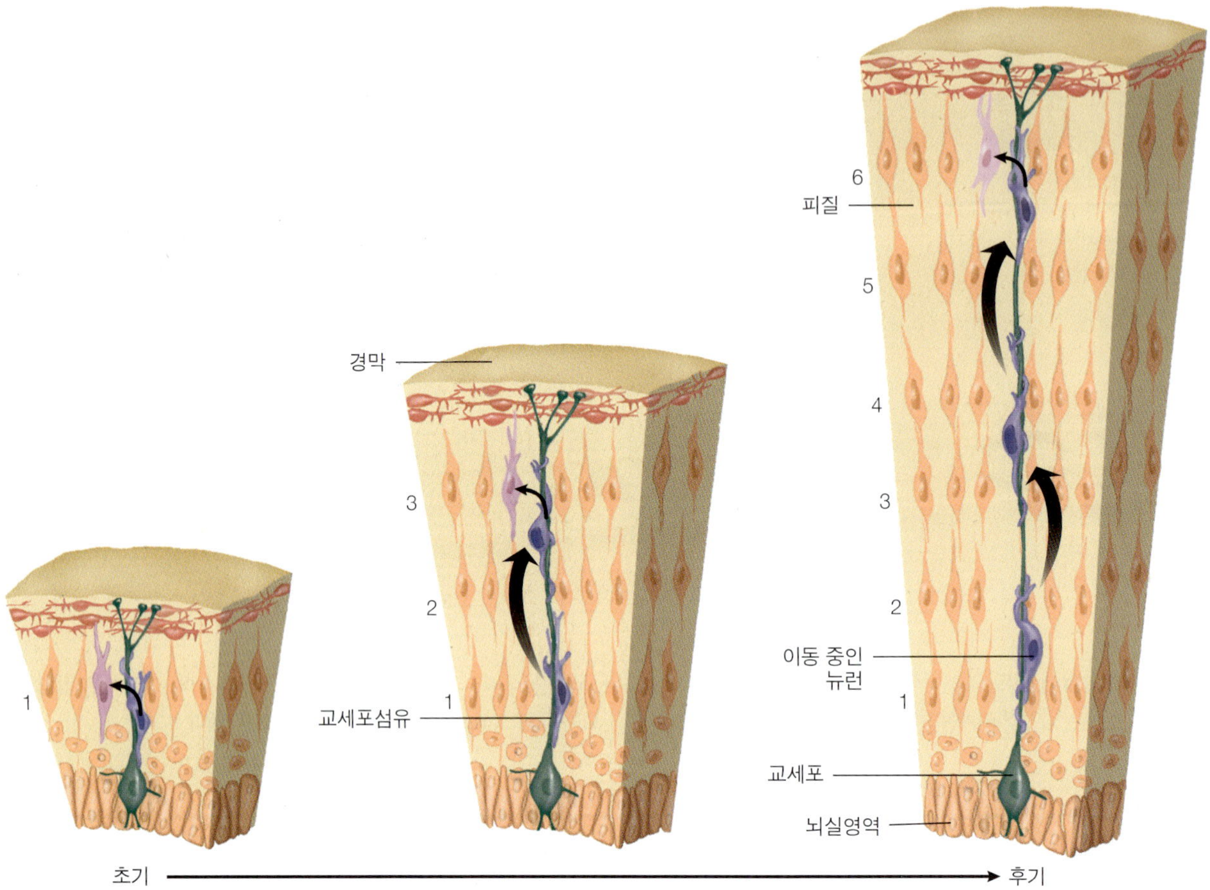

그림 3.6 피질발달. 대뇌피질의 이 횡단절편은 피질발달의 초기 영역을 보여 준다. 교세포들의 방사형태의 섬유들은 새로 형성된 뉴런들이 뇌실영역에서 대뇌피질의 마지막 안착지까지 이동을 안내하는 데 도움을 준다. 뉴런들 각각의 연속적인 이동은 이전에 이동한 뉴런들을 지나게 되고 가장 최근에 형성된 뉴런들은 피질의 표면에 가까운 층을 차지한다.

Based on Rakic, P., A Small Step for the cell, a giant leap for mankind: A hypothesis of necortical expansion during evolution. Trends in Neuroscience, 1995, 18, 383-388

깥 면에 있는 **뇌실영역**ventricular zone; VZ의 시조세포는 분열되어 새로운 시조세포들을 만들어 뇌실영역의 크기를 증가시킨다. 이러한 단계를 **대칭적 분열**symmetrical division이라고 하는데 그 이유는 각 시조세포의 분열은 두 개의 새로운 시조세포를 만들기 때문이다. 임신 7주 이후 시조세포는 **비대칭적 분열**asymmetrical division 시기의 개시에 대한 신호를 받는다. 이 단계 동안 시조세포는 분화가 될 때 두 개의 다른 종류의 세포를 만든다. 즉, 다른 하나의 시조세포와 뇌세포이다.

비대칭적 분열에 의해 생성된 첫 번째 뇌세포는 **방사 교세포**radial glia이다. 방사 교세포의 세포체는 뇌실영역에 남아 있지만 세포체는 뇌실영역으로부터 바깥쪽으로 바퀴의 살처럼 방사형태로 섬유를 뻗는다. 이러한 섬유들은 대뇌피질의 바깥 표면에 있는 유막(pia mater)과 닿는 컵의 발 형태로 끝난다. 피질이 두꺼워짐에 따라 방사 교세포의 섬유들은 더 자라면서 유막과의 연결을 유지한다(그림 3.6 참조).

비대칭적 분열의 시기는 약 3개월간 지속된다. 인간의 대뇌피질은 약 1,000억 개의 뉴런을 가지고 있기 때문에 하루에 10억 개의 뉴런들이 방사 교세포를 따라 이동한다. 가장 일찍 생성된 뉴런들의 이동 통로는 가장 짧고 약 하루가 걸린다. 마지막 가장 바깥층을 형성하는 뉴런은 뉴런의 5개 층을 통과해야 하고 그 이동은 약 2주가 걸린다. 피질발달의 종결은 시조세포들이 그들을 죽게 만드는 화학적 신호를 받을 때 나타난다. 이 현상을 **세포자멸**apoptosis(글자 의미대로 '사라지다')이라고 한다. 이러한 신호를 전달하는 화학분자들은 세포 내에 있는 살해 유전자(killer gene)를 활성화시키는 수용기들과 결합된다(모든 세포가 이러한 유전자를 가지고 있지만 어떤 정해진 세포만 그 유전자를 작동시키는 화학적 신호에 반응한다). 이때 몇몇 방사 교세포가 세포자멸을 겪게 되는 것으로 나타나지만 많은 방사 교세포는 성상 교세포(astrocyte)나 뉴런으로 변형된다.

뉴런들이 그들의 최종 목적지에 도착하고 나면 그들은 다른 뉴런들과 연결을 형성하기 시작한다. 그들은 다른 뉴런의 축색으로부터 종말단추와 만나는 수상돌기(dendrites)를 성장시키고 자신들의 축색을 성장시킨다. 몇몇 뉴런은 자신들의 수상돌기와 축색을 외측으로 뻗게 해서 인접해 있는 뉴런의 주들(columns)이나 뇌의 먼 영역에 있는 다른 뉴런과 연결한다.

발달과정에서 뇌의 한 영역과 다른 영역을 연결하는 축색들의 집단으로 구성된 수천 개의 다양한 통로가 뇌에서 발달된다. 수많은 이러한 통로 내에서의 연결은 질서정연하고 체계적이다. 예컨대, 피부에서 시작되는 감각뉴런의 축색은 뇌에서 질서정연하게 연결된다. 새끼손가락의 축색은 뇌의 한 영역에 시냅스를 형성하고 약손가락의 축색은 인접한 영역에서 시냅스를 형성하며 다른 손가락들의 축색도 계속 인접해서 연결된다. 실제로 신체 표면은 뇌 표면에 지도화되어 있다. 유사하게 눈의 망막 표면은 다른 뇌 표면 영역에 지도화되어 있다.

몇 년 동안 연구자들은 **신경발생**neurogenesis(새로운 뉴런 생성)은 완전히 발달된 뇌에서는 일어날 수 없다고 믿어 왔다. 그러나 최근 연구들은 그러한 믿음이 잘못되었음을 보여 주었는데, 성인 뇌는 약간의 줄기세포(stem cell: 발달 중인 뇌세포를 만드는 시조세포와 유사)를 가지고 있어 이것이 분화하여 뉴런을 생성할 수 있다. 새롭게 생성된 뉴런의 확인은 세포가 신경발생에 필요한 DNA를 생성할 때 사용하는 하나의 핵산염(nucleotide bases)에 적은 양의 방사능 형태를 저지함으로써 가능하다. 다음 날 동물의 뇌를 제거하고 5장에 기술되어 있는 방법을 통해 검사한다. 이러한 연구는 성인 뇌의 두 부분에서 신경발생에 대한 증거를 발견해 왔다. 일차적으로 학습과 관련된 해마와 후각에 관여하는 후구이다(Doetsch & Hen, 2005). 이 증거에 의하면 새로운 냄새에 대한 노출은 후구에서 새로운 뉴런의 생존율을 높이고 학습 과제를 통한 훈련은 해마에서 뉴런발생을 확대시킬 수 있다(그림 3.7 참조). 12장은 학습에서 신경발생의 역할에 대해 더 많이 다룬다. 나아가 15장에서 살펴보겠지만 우울이나 스트레스에 대한 노출은 해마에서 신경발생을 억제할 수 있고, 스트레스와 우울을 낮추는 약물은 신경발생을 회복시킨다. 불행하게도 새로운 뉴런의 성장이 머리 손상이나 뇌졸중에 의한 뇌손상의 효과를 치유할 수 있다는 증거는 없다.

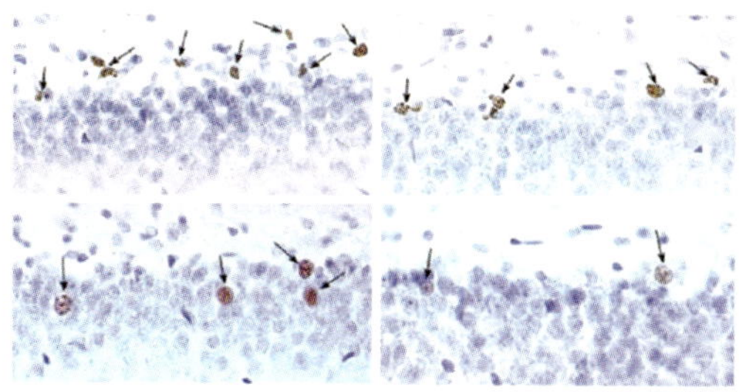

그림 3.7 신경발생에서의 학습 효과. 이 그림은 학습 과제로 훈련받은 쥐와 학습과 상관없는 통제조건에 노출된 쥐의 해마 부위 절편을 보여 준다. 화살표는 새로 생성된 세포를 나타낸다.

Leuner, B., Mendolia-Loffredo, S., Kozorovitskiy, Y., Samburg, D., Gopuld, E., and Shors, T.J. *Journal of Neuroscience*, 2004, *24*, 7477-7481.

전뇌

우리가 본 것처럼 **전뇌**forebrain는 신경관의 문측 끝을 감싼다. 전뇌의 중요한 두 가지 요소는 종뇌와 간뇌이다.

종뇌

종뇌(telencephalon)는 대뇌피질을 형성하는 두 개의 대칭적 **대뇌반구**cerebral hemisphere들의 대부분을 포함한다. 대뇌반구는 대뇌피질에 의해 덮여 있고 변연계(limbic system)와 기저핵(basal ganglia)을 포함한다. 변연계와 기저핵은 뇌의 **피질하 영역**subcortical region에 있다. 이것들은 대뇌피질 아래 뇌 속 깊이 있다.

대뇌피질. 우리가 알고 있듯이 피질은 '껍질'을 의미

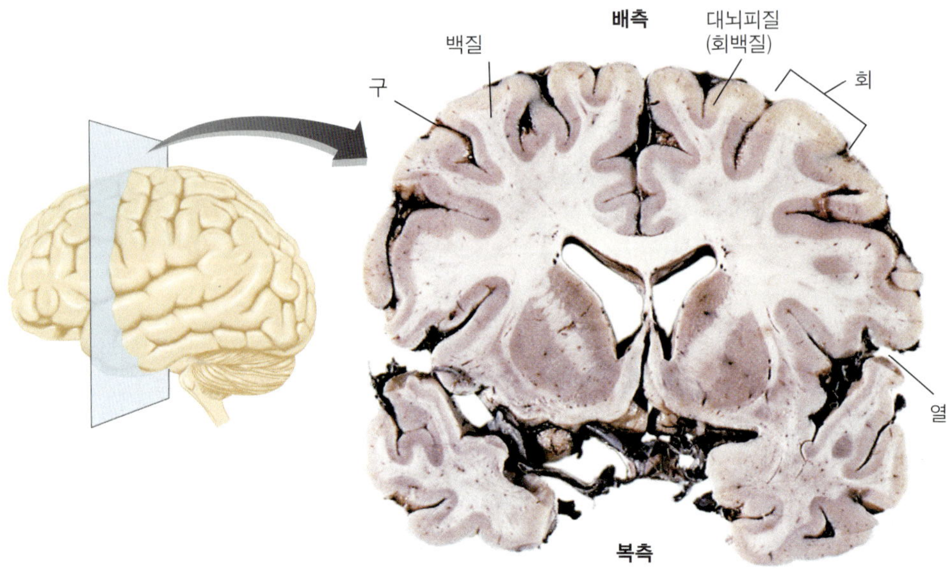

그림 3.8 인간 뇌의 횡단 절편. 뇌의 절편은 열과 구 그리고 회선에 따른 대뇌피질의 층을 보여 준다.

하고 대뇌피질은 나무의 껍질처럼 대뇌반구를 둘러싸고 있다. 인간에 있어서 대뇌피질은 크게 회선(convolution)되어 있다. **구**sulci(작은 고랑), **열**fissures(큰 고랑) 및 **회**gyri(인접한 구나 열 사이의 이랑)를 가지고 있다. 이러한 회선들은 동일한 크기의 평평한 뇌와 비교해서 피질의 표면적을 아주 크게 만든다. 실제로 피질 표면의 3분의 2는 고랑에 감추어져 있다. 그래서 회와 구들의 존재는 대뇌피질의 영역을 3배로 만든다. 그래서 전체의 표면적은 약 2,360cm²이고 두께는 약 3mm이다.

대뇌피질은 거의 교세포와 세포체, 수상돌기 및 상호 연결하는 뉴런 축색들로 구성되어 있다. 세포가 우세하기 때문에 대뇌피질은 회갈색을 띠는데 이것을 **회백질**(gray matter)이라고 부른다(그림 3.8 참조). 수백만 개의 축색은 대뇌피질 아래에서 자신의 뉴런과 뇌의 다른 부위에 있는 뉴런을 연결한다. 이러한 축색의 주위를 감싸는 많은 수초들의 조직은 불투명한 하얀색을 띠는데 그 부분을 **백질**(white matter)이라 한다.

대뇌피질의 상이한 영역은 상이한 기능을 수행한다. 세 개의 영역은 감각기관으로부터 정보를 받는다. **일차시각피질**primary visual cortex은 시각정보를 받아들이는데 뇌의 뒤쪽, 대뇌반구의 안쪽 표면으로 **조거구**calcarine fissure의 위아래 기슭에 있다[조거는 '닭 등의 며느리발톱 모양(spur-shaped)'을 의미한다. 그림 3.9 참조]. **일차청각피질**primary auditory cortex은 청각정보를 받아들이는데 뇌의 옆면에 있는 깊은 열, 즉 **외측열**lateral fissure의 위쪽 표면에 있다(그림 3.9 참조). **일차체감각피질**primary somatosensory cortex은 **중심구**central sulcus 바로 미측에 수직으로 뻗어 있는 피질로 신체의 감각정보를 받아들인다. 그림 3.9가 보여 주는 것처럼, 일차체감각피질의 상이한 영역들은 신체의 상이한 부위로부터 정보를 받는다. 덧붙여 체감각피질의 아랫부분은 맛과 관련된 정보를 받는다(그림 3.9를 다시 보라).

후각과 미각은 예외로 하고, 신체와 환경으로부터의 감각정보는 대측 반구의 일차감각피질로 보내진다. 그래서 좌반구의 일차체감각피질은 오른손이 잡고 있는 것이 무엇인지를 알게 하고 좌측 일차시각피질은 개인의 오른쪽 시야에서 일어나는 것이 무엇인지를 알게 한다.

움직임의 통제에 가장 직접적으로 관여하는 대뇌피질의 영역은 **일차운동피질**primary motor cortex인데 이것은 일차체감각피질 바로 앞에 있다. 일차운동피질의 상이한 부분의 뉴런들은 신체의 상이한 부위에 있는 근육과 연결되어 있다. 대뇌피질의 감각영역의 연결과 마찬가지로 이것들의 연결도 대측이다. 좌측 일차운동피질은 신체의 오른쪽을 통제하고 우측 일차운동피질은 반대이다. 외과의사가 일차운동피질의 표면에 전극을 대고 미세한 전류로 그곳의 뉴런을 자극하면 신체 특정부위의 운동을 초래한다. 전극을 다른 위치로 이동하면 신체의 다른 부위가 움직이게 된다(그림 3.9를 다시 보라). 저자는 가늘고 긴 일차운동피질을 각각의 키가 상

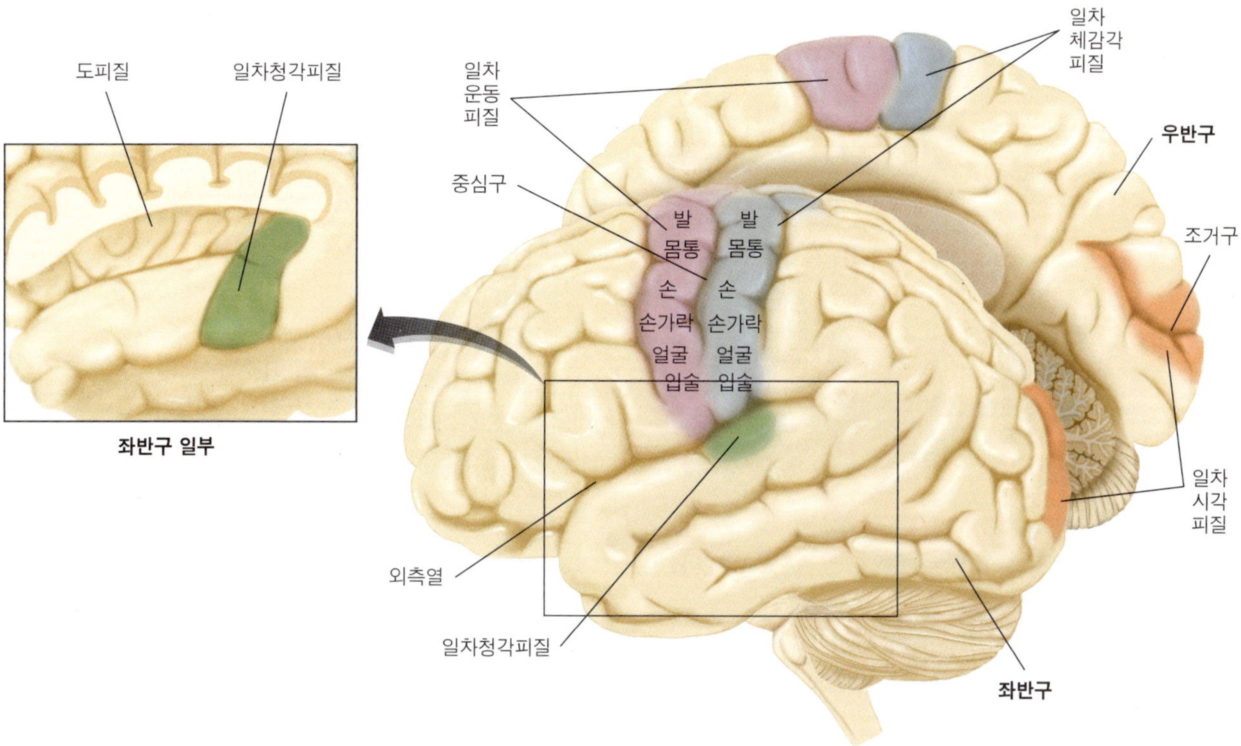

그림 3.9 뇌의 일차감각영역들. 이 그림은 인간 뇌의 좌반구 외측 모습과 우반구의 안쪽 표면의 일부를 보여 준다. 확대된 그림은 좌반구 · 전두엽 부위에 대한 절단면으로 측두엽의 배측 표면에 있는 일차청각피질을 보여 준다. 일차청각피질은 외측열의 복측 띠에 형성되어 있다.

이한 움직임을 통제하는 피아노의 건반으로 생각하기를 좋아한다(우리는 그 피아노의 '연주자'가 누구인지를 곧 보게 될 것이다).

일차감각 및 운동피질의 영역은 단지 대뇌피질에서 적은 부분을 차지한다. 대뇌피질의 나머지는 감각과 행위 간에 일어나는 것에 관여한다. 즉, 지각, 학습 및 기억, 계획 및 활동 등에 관여한다. 이러한 과정은 대뇌피질의 **연합영역**(association areas)에서 일어난다. 중심구는 대뇌피질의 문측과 미측 간의 중요한 구분선을 제공한다(그림 3.9를 한 번 더 다시 보라). 문측 영역은 움직임과 관련된 활동, 즉 계획과 수행 행동에 관여한다. 미측 영역은 지각과 학습에 관여한다.

대뇌피질의 다양한 영역에 대한 논의는 우리가 그것들에 대한 이름을 안다면 훨씬 쉽다. 실제로 대뇌피질은 네 개의 영역 또는 **엽**(lobes)으로 나누어진다. 엽은 영역들을 덮고 있는 두개골의 뼈에 대한 이름이다. 엽은 전두엽, 두정엽, 측두엽 및 후두엽의 네 가지가 있다. 물론 대뇌는 각각 두 개의 엽을 가지고 있다. 즉, 각각의 반구에 하나씩 있다. **전두엽**frontal lobe(*frontal*은 '앞')은 중심구 앞의 모든 것을 포함한다. **두정엽**parietal lobe(*parietal*은 '벽')은 대뇌반구의 옆에 위치하는 것으로 중심구 바로 뒤, 즉 전두엽 뒤에 있는 영역이다. **측두엽**temporal lobe(*temporal*은 '관자놀이')은 뇌 밑바닥에서 빠져나와 전두엽과 두정엽의 복측에 위치한다. **후두엽**occipital lobe(라틴어로 *ob*는 '뒤', *caput*는 '머리')은 뇌의 뒤 끝 부분으로 두정엽과 측두엽의 미측이다. 그림 3.10은 대뇌반구의 세 방향에서 이들 엽들을 보여 주는데 세 방향은 복측 방향(뇌 바닥으로부터의 방향), 정중시상 방향(좌반구가 제거된 후 우반구의 내측면의 방향) 및 외측 방향이다(그림 3.10 참조).

대뇌피질의 각 일차감각영역들은 정보를 인접영역, 즉 **감각연합피질**sensory association cortex로 보낸다. 감각연합피질에 있는 뉴런의 회로는 일차감각피질로부터 받은 정보를 분석한다. 그곳에서 지각이 일어나고 기억이 그곳에 저장된다. 일차감각영역과 밀접하게 위치한 감각연합피질의 영역은 오직 하나의 감각계로부터 정보를 받는다. 예컨대 일차시각피질에 인접한 영역은 시각정보를 분석하고 시각기억을 저장한다. 일차감각영

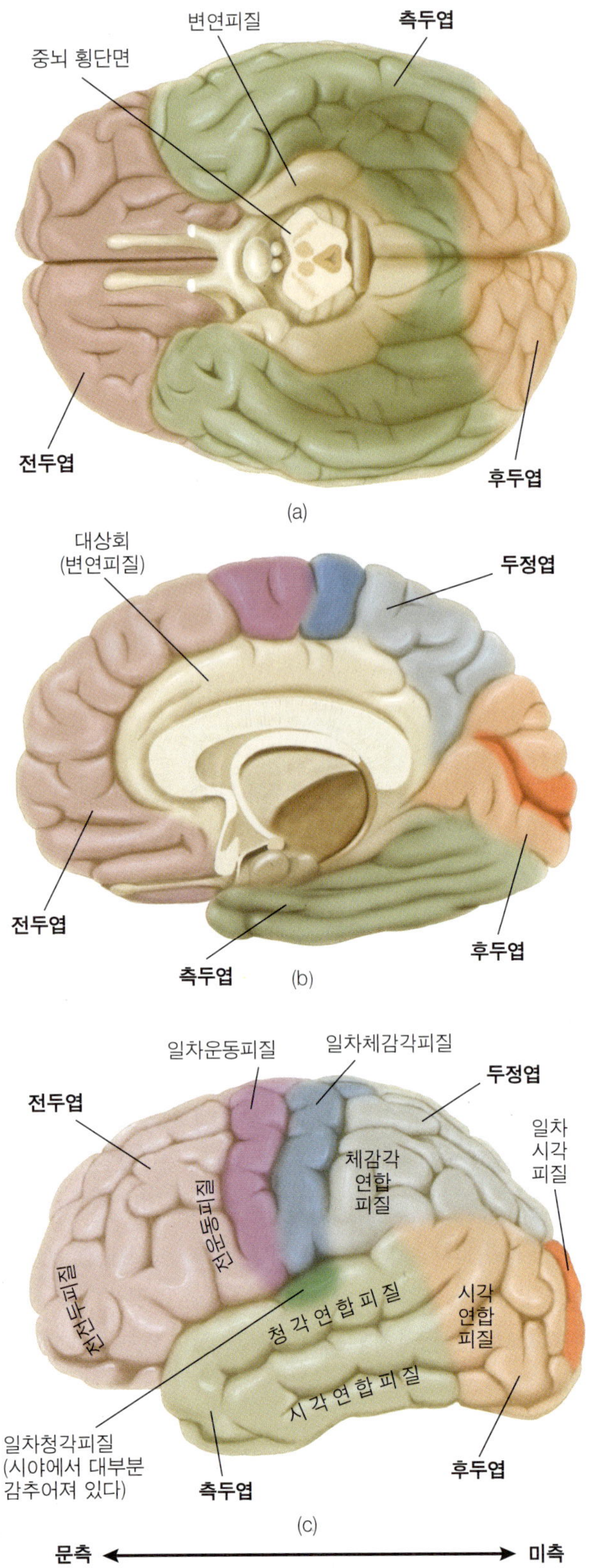

그림 3.10 대뇌피질의 4개 엽. 이 그림은 대뇌피질 4개의 엽과 일차감각과 운동피질 및 연합피질의 위치를 보여 준다. (a) 뇌 밑바닥의 복측면, (b) 소뇌와 뇌간이 제거된 정중시상면, (c) 외측면.

역과 떨어져 있는 감각연합피질의 영역은 하나 이상의 감각계로부터 정보를 받는다. 그래서 이 영역은 여러 종류의 지각과 기억에 관여한다. 이러한 영역은 하나 이상의 감각계로부터의 정보를 통합할 수 있게 한다. 예건대, 우리는 특정 얼굴 모습과 특정 목소리 간의 연결을 학습할 수 있다(그림 3.10을 다시 보라).

사람들이 체감각연합피질에 손상을 입는다면 이에 대한 결함은 체감각과 그것의 환경과 일반적으로 관련이 있다. 예컨대 그들은 볼 수는 있지만 만질 수 있는 대상의 형태에 대한 지각에 어려움을 갖거나, 신체부위에 대해 이름을 말할 수가 없거나(아래의 사례를 보라), 또는 지도를 그리거나 지도를 따라가는 데 어려움을 가질 것이다. 일차시각피질의 손상은 시각장애의 원인이 된다. 그러나 시각연합피질에 손상을 입은 사람은 볼 수는 있지만 시야에 있는 대상을 인식할 수는 없다. 청각연합피질에 손상을 입은 사람은 말을 지각하거나 또는 그 자신에게 의미 있는 말을 하는 데 어려움을 갖게 될 것이다. 세 개의 후측 엽의 연결부위, 즉 체감각, 시각, 청각 기능들이 중복되는 연합피질의 영역에 손상을 입은 사람들은 읽거나 쓰는 데 어려움을 가질 것이다.

뇌의 후측 부분에 있는 감각연합피질의 영역들이 지각과 기억에 관여하는 것처럼, 전두연합피질은 움직임의 계획과 수행에 관여한다. **운동연합피질**motor association cortex[또는 **전운동피질**(premotor cortex)이라고도 한다]은 일차운동피질의 바로 문측에 있다. 이 영역은 일차운동피질을 통제한다. 그래서 이곳은 직접적으로 행동을 통제한다. 일차운동피질이 피아노의 건반이라면 운동연합피질은 피아노 연주자이다. 운동연합피질의 문측에 있는 전두엽의 나머지 부분들은 **전전두피질**prefrontal cortex이다. 뇌의 이 영역은 움직임의 통제에는 별로 관여하지 않고 계획과 책략의 공식화에 많이 관여한다.

두 개의 대뇌반구가 서로 협력할지라도 그것은 동일한 기능을 수행하지는 않는다. 몇몇 기능은 **편재화**(lateralization)되어 있다. 즉, 어떤 기능은 일차적으로 뇌의 한쪽에 위치한다. 일반적으로 좌반구는 완전한 경험을 형성하는 요소의 추출과 같은 정보의 **분석**에 관여한다. 이러한 능력은 좌반구로 하여금 한 요소가 다른 요소 다음에 일어나는 사건들, 즉 **시계열적 사건**(serial events)

시내버스 기사인 M씨는 차를 멈추고 승강대를 내렸다. 승객이 그에게 질문했을 때 M씨는 갑자기 그녀가 말하는 것을 자신이 이해하지 못한다는 사실을 깨달았다. 그는 들을 수는 있었지만 그녀의 단어들은 의미가 없었다. 그는 입을 열어 소리를 냈지만 그녀의 얼굴 표정은 그가 말하려고 하는 것이 무엇인지 이해할 수 없다고 말하는 것 같았다. 그는 시동을 끄고 승객들을 둘러보면서 그들에게 도움을 요청하려고 했다. 그가 어떤 말도 할 수 없었으므로 승객들은 무엇인가 잘못되었음을 알고 그들 중 한 사람이 구급차를 불렀다.

MRI 사진은 M씨가 뇌출혈을 일으켰다는 것을 보여 주었다. 뇌출혈은 뇌의 혈관이 파열되어 나타나는 뇌졸중의 하나이다. 뇌졸중은 그의 좌측 두정엽을 손상시켰다. M씨는 말하는 것과 다른 사람의 말을 이해하는 능력이 점진적으로 회복되었지만 약간의 장애는 남아 있었다. 동료인 의사 D와 나는 그의 뇌졸중 후 몇 주간 그를 연구했다. 대화는 다음과 같이 이루어졌다.

"당신의 손을 보여 주세요."

"내 손. …… 내 손." M씨는 그의 팔을 바로보고 그의 왼쪽 팔뚝을 만졌다.

"당신의 턱을 보여 주세요."

"내 턱." 그의 팔을 보고, 아래를 보고, 그의 손을 그의 배에 올려놓았다.

"당신의 오른쪽 팔꿈치를 보여 주세요."

"내 오른쪽 ……" (그는 그의 오른쪽 엄지손가락으로 오른쪽을 가리켰다.) "팔꿈치." 그러고는 그의 오른팔을 위아래로 보다가 마지막으로 그의 오른쪽 어깨를 만졌다.

여러분도 알 수 있듯이, M씨는 그의 신체의 한 부위를 가리키라는 우리의 요구를 이해할 수 있었고 우리가 말한 신체부위의 이름을 반복할 수 있지만 그 이름이 지칭하는 신체부위를 알 수는 없었다. 왼쪽 두정엽 손상에 의해 나타나는 이런 이상한 장애를 **자세인식불능증**(autotopagnosia) 또는 '자신 신체 지형에 대한 지식부족'이라고 한다[더 적절한 용어는 **자가신체명칭실어증**(autotopanomia) 또는 '자신 신체 지형의 이름에 대한 지식부족'일 것이다. 그러나 누구도 나에게 이 용어를 선택하도록 요구하지 않았다]. 두정엽은 공간과 관련이 있다. 오른쪽은 일차적으로 외부 공간과 관련이 있고 왼쪽은 자신의 신체와 개인적 공간과 관련이 있다. 이와 같은 장애에 대해서는 언어의 뇌 기전을 다루는 13장에서 더 많은 논의를 할 것이다.

을 인식하고 행동의 절차를 통제하는 데 특히 뛰어나게 만든다(어떤 사람들의 경우에는 좌우 반구의 기능이 역전되어 있다). 좌반구에 의해 수행되는 이러한 시계열적 기능은 말을 하고, 다른 사람의 말을 이해하고, 읽고, 쓰는 것과 같은 언어적 활동들을 포함한다. 이러한 능력은 좌반구의 여러 영역의 손상에 의해 손실된다(13장에서 언어와 뇌에 대하여 더 많은 것을 기술할 것이다).

반대로 우반구는 **합성**(synthesis)에 전문화되어 있다. 이것은 사물을 전체로 지각하기 위해 분리된 요소들을 하나로 묶는 데 특히 뛰어나다. 예컨대, 스케치를 하고(특히 3차원 대상), 지도를 읽고, 작은 요소들로 복잡한 대상을 구성하는 우리의 능력은 우반구에 있는 뉴런의 회로에 크게 의존한다. 우반구의 손상은 이러한 능력을 잃게 한다.

우리는 각각의 반구가 세상을 다르게 지각한다는 것을 인식하지 못한다. 두 개의 대뇌반구가 조금 다른 기능을 수행할지라도 우리의 지각과 기억은 단일화된다. 이러한 단일성(unity)은 **뇌량**corpus callosum에 의해서 이루어진다. 뇌량은 좌우반구 연합피질의 상응하는 부분을 연결하는 축색의 큰 띠이다. 이것에 의해 좌우 측두엽, 좌우 두정엽 등이 연결된다. 뇌량 덕분에 연합피질의 각 영역은 뇌 반대편의 상응하는 영역에서 무엇이 일어나는지를 알게 된다. 뇌량은 또한 약간의 비대칭적 연결을 갖는데 두 개의 반구의 상이한 영역을 연결한다. 그림 3.11은 5장에서 설명된 특수 주사법인 **확산텐서영상**(diffusion tensor imaging)의 방법으로 뇌량을 구성하는 축색 다발을 보여 준다.

그림 3.12는 뇌의 정중시상면(midsagittal view)의 모습을 보여 준다. 뇌(그리고 척수의 일부)가 중앙을 따라 절단되어 두 개의 대칭적인 반으로 나누어져 있다. 좌측 반이 제거되어 우리는 우측 반의 안쪽 면을 본다. 대뇌반구 표면의 대부분을 덮고 있는 대뇌피질(전두, 두

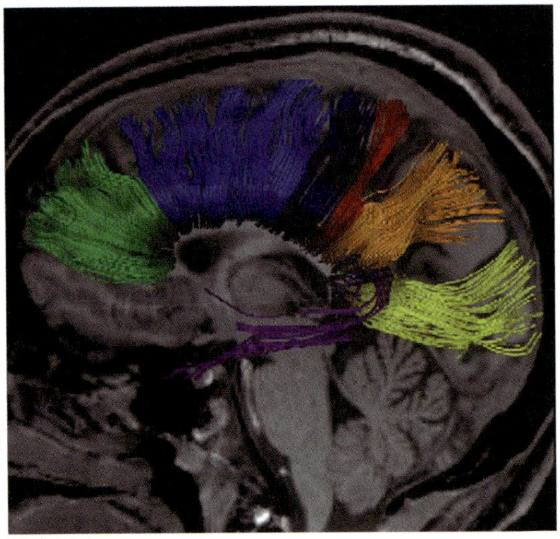

그림 3.11 뇌량의 축색 다발. 이 그림은 확산텐서영상 기법으로 얻은 것으로 뇌량을 구성하는 대뇌피질의 상이한 영역에 기여하는 뇌량 내의 축색 다발을 보여 준다.

정, 후두 및 측두엽을 포함하고 있음)을 **신피질**neocortex('새로운' 피질, 이것은 상대적으로 최근의 진화 기원을 가지고 있기 때문)이라고 한다. 대뇌피질의 다른 형태인 **변연피질**limbic cortex은 대뇌반구의 내측 가장자리 주위에 있다(*limbus*는 '경계'를 의미한다). 변연피질의 중요한 영역인 **대상회**cingulate gyrus를 볼 수 있다(그림 3.12 참조). 더불어 그림 3.10a와 3.10b에 있는 그림을 본다면 변연피질이 채색되지 않은 영역을 차지하고 있음을 볼 것이다(그림 3.10a와 3.10b 참조).

그림 3.12는 또한 뇌량을 보여 준다. 뇌를 두 개의 대칭적인 반쪽으로 절단하기 위해서는 뇌량의 가운데를 따라 절단해야 한다(1장에서 뇌량이 관여하는 분리 뇌의 조작을 기술한 내용을 회상해 보라. 그림 3.12 참조).

변연계. 신경해부학자인 Papez(1937)는 상호연결된 일련의 뇌 구조들이 하나의 회로를 형성하고 있으며 이것들의 일차적인 기능은 동기와 정서라고 언급했다. 이 계통은 변연피질의 몇몇 영역과 전뇌의 중심 주위에 있는 상호연결된 일련의 구조물을 포함한다. 생리학자인 MacLean(1949)은 다른 구조물을 포함시켜 이 계통을 확장하고 **변연계**limbic system라고 이름을 붙였다. 변연피질 외에 변연계에서 가장 중요한 부분은 **해마**hippocampus('바다의 말')와 **편도체**amygdala('아몬드')인데 이것은 측두엽에 있는 측뇌실 옆에 위치한다. **뇌궁**fornix('아치')은 뇌 바닥에 돌출된 **유두체**mammillary bod-

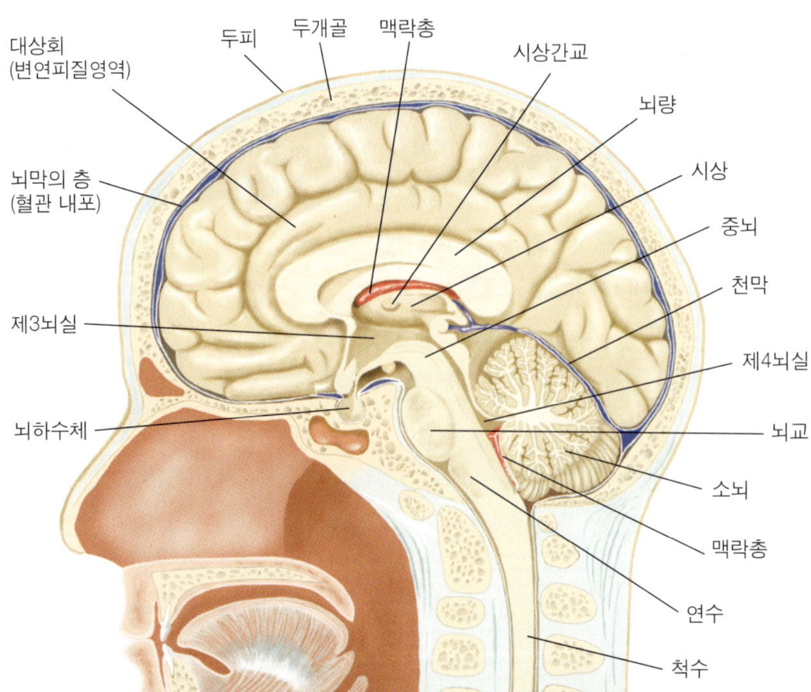

그림 3.12 뇌와 척수 일부의 정중시상면.

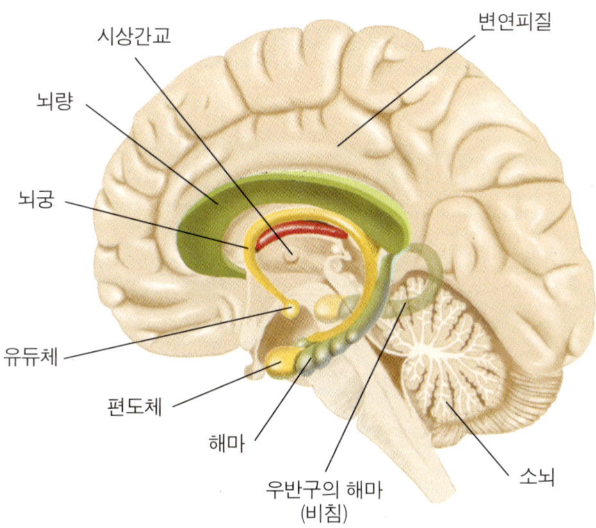

그림 3.13 변연계의 주요 요소. 변연계를 제외한 좌반구의 모든 것이 제거되었다.

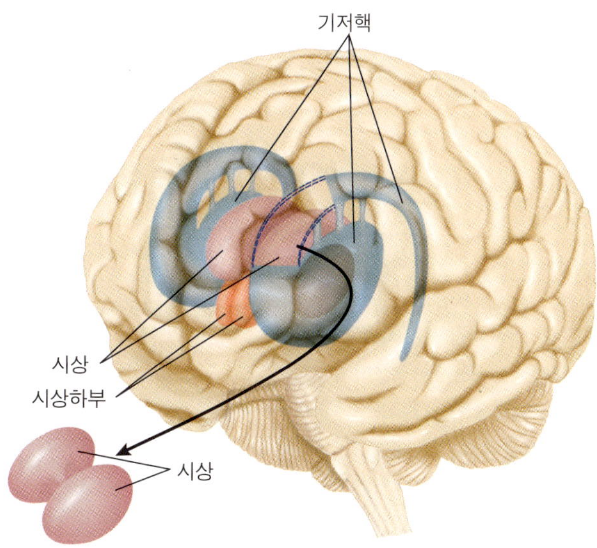

그림 3.14 기저핵과 간뇌. 기저핵과 간뇌(시상과 시상하부)가 반투명 뇌로 비쳐진다.

ies('유방 모양')를 포함한 뇌의 다른 영역과 해마를 연결하는 축색의 다발이다(그림 3.13 참조).

MacLean은 처음이고 가장 단순한 형태의 대뇌피질인 이 계통의 진화가 정서반응의 발달과 부합하도록 이루어졌다고 언급했다. 여러분이 12장에서 살펴보겠지만 변연계의 부분(해마와 그것을 둘러싸고 있는 변연피질영역)은 학습과 기억에 관여한다. 편도체와 변연피질의 몇몇 영역은 느낌과 정서표현, 정서적 기억 및 다른 사람의 정서신호의 인식과 같은 정서에 관여한다.

기저핵. **기저핵**basal ganglia은 측뇌실의 전측 부분 아래에 있는 전뇌의 피질하핵(subcortical nuclei)의 집단이다. **핵들**nuclei은 비슷한 형태 뉴런의 집단이다[그리스어 '견과(nut)'에서 나온 핵(nucleus)은 원자의 안쪽 부분과 엽록체를 가진 세포의 구조를 언급할 수 있는데, 여기에서는 뇌 안에 위치하는 뉴런의 집단을 말한다]. 기저핵의 중요한 부분은 **미상핵**(caudate nucleus), **피각**(putamen) 및 **담창구**(globus pallidus)이다('꼬리 가진 핵', '조개' 및 '담색구'라는 의미이다. 그림 3.14 참조). 기저핵은 움직임의 통제에 관여한다. 예컨대, 파킨슨병(Parkinson's disease)은 미상핵과 피각에 축색을 보내는 중뇌에 위치한 어떤 뉴런들의 퇴화에 기인한다. 이 질환의 징후는 허약, 떨림, 사지의 경직, 부실한 균형 및 움직임 개시의 어려움 등이다.

간뇌

전뇌의 두 번째로 중요한 부분인 **간뇌**diencephalon는 종뇌와 중뇌 사이에 있으며 제3뇌실을 둘러싸고 있다. 이것의 가장 중요한 두 가지 구조는 시상과 시상하부이다(그림 3.15 참조).

시상. **시상**thalamus(그리스어 *thalamos*, '안방'에서 유래)은 간뇌의 배측 부분을 형성한다. 이것은 대뇌반구의 중앙 가까이에 놓여 있는데 기저핵의 내측과 미측에 있다. 시상은 제3뇌실의 가운데를 관통하는 **시상간교**(mass intermedia)라는 회백질의 다리로 연결된 두 개의 엽을 가지고 있다(그림 3.15 참조). 시상간교는 중요한 구조가 아닌 것 같다. 왜냐하면 많은 사람들의 뇌에는 이것이 없다. 그러나 이것은 뇌 그림을 볼 때 유용한 참조점으로 사용된다. 이것은 그림 3.4, 3.12, 3.13 및 3.15에 나타나 있다.

대뇌피질이 받는 신경입력의 대부분은 시상으로부터 받는다. 실제로 많은 피질 표면은 시상의 특정부분으로부터 투사를 받는 영역들로 구분될 수 있다. **투사섬유들**projection fibers은 뇌의 한 영역에 위치한 세포체로부터 발생하여 다른 영역 내에 위치한 뉴런과 시냅스

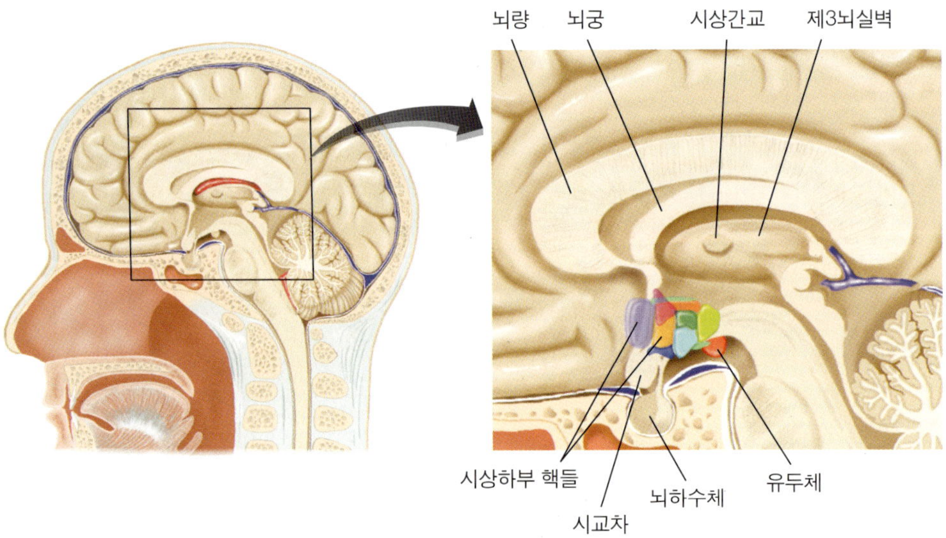

그림 3.15 뇌간 부위의 정중시상면. 이 모습은 시상하부의 몇 가지 핵들을 보여 준다. 이 핵들은 우반구 내 제3뇌실벽과 조금 떨어져 위치하고 있다.

를 하는 일련의 축색이다(즉 그것들은 다른 영역으로 투사한다).

시상은 몇 개의 핵들로 나누어진다. 몇몇 시상 핵들은 감각계로부터 정보를 받는다. 이러한 핵들의 뉴런은 대뇌피질의 특정 감각투사영역들로 감각정보를 전달한다. 예컨대 **외측슬상핵**lateral geniculate nucleus은 눈에서 정보를 받아 일차시각피질로 축색을 보내고 **내측슬상핵**medial geniculate nucleus은 내이에서 정보를 받아 일차청각피질로 축색을 보낸다. 다른 시상 핵들은 대뇌피질의 특정영역들에 투사를 하지만 감각정보를 전달하지는 않는다. 예컨대 **복외측핵**ventrolateral nucleus은 소뇌에서 정보를 받아 일차운동피질로 정보를 보낸다. 8장에서 살펴보겠지만 몇몇 핵들은 대뇌피질의 일반적인 흥분성 통제에 관여한다. 이러한 과제를 성취하기 위해 이 핵들은 모든 피질영역에 광범위하게 투사를 한다.

시상하부. 이 이름이 의미하듯이 **시상하부**hypothalamus는 뇌의 아랫부분 시상의 밑에 놓여 있다. 시상하부가 상대적으로 작은 구조일지라도, 이것은 중요한 구조이다. 이것은 자율신경계와 내분비계를 통제하고 종의 생존과 관련된 행동 예컨대 4F, 즉 투쟁(fighting), 양육(feeding), 도피(fleeing) 및 교미(mating)를 구조화한다.

시상하부는 제3뇌실 복측부위의 양쪽에 있는데 시상하부는 복잡한 구조로 많은 핵들과 섬유로(fiber tracts)를 가지고 있다. 그림 3.15는 그것의 위치와 크기를 보여 주고 있다. 뇌하수체(pituitary gland)가 뇌하수체 줄기를 통해 시상하부의 바닥에 붙어 있음을 주목해라. 뇌하수체 줄기 바로 앞에는 **시교차**optic chiasm가 있다. 시교차에서 눈으로부터 나온 시신경 축색들의 반이 뇌의 한쪽에서 다른 쪽으로 교차된다(그림 3.15 참조). 4F의 통제에서(물 마시기와 수면과 같은 다른 행동들도 마찬가지로) 시상하부의 역할은 이 책 뒤에 있는 여러 장에서 고려될 것이다.

내분비계의 많은 것은 시상하부의 세포에서 분비되는 호르몬에 의해 통제된다. 혈관의 특수한 계통이 시상하부와 **뇌하수체 전엽**anterior pituitary gland을 직접 연결한다(그림 3.16 참조). 시상하부 호르몬들은 뇌하수체 줄기의 아랫부분 가까이 있는 **신경분비세포**neurosecretory cells라는 전문화된 뉴런에 의해 분비된다. 이러한 호르몬은 뇌하수체 전엽을 자극하여 뇌하수체 전엽의 호르몬을 분비시킨다. 예컨대 **생식선자극방출호르몬**(gonadotropin-releasing hormon)은 뇌하수체 전엽을 자극하여 **생식선자극호르몬**(gonadotropic hormon)을 분비시킨다. 이 호르몬은 생식 생리와 행동에 관여한다.

뇌하수체 전엽에 의해 분비되는 대부분의 호르몬은 다른 내분비선을 통제한다. 이러한 기능 때문에 뇌하수체 전엽을 신체의 '주분비선(master gland)'이라고 한다. 예컨대, 생식선자극호르몬은 생식선(난소와 고환)을 자극하여 남성 혹은 여성 호르몬을 분비시킨다. 이러한 호르몬은 뇌에 있는 세포뿐만 아니라 신체의 세포에 영향을 미친다. 두 개의 다른 뇌하수체 전엽 호르몬,

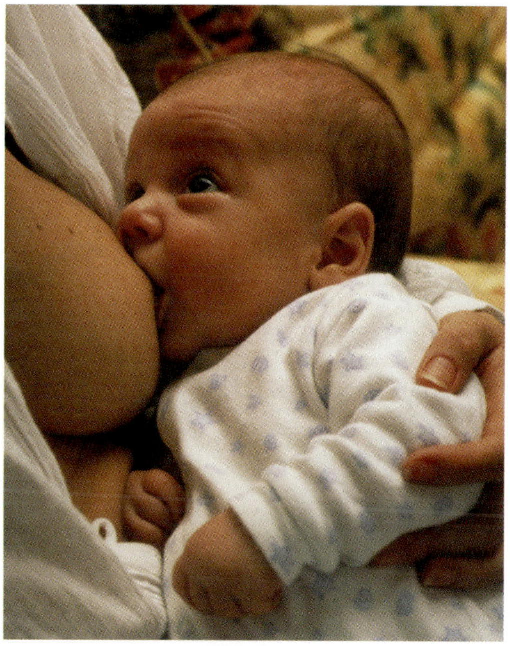

뇌하수체 전엽에서 분비되는 호르몬인 프로락틴은 산모의 모유 생성을 자극한다. 뇌하수체 후엽에서 분비되는 옥시토신은 아기가 젖꼭지를 빨 때 모유 배출을 자극한다.

David Parker/Photo Researchers, Inc.

즉 프로락틴(prolactin)과 체자극 호르몬(somatotropic hormone: 성장호르몬)은 다른 분비선을 통제하지 않고 마지막 전달자로 작용한다. 많은 뇌하수체 전엽 호르몬의 행동 효과들은 이후의 장들에서 논의될 것이다.

뇌하수체 후엽posterior pituitary gland은 여러 면에서 시상하부의 확장이다. 시상하부는 뇌하수체 후엽 호르몬을 생성하여 이러한 분비를 직접 통제한다. 이 호르몬은 옥시토신(oxytocin)과 바소프레신(vasopressin)을 포함하는데 옥시토신은 젖분비와 출생시점에 자궁수축을 자극하고, 바소프레신은 신장에 의한 소변배출을 조절한다. 이것들은 시상하부의 상이한 두 가지 뉴런에 의해 분비되는데 이 뉴런은 뇌하수체 줄기를 지나 뇌하수체 후엽에서 멈춘다. 이 호르몬은 뉴런의 축색질을 통해 소낭으로 운반되어 뇌하수체 후엽에 있는 종말단추에 모여든다. 이 축색들이 발화할 때 종말단추에 모여 있던 호르몬이 흘러나와 순환계로 들어간다.

중뇌

중뇌midbrain 또는 mesencephalon는 중뇌수도(cerebral aqueduct)를 둘러싸고 있으며 두 개의 중요한 부분, 즉 중뇌개(tectum)와 피개(tegmentum)로 구성되어 있다.

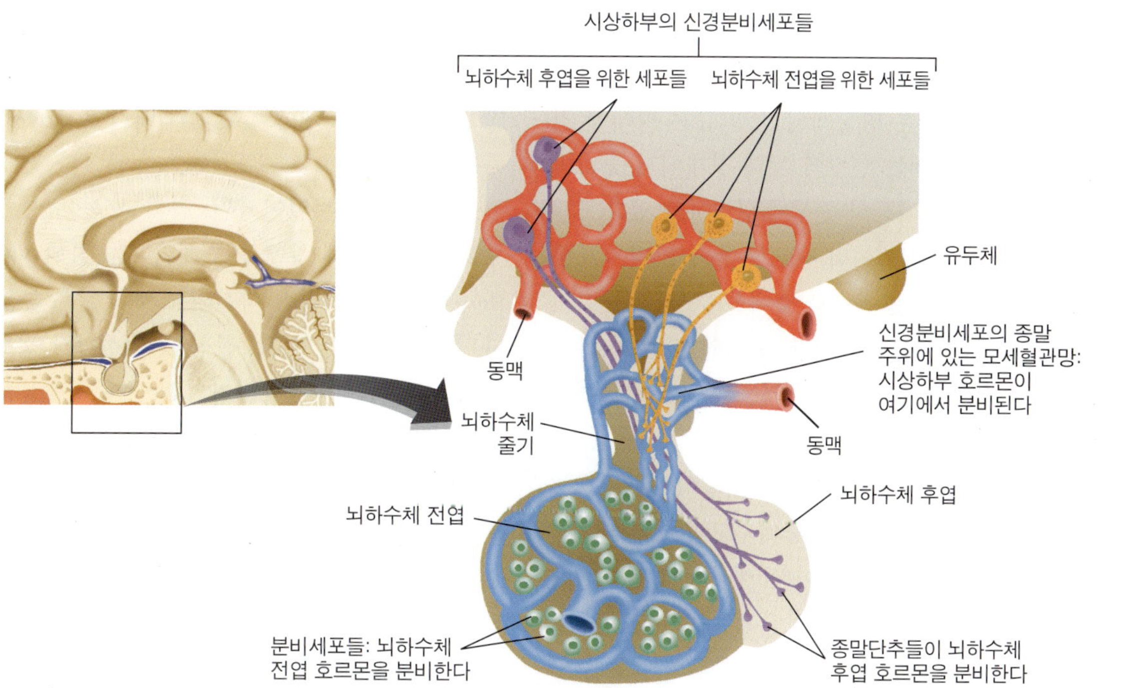

그림 3.16 뇌하수체. 시상하부에 있는 신경분비세포들에 의해 분비되는 호르몬은 모세혈관으로 들어가 뇌하수체 전엽으로 이동하여 이곳에서 뇌하수체 전엽 호르몬 분비를 통제한다. 뇌하수체 후엽 호르몬은 시상하부에서 생성되어 축색질 수송 수단을 통해 주머니에 담아 이동된다.

중뇌개

중뇌개tectum('지붕')는 중뇌의 배측 부분에 있다. 이것의 중요한 구조는 **상구**superior colliculi와 **하구**inferior colliculi인데 이것들은 **뇌간**brain stem의 배측면에 네 개의 융기로 드러나 있다. 뇌간은 간뇌, 중뇌 및 후뇌를 포함하고 있다. 이것이 그렇게 불리는 이유는 하나의 줄기처럼 보이기 때문이다. 그림 3.17은 뇌간의 여러 모습을 보여 준다. 뇌간의 안쪽 반투명한 뇌의 외측(a)과 후측(b)의 모습, 제4뇌실 안쪽을 나타내기 위해 소뇌를 잘라낸 부분을 가진 뇌간의 확대된 모습(c) 및 중뇌를 가르는 절편(d)을 보여 준다(그림 3.17 참조). 하구는 청각계의 일부이고 상구는 시각계의 일부이다. 포유류에서 이것은 시각반사와 움직이는 자극에 대한 반응에 일차적으로 관여한다.

피개

피개tegmentum('덮개')는 중뇌개 아래에 있으며 중뇌의 일부를 구성한다. 이것은 망상체의 문측 끝과 눈 움직임을 통제하는 몇몇 핵, 수도주변회백질, 적핵, 흑질 및 복측 피개영역을 포함한다(그림 3.17d 참조).

망상체reticular formation는 많은 핵들로 구성된 큰 구조이다(모두 90개 이상). 또한 이것은 복잡한 수상돌기와 축색 과정을 가진 확산적이고 상호연결된 뉴런 망이 특징적이다(실제로 *reticulum*은 '작은 망'을 의미한다. 초기 해부학자들은 망상체의 망과 같은 형태에 인상을 받았다). 망상체는 연수의 아래 경계에서 중뇌의 위쪽 경계까지 뻗어 뇌간의 중심에 위치하고 있다(그림 3.17d 참조). 망상체는 여러 경로를 통해 감각정보를 받아 대뇌피질, 시상 및 척수로 축색을 투사한다. 이것은 수면과 각성, 주의, 근육 긴장, 움직임 및 여러 가지 중요한 반사에 관여한다. 이것의 기능은 이후의 장에서 자세히 기술될 것이다.

수도주변회백질periaqueductal gray matter의 이름은 제3뇌실에서 제4뇌실로 뻗어 있는 중뇌수도의 주위에서 대부분 뉴런의 세포체로 구성되어 있기 때문에 붙여졌다('회백질'은 축색 다발에 의한 '백질'과 대비된다). 수도주변회백질은 투쟁과 교미와 같은 종 특유의 행동을 구성하는 움직임의 절차를 통제하는 신경회로로 구성되어 있다. 7장에서 살펴보겠지만 모르핀과 같은 아편은 여기에 있는 뉴런의 수용기를 자극하여 유기체의 동통감각을 감소시킨다.

적핵red nucleus과 **흑질**substantia nigra('검은 물질')은 운동계통에 중요한 요소이다. 적핵에서 시작되는 축색 다발은 대뇌피질과 소뇌로부터의 운동정보를 척수로 보내는 중요한 두 개의 섬유체계 중의 하나를 구성한다. 흑질은 기저핵의 일부인 미상핵과 피각에 축색을 보내는 뉴런으로 구성되어 있다. 4장에서 살펴보겠지만 이러한 뉴런의 퇴화는 파킨슨병의 원인이 된다.

후뇌

제4뇌실을 감싸고 있는 **후뇌**hindbrain는 두 개의 중요한 부분, 즉 후뇌와 수뇌로 구성되어 있다.

후뇌(metencephalon)

후뇌는 소뇌와 뇌교를 구성한다.

소뇌. **소뇌**cerebellum('작은 뇌')는 두 개의 반구를 가지고 있으며 대뇌의 축소판과 닮았다. 이것은 **소뇌피질**cerebellar cortex로 덮여 있고 **소뇌심부핵**deep cerebellar nuclei을 가지고 있다. 이 핵들은 소뇌피질로부터 투사받아 소뇌 밖의 다른 뇌 영역으로 투사한다. 소뇌의 각 반구들은 상, 중, 하의 **소뇌 각**cerebellar peduncles('작은 발')이라는 축색 다발로 뇌교의 배측면에 붙어 있다(그림 3.17c 참조).

소뇌의 손상은 일어서기, 걷기, 또는 협응 움직임의 수행하는 능력에 장애를 초래한다(대가의 피아니스트 또는 다른 연주자들은 자신의 소뇌에 많은 득을 보고 있다). 소뇌는 시각, 청각, 전정 및 체성감각 정보를 받고 또한 뇌에 의해 통제되는 개개의 근육 움직임에 대한 정보도 받는다. 소뇌는 이러한 정보를 통합하여 운동출력을 조절하여 움직임에 대한 협응과 자연스러움 효과를 발휘한다. 소뇌의 손상은 경련, 부실한 협응, 과장된 움직임의 결과를 초래하고 소뇌의 손상 확대는 일어서기조차 어렵게 만든다.

뇌교. **뇌교**pons는 뇌간에 있는 큰 융기로 중뇌와 연수 사이에 있으며 소뇌 바로 복측에 있다. 뇌교는 '다리'를

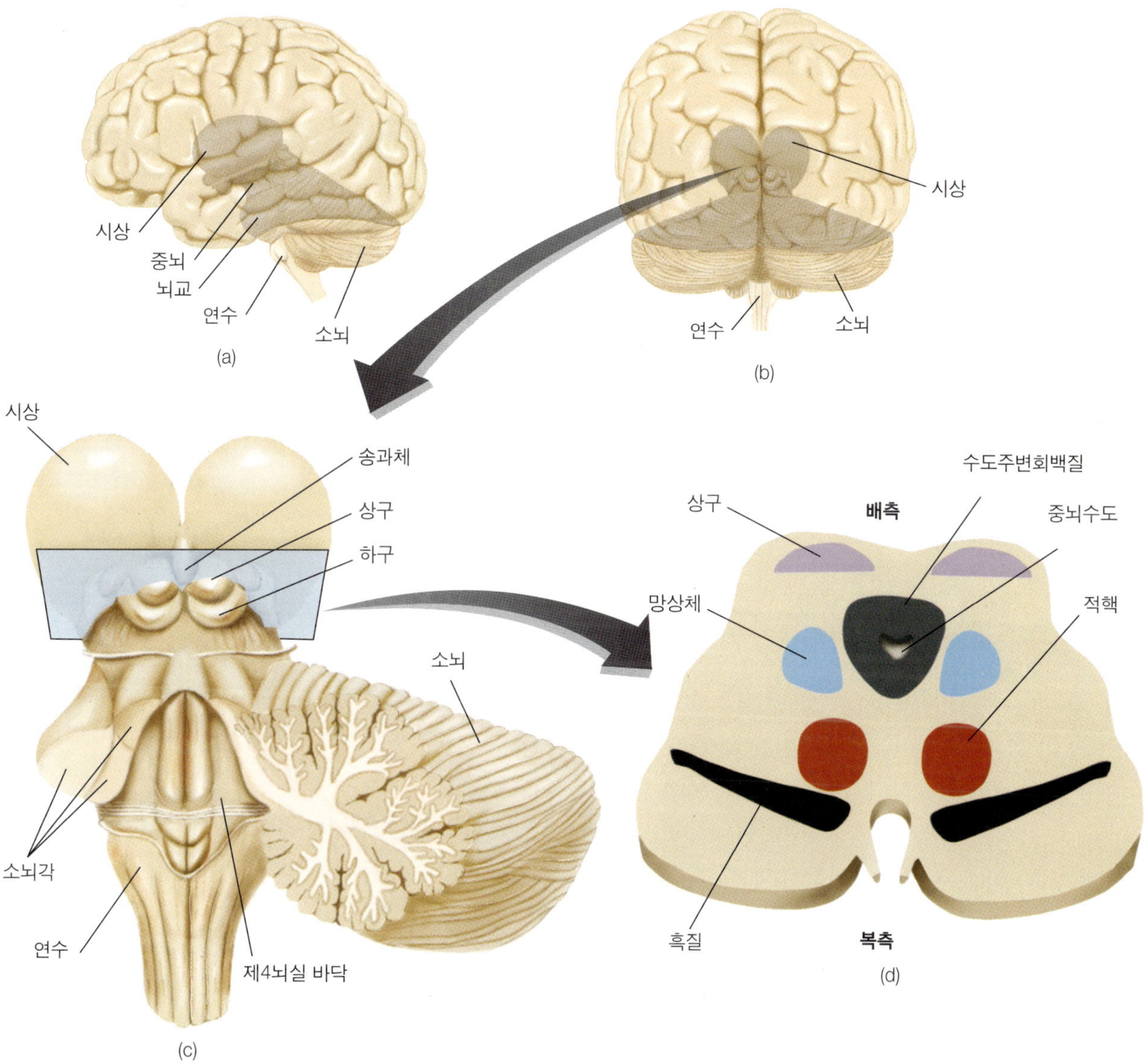

그림 3.17 소뇌와 뇌간. 이 그림은 (a) 소뇌와 뇌간이 비치는 반투명한 뇌의 외측면, (b) 뇌의 뒷면, (c) 뇌간의 배측면을 보여 준다. 제4뇌실 내부와 소뇌각을 보여 주기 위해 소뇌의 좌반구와 우반구의 일부가 제거되었다. (d)는 중뇌의 횡단절편을 보여 준다.

의미하지만 실제로 그렇게 보이지는 않는다(그림 3.12와 3.17a 참조). 이것의 중심에는 망상체의 일부, 즉 수면과 각성에 중요한 것으로 보이는 핵들이 있다. 이것은 또한 대뇌피질에서 소뇌로 정보를 전달하는 큰 핵들을 가지고 있다.

수뇌

수뇌(myelencephalon)는 하나의 중요한 구조인 **연수** medulla oblongata['사각형의 골수(oblong marrow)']를 가지고 있다. 이 구조는 뇌간의 가장 미측 부분에 있고 이것의 아래 경계는 척수의 문측 끝이다(그림 3.12와 3.17a 참조). 연수는 망상체의 일부를 가지고 있으며 심혈관계, 호흡 및 골격근 긴장 등의 조절과 같은 중요한 기능을 통제하는 신경핵들을 포함하고 있다.

척수

척수spinal cord는 길고 원뿔구조로 두께가 거의 성인의 새끼손가락 정도이다. 척수의 중요한 기능은 신체의 효과기(분비선과 근육)에 운동섬유를 분배하고 체감각을 모아 뇌로 전달한다. 또한 척수는 어느 정도는 뇌로부터 자율성을 가진다. 다양한 반사통제 회로들이 여기에 위치한다.

척수는 척추(vertebral column)에 의해 보호받는데 척추는 **경부**(cervical: 목), **흉부**(thoracic: 가슴) 및 **요부**(lumbar: 허리) 영역의 24개의 척추와 **천부**(sacral)와 **미부**(coccygeal) 부분을 만드는 융합된 척추(골반 부위에 있다)로 구성되어 있다. 척수는 각 **척추의 구멍**(척수공: spinal foramens)을 통해 지나간다. 그림 3.18은 척수와 척추의 구조와 구획을 보여 준다(그림 3.18 참조). 척수는 척추 길이의 3분의 2 정도이고 그 공간의 나머지 부분은 **말총**cauda equina('말 꼬리')을 구성하는 **척수근**spinal roots 덩어리로 채워져 있다(그림 3.3c 참조).

태아 발달의 초기에는 척추와 척수의 길이가 같지만 발달이 진행됨에 따라 척추는 척수보다 더 빨리 자란다. 이러한 성장률의 차이로 척수근이 아래쪽에 채워진다. 대부분의 미근(caudal roots)은 척추 사이 벌어진 틈으로 나오기 전에 가장 멀리 뻗어나가 말총을 형성하게 된다. 골반수술이나 출산 때 종종 사용되는 **미측 차단**caudal block을 하기 위해 말총을 감싸고 있는 경막 주머니 내에 있는 CSF에 국부 마취제를 주입할 수 있다. 이

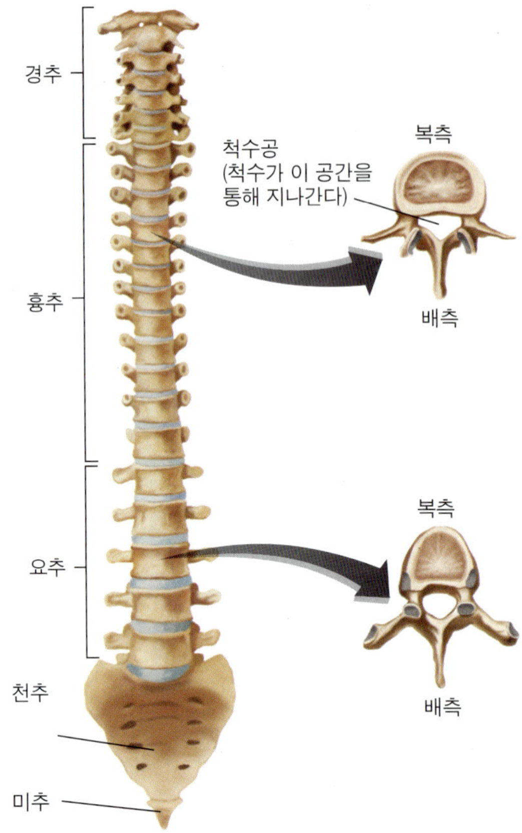

그림 3.18 척추의 복측면. 척추해부학의 세밀한 내용을 보여 준다.

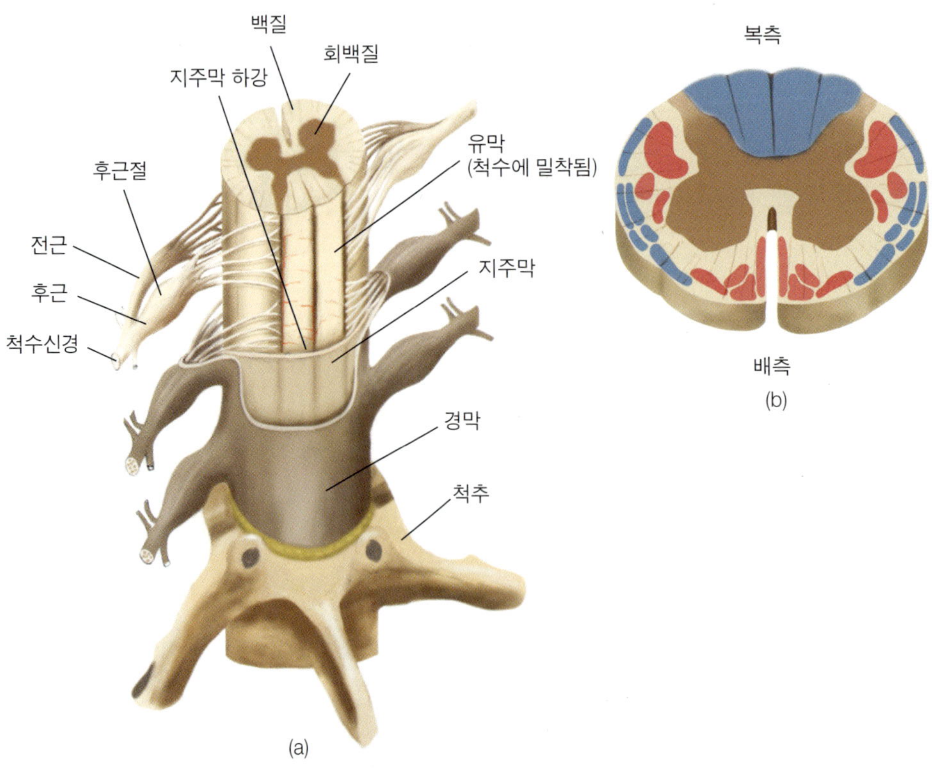

그림 3.19 척수의 복측면. 이 그림은 (a) 척추와 척수와의 관계 및 뇌막의 층을 보여 주는 척수의 일부, (b) 척수의 횡단면을 보여 준다. 상행로는 청색, 하행로는 적색으로 표시되어 있다.

약물은 말총 축색의 전도를 차단한다.

그림 3.19a는 척수를 감싸고 있는 막의 층을 가진 척수의 일부를 보여 준다. 작은 섬유다발들이 배외측면과 복외측면을 따라 두 개의 직선으로 척수의 각 측면으로부터 빠져나온다. 이러한 다발의 집단이 혼합되어 31쌍의 **후근**dorsal roots과 **전근**ventral roots이 된다. 후근과 전근이 척추 구멍을 통과할 때 함께 합쳐져서 척수신경(spinal nerves)이 된다(그림 3.19 참조).

그림 3.19b는 척수의 횡단면을 보여 준다. 뇌와 마찬가지로 척수는 백질과 회백질로 구성되어 있다. 그러나 뇌와는 다르게 이것의 백질(수초가 있는 축색의 상하행다발을 구성)은 바깥쪽에 있고 회백질(대부분 신경세포체와 짧고 수초가 없는 축색들)은 안쪽에 있다. 그림 3.19b에서 상행로는 청색으로 하행로는 적색으로 표시되어 있다(그림 3.19b 참조).

절 요약

중추신경계

뇌는 세 개의 주요한 부분—전뇌, 중뇌 및 후뇌—으로 구성되어 있는데 이것들은 태아기 초기에 발달하는 관에 의한 세 개의 방 주위에 구성된다. 신경관이 성숙된 중추신경계로의 발달은 그림 3.5에 제시되어 있으며, 표 3.2에는 주요 구획과 뇌의 세부구획들이 간략히 설명되어 있다.

뇌 발달의 첫 단계 동안, 신경관에 배열되어 있는 뇌실영역에서 시조세포의 대칭적 분열은 뇌실영역의 크기를 증가시킨다. 두 번째 단계 동안, 그 세포의 비대칭적 분열은 뉴런들을 생성해서 방사 교세포의 섬유에 따라 최종 도착지까지 이동한다. 그곳에서 뉴런은 수상돌기와 축색을 발달시켜 다른 뉴런과 시냅스 연결을 구축한다. 나중에 충분한 수의 시냅스 연결을 발달시키는 데 실패한 뉴런은 자살을 통해 죽게 된다. 다른 유인원의 뇌 크기에 비해 상대적으로 큰 인간의 뇌 크기는 일차적으로 뇌 발달의 첫 단계와 두 번째 단계의 기간연장에 의해 확립되는 것으로 보인다.

측뇌실과 제3뇌실을 둘러싸고 있는 전뇌는 종뇌와 간뇌로 구성된다. 종뇌는 대뇌피질, 변연계 및 기저핵을 포함한다. 대뇌피질은 전두엽, 두정엽, 측두엽 및 후두엽으로 구성된다. 중심구는 움직임과 움직임의 계획을 전문적으로 담당하는 전두엽을 지각과 학습을 우선적으로 다루는 다른 세 엽들과 분리시킨다. 변연피질, 해마 및 편도체를 포함하는 변연계는 정서, 동기 및 학습에 관여한다. 기저핵은 움직임의 통제에 관여한다. 간뇌는 정보를 대뇌피질과 주고받는 시상을 구성하고 내분비계를 통제하고 종 특유의 행동을 조절하는 시상하부로 구성된다.

중뇌수도를 둘러싸고 있는 중뇌는 중뇌개와 피개로 구성된다. 중뇌개는 청각에 관여하고 또한 시각 반사 및 움직이는 자극에 대한 반응을 통제하는 데 관여한다. 피개는 수면, 각성 및 움직임에 중요한 망상체, 다양한 종 특유의 행동을 통제하는 수도주변회백질 및 운동계통의 일부인 적핵과 흑질을 포함한다. 제4뇌실을 둘러싸고 있는 후뇌는 소뇌, 뇌교 및 연수를 포함한다. 소뇌는 움직임의 통합과 협응에 중요한 역할을 하고, 뇌교는 수면과 각성에 중요한 신경핵을 포함한다. 또한 연수도 수면과 각성에 관여하지만 움직임의 통제와 심장박동, 호흡 및 혈압과 같은 중요한 기능의 통제에도 관여한다.

척수의 바깥 부분은 정보를 상하로 전달하는 축색들이 백질을 구성하고 중심 회백질은 세포체를 포함하고 있다.

말초신경계

뇌와 척수는 뇌신경과 척수신경을 통해 나머지 신체와 정보를 교류한다. 이러한 신경은 말초신경계의 일부로 감각정보를 중추신경계로 보내고 중추신경계에서 신체의 근육과 분비선으로 정보를 전달한다.

척수신경

척수신경spinal nerve은 척수의 후근과 전근의 연결부위에서 시작된다. 이 신경은 척추에서 빠져나가서 근육이나 감각 수용기로 연결된다. 척수신경의 가지들은 자주 혈관과 동행하는데, 특히 골격근에 분포된 가지들이 그렇다(그림 3.3 참조).

감각정보가 척수로 들어가고 운동정보가 척수에서 빠져나오는 통로를 고려해 보자. 감각정보를 뇌와 척수로 전달하는 모든 축색의 세포체는 CNS의 바깥에 위치한다(유일한 예외는 시각계이다. 눈의 망막은 실제로 뇌의 일부이다). 이러한 입력 축색을 **구심성 축색**afferent axons이라 하는데 이것들은 CNS로 전달하기 때문이다. 체감각을 척수로 전달하는 축색의 세포체는 **후근절**dorsal root ganglia에 있는데, 이것은 후근에 둥글게 팽창된 곳이다(그림 3.20 참조). 이 뉴런들은 단극형태(unipolar type)이다(2장에서 기술되었다). 이 축색의 줄기는 세포체 가까이에서 분리되어 한 가지는 척수로 보내고 다른 가지는 감각기관으로 보낸다. 후근의 모든 축색은 체감각 정보를 전달한다는 것에 유의하라.

전근으로 나가는 축색의 세포체는 척수의 회백질 내에 있다. 이 다극성 뉴런(multipolar neuron)의 축색은 전근을 통해 척수에서 빠져나가며, 이것은 후근과 결합하여 척수신경을 구성한다. 전근을 통해 척수를 빠져나가는 이 축색은 운동과 분비선을 통제한다. 이 축색은 CNS 밖으로 정보를 전달하기 때문에 **원심성 축색**efferent axons이라고 한다(그림 3.20 참조).

뇌신경

뇌신경cranial nerves의 12쌍은 뇌의 복측면에 붙어 있다. 이 신경들의 대부분은 머리와 목 부위의 감각과 운동 기능을 담당한다. 이것들 중의 하나인 10번 **미주신경**vagus nerve은 흉강과 복강에 있는 기관의 기능을 조절한다. 이것은 미주[vagus: '돌아다니다(wandering)']로 불리는데 왜냐하면 이것의 가지들이 흉강과 복강을 걸쳐 돌아다니기 때문이다. 그림 3.21은 뇌의 바닥면을 보여 주고 있으며 뇌신경과 그것들이 작용하는 구조를 설명하고 있다. 원심성 섬유(운동)는 빨간색으로 그려져 있고 구심성 섬유(감각)는 파란색으로 그려져 있다는 것을 주목하라(그림 3.21 참조).

이전 단락에서 언급한 것처럼, 뇌와 척수로 들어가는

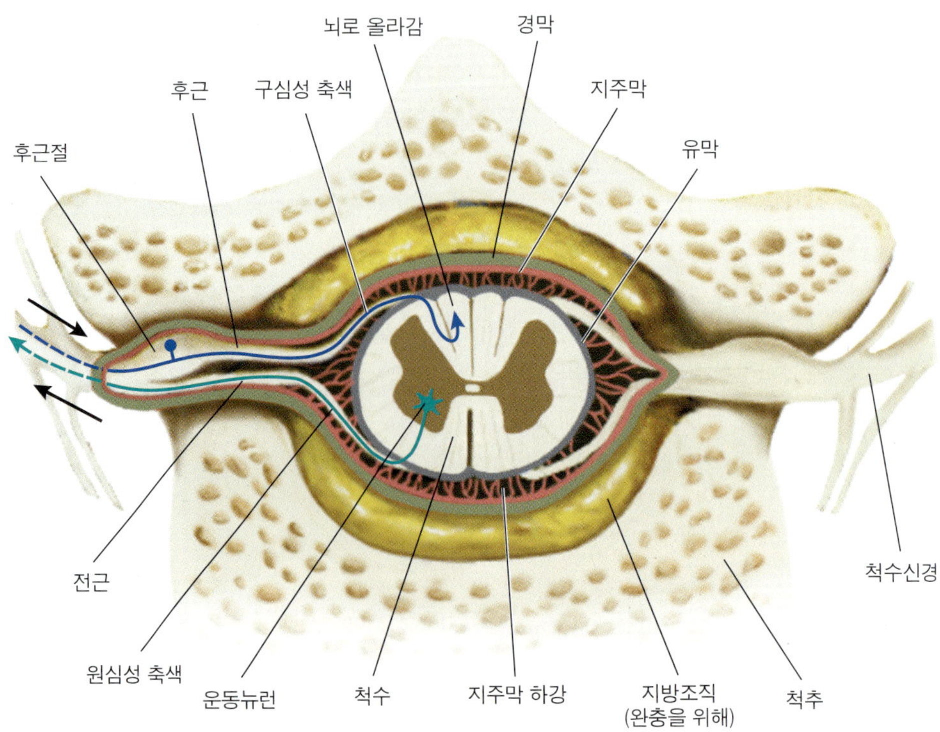

그림 3.20 척수의 횡단절편. 이 그림은 후근과 전근을 통한 구심성 축색과 원심성 축색의 경로를 보여 준다.

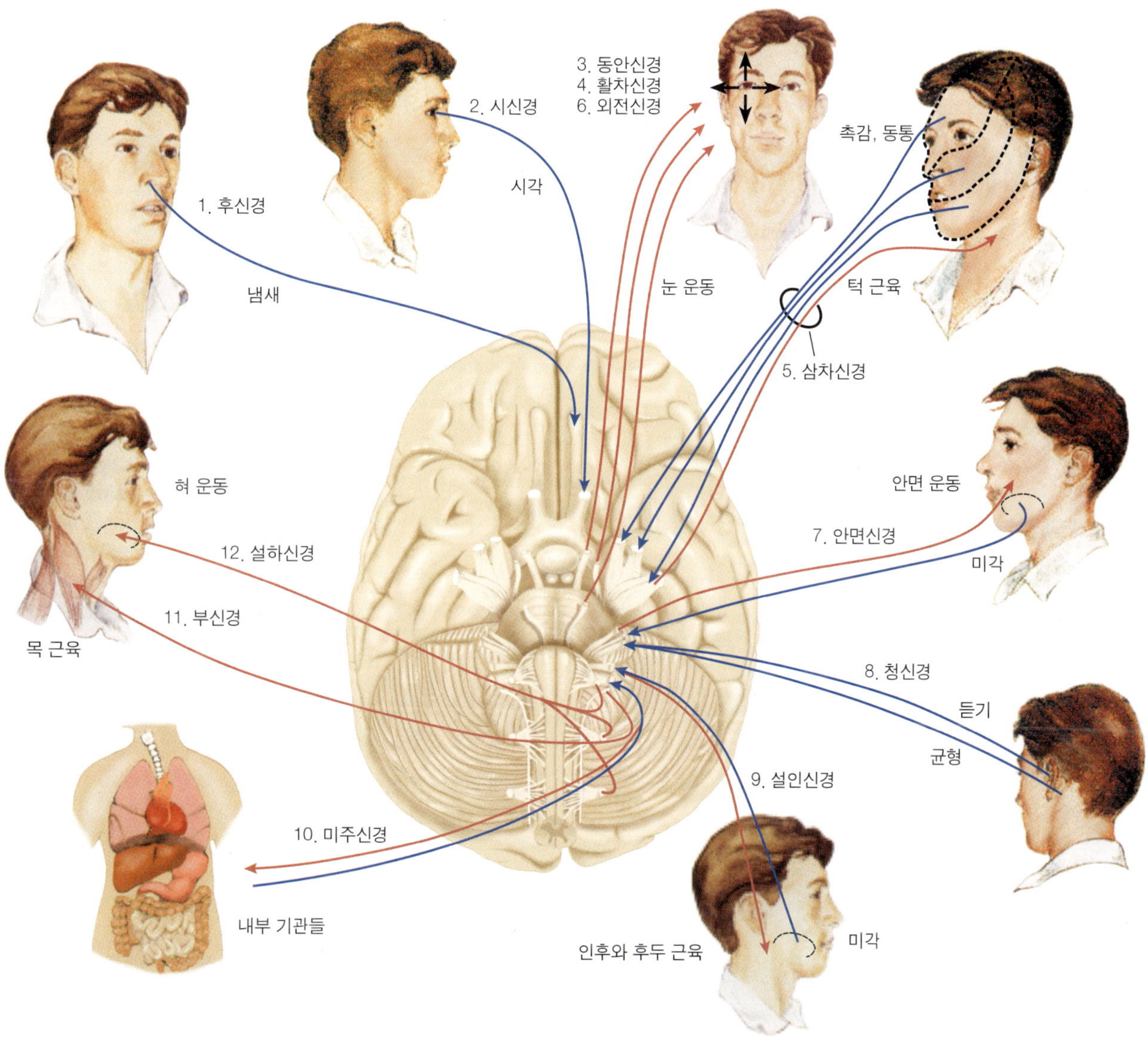

그림 3.21 뇌신경들. 이 그림은 12쌍의 뇌신경과 부위 및 기능을 보여 준다. 빨간색 선은 근육과 분비선을 통제하는 축색을 나타내고, 파란색 선은 감각 축색을 나타낸다.

감각신경섬유들의 세포체들(시각계는 예외)은 중추신경계 밖에 있다. 체감각 정보(그리고 미각)는 뇌신경을 통해 단극성 뉴런으로부터 들어온다. 청각, 전정계 및 시각정보는 양극성 뉴런 섬유를 통해 들어온다(2장에서 기술되었다). 후각정보는 **후구**olfactory bulbs를 통해 들어오고, 후구는 코에 있는 후각 수용기로부터 정보를 받는다. 후구는 복잡한 구조로 수많은 신경회로를 포함하고 있으면 실제로는 뇌의 일부이다. 감각기제는 6장과 7장에 더 자세히 설명되어 있다.

자율신경계

감각기관으로부터 감각정보를 받고 골격근의 움직임을 통제하는 말초신경계의 부분을 **체신경계**somatic nervous system라고 한다. 말초신경계의 다른 부지, 즉 **자율신경계**autonomic nervous system; ANS는 평활근(smooth muscle), 심장근(cardiac muscle) 및 분비선의 통제와 관련이 있다(자율은 '스스로 다스리다'라는 의미이다). 평활근은 피부[모낭(hair follicles)과 연관되어 있는], 혈관, 눈(동공 크기 통제와 렌즈의 조절) 및 창자, 담낭과 방광의 내벽과 괄약근에서 발견된다. 자율신경계가 분포되어 있는 기관에 대한 기술은 이 체계의 기능을 나타낸다. 이 기능들은 신체에서 '생장과정(vegetative process)'의 조절이다.

ANS는 해부학적으로 **교감부**(sympathetic division)와 **부교감부**(parasympathetic division)의 두 개의 분리된 체계로 구성되어 있다. 몇몇 예외가 있지만 신체의 기관들은 이러한 교감과 부교감 모두 분포되어 있다. 그리고 각각은 상이한 효과를 갖는다. 예컨대, 교감부는 심장박동의 속도를 높이지만 부교감부는 속도를 낮춘다.

ANS의 교감부

교감부sympathetic division는 신체에 저장되어 있는 비축분으로부터 에너지 지출과 관련된 활동에 관여한다. 예컨대 유기체가 흥분되었을 때 교감신경계는 골격근으로 혈류를 증가시키고 에피네프린(epinephrine) 분비를 자극하고(심장박동률 증가와 혈당수준의 증가를 초래) 털 세우기의 원인이 된다[포유류에서는 털을 세우고 인간의 경우 '소름(goose bumps)'을 만든다].

교감 운동뉴런들의 세포체는 척수의 흉부와 요부 영역의 회백질에 있다[그래서 교감신경계는 또한 **흉요부계**(thoracolumbar system)로 알려져 있다]. 이 뉴런들의 섬유는 전근을 통해 나간다. 척수신경계와 합쳐진 후에 그 섬유는 갈라져서 **교감절**sympathetic ganglia로 간다(후근절과 혼돈하지 마라). 그림 3.22는 이 신경절과 척수와의 관계를 보여 준다. 개개의 교감절은 위아래의 인접한 신경절과 연결되어 **교감절 연쇄**sympathetic ganglion chain를 형성한다(그림 3.22 참조).

전근을 통해 척수에서 나간 축색은 **절전 뉴런**preganglionic neurons에 속한다. 하나의 예외가 있지만 모든 교감 절전 축색은 교감 연쇄의 신경절로 들어가지만 여기에서 모두 시냅스를 형성하지는 않는다[그 하나의 예외는 부신수질(medulla of the adrenal gland)로 10장에 기술된다]. 몇몇 축색은 내부기관 사이에 있는 다른 교감절 중에 하나로 들어간다. 모든 교감 절전 축색은 신경절 중의 하나에 위치한 뉴런과 시냅스를 형성한다. 이 축색에 의해 시냅스가 형성되는 뉴런을 **절후 뉴런**postsynaptic neurons이라 한다. 다음으로 절후 뉴런은 창자, 위, 신장 또는 땀 분비선과 같은 목표 기관에 축색을 보낸다(그림 3.22 참조).

ANS의 부교감부

자율신경계의 **부교감부**parasympathetic division는 비축된 에너지 사용을 증가시킨 활동을 지원한다. 이 활동은 침분비, 위장 운동, 소화액 분비 및 위장계로 혈류량을 증가시킨다.

부교감 신경계에서 절전 축색이 나오는 세포체들은 두 영역, 즉 몇몇 뇌신경의 핵(특히, 미주신경)과 척수의 천부영역에 있는 회백질의 중간 각(intermediate horn)에 있다. 그래서 ANS의 부교감부를 종종 뇌천부계(craniosacral system)라고도 한다. 부교감절은 목표 기관 가까이에 있으므로 절후 섬유는 상대적으로 짧다. 부교감 신경계에서 절전과 절후 뉴런의 종말단추는 아세틸콜린(acetylcholine)을 분비한다.

표 3.3에 말초신경계의 중요한 부분에 대해 요약해 놓았다(표 3.3 참조).

표 3.3 말초신경계의 주요 부분

체신경계	자율신경계(ANS)
척수신경	교감부
감각기관으로부터의 구심성	척수신경(흉부와 요부 영역)
근육으로의 원심성	교감절
뇌신경	부교감부
감각기관으로부터의 구심성	뇌신경(3번, 7번, 9번 및 10번)
근육으로의 원심성	척수신경(천부영역)
	부교감절(목표 기관에 인접)

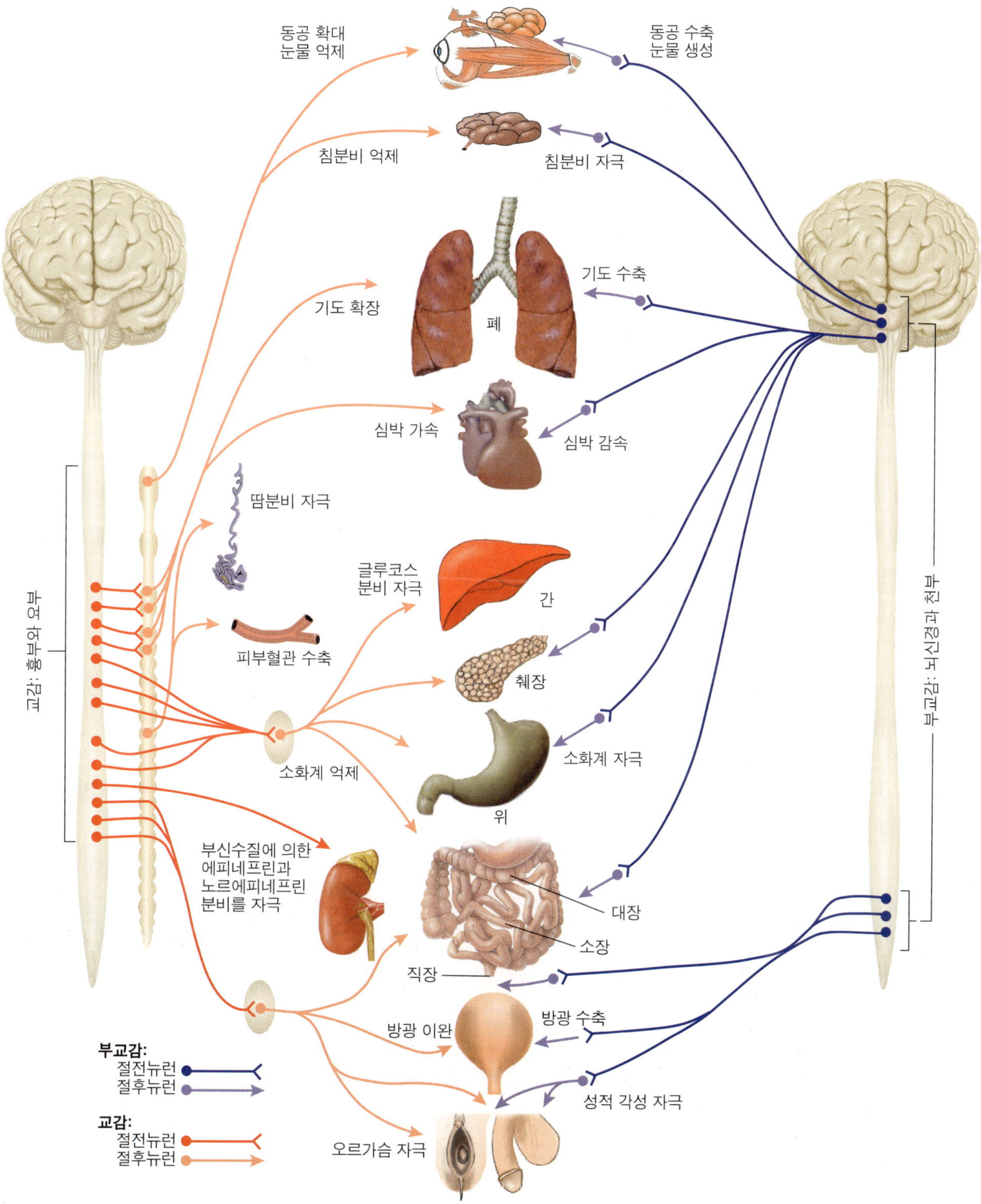

그림 3.22 자율신경계. 이 도식 그림은 자율신경계의 교감부 및 부교감부가 작용하는 목표 기관과 기능을 보여 준다.

절 요약

말초신경계

척수신경과 뇌신경은 감각 축색을 중추신경계로 보내고 운동 축색을 중추신경계로부터 받는다. 척수신경은 입력(구심성) 축색을 가진 후근과 출력(원심성) 축색을 가진 전근의 결합으로 형성된다. 자율신경계는 두 부분으로 구성되어 있다. 교감부는 흥분하거나 전력을 다할 때 일어나는 활동을 통제한다(심장박동 증가). 그리고 부교감부는 이완 동안 나타나는 활동을 통제하여 심장박동을 감소시키고 소화계의 활동을 증가시킨다. 자율신경계의 통로는 뇌나 척수로부터 교감이나 부교감 절로 가는 절전 축색과 신경절에서 목표 기관으로 가는 절후 축색을 포함한다.

맺는말 | 한쪽 측면 무시

이 장의 머리말에서 기술된 측면 무시를 가진 S 여사 같은 사람을 볼 때, 우리는 지각과 주의가 어느 정도 독립적이라는 것을 인식하게 된다. 우리 뇌의 지각 기전은 정보를 제공하고 주의와 관련된 기전은 우리가 그 정보에 의식을 둘 것인가의 여부를 결정한다.

한쪽 측면 무시는 오른쪽 두정엽이 손상되었을 때 나타난다. 두정엽은 우선적으로 체감각피질을 가지고 있다. 두정엽은 피부, 근육, 관절, 내부 기관 및 균형과 관련된 내이의 일부로부터 정보를 받는다. 그러면 이것은 신체와 신체의 위치와 관련되어 있다. 그러나 이것이 모두가 아니다. 두정엽의 연합피질은 후두엽과 측두엽의 연합피질로부터 청각과 시각정보를 받는다. 이것의 가장 중요한 기능은 신체 일부의 움직임과 위치에 대한 정보와 우리 주위 공간의 대상들의 위치에 대한 정보를 통합하는 것으로 보인다.

한쪽 측면의 무시가 단지 시야의 좌측 편에 있어서 맹과 신체 좌측 편마비를 갖게 한다면 그것은 그렇게 흥미로운 것은 아니다. 순수한 한쪽 측면 무시를 갖는 사람들은 반쪽 맹이나 반쪽 마비는 아니다. 적절한 환경에서 그들은 그들의 좌측에 있는 것을 볼 수 있고 누군가 그들 신체의 좌측 부위를 건드릴 때 그것을 알 수 있다. 그러나 일상적으로 그들은 그러한 자극을 무시하고 세상의 좌측 측면과 신체의 좌측 편이 존재하지 않은 것처럼 행동한다.

Volpe, LeDoux, Gazzaniga(1979)는 한쪽 측면을 무시하는 사람들에게 시각자극 짝을 제시했다. 하나의 자극은 좌측 시야에 다른 한 자극은 우측 시야에 제시했다. 변함없이 그 사람들은 오직 우측 자극만 보고했다. 그러나 연구자들이 두 개의 자극이 동일한지의 여부를 물을 때, 그들은 좌측 자극을 인식할 수 없다고 말을 할지라도 정확하게 대답했다.

당신이 팬케이크의 오른쪽 반만 먹은 사람에 대해 신경과장이 말한 이야기를 생각한다면 당신은 한쪽 측면을 무시하는 사람들은 우측 시야보다 더 많은 것을 지각할 수 있다고 인식할 것이다. 한쪽 측면을 무시하는 사람들은 그들의 좌측에 있는 것뿐만 아니라 사물의 좌측 반을 무시한다는 것을 기억하라. 그러나 대상의 좌측 반과 우측 반을 구별하기 위해서 당신은 우선적으로 대상의 전체를 지각해야 한다. 그렇지 않다면 당신은 중간이 어디인지를 어떻게 알겠는가?

한쪽 측면을 무시하는 사람들은 그림을 그릴 때도 사물의 좌측 반을 인식하지 않음을 보여 준다. 예컨대 시계를 그리라고 요구했을 때 그들은 항상 하나의 원을 성공적으로 그린다. 그러나 숫자를 채울 때 그들은 숫자를 모두 우측면에 채워 넣는다. 때때로 그들은 6이나 7에 도달한 직후에 잠시 멈추고 때때로 숫자의 나머지를 그 원 아래에 쓴다. 데이지(프랑스 국화)를 그리라고 요청했을 때 그들은 하나의 줄기와 하나의 잎 또는 이 두 가지 모두를 갖고 시작한다. 그다음에 모든 잎은 우측에만 그린다(그림 3.23 참조).

그림 3.23 한쪽 측면 무시. 측면 무시를 하는 사람들이 단순한 대상을 그릴 때, 그들은 오른쪽에 보여 주는 대상의 특징만 그리므로 사물의 왼쪽 반을 의식하지 않음을 입증한다.

Bisach와 Luzzatti(1978)는 유사한 현상을 입증했다. 이것은 한쪽 측면의 무시는 한 개인 자신의 시각 심상에까지 확대된다는 것을 암시한다. 연구자들은 한쪽 측면을 무시하는 두 명의 환자에게 연구자와 그 환자들이 살고 있는 도시인 밀라노의 이정표로 잘 알려진 두오모 광장(Piazza del Duomo)을 기술하라고 요청했다. 그들은 환자에게 광장의 북쪽 끝에 서 있다고 상상하고 그들이 보는 것을 이야기하라고 요청했다. 환자들은 어둔하게 빌딩의 이름을 말했지만 그들의 우측인 서쪽에 대한 것들이었다. 그 후 연구자들은 환자에게 광장의 남쪽 끝에 서 있는 자신들을 상상하라고 요청했다. 그때 그들은 다시 그들의 우측인 동쪽의 빌딩의 이름을 말했다. 분명히 그들은 모든 빌딩과 그것들의 위치를 알고 있지만 그들의 시야 우측에 빌딩이 있을 때만 그것들을 시각화했다.

자신의 신체 좌측 무시가 뇌에 이상을 가진 사람에게서만 연구되고 있다고 해도 뇌손상이 없는 사람들이 보여 주는 흥미로운 현상은 신체의 소유감에 있어서 두정엽(그리고 뇌의 다른 영역)이 중요성을 확신하게 한다. Ehrsson, Spence, Passingham(2004)은 고무손 착각(rubber hand illusion)을 연구했다. 정상적인 실험참가자는 자신의 왼손이 시야에서 가려진 채 앉아 자신의 앞에 놓인 실물과 같은 고무로 된 왼쪽 손을 보았다. 실험자들은 실험참가자의 가려진 왼손과 보이는 고무손을 작은 그림붓으로 건드렸다. 두 손이 동시에 같은 방향으로 자극받

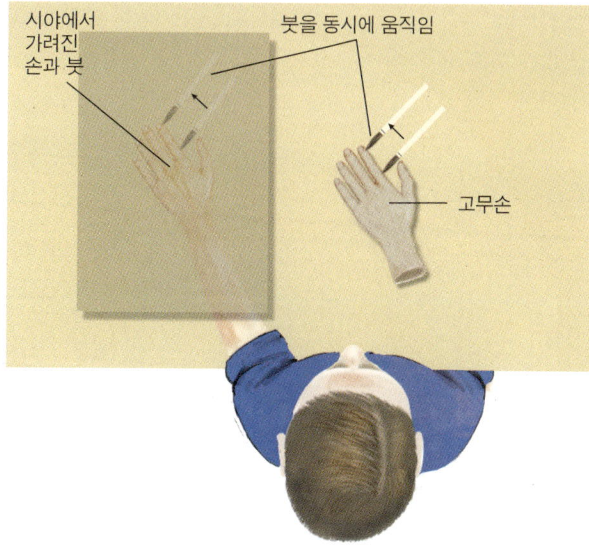

그림 3.24 고무손 착각. 피험자의 가려진 왼손과 보이는 고무손을 동일한 방향으로 동시에 자극하면 피험자는 고무손을 자신의 것으로 경험하게 된다. 손이 상이한 방향으로 또는 비동시적으로 자극받으면 그 착각은 일어나지 않는다.

Based on Botwinick, M. *Science*, 2004, *305*, 782-783.

으면 참가자는 고무손을 자신의 손으로 경험하기 시작했다. 실제로 그들에게 자신의 오른손으로 왼손을 잡으라고 요구하면 그들은 고무손을 잡는 경향성을 보였다. 그러나 본래의 손과 고무손이 다른 방향과 상이한 시간에 자극받으면 참가자들은 고무손을 자신의 손으로 경험하지 않는다(그림 3.24 참조).

참가자가 실험에 참여하는 동안 실험자는 fMRI을 통해 그들의 뇌 활동을 기록했다[뇌의 스캐닝(scanning)은 5장에 기술되어 있다]. 그 스캔은 참가자가 고무손을 자신의 신체로 경험하기 시작할 때 두정엽과 운동계획에 관여하는 뇌 영역인 운동전영역에서 활동성이 증가됨을 보여 주었다. 실제 손과 인위적 손에 대한 건드림이 일치하지 않고 참가자가 고무손을 자신의 것으로 경험하지 않을 때, 운동전피질은 활성화되지 않았다. 실험자들은 두정피질이 시각과 붓의 촉각을 분석한다고 결론지었다. 두정피질이 그 두 가지 자극을 동일한 것으로 감지할 때, 정보는 운동전영역으로 보내지고 이에 의해 고무손은 자기 신체의 소유감을 일으킨다.

같은 실험실에서의 두 번째 연구에서 사람들은 고무손이 진짜 자신의 손으로 느낀다는 확실한 증거를 제시

했다(Ehrsson et al., 2007). 연구자는 자신의 것으로 느끼게 하도록 앞에서 기술한 동일한 절차를 사용했고 그러고 나서 주삿바늘로 손을 찌르는 행동을 통해 그 손을 위협했다(실제로는 주삿바늘이 손에 닿지 않았다). 뇌의 스캔은 사람들이 통증을 예상할 때 정상적으로 작동하는 뇌 영역(전측대상회)과 사람이 자신의 팔을 움직이려는 충동을 느낄 때 정상적으로 활성화되는 영역(보조운동영역)에서 활성화가 증가되는 것을 보여 주었다(Fried et al., 1991; Peyron and Garcia-Larrea, 2000). 그래서 고무손이 주삿바늘에 의해 찌르는 통증을 받는다는 인상은 그들 자신의 손이 위협의 표적인 것처럼 반응한다.

핵심 개념

신경계의 기본 특징

1. 중추신경계는 뇌와 척수로 구성되어 있다. 이것은 뇌막으로 덮여 있고 뇌 척수액 속에 떠 있다.

중추신경계

2. 신경계는 처음 하나의 관에서 발달한다. 세포가 생성됨에 따라 두꺼워지고 주머니를 형성하고 주름이 잡힌다. 이 관은 뇌실계가 된다.
3. 인간의 뇌와 다른 영장류의 뇌와의 차이의 일차적인 원인은 뇌실영역에 있는 시조세포들의 대칭적 분화와 비대칭적 분화의 조금 연장된 기간이다.
4. 측뇌실과 제3뇌실을 둘러싸고 있는 전뇌는 종뇌(대뇌피질, 변연계 및 기저핵)와 간뇌(시상과 시상하부)로 구성되어 있다.
5. 중뇌수도를 둘러싸고 있는 중뇌는 중뇌개와 피개로 구성되어 있다.
6. 제4뇌실을 둘러싸고 있는 후뇌는 소뇌, 뇌교 및 연수를 포함한다.

말초신경계

7. 척수신경과 뇌신경은 중추신경계와 나머지 신체들과 연결 짓는다. 자율신경계는 두 부분, 즉 교감과 부교감을 구성한다.

CHAPTER

4 정신약물학

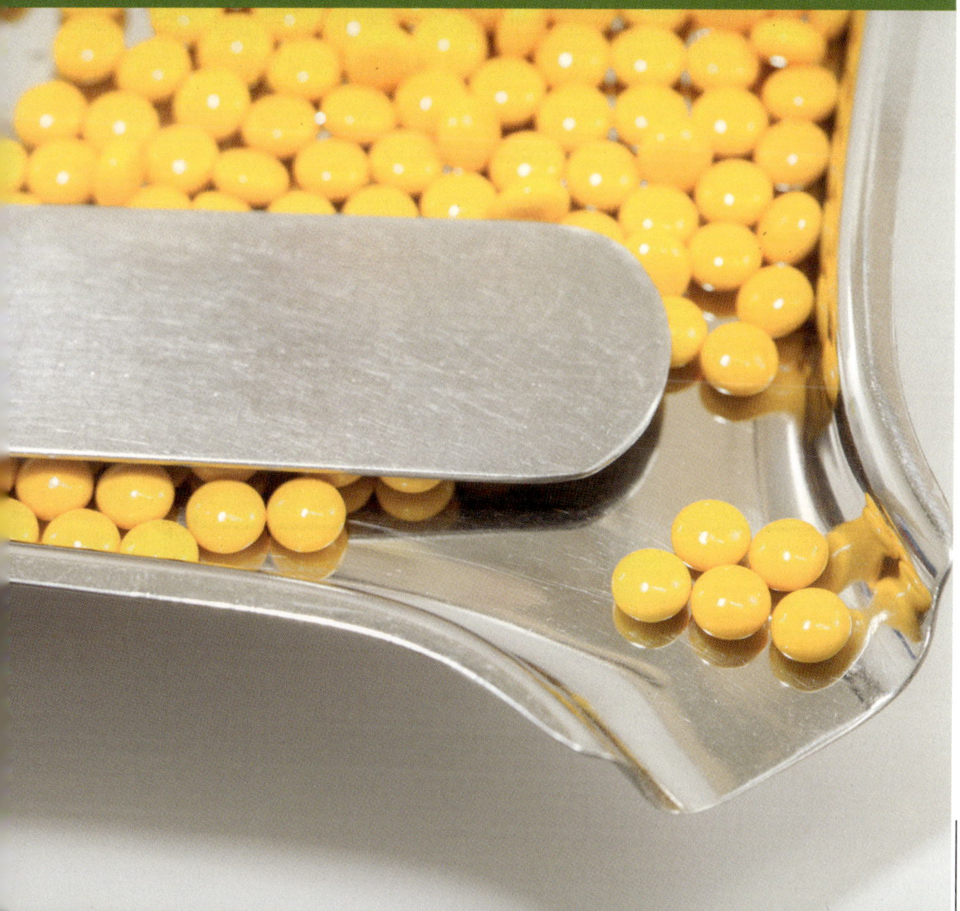

개요

♥ 정신약물학의 원리

약동학

약물 효과

반복 투약 효과

위약 효과

♥ 약물의 작용부위

신경전달물질 생산에 대한 효과

신경전달물질 저장과 방출에 대한 효과

수용기에 대한 효과

신경전달물질의 재흡수 또는 파괴에 대한 효과

♥ 신경전달물질과 신경조절물질

아세틸콜린

모노아민

아미노산

펩타이드

지질

뉴클레오사이드

용해 가능 기체

학습목표

1. 약물의 투약 경로와 이에 따른 신체 내의 분포를 기술한다.
2. 약물의 효과성, 약물의 반복투약 효과 및 위약 효과를 기술한다.
3. 약물이 시냅스 활동에 미치는 영향을 기술한다.
4. 신경전달물질과 신경조절물질의 일반적 역할을 개관하고, 뇌에 있어서 아세틸콜린 경로와 이 뉴런들에 영향을 주는 약물을 기술한다.
5. 뇌에 있어서 모노아민 경로와 이 뉴런들에 영향을 주는 약물을 기술한다.
6. 아미노산 신경전달물질을 방출하는 뉴런의 역할을 개관하고, 이 뉴런에 영향을 주는 약물을 기술한다.
7. 뉴런에 의해 방출되는 펩타이드, 지질, 뉴클레오사이드 및 용해 가능한 기체의 효과를 기술한다.

머리말 | 오염된 약물

1982년 7월 북부 캘리포니아에 사는 사람들이 놀랍고 심각한 증세를 보이면서 신경 클리닉을 방문하기 시작했다(Langston, Ballard, Tetrud, & Irwin, 1983). 가장 심각한 환자들은 거의 전신마비 증세를 보였다. 그들은 이해가 불가능한 말을 했고, 계속 침을 흘렸으며, 눈은 한 곳을 빤히 쳐다보면서 열려 있었다. 덜 심각한 영향을 받은 사람들은 느리고 질질 끄는 걸음걸이를 보이면서 걸었고, 느리면서도 아주 힘들게 움직였다. 그 증세는 파킨슨병의 증세와 같았으나 장애는 매우 점진적인 진행을 보였다. 게다가 그 장애는 후기 중년기 이전의 사람들에게는 거의 영향을 주지 않았고, 환자들은 대부분 20대 혹은 30대 초기의 젊은이였다.

그들을 연결 짓는 공통적인 요인은 정맥 약물주사였는데, 그들 모두는 메페리딘(데메롤)과 관계가 있는 합성 아편제인 '신 헤로인'을 투약하였다. 그 증세가 파킨슨병의 증세와 유사했기 때문에, 환자들은 L-DOPA를 투여받았고, 모두 증세가 호전되었다. 그러나 이런 처치에도 불구하고 그 증세는 몸을 쇠약하게 만들었다. 정상적인 파킨슨병의 사례에서 L-DOPA 치료는 얼마간 작용하지만 도파민을 분비하는 뉴런의 퇴화가 계속되면, 약물은 효과를 상실한다. 이런 형태의 반응은 또한 젊은 환자에게서도 발생하는 것같이 보인다(Langston & Ballard, 1984).

탐색 연구를 통해 연구자들은 신경적 증상을 초래한 화학물질은 합성 아편제가 아니라 오염된 다른 화학물질인 MPTP라는 것을 밝혔다. 연구자인 William Langston에 의하면, 그 소형 유행병은 "실리콘 밸리의 한 젊은이가 합성 헤로인을 부주의하게 합성했을 때부터 시작된 것처럼 보인다. 그 부주의는 MPTP의 존재를 초래했는데, 운명의 장난에 의해서 파킨슨병에서 상실되는 것과 동일한 뉴런에 심한 독작용을 일으켰다"(Lewin, 1989, p. 467). 우리가 보듯이 이런 발견은 파킨슨병의 증후를 치료하는 데 보통 사용되는 약물의 발견을 가져왔다.

2장에서는 여러분에게 신경계의 세포를 소개하였고, 3장에서는 그 기본적 구조를 기술하였다. 이제 정신약물학 분야를 소개함으로써 이런 정보를 정리할 때이다. **정신약물학**psychopharmacology은 신경계와 행동에 대한 약물의 효과를 연구한다. [*Pharmakon*은 그리스어로 약물(drug)을 의미한다.]

우리가 이 장에서 보게 되듯이 약물은 작용의 효과와 부위를 갖는다. **약물 효과**drug effects는 동물의 생리적 과정과 행동에서 관찰할 수 있는 변화이다. 예를 들면, 모르핀, 헤로인 및 다른 아편제의 효과는 통증에 대한 민감성의 감소, 느린 소화체계의 활동, 근육이완, 동공의 축소 및 도취감을 포함한다. 약물의 **작용부위**sites of action는 약물의 분자가 신체의 세포에 위치한 분자와 상호작용하는 지점이므로 그 세포의 생화학적 과정에 영향을 미친다. 예를 들면, 아편제의 작용부위는 뉴런의 세포막에 위치해 있는 전문화된 수용기이다. 이 수용기에 부착하여 활성화시키는 아편제의 분자는 뉴런의 활동성을 변경시켜서 효과를 나타낸다. 이 장에서는 약물의 효과와 작용부위를 살펴보겠다.

정신약물학은 신경과학의 중요한 분야이다. 이것은 심리적 및 행동적 장애를 치료하는 정신치료약물의 발전에 관여한다. 이것은 또한 다른 연구자들이 신경계 세포의 기능과 특정 신경회로에 의해 통제되는 행동을 연구하는 것을 가능하게 해주는 도구를 제공한다.

정신약물학의 원리

이 장은 정신약물학의 기본원리, 즉 약물의 투약 경로와 신체 내에서의 운명을 기술함으로써 시작한다. 두 번째 절은 약물작용의 부위를 논의한다. 마지막 절은 특정 신경전달물질과 신경조절물질 그리고 이것과 상호작용하는 특정 약물의 생리적 및 행동적 효과를 논의한다.

약동학

어떤 약물이 효과적이기 위해서는 자신의 작용부위에 도달해야만 한다. 그렇게 하기 위해서 약물 분자는 신체에 들어가고 그다음에 혈류에 들어가야만 자신이 작용하는 신체기관에 전달될 수가 있다. 거기에 도달하면 그것들은 혈류를 떠나서 자신이 상호작용할 분자와 접촉하게 된다. 이것은 우리가 관심을 갖고 있는 거의 모든 약물에서 약물의 분자가 중추신경계에 들어가야만 한다는 것을 의미한다. 행동을 활성화시키는 일부 약물은 말초신경계에 영향을 미치지만, 중추신경계에 영향을 미치는 약물보다는 우리에게 덜 중요하다.

약물 분자들이 신체에 들어가서 자신의 작용부위를 찾기 위해서는 몇몇 장벽을 넘어야만 한다. 어떤 분자는 이 장벽을 쉽게 신속하게 통과하지만, 다른 분자들은 매우 느리게 통과한다. 일단 약물 분자가 신체에 들어가면 대사되기–효소에 의해 분해되기–시작하거나 소변으로 배설되기 시작한다(혹은 대사되어서 소변으로 배설된다). 시간이 되면 약물 분자는 사라지거나 또는 비활성 분자로 전환된다. 약물이 흡수되고, 신체 내에 분포하고, 대사되고 그리고 배설되는 과정을 다루는 분야를 **약동학**pharmacokinetics('약물의 이동')이라고 부른다.

투약 경로

첫째로, 약물이 투여될 수 있는 경로를 고려해 보자. 실험동물에 있어서 가장 공통적인 경로는 주사이다. 약물은 어떤 액체에 용해되고(또는 어떤 경우에는 미세입자 형태로 액체 안에 떠 있고) 피하 주삿바늘을 통해서 주사된다. 가장 빠른 경로는 혈관에 바로 주사되는 **정맥주사**intravenous(IV) injection이다. 약물은 즉시 혈류에 들어가 몇 초 내에 뇌에 도달한다. 정맥주사의 불리한 점은 대부분의 다른 형태의 주사와 비교해 더 많은 주의와 기술을 요한다는 것과 전체 용량이 단번에 혈류에 도달한다는 것이다. 어떤 동물이 특히 그 약물에 민감하다면, 그 효과를 상쇄시키기 위해서 다른 약물을 투여할 시간적 여유가 없을 수 있다는 것이다.

복강주사intraperitoneal(IP) injection는 신속한 편이나 정맥주사만큼 신속하지는 않다. 약물은 복벽을 통해서 복강(peritoneal cavity)–위, 장, 간 및 다른 복부의 기관들을 둘러싸고 있는 공간–에 주사된다. 복강주사는 실험실의 작은 동물에게 투약하는 가장 공통의 경로이다. **근육주사**intramuscular(IM) injection는 상부 팔, 넓적다리, 엉덩이 같은 큰 근육에 직접 주사된다. 약물은 근육에 분포된 혈관을 통해서 혈류에 흡수된다. 매우 느린 흡수가 바람직하다면, 그 약물은 혈관을 수축시켜서 근육의 혈류 흐름을 지체시키는 다른 약물(예: 에페드린)과 혼합될 수 있다.

약물은 **피하주사**subcutaneous(SC) injection를 통해서 피부 아래에 있는 공간에 주사될 수 있다. 피하주사는 소량의 약물이 투여될 필요가 있는 경우에만 유용한데, 다량의 주사는 통증을 일으키기 때문이다. 어떤 지용성 약물은 식물성 오일에 용해될 수 있고, 피하에 주사될 수 있다. 이 경우에 약물의 분자는 수일간에 걸쳐서 오일의 저장소로부터 서서히 분리된다. 매우 느리고 장기적인 약물의 흡수가 바람직하다면 그 약물은 건조된 환약의 형태로 만들어지거나 또는 밀봉된 실리콘 고무 캡슐에 담겨 피하에 삽입된다.

구강투약oral administration은 인간에게 치료용 약물을 투여하는 가장 일상적인 방식이다. 실험동물에게는 맛없어 하는 것을 먹도록 하는 것이 어렵기 때문에, 연구자는 이 경로를 거의 사용하지 않는다. 어떤 화학물질은 위산 또는 소화효소에 의해 파괴되거나 혹은 소화기관으로부터 혈류에 흡수되지 않기 때문에 구강으로 투여될 수가 없다. 예를 들면, 펩타이드 호르몬의 일종인 인슐린은 주사로 투약되어야만 하고, 어떤 약물의 **설하투약**sublingual administration은 그 약물을 혀 아래에 놓음으로써 이루어질 수 있다. 이 약물은 구강을 둘러싸고 있는 점막에 연결되어 있는 혈관에 의해서 혈류로 흡수된다. 이 방법도 협조가 가능하여 혀 밑에 캡슐을 놓아둘 수 있는 사람에게만 사용된다. 혈관을 확장시키는 약물인 나이트로글리세린은 심장 혈관의 차단에 의해 초래되는 협심증의 통증으로 고생하는 사람들에게 설하투약 방식으로 복용된다.

약물은 좌약의 형태로 소화관의 반대쪽에서 투약될 수도 있다. **직장투약**intrarectal administration은 실험동물에게는 거의 사용되지 않는다. 이런 과정이 작은 동물에게 어려운 분명한 이유가 있다. 게다가 쥐와 같이 작은 동물은 흥분하면 배변하는 경향이 있어서, 약물은 흡수되기에 충분한 시간 동안 직장 내에 머물러 있지 못한다. 그리고 나는 직장 좌약을 큰 동물에게 투여하려고 시도하기를 원하지는 않는다. 직장 좌약은 사람의 위에 고통을 줄 수 있는 약물을 투여하는 데 일반적으로 사용된다.

폐도 또 다른 투약 경로－**흡입**inhalation－를 제공한다. 니코틴, 정제된 코카인 및 마리화나는 보통 흡연으로 흡수된다. 이와 더불어 폐질환을 치료하는 데 사용되는 약물은 종종 기체 또는 미세 안개의 형태로 흡입되고, 많은 전신마취제는 흡입을 통해 투약되는 기체이다. 폐로부터 뇌까지 이르는 경로는 매우 짧기 때문에 이런 방식으로 투여된 약물은 매우 신속한 효과를 보인다.

어떤 약물은 피부를 통해서 직접 흡수될 수 있으므로, 크림, 연고 혹은 패치의 형태로 **국소투약**topical administration의 수단에 의해 투약될 수가 있다. 천연 또는 인공 스테로이드 호르몬은 니코틴(금연을 쉽게 하기 위한 치료제)처럼 이런 방식으로 투여될 수 있다. 콧구멍을 둘러싸고 있는 점막도 국소투약을 위한 경로를 제공한다. 코카인 하이드로클로라이드와 같은 마약은 종종 코로 들이마셔서 코 점막과 접촉한다. 이 경로는 약물을 뇌로 빨리 전달한다[거의 사용되지는 않지만 이 경로에 대한 전문적 용어는 취입(insufflation)이라고 한다. 코로 들이마시는 것은 흡입하는 것과 동일하지는 않은데, 가루로 된 코카인을 들이마실 때, 그것은 콧구멍에 있는 코 점막이 종착지이며 폐로 가지 않는다].

마지막으로, 약물은 뇌에 직접 투여될 수 있다. 우리가 2장에서 살펴보았듯이 혈뇌장벽은 어떤 화학물질이 모세혈관을 떠나서 뇌로 들어가는 것을 방지한다. 그 약물은 뇌에 도달하려면, 뇌에 직접 주입되거나 또는 뇌실체계에 있는 뇌척수액에 직접 주입되어야 한다. 뇌의 특수 영역(예: 시상하부의 어떤 특정 핵)에 대한 약물 효과를 연구하기 위해서 연구자는 매우 소량의 약물을 뇌에 직접 주입할 것이다. **뇌내투약**intracerebral administration으로 알려진 이 절차는 5장에서 더 자세히 기술될 것이다. 어떤 약물을 뇌에서 광범하게 분포시키기

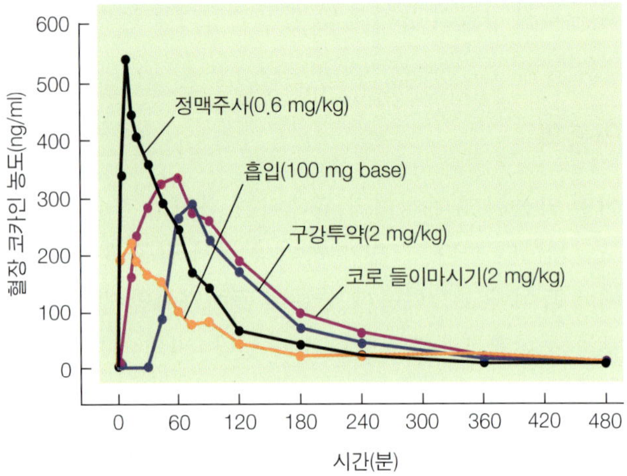

그림 4.1 혈장 내의 코카인. 그래프는 정맥주사, 흡입, 코로 들이마시기 및 구강투약에 따른 혈장 내의 코카인 농도를 보여 준다.

Based on research from Jones, R. T. *NIDA Research Monographs*, 1990, *99*, 30–41.

위해서는 연구자는 대뇌의 뇌실에 약물을 주입함으로써 혈뇌장벽을 통과시킬 것이다. 그러면 그 약물은 뇌 조직에 흡수되어 효과를 발생시킨다. 이 경로는 **뇌내뇌실투약**intracerebroventricular(ICV) administration인데 인간에게는 거의 사용되지 않는다－주로 어떤 유형의 감염을 치료하기 위해서 뇌에 직접 항생제를 투약하기 위한 것이다.

그림 4.1은 보통 남용되는 약물인 코카인이 정맥주사, 흡입, 코로 들이마시기 및 구강투약 후 시간경과에 따른 혈액 내의 수준을 보여 준다. 투약의 양은 동일하지 않았으나, 그래프는 약물이 혈액에 도달하는 상대적 신속성을 보여 준다(그림 4.1 참조).

뇌에 대한 약물의 진입

앞에서 살펴보았듯이 약물은 자신의 작용부위에 도달할 때만 효과를 나타낸다. 행동에 영향을 주는 약물의 경우, 대부분의 작용부위가 중추신경계의 특정 세포에 있다. 앞 절은 약물이 신체에 들어갈 수 있는 경로를 기술하였다. 뇌내투약 또는 뇌내뇌실투약을 제외하고, 투약 경로의 차이는 약물이 혈장(즉, 혈액의 액체 부분)에 도달하는 비율에서만 변동한다. 그러나 다음으로 무엇이 발생하는가? 정신약물학자들에게 관심이 되는 약물의 모든 작용부위는 혈관의 외부에 존재한다.

혈류에 있는 어떤 약물이 뇌의 작용부위에 도달하는 비율을 결정하는 가장 중요한 요인은 지용성이다. 혈뇌장벽은 수용성 분자에 대해서만 장벽이다. 지방에 녹는 분자들은 중추신경계의 모세혈관을 둘러싸고 있는 세포를 통과하고, 뇌 전체에 신속하게 분포한다. 예를 들면, 디아세틸모르핀(보통 헤로인이라고 한다)은 모르핀보다 더 지용성이다. 그래서 헤로인 정맥주사는 모르핀의 경우보다 더 신속하게 효과를 나타낸다. 비록 두 약물의 분자가 뇌에 있는 작용부위에 도달하면 동일한 효과를 나타낸다고 할지라도, 헤로인 분자가 더 빨리 도착한다는 사실은 헤로인이 더 강력한 '황홀감(rush)'을 일으키며 따라서 약물중독자가 모르핀보다 헤로인을 선호하는 이유를 설명해 준다.

비활성화와 분비

약물은 신체에 무한정 머물지는 않는다. 많은 약물은 효소에 의해 비활성화하고 마침내는 모든 약물이 주로 신장에 의해 배설된다. 간이 효소에 의해서 약물을 비활성화시키는 데 있어서 특별히 능동적인 역할을 하나 일부 비활성화 효소는 혈액에서도 발견된다. 뇌도 어떤 약물을 파괴하는 효소를 포함하고 있다. 어떤 경우 효소는 약물의 분자를 생물학적으로 활성적인 다른 형태로 전환시킨다. 때때로 전환된 분자가 투여된 약물보다 더 활동적일 수도 있다. 그런 경우에 그 약물의 효과는 매우 오래 지속할 수 있다.

약물 효과

약물은 효과에 있어서 광범위하게 변동한다. 소량으로 효과적인 약물은 상대적으로 과량의 비효과적인 약물과 효과에서 같거나 또는 능가한다. 어떤 약물의 효과성을 측정하기 위한 가장 좋은 방법은 **용량-반응 곡선** dose-response curve을 그려 보는 것이다. 그러기 위해서 피험자는 어떤 약물을 피험자의 체중(kg)당 약물의 양(mg)으로 정의되는 다양한 용량을 투약받고, 그 약물의 효과는 도표로 작성된다. 대부분의 약물 분자는 혈액 전체에 분포하고 나서 나머지 신체 전체에 분포하기 때문에, 체중이 무거운 피험자(인간 또는 실험동물)는 가벼운 피험자와 동일한 약물농도를 맞추기 위해서는 더 많은 양의 약물을 요구한다. 그림 4.2가 보여 주듯이 어떤 약물의 용량을 증가시키는 것은 최대 효과를 나타내는 점에 도달하기까지, 약물 효과의 증가를 초래한다. 그러나 최대 효과점부터 약물의 양을 증가시키는 것은 약물 효과를 더 이상 증가시키지 못한다(그림 4.2 참조).

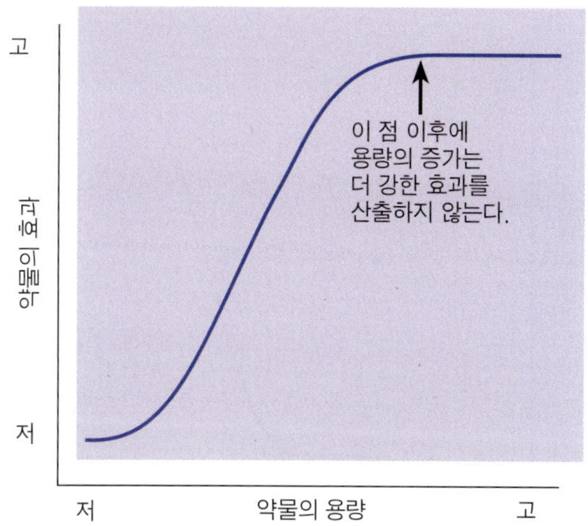

그림 4.2 용량-반응 곡선. 약물의 용량을 점차적으로 강하게 하는 것은 최대 효과점에 도달하기까지는 효과를 매우 증가시킨다. 그 점을 지나면 용량의 증가는 약물 효과를 증가시키지 않는다. 그러나 해로운 부작용 효과의 위험은 증가한다.

대부분의 약물은 한 가지 이상의 효과를 나타낸다. 모르핀이나 코데인과 같은 아편제는 진통 효과를 초래하고 또한 심장박동과 호흡을 조절하는 연수 뉴런의 활동을 억제한다. 환자의 통증을 감소시키기 위해서 아편제를 처방하는 의사는 진통 효과를 산출하기에 충분한 용량을 투약하기를 원하지만 치명적일 수 있는 부작용 효과인 심장박동과 호흡을 억제하기에 충분한 용량을 투약하는 것을 원하지 않는다. 그림 4.3은 두 개의 용량-반응 곡선을 보여 주는데, 하나는 진통제의 진통 효과에 관한 것이고 다른 하나는 호흡에 대한 약물의 억압 효과에 관한 것이다. 이 곡선들 간의 차이는 약물의 안전한계(margin of safety)를 나타내 준다. 가장 바람직한 약물은 큰 안전한계를 갖는다는 것이 분명하다(그림 4.3 참조).

약물의 안전한계에 대한 한 가지 측정치는 **치료지수** therapeutic index이다. 이 측정치는 다양한 용량의 약물을 생쥐와 같은 실험동물에게 투여함으로써 얻어진다.

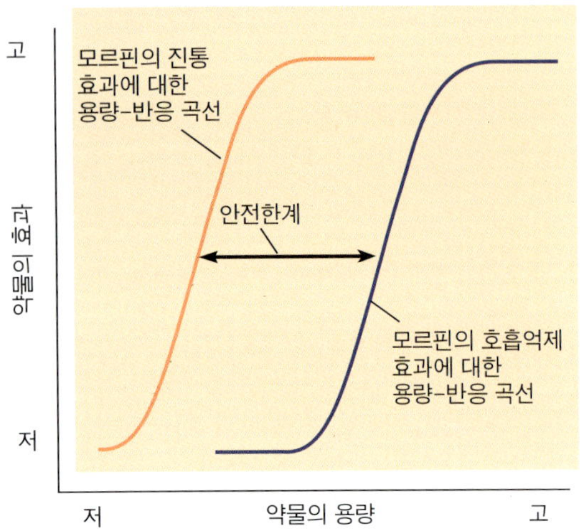

그림 4.3 모르핀의 용량-반응 곡선. 좌측에 있는 가설적인 용량-반응 곡선은 모르핀의 진통 효과를 보여 주고, 우측에 있는 곡선은 그 약물의 해로운 부작용 효과의 하나인 호흡억제 효과를 보여 준다. 약물의 안전한계는 치료 효과의 용량-반응 곡선과 해로운 부작용 효과의 용량-반응 곡선 사이의 차이에 의해 반영된다.

두 가지 수치가 얻어지는데 동물들의 50%에게 원하는 효과를 산출하는 용량과 50%에게 독성 효과를 나타내는 용량이다. 치료지수는 이 두 수치의 비율이다. 예를 들면, 독성 용량이 효과 용량보다 다섯 배나 크다면 치료지수는 5.0이다. 치료지수가 낮으면 낮을수록 그 약물을 처방하는 데 있어서 더 많은 주의가 필요하다. 예를 들면, 바르비투르산염(barbiturate)은 비교적 낮은 치료지수를 보여 주는데, 2 또는 3보다 낮다. 대조적으로 또는 발륨(valium)과 같은 신경안정제는 100을 넘어서는 치료지수를 나타낸다. 결과적으로 과용량의 바르비투르산염은 동일한 과용량의 발륨보다 비극적 효과를 초래할 가능성이 높다.

약물이 효과의 변동을 보이는 이유는 무엇인가? 두 가지 이유가 있다. 첫 번째로 상이한 약물—비록 동일한 행동 효과를 갖는 경우에도—은 상이한 작용부위를 갖는다. 예를 들면, 모르핀과 아스피린은 진통 효과를 나타내지만, 모르핀은 통증지각과 관련이 있는 척수와 뇌에 있는 뉴런의 활동을 억압하는 반면에, 아스피린은 손상된 조직으로부터 통증-민감성 뉴런까지 정보를 전달하는 데 관여하는 화학물질의 생산을 감소시킨다. 약물은 매우 상이하게 작용하기 때문에, 어떤 용량(mg/kg)의 모르핀은 동일한 용량의 아스피린보다 통증을 더 많이 감소시킨다.

약물이 효과의 차이를 보이는 두 번째 이유는 약물과 그 작용부위 간의 친화성과 관련이 있다. 이 장의 주요 절에서 살펴보겠지만, 정신약물학자에게 관심이 되는 대부분의 약물은 중추신경계에 있는 다른 분자들—시냅스전 수용기 또는 시냅스후 수용기, 수송체 분자, 또는 신경전달물질의 생산 혹은 비활성화에 관여하는 효소—과 결합함으로써 효과를 나타낸다. 약물은 자신이 부착되는 분자에 대한 **친화성**affinity—두 분자들이 서로 결합하는 준비성—에서 매우 차이를 보인다. 높은 친화성을 가진 약물은 비교적 낮은 농도에서 효과를 나타내는 반면에, 낮은 친화성을 가진 분자는 비교적 높은 용량이 투여되어야만 한다. 그래서 동일한 작용부위를 가진 두 약물조차도 자신들의 결합부위에 대해 상이한 친화성을 갖고 있다면 효과에 있어서 크게 차이가 날 수 있다. 게다가 대부분의 약물은 다중의 효과를 갖고 있기 때문에 어떤 약물은 자신의 작용부위에는 높은 친화성을 갖고 있지만 다른 부위에는 낮은 친화성을 가질 수 있다. 가장 바람직한 약물은 치료 효과를 나타내는 작용부위에 대해 높은 친화성을 갖는 반면에 독성 부작용 효과를 나타내는 부위에 대해서는 낮은 친화성을 가져야 한다. 제약회사의 연구목표 중 하나는 이런 형태의 효과를 가진 화학물질을 발견하는 것이다.

반복 투약 효과

어떤 약물이 반복적으로 투약될 때, 종종 그 효과는 항상 상태를 유지하지 않는다. 대부분의 경우에 그 효과는 감소한다—**내성**tolerance이라고 알려진 현상이다. 다른 경우에는 약물이 더 효과적이 된다—**민감화**sensitization라고 알려진 현상이다.

내성을 먼저 고려해 보자. 내성은 보통 남용의 가능성이 있는 약물에서 나타난다. 예를 들면, 헤로인을 상용하는 사람이 같은 효과를 보기 위해서는 점점 더 많은 양을 복용해야 한다. 일단 어떤 사람이 내성이 발달하기에 충분한 정도로 규칙적으로 아편제를 복용했다면, 갑자기 약물을 투약하는 것을 멈춘다면 **금단증상**withdrawal symptoms으로 고통을 겪을 것이다. 금단증상은 주로 약물 자체의 효과와는 반대이다. 예를 들면 헤로인은 **도취감**(euphoria)을 발생시키지만, 금단증상은 **불쾌감**(dysphoria)을 일으킨다. 헤로인은 변비를 초래하지만, 금단증상은 구토와 경련을 발생시킨다. 헤로인은 이완을 가져오지만, 금단증상은 흥분을 초래한다.

금단증상은 내성에 관여하는 동일한 기제에 의해서 초래된다. 내성은 약물의 효과를 보상하려는 신체의 시도에 따른 결과이다. 즉, 뇌에 의해서 통제되는 체계를 포함하여 대부분의 신체체계는 조절을 통해서 적정수준을 유지한다. 약물 효과가 그 체계를 오랜 시간 동안 변경시켰을 때, 보상기제는 최소한 부분적으로나마 적정수준으로부터 벗어나는 것을 보상하기 위해서 반대 반응을 발생시킨다. 이 기제들은 어떤 일정 수준의 효과를 성취하기 위해서 사람들이 더욱더 많은 약물을 복용해야 한다는 사실을 설명한다. 이후 그 사람이 약물 복용을 중지했을 때, 보상기제는 약물작용에 의해서 상쇄되지 않은 상태를 느끼게끔 만든다.

연구들은 몇 가지 유형의 보상기제가 존재한다는 것을 시사한다. 우리가 보게 되듯이, 뇌에 영향을 주는 많은 약물은 수용기와 결합하여 그 수용기를 활성화시킨다. 처음의 보상기제는 그런 결합 효과의 감소와 관련이 있다. 수용기가 약물에 대해 덜 민감하게 되든가(즉 약물에 대한 친화성이 감소한다) 혹은 수용기의 수가 감소한다. 두 번째 보상기제는 수용기와 세포막의 이온통로 또는 이차전령의 생산을 연결하는 과정을 포함한다. 수용기가 장기적으로 자극을 받은 후에, 그 연결과정 중 하나 또는 그 이상의 단계들의 효과가 감소된다(물론 두 효과가 **모두** 발생할 수 있다). 이런 보상기제의 세부적인 것은 약물남용의 원인과 결과를 논의하는 16장에서 기술될 것이다.

앞에서 살펴보았듯이 많은 약물이 여러 상이한 작용부위를 갖고 있어서 여러 상이한 효과를 발생시킨다. 이것은 어떤 약물 효과에는 내성을 보일 수 있으나 다른 효과에는 그렇지 않다는 것을 의미한다. 예를 들면, 바르비투르산염은 진정작용을 하고, 또한 호흡을 소설하는 뉴런을 억압한다. 진정 효과는 내성을 보이나 호흡억제는 내성을 나타내지 않는다. 이것은 동일한 수준의 진정 효과를 성취하기 위해서 더욱더 많은 용량의 바르비투르산염을 복용한다면 그 사람은 생명에 위험을 초래할 정도로 높은 용량의 약물을 복용하는 위험을 감수하기 시작한다는 것을 의미한다.

물론 민감화는 내성과 정반대이다. 어떤 약물의 반복투약이 더 큰 효과를 산출하는 것이다. 보상기제는 적정수준의 생리적 과정으로부터 벗어나는 것을 교정하는 경향이 있기 때문에, 민감화가 내성보다는 자주 일어나지는 않는다. 게다가 어떤 약물 효과는 민감화를 보이지만 다른 효과는 내성을 보일 수 있다. 예를 들면, 코카인의 반복 주사는 운동장애와 경련을 일으킬 가능성을 더 높여 주는 반면에, 그 약물로 인한 도취감은 민감화를 보이지 않고 오히려 내성을 나타내기도 한다.

위약 효과

위약placebo은 특수한 생리적 효과를 발생시키지 않는 무해한 물질이다. 그 단어는 '즐기게 하는(to please)'이라는 의미를 가진 라틴어인 *placere*에서 유래되었다. 의사는 때때로 불안한 환자를 달래려고(placate) 위약을 준다. (여러분은 placate가 동일한 어원을 가진 단어라는 것을 알 수 있다.) 그러나 비록 위약이 구체적인 생리적 효과가 없다고 할지라도 그것이 효과가 없다고 말하는 것은 틀린 것이다. 어떤 사람이 위약이 생리적 효과를 갖는다고 생각하면, 그 위약의 투여는 실제로 그 효과를 산출한다. 사실상 Kaptchuk 등(2010)에 의한 연구는 피험자가 위약을 받고 있다는 것을 알고 있을 때조차도 위약 효과의 증거를 발견하였다. 피험자가 "설탕 정제와 같이 비활성의 물질로 만들어진 위약 알약을 받았고, 임상연구들에서 …… 심신 자기치유과정을 통해서 유의한 개선을 나타내었다"(p. e15591). 달리 말하면, 피험자가 위약 효과를 기대했다면 그런 효과는 실제로 일어났다.

실험자가 인간에게서 약물의 행동적 효과를 연구하기를 원하면, 위약을 투여받는 통제집단을 사용해야만 하는데, 그렇지 않으면 그들이 관찰한 행동적 효과가 그 약물의 특수한 효과에 의해서 초래되었다는 것을 확신할 수가 없다. 실험동물을 대상으로 한 연구도 비록 우리가 투여한 약물의 효과에 대한 동물의 '믿음'을 걱정할 필요가 없다고 할지라도 위약을 사용해야만 한다. 여러분이 어떤 약물을 쥐에게 복강주사하기 위해 해야만 하는 것을 살펴보자. 여러분은 동물의 사육상자에

다가가서 동물을 집어 올리고, 동물의 배가 노출되도록 잡고, 여러분을 물지 못하도록 동물의 머리 위치를 고정하고, 피하 주삿바늘을 복벽을 통해 삽입하고, 주사기의 플런저를 누르고, 동물을 사육상자에 되돌려 놓는데, 동물이 머리를 돌려서 여러분을 물지 못하도록 재빨리 내려놓아야만 한다. 여러분이 주사한 물질이 무해하다고 할지라도, 주사를 맞는 경험은 동물의 자율신경계를 활성화시키고, 스트레스 호르몬의 분비를 초래하고 다른 생리적 효과를 초래한다. 우리가 어떤 약물의 행동적 효과가 무엇인가를 알기 원한다면, 약물이 처치된 동물과 정확하게 동일한 방식으로 위약을 투여받은 동물을 비교해야만 한다. (그런데 숙련되고 경험이 있는 연구자는 쥐를 부드럽게 다룰 수 있으므로 쥐는 피하주사에 대해 거의 반응을 보이지 않는다.)

절 요약

정신약물학의 원리

정신약물학은 약물이 신경계와 행동에 미치는 효과를 연구하는 분야이다. 약물은 비교적 낮은 용량이 투여되었을 때에도 신체세포의 기능을 유의하게 변화시키지만 정상적인 세포기능에는 필수적이지 않은 외인성 화학물질이다. 약물은 생리적 및 심리적 **효과**를 나타내고, **작용부위**—이런 효과를 나타내기 위해 약물이 상호작용하는 신체의 어떤 곳에 위치한 분자—를 갖고 있다.

약동학은 약물이 신체에 흡수되어 순환하고, 그 작용부위에 도달하는 것과 같은 약물의 운명을 다룬다. 약물은 정맥주사, 복강주사, 근육주사 및 피하주사로 투약되고, 구강, 설하, 직장, 흡입 또는 국소적(피부 또는 점막)으로도 투약되고, 뇌내 또는 뇌내뇌실에 주사될 수도 있다. 지용성 약물은 혈뇌장벽을 쉽게 통과하는 반면에 다른 약물들은 이 장벽을 느리게 통과하거나 또는 전연 통과하지 못한다.

약물-반응 곡선은 약물 효과를 나타내는 데 투여된 약물의 양(mg/kg)과 그 효과와 관련이 있다. 대부분의 약물은 한 곳 이상의 작용부위를 가지므로, 하나 이상의 효과를 나타낸다. 약물의 안전성은 바람직한 효과를 산출하는 용량과 독성 부작용 효과를 나타내는 용량 사이의 차이로 측정된다. 약물은 작용부위의 성질 그리고 약물 분자와 작용부위 사이의 친화성 때문에 효과가 변화한다.

어떤 약물의 반복 투약은 내성을 초래하는데, 종종 금단증상 또는 민감화를 초래하기도 한다. 내성은 약물과 수용기 사이의 친화성의 감소, 수용기 수의 감소 또는 수용기와 이에 의해 통제되는 생화학적 단계 사이의 연결 감소에 의해 초래된다. 약물의 어떤 효과는 내성을 나타내지만 다른 것들은 그렇지 않고 오히려 민감화를 보이기도 한다.

생각해 봅시다

1. 여러분이 친숙한 효과를 나타내는 약물을 선택하고 그 약물의 작용부위가 신체의 어느 곳인가를 추측해 본다.
2. 어떤 약물은 장기간 동안 많은 용량을 투약하면 간 손상을 초래할 수 있다. 이 약물의 어떤 약동학적 측면이 간 손상을 초래할 수 있는가?

약물의 작용부위

인간은 오랜 역사에 걸쳐 신경계에 작용하는 화학물질을 생산하는 식물—그리고 어떤 동물—을 발견하였다. (물론 이 화학물질을 발견한 사람은 뉴런과 시냅스에 대해 전혀 몰랐다.) 그 화학물질의 일부는 쾌락 효과를 위해서 사용되었고, 다른 것은 질병을 치료하거나, 통증을 줄이거나 또는 다른 동물(혹은 적)을 독살하기 위해서 사용되었다. 더욱 최근에 과학자들은 완전히 인공적인 약물을 생산하는 것을 알았는데, 어떤 것은 천연적으로 발생하는 것보다 훨씬 효능이 높았다. 약물의 전통적 사용방식은 그대로 유지되고 있으며 이와 더불어 약물은 신경계의 작용을 연구하기 위해서 실험실에서도 사용된다. 행동에 영향을 주는 대부분의 약물은 시냅스

전달에 영향을 줌으로써 그렇게 한다. 시냅스 전달에 영향을 주는 약물은 두 가지 일반적인 범주로 분류되는데 시냅스후 효과를 차단하거나 억제하는 약물은 **길항제**antagonist로 불리고, 시냅스후 효과를 촉진하는 약물은 **효능제**agonist라고 불린다. (그리스 단어 *agon*은 '경쟁하다'를 의미한다. 그래서 효능제는 이런 경쟁에 참여하는 약물이다.)

이 절은 시냅스 활동에 대한 약물의 기본적 효과를 기술한다. 시냅스 활동의 순서는 다음과 같다. 신경전달물질이 합성되어서 시냅스 소낭에 저장되고, 시냅스 소낭은 시냅스전 막까지 이동하여 그곳에 머문다. 축색이 흥분되면 시냅스전 막에 있는 전압의존적인 칼슘통로가 열려서 칼슘이온의 유입을 허용한다. 칼슘이온은 시냅스 공간에 대한 신경전달물질의 방출을 개시시킨다. 신경전달물질의 분자는 시냅스후 수용기와 결합하여 특정 이온통로를 열리게 하고 이에 따라 흥분성 또는 억제성 시냅스후 전위가 발생한다. 신경전달물질의 효과는 시냅스후 막에 있는 수송체 분자에 의한 재흡수 또는 효소에 의한 분해에 의해서 비교적 짧게 유지된다. 게다가 종말단추에 있는 시냅스전 자기수용기의 자극은 신경전달물질의 합성과 방출을 조절한다. 이 절에서 약물 효과의 논의는 동일한 기본적 순서를 따른다. 저자가 기술할 모든 효과는 그림 4.4에 요약되어 있는데 더 자세한 것은 다른 그림에서 제시한다. 저자는 여러분에게 그 효과 중 어떤 것은 복잡하다고 경고할 것이므로 다음에 제시되는 논의를 주의 깊게 읽는 것이 필요하다.

신경전달물질 생산에 대한 효과

첫 번째 단계는 그것의 선구물질로부터 신경전달물질의 합성이다. 어떤 경우에 신경전달물질의 합성과 방출의 비율은 선구물질이 투여될 때 증가하는데, 이 경우에 선구물질이 바로 효능제로 기능한다(그림 4.4의 단계 1 참조).

신경전달물질의 합성 단계들은 효소에 의해 통제된다. 그러므로 어떤 약물이 이 효소 중 하나를 비활성화시키면 신경전달물질이 생산되는 것을 방지한다. 그런 약물은 길항제로 기능한다(그림 4.4의 단계 2 참조).

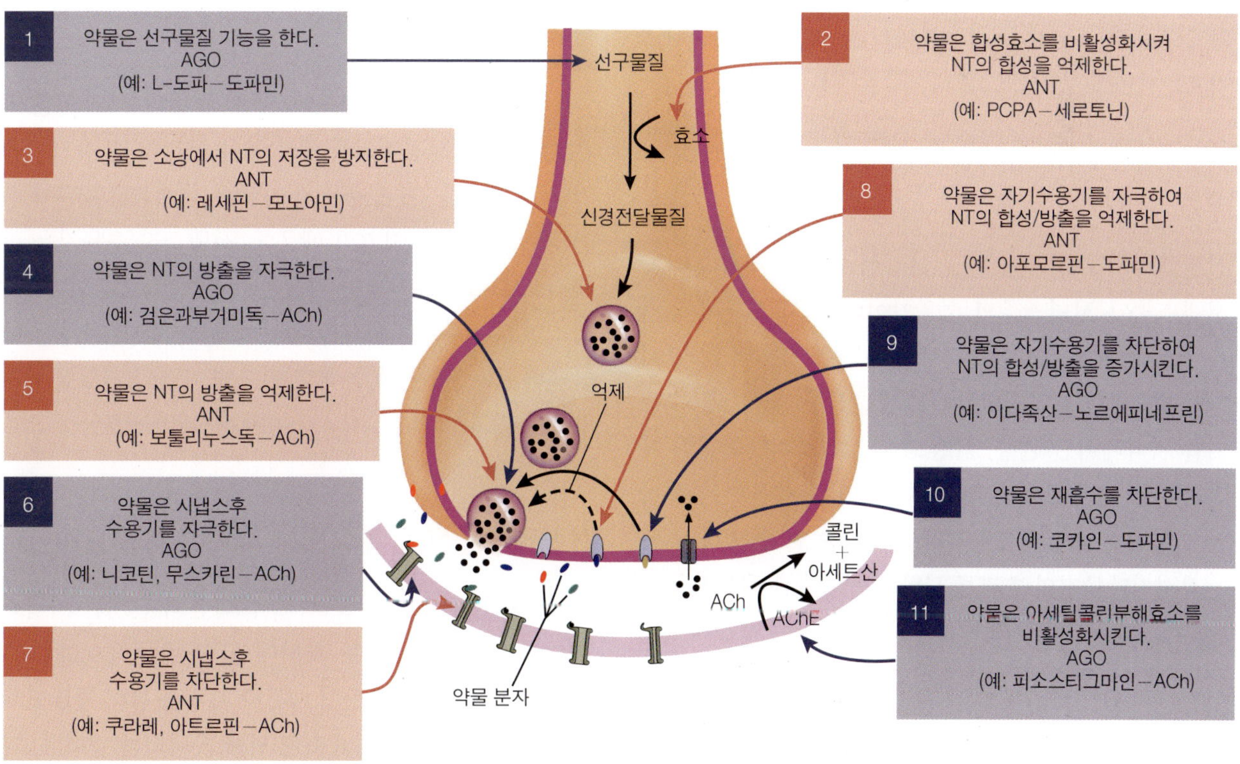

그림 4.4 시냅스 전달에 대한 약물 효과. 이 그림은 약물이 시냅스 전달에 영향을 줄 수 있는 방식을 요약해 준다(AGO = 효능제, ANT = 길항제, NT = 신경전달물질). 효능제로 작용을 하는 약물은 푸른색으로 표시되고, 길항제로 작용하는 약물은 붉은색으로 표시된다.

신경전달물질 저장과 방출에 대한 효과

신경전달물질은 시냅스 소낭에 저장되고, 시냅스 소낭은 시냅스전 막으로 이동하고, 그곳에서 화학물질이 방출된다. 시냅스 소낭에서 신경전달물질의 저장은 신경전달물질을 시냅스 종말단추로 재흡수하는 데 관여하는 것과 동일한 종류의 수송체 분자에 의해 이루어진다. 수송체 분자는 시냅스 소낭의 막에 위치하고 그 작용은 신경전달물질을 세포막 안으로 넣어서 소낭을 채우는 것이다. 시냅스 소낭을 채우는 수송체 분자는 어떤 약물에 의해서 차단될 수 있다. 그 약물의 분자는 수송체에 있는 특정부위와 결합하여 그것을 비활성화시킨다. 시냅스 소낭은 빈 채로 있기 때문에, 소낭이 시냅스전 막을 파열시킬 때에도 아무것도 방출되지 않는다. 그 약물은 길항제로 작용한다(그림 4.4의 단계 3 참조).

어떤 약물은 신경전달물질이 종말단추로부터 방출되는 것을 방지함으로써 길항제로 작용한다. 그 약물은 시냅스 소낭을 시냅스전 막과 융합시키는 단백질을 비활성화시킴으로써 작용하고, 소낭의 내용물을 시냅스 틈으로 배출시킨다. 다른 약물들은 반대 효과를 갖는데, 이 단백질과 결합하거나 신경전달물질을 방출을 촉발함으로써 효능제로 작용한다(그림 4.4의 단계 4와 5 참조).

수용기에 대한 효과

신경계에서 가장 중요하고 복잡한 약물의 작용부위는 시냅스전과 시냅스후의 수용기이다. 시냅스후 수용기를 먼저 살펴보자. (여기서부터 주의를 기울여 읽기 시작하라.) 일단 신경전달물질은 방출되면 시냅스후 수용기를 자극해야만 한다. 어떤 약물은 신경전달물질과 마찬가지로 이 수용기와 결합하는데 일단 약물이 수용기와 결합하면 효능제 또는 길항제로 기능할 수 있다.

신경전달물질의 효과를 모방하는 약물은 **직접 효능제** direct agonist로 작용한다. 그 약물의 분자는 정상적으로는 신경전달물질이 부착되는 결합부위에 부착한다. 이런 결합은 신경전달물질이 존재할 때와 마찬가지로 수용기에 의해 통제되는 이온통로를 개방시킨다. 이온은 그다음으로 그 통로를 통과하여 시냅스후 전위를 발생시킨다(그림 4.4의 단계 6 참조).

시냅스후 수용기와 결합하는 약물은 길항제로 기능할 수 있다. 그런 약물의 분자는 수용기와 결합하지만 이온통로를 열지 않는다. 그것은 수용기의 결합부위를 점유하기 때문에, 신경전달물질이 이온통로를 여는 것을 방지한다. 그 약물은 **수용기 차단제**receptor blocker 또는 **직접 길항제**direct antagonist로 불린다(그림 4.4의 단계 7 참조).

어떤 수용기는 상이한 배위자(ligand)가 부착할 수 있는 다중의 결합부위를 갖는다. 신경전달물질의 분자는 어떤 한 부위와 결합하고, (신경조절물질과 다양한 약물 같은) 다른 물질은 다른 부위와 결합한다. 어떤 분자와 이런 대안 부위 중 하나 간의 결합은 **비경쟁적 결합**non-competitive binding이라고 불리는데, 그 분자는 동일한 결합부위를 놓고 신경전달물질 분자와 경쟁하지 않기 때문이다. 어떤 약물이 이런 부위 중 하나와 결합하여 이온통로가 열리는 것을 방해한다면, 그 약물은 **간접 길항제**indirect antagonist라고 불린다. 간접 길항제의 최종 효과는 직접 길항제의 효과와 유사하지만 작용부위가 상이하다. 어떤 약물이 대안 부위 중 하나와 결합하여 이온통로가 열리는 것을 촉진한다면, 그 약물은 **간접 효능제** indirect agonist라고 한다(그림 4.5 참조).

우리가 2장에서 보았듯이, 어떤 뉴런의 시냅스전 막은 방출되는 신경전달물질의 양을 조절하는 자기수용기를 포함한다. 이 수용기의 자극은 신경전달물질이 방출되는 것을 감소시키기 때문에, 시냅스전 수용기를 선택적으로 활성화시키는 약물은 길항제로 작용한다. 시냅스전 자기수용기를 차단하는 약물은 반대 효과를 나타낸다. 그것들은 효능제로 작용하여 신경전달물질의 방출을 증가시킨다(그림 4.4의 단계 8과 9 참조).

신경전달물질 재흡수 또는 파괴에 대한 효과

시냅스후 수용기에 대한 자극 후 다음의 단계는 시냅스후 전위의 종결이다. 두 과정이 이 과제를 성취하는데, 신경전달물질의 분자들이 재흡수 과정을 통해 종말단추로 되돌려지거나 또는 효소에 의해 파괴되는 것이다. 약물은 이 두 과정 중 하나를 방해할 수 있다. 첫 번째의 경우에 약물 분자는 신경전달물질을 재흡수하여 비활성화

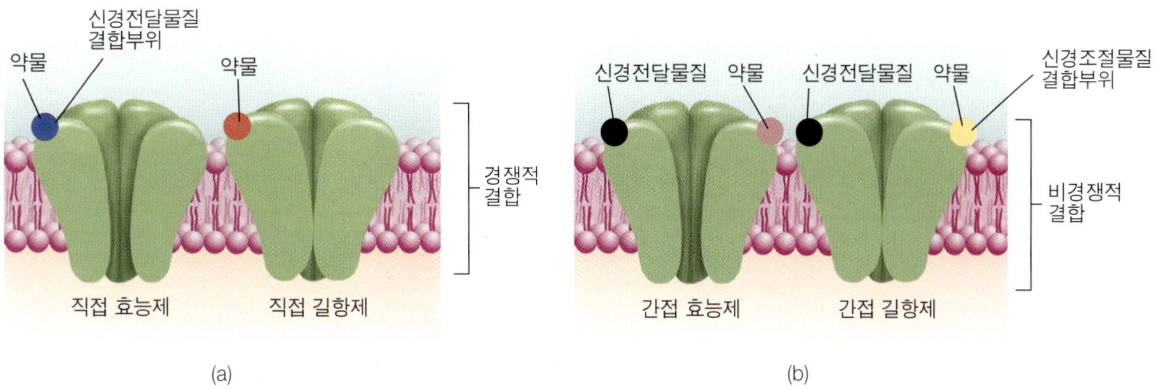

그림 4.5 결합부위에서 약물작용. (a) 경쟁적 결합: 직접 효능제와 길항제는 신경전달물질 결합부위에 직접 작용한다. (b) 비경쟁적 결합: 간접 효능제와 길항제는 다른 결합부위에 작용하여 신경전달물질에 이온통로의 개방에 미치는 효과를 변경한다.

시키는 데 관여하여 수송체 분자에 부착되어 재흡수를 차단한다. 두 번째 경우에 약물 분자는 정상적으로 신경전달물질을 파괴하는 효소와 결합하여, 그 효소의 작용을 방지한다. 그런 효소의 가장 중요한 예는 아세틸콜린을 분해하는 아세틸콜린 분해효소(acetylcholinesterase)이다. 두 유형의 약물은 시냅스 틈에서 신경전달물질의 존재를 지속시키기 (그리고 그 위치에서 시냅스후 수용기를 자극할 수 있는 위치에 있기) 때문에 효능제로 기능한다(그림 4.4의 단계 10과 11 참조).

절 요약

약물의 작용부위

시냅스 전달과정은 신경전달물질의 합성, 시냅스 소낭에 저장, 시냅스 틈에 대한 방출, 시냅스 후 수용기와의 상호작용 그리고 이에 따른 시냅스 후 막에서 이온통로의 개방을 포함한다. 그다음으로 신경전달물질의 효과는 종말단추에 의한 재흡수 또는 효소에 의한 비활성화에 의해서 종결된다.

시냅스 전달에 필요한 각각의 단계는 **길항제**로 기능하는 약물에 의해 방해받을 수 있고, 이 단계의 일부는 **효능제**라고 불리는 약물에 의해 자극될 수 있다. 특히 약물은 가용한 선구물질을 증가시키거나, 생합성 효소를 차단하거나, 시냅스 소낭에 신경전달물질의 저장을 방지하거나, 신경전달물질의 방출을 자극 또는 차단하거나, 시냅스전 또는 시냅스후 수용기를 자극 또는 차단하거나, 재흡수를 지연시키거나 또는 신경전달물질을 시냅스 전 또는 시냅스후에 분해하는 효소를 비활성화시킬 수 있다. 시냅스후 수용기를 활성화시키는 약물은 효능제로 기능하는 반면에 시냅스전 자기수용기를 활성화시키는 약물은 길항제로 기능한다. 시냅스후 수용기를 차단하는 약물은 길항제로 기능하는 반면에 자기수용기를 차단하는 약물은 효능제로 기능한다.

신경전달물질과 신경조절물질

신경전달물질은 시냅스후 막에 두 가지 일반적인 효과—감분극(depolarization; EPSP) 또는 과분극(hyperpolarization; IPSP)—를 나타내기 때문에, 우리는 흥분성과 억제성 신경전달물질과 같이 두 유형의 신경전달물질이 존재할 것이라고 기대한다. 그보다도 많은 상이한 종류—최소한 수십 종류—의 신결전달물질이 있다. 뇌에서 대부분의 시냅스 전달은 두 가지 신경전달물질에 의해서 성취되는데, 흥분성 효과(글루타메이트)와 억제성 효과(GABA)이다. (또 다른 억제성 신경전달물질인 글라이신은 척수와 하위 뇌간에서 발견된다.) 대부분의 국소회로 뉴런의 활동은 이 화학물질의 흥분성 효과와 억제성 효과 사이의 균형을 포함하며, 그것은 뇌 부위 간의 대부분의 정보 전달의 원인이 된다. 사실, 뇌에는 글루타메이트를 분비하는 종말단추로부터 흥분성 입력을 받지 않는 뉴런이나 GABA 또는 글라이신을 분비하는 뉴런으로부터 억제성 입력을 받지 않는 뉴런은 없다. 고통스런 자극을 탐지하는 뉴런은 예외지만, 모든 감각기관은 종말에서 글루타메이트를 방출하는 축색을 통해서 뇌에 정보를 전달한다. (통증을 탐지하는 뉴런은 펩타이드를 분비한다.)

모든 다른 신경전달물질은 무엇을 하는가? 일반적으로 그것들은 정보 전달 효과보다는 조절 효과를 나타낸다. 즉, 글루타메이트와 GABA를 제외한 신경전달물질의 방출은 특정 뇌 기능에 관여하는 뉴런의 전체 회로를 활성화하거나 또는 억제하는 경향을 보인다. 예를 들면 아세틸콜린의 분비는 대뇌피질을 활성화시켜서 학습을 촉진하지만, 학습되고 기억된 정보는 글루타메이트와 GABA를 분비하는 뉴런에 의해서 전달된다. 노르에피네프린의 분비는 경계를 증가시켜서 어떤 신호가 탐지될 때 행동하려는 준비성을 증가시키고, 히스타민의 분비는 각성을 향상시킨다. 세로토닌의 분비는 어떤 범주의 종 전형적 행동을 억압하여서 그 동물이 충동적으로 행동할 가능성을 줄여 준다. 뇌의 어떤 영역에서 도파민의 분비는 일반적으로 수의적 운동을 활성화시키지만 어떤 운동이 일어날 것인가를 구체화하지는 않는다. 다른 영역에서 도파민의 분비는 진행 중인 행동을 강화하고, 나중에 그것이 출현할 가능성을 높여 준다. 특정 약물은 특정 신경전달물질을 분비하는 뉴런에 선택적으로 영향을 줄 수 있기 때문에 행동에 특수한 효과를 미칠 수 있다.

이 절은 가장 중요한 신경전달물질을 소개하고, 그것의 행동적 기능을 논의하고, 그것과 상호작용하는 약물을 기술한다. 우리가 이 장의 앞부분에서 살펴본 것처럼 약물은 많은 상이한 작용부위를 갖는다. 다행스럽게도 여러분의 정보처리 능력을 위해서 (아마도 제정신을 갖기 위해서) 모든 유형의 뉴런이 모든 유형의 약물에 의해 영향을 받지는 않는다. 여러분이 보게 되듯이 아직도 이름이 언급될 상당수의 약물이 남아 있다. 분명히 어떤 것은 다른 것보다 중요하다. 저자가 세부적으로 그 효과를 기술하는 약물은 잠깐 스쳐가는 약물보다 중요하다.

아세틸콜린

아세틸콜린(acethylcholine; ACh)은 중추신경계의 원심성 축색에 의해 분비되는 주요 신경전달물질이다. 모든 근육운동은 아세틸콜린의 방출에 의해서 달성되고, 아세틸콜린은 또한 자율신경계(ANS)의 신경절과 자율신경계의 부교감신경계의 표적 기관에서 발견된다. 아세틸콜린은 쉽게 연구할 수 있는 위치인 중추신경계의 외부에서 발견되기 때문에, 최초로 발견되었고, 신경과학자로부터 많은 주목을 받았다. 용어에 관해 살펴보면, 이 시냅스는 **아세틸콜린성**(acetylcholinergic)이라고 불린다. *Ergon*은 'work'에 해당하는 그리스 단어이다. 그래서 **도파민성**(dopaminergic) 시냅스는 도파민을 방출하고, **세로토닌성**(serotonergic) 시냅스는 세로토닌을 방출한다.

아세틸콜린성 뉴런의 축색과 종말단추는 뇌의 전반에 널리 분포되어 있다. 세 종류의 체계가 신경과학자로부터 가장 많은 관심을 받았는데, 그것은 배외측 뇌교, 기저전뇌 그리고 내측 중격핵에서 기원하는 체계이다. 뇌에서 방출된 아세틸콜린의 효과는 일반적으로 촉진적이다. 배외측 뇌교에 있는 아세틸콜린성 뉴런은 REM 수면(꿈이 발생하는 수면단계)에서 역할을 한다. 기저전뇌에 위치한 아세틸콜린성 뉴런은 대뇌피질을 활성화하고 학습, 특히 지각학습을 촉진하는 데 관여한다. 내측 중격핵에 위치한 아세틸콜린성 뉴런은 해마의

검은과부독거미의 독은 보툴리누스독보다 독성이 낮으나 두 독은 모두 아세틸콜린의 방출에 영향을 준다.

Scott Camazine/Photo Researchers, Inc.

전기적 리듬을 통제하고 그 기능을 조절하는데, 그것은 특정 종류의 기억형성을 포함한다.

아세틸콜린은 두 개의 구성요소로 이루어졌으며, 그것은 지질의 분해로부터 유도되는 물질인 콜린(choline)과 식초에서 발견되는 음이온이며 아세트산이라고도 불리는 아세트산염(acetate)이다. 아세트산염은 직접 콜린에 부착될 수가 없고, 대신에 아세틸 조효소 A(acetyl-CoA)로부터 전환된다. CoA(coenzyme A)는 복잡한 분자이고 비타민인 판토텐산(비타민 B의 하나)의 일부로 구성된다. 조효소 A는 미토콘드리아에 의해 생산되고, 신체의 많은 반응에 참여한다. **아세틸 조효소 A** acetyl-CoA는 아세트산염 이온이 부착된 조효소 A이다. 아세틸콜린은 다음의 반응에 의해서 생산된다. 즉, 효소인 **콜린아세틸 전이효소** choline acetyltransferase; ChAT가 있으면, 아세트산염 이온은 아세틸 조효소 A로부터 콜린 분자로 전환되고, 이후에 아세틸콜린 분자와 정규 조효소 A를 생산한다(그림 4.6 참조).

단순한 비유는 화학적 반응에서 조효소의 역할을 설명해 줄 것이다. 아세트산염을 핫도그, 콜린을 햄버거 빵으로 생각해 보자. 핫도그 판매대에서 작업을 하는 사람(효소)의 과제는 햄버거 빵에 핫도그를 넣는(아세틸콜린을 만드는) 것이다. 그러기 위해서 노점상은 끓는 물에서 핫도그를 건지는 데 포크(조효소)를 필요로 한다. 노점상은 포크로 핫도그를 찌르고(아세트산염에 조효소 A를 부착하고), 핫도그를 포크로부터 빵으로 옮긴다.

두 약물들, 즉 보툴리누스균의 독과 블랙 위도우 스파이더의 독이 아세틸콜린의 방출에 영향을 미친다. **보툴리누스균독** botulinum toxin은 부적절하게 포장된 통조림 음식에서 성장할 수 있는 박테리아인 클로스트리디움 보툴리눔(clostridium botulinum)으로부터 생산된다. 이 약물은 아세틸콜린의 방출을 방지한다(그림 4.4의 단계 5 참조). 이 약물은 매우 강한 독이고, 어떤 사람은 한 때 한 스푼의 순수한 보툴리누스독은 지구 전체의 인류를 살상할 수 있다고 계산한 적이 있다. 여러분은 보톡스(botox) 치료가 유행이라는 것을 분명히 안다. 상당히 희석된 보툴리누스독의 용액이 피부에 주름을 지게 하는 근육수축을 정지시키기 위해서 사람들의 안면 근육에 주입된다. 대조적으로 **검은과부독거미독** black widow spider venom은 반대 효과를 나타내는데, 아세틸콜린의 방출을 자극한다(그림 4.4의 단계 4 참조). 비록 검은과부독거미독이 치명적일 수가 있지만, 보툴리누스독보다는 독성이 약하다. 사실상 대부분의 건강한 성인은 몇 번 물려도 견디지만, 유아, 소녀 또는 노인은 위험할 수 있다.

여러분은 아세틸콜린이 종말단추에서 방출된 후 시냅스후 막에 존재하는 아세틸콜린 분해효소(achetylcholinesterase; AChE)에 의해 비활성화된다는 것을 2장으로부터 기억할 수 있을 것이다(그림 4.7 참조).

아세틸콜린 분해효소를 비활성화시키는 약물(그림 4.4의 단계 11 참조)은 몇 가지 목적을 위해 사용된다. 어떤 것은 살충제로 사용되는데 이 약물은 곤충을 쉽게 죽이지만 인간과 다른 포유류를 죽이지는 못하는데, 우리의 혈액은 그것들은 파괴하는 효소를 함유하고 있기 때문이다. (곤충은 그 효소가 결핍되어 있다.) 다른 아세틸콜린 분해효소 억제약물은 의학적으로 사용된다.

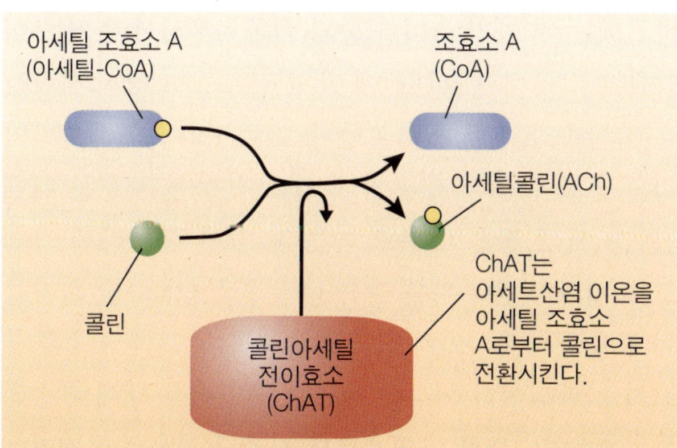

그림 4.6 아세틸콜린의 생체합성.

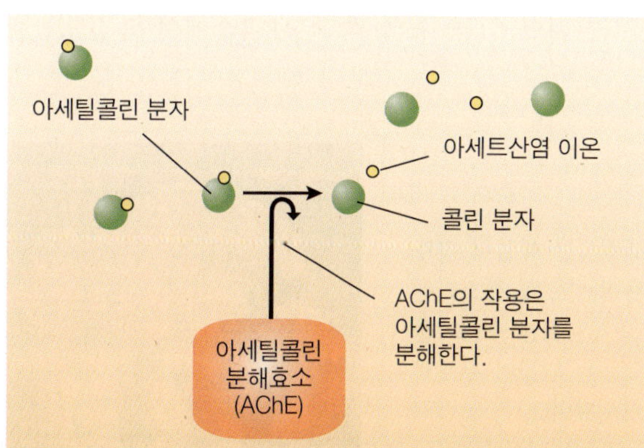

그림 4.7 아세틸콜린 분해효소에 의한 아세틸콜린의 파괴.

예를 들면 **중증근무력증**(myasthenia gravis)이라는 유전 장애는 어떤 사람의 면역체계가 골격근에 위치해 있는 아세틸콜린 수용기를 공격하여 초래된다. 근육이 신경전달물질에 대해 반응을 덜하게 됨에 따라, 그 사람은 점점 쇠약해진다. 그 사람이 **네오스티그마인**neostigmine과 같은 아세틸콜린 분해효소 억제제를 투여받으면 방출된 아세틸콜린이 나머지 수용기에 대해 더 지속하는 효과를 미치기 때문에 얼마간의 힘을 회복할 것이다. (다행스럽게도 네오스티그마인은 혈뇌장벽을 통과하지 못하므로 중추신경계에 존재하는 아세틸콜린 분해효소에는 영향을 미치지 않는다.)

두 가지 상이한 유형의 아세틸콜린 수용기－이온자극성과 대사자극성 수용기－가 존재한다. 연구자는 상이한 약물이 그 수용기를 활성화시키는 것을 발견함으로써 확인하였다(그림 4.4의 단계 6 참조). 이온자극성 아세틸콜린 수용기들은 담뱃잎에서 발견되는 약물인 니코틴에 의해 자극을 받는다. (그 식물의 라틴명은 *Nicotiana tabacum*이다.) 대사성 아세틸콜린 수용기들은 독버섯인 **광대버섯**(Amanita muscaria)에서 발견되는 약물인 무스카린에 의해 자극된다. 결과적으로 이 두 아세틸콜린 수용기는 각기 **니코틴성 수용기**nicotinic receptors와 **무스카린성 수용기**muscarine receptors라고 불린다. 근육섬유는 신속하게 수축할 수 있어야 하기 때문에, 신속한 이온자극성 니코틴성 수용기를 갖고 있다. 무스카린 수용기는 성질상 대사자극성이므로 이차전령의 생산을 통해서 이온통로를 통제하기 때문에 그 작용은 니코틴성 수용기의 작용보다 더 느리고 지속적이다. 중추신경계는 두 유형의 아세틸콜린 수용기를 모두 갖고 있지만 무스카린성 수용기가 우세하다. 일부 니코틴성 수용기는 뇌에 있는 축색-축색 시냅스에서 발견되는데, 그곳에서 시냅스전 촉진을 일으킨다. 이 수용기의 활성화는 흡연자에서 발견되는 니코틴 중독 효과와 관련이 있다.

광대버섯은 색깔이 다채로운 버섯으로, 무스카린성 아세틸콜린 수용기를 자극하는 약물인 무스카린의 원료이다.

Herbert Zettl/CORBIS

두 가지 상이한 약물이 두 종류의 아세틸콜린 수용기를 자극하는 것과 마찬가지로, 두 가지 상이한 약물이 그것을 차단한다(그림 4.4의 단계 7 참조). 두 종류의 약물은 오래전부터 천연적으로 발견되었고, 현대 의학에서 아직도 사용되고 있다. 첫 번째 약물인 **아트로핀**atropine은 무스카린 수용기를 차단한다. 이 약물은 생명선을 자르는 그리스 운명의 여신인 아트로포스(Atropos)의 이름을 따라 명명되었다(충분한 고농도의 아트로핀은 죽음을 초래할 것이다). 아트로핀은 죽음의 밤그림자라고 불리는 식물에서 추출된 몇 가지 **벨라도나 알칼로이드**(belladonna alkaloids) 중의 하나인데, 거기에는 이야깃거리가 있다. 오래전에 남성에게 매력적으로 보이기를 원하는 여성들은 벨라도나 알칼로이드가 포함된 액체를 점안하였다. 사실상 **벨라도나**는 '아름다운 숙녀'를 의미한다. 왜 그 약물이 이렇게 사용되었는가? 우리가 어떤 것에 대해 흥미를 느낄 때 발생하는 무의식적 반응 중 하나는 동공의 확대인데, 아트로핀과 같은 벨라도나 알칼로이드는 동공에 대한 아세틸콜린의 효과를 차단함으로써 동공을 확대시킨다. 이 변화는 여성이 어떤 남성을 바라볼 때 그에게 더 흥미를 갖는 것처럼 보이게 만들고, 물론 이런 가현적인 흥미의 신호는 그에게 자신을 더 매력적으로 여기게 만든다.

다른 약물인 **쿠라레**curare는 니코틴성 수용기를 차단한다. 이 수용기는 근육에서 발견되는 것으로 쿠라레는 보툴리누스독과 마찬가지로 마비를 초래한다. 그러나 쿠라레의 효과는 훨씬 더 신속하다. 남아메리카에서 발견되는 몇 가지 상이한 종의 식물로부터 추출되는 이 약물은 그곳에서 오래전에 발견되었고, 그 당시 사람들은 화살촉과 창끝에 바르는 용도로 사용하였다. 이 약이 묻은 화살을 맞거나 창에 찔리면, 동물은 수분 내에 넘어져서 호흡을 멈추고 죽는다. 요즘은 쿠라레(그리고 동일한 작용부위를 갖는 다른 약물)가 수술 환자들의 근육을 마비시키기 위해 사용되는데, 그때 근육은 완전히 이완되어서 외과용 메스로 절단했을 때에도 수축하지 않는다. 또한 마취제로도 사용되는데, 쿠라레만을 투여받은 사람은 비록 마비는 되었지만 온전한 의식상태를 유지하고 있어서 통증을 느끼기 때문이다. 그리고 물론 폐에 공기를 공급하기 위해서 인공호흡기가 사용되어야만 한다.

모노아민

도파민, 에피네프린, 노르에피네프린 및 세로토닌은 **모노아민**monoamine이라고 불리는 화합물 족에 속하는 네 가지 화학물질이다. 이 물질들의 분자구조는 서로 유사하기 때문에 어떤 약물은 그것들 모두에게 어느 정도 영향을 준다. 처음 세 가지–에피네프린, 노르에피네프린 및 도파민–는 **카테콜아민**catecholamines이라고 불리는 모노아민의 하위유목에 속한다. 표 4.1에 있는 용어는 학습할 가치가 있는데, 왜냐하면 이 책의 전체에 걸쳐서 여러 번 나오기 때문이다(표 4.1 참조).

모노아민은 뇌에 있는 몇몇의 뉴런 체계에 의해 생산된다. 이 체계 중 대부분은 뇌간에 있는 비교적 소수의 세포체로 구성되는데, 그것의 축색은 반복적으로 분지하여 뇌의 많은 영역에 걸쳐 분포되는 다수의 종말단추를 형성한다. 그래서 모노아민성 뉴런은 광범위한 뇌 영역의 기능을 조절하는 역할을 하며, 특정 뇌 기능의 활동성을 증가시키거나 감소시킨다.

도파민

표 4.1에 있는 첫 번째 카테콜아민인 **도파민**dopamine; DA은 시냅스후 수용기에 따라 흥분성 및 억제성 시냅스후 전위를 모두 발생시킨다. 도파민은 가장 흥미로운 신경전달물질의 하나인데 운동, 주의, 학습 및 사람들이 남용하는 약물의 강화적 효과를 포함하는 몇 가지 중요한 기능에 관여하기 때문이다.

카테콜아민의 합성은 아세틸콜린의 합성보다는 더 복잡하지만 각각의 단계는 단순하다. 선구물질 분자는

표 4.1 모노아민 전달물질의 분류

카테콜아민	인돌아민
도파민 노르에피네프린 에피네프린	세로토닌

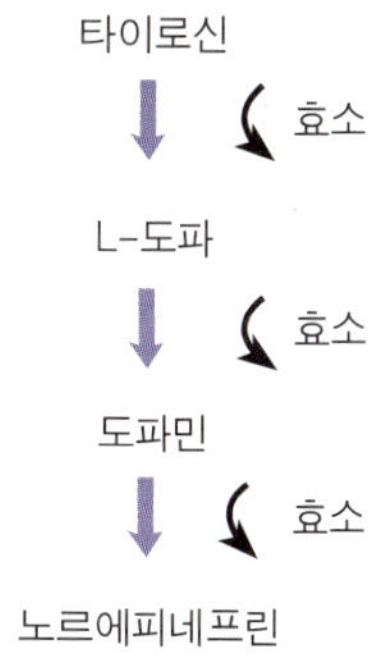

그림 4.8 카테콜아민의 생합성.

최종적인 모양을 갖출 때까지 단계에 따라 약간 변형된다. 각 단계는 작은 부분을 첨가하거나 또는 분리시키는 상이한 효소에 의해 통제된다. 두 가지 주요한 카테콜아민계의 신경전달물질(도파민과 노르에피네프린)의 선구물질은 우리가 음식물로부터 얻어야만 하는 필수 아미노산인 타이로신(tyrosine)이다. 한 효소가 타이로신을 **L-도파**L-DOPA로 전환시키고, 다른 효소는 L-도파를 도파민으로 전환시킨다. 도파민성 뉴런에서 그 전환은 최종 단계지만, 노르아드레날린성 뉴런에서는 도파민이 노르에피네프린으로 전환된다(그림 4.8 참조).

뇌는 몇 가지 도파민 체계를 갖고 있다. 세 가지 가장 중요한 체계들이 중뇌에서 유래된다. **흑질선조계**nigrostriatal system 뉴런의 세포체는 흑질에 위치하고 축색을 신선조체, 즉 미상핵과 피각에 투사한다. 신선조체는 기저핵의 중요한 부분이며, 운동의 통제에 관여한다. **중뇌변연계**mesolimbic system 뉴런의 세포체는 복측 피개영역에 위치하고 축색을 측핵, 편도체 및 해마를 포함하는 변연계의 여러 영역에 투사한다. (용어 'meso-'는 중뇌를 의미한다.) 측핵은 사람들이 남용하는 약물을 포함하여 어떤 범주의 자극들의 강화(보상) 효과에서 중요한 역할을 한다. **중뇌피질계**mesocortical system 뉴런의 세포체는 복측 피개영역에 위치한다. 그 축색들은 전전두피질에 투사한다. 이 뉴런은 전두피질에 대해 흥분적 효과를 나타내고 그래서 단기기억의 형성, 계획 및 문세해결을 위한 전략수립과 관련된 기능에 영향을 미친다(표 4.2 참조).

흑질과 미상핵을 연결하고 있는 도파민성 뉴런의 퇴화는 사지의 떨림과 경직, 신체균형의 미비, 운동개시의 곤란 등의 특징을 갖는 운동장애인 **파킨슨병**Parkinson's disease을 초래한다. 이 뉴런의 세포체는 흑질(substantia

표 4.2 세 가지 주요한 도파민 경로

명칭	기원(세포체의 위치)	종말단추의 위치	행동효과
흑질선조체	흑질	신선조체(미상핵, 피각)	운동통제
중뇌변연계	복측 피개영역	측핵과 편도체	강화, 중독약물 효과
중뇌피질계	복측 피개영역	전전두피질	단기기억, 계획, 문제해결전략

nigra; '검은 물질')이라고 불리는 뇌의 영역에 위치한다. 이 영역은 보통 피부를 착색시키는 멜라닌에 의해 검은색을 띠고 있다. 이 화합물은 도파민의 분해에 의해 생산된다. (파킨슨병을 초래하는 뇌손상은 이 병에 걸렸다가 사망한 사람의 흑질이 검은색이라기보다는 색깔이 엷다는 것을 관찰하였던 병리학자들에 의해 발견되었다.) 파킨슨병을 가진 사람들은 도파민의 선구물질인 L-도파를 투여받았다. 비록 도파민은 혈뇌장벽을 통과하지 못하지만, L-도파는 통과할 수 있다. 일단 L-도파가 뇌에 도달하면 도파민성 뉴런에 의해 흡수되고 그러고 나서 도파민으로 전환된다(그림 4.4의 단계 1 참조). 도파민의 합성증가는 파킨슨병 환자에서 남겨져 있는 도파민성 뉴런에 의해 많은 도파민이 방출되도록 한다. 결과적으로 그 환자의 증세는 경감된다.

다른 약물인 AMPT(또는 α-methyl-p-tyrosine)는 타이로신을 L-도파로 전환시키는 효소인 타이로신수산화효소(tyrosine hydroxylase)를 비활성화시킨다(그림 4.4의 단계 2 참조). 이 약물은 도파민(그리고 동시에 노르에피네프린)의 합성을 방해하기 때문에 카테콜아민 길항제로 작용한다. 이 약물은 의학적으로는 사용되지 않으나 실험동물을 대상으로 하는 연구도구로 사용되고 있다.

레세핀reserpine이라는 약물은 모노아민성 뉴런의 종말에 있는 시냅스 소낭의 막에 있는 수송체를 차단함으로써 모노아민이 시냅스 소낭에 저장되는 것을 방해한다(그림 4.4의 단계 3 참조). 시냅스 소낭은 빈 채로 있기 때문에 활동전위가 종말단추에 도달하여도 신경전달물질이 방출되지 못한다. 이때 레세핀은 모노아민 길항제이다. 관목의 뿌리로부터 추출된 이 약물은 약 3,000년 전에 인도에서 발견되었고, 뱀에 물렸을 때 치료하는 데 유용하고 진정 효과를 갖고 있는 것으로 발견되었다. 그 뿌리조각은 아직도 인도 시골의 시장에서 팔리고 있다. 서구 의학에서 레세핀은 일찍이 고혈압 치료를 위해 사용되었으나 부작용이 적은 약물에 의해 대체되었다.

몇 가지 상이한 유형의 도파민 수용기들이 확인되었는데 모두 대사자극성이었다. 이것들 중 두 가지가 가장 공통적인데, 그것은 **D_1 도파민 수용기**와 **D_2 도파민 수용기**이다. D_1 수용기는 전적으로 시냅스후 수용기인 반면에, D_2 수용기는 뇌에서 시냅스전과 시냅스후 모두에서 발견된다. 몇몇 약물은 특수한 유형의 도파민 수용기를 자극하거나 차단한다.

몇몇 약물은 도파민의 재흡수를 억제하여서 강력한 도파민 효능제로 기능한다(그림 4.4의 단계 10 참조). 이런 유형의 약물로 가장 잘 알려진 것은 암페타민, 코카인, 그리고 메틸페니데이트이다. 암페타민은 흥미로운 효과를 보이는데, 도파민과 노르에피네프린의 수송체를 역류시켜 DA와 NE를 시냅스 틈으로 몰아냄으로써 이 전달물질을 방출시킨다. 물론 이 작용은 신경전달물질의 재흡수를 차단하기도 한다. 코카인과 **메틸페니데이트**methylphenidate는 단순히 도파민의 재흡수를 차단한다. 코카인은 또한 전압의존적 나트륨통로를 차단하기 때문에, 때때로 국소 마취제로 사용되는데, 특히 안과수술을 위해 점안액의 형태로 투여된다. 메틸페니데이트(리탈린)는 주의력결핍장애를 가진 아이를 치료하는 데 사용된다.

카테콜아민의 생산은 **모노아민 산화효소**monoamine oxidase; MAO라고 불리는 효소에 의해서 조절된다. 이 효소는 모노아민성 종말단추에서 발견되는데, 그곳에서

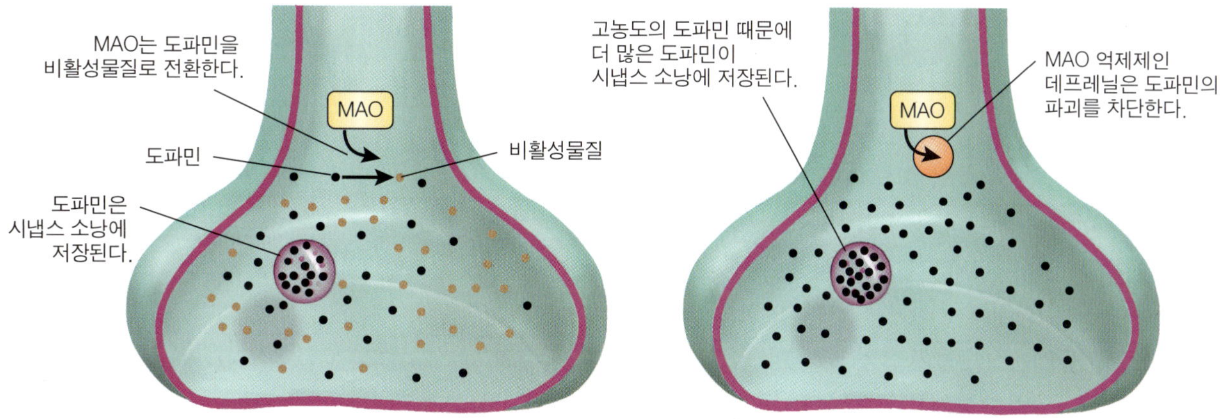

그림 4.9 모노아민 산화효소의 역할. 이 도식적 그림은 도파민 종말단추에서 모노아민 산화효소의 역할과 데프레닐의 작용을 보여 준다.

과다한 양의 신경전달물질을 파괴한다. **데프레닐**deprenyl이라고 불리는 약물은 도파민성 종말단추에서 발견되는 특정 형태의 모노아민 산화효소(MAO-B)를 파괴한다. 데프레닐은 도파민의 파괴를 방지하기 때문에 활동전위가 종말단추에 도달할 때 더 많은 도파민이 방출된다. 그래서 데프레닐은 도파민 효능제로 기능을 한다(그림 4.9 참조).

MAO는 혈액에서 발견되고, 그곳에서 초콜릿과 치즈 같은 음식에 존재하는 아민을 비활성화시킨다. 그런 비활성화가 없으면 아민은 혈압을 증가시켜 위험을 초래한다.

도파민은 환각, 망상 및 정상적인 논리적 사고과정의 파괴를 포함하는 증상을 지닌 심각한 정신장애인 조현병에 관여하는 신경전달물질로 알려졌다. D_2 수용기를 차단하는 **클로르프로마진**chlorpromazine은 이런 증상들을 경감시킨다(그림 4.4의 단계 7 참조). 따라서 연구자들은 조현병이 도파민성 뉴런의 과잉활동에 의해 발생한다고 추측하였다. 더 최근에 발견된 약물—소위 **비전형 항정신병약**(atypical psychotics)—은 더 복잡한 작용을 하는데, 이것은 15장에서 논의될 것이다.

노르에피네프린

노르에피네프린norepinephrine; NE은 아세틸콜린처럼 자율신경계 뉴런에서 발견되기 때문에, 많은 실험적 관심을 받았다. 저자는 아드레날린과 에피네프린이라는 용어가 노르아드레날린과 노르에피네프린과 마찬가지로 동의어라는 것을 알린다. 그 이유를 설명하자. **에피네프린**epinephrine은 신장의 바로 위에 위치한 부신선의 중심핵인 부신수질에 의해 생산되는 호르몬이다. 에피네프린은 뇌에서 신경전달물질로서 기능하지만 노르에피네프린과 비교하여 덜 중요하다. *Ad renal* 이라는 라틴어는 '신장을 향하여'를 의미한다. 그리스어로 우리는 *epi nephron*('신장 위에')이라고 말하는데, 그로 인해 그 용어는 에피네프린이다. 후자의 용어는 약물학자들에 의해 선택되었는데, 아마도 *adrenalin*이라는 단어가 상표명으로 약물회사에게 더 적절하였을 것이고, 그러므로 일반적 용례와 일치한다. 저자는 그 신경전달물질을 노르에피네프린이라고 부를 것이다. 일반적으로 수용되고 있는 형용사 형태는 **노르아드레날린성**(noradrenergic)인데, **노르에피네프린성**(norepinephrinergic)은 영어발음이 길어서 잘 사용하지 않는다고 생각된다.

우리는 이미 그림 4.8에서 노르에피네프린의 생합성 경로를 살펴보았다. 도파민이 노르에피네프린으로 전환되는 것을 방해하는 약물인 **푸사릭산**fusaric acid은 NE의 생산을 차단한다.

거의 모든 뇌 영역은 노르아드레날린성 뉴런들로부터 입력을 받는다. 노르아드레날린성 뉴런의 대부분 세포체는 뇌교와 연수의 일곱 개 영역과 시상의 한 영역에 위치한다. 가장 중요한 노르아드레날린성 체계의 세포체는 배측 뇌교에 위치한 한 핵인 **청반**locus coeruleus에서 시작된다. 이 뉴런의 축색은 뇌의 광범위한 영역에 투사된다. 우리가 8장에서 살펴보겠지만, 이 뉴런의 활성화에 따른 한 효과는 환경의 사건에 대한 주의집중인 경계의 증가이다.

다양한 약물에 대해 상이한 반응성을 나타내는 것으로 확인된 여러 유형의 노르아드레날린성 수용기들이 있다. 실제로 이 수용기들은 **노르아드레날린성 수용기**라기보다는 **아드레날린성 수용기**라고 불리는데, 노르에피네프린과 동시에 에피네프린(아드레날린)에 민감하기 때문이다. 중추신경계에 있는 뉴런은 **β_1-아드레날린 수용기**와 **β_2-아드레날린 수용기** 그리고 **α_1-아드레날린 수용기**와 **α_2-아드레날린 수용기**를 포함한다. 네 가지 종류의 수용기들은 모두 뇌 이외의 다양한 신체기관들에서 발견되고 중추신경계 밖에서 호르몬으로 작용하는 카테콜아민 효과와 관련이 있다. 뇌에 있는 모든 자기수용기들은 α_2 유형인 것처럼 보인다. **이다족산**idazoxan이란 약물은 자기수용기를 차단하므로 효능제로 작용한다. 모든 아드레날린성 수용기는 대사자극성이고 이차 전령의 생산을 통제하는 G 단백질과 짝지어져 있다.

세로토닌

세 번째 유형의 모노아민 신경전달물질인 **세로토닌**serotonine(5-HT 또는 5-hydroxytryptamine)은 많은 실험적 관심을 끌었다. 그것의 행동적 효과는 복잡하다. 세로토닌은 기분의 조절, 섭식, 수면과 각성의 통제 그리고 통증의 조절에서 역할을 한다. 세로토닌성 뉴런은 꿈꾸기의 통제에도 어느 정도 관여한다.

세로토닌의 선구물질은 아미노산인 **트립토판**(tryptophan)이다. 어떤 효소는 트립토판을 *5-HTP*(5-hydroxytryptophan)로 전환시킨다. 또 다른 효소는 5-HTP를 5-HT(serotonine)로 전환시킨다(그림 4.10 참조). **PCPA**p-chlorophenylalanine라는 약물은 트립토판이 5-HTP로 전환되는 것을 차단함으로써 세로토닌 길항제로 기능한다.

세로토닌 뉴런의 세포체는 아홉 개의 군집으로 발견되는데, 그것들 대부분은 중뇌의 봉선핵(raphe nuclei), 뇌교 및 연수에 위치한다. 두 가지 가장 중요한 군집은 배측 및 내측 봉선핵에서 발견되는데, 저자는 이것에 대해서만 논의할 것이다. *Raphe*는 '솔기' 또는 '주름'을 의미하고, 봉선핵의 대부분은 뇌간의 중심선 및 그 근처에서 발견된다. 배측 및 중앙 봉선핵은 기저핵과 신경 연

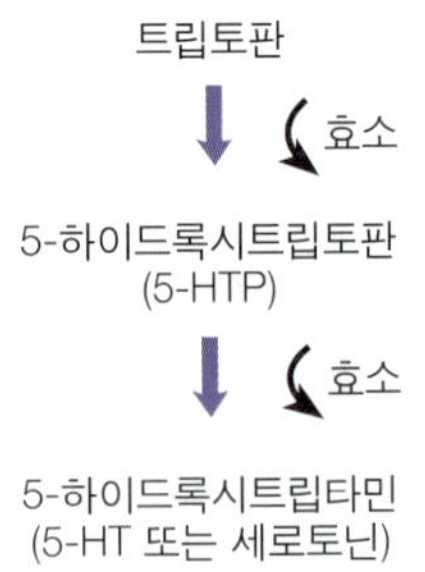

그림 4.10 세로토닌(5-hydroxytryptamine 혹은 5-HT)의 생체합성.

결을 갖고 그리고 중앙 봉선핵에 있는 뉴런들은 해마의 일부인 치상핵과 신경 연결을 갖는다.

연구자들은 최소한도 아홉 가지 상이한 유형의 세로토닌 수용기들을 확인하였고, 약물학자들은 5-HT 수용기에 대해 효능제 또는 길항제로 기능하는 약물들을 발견했다.

세로토닌 재흡수를 억제하는 약물은 정신장애의 치료에서 매우 중요한 역할을 한다. 이것들 중 가장 잘 알려진 **플루옥세틴**fluoxetine[상표명은 프로작(Prozac)]이 우울증, 어떤 유형의 불안장애 그리고 강박장애를 치료하는 데 사용된다. 이 장애와 치료는 15장에서 논의될 것이다. 다른 약물인 **펜플루라민**fenfluramine은 세로토닌을 방출시키고 재흡수를 차단하는데 비만치료에 있어서 식욕억제제로 사용된다. 11장은 비만이라는 주제를 논의하면서 약물에 의한 비만의 통제도 다룰 것이다.

몇몇 환각제는 세로토닌 전달과 상호작용함으로써 그 효과를 나타내는 것처럼 보인다. **LSD**lysergic acid diethylamide는 시각지각의 왜곡을 초래하여서 어떤 사람들은 경외감과 황홀감을 느끼지만, 다른 사람을 단순히 놀라게 한다. 매우 미량으로도 효과적인 이 약물은 전뇌에 있는 시냅스후 5-HT_{2A} 수용기에 대한 직접 효능제이다. 다른 약물인 **MDMA**methylenedioxymethamphetamine는 노르아드레날린성 및 세로토닌성 효능제이고, 흥분 효과와 환각 효과를 모두 갖고 있다. 이와 유사한 약물인 암페타민처럼, MDMA(대중적으로 '엑스타시'라고 부른다)는 노르아드레날린성 수송체를 되돌아가도록 해서 NE의 방출을 초래하고 재흡수를 억제한다. 이 작용부위는 분명히 약물의 흥분 효과와 관련이 있는 것 같다. MDMA는 또한 세로토닌 수송체를 되돌아가도록 하는데, 이 작용부위는 약물의 환각 효과 발생과 관련이 있는 것 같다. 불행하게도 연구는 MDMA가 세로토닌

뉴런에 손상을 초래하여 인지적 결손을 초래할 수 있음을 보여 주었다.

히스타민

히스타민histamine은 히스티딘 탈탄산효소(histididine decarboxylase)의 작용에 의해서 아미노산인 히스티딘으로부터 생산된다. 히스타민성 뉴런의 세포체는 뇌의 단지 한 위치에서만 발견되는데, 후시상하부에 위치한 조면유두핵(tuberomammilly nucleus)이다. 히스타민성 뉴런은 자신의 축색을 대뇌피질과 뇌간의 광범위한 영역으로 보낸다. 히스타민은 각성에 중요한 역할을 한다. 사실상 히스타민성 뉴런의 활동은 수면과 각성의 상태와 강한 상관이 있고, 히스타민 수용기를 차단하는 약물은 졸음을 유발한다. 히스타민은 소화체계와 면역체계의 통제에 역할을 하고, 알레르기 증상의 발생에도 핵심적이다. 히스타민성 H_1 수용기는 히스타민에 의해 발생하는 가려움과 관련이 있고 천식에서 나타나는 기관지의 수축과도 관련이 있으며, H_2 수용기는 위액 분비를 자극하고 H_2와 H_4 수용기는 모두 면역반응과 관련이 있다. H_2 수용기 길항제인 시메티딘(cimetidine)은 위산 분비를 차단한다. H_3 수용기는 히스타민성 뉴런의 종말에서 자기수용기로 기능을 하므로 H_3 길항제인 시프록싸이판(ciproxifan)은 히스타민의 분비를 증가시킨다. 모든 유형의 히스타민 수용기는 중추신경계에서 발견된다.

디펜하이드라민(diphenhydramine)과 같은 과거의 항히스타민제(H_1 길항제)는 졸음을 유발한다. 사실상 일부 처방전 없이 살 수 있는 수면제는 바로 그런 이유로 해서 이 약물을 포함하고 있다. 알레르기 증상을 치료하는 데 사용되는 요즘의 항히스타민제는 혈뇌장벽을 통과하지 못하므로 뇌에 직접적 효과를 미치지 않는다.

아미노산

이제까지 저자가 기술해 온 모든 신경전달물질은 뉴런에서 합성되는데, 콜린으로부터 아세틸콜린, 아미노산인 타이로신으로부터 카테콜아민 그리고 아미노산 트립토판으로부터 세로토닌의 합성 등이다. 어떤 뉴런은 신경전달물질로서 단순 아미노산을 분비한다. 아미노산은 뇌에 있는 모든 세포에 의해 단백질 합성에 사용되기 때문에 특정 아미노산이 신경전달물질이라는 것을 증명하기가 어렵다. 그러나 연구자들은 최소한도 여덟 개의 아미노산들이 포유류의 중추신경계에서 신경전달물질로 기능할 것이라고 생각한다. 우리가 이 절의 소개에서 보았듯이 아미노산 중 세 개, 즉 글루타메이트, GABA 및 글라이신이 중추신경계에서 가장 보편적인 신경전달물질이기 때문에 특히 중요하다.

글루타메이트

글루타메이트glutamate 또는 glutamic acid와 GABA는 매우 단순한 유기체에서도 발견되기 때문에 많은 연구자는 이 전달물질이 최초로 진화한 것이라고 믿는다. 이것은 시냅스후 수용기를 활성화함으로써 시냅스후 전위를 발생시키는 것 외에도 축색에게 직접적인 흥분성 효과(글루타메이트)와 억제성 효과(GABA)를 발생시켜, 흥분의 역치를 높이거나 또는 낮추고 이에 따라 활동전위의 발생률에 영향을 준다. 이런 직접적인 효과는 이 물질들이 특정 수용기 분자의 진화적 발달 이전에조차도 일반적인 조절 역할을 하였다는 것을 시사해 준다.

글루타메이트는 뇌와 척수에서 주요한 흥분성 신경전달물질이다. 이것은 세포의 대사과정에서 풍부하게 생산된다. 세포의 다른 활동을 방해함이 없이 아미노산을 합성하는 것을 방지하는 효과적인 방법은 없다.

연구자들은 네 가지 유형의 글루타메이트 수용기를 발견하였다. 이 수용기 중 세 가지는 이온자극성이며 이것은 자극하는 인공적 배위자들의 이름을 따서 명명되었는데, 그것은 **NMDA 수용기**NMDA receptor, **AMPA 수용기**AMPA receptor, **카이네이트 수용기**kainate receptor이다. 다른 글루타메이트 수용기는 분명히 대사자극성 – **대사자극성 글루타메이트 수용기**metabotropic glutamate receptor – 이다. 실제로 최소한 일곱 가지 유형의 상이한 글루타메이트 수용기가 존재하는 것 같으나 이것의 일부가 시냅스전 자기수용기로 기능한다는 것을 제외하고는 그 기능에 대해서는 알려진 바가 거의 없다. AMPA 수용기는 가장 일반적인 글루타메이트 수용기이다. 이것은 글루타메이트가 결합부위에 부착될 때 나트륨통로를 통제하여 EPSP를 발생시킨다. 카이네이트 수용기는 카인산(kainic acid)이라는 약물에 의해 자극되면 유사한 효과를 나타낸다.

NMDA 수용기는 어떤 특수한 그리고 매우 중요한 특징을 갖는다. 그것은 최소한 여섯 가지 상이한 결합부위를 갖는데, 네 가지는 수용기의 외부에 위치하고 두 가지는 이온통로 내의 깊은 곳에 위치한다. NMDA 수용기에 의해 통제되는 이온통로는 열리면 나트륨과 칼슘이온이 세포 내에 유입되는 것을 허용한다. 이 두 이온들의 유입은 물론 감분극을 초래하나, 칼슘(Ca2+)이온의 유입이 특히 중요하다. 칼슘은 이차전령으로 기능하여 세포 내에 있는 다양한 효소들과 결합하여 그것들을 활성화시킨다. 이 효소들은 세포의 생화학적 및 구조적 속성에 깊은 영향을 미친다. 우리가 앞으로 보게 되겠지만 한 가지 중요한 결과는 새롭게 형성된 기억의 기초를 제공하는 시냅스 특징의 변화이다. NMDA 수용기의 효과는 12장에서 더욱 세부적으로 논의될 것이다. **AP5**(2-amino-5-phosphonopentanoate)라는 약물은 NMDA 수용기에서 글루타메이트가 결합하는 부위를 차단하여 시냅스의 가소성 및 어떤 형태의 학습을 방해한다.

그림 4.11은 NMDA 수용기와 그 결합부위의 도식적 설명을 제시한다. 글루타메이트는 이 부위들 중 하나와 결합하고, 그렇지 않으면 글루타메이트 수용기라고 하지 않는다. 그러나 글루타메이트만으로는 칼슘통로를 열 수가 없다. 그렇게 되기 위해서는 글라이신 분자가 그 수용기의 외부에 위치한 글라이신 결합부위에 부착

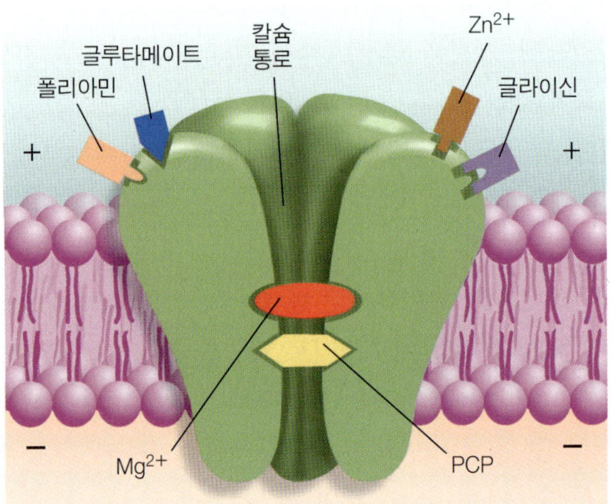

그림 4.11 NMDA 수용기. NMDA 수용기에 대한 도식적 그림은 그 결합부위를 보여 준다.

되어야만 한다. 우리는 중추신경계의 어떤 부위에서 억제성 신경전달물질로 기능하는 글라이신이 그 이온통로를 열기 위해서 왜 필요한가는 아직 이해하지 못하고 있다(그림 4.11 참조).

NMDA 수용기에서 여섯 가지 결합부위 중 하나는 알코올에 민감하다. 우리가 14장에서 살펴보겠지만 연구자들은 이 결합부위가 중증의 장기적 알코올 남용의 결과로 나타나는 급작스러운 금단증상에 의해 초래되는 위험한 경련과 연관이 있다고 믿는다. 다른 결합부위는 환각제인 **PCP**phencyclidine['합성 헤로인(angel dust)'으로 알려짐]에 민감하다. PCP는 간접 길항제로 기능하고, 자신의 결합부위에 부착될 때 칼슘이온은 이온통로를 통과할 수 없다. PCP는 합성약물이고 뇌에 의해 생산되지 않는다. 그래서 PCP는 PCP 결합부위에 대한 천연적인 배위자는 아니다. 그것에 대한 배위자가 무엇인가 그리고 그것이 하는 유용한 기능이 무엇인가는 아직 알려져 있지 않다.

몇몇 약물들은 글루타메이트 시냅스에 영향을 준다. 우리가 이미 알고 있듯이, NMDA, AMPA 및 카이네이트는 자신의 이름을 붙인 수용기에 대해 직접 효능제로 작용한다.

GABA

GABAgamma-aminobutyric acid는 카복시기를 제거하는 효소(글루타민산 탈탄산효소 또는 GAD)의 작용에 의해 글루타민산으로부터 생산된다. 약물 **알릴글라이신**allylglycine은 GAD를 비활성화시켜서 GABA의 합성을 방해한다(그림 4.4의 단계 2 참조). GABA는 억제성 신경전달물질이고 뇌와 척수 전체에 걸쳐 광범위한 분포를 갖는 것처럼 보인다. 두 가지 GABA 수용기가 확인되었는데, $GABA_A$와 $GABA_B$ 수용기이다. $GABA_A$ 수용기는 이온자극성이며 클로라이드(염소) 통로를 통제하고, $GABA_B$ 수용기는 대사자극성이고 칼륨 통로를 통제한다.

여러분이 알고 있듯이 뇌에 있는 뉴런은 서로 간에 많은 연결을 맺고 있다. 억제성 시냅스의 활동 없이는 이런 상호연결은 뇌를 불안정하게 만든다. 즉, 흥분성 시냅스를 통해서 뉴런은 이웃한 뉴런을 흥분시키고 그다음으로 또 이웃한 뉴런을 흥분시키고, 잇따라 원래 활

동적인 뉴런을 흥분시켜 뇌에 있는 대부분의 뉴런이 통제 불가능하게 흥분될 때까지 진행될 것이다. 사실상 이런 사건은 때때로 발생하는데, 우리는 이것을 발작(seizure)이라고 부른다. 간질(epilepsy)은 발작을 특징으로 하는 신경학적 장애이다. 정상적으로는 억제적 영향이 뇌에 많이 존재하는 GABA 분비 뉴런에 의해서 제공된다. 어떤 연구자들은 간질의 원인 중 하나는 GABA 분비 뉴런의 생화학 또는 GABA 수용기의 이상이라고 믿는다.

NMDA 수용기처럼, $GABA_A$ 수용기는 복잡하고 최소한 다섯 가지의 상이한 결합부위를 갖고 있다. 일차적인 결합부위는 물론 GABA를 위한 것이다. 아세틸콜린 효능제인 **무스카린**muscarine으로부터 유도된 약물인 **무스시몰**muscimol은 이 부위에 대한 직접 효능제로 기능한다(그림 4.4의 단계 6 참조). 다른 약물인 **비쿠쿨린**bicuculline은 이 GABA 결합부위를 차단하여 직접 길항제로 기능을 한다(그림 4.4의 단계 7 참조). $GABA_A$ 수용기의 두 번째 부위는 **벤조디아제핀**benzodiazepine이라고 불리는 일군의 신경안정제와 결합한다. 이 약물들은 디아제팜(발륨)과 클로르디아제폭싸이드(리브리엄)를 포함하고, 이것들은 불안을 감소시키고, 수면을 촉진하고, 발작 활동성을 감소시키고, 근육을 이완시킨다. 세 번째 부위는 바르비투르산염과 결합한다. 네 번째 부위는 전신마취에 이용되는 어떤 스테로이드를 포함하는 다양한 스테로이드와 결합한다. 다섯 번째 부위는 동인도산 관목에서 발견되는 독물인 피크로톡신과 결합한다. 이와 더불어 알코올은 이 부위 중 하나와 결합하는데 아마도 벤조디아제핀 결합부위일 것이다(그림 4.12 참조).

스테로이드 부위에 결합하는 약물인 바르비투르산염과 벤조디아제핀은 모두 $GABA_A$ 수용기의 활동을 촉진한다. 그래서 이 모든 약물은 간접 효능제로 기능한다. 벤조디아제핀은 매우 효과적인 **항불안제**anxiolytics 또는 '불안-해소(anxiety-dissolving)' 약물이다. 그것은 종종 불안장애를 지닌 사람을 치료하는 데 사용된다. 게다가 어떤 벤조디아제핀은 효과적인 수면제로 기능하고, 다른 것은 어떤 유형의 발작장애를 치료하는 데 사용된다.

피크로톡신은 벤조디아제핀과 바르비투르산염의 효과와는 반대 효과를 나타내는데, $GABA_A$ 수용기의 활동

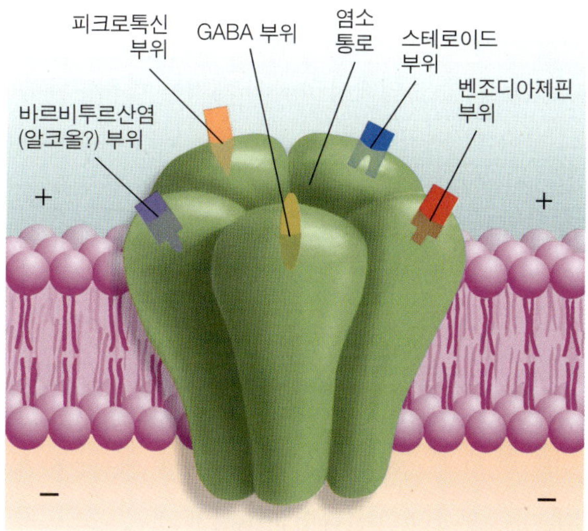

그림 4.12 **$GABA_A$ 수용기.** $GABA_A$ 수용기에 대한 도식적 그림은 그 결합부위를 보여 준다.

을 억제하기 때문에 간접 길항제로 기능한다. 이 약물은 높은 용량이 투약되면 경련을 초래한다.

다양한 스테로이드 호르몬은 보통 신체에서 생산되고, 프로게스테론(주요 임신 호르몬)과 관련이 있는 어떤 호르몬은 $GABA_A$ 수용기의 스테로이드 결합부위에 작용하여 이완시키는 항불안 효과를 산출한다. 그러나 뇌는 발륨, 바르비투르산염 또는 피크로톡신을 생산하지는 않는다. 이 결합부위에 대한 천연적인 배위자는 아직 밝혀지지 않고 있다.

$GABA_B$ 수용기는 어떤가? 이 대사자극성 수용기는 G 단백질과 짝지어져 있으며 시냅스후 수용기와 시냅스전 자기수용기로 기능한다. $GABA_B$ 효능제인 바클로펜(baclofen)은 근육이완제로 기능한다. 다른 약물인 CGP 335348은 길항제로 기능한다. $GABA_B$ 수용기의 활성은 칼륨통로를 열어서 과분극을 일으키는 억제성 시냅스후 전위를 발생시킨다.

글라이신

아미노산인 **글라이신**glycine은 척수와 뇌의 하부에서 억제성 신경전달물질인 것처럼 보인다. 이것의 생합성 경로에 관해서는 거의 알려진 바가 없고, 몇 가지 가능성 있는 경로들이 있으나 뉴런이 글라이신을 생산하는 방법을 판단하기 위해서 알려진 바가 충분하지 못

하다. 파상풍을 일으키는 박테리아는 글라이신(그리고 GABA)의 방출을 방해하는 화학물질을 방출하며, 이 시냅스가 갖고 있는 억제성 효과의 제거는 근육을 계속적으로 수축하도록 만든다.

글라이신 수용기는 이온자극성이고 염소통로를 통제한다. 그래서 그 수용기가 활동적이 되면 억제성 시냅스후 전위를 발생시킨다. 인도에서 발견되는 **스트리크닌 나무**(Strychnos nux vomica)의 종자에서 발견되는 알칼로이드인 **스트리크닌**strychnine이라는 약물은 글라이신 길항제로 기능한다. 스트리크닌은 매우 독성이 높아서 비교적 적은 용량도 경련을 일으켜서 죽음에 이르게 한다. 아직 전문적인 글라이신 효능제로 기능하는 어떤 약물도 발견되지 않았다.

펩타이드

최근 연구는 중추신경계의 뉴런이 매우 다양한 펩타이드를 방출한다는 것을 발견하였다. 펩타이드는 펩타이드 띠로 서로 연결된 둘 혹은 그 이상의 아미노산으로 구성되어 있다. 이제까지 연구되어 온 모든 펩타이드는 선구물질 분자로부터 생산된다. 이 선구물질은 특정 효소에 의해서 조각으로 분해되는 커다란 폴리펩타이드이다. 뉴런은 폴리펩타이드와 이것을 적절한 장소에서 분해하는 데 필요한 효소를 생산한다. 그 폴리펩타이드의 적절한 부분들은 유지되지만 다른 부분들은 파괴된다. 펩타이드의 합성이 세포체에서 발생하지만 이 화학물질을 담고 있는 소낭은 축색 원형질 수송에 의해서 종말단추로 운송되어야 한다.

펩타이드는 시냅스전 막으로부터 방출되는 것이 아니라 종말단추의 모든 부분으로부터 방출되고, 따라서 단지 그 분자의 일부만이 시냅스 틈에 방출된다. 아마도 나머지는 인접한 다른 세포에 속하는 수용기에 작용할 것이다. 펩타이드는 일단 방출되면 효소에 의해 파괴된다. 펩타이드를 재흡수하거나 재활용하는 기제는 존재하지 않는다.

몇몇 상이한 펩타이드들은 뉴런에 의해 방출된다. 비록 대부분의 펩타이드는 신경조절물질로 기능하는 것처럼 보이지만 어떤 것은 신경전달물질로 기능한다. 펩타이드 중 가장 잘 알려진 부류는 **내인성 아편물질**endogenous opioids(*Endogenous*는 '안에서 생산된'을, *opioid*는 '아편처럼'을 의미)이다. 연구는 아편제(아편, 모르핀, 헤로인)가 뇌에 직접 효과를 미쳐서 통증을 감소시킨다는 것을 밝혔다. (*Opioid*는 내인성 화학물질을 의미하고, *opiate*는 약물을 의미한다는 점에 주목하라.) Pert, Snowman 및 Snyder(1974)는 뇌의 국소적 영역에 있는 뉴런이 아편제에 반응하는 전문화된 수용기를 포함하고 있다는 것을 발견하였다. 아편 수용기가 발견된 직후에 다른 신경과학자는 이 수용기들에 대한 천연적인 배위자를 발견하였고(Hughes et al., 1975; Terenius & Whalström, 1975), **엔케팔린**enkephalins('머리에서'라는 의미를 가진 그리스어 단어인 *enkphalos*에서 유래)이라고 불렀다. 우리는 엔케팔린이 한 계보의 내인성 아편물질 중 단지 두 가지 구성원이고, 선구물질로 작용하는 세 가지 커다란 펩타이드 중 하나로부터 합성된다는 것을 알고 있다. 게다가 우리는 최소한도 세 가지 상이한 유형의 아편 수용기, 즉 뮤(μ: mu), 델타(δ: delta) 그리고 카파(κ: kappa) 수용기들이 존재한다는 것을 알고 있다.

아편 수용기가 자극될 때 몇 가지 상이한 신경계가 활성화된다. 한 유형은 진통 효과를 일으키고, 다른 유형은 도망가기와 숨기와 같은 종 전형적 방어반응을 억제하고, 또 다른 유형은 강화('보상')와 관련된 뉴런체계를 자극한다. 마지막 효과는 아편제가 남용되는 이유를 설명한다. 뉴런으로 하여금 내인성 아편물질을 분비하도록 하는 상황은 7장에서, 아편중독에 대한 뇌기제는 16장에서 논의할 것이다.

이제까지 약물학자들은 아편물질을 통해서 신경적 전달에 영향을 미치는 단지 두 가지 유형의 약물을 개발하였는데, 그것은 직접 효능제와 길항제이다. 헤로인(heroin; 디하이드로모르핀)과 페르코단(percodan; 레보르파놀)을 포함하는 많은 합성 아편제가 개발되었고 진통을 위해서 임상적으로 사용되었다(그림 4.4의 단계 6 참조). 몇몇 아편 수용기 차단제도 개발되었다(그림 4.4의 단계 7 참조). 이것들 중 하나인 **날록손**naloxone은 아편제의 해독을 위해 임상적으로 사용된다. 이 약물은 헤로인 과용으로 죽음에 이를 수 있었던 많은 약물남용자의 목숨을 구했다.

내분비선에 의해 방출되는 몇몇의 펩타이드 호르몬

들이 뇌에서 생산되는데, 그것들은 신경조절물질로 기능을 한다. 어떤 경우에 말초 및 중추 펩타이드는 관련된 기능을 수행한다. 예를 들면, 신경계 외부에서 호르몬인 앤지오텐신은 신체가 체액을 상실하는 것에 대처하는 것을 돕는 효과를 산출하기 위해서 신장과 혈관에 직접 작용하고, 신경계 내에서 앤지오텐신을 신경전달물질로 사용하는 뉴런의 회로는 갈증을 초래하는 신경회로의 활성화를 포함하는 보완적 기능을 수행한다. 혈뇌장벽의 존재는 뇌에서 전신을 순환하는 대부분의 펩타이드 호르몬을 세포외액과 분리하도록 만드는데, 그것은 동일한 펩타이드 분자가 두 영역에서 상이한 효과를 미칠 수 있다는 것을 의미한다.

뇌에서 생산되는 많은 펩타이드들은 흥미로운 행동 효과를 나타내며, 이것은 앞으로 여러 장들에서 논의될 것이다.

지질

지질로부터 유도된 다양한 물질이 세포 내 또는 세포 간에 메시지를 전달하는 역할을 할 수 있다. 가장 잘 알려지고 그리고 가장 중요한 것은 두 가지의 **내인성 카나비노이드**endocannabinoids인데, 그것은 마리화나의 활성성분의 생리적 효과와 관련된 수용기에 대한 천연 배위자이다. Matsuda 등(1990)은 THC(tetrahydrocannibinal, 마리화나의 활성성분)가 뇌의 특수한 영역에 존재하는 카나비노이드 수용기를 자극한다는 것을 발견하였다(그림 4.13 참조). 모두 대사자극성인 두 유형의 카나비노이드 수용기인 CB_1과 CB_2가 발견되었다. Devane 등(1992)은 최초로 내분비 카나비노이드를 발견하였고, 이 지질과 같은 물질은 산스크리트어인 *ananda*로부터 유래되고 '축복'을 의미하는 **아난다미드**anandamide로 명명하였다. 아난다미드는 필요에 의해 합성되는 것처럼 보이는데, 즉 필요한 경우에 생산되어 방출되고 시냅스 소낭에 저장되지 않는다. CB_1 수용기는 뇌에서 발견되는데, 특히 전두피질, 전대상피질, 기저핵, 소뇌, 시상하부, 해마에서 발견된다. 그것들은 글루타메이트성, GABA성, 노르아드레날린성, 도파민성, 세로토닌성 뉴런의 종말단추에 위치해 있으며, 신경전달물질 방출을 조절하는 기능을 한다(Iversen, 2003). 낮은 수준의 CB_1

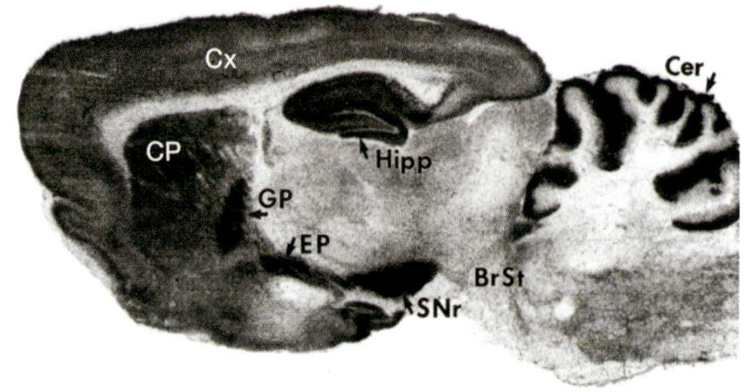

그림 4.13 쥐의 뇌에 있는 카나비노이드 수용기. 이 방사선 사진을 찍기 위해서 뇌는 THC 수용기를 위한 방사성 배위자를 포함하고 있는 용액에서 배양된다. 수용기는 검은 영역으로 표시된다. (방사선 사진은 5장에서 기술된다.)(Br St = 뇌간, Cer = 소뇌, CP = 미상핵/피각, Cx = 피질, EP = 대뇌각 내핵, GP = 담창구, Hipp = 해마, SNr = 흑질)

Miles Herkenham/ National Institute of Mental Health.

수용기가 뇌간에서 발견되는데, 이것은 THC의 저독성을 설명해 준다. CB_1 수용기는 약물인 **리모나반트**rimonabant에 의해서 차단된다. CB_2 수용기는 뇌의 외부, 특히 면역체계의 세포에서 발견된다.

THC는 진통 효과와 진정 효과를 산출하고, 식욕을 돋우고, 항암제에 의해 초래되는 구토를 감소시키고, 천식 증상을 해소하고, 녹내장에 걸린 환자의 안압을 감소시키고, 어떤 운동장애의 증상을 감소시킨다. 다른 한편으로, THC는 집중과 기억을 방해하고, 시각 및 청각 지각을 변경시키고, 시간경과에 대한 지각을 왜곡시킨다(Iversen, 2003). 마리화나 사용에 따라오는 단기기억장애는 해마에 있는 CB_1 수용기에 대한 THC의 작용에 의해 초래되는 것 같다. 내분비 카나비노이드는 아편제의 강화 효과에서 필수적인 역할을 하는 것처럼 보인다. CB_1 수용기의 생산을 방해를 목표로 하는 돌연변이는 모르핀의 강화 효과를 없애 주지만, 코카인, 암페타민 또는 니코틴의 강화 효과에는 영향을 미치지 않는다(Cossu et al., 2001). 이런 카나비노이드의 효과는 16장에서 더 논의될 것이다.

저자는 조금 전에 THC(그리고 물론 내인성 카나비노이드)가 진통 효과를 갖는다고 언급하였다. Agarwal 등(2007)은 THC가 말초신경계에 있는 CB_1 수용기를 자극함으로써 진통 효과를 나타낸다는 것을 발견하였다. 게다가 일반적으로 사용되는 비처방 약물인 **아세트아미노펜**(acetaminophen; 많은 나라에서 *paracetamol*로 알려짐)도 이 수용기에 작용을 한다. 일단 그것이 혈액에 들어가면 아세트아미노펜은 다른 화합물질로 전환되고 아세트아미노펜의 선구물질인 아라키돈산과 결합한다. 이 화합물은 혈뇌장벽을 통과하지 않기 때문에 THC의 효과와 같은 효과를 산출하지는 않는다. CB_1 길항제의 투약은 아세트아미노펜의 진통 효과를 완전히 차단한다(Bertolini et al., 2006).

뉴클레오사이드

뉴클레오사이드(nucleosides)는 퓨린기 또는 피리미딘기와 결합된 당분자로 구성된 화합물이다. 이 화합물 중 하나인 **아데노신**adenosine(리보스와 아데닌의 조합)은 뇌에서 신경조절물질로 기능한다.

아데노신은 세포가 영양분 또는 산소가 결핍되었을 때 뉴런과 동시에 교세포에 의해서도 분비되는 것으로 알려졌다. 아데노신의 방출은 인접한 혈관에 있는 수용기를 활성화하여 혈관을 확장시킴에 따라 혈류의 흐름을 증가시키고 그 영역으로 필요한 물질을 더 많이 운반하는 것을 돕는다. 아데노신은 또한 신경조절물질로 작용하는데, 최소한 세 가지 상이한 유형의 아데노신 수용기에 작용한다. 아데노신 수용기는 G 단백질과 쌍을 이루고 있으며, 그것들의 효과는 칼륨통로를 개방시켜서 억제성 시냅스후 전위를 발생시킨다.

아데노신 수용기는 신경활동을 억압하기 때문에 아데노신과 아데노신 수용기 효능제는 일반적으로 행동에 억제 효과를 나타낸다. 사실 우리가 8장에서 보겠지만, 아데노신 수용기가 수면의 통제에서 중요한 역할을 한다는 것을 시사하는 좋은 증거가 있다. 예를 들면 뇌에서 아데노신의 양은 각성 동안에 증가하고 수면 중에는 감소한다. 실제로 장기적으로 각성되어 있음으로 해서 아데노신의 축적은 뒤따르는 졸음의 중요한 원인일 것이다. 매우 흔한 약물인 **카페인**caffeine은 아데노신 수용기를 차단하여 (그림 4.4의 단계 7 참조) 흥분 효과를 산출한다. 카페인은 커피, 차, 코코아 원두 및 다른 식물들에서 발견되는 쓴맛이 나는 알칼로이드이다. 이 세상에서 대다수의 성인이 카페인을 매일 상용하지만 다행스럽게도 분명한 해로움은 없는 것 같다.

용해 가능 기체

최근에 연구자는 뉴런이 서로 간에 정보 전달을 위해서 최소한도 두 개의 용해 가능 기체—일산화질소와 일산화탄소—를 사용한다는 것을 발견하였다. 이것들 중 하나인 **일산화질소**nitric oxide; NO는 가장 많은 주목을 받았다. 일산화질소[웃음가스라고 불리는 아산화질소(nitrous oxide)와 혼동하지 말 것]는 어떤 뉴런에서 발견되는 효소의 활동에 의해서 생산되는 용해 가능 기체이다. 연구자는 일산화탄소가 신체의 많은 부위에서 전령으로 사용된다는 것을 발견했는데, 예를 들면, 장의 벽에 있는 근육을 통제하는 데 관여하고, 뇌의 영역에서 혈관을 확장하여 신진대사를 활성화시키고, 혈관의 변화를 자극하여 음경의 발기를 초래한다(Culotta & Koshland, 1992). 우리가 12장에서 살펴보겠지만 이것은 학습에 의해 발생하는 신경의 변화를 확립하는 역할을 한다.

이제까지 논의된 모든 신경전달물질과 신경조절물질(아난다마이드와 아데노신을 제외하고)은 시냅스 소낭에 저장되고 종말단추에서 방출된다. 일산화질소는 수상돌기를 포함한 신경세포의 여러 곳에서 생산되고 생산되자마자 방출된다. 더욱 정확하게 표현하면 그것은 생산되자마자 세포의 외부로 확산한다. 그것은 뉴런막에 부착된 수용기를 활성화시키지 않지만 이웃세포로 들어가서 이차전령인 사이클릭 GMP의 생산과 관련된 효소를 활성화시킨다. 생산된 후 몇 초 내에 일산화질소는 생물학적으로 비활성 화합물로 전환된다.

일산화질소는 **일산화질소합성효소**nitric oxide synthase로 알려진 효소의 활성화에 의해서 아미노산의 일종인 아르지닌으로부터 생산된다. 이 효소는 L-NAME (nitro-L-arginine methyl ester)라고 불리는 약물에 의해서 비활성화될 수 있다(그림 4.4의 단계 2 참조).

여러분은 발기부전—음경발기를 유지하는 데 어려움—을 가진 남성을 치료하는 데 사용되는 실데나필(sildenafil, 흔히 비아그라라고 알려짐)이라고 불리는 약물을 들어 보았을 것이다. 우리가 조금 전에 보았듯이 일산화질소는 사이클릭 GMP의 생산을 자극하는 생리적 효과를 산출한다. 비록 일산화질소가 단지 몇 초만 지속되지만 사이클릭 GMP는 어느 정도 오래 지속되긴 해도 마침내 효소에 의해 파괴된다. 실데나필의 분자는 이 효소와 결합하여 사이클릭 GMP를 아주 느린 비율로 파괴되도록 만든다. 결과적으로 발기는 장시간 유지된다. 게다가 실데나필은 신체의 다른 부위에도 효과를 미치는데, 고산병과 다른 혈관장애를 치료하는 데 사용된다.

절 요약

신경전달물질과 신경조절물질

신경계는 다양한 신경전달물질을 포함하고 있고, 이것은 전문화된 수용기와 상호작용한다. 가장 많이 연구된 신경전달물질은 아세틸콜린과 모노아민인 도파민, 노르에피네프린 및 5-하이드록시트립타민(세로토닌)이다. 이 신경전달물질들의 합성은 여러 효소에 의해 통제된다. 몇몇 아미노산은 신경전달물질로 기능을 하고, 그것들 중 가장 중요한 것은 글루타메이트(글루타민산), GABA 및 글라이신이다. 글루타메이트는 흥분성 전달물질로 기능을 하고, 다른 것들은 억제성 전달물질로 기능을 한다.

펩타이드 신경전달물질은 아미노산의 연쇄로 구성된다. 단백질처럼 펩타이드는 염색체에 의해서 부호화된 순서에 따라 리보솜에서 합성된다. 신경계에서 가장 잘 알려진 부류의 펩타이드는 아편과 헤로인과 같은 약물과 유사한 효과를 가진 내인성 아편물질을 포함한다. 두 가지의 지질이 화학적 전령으로 기능을 하는데, 아난다마이드와 2-AG는 카나비노이드 수용기에 대해 내인성 배위자이다. CB_1 수용기는 중추신경계에서 발견되고 CB_2 수용기는 혈뇌장벽 밖에서 발견된다. 시냅스 전달에서 억제성 효과를 나타내는 뉴클레오사이드인 아데노신은 뇌에서 뉴런과 교세포에 의해 방출된다. 이와 더불어 두 개의 용해 가능 기체—일산화질소와 일산화탄소—는 자신이 생산된 세포에서 확산되어 인접세포에서 이차전령의 생산을 촉발한다.

이 장은 많은 약물과 그 효과를 언급하였다. 그것은 여러분이 학습하는 동안 계속 나타날 것이므로 그것을 모두 살펴보는 것이 유익할 것이다(표 4.3 참조).

맺는말 | 비극으로부터 도움이 되는 힌트

MPTP가 뇌를 손상시키고 파킨슨병의 증상을 초래한다는 발견은 연구자들로 하여금 이 질병에 대해 관심을 갖도록 자극하였다. [저자는 최근에 미국 국립보건원(U.S. NIH)에서 관리하는 웹사이트인 PubMed를 검색해 보았고, MPTP에 대해 언급한 과학적 출간물이 5,452개에 해당하는 것을 발견하였다.] 최초의 단계는 그 약물이 실험동물에게 동일한 효과를 나타내어서 그 과정의 세부사항이 연구될 수 있는가를 발견하는 것이다. 사실이 그랬는데, Langston과 Ballard(1984)는 MPTP의 주입으로 다람쥐원숭이에서 파킨슨병의 증상을 일으키고 이 증상들이 L-DOPA 치료에 의해서 감소될 수 있다는 것을 발견하였다. 그리고 연구자들이 희망하였듯이 그 동물들에 대한 뇌 검사는 흑질에서 도파민을 분비하는 뉴런의 선택적 손상을 보여 주었다.

MPTP 자체는 신경 손상을 시키지 않는다는 것이 입증되었으나, 대신에 그 약물이 교세포에 존재하는 효소에 의해서 다른 물질인 MPP^+로 전환된다. 이 화학물질은 정상적으로 종말단추에서 방출되는 도파민을 재생하는 재흡수기제에 의해 도파민을 분비하는 뉴런에 의해 흡수된다. MPP^+는 도파민 뉴런에 있는 미토콘드리아에 축적되어, 영양물질을 대사하는 능력을 차단하여 그 세포들을 살해한다(Maret et al., 1990). MPTP를 MPP^+로 전환하는 효소는 바로 종말단추에 존재하고 과다한 모노아민을 비활성화시키는 것과 관련이 있는 모노아민 산화효소(MAO)이다. 약물학자들은 이미 MAO 억제제를 개발하였기 때문에, Langston과 동료들은 이 약물 중 하나(파르길린)가 다람쥐원숭이에서 MPTP가 MPP^+로 전환되는 것을 방지함으로써 MPTP의 해독으로부터 보호해 주는

표 4.3 이 장에서 언급된 약물

신경전달물질	약물의 명칭	약물의 효과	시냅스 전달에 대한 효과
아세틸콜린(ACh)	보툴리누스독	아세틸콜린의 차단	길항제
	검은과부독거미 독	아세틸콜린 방출 자극	효능제
	니코틴	니코틴성 수용기 자극	효능제
	쿠라레	니코틴성 수용기 차단	길항제
	무스카린	무스카린 수용기 자극	효능제
	아트로핀	무스카린성 수용기 차단	길항제
	네오스티그마인	아세틸콜린 분해효소 억제	효능제
도파민(DA)	L-도파	DA 합성 촉진	효능제
	AMPT	DA 합성 차단	길항제
	레세핀	시냅스 소낭에 DA 저장 억제	길항제
	클로르프로마진	D_2 수용기 억제	길항제
	코카인, 메틸페니데이트	DA 재흡수 차단	효능제
	암페타민	DA 방출 자극	효능제
	데프레닐	MAO-B 차단	효능제
노르에피네프린 (NE)	후사릭산	NE의 억제	길항제
	레세핀	시냅스 소낭에 NE의 저장 억제	길항제
	이다족산	α_2 자동수용기 차단	효능제
	MDMA, 암페타민	NE 방출 자극	효능제
세로토닌 (5-HT)	PCPA	5-HT 합성 억제	길항제
	레세핀	시냅스 소낭에 5-HT 저장 억제	길항제
	펜플루라민	5-HT의 방출 자극	효능제
	플루옥세틴	5-HT의 재흡수 억제	효능제
	LSD	5-HT_{2A} 수용기 자극	효능제
	MDMA	5-HT의 방출 자극	효능제
글루타메이트	AMPA	AMPA 수용기 자극	효능제
	카이닌산	카이네이트 수용기 자극	효능제
	NMDA	NMDA 수용기 자극	효능제
	AP5	NMDA 수용기 차단	길항제
GABA	알릴글라이신	GABA 합성 억제	길항제
	무스시몰	GABA 수용기 자극	효능제
	비쿠쿨린	GABA 수용기 차단	길항제
	벤조디아제핀	간접적 GABA 효능제로 기능	효능제
글라이신	스트리키닌	글라이신 수용기 차단	길항제
아편제	아편제(모르핀, 헤로인 등)	아편 수용기 자극	효능제
	날록손	아편 수용기 차단	길항제
아난다미드	리모나반트	카나비노이드 CB_1 수용기 차단	길항제
	THC	카나비노이드 CB_1 수용기 자극	효능제
아데노신	카페인	아데노신 수용기 차단	길항제
일산화질소(NO)	L-NAME	NO의 합성 억제	길항제

가를 알아보고자 하였다(Langston & Ballard, 1984). 그런 작용이 있었는데 MAO가 파르길린에 의해서 억제될 때, MPTP 주사는 효과를 나타내지 않았다.

이 결과는 연구자들에게 MAO 억제제가 파킨슨병 환자에게서 도파민을 분비하는 뉴런의 퇴화를 방지해 주는가를 알아보도록 만들었다. 누구도 파킨슨병이 MPP^+에 의해 초래된다고 생각하지는 않았는데 아마도 다른 독물이 관련될 가능성은 있다. 역학자는 파킨슨병이 고도로 산업화된 국가에서 더 흔하다는 것을 발견하였고, 그것은 그 사회에서 발생한 환경의 유해물질이 뇌의 손상과 관련이 있을 가능성을 시사해 준다(Tanner, 1989; Veldman et al., 1998). 다행스럽게도 몇몇 MAO 억제제는 인간을 대상으로 검사되었고 그리고 사용이 허용되었다. 그것 중 하나인 디프레닐은 검사 결과 신경학적 증세의 진행을 완화시키는 것처럼 보였다(Tetrud & Langston, 1988).

이 연구 결과로 많은 신경학자는 파킨슨병 환자를 특히 질병의 초기단계에서 디프레닐을 갖고 치료하고 있다. 더욱 최근의 연구들은 디프레닐이 도파민 뉴런을 무한정 보호하지는 않는 것을 발견하였고(Shoulson et al., 2002), 그래서 연구자들은 좀 더 지속적인 신경보호 효과를 갖는 다른 약물들을 개발하려고 노력하고 있다.

핵심 개념

정신약물학의 원리

1. 약물역동은 약물이 흡수되고, 신체 내부에 분포하고, 대사되고, 배출되는 과정이다.
2. 약물은 여러 상이한 부위에 작용하여 여러 상이한 효과를 나타낼 수가 있다. 어떤 약물의 효력은 정해진 양의 약물이 보여 주는 효과의 크기이다.
3. 약물의 치료지수는 안전성의 한계이며, 효과적인 용량과 유해한 부작용을 나타내는 용량 사이의 차이이다.
4. 어떤 약물이 반복적으로 투약될 때, 그것은 종종 내성을 일으키고, 금단증상은 종종 그 약물의 사용이 중단되었을 때 발생한다. 때때로 어떤 약물의 반복적인 투약은 민감화를 초래한다.
5. 연구자는 인간과 실험동물 모두에서 위약 효과를 알아보기 위한 통제를 해야만 한다.

약물의 작용부위

6. 시냅스 전달에 관여하는 각각의 단계는 약물에 의해 방해받을 수 있고, 어떤 단계는 촉진될 수 있다. 이 단계들은 신경전달물질의 합성, 시냅스 소낭에 대한 저장, 방출, 시냅스후 및 시냅스전 수용기의 활성화 그리고 재흡수 또는 효소의 비활성화를 통한 시냅스후 전위의 종료를 포함한다.

신경전달물질과 신경조절물질

7. 뉴런은 아세틸콜린, 모노아민(도파민, 노르에피네프린, 및 5-HT), 아미노산(글루타민산, GABA 및 글라이신), 다양한 펩타이드, 지질, 뉴클레오사이드 그리고 용해 가능 기체를 포함하는 다양한 화학물질을 신경전달물질로 사용한다.

CHAPTER

5 연구방법

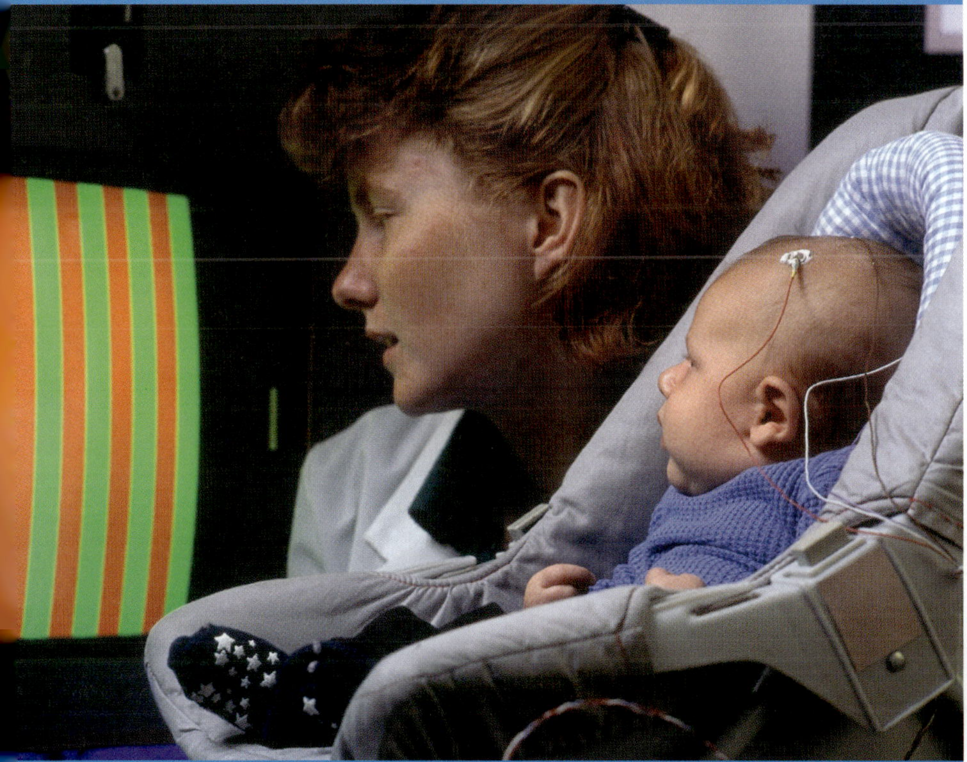

Lawrence Migdale/Science Source/Photo Researchers

개요

♥ 실험적 절제

뇌손상의 행동 효과에 대한 평가
뇌손상 방법
입체정위 시술
조직학적 방법
신경 연결 추적
살아 있는 인간의 뇌 구조 연구

♥ 신경활동의 기록과 자극

신경활동의 기록
뇌의 대사활동과 시냅스 활동의 기록
신경활동 자극하기

♥ 신경화학적 방법

특정 신경화학물질을 생산하는 뉴런을 찾는 방법
특정 수용기의 위치를 찾는 방법
뇌에서 분비되는 화학물질을 측정하기

♥ 유전적 방법

쌍둥이 연구
입양아 연구
게놈 연구
표적 돌연변이
안티센스 올리고뉴클레오티드

학습목표

1. 실험적 절제 방법의 논리, 뇌 기능과 행동의 구분, 그리고 뇌손상 방법을 설명한다.
2. 입체정위 시술 방법을 설명한다.
3. 뇌조직을 보존하고 절편을 내어 염색하는 방법과 뇌의 각 구조물을 연구하는 방법을 설명한다.
4. 구심성 축색과 원심성 축색을 추적하는 방법과 살아 있는 인간의 뇌 구조를 연구하는 방법을 설명한다.
5. 뇌의 신경활동과 대사활동을 기록하는 방법을 설명한다.
6. 뇌의 신경활동을 전기적·화학적으로 자극하는 방법을 설명한다.
7. 특정 신경화학물질과 그것을 생산하는 뉴런, 그리고 그것에 반응하는 수용기를 찾는 방법을 설명한다.
8. 신경계의 발달과 행동에 영향을 주는 유전적 요인을 확인하는 기법을 설명한다.
9. 뇌에 있는 특정 뉴런 집단의 기능을 연구하기 위해 표적 돌연변이와 안티센스 올리고뉴클레오티드의 사용에 대해 설명한다.

머리말 | 수선된 심장, 손상된 뇌

H 여사는 평생 활동적으로 살아왔다. 특별한 운동을 하지는 않았지만, 아이들이 어렸을 때에는 남편과 함께 아이들을 데리고 하이킹과 캠핑을 가곤 했고, 자녀들이 출가한 후에도 자전거 타기를 즐겼다. 그녀가 60세 되던 해에 남편이 세상을 떠났고, 더 이상 자전거를 타지는 않았지만 정원을 손질하고 친구들과 함께 동네를 산책하곤 하였다.

몇 년이 지난 후, H 여사는 정원에서 땅을 파고 있을 때 가슴에 갑작스런 통증을 느꼈다. 마치 손으로 심장을 쥐어짜는 듯하였다. 숨이 막혀 들고 있던 삽도 떨어뜨렸다. 가슴의 통증이 왼쪽 어깨를 거쳐 왼팔로 내려갔다. 그것은 너무나 끔찍한 감각이었다. 그녀는 심장마비가 일어난 것으로 확신하고 이제 죽는구나 하고 생각하였다. 그러나 몇 분 후 통증은 씻은 듯이 사라졌고, 그녀는 천천히 집으로 걸어 들어갔다.

그녀의 주치의는 그녀를 진찰하고 몇 가지 검사를 한 후 심장마비가 아니라고 말하였다. 통증의 원인은 심장으로 들어가는 혈액이 부족하여 일어난 협심증이었다. 혈관 벽에 누적된 콜레스테롤 등의 동맥경화성 플라크로 인해 관상동맥의 일부가 부분적으로 막힌 것이다. 정원에서 힘든 일을 함에 따라 심장박동이 빨라지고 결과적으로 심장근육의 대사활동이 증가하였다. 막힌 관상동맥이 그 대사량을 따라 주지 못하였기 때문에 대사산물이 누적되어 심한 통증이 야기된 것이다. 주치의는 과도한 활동을 하지 말라고 주의를 주며, 다시 발작이 일어나면 혀 밑에 넣어서 복용하는 나이트로글리세린 정을 처방해 주었다.

H 여사는 정원 일을 그만두었으나 친구들과 함께 계속 동네를 산책하였다. 그러던 어느 날 저녁, 잠자리에 들려고 계단을 올라가는 도중 또다시 심장에 발작을 느꼈다. 간신히 약장으로 가서 나이트로글리세린 정을 찾아낸 H 여사는 더듬다시피 겨우 뚜껑을 열어 한 알을 혀 밑에 넣었다. 알약이 녹아 나이트로글리세린이 혈액 안으로 녹아들자 그녀는 가슴이 느슨해지는 것을 느끼면서 침대로 들어갔다.

이듬해까지 H 여사의 발작 빈도와 강도는 더 심해졌다. 마침내 주치의로부터 의뢰받은 전문의는 관상동맥우회수술을 받도록 권유하였고, 그녀는 기꺼이 이 제의에 응하였다. 외과의사 G 박사는 그녀의 다리에서 잘라낸 정맥으로 두 개의 관상동맥을 대체하였다. 수술을 하는 동안 인공심장으로 혈액을 뿜어 올리면서 관상동맥의 환부를 잘라내고 대체혈관을 정교하게 봉합하였다.

며칠 후 G 박사가 H 여사의 병실을 방문하였다.

"H 여사, 기분이 어떻습니까?"

"괜찮아요. 그런데 눈에 문제가 있는 거 같아요. 모든 게 혼란스럽고, 잘 모르겠어요." 그녀가 말했다.

"걱정하지 마세요. 그런 어지러움은 큰 수술 후에 나타날 수 있는 자연스런 증상입니다. 검사 결과가 매우 좋은 것으로 보아, 협심증은 재발하지 않을 겁니다. 앞으로 오랫동안 건강하실 겁니다." 그는 환하게 웃으면서 병실을 떠났다.

그러나 H 여사의 시각장애와 혼란은 나아지지 않았다. 외과의사는 모든 검사 결과로 보아 수술이 성공적이었다고 말했지만, 그녀의 주치의는 무언가 잘못되었음을 느끼고 신경심리학자인 J 박사에게 진단을 의뢰하였다. J 박사의 진단 결과 그 우려가 사실대로 드러났다. H 여사는 Balint 증후군이었다. 그녀는 볼 수는 있지만, 안구의 운동을 조절하지 못하였다. 그녀에게는 빠르게 움직이는 조각난 영상들만 보이기 때문에 매우 혼란스러웠다. 더 이상 글을 읽을 수도 없었고, 앞에 놓인 물건을 집거나 만질 수도 없었다. 한마디로 그녀의 시각 기능은 거의 쓸모없게 되었다. 심장은 좋아졌으나 그 후 그녀는 요양원에서 살아야 했으며, 이제는 누군가 그녀를 돌보아 줄 사람이 있어야만 했다.

행동에 대한 생리학적 연구는 생리학, 신경해부학, 생화학, 심리학, 내분비학, 조직학 등 많은 분야의 과학자들의 노력으로 이루어진다. 행동신경과학 분야의 연구 과제를 수행하기 위해서는 여러 가지 실험적 기법에 능통해야 한다. 사용하는 절차가 다르면 상반된 결과를 낳을 수도 있기 때문에 연구자는 자신이 사용하는 방법의 장점과 한계에 대해 정확히 알고 있어야 한다. 과학적 탐구는 자연에 관한 질문을 제기하는 과정이다. 사용되는 연구방법에 따라 문제가 규정된다. 때때로 우리는 이상한 답을 얻기도 하는데, 나중에 가서야 우리가 생각했던 문제 제기가 잘못되었음을 깨닫게 된다. 앞으로 보겠지만 행동의 생리학에 대한 최선의 결론은 단일 실험에 의해서가 아니라 여러 가지 실험 방법으로 문제에 접근하는 일련의 연구 결과들을 비교함으로써 가능하다.

연구자들은 엄청나게 다양한 연구방법을 사용한다. 여기에 그 방법의 목록만 열거해 놓는다고 해도 여러분은 곧 잊어버리거나 관심을 잃게 될 것이다. 그래서 이 장에서는 가장 중요하고 많이 사용되는 절차와 그것을 사용하여 연구된 몇 가지 문제를 소개하겠다. 이를 통해 여러 가지 연구방법을 통해 얻은 다양한 정보와 각 방법의 장단점을 쉽게 파악할 수 있을 것이다. 또한 여러분은 어떤 실험 결과를 다른 실험을 통해 재검토해 보고자 할 때 사용되는 연구 전략도 보게 될 것이다.

실험적 절제

뇌 기능을 연구하기 위해 사용된 가장 중요한 연구방법 중의 하나는 뇌의 어떤 부분을 손상시키고 그로 인해 나타나는 동물의 행동을 평가하는 것이다. 이 방법을 **실험적 절제**experimental ablation(라틴어 *ablatus*는 '제거하다'라는 뜻이다)라고 한다. 대부분의 경우 실험적 절제는 뇌조직을 제거하는 것이 아니라 뇌조직 일부를 파괴한 채 그대로 둔다. 신경과학에서 사용된 가장 오래된 방법으로 오늘날에도 가장 중요한 방법 중의 하나이다.

뇌손상의 행동 효과에 대한 평가

손상(lesion)이란 말 그대로 상해를 입히는 것으로, 실험자가 뇌의 일정부위를 파괴하는 것을 뇌손상(brain lesion)이라고 말한다. 뇌의 특정영역을 손상하고 그에 따른 동물의 행동을 관찰하는 실험을 **손상연구**lesion study라고 한다. 손상연구의 논리는 뇌의 특정부위가 손상된 후 동물이 더 이상 수행하지 못하게 된 행동을 근거로 그 영역의 기능을 추론하는 것이다. 예를 들어, 뇌의 어떤 영역이 파괴된 후 시각능력이 요구되는 과제를 더 이상 수행하지 못하였다면, 우리는 그 동물이 시각능력을 상실했다고 결론 내릴 수 있고, 나아가 손상된 뇌 영역이 시각기능에 어떤 역할을 담당한다고 해석할 수 있다.

우리가 손상연구를 통해 알 수 있는 것은 과연 무엇인가? 우리의 목표는 뇌의 각 영역이 어떤 기능을 수행하며, 특정행동을 달성하기 위해 이러한 기능들이 어떻게 조합되는가를 밝혀내는 것이다. 뇌 기능과 행동 간의 구분이 매우 중요하다. 뇌 속의 회로는 기능을 수행하는 것이지 행동을 수행하는 것이 아니다. 이런 행동을 담당하는 단일 뇌 영역 또는 신경회로는 존재하지 않는다. 뇌의 한 영역은 행동 산출에 기여하는 한 가지 기능(또는 여러 가지 기능)을 수행한다. 예를 들어, 읽기행동에는 안구운동을 조절하고, 수정체의 초점을 맞추고, 철자나 단어를 지각하고 재인하고, 단어의 의미를 이해하는 등의 기능이 포함된다. 이러한 기능 중에서 어떤 것은 다른 행동에도 관여한다. 예를 들어, 안구운동과 수정체의 초점을 조절하는 기능은 보는 것과 관련된 모든 과제에서 필요하며, 단어의 의미를 이해하는 뇌기제는 구어를 이해하는 데에도 관여한다. 연구자가 해야 할 일은 특정행동을 수행할 때 필요한 기능을 이해하고 뇌의 어떤 신경회로가 그 기능을 담당하는지 밝혀내는 것이다.

뇌손상 방법

뇌를 어떻게 손상시킬 것인가? 통상 우리는 뇌의 깊숙한 곳에 숨어 있는 영역을 파괴하고자 한다. 피질하 영역(대뇌피질 아래에 있는 영역)을 손상하기 위해서는 전극 끝의 첨단 부분만 제외하고 완전히 절연된 스테인리스스틸 전극을 사용하여 전류를 흘려보낸다. 입체정위 방식으로 전극의 끝 부분이 정확히 목표지점에 도달하도록 한다(입체정위 시술에 대해서는 다음 절에서 기술할 것이다). 그런 다음 고주파(radio frequency; RF) 전류—매우 높은 주파수의 교류—를 발생시키는 손상

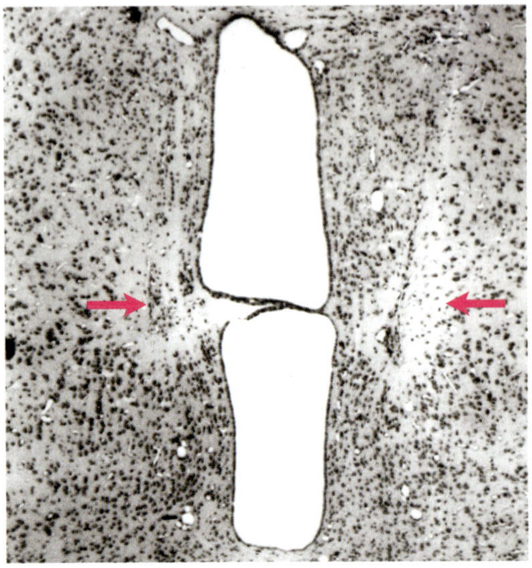

그림 5.1 고주파 손상. 화살표는 쥐의 뇌 내측시상전핵에 연결된 스테인리스 전극의 끝을 통해 고주파 전류를 흘려 만든 작은 손상 부위를 가리킨다. 사진 중앙의 직사각형의 구멍은 제3뇌실이다(전두단면, 세포체 염색).

Turkenburg, J. L., Swaab, D. F., Endert, E., Louwerse, A. L., and van de Poll, N. E. *Brain Research Bulletin*, 1988, *21*, 215-224.

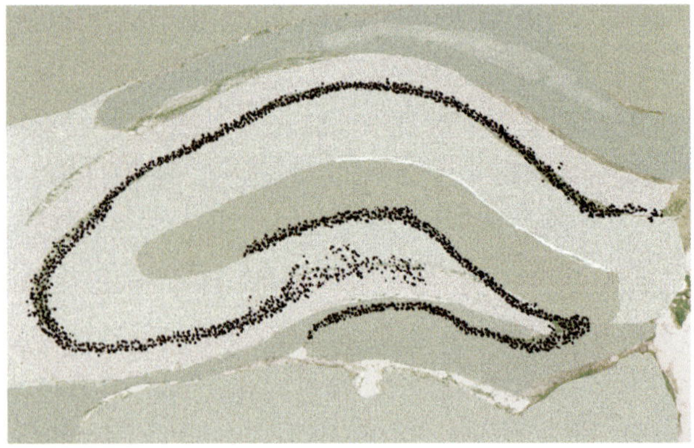

(a)

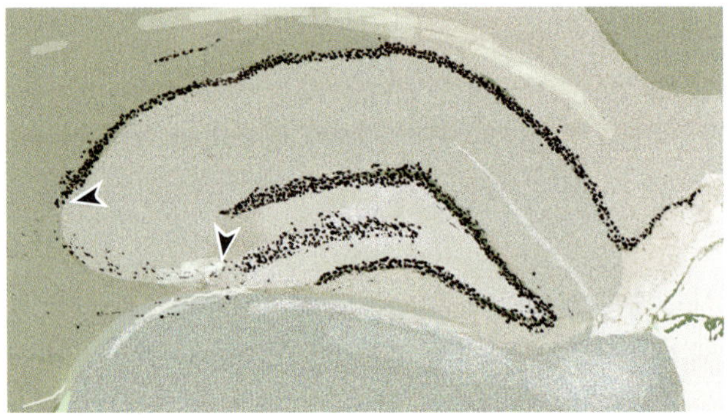

(b)

그림 5.2 흥분성독 손상. 쥐의 뇌 해마 단면. (a) 정상해마, (b) 흥분성 아미노산 주입으로 손상된 해마. 화살표는 뉴런이 파괴된 영역의 끝을 표시한다.

Based on research from Benno Roozendaal/University of Groningen.

장치에 전극을 연결한다. 전류가 뇌조직을 통과하면서 열을 발생시켜 전극 끝 부분을 둘러싼 영역의 세포를 죽게 만든다(그림 5.1 참조).

이러한 방식으로 손상을 하면 전극 끝 주변의 모든 것—뉴런의 세포체와 그 영역을 통과하는 뉴런의 축색들—이 파괴된다. 이것보다 더 선택적으로 뇌를 손상시키기 위한 방법으로, 카이닌산(kainic acid)과 같은 흥분성 아미노산을 사용하여 그 영역의 뉴런을 자극하여 죽게 만드는 방법이 있다(4장에서 살펴보았듯이 카이닌산은 글루타민 수용기를 자극한다). 이러한 손상을 **흥분성독 손상**excitotoxic lesion이라고 한다. 흥분성 아미노산을 미세관을 통해서 뇌의 어떤 영역에 주입하면 이 화학물질은 주변의 세포체만을 파괴하고 근처를 지나가는 축색은 손상시키지 않는다(그림 5.2 참조). 이러한 선택성으로 인해 연구자들은 특정 뇌 영역을 손상한 후 나타나는 행동적 효과가 그곳에 있는 뉴런이 손상되었기 때문인지, 아니면 그 부분을 지나가는 축색이 파괴되었기 때문인지 알 수 있다.

특정 유형의 뉴런들을 표적으로 더욱더 선택적으로 손상시키는 방법도 있다. 예를 들면, 분자생물학자들은 뇌의 특정 유형의 뉴런에만 존재하는 특정 단백질과 결합하는 항체에 독성 화학물질을 부착시키는 방법을 개발하였다. 항체는 이들 단백질을 표적으로 삼기 때문에 독성화학물질은 이 단백질을 가지고 있는 세포만 선택적으로 죽이게 된다.

전극을 통해 고주파 전류를 흘리거나 미세관을 통해 화학물질을 주입하여 피질하 영역을 손상할 때, 뇌는 항상 부가적인 손상을 입게 된다는 점을 명심해야 한다. 뇌손상 장치를 켜거나 화학물질을 주입하기도 전에 전극이나 미세관을 뇌 속의 목표부위에 삽입할 때 이미 불가피하게 어느 정도 손상을 입히게 된다. 그러므로 우리는 뇌손상 동물과 전혀 시술을 받지 않은 통제 동물의 행동을 단순히 비교해서는 안 된다. 의도하지 않았던 목표부위 윗부분의 손상이 실제로 행동적 결함의 원인이 될 수 있다. 그러므로 우리는 다른 한 집단의 동물에게 **모의 손상**sham lesion시켜야만 한다. 동물을 마취한 뒤 입체정위 시술 장치에 올리고, 두피를 절개하고, 두개골에 구멍을 뚫어, 전극이나 미세관을 삽입하여 목표 깊이까지 내린다. 다시 말해서 뇌손상 장치를 켜거나 약물을 주입하는 것만 제외하고 손상 시의 모든 절차를 다하는 것이다. 이 집단의 동물을 통제집단으로 사용하는데 만약 뇌가 손상된 동물의 행동이 모의시술 통제동물의 행동과 다르다면 연구자는 뇌손상이 행동적 결함을 일으켰다고 결론 내릴 수 있다[여러분은 알다시피 모의시술은 약물 효과에 관한 연구에서 위약(placebo)과 같은 목적으로 사용된다].

대부분의 경우 연구자는 영구적인 뇌손상을 만들지만, 때로는 특정 뇌 영역의 활동을 일시적으로 차단하는 것이 더 바람직할 때가 있다. 그렇게 하는 가장 쉬운 방법은 국소 마취제 또는 무시몰(muscimol)이라는 약물을 목표부위에 주입하는 것이다. 마취제는 그 영역으로 들어가거나 나오는 축색의 활동전위를 차단함으로써 결과적으로는 일시적인 손상을 일으킨다[이것을 가역적(reversible) 뇌손상이라고 한다]. 무시몰은 GABA 수용기를 자극하여 그곳에 있는 뉴런을 억제하므로 특정영역을 비활성화시킨다(이미 배웠듯이 GABA는 뇌에서 가장 중요한 억제성 신경전달물질이다).

입체정위 시술

그러면 어떤 방법으로 동물의 뇌 속 깊숙이 위치한 목표부위에 전극이나 미세관의 끝을 정확하게 삽입할 수 있을까? 그 답은 **입체정위 시술**stereotaxic surgery이다. 입체정위(stereotaxis)란 문자 그대로 '입체적인 정렬'을 의미한다. 보다 정확하게 말하면 3차원 공간 내에서 목표의 위치를 잡는 것을 뜻한다. 입체정위 장치는 동물의 머리를 표준 위치에 고정하는 고정장치와 삼차원 공간상에서 전극이나 미세관을 모든 방향으로 정확한 거리만큼 이동시킬 수 있는 전극이동장치로 이루어져 있다. 하지만 입체정위 시술을 행하기 위해서는 우선 입체정위 도감(stereotaxic atlas)을 알아야 한다.

입체정위 도감

같은 종의 동물들의 뇌가 완전히 동일하지 않지만, 머리의 외적 특징을 근거로 특정 뇌 구조물의 위치를 예측하기에는 충분한 유사성이 있다. 예를 들어, 쥐의 피질하 핵군의 위치는 두개골의 몇몇 뼈가 만나는 융합부위로부터 복측, 전측, 외측으로 각각 수 mm씩 떨어진 곳이라도 볼 수 있다. 그림 5.3은 쥐의 두개골 두 측면을 보여 주는데, 위에서는 배측면을 보여 주고 있으며 그 아래에는 정중시상단면을 보여 주고 있다(그림 5.3 참조). 두개골은 여러 개의 뼈로 이루어져 있는데, 이들이 만나는 면에 봉합선(suture)이 형성된다. 신생아의 머리에는 관상봉합선과 시상봉합 사이에 틈이 있어 매우 부드러운데 이를 천문(fontanelle)이라고 한다. 뼈가 자라나서 틈이 닫히면, 그 교차부위를 **브레그마**bregma라고 한다(이 말은 그리스어로 '머리의 앞'이라는 뜻이다). 쥐의 두개골에서도 브레그마를 찾을 수 있는데, 통상 이 지점을 기준점으로 사용한다. 동물의 두개골을 그림과 같은 각도로 놓으면, 뇌의 특정영역은 브레그마를 기준으로 거의 일정한 위치에 있게 된다.

입체정위 도감stereotaxic atlas은 브레그마에서 문측과

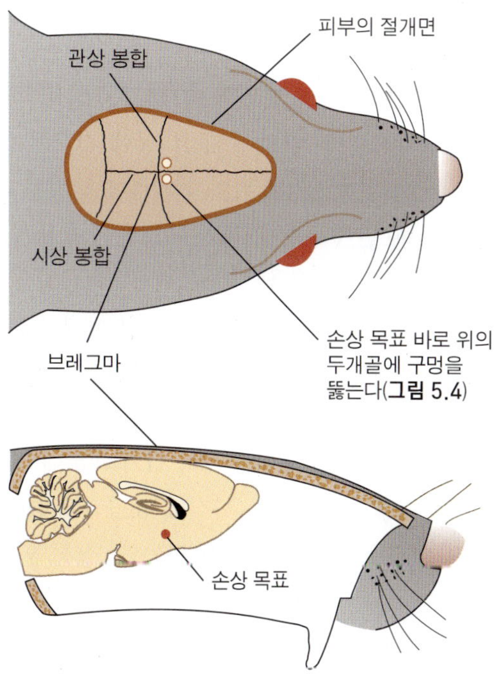

그림 5.3 쥐의 뇌와 두개골. 이 그림은 쥐의 뇌와 두개골 표면의 관계, 그리고 전극을 삽입할 목표부위의 위치를 보여 준다. 위 그림: 배측면, 아래 그림: 정중시상단면

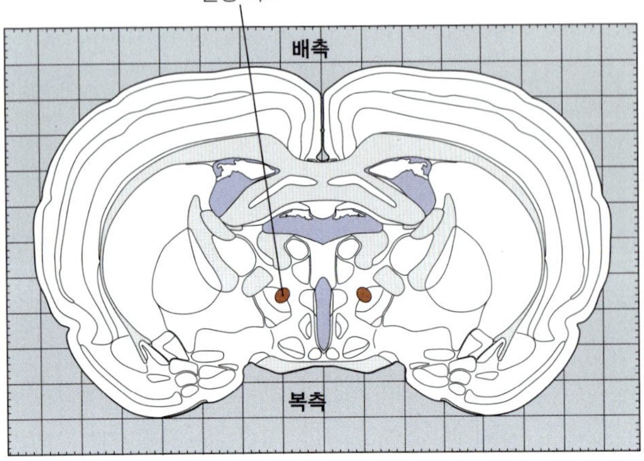

그림 5.4 입체정위 도감. 이 그림은 쥐의 뇌 전두단면을 보여 준다. 목표부위(뇌궁)가 빨간색으로 표시되어 있다. 그림을 명료하게 하기 위해 각 부위의 명칭을 표시하지 않았다.

Swanson, L. W. *Brain Maps: Structure of the Rat Brain*. New York: Elsevier, 1992.

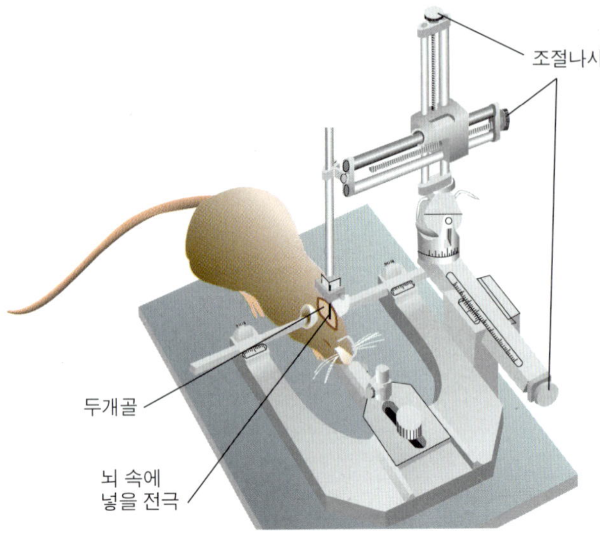

그림 5.5 입체정위 장치. 이 장치는 쥐의 뇌를 수술하기 위해 사용하는 것이다.

미측으로 여러 거리에서 얻은 관상절편의 사진이나 그림들로 되어 있다. 예를 들어, 그림 5.4는 목표부위(빨간색으로 표시)가 포함된 뇌의 단면 그림이다. 이 구조물(뇌궁)에 전극의 끝을 넣기 위해서는, 먼저 바로 위의 두개골에 구멍을 뚫는다(그림 5.4 참조). 입체정위 도감의 각 그림(사진)은 브레그마로부터 앞 또는 뒤로 얼마만큼 떨어진 것인지 표시되어 있다. 그림의 격자선은 목표지점이 두개골 상단으로부터 아래로, 중심선에서 외측 방향으로의 거리를 알려 준다. 뇌궁에 전극의 끝 부분을 넣기 위해서 목표지점 위의 두개골에 구멍을 내고, 이 구멍을 통해 전극 끝이 두개골 표면에서 목표지점까지 정확한 깊이로 전극을 내린다(그림 5.3과 그림 5.4 참조). 그래서(우리가 눈으로 볼 수 없는) 신경구조물을 입체정위 도감에 있는 그림에서 찾아 (직접 볼 수 있는) 브레그마와의 상대적인 위치를 결정할 수 있다. 동물의 종과 나이에 따라 뇌 구조에 차이가 있기 때문에 도감은 단지 근사치만을 제공한다는 사실에 유념해야 한다. 우리는 항상 새로운 좌표를 찾아야 하는데, 실험 후 동물의 뇌를 절편내고 염색하여 실제로 손상된 위치를 확인함으로써 계속해서 좌표를 교정해야 한다(절편과 염색은 다음 절에서 다룰 것이다).

입체정위 장치

입체정위 장치stereotaxic apparatus의 작동원리는 아주 간단하다. 이 장치는 동물의 두개골을 적절한 각도로 유지시킬 수 있는 머리 고정대와 전극 고정대, 그리고 전극 고정대를 삼차원 축–전후측, 배복측, 내외측–을 따라 이동시킬 수 있는 눈금이 있는 전극이동장치로 이루어져 있다. 그림 5.5에 작은 동물용 입체정위 장치를 보여 주고 있다. 쥐, 생쥐, 햄스터, 비둘기, 거북 등의 각 동물에게 맞도록 여러 크기의 머리 고정대가 사용될 수 있다(그림 5.5 참조).

먼저 입체정위 도감에서 좌표를 구한 후 동물을 마취시키고, 입체정위 장치에 고정한 다음 두피를 절개하여 연다. 전극을 브레그마에 위치시키고, 적절한 눈금만큼 이동시킨 후 그 위치에서 두개골에 구멍을 뚫고, 정확한 눈금만큼 전극을 뇌 속으로 내린다. 이때 전극의 끝이 우리가 원하는 곳에 있으므로 손상을 가할 준비가 된 것이다.

물론 입체정위 시술은 손상 이외의 다른 목적으로 사용될 수도 있다. 뇌 속에 삽입된 전극을 통해 뉴런을 파괴시킬 뿐만 아니라 뉴런을 자극할 수도 있고, 약물을 주입하여 뉴런을 자극하거나 특정 수용기를 차단할 수도 있다. 이 장의 뒷부분에서 설명하는 절차를 통해 미세관이나 전극을 영구적으로 심을 수도 있다. 일단 시술

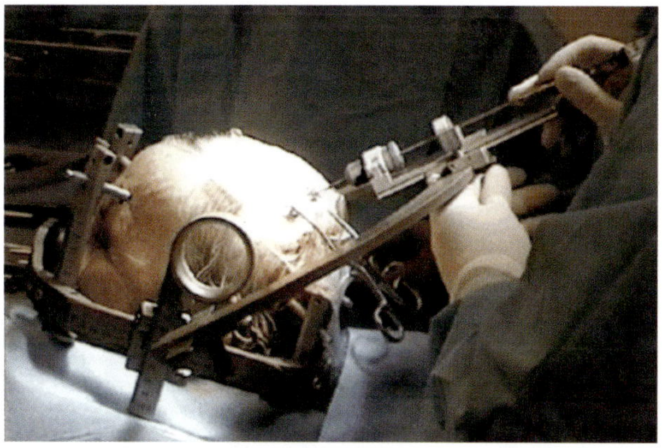

그림 5.6 인간 환자에게 입체정위 시술.

John W. Snell, University of Virginia Health System.

그림 5.7 미세절편기.

이 끝나면 상처부위를 모두 꿰매고, 동물을 입체정위 장치에서 내려 마취에서 깨어나면 회복시킨다.

또한 입체정위 장치는 같은 방식으로 인간에게도 사용된다. 가끔 신경외과의사는 파킨슨병의 증상을 완화하기 위해 피질하 손상을 시키기도 한다. 일반적으로 외과의사는 다중표식을 사용하며, 뇌 속에 삽입할 전극의 위치를 검증하기 위해 뇌손상을 시키기 전에 뇌를 스캔하거나 해당 영역의 뉴런의 활동을 기록한다(그림 5.6 참조).

조직학적 방법

뇌를 손상시킨 후 그것이 동물의 행동에 미치는 영향을 관찰한 다음에는, 동물의 뇌를 절편내고 염색하여 현미경으로 손상부위를 확인할 수 있다. 뇌손상은 목표지점을 벗어날 수 있기 때문에 우리는 동물을 행동적으로 검사한 후 정확한 뇌손상부위를 검증해야만 한다. 이를 위해 뇌를 고정하고 절편을 내어 염색한 다음 검사한다. 이 모든 절차들을 묶어서 **조직학적 방법**(histological method)이라고 한다(*histo*-라는 접두어는 신체 조직을 밀한다).

고정과 절편 만들기

만일 유기체의 사망 당시 그대로의 조직을 연구하려면 먼저 자가분해효소를 제거해야 하는데 그렇지 않으면 조직은 문드러져버린다. 또한 박테리아나 곰팡이로 인해 조직이 부패하지 않도록 보존해야 한다. 이 두 가지 목적을 달성하기 위하여 우리는 신경조직을 **고정제** fixative에 담근다. 가장 일반적으로 사용되는 고정제는 **포르말린** formalin으로, 가스 상태인 폼알데하이드의 수용액이다. 포르말린은 자가분해를 방지하고, 아주 부드럽고 부서지기 쉬운 뇌조직을 단단하게 하며, 뇌를 파괴하는 미세 유기물을 죽인다.

일단 뇌가 고정되면, 우리는 그것을 절편으로 얇게 잘라서 해부학적인 면을 자세하게 관찰하기 위하여 다양한 세포구조물을 염색한다. **미세절편기** microtome(문자 그대로 '잘게 자르는 기구')를 이용하여 뇌를 얇게 자른다(그림 5.7 참조). 광학현미경으로 관찰하기 위한 절편은 보통 10~80μm 두께로 자르고, 전자현미경 관찰을 위해서는 일반적으로 1μm 이하의 두께로 자른다(μm 또는 **마이크로미터**는 100만 분의 1m 또는 1,000분의 1mm를 나타낸다). 여러 가지 이유로 뇌조직의 절편을 **단면**(section)이라고도 한다.

조직을 잘라낸 후 그 절편을 현미경용 슬라이드 글라스 위에 붙인다. 그 후 전체 슬라이드를 다양한 화학용액에 넣어 조직을 염색할 수 있다. 끝으로 염색한 절편 위에 **배접물질**(mounting medium)이라고 불리는 투명 액체를 바른 다음 얇은 덮개 유리를 씌운다. 배접물질은 덮개 유리가 움직이지 않도록 부착시켜 준다.

염색

만일 염색을 하지 않은 뇌 절편을 현미경으로 관찰하면 아마 커다란 세포집단과 굵은 섬유다발의 윤곽만 볼 수

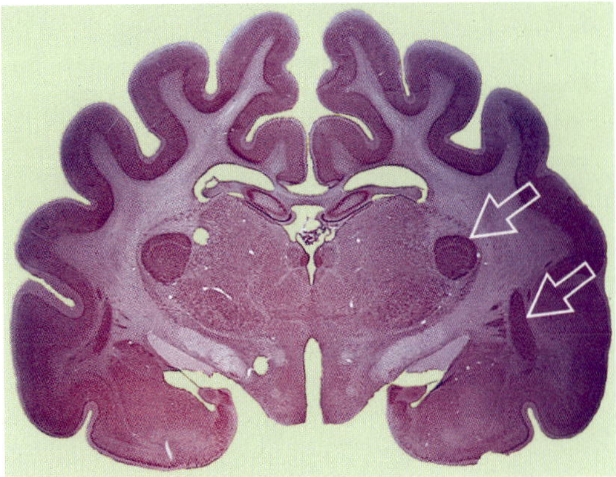

그림 5.8 세포체 염색. 이 사진은 크레실 바이올렛으로 세포체 염색을 한 고양이 뇌의 전두단면이다. 화살표가 세포체의 덩어리인 핵을 가리키고 있다.

Mary Carlson.

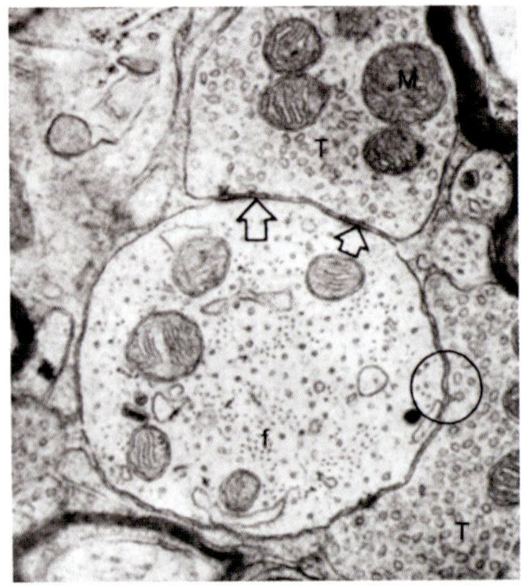

그림 5.9 전자현미경 사진. 이 사진은 축색수상돌기 시냅스 단면의 전자현미경 사진이다. 두 개의 시냅스 영역이 화살표로 표시되어 있고, 원은 인접한 종말단추에서 음작용이 일어나는 영역을 표시하는데, 이것은 아마 소낭 막의 재활용을 나타내는 것 같다. T = 종말단추, f = 마이크로필라멘트, M = 미토콘드리아

Rockel, A. J., and Jones, E. G. *Journal of Comparative Neurology*, 1973, *147*, 61–92. John Wiley & Sons, Inc., Journals.

있을 것이다. 그러나 더 세부적인 면은 전혀 관찰할 수 없다. 이러한 이유로 미시적인 신경해부학 연구를 위해서는 특수한 조직학적 염색이 필요하다. 연구자들은 세포 안팎의 특정 물질을 확인하기 위한 여러 가지 염색 방법을 개발하였다. 뇌손상의 위치를 확인하기 위해서는 세포체 염색이라는 가장 간단한 방법을 사용할 것이다.

19세기 후반 독일의 신경학자 프란츠 니슬(Franz Nissl)은 뇌조직의 세포체를 염색할 수 있는 메틸렌블루(methylene blue)라는 염료를 발견하였다. 이 염료에 의해 염색되는 물질은 **니슬 소체**(Nissl substance)로 알려졌는데, 니슬 소체는 RNA와 DNA, 그리고 핵에 존재하거나 세포질 속에 과립의 형태로 떠다니는 단백질이다. 메틸렌블루 이외에도 여러 가지 염료들이 뇌 절편 속의 세포체를 염색하는 데 사용될 수 있지만, 가장 흔히 사용되는 것은 크레실 바이올렛(cresyl violet)이다. 우연히도 이 염색 물질은 조직학적 용도로 특별히 개발된 것이 아니라 원래 옷감을 염색하기 위해 만들어진 것이다.

세포체 염색법의 발견으로 인해 뇌 속의 핵군들이 규명되었다. 그림 5.8은 크레실 바이올렛으로 염색한 고양이 뇌의 전두단면이다. 섬유다발은 염색되지 않으므로 더 밝게 보이는 것을 관찰할 수 있다(그림 5.8 참조). 이 염색은 뉴런의 세포체에만 국한되는 것이 아니라 뉴런과 아교세포가 모두 유사하게 염색된다. 연구자들은 그 둘의 크기, 모양, 위치에 따라 구별한다.

전자현미경

광학현미경으로는 극히 작은 부분을 관찰하는 데에 한계가 있다. 빛 자체의 특성 때문에 약 1,500배 이상 확대하면 더 이상 자세하게 나타나지 않는다. 시냅스 소낭이나 세포 내 소기관과 같은 아주 작은 구조들을 관찰하기 위해서는 전자현미경을 사용해야 한다. 우리가 관찰하고자 하는 조직에 전자빔을 쪼인다. 그러면 전자에 의해 노출된 조직의 음영이 감광필름에 나타난다. 이런 방식으로 만들어진 전자현미경 사진은 수십 나노미터(nm) 정도 크기까지 조직의 세부적인 모습을 보여 준다(그림 5.9 참조).

주사 전자현미경scanning electron microscope은 전자빔을 조직에 통과시키는 표준 전자현미경보다 확대 비율은 더 낮다. 그러나 주사 전자현미경으로는 대상을 3차원으로 볼 수 있다. 이 방법은 전자빔을 움직이면서 조직을 스캔한다. 조직에서 반사된 전자빔에서 얻은 정보를 사용하여 아주 자세한 3차원적 그림을 만든다. 2장

에서 본 신경의 단면 그림은 이런 방법으로 관찰한 것을 그린 것이다(그림 2.3 참조).

신경 연결 추적

우리가 생식행동을 담당하는 신경기제에 관심이 있다고 가정해 보자. 먼저 우리는 암컷 쥐의 성행동에 대한 생리학적 연구를 하였다. 과학 잡지에 실린 다른 연구자들의 실험 보고서를 근거로, 두 집단의 암컷 쥐에게 입체정위 시술을 행하였다. 실험집단의 쥐에게는 복내측 시상하부(VMH)를 손상시키고, 통제집단의 쥐에게는 모의 시술만을 행하였다. 며칠 동안 회복시킨 후, 시술한 암컷 쥐를 수컷 쥐와 함께 있게 하였다. 통제집단의 암컷 쥐는 수컷 쥐의 관심에 적극적인 반응을 보였다. 그들은 구애행동에 능동적으로 참여하여 교미행동으로 이어갔다. 그러나 VMH가 손상된 암컷 쥐는 수컷의 관심을 거부하였고 교미행동에도 응하지 않았다. 조직학적 연구를 통해 실험집단 쥐들의 VMH가 실제로 파괴되었음을 확인하였다(한 마리가 교미행동에 응하였으나 그 암컷은 VHM가 제대로 손상되지 않았음이 확인되었고, 그래서 그 자료를 제외시켰다).

이 실험의 결과는 VHM 뉴런이 암컷 쥐의 교미행동과 관련된 어떤 기능을 담당함을 보여 준다(어쨌거나 이 손상은 수컷 쥐의 교미행동에는 아무런 영향을 미치지 않는다). 그렇다면 이다음에 우리가 나아가야 할 방향은 어디인가? 다음 연구단계는 무엇인가? 사실 우리가 추구해야 할 방향은 매우 많다. 그중 하나는 암컷의 교미행동을 담당하는 뇌 구조물의 회로에 관한 것이다. 분명 VMH가 혼자 담당하는 것이 아닐 것이다. VMH는 다른 구조물로부터 입력을 받아서 또 다른 구조물로 출력을 내보낸다. 교미행동은 시각, 촉각, 후각을 지각적으로 통합하고 상대방의 움직임에 반응하여 운동 양식을 조직화하여야 한다. 덧붙여서 그 신경망 전체는 적절한 성호르몬으로 활성화되어야 한다. 이런 복잡한 체계에서 VMH의 정확한 역할은 무엇일까?

이 질문에 답하기 전에, 우리는 VMH와 다른 뇌 구조물 간의 연결에 대해 알아야 한다. 어떤 구조물들이 자신의 축색을 VMH에 보내고, VMH는 또한 어떤 구조물로 축색을 보내는가? 먼저 신경 연결이 어떻게 되어 있

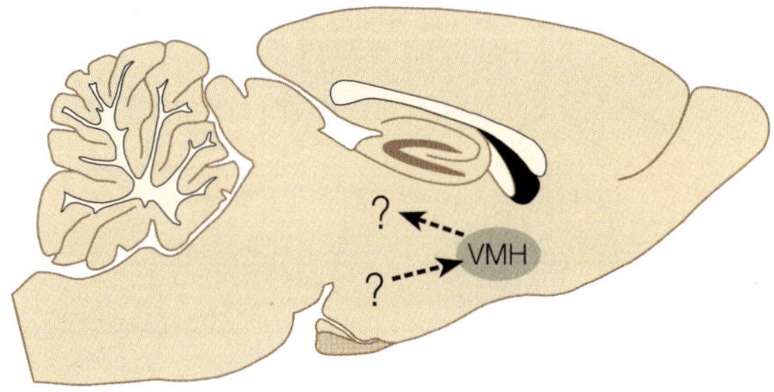

그림 5.10 신경 연결 추적. 일단 특정 뇌 영역이 특정 기능에 관여한다는 것을 알면, 우리는 그 영역이 어떤 구조물에서 입력을 받는지, 어떤 구조물로 출력을 보내는지에 관심을 갖게 된다.

는지를 알아야 우리는 그 구조물의 역할과 상호작용의 본질을 연구할 수 있다(그림 5.10 참조).

VMH의 연결 회로를 어떻게 연구할 것인가? 이것은 세포체 염색과 같이 모든 뉴런을 염색하는 조직학적 절차에 의해서는 밝힐 수가 없다. 이런 방법으로 만들어진 뇌조직을 자세히 들여다보면 마구 엉켜 있는 뉴런 덩어리만을 보게 될 것이다. 그러나 최근 연구자들은 특정한 뉴런을 다른 뉴런들과 명확하게 구별해 주는 정교한 방법을 개발하였다.

원심성 축색 추적

VMH의 뉴런은 근육과 직접 연결되어 있지 않기 때문에 행동에 직접 영향을 줄 수는 없다. VMH의 뉴런은 근육운동을 담당하는 뇌 영역에 축색을 보내는 것이 틀림없다. 그 경로는 아마 직접적인 것이 아닐 것이다. VMH의 뉴런이 다른 구조물에 영향을 미치고 그것이 다시 또 다른 구조물에 영향을 미치는 식으로 하여 결과적으로 운동뉴런이 자극될 때까지 연결될 것이다. 이 회로를 규명하기 위하여 VMH에서 나가는 축색을 따라 그 경로를 추적해야 한다. 다른 말로 하면, 이 구조물의 **원심성 축색**(efferent axons)을 추적해야 한다.

우리는 **순행성 표지법**anterograde labeling method을 사용하여 축색을 추적한다(*anterograde*는 '앞으로 움직이다'라는 뜻이다). 순행성 표지법은 수상돌기나 세포체에서 받아들여 축색을 통해 종말단추 쪽으로 이동하는 화학물질을 이용한다.

수년 동안 신경과학자들은 원심성 축색의 경로를 추적하기 위하여 여러 가지 다른 방법을 개발해 왔다. 예

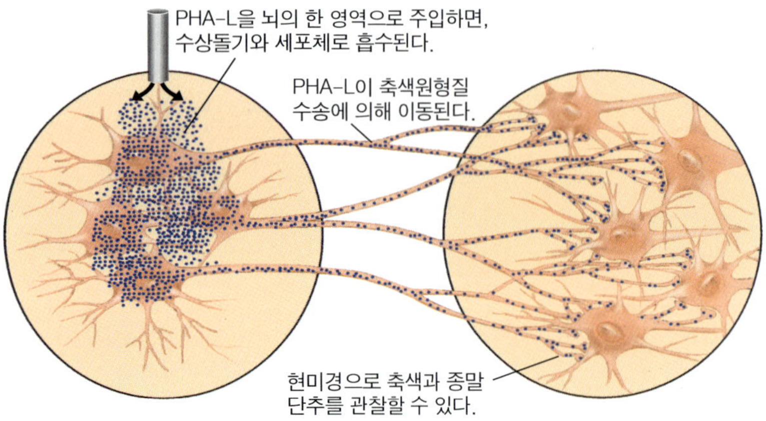

그림 5.11 원심성 축색 추적. 이 그림은 원심성 축색을 추적하기 위해 PHA-L을 사용하는 원리를 보여 준다.

를 들어, VMH 내에 있는 뉴런의 원심성 축색의 종착지를 알아내기 위하여 미량의 **PHA-L**(강낭콩에 있는 단백질)을 VMH에 주입한다(물론, 이때 입체정위 장치를 사용한다). PHA-L의 분자는 수상돌기에 의해 흡수되어 세포체를 통해 축색으로 수송되며 빠른 축색원형질 수송으로 종말단추에 이르게 된다. 며칠 이내에 세포는 전체—수상돌기, 세포체, 축색, 축색의 모든 가지와 종말단추—가 PHA-L 분자로 채워지게 된다. 그 후 동물을 희생시켜 뇌 절편을 만들어 현미경 슬라이드에 올린다. 특수한 면역세포화학적 방법(immunocytochemical methods)을 사용하여 PHA-L 분자를 가시화시켜 현미경으로 검사한다(그림 5.11 참조).

면역세포화학적 방법immunocytochemical method은 면역반응을 이용한 것이다. 신체의 면역계는 항원에 반응하여 항체를 생산하는 능력이 있다. 항원(antigen)은 박테리아나 바이러스의 표면에 있는 단백질(또는 펩타이드)이다. 항체(antibody)는 백혈구에서 생산되는 단백질로서 침입한 미생물을 파괴시킨다. 항체는 백혈구에 의해 분비되거나 또는 신경전달물질 수용기가 뉴런의 표면에 있는 것처럼 백혈구의 표면에 있다. 항체가 침입한 미생물의 표면에 있는 항원을 인식하여 결합하면, 항체는 백혈구로 하여금 침입자를 공격하도록 한다.

세포 생물학자들은 어떠한 펩타이드나 단백질에 대해서도 항체를 만들 수 있는 방법을 개발해 내었다. 항체 분자는 여러 종류의 염료 분자에 부착된다. 어떤 염료는 다른 화학물질과 반응하여 조직을 갈색으로 물들이고, 또 어떤 것은 형광물질이기 때문에 특정한 파장의 빛에 노출되면 빛을 발하게 된다. 펩타이드나 단백질(항원)이 뇌의 어느 위치에 존재하는지 알아내기 위하여 신선한 뇌조직절편을 염료 분자와 부착된 항체가 있는 용액에 넣어 둔다. 항체는 스스로 항원에 달라붙는다. 그 절편을 현미경으로 조사해 보면 (형광염료인 경우에는 특정 파장의 빛 아래에서), 뇌의 어느 부위—심지어 개개의 뉴런까지도—가 항원을 포함하고 있는지 확인할 수 있다.

그림 5.12는 특정 뇌 영역의 원심성 축색을 확인하기 위해 PHA-L이 어떻게 사용되는지를 보여 준다. 이 화학물질 분자들을 VMH에 주입한다. 이틀 후, 즉 PHA-L이 이 영역의 뉴런에 흡수되어 축색 끝까지 전달된 후에 동물을 희생시킨다. PHA-L 분자가 있는 조직을 갈색으로 염색시키는 화학적 절차를 사용하였다. 그림 5.12는 중뇌수도주변회백질(periaqueductal gray matter; PAG)의 현미경 사진이다. 그림에 나타난 바와 같이 이 영역에 PHA-L로 표지된 축색과 종말단추가 있다는 것은(금색 부분) VMH의 원심성 축색 일부가 PAG에서 종지됨을 증명해 주는 것이다(그림 5.12 참조).

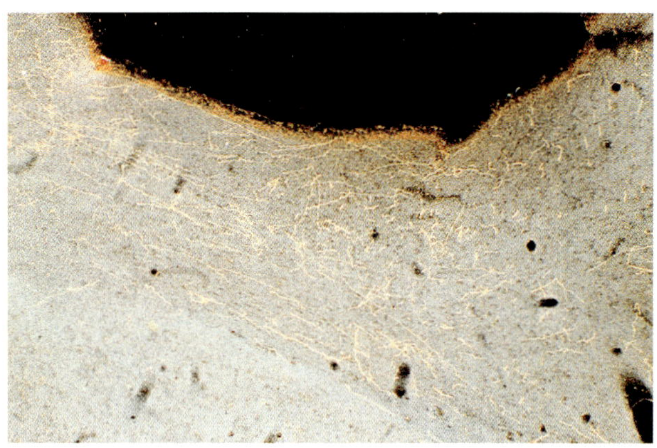

그림 5.12 순행성 표지법. PHA-L을 복내측시상하부에 주입하면, 그 부위의 수상돌기에 의해 흡수되고, 축색을 통해 종말단추까지 전달된다. 표지된 축색과 종말단추가 중뇌수도주변회백질(PAG)에서 보인다.

Kirsten Nielsen Ricciardi and Jeffrey Blaustein, University of Massachusetts.

암컷의 성행동에서 VMH의 역할에 대한 연구를 계속하기 위하여, VMH 뉴런에서 정보를 받는 (PAG와 같은) 구조물을 찾아내어, 그중 한 구조물이 손상되었을 때 어떤 현상이 일어나는가를 검사한다. 어떤 부위가 손상되자 암컷 쥐의 성행동이 역시 와해되었다고 가정해 보자. 그러면 이 구조물에 또 PHA-L을 주입하여 그 축색이 어디로 가는지 조사할 것이다. 결과적으로 VMH로부터 시작하여 교미행동에 필수적인 운동뉴런에 이르는 경로를 발견하게 될 것이다(실제로 연구자들이 이런 연구를 수행하였고, 그중 몇몇 결과가 9장에 제시되어 있다).

구심성 축색 추적

VMH에서 나가는 원심성 축색을 추적하는 것은 암컷의 성행동에 관여하는 신경회로의 일부분－VMH와 운동뉴런 사이 부분－만을 알려 준다. VMH 이전의 회로는 무엇인가? VMH는 감각정보(수컷의 모습, 냄새, 촉각 등)의 분석에도 어느 정도 관여하는가? 또는 그 암컷의 성행동에 미치는 호르몬의 활성화 효과가 VMH를 통해서 또는 그곳에서 시냅스를 맺고 있는 뉴런을 통해서 작용할 수도 있다. 신경회로의 '상위 흐름' 요소에 해당하는 뇌 부위를 찾으려면, VMH로 들어오는 구심성 연결을 규명해야 한다. 이를 위해 **역행성 표지법**retrograde labeling method을 사용한다.

역행성(retrograde)은 '뒤로 간다'라는 뜻이다. 역행성 표지법은 종말단추에 의해 흡수되어 축색을 통해 세포체로 되돌아가는 화학물질을 이용한다. 특정 뇌 영역으로 들어오는 구심성 입력을 밝혀내는 방법은 원심성을 규명하는 것과 유사하다. 먼저 **플루오르골드**fluorogold라는 화학물질을 VMH에 주입한다. 이 화학물질은 종말단추에 의해 흡수되어 역행성 축색원형질 수송에 의해 세포체로 수송된다. 며칠 후 동물을 희생시키고 뇌 절편을 만들어, 특정 파장의 빛으로 조직을 검사한다. 플루오르골드 분자는 그 빛 아래에서 형광을 나타낸다. 이렇게 해서 내측 편도체가 VMH로 입력을 보내는 영역 중 하나라는 것을 알아냈다(그림 5.13 참조).

지금까지 설명한 순행성과 역행성 표지법은 특정 뇌 영역으로 들어오고 나가는 뉴런의 단일 연결망을 밝혀주는 것이다. **초뉴런성 추적법**transneuronal tracing methods은 서로 계열적 시냅스 연결을 이루고 있는 두세 개

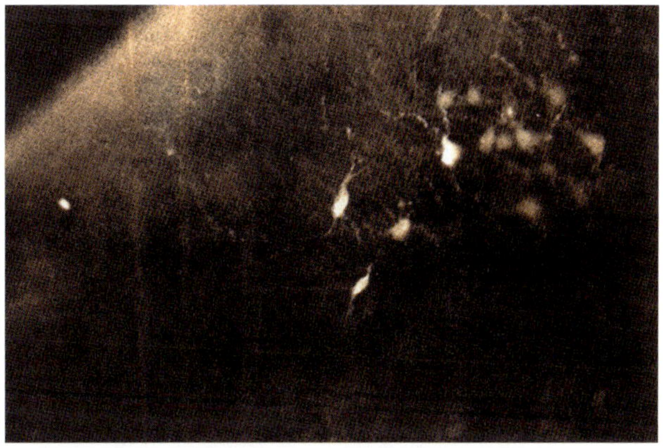

그림 5.13 역행성 추적법. 플루오르골드를 VMH에 주입하면 거기에 있는 종말단추에서 흡수되어 축색을 통해 세포체로 거꾸로 수송된다. 사진은 내측 편도체에 있는 세포체를 보여 준다.

Yvon Delville, University of Texas.

이상의 뉴런들의 계열을 확인하는 방법이다. 가장 효과적인 초뉴런 추적법은 유사광견 바이러스(pseudorabies virus)를 사용하는데, 이 바이러스는 원래 백신용으로 개발된 아주 약한 돼지 단순포진 바이러스이다. 이 바이러스를 뇌에 직접 주입하면, 그곳에 있는 뉴런이 흡수하여 감염된다. 바이러스는 감염된 뉴런의 내부에 완전히 퍼진 다음, 방출되어 그 뉴런과 시냅스 연결을 하고 있는 다른 뉴런으로 전파된다. 바이러스의 유형과 종에 따라 감염의 방향은 순행성이거나 또는 역행성이다. 동물을 통증 없이 희생시킨 후 뇌 절편을 내고, 면역세포화학적 방법을 사용하여 바이러스가 만들어 낸 단백질의 위치를 확인할 수 있다.

결론적으로, 순행성 표지법과 역행성 표지법－초뉴런적 방법을 포함해서－은 상호연결된 뉴런들의 회로를 알 수 있게 해준다. 그리하여 뇌의 '회로도'가 작성될 수 있다(그림 5.14 참조). 우리는 (이후에 더 소개될 몇 가지) 다른 연구방법들을 함께 사용하여 회로의 각 구성요소들의 기능을 밝히기 위한 시도를 할 수 있다.

살아 있는 인간의 뇌 구조 연구

인간이 아닌 동물의 뇌 기능을 연구하는 데에는 여러 가지 이유가 있다. 그중 하나는 여러 다른 종들을 대상으로 이루어진 연구를 비교하여 다양한 신경계의 진화에

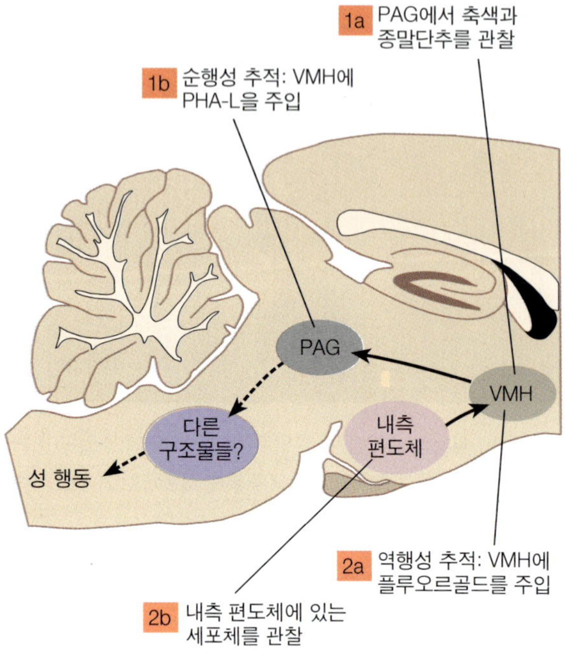

그림 5.14 추적 연구 결과. 순행성 표지법과 역행성 표지법으로 밝혀진 VMH의 입력과 출력

대하여 추론할 수 있다는 것이다. 우리의 일차적인 관심은 인간의 뇌 기능이지만 인간에게 연구를 목적으로 하는 뇌 시술을 행할 수는 없다. 그러나 가끔 병이나 사고로 인간의 뇌가 손상되는 경우가 있는데, 그때 만일 어느 부위가 손상되었는지를 안다면 우리는 그 사람의 행동을 연구하여 실험동물의 손상 연구와 같은 방식으로 추론할 수 있을 것이다. 문제는 어디가 손상되었는가 하는 것이다.

과거에도 연구자들은 뇌가 손상된 사람들의 행동을 연구하였지만, 손상 위치가 어디인가를 정확히 알 수가 없었다. 그것을 알 수 있는 유일한 방법은 환자가 사망한 후 뇌를 부검하여 뇌 절편을 현미경으로 조사하는 것인데, 때로는 그것조차 불가능하였다. 환자가 연구자보다 오래 사는 경우도 있고, 다른 곳으로 이주해 버리기도 한다. 또한 (흔히) 가족들이 부검을 거부하였다. 이러한 현실적인 문제 때문에 인간 뇌손상의 행동적 영향에 관한 연구는 그 진전이 매우 더디게 이루어졌다.

최근 X선 기술과 컴퓨터의 발전에 힘입어 살아 있는 뇌의 해부학을 연구할 수 있는 여러 가지 방법이 개발되었다. 이러한 진보 덕분에 연구자들은 환자가 살아 있는 동안 뇌손상의 위치와 손상 정도를 알 수 있게 되었

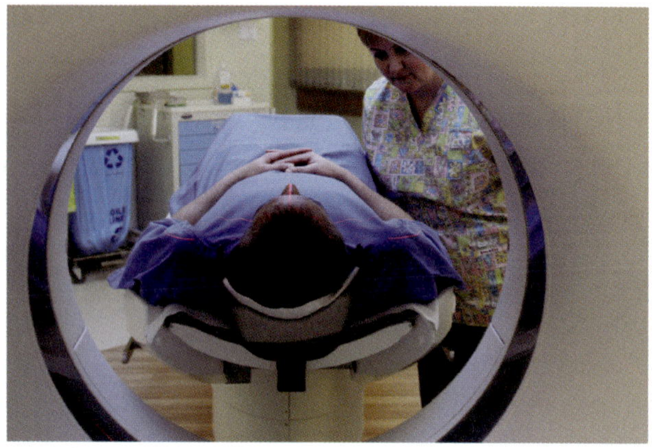

그림 5.15 컴퓨터단층촬영기.

© Steven Grover/age fotostock.

다. 가장 먼저 개발된 방법은 **컴퓨터단층촬영**computerize tomography; CT이다(그리스어인 *tomos*는 '자르다'라는 뜻이고, *graphein*은 '기록하다'라는 뜻이다). 일반적으로 CT 스캔(CT scan)이라고 불리는 이 절차는 다음과 같다. 환자의 머리를 커다란 도넛 모양의 원통 속에 넣는다. 이 원통에는 X선 발사기와 정반대편(환자의 머리를 지나 반대편)에 X선 감지기가 부착되어 있다. X선이 환자의 머리를 통과하여 지나가면 감지기가 통과한 방사성의 양을 측정한다. X선이 모든 각도에서 머리를 스캔하면, 컴퓨터는 감지기에서 측정된 수치를 두개골과 그 내부에 있는 구조물들에 대한 그림으로 변환시킨다(그림 5.15 참조).

그림 5.16은 뇌졸중이 의심되는 환자의 머리를 찍은 CT 스캔 사진이다. 뇌졸중으로 손상을 입은 부위는 신체 인식과 공간 지각을 담당하는 부위이다. 환자는 자신의 신체 왼쪽을 인식하지 못하고 왼쪽에 놓여 있는 물건을 알아보지 못한다. 5번 사진에서 손상된 부위가 하얀 반점으로 나타남을 주목하라(그림 5.16 참조).

자기공명영상magnetic resonance imaging; MRI 절차를 통해 인간의 머리 내부 구조에 대한 더욱 상세한 사진을 얻을 수 있게 되었다. MRI 스캐너는 CT 스캐너와 비슷하지만, X선을 사용하지 않는다. 대신에 아주 강한 자기장을 환자의 머리에 통과시킨다. 사람의 신체가 강한 자기장에 놓이게 되면, 신체 내의 어떤 분자들의 핵이 일정한 방향으로 회전하게 된다. 이때 어떤 주파수의 전파가 신체를 통과하면 이 핵들은 고유의 전자파를 방

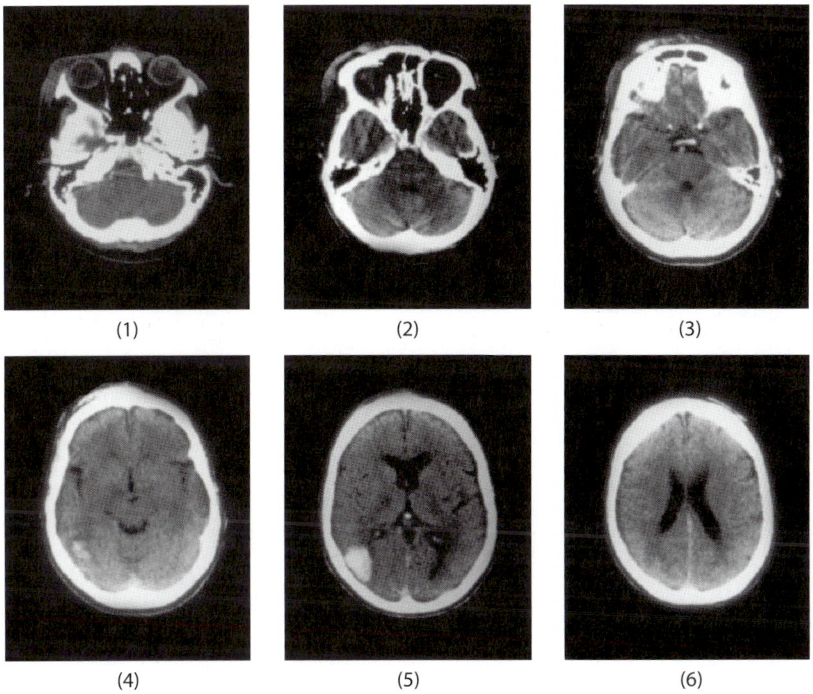

그림 5.16 뇌손상 부위에 대한 CT 스캔. 이 환자는 우측 후두-두정엽(5번 사진)에 손상을 입었다. 손상된 영역이 하얗게 보이는데, 그것은 출혈로 인한 것으로 혈액이 주변 뇌조직보다 방사선을 더 많이 흡수하기 때문이다. 위쪽이 문측이고, 아래쪽이 미측이다. 좌우가 바뀌어 있다. 1번 사진은 눈과 뇌 기저부를 통과한 단면이다.

J. McA. Jones.

출한다. 분자에 따라 각기 다른 주파수의 에너지를 방출한다. MRI 스캐너는 수소 원자로부터의 방사를 감지하도록 맞추어져 있다. 각각의 조직은 수소 원자의 농도가 서로 다르기 때문에 스캐너는 뇌 단면 사진을 합성하는 데 사용되는 정보를 얻는다. CT가 일반적으로 수평단면만 찍을 수 있는 것과 달리 MRI는 시상단면과 전두단면까지 모두 찍을 수 있다(그림 5.17 참조).

그림 5.17에서 볼 수 있듯이 MRI 스캔에서는 회백질과 백질이 구별되며, 뇌량과 같은 큰 신경다발을 볼 수 있다. MRI 스캐너를 특별하게 개량하면 보다 작은 신경다발과 신경로를 시각화시킬 수 있다. 절대영점 이상에서 모든 분자는 무선적 방향으로 움직이게 되는데, 온도가 높을수록 더 빨리 움직인다. **확산텐서영상**Diffusion tensor imaging; DTI은 백질의 신경다발 속에 있는 물 분자는 무선적으로 움직이지 않고 그 다발을 구성하고 있는 축색과 평행 방향으로 움직인다는 사실을 이용한 것이다. MRI 스캐너가 물 분자의 움직임에 관한 정보를 사용하여 백질의 축색 다

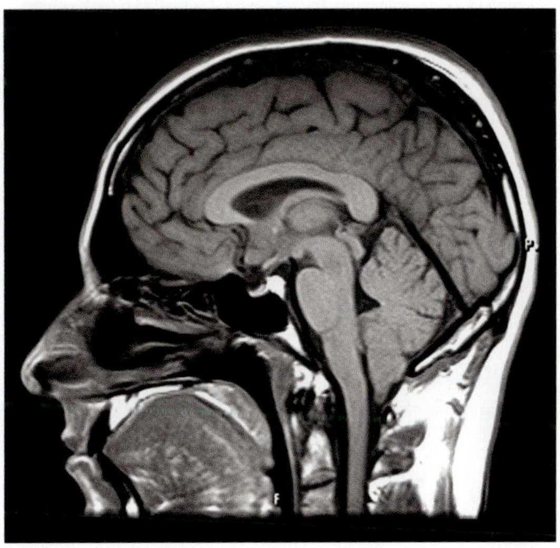

그림 5.17 자기공명영상. 이 사진은 인간 뇌의 정중시상단면의 MRI 사진이다.

Living Art Enterprises/Science Source/Photo Researchers, Inc.

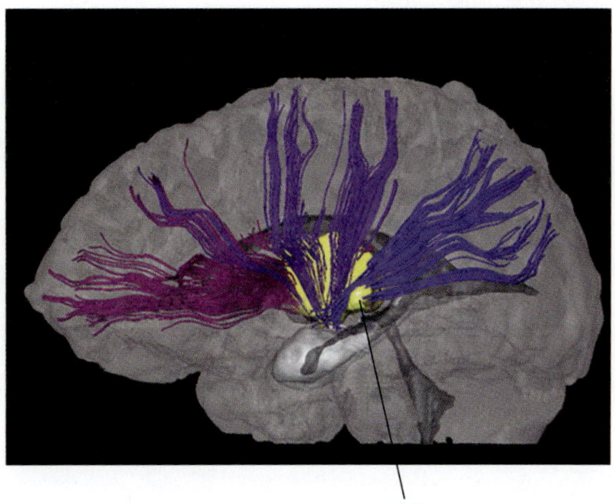

그림 5.18 확산텐서영상(DTI). 인간 뇌의 시상에서 대뇌피질로 투사하는 몇몇 축색 다발의 시상단면.

From Wakana, S., Jian, H., Nagae-Poetscher, L. M., van Zijl, p. C. M., and Mori, S. *Radiology*, 2004, 230, 77–87. Reprinted with permission.

발의 위치와 방향을 알려 준다. 그림 5.18은 인간 뇌의 시상에서 대뇌피질로 투사하는 몇몇 축색 다발에 대한 시상단면을 확산텐서영상으로 찍은 것이다. 서로 다른 축색 다발을 구별하기 위해 컴퓨터가 색깔을 다르게 표시하였다(그림 5.18 참조).

절 요약

실험적 절제

행동 신경과학의 연구 목적은 특정 행동을 수행하는 데 요구되는 뇌 기능을 이해하고 그러한 기능을 수행하는 신경회로의 위치를 밝히는 것이다. 손상법은 이러한 연구에 사용된 가장 오래된 방법이며, 여전히 가장 유용한 방법의 하나이다. 입체정위 장치를 사용하여 피질하 구조물을 손상시킬 수 있다. 입체정위 도감에서 좌표를 구하여 전극이나 미세관의 끝을 목표부위에 삽입한다. 전극을 통해 고주파 전류를 흘려보내거나 미세관을 통해 흥분성 아미노산을 주입하여 그 부위를 손상시킨다. 흥분성독 손상의 장점은 뉴런의 세포체만 손상되고 그 부위를 지나는 축색은 영향을 받지 않는다는 것이다.

동물의 행동을 관찰한 후에 손상 위치를 확인하여야 한다. 동물을 통증 없이 희생시키고, 뇌를 들어내어 포르말린과 같은 고정제에 넣어 둔다. 뇌 절편을 내기 위해 미세절편기를 사용하는데, 보통 뇌를 얼려서 단단하게 만들어 얇은 절편으로 자를 수 있도록 한다. 뇌 절편을 슬라이드 글라스 위에 올려서 세포체 염색을 하고 현미경으로 관찰을 한다.

광학현미경으로는 세포와 세포 내의 커다란 소기관들을 볼 수 있지만, 전자현미경으로는 낱개의 미토콘드리아나 시냅스 소낭과 같은 아주 작은 구조물까지 볼 수 있다. 주사 전자현미경은 일반 전자현미경보다 확대율은 낮지만 조직의 삼차원 영상을 제공해 준다.

연구의 다음 단계는 주로 관심이 있는 영역과 뇌의 나머지 부위 간의 원심성, 구심성 연결을 밝히는 것이다. 원심성(문제의 영역에서 다른 뇌 부위로 정보를 보내는) 연결은 PHA-L 등을 사용하는 순행성 표지법으로 알 수 있다. 구심성(뇌의 다른 부위에서 문제의 영역으로 정보를 가져오는) 연결은 플루오르골드 등을 사용한 역행성 표지법으로 밝힐 수 있다. 서로 시냅스 연결을 하고 있는 뉴런의 연쇄회로는 유사광견 바이러스를 사용한 초뉴런성 표지법으로 알 수 있다.

연구 목적으로 인간의 뇌를 고의적으로 손상시키지는 않지만, 병이나 사고 등으로 뇌가 손상되는 경우가 있다. 그런 경우 만약 손상의 위치를 알 수 있다면, 환자의 행동을 연구하여 관련 기능을 수행하는 신경회로의 위치를 추론할 수 있다. 그 환자가 죽은 후 그의 뇌를 조사할 기회가 주어지면, 전형적인 조직학적 방법이 사용된다. 살아 있는 뇌는 CT 스캐너와 MRI 스캐너로 검사할 수 있다. 개량된 MRI 스캐너를 이용한 확산텐서영상(DTI)은 살아 있는 인간 뇌의 유수축색 다발을 시각화시켜 준다.

표 5.1에는 이 절에서 소개된 연구방법이 요약되어 있다.

생각해 보기

1. '신경 연결 추적'이라는 절에서 "실험집단의 쥐 한 마리가 교미행동을 했는데, 나중에 확인해 본 결과 그 동물의 VMH가 손상되지 않았으며, 그래서 그 동물의 자료를 버렸다."라고 하였다. 손상부위가 포함된 염색된 뇌조직을 관찰하고 목표부위가 제대로 파괴되었는지를 결정하는 사람은 어느 동물이 어디에 속해 있는지를 알아야 하는가? 설명해 봅시다.
2. 당신은 자신의 뇌 MRI 사진을 보고 싶은가? 그 이유를 설명하시오.

신경활동의 기록과 자극

앞 절에서는 뇌 해부학과 특정영역의 손상 효과를 살펴보았다. 이 절에서는 다른 접근, 즉 특정 뇌 영역의 신경활동을 기록하거나 자극하여 뇌를 연구하는 방법에 대해 살펴보겠다. 뇌의 기능이란 뉴런 회로들의 활동이며, 그래서 서로 다른 지각경험이나 행동반응에는 서로 다른 유형의 뇌 활동이 관여할 것이다. 연구자들은 그

표 5.1 연구방법: 1부

목적	방법	특징
특정 뇌 영역을 파괴하거나 불활성화	고주파 손상	전극 끝 주위의 모든 조직을 파괴
	신경독 손상, 카이닌산과 같은 흥분성 신경독을 사용	미세관 끝 주위의 세포체만 파괴시키고 주변을 통과하는 축색에는 영향을 주지 않음
	국소 마취제 또는 국소적 신경 억제를 일으키는 약물을 주입	특정 뇌 영역을 일시적으로 불활성화, 동물은 스스로를 통제할 수 있다.
	항체에 부착된 독을 주입	항체를 가지고 있는 뉴런을 파괴, 아주 정확한 뇌손상을 일으킴
뇌의 특정영역에 전극 또는 미세관을 삽입	입체정위 시술	입체정위 도감에서 좌표를 구함
손상 위치 확인	뇌를 고정, 절편, 염색	
특정영역에서 나가는 축색과 그 종말단추의 위치 확인	PHA-L을 사용한 순행성 표지법	
특정영역으로 들어오는 뉴런의 위치 확인	플루오르골드를 사용한 역행성 표지법	
시냅스로 상호연결된 뉴런의 연쇄를 확인	유사광견 바이러스를 사용한 초뉴런성 표지법	순행성 추적과 역행성 추적에 모두 사용 가능
살아 있는 인간의 뇌손상 위치 확인	컴퓨터단층촬영(CT 스캐너)	뇌의 단면: X선 사용
	자기공명영상(MRI 스캐너)	뇌의 단면: CT보다 해상도가 높음, 자기장과 고주파를 사용

러한 뇌 활동 유형을 기록하거나 인위적으로 유발시키는 방법을 고안하였다.

신경활동의 기록

축색은 활동전위를 일으키고, 종말단추는 시냅스를 맺는 세포의 막에 시냅스후 전위를 일으킨다. 이러한 전기적 사건은 (2장에서 살펴본 바와 같이) 기록될 수 있으며, 특정영역의 전기적 활동의 변화로서 그 영역이 다양한 행동에서 어떤 역할을 담당하는지 알 수 있다. 예를 들어 자극이 제시되는 동안, 의사결정을 하는 동안, 운동을 하는 동안 신경활동을 기록할 수 있다.

기록은 동물이 시술에서 회복된 후 오랜 기간 동안 만성적으로(chronically), 혹은 동물이 마취되어 있는 짧은 기간 동안에 급성적으로(acutely) 이루어질 수 있다. 급성 기록은 동물이 마취되어 있는 동안 이루어지므로 주로 감각통로 연구에 한정된다. 마취된 동안에는 행동능력이 최소화된 상태이므로 급성기록은 행동 연구에 거의 사용되지 않는다.

만약 각성상태에서 자유롭게 움직일 수 있는 동물의 뇌 활동을 기록하고자 한다면, 입체정위 장치를 사용하여 뇌의 특정영역에 전극을 심어야 한다. 전극을 소형 전기 소켓에 연결하고 그 소켓을 치과용 시멘트로 동물의 두개골에 붙인다. 동물이 수술에서 회복되면 그 동물의 두개골에 부착된 소켓을 기록장치에 연결한다. 동물은 자기 두개골에 부착된 전기 소켓을 모르기 때문에 거의 정상적으로 행동한다(그림 5.19 참조)

미세전극 기록

세로토닌성 뉴런과 노르아드레날린성 뉴런에 작용하는 약물은 모두 REM 수면에 영향을 미친다. 이러한 사실을 알고 나면 세로토닌성 뉴런과 노르아드레날린성 뉴

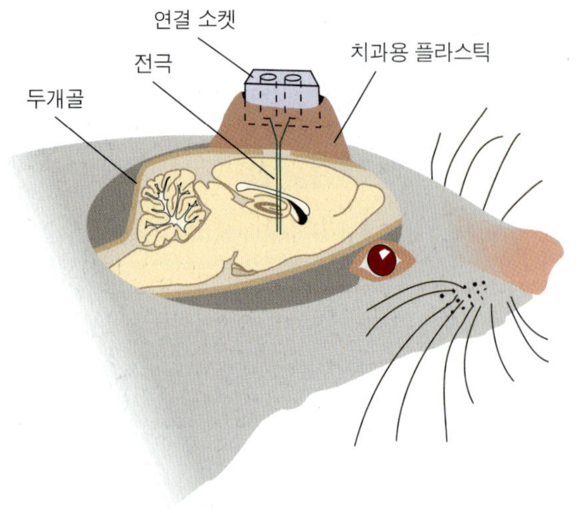

그림 5.19 전극 삽입. 이 그림은 두개골에 치과용 시멘트로 고정시킨 소켓에 전극들이 영구적으로 부착된 모습을 보여 준다.

런의 활동이 수면의 각 단계에 따라 변화하는지 궁금할 것이다. 이를 밝히기 위하여 이 뉴런들의 활동을 미세전극으로 기록해 볼 수 있다. **미세전극**microelectrodes의 끝 부분은 매우 가늘어서 개별 뉴런의 전기적 활동을 기록하기에 충분하다. 이 기법을 **단일 단위 기록**single-unit recording이라고 한다(여기서 한 단위는 개별 뉴런을 일컫는다).

마취되지 않은 동물에게서 단일 뉴런의 활동을 오랫동안 기록하기 위해서는 보다 견고한 전극이 필요하다. 이를 위해 묶음으로 파는 전극을 구할 수 있는데, 이 전극은 끝 부분만 제외하고 나머지 부분이 완전히 절연되어 있다.

가끔 연구자들은 미세전극을 심을 때 동물의 두개골에 다소 복잡한 장치들을 부착시키기도 한다. 그 장치에는 실험이 진행되는 동안 여러 다른 뉴런의 활동을 기록하기 위해 전극을 뇌에 더 깊이 삽입할 수 있도록 조절할 수 있는 나사가 부착되어 있다.

미세전극으로 탐지된 전기적 신호는 매우 약하기 때문에 증폭되어야 한다. 이러한 목적으로 사용되는 증폭기도 음향기기의 증폭기와 같은 방식으로 작동하여, 뇌에서 기록된 약한 신호를 더 강하게 변환시킨다. 이 신호를 오실로스코프로 나타내 보일 수도 있고, 컴퓨터에 저장하여 나중에 분석할 수도 있다.

노르아드레날린성 뉴런과 세로토닌성 뉴런의 활동을 기록한 결과는 어떻게 나왔는가? 8장에서 좀 더 자세히 다루겠지만 여러 수면단계 동안 이 뉴런의 활동을 기록해 보면, REM 수면 동안의 발화 비율이 거의 영에 가깝다는 것을 알 수 있다. 이러한 결과는 이 뉴런이 REM 수면에 억제적 영향을 미침을 시사한다. 즉, 이 뉴런들 활동이 정지될 때까지 REM 수면은 일어나지 않는다.

대전극 기록

개별 뉴런의 활동이 아니라 뇌의 한 영역의 활동을 전체적으로 기록해야 할 때가 있다. 이때 대전극을 사용한다. **대전극**macroelectrode은 개별 뉴런의 활동을 기록하는 것이 아니라 전극이 위치하는 부위의 수천 개 혹은 수백만 개 뉴런의 시냅스후 전위를 기록한다. 날카롭게 갈지 않은 전선을 뇌에 삽입하고 두개골에 나사를 박거나, 인간의 경우 두피에 전도성을 지닌 특수 접착제로 금속판을 부착한다. 특히 두피에서의 기록은 뇌막과 두개골, 두피를 통과하여 전극에 이르는 전기적 신호로서 굉장히 많은 뉴런들의 활동을 나타낸다.

때때로 신경외과의사는 환자의 뇌에 직접 대전극을 심기도 한다. 이렇게 하는 이유는 자주 발작을 일으키는 비정상적 전기활동의 근원을 탐지하려는 데 목적이 있다. 그 부위가 발견되면 의사는 두개골을 열어 발작의 근원지—주로 어린 시절의 뇌손상으로 인한 상처조직—를 제거한다. 대부분의 경우 인간 뇌의 전기적 활동은 두피에 부착한 전극을 통해 기록되어, 잉크로 그려지는 오실로그래프(ink-writing oscillograph)로 제시되는데, 일반적으로 이것을 폴리그래프(polygraph)라고 한다.

폴리그래프는 여러 개의 펜 아래로 기다란 종이가 움직이는 장치이다. 이 펜들은 커다란 전압계의 바늘로서, 생물학적 증폭기를 통해 들어온 전기신호에 따라 상하로 움직인다. 그림 5.20은 한 사람의 두피 여러 곳에 부착한 대전극으로부터 전기적 활동을 기록한 것이다(그림 5.20 참조). 이러한 기록을 **뇌파**electroencephalograms; EEG 또는 뇌에서 기록된 전기기록이라고 한다. 이것은 간질이나 뇌종양을 진단하거나 수면이나 각성단계를 연구하는 데 사용되는데, 각각은 특징적인 패턴의 전기활동을 나타낸다.

뇌파의 또 다른 용도는 이 장의 머리말에서 본 것처럼

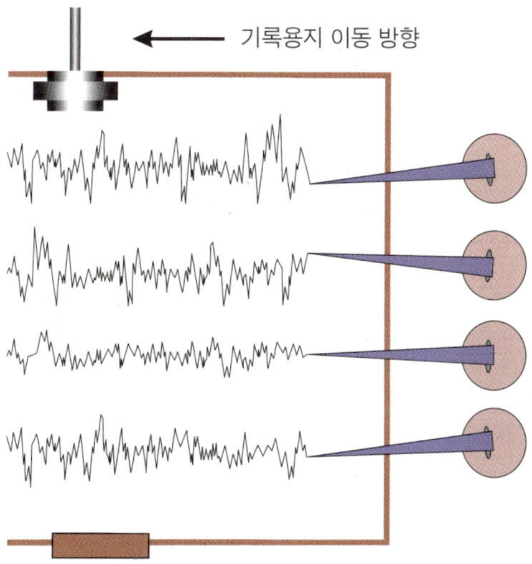

그림 5.20 폴리그래프의 기록.

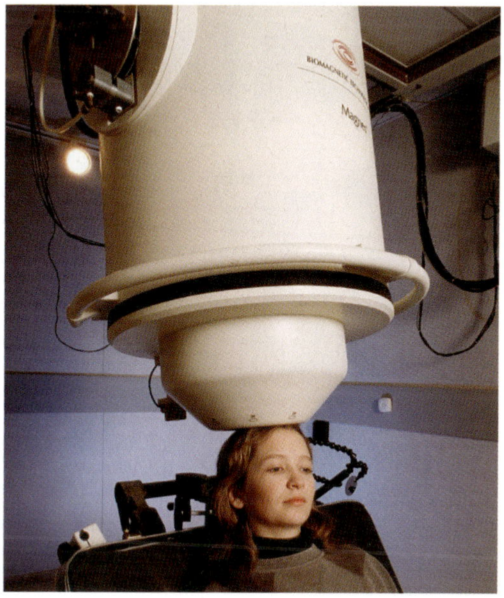

그림 5.21 뇌자도. 이 뇌자도에 있는 일련의 SQID들이 뇌의 전기활동에 의해 만들어진 자기장의 국소적 변화를 탐지한다.

PHANIE/Science Source/Photo Researchers, Inc.

뇌손상을 일으킬 가능성이 있는 수술을 하는 동안 뇌의 상태를 모니터하는 것이다. 혈관 수술을 하는 동안 뇌파를 모니터하는 절차가 이 장의 맺는말에 기술되어 있다.

뇌자도

이미 알고 있는 바와 같이 도체를 통해 전류가 흐르면 자기장이 형성된다. 이것은 활동전위가 축색을 따라 전도되거나 모든 시냅스후 전위가 수상돌기나 세포체의 막을 따라 흐를 때에도 역시 자기장이 만들어진다는 뜻이다. 이런 자기장은 극히 작은 것이지만 공학자들은 지구 자기장의 약 10억 분의 1 정도에 지나지 않는 자기장을 측정할 수 있는 초전도 탐지기(일명 초전도 양자 간섭소자, SQUID)를 개발하였다. **뇌자도**magnetoencephalography; MEG는 여러 개의 SQUID들로 구성된 신경자기기록기(neuromagnetometer)로 기록하는데, 컴퓨터는 이 장치의 출력을 받아 뇌의 특정 신호의 근원지를 계산한다. 그림 5.21에 있는 신경자기기록기는 275개의 SQUID로 구성되어 있다. 이 장비는 예를 들면 수술로 제거해야 할 발작의 근원지를 찾기 위해 임상적으로 사용될 수 있다. 또한 다양한 자극을 지각하거나 또는 다양한 행동적, 인지적 과제를 수행하는 데 수반되는 국소적 뇌 활동을 측정하기 위한 실험에 사용될 수도 있다(그림 5.21 참조).

뇌자도의 중요한 이점은 시간적 해상도이다. 기능적 MRI는 공간적 해상도가 우수한 반면에 시간적 해상도가 다소 떨어진다. 즉, fMRI 영상은 뇌의 근접한 영역의 활동 차이를 정확하게 측정할 수 있지만 뇌의 정보 흐름이 매우 빠르다는 점을 고려할 때 fMRI 영상을 얻는데 시간이 비교적 오래 걸린다. 뇌자도를 사용하여 얻은 영상은 fMRI보다는 해상도가 떨어지지만 훨씬 빨리 얻을 수 있기 때문에 결과적으로 빠르게 진행되는 사건들을 잘 포착할 수 있다.

뇌의 대사활동과 시냅스 활동의 기록

신경활동을 반영하는 것이 전기적 신호만은 아니다. 뇌의 특정영역의 신경활동이 증가하면 그 부위의 대사율도 증가하는데, 이것은 주로 세포막의 이온펌프의 활동이 증가하는 데 따른 결과이다. 이러한 대사율의 증가도 측정할 수 있다. 동물의 혈류 속으로 방사성 **2-DG**2-deoxyglucose를 주입한다. 이 화학물질은 포도당과 닮았기 때문에 세포로 유입된다. 그러므로 더 많은 포도당을 소비하는 활동적인 세포는 방사성을 띤 2-DG를 더 많이 함유하게 될 것이다. 그러나 정상적인 포도당과는 달리 2-DG는 대사가 이루어지지 않으므로 세포 내에 축적되게 된다. 동물을 희생시키고 뇌를 적출하여

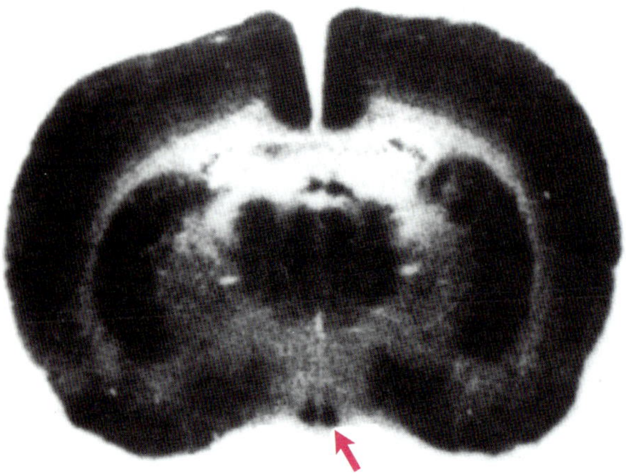

그림 5.22 2-DG 자가방사기록사진. 이 사진은 쥐의 뇌 2-DG 자가방사기록사진(전두단면, 위쪽이 배측)으로 뇌 기저부의 시상하부에 있는 한 쌍의 핵에서 특히 높은 활동성을 보여 준다.

American Association for the Advancement of Sciences.

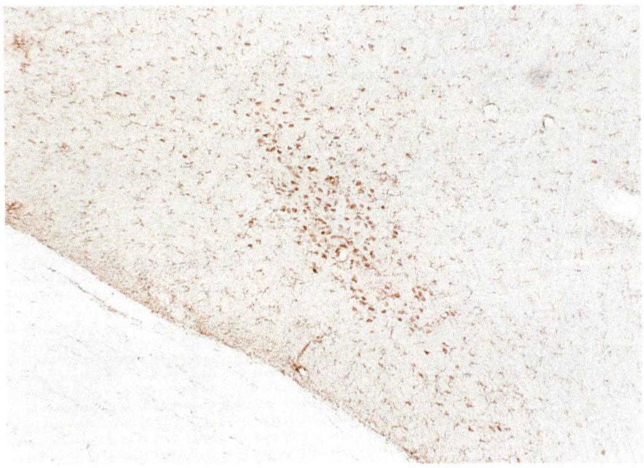

그림 5.23 Fos 단백질의 국재화. 이 사진은 암컷 쥐의 내측 편도체에서 얻은 뇌 전두단면 절편의 미세 현미경 사진이다. 면역세포화학적 방법으로 얻은 Fos 단백질의 위치가 진한 점으로 나타나 있다. 동물이 교미행동을 할 수 있도록 허용되자 Fos 단백질의 합성이 증가하였다.

Dr. Marc Tetel, Wellesley College.

절편을 내서 자가방사기록(autoradiography)을 한다.

자가방사기록autoradiography을 그대로 번역하면 '스스로의 방사(radiation)로 기록하기'이다. 뇌 절편을 현미경 슬라이드 위에 올리고 암실에서 사진 유화제(사진 필름 위에 입혀져 있는 물질)를 슬라이드에 입힌다. 몇 주 후에 유화제를 입힌 슬라이드를 마치 사진 필름처럼 인화한다. 방사선은 X선이나 빛과 마찬가지로 유화제를 감광시키기 때문에, 방사성 2-DG분자는 미세한 회색 점으로 스스로를 드러낸다.

뇌에서 가장 활동적인 영역이 방사성을 가장 많이 띠게 되고, 인화된 유화 절편에서 검은 점으로 나타난다. 그림 5.22에 자가방사기록을 한 쥐의 뇌 절편을 보여 준다. 맨 아래(화살표로 표시된) 검은 영역이 특히 높은 대사율을 보이는 시상하부이다. 이 핵과 그 기능에 대해서는 8장에서 설명할 것이다(그림 5.22 참조).

뇌의 활성화된 영역을 규명하는 또 다른 방법은 뉴런이 활성화되면(예: 그 뉴런과 시냅스를 형성하는 종말단추에 의해), 핵 안의 **초기유전인자**(immediate early gene)라고 불리는 특정 유전자의 활동이 개시되어 특정 단백질이 생산된다는 사실을 이용한다. 이 단백질은 핵 안의 염색체와 결합하는데, 이 핵 단백질의 존재가 그 뉴런이 방금 활성화되었음을 나타내 주는 것이다.

뉴런이 활동하는 동안 생성되는 가장 중요한 핵 단백질은 **Fos**이다. 우리는 앞에서 암컷 쥐의 성행동에 관여하는 신경회로에 대한 몇몇 연구를 언급하였다. 암컷 쥐의 성행동 동안에 어떤 뉴런이 활성화되는가를 알아보기 위해 Fos 방법을 도입해 보자. 암컷 쥐를 수컷 쥐와 함께 두어 교미할 수 있도록 한다. 그런 다음 쥐의 뇌를 적출하여 절편을 낸 후 Fos 단백질을 염색하는 절차를 시행한다. 그림 5.23은 그 결과를 보여 준다. 방금 짝짓기를 한 암컷 쥐의 내측 편도체 뉴런에서 Fos 단백질이 진한 점으로 확인되었다. 교미행동 동안 생식기가 물리적으로 자극됨에 따라 이 뉴런들이 활성화된 것 같다. 역행성 추적물질(fluorogold)을 VMH에 주입하면 이 영역이 내측 편도체에서 입력을 받는다는 것을 알 수 있음을 기억할 것이다(그림 5.23 참조).

특정 뇌 영역의 대사활동은 뇌 속의 대사활동 또는 화학물질의 변화를 컴퓨터를 활용하여 탐지하는 **기능적 영상**functional imaging이라는 방법으로 인간의 뇌에서도 측정될 수 있다. 이러한 방법으로 처음 개발된 것이 **양자방출단층촬영**positron emission tomography; PET이다. 우선 환자에게 방사성 2-DG를 주사한다(이 화학물질은 결국 분해되어 세포 밖으로 배출된다. 인간에게 사용하는 용량은 전혀 해롭지 않다). 사람의 머리를 CT 스캐너와 비슷한 장치에 넣는다. 방사성 2-DG 분자가 소멸될 때 양자가 방출되고, 양자는 근처의 전자와 만난다. 이

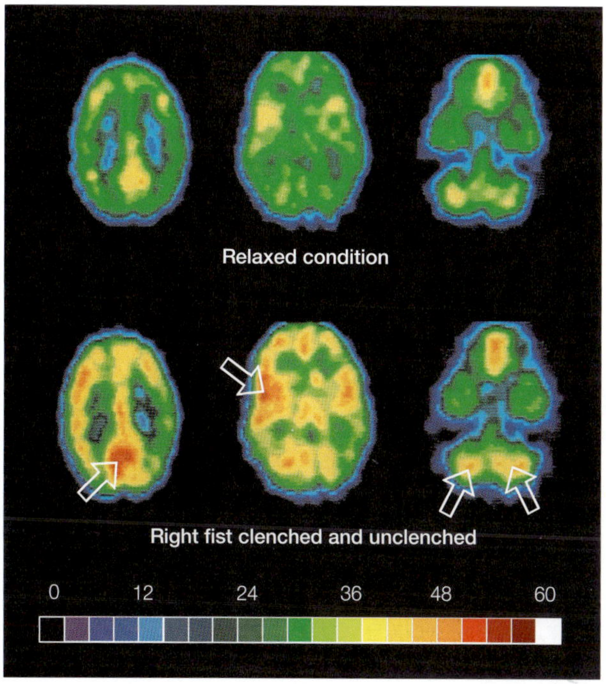

그림 5.24 PET 스캔. 위의 그림은 편하게 쉬고 있는 사람의 수평단면 PET 영상이고 아래의 그림은 같은 사람이 오른손 주먹을 쥐었다가 폈다가 할 때의 PET 영상이다. 이 영상은 운동을 통제하는 뇌 영역에서 방사성 2-DG의 흡수가 증가하여 이 영역의 대사율이 높아졌음을 보여 준다. 2-DG 흡수율은 서로 다른 색깔로 나타내었다.

Brookhaven National Laboratory and the State University of New York, Stony Brook.

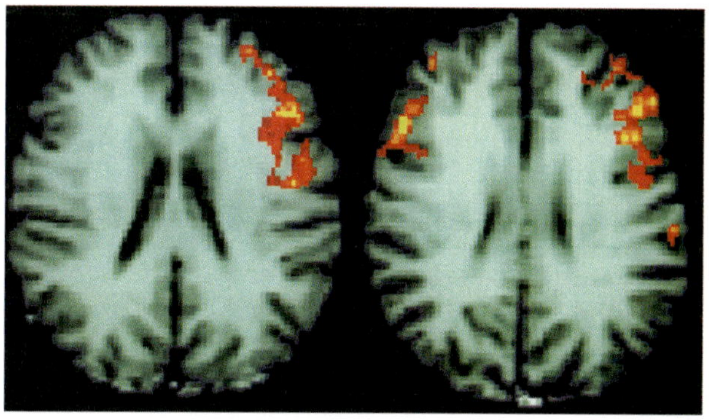

그림 5.25 기능적 MRI 스캔. 이 영상은 제시된 단어 쌍의 발음이 같은지를 판단하는 동안 남성(왼쪽)과 여성(오른쪽)의 뇌에서 신경활동이 증가된 부분을 보여 준다.

Shaywitz, B. A., et al. *Nature*, 1995, *373*, 607-609.

분자가 소멸하면서 두 개의 광자(방사 감마선)를 서로 반대 방향으로 방출하게 된다. 사람의 머리를 둘러싸고 있는 센서가 이 광자를 탐지하고, 스캐너는 이 광자가 방출된 위치를 찾게 된다. 이 정보를 가지고 컴퓨터는 뇌의 단면 사진을 만들어서 각 영역의 활동수준을 보여 준다(그림 5.24 참조).

PET 스캐너의 한 가지 단점은 시술비용이다. 환자의 안전문제 때문에 사용하는 방사성 물질의 반감기가 아주 짧아야 한다. 즉, 방사성이 아주 빨리 소멸되어야 한다. 예를 들어 방사성 2-DG의 반감기는 약 110분이다. PET 스캔에 사용되는 방사성 물질의 반감기는 단 2분이다. 이들 화학물질의 반감기가 이렇게 짧기 때문에 사이클로트론(cyclotron)이라는 원자가속기를 사용하여 현장에서 만들어야 한다. 따라서 PET 스캐너 비용에 사이클로트론 비용과 시술자의 월급까지 합치면 그 비용이 매우 비싸다.

가장 최근에 개발된 뇌 영상기법이 **기능적 자기공명영상**functional MRI; fMRI이다. 공학자들은 국소적 대사활동을 보여 주는 영상을 얻을 수 있도록 기존의 MRI 스캐너와 소프트웨어를 개량하였다. 뇌 활동은 뇌혈관 속에 있는 산소의 농도를 탐지하여 간접적으로 측정할 수 있다. 뇌 활동이 증가하면 그 영역의 혈류량이 증가하며, 결과적으로 혈중 산소량이 증가한다. 이런 유형의 영상의 공식 명칭은 BOLD(혈중 산소 의존 신호; blood oxygen level dependent signal)이다. 기능적 MRI 스캔은 PET 스캔보다 해상도가 더 높으며, 사진을 더 빨리 얻을 수 있다. 그래서 특정 뇌 영역의 활동에 관한 보다 자세한 정보를 얻을 수 있다. 여러분은 이 책의 여러 장에서 fMRI를 사용한 많은 연구를 보게 될 것이다(그림 5.25 참조).

신경활동 자극하기

이제까지 뇌의 특정영역의 활동을 측정하는 여러 가지 연구방법을 살펴보았다. 그러나 어떤 경우에는 특정영역의 활동을 인위적으로 변화시켜 그것이 동물의 행동에 어떤 영향을 미치는지 알고 싶을 때가 있다. 예를 들어, 암컷 쥐는 특정한 암컷 성호르몬이 분비될 때에만 수컷과 교미한다. 만약 우리가 쥐의 난소를 제거하면 이 호르몬이 없어지므로 성행동이 사라질 것이다. 우리는 앞에 소개된 연구에서 VMH가 손상되면 성행동이 와해됨을 보았다. 만약 우리가 VMH를 **활성화시켜** 주면 쥐는 암컷 성호르몬 없이도 다시 교미행동을 하게 될 수도 있다.

전기적 그리고 화학적 자극

우리는 어떻게 뉴런을 활성화시키는가? 전기적 자극이나 화학적 자극을 이용할 수 있다. 전기적 자극은 그림 5.19에서와 같이 단순히 뇌에 삽입한 전선을 통해 전류를 흘려보내는 것이다. 화학적 자극은 적은 양의 흥분성 아미노산—카이닌산이나 글루타민산—을 뇌에 주입하는 방법을 사용한다. 4장에서 살펴본 바와 같이 뇌의 주요 흥분성 전달물질은 글루타민산으로, 위의 두 물질은 모두 글루타민성 수용기를 자극하여 그 수용기를 지닌 뉴런을 활성화시킨다.

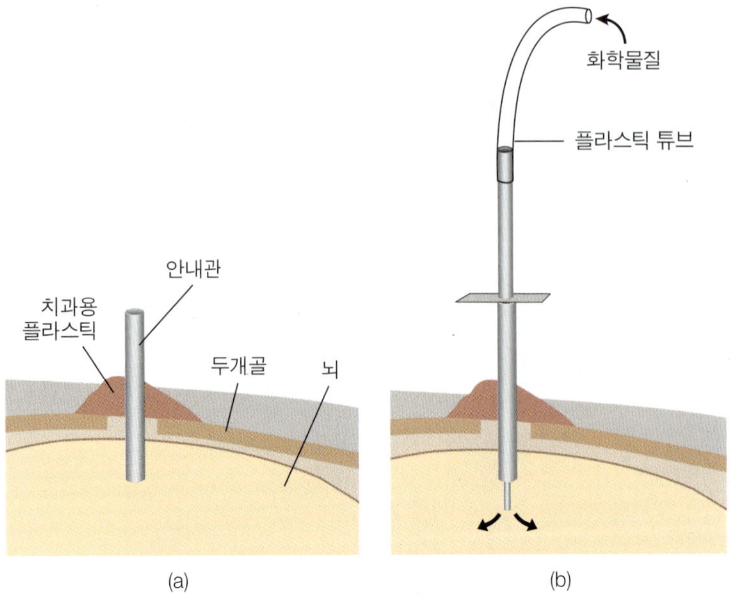

그림 5.26 두개골 내 삽입관. 안내관을 영구적으로 두개골에 부착하고(a), 나중에 더 가는 주입관을 안내관 속에 끼워 넣는다(b). 이 장치를 통해 화학물질을 뇌로 주입할 수 있다.

동물의 행동을 여러 차례 관찰하기 위하여 두개골에 영구적으로 부착시킨 장치를 통해 뇌에 화학물질을 주입할 수도 있다. 금속관(안내관)을 동물의 뇌에 삽입하고 그것을 두개골에 시멘트로 고정시킨다. 이후에 적절한 길이의 더 가는 주입관을 안내관 속으로 끼워 넣어서 뇌 속에 화학물질을 주입한다. 동물은 자유롭게 움직일 수 있으므로 약물 주입이 행동에 미치는 영향을 관찰할 수 있다(그림 5.26 참조).

화학적 자극의 주된 단점은 전기적 자극에 비해 좀 더 복잡하다는 것이다. 화학적 자극을 위해서는 관과 튜브, 특수 펌프와 주사기, 살균된 흥분성 아미노산 용액이 필요하다. 그러나 이것은 전기자극에 비해 월등한 장점이 있다. 화학적 자극은 세포체만을 자극하고 축색은 자극하지 않는다. 세포체만이(물론 수상돌기를 포함하여) 글루타민성 수용기를 가지고 있기 때문에 흥분성 아미노산을 특정 뇌 영역에 주입하였을 때 그곳을 지나가는 다른 뉴런의 축색에는 영향을 주지 않고 그곳에 있는 뉴런만을 자극한다. 따라서 화학적 자극의 효과는 전기적 자극의 효과보다 더 국소적이다.

방금 여기서는 카이닌산이 뉴런을 자극하는 데 사용되는 것으로 이야기했지만, 앞에서는 신경독으로 언급되었다. 이 두 가지 용도가 실제로 모순적인 것은 아니다. 카이닌산은 뉴런을 자극하여 죽이는 흥분성독 손상에도 사용된다. 진한 용액을 다량 주입하면 뉴런을 죽이지만 묽은 용액을 미량 주입하면 단지 뉴런을 자극할 뿐이다.

암컷 쥐에 대한 가상의 실험 결과는 어떻게 되었는가? 9장에서 살펴보겠지만 실제로 VHM을 자극하면 여성 성호르몬의 작용과 같은 효과를 보인다. 아마 여성 성호르몬이 이 핵에서 효과를 일으키는 것 같다. 우리는 이 장의 마지막 절에서 이 가설을 어떻게 검증하는지 볼 것이다.

광유전학적 방법

주입관을 통해 뇌 속에 화학물질을 주입하면 그 화학물질 분자들은 여러 유형의 뉴런들이 포함되어 있는 영역으로 확산된다. 국소 회로를 구성하는 흥분성 뉴런, 억제성 뉴런, 개재뉴런, 뇌의 여러 다른 영역과 교신하는 투사뉴런, 그리고 다양한 신경전달물질이나 조절물질을 방출하거나 또는 그 물질에 반응하는 뉴런. 전기적으로 또는 흥분성 화학물질을 사용하여 뇌의 특정영역을 자극하면 이 모든 뉴런이 영향을 받게 되므로 실험 결과는 실제 뇌 활동을 나타내지 못하게 되는데, 실제

뇌 활동은 많은 다른 뉴런과 협응적 활성화와 억제가 일어난다. 우리는 특정 뇌 영역에 있는 특정 뉴런 집단을 자극하거나 억제하기를 원한다.

최근에 이렇게 할 수 있는 방법이 개발되었다. 특정 뇌 영역의 특정 유형의 뉴런만 자극하거나 억제하는 데 **광유전학적 방법**optogenetic method을 사용할 수 있게 되었다(Boyden et al., 2005; Zhang et al., 2007; Baker 2011). 해조류와 박테리아 같은 단세포 유기체를 포함하여 다양한 유기체에서 광민감성 단백질이 진화되었다. 연구자들은 이들 단백질 중 어떤 것(*ChR2*)에 파란색 빛을 쪼이면 나트륨, 칼슘과 같은 양이온통로가 열려서 양이온이 세포 안으로 들어가 세포막을 감분극시키고 결과적으로 그 뉴런이 흥분한다는 것을 발견하였다. 그리고 또 다른 광민감성 단백질(*NpHR*)에 노란색 빛을 쪼이면 염소이온 수송체가 염소이온을 세포 안으로 밀어 넣어 세포막을 과분극시키고 결과적으로 그 세포가 억제된다. 이들 두 가지 광민감성 단백질의 작용은 적절한 파장의 불빛을 켜거나 끌 때 매우 빠르게 나타난다(그림 5.27).

인체에 무해한 바이러스의 유전물질 속에 ChR2와 NpHR 관련 유전자를 부착시켜서 이들 단백질을 뉴런 속에 넣을 수 있다. 바이러스를 뇌 속에 주입하면 뉴런이 바이러스에 감염되어 그 단백질이 만들어지고 결과적으로 세포막에 그 단백질이 생기게 된다. 유전자를 수정하면 특정 단백질이 특정 유형의 뉴런에서만 발현되게 할 수 있다. 이런 방법으로 연구자들은 뇌의 특정 영역에 있는 특정 유형의 뉴런만 활성화시키거나 억제시켰을 때의 효과를 연구할 수 있다.뇌의 깊숙한 곳에 있는 뉴런의 광민감성 단백질을 활성화시키기 위해서는 전극이나 주입관을 심을 때와 마찬가지로 입체정위 시술로 그 곳에 광섬유를 심어 놓고 이 광섬유를 통해 빛을 보낸다.

이러한 절차의 개발은 우리가 뇌의 특정 신경회로의 기능을 연구할 수 있도록 해주기 때문에 신경과학자들에게 엄청난 흥분을 일으켰다. 어떤 연구자들은 광민감성 단백질을 임상적으로 사용할 방법을 탐색하고 있다. 예를 들어, 망막색소 변성증(retinitis pigmentosa)은 인간에게 실명을 일으키는 유전적 질환이다. 이 질환을 가진 사람은 태어날 때는 정상 시력을 가지고 있으나 그들

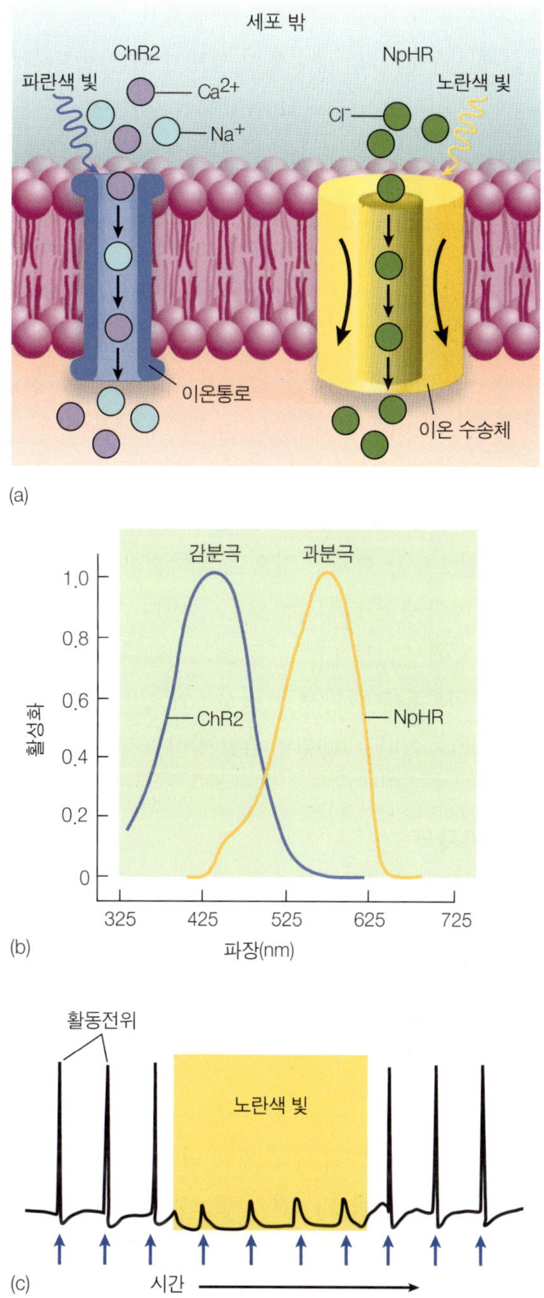

그림 5.27 광 자극(Photostimulation). (a) 유전자를 변형시킨 바이러스를 이용하여 광민감성 단백질을 뉴런의 세포막에 심을 수 있다. 파란색 빛은 ChR2 이온통로가 막을 감분극시키고, 노란색 빛은 NpHR 이온수송체가 막을 과분극시킨다. (b) 그림은 ChR2 또는 NpHR 단백질에서 빛의 파장이 막전위에 미치는 효과를 보여 준다. (c) 그림은 파란색 빛(파란색 화살표)에 의해 유발된 활동전위와 노란색 빛에 의해 야기된 과분극의 억제 효과를 보여 준다.

(a) Hausser, M, and Smith, S. L. *Nature*, 2007, *446*, 617–619, (b)와 (c) Zhang, F., Wang, L. p., Brauner, M., et al. *Nature*, 2007, *446*, 633–639.

망막의 광수용기 세포가 퇴행하면서 점차 실명하게 된다. 망막에는 두 종류의 광수용기 세포가 있는데, **간상체**(rod)는 야간 시각을 담당하고 **추상체**(cone)는 주간 시각을 담당한다. 망막색소 변성증이 있는 사람의 간상체는 죽게 된다. 그러나 그들의 추상체는 비록 빛에 대한 민감성은 상실하지만 그 세포들이 죽지는 않는다. Busskamp 등(2010)은 망막색소 변성증을 일으키도록 유전자를 조작한 생쥐에게 시력을 되살려 주기 위하여 광유전적 방법을 사용하였다. 연구자들은 동물의 추상체에 NpHR을 주입하였다. (왜냐하면 광수용기 세포의 막은 빛을 받으면 과분극하기 때문에 이 단백질을 선택하였다.) 전기 기록과 행동 연구 결과 이 처치를 받은 동물의 시력이 최소한 부분적으로는 회복된 것으로 밝혀졌다. 더욱이 이런 처치가 망막색소 변성증으로 고통받다 사망한 사람의 망막 조직에서도 빛 민감성을 회복시켰다. 이런 결과는 후속연구를 통해 망막색소 변성증과 같은 유형의 실명을 치료할 수 있다는 희망을 주고 있다.

경두개자기자극

이 장의 앞에서 살펴보았듯이 신경활동이 자기장을 만들고, 이것을 뇌자도로 측정할 수 있다. 마찬가지로 자기장이 뇌조직에 전류를 유도하여 뉴런을 자극할 수도 있다. **경두개자기자극**transcranial magnetic stimulation; TMS은 숫자 8 모양의 전선코일을 사용하여 인간의 대뇌피질에 있는 뉴런을 자극한다. 8자의 가운데 교차점이 자극하고자 하는 뇌 영역의 바로 위에 위치하도록 자극 코일을 두개골 위에 놓는다. 전기 펄스가 대뇌피질 뉴런을 활성화시키는 자기장을 보낸다. 그림 5.28은 경두개자기자극에 사용되는 코일과 그것을 피험자의 머리에 올려놓은 모습의 사진이다(그림 5.28 참조).

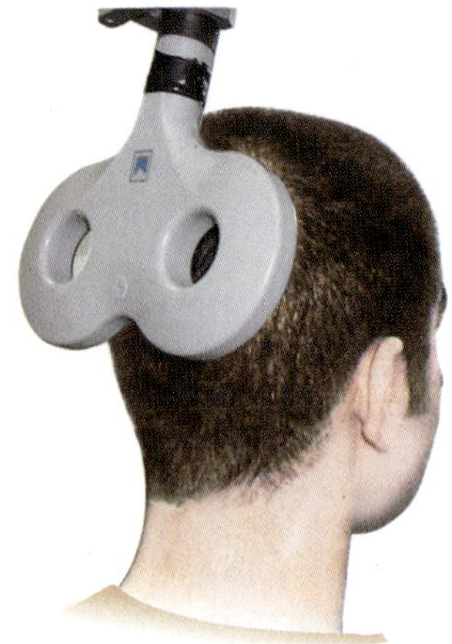

그림 5.28 경두개자기자극. 경두개자기자극. 코일에 흐른 전기 펄스가 자기장을 만들고, 그것이 8자 모양의 교차점 바로 아래에 있는 대뇌피질영역을 자극하게 된다.

The Kastner Lab, Princeton University.

경두개자기자극의 효과는 노출된 뇌를 직접 자극하는 것과 유사하다. 예를 들어 6장에서 살펴보겠지만, 시각연합피질의 특정영역을 자극하면 시각자극의 움직임을 탐지하는 능력이 방해를 받는다. 덧붙여서 15장에서 보겠지만 경두개자기자극은 우울증과 같은 정신장애 증상을 치료하기 위해서도 사용되고 있다. 자극의 강도와 패턴에 따라 경두개자기자극은 코일이 놓여 있는 뇌 영역을 흥분시키기도 하고 그 기능을 방해하기도 한다.

절 요약

신경활동의 기록과 자극

뉴런 회로가 정상적 기능을 수행하면 전기적 활동과 대사활동이 증가된다. 그러므로 동물이 여러 가지 자극을 지각하거나, 다양한 행동을 수행할 때 이러한 과정을 측정함으로써 우리는 뇌의 다양한 영역이 담당하고 있는 기능을 추론할 수 있다. 개별 뉴런의 전기적 활동을 측정하는 데에는 미세전극이 사용된다. 지속적인 기록을 위해서는 전극을 소켓에 부착하여 두개골 위에 플라스틱 접착제로 고정시켜야 한다. 많은 뉴런 집단들의 활동을 기록하기 위해서는 대전극을 사용한다. 드물게 인간의 뇌에도 대전극을 삽입하지만, 대부분의 경우 두피 위에 전극을 부착하여 폴리그래프나 컴퓨터로 뇌의 활동을 기록한다. 그러한 기록은 간질의 진단이나 수면연구에 사용된다.

대사활동을 측정하기 위하여 동물에게 방사성 2-DG를 주입하면 대사과정이 활발한 뉴런에 방사성 물질이 축적되게 된다. 방사성은 자가방사기록법으로 측정할 수 있다. 뇌 절편을 현미경 슬라이드 위에 올려 사진용 유화제를 입힌 후 잠시 놓아두면 사진 음화 원판처럼 인화된다. 뉴런이 자극을 받으면 Fos라는 핵 단백질이 생성된다. 특수한 염색으로 Fos를 드러나게 하면 활동적인 뇌 영역을 찾아낼 수 있다. 2-DG 방법을 사용하여 살아 활동하는 인간의 뇌 대사활동을 측정할 수 있으며, PET 스캐너는 활동적인 뇌 영역을 탐지하는 데 사용된다. 국소적 뇌 활동을 측정하기 위한 또 다른 비침습적 방법은 기능적 MRI인데, 이것은 국소적 산소 변화를 측정한다. 뇌자도(MEG)는 뉴런의 전기적 활동에 의해 만들어진 자기장을 측정한다.

대전극을 삽입하거나 약한 전기자극을 가하여 특정 뇌 영역을 자극할 수 있다. 또는 뇌에 안내관을 심고, 동물이 시술에서 회복한 다음에 더 가는 주입관으로 흥분성 아미노산을 미량 주입하여 화학적으로 자극할 수도 있다. 이 방법은 그 부위의 세포체만을 자극하고, 지나가는 축색에는 영향을 미치지 않는다는 장점을 지닌다. 특정 단백질이 빛에 의해 자극될 때 특정 뉴런의 막을 감분극 또는 과분극시키는 광민감성 단백질을 생산하는 유전자에 바이러스를 사용할 수도 있다. 경두개자기자극은 인간의 대뇌피질에 전기적 활동을 유도하여, 그곳에 있는 신경회로의 기능을 일시적으로 방해할 수 있다.

표 5.2에 이 절에서 소개된 연구방법이 요약되어 있다.

생각해 보기

1. 여러분이 어떤 사람이 특정 행동을 하거나, 어떤 생각을 하거나, 또는 어떤 자극에 주의를 기울이고 있을 때 그 사람의 fMRI를 기록할 기회를 가졌다고 가정해 보자. 여러분은 어떻게 할 것인지 서술해 보세요.
2. 어떤 행동 또는 감각계를 통제하는 신경기제를 연구하기 위하여 광유전적 방법을 사용할 수 있는 방법에 대해 생각해 보세요.

표 5.2 연구방법: 2부

목적	방법	특징
단일 뉴런의 전기활동을 기록	유리 또는 금속 미세전극	동물이 움직이는 동안 신경활동을 기록하기 위해 금속 미세전극을 영구적으로 삽입할 수 있다.
특정영역의 전기활동을 기록	금속 대전극	인간의 경우 보통 전도성 접착제를 사용하여 두피에 붙인다.
신경활동에 의해 유발된 자기장 기록	뇌자도: 여러 개의 SQUID로 구성된 신경자기기록기를 사용	동시에 활성화되는 뉴런 집단의 위치를 확인할 수 있다.
뇌 영역의 대사활동 기록	2-DG 자가기록	국소적 포도당 사용 측정
	Fos 단백질 측정	최근에 활성화된 뉴런을 확인
	2-DG, PET 스캔,	인간의 뇌 국소 대사활동을 측정
	기능적 MRI(fMRI) 스캔	인간의 뇌 국소 대사활동을 측정. PET 스캔보다 공간적, 시간적 해상도가 더 높다.
신경활동 자극	전기적 자극	전극의 끝 부분에 있는 뉴런과 그곳을 지나가는 축색을 자극
	흥분성 아미노산으로 화학적 자극	미세관의 끝 부분에 있는 뉴런만 자극하고 그곳을 지나가는 축색에는 영향을 주지 않음
	경두개자기자극	머리 위에 놓은 전자석으로 인간의 대뇌피질에 있는 뉴런을 자극

신경화학적 방법

가끔 연구자들은 뇌의 특정영역의 전반적인 대사활동에는 관심이 없지만, 특정 수용기를 가지고 있는 뉴런이나 또는 특정 신경전달물질이나 신경조절물질을 생산하는 뉴런의 위치에 관심을 가진다. 또한 연구자들은 특정 상황에서 뇌의 특정영역에 있는 뉴런이 분비하는 화학물질의 양을 측정하고자 한다.

특정 신경화학물질을 생산하는 뉴런을 찾는 방법

특정 약물이 행동에 영향을 미친다는 것을 알게 되었다고 가정해 보자. 그 약물의 효과를 담당하는 신경회로를 어떻게 밝힐 수 있을까? 이 물음에 답하기 위하여 구체적인 예를 들어 보자. 몇 년 전에 의사들은 특정 종류의 살충제(유기인산염)에 노출된 농부들이 매우 격렬하고 기괴한 꿈을 꾸고 심지어 깨어 있을 때에도 환각에 시달린다는 사실을 발견하였다. 이런 증상에 대한 그럴듯한 설명은 그 약물이 REM 수면－그동안 꿈을 꾼다－을 담당하는 신경회로를 자극한다는 것이다(결국 꿈이란 수면 동안 경험하는 환각이다).

첫 번째 물음은 유기인산염 살충제가 어떻게 작용하는가와 관련이 있다. 약리학자들의 대답은 다음과 같다. 이 약물은 아세틸콜린 분해효소 억제제이다. 4장에서 살펴본 바와 같이 아세틸콜린 분해효소 억제제는 아세틸콜린 효능제이다. 이 약물은 아세틸콜린 분해효소를 억제하여 아세틸콜린이 종말단추에서 방출된 후 재빨리 분해되는 것을 막아 주고, 그래서 아세틸콜린성 시냅스에서 시냅스후 전위가 오래 지속되도록 한다.

이제 이 약물이 아세틸콜린성 시냅스에 작용한다는 것을 알았으므로 살충제의 작용을 이해할 수 있을 것이다. 그렇다면 이 약물이 뇌에 작용하는 부위를 찾기 위해서 어떤 신경화학적 방법을 사용해야 하는가? 첫째, 신경전달물질이나 신경조절물질과 같은 특정 신경화학물질이 있는 위치를 찾는 방법을 생각해 보자(위의 예에서는 아세틸콜린의 위치를 찾는다). 뇌에서 신경화학물질의 위치를 규명하는 데에는 두 가지 기본적인 방식이 있다. 화학물질 자체의 위치를 찾거나, 그것을 생산하는 효소의 위치를 찾는 것이다.

그림 5.29 펩타이드의 위치. 면역세포화학법으로 규명한 한 펩타이드의 위치. 쥐의 전뇌의 관상절편 현미경 사진으로 황금색과 적갈색의 섬유가 펩타이드 신경전달물질인 바소프레신을 함유한 축색을 나타낸다.

Courtesy of Geert DeVries, University of Massachusetts.

펩타이드(또는 단백질)는 이 장의 첫 번째 절에서 소개된 면역세포화학법으로 직접 그 위치를 찾을 수 있다. 뇌조직 절편을 염료(주로 형광염료)와 결합된 펩타이드의 항체에 노출시킨다. 그 절편을 특정 파장의 빛 아래에서 현미경으로 관찰한다. 예를 들어 그림 5.29는 펩타이드 신경전달물질인 바소프레신을 함유한 전뇌의 축색 위치를 보여 준다. 두 집단의 축색이 나타나 있다. 하나는 뇌 기저부의 제3뇌실 주변 집단으로 적갈색으로 보이고, 다른 하나는 외측 중격에 분포한 것으로 금실처럼 보인다(그림에서 보듯이 잘 염색된 뇌 절편은 매우 아름답다. 그림 5.29 참조).

그러나 우리는 펩타이드가 아니라 아세틸콜린에 관심이 있다. 따라서 이 신경전달물질을 찾는 데는 면역세포화학법을 사용하지 못한다. 하지만 아세틸콜린을 생산하는 효소의 위치를 찾는 데 이 방법을 사용할 수 있다. 아세틸콜린은 콜린아세틸트랜스퍼레이스(ChAT)라는 효소에 의해 생산된다. 따라서 이 효소를 함유한 뉴런은

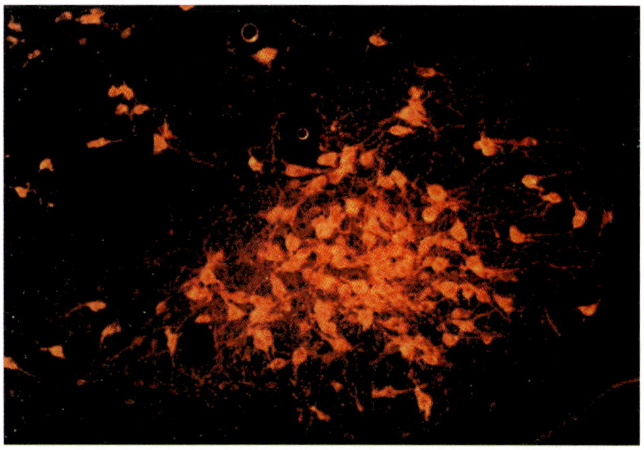

그림 5.30 효소의 위치. 면역세포화학적 방법으로 어떤 신경정달물질의 합성에 관여하는 효소의 위치를 찾을 수 있다. 이 사진은 뇌교의 절편 모습이다. 오렌지색 뉴런은 콜린아세틸트랜스퍼레이즈라는 효소를 가지고 있는데, 이는 이 뉴런이 아세틸콜린을 생산한다는 의미이다.

Courtesy of David Morilak, Ph.D. and Roland Ciaranello, M.D.

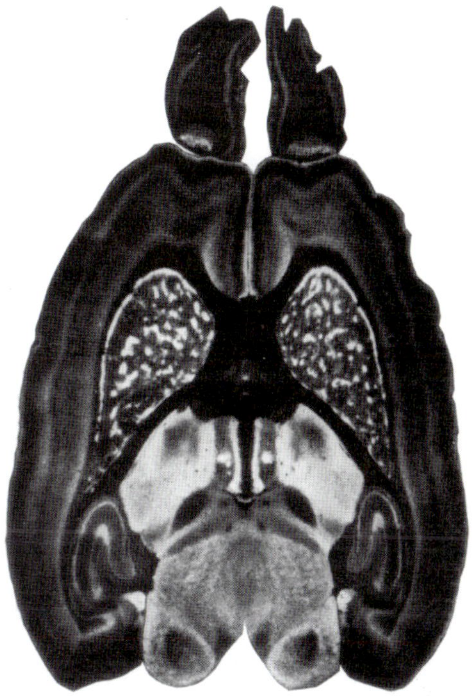

그림 5.31 자가방사기록 사진. 이 사진은 아편제 수용기의 배위자인 방사성 모르핀이 들어 있는 용액에 담가 두었던 쥐의 뇌(주둥이 윗부분, 수평단면) 자가방사기록 사진이다. 수용기는 하얀색으로 표시되어 있다.

Herkenham, M. A., and Pert, C. B. *Journal of Neuroscience*, 1982, 2, 1129–1149. Reprinted with permission.

아세틸콜린을 분비할 것이다. 그림 5.30은 면역세포화학법으로 확인한 뇌교에 있는 아세틸콜린성 뉴런이다. 이 뇌조직은 형광염료가 부착된 ChAT의 항체에 노출되었다. 사실 이 장에서 서술한 여러 가지 방법을 사용한 연구 결과 이 뉴런이 REM 수면을 통제하는 데 중요한 역할을 하는 것으로 밝혀졌다(그림 5.30 참조).

특정 수용기 위치를 찾는 방법

4장에서 살펴본 것처럼 신경전달물질과 신경조절물질, 그리고 호르몬은 수용기와 결합함으로써 표적세포로 신호를 전달한다. 두 가지 서로 다른 방법으로 이 수용기의 위치를 찾을 수 있다.

첫 번째 방법은 자가방사기록을 사용하는 것이다. 뇌조직 절편을 특정 수용기의 방사성 배위자 용액에 담근다. 그런 다음 조직을 헹구어 내어 수용기와 결합한 배위자의 방사성만 남게 한다. 끝으로 방사성 배위자의 위치, 즉 수용기의 위치를 자가방사기록으로 규명할 수 있다. 그림 5.31은 이 절차를 사용하여 얻은 결과의 한 예이다. 뇌 아편제 수용기와 결합하는 방사성 모르핀 용액에 담근 쥐의 뇌 절편의 자가방사기록 사진이다(그림 5.31 참조).

두 번째 방법은 면역세포화학법이다. 수용기도 단백질이므로 그에 대한 항체를 만들 수 있다. 뇌조직 절편을 (형광염료로 표시된) 적절한 항체에 노출시킨 다음 특정 파장의 빛 아래에서 현미경으로 관찰한다.

수용기의 위치를 규명하는 방법을 이 장에서 다루어 왔던 연구 과제—암컷 쥐의 성행동에 대한 복내측 시상하부의 역할—에 적용하여 보자. 앞에서 본 바와 같이 VMH를 손상하면 성행동이 와해되었다. 또한 쥐의 난소를 제거하면 성행동이 사라지지만, VMH를 전기적으로 자극하거나 흥분성 아미노산으로 자극하면 성행동이 활성화되었다. 이러한 결과는 난소에서 생산된 성호르몬이 VMH의 뉴런에 작용함을 시사하는 것이다.

이 가설에 근거하여 두 가지 실험이 제안될 수 있다. 하나는 그림 5.26의 절차를 이용하여 미리 난소를 제거한 암컷 쥐의 VMH에 적절한 성호르몬을 직접 주입하는 것이다. 9장에서 살펴보겠지만 이러한 절차는 성공적이다. 호르몬이 동물의 성행동을 다시 활성화시킨다.

두 번째 실험은 자가방사기록을 사용하여 성호르몬의 수용기를 찾는 것이다. 쥐의 뇌 절편을 방사성 호르몬에 노출시킨 후 헹구어 내고 자가방사기록을 한다. 사실 그렇게 하면 VMH에서 실제로 방사성이 방출되는 것을 발견할 수 있다. (만약 암컷 쥐와 수컷 쥐의 뇌 절편을 비교해 보면 암컷의 뇌에서 더 많은 호르몬 수용기를 발견할 수 있다.) 면역세포화학법을 사용하여 수용기의 위치를 규명하여도 같은 결과를 얻게 된다.

뇌에서 분비되는 화학물질을 측정하기

앞의 두 절에서 세포 내부나 세포막에 있는 화학물질의 위치를 확인하기 위한 방법을 설명하였다. 그러나 가끔 뇌의 특정영역에서 분비되는 특정 화학물질의 농도를 측정하고자 할 수도 있다. 예를 들어 우리는 중독성 약물인 코카인이 도파민의 재흡수를 차단한다는 것을 알고 있는데 이는 우리가 코카인을 복용하면 뇌의 어떤 영역에서 도파민의 세포외 농도가 증가한다는 것을 의미한다. 뇌의 특정영역에서의 도파민의 양을 측정하기 위하여 **미세투석법**microdialysis이라는 절차를 사용할 수 있다.

투석(dialysis)이란 어떤 물질은 통과시키고 다른 것은 통과시키지 않는 인공적인 막을 이용하여 물질을 분리시키는 절차이다. 그림 5.32에서 보듯이 미세투석 탐침은 끝이 막힌 원통 모양을 한 인공막으로 만들어진 투석관 속으로 용액을 주입시킬 수 있는 작은 금속관으로 되어 있다. 다른 작은 금속관은 주머니(pouch)를 통해 순환된 용액을 채취한다(그림 5.32 참조).

미세투석 탐침의 끝 부분을 우리가 연구하고자 하는 위치에 넣기 위해서 입체정위 시술을 해야 한다. 안쪽의 작은 금속관을 통해 세포외액과 비슷한 용액을 투석관 속으로 소량 주입한다. 용액은 투석관을 통해 순환한 다음 두 번째 금속관을 통해 빠져나와 분석에 사용된다. 용액이 투석관을 통해 순환할 때 확산에 의해 세포막을 빠져나온 세포외액에 있는 물질이 수집된다.

아주 정밀한 분석방법을 사용하여 투석관을 통과한 용액의 성분을 분석한다. 이런 분석방법은 종말단추에서 분비되어 시냅스 틈에서 세포외액으로 빠져나온 신경전달물질들(그리고 그것들의 분해산물)을 탐지할 수

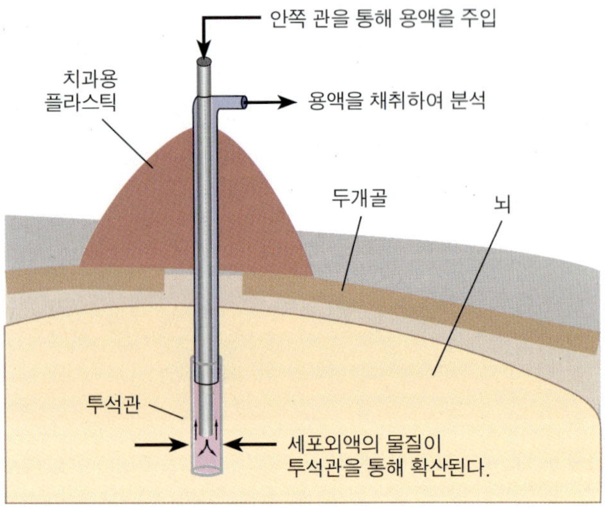

그림 5.32 미세투석법. 희석된 소금 용액을 천천히 미세투석관으로 주입하고, 그곳에서 세포외액으로부터 확산된 분자를 채취한다. 그런 다음 이 용액의 성분을 분석한다.

있을 정도로 민감하다. 이런 방법을 사용하여 쥐에게 코카인을 주입하면 전뇌에 위치한 측핵의 세포외액에 도파민의 농도가 증가한다는 사실이 밝혀졌다. 사실 헤로인, 니코틴, 또는 알코올 등과 같은 다른 중독성 약물을 주입하여도 이 영역의 도파민양이 증가하는 것으로 알려져 있다. 심지어 동물이 배가 고플 때 먹이를 먹거나, 목이 마를 때 물을 먹거나, 교미행동을 하는 등의 쾌락적 활동을 할 때도 도파민의 분비가 증가하는 것을 관찰할 수 있다.

아주 특별한 경우(예: 두개 내 혈전 또는 두부 외상이 있는 환자의 뇌 화학물질을 탐지하는 경우), 미세투석 절차는 인간의 뇌에도 적용할 수 있으나, 윤리적인 문제 때문에 실험목적으로 사용하지는 않는다. 다행스럽게도 인간의 뇌에 있는 신경화학물질을 측정할 수 있는 비침습적 방법이 있다. 비록 PET 스캔이 매우 많은 비용이 들기는 하지만 그 용도는 다양하다. PET는 양자를 방출하는 어떤 방사성 물질도 그 위치를 규명할 수 있다.

4장의 '머리말'에서 수년 전 많은 사람이 도파민성 뉴런을 파괴하는 화학물질이 혼입된 불법제조 약물을 투약하는 예를 보았다. 그 결과 그들은 심한 파킨슨병 증상에 시달렸다. 최근 신경외과의사들이 입체정위 시술로 태아의 도파민성 뉴런을 일부 이런 환자의 기저핵에 이식하였다. 그림 5.33은 그런 환자의 뇌 PET 사진이다. 환

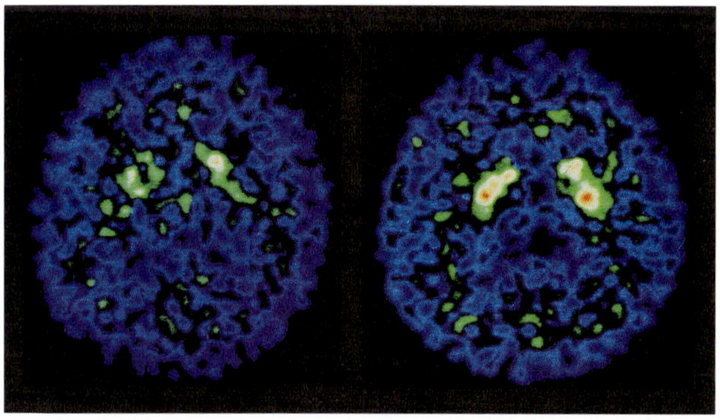

(a) (b)

그림 5.33 파킨슨 증상이 있는 환자의 PET 스캔. 이 사진은 독성 화학물질로 인하여 파킨슨병 증상을 보이는 환자에게 태아의 도파민성 뉴런을 이식하기 이전과 이후에 촬영한 PET 사진으로, 기저핵에 방사성 L-DOPA가 유입된 것을 보여 준다. (a) 시술 전 사진, (b) 시술 13개월 후 사진. L-DOPA 유입이 증가한 것으로 보아서 이식된 태아 뉴런이 도파민을 분비하고 있음을 알 수 있다.

Widner, H., Tetrud, J., Rehncrona, S., Snow, B., Brundin, p., Gustavii, B., Björklund, A., Lindvall, O., and Langston, J. W. *New England Journal of Medicine*, 1992, *327*, 1556–1563.

자에게 방사성 L-DOPA를 주입하고 한 시간 후 PET 스캔을 하였다. 4장에서 살펴본 바와 같이 L-DOPA는 도파민성 뉴런의 말단에서 흡수되어 도파민으로 변환된다. 따라서 사진에 나타나는 방사성은 기저핵에 존재하는 도파민 분비 뉴런의 종말단추를 보여 준다. 그림은 환자가 이식을 받기 이전의 사진(a)과 이식을 받은 후 증상이 크게 감소하였을 때의 사진(b)이다(그림 5.33 참조).

태아 신경이식수술이 파킨슨병으로 고통받는 환자나, 오염된 약물로 인해 뇌가 손상된 사람들을 치료할 수 있다고 말할 수 있기를 바란다. 그러나 불행하게도 신경이식의 치료적 효과는 일시적이며, 시간이 지나면서 가끔 아주 심각한 부작용이 나타난다.

절 요약

신경화학적 방법

신경화학적 방법은 뇌에 존재하는 다양한 물질들의 위치를 규명하는 데 사용된다. 이 방법을 통해 특정 신경전달물질이나 신경조절물질을 분비하는 뉴런의 위치를 확인하고, 이런 물질에 반응하는 수용기를 지닌 뉴런의 위치를 규명할 수 있다. 펩타이드와 단백질은 면역세포화학적 방법으로 직접 위치를 찾을 수 있다. 조직을 특정 파장의 빛 아래에서 형광을 띠는 분자와 결합된 항체에 노출시킨다. 다른 물질들은 그 물질의 합성에 필요한 효소의 위치를 면역세포화학법으로 탐지한다.

신경화학물질의 수용기는 두 가지 방법으로 찾을 수 있다. 첫 번째 방법은 조직에 방사성 배위자를 처리하여 자가방사기록법으로 그 분포를 식별하는 것이다. 두 번째 방법은 수용기 자체가 단백질이므로 면역세포화학법으로 직접 그 위치를 규명하는 것이다.

신경전달물질이나 신경조절물질의 분비는 뇌의 특정 영역에 미세투석 탐침을 심어 측정할 수 있다. PET 스캐너는 인간의 뇌에서 비슷한 관찰을 할 수 있게 해준다. 특정 수용기와 결합하는 약물이나 특정 신경전달물질과 관련 있는 화학물질 같은 방사성 추적자를 주입하고 PET 스캔을 하면 뇌 속의 그 추적자의 위치를 확인할 수 있다.

표 5.3에 이 절에 소개된 연구방법이 요약되어 있다.

생각해 보기

지금까지 이 장에서 배운 방법들을 사용하여 여러분이 관심을 가지고 있는 행동, 인지과정 또는 지각능력에 대해 서술해 보세요. 여러분이 하고자하는 실험의 종류를 기술하고, 각 방법에서 어떤 정보를 얻을 수 있는지 기술해 보세요.

유전적 방법

모든 행동은 자신의 뇌와 환경 간의 상호작용에 의해 결정된다. 재능, 성격, 정신장애 등과 같은 많은 행동특성들이 가족내력을 가진다. 이는 유전적 요인이 궁극적으로 이러한 특성을 담당하는 생리학적 차이가 발달되는

표 5.3 연구방법: 3부

목적	방법	특징
뉴런이 방출한 신경전달물질이나 신경조절물질을 측정	미세투석법	다양한 물질을 분석할 수 있다.
살아 있는 인간의 뇌에서 신경화학물질을 측정	PET 스캔	인간의 뇌에서 흡수된 방사성물질의 위치를 탐지할 수 있다.
특정 신경전달물질 또는 신경조절물질을 생산하는 뉴런을 탐지	펩타이드 또는 단백질에 대한 면역세포화학법	특정 항체가 필요함
	물질의 합성에 관여하는 효소에 대한 면역세포화학법	물질이 펩타이드나 단백질이 아닌 경우에 사용
특정 유형의 수용기를 가지고 있는 뉴런을 확인	방사성 배위자를 이용한 자가방사기록법	
	수용기에 대한 면역세포화학법	특정 항체가 필요함

데 중요한 역할을 담당함을 시사해 주는 것이다. 어떤 경우에는 유전적 연결이 아주 분명하다. 유전인자의 결함이 뇌 발달을 방해하고, 신경학적 이상이 행동적 결함을 일으킨다. 또 어떤 경우에는 유전과 행동 간의 연결이 훨씬 더 미묘해서 이것을 규명하기 위해서 특수한 유전적 방법을 사용해야만 한다.

쌍둥이 연구

유전이 특정 특질에 미치는 영향을 추정하는 강력한 방법은 일란성 쌍둥이와 이란성 쌍둥이 간에 이들 특질의 **일치율**(concordance rate)을 비교하는 것이다. 일란성 쌍둥이는 동일한 유전형, 즉 동일한 염색체와 유전인자를 가지고 있다. 이와 대조적으로 이란성 쌍둥이 간의 유전적 유사성은 평균 50% 정도이다. 연구자들은 쌍둥이 중 한 명이 어떤 특질, 예를 들어 특정 정신장애를 가지고 있을 때 다른 한 명도 같은 특질을 가지고 있는가를 조사한다. 만약 쌍둥이가 모두 같은 장애를 가지고 있는 것으로 진단되면 **일치**(concordant)한다고 말하고, 만약 쌍둥이 중 어느 한 명만 이러한 진단을 받는다면 **불일치**(discordant)한다고 말한다. 그래서 만약 어떤 장애가 유전적 소인이 있다면, 일란성 쌍둥이가 같은 장애로 진단되는 일치율이 이란성 쌍둥이보다 훨씬 더 높을 것이다. 예를 들어 15장에서 살펴보겠지만 쌍둥이의 조현병 일치율은 일란성 쌍둥이가 이란성 쌍둥이보다 최소 네 배 이상 높으며, 이런 결과는 조현병에 유전적 특질이 있다는 강력한 증거가 된다. 쌍둥이 연구 결과 성격특질, 비만, 알코올 중독, 다양한 정신장애 등을 포함하여 많은 개인적 특성이 유전적 요인에 의해 영향을 받는 것으로 나타났다.

쌍둥이 연구는 특정 행동특질의 발달에 있어서 유전과 환경의 상대적 역할을 추정하는 강력한 방법이다.

Michael Schwartz/The Image Works.

입양아 연구

특정 행동특질의 유전성을 추정하기 위한 또 다른 방법은 어릴 때 입양된 사람들을 대상으로 그들의 생물학적 부모와 양부모를 비교하는 것이다. 모든 행동특질은 유전적 요인, 환경적 요인, 그리고 유전과 환경의 상호작용에 의해 어느 정도 영향을 받는다. 환경적 요인에는 사회적 요인과 생물학적 요인이 모두 포함된다. 예를 들어, 어머니의 건강, 영양상태, 그리고 임신 중 알코올 섭취 등은 태내 환경요인이며, 아동의 섭식, 의학적 처치, 사회적 환경(가정 내부와 외부 환경 모두)은 출생 후 환경요인들이다. 만약 아동이 출생 직후 입양되었다면, 유전적 요인은 생물학적 부모와 관련이 있고, 태내 환경요인은 생물학적 어머니와 관련이 있으며, 출생 후 환경요인은 대부분 양부모와 관련이 있을 것이다.

입양아 연구를 위해서는 연구대상인 사람의 부모를 찾을 수 있어야 하며, 생물학적 부모와 양부모 모두의 행동특질을 측정할 수 있어야 한다. 만약 연구 대상인 사람이 그들의 생물학적 부모와 아주 닮았다면, 그 특성이 유전적 요인에 의해 영향을 받았을 것이라고 결론 내릴 수 있다. 더 확실하게 하기 위해서는 입양아의 태내 환경요인의 차이를 배제할 수 있어야 한다. 그러나 그 사람이 양부모와 닮았다면, 그 특질이 환경적 요인에 의해 영향을 받은 것으로 결론 내릴 수 있다(이들 환경적 요인들이 무엇인지를 정확하게 밝히기 위해서는 부가적인 연구가 필요하다). 물론 연구대상인 사람이 생물학적 부모와 양부모 모두를 닮았을 경우에는 유전적 요인과 환경적 요인 모두가 중요한 역할을 하였을 가능성이 있다.

게놈 연구

인간 **게놈**genome은 유전정보가 암호화되어 있는 DNA로 구성되어 있다. 많은 세대를 거쳐 오면서 발생한 돌연변이들이 축적되어 있기 때문에 일란성 쌍둥이를 제외한 어떤 사람도 동일한 유전정보를 가지지 못한다. 개별 유전자의 특정 형태를 **대립유전자**allele('다른'이라는 뜻의 그리스어 *allos*에서 유래)라 한다. 예를 들어 눈동자의 색깔을 결정하는 홍채 색소를 생산하는 데 관여하는 유전자의 대립유전자를 생각해 보자. 게놈 연구는 다양한 신체적, 행동적 특질과 관련이 있는 유전자의 위치를 확인하고자 한다.

연관 연구(linkage study)는 가족 구성원들 간에 특정 특질—예를 들면 특정 유전질환의 유무—에 차이가 있는 가계를 찾는다. 연구자들은 이미 위치가 알려져 있는 DNA 연쇄인 다양한 **마커**(markers)를 개인적 특성과 비교한다. 예를 들어 15장에서 다루게 될 신경학적 장애인 **헌팅턴 병**(Huntington's disease)과 관련 있는 유전자가 4번 염색체의 짧은 팔(short arm)에 있는 것으로 알려진 마커 근처에 있는 것으로 밝혀졌다. 연구자들은 구성원 중 많은 사람이 헌팅턴 병을 앓고 있는 베네수엘라의 어떤 큰 문중의 사람들을 연구한 결과 그 질병의 유무와 그 마커의 유무 간에 상관이 있는 것을 발견하였다.

전체 인간 게놈의 DNA 서열을 얻을 수 있는 방법이 개발되면서 **게놈-확장 연관 연구들**(genome-wide association study; GWAS)이 가능하게 되었다. 이 연구들은 인간 게놈에서의 차이가 질병(또는 특질)의 유무와 상관이 있는가를 알아보기 위해 사람의 게놈 전부 또는 일정 부분을 비교한다. 15장과 16장에서 보겠지만 이러한 연구는 다양한 정신장애의 발병에 기여하는 특성을 제어하는 유전자들의 위치를 밝혀내기 시작했다.

표적 돌연변이

신경과학자들은 분자생물학자들에 의해 개발된 유전적 방법이라는 아주 강력한 연구도구를 가지게 되었다. **표적 돌연변이**targeted mutations는 실험실에서 만들어진 돌연변이 유전자를 생쥐의 염색체에 집어넣는다. 이러한 돌연변이 유전자(일명 knockout 유전자)는 결함이 있는 것으로서, 기능성 단백질을 생산하지 못한다. 대부분의 경우 돌연변이의 표적은 특정 화학반응을 통제하는 효소이다. 예를 들어, 12장에서 살펴보겠지만, 특정 효소가 결핍되면 학습에 결함이 나타난다. 이러한 결과는 그 효소가 학습이 일어나기 위해서 필요한 시냅스 구조의 변화에 부분적으로 관여함을 시사해 주는 것이다. 또 다른 경우에는 돌연변이의 표적이 세포에서 유용한 기능을 수행하는 단백질 자체이다. 예를 들어 16장에서 보겠지만 특정 유형의 카나비노이드 수용기는 아편

표 5.4 연구방법: 4부

목적	방법	특징
유전적 방법	쌍둥이 연구	일란성 쌍둥이와 이란성 쌍둥이의 일치 비율을 비교하여 특질의 유전성을 추정한다.
	입양아 연구	자녀와 양부모 및 생물학적 부모의 유사성을 근거로 특질의 유전성을 추정한다.
	게놈 연구	특정 특질들과 관련이 있는 유전자를 확인하기 위해 게놈 분석(연관 연구 또는 게놈-확장 연관 연구)을 한다.
	표적 돌연변이	유전자를 불활성화 시키거나, 새로운 유전자를 끼워 넣거나, 또는 유전자의 발현을 증가시킨다.
	안티센스 올리고뉴클레오티드	전령 RNA와 결합; 단백질의 합성을 방해

제의 강화 효과와 무통 효과에 관여한다. 심지어 연구자는 동물에게 특정 약물을 주입했을 때 특정 유전자의 발현이 차단되도록 동물의 유전자를 조작하는 조건적 knocout(conditional knocout)을 만들기도 한다.

또한 연구자들은 동물의 DNA에 새로운 유전자를 집어넣는 유전공학적 방법을 사용할 수도 있다. 이들 유전자들은 원래 그 동물에게 존재하는 단백질의 생산을 증가시키거나 또는 완전히 새로운 단백질을 생산한다.

안티센스 올리고뉴클레오티드

또 다른 유전적 방법은 **안티센스 올리고뉴클레오티드** antisense oligonucleotides를 주입하여 특정 유전자에 의해 부호화되는 단백질의 생산을 차단하는 물질분자를 생산하는 것이다. 가장 일반적인 안티센스 올리고뉴클레오티드는 변형된 RNA 또는 DNA 사슬로서, 이들은 전령 RNA의 특정 분자와 결합하여 전령 RNA가 생산하는 단백질을 만들지 못하게 한다. 이런 방식으로 mRNA 분자가 함정에 빠지게 되면 mRNA 분자는 그 세포 내에 있는 효소에 의해 파괴된다. 안티센스(antisense)라는 용어는 합성 올리고뉴클레오티드가 특정 유전자 또는 mRNA 분자에 들어 있는 상보적 염기 배열을 가지고 있다는 사실을 언급하는 것이다. 표 5.4에 이 절에서 소개된 연구방법이 요약되어 있다(표 5.4 참조).

절 요약

유전적 방법

유전자는 유기체의 발달을 지시하기 때문에 유전적 방법은 행동의 생리학을 연구하는 데 아주 유용하다. 쌍둥이 연구는 특정 특질에 대한 일란성과 이란성 쌍둥이의 일치율을 비교한다. 일란성 쌍둥이의 일치율이 훨씬 더 높으면, 그 특질은 유전에 의해 영향을 받는다는 증거가 된다. 입양아 연구는 유아기에 입양된 사람의 생물학적 부모와 양부모를 비교한다. 만약 그 사람이 생물학적 부모를 닮았다면 그것은 유전적 요인의 증거이고, 만약 그 사람이 양부모를 닮았다면 그것은 가족환경요인의 역할이라는 증거이다. 연관 연구와 게놈-확장 연관 연구들은 다양한 행동적, 신체적 특질과 관련 있는 유전자의 위치를 찾을 수 있다.

표적 돌연변이는 특정 단백질, 예를 들어 효소, 구조단백질, 또는 수용기의 결핍이 동물의 생리적, 행동적 특성에 미치는 효과를 연구할 수 있게 해준다. 외계 단백질을 생산하거나, 자체 단백질의 생산을 증가시키는 유전자를 동물의 유전자 사슬에 주입할 수 있다. 특정 단백질의 생산을 차단하기 위해 안티센스 올리고뉴클레오티드를 사용할 수 있다.

생각해 봅시다

1. 여러분들은 신문이나 TV에서 인간행동 특성의 유전에 관한 연구를 접해 본 경험이 있을 것이다. 이런 실험실에서 '수줍음의 유전인자'를 발견했다고 보고할 때 그것의 실제 의미는 무엇인가?
2. 대부분의 쥐는 알코올 맛을 좋아하지 않는데, 연구자들이 엄청나게 많은 양의 알코올을 섭취하는 쥐를 만들었다. 인간 알코올 중독에 대한 유전적 요인의 역할을 연구하기 위하여 이 쥐를 사용할 수 있는 방법을 생각해 보라.

맺는말 | 뇌파 보기

무엇이 잘못되었나? 왜 H 여사의 '성공적인' 수술이 신경학적 문제를 일으켰을까? 뭔가 할 수 있는 것이 없을까?

먼저 문제의 원인을 찾아보자. 앞에서 외과의사가 그녀의 관상동맥을 제거하고 그것을 다리의 정맥으로 대치하는 동안 기계로 혈액을 순환시켰다고 하였다. 그 기계는 환자의 혈압을 인위적으로 조절할 수 있는 것이다. 외과의사는 관상동맥에 대한 정교한 수술에 방해가 되지 않도록 생명을 유지시키는 최소한의 혈압을 유지시켰다. 불행하게도 H 여사는 관상동맥만 부분적으로 막힌 것이 아니었다. 뇌에 있는 동맥 또한 동맥경화증으로 플라크가 누적되어 있었던 것이다. 기계로 혈액을 순환시킬 때 그 동맥을 통해 뇌로 올라가는 혈액의 양이 너무 부족하여 뇌세포가 손상을 입게 되었다.

만약 수술하는 동안 혈압을 조금만 더 높게 유지시켰다면 아마 뇌손상을 방지할 수 있었을 것이다. 대부분의 환자에게는 그 정도의 혈압이면 충분하지만, H 여사의 경우에는 그렇지 못하였다. H 여사에게 일어난 뇌손상은 이미 돌이킬 수 없는 것이지만, 그녀와 같은 운명의 다른 환자들에게는 그러한 위험을 방지할 조치가 있는가?

대답은 예이다. 이 장에서 소개된 방법인 뇌파가 그 해결책이다. 우리가 필요한 것은 수술 도중 외과의사에게 뇌가 혈액을 충분히 공급받지 못하고 있음을 알려 주는 경고이며, 그것을 근거로 의사는 기계를 조정하여 환자의 혈압을 조정해 줄 수 있다. 뇌파를 통해 그런 경고를 할 수 있다. 몇 년 전 임상 뇌전도 기록자(뇌파를 측정하여 신경학적 이상을 진단하는 전문가)들은 뇌가 독물이나 산소 결핍으로 광범위한 손상을 입거나 또는 혈당량 수준이 지극히 낮아지면 뇌파가 규칙적이고 율동적인 뇌파를 보인다는 것을 발견하였다. 다행스럽게도, 이러한 유형의 뇌파는 손상이 시작되자마자 즉시 나타난다. 그러므로 심장 수술을 행하는 동안 뇌전도 기록자가 환자의 뇌파를 측정하면서 폴리그래프의 기록을 주의 깊게 관찰하다가, 뇌파가 느려지기 시작하면 외과의사에게 경고해 줄 수 있다. 그러면 뇌파가 다시 정상으로 되돌아올 때까지 환자의 혈압을 증가시켜서 뇌손상을 방지할 수 있다.

H 여사의 수술은 20년 전에 행해진 것으로, 당시에는 외과의사가 환자의 뇌파를 추적하는 경우가 거의 없었다. 현재에는 뇌파 측정이 보편화되어서 뇌로 가는 혈류를 감소시키는 모든 외과적 수술 동안에 사용된다. 예를 들어, 경동맥(뇌로 가는 혈액 공급의 대부분을 담당하는 혈관)이 동맥경화 플라크로 막힐 위험이 있으면 외과의사는 이 동맥을 절개하여 플라크를 제거한다. **경동맥내막절제술**(carotid endarterectomy)이라고 불리는 이 수술을 하는 동안 경동맥을 겸자(집게)로 집어서 혈액의 흐름을 완전히 차단해야 한다. 어떤 환자는 경동맥 하나를 일시적으로 차단하여도 뇌손상이 일어나지 않지만, 어떤 환자는 그렇지 못하다. 경동맥을 차단하고 있는 동안 뇌파가 변화하지 않으면, 외과의사는 수술을 계속한다. 뇌파가 변화하면 의사는 겸자로 막은 동맥부위의 위아래에 플라스틱 관을 밀어 넣어 혈액이 계속 흐를 수 있게 해준다. 이 절차는 환자에게 어느 정도 위험할 수도 있으므로 의사들은 꼭 필요한 경우에만 그렇게 한다. 뇌파가 그 필수적인 정보를 제공해 주는 것이다.

핵심 개념

실험적 절제

1. 신경과학자들은 뇌를 손상시키고 동물의 행동 변화를 관찰하여 손상된 영역의 기능을 추론한다.
2. 뇌에 심은 전극을 통하여 전류를 흘려보내거나 흥분성 아미노산을 주입하여 뇌를 손상시킬 수 있다. 화학적 손상은 그 부위의 세포체만을 손상시키고 지나가는 축색은 그대로 둔다.
3. 뇌가 손상된 동물의 행동을 모의시술을 한 통제동물의 행동과 비교해야만 한다.
4. 입체정위 장치를 사용하여 전극이나 미세관을 뇌의 특정 위치에 심는다. 입체정위 도감에서 각 영역의 좌표를 구한다.
5. 고정, 절편, 염색, 현미경 관찰 등의 조직학적 방법으로 뇌손상 위치를 확인한다.
6. 특수한 조직학적 방법으로 뇌의 특정영역의 구심성, 원심성 연결을 추적할 수 있다.
7. CT나 MRI 스캔으로 살아 있는 인간의 뇌 구조를 볼 수 있다.

신경활동의 기록과 자극

8. 단일 뉴런의 전기적 활동은 미세전극으로 기록하고, 뇌의 넓은 영역의 전기적 활동은 대전극으로 기록한다. 뇌파는 사람의 두피에 붙인 대전극을 통해 폴리그래프로 기록한다.
9. 동물 뇌의 특정부분의 대사활동은 2-DG 자가방사기록법이나 Fos 단백질 생산량을 측정하여 알 수 있다. 인간의 경우에는 PET 스캔이나 기능적 MRI로 특정 뇌 영역의 대사활동을 볼 수 있다.
10. 전극을 통해 뉴런을 전기적으로 자극할 수도 있고, 미세관을 통해 묽은 용액의 흥분성 아미노산을 주입하여 화학적으로 자극할 수도 있다.

신경화학적 방법

11. 면역세포화학법을 사용하여 뇌에 존재하는 펩타이드의 위치나 펩타이드 이외의 다른 물질을 합성하는 효소의 위치를 규명할 수 있다.
12. 뇌조직을 방사성 배위자에 노출시키고 자가방사기록법이나 면역세포화학법으로 얻은 결과를 분석하여 수용기의 위치를 규명할 수 있다.
13. 미세투석법으로 뇌의 특정영역에서 분비되는 특정 화학물질을 측정할 수 있다. PET 스캔은 인간의 뇌에서 특정 화학물질의 위치를 찾는 데 사용될 수 있다.

유전적 방법

14. 쌍둥이 연구와 입양아 연구, 그리고 게놈 연구는 연구자가 특정 생리학적 특질 또는 행동에 있어서의 유전적 요인의 역할을 추정할 수 있게 해준다.
15. 표적 돌연변이는 하나 이상의 유전자의 작용을 방해하기 위해 인공적으로 만들어진 돌연변이로서, 특정 유전자의 생산물이 결핍되었을 때 나타나는 효과를 연구할 수 있게 해준다.
16. 외계 단백질을 생산하거나 자체 단백질의 생산을 증가시키는 유전자를 동물의 게놈에 끼워 넣거나, 특정 단백질의 생산을 차단하기 위해 안티센스 올리고뉴클레오티드를 사용할 수 있다.

CHAPTER

6 시각

JOE CASTRO/EPA/Newscom

개요

학습목표

1. 빛과 색채의 특징들, 눈과 뇌와의 연결에 대한 해부학 및 시각정보의 변환과정을 기술한다.
2. 광수용기와 망막의 절세포에 의한 시각정보의 부호화를 기술한다.
3. 선조피질을 기술하고 이것의 뉴런이 방향, 운동 및 공간 주파수에 어떻게 반응하는지를 논의한다.
4. 시각연합피질의 해부학을 기술하고 여기에서 나타나는 두 개의 시각분석 흐름의 위치와 기능을 논의한다.
5. 색채 지각과 복측 흐름에 있는 뉴런의 형태분석을 논의한다.
6. 사물, 얼굴, 신체부위 및 장소의 지각에서 시각연합피질의 역할을 기술한다.
7. 운동 지각에서 시각연합피질의 역할을 기술한다.
8. 공간 위치 지각에서 시각연합피질의 역할을 기술한다.

머리말 | 지각없이 보기

젊은 신경심리학자인 L 의사는 신경과에서 순환근무를 하고 있는 의대생들에게 R 여사의 사례를 발표했다. 신경과장은 그들에게 R 여사의 MRI 사진을 보여 주고, R 여사의 뇌졸중에 대해 그녀가 활동하는 데는 장애가 없지만 시각에는 영향을 미치고 있다고 설명했다.

간호사가 R 여사를 방으로 안내하고 그녀가 탁자 끝에 있는 의자를 찾도록 도와주었다.

L 의사가 "기분이 어떠세요, R 여사님?" 하며 물었다.

"괜찮아요, 한 달 동안 집에 있었는데 뇌졸중이 일어나기 전에 했던 모든 일을 할 수 있어요."

"좋아요, 시력은 어떻습니까?"

"음, 여전히 시력에 문제가 있어 두려워요."

"당신에게 가장 문제가 되는 것은 무엇인가요?"

"나는 사물을 인식하지 못하는 것 같아요. 내가 부엌에서 일할 때, 누가 물건을 옮기지 않으면 그것이 무엇인지를 다 알아요. 그러나 남편이 나를 도와주기 위해 물건을 치웠을 때 나는 더 이상 그것을 볼 수 없었답니다."라며 그녀는 웃었다. "음, 사실 나는 그것을 볼 수 있지만 그것이 무엇인지를 말할 수가 없어요."

L 의사는 종이 가방에서 몇 가지 물건들을 끄집어내어 그녀 앞에 있는 탁자 위에 놓았다. 그리고 그는 "그것들이 무엇인지 나에게 말해 주시겠습니까?"라고 물었다.

R 여사가 그것들을 만지려고 하자 "안 돼요, 만지지는 마세요."라고 L 의사는 말했다.

R 여사는 그 물건들을 자세히 살펴보았다. "안 돼요, 그것들이 무엇인지를 정확하게 말할 수가 없어요."

L 의사는 그것들 중에 하나인 시계를 가리키며 말했다. "당신이 지금 보고 있는 것이 무엇인지 저에게 말해 주세요."

R 여사는 자세히 살피더니 머리를 이쪽 저쪽으로 돌렸다. "음, 둥글게 보이고요, 거기에 무엇인가 두 개가 달려 있는데, 하나는 위에 다른 하나는 아래에 달려 있어요." 그녀는 시계를 계속 쳐다보았다. "내 생각에 그 원 안에 무엇인가 있어요. 그러나 무엇인지는 알 수가 없네요."

"잡아 보세요."

그녀는 그것을 잡아 보고 얼굴을 찡그리며 말했다. "아, 이것은 시계구나!"

L 의사가 요청할 때마다, R 여사는 물건들 중에 하나씩 잡아 보고 그것을 정확하게 알아보았다.

"당신은 사람들을 알아보는 일이 어렵습니까?"라고 의사가 물었다.

"오, 그래요!" 그녀는 탄식했다. "내가 입원해 있을 때, 나를 보기 위해 남편과 아들이 같이 왔었어요. 남편이 어떤 말을 하기 전에 누가 누구인지를 말할 수 없어서, 남편 목소리가 들려오는 방향으로 이야기했어요. 지금 남편을 알아보기 위해 스스로 훈련하고 있어요. 나는 일반적으로 그의 안경과 대머리를 볼 수 있지만, 그것만 가지고는 부족해요. 뭔가를 더 해야 해요. 나는 잠깐 동안 바보가 된 적이 있어요."라며 그녀는 웃었다. "이웃 중에 한 분이 똑같이 대머리에 안경을 썼어요. 어느 날 그와 그의 아내가 우리를 방문했는데, 나는 그가 내 남편인 줄 알았어요. 그래서 그를 보고 '여보'라고 불렀지요. 처음에 조금 당황스러웠지만 모두가 이해해 주었어요."

"당신에게 얼굴이 어떻게 보입니까?"라고 의사가 물었다.

"음, 나는 그것이 얼굴인지는 알아요. 왜냐하면 어느 정도는 볼 수 있기 때문입니다. 그리고 그것은 몸통 위에 있잖아요. 나는 신체가 어떻게 움직이는가를 통해 신체도 잘 볼 수 있어요." 그녀는 잠깐 멈추었다가 "아, 그렇지, 내가 잊고 있었는데, 때때로 그 사람이 움직이는 모습을 통해 그가 누구인지를 알 수 있어요. 당신도 알겠지만, 멀리 떨어져 있어도 당신 친구가 움직이는 모습을 통해 당신도 그 친구를 알아볼 수 있지요. 나도 그렇게 할 수 있어요. 참 우습지요, 안 그래요? 나는 사람의 얼굴을 잘 볼 수는 없지만 그들이 걷는 모습은 알아볼 수 있어요."

L 의사는 그의 손을 조금 움직이며 물었다. "내가 무엇을 하고 있는지를 말해 주시겠어요?"

"예, 당신은 케이크 반죽 같은 것을 젓고 있어요."

그는 열쇠를 돌리는 것, 글을 쓰는 것, 그리고 카드를 돌리는 것 같은 몸짓으로 마임을 했고, 그녀는 어려움 없이 다 알아보았다.

"당신은 글을 읽는 데 어떤 어려움이 있나요?"라고 L 의사가 물었다.

"음, 조금요. 그렇지만 그렇게 나쁘지는 않아요."

L 의사는 그녀에게 잡지 한 권을 주었고 그녀는 조금 더듬거렸지만 정확하게 기사내용을 크게 읽기 시작했다. "나는 단어는 제대로 볼 수 있는데 사물과 사람의 얼굴에 대해서 어려움을 겪는 것은 왜 그런가요?"라고 그녀가 물었다.

우리가 3장에서 살펴본 것처럼 뇌는 두 가지 중요한 기능을 한다. 이것은 유용한 행동을 구성하는 근육의 움직임을 통제하고 신체의 내적 환경을 조절한다. 이러한 과정을 모두 수행하기 위해서 뇌는 외적 환경과 신체 내 모두에서 일어나는 현상에 대한 정보를 가져야 된다. 이러한 정보는 감각계로부터 받게 된다. 이 장과 다음 장에서는 감각 기관이 환경에서의 변화를 감지하는 방법과 뇌가 이러한 기관으로부터의 신경신호를 해석하는 방법을 논의할 것이다.

우리는 다양한 물리적 사건을 감지하는데 전문화된 뉴런인 **감각 수용기**sensory receptor로부터 환경에 대한 정보를 받는다(감각 수용기와 신경전달물질, 신경조절물질 및 호르몬에 대한 수용기와 혼돈하지 마라. 감각 수용기는 전문화된 뉴런이고 다른 형태의 수용기는 어떤 분자와 결합하는 전문화된 단백질이다). 자극이 수용기에 영향을 미쳐 막전위를 변화시키는데 이 과정을 **감각 변환**sensory transduction이라고 한다. 왜냐하면 감각 사건이 세포 막전위의 변화로 전환되기 때문이다. **수용기 전위**receptor potential라고 하는 이러한 전기적 변화는 신경전달물질을 방출하게 하여 감각 수용기가 시냅스를 형성하고 있는 뉴런들에 발화 형태를 변화시키게 된다. 궁극적으로 그 정보는 뇌에 도달한다.

꿀벌과 같은 몇몇 곤충은 사람에게는 보이지 않는 전자기선의 파장을 감지할 수 있다.

이 장은 심리학자, 해부학자 및 생리학자들의 주의를 끄는 가장 감각적인 양식인 시각에 대해 고찰한다. 이러한 관심을 갖는 한 가지 이유는 시감각 기관의 매혹적인 복잡성과 시각정보 분석에 기여하는 뇌의 상대적인 큰 비율에서 기인한다. 대뇌피질의 약 20%는 시각정보 분석에 직접적으로 관여한다(Wandell, Dumoulin, Brewer, 2007). 저자가 생각하건대 또 다른 이유는 시각이 사람에게는 매우 중요하기 때문이다. 세상에 대해 이러한 풍부한 정보원을 가지게 되는 자연적인 매혹은 이 감각양식이 어떻게 작용하는지에 대한 호기심을 유발시킨다. 7장은 다른 감각양식, 즉 청각, 전정감각, 체감각, 미각 및 후각에 대해 다룰 것이다.

자극

모두가 알듯이 우리의 눈은 빛의 존재를 감지한다. 인간의 경우 빛은 전자기선 스펙트럼의 좁은 띠를 이룬다. 380nm와 760nm[나노미터(nm)는 10억 분의 1m] 사이 광파장을 갖는 전자기선은 우리가 볼 수 있다(그림 6.1 참조). 다른 동물들은 전자기선의 다른 범위를 감지할 수 있다. 예컨대 벌꿀은 우리에게 흰색으로 나타나는 꽃에 의해 반사되는 자외선에서의 차이를 감지할 수 있다. 우리가 빛이라고 하는 범위는 전자기선의 나머지와 질적으로 다르지 않다. 이것은 단지 인간이 볼 수 있는 연속체의 일부이다.

빛의 색채 지각은 세 가지 차원, 즉 **색상**(hue), **채도**(saturation) 및 **명도**(brightness)에 의해 결정된다. 빛은 초당 거의 300,000km로 일정한 속도로 나아간다. 그리고 파(wave)의 변동 주파수가 변한다면 파장의 정점 간

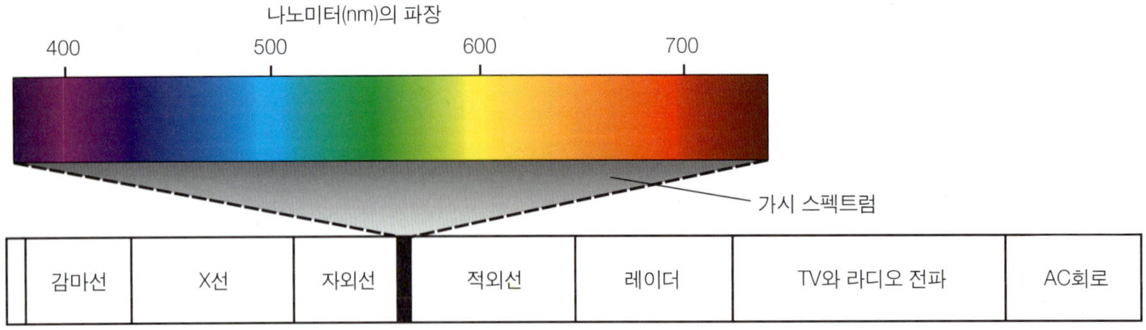

그림 6.1 전자기 스펙트럼.

의 거리도 역수형태이지만 비슷하게 변화한다. 느린 변동은 장파장을 만들고 빠른 변동은 단파장을 만든다. 파장은 빛에 대한 세 개의 지각 차원 중 첫 번째인 **색상**hue을 결정한다. 가시 스펙트럼은 우리 눈이 감지할 수 있는 색상의 범위를 보여 준다.

빛은 또한 강도에서 변화될 수 있다. 이것은 빛의 두 번째 지각 차원인 **명도**brightness에 상응한다. 세 번째 차원인 **채도**saturation는 지각되는 빛의 상대적 순도를 나타낸다. 모든 방사선이 하나의 파장을 갖는다면 지각된 색채는 순수하다. 또는 완전히 포화된 상태이다. 반대로 방사선이 모든 파장을 가지고 있다면 이것은 색감이 없고 하얗게 나타난다. 중간 수준의 채도를 가진 색채는 상이하게 혼합된 파장을 구성하고 있다. 그림 6.2는 동일한 색상을 가지고 있지만 상이한 수준의 명도와 채도를 가진 색채 표본을 보여 준다(그림 6.2 참조).

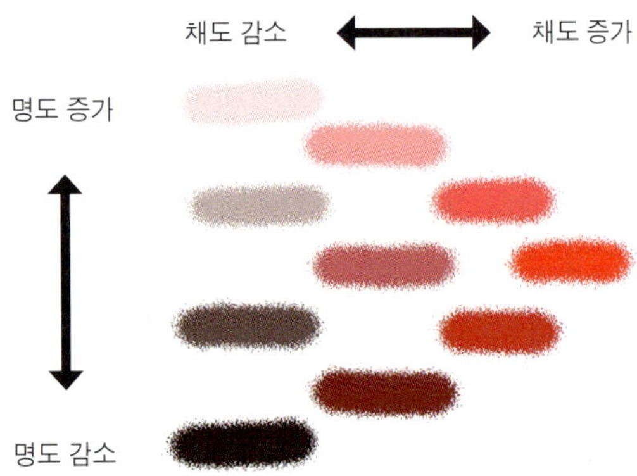

그림 6.2 채도와 명도. 이 그림은 같은 파장(색상)이지만 상이한 수준의 채도 또는 명도를 가진 색의 예들을 보여 준다.

시각계의 해부학

사람이 보기 위해서는 사물의 상이 눈 안에 있는 망막에 초점이 맞추어져야 한다. 이 상은 망막에 있는 수십만 뉴런들의 전기적 활동에 변화를 초래하고 이것이 시신경을 통해 뇌의 나머지 영역으로 전달되는 메시지가 된다('나머지'라는 용어를 쓰는 이유는 망막이 실제 뇌의 일부이기 때문이다. 망막과 뇌신경은 말초가 아닌 중추신경계이다). 이 단락은 눈과 빛 존재를 감지하는 망막의 광수용기 및 망막과 뇌 사이의 연결에 대한 해부학을 기술한다.

눈

눈은 두개골의 앞에 있는 뼈로 된 주머니인 안와(orbit)에 매달려 있다. 눈은 눈의 바깥층에 있는 공막(sclera)이라는 질기고 흰 막과 붙어 있는 여섯 개의 외안근(extraocular muscles)에 의해 움직인다. 정상상태에서 우리는 뒤에 있는 안구와 그 근육들을 볼 수가 없다. 왜냐하면 눈과 근육들의 연결은 결막(conjunctiva)에 의해 가려져 있기 때문이다. 이 점액성 막은 눈꺼풀을 정렬시키고 뒤로 접혀져서 눈과 붙어 있다(그래서 각막에 있는 콘택트렌즈가 눈 뒤로 넘어가는 것을 방지한다). 그림 6.3은 눈의 해부학을 보여 준다(그림 6.3 참조).

여러분이 전방에 있는 장면을 둘러볼 때, 여러분의 주시가 그 대상을 천천히 그리고 지속적으로 가로지르면서 이루어지지 않는다. 반면에 여러분의 눈은 갑작스러운 **도약운동**saccadic movement, 즉 여러분은 여러분의 주시를 한 지점에서 다른 지점으로 갑작스럽게 옮긴다.

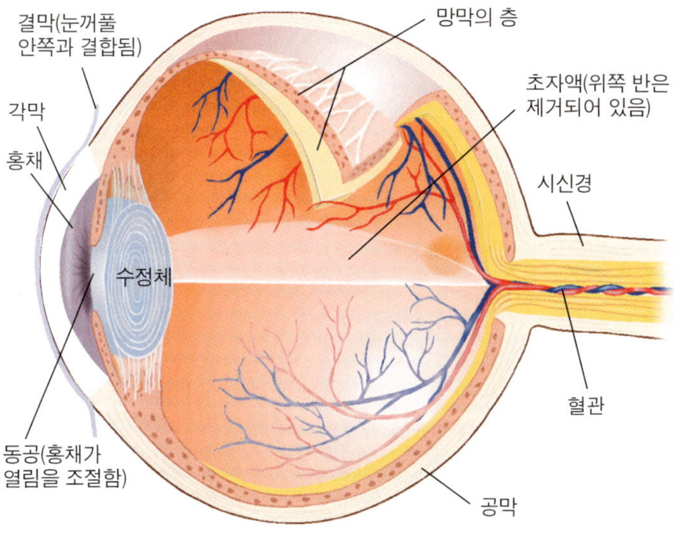

그림 6.3 **사람의 눈.**

[*saccade*는 프랑스어 'jerk(홱 움직이다)'에서 유래한다.] 여러분이 이 책의 한 줄을 읽을 때 여러분의 눈은 잠시 멈추었다, 멈춤과 멈춤 사이에 아주 빠르게 움직인다. 여러분은 멈춤 사이의 움직임 속도를 의식적으로 통제할 수 없다. 매번의 도약 동안에 눈은 최대한 빠르게 움직인다. 여러분이 자신의 손가락을 움직이고 그 손가락을 주시할 때와 같은 **추적운동**pursuit movement을 수행할 때 여러분의 눈을 아주 천천히 움직이게 만들 수 있다.

눈의 바깥층인 공막은 불투명하여 빛이 들어오는 것을 막는다. 눈의 앞쪽 바깥층인 각막(cornea)은 투명하다. 눈으로 들어오는 빛의 양은 홍채(iris)에서 열려 있는 동공의 크기로 조절된다. 홍채는 각막 뒤에 있는 색소를 가진 근육 고리(ring)이다. 홍채 바로 뒤에 있는 수정체(lens)는 투명한 양파 같은 층으로 구성되어 있다. 이것의 형태는 수정체의 바깥 가장자리에 붙어 있는 일련의 근육섬유인 섬모 근육(ciliary muscles)의 수축에 따라 변화된다. 이러한 형태의 변화는 눈으로 하여금 가깝거나 먼 대상의 상을 망막에 초점을 맞출 수 있도록 한다. 이러한 과정을 **조절**accommodation이라고 한다.

빛이 수정체를 통과한 후에는 눈의 중요한 부분이며 맑고 젤라틴 물질인 초자액(vitreous humor)이 채워진 곳을 지나게 된다. 빛은 안구의 뒤쪽 내면에 있는 **망막**retina에 도달한다. 망막 내에는 **광수용기**photoreceptors인 **간상체**rods와 **추상체**cones라는 수용기 세포가 있다.

인간의 망막에는 대략 1억 2,000만 개의 간상체와 600만 개의 추상체가 있다. 추상체가 간상체보다 수적으로 열세일지라도 환경에 있는 대부분의 정보를 제공한다. 특히 추상체는 우리의 주간시(day-time vision)를 담당한다. 추상체는 환경에 있는 작은 특징들에 대한 정보를 제공하기 때문에 가장 선명하고 예민한 시각을 가질 수 있게 한다. 망막의 중심영역인 **중심와**fovea는 가장 예민한 시각을 중재하는데 여기에는 추상체만 존재한다. 추상체는 또한 색채 시각을 담당하는데 색채 시각은 상이한 파장의 빛을 구분할 수 있는 능력을 말한다. 간상체는 상이한 색채를 감지하지 못하고 둔한 시각을 제공할지라도 이것 또한 빛에 민감하다. 아주 어두운 환경에서 우리는 간상체 시각을 사용한다. 그래서 어두울 때 우리는 색맹이 되고 중심와 시각이 부족하게 된다(표 6.1 참조).

망막의 다른 특징은 **시각 원판**optic disk이다. 이곳에서 시각정보를 전달하는 축색이 함께 모여 눈에서 빠져나가 시신경을 이룬다. 시각 원판은 맹점(blind spot)을 갖는데 왜냐하면 이곳에는 어떤 수용기도 존재하지 않기 때문이다. 우리는 정상적인 상황에서 맹점을 인식하지 못하지만 그 존재는 입증될 수 있다. 당신이 당신의 맹점을 확인할 수 없다면 그림 6.4에 기술된 실습을 시도해 보고 싶을 것이다(그림 6.4 참조).

망막을 세부적으로 검토해 보면 망막은 뉴런의 세포체, 축색과 수상돌기, 그리고 광수용기들로 이루어진 몇 개의 층으로 구성되어 있다. 그림 6.5는 영장류 망막의

표 6.1 **광수용기의 위치와 반응 특징**

추상체	간상체
중심 망막에 가장 많이 분포 중심와에서 발견됨	말초 망막에 가장 많이 분포 중심와에서 발견되지 않음
적절한 수준과 높은 수준의 빛에 민감	낮은 수준의 빛에 민감
색상에 대한 정보 제공	오직 명암정보만 제공
뛰어난 예민성을 제공	빈약한 예민성을 제공

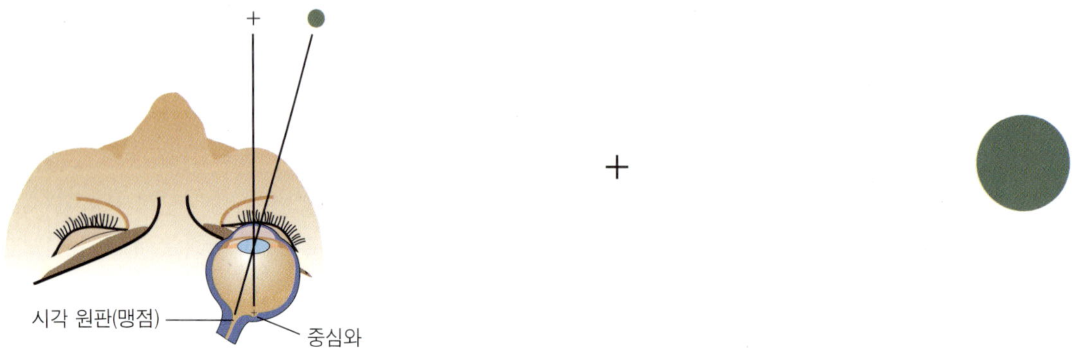

그림 6.4 맹점에 대한 검사. 왼쪽 눈을 감은 상태에서 오른쪽 눈으로 '+'를 보고 이 페이지를 가까이 그리고 멀리 움직여 보라. 이 페이지가 당신의 얼굴에서 20cm 될 때 녹색 원은 사라지는데, 그 상이 당신의 오른쪽 눈의 맹점에 얹혀 있기 때문이다.

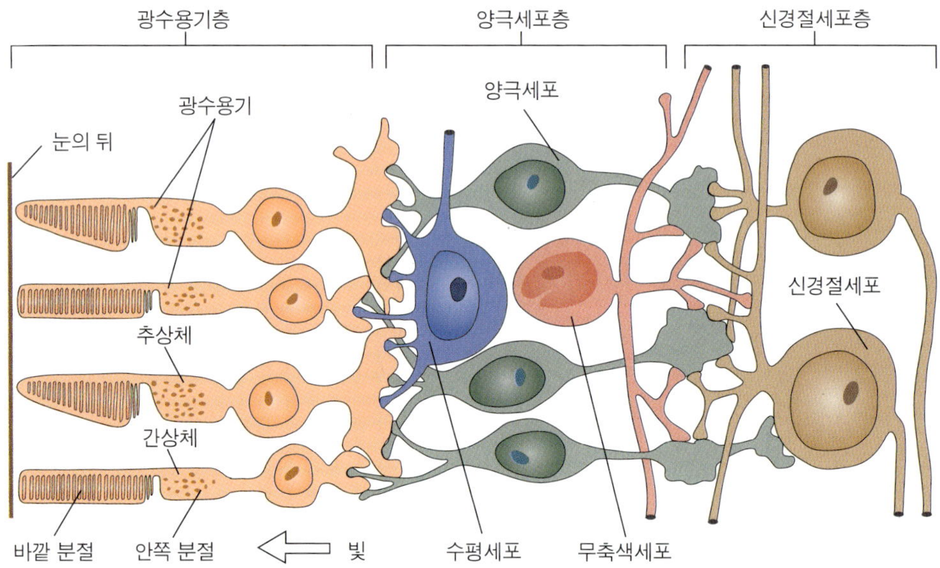

그림 6.5 망막회로의 세부 구조.

Based on Dowling, J. E., and Boycott, B. B. *Proceedings of the Royal Society of London*, *B*, 1966, *166*, 80–111.

절단면을 보여 준다. 망막은 기본적으로 세 층, 즉 광수용기층, 양극세포층, 그리고 신경절세포층으로 나누어진다. 광수용기는 망막의 뒤쪽에 있으며 빛은 그곳에 도달하기 위해 여러 층을 가로질러 가야 된다는 것을 주목하라(그림 6.5 참조).

광수용기는 **양극세포**bipolar cell와 시냅스를 형성한다. 이 양극 뉴런은 두 개의 가지를 가지고 있으며 망막의 가장 깊은 층과 가장 얕은 층을 연결한다. 다음으로 이 양극세포들은 **신경절세포**ganglion cells와 시냅스를 형성한다. 신경절 뉴런의 축색은 시신경(제2 뇌신경)을 통해 시각정보를 뇌로 전달한다. 덧붙여 망막에는 **수평세포**horizontal cells와 **무축색세포**amacrine cells가 있다. 이 두 가지 세포들은 망막 표면과 수평되는 방향으로 정보를 전달하여 인접한 광수용기들로부터의 정보를 통합한다(그림 6.5 참조).

영장류의 망막에는 대략 55가지 상이한 유형의 뉴런이 있다. 즉, 간상체의 한 유형, 추상체의 세 유형, 수평세포의 두 유형, 양극세포의 10가지 유형, 무축색세포의 24~29가지 유형, 그리고 신경절세포의 10~15가지 유형 등이다(Masland, 2001).

광수용기

간상체와 추상체는 섬모(cilium)로 연결되는 바깥 분절과 핵을 가지고 있는 안쪽 분절로 구성되어 있다(그림 6.5 참조). 바깥 분절은 막으로 된 얇은 판인 **박막**lamellae을 가지고 있다(*Lamella*는 '얇은 층'인 *lamina*의 작은 형태이다).

시각정보 전달의 본질을 고려해 보자. 시지각을 유도하는 연속적인 사건들의 첫 단계에는 **광색소**photopigment라는 특수한 화학물질이 관여된다. 광색소는 박막의 막에 있는 특수한 분자이다. 인간의 간상체 하나에는 대략 1,000만 개의 광색소가 있다. 이 분자는 두 부분으로 구성되어 있는데 하나는 **옵신**opsin(하나의 단백질)이고 다른 하나는 **레티날**retinal(하나의 지질)이다. 옵신은 몇 가지 형태가 있다. 예를 들면, 인간 간상체의 광색소인 **로돕신**rhodopsin은 로드옵신(rod opsin)과 레티날로 구성되어 있다[*Rhod*-는 그리스어로 *rhodon*, 즉 '장미(rose)'를 의미한다. 간상체 *rod*를 의미하는 것은 아니다. 빛의 작용에 의해 표백되기 전의 로돕신은 핑크색을 띤다]. 레티날은 비타민 A로부터 합성된다. 이것은 왜 이 비타민이 풍부한 당근이 시력에 좋은지에 대한 이유를 설명한다.

로돕신의 한 분자가 빛에 노출되면 두 개의 구성물인 로드옵신과 레티날로 분리된다. 분리되면 로드옵신은 장미색에서 담황색으로 변화된다. 그래서 우리는 빛이 광색소를 표백한다고 말한다. 광색소의 분리는 수용기 전위를 유발하는데 수용기 전위는 광수용기의 막전위 변화를 말한다. 수용기 전위는 광수용기의 신경전달물질 분비에 영향을 미쳐 광수용기와 교신하는 양극세포의 발화율을 변화시킨다. 이 정보는 신경절세포로 전달된다(그림 6.5 참조).

눈과 뇌 사이의 연결

망막에 있는 신경절세포의 축색은 뇌로 정보를 전달한다. 이 축색은 시신경을 통해 상행하여 시상의 **배외측슬상핵**dorsal lateral geniculate nucleus; LGN에 도달한다. 이 핵의 이름은 굽혀진 무릎과 닮은 모양에서 유래되었다(*genu*는 라틴어로 '무릎'이다). 이 핵은 뉴런의 여섯 개 층으로 되어 있으며 이 층의 각각은 오직 한쪽 눈으로부터 입력을 받는다. 안쪽 두 개의 층에 있는 뉴런은 바깥

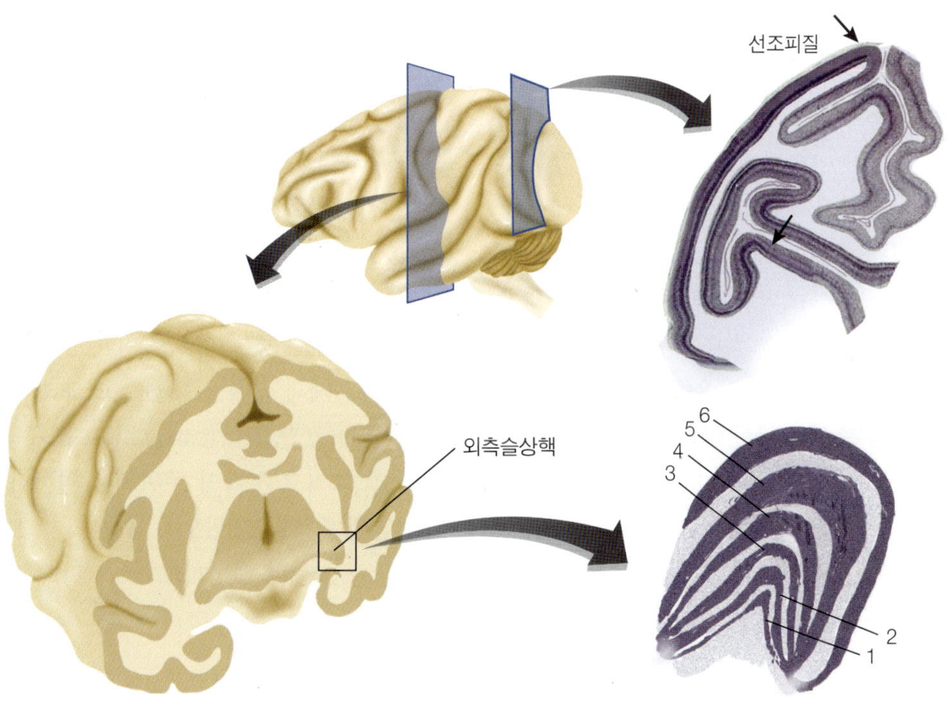

그림 6.6 외측슬상핵(LGN). 이 현미경 사진은 붉은털원숭이의 외측슬상핵과 선조피질(크레실바이올렛 염색 부분)을 보여 준다. 외측슬상핵의 1, 4, 6층은 대측눈으로부터 입력을 받고 2, 3, 5층은 동측눈으로부터 입력을 받는다. 1, 2층은 대세포층이고, 3~6층은 소세포층이다. 과립세포 하위층은 소세포층과 대세포층 각각의 아래에 있다. 6개의 주요 층 모두의 수용장은 거의 완벽하게 등록되어 있다. 부호가 없는 화살표의 선을 따라 위치하는 세포들은 동일한 점 중심을 둔 수용장을 가진다. 선조피질의 끝은 화살표로 나타냈다.

Based on research from Hubel, D. H., Wiesel, T. N., and Le Vay, S. *Philosophical Transactions of the Royal Society of London*, *B*, 1977, 278, 131-163.

쪽 네 개의 층에 있는 뉴런보다 더 큰 세포체를 가지고 있다. 이러한 이유 때문에 안쪽 두 층을 **대세포층**magnocellular layers이라고 하고 바깥쪽 네 개의 층을 **소세포층**parvocellular layers(*parvo*-는 세포의 크기가 작음을 말함)이라고 한다. **과립세포하위층**koniocellular sublayers에 있는 세포의 세 번째 부류는 대세포층과 소세포층 각각의 아래에 있다(*Konis*는 그리스어로 '먼지, 가루'이다). 나중에 살펴보겠지만 이 세 개의 층은 상이한 체계에 속해 있고, 상이한 유형의 시각정보를 분석하는 데 관여한다. 이 층들은 상이한 유형의 망막 신경절세포로부터 입력을 받는다(그림 6.6 참조).

배외측슬상핵에 있는 뉴런의 축색은 시방사(optic radiation)라는 통로를 거쳐 일차시각피질까지 뻗어 있다. 일차시각피질은 후두엽의 내측과 후측에 위치한 수평구인 **조거구**calcarine fissure(*calcarine*은 새의 '며느리발톱' 형태라는 뜻)를 둘러싸고 있는 영역이다. 일차시각피질은 **선조피질**striate cortex이라고 자주 불린다. 왜냐하면 이 피질은 검은색의 세포층을 가지고 있기 때문이다(그림 6.6 참조).

그림 6.7은 인간 뇌의 수평절편의 도식을 보여 준다. 시신경은 뇌 밑바닥에 X 형태의 **시교차**optic chiasm(*khiasma*는 '교차'를 의미한다)에 모인다. 망막의 안쪽 반(코쪽 면)에 있는 신경절세포의 축색은 시교차에서 교차하여 뇌의 반대편에 있는 배외측슬상핵으로 상행한다. 망막의 바깥쪽 반(측두 면)의 축색은 뇌의 같은 측면으로 상행한다(그림 6.7 참조). 수정체는 망막에 투사되는 바깥 세상의 상을 뒤집고 좌우를 바꾼다. 그러므로 망막의 코쪽 반의 축색은 뇌의 다른 쪽으로 건너가기 때문에 각각의 반구는 시야의 대측(반대편) 반으로부터 정보를 받는다. 즉, 사람이 앞쪽으로 똑바로 본다면 우반구는 시야의 좌측 반으로부터 정보를 받고 좌반구는

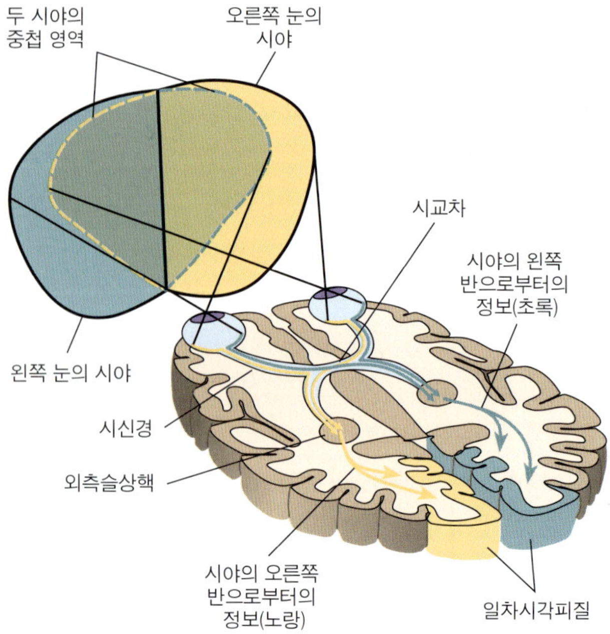

그림 6.7 일차시각통로.

시야의 오른쪽 반으로부터 정보를 받는다. 각 대뇌반구는 대측 눈으로부터만 시각정보를 받는다고 말하는 것은 옳지 않다(그림 6.7 참조).

일차적인 망막-슬상-피질 통로 외에도 망막에서 나오는 섬유들은 몇 가지 다른 통로를 형성한다. 예를 들면, 시상하부로 가는 한 통로는 동물의 활동 주기를 24시간 주야 주기에 맞도록 한다(우리는 8장에서 이러한 체계를 살펴볼 것이다). 다른 통로, 특히 중뇌개(optic tectum)와 다른 중뇌 핵으로 가는 통로는 안구운동을 조정하고, 홍채의 근육을 통제하고(그래서 동공의 크기를 통제한다), 섬모 근육(ciliary muscle: 수정체 통제)을 통제하고, 그리고 시야의 주위에서 일어나는 갑작스러운 움직임에 주의할 수 있도록 돕는다.

절 요약

시각계의 자극과 해부학

빛은 전자기선으로 구성되어 있다. 이것은 주파수와 파장이 다르지만 라디오파와 유사하다. 색은 색상, 명도 및 채도 등 세 개의 지각 차원에서 변할 수 있다. 이것은 물리적 차원인 파장, 강도 및 순도와 일치한다.

망막의 광수용기인 간상체와 추상체는 빛을 감지한다. 근육은 안구를 움직여 환경의 특정부분의 상을 망막에

맺게 한다. 조절은 섬모 근육에 의해 이루어지는데 이것은 수정체의 형태를 변화시킨다. 광수용기는 양극세포와 시냅스를 통해 교신하고, 양극세포는 신경절세포와 시냅스를 통해 교신한다. 신경절세포의 축색은 시각정보를 뇌로 전달한다. 덧붙여, 수평세포와 무축색세포는 인접한 광수용기들로부터 정보를 통합한다.

빛이 광색소 분자에 부딪히면 레티날 분자는 옵신 분자에서 분리되는데 이러한 과정을 표백과정이라 한다. 이 사건은 수용기 전위를 유발하고 신경절세포의 발화율을 변화시켜 빛 감지의 신호가 된다.

망막의 시각정보는 배외측슬상핵의 대세포층, 소세포층 및 과립세포층의 중계를 거쳐 조거구를 둘러싸고 있는 선조피질에 도달한다. 시상하부와 중뇌개를 포함한 뇌의 다른 영역들도 시각정보를 받아들인다. 이러한 영역은 주야 주기에 따른 활동을 조절하고, 안구와 머리의 움직임을 조정하고, 동공의 크기를 조절하고 시각자극에 대한 주의를 통제한다.

생각해 봅시다

밤에 희미하고 먼 불빛을 보려고 하는 사람들은 그 불빛을 볼 수 있을 것으로 기대되는 망막 상의 위치보다 바깥쪽에 맞추어 보라는 조언을 자주 듣는다. 이 조언의 이유를 당신은 설명할 수 있는가?

망막에서의 시각정보의 부호화

이 절은 망막의 세포가 광수용기로부터 받은 정보를 부호화하는 방법을 기술한다

명암의 부호화

시각계의 생리학을 연구하는 방법 중의 하나는 단일 뉴런의 전기적 활동을 기록하기 위해 미세전극을 사용하는 것이다. 이전 단원에서 본 것처럼, 몇몇 신경절세포들은 그들이 교신하는 광수용기에 빛이 비치면 흥분된다. 시각계 한 뉴런의 **수용장**receptive field은 단일 뉴런이 '보는' 시야의 일부이다. 즉, 그 뉴런에서 반응을 일으키기 위해 자극이 위치하는 장소이다. 명확하게 말해서 특정 뉴런의 수용장 위치는 시각정보를 그 뉴런에 보내는 광수용기의 위치이다. 한 뉴런이 중심와에 있는 수용장으로부터 정보를 받는다면 그것의 수용장은 고착점(fixation point)이 된다. 고착점은 눈이 보고 있는 점이다. 그 뉴런이 망막의 주변에 있는 광수용기로부터 정보를 받는다면 그것의 수용장은 한쪽으로 벗어나 있게 된다.

망막 주변의 경우, 많은 개개의 수용기들이 하나의 신경절세포로 수렴되므로 이 신경절세포는 상대적으로 망막의 넓은 영역으로부터 정보를 받게 되어 수용장의 영역이 상대적으로 크다. 그러나 중심와는 신경절세포와 추상체의 수가 거의 동일하다. 이러한 수용기와 축색의 관계는 중심와 시각이 매우 예민한 데 반해 주변 시각은 아주 명료하지 않다는 사실을 설명한다(그림 6.8 참조).

고양이의 망막에서 신경절세포로부터 반응을 기록한 Kuffler(1952, 1953)는 그들의 수용장이 두 개의 동심원 구조를 갖는다는 것을 발견했다. 중심에 있는 영역

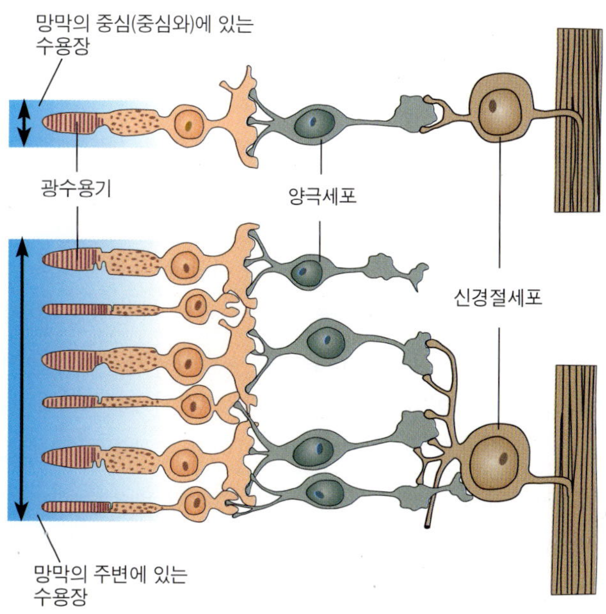

그림 6.8 중심와 주변의 예민성. 중심와에 있는 신경절세포는 주변부보다 더 적은 수용기로부터 입력을 받기 때문에 더욱 예민한 시각정보를 제공한다.

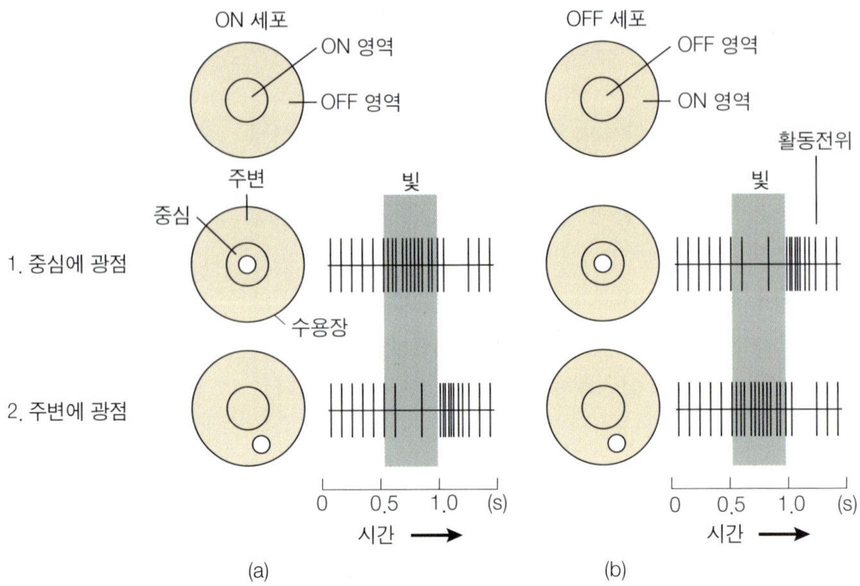

그림 6.9 ON과 OFF 신경절세포. 이 그림은 수용장의 중심과 주변에 제시된 자극에 대한 ON과 OFF 신경절세포의 반응을 보여 준다.

Based on Kuffler, S. W. *Cold Spring Harbor Symposium for Quantitative Biology*, 1952, *17*, 281-292.

이나 주위에 있는 영역의 자극은 상반된 효과를 가졌다. ON 세포들은 중심영역에 빛이 비춰지면 흥분되고 주변 영역에 빛이 비치면 억제되었다. 반면에 OFF 세포는 반대로 반응했다. ON/OFF 신경절세포는 빛이 비치거나 꺼질 때 짧게 흥분되었다. 영장류에서는 ON/OFF 세포들이 상구로 투사되는데 이곳은 갑자기 나타난 자극이나 움직임에 반응하는 일차적인 시각 반사에 관여한다(Schiller & Malpeli, 1977). 그래서 이것들은 형태 지각에 직접적인 역할을 하지 않는다는 것을 의미한다(그림 6.9 참조).

색채의 부호화

지금까지 우리는 단색, 즉 명암에 대한 신경절세포의 특성을 알아보았다. 그러나 우리 주위의 사물들은 빛의 특정 파장을 선택적으로 흡수하고 반사한다. 이것은 우리의 눈에 상이한 색을 제공한다. 인간과 인간 외의 많은 종의 영장류 망막은 세 가지 상이한 추상체를 가지고 있는데 이것은 색채 지각의 가장 정교한 형태를 제공한다(Jacobs, 1996; Hunt et al., 1998). 단색 시각이 대부분의 목적에 적합할지라도 색채 지각은 우리의 조상들에게 익지 않은 과일과 익은 과일을 구분할 수 있는 능력을 주었고 다른 동물들이 변장으로 자신을 숨기려는 것을 어렵게 만들었다(Mollon, 1989). 실제로 세 가지 추상체를 가지고 있는 영장류의 광색소는 녹색 잎의 배경에서 빨강 과일과 노랑 과일을 잘 구분할 수 있도록 되어 있다(Regan et al., 2001).

광수용기: 삼원색 부호화

수년 동안 다양한 색채 지각에 대한 이론이 제안되었는데, 오래전에 생리적 방법을 통해 이론을 타당화하거나 반박할 수 있게 되었다. 1802년에 영국의 물리학자이면서 의사인 Thomas Young은 눈이 세 가지 유형의 수용기를 가지고 있고 이 수용기 각각이 하나의 색상에 민감하기 때문에 상이한 색을 감지할 수 있다고 제안했다.

새는 완전한 세 개의 추상체 색채시를 가지고 있다. 따라서 이 초록 가슴은 벌새의 상대 수컷에 의해 지각될 수 있다.

그의 이론을 **삼원색 이론**(trichromatic theory)이라고 한다. 이것은 인간이 스펙트럼 상의 상이한 점으로부터 적절이 선택된 세 가지 색의 양을 다양하게 혼합함으로써 여러 색을 생성할 수 있다는 사실에서 제안되었다.

저자는 **색채 혼합**(color mixing)과 **그림물감 혼합**(pigment mixing) 간의 차이를 강조하고자 한다. 우리가 노랑과 파랑 물감을 섞으면(우리가 페인트를 혼합할 때처럼) 초록이 된다. 색채 혼합은 두 개 또는 더 많은 광원을 추가함을 의미한다. 그러나 우리가 빨강 광선과 푸른 초록 광선을 함께 흰 스크린에 비추면 노랑 빛을 볼 것이다. 컬러텔레비전 화면이나 컴퓨터 화면에서 흰 빛이 나타날 때, 그것은 빨강, 파랑 및 녹색 화소(pixel)의 혼합에 의해 이루어진다. 만약 여러분이 강력한 확대경으로 그 스크린의 한 곳을 가깝게 본다면 색의 화소를 보게 된다.

고등 영장류들의 망막 광수용기에 대한 생리적 연구는 토머스 영이 옳았다는 것을 확인했다. 즉, 세 가지 상이한 유형의 광수용기들(세 가지 상이한 유형의 추상체)이 색채 지각에 관여한다는 것이다. 연구자들은 광색소에 의해 흡수되는 상이한 파장의 빛의 양을 확인하여 개개의 광수용기의 흡수 특징을 연구했다. 이러한 특징은 광수용기가 가지고 있는 특정 옵신에 의해 결정되었다. 상이한 옵신은 상이한 파장을 더욱 쉽게 흡수한다. 세 가지 유형의 추상체 최고 민감도는 대략 420nm(파랑-보라), 530nm(초록) 및 560nm(노랑-초록)이다. 단파 추상체의 최고 민감도는 정상적인 눈에서 실제로는 440nm가 된다. 수정체가 단파광의 일부를 흡수하기 때문이다. 단파, 중파 및 장파 추상체는 전통적으로 편의상 '파랑', '초록' 및 '빨강' 추상체라고 불린다(그림 6.10 참조).

색채 지각의 유전적 결함은 세 가지 유형의 추상체에서 하나 혹은 그 이상의 추상체 이상을 초래한다(Boynton, 1979; Wissinger & Sharpe, 1998; Nathans, 1999). 여기서 기술된 처음 두 가지의 색채 지각 결함은 X 염색체의 유전자와 관련이 있다. 그래서 남성은 하나의 X 염색체만 가지므로 그들은 이러한 장애를 가질 가능성이 매우 높다(여성은 그들의 X 염색체 중에 하나에서 정상 유전자를 가질 수 있는데 이것은 이러한 결함을 보상한다). **제1색맹**protanopia을 가진 사람은 빨강과 초록이 혼동된다. 이들은 세상을 노랑과 파랑의 색조로 본다. 빨강과 초록 모두 그들에게는 누르스름하게 보인다. 이들의 시각 예민성은 정상인데 이것은 '빨강' 추상체와 '초록' 추상체가 부족하지 않다는 것을 의미한다. 이러한 사실과 상이한 파장의 빛에 대한 민감성은 '빨강' 추상체에 '초록' 추상체의 옵신이 채워져 있음을 의미한다. **제2색맹**deuteranopia을 가진 사람들 또한 빨강과 초록을 혼동하고 정상적인 시각 예민성을 가지고 있다. 이들의 '초록' 추상체는 '빨강' 추상체 옵신으로 채워져 있는 것으로 밝혀졌다.

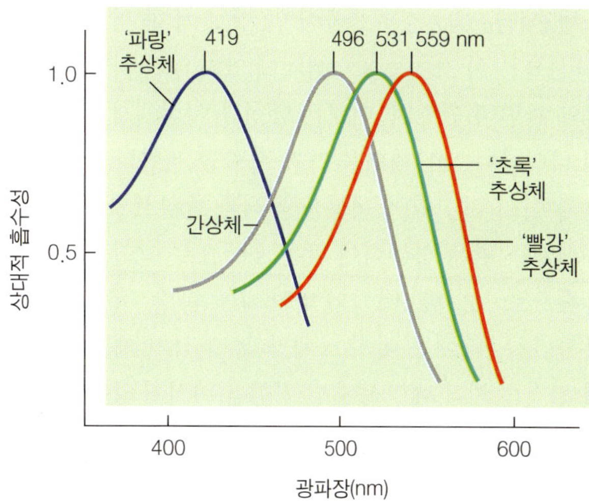

그림 6.10 간상체와 추상체의 빛 흡수성. 이 그래프는 인간 망막에서 간상체와 세 가지 유형의 추상체에 의한 다양한 파장의 빛에 대한 상대적 흡수성을 보여 준다.

Based on data from Dartnall, H. J. A., Bowmaker, J. K., and Mollon, J. D. *Proceedings of the Royal Society of London*, *B*, 1983, *220*, 115–130.

Mancuso 등(2009)은 '빨강' 추상체 색소를 위한 유전자가 결핍된 성숙한 다람쥐원숭이에게 유전자 치료를 시도했다. 대부분의 암컷 다람쥐원숭이는 삼원색 색채시를 가지고 있는 반면에 수컷은 이원색 색채시를 가지고 있어서 빨강과 초록을 구분할 수 없다. Mancuso와 동료들은 유전적으로 수정된 바이러스를 이용하여 '빨강' 추상체의 색소를 위한 인간 유전자를 수컷 원숭이 망막에 주입했다. 수술 전후에 색채시 검사는 유전자의 주입으로 그 원숭이들의 이원색 색채시를 삼원색 색채시로 전환했음을 확인했다. 원숭이들은 빨강과 초록을 구분할 수 있게 되었다.

제3색맹tritanopia은 드물어 만 명 중에 한 명보다 적게 나타난다. 이 장애는 X 염색체에 있지 않은 잘못된 유전자와 관련이 있으며, 이것은 남성과 여성에게서 동일하게 나타난다. 제3색맹을 가진 사람들은 단파장 색상에 대해 어려움이 있어 세상을 녹색과 빨강으로 본다. 그들에게는 맑은 하늘색이 밝은 초록으로 그리고 노랑이 분홍으로 보인다. 이들의 망막에는 '파랑' 추상체가 부족하다. 망막에는 이 추상체가 본래 적기 때문에 이들의 결핍은 시각 예민성에 별 영향을 미치지 않는다.

망막의 신경절세포: 대립과정 부호화

망막의 신경절세포 수준에서 세 가지 색상 부호가 대립-색채 체계로 번역된다. Daw(1968)와 Gouras(1968)는 이들 뉴런이 일차적 색상의 짝, 빨강 대 초록 그리고 노랑 대 파랑에 전문적으로 반응한다는 것을 발견했다. 그래서 망막은 두 종류의 빨강-초록 세포와 노랑-파랑 세포의 색채-민감 신경절세포를 가지고 있다. 몇몇 색채-민감 신경절세포는 중앙-주변 방식으로 반응한다. 예를 들면, 어떤 세포는 수용장의 중앙에서 빨강에 의해서는 흥분되지만 초록에서는 억제된다. 반면에 주변에서는 반대 반응을 보인다(그림 6.11 참조). 추상체로부터 입력을 받는 다른 신경절세포는 상이한 파장에 따라 다르게 반응하지 않지만 중앙과 주변에 있어서 상대적인 밝기를 부호화한다. 이러한 세포는 '흑-백' 감지기로 작용한다.

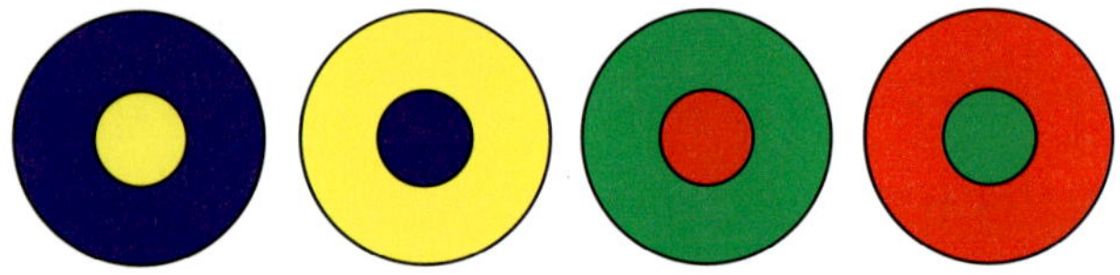

그림 6.11 색체-민감 신경절세포의 수용장. 수용장의 일부가 제시된 색채로 비쳐지면 세포의 발화율은 증가하지만 그 일부가 보색에 의해 비쳐지면 세포의 발화율은 감소한다.

상이한 파장의 빛에 대한 망막의 신경절세포의 반응 특징은 두 가지 유형의 신경절세포와 세 가지 유형의 추상체를 연결하는 특정 회로에 의해 결정된다. 이 회로는 다양한 유형의 양극세포, 무축색세포 및 수평세포를 포함한다. 예를 들면 빨강-초록 세포는 '빨강' 추상체의 활성화에 의해 흥분되지만 '초록' 추상체의 활성화에 의해서는 억제된다.

신경절세포에 의해 작용되는 대립-색채 체계는 우리가 불그스레한 초록이나 푸르스름한 노랑을 볼 수 없는 이유를 설명한다. 빨강이나 초록 신호(또는 노랑이나 파랑)를 보내는 축색은 자신의 발화율을 증가시키거나 감소시킬 수 있지만 축색은 동시에 둘 다(증가와 억제)를 할 수는 없다. 불그스레한 초록은 신경절세포가 느리면서 빠른 발화로 동시에 신호되어야 한다. 이것은 분명히 불가능한 일이다.

절 요약

망막에서의 시각정보의 부호화

망막에서 단일 뉴런의 전기적 활동에 대한 기록은 각각의 신경절세포가 중심와에서는 한 개의 광수용기로부터 그리고 주변부에서는 여러 개의 광수용기로부터 정보를 받는다는 것을 보여 준다. 대부분의 망막 신경절세포의 수용장은 두 개의 동심원으로 구성되어 있다. 이 세포들은 한 영역에 빛이 비치면 흥분되고, 다른 영역에 빛이 비치면 억제된다. ON 세포는 빛이 중심원에 있으면 흥분되고, OFF 세포는 빛이 주변에 있으면 흥분된다. ON/OFF 세포는 움직임에 대한 반응에 중요한 역할을 한다.

색채 시각은 세 가지 유형의 추상체에 의해 제공되는 정보에 의해 나타나는데 이 추상체의 유형 각각은 상이한 광파장, 즉 장파장, 중파장 및 단파장에 민감하다. 추상체의 빛 흡수 특징은 광수용기가 가지고 있는 특정 옵신에 의해 결정된다. 색채 지각의 결함 유형의 대부분은 추상체 옵신의 변화에 의해 나타난다. 제1색맹을 가진 사람의 '빨강' 추상체는 '초록' 추상체의 옵신으로 채워져 있고, 제2색맹을 가진 사람의 '초록' 추상체는 '빨강' 추상체의 옵신으로 채워져 있다. 제3색맹을 가진 사람의 망막은 '파랑' 추상체가 부족한 것으로 나타났다. 유전자 치료의 시도는 성공적으로 수컷 다람쥐원숭이의 이원색 색채시를 삼원색 색채시로 전환시켰다.

대부분의 색채-민감 신경절세포들은 일차 색의 짝, 즉 빨강과 초록 그리고 파랑과 노랑에 대해 중심-주변이 반대로 반응한다. 이러한 뉴런들의 반응은 광수용기와 뉴런 사이를 연결하는 망막 회로에 의해 결정된다.

생각해 봅시다

왜 색채 시각이 유용한가? 새들, 어떤 물고기 및 어떤 영장류들은 완전한 세 가지 추상체 색채 시각을 가진다. 우리 자신의 종을 고려해 볼 때, 색채 시각의 진화로부터 갖는 다른 이점(이 단원의 앞에서 언급된 익은 과일에 대한 인식능력 이외에도)은 무엇일까?

시각정보의 분석: 선조피질의 역할

망막의 신경절세포는 대부분의 경우에 광파장에 대한 정보를 부호화하고 수용장의 중심과 주변 영역에 비치는 빛의 상대적인 양에 대한 정보를 부호화한다. 선조피질은 이러한 정보의 추가적인 정보처리를 수행하고 그 정보를 시각연합피질로 보낸다.

선조피질의 해부학

선조피질은 여섯 개의 주요 층(그리고 몇 개의 하위층)으로 구성되어 있으며 표면과 수평의 띠로 배열되어 있다. 이 층들은 세포체와 수상돌기 가지에 의한 핵들을 포함하고 있는데 세포체 염색이 된 조직 절편에서 밝거나 어두운 띠로 나타난다(그림 6.12 참조).

그림 6.12 선조피질의 6개 층. 선조피질의 한 작은 절편에 대한 현미경 사진은 주요 6개 층을 보여 준다. W는 시각피질 아래에 있는 백질을 나타내고, 백질 아래의 층은 건너편 회에 있는 선조피질의 6층이다.

Based on research from Hubel, D. H., and Wiesel, T. N. Proceedings of the Royal Society of London, B, 1977, 198, 1–59.

우리가 한 반구의 선조피질을 하나의 전체로 가정하고 그것을 제거하여 평면에 펼친다고 상상해 보면, 그것이 시야의 대측 반의 지도를 가지고 있다는 것을 알게 된다(뇌의 각 반구는 시야의 반대쪽을 본다는 것을 기억하라). 이 지도는 왜곡되어 있다. 선조피질의 약 25%는 시야의 작은 부분을 표상하는 중심와로부터 오는 정보분석에 관여한다.

1960년대 하버드대학교에서 David Hubel과 Torsten Wiesel의 선구적인 연구는 시지각의 생리학 연구에 혁명을 가져왔다(Hubel & Wiesel, 1977, 1979 참조). Hubel과 Wiesel은 시각피질의 뉴런이 단순히 광점에 반응하지 않고 시각 세계의 **세부특징**(specific features)에 반응한다는 것을 발견했다. 즉, 시각피질에 있는 신경회로는 다양한 근원(예컨대, 여러 상이한 신경절세포들로부터 받는 정보를 전달하는 축색들)으로부터의 정보를 통합하여 단일 신경절세포 또는 외측슬상핵에 있는 단일 세포의 수용장보다 더 큰 형태를 감지하게 된다. 다음 단원들은 지금까지 연구자들이 연구해 온 방향과 운동, 공간 주파수(spatial frequency), 망막 부등(retinal disparity) 및 색채에 대한 시각 특징을 기술한다.

방향과 운동

선조피질에 있는 대부분의 뉴런은 **방향**(orientation)에 민감하다. 즉, 한 선분 또는 하나의 가장자리(명암영역의 경계)가 세포 수용장에 위치하고 있으며 그 선분을 중심으로 해서 회전한다면, 세포는 그 선분이 오직 특정

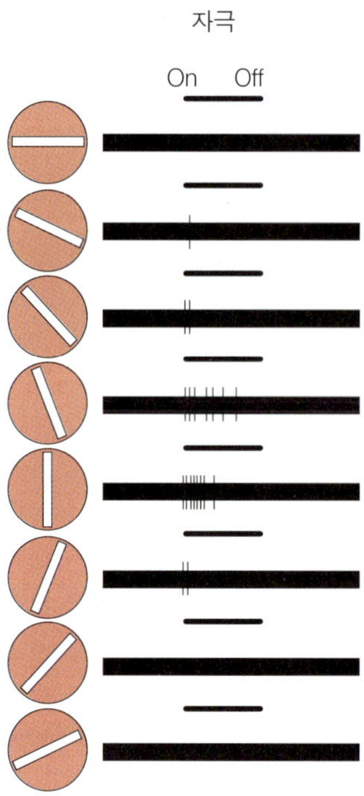

그림 6.13 방향 민감성. 선조피질에 있는 방향 민감 뉴런은 특정 방향의 선이 수용장 내에 나타날 때만 활성화된다. 예컨대, 이 그림에서 묘사된 뉴런은 수직방향의 막대에 최고로 반응한다.

Adapted from Hubel, D. H., and Wiesel, T. N. *Journal of Physiology* (London), 1959, *148*, 574-591.)

위치(특정 방향)에 있을 때만 반응할 것이다. 몇몇 뉴런은 수직선에 가장 잘 반응하고 다른 몇몇 뉴런은 수평선에, 다른 몇몇은 수직과 수평 사이의 특정 방향에 가장 잘 반응한다. 그림 6.13은 선분이 다양한 방향으로 제시되어 있을 때 선조피질에 있는 뉴런의 반응을 보여 준다. 당신도 볼 수 있는 것처럼, 이 뉴런은 수용장에 수직으로 제시될 때 최고로 반응했다(그림 6.13 참조).

방향에 민감한 몇몇 뉴런은 대립된 양식으로 구성된 수용장을 가지고 있다. Hubel과 Wiesel은 이러한 뉴런을 **단순세포**simple cells라고 불렀다. 예컨대, 특정 방향의 한 선분(흰 배경에서 45°의 어두운 선)이 수용장의 중심에 있으면 세포가 흥분되고 중심에서 벗어나면 억제된다(그림 6.14a 참조). 연구자들이 **복합세포**complex cell라고 부르는 다른 형태의 뉴런 또한 특정 방향의 선분에 최대로 반응하지만 억제영역은 보여 주지 않는다. 즉, 이 뉴런은 수용장 내에서 선분이 움직이는 동안 계속 반응한다. 실제로, 많은 복합세포는 선분이 자신의 방향 각도와 수직으로 움직일 때 발화율이 증가되는데, 그 움직임이 한 방향일 때 자주 그렇다. 그러므로 이러한 뉴런은 또한 운동 감지기로 작용한다. 덧붙여 복합세포는 검은 배경에서의 흰 선분이나 흰 배경에서의 검은 선분에 동일하게 잘 반응한다(그림 6.14b 참조). 마지막으로 **과복합세포**hypercomplex cells는 특정 방향의 선분에 반응하지만 그 선분의 끝에 억제영역을 갖는다. 이것은 이 세포가 특정 방향을 갖는 선분 끝의 위치를 감지한다는 것을 의미한다(그림 6.14c 참조).

공간 주파수

Hubel과 Wiesel의 초기 연구는 일차시각피질에 있는 뉴런이 선분과 모서리를 감지한다는 것을 제시했지만, 이후의 연구는 뉴런이 사인파 격자에도 최고로 반응한다는 것을 발견했다(De Valois, Albrecht, & Thorell, 1978). 그림 6.15은 사인파 격자와 더욱 친숙한 사각파 격자를 비교한다. 사각파 격자는 명도가 변하는 일련의 사각막대로 구성되어 있다. 막대의 수직선 길이 방향의 명도는 계단(사각파) 형태로 변화된다(그림 6.15a 참조). **사인파 격자**sine-wave grating는 경계가 불명확하고 초점이 없는 나란한 수평막대들로 보인다. 격자의 긴 축에 대한 수직선에 따라 그 명도는 사인파 함수에 따라 변한다(그림 6.15b 참조).

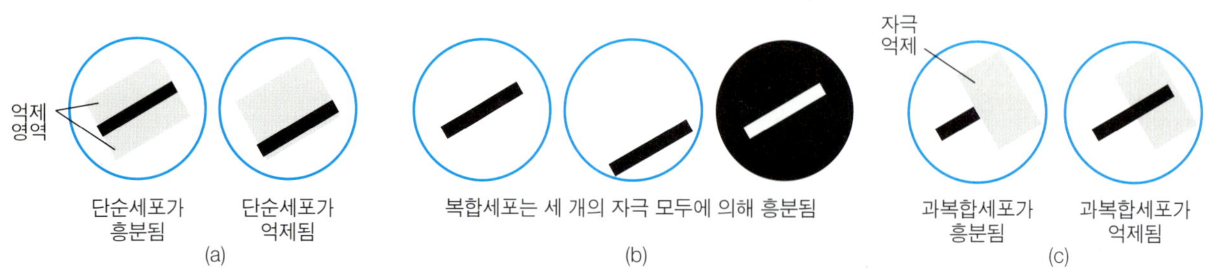

그림 6.14 방향-민감 뉴런의 유형. 이 그림은 일차시각피질에서 방향-민감 뉴런 3유형의 반응 특징을 보여 준다. (a) 단순세포, (b) 복합세포, (c) 과복합세포.

그림 6.15 나란한 격자. 격자의 두 종류가 비교된다. (a) 사각파 격자, (b) 사인파 격자.

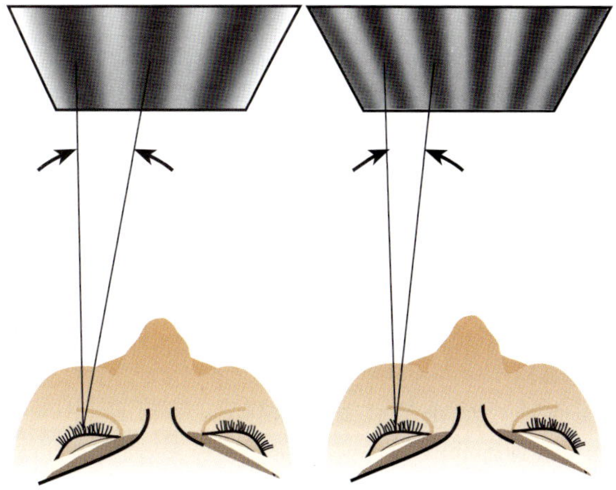

그림 6.16 시각 각도와 공간 주파수. 보는 사람의 눈에 정점을 갖는 사인파 간의 각도가 그려져 있다. 인접한 사인파 간의 시각 각도는 그 파들이 가까울 때 작아진다.

공간 주파수(spatial frequency)는 사인파 격자를 말한다. 우리는 시간이나 거리의 단위에서(즉, 초당 주기 또는 미터당 주기) 주파수 표현(예: 소리파 또는 라디오파)에 익숙하다. 그러나 망막의 자극 상은 눈에서 얼마나 가까이 보느냐에 따라 크기가 변화되기 때문에 인접한 주파수 간의 물리적 거리 대신에 일반적으로 시각 각도가 사용된다. 그래서 사인파 격자의 **공간 주파수**spatial frequency는 시각 각도당 주파수에서 측정된 명도에서의 변화이다(그림 6.16 참조).

선조피질에 있는 대부분의 뉴런은 특정 공간 주파수의 사인파 격자들이 시야의 적절한 부분에 있을 때 최고로 반응한다. 그러나 공간 주파수를 분석하는 신경회로를 갖고 있다는 것은 무엇에 필요한가? 완전한 대답은 좀 더 복잡한 수학을 필요로 하기 때문에 여기서는 단순하게 설명할 것이다[만약 여러분이 흥미가 있다면 De Valois와 De Valois(1988)의 고전책에게 자문을 구할 수 있다]. 높은 공간 주파수와 낮은 공간 주파수가 제공하는 정보의 유형을 고려해 보라. 작은 사물, 큰 사물 내의 세부적 사항 및 날카로운 가장자리를 가지고 있는 큰 사물은 높은 주파수가 많은 신호를 제공하는 반면에 명암의 큰 영역은 낮은 주파수에 의해 표상된다. 높은 주파수가 부족한 상은 마치 교정 렌즈를 쓰지 않은 근시의 사람들이 보는 상과 같이 경계가 불명확하고 초점이 맞지 않는 것으로 보인다. 이러한 상은 환경에 있는 형태와 사물에 대한 많은 정보를 여전히 제공한다. 그래서 **낮은 공간 주파수**에 포함되어 있는 것이 가장 중요한 시각정보이다. 낮은 주파수의 정보가 제거되면 상의 모습들을 지각하기 매우 어렵다[우리가 앞으로 살펴보겠지만, 진화적으로 오래된 대세포체계(magnocellular system)는 낮은 주파수의 정보를 제공한다].

망막 부등

우리는 여러 수단을 통해 깊이를 지각한다. 여기에는 단안으로(한쪽 눈만으로) 감지될 수 있는 단서가 있다. 예를 들면, 원근법, 상대적인 망막에서의 크기, 대기 흐름 효과에 의한 세부적인 정보의 소실, 그리고 머리를 움직일 때 망막 상의 뚜렷한 상대적인 움직임 등의 이 모든 것이 깊이 지각에 기여하며 양안시(binocular vision)가 요구되지 않는다. 그러나 양안시는 **입체시**(stereopsis) 과정을 통해 명확한 깊이 지각을 갖게 한다. 여러분이 입체경(View-Master 같은 것)을 사용하거나 3-D 영상을 본다면 저자가 의미하는 것이 무엇인지를 알 것이다. 입체시는 바느질할 때처럼 손과 손가락의 정밀한 움직임의 시각적인 안내에 특히 중요하다.

선조피질의 뉴런 대부분은 **양안적**이다. 즉, 이것은 양쪽 눈의 시자극 모두에 반응한다. 특히 대세포계로부터 정보를 받는 층에서 발견되는 많은 양안세포는 깊이 지각에 기여하는 것으로 보이는 반응형태를 가지고 있다(Poggio & Poggio, 1984). 대부분의 경우, 세포는 각각의 눈이 조금 위치가 다른 자극을 볼 때 가장 활발하게 반응한다. 다시 말하면, 뉴런은 각각 눈의 망막에 조금 다른 부분의 상을 유발하는 자극, 즉 **망막 부등**retinal disparity에 반응한다. 이것은 바로 입체시를 위해 필요한 정보이다. 각각의 눈은 조금 다르게 3차원 장면을 보게 되고 망막 부등은 관찰자와 사물 간의 거리에서 차이를 나타낸다.

색채

선조피질에서 색채 민감 신경절세포로부터 오는 정보는 외측슬상핵의 소세포층과 과립세포층을 거쳐 **시토크롬 산화효소 블롭**cytochrome oxidase(CO) blob에 모여 있는 특수 세포집단으로 전달된다. 시토크롬 산화효소 블롭은 Wong-Riley(1978)에 의해 발견되었는데 그는 미토콘드리아의 안에 있는 효소인 시토크롬 산화효소에 대한 염색이 띄엄띄엄 떨어져 분포되어 있는 것을 발견했다. 세포에 있는 시토크롬 산화효소의 높은 수준의 존재는 그 세포가 정상적으로 높은 신진대사율을 가지고 있음을 보여 준다. 염색을 이용한 이후 연구들(Horton & Hubel, 1980; Humphrey & Hendrickson, 1980)은 2층과 3층을 거쳐 5층과 6층으로 희미하게 뻗어 있는 검은 기둥의 물방울 형태의 존재를 발견했다. 그 기둥은 횡단 절편에서 타원형으로 나타나는데 지름이 대략 150μm×200μm이고 0.5mm 간격으로 자리 잡고 있다(Fitzpatrick, Itoh, & Diamond, 1983; Livingstone & Hubel, 1987).

그림 6.17은 짧은꼬리원숭이의 선조피질(이 영역은 일차시각피질이기 때문에 V1이라고도 한다)과 인접한 시각연합피질의 영역(V2 영역)에 대한 절편 조직의 현미경 사진을 보여 준다. 시각피질은 펼쳐져 있고 미토콘드리아 효소가 염색되어 있다. 여러분은 선조피질 내의 시토크롬 산화효소 블롭을 명확하게 볼 수 있다. V2 영역에서 시토크롬 산화효소가 풍부한 뉴런의 분포는 3종류의 줄무늬, 즉 두꺼운 줄무늬, 얇은 줄무늬 및 희미한 줄무늬로 구성되어 있다. 두꺼운 줄무늬와 얇은 줄무늬는 시토크롬 산화효소가 짙게 염색된 반면에 희미한 줄무늬는 그렇지 않다(그림 6.17 참조).

이전의 연구자들은 소세포계가 색채와 관련된 모든 정보를 선조피질로 전달하는 것으로 믿었다. 그러나 오늘날 우리는 소세포계는 오직 '빨강' 추상체와 '초록' 추상체로부터 정보를 받고 '파랑' 추상체로부터의 추가적인 정보는 과립세포계를 통해 전달되는 것을 알고 있다(Hendry & Yoshioka, 1994; Chatterjee & Callaway, 2003).

요약하면 선조피질에 있는 뉴런들은 방향, 운동, 공간주파수, 망막 부등 및 색채를 포함하는 상이한 시각자극의 특징에 반응한다. 지금부터 우리의 주의를 이러한 정보가 선조피질 내에서 조직화되는 방법으로 돌려보자.

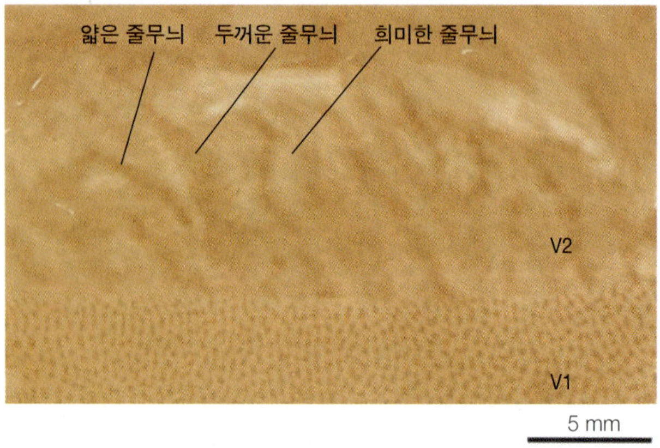

그림 6.17 시각피질에서 블롭과 줄무늬. 현미경 사진(실제로는 상이한 여러 조직절편을 합성한 사진)은 짧은꼬리원숭이의 일차시각피질(V1)과 시각연합피질영역(V2)의 절편을 보여 주는데 시토크롬 산화효소로 염색되었다. V1 영역은 점('블롭')으로 보이고, V2 영역은 두껍고 얇고 희미한 세 가지 줄무늬 형태를 보인다.

From Sincich, L. C., and Horton, J. C. *Annual Review of Neuroscience*, 2005, *28*, 303-326. By Annual Reviews. www.annualreview.org.

선조피질의 모듈에 의한 조직화

대부분의 연구자는 뇌가 모듈(modules)로 조직화되어 있다고 믿는다. 이 조직화는 10만 개의 뉴런에서 수백만 개 뉴런까지의 크기를 갖는다. 각각의 모듈은 다른 모듈로부터 정보를 받아 계산을 하고 그 결과를 다른 모듈로 보낸다. 최근에 연구자들은 시각피질에서 발견된 모듈의 특징을 확인해 왔다.

선조피질은 대략 2,500개의 모듈로 나누어지며, 각각의 모듈은 약 0.5×0.7mm이고 대략 150,000개의 뉴런을 가지고 있다. 개개 모듈의 뉴런은 시야의 매우 작은 부분에 있는 다양한 특징을 분석하는 데 관여한다. 이러

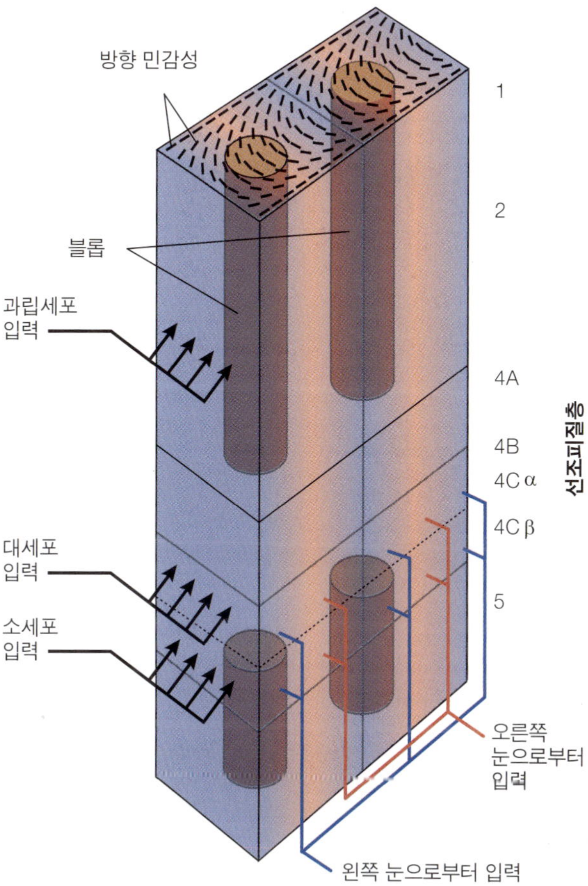

그림 6.18 일차시각피질의 한 개의 모듈.

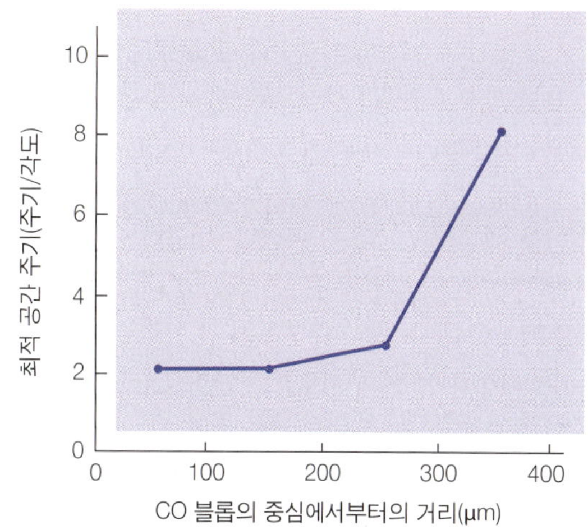

그림 6.19 공간 주파수에 대한 반응의 구성. 선조피질 뉴런의 최적 공간 주파수가 시토크롬 산화효소 블롭에 가장 가까운 중심에서부터 뉴런의 거리 함수로 보여 준다.

Based on data from Edwards, Purpura, and Kaplan, 1995.

한 모듈은 전체 시야에서 집합적으로 정보를 받는데 개개의 모듈은 모자이크 벽의 타일처럼 기능한다.

모듈은 실제로 두 개의 구획으로 구성되어 있는데 이들 각각은 시토크롬 산화효소 블롭 주위에 있다. 블롭 내에 있는 뉴런은 특수한 기능을 가지고 있다. 이것들의 대부분은 색채에 민감하고 이것들의 모두는 낮은 공간 주파수에 민감하지만 다른 시각 특징에는 상대적으로 둔감하다. 시토크롬 산화효소 블롭의 바깥에 있는 뉴런은 방향, 운동, 공간 주파수 및 양안 부등에 민감하지만 대부분은 색채에 반응하지 않는다(Livingstone & Hubel, 1984; Born & Tootell, 1991; Edwards, Purpura, & Kaplan, 1995). 각 모듈의 반은 오직 한쪽 눈에서만 정보를 받지만 모듈 내에 있는 회로는 양쪽 눈에서 들어오는 정보를 통합한다. 이것이 의미하는 것은 뉴런의 대부분이 양안적이라는 것이다. 우리가 미세전극을 선조피질의 블롭 사이 영역에 삽입한다면(즉 시토크롬 산화효소 블롭의 바깥에 있는 모듈 위치) 우리는 방향에 민감한 모든 세포가 동일한 방향의 선에 반응하는 것을 볼 수 있다(그림 6.18 참조).

공간 주파수는 이러한 조직화에서 어떻게 나타날까? Purpura, Edwards, Kaplan(1995)은 시토크롬 산화효소 블롭 내의 뉴런들은 낮은 공간 주파수에 반응하고 작은 명도의 차이에 민감하다. 블롭의 바깥쪽은 공간 주파수에 대한 민감도가 가장 가까운 블롭의 중심에서의 거리와 함께 변한다. 높은 주파수는 먼 거리와 연관이 있다(그림 6.19 참조).

절 요약

시각정보 분석: 선조피질의 역할

선조피질(V1 영역)은 여섯 개의 층과 몇 개의 하위층으로 구성되어 있다. 이것은 외측슬상핵의 대세포, 소세포 및 과립세포층으로부터 시각정보를 받는다. V1으로부터의 시각정보는 시각연합피질의 첫 번째 영역인 V2 영역으로 보내진다. 대세포계는 계통발생학적으로 오래되었고 색을 못보고 운동, 깊이, 명도에서의 작은 차이에 민감하다. 소세포계와 과립세포계는 더욱 최근에 진화되었다. 소세포계는 '빨강'과 '초록' 추상체로부터 정보를 받으며 아주 세부적인 것들을 변별할 수 있다. 과립세포계는 '파랑' 추상체로부터 받아들인 색상에 대한 추가적인 정보를 처리한다.

선조피질은 한 짝의 시토크롬 산화효소 블롭를 둘러싸고 있는 모듈로 구성되어 있다. 이 모듈들은 미토콘드리아에서 발견되는 효소인 시토크롬 산화효소를 염색하면 나타난다. 모듈의 한쪽 반은 한쪽 눈으로부터 정보를 받아들인다. 그러나 정보가 공유되기 때문에 대부분의 뉴런은 양쪽 눈의 정보에 반응한다. 시토크롬 산화효소 블롭에 있는 뉴런은 색상과 낮은 빈도의 사인파 격자에 민감한 반면에 블롭 간의 뉴런은 높은 공간 주파수의 사인파 격자, 방향, 망막 부등 및 운동에 민감하다.

생각해 봅시다

여러분의 앞에 있는 장면을 보고 어떻게 그 장면의 특징이 여러분의 선조피질에 있는 뉴런에 의해 부호화될까에 대해 상상해 보라. 여러분이 보는 대상들이 방향, 공간 주파수 및 색상의 분석에 의해 어떻게 상술될 수 있는지를 표현해 보라.

시각정보의 분석: 시각연합피질의 역할

선조피질이 시지각을 위해 필요할지라도 대상들과 시각 장면의 전체성(totality)에 대한 지각은 그곳에서 일어나지 않는다. 선조피질의 수천 개 각 모듈은 시야의 한 작은 부분에서 일어난 것만 볼 뿐이다. 그래서 우리가 대상들과 전체 시각 장면을 지각하기 위해서 이런 개개 모듈로부터의 정보는 통합되어야 한다. 그 통합은 시각연합피질에서 일어난다.

시각분석의 두 가지 흐름

선조피질에서 들어온 시각정보는 시각연합피질에서 분석된다. 선조피질에 있는 뉴런들은 **선조외피질**extrastriate cortex로 축색을 보낸다. 선조외피질은 선조피질을 싸고 있는 시각연합피질의 영역이다(*extra*는 '~의 밖'을 의미한다). 영장류 선조외피질은 몇 개의 영역으로 구성되어 있다. 이 영역들의 각각은 하나 이상의 시야지도를 가지고 있다. 각각의 영역은 전문화되어 있어서 시각정보의 특정 특징 예컨대, 방향, 운동, 공간 주파수, 망막 부등 또는 색상에 반응하는 뉴런을 가지고 있다. 지금까지 연구자들은 붉은털원숭이 시각피질에서 24개 이상의 명확한 영역과 하위영역들을 확인했다. 이 영역들은 선조피질을 필두로 위계적으로 배열되어 있다(Grill-Spector & Malach, 2004; Wandell, Dumoulin, and Brewer, 2007). 정보의 대부분은 이 위계를 거치는데 각 영역은 위계에서 하위에 있는 영역(선조피질에 가까운 영역)으로부터 정보를 받아들여 정보를 분석하고 그 결과를 '상위' 영역으로 보내 추가적인 분석을 하게 된다.

기능영상 연구 결과(Murray, Boyaci, and Kersten, 2006)는 정보처리에서 위계적 존재를 내포하는 현상을 입증했는데 그 정보는 시각연합피질에서 선조피질로 되돌아가는 위계통로를 따라 이동한다. 첫 번째로 다음의 실연을 따라해 보라. 잔상을 일으키기 위해 배경과 충분히 대비되도록 어떤 대상(예컨대 불이 들어온 전구)을 주시하라. 그리고 난 후 여러분의 손등과 같이 가까이 있는 어떤 면을 바라보라. 잔상이 사라지기 전에 멀리 떨어진 방의 벽과 같이(방안에 있다고 가정하고) 더 먼 어떤 면을 주시하라. 여러분은 그 잔상이 먼 배경을 등지고 있을 때 그 잔상은 더 크게 보일 것이다. 연구자는 실험참가자에게 그림 6.20에서 보는 것과 같은 자극을 제시했다. 이 둥근 공은 관찰자로부터 가까이 또는 멀리 보이도록 하는 위치에 배경을 등지고 자리 잡고 있다. 이 둥근 공들이 실제로 같은 크기일지라도 배경에서 이것의 위치는 멀리 떨어져 있는 둥근 공을 다른 하나의 것보다 외현적으로 더 크게 보이도록 만든다(그림 6.20 참조).

Murray와 동료들은 실험참가자들이 그 공을 보는 동안 fMRI을 이용하여 선조피질의 활성화를 기록했다. 그

그림 6.20 지각된 크기에서의 지각된 거리의 효과. 망막에 투영된 상이 정확하게 동일한 크기일지라도 멀리 떨어진 것으로 보이는 공은 가까이 있는 것으로 보이는 공보다 항상 크게 보인다.

From Sterzer, P., and Rees, G. *Nature Neuroscience*, 2006, *9*, 302-304. Reprinted with permission.

들은 더 크게 보이는 공에 대한 주시는 선조피질의 더 넓은 영역을 활성화시킨다는 것을 발견했다. 그림 6.20에서 보이는 것처럼 배경에 의해 보이는 거리의 지각은 선조피질에서 발생될 수 없고 시각연합피질에서 발견되는 신경회로를 필요로 한다. 이러한 사실은 시각계의 상위수준에서 수행된 계산이 선조피질로 돌아와 작용할 수 있고 그곳에서 일어나는 활동성을 수정한다는 것을 의미한다.

그림 6.21은 인간 뇌의 선조피질의 위치와 선조외피질에 있는 영역의 위치를 보여 준다. 그림 6.21a와 6.21b의 뇌 모습은 거의 정상적인 외형을 보여 주고 있다. 그림 6.21c와 6.21d는 피질 표면을 '팽창시켜' 정상적인 모습에서는 구와 열의 깊은 곳에 감추어진 영역을 볼 수 있도록 했다. 감추어졌던 영역은 어두운 회색으로 보이고, 정상적으로 볼 수 있었던 영역(회의 표면)은 밝은 회색으로 보인다. 그림 6.21e는 그림 6.21c와 6.21d의 붉은 점선과 녹색 점선을 따라 미측 피질 표면을 펼친 모습을 보여 준다(그림 6.21 참조).

우리가 이전 하위단락에서 본 바와 같이 선조피질(V1 영역) 대부분의 출력은 V1에 인접해 있는 선조외피질 영역인 V2 영역으로 전달된다. 이 시섬에서 시각연합피질은 두 개의 경로로 나누어진다. Ungerleider와 Mishkin(1982)은 그들의 연구와 문헌조사를 바탕으로 시각연합피질은 두 개의 분석 흐름, 즉 **배측 흐름**dorsal stream

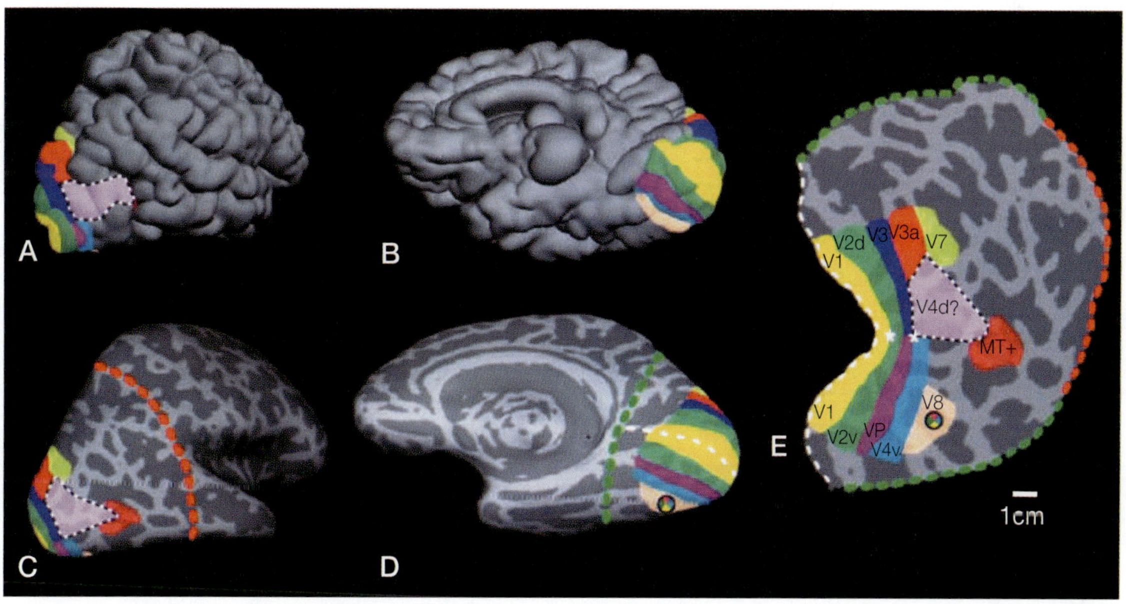

그림 6.21 인간 뇌의 선조피질과 선조외피질영역. 이 인간 뇌의 모습은 (a) 거의 정상적인 외측면, (b) 거의 정상적인 정중시상면, (c) '팽창된' 외측면, (d) '팽창된' 정중시상면, (e) (c)와 (d)에서 빨간 점선과 초록 점선의 미측 피질 표면을 펼친 모습을 보여 준다.

From Tootell, B. H., and Hadjikhani, N. *Cerebral Cortex*, 2001, *11*, 298-311. Reprinted with permission.

과 **복측 흐름**ventral stream이 있다고 결론지었다. 하나의 흐름은 일련의 영역을 향해 앞쪽으로 계속 가서 **하측두피질**inferior temporal cortex에서 끝나는 복측 흐름을 구성한다. 다른 흐름은 여러 영역을 거쳐 **후두정피질**posterior parietal cortex에서 끝나는 배측 흐름이다. 대세포계로부터 받은 정보를 전달하는 몇몇 축색은 V2 영역을 우회한다. 즉, 그것은 V1 영역으로부터 움직임 분석에 관여하는 선조외피질영역에 직접적으로 투사한다. 복측 흐름은 대상이 무엇인지 그것은 어떤 색을 가졌는지를 인식한다. 배측 흐름은 대상이 어디에 있는지 그리고 그것이 움직이면 그것의 속도와 움직임 방향을 인식한다(그림 6.22 참조).

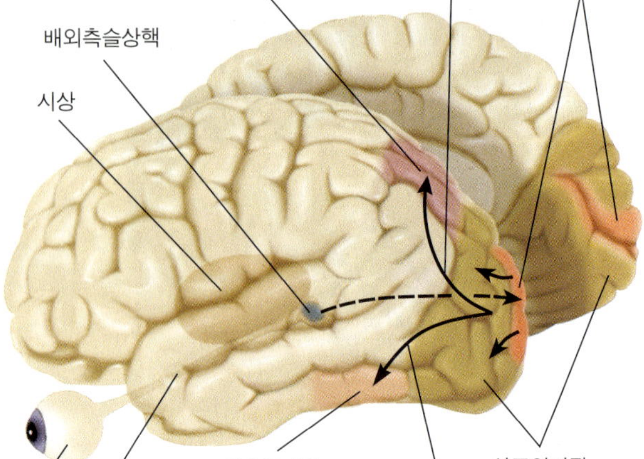

그림 6.22 인간 시각계. 이 그림은 눈에서부터 시각연합피질까지 두 흐름의 인간 시각계를 보여 준다.

시각연합피질의 배측 흐름과 복측 흐름은 시각정보 처리에서 명확히 상이한 기능을 한다. 배측 흐름의 일차적인 행동적 기능은 항행(navigation)을 유도하고 대상을 향한 움직임에 중요한 시각정보를 제공한다. 반면에 복측 흐름의 기능은 크기, 형태, 색상 및 대상들의 짜임새에 대한 시각정보를 제공한다.

우리가 이전에 본 것처럼 소세포계, 과립세포계 및 대세포계는 상이한 종류의 정보를 제공한다. 대세포계는 모든 포유류에서 발견되는 반면에 소세포계와 과립세포계는 오직 영장류에서만 발견된다. 소세포계와 과립세포계에 있는 세포는 오직 색과 관련된 정보를 분석한다. 소세포계에 있는 세포들 또한 높은 공간 해상도와 낮은 시간 해상도를 보여 준다. 즉, 이것은 매우 세부적인 것을 감지할 수 있지만 그 반응은 느리고 지속적이다. 과립세포계는 오직 '파랑' 추상체로부터만 정보를 받고 세부적인 사항에 대한 정보를 제공하지 못한다. 대세포계에 있는 뉴런은 색맹이고 세부적인 사항을 감지하지 못하지만 명암 간의 작은 차이를 감지할 수 있다. 또한 이것은 움직임에 특히 민감하다(표 6.2 참조). 배측 흐름은 거의 대세포계의 정보만 받지만 복측 흐름은 대세포계와 소세포계/과립세포계로부터 거의 동일하게 정보를 받는다.

색채 지각

앞에서 우리가 본 것처럼 선조피질의 시토크롬 산화효소 블롭 내에 있는 뉴런은 색채에 반응한다. 망막의 절세포(그리고 외측슬상핵에 있는 소세포계와 과립세포계의 뉴런들)처럼, 이러한 뉴런은 대립 양식으로 반응한다. 이 정보는 복측 흐름을 구성하는 시각연합피질의

표 6.2 시각계의 대세포, 소세포, 과립세포 부분의 특성

특성	대세포 부분	소세포 부분	과립세포 부분
색채	아니요	예('빨강'과 '초록' 추상체로부터)	예('파랑' 추상체로부터)
대비 민감도	높음	낮음	낮음
공간 해상도(아주 세부적인 것을 감지하는 능력)	낮음	높음	낮음
시간 해상도	빠름(순간적인 반응)	느림(지속적인 반응)	느림(지속적인 반응)

영역에 의해 분석된다.

실험동물 연구

Zeki(1980)는 V4로 불리는 선조외피질의 영역에 있는 뉴런이 빨강, 초록, 노랑 및 파랑과 일치하지 않는 파장의 변화에 반응한다는 것을 발견했다. 이 영역이 색채 지각에서 중요한 역할을 하는 것으로 나타났다. 사물의 색채 형태는 우리가 그것을 인공적인 빛 아래에서 보거나, 흐린 하늘 아래에서 보거나, 또는 맑은 날의 정오에 보든지 간에 거의 동일하게 남아 있다. 이러한 현상은 **색채 항상성**color constancy으로 알려져 있다. 우리의 시각계는 시야의 각 부분에 있는 사물에 의해 반사되는 광파장에 단순히 반응하지는 않는다. 반면에 이것은 시야의 각 점에 있는 색채의 구성을 전체 장면의 평균 색채와 비교하여 광원을 보상한다. 그 장면이 특히 높은 수준의 장파장을 가지고 있다면(마치 한 사물이 태양광에 의해 조명된다면) 약간의 장파장 빛은 그 장면에 있는 각 점의 지각에서 '공제된다'. 이러한 보상은 그곳에서 실제로 드러나는 것을 볼 수 있도록 돕는다.

원숭이의 선조외피질 V4 영역에 있는 뉴런의 활동에 대한 전기적 기록은 V2 영역에서 정보입력을 받는 이 영역이 이러한 분석을 하는 신경회로를 가지고 있는 것으로 나타난다(Schein & Desimone, 1990). Walsh 등(1993)은 이러한 예상을 확인했는데 V4 영역의 손상은 다양한 색채를 변별할 수 있을지라도 색채 항상성에 장애가 있었다.

Conway, Moeller와 Tsao(2007)는 V4 영역을 포함하는 원숭이 시각연합피질의 광범위한 영역에 있는 뉴런의 반응성에 대한 세부적인 분석을 수행했다. 이 연구자들은 fMRI을 이용하여 시각자극의 색채 변화에 의해 강하게 활성화되는 흩어져 있는 작은 영역, 즉 색채 '뜨거운 점들(hot spots)'을 확인했다. 다음으로 이 연구자들은 **글롭**(glob)이라고 불리는 이러한 점들의 안쪽과 바깥쪽에 있는 뉴런의 반응 특징을 기록하기 위해 미세전극을 사용했다. (블롭과 글롭 용어 간의 유사성은 의도적인 것으로 믿어진다.) 연구자들은 글롭 뉴런은 색채에 확실히 반응적이고 형태에 대해서는 미약한 반응성을 갖는다는 것을 확인했다. 대조적으로 글롭 간 뉴런(글롭 밖에 있는)은 색채에는 반응하지 않지만 형태에 강한 선택적 반응을 갖는다. 색채-민감 글롭들이 시각연합피질의 광범위한 영역에 걸쳐 퍼져 있다는 사실은 넓은 영역의 뇌손상만이 심각한 색채 지각의 장애를 유발할 수 있다는 사실을 설명한다.

인간 연구

인간의 시각연합피질의 한 영역 손상은 시각 예민성을 떨어뜨림 없이도 색채 시각 상실의 원인이 될 수 있다. 이 환자들은 그들의 시각을 흑백 영화와 유사하게 기술한다. 덧붙여 이들은 색채를 상상할 수도 없거나 뇌손상이 일어나기 전에 보았던 사물의 색채를 기억할 수도 없다(Damasio et al., 1980; Heywood & Kentridge, 2003). 이러한 상태를 **대뇌 색맹**cerebral achromatopsia(색상 없는 시각)이라고 한다. 이러한 뇌손상이 단측(unilateral)에만 있다면 시야의 한쪽 반에서 색채 시각이 상실된다.

기능성 MRI를 이용한 한 연구(Hadjikhani et al., 1998)에서 V8 영역이라고 하는 하측두피질에서 색채 민감영역이 발견되었다. Bouvier와 Engel(2006)에 의한 대뇌 색맹의 92 사례 분석은 이 영역[이 장의 뒤에서 논의될 **방추상 얼굴영역**(fusiform face area)에 인접해 있고 부분적으로 중첩되는]의 손상은 색채시각을 붕괴시킨다(그림 6.21 참조).

흥미로운 기능적 영상 연구에 의하면(Zeki & Marini, 1999) 다중 색채자극은 V1, V2 및 V4 영역을 활성화시킬지라도, V8 영역인 전측두피질의 색채 민감영역은 피험자가 실제 사물의 컬러사진을 볼 때만 활성화된다. 실제로 부자연스러운 색채의 사물 사진은 V8 영역을 활성화시키지 않는다(그림 6.23 참조). 이러한 결과는 V8 영역이 색채 지각뿐만 아니라 특정 사물의 색채 기억에도 관여함을 의미한다.

상이한 색채를 지각할 수 있는 능력은 우리 환경에 있는 상이한 사물들을 지각할 수 있게 한다. 그래서 우리가 앞에 있는 것을 지각하고 이해하기 위해서 색채에 대한 정보는 다른 형태의 정보와 통합되어야 한다. 뇌손상을 입은 몇몇 사람들은 사물의 형태를 지각할 수 없지만 색채는 여전히 지각한다. 예를 들면 어떤 환자는 시각장애인이지만 색채를 확인할 수 있다(Zeki et al., 1999). 환자 P. B.는 전기 쇼크를 받아 심장과 호흡이 모

(a) (b)

그림 6.23 자연스러운 색과 부자연스러운 색. 색체 민감영역인 V8에 있는 뉴런은 자연스러운 색채를 가진 사물의 사진에 반응하지만(a), 부자연스러운 색채의 사물 사진에는 반응하지 않는다(b).

From Zeki, S., and Marini, L. *Brain*, 1998, *121*, 1669–1685.

두 멎었다. 그는 회생했지만 무산소 기간 때문에 뇌손상이 선조외피질까지 확대되었다. 그 결과로 그는 모든 형태 지각을 상실했다. 그러나 그는 비디오 모니터에 제시되는 사물은 알아볼 수 없었지만 색상은 여전히 알아볼 수 있었다.

형태 지각

형태 지각을 유도하는 시각정보의 분석은 방향과 공간 주파수에 민감한 선조피질에 있는 뉴런에서 시작된다. 이 뉴런은 복측 흐름을 구성하는 시각연합피질의 하위 영역으로 정보를 전달하는 V2 영역으로 정보를 보낸다.

실험동물 연구

영장류의 경우 시각 형태의 재인과 특정 사물의 확인은 측두엽의 복측 부위에 있는 하측두피질에서 일어난다. 시각연합피질의 이 영역은 복측 흐름의 끝에 위치한다. 이곳에서 형태와 색채 분석이 함께 나타나고 사물과 배경의 3차원 지각이 이루어진다. 이 영역의 손상은 시각 변별에서 심각한 장애를 일으킨다(Mishkin, 1966; Gross, 1973; Dean, 1976).

일반적으로 하측두피질에 있는 뉴런은 명확한 3차원 사물들(또는 3차원 사진들)에 가장 잘 반응한다. 이것은 점, 선 또는 사인파 격자와 같은 단순한 자극에는 잘 반응하지 않는다. 이들의 대부분은 복잡한 자극이 다른 위치로 이동할 때, 크기가 변할 때, 상이한 배경에 대비되어 있을 때, 또는 다른 대상에 의해 부분적으로 막혔을 때도 지속적으로 반응한다(Rolls & Baylis, 1986; Kovács, Vogels, & Orban, 1995). 그래서 이것들은 특별한 특징들의 분석보다는 사물의 재인에 관여함을 보여준다. 영장류의 하측두피질에 있는 뉴런이 매우 특수한 복합 모양에 반응한다는 사실은 이것들을 감지하는 데 관여하는 이 회로의 발달이 학습을 수반해야 된다는 것을 나타낸다. 학습에서 하측두피질의 역할은 12장에서 더 상세히 논의될 것이다.

인간 연구

시각연합피질에 손상을 입은 사람들에 대한 연구는 인간 시각계의 조직화에 대해 많은 것을 알려 준다. 최근 연구에서 우리의 지식은 기능적 영상 연구에 의해 크게 확장되어 왔다.

시각 실인증. 인간의 시각연합피질의 손상은 **시각 실인증**visual agnosia이라는 결함의 한 범주가 된다. 실인증은 특정 감각양식을 통해 세부적인 사항들이 감지될 수 있고 그 사람이 정상적인 지적 능력을 보유하고 있더라도 그 양식을 통해 자극을 확인하거나 지각하지 못하는 능력을 의미한다.

이 장의 시작에서 기술된 사례인 R 여사는 시각연합피질의 복측 흐름의 손상에 인한 실인증을 가지고 있다. 우리가 앞에서 본 것처럼 그녀는 상당히 적절한 시각 예민성을 가지고 있지만 보는 것으로 일반 사물들을 확인할 수 없다. 그러나 작은 활자체일지라도 그녀는 읽을 수 있었다. 이것은 읽기가 대상 지각과 다른 뇌 영역을 필요로 한다는 것을 의미한다. (13장은 문자와 단어에 대한 시각적 인식과 관련된 뇌 영역을 확인한 연구를 논한다.) 그녀가 시각적으로 인식할 수 없는 한 사물을 잡아 보게 했을 때 그녀는 촉각에 의해 즉각적으로 그것을 인식할 수 있었고 그것이 무엇인지를 말할 수 있었다. 이것은 그녀가 그 사물에 대한 기억을 잃지 않았고 또 그 이름을 말하는 방법을 잊지 않았다는 것을 입증한다.

시각자극의 특수 범주에 대한 분석. 시각 실인증은 복측 흐름에 기여하는 시각연합피질의 일부 손상이 원인이다. 실제로 복측 흐름의 특정영역의 손상은 시각자

배측 흐름과 복측 흐름의 행동적 기능들 간의 구분은 Karnath 등(2009)에 보고된 사례에 의해 명확하게 설명된다. J.S. 환자는 방추상회와 설회(lingual gyrus)를 포함한 내측후두측두피질(medial occipitotemporal cortex)을 양측으로 손상한 뇌졸중을 갖고 있다. 복측 흐름은 심각하게 손상된 반면에 배측 흐름은 완전했다. 이 환자는 사물이나 얼굴을 인식할 수 없었고 더 이상 읽을 수도 없었다. 그는 시각자극의 형태나 방향을 인식할 수 없었다. 그러나 그는 사물에 손을 뻗어 집어 올리는 능력은 보존하고 있었고 나아가 그 사물이 무엇인지를 알게 되면 그것을 적절하게 다룰 수도 있었다. 예컨대 그가 자신의 옷이 어디에 있는지를 알게 되면 그것을 들어 올려 입을 수도 있었고, 어떤 사람이 손을 내밀 때 악수를 할 수도 있었다. 또한 그는 집 주위를 산책하고 상점에 들어가서 점원에게 목록을 제시할 수도 있었다.

극의 특정 범주를 인식하는 능력을 손상시킨다. 물론 시각연합피질의 특정영역이 자극의 특정 범주를 분석하는 데 관여하지만 뇌손상의 경계가 특정 기능을 갖는 뇌 영역의 경계와 일치되는 것은 드물다.

기능 영상의 이점을 가지고 연구자는 정상인의 뇌 반응에 대해 연구해 왔고 시각자극의 특정 범주를 바라봄에 의해 활성화되는 복측 흐름의 몇몇 영역을 발견해 왔다. 예컨대 기능 영상 연구는 동물, 도구, 자동차, 꽃, 문자와 문자열, 얼굴, 신체와 경치 같은 범주에 의해 전문적으로 활성화되는 하측두피질과 외측후두피질의 영역을 확인해 왔다(개요를 위해 Tootell, Tsao, and Vanduffel 2003과 Grill-Spector and Malach, 2004 참조). 그러나 이러한 발견들의 모두가 반복되지 않았다. 물론 사람들은 이러한 범주에 해당되지 않는 형태를 재인하는 것을 배울수가 있다. 시각연합피질의 복측 흐름에서 상대적으로 큰 영역인 **외측후두복합**lateral occipital complex; LOC은 매우 다양한 대상과 형태에 반응하는 것으로 나타났다.

시각 실인증의 일반적인 증상은 **얼굴 실인증**prosopagnosia으로 특정 얼굴을 인식하지 못한다(prosopon은 그리스어로 '얼굴'). 즉, 이 장애를 가지고 있는 환자는 그들이 얼굴을 보고 있다는 것을 인식할 수 있지만 그 얼굴이 친척이거나 가까운 친구일지라도 누구의 얼굴인지 말하지 못한다. 그들은 눈, 귀, 코, 입 등을 보지만 개인 얼굴을 알 수 있는 이러한 특징의 특별한 형태를 인식할 수 없다. 또한 그들은 이 사람이 누구인지에 대한 기억은 여전히 하고 있고 일반적으로 그들의 목소리를 들었을 때 그들을 인식한다. 한 환자가 말하기를, "나는 얼굴 하나로 사람들을 인식하는 데 어려움을 갖고 있다. 나는 그들의 머리카락 색을 보고 그들의 목소리를 듣고 ……. 나는 의복, 목소리 및 머리카락을 이용한다. 나는 그 사람과 어떤 것들을 여러 방법으로 연합 지으려 한다……. 그들이 무엇을 입었고, 머리카락을 어떻게 기르는지……"(Buxbaum, Glosser, & Coslett, 1999, p. 43).

뇌손상을 입은 사람들을 대상으로 한 연구와 기능적 영상 연구는 이 전문 얼굴인식 회로들은 측두엽의 바닥에 있는 방추상회에 있는 **방추상 얼굴영역**fusiform face area; FFA에서 발견된다고 한다. 예를들면 Grill-Spector, Knouf 및 Kansisher(2004)는 얼굴 사진과 몇 가지 다른 범주의 사물을 보는 사람들의 뇌 fMRI 영상을 얻었다. 그림 6.24는 대뇌피질의 '팽창된' 복측 면에 투영된 결과를 보여 준다. 이 검은 윤곽은 다른 범주의 사물에 의해 활성화되는 것과의 비교를 위해 얼굴을 볼 때 활성화되는 방추상 피질의 영역을 보여 준다. 여러분도 볼 수 있는 것처럼, 얼굴의 상은 다른 범주의 시각자극보다 이 윤곽에 의해 지정된 영역을 더욱 활성화시킨다(그림 6.24 참조).

얼굴 실인증의 대부분의 사례는 이전에 얼굴을 인식하는 데 어려움이 없었던 사람들의 뇌손상의 결과로 발생된다. 이와 대조적으로 발달 얼굴 실인증(developmental prosopagnosia)은 아동이 발달할 때 나타나게 되는 얼굴 인식의 어려움을 말한다. 이러한 사람들은 몇 번 만난 사람들의 얼굴을 인식하지 못하는 것이 다른 사람들에 의해 무례한 것으로 지각된다고 보고하는 경우가 많다. 다른 사람들의 얼굴을 인식하는 우리의 능력은 매우 자동적이기 때문에 우리가 자주 만났던 사람이 우리를 인식할 수 없다는 것을 우리가 이해하기

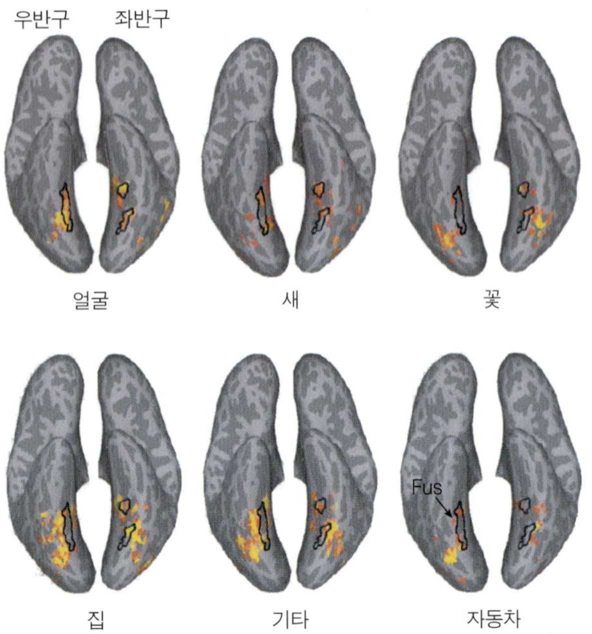

그림 6.24 **시각자극의 범주에 대한 반응.** 이 기능성 MRI 영상은 사람이 시각자극의 6개 범주를 바라보는 것이다. 신경 활성화는 대뇌피질의 '팽창된' 복측 면에서 보여 준다. 방추상 얼굴영역은 검은 윤곽으로 보이고 얼굴에 대한 반응은 위 왼쪽 영상에서 보여 준다.

From Grill-Spector, K., Knouf, N., and Kanwisher, N. *Nature Neuroscience*, 2004, *7*, 555-561. Reprinted with permission.

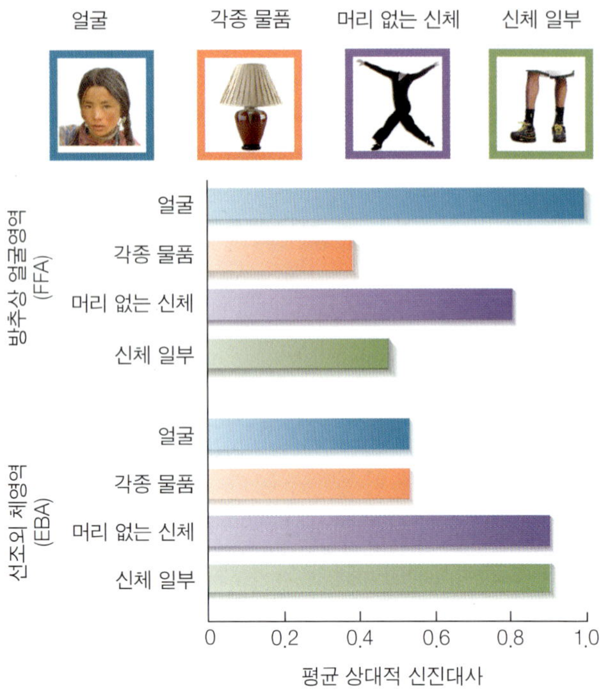

그림 6.25 **얼굴과 신체의 지각.** 방추상 얼굴영역과 선조외 체영역이 얼굴, 머리 없는 신체, 신체부위 및 잡화의 이미지에 의해 활성화된다.

Based on Schwarzlose, R. F., Baker, C. I., and Kanwisher, N. *Journal of Neuroscience*, 2005, *23*, 11055-11059.

는 어렵기 때문에 우리들은 인식의 실패를 실제의 냉대로 결론짓는다. Behrman 등(2007)은 발달 얼굴 실인증을 가진 사람의 경우 전측방추상회가 작다는 것을 발견했고 Thomas 등(2009)에 의한 확산텐서영상 연구는 발달 얼굴 실인증을 가진 사람들이 후두측두피질(occipitotemporal cortex) 내의 연결성 감소에 대한 증거를 확인했다.

복측 흐름의 다른 흥미로운 영역은 **선조외 체영역**extrastriate body area; EBA이다. 이것은 방추상 얼굴영역의 후측에 있으며 부분적으로 이것과 중복된다. Downing 등(2001)은 이 영역이 인간의 신체부위나 신체부위의 사진, 실루엣, 또는 연필 그림에 의해 특별히 활성화되지만 도구의 사진 및 그림, 뒤섞인 실루엣, 또는 뒤섞인 인간 신체의 연필 그림과 같은 통제자극에 의해서는 활성화되지 않는다는 것을 발견했다. 그림 6.25는 자극의 다양한 범주에 방추상 얼굴영역과 선조외 체영역이 중복되지 않는 영역에서의 fMRI 반응 크기를 보여 준다 (Schwarzlose, Baker, & Kanwisher, 2005). 여러분이 볼 수 있는 것처럼 방추상 얼굴영역은 다른 범주의 것보다 얼굴에 더욱 반응적이었고 선조외 체영역은 머리 없는 신체와 신체부위에 가장 큰 반응을 보여 준다(그림 6.25 참조).

Urgesi, Berlucchi 및 Aglioti(2004)은 선조외 체영역의 정상적인 신경 활성화를 일시적으로 방해하기 위해 경두개자기자극(transcranial magnetic stimulation; TMS)을 사용했다. (5장에서 본 바와 같이 TMS 과정은 두피에 있는 전선코일에 전류를 흘려보내 강한 국지적 자기장으로 뇌를 자극한다.) 그 연구자들은 이러한 방해가 일시적으로 신체부위의 사진을 인식하는 능력을 저하시키지만 오토바이나 얼굴의 부분에 대해서는 결함을 보여 주지 않는다.

우리들이 12장에서 본 바와 같이 해마와 내측측두피질의 인접 부위는 공간 지각과 기억에 관여한다. 몇몇 연구는 **해마주변 장소영역**parahippocampal place area; PPA

환자의 외측후두피질(lateral occipital cortex) 손상은 사물에 대한 심각한 시각 실인증을 유발한다. 그러나 그녀는 자연적 장면과 인공적 장면(해변가, 숲, 사막, 도시, 시장 및 방) 모두를 인식할 수 있었다. 기능적 영상은 온전한 해마주변 장소영역의 활성화를 보여 주었다. 이 결과는 경치 인식은 그 경치 내에 있는 특정 사물의 인식에 의존하지 않는다는 것을 암시한다. 왜냐하면 D.F.는 그러한 사물을 인식할 수 없기 때문이다.

을 확인했는데 이것은 복내측측두엽(ventromedial temporal lobe) 경계의 변연피질(limbic cortex)에 있으며 경치와 배경을 볼 때 활성화된다. 예컨대 Steeves 등(2004)은 D. F. 환자 사례를 보고했다. 이 환자는 일산화탄소 중독 사건에 의해 뇌손상을 가진 47세 여성이다.

한편 우리들이 개인의 얼굴을 인식할 수 있는 세 가지 기본적인 방법이 있다. 특징의 차이(예: 눈, 코 및 입의 크기와 형태), 윤곽의 차이(예: 얼굴의 전반적인 형태), 특징의 배치에 차이(예: 눈, 코 및 입의 공간). 그림 6.26은 일련의 합성 얼굴에서의 차이를 보여 준다(Le Grand et al., 203). 여러분도 볼 수 있듯이 각 열의 왼쪽에 있는 얼굴은 동일하다. 상위의 열에 있는 얼굴들은 상이한 특징을 포함하고 있는데 눈과 입은 다른 사람의 사진에서 가져온 것이다. (코는 모두 동일하다.) 중간 열의 얼굴은 모두 같은 사람이다. 그러나 얼굴의 윤곽은 상이한 형태를 갖는다. 아래 열의 얼굴은 한 사람에서 특징의 상이한 배치를 가지고 있다. 이러한 얼굴에서 양쪽 눈 사이의 공간 그리고 눈과 입 간의 공간이 변경되었다. 배치에서의 차이는 가장 탐지를 어렵게 한다(그림 6.26 참조).

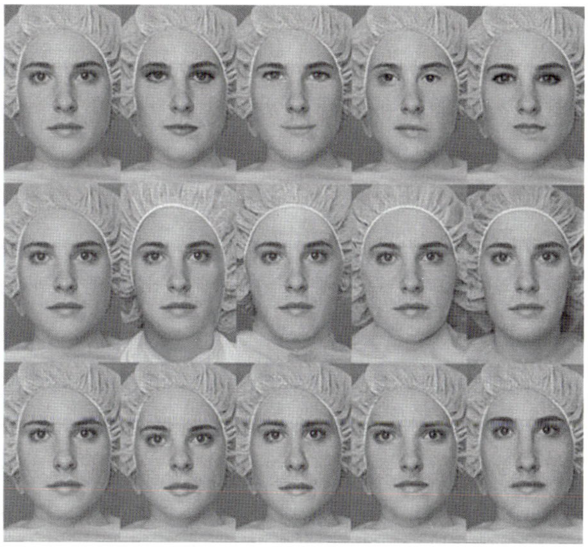

그림 6.26 합성 얼굴. 상위 열에 있는 얼굴들은 특징의 차이를 내포한다. 다른 사람의 사진에서 눈과 입을 가져온 것이다. 중간 열의 얼굴은 모두 같은 사람의 것이지만 얼굴의 윤곽이 상이한 형태를 가지고 있다. 아래의 열에 있는 얼굴은 한 사람의 특징의 배치가 상이한데, 눈 사이의 공간과 눈과 입 사이의 공간이 변경되었다.

From Le Grand, R., Mondloch, C. J., Maurer, D., and Brent, H. P. *Nature Neuroscience*, 2003, *6*, 1108-1112. Reprinted with permission.

16장에서 보게 되겠지만 자폐증을 가지고 있는 사람은 다른 사람과 정상적인 사회적 관계를 발달시키는 데 실패한다. 실제로 심각한 사례의 경우 그들은 다른 사람의 존재를 인식한다는 징후도 없다. Grelotti, Gauthier 및 Schultz(2002)는 자폐증을 가지고 있는 사람은 얼굴을 인식하는 능력의 결핍을 보여 주고 얼굴을 볼 때도 방추상회가 활성화되지 않는다는 것을 발견했다. 이 저자들은 자폐증 원인은 뇌의 이상 때문이고 이러한 이상이 타인에 대한 관심을 결핍시키게 된다는 것이다. 이러한 관심의 결핍은 아동들이 정상적으로 성장할 때 얼굴 인식의 전문성을 획득하도록 조장하는 동기의 결핍을 초래한다고 했다. 16장은 자폐 장애를 더 자세히 다룬다.

윌리엄 증후군(Williams syndrome)은 염색체 7번의 돌연변이에 의한 유전적인 문제이다. 이 장애를 가진 사람들은 일반적으로 지적인 결핍을 보여 주지만 음악에 대한 강한 흥미를 보여 주는 경우가 많다. 이들은 일반적으로 매우 사교적이고, 매력적이며 친절하다. 이들은 다른 사람들에 대해 큰 흥미를 보여 주고 그들의 얼굴을 가까이 바라보는 데 많은 시간을 보낸다. 이들은 이 증후군이 없는 사람들보다 얼굴 인식을 더 잘한다. Golarai 등(2010)에 의한 기능 영상 연구는 윌리엄 증후군을 가진 사람들의 경우 방추상 얼굴영역이 확장되어 있고, 방추상 얼굴영역의 크기가 얼굴 인식 능력과 정적 상관이 있음을 발견했다.

운동 지각

우리는 그것이 무엇인지를 아는 것이 필요할 뿐만 아니라 그것이 어디에 있고 그것이 움직인다면 어디로 가는지를 아는 것도 필요하다. 우리가 사물이 움직인 속도와 방향을 지각하는 능력이 없다면 그것들이 어디에 있게 될지를 지각할 방법이 없다. 우리는 그것들을 잡을 수도 없다(그것들이 우리를 잡으려고 할 때 피할 수도 없다.) 이 단락은 운동 지각에 대해 다루고 마지막 단원은 위치 지각을 다룬다.

실험동물 연구

선조외피질영역 중의 하나인 V5 영역[**내측 측두**에 있으며 MT(medial temporal) 영역으로도 알려져 있다]은 움직임에 반응하는 뉴런을 가지고 있다. 이 영역에 대한 손상은 원숭이가 움직이는 자극을 지각하는 능력에 심각한 장애를 갖게 한다(Siegel & Andersen, 1986). V5 영역은 선조피질과 선조외피질의 몇몇 영역에서 직접적으로 정보를 받는다. 또한 이것은 상구(superior colliculus)로부터 정보를 받는데 상구는 눈 움직임의 반사적 통제를 포함한 시각반사에 관여한다.

V5 영역에 인접한 한 영역[때때로 V5a로 불리기도 하지만 MST로 더 많이 불린다. 이것은 **내측 상측두**(medial superior temporal)에 있다]은 V5로부터 움직임에 대한 정보를 받아 추가적인 분석을 수행한다. MST 뉴런은 복잡한 형태의 움직임, 즉 방사(radial), 원 및 나선 운동 등에 반응한다(재검토를 위해 Vaina, 1998 참조). 이 영역 특히 배외측 MST 또는 MSTd(MST의 배측)의 중요한 하나의 기능은 **시각 흐름**optic flow의 분석이다.

우리가 주위를 돌 때 또는 우리 주위에 있는 사물이 우리와의 관계 속에서 움직일 때 환경적 특징의 크기, 형태 및 위치가 망막에서 변하게 된다. 당신이 비디오 카메라를 정면으로 하고 길을 걸어갈 때 카메라에 의해 보이는 영상을 상상해 보라. 당신의 경로가 우체통 바로 오른쪽을 지나간다고 가정하자. 우체통의 영상은 조금씩 커지게 되고 마지막으로 당신이 그것을 지나갈 때 그 영상의 위치는 왼쪽으로 바뀌었다가 사라질 것이다. 인도에 있는 점들은 아래쪽으로 움직이고 당신이 나무 아래로 지나갈 때 나뭇가지는 위쪽으로 움직일 것이다. 당신 주위의 시각적 요소의 상대적 움직임에 대한 분석은(시각 흐름) 당신이 어디를 향해서 가고, 당신 앞에 있는 여러 물건에 대한 당신의 접근이 얼마나 빠른지, 그리고 당신이 그 물건의 오른쪽 또는 왼쪽(또는 위 혹은 아래)으로 가는지를 당신에게 알려 준다. 당신이 향해 가는 그 지점은 움직임이 없지만 시야에 있는 다른 모든 점은 당신이 지향하는 지점으로부터 멀어지는 형태로 움직인다. 그래서 이 점을 **팽창 중심**(center of expansion)이라고 한다. 우리가 동일한 방향으로 움직인다면 우리는 팽창 중심에 놓여 있는 사물과 부딪히게 될 것이다. 또한 우리는 우리에게 접근하는 한 사물이 우리와 충돌할지 아니면 옆으로 지나갈지를 결정하는 데 시각 흐름을 사용할 수 있다. Britten과 van Wezel(1998)은 MSTd의 전기적 자극은 원숭이가 향하는 방향을 지각하는 능력을 손상시킨다는 것을 확인했다. 그래서 이 뉴런들은 시각 흐름으로부터의 지향 평가에 결정적인 역할을 하는 것으로 보인다.

인간 연구

동작 지각. 기능 영상 연구는 동작에 민감한 영역(일반적으로 MT/MST로 불린다)이 인간 뇌의 하측두구(inferior temporal sulcus) 내에서 발견된다고 보고한다(Dukelow et al., 2001). 그러나 최근 연구는 이 영역이 외측 후두구와 하측 후두구 사이의 외측 후두피질에 위치하고 있음을 보여 준다(Annese, Gazzaniga, & Toga, 2005). 이들은 수초 존재 확인을 위한 염색을 통해 죽은 사람의 뇌 절편을 조사했다. V5 영역은 두껍게 많이 수초화된 축색들의 조밀한 투사를 받고 있고 그 위치는 수초 염색을 통해 밝혀졌다(그림 6.27 참조).

운동-민감 영역을 포함한 인간 뇌의 양측 손상은 움직임을 지각할 수 없는 **동작맹**akinetopsia을 유발한다. 예를 들면, 질 등(Zihl et al., 1991)은 MT/MST 영역이 양측으로 손상된 한 여성의 사례를 보고했다.

Walsh 등(1998)은 정상인 실험참가자에게 경두개자기자극(TMS)을 사용하여 일시적으로 MT/MST 영역을 환자 L. M.은 운동 지각의 전반적인 상실을 보였다. 그녀는 교통 신호 없이 길을 건너갈 수 없었다. 왜냐하면 그녀는 차가 움직이는 속도를 판단할 수 없기 때문이었다. 그녀는 움직임을 지각할 수 있지만 움직이는 사물을 보는 것이 매우 불쾌하다는 것을 알았다. 예를 들면, 그녀는 다른 사람과 이야기를 나눌 동안 상대의 입을 보지 않는다. 입의 움직임이 그녀를 매우 혼란스럽게 만들기 때문이다. 연구자들이 그녀에게 실험실에 있는 시각 목표물의 움직임을 감지하도록 요청했을 때 그녀는 "처음 그 목표물이 완전히 가만 있다가 갑자기 위아래로 뛴다."라고 말했다(Zihl et al., 1991, p. 2244). 그녀는 목표물이 지속적으로 그 위치가 변화되고 있음을 볼 수 있었지만 어떠한 움직임의 감각도 알아차리지 못했다.

비활성화시켰다. 연구자는 자극이 제시되는 동안 참가자가 컴퓨터 화면에 나타난 몇몇 사물이 움직이는 것을 감지하지 못하는 것을 발견했다. 경두개자기자극을 멈추었을 때 참가자는 동작을 감지하는 데 어려움이 없었다. 경두개자기자극은 실험자극의 상이한 형태를 인지하는 참가자의 능력에는 영향을 미치지 않았다.

시각 흐름. 우리가 이전 단원에서 본 바와 같이 원숭이 뇌의 MSTd 영역에 있는 뉴런들은 동물이 나아가는 방향에 대한 중요한 정보원인 시각 흐름에 반응한다. Peuskens 등(2001)의 기능 영상 연구는 사람들의 시각 흐름을 보여 주는 화면을 보고 있으면서 자신들이 나아

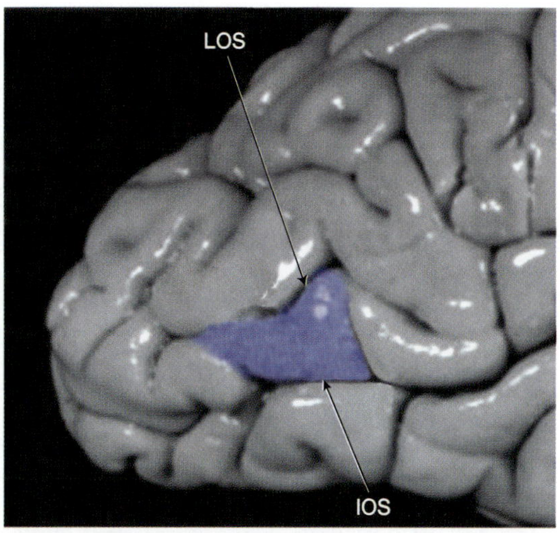

그림 6.27 시각영역 V5의 위치. 인간 뇌에서 시각영역 V5(MT/MST 또는 MT+로 불린다)의 위치은 두껍고 큰 수초화된 축색들의 조밀한 투사가 있음을 보여 주는 염색에 의해 확인되었다. LOS = lateral occipital sulcus: 외측후두구, IOS = inferior occipital sulcus: 하후두구

From Annese, J., Gazzaniga, M.S., and Toga, A.W. *Cerebral Cortex*, 2005, *15*, 1044–1053. Reprinted by permission

가는 것으로 판단할 때 인간 뇌의 상응하는 영역이 활성화된다는 것을 발견했다. Vaina와 동료들(1998; Jornales et al., 1997)은 이 영역이 손상된 사람은 동작을 지각할 수 있지만, 시각 흐름을 통한 나아가는 방향은 지각할 수 없었다.

동작으로부터의 모습. 운동 지각은 3차원 모양[동작으로부터의 모습(form from motion)으로 알려진 현상]을 지각하는 데 도움을 준다. Johansson(1973)은 움직임으로부터 얻을 수 있는 정보의 양을 증명했다. 그는 행위자에게 검은색 옷을 입히고 손목, 팔꿈치, 어깨, 엉덩이, 무릎 및 발과 같은 몇몇 신체부위에 작은 전구를 부착했다. 그는 행위자가 어두운 방에서 여러 가지 행동, 즉 걷기, 달리기, 뛰어오르기, 절름거리기, 팔굽혀펴기 및 전

시각계에 의한 움직이는 대상의 추적은 많은 기술적 활동에 중요한 역할을 한다.

Rudi Von Briel/PhotoEdit Inc.

Lê 등(2002)은 30세인 남성 S. B. 환자의 사례를 보고하였는데 이 환자는 3세 때 뇌염에 의해 복측 흐름이 양측으로 크게 손상되었다. 그 결과, 그는 사물, 얼굴, 질감, 또는 색채를 인식할 수 없었다. 그러나 그는 움직임을 지각할 수 있고 그에게 던져진 공을 잡을 수도 있었다. 더욱이, 그는 칼로 자르거나 이를 닦는 것과 같은 일상활동을 무언극으로 할 때 그 사람의 손과 팔의 움직임을 인식할 수 있었고 그가 아는 사람의 걸음걸이를 통해 그들을 인식할 수 있었다.

구가 부착되어 있는 파트너와 춤추기 등을 하는 동안 행위자의 동영상을 찍었다. 그 필름을 보는 관찰자는 어두운 배경에서 빛이 움직이는 형태만 볼지라도 그들은 쉽게 그 형태를 움직이는 사람으로 지각할 수 있었고 행위자가 한 행동이 무엇인지 알아볼 수 있었다. 뒤이은 연구(Kozlowski & Cutting, 1977; Barclay, Cutting, & Kozlowski, 1978)는 사람들이 상당히 정확하게 전구를 걸친 행위자의 성별을 말할 수 있다는 사실도 보여 주었다. 그 단서는 사람이 걸을 때 어깨와 엉덩이의 상대적인 움직임의 양인 것으로 나타났다.

Grossman 등(2000)의 기능 영상 연구는 사람들의 동작으로부터의 모습을 보여 주는 비디오를 볼 때 상측두구의 후측 끝 복측에 있는 작은 영역이 활성화되는 것을 발견했다. 그 비디오 영상이 왼쪽 또는 오른쪽 시야에 제시되었을 때 우반구에서 더 많은 활동성이 나타났다. Grossman과 Blake(2001)는 사람들이 동작으로부터 모습을 표상하는 빛의 점을 보고 있는 것으로 상상만 해도 그 영역이 활성화됨을 발견했다.

동작으로부터 모습의 지각은 실험실 외에서 어떤 중요성을 갖는 현상으로는 보이지 않는다. 그러나 이 현상은 자연적 환경에서 나타나고 이것은 정상적인 대상 지각을 담당하는 것과 다른 뇌 기전이 있는 것으로 드러났다. 예를 들면 우리가 이 장의 머리말에서 보았듯이 시각 실인증인 사람이 시야의 대상을 인식할 수 없을지라도 행위(그릇에 있는 어떤 것을 휘젓거나 놀이카드를 다루는 것 같은)는 여전히 자주 지각한다. 그들은 얼굴을 인식할 수 없어도 걸음걸이를 통해 친구를 알아볼 수 있다. 이 장의 앞에서 본 것처럼 선조외 체영역(EBA)의 뉴런은 인간 신체부위를 볼 때 활성화되었다. Pelphrey 등(2005)의 기능 영상 연구는 실험참가자들이 사람의 손, 눈 및 입의 움직임을 볼 때 EBA의 전측에 있는 뇌 영역이 활성화되는 것을 관찰했다.

공간 위치 지각

두정엽은 공간 및 체감각 지각에 관여하며 이러한 과제를 수행하기 위해 시각, 청각, 체감각 및 전정 정보들을 받는다. 두정엽의 손상은 사물의 위치를 지각하고 기억하여 눈과 사지의 움직임을 통제하는 것이 필요한 여러 과제를 수행하지 못하게 한다. 시각연합피질의 배측 흐름은 후두정피질에서 끝난다.

후두정피질의 해부학은 그림 6.28에서 보여 준다. 우리는 인간 뇌 좌반구의 입체적인 배측 면을 본다. **두정내구**intraparietal sulcus; IPS의 다섯 개 영역이 특히 관심을 끄는데 AIP, LIP, VIP, CIP 및 MIP는 IPS의 전측, 외측, 복측, 미측 및 내측을 나타낸다(그림 6.28 참조).

원숭이를 사용한 단일 뉴런 연구와 인간을 대상으로 한 기능 영상 연구들은 IPS에 있는 뉴런들은 시각 주의와 경련적인 눈 움직임 통제(LIP와 VIP), 팔을 뻗어 지적할 때의 시각 통제(VIP와 MIP), 잡기와 조작하는 손 움직임의 시각 통제(AIP) 및 입체시로부터 깊이 지각(CIP)에 관여하는 것으로 나타났다(Snyder, Batista, & Andersen, 2000; Culham & Kanwisher, 2001; Astafiev et al., 2003; Tsao et al., 2003; Frey et al., 2005).

Goodale과 동료들(Goodale & Milner, 1992; Goodale et al., 1994; Goodale & Westwood, 2004)은 시각피질 배측 흐름의 일차적인 기능은 단순히 공간적 위치를 지각하기보다는 행위를 유도한다고 제안했다. Ungerleider와 Mishkin(1982)이 처음으로 이 연구를 했을 때, 복측 흐름과 배측 흐름은 우리에게 '무엇'과 '어디'를 알려 준다는 것이다. Goodale과 동료들은 더 나은 용어인 '무엇'과 '어떻게'를 제안했다. 그들은 후두정피질의 양

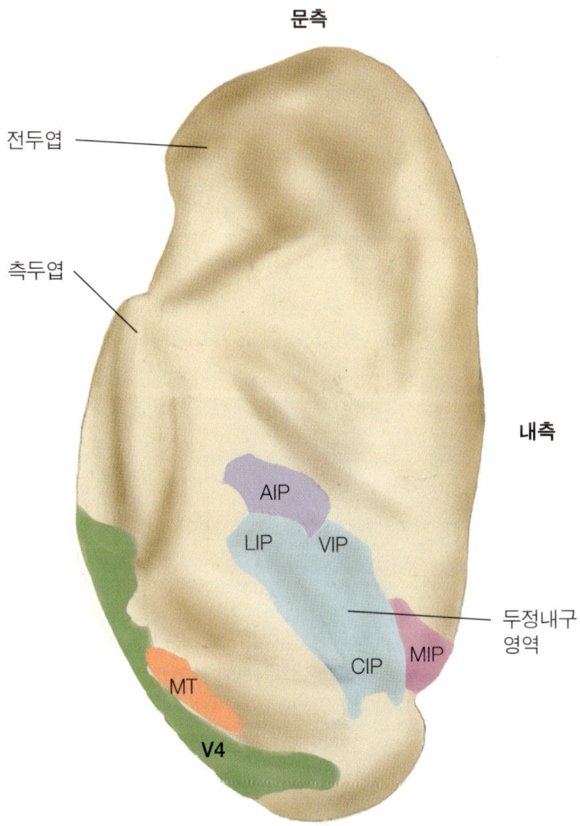

그림 6.28 **후두정피질.** 인간 좌반구의 '팽창된' 배측 모습으로 후두정피질의 해부학을 보여 준다.

Adapted from Astafiev, S. V., Shulman, G. L., Stanley, C. M., et al. *Journal of Neuroscience*, 2003, *23*, 4689–4699.

측 손상을 입은 여성의 사례를 인용했다. 그녀는 선 그림을 인식하는 데는 어려움이 없었다(즉 그녀의 복측 흐름은 온전했다). 그러나 그녀는 사물을 집어 올리는 데 어려움이 있었다(Jakobson et al., 1991). 그 환자는 자신의 앞에 놓여 있는 나무 블록의 크기 차이를 쉽게 지각할 수 있지만 그녀는 집어 올리려는 블록의 크기에 맞게 엄지손가락과 집게손가락 사이의 거리를 조절하지 못했다.

반대로 복측 흐름의 손상에 의해 심한 시각 실인증을 가진 환자는 상이한 크기의 나무 블록을 구분할 수 없었지만 블록을 잡아 올릴 때 엄지손가락과 집게손가락 사이의 거리는 조절할 수 있었다. 이 환자는 실제로 블록들을 잡기 전 시각으로 그것을 조절했다(Milner et al., 1991; Goodale et al., 1994). 이 환자의 기능 영상 연구(James et al., 2003)는 그녀가 사물을 들어올릴 동안 배측 흐름, 특히 조작과 잡기에 관여하는 전측 두정내구(AIP)에서 정상적인 활성화를 보여 주었다.

Goodale과 동료들의 제안은 합리적인 것으로 보인다. 분명히 배측 흐름은 대상의 공간 위치 지각과 관련이 있다. 그러나 그때 이것의 일차적인 역할이 움직임을 통제한다면 그 대상의 위치에 관여해야 한다. 그러면 그것이 어떻게 대상을 향하도록 움직임을 조절할까? 나아가 그것은 대상의 크기와 형태에 대한 정보를 가지고 있어야 한다. 그러면 그것은 엄지손가락과 집게손가락 사이의 거리를 어떻게 통제할까?

어린아이들을 대상으로 수행된 환상적인 한 연구는 시각계의 배측 흐름과 복측 흐름 간 교신의 중요성을 입증했다(DeLoache, Uttal, & Rosengren, 2004). 이 실험자들은 어린아이들에게 큰 장난감을 가지고 놀도록 했다. 장난감은 아이들이 올라가서 타고 내려올 수 있는 실내 미끄럼틀, 그들이 앉을 수 있는 의자, 그들이 들어갈 수 있는 장난감 자동차 등이다. 아이들이 큰 장난감 안으로 들어가고 올라가면서 놀도록 한 후 아이들을 방에서 데리고 나왔다. 큰 장난감은 동일한 작은 모형으로 대치되었고 아이들을 다시 방으로 데리고 들어왔다.

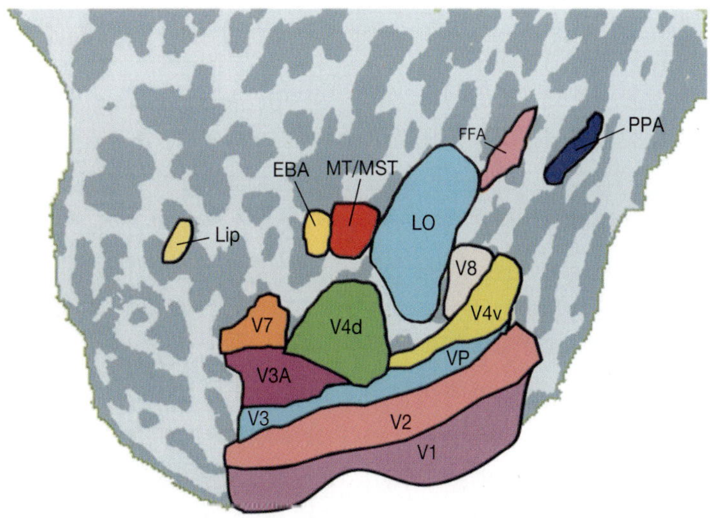

그림 6.29 **시각피질의 복측 흐름과 배측 흐름의 요소들.** 이 그림은 시각피질의 복측 흐름과 배측 흐름의 중요 요소들을 보여 준다. 이 모양은 그림 6.21e에서 본 것과 유사하다.

Adapted from Tootell, R. B. H., Tsao, D., and Vanduffel, W. *Journal of Neuroscience*, 2003, *23*, 3981–3989.

아이들이 축소된 장난감을 가지고 놀 때 아이들은 그것이 큰 장난감인 것처럼 행동했다. 아이들이 모형 장난감을 가지고 놀 때 차에 타려고 하고 의자에 앉으려고 했다. 이 비디오는 두 살 된 아이가 장난감 차에 타려고 하는 것을 보여 준다. 아이는 여러 번 '안으로!'라고 말했으며, 엄마를 불러 도와달라고 요구했다. 저자들은 이 행동이 배측 흐름과 복측 흐름 간의 연결이 완전히 성숙되지 않았음을 반영한다고 보고했다. 복측 흐름은 대상의 정체를 인식하고, 배측 흐름은 그것의 크기를 인식한다. 그러나 이 정보가 두 체계 간에 적절히 공유되지 않는다.

시각계의 중요성은 대뇌피질의 약 25%가 시각 양식에 할당되어 있다는 사실과 시각에 대한 흥미로운 것을 발견하고 있는 실험실에서 이루어지는 많은 발견에 의해 나타난다. 그림 6.29는 복측 흐름과 배측 흐름을 이루는 영역들의 위치를 보여 준다(배측 흐름의 나머지들은 두정내구 안에 있다. 그것은 그림 6.28에서 보여 준다). 표 6.3은 이들 영역과 주요 기능들이 요약되어 있다.

절 요약

시각정보의 분석: 시각연합피질의 역할

시각피질은 V1 영역(선조피질), V2 영역과 시각연합피질의 두 개의 흐름으로 구성되어 있다. 하측두피질에서 끝나는 복측 흐름은 사물 지각과 관련이 있다. 후두정피질에서 끝나는 배측 흐름은 움직임 지각, 위치, 시각 주의 및 눈과 손 움직임의 통제와 관련이 있다. 시각피질의 상이한 하위영역이 적어도 20개 이상이 있는데 이것들은 위계적 양식으로 배열되어 있다. 각각의 영역은 시각정보의 특정 특징을 분석하고 그 결과를 위계적으로 다른 영역으로 보낸다. V4 영역의 손상은 색채 항상성(상이한 빛 조건에서 정확한 색채 지각)을 할 수 없도록 하고, V8 영역의 손상은 형태 지각은 가능하지만 색채시를 잃어버리는 대뇌 색맹을 초래한다.

기능 영상 연구들은 피질의 특수 영역이 형태, 운동 및 색채 지각에 관여하는 것을 보여 준다. 그리고 이러한 연구는 인간 시각계의 해부학과 실험동물의 해부학과의 일치성을 밝힐 수 있도록 한다. 시각연합피질의 복측 흐름에 손상을 입은 인간의 연구는 시각 실인증이라는 지각 장애를 갖게 된다.

얼굴 실인증은 얼굴을 인식하지 못하는 것으로 방추상 얼굴영역(FFA)의 손상에 기인된다. 이 영역은 뇌의 아래쪽 선조외피질의 내측 표면에 있다. 발달 얼굴 실인증은 정상보다 적은 FFA와 관련이 있는 것으로 드러났고 윌리엄 증후군(Williams syndrome)을 가진 사람은 사람과 사람의 얼굴에 특히 흥미를 가지고 얼굴을 잘 인식하고 정상보다 큰 FFA를 가지고 있다. 방추상 얼굴영역은 자폐증을 가진 사람들에서는 발달되지 않았다. 아마도 다른 사람들의 얼굴을 인식하는 전문가가 되겠다는 동기의 부족 때문일 것이다. 시각연합피질의 다른 전문 영역은 신체부위와 주위 장면에 대한 인식을 담당한다.

V5 영역(일명 MT/MST)의 손상은 동물들의 경우 동작을 지각하는 능력을 박탈하고 후두정피질의 손상은 사물의 공간적 위치 지각을 못하게 한다. V5 영역과 상응하는 인간의 시각연합피질의 손상은 운동 지각을 못하게 하여 동작맹을 유발시킨다. 나아가 V5 영역의 경두개자기 자극은 동작 지각의 일시적 장애를 초래한다. 기능 영상 연구는 움직이는 자극의 지각이 이 영역을 활성화시킴을 발견했다. 원숭이와 인간 모두에서, MSTd 영역(V5 영역에 인접한 선조외피질의 한 영역)은 시각 흐름을 지각하는 데 전문화되어 있는 것으로 나타났다. 시각 흐름은 우리가 나아가는 방향을 지각하기 위해 사용하는 단서들 중에 하나다. 동작으로부터의 모습을 지각(신체부위에 부착된 전구에 의해 나타나는 사람의 복잡한 움직임에 대한 인식)하는 능력은 사람이 걷는 방법을 통해 사람을 인식하는 능력과 연관되어 있을 것이다. 이 능력은 상측두구의 후측 끝 복측에 있는 대뇌피질의 한 영역에 달려 있다.

배측 흐름의 끝에 있는 시각연합피질의 대부분은 두정내구에 위치한다. LIP와 VIP는 시각 주의와 경련성 눈 움직임의 통제에 관여하고, VIP와 MIP는 손을 뻗어 지적할 때의 시각 통제에 관여하고, AIP는 잡아서 조작할 때의 시각 통제에 관여하고, CIP는 입체시에서 깊이 지각에 관여한다.

Goodale과 그의 동료들은 시각연합피질의 배측 흐름의 일차적 기능은 '무엇'보다 '어떻게'로 더 잘 특징화된다

표 6.3 **인간의 시각피질영역과 그 기능들**

인간의 시각피질영역	영역 이름(만약 다르다면)	기능
V1	선조피질	방향, 운동, 공간 주파수, 망막 부등 및 색채를 분석하는 작은 모듈들
V2		V1에서 온 정보의 추가 분석
복측 흐름		
V3와 VP		V2에서 온 정보의 추가 분석
V3A		대측 눈 전체 시야의 시각정보 처리
V4d/V4v	V4 배측/복측	형태 분석 색채 항상성 처리 V4v = 상위 시야, V4d = 하위 시야
V8		색채 지각
LO	외측 후두복합	사물 재인
FFA	방추상 얼굴영역	전문가에 의해 얼굴과 사물의 재인('가변적 방추상 영역')
PPA	해마주변장소영역	특정 장소와 장면 재인
EBA	선조외 체영역	얼굴보다 신체부위에 대한 지각
배측 흐름		
V7		시각적 주의 눈 운동 통제
V5(MT/MST 또는 MT+로 불림)	내측 측두/내측 상측두(원숭이 뇌에서의 위치 이름)	자세 지각 특수 하위영역에서 생물학적 자세와 시각 흐름의 지각
LIP	외측 두정내영역	시각 주의 경련성 눈 운동 통제
VIP	복측 두정내영역	특정 위치로 손 운동의 시각 통제 눈 운동 통제 지적하는 것에 대한 시각 통제
AIP	전측 두정내영역	잡기와 조작하는 손 운동의 시각 통제
MIP	중두정내영역 두정 뻗기 영역(원숭이)	뻗기의 시각 통제
CIP	미측 두정내영역 미측 두정 부등영역	입체시에서 깊이 지각

고 제안했다. 손 뻗기, 잡기 및 조작의 통제에서 후측 두정피질의 역할은 시각적으로 얻게 되는 움직임, 깊이 및 위치에 대한 정보를 필요로 한다.

생각해 봅시다

1. 어떤 심리학자들은 시각 지각에서 'top-down' 과정에 관심을 가진다. 즉, 불명확한 자극 지각에 대뇌피질의 영향을 의미한다. 예를 들어 여러분이 어두운 부엌에서 빵 조각 또는 작은 편지함으로 볼 수 있는 어떤 형

태를 본다면 여러분은 그 사물을 더욱더 빵 조각으로 지각할 것이다. 맥락적 정보가 지각에 영향을 미치는 뇌 부위는 어디일까?

2. 나는 최근에 차를 빌렸는데 대시보드에 있는 디지털 디스플레이의 하나가 검은 배경에 밝은 파란색 숫자로 구성된 것을 금세 알아차렸다. 나는 파란색이 아주 밝음에도 불구하고 그 숫자를 명확히 구분하기가 어렵다는 것을 발견했다. 다른 디지털 디스플레이는 노란색이었고 나는 제시된 숫자를 인식하는 데 어려움이 없었다. 이 장에서 여러분이 배운 것을 기반으로 이 현상에 대한 가능한 설명을 제시할 수 있는가?(힌트: 마지막 단락의 '시각분석의 두 가지 흐름'을 보라)

맺는말 | 사례 연구

머리말에서 R 여사에 대한 논의는 저자가 이야기하고 싶은 연구에 대한 문제를 제기한다. 한 환자에 대한 연구로부터 일반화하는 데 있어서의 문제이다. 어떤 연구자들은 사람 두 명은 같지 않기 때문에 R 여사와 같은 한 개인으로부터 일반화를 이끌어 낼 수 없다고 주장한다. 타당한 추론은 사람들의 집단이 포함되어 개인차가 통계적으로 설명될 수 있는 연구로부터 만들어질 수 있다고 그들은 말한다. 이러한 비평은 타당한가?

한 개인의 능력과 무능력에 대한 신중하고 세밀한 연구를 사례 연구(case study)라고 한다. 저자의 의견으로는 뇌손상을 입은 사람에 대한 사례 연구는 매우 유용한 정보를 제공할 수 있다고 생각한다. 첫 번째로 한 사람에 대한 연구로 확실한 결론을 내릴 수 없을지라도 한 개인 환자에 의해 나타난 장애 유형에 대한 신중한 분석은 이후 연구에 대한 유용한 아이디어를 제공할 것이다. 그리고 연구를 위한 좋은 아이디어의 근원을 무시해서는 안 된다. 그러나 어떤 상황에서는 하나의 사례로부터도 결론을 도출할 수 있다.

사례 연구로부터 어떤 추론은 가능하고 가능하지 않은가에 대해 설명하기 전에, 우리가 뇌손상을 입은 사람의 행동을 연구하여 성취하기를 바라는 것이 무엇인지를 재음미해 보고자 한다. 뇌는 모듈로 조직화되는 것으로 보인다. 하나의 모듈이 다른 모듈로부터 정보를 받아 몇 가지 분석을 수행하고 자신과 교신하고 있는 다른 모듈로 그 결과를 보낸다. 몇몇 사례를 볼 때 모듈의 배선이 변화되는 것 같다. 즉, 시냅스 연결이 수정되는데 이것은 미래에 그 모듈이 입력정보에 대해 다르게 반응할 수 있게 한다(12장에서 살펴보겠지만 모듈이 시냅스 연결을 수정할 수 있는 능력은 학습과 기억 능력의 기반으로 작용한다).

뇌가 어떻게 작용하는지를 우리가 이해하기를 원한다면, 우리는 개개의 모듈이 하는 일을 알아야 한다. 하나의 특정 모듈은 하나의 행동만 담당하는 것이 아니다. 반면에 이것은 일련의 행동에 필요한 많은 기능 중의 하나를 수행한다. 예를 들면, 저자가 여기에 앉아 이 '맺는말'을 타이핑하고 있을 때, 저자는 자세 잡기와 균형 잡기와 연관된 기능을 수행하는 모듈을 사용하고 있고, 또한 눈 움직임을 통제하고, 내가 쓰고 있는 화제와 관련된 내용과 영어 단어와 철자를 기억하고, 손가락 움직임을 통제하는 등과 연관된 기능을 하는 모듈도 사용하고 있다. 우리는 앉아서 '맺는말'을 쓸 때 이런 복잡한 과제를 분석하는 경우가 드물다. 그러나 우리는 친숙한 영어 단어를 철자로 표현하는 방법은 분석할 것이다. 어쩌면 우리는 정상적으로 듣기와 관련된 기능을 하는 모듈을 사용한다. 우리는 머리에서 단어를 듣는 모듈을 사용하고 그 소리를 적절한 문자 형태로 전환시키는 다른 모듈을 사용한다. 대안적으로 우리는 철자로 나타내려는 단어를 형상화한다. 이것은 시각과 관련된 기능을 하는 모듈을 사용했을 것이다. 저자는 여기서 철자로 나타내는 것과 쓰기에 대한 세부적인 내용을 다루기를 원하지 않는다(13장에서 다루게 될 것이다). 그러나 나는 뇌의 특정부위에 있는 모듈의 집단이 수행하는 기능을 이해하려는 것이 얼마나 중요한가를 여러분이 알기를 바란다. 이것은 뇌손상을 입은 사람들이 보여 주는 장애의 유형을 연구하고 분석하는 것을 의미한다.

한 사람에 대한 연구에서 우리가 어떤 종류의 결론을

내릴 수 있을까? 우리는 두 행동이 장애를 입었기 때문에 두 행동에 필요한 일련의 모듈의 손상이 그 장애의 원인이 된다고 결론지을 수는 없다. 반면에 행동 X가 모듈 A의 손상에 의해 장애가 되고 행동 Y는 모듈 B의 손상에 의해 장애가 되어 두 행동의 장애는 모듈 A와 모듈 B 모두의 손상에 의해 나타날 수 있다. 그러나 우리는 뇌손상이 행동 X의 손실에 원인이 되지만, 행동 Y의 손실에는 원인이 되지 않는다면 손상된 모듈에 의해 수행되는 기능은 행동 Y의 수행에 요구되지 않는다고 결론 내릴 수 있다. 한 명의 환자에 대한 연구는 이러한 결론을 허용한다.

여러분은 사례 연구가 깔끔한 결론을 내릴 수 있도록 하지는 않지만 적절한 상황하에서는 뇌의 구조화를 이해하는 데 도움이 되고 미래의 연구에 의해 검증할 수 있는 가설을 제안하는 적절한 결론을 도출할 수 있다는 사실을 알 수 있을 것이다.

핵심 개념

자극

1. 전자기선 형태인 빛은 파장 길이, 강도 및 순도에서 변화될 수 있다. 그래서 색상, 명도 및 채도에 대한 지각 차이를 유발할 수 있다.

시각계의 해부학

2. 눈은 환경의 상을 망막에 초점을 맞추는 복잡한 감각 기관이다. 망막은 세 개의 층인 광수용기층(간상체와 추상체), 양극세포층 및 신경절세포층으로 구성되어 있다.
3. 눈으로부터의 정보는 외측슬상핵의 소세포층, 과립세포층 및 대세포층으로 보내지고 다시 일차시각피질(선조피질)로 보내진다.

망막에서의 시각정보의 부호화

4. 빛이 광수용기에 있는 광색소의 분자와 부딪칠 때 그 분자는 분리되고 수용기 전위가 발생된다.
5. 망막의 신경절세포는 중심/주변의 상반된 양식으로 반응한다.
6. 색채는 추상체의 세 가지 형태에 의해 감지되고 부호는 망막 신경절세포에 도달할 동안 대립-과정 체계로 변화된다.

시각정보의 분석: 선조피질의 역할

7. 선조피질에 있는 뉴런은 두 개의 블롭을 가진 모듈 체계로 구조화된다. 블롭 내의 뉴런은 색채에 반응하고 블롭의 바깥에 있는 뉴런은 방향, 운동, 공간 주파수 및 망막 부등에 반응한다.
8. 시각정보는 두 개의 병행 체계, 즉 대세포계와 소세포계/과립세포계에 의해 처리된다.

시각정보의 분석: 시각연합피질의 역할

9. 선조외피질의 특수 영역은 선조피질로부터 시각 장면의 세부 특징들에 대한 정보를 받아 그것을 분석하고 분석된 정보를 상위의 시각연합피질로 보낸다.
10. 하측두엽의 연합피질(복측 흐름)은 사물의 형태를 인식하는 반면에 두정피질(배측 흐름)은 그들의 위치를 인식한다.
11. 시각연합피질의 손상은 시지각 손상을 유발한다. 측두엽 바닥에 있는 방추상회는 얼굴 지각에 관여한다. 그 인접 영역은 신체와 신체부위 지각에 관여하고 해마주변회는 환경의 장면 지각에 관여하는 영역을 포함한다. 선조외피질에 있는 한 영역(V8)은 색채시에 관여한다.
12. V5 영역과 상응하는 영역은 운동 지각에 관여하고 인접한 영역(MSTd)은 시각 흐름에 관여한다. 두정내구에 있는 다섯 개의 영역은 시각 주의, 눈 움직임 통제, 손을 뻗고 지적하고 잡고 조작할 때의 시각 통제 및 입체시에서 깊이 지각에 관여한다.

CHAPTER

7 청각, 체감각, 화학적 감각

Fancy/Alamy

개요

학습목표

1. 귀의 구조와 청각 경로를 기술한다.
2. 음고, 음색의 탐지와 음원의 위치탐지를 기술한다.
3. 전정체계의 구조와 기능을 기술한다.
4. 피부감각과 접촉, 온도 및 통증에 대한 반응을 기술한다.
5. 체감각 경로와 통증의 지각을 기술한다.
6. 네 가지 맛의 성질, 미뢰의 해부학 및 그것들이 맛을 탐지하는 방식 그리고 미각 경로와 맛의 신경 부호화를 기술한다.
7. 후각체계의 주요 구조를 기술하고, 냄새가 탐지되는 방식을 설명하고 그리고 이런 자극에 의해 발생하는 신경활동의 패턴을 기술한다.

머리말 | 그녀의 머릿속에 있는 모든 것은?

주립대학교 3학년인 멜리사는 치과대학에서 실시하는 실험에 피험자로 자원하였다. 그녀는 조금 통증을 느끼겠지만 모든 것이 의사의 감독하에 이루어지고 어떤 손상도 없을 것이라는 설명을 들었다. 그녀는 특별히 통증을 좋아하지는 않았으나, 보수가 높았고 그 경험을 자신이 어느 누구만큼이나 용감하다는 자기상에 맞추어 살 기회로 보았다.

그녀는 응접실로 들어가, 그 실험에 참가할 것을 동의하는 동의서에 서명을 하고, 의사가 그녀에게 약을 주고서 통증에 대한 자신의 반응을 측정한다는 설명을 들었다. 실험자는 그녀에게 인사를 하고 방으로 데려가서 치과용 의자에 앉도록 요청하였다. 그는 그녀의 오른팔에 있는 정맥에 플라스틱관이 부착된 주삿바늘을 삽입하고 약물을 주입하였다.

그는 "먼저 우리는 당신이 통증에 얼마나 민감한가를 알고 싶습니다."라고 말하였다. 그는 그녀에게 끝 부분에 금속 탐색침을 지닌 전동 칫솔과 같이 생긴 장치를 보여주었다. "이 장치는 당신 치아의 치수에 있는 신경을 자극할 것입니다. 당신은 치아에 충전재를 지니고 있습니까?" 그녀는 머리를 끄덕였다. "당신은 이전에 알루미늄 포일을 씹어 본 적이 있습니까?" 그녀는 주춤하였으나 다시 머리를 끄덕였다. "좋습니다. 그러면 당신은 무엇이 기대되는지를 알 것입니다." 그는 자극기의 다이얼을 조정하고, 자극기의 끝 부분을 치아에 접촉한 다음 단추를 눌렀다. 어떤 반응도 없었다. 그는 다이얼을 돌려서 치아를 다시 자극하였다. 아직도 반응이 없었다. 그가 다시 다이얼을 돌리자, 이때 자극은 그녀에게 숨을 멈추고 움츠리게 하였다. 그는 그때의 전압을 노트북에 기록하였다.

"좋습니다. 지금 우리는 치아가 통증에 얼마나 민감한가를 알았습니다. 지금부터 나는 당신에게 우리가 검사하려고 하는 약물을 주사하려고 합니다. 그것은 통증을 상당히 감소시킬 것입니다." 그는 약물을 주입하였고 잠시 후에 "다시 한 번 치아를 검사해 봅시다."라고 말했다. 외견상으로는 그 약물의 작용인지 그녀가 다시 통증을 느끼기까지 그는 상당히 전압을 높여야만 하였다.

그는 "자, 지금부터 우리가 당신에게 통증을 덜 느끼게 할 수 있는가를 알아보기 위해서 약물을 좀 더 주사하겠습니다."라고 말하였다. 그는 또다시 약물을 주입하였고 잠깐 기다린 후에 그녀를 다시 검사하였다. 그러나 그 약물은 그녀의 통증 민감성을 더 이상 감소시키지 않았고, 이때 그녀는 처음 주사를 맞기 전만큼이나 민감하였다.

실험이 끝난 후에 실험자는 멜리사와 함께 라운지로 걸어갔다. "나는 당신에게 실험에 관해 이야기해 주겠지만, 당신이 그것에 대해 피험자로 역할을 할 다른 사람에게 말하지 않기를 바랍니다." 그녀는 동의한다는 의미에서 머리를 끄덕였다.

"실제로 당신은 어떤 진통제도 맞지 않았습니다. 처음 주사는 순수한 소금물이었습니다."

"그래요? 그러나 나는 그것이 나를 통증에 대해 둔감하게 만들었다고 생각합니다."

"그렇습니다. 소금물 또는 설탕으로 된 알약과 같은 효과가 없는 물질이 그런 효과를 나타낼 수 있을 때, 우리는 그것을 위약 효과라고 합니다."

"그렇다면 그것이 전적으로 저의 마음의 작용이라는 말입니까? 저는 단지 전기충격이 덜 고통스럽다고 생각하기만 하면 된다는 것입니까?"

"아니요. 사실은 당신이 진통제를 맞았다고 생각하는 것이 필요합니다. 그러나 그 효과는 생리적인 것입니다. 우리는 두 번째 주사가 아편제의 효과를 상쇄하는 약물을 담고 있기 때문에 그것을 알 수 있습니다."

"아편제라고요? 모르핀 또는 헤로인과 같은 것을 말하시는 건가요?"

"예." 그는 그녀가 항의하려는 것을 보고 서둘러 자신의 머리를 흔들고는 "아니요, 나는 당신이 아무런 약물도 투여받지 않았음을 보장합니다. 그러나 당신의 뇌가 그렇게 만듭니다. 우리가 아직 알지 못하는 이유들로 해서, 당신이 진통제를 받았다는 믿음이 뇌에 있는 어떤 세포에게 아편제와 같이 작용하는 화학물질을 방출하도록 합니다. 그 화학물질은 당신의 뇌에 있는 다른 뉴런에도 작용하여 통증에 대한 민감성을 감소시킵니다. 내가 두 번째 주사—아편제를 상쇄하는 약물—를 주사했을 때, 당신은 민감성을 회복을 하였습니다."

"그러면 그때에도 저의 마음 또는 뇌가 위약 효과를 일으켰나요?"

"자, 그것에 대해 생각해 봅시다. 당신의 마음과 뇌는 실제로 분리되어 있지 않다. 경험이 당신의 뇌 기능을 변화시킬 수 있고, 이 변화는 당신의 경험을 변경시킬 수 있다. 마음과 뇌는 분리해서가 아니라 함께 연구되어야 한다."

하나의 장이 시각을 별도로 다루었으나, 나머지 감각양상들은 모두 묶어서 이 장에서 다루어진다. 이런 불균형한 공간의 할당은 우리 인간에 있어서 시각의 상대적 중요성과 시각에 기여한 상대적 연구의 양을 반영한다. 이 장은 청각, 전정체계, 체감각, 미각 및 후각을 논의하는 다섯 개의 주요한 부분으로 나누어진다.

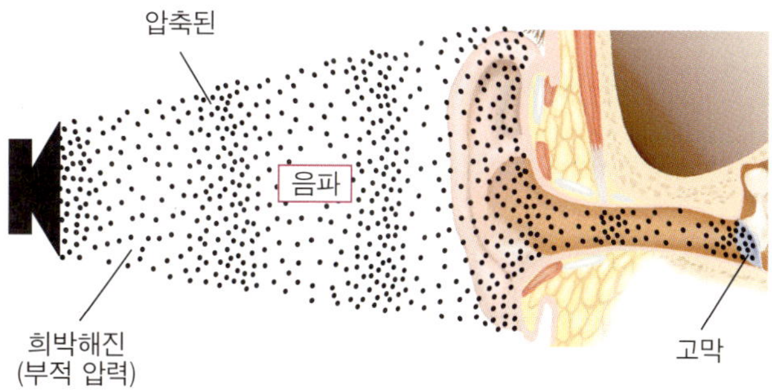

그림 7.1 **음파.** 음파로 인한 공기압력의 변화는 고막을 안팎으로 움직인다. 공기 분자는 높은 압력의 영역에서는 밀집하고, 낮은 압력의 영역에서는 서로 떨어진다.

청각

대부분의 사람에게 청각은 두 번째 중요한 감각이다. 언어 의사소통의 중요성은 어떤 측면에서는 시각보다 더 중요하다. 예를 들면, 시각장애인은 청각장애인보다 훨씬 더 쉽게 타인과 대화를 나눌 수 있다. (물론, 청각장애인은 수화를 통해서 대화할 수 있다.) 청각자극은 또한 시야로부터 감춰진 대상에 관한 정보를 제공하고, 우리의 귀는 어둠속에서도 잘 기능한다. 이 절은 청각과 관련된 자극의 성질, 감각 수용기 및 뇌기제 그리고 청지각의 생리학에 관한 일부 세부적인 것을 기술한다.

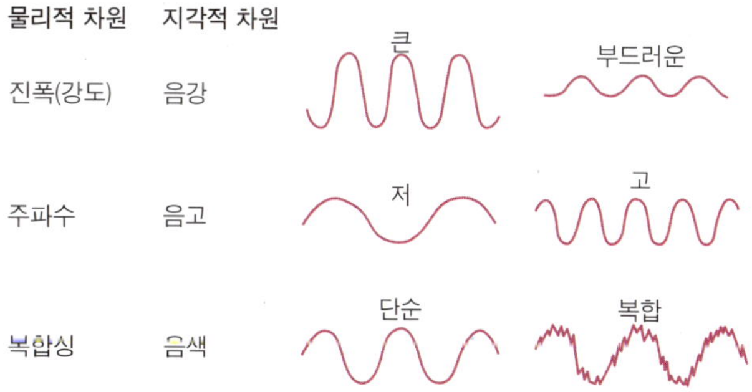

그림 7.2 **음파의 물리적 및 지각적 차원.**

자극

우리는 진동을 하여 공기 분자를 움직이게 하는 대상에 의해 발생하는 소리를 듣는다. 어떤 대상이 진동할 때, 그 운동은 대상을 둘러싸고 있는 공기의 분자들은 교대로 응축하거나 희박하게 만드는데 이것은 대상으로부터 시간당 약 1,120km 속도로 퍼져 나가는 음파를 발생시킨다. 진동이 초당 약 30~20,000회 사이의 범위에 있다면, 그 파동은 우리의 귀에 있는 수용기 세포를 자극하고 소리로서 지각될 것이다(그림 7.1 참조).

6장에서 우리는 광선이 세 가지 물리적 차원에 대응하는 세 가지 지각적 차원－색상, 명도 및 채도－을 갖고 있음을 살펴보았다. 유사하게 소리도 고저, 음강 및 음색에서 변동한다. 어떤 청각자극의 지각된 **음고**pitch는 **헤르츠**hertz; Hz 또는 초당 주기로 측정되는 진동 주파수에 의해 결정된다. (이 용어는 19세기 독일의 물리학자인 Heinrich Hertz를 기리기 위한 것이다.) **음강**loudness은 강도의 함수－공기의 압축과 희박화가 서로 상이한 정도－이다. 어떤 대상의 더 격렬한 진동은 더욱 강한 파동을 발생시켜서 큰 소리가 나게 만든다. **음색**timbre은 특정 소리의 성질에 관한 정보를 제공한다－예를 들면, 오보에 또는 기차의 기적 소리이다. 대부분의 자연적 음향자극은 몇 가지 상이한 진동 주파수로 이루어졌기 때문에 복합적이다. 특정 혼합 주파수가 소리의 음색을 결정한다(그림 7.2 참조).

청각체계는 우리의 귀에 도달하는 진동을 분석하는 현상적 작업을 수행한다. 예를 들면 우리는 말소리를 이해하거나, 목소리로부터 어떤 사람의 정서를 재인하거나, 음악을 감상하거나, 자동차 혹은 다른 사람이 접근하는 것을 탐지하거나 혹은 동물의 울음소리를 재인할 수 있다. 더구나 우리는 소리의 근원뿐만 아니라 그것의 위치를 재인할 수 있다.

귀의 해부학

그림 7.3은 귀와 청도에 있는 부분을 보여 주고, 중이와 내이의 기관을 그림으로 보여 준다(그림 7.3 참조). 소

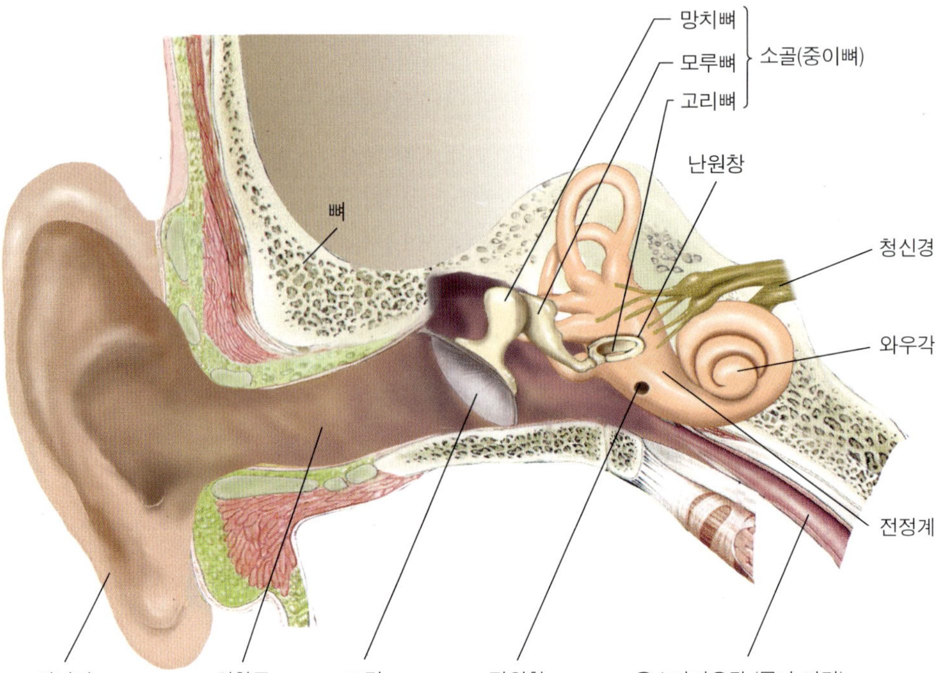

그림 7.3 청각기관.

리는 귓바퀴(외이)에 의해 모이고, 이도를 통해서 **고막**tympanic membrane 또는 eardrum에 전달되어서 소리에 맞춰 고막이 진동한다.

중이(middle ear)는 고막의 뒤에 있는 속이 빈 영역으로 구성되었으며 부피가 약 2ml이다. 그것은 **이소골**ossicles이라고 불리는 중이의 뼈를 포함하고 있고, 고막에 의해 진동된다. **망치뼈**malleus 또는 hammer는 고막과 연결되었고 진동을 **모루뼈**incus 또는 anvil와 **고리뼈**stapes 또는 stirrup를 통해서 수용기를 갖고 있는 구조인 **와우각**ochlea에 전달한다. 고리뼈의 바닥판은 와우각을 둘러싸고 있는 뼈 돌기의 입구에 해당하는 **난원창**oval window의 뒤에 있는 막을 누르고 있다(그림 7.3 참조).

와우각은 내이(inner ear)의 일부이다. 이것은 액체로 채워져 있어서, 공기를 통해서 전달되는 소리는 액체 매체로 변환되어야만 한다. 이 과정은 정상적으로는 매우 비효율적이다—공기가 직접 와우각의 난원창에 충돌하면 공기로부터 생성된 소리 에너지의 99.9%는 반사될 것이다. 소골들의 연쇄는 매우 효율적인 에너지 전달 수단으로 기능한다. 그 뼈들은 기계적 이점을 제공하는데, 고리뼈의 바닥판은 작지만 고막이 망치뼈에 가하는 것보다 더 강력한 진동을 난원창에 가한다.

와우각(cochlea)의 이름은 그리스 단어인 *kokhlos* 또는 '육지 달팽이(land snail)'로부터 따온 것이다. 그것은 실제로 달팽이 모양을 하고 있으며, 35mm의 길이로 점차로 가늘어지는 2와 3/4 회전으로 감겨진 원통형 구조로 이루어진다. 와우각은 종단적으로 세 부분으로 나누어지는데, 그림 7.4에서 보듯이 전정계(scala vestibula), 중간계(scala media) 그리고 고실계(scala tympani)이다. **코르티 기관**organ of Corti으로 알려진 수용기관은 기저막, 모세포 및 개막으로 이루어진다. 청각 수용기 세포는 **모세포**hair cell라고 불리고, 막대기 모양의 **다이터스 세포**Deiters's cell를 통해서 **기저막**basilar membrane에 뿌리를 내리고 있다. 모세포의 섬모는 망상막(reticular membrane)을 통과하여 끝 부분이 선반과 같이 위층에서 툭 튀어나와 있는 상당히 딱딱한 **개막**tectorial membrane에 부착된다(그림 7.4 참조). 음파는 개막에 비해 상대적으로 기저막을 움직이게 해서 모세포의 섬모를 구부러지게 하는데, 이렇게 구부러지는 것이 수용기 전위를 발생시킨다.

그림 7.5는 와우각에서 발생하는 이런 과정을 부분적으로 펼쳐서 보여 준다. 와우각이 폐쇄적 체계라면 어떤 진동도 난원창을 통해서 전달될 수 없는데, 왜냐하면 액체는 본질적으로 응축될 수 없기 때문이다. 그러나 막으로 덮인 출구인 **정원창**round window은 와우각 내부의 액체가 앞뒤로 움직일 수 있도록 해준다. 고리뼈

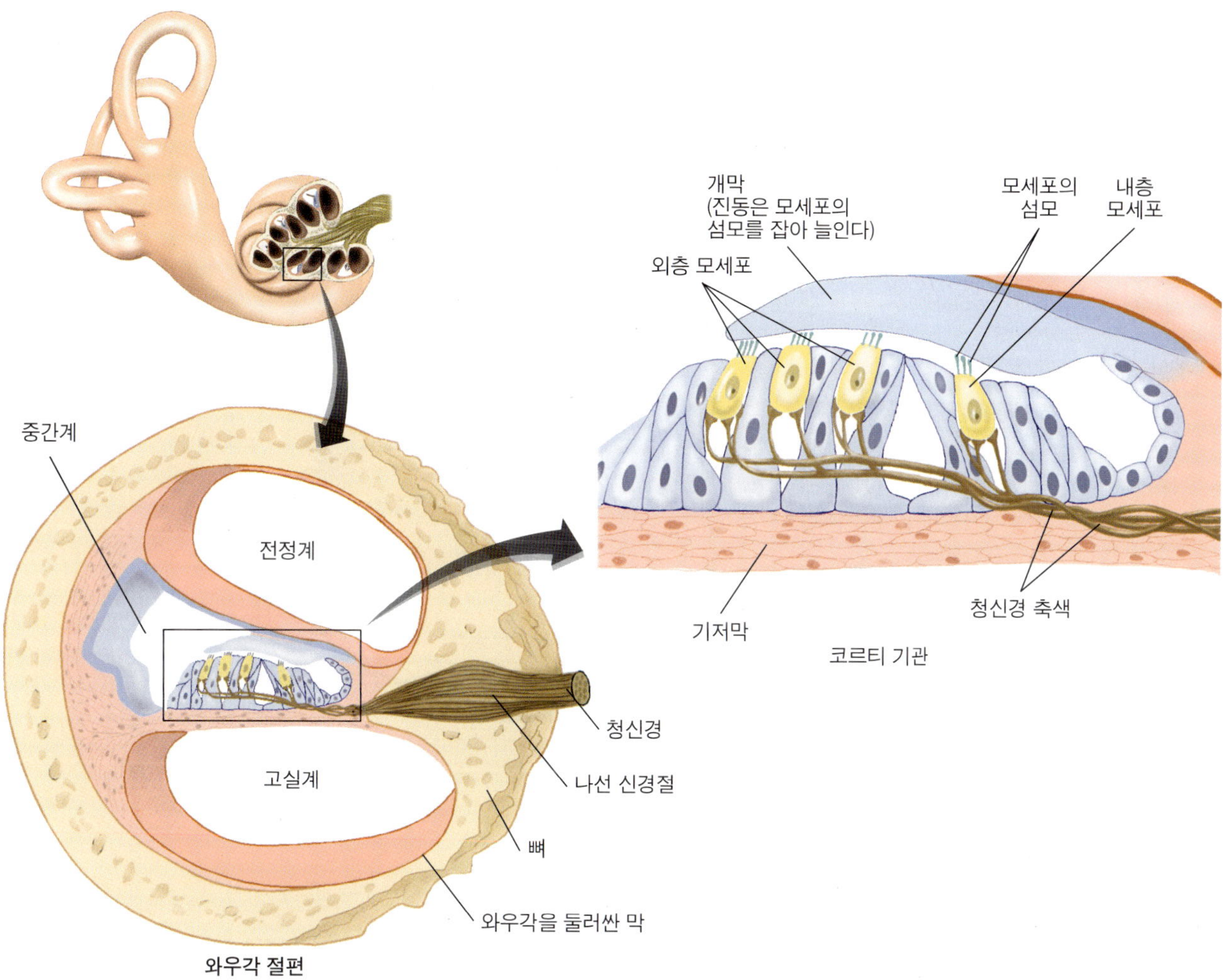

그림 7.4 와우각. 코르티 기관을 보여 주는 와우각의 단면도.

의 바닥판은 난원창 뒤에 있는 막에 대해서 진동을 하고 고주파수 또는 저주파수의 음파를 와우각에 전해 준다. 그 진동은 기저막의 일부를 앞뒤로 구부러지게 만든다. 기저막 아래에 있는 액체의 압력 변화는 정원창의 막에 전달되고, 이것은 난원창의 운동과는 반대 방식으로 들락날락한다. 즉, 고리뼈의 바닥판이 밀고 들어가면 정원창 뒤에 있는 막은 불룩 튀어나온다. 우리가 나중에 보게 되듯이 상이한 주파수의 소리 진동은 기저막의 상이한 위치를 구부리지게 만든다(그림 7.5 참조).

어떤 사람들은 뼈가 정원창을 덮어서 성장하는 중이의 질환으로 고통을 받는다. 기저막이 앞뒤로 구부러지기가 어렵기 때문에 그런 사람들은 심각한 청력 상실을 보인다. 그러나 그들의 청력은 **천공설치술**(fenestration, 'window making')이라고 불리는 수술절차에 의해서 쉽게 회복될 수 있는데 정원창이 있어야만 하는 뼈의 위치에 작은 구멍을 뚫는 것이다.

청각 모세포와 청각정보의 변환

두 가지 유형의 청각 수용기, 즉 **내층**(inner)과 **외층**(outer) 청각 모세포는 각기 와우각 코일의 내부와 외부에 있다. 모세포는 크기에 따라 열로 배열되어 있는 가느다란 털 모양의 부속기관인 **섬모**cilia를 포함하고 있다. 인간의 와우각은 3,500개의 내층 모세포와 12,000개 이상의 외층 모세포를 갖고 있다. 모세포는 축색이 뇌에 청각정보를 전달하는 양극성 뉴런의 수상돌기와 시냅스를 형성한다(그림 7.4 참조).

음파는 기저막과 개막을 상하로 구부러지게 만든다.

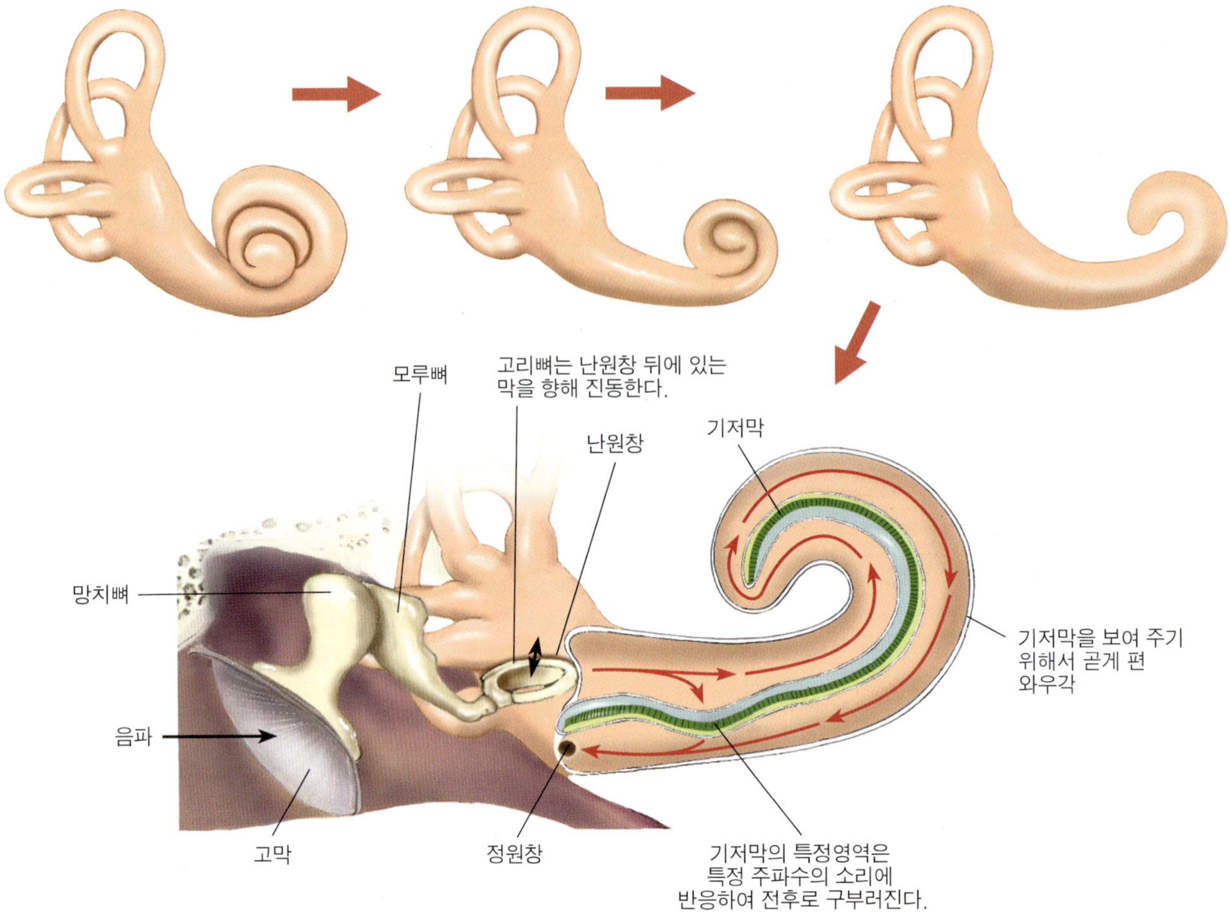

그림 7.5 음파에 대한 반응. 고리뼈가 난형창 뒤에 있는 막을 밀 때, 정원창 뒤에 있는 막이 외부로 부풀려진다. 상이한 고주파수와 중간주파수 음의 진동은 기저막의 상이한 부분을 구부러지게 한다. 대조적으로 저주파수 음의 진동은 기저막의 첨부를 진동에 동조하여 구부러지게 한다.

이 운동은 모세포의 섬모를 한 방향 또는 다른 방향으로 구부러지게 만든다. 외층 모세포의 섬모 끝은 개막에 직접 부착된다. 내층 모세포의 섬모는 위를 덮고 있는 개막과 접촉하지 않지만 두 막의 상대적 운동은 와우각 내에 있는 액체를 빠르게 흐르도록 하여 섬모를 앞뒤로 구부러지게 만든다.

섬모는 미오신 섬유(myosin filaments)를 둘러싸고 있는 액틴 섬유(actin filament)의 핵을 포함하고, 이 단백질은 섬모를 뻣뻣하게 만든다(Flock, 1977). 인접한 섬모는 **첨단 연결부**tip links로 알려진 탄성 섬유에 의해서 연결된다. 각각의 첨단 연결부는 한 섬모의 첨단과 다른 인접한 섬모의 측면에 부착되어 있다. **유착반**insertional plaques으로 알려진 부착 지점은 전자현미경 아래에서 검게 보인다. 우리가 보게 되듯이 수용기 전위는 유착반에서 시작된다(그림 7.6 참조)

정상적으로 첨단 연결부는 약간 내뻗어 있는데, 그것들이 조금 긴장되어 있다는 것을 의미한다. 그래서 섬모의 다발 중 가장 큰 것의 방향을 취하는 운동은 연결 섬유를 추가로 신장시키는 반면에 그 반대방향의 운동은 그것들의 긴장을 풀어 준다. 각각의 유착반은 단일 이온통로를 갖고 있어서 첨단 연결부에 의해 가해지는 신장의 양에 따라 개폐된다. 그래서 섬모 다발의 구부러짐은 수용기 전위를 발생시킨다(Pickles & Corey, 1992; Hudspeth & Gillespie, 1994; Gillespie, 1995; Jaramillo, 1995).

청각 경로

와우신경과의 연결

코르티 기관은 청각신경(제8 뇌신경)의 분지인 **와우신**

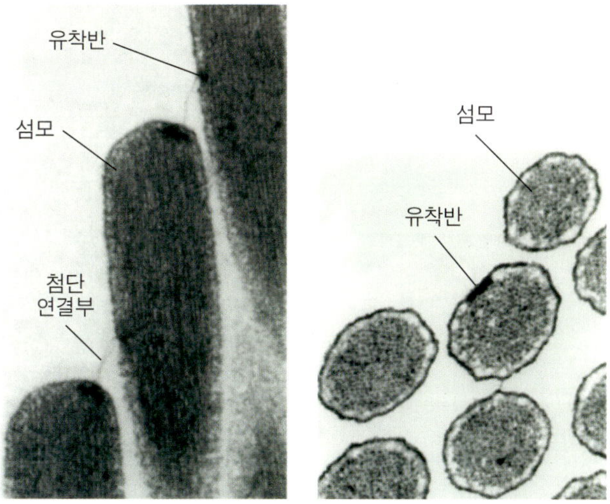

그림 7.6 **모세포의 변환기관.** 이 전자현미경 사진은 모세포에 있는 변환기관에 관한 것이다. (a) 세 개의 인접한 섬모의 종단면, 첨단 연결부는 유착반에 부착된 탄성섬유로 인접 섬모를 연결한다. (b) 유착반을 보여 주는 여러 섬모의 단면도.

From Hudspeth, A. J., and Gillespie, P. G. Neuron, 1994, 12, 1-9.

경cochlear nerve에 의해서 청각정보를 뇌로 전달한다. 이 두껍고 수초화된 축색의 약 95%는 내층 모세포로부터 정보를 받는다. 비록 외층 모세포들은 숫자가 더 많지만, 와우신경에 있는 가늘고 비수초화된 감각신경 축색의 5%만을 통해서 정보를 보낸다. 이 사실은 청각정보가 중추신경계에 전달되는 데 있어서 내층 모세포의 일차적 중요성을 시사한다.

생리적 및 행동적 연구는 이런 가설을 확인해 준다. 즉, 내층 모세포는 정상적인 청각을 위해 필요하다. 사실 Deol과 Glueckshon-Waelsch(1979)는 와우각이 **단지 외층 모세포만**을 갖고 있는 돌연변이 생쥐가 전혀 들을 수 없다는 것을 발견하였다. 추후의 연구는 외층 모세포가 **효과기**(effector) 세포이고, 기저막의 기계적 특성을 변경시키고 그래서 소리의 진동이 내층 모세포에 미치는 효과에 관여한다는 것을 보여 주었다. 저자는 외층 모세포의 역할을 음고의 장소 부호화를 다루는 절에서 논의할 것이다.

중추 청각체계

청각체계에서 피질하부 구조들의 해부학은 시각체계의 해부학보다 더 복잡하다. 그 경로에 대해 상세한 언어적 기술을 하는 대신에 여러분에게 시각 자료를 보여 줄 것이다(그림 7.7 참조). 축색이 연수의 **와우핵**cochlear nucleus으로 들어가서 거기에서 시냅스를 이룬다는 것을 주목하라. 와우핵에 있는 대부분의 뉴런은 또한 연수에 속해 있는 **상올리브 복합체**superior olivary complex에 축색을 보낸다. 이 핵들에 포함된 뉴런의 축색은 **외측 모대**lateral lemniscus라고 불리는 커다란 신경섬유다발을 통과하여 배측 중뇌에 위치한 하구로 간다. 여기에 있는 뉴런은 시상의 내측슬상핵에 축색을 보내고, 그다음으로 그 축색은 측두엽의 청각피질로 간다. 여러분이 알다시피 그 경로를 따라 많은 시냅스가 있으므로 이야기가 복잡해진다. 각 반구는 양쪽 귀로부터 정보를 받으나 그래도 일차적으로 반대쪽 귀로부터 정보를 받는다. 청각정보는 소뇌와 망상체에도 전달된다.

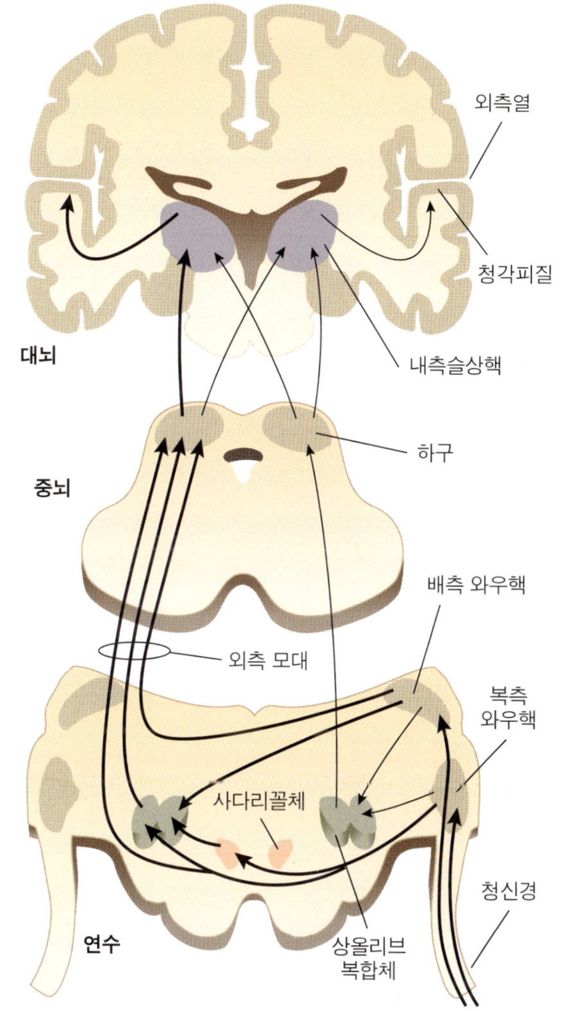

그림 7.7 **청각체계의 경로.** 주요 경로는 굵은 화살표로 표시된다.

우리가 기저막을 평평한 띠로 펴고, 길이를 따라 연속적인 지점을 이루는 구심성 축색을 추적한다면 청각체계의 핵에서 연속적인 지점에 도달하고, 최종적으로 일차청각피질의 표면을 걸쳐서 연속적인 지점에 도착할 것이다. 기저막의 바닥 쪽(난원창을 향해 있는 끝 부분으로 가장 고주파수에 반응)은 청각피질의 가장 내측에 표상되고, 꼭대기 쪽은 가장 외측에 표상된다. 우리가 보게 되듯이 기저막의 상이한 부분은 상이한 주파수의 소리에 가장 잘 반응하기 때문에, 피질과 기저막 사이의 관계는 **음장소적 표상**tonotopic representation이라고 명명된다.

시상의 내측슬상핵으로부터 오는 청각정보는 측렬의 상부 둑에 숨겨져 있는 일차청각피질—**핵심영역**core region—에 전달된다. 핵심영역은 청각정보를 최초 수준의 청각연합피질로 전달하는데, 이 영역은 **벨트영역**belt region이라 하며 핵심영역을 둘러싸고 있다. 정보는 그 다음으로 **부벨트영역**parabelt region이라고 하는 다음 수준의 청각연합영역에 전달된다. 우리가 6장에서 보았듯이 시각연합피질은 시각자극의 형태와 위치 지각에 관련하는 두 개의—배측 및 복측—흐름(streams)으로 배열된다. 청각피질도 유사하게 두 흐름으로 배열되는데, 전방 부벨트영역에서 시작하는 전방 흐름으로는 복합음의 분석에 관여한다. 후방 부벨트영역에서 시작하는 후방 흐름은 소리의 위치에 관여한다(Rauschecker & Tian, 2000; Rauschecker & Scott, 2009)(그림 7.8 참조).

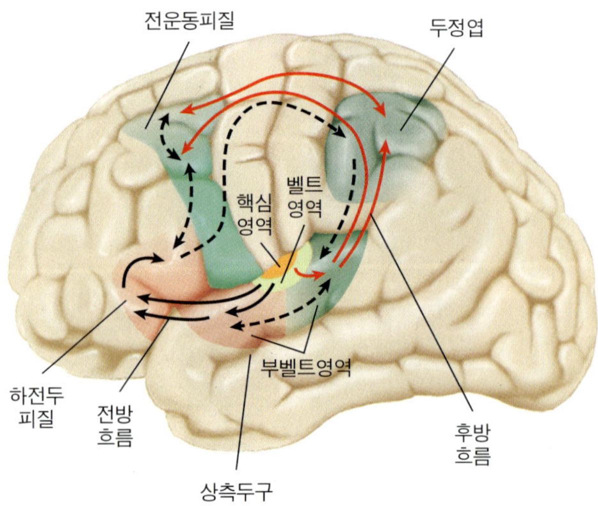

그림 7.8 청각피질. 시상의 내측슬상핵으로부터 오는 청각정보는 일차청각피질(핵심영역)에서 수용된다. 핵심영역에 의해 분석되는 정보는 벨트영역으로 전달되고, 거기에서부터 전방과 후방의 부벨트영역으로 전달된다. 전방 부벨트영역은 전방 흐름의 시작으로 기능을 하고, 이것은 복잡한 음의 분석에 관여한다. 후방 부벨트영역은 후방 흐름의 시작으로 기능을 하고, 이것은 소리 위치의 분석에 관여한다.

음고의 지각

앞에서 살펴보았듯이 음고라는 지각적 차원은 주파수라는 물리적 차원에 대응한다. 와우각은 두 가지 수단에 의해서 주파수를 탐지하는데, 중간주파수에서 고주파수까지는 장소 부호화를 하고 저주파수에서는 홍분율 부호화를 한다. 이 두 유형의 부호화는 다음에서 기술한다.

장소 부호화

와우각과 기저막의 기계적 구성 때문에 상이한 주파수의 청각자극은 상이한 부위의 기저막을 앞뒤로 구부러지게 만든다. 그림 7.9는 다양한 주파수의 소리자극에 따라 발생하는 기저막의 길이에 있어서 변형의 양을 설명해 준다. 고주파수일수록 기저막의 바닥 쪽(고리뼈에 가장 가까운 곳)에 더 많은 변형을 일으킨다는 것을 주목하라(그림 7.9 참조).

이 결과는 최소한도 어떤 주파수의 음파는 **장소 부호**place code에 의해서 탐지된다는 것을 시사한다. 이 맥락

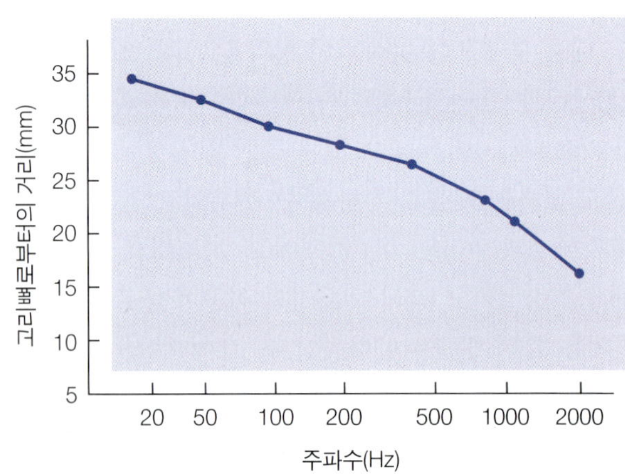

그림 7.9 음고의 해부학적 부호화. 상이한 주파수의 자극은 기저막의 상이한 영역을 최대로 변형시킨다.

Based on von Békésy, G. *Journal of the Acoustical Society of America*, 1949, *21*, 233–245.

에서 어떤 부호는 뉴런이 정보를 표상할 수 있는 어떤 수단을 나타낸다. 그래서 기저막의 한쪽 끝에 있는 뉴런이 높은 주파수에 의해서 흥분하고 다른 쪽 끝에 있는 뉴런이 낮은 주파수에 의해서 흥분된다면, 우리는 소리의 주파수가 활동적인 특정 뉴런에 의해서 부호화된다고 말할 수 있다. 따라서 와우신경에 있는 특정 축색의 발화는 뇌에 특정 주파수 소리가 존재함을 알려 준다.

인간의 와우각에서 음고에 대한 장소 부호화의 증거는 인공와우의 효과성으로부터 유래한다. **인공와우**cochlear implants는 모세포의 손상에 의해서 초래된 청각장애를 가진 사람에서 청력을 회복시키는 데 사용되는 장치이다. 인공와우의 외장 부분은 마이크와 소형화된 전자신호 처리기로 구성된다. 내장 부분은 매우 얇고, 탄력성이 있는 전극의 배열을 포함하는데, 외과의사는 그것이 달팽이 같은 구부러진 모양을 따라서 기저막의 전체 길이에 자리 잡도록 주의 깊게 와우각에 삽입한다. 그 배열에 있는 각 전극은 기저막의 상이한 부분을 자극한다. 신호처리기로부터 오는 정보는 피하에 삽입된 평평한 선 코일에 의해서 전극으로 전해진다(그림 7.10 참조).

인공와우의 일차적 목적은 어떤 사람에게 말을 이해하는 능력을 회복시키는 것이다. 말에서 중요한 음향 정보는 주파수가 너무 높아서 비율 부호화로 정확하게 표상될 수 없는 주파수대를 포함하기 때문에, 다채널 전극이 기저막에서 발생하는 음고의 장소 부호화를 복제하려는 시도에서 개발되었다(Copeland & Pillsbury, 2004). 기저막의 상이한 영역이 자극될 때, 그 사람은 상이한 고저를 가진 소리를 지각한다. 외부장치에 있는 신호처리기는 마이크에 의해서 탐지되는 소리를 분석하여, 분리된 신호를 적절한 기저막의 부위로 보낸다. 이 장치는 잘 작동을 할 수 있는데, 인공와우를 가진 대부분의 사람은 전화기를 사용할 수 있기에 충분한 정도로 말소리를 이해할 수 있다(Shannon, 2007).

앞에서 언급했듯이, 뇌는 청각정보를 전적으로 내이 모세포의 축색으로부터 받는다. 그때에 외층 모세포는 어떤 역할을 하는가? 이 세포들은 근섬유와 마찬가지로 수축성 단백질을 갖고 있다. 외층 모세포는 전류에 노출될 때, 그 길이의 10%까지 수축한다(Brownell et al., 1985; Zenner, Zimmermann, & Schmitt, 1985).

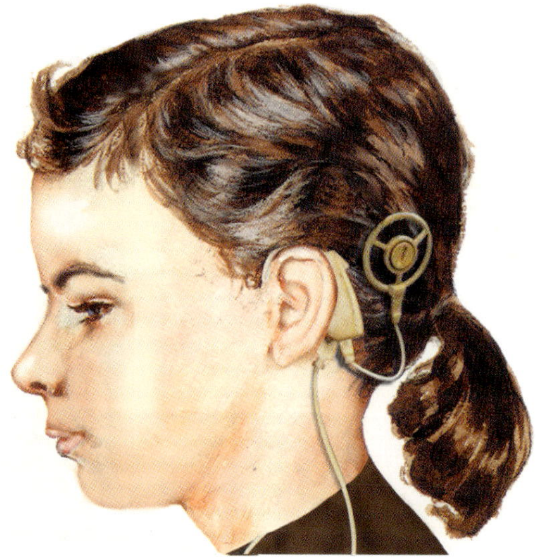

그림 7.10 인공와우를 착용한 아이. 마이크와 처리기는 귀 위에 붙어 있고, 머리에 부착하는 장치는 신호를 인공와우에 전달하는 코일을 포함하고 있다.

기저막이 진동할 때, 외층 모세포의 섬모의 운동은 이온통로를 열거나 닫아서 막전위의 변화를 초래한다. 이 변화는 수축성 단백질의 운동을 일으켜서 그 세포를 길게 만들거나 또는 짧게 만든다. 이 길이의 변화는 기저막의 진동을 증폭시킨다. 결과적으로 내층 모세포에 의해 수용되는 신호는 향상되어서 음파에 대한 내이의 민감성이 매우 증가한다.

그림 7.11은 내층 모세포의 민감성과 주파수의 선택성에 대한 외층 모세포의 중요성을 보여 준다(Fettiplace & Hackney, 2006). 이 세 개의 V형 **조율곡선**(tuning curves)은 순음(pure tone)에 대한 개인의 구심성 청각신경 축색의 반응을 보여 줌으로써 개인의 내이 모세포의 민감성을 나타낸다. 세 개의 굵은 선의 낮은 지점은 모세포가 미약한 소리에도 반응한다는 것을 나타낸다—이 세포들은 0.5kHz(적색 곡선), 2.0kHz(녹색 곡선) 그리고 8.0kHz(청색 곡선)이다. 소리가 더 크면, 그 세포들은 자신이 선호하는 주파수보다 강위 및 하위 주파수에 대해서도 반응한다. 점선은 외층 모세포가 파괴된 후에 '청색' 뉴런의 반응을 나타낸다. 여러분은 이 세포들이 민감성과 선택성 모두를 상실한다는 것을 볼 수 있는데, 그 세포는 큰 소리에 대해 반응할 뿐만 아니라 광범위한 주파수에 대해서도 반응한다(그림

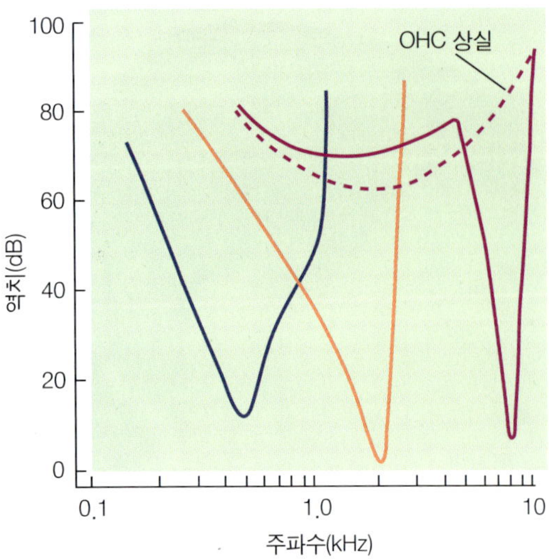

그림 7.11 **조율곡선.** 이 그림은 기저막의 상이한 위치에 있는 내층 모세포로부터 받은 정보를 수용하는 와우신경에 있는 단일 축색의 반응을 보여 준다. 그 세포들은 더 낮은 소리강도에서 주파수에 더 선택적이다. 점선은 외층 모세포가 파괴된 후에 고주파수 뉴런의 민감성과 선택성의 상실을 보여 준다.

Based on Fettiplace, R., and Hackney, C. M. *Nature Reviews: Neuroscience*, 2006, 7, 19-29.

7.11 참조).

비율 부호화

우리는 어떤 소리의 주파수가 장소 부호화에 의해서 탐지될 수 있다는 것을 보았다. 그러나 가장 낮은 주파수는 이런 방식으로 설명되지 않는 것 같다. 저주파수는 기저막의 꼭대기 말단의 운동과 동조하여 발화하는 뉴런에 의해 탐지되는 것처럼 보인다. 그래서 저주파수는 **비율 부호화**rate coding에 의해서 탐지된다.

음고의 비율 부호화에 대한 가장 확실한 증거는 인공와우를 삽입한 사람들을 대상으로 한 연구로부터 출현한다. Pijl과 Schwartz(1995a, 1995b)는 전기 펄스를 제공하는 단일 전극을 통한 자극은 자극의 주파수에 비례하여 음고 감각을 산출했다. 사실 피험자들은 펄스 주파수를 조절함으로써 발생하는 친숙한 음을 재인할 수 있었다. (그 피험자들은 이미 그 음을 재인하는 것을 학습한 후 나이가 들어서 귀가 멀었다.) 우리가 기대하듯이 피험자들의 지각은 기저막의 꼭대기 부분이 자극될 때 가장 양호하였고, 단지 저주파수가 이런 방식으로 구분될 수 있었다.

음색의 지각

비록 청각체계에 대한 실험실 연구가 종종 순수한 사인파(sine waves)를 자극으로 사용하지만, 이 음파들은 실험실 밖에서는 거의 접할 수 없다. 대신에 우리는 풍부한 주파수가 혼합된 소리—복합적 음색을 가진 소리—를 듣는다. 예를 들면, 특정 악구를 연주하는 클라리넷의 소리를 살펴보자. 우리가 그것의 소리를 듣는다면 그것이 플루트나 바이올린이 아니라 클라리넷이라는 것을 쉽게 말할 수 있다. 우리가 그렇게 할 수 있는 이유는 이 세 가지 악기들이 상이한 음색을 가진 소리를 내고 우리의 청각체계가 그것을 구분한다는 것이다.

그림 7.12는 안정된 악구(맨 위)를 연주하는 클라리넷으로부터 발생한 파형을 보여 준다. 그 파형의 모양은 그 악구의 지각된 음고에 해당하는 **기본 주파수**fundamental frequency에서 규칙적으로 반복한다. 그 파형에 대한 푸리에 분석은 그것이 실제로 기본 주파수와 기본 주파수들이 중첩된 **배음**overtones을 포함하고 있는 일련의 사인파로 구성되었다는 것을 보여 준다. 상이한 악기는 상이한 강도의 배음을 산출한다(그림 7.12 참조). 전자 신시사이저는 적절한 강도의 배음을 생산하고, 혼합하고 그리고 확성기를 통해서 내보냄으로써 실제 악기 소리와 유사한 소리를 만들어 낸다.

기저막은 클라리넷 소리에 의해 자극될 때, 상이한 부분이 각각의 배음에 대해 반응한다. 이 반응은 와우각에서 해부학적으로 독특하게 부호화된 활동 패턴을 발생시키는데 그것은 이후에 청각연합피질에 있는 회로에 의해서 확인된다.

실제로 복합음의 재인은 그리 단순하지 않다. 그림 7.12는 지속하는 클라리넷의 소리에 대한 분석을 보여 준다. 그러나 클라리넷이 만드는 소리를 포함하여 대부분의 소리는 역동적인데, 즉 그것들의 시작, 중간 및 끝이 서로 다르다. 클라리넷으로 연주된 어떤 악구의 시작(attack, 어택)은 몇 msec 내에 나타났다 사라지는 주파수들을 포함한다. 그리고 그 악구의 마지막(decay, 감쇠)에서 어떤 배음들은 다른 것에 앞서 사라진다. 우리가 상이한 소리를 재인할 수 있다면, 청각피질은 나타나

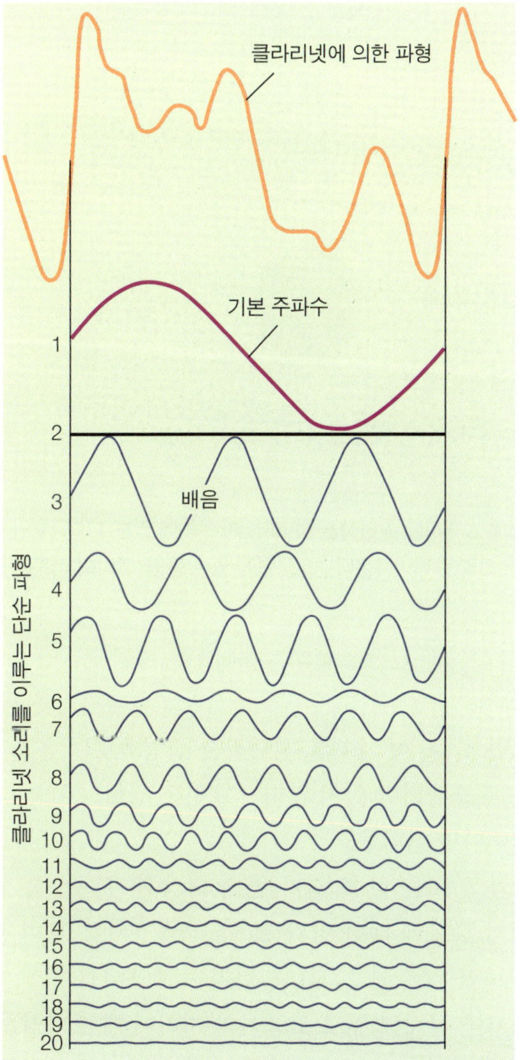

그림 7.12 클라리넷의 음파. 이 그림은 클라리넷(제일 위)에서 발생한 음파의 모양과 그것이 분석될 수 있는 개별 주파수를 보여 준다.

서 크기에서 변하고 사라지는 복잡한 순서를 가진 다중 주파수를 분석해야만 한다. 그리고 우리가 오케스트라를 들으면서 동시에 연주되는 여러 악기를 확인할 수 있다는 사실을 고려할 때, 청각체계에 의해 수행하는 분석의 복잡성을 이해할 수 있을 것이다. 우리는 이 과정을 이 장의 뒤에서 다시 살펴볼 것이다.

공간 위치의 지각

이제까지 저자는 음고, 크기 및 음색(복합적인 주파수의 분석)의 부호화를 논의하였다. 청각체계는 또한 다른 음향자극의 성질에 대해서도 반응한다. 예를 들면, 우리의 귀는 어떤 소리의 근원이 우리의 오른쪽 또는 왼쪽에 있는가를 아주 잘 알아낸다. 세 개의 분리된 생리적 기제가 음원의 위치를 탐지한다. 우리는 저주파수(약 3,000Hz 이하)에 대해서는 위상차를 사용하고 고주파수에 대해서는 강도 차이를 사용한다. 이와 더불어 우리는 음원이 있는 위치상의 높이를 결정하기 위해서 그리고 우리의 앞 또는 뒤에 있는가를 재인하기 위해서 음색의 분석을 사용한다.

우리는 눈이 가려진 경우에도 째깍 소리를 내는 어떤 자극의 위치를 매우 정확하게 알아낼 수 있다. 이는 우리의 좌측 귀와 우측 귀에 대한 음파의 도착시간 차이에 뉴런이 선택적으로 반응하기 때문에 그럴 수 있다. 그 째깍 소리의 근원이 중심선의 우측 또는 좌측이라면, 소리압력 파형은 한쪽 귀에 일찍 도착하고 거기에서 먼저 활동전위를 발생시킨다. 그 자극이 머리의 정면에 있는 경우에만 양쪽 귀를 동시에 사극할 것이다. 연수의 상올리브 복합체에 있는 뉴런은 째깍 소리에 의해 발생하는 음파의 도착시간에서 차이를 탐지한다.

물론 우리는 째깍 소리와 동시에 계속적인 소리를 들을 수 있고, 그 소리원의 위치를 지각할 수도 있다. **위상차**phase differences는 각 귀에서 진동하는 음파의 상이한 부분(위상)의 동시적 도착을 의미한다. 예를 들면, 소리가 공기를 통해서 시간당 1,120km를 진행한다고 가정하면, 1,000Hz 인근의 주파수를 갖는 소리는 31.2cm 정도 떨어지게 된다. 그래서 그 소리의 근원이 머리의 한쪽에 위치한다면 한쪽 고막은 튀어나오고, 다른 쪽 고막을 밀려들어 간다. 이 경우에 고막의 운동은 역전될 것이고, 혹은 180° 위상차를 보인다. 음원이 바로 머리 앞에 위치한다면, 그 운동은 위상이 완전히 같아진다(0° 위상차)(그림 7.13 참조). 어떤 청각 뉴런은 고막(그래서 기저막의 구부러짐)이 최소한 어느 정도 위상차가 있을 경우에만 반응하기 때문에, 뇌의 상올리브 복합체에 있는 뉴런은 계속적인 소리의 근원을 탐지하기 위해서 그것들이 제공하는 정보를 사용할 수 있다.

청각체계는 고주파수 자극의 양귀 위상차를 쉽게 탐지할 수 없는데, 그런 신속한 사인파의 위상차는 너무 짧아서 그 뉴런에 의해서 측정될 수 없다. 하지만 중심

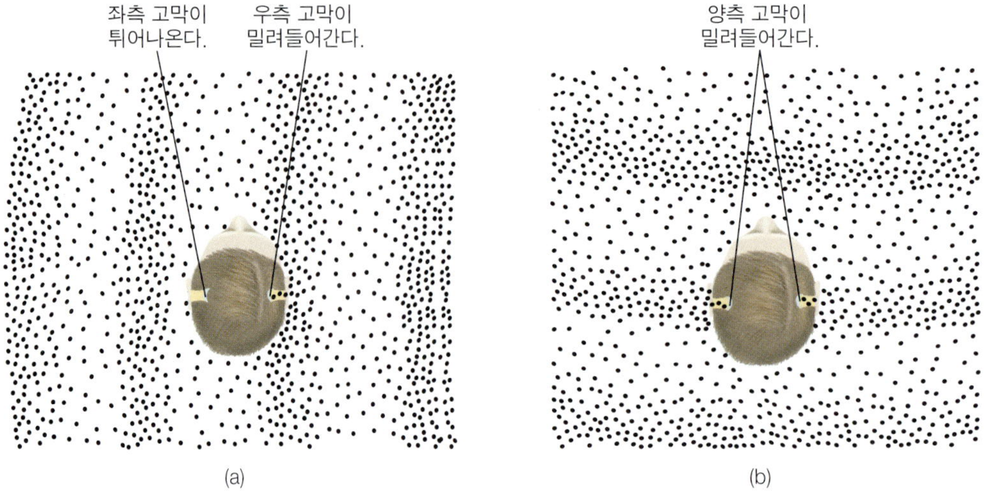

그림 7.13 소리 국소화. 이 방법은 저주파수와 중간주파수 소리를 위상차를 통해서 위치를 확인하는 것이다. (a) 우측에 있는 1,000Hz의 음원. 각 고막에 대한 음파의 압력은 위상차가 나는데, 한 고막은 들어가는 반면에 다른 고막은 튀어나온다. (b) 정면에 있는 음원. 고막의 진동은 (위상적으로) 동조한다.

선의 우측 또는 좌측에서 발생하는 고주파수 자극은 양귀를 동등하게 자극한다. 머리는 고주파수를 흡수하여 '음영(sound shadow)'을 발생시키고, 그래서 그 소리의 근원에 가까이 있는 귀가 더 강한 자극을 받는다. 상올리브 복합체에 있는 일부 뉴런은 각 귀에 상이한 강도를 나타내는 양귀 자극에 대해 달리 반응하는데, 이것은 고주파수 음원을 탐지하는 데 사용할 수 있는 정보를 제공한다는 것을 의미한다.

우리가 음원이 앞 또는 뒤에 있는가를 어떻게 알 수 있는가? 한 가지 대답은 우리가 머리를 돌리거나 기울일 수 있어서 그 구별을 좌우 결정으로 전환시킨다는 것이다. 그러나 우리는 앞과 뒤를 구분할 수 있는 또 다른 수단을 갖고 있는데, 즉 음색의 분석이다. 이 방법은 저자가 별로 언급하지 않은 청각체계의 일부인 외이(귓바퀴)를 포함한다. 사람의 외이는 몇 개의 주름과 이랑을 갖고 있다. 우리가 듣는 대부분의 음파는 이도에 들어가기 전에 귓바퀴의 주름과 이랑에 부딪쳐서 산란한다. 그 음파가 주름과 이랑에 부딪히는 각도에 따라 상이한 주파수는 증강되거나 약화된다. 달리 말하면, 반사의 형태가 음원의 위치에 따라 변화할 것이고, 그 소리의 지각된 음색을 변경시킬 것이다. 사람의 귀는 모양이 상이하기 때문에 각 개인은 머리 뒤, 위, 앞에서 오는 소리의 음색에 있어서 미묘한 변화를 재인하는 것을 학습해야만 한다. 이 과제를 성취하는 신경회로는 유전적으로 프로그램되어 있지 않다—그것은 경험의 결과로 습득되어야만 한다.

그림 7.14는 한쪽 귀가 받는 다양한 주파수를 지닌 소리의 강도에 대한 앙각(elevation) 효과를 보여 준다 (Oertel & Young, 2004). 실험자는 고양이의 귀에 작은 마이크를 설치해 놓고 고양이의 머리에 대해 다양한 앙각으로 제시되는 청각자극에 의해 발생하는 소리를 기록하였다. 그들은 그 귀의 **전달함수**(transfer functions)—귀에 의해 수용되는 다양한 주파수를 지닌 소리의 강도와 야외에서 마이크에 의해 수용되는 그 주파수가 지닌 소리의 강도를 비교하는 그래프—를 그리기 위해서 컴퓨터를 사용하였다. 그림 7.14에서 중요한 것은 전달함수의 모양이 아니라 이 함수들이 음원의 앙각에 따라 변동한다는 사실이다. 고양이의 바로 앞에 있는 소리(앙각 0°)에 대한 전달함수는 녹색으로 나타난다. 이 곡선은 60°, 30° 및 −30° 위치도 보여 주는데, 그것들은 이 위치에 있는 음원으로부터 얻은 곡선(각기, 적색, 오렌지색 및 청색)과도 비교될 수 있다. 저자가 알기로는 소리가 복잡하나 여러분이 그림을 살펴보면 음원의 앙각에 따라 고양이의 귀에 도달하는 소리의 음색이 변한다는 것을 분명히 알 수 있을 것이다(그림 7.14 참조).

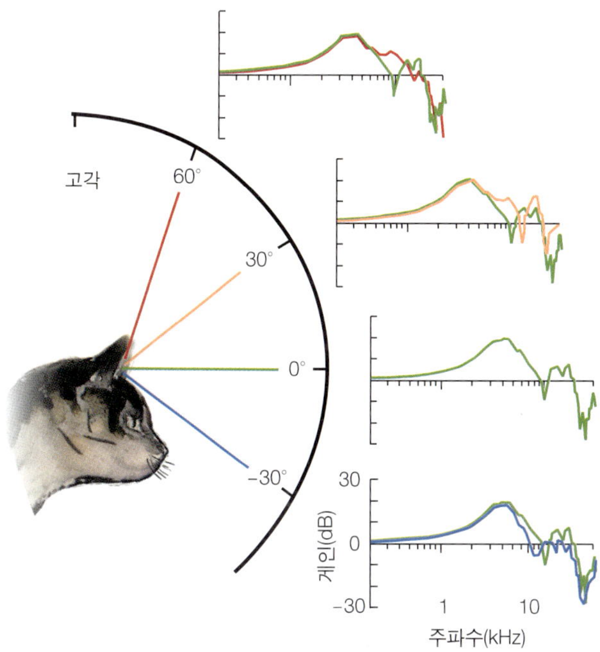

그림 7.14 앙각의 변화에 따른 음색의 변화. 이 그래프는 전달함수인데, 귀에 수용되는 다양한 주파수 음의 강도와 공기 중의 마이크에 의해 수용되는 주파수의 강도를 비교한다. 비교의 편의를 위해서 0° 전이함수(녹색)가 60°(적색), 30°(오렌지색) −30°(청색)에서 얻어진 전이함수에 첨부되어 있다. 다양한 앙각에서 전달함수의 차이는 음원의 위치 지각에 도움을 주는 단서를 제공한다.

Based on Oertel, D., and Young, E. D. *Trends in Neuroscience*, 2004, *27*, 104–110.

복합음의 지각

청각은 세 가지 주요기능을 갖는데, 소리 탐지하기, 음원의 위치 파악하기 그리고 음원의 정체 재인하기—그래서 그것의 의미와 우리에 대한 적절성을 재인하는 것—이다(Heffner & Heffner, 1990; Yost, 1991). 세 번째 기능, 즉 음원의 정체 재인하기를 살펴보자. 여러분이 완전히 조용한 장소에 있지 않으면, 들리는 것에 대해 주의를 기울여야만 한다. 바로 지금 저자는 사무실에 앉아 있고 컴퓨터의 팬이 돌아가는 소리, 이 글을 쓰면서 내는 키보드 두드리는 소리, 문밖에 지나가는 누군가의 발자국 소리 그리고 복도에서 이야기하고 있는 어떤 사람들의 목소리 등을 들을 수 있다. 내가 어떻게 이 음원들을 재인할 수 있는가? 저자의 와우신경에 있는 축색이 나의 고막을 두드리는 계속적으로 변화하는 주파수의 혼합에 대응하여 계속적으로 변화하는 활동의 형태를 포함한다. 어쨌든 저자의 뇌에 있는 청각체계는 특정 음원에 속하는 특정 형태를 재인하고, 그래서 저자는 그것 각각을 독립적 실체로 지각한다.

환경 소리와 그 위치에 대한 지각

음원을 확인하는 데 있어서 청각체계의 한 과제는 **형태 재인**(pattern recognition)이다. 청각체계는 상이한 음원에 속하는 계속적으로 변화하는 특정 활동 형태를 재인해야만 한다. 그리고 어떤 형태도 고정된 주파수의 단순한 복합체인 경우가 없다. 환경에서 발생하는 소리—자동차 경적, 새가 짹짹거리는 소리, 사람의 기침 소리, 문이 꽝하고 닫히는 소리 등—의 복잡성을 고려해 보자. (저자는 더 복잡한 과제인 말소리 재인을 13장에서 논의할 것이다.)

이 장의 앞에서 언급되었듯이 청각피질은 두 가지 흐름으로 조직화되어 있는데, 전방 흐름은 복합음의 지각['무엇(what)'체계]에 관여하고, 후방 흐름은 위치의 지각['어디(where)'체계]에 관여한다. 인간을 대상으로 한 38개의 기능적 영상법 연구의 개관(Arnott et al., 2004)은 일관성 있는 결과를 보고했는데, 소리의 정체 지각은 청각피질의 복측 흐름을 활성화시키고, 소리의 위치 지각은 청각피질의 배측 흐름을 활성화시켰다. Alain, He 및 Grady(2008)의 fMRI 연구는 이런 결론을 지지한다. 연구자들은 사람에게 동물, 인간 및 악기의 소리(예: 개 짖는 소리, 기침 소리 및 플루트의 소리)를 세 위치, 즉 왼쪽 90°, 정면 혹은 오른쪽 90° 중 하나에 제시하였다. 일부 시행구획에서 피험자는 동일한 위치에서 들려오는 어떤 종류의 소리라도 들었을 때 버튼을 누르도록 요청받았다. 다른 시행구획에서는 그들은 위치에 관계없이 동일한 소리를 잇달아 두 번 들었을 때 반응하도록 요청받았다. 그림 7.15가 보여 주듯이 위치의 판단(청색)은 배측 영역('어디')을 활성화시키고 소리의 성질 판단(적색)은 복측 영역('무엇')을 활성화시켰다(그림 7.15 참조).

시각장애인의 우수한 청각능력은 오래전부터 인정되었는데, 시각의 상실이 청각체계의 민감성을 증가시키는 것 같다. Klinge 등(2010)의 기능적 영상법 연구는 청각피질에 대한 입력이 시각장애인이나 정상시를 가진 사람들에서는 동일하나 청각피질과 시각피질 사

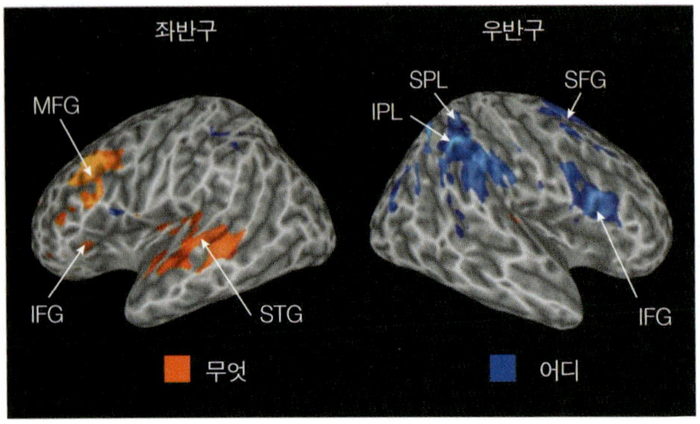

그림 7.15 '어디' 대 '무엇'. 이 그림은 소리의 범주와 위치 판단에 대한 반응을 하는 경우 국소적 뇌 영역의 활동을 보여 준다. IFG = 하전두회, IPL = 하두정소엽, MFG = 중전두회, SFG = 상전두회, SPL = 상두정소엽.

From Alain, C., He, Y., and Grady, C. *Journal of Cognitive Neuroscience*, 2008, *20*, 285-295. Reprinted with permission.

이의 신경적 연결이 시각장애인에서 더 강하다는 것을 발견했다. 게다가 시각피질은 청각자극에 대한 증가된 반응성을 보여 주었다. 이 발견은 청각자극의 분석이 시각장애인에서 시각피질까지 확장된다는 점을 시사한다.

음악 지각

음악 지각은 특수한 형태의 청각 지각이다. 음악은 배후의 리듬을 가진 특정 순서로 연주되는 다양한 고저와 음색을 가진 소리로 구성된다. 동시적으로 연주되는 음표의 특정 조합은 화음 혹은 불협화음, 유쾌한 혹은 불쾌한 것으로 지각된다. 음계에서 음표 사이의 간격은 특수한 규칙을 따르는데, 상이한 문화의 음악에서 변동할 수 있다. 서구 음악에서는 일련의 규칙에 따라 음표를 사용하여 연주되는 음악(장조)은 보통 행복하게 들리는 반면에 다른 일련의 규칙에 따라 연주되는 음악(단조)은 일반적으로 슬프게 들린다. 게다가 멜로디는 그 음표의 절댓값이 아니라 그것들 사이의 상대적 간격에 의해 재인된다. 멜로디는 상이한 키로 연주될 때—즉 모든 음표의 상대적 간격이 변화함이 없이 음표의 고저가 올라가거나 혹은 낮아질 때—조차도 변화하지 않는 것으로 지각된다. 그래서 음악의 지각은 음표의 순서에 대한 재인을 필요로 하고, 따라서 허용 가능한 고저, 음표의 화성적 조합 및 리듬의 구조를 지배하는 규칙을 준수할 것을 요구한다. 곡의 길이는 몇 초에서 몇 분이기 때문에 음악 지각은 상당한 기억능력을 포함한다. 그래서 음악 지각을 위해 요구되는 신경기제는 분명히 복잡한 것이 틀림없다.

뇌의 상이한 영역이 음악 지각의 상이한 측면에 관여한다(Peretz & Zatorre, 2005). 예를 들면 하전두피질은 화음의 재인에 관여하는 것 같고, 우반구 청각피질은 음악의 배후 박자의 지각에 관여하는 것 같고 그리고 좌반구 청각피질은 리듬 박자에 첨가된 리듬 패턴의 지각에 관여하는 것 같다. (베이스 드럼의 발 페달을 밟고, 드럼 스틱으로 더 작은 드럼을 두드려서 더욱 복잡한 패턴의 박자를 첨가함으로써 규칙적인 배후 박자를 연주하는 드럼 연주자를 생각해 보자.) 게다가 소뇌와 기저핵은 운동의 타이밍에 관여하는 것처럼 음악 리듬의 타이밍에 관여한다.

모든 사람은 언어를 학습하나 단지 일부 사람만이 음악가가 된다. 음악 훈련은 분명히 뇌의 변화—노래하고 악기를 연주하는 데 관여하는 운동체계의 변화 그리고 화음, 리듬 및 다른 음악 구조의 특질의 미묘한 복잡성을 재인하는 데 관여하는 청각체계의 변화—를 초래한다. 여기에서 저자는 청각과 관련된 음악적 전문지식의 측면을 고려할 것이다. 음악적 훈련의 효과는 뇌의 청각체계 중 일부의 구조 혹은 활동의 변화에서 볼 수 있다. 예를 들면 Schneider 등(2002)의 연구는 음악가의 일차청각피질의 부피가 비음악가의 일차청각피질의 부피보다 130%가 더 크고, 음악적 음에 대한 이 영역의 신경반응이 음악가에서 102% 더 크다는 것을 발견하였다. 더구나 이 두 측정치 모두 개인의 음악적 적성과 정비례함을 보여 준다.

음악을 처리하는 데 사용되는 신경회로는 신생아에서도 존재한다는 증거가 있다. Perani 등(2010)에 의한 기능적 영상 연구는 1일에서 3일 된 신생아가 자신이 듣고 있는 음악의 키가 변화할 때 주로 우반구 뇌활동의 변화를 보인다는 것을 발견하였다. 뇌활동은 아기가. 성인이 불쾌하게 느끼는 불협화음을 보이는 음악을 들을 때도 변화하였다.

인구의 대략 4%가 선천적인 **실음악증**amusia—아주 어린 시절에 출현하는 음악적 능력의 심각하고 지속적인 결손(그러나 말소리 혹은 환경적 소리에 대한 지각의

40대 초반의 오른손잡이 여성 환자 I.R.은 중앙 대뇌동맥에 위치한 동맥류에 대한 외과적 수술 중에 영속적인 양측 손상을 받게 되었다. 그녀가 수술받은 지 10년 후에, Peretz와 동료들은 뇌손상이 그녀의 음악능력에 미치는 효과를 연구하였다(Peretz, Gagnon, & Bouchard, 1998). 비록 환자 I.R.은 정상적인 청력을 갖고 있었고, 말을 이해하였고, 정상적으로 대화를 하였고, 환경의 소리를 재인할 수 있었으나, 거의 완전한 **실음악증**amusia—음악의 선율 또는 리듬 측면을 지각하고 산출하는 능력의 상실—을 보였다. 그녀는 음악적 환경에서 양육되었다—그녀의 할머니와 형제는 전문적인 음악가였다. 그녀는 수술받은 후에 'Happy Birthday'와 같은 작은 소절을 포함하여 이전에 친숙했던 멜로디를 재인하는 능력을 상실하였다. 그녀는 더 이상 노래를 부를 수가 없었다.

놀랍게도 그녀는 음악의 선율과 리듬을 재인하는 능력의 상실에도 불구하고 음악을 듣는 것을 즐겼다. Peretz와 동료들은 I.R.이 아직도 음악의 정서적 측면을 재인할 수 있음을 발견하였다. 비록 그녀가 실험자가 들려주는 음악 소절을 재인할 수 없지만 그 음악이 행복한지 또는 슬픈지를 재인하였다. 그녀는 어떤 사람의 목소리의 울림에서 행복, 슬픔, 공포, 분노, 놀람 및 혐오를 재인할 수 있었다. 음악에서 정서를 재인할 수 있는 I.R.의 능력은 음악에서 불협화음—정상적인 청취자가 매우 불쾌하게 여기는 성질—을 재인하지 못하는 것과는 대비가 된다. Peretz와 동료들(2001)은 I.R.이 정상적인 청취자를 짜증나게 하는 음악에서 변화에 대해 전적으로 둔감하다는 것을 발견하였다. 4개월 된 아기조차도 불협화음의 음악보다 협화음의 음악을 선호하는데, 이것은 불협화음의 재인이 매우 어린 시기에 발달한다는 것을 보여 준다(Zentner & Kagan, 1998). 저자는 I.R.이 불협화음과 협화음 사이의 구분을 할 수 없으나 행복한 음악과 슬픈 음악을 알아볼 수 있다는 것이 매우 경이롭게 느낀다.

결손을 나타내지는 않음)을 나타낸다. 실음악증을 갖고 있는 사람들은 선율 간의 차이를 재인할 수 없고 심지어 식별할 수도 없고, 그리고 음악이 포함된 사회적 상황조차 회피하려고 애쓴다. 한 여성이 보고하였듯이,

> "음악이 끝나면—마치 그것이 전혀 나타나지 않은 것처럼—소리는 항상 사라진다. 그리고 이것은 패배감, 즉 내가 바로 전에 들었던 것을 유지하지 못했다는 패배감으로 나를 당황하게 만든다. 다른 사람들이 나에게 기억하려고 노력하면 기억할 것이라고 말하였다. 그러나 나는 결코 그렇게 할 수 없었다. 나는 사람들이 나에게 "자신들이 머릿속에 맴돌고 있는 선율을 갖고 있다."라고 말할 때 그것이 무엇을 의미하는지 알지 못한다. 나는 결코 내 머릿속에서 선율을 반복하기는커녕 그 음악을 표현하는 선율을 가져본 적이 없었다!" (Stewart, 2008, p. 128)

절 요약

청각

청각의 수용기관은 기저막에 위치한 코르티 기관이다. 소리가 고막을 두드리면 소골이 움직이고 고리뼈의 바닥판이 난원창 뒤에 있는 막을 누른다. 그래서 와우각 내에 있는 액체에 가해지는 압력의 변화는 기저막의 일부를 구부러지게 만들어서 기저막을 그 위에 매달려 있는 개막에 측면에서 외측으로 움직이도록 한다. 이 운동은 외층 모세포들의 섬모를 직접 당겨서 막전위를 변하게 만든다. 이 사건은 와우각 내에 있는 액체의 운동을 초래하고 잇따라 내층 모세포의 섬모가 전후로 물결치게 만든다. 이 기계적 힘은 모세포의 끝 부분에 있는 칼륨통로를 개방시켜서 수용기 전위를 발생시킨다.

내층 모세포는 죽색이 8번 뇌신경의 와우삭 분시를 경유하여 뇌에 청각정보를 전달한다. 중추 청각체계는 와우핵, 상올리브 복합체와 하구를 포함하는 여러 뇌간핵을 포함한다. 내측슬상핵은 청각정보를 측두엽의 내측 표면에 있는 일차청각피질에 전달한다. 일차청각피질

은 두 수준의 청각연합피질—벨트영역과 부벨트영역—로 둘러싸여 있다. 6장에서 보았듯이 시각연합피질은 두 흐름으로 나누어지는데, 하나는 색채와 형태를 분석하고 다른 하나는 위치와 운동을 분석한다. 유사하게 청각연합피질은 소리의 성질('무엇')과 그 소리의 근원의 위치('어디')를 분석하는 흐름으로 나누어진다.

음고는 두 가지 수단에 의해 부호화된다. 고주파수의 소리는 기저막의 바닥 부분(난원창의 인접부)을 구부러지게 만들고, 저주파수의 소리는 꼭대기 부분(반대쪽 끝)을 구부러지게 한다. 고주파수와 저주파수는 상이한 집단의 청각 모세포를 자극하기 때문에 주파수는 자동적으로 부호화된다. 인공와우는 청각장애인의 청력을 복구시키기 위해 장소 부호화의 원리를 사용한다. 가장 저주파수는 기저막의 꼭대기 부분을 청각적 진동에 시간적으로 맞추어 앞뒤로 구부러지게 한다. 기저막의 운동은 외층 모세포의 섬모를 직접적으로 당겨서 그것의 막전위를 변화시킨다. 이 변화는 그 세포 내에 있는 수축 가능한 단백질의 수축 혹은 이완을 초래하고, 이것은 기저막의 운동을 증폭시키거나 내층 모세포의 반응을 증가시킨다.

청각체계는 소리를 구성하고 있는 개별적인 배음을 탐지하고 청각체계에서 독특한 신경발화의 형태를 산출함으로써 상이한 음색을 가진 소리를 변별할 수 있다.

좌우 위치 판단은 도착시간, 위상적 관계 및 강도에 있어서 양귀 차를 분석함으로써 수행된다. 짧은 소리(예: 째깍 소리)와 3,000Hz 이하의 주파수를 갖는 소리의 좌우 위치는 상올리브 복합체에 있는 뉴런에 의해 탐지되는데, 이 뉴런은 한쪽 귀가 째깍 소리를 먼저 들었을 때 또는 한쪽 귀에서 수용된 사인파의 위상이 다른 쪽 귀에 의해 수용된 위상을 앞설 때 가장 격렬하게 반응한다. 고주파수 소리원의 좌우 위치는 상올리브 복합체에 있는 또 다른 뉴런의 집단에 의해 결정되는데, 이 뉴런은 한쪽 코르티 기관이 다른 쪽보다 더 강하게 자극될 때 가장 활발하게 반응한다. 음원의 앙각 위치 측정은 머리를 돌리거나 또는 상이한 방향으로부터 오는 소리의 음색에서 미묘한 차이의 지각에 의해서 성취될 수 있다. 외이(귓바퀴)의 주름과 이랑은 상이한 주파수를 청도로 반사시키고, 그 음원의 위치에 따라 소리의 음색을 변화시킨다.

소리의 근원을 재인하기 위해서 청각체계는 와우신경의 축색으로부터 받아들여지는 계속적으로 변화하는 활동형태를 재인해야만 한다. 전기생리적, 행동적 및 기능적 영상 연구는 전방 '무엇' 흐름은 소리의 분석에 관여하고 후방 '어디' 흐름은 그 소리의 위치 지각에 관여한다는 것을 보여 주었다. 청각피질의 국소적 손상은 사람들이 환경의 소리의 성질과 위치를 재인하는 데 장애를 초래할 수 있다.

음악의 지각은 음표의 순서, 허용 가능한 음고를 지배하는 규칙의 준수, 음표의 조화로운 조합 및 리듬 구조에 대한 재인을 요구한다. 음고의 지각은 일차청각피질의 전외측에 있는 상측두회영역을 활성화시킨다. 뇌의 다른 영역—특히 우반구에 있는 영역—은 음악의 기저 박자와 어떤 곡의 특수한 리듬형태의 지각에 관여한다. 음악 훈련은 일차청각피질의 크기와 반응성을 증가시키는 것처럼 보인다. 사례연구는 음악에서 정서의 재인은 불협화음을 재인하는 뇌기제와는 독립적인 일부 뇌기제를 포함한다는 것을 보여 준다.

생각해 봅시다

박물학자가 수컷 새가 자신의 세력권을 지킬 때, 결과적으로 "여기 내가 있으니, 비켜라!"라고 말하는 듯 매우 날카롭고 끊어지는 형태의 노래를 한다고 말했다. 대조적으로 포식자가 가까운 곳에 나타나면, 많은 새는 느리게 시작하고 끝나는 안정된 지저귐으로 구성된 경고의 소리를 방출할 것이다. 소리의 위치를 나타내는 두 가지 수단에 관해 여러분이 무언가를 알고 있다면, 왜 이 두 유형의 소리는 다른 특징을 갖고 있는가?

전정체계

전정체계는 두 가지 구성요소를 갖고 있는데, 전정낭과 반고리관이다. 그것은 내이에 있는 미로(labyrinths)의 두 번째와 세 번째 구성요소이다. (우리는 첫 번째 구성요소인 와우각을 조금 전에 공부하였다.) **전정낭**vestibular sacs은 중력에 반응하고 머리의 방향을 뇌에게 알려준다. **반고리관**semicircular canals은 각을 이루는 가속—머리 회전의 변화—에 반응하지만 안정된 회전에 대해서는 반응하지 않는다. 그것은 비록 미약하지만 위치의 변화와 직선 가속에 대해서도 반응한다.

전정체계의 기능은 균형, 머리를 곧추 선 채로 유지하기, 머리의 운동을 보상하기 위한 안구운동의 조정을 포함한다. 전정자극은 쉽게 정의할 수 있는 어떤 감각을 발생시키지는 않는데, 전정낭의 저주파수 자극은 구토를 일으키고, 반고리관의 자극은 현기증과 율동적인 안구운동인 **안구 진탕증**(nystagmus)을 발생시킬 수 있다. 그러나 우리는 이 기관들로부터 받은 정보를 직접 인식하지는 않는다. 이 절은 전정기관, 수용기 세포 그리고 뇌에 있어서 전정 경로와 같은 전정체계를 기술한다.

전정기관은 시각체계와 협동하여 우리의 신체운동과 방향을 추적하는 것을 돕는다.

Photo by VAST/vastaction.com.

전정기관의 해부학

그림 7.16은 와우각, 반고리관 그리고 **난형낭**utricle과 **구형낭**saccule과 같은 두 개의 전정낭을 포함하는 내이의 미로를 보여 준다(그림 7.16 참조). 반고리관은 머리의 세 가지 주요 면과 유사한데, 시상면, 횡단면 그리고 수평면이다. 각각의 관에 있는 수용기들은 한 특정 평면

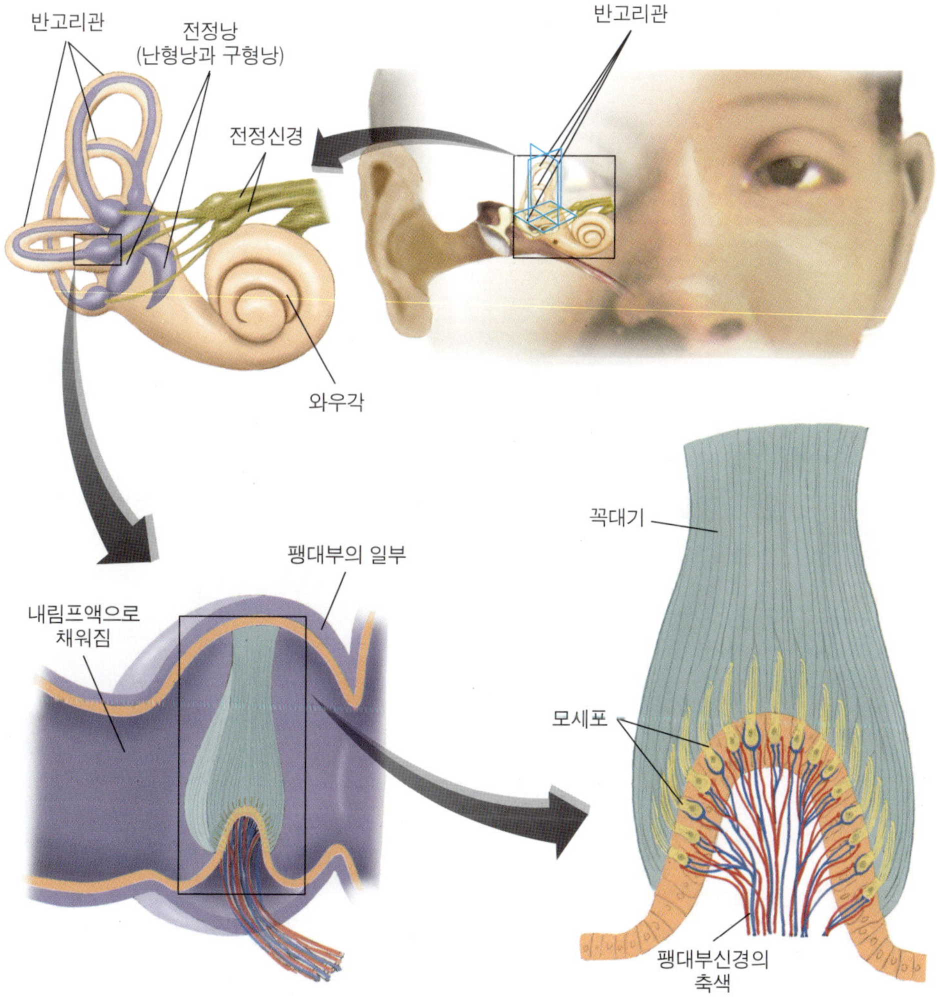

그림 7.16 반고리관의 수용기관.

에서 급작스런 머리 돌리기 운동에 대해 최대로 반응한다. 반고리관은 뼈로 이루어진 관내에 떠 있는 막 모양의 관으로 이루어지며, 막 모양의 관은 **내림프액**(endolymph)이라고 불리는 액체를 담고 있다. **팽대부**ampulla라고 불리는 확대된 부위는 감각 수용기가 자리 잡고 있는 기관을 포함하고 있다. 감각 수용기는 와우각에서 발견되는 것과 유사하다. 그것들의 섬모는 **꼭대기**cupula라고 불리는 젤라틴 모양의 덩어리에 포함되어 있으며, 이것은 팽대부의 일부를 막고 있다. 머리의 회전은 반고리관에 있는 액체를 꼭대기 쪽으로 미는 반대방향으로 회전시켜서 그곳에 위치한 모세포에서 수용기 전위를 일으킨다(그림 7.16 참조).

전정낭, 즉 난형낭과 구형낭은 매우 상이하게 작용한다. 이 기관은 개략적으로 원형을 이루고 있으며 각각 수용기 조직의 일부를 포함하고 있다. 이 수용기 조직은 머리가 곧추세워졌을 때 난형낭의 '바닥'과 구형낭의 '벽'에 위치한다. 수용기 조직은 반고리관 및 와우각의 수용기 조직처럼 모세포를 포함한다. 이 수용기의 섬모는 위를 덮고 있는 젤라틴 덩어리에 심어져 있는데, 이것은 보통 탄산칼슘의 작은 결정인 **이추체**(otoconia)를 포함하고 있다(그림 7.17 참조). 그 결정의 무게가 머리의 방향이 변할 때마다 젤라틴 덩어리의 위치를 변경하도록 만든다. 그래서 운동은 수용기 모세포의 섬모에 대해 털을 깎는 것 같은 힘을 가한다.

전정 경로

전정신경과 와우신경은 8번 뇌신경(청신경)의 두 개 분지로 이루어졌다. 전정신경(8번 뇌신경의 한 분지)의 구심성 축색을 뻗는 양극세포체는 전정신경에서 작은 마디의 모습을 취하는 **전정신경절**vestibular ganglion에 위치해 있다.

전정신경의 축색 대부분은 연수의 전정핵 내에서 시냅스를 이루지만 어떤 축색은 소뇌로 직접 간다. 전정핵의 뉴런은 자신의 축색을 소뇌, 척수, 연수 및 뇌교로 보낸다. 전정신경이 측두엽으로 투사하는 것처럼 보이나 정확한 경로는 아직 밝혀지지 않았다. 대부분의 연구자는 피질에 투사되는 신경이 현기증과 관련이 있다고 믿고 있는데, 하위 뇌간에 투사하는 신경의 활동은 운동 멀미에 동반하는 메스꺼움과 구토를 일으킬 수 있다. 목근육을 통제하는 뇌간핵에 투사되는 신경은 머리를 곧추세운 자세로 유지하는 것 그리고 갑작스런 머리 운동을 보상하기 위한 안구운동의 산출과 관련이 있다. 이런 보상적 기제가 없다면, 걷거나 뛸 때에 세상에 대한 우리의 시각은 희미하게 될 것이다.

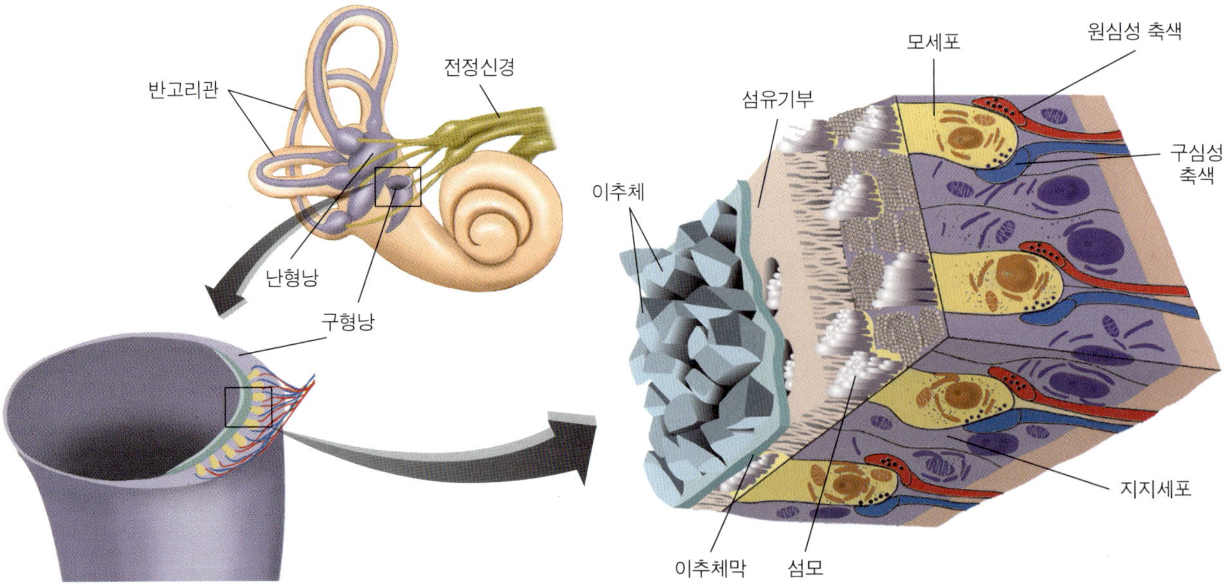

그림 7.17 전정낭의 수용조직. 난형낭과 구형낭.

절 요약

전정체계

반고리관은 액체로 채워져 있다. 머리가 회전을 시작하거나 또는 회전 후에 휴식을 하게 되었을 때, 관성은 그 액체로 하여금 섬모의 꼭대기를 한쪽 또는 다른 쪽으로 민다. 이 운동은 전정 모세포를 포함하고 있는 기관인 꼭대기에 깎는 힘을 가한다. 전정낭은 섬모가 젤라틴 덩어리에 심겨져 있는 모세포를 포함하고 있는 수용 조직의 일부를 포함하고 있다. 젤라틴 덩어리에 있는 이추체의 무게는 머리가 기울어졌을 때 변경되고, 모세포의 일부 섬모에 대해 깎는 힘을 가하게 된다.

각각의 모세포는 하나의 긴 섬모와 여러 개의 더 짧은 섬모를 포함하고 있다. 이 세포는 전정신경을 통해서 축색을 내보내는 양극성 뉴런의 수상돌기와 시냅스를 형성한다. 수용기는 소뇌와 연수에 위치한 뉴런으로부터 원심성 종말단추를 받지만 그러나 그 연결의 기능은 알려져 있지 않다. 전정정보는 연수의 전정핵에 의해 수용되며 이것을 소뇌, 척수, 연수, 뇌교 및 측두엽에 전달한다. 이 경로는 자세, 머리의 운동 및 안구운동 그리고 운동멀미같이 영문 모를 현상과 관련이 있다.

생각해 봅시다

왜 느리고 반복적인 전정자극은 메스꺼움과 구토를 초래할 수 있는가? 분명히 전정체계와 구토를 통제하는 최후영역(the area postrema) 사이에는 연결이 존재한다. 여러분은 이 연결에 의해 이루어지는 어떤 유용한 기능을 생각할 수 있는가?

체감각

체감각은 신체의 표면과 내부에서 발생하고 있는 것에 대한 정보를 제공한다. **피부감각**cutaneous senses은 접촉(touch)으로 언급되는 몇 가지 하위 양상을 포함한다. **자기수용감각**proprioception과 **운동감각**kinestheia은 신체 위치와 운동에 관한 정보를 제공하고 관절, 건 및 근육에 있는 수용기들로부터 발생한다. **기관감각**organic senses은 내장기관 내부와 주변에 있는 수용기로부터 발생한다. 피부감각은 체감각 중 지각적 및 생리적으로 가장 많이 연구된 것이기 때문에, 저자는 대부분 이것에 대해서만 논의할 것이다.

자극

피부감각은 여러 상이한 유형의 자극에 반응하는데, 압력, 진동, 열, 차가움 그리고 조직의 손상을 (그래서 통증을) 초래하는 사건들이다. 압력의 느낌은 피부의 기계적 변형에 의해 초래된다. 진동은 실험실과 임상장면에서 음차 또는 기계장치에 의해 발생하지만 우리가 거친 표면을 따라 손가락을 움직일 때 더 일상적으로 발생한다. 그래서 우리는 대상의 거칠기를 판단하는 데 있어서 진동감각을 이용한다. 온각과 냉각은 피부온도를 정상으로부터 높이거나 낮추는 대상에 의해 생긴다. 통증감각은 많은 상이한 유형의 자극에 의해 발생하지만 대부분의 원인은 최소한도 어떤 조직의 손상에 의해 초래된다는 것이 분명하다.

한 가지 운동감각 근원은 근육의 길이 변화를 중추신경계에 보고하는 골격근에 있는 신장 수용기이다. 인접

손목시계를 몇 분간 차고 난 후, 시계를 착용한 사람은 그 시계가 손목에서 움직여야 비로소 느낄 수 있다.

Stock4B/Getty Images.

한 뼈 사이에 있는 관절 내의 수용기는 사지운동의 크기와 방향에 반응한다. 그러나 가장 중요한 운동감각의 근원은 관절 혹은 얼굴에 있는 근육처럼 근육 자체가 움직이는 동안 피부의 신장에 있어서 변화에 대해 반응을 하는 수용기로부터 온다(Johansson & Flanagan, 2009). 근육 내에 위치하는 근육길이 탐지기는 의식적 감각을 발생시키지는 않지만 그 정보는 운동통제에 이용된다.

피부와 수용기관의 해부학

피부는 복잡하고 생명에 필수적인 신체기관이지만, 우리는 당연시하는 경향이 있다. 우리는 피부가 없이는 생존할 수가 없고, 광범위한 피부 화상은 치명적이다. 따뜻한 액체에 담겨 있어야 하는 우리의 세포는 피부의 외층에 의해서 적대적인 환경으로부터 보호를 받는다. 피부는 땀을 분비하여 신체를 냉각시킴으로써 체온을 조절하거나 혈액순환을 제한하여 체온을 보존한다. 피부의 모양은 점막에서부터 털이 있는 피부(유모피부), 손바닥과 발바닥같이 **평활 피부**glabrous skin라고 알려진 부드럽고 털이 없는 피부(무모피부)에 이르기까지 신체에 따라 아주 다양하다. 피부는 피하조직, 진피 및 상피로 구성되고 그리고 이 층에 전체에 산재하는 다양한 수용기를 포함한다. 평활 피부는 수용기의 밀집하고 복잡한 혼합체를 포함하고 있는데, 그것은 우리가 능동적으로 환경을 탐색하기 위해서 손바닥과 손가락의 표면을 사용한다는 것, 즉 대상을 잡거나 만지는 데 손과 손가락을 사용한다는 사실을 반영한다. 대조적으로 우리 몸의 나머지 부분은 대부분의 경우 환경을 수동적으로 접촉하는데, 즉 다른 물체가 몸에 접촉하려고 다가온다.

그림 7.18은 자유신경종말의 모양과 네 가지 유형의 캡슐에 싸인 수용기를 보여 준다(**머켈 디스크**Merkel's disks, **루피니 소체**Ruffini corpuscles, **마이스너 소체**Meissner's corpuscles, **파시니 소체**Pacinian corpuscles). 이 수용기의 위치와 기능은 표 7.1에 제시되어 있다(그림 7.18과 표 7.1 참조).

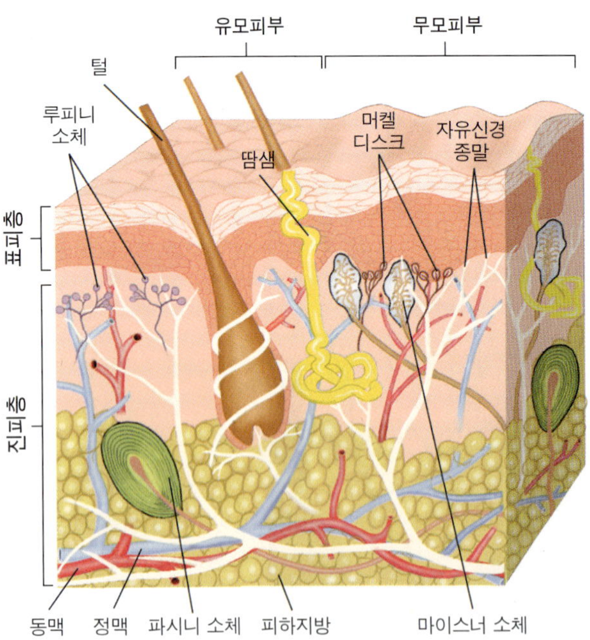

그림 7.18 피부 수용기.

피부자극의 지각

피부자극에 있어서 세 가지 가장 중요한 성질은 접촉, 온도 및 통증이다. 이 성질은 다음의 절에서 기술될 것이다.

접촉

압력과 진동에 대한 민감성은 피부의 움직임에 의해 초래되는데, 이것은 기계적 수용기의 수상돌기를 움직이게 한다. 대부분의 연구자들은 캡슐로 싸인 신경종말이 자체 내에 자리 잡고 있는 수상돌기에 의해 변환되는 물리적 자극을 수정하는 데만 기여한다고 믿는다. 그러나 변환의 기제는 무엇인가? 기계적 수용기의 수상돌기의 운동이 어떻게 막전위에서 변화를 초래하는가? 그 운동이 이온통로를 개방시키고, 수상돌기에 대한 이온의 유입 혹은 유출이 막전위의 변화를 일으키는 것 같다.

촉각적 감각에 대한 대부분의 정보는 정확한 위치가 확인된다—즉, 우리는 접촉되고 있는 피부의 위치를 지각할 수 있다. 그러나 Olausson 등(2002)은 소직경 비수초화된 축색에 의해 전달되는 새로운 범주의 촉각적 감각을 발견하였다.

연구자는 소직경 비수초화 축색이 유해한 열 자극에 관한 정보를 전달하는 것과 더불어 '개인 사이의 애무 같

표 7.1 피부수용기의 범주

적응 속도	수용장의 크기와 성질	수용기 이름	수용기 위치	수용기 기능
느린(SA Ⅰ)	작고, 예리한 경계	머켈 디스크	유모 및 평활 피부	형태와 거칠기의 탐지, 특히 손가락 끝에 의해
느린(SA Ⅱ)	크고, 확산된 경계	루피니 소체	유모 및 평활 피부	피부에 대한 정지된 힘의 탐지, 피부신장, 내부수용
빠른(RA Ⅰ)	작고, 예리한 경계	마이스너 소체	평활 피부	모서리 윤곽 탐지, 점자자극, 특히 손가락 끝에 의해
빠른(RA Ⅱ)	크고, 확산된 경계	파시니 소체	유모 및 평활 피부	진동의 탐지, 도구 같은 손에 잡고 있는 연장된 대상의 끝으로부터 오는 정보
		모낭 종말	모낭의 기저	털의 움직임을 탐지
		자유신경종말	유모 및 평활 피부	온도자극(시원함과 따뜻함)의 탐지, 유해자극(통증), 간지럼
		자유신경종말	유모피부	부드러운 대상의 부드러운 접촉으로 인한 즐거운 촉각의 탐지

54세의 여성 환자 G.L.은 31세 때에 "코 아래의 전체 신체에 영향을 준 급성 다발성 척수근염(polyradiculitis)과 말초신경병증(polyneuropathy)으로 인해 대직경 수초화 구심성 신경의 영구적이고 특수한 손상을 입었다. 장딴지 신경의 생검법은 대직경 수초화 섬유가 전적으로 상실되었음을 보여 주었는데 …… 그녀는 현재의 연구 이전에도 코 아래에 대해서는 어떤 접촉감을 갖고 있다는 것을 부정하였고, 병에 걸렸을 때 간지럼을 지각하는 능력을 상실하였다. 그녀는 온도, 통증 및 가려움의 지각은 정상이라고 말한다" (Olausson et al., 2002, pp. 902-903).

G.L.은 소직경 비수초화 축색에 의해 전달되는 자극—온도, 통증 및 가려움—을 탐지할 수 있었으나 진동 또는 정상적인 촉각자극을 탐지할 수는 없었다. 그러나 그녀의 팔뚝에 있는 유모피부 또는 손등이 부드러운 솔로 두드려질 때, 미약하나마 즐거운 감각을 보고하였다. 그래도 그녀는 두드려지는 방향 또는 정확한 위치를 정확히 알 수는 없었다. 기능 자기공명영상법(fMRI)의 분석은 이런 자극이 정서반응과 연합된 것으로 알려진 영역인 뇌도피질(insular cortex)을 활성화한다는 것을 보여 주었다. 체감각피질은 활성화되지 않았다. 통제집단의 유모피부 영역이 이런 방식으로 자극받았을 때, 그 자극이 대직경 축색과 소직경 축색을 모두 활성화하기 때문에 fMRI는 일차와 이차 체감각피질과 동시에 뇌도의 활성화를 보여 주었다. 손바닥에 있는 평활 피부는 대직경 수초화 축색에 의해서만 연결을 갖는다. 이 영역을 솔로 두드렸을 때, G.L.은 전혀 감각을 보고하지 않았는데 아마도 소직경 비수초화 축색이 없었기 때문일 것이다.

은 피부 접촉에 대한 정서, 호르몬 및 친애 반응의 바탕이 되는 '번연계 접촉을 위한 체계'를 구성한다고 결론지었다(Olausson et al., 2002, p. 900). 그리고 우리가 보았듯이 환자 G.L.은 간지럼을 더 이상 지각할 수 없었다. 이전에는 소직경 축색에 의해 전달되는 것으로 믿어져 왔던 간지럼 감각은 환자 G. L에서 파괴되었던 대직경 수초화 축색에 의해 전달되는 것이 분명하다.

Olausson과 동료들(Löken et al., 2009)는 즐거운 두드림을 탐지하는 감각신경종말이 유모피부에서만 발견되고 무모피부에 대한 두드림은 이런 감각을 제공하시 않는다는 것을 언급한다. 그러나 저자는 손바닥과 손가락의 무모피부를 통해서 경험될 수 있는 즐거운 촉각자극을 생각할 수 있다—예를 들면, 따뜻하고 털이 있는 동물을 두드리는 것 혹은 아기나 연인을 접촉하는 것에 의해 제공되는 촉각자극이다. 우리의 유모피부가 다른 사람의 피부와 접촉할 때 그 사람이 우리를 만지고 있을 가능성이 높다. 대조적으로 우리의 무모피부가 다른 사람의 피부를 접촉하고 있을 때는 우리가 다른 사람을 만지고 있을 가능성이 높다. 그래서 우리는 유모피부에서 다른 사람이 우리를 쓰다듬을 때 즐거운 감각을 제공하는 수용기가 있으므로, 우리가 누군가를 쓰다듬고 있을 때 즐거운 감각을 제공하는 수용기가 무모세포에 있을 것이라고 기대한다.

손가락 끝을 특별히 잘 사용하는 사람에 대한 연구는 이 신체부위로부터 정보를 받는 체감각피질영역에서 변화를 보여 준다. 예를 들면, 바이올리니스트는 자신의 왼손의 네 손가락을 정교하게 움직이는데, 그것은 바이올린의 지판에 현을 누름으로써 음을 연주하는 데 사용된다. 촉각과 고유수용 피드백은 손가락을 정확하게 운지함으로써, 적절한 음고를 가진 소리를 내는 데 있어서 중요하다. 대조적으로 바이올린의 잘록한 부분의 바닥을 따라 미끄러지는 엄지손가락의 위치는 덜 중요하다. Elbert 등(1995)은 바이올린 연주자들을 연구하여 왼손의 네 손가락으로부터 정보를 받는 우측 체감각피질이 대응되는 좌측 체감각피질에 비해 커졌다는 것을 발견했다. 엄지손가락으로부터 정보를 받는 체감각피질의 크기는 커지지 않았다.

온도

두 가지 유형의 열 수용기가 있는데, 따뜻함에 대해 반응하는 것과 차가움에 대해 반응하는 것이다. 피부에 있는 냉 센서는 표피의 바로 밑에 있고, 온 센서는 피부의 깊숙한 곳에 자리 잡고 있다. 냉 센서로부터 오는 정보는 가느다란 수초화 Aδ 섬유에 의해 그리고 온 센서로부터 오는 정보는 비수초화 C 섬유에 의해서 중추신경계에 전달된다. 우리는 8℃(유해한 차가움) 이하에서부터 52℃(유해한 뜨거움) 이상까지의 넓은 범위의 온도자극을 탐지할 수 있다. 연구자는 오랫동안 단일 수용기가 그런 범위의 온도를 탐지할 수 없다고 믿었고, 최근 연구는 이런 믿음이 정확하다는 것을 보여 준다. 현재 우리는 여섯 가지의 포유류 온도수용기를 알고 있다 — 모두 TRP 족의 구성원이다(Bandell, Macpherson, & Patapoutian, 2007; Romanovsky, 2007)(그림 7.19와 표 7.2 참조).

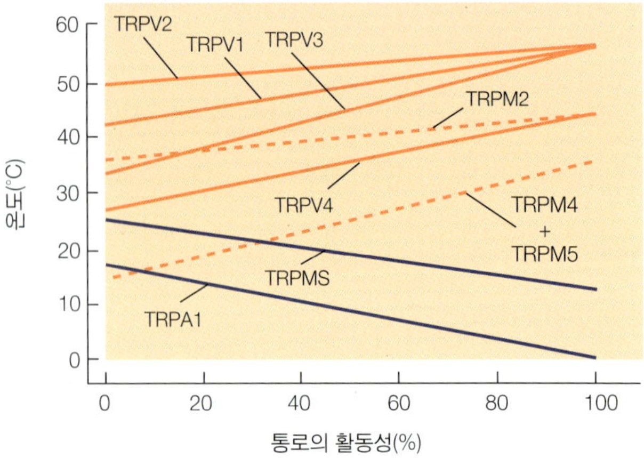

그림 7.19 TRP 통로의 활동. 냉 활성화(청색) 및 열 활성화(오렌지색) 온도-민감 TRP 통로가 온도의 함수로서 나타난다.

Based on Romanovsky, A. A. *American Journal of Physiology*, 2007, *292*, R37-R46.

온도수용기의 일부는 온도의 변화뿐만 아니라 특정 화학물질에 대해 반응한다. 예를 들면, TRPM8에서 M은 박하족에 속하는 식물의 잎에서 발견되는 화합물인 멘톨(menthol)을 의미한다. 여러분은 페퍼민트 맛이 입안에서 시원하고, 담배 연기가 시원하게 느껴지도록(아마도 흡연자에게 담배가 덜 독하고 폐에 덜 손상을 준다는 잘못된 생각을 갖도록 만들기 위해서) 담배에 첨가된다는 것을 분명히 알고 있다. 멘톨은 TRPM8 수용기와 결합하여 자극하고 뇌가 시원하다고 해석하도록 신경활동을 일으키기 때문에 시원한 감각을 제공한다. 우리가 다음 소절에서 보게 되듯이 화학물질은 열감각도 산출할 수 있다.

표 7.2 포유류 온도수용기의 범주

수용기의 이름	자극유형	온도범위
TRV2	유해한 열	52°C 이상
TRPV1, 캡사이신	열	43°C 이상
TRV3	따뜻함	31°C 이상
TRV4	따뜻함	25°C 이상
TRPM8, 멘톨	시원함	28°C 이하

통증

온도감각처럼 통증지각은 피부에 있는 자유신경종말의 신경망에 의해 성취된다. 최소한 세 가지 유형의 통증 수용기가 존재하는 것처럼 보이는데, 보통 **통각 수용기**(nociceptors) 혹은 '유해자극 탐지기'라고 불린다. 높은 역치의 기계적 수용기는 피부를 때리거나, 늘이거나 또는 꼬집는 것에 의해 초래되는 강한 압력에 반응하는 자유신경종말이다. 두 번째 유형의 자유신경종말은 강한 열, 산 및 고추의 활성성분인 캡사이신(capsaicin)에 대해 반응하는 것 같다. (우리가 칠리 후추가 음식 맛을 '맵게(hot)' 만든다고 말하는 것에 주목하라.) 이 유형의 섬유들은 TRPV1 수용기를 포함한다(Kress & Zeilhofer, 1999). Caterina 등(2000)은 TRPV1 수용기를 표적으로 한 돌연변이를 가진 생쥐들은 고통스러운 높은 온도자극에 대해 둔감함을 보여 주었고, 캡사이신이 첨가된 물을 마셨다. 그 생쥐들은 해로운 기계적 자극에 대해서는 정상적으로 반응하였다. 아마도 TRPV1 수용기는 피부 화상에 의해 발생하는 통증과 관련이 있고, 피부내의 산/염기 균형의 변화와 관련이 있다. 이 수용기들은 코의 점막에 뿌려진 암모니아와 같은 화학물질의 자극적 효과와 관련될 것이다(Dhaka et al., 2009). TRPV1은 또한 체온의 조절에서 어떤 역할을 하는 것처럼 보인다. 게다가 Ghilardi 등(2005)은 TRPV1 수용기를 차단하는 약물은, 종양에 의해 발생하는 산으로 인해 발생하는 것이 분명한 골암 환자의 통증을 감소시킨다는 것을 발견하였다.

다른 유형의 통각 섬유는 TRPV1 수용기를 포함하는데, 이것은 겨자유, 노루발풀 향유, 고추냉이와 마늘에서 발견되는 톡 쏘는 자극에 민감하고 그리고 자동차 배기가스와 눈물가스를 포함하는 다양한 환경적 자극제에 민감하다(Bautista et al., 2006; Nilius et al., 2007). 이 수용기의 일차적 기능은 염증을 일으키는 화학물질의 존재에 관한 정보를 제공한다.

체감각 경로

피부, 근육 또는 내장기관으로부터 오는 체감각 축색은 척수를 경유하여 중추신경계로 들어간다. 얼굴과 머리에 위치한 체감각신경 축색들은 주로 삼차신경(제5 뇌신경)을 통해서 들어간다. 단극형 뉴런의 세포체는 후근 신경절과 뇌신경절에 위치한다. 세밀한 접촉과 같은 정확한 위치정보를 전달하는 축색은 척수의 백질에 있는 **배주**(dorsal columns)를 통해서 하위 연수핵까지 상행한다. 여기에서부터 축색은 뇌를 교차하여, **내측섬유띠**(medial lemniscus)를 통해서 상행하여 체감각을 전달하는 핵인 **시상의 후복측핵**(ventral posterior nuclei of the thalamus)까지 상행한다. 시상으로부터 오는 축색은 일차체감각피질에 투사하는데 그다음으로 이차체감각피질에 축색을 보낸다. 대조적으로 통증 또는 온도와 같은 빈약한 위치정보를 전달하는 축색은 척수로 들어가자마자 다른 뉴런과 시냅스를 형성한다. 이 뉴런의 축색은 척수의 다른 쪽으로 교차하여서 **척수시상로**(spinothalamic tract)를 따라 시상의 후복측핵까지 상행한다(그림 7.20 참조).

통증은 매우 불쾌할 수 있으나 우리에게 부상을 피하는 데 도움을 줄 수 있는 유용한 정보를 제공하기도 한다. Cox 등(2006)은 통증을 전혀 느끼지 못하는 몇몇 가족 구성원을 포함하고 있는 북파키스탄의 세 가족을 연구하였고, 이 장애와 관련된 유전자의 소재를 확인하였다. 염색체 2에 위치한 상염색체 열성 대립유전자인 이 유전자는 전압 의존적 나트륨통로 Nax 1.7을 부호화한다. 그 가족에서 관심을 끌게 한 사례는 '거리 극장'에서 공연을 하는 10세 소년이었는데, 그는 고통을 느끼지 않고 팔에 나이프를 꽂고, 불이 붙은 석탄 위를 걸어 다녔다. 그는 14세 생일이 되기 전에 집 지붕에서 뛰어내려서 사망하였다. 세 가족 중에서 장애를 가진 6명은 모두 스스로 물어뜯어서 생긴 입술 혹은 혀에 상처를 갖고 있었다. 그들은 모두 타박상과 절단으로 그리고 부상으로 인해 자신들이 움직이지 못하고서야 비로소 깨닫게 되는 많은 지속되는 뼈 골절로 고통을 겪었다. 그들은 어떤 유형의 유해한 자극으로 인한 통증에 대해 전적으로 무감각함에도 불구하고 정상적인 접촉, 따뜻함, 차가움, 고유수용, 가려움 및 압력에 대한 감각을 갖고 있었다.

우리가 6장에서 살펴보았듯이, 시각연합피질의 손상은 시각 실인증을 초래할 수 있고, 우리가 이 장의 앞에서 살펴보았듯이 청각연합피질에 대한 손상은 청각 실인증을 초래할 수 있다. 그래서 여러분은 체감각 연합 영역에 대한 손상이 촉각 실인증의 원인이 될 수 있다는 것을 알아도 놀라지 않을 것이다.

Reed, Caselli 및 Farah(1996)는 좌측 두정엽이 손상되어 접촉에 의해 일상적인 대상을 재인할 수 없는 여성 환자인 E. C.에 대해 기술하였다. 예를 들면, 그 환자는 솔방울을 솔로, 리본은 고무밴드로, 달팽이 조개를 병뚜껑으로 인식하였다. 그 결손은 단순한 촉감의 상실에 기인하는 것은 아닌데, 그녀는 아직도 가벼운 접촉, 따뜻하거나 찬 대상에 대해 민감하고 그리고 대상을 크기, 무게 및 표면의 거칠기에 의해서 쉽게 변별할 수 있었다.

접촉에 의한 대상의 재인은 체감각체계와 운동체계 사이의 협동을 필요로 한다. 우리는 대상을 접촉만으로 확인하려고 할 때, 움직이는 손가락을 사용하여 대상을 탐색한다.

Valenza 등(2001)은 촉각 실행증(tactile apraxia)이라고 불리는 장애를 일으키는 우반구 뇌손상을 가진 환자들의 사례를 보고하였다. (실행증은 마비나 근육의 쇠약 없이 의도적 운동을 실행하는 데 있어서 곤란을 나타내는 것을 말한다.) 실험자가 환자에게 왼손으로 접촉하여 확인할 대상을 제공할 때, 그 환자는 조직적이지 못한 방식으로 자신의 손가락을 움직여 그 대상을 탐색하였다. (오른손을 움직여 대상을 탐색하고 확인하는 것은 정상이었다.) 실험자가 그 환자의 손가락을 안내하여 사람들이 정상적으로 하는 방식대로 그 대상을 탐색하도록 하면, 그녀는 그 대상의 모양을 재인할 수 있었다. 그래서 그녀의 결손은 운동장애에 의해 초래된 것이지 촉각지각과 관련된 뇌기제의 손상에 의해 초래된 것은 아니다.

통증의 지각

통증은 호기심을 끄는 현상이다. 그것은 단순한 감각 이상인데, 어떤 종류의 철수반응 또는 인간에서는 언어적 반응에 의해서만 정의될 수 있다. 통증은 발생하는 환경에 의해 수정될 수 있다. 통증은 아편, 최면, 약리적으로 효과가 없는 약의 투약, 정서 및 침술과 같은 다른 형태의 자극에 의해서조차도 수정될 수 있다. 최근 연구 노력은 이런 현상들의 생리적 기반을 발견하는 데 있어서 주목할 만한 성과를 나타내었다.

통증은 세 가지 상이한 지각적 및 행동적 효과를 갖는 것처럼 보인다(Price, 2000). 첫째는 감각적 요소인데 통증자극의 강도에 대한 순수한 지각이다. 두 번째 요소는 통증의 즉각적인 정서적 결과인데, 불쾌함 또는 개인이 통증자극에 의해서 괴로움을 겪는 정도이다. 세 번째 요소는 만성통증으로 인한 장기적인 정서적 의미인데, 그 통증이 우리의 미래의 안락과 안녕에 가하는 위협이다.

통증의 세 가지 구성요소는 상이한 뇌기제들을 포함하는 것처럼 보인다. 통증의 순수한 감각적 요소는 척수로부터 후복외측 시상 및 일차체감각피질과 이차체감각피질에 이르는 경로에 의해서 중개되고, 통증의 즉시적인 정서 요소는 전대상피질과 뇌도에 도달하는 경로에 의해 중개되는 것 같다. 또한 장기적 정서 구성요소는 전전두피질에 도달하는 경로에 의해 중개된다(그림 7.21 참조).

Rainville 등(1997)은 인간 피험자의 팔을 얼음물에 담그게 함으로써 통증감각을 발생시켰다. 한 조건하에서 연구자는 통증의 불쾌감을 감소시키기 위해서 최면을 사용하였다. 최면은 효과를 나타냈는데, 피험자들은 통

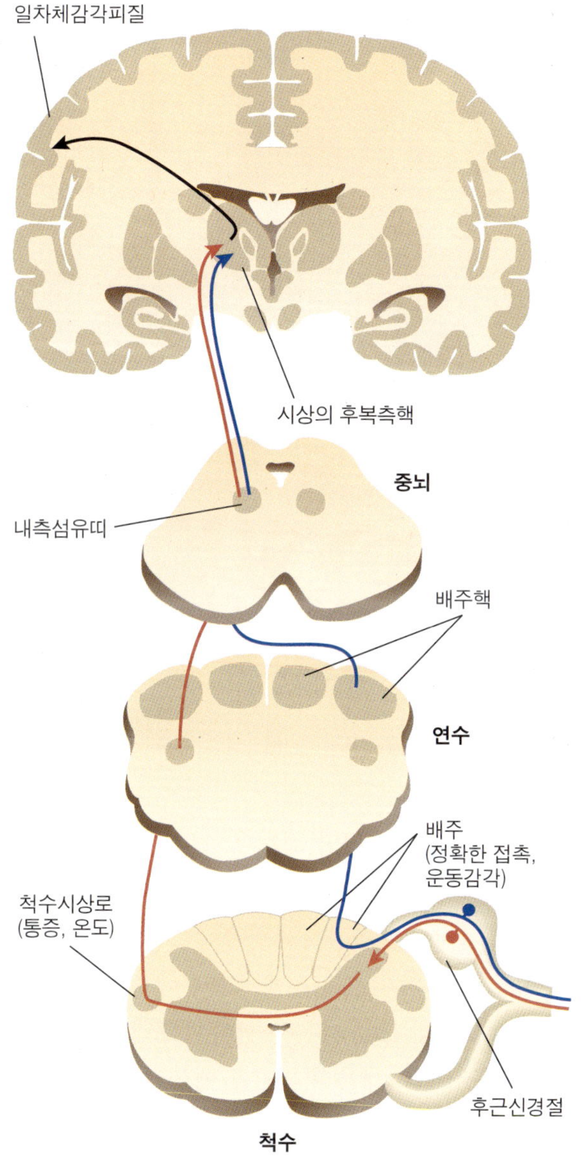

그림 7.20 체감각 경로. 이 그림은 척수로부터 체감각피질에 이르는 체감각 경로를 보여 준다. 정확하게 국소화된 정보(섬세한 접촉 같은)와 부정확하게 국소화된 정보(통증과 온도 같은)는 상이한 경로를 통해 전달된다는 것을 주목하라.

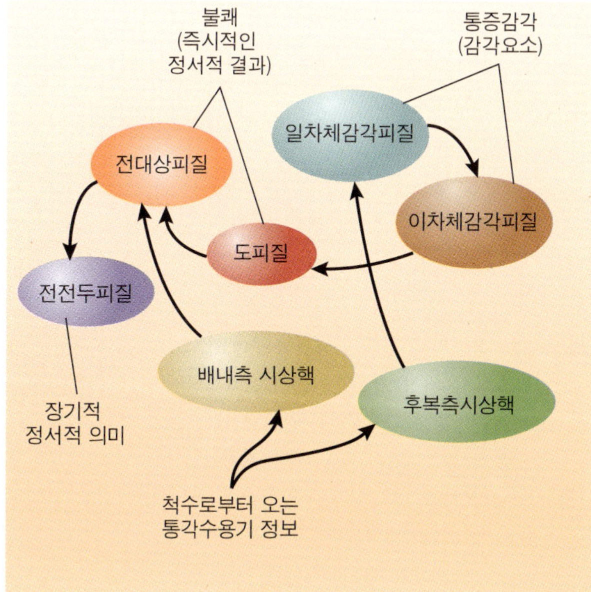

그림 7.21 통증의 세 가지 구성요소. 단순화된 도식적 도해는 통증의 세 가지 구성요소, 즉 감각적 요소, 즉시적인 정서적 요소 및 장기적인 정서적 요소에 관여하는 뇌기제를 보여 준다.

Based on Price, D. B. *Science*, 2000, *288*, 1769-1771.

증이 아직도 강하긴 해도 덜 불쾌하다고 말했다. 그동안에 연구자는 뇌 영역의 활동을 측정하기 위해서 PET 스캐너를 사용하였다. 그들은 고통스런 자극이 일차체감각피질과 전대상피질을 활성화시켰다는 것을 발견했다. 피험자가 최면에 걸려서 통증이 덜 불쾌하다고 했을 때, 전대상피질의 활동은 감소하였으나 일차체감각피질의 활동은 높은 채로 남아 있었다. 따라서 일차체감각피질은 통증의 지각에 관여하고, 전대상피질은 즉시적인 정서 효과—통증의 불쾌감—에 관여한다(그림 7.22 참조).

여러 기능적 영상법 연구는 어떤 조건 아래에서 통증과 관련된 자극은 실제로 고통스런 자극이 가해지지 않은 경우조차에서도 전대상피질을 활성화시킨다는 것을 보여 주었다. Singer 등(2004)은 서로 사랑을 하고 있는 커플을 대상으로 한 검사에서 여성이 손등에 고통스런 전기자극을 받을 때 그들의 전대상피질, 전뇌도, 시상 및 체감각피질이 활동적이 된다는 것을 발견하였다. 그들은 고통스런 충격을 받고 있는 파트너를 보고 있지만 자신은 충격을 받지 않을 때에도 동일한 영역(체감각피질은 제외)이 활동적이 되었다. 그래서 통증의 정서 요소—이 경우에 사랑하는 사람의 감정에 대한 공감에 의해 유발되는 대리적 통증 경험—는 실제 통증에 의해 초래되는 것과 유사한 뇌반응을 일으켰다. 우리가 바로 전 Rainville 등(1997)의 연구에서 살펴보았듯이, 체감각피질은 실제로 유해 자극에 의해서만 활성화된다.

통증의 세 번째 요소—만성 통증의 정서적 결과—는 전전두피질을 포함하는 것처럼 보인다. 우리가 10장에서 살펴보겠지만 전전두피질의 손상은 사람의 미래를

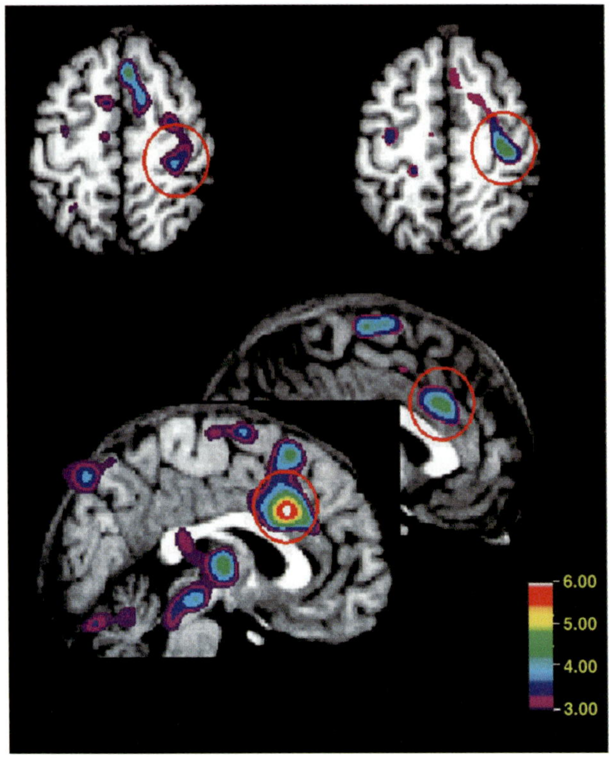

그림 7.22 통증의 감각적 및 정서적 구성요소. PET 스캔 사진은 통증의 감각적 및 정서적 요소에 반응하는 뇌 영역을 보여 준다. 위 그림: 뇌의 배측면. 통증자극에 의한 일차체감각피질의 활성화(적색 원)는 최면으로 암시된 고통스런 자극의 불쾌함의 감소에 의해 영향을 받지 않는데, 이것은 이 영역이 통증의 감각적 요소에 대해 반응한다는 것을 나타낸다. 아래 그림: 뇌의 중시상면. 전대상피질(적색 원)은 고통스런 자극의 불쾌함이 최면적 암시에 의해 감소될 때 낮은 활성화를 보여 준다.

From Rainville, p., Duncan, G. H., Price, D. D., Carrier, Benoit, and Bushnell, M. C. *Science*, 1997, *277*, 968-971. Copyright © 1997, Reprinted with permission.

계획하는 능력과 자신이 관여된 개인적으로 중요한 상황을 재인하는 능력의 장애를 초래한다. 전전두피질 손상을 가진 사람들이 일반적인 통찰의 결핍과 더불어 자신의 미래를 위한 장기적 조건—만성 통증을 포함—의 함축된 의미에 관심을 보이지 않는 경향이 있다.

특히 흥미로운 형태의 통증감각은 사지 중 하나가 절단된 후에 발생한다. 사지를 상실한 후 절단자의 70%는 상실한 사지가 아직 존재하는 것처럼 느끼고 종종 통증을 발생시킨다고 보고하였다. 이런 현상을 **환상지**phantom limb라고 부른다(Melzak, 1992). 환상지의 느낌을 가진 사람은 상실한 사지가 매우 실제적으로 느껴진다고 보고하며, 종종 상실한 사지를 뻗으려고 시도하면 마치 반응하는 것처럼 느껴진다고 말한다. 때때로 그들은 그것을 명료하게 지각하고, 문틀의 측면에 부딪히는 것을 피하려고 하거나 또는 자신과 침대 매트리스 사이에 그것을 놓고 자는 자세를 피하려고 애쓰려고 할 것이다. 그 사람은 환상지에서 통증, 압력, 따뜻함, 차가움, 축축함, 가려움, 땀이 남, 그리고 쑤심을 포함하는 모든 종류의 감각을 보고하였다.

절 요약

체감각

피부감각정보는 피부에 있는 전문 수용기에 의해 제공된다. 평활 피부는 손바닥과 발바닥 위의 무모피부이다. 피부에 있는 피부 수용기는 환경에 있는 물건을 만지거나 탐색하는 것과 대상을 조작하는 것에 관여한다. 머켈 디스크는 특히 손가락 끝에서 형태나 표면의 거칠기에 관한 정보를 제공한다. 루피니 소체는 피부에 가해지는 정적인 힘과 피부의 신장에 관한 정보를 제공하는데, 그것은 운동감각적 피드백에 기여한다. 마이스너 소체는, 특히 손가락 끝에서 모서리 윤곽과 점자 같은 자극에 대한 정보를 제공한다. 파시니 소체는 진동에 관한 감각을 제공하는데, 특히 다른 대상을 이용한 도구 같은 연장된 대상의 말단에 의한 접촉을 통해서 탐지한다.

기계적 수용기의 수상돌기가 휠 때, 이온통로가 열리고 이 통로를 통한 이온의 움직임이 수용기 전위를 발생시킨다. 비록 대부분의 촉각자극이 신속전도 수초화 축색을 통해서 중추신경계에 전달되지만, 부드러운 두드림은 소직경 비수초화 축색에 의해 중개되는 유쾌한 감각을 발생시킨다. 이 정보는 정서반응과 관련된 영역인 뇌도에 의해 수용된다.

피부가 움직이지 않으면 촉각감각은 우리가 만지는 대상의 성질에 관한 정보를 거의 제공하지 않는다. 운동과 조작은 우리가 느끼는 대상의 모양, 질량, 표면 결 및 다른 물리적 특징에 관한 정보를 제공한다. 음악가에 의해 얻어지는 것과 같은 촉각경험은 이 경험과 관련된 손가락과 연결된 체감각피질영역의 크기를 증가시킨다.

온도 수용기는 주변의 온도에 맞추어져 있는데, 피부 온도의 적절한 변화는 곧 중립적으로 지각되고, 이 온도에서 위 또는 아래로 벗어나는 것은 따뜻하게 혹은 차게 지각된다. 상이한 범위의 온도 변환은 TRP(일시적 수용기 전위) 수용기 족의 여섯 구성원에 의해 성취된다. 냉수용기의 하나인 TRPM8은 멘톨에 반응하고 환경의 차가운 온도에도 관여한다. 최소한 세 가지 유형의 통증 수용기가 존재하는데, 높은 역치의 기계적 수용기, 극단적인 열, 산 및 캡사이신의 존재를 탐지하는 캡사이신 수용기(TRPV1 수용기)를 가진 신경섬유, 그리고 화학적 자극제와 염증에 민감한 TRPA1 수용기를 가진 신경섬유이다. 가려움은 두 가지 상이한 유형의 알려지지 않은 수용기에 의해 전달되는 불쾌한 감각이다. 통증과 가려움은 상호 억제적이다.

정확하게 위치가 잘 파악되는 체감각정보는 시상의 배주핵과 복측 후핵을 연결하는 배주와 그 핵들 그리고 내측섬유띠를 통하는 경로에 의해서 전달된다. 통증과 온도에 대한 정보는 척수시상로를 통해서 척수를 상행한다. 체감각연합피질에 대한 손상은 접촉에 의해 일상적인 대상을 재인하는 능력을 파괴한다—촉각 실인증으로 알려진 조건이다. 촉각 실행증은 손가락으로 대상을 탐색하는 능력을 손상시키는 운동장애이다.

특정 전압 의존적 나트륨통로 Nax 1.7은 통증감각에서 필수적인 역할을 한다. 이 유전자의 단백질에서 돌연변이는 통증에 대해 전적으로 둔감하게 만든다. 통증지각은 통증 수용기의 자극에 대한 단순함수가 아니고, 경험이나 즉시적 환경에 의해 수정될 수 있는 감각적 요소와 정서적 요소를 동반하는 복잡한 현상이다. 감각적 요소는 일차 및 이차 체감각피질에 의해서 중개되고, 즉시적인 정서적 요소는 전대상피질과 뇌도에 의해 중개되고, 장기적인 정서적 요소는 전전두피질에 의해 중개되는 것 같다. 종종 사지 절단에 동반하는 환상지 현상은 통증을 포함하는 다양한 감각적 사건으로 특징지어진다.

생각해 봅시다

우리의 손가락 끝과 입술은 우리의 신체 중에서 가장 예민한 부위인데, 일차체감각피질의 상당한 부분이 이 신체부위로부터 오는 정보를 분석하는 데 기여한다. 손가락 끝이 왜 예민한가를 이해하는 것은 쉬운데, 우리는 접촉에 의해 대상을 탐색하는 데 그것을 사용한다. 그러나 우리의 입술은 왜 예민한가? 그것이 음식을 섭취하는 것과 어떤 관련을 갖고 있는가?

미각

우리가 이제까지 접한 자극은 물리적 에너지, 즉 온도, 광선 또는 운동 에너지를 전달함으로써 수용기 전위를 발생시킨다. 그러나 이제부터 공부할 두 가지 감각—미각과 후각—은 자신의 수용기와 화학적으로 상호작용한다. 이 절은 첫 번째 주제인 미각에 관해 논의할 것이다.

자극

미각은 먹는 것과 밀접한 관련이 있으며, 미각의 양상은 우리가 입에 들어온 물질의 성질을 아는 것을 돕는다. 어떤 물질의 맛을 보기 위해서는 그 분자가 타액에 용해되어 혀에 있는 맛 수용기를 자극해야 한다. 여섯 가지 성질의 맛(taste)이 있는데, **쓴맛**(bitterness), **신맛**(sourness), **단맛**(sweetness), **짠맛**(saltiness), **감칠맛**(umami) 및 **지방맛**(fat)이다. 여러분은 처음 네 가지 맛에는 익숙하므로 나중에 다섯 번째와 여섯 번째 맛을 설명할 것이

과거에 연구자들은 인간이 단맛, 신맛, 쓴맛 및 짠맛에 대해 반응을 하는 네 종류의 맛 수용기를 갖고 있다고 믿었다. 현재 우리는 일본의 신경과학자에 의해 발견된 감칠맛 수용기가 글루탐산의 맛을 탐지할 수 있다는 것을 아는데, 그것은 MSG의 풍미-향상 효과를 설명해 준다.

© Marianne Lannen/Alamy.

다. 풍미(flavor)는 맛과 대조적으로 후각과 미각의 복합이다. 음식의 대부분 풍미는 그 냄새에 달려 있는데, 무후각증(anosmic)인 사람(냄새 감각이 결핍) 또는 콧구멍을 막은 사람은 맛만으로 상이한 음식을 구분하는 것을 어려워한다.

대부분의 척추동물은 여섯 가지 맛의 성질에 모두 반응하는 미각체계를 갖고 있다. (고양이과는 예외이다. 사자, 호랑이, 표범 및 가정집의 고양이는 단맛을 탐지하지 못하는데, 그래서 그들이 정상적으로 먹는 어떤 먹이도 단맛이 나지 않는다.) 분명히 단맛 수용기는 먹이를 위한 탐지기 역할을 한다. 과일이나 일부 야채와 같이 대다수의 단맛이 나는 먹이는 먹기에 안전하다(Ramirez, 1990). 짠맛 수용기는 염화나트륨의 존재를 탐지한다. 어떤 환경에서 이 광물질의 부족한 양은 일상적인 음식으로부터 섭취되므로, 염화나트륨 탐지기는 동물에게 그것이 존재한다는 것을 탐지하도록 돕는다. 출혈을 초래하는 부상은 유기체에게 나트륨의 공급을 감소시키므로 그것을 신속히 발견하는 능력이 결정적이다. 연구자들은 다섯 번째 맛인 감칠맛의 존재를 인정한다. **우마미(감칠맛)umami**는 '좋은 맛'을 의미하는 일본 단어인데 아시아 요리에서 맛을 좋게 만들기 위해 종종 사용되는 물질인 글루탐산 일나트륨(monosodium glutamate; MSG)의 맛을 의미한다(Kurihara, 1987; Scott & Plata-Salaman, 1991). 감칠맛 수용기는 단백질에서 발견되는 아미노산인 글루탐산의 존재를 탐지한다. 아마도 감칠맛 수용기는 중요한 영양물질인 단백질을 맛보는 능력을 제공하는 것 같다.

대부분의 동물 종들은 단맛 또는 어느 정도 짠맛이 나는 물질을 쉽게 소화한다. 유사하게 그들은 아미노산이 풍부한 음식에 이끌리는데, 이것은 MSG를 풍미 개선제로 사용하는 것을 설명한다. 그러나 그들은 신맛 또는 쓴맛이 나는 물질을 피하는 경향이 있다. 박테리아 활동 때문에 많은 음식물이 부패하면 산성을 띠게 낸다. 게다가 대부분의 익지 않은 과일들은 산성이다. 산성은 신맛이 나고 도피반응을 일으킨다. (물론 우리는 레모네이드처럼 단맛과 신맛의 혼합을 아주 선호하는 것을 학습했다.) 쓴맛은 가장 보편적으로 회피되고 얼마간의 단맛을 첨가하는 것으로도 쉽게 개선될 수 없다. 많은 식물은 독성이 있는 알칼로이드를 생산하는데 이것은 동물의 먹이가 되는 것으로부터 자신을 보호해 준다. 알칼로이드는 쓴맛이 나는데, 쓴맛 수용기는 분명히 동물에게 이런 화학물질을 멀리하도록 경고해 준다.

오랫동안 연구자들은 많은 종의 동물(인간을 포함)이 고지방의 음식에 대해 상이한 선호를 보인다는 것을 알았다. 지방의 존재와 관련된 독특한 맛이 없기 때문에 대부분의 연구자는 우리가 냄새와 질감('입맛')에 의해서 지방을 탐지한다고 결론지었다. 그러나 Fukuwatari 등(2003)은 후각이 파괴된 쥐가 지방의 분해물 중 하나인 긴사슬지방산(long-chain fatty acid)을 포함하고 있는 액체 먹이를 계속 선호한다는 것을 발견하였다. 지방이 혀에 도달하면, 미뢰의 근처에서 발견되는 혀 리파아제(lingual lipase)라 불리는 효소에 의해 이 분자들의 일부는 지방산으로 분해된다. 혀 리파아제의 활동은 지방을 함유하고 있는 음식이 입에 들어오면 지방산 탐지기가 자극된다는 것을 확인해 준다. Cartoni 등(2010)은 입에서 지방산의 존재를 탐지하는 데 관여하는 두 가지 G 단백질 결합 수용기를 확인하였다. 연구자는 이 수용기의 생산에 관여하는 유전자를 표적으로 하는 돌연변이를 지닌 생쥐가 지방산에 대한 감소된 선호를 보이고, 지방산에 대한 미각신경의 반응도 감소한다는 것을 발견하였다.

미뢰의 해부학과 미각세포

혀, 입천장, 인두 및 후두는 약 10,000개의 미뢰를 포함

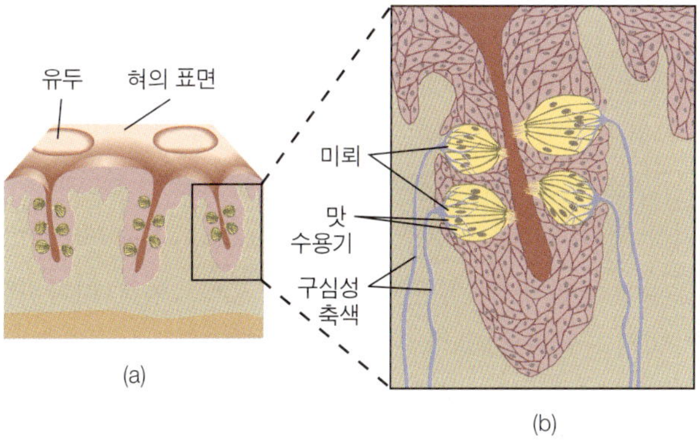

그림 7.23 혀. 이 그림은 (a) 혀의 표면에 있는 유두와 (b) 미뢰를 보여 준다.

하고 있다. 이 수용기 기관의 대부분은 혀에 있는 조그만 돌출부인 **유두**(papillae)의 주변에 배열되어 있다. 미뢰는 20~50개의 수용기 세포의 집단으로 구성되는데 이것은 어느 정도 오렌지 조각처럼 배열된 전문화된 뉴런이다. 섬모가 각 세포의 끝 부분에 자리 잡고 있으며 미뢰의 구멍을 통해서 혀를 덮고 있는 타액 속에서 돌출되어 있다. 인접한 미각세포 사이의 빈틈없는 연결은 타액에 있는 물질이 미뢰 자체에게로 자유롭게 확산되는 것을 방지한다. 그림 7.23은 유두의 외양을 보여 주는데, 미뢰를 둘러싸서 포함하고 있는 주변의 도랑에 대한 단면도이다(그림 7.23 참조).

미각 수용기 세포는 축색이 미각정보를 7번, 9번, 10번 뇌신경을 통해서 뇌에 전달하는 양극 뉴런의 수상돌기와 시냅스를 형성한다. 수용기 세포는 단지 10일간의 생활 주기를 갖는데, 비교적 적대적인 환경에 직접 노출되기 때문에 신속히 퇴화한다. 수용기 세포는 퇴화될 때 새로 발달한 세포에 의해서 대체되는데, 양극 뉴런의 수상돌기가 새로운 세포에 넘겨진다(Beidler, 1970).

미각정보의 지각

맛의 변환은 시냅스에서 발생하는 화학적 전달과 유사한데, 맛을 띤 분자가 수용기와 결합하여 막의 투과성을 변화시켜서 수용기 전위를 발생시킨다. 상이한 물질은 상이한 유형의 수용기와 결합하여 다른 맛감각을 발생시킨다. 이 절에서 저자는 특정 맛을 가진 분자의 성질과 그것의 존재를 탐지하는 수용기에 대해 우리가 알고 있는 바를 기술할 것이다.

짠맛을 내기 위해서 물질은 이온화되어야만 한다. 비록 짠맛 수용기에 대한 가장 양호한 자극은 염화나트륨(NaCl)이지만 작은 음이온(Cl^-, Br^-, SO_4^{2-}, NO_3^-)에 금속 양이온(Na^+, K^+, Li^+)을 포함하고 있는 다양한 염들은 짠맛을 낸다. 짠맛에 대한 수용기는 단순한 나트륨 통로인 것처럼 보인다. 나트륨은 타액 속에 존재할 때 미각세포로 들어가서 감분극을 시켜서 그 세포로 하여금 신경전달물질을 방출시키도록 만드는 활동전위를 일으킨다(Avenet & Lindemann, 1989; Kinnamon & Cummings, 1992).

신맛 수용기는 산성 용액에 존재하는 수소이온에 반응하는 것처럼 보인다. 그러나 어떤 산의 신맛은 단순히 수소이온 농도의 함수가 아니기 때문에, 음이온 또한 효과를 나타내는 것이 틀림없다. 쓴 물질과 단 물질은 특징짓기가 더 어렵다. 쓴맛에 대한 전형적인 자극은 키니네 같은 식물 알칼로이드인데, 단맛에 대해서는 글루코스(포도당) 또는 과당과 같은 당분이다. 어떤 분자가 두 감각을 모두 일으킨다는 사실은 쓴맛과 단맛의 수용기가 유사하다는 것을 시사한다. 예를 들면, 세빌 오렌지 껍질은 극도로 쓴맛을 내는 글리코사이드(복합당)를 포함하고 있고, 그 분자에 대한 수소이온의 첨가는 강한 단맛을 내게 한다(Horowitz & Gentili, 1974). 어떤 아미노산은 단맛을 낸다. 실제로, 상업적 감미료인 아스파탐은 두 개의 아미노산, 즉 아스파트산과 페닐알라닌으로 구성된다.

두 개의 상이한 수용기들이 단맛의 탐지와 관련이 있다. 쓴맛은 약 30개의 상이한 수용기족의 구성요소에 의해 탐지된다(Matsunami, Montmayeur, & Buck, 2000; Scott, 2004). 그렇게 많은 상이한 쓴맛 수용기가 존재한다는 것은 비록 상이한 쓴맛 화합물이 공통적인 맛 성질을 갖고 있다고 하더라도 상이한 수단에 의해 탐지된다는 것을 시사한다. 우리가 살펴보았듯이 자연에서 발견되는 쓴맛이 나는 화합물은 독성을 갖고 있다. 진화과정은 단일 수용기에게 이런 화합물의 탐지를 맡기기보다는 상이한 분자구조를 지닌 광범위한 화합물을 탐지하는 능력을 우리에게 제공했다.

저자는 앞에서 고양이가 단맛에 둔감하다고 언급하였다. Li 등(2005)은 단맛 민감성이 없는 이유를 발견하였다. 고양이과 동물(연구자들은 가정의 고양이, 호랑이 및 치타를 대상으로 검사)의 DNA는 단맛 수용기에 필수적인 부분을 이루는 단백질을 생산하는 기능적 유전자가 결핍되어 있다. 연구자들은 이 돌연변이가 아마도 고양이의 육식행동의 진화에서 중요한 사건일 것이라고 결론지었다. Margolskee 등(2007)은 생쥐의 장에 있는 미각 수용기가 설탕과 인공적인 당분의 존재를 탐지하고 글루코스 흡수를 통제한다는 것을 발견하였다. 이 수용기의 생산에 관여하는 유전자를 표적으로 하는 돌연변이를 가진 생쥐는 장에 있는 당분의 존재에 대해 둔감하다.

미각 경로

미각정보는 7번, 9번, 10번 뇌신경을 통해서 전달된다. 맛에 대한 최초의 중계소는 연수에 위치한 **고속핵**nucleus of the solitary tract이다. 영장류에서 이 핵에서 맛에 민감한 뉴런들은 자신의 축색을 삼차신경으로부터 체감각정보를 수용하는 복후내측시상핵으로 보낸다(Beckstead, Morse, & Norgren, 1980). 시상에서 맛에 민감한 뉴런은 자신의 축색을 전두피질의 기저부와 뇌도에 위치한 일차미각피질로 보낸다(Pritchard et al., 1986). 이 영역에 있는 뉴런은 미내측 안와전두피질에 위치한 이차미각피질과 신경적 연결을 갖는다(Rolls, Yaxley, & Sienkiewicz, 1990). 대다수 다른 감각양상과는 달리 미각은 뇌의 동측에 표상된다—즉, 혀의 우측은 뇌의 우측과 신경적 연결을 갖고, 혀의 좌측은 뇌의 좌측과 신경적 연결을 갖는다(그림 7.24 참조).

기능 영상법 연구에서 Schoenfeld 등(2004)은 사람에게 단맛, 신맛, 쓴맛 및 감칠맛이 나는 물을 마시도록 하였다. 연구자는 각각의 맛을 맛보는 것이 뇌도에 있는 일차미각영역의 상이한 곳을 활성화시킨다는 것을 발견하였다. 맛-반응 영역의 위치가 피험자에 따라 상이했지만, 한 피험자가 다른 경우에 검사를 받아도 동일한 패턴이 관찰되었다. 그래서 미각피질에서 맛의 표상은 개인에 따라 특유하지만 안정적이었다(그림 7.25 참조).

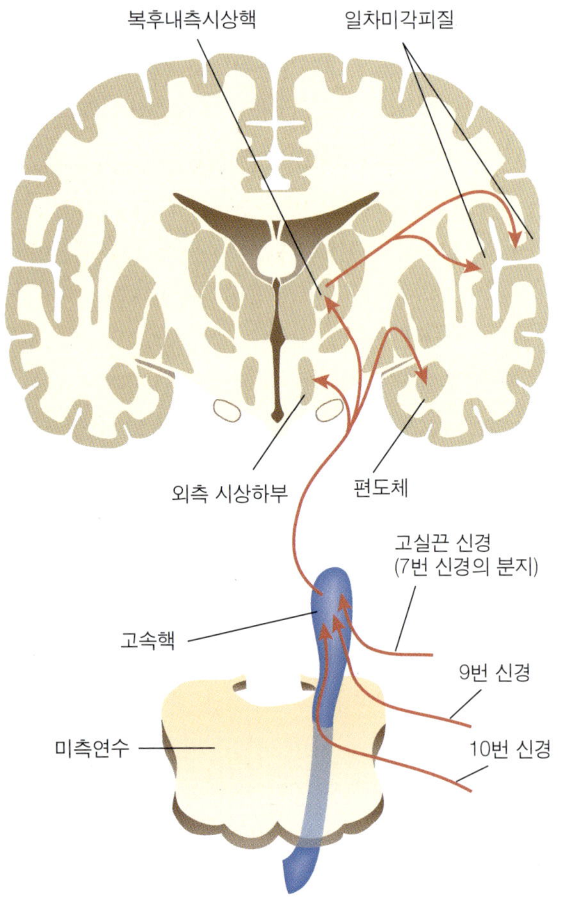

그림 7.24 미각체계의 신경 경로.

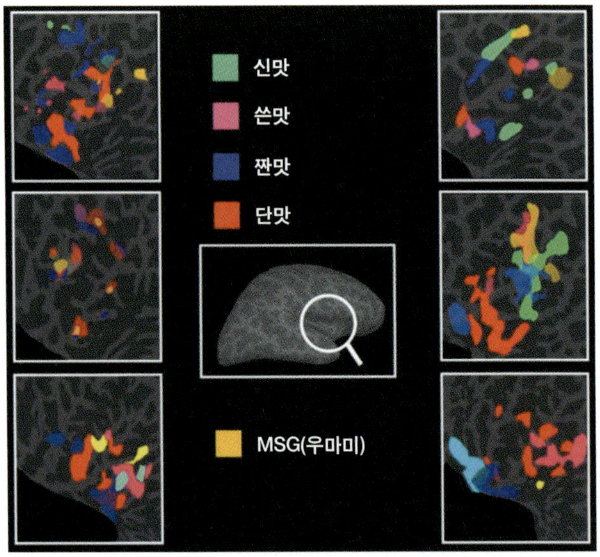

그림 7.25 일차미각피질의 활성화. 여섯 명의 피험자에 대한 기능 MRI 영상은 반응영역이 피험자들 간에 변동하지만 각 피험자 내에서는 안정적이라는 것을 보여 준다.

From Schonfeld, M. A., Neuer, G., Tempelmann, C., Schüssler, K., Noesselt, T., Hopf, J. M., and Heinze, H. J. *Neuroscience*, 2004, *127*, 347-353.

미각피질은 미각 수용기로부터 정보를 받으면서 온도, 기계적, 내장의 및 유해수용적(고통스런) 자극도 또한 받는데, 그것은 음식이 입에 맞는가를 결정하는 데 역할을 하는 것이 분명하다(Carlton, Accola, & Simon, 2010).

절 요약

미각

미각 수용기는 쓴맛, 신맛, 단맛, 짠맛, 감칠맛과 지방맛과 같은 여섯 가지 감각성질에 반응한다. 쓴맛이 나는 음식물은 종종 식물 알칼로이드를 포함하고 있고, 이것의 다수는 독성이 있다. 신맛이 나는 음식물은 보통 박테리아에 의해 부패된 것으로 독을 발생시킬 수가 있다. 다른 한편으로 과일같이 단맛이 나는 음식은 영양가가 많고 먹기에 안전하고, 짠맛이 나는 음식물은 필수 양이온인 나트륨을 포함한다. 오늘날 풍요로운 문화에서 생활하는 사람들은 지나치게 단맛과 짠맛이 나는 음식을 과량으로 섭취한다는 사실은 이런 맛들이 선천적인 강화로 역할을 한다는 것을 시사한다. 글루탐산염의 맛인 감칠맛(우마미)은 단백질이다.

짠맛 수용기는 단순히 나트륨통로인 것처럼 보인다. 신맛 수용기는 수소이온의 존재를 탐지하는 것처럼 보이나 다양한 양이온들도 이 수용기에 영향을 준다. 감칠맛 수용기는 글루탐산염의 존재를 탐지한다. 두 개의 수용기가 단맛의 탐지와 관련이 있고, 30개의 수용기는 쓴맛을 탐지한다. 두 개의 수용기들이 효소인 혀 리파아제가 입안에서 지방분자를 분해할 때 지방산의 분자를 탐지한다.

미각정보는 혀로부터 7번, 9번 및 10번 뇌신경을 통해 고속핵(연수에 위치한)에 전달되고, 복후내측 시상을 통해 기저 전두영역과 뇌도영역에 있는 일차미각피질로 중계된다. 상이한 맛은 일차미각피질의 상이한 영역을 활성화시킨다. 미외측 안와전두피질은 이차미각피질을 포함하고 있다. 미각정보는 또한 편도체, 시상하부 및 기저 전뇌에도 전달된다.

생각해 봅시다

벌과 새는 단맛을 느낄 수가 있으나 고양이와 악어는 그럴 수가 없다. 특정 물질을 맛보는 능력은 어떤 종이 섭취하는 음식의 범위와 관련이 있음이 분명하다. 진화과정을 통해서 어떤 종은 광범위한 음식을 확장한다면, 여러분은 음식과 수용기 중에서 어떤 것이 먼저라고 생각하는가? 어떤 종이 새로운 것(말하자면, 단맛을 가진 것)을 먹기 시작하고 나중에 적절한 맛 수용기를 발달시키는가, 혹은 맛 수용기가 먼저 진화하고 그다음으로 그 동물을 어떤 새로운 맛으로 인도하는가?

후각

두 번째 화학감각인 후각은 우리가 음식물을 찾고 그리고 상하거나 먹기에 부적합한 음식을 피하는 것을 돕는다. 그것은 많은 종의 구성원이 먹이를 추적하거나 또는 포식자를 탐지하고 그리고 친구, 적 및 수용적인 교미대상을 확인하는 것을 돕는다. 인간에서 후각은 모든 감각양상 중 가장 수수께끼이다. 냄새는 종종 아주 먼 과거에 발생한 것처럼 보이는 모호한 기억을 환기시키는 독특한 능력을 갖고 있다—마르셀 프루스트가 자신의 저서인 『잃어버린 시간을 찾아서(Remembrance of Things Past)』에서 명료하게 기술한 현상이다. 비록 사람이 수천 가지 다른 냄새를 변별할 수 있다고 할지라도, 우리는 그것을 기술할 좋은 어휘를 갖고 있지 못하다. 우리가 보았던 모습과 들었던 소리를 기술하는 것은 비교적 쉽지만 냄새를 기술하는 것은 어렵다. 그래서 후각체계는 사물을 확인하는 데 전문화된 것이지 특정 성질을 분석하는 데 전문화된 것처럼 보이지는 않는다.

수년 동안 저자는 학생들에게 우리의 후각체계와 다른 포유류의 후각체계 사이의 민감성 차이가 있는 한 가지 이유가 다른 포유류의 코는 냄새가 가장 강한 곳—

그림 7.26 냄새-추적 행동. 냄새 추적 동안 개와 사람이 따라간 경로가 적색 선으로 나타난다.

From Porter, J., Craven, B., Khan, R. M., Chang, S. J.. Kang, I., Judkewitz, B., Volpe, J., Settles, G., and Sobel, N. *Nature Neuroscience*, 2007, *10*, 27-29.

바로 땅의 위—을 향한다고 말했다. 예를 들면 냄새의 자취를 따라가고 있는 개는 지나간 동물의 냄새가 부착되어 있는 땅을 따라 코를 킁킁거린다. 블러드하운드의 코조차도, 땅 위에서 1.5~1.8m 떨어져 위치하고 있다면 우리의 코만큼이나 유용하지 않을 것이다. 저자는 과학적 연구가 사람이 개가 하는 것처럼 땅에 코를 킁킁거릴 때 후각체계가 잘 기능한다는 사실을 밝혔다는 것을 아는 것에 기뻤다. Porter 등(2007)은 냄새 자취를 준비하였다—초콜릿의 필수 오일을 적신 줄을 초원 위에 내려놓았다. 피험자들은 냄새 자취를 추적하기 위해서 코 이외의 다른 기관을 사용하는 것을 방지하려고 눈을 가리고, 귀마개, 무릎 보호대 및 장갑을 착용하였다. 그들은 매우 잘했는데, 개가 사용하는 것과 같은 지그재그 전략을 사용하였다(그림 7.26 참조). 저자가 썼듯이, 이 발견은 "…… 인간의 후각에 대한 빈약한 평가는 부분적으로 궁극적인 능력보다는 행동적 요구를 반영한다는 점을 시사한다"(Porter et al., 2007, p. 27).

자극

냄새에 대한 자극은 대략 15~300의 범위에 달하는 분자량을 가진 휘발성 물질로 이루어진다. 거의 모든 방향 물질은 지용성이고 유기성 기원을 갖고 있다. 그러나 이런 기준에 맞는 많은 물질은 전혀 냄새를 내지 않을 수 있으므로 우리는 아직도 방향제의 성질에 관해 더 많은 것을 알아야 한다.

후각기관의 해부학

우리가 갖고 있는 600만 개의 수용기 세포는 두 조각의 점막, 즉 **후각상피**olfactory epithelium 내에 존재하는데, 각각 약 2.54cm²의 면적을 갖고 있다. 후각상피는 그림 7.27에서 보듯이 비강의 상단부에 위치한다(그림 7.27 참조). 콧구멍으로 들어오는 공기의 10% 미만이 후각상피에 도달하며, 냄새를 들이마시는 것은 공기를 비강위로 휩쓸고 지나가게 함으로써 후각 수용기에 도달한다.

그림 7.27에 있는 삽화는 일단의 후각 수용기 세포와 이를 지지해 주는 세포를 나타낸다(그림 7.27의 삽화 참조). 후각 수용기 세포는 세포체가 뇌의 문측 기부에 있는 뼈인 **사상판**(cribriform plate)의 안에서 막을 형성하고 있는 후각상피 내에 존재하는 양극성 뉴런이다. 새로운 후각 수용기 세포들이 계속 생산되지만 그것들의 생존기간은 미각 수용기 세포보다는 상당히 긴 편이다. 지지세포는 방향성 분자를 파괴함으로써 후각 수용기 세포의 손상을 방지하는 효소를 포함한다.

후각 수용기 세포는 점막의 표면을 향해 어떤 돌기를 보내고 그래서 코의 점액층을 침투해 있는 10~20개의 섬모로 나누어진다. 방향성 분자는 점액에 용해되어서 후각섬모에 있는 수용기 분자를 자극해야만 한다. 교세포로 수초화된 약 35개의 축색 다발은 사상('천공된')판에 있는 작은 구멍을 통해서 머리 안으로 들어온다. 후각점막은 또한 삼차신경축색의 자유신경종말을 포함하는데, 이 자유신경종말은 암모니아와 같은 어떤 자극성 화학물질을 냄새 맡음으로써 발생할 수 있는 통증감각을 중개하는 것으로 추측된다.

후구olfactory bulbs는 줄기 모양의 후각경로의 말단부로서 뇌의 기저부에 위치한다. 각각의 후각 수용기 세포들은 후구로 단일 축색을 보내고, 그곳에서 **승모세포**mitral cell(주교의 주교관과 닮았다는 점에서 유래)의 수상돌기와 시냅스를 형성한다. 이 시냅스는 **후사구체** olfactory glomeruli로 불리는 복잡한 축색과 수상돌기의

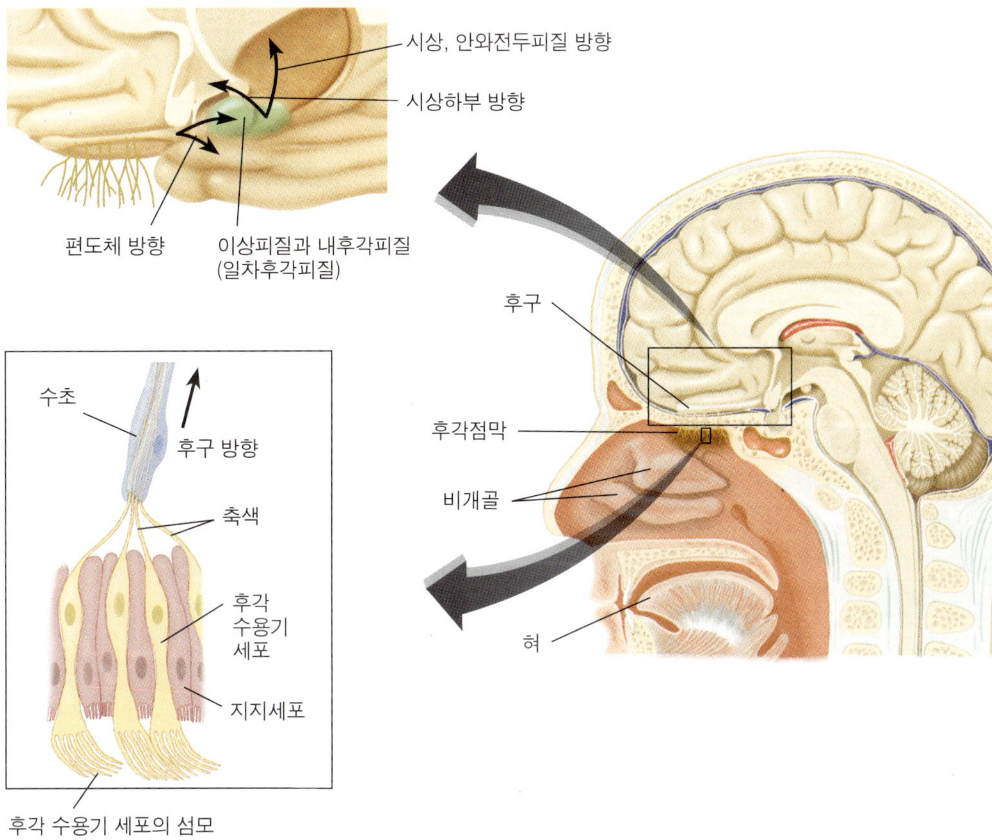

그림 7.27 후각체계.

말단에서 이루어진다. 대략 10,000개의 사구체가 있고, 이것 각각은 약 2,000개의 축색 다발로부터 입력을 받는다. 승모세포의 축색은 후각 경로를 따라 나머지 뇌로 연결된다. 이 축색 중 일부는 동측 전뇌의 다른 영역에서 종결되고, 다른 것은 뇌를 교차하여 대측 후구에서 종결된다.

후각 경로의 축색은 편도체와 두 영역의 변연피질, 즉 이상피질(piriform cortex; 일차후각피질)과 내후각피질(entorhinal cortex)에 직접 연결된다(그림 7.27 참조). 편도체는 후각정보를 시상하부로 보내고, 내후각피질은 후각정보를 해마에 보내고 그리고 이상피질은 후각정보를 시상의 배내측핵을 경유하여 시상하부와 안와전두피질로 보낸다(Buck, 1996; Shipley & Ennis, 1996). 여러분이 기억하듯이 안와전두피질은 미각정보를 받아들여 맛과 후각을 결합하여 풍미를 느끼게 하는 데 관여한다. 시상하부는 또한 상당한 양의 후각정보를 수용하는데, 이것은 아마 음식의 수용 또는 배척 그리고 많은 종의 포유류에서 번식과정의 후각적 통제에 중요할 것이다.

대부분의 포유류는 환경에 있는 화학물질에 반응을 하는 다른 기관, 즉 **서골비기관**(vomeronasal organ)을 갖고 있다. 이것은 번식의 생리와 행동에 영향을 주기 위해 다른 동물에 의해 생산되는 화학물질인 페로몬에 대한 동물의 반응에 중요한 역할을 하기 때문에, 그 구조와 기능은 9장에서 기술할 것이다.

후각정보의 변환

수년 동안 연구자는 후각섬모가 방향제의 분자에 의해 자극되는 수용기를 포함한다는 것을 인정했으나 그 수용기의 성질은 알려지지 않았다. 실제로 Buck과 Axel(1991)은 분자유전학적 기법을 사용하여 후각 수용기 단백질족으로 부호화되는 유전자족을 발견하였다. 이제까지 후각 수용기 유전자는 포유류, 조류 및 양서류를 포함하는 12종 이상의 척추동물에서 분리되었다(Mombaerts, 1999). 인간은 339개의 상이한 후각 수용기 유전자를 갖고 있고, 생쥐는 913개의 유전자를 갖고 있다(Godfrey, Malnic, & Buck, 2004; Malnic, Godfrey, & Buck, 2004). 방향물질의 분자는 수용기와 결합하고, 이 수용기와 짝지어진 G 단백질은 나트륨통로를 열고, 수용기 전위를 감분극시킨다.

특수한 냄새의 지각

오랜 시간 동안 특수한 냄새의 지각은 수수께끼처럼 여겨져 왔다. 인간은 10,000개 정도의 상이한 방향물질을 재인할 수 있고, 다른 동물들은 아마도 훨씬 더 많은 개수를 재인할 수 있을 것이다(Shepard, 1994). 우리가 339개의 상이한 후각 수용기를 갖고 있다고 하더라도, 그래도 많은 냄새에 대해서 설명되지 않은 채로 남게 된다. 매년 화학자는 새로운 화학물질을 합성하는데, 다수의 냄새가 어떤 누군가가 탐지해 온 것과는 다르다. 우리는 어떻게 비교적 적은 수의 수용기를 갖고도 그렇게 많은 상이한 냄새를 탐지할 수 있는가?

이 물음에 답하기 전에, 우리는 수용기, 후각 뉴런 및 후각 뉴런의 축색이 투사하는 사구체 사이의 관계를 좀 더 세밀히 살펴보아야만 한다. 첫째로, 각각의 후각 뉴런의 섬모는 단지 한 가지 유형의 수용기만을 포함한다(Nef et al., 1992; Vassar, Ngai, & Axel, 1993). 우리가 보았듯이 각각의 사구체는 대략 2,000개의 상이한 수용기 세포로부터 정보를 받는다. Ressler, Sullivan 및 Buck(1994)는 비록 어떤 사구체가 많은 후각 수용기 세포로부터 정보를 받는다고 하더라도, 이 세포 각각은 동일한 유형의 수용기 분자를 포함한다는 것을 발견하였다. 그래서 수용기 분자가 있는 만큼이나 많은 유형의 사구체들이 있다. 더구나 정보를 보내는 수용기의 유형에 의해 정의되는 특정 유형의 사구체의 위치는 어떤 한 동물의 후구에서는 동일한 것처럼 보이고, 동물 간에도 동일한 것처럼 보인다(그림 7.28 참조).

이제 다시 조금 전에 제시했던 물음으로 돌아가 보자. 우리는 비교적 소수의 수용기를 갖고 어떻게 그렇게 많은 방향물질을 탐지하는가? 그 대답은 특정 냄새가 하나 이상의 수용기와 결합한다는 것이다. 그래서 각 사구체는 단지 한 유형의 수용기로부터만 정보를 받기 때문에, 상이한 냄새는 상이한 사구체에서 상이한 형태의 활동을 일으킨다. 따라서 특정 냄새를 재인하는 것은 사구체의 특정 활동형태를 재인하는 문제이다. 화학적 재인의 과제는 공간적 재인의 과제로 전환된다.

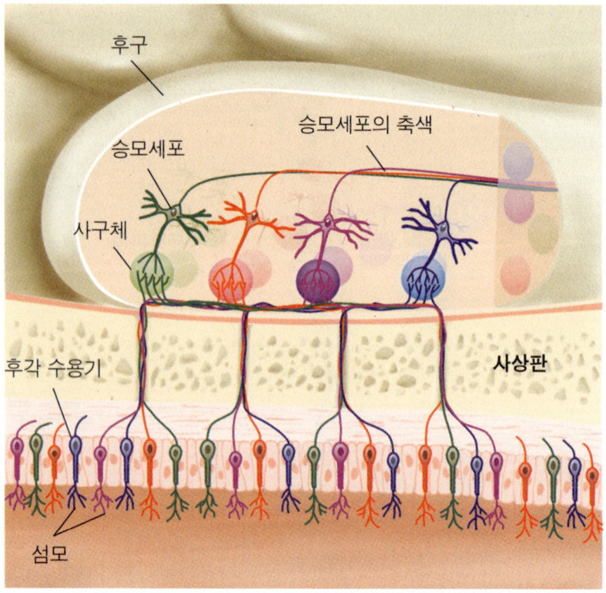

그림 7.28 후각 수용기와 후구 사구체 간의 연결. 각각의 사구체는 단지 한 유형의 수용기 세포로부터 정보를 받는다. 상이한 색깔로 표시된 후각 수용기 세포는 상이한 유형의 수용기 분자를 갖고 있다.

그림 7.29는 이 과정을 설명한다(Malnic et al., 1999). 그림의 왼쪽은 여덟 가지 가설적인 방향물질의 모양을 보여 준다. 오른쪽은 네 가지 가설적인 방향물질의 수용기 분자를 보여 준다. 그 방향물질 분자의 일부분은 수용기 분자의 결합 부분에 적합하다면, 수용기를 활성화시키고 후각 뉴런을 자극한다. 여러분이 볼 수 있듯이, 각각의 방향물질 분자들은 최소한 그 수용기의 하나의 결합부위에 적합하고, 대부분의 경우에는 그것 중 하나 이상에 적합하다. 여덟 가지 방향물질 각각에 의해 활성화되는 수용기의 형태가 상이하고, 그것은 우리가 어떤 형태의 수용기가 활성화되는가를 알면 어떤 냄새가 있다는 것을 안다는 것을 의미한다는 점을 주목하라. 물론 어떤 특정 방향물질이 여러 상이한 유형의 수용기 분자들과 결합한다고 하더라도 그것들 모두와 동등하게 잘 결합한다는 것을 의미하지는 않는다. 예를 들면, 그것은 어떤 수용기 분자와는 잘 결합하고, 다른 것과는 중간 정도 결합하고, 또 다른 것과는 약하게 결합한다는 것 등이다(그림 7.29 참조). 우리가 조금 전에

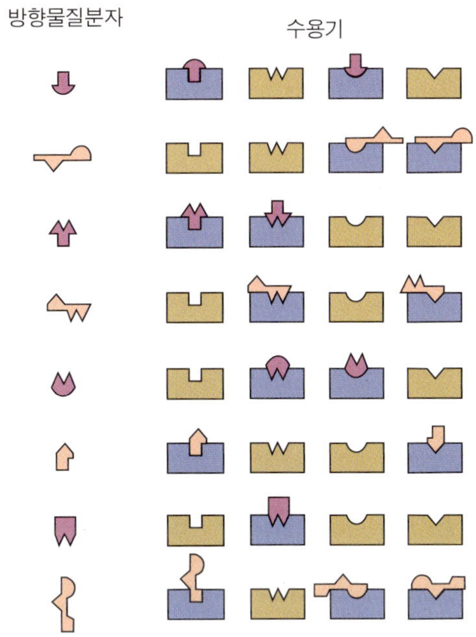

그림 7.29 후각정보의 부호화. 후각정보의 부호화에 대한 가설적인 설명은 상이한 방향물질 분자는 상이한 조합의 수용기 분자에 부착한다. (활성화된 수용기 분자는 청색으로 보인다.) 독특한 활성화의 형태는 특정 방향물질을 나타낸다.

Based on Malnic, B., Hirono, J., Sato, T., and Buck, L. B. *Cell*, 1999, *96*, 713-723.

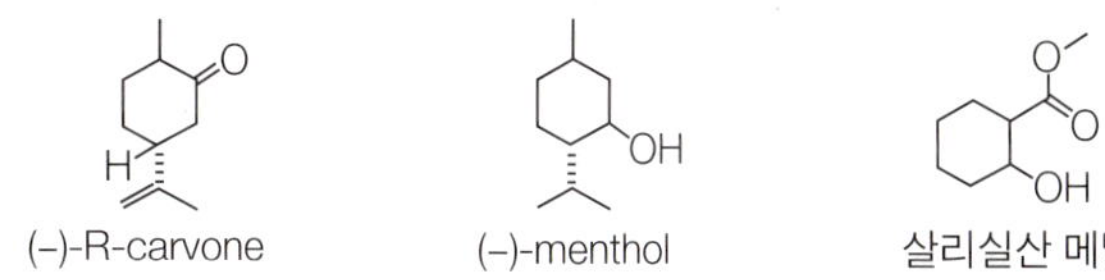

그림 7.30 박하 냄새가 나는 분자. 이 분자들의 분자구조는 상이하나 유사한 냄새를 갖고 있고 그것들을 냄새 맡는 것은 후이상피질에서 유사한 활동형태를 발생시킨다.

Based on Howard, J. D., Grueschow, M., et al. *Nature Neuroscience*, 2009, *12*, 932-938.

살펴보았듯이 '후각지형' 정보의 공간적 형태는 후각피질에서도 유지된다. 아마도 뇌는 그곳에서 상이한 형태의 활성화를 재인함으로써 특정 냄새를 재인할 것이다.

이런 모형을 지지하는 증거는 Johnson, Leon 및 동료들(Johnson & Leon, 2007)에 의해 얻어졌는데, 그들은 특정 유형의 구조를 가진 특정 범주의 분자는 후구의 특정영역을 활성화시킨다는 것을 발견하였다. 그러나 이런 부호화 도식은 이상피질(그리고 일차후각피질)의 수준에서 변한다. Howard 등(2009)에 의한 인간을 대상으로 한 기능적 영상 연구는 정상적으로는 특정 대상(이 경우에 사람들이 박하, 나무 및 감귤로 지각)과 연합된 방향물질이 화학적 구조와는 무관하게 후이상피질에서 특정 활동형태를 발생시킨다는 것을 발견하였다. 연구자들은 피험자에게 세 가지 상이한 박하향이 나는 물질, 세 가지 상이한 나무향이 나는 물질 그리고 세 가지 상이한 감귤향이 나는 물질을 제시하였다. 각 범주에 속한 세 가지 방향물질 각각은 상이한 화학구조를 가졌다. 그럼에도 불구하고 후이상피질에서 활동형태는 지각된 냄새의 범주와는 상관이 있지만, 그 분자의 화학구조와는 관련이 없다. 그림 7.30이 보여 주듯이, 세 가지 박하향 물질의 분자구조를 보여 준다. 여러분이 볼 수 있듯이 그것들은 서로 거의 유사하지 않다(그림 7.30 참조).

비록 우리가 혼합된 냄새를 개별적으로 확인할 수 있다고 하더라도 어떤 냄새는 다른 것을 차폐할 수 있다. (탈취제와 공기청정제 산업의 존재는 이런 사실에 달려 있다.) 다양한 문화에서 요리사들은 오래전부터 너무 강하지만 않으면 상한 음식의 불쾌하고 고약한 냄새가 회향과 정향 같은 향신료에 의해 차폐될 수 있다는 것을 알았다. Takahashi, Nagayama 및 Mori(2004)는 나쁜 냄새(알킬아민과 지방족 알데하이드)와 회향과 정향의 냄새에 반응하는 후구의 영역에 대한 지도를 그렸다. 그들은 나쁜 냄새에 대한 반응이 향신료의 냄새의 존재에 의해 억압된다는 것을 발견했는데, 이것은 차폐가 후구에서 일어난다는 것을 보여 준다. 아마도 향신료의 냄새에 반응하는 사구체가 고약한 냄새에 반응하는 사구체를 억압하는 것 같다.

절 요약

후각

후각 수용기는 전두엽의 기저를 이루는 뼈 위에 있는 비강의 천정을 둘러싼 후각상피 세포에 위치한 양극성 뉴런으로 이루어진다. 그 수용기는 점막의 표면을 향하여 돌출부를 보내고 이것은 섬모를 분리시킨다. 이 섬모의 막은 후각 점막을 쓸고 지나가는 공기 중에 용해된 방향성 분자를 탐지하는 수용기를 포함하고 있다. 후각 수용기의 축색은 사상판의 구멍을 통과하여 후구에 도달하고, 여기에서 그것은 승모세포의 수상돌기와 사구체에서 시냅스를 형성한다. 이 뉴런은 후신경로를 통해서 뇌에 축색을 전달하는데, 주로 편도체, 이상피질 그리고 내후각피질이다. 해마, 시상하부 및 안와전두피질은 후각정보를 간접적으로 받는다.

방향성 분자는 그 숫자가 339개에 달하는 새로 발견된 수용기 분자와 상호작용함으로써 막전위를 발생시킨다. 각각의 사구체들은 단지 한 유형의 수용기로부터 정보를 받는데, '후각지형' 부호화는 후각피질에 도달할 때까지 계속 유지된다. 이것은 상이한 방향성 물질을 탐색하는 과제가 공간적인 것을 의미하며, 뇌는 후각피질에서 발생하는 활동형태에 의해서 냄새를 재인한다. 후구는 방향물질의 구조에 따라 정보를 부호화하고, 후이상피질은 방향물질의 지각적 범주—예를 들면 박하향, 나무향 및 감귤향—에 따라 전 영역으로부터 수용하는 정보를 부호화한다.

생각해 봅시다

내가 앞 절에서 언급하였듯이 냄새는 마르셀 프루스트가 『잃어버린 기억을 찾아서』라는 저서에서 분명하게 기술한 현상처럼 시간을 유발하는 독특한 능력을 갖고 있다. 여러분은 자신이 친숙하다고 알고 있으나 정확하게 그 이유를 말할 수 없는 냄새를 접해 본 적이 있는가? 여러분은 어떤 설명을 생각할 수 있는가? 이 현상은 후각감각이 우리의 진화사에서 매우 초기에 발달하였다는 사실과 관련이 있는가?

맺는말 | 천연 진통제

뇌는 어떤 유형의 자극이 주로 내인성 아편물질의 방출을 통해서 진통 효과를 산출할 수 있는 신경회로를 포함하고 있다. 이 체계가 어떤 기능을 수행하는가? 대부분의 연구자는 그것이 통증이 불가피하지만 통증을 일으키는 자극의 손상 효과가 동물행동의 목표보다 덜 중요한 상황에서 동물의 행동을 혼란시키는 것을 방지한다고 믿는다. 예를 들면 교미기 동안에 암컷에 접근하기 위해서 싸움을 하는 수컷은 통증이 싸움을 방해하는 철수반응을 일으키면 자신의 유전자를 전달하는 데 실패할 것이다. 실제로 이런 조건(싸움 또는 교미)은 통증을 감소시킨다.

Komisaruk과 Larsson(1971)은 성기에 대한 자극이 진통 효과를 발생시킨다는 것을 발견하였다. 그들은 암컷 쥐의 자궁경부를 유리봉으로 부드럽게 자극하였고, 이 절차가 동물의 통증에 대한 민감성을 감소시킨다는 것을 발견하였다. 그것은 또한 수도주변회백질에 있는 뉴런의 활동성을 증가시키고, 시상에서 통증반응을 감소시켰다(Komisaruk & Steinman, 1987). 그 현상은 또한 인간에서도 발생하는데, Whipple과 Komisaruk(1988)은 자위를 통한 질에 대한 자극이 여성의 통증자극에 대한 민감성을 감소시키나 중립적인 촉각자극에 대해서는 그렇지 않았다. 아마도 성교가 진통기제를 촉발하는 것 같다. 이 현상의 적응적 중요성은 분명한데, 성교 중에 접하는 통증자극이 성교행동을 방해할 가능성을 낮춤으로써 임신의 기회는 증가된다. (여러분이 기억하듯이 유전자를 전달하는 것이 어떤 특질의 적응적 중요성의 궁극적인 기준이다.)

통증은 최소한 어떤 사람에게서 약리적으로 효과가 없는 위약을 주사함으로써 감소될 수 있다. 어떤 사람들이 통증을 감소시킬 것으로 믿는 약물을 복용하면, 그것은 내인성 아편물질을 방출시켜 실제로 통증감각을 감소시

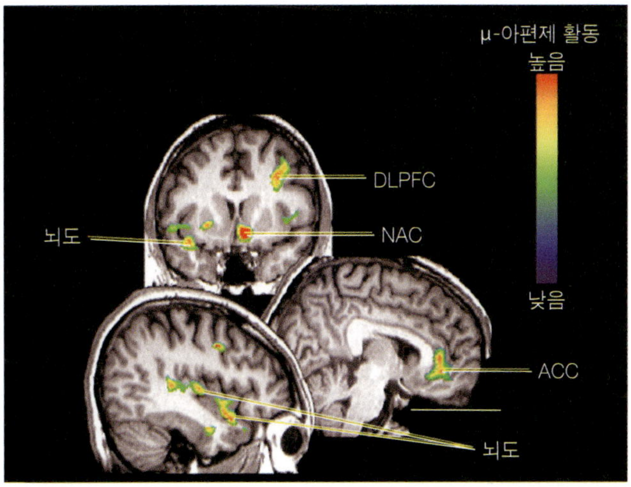

그림 7.31 μ-아편성 신경전달에 대한 위약의 효과. 이 그림은 내인성 아편물질을 방출시키고 진통 효과를 일으키는 위약에 대해 반응하는 사람을 스캔한 사진을 보여 준다. ACC = 전대상피질, DLPFC = 배외측전전두피질, NAC = 측핵.

From Zubieta, J. K., Bueller, J. A., Jackson, L. R., Scott, D. J., et al. *Journal of Neuroscience*, 2005, *25*, 7754-7762. Reprinted with permission.

킨다. 이 효과는 사람이 아편 수용기를 차단하는 약물인 날록손을 주사 받으면 제거되었다(Benedetti, Arduino, & Amanzio, 1999). 그래서 어떤 사람에게 위약이 약리적으로 무효한 것은 아니다—그것은 생리적 효과를 나타낸다. 이 장의 머리말에서 실험자가 Melissa의 내인성 아편물질에 의한 진통 효과를 차단할 때 이 약을 사용했다. 위약 효과는 전두엽과 수도주변회백질—통증정보가 뇌로 전달되는 것을 조절하는 중뇌의 영역—간의 연결을 통해서 중개될 것이다.

Zubieta 등(2005)에 의한 기능 영상 연구는 위약으로 유발된 진통이 실제로 내인성 아편물질의 방출을 초래한다는 것을 발견했다. 그들은 위약 효과에 반응하는 사람의 뇌에서 μ-아편성 신경전달의 존재를 탐지하기 위해 PET 스캔을 사용하였다. 그림 7.31이 보여 주듯이 전대상피질과 뇌도를 포함하는 뇌의 몇몇 영역이 증가된 내인성 아편물질 활동의 증거를 보여 준다(그림 7.31 참조).

내인성 아편물질은 통증지각을 연구하던 과학자에 의해 처음으로 발견되었는데, 그래서 이 펩타이드를 이용한 많은 연구가 진통 효과의 기제에서 그 역할을 검증하였다. 그러나 다른 기능에서도 그 역할이 더 중요하다. 여러분이 앞으로의 장들에서 보게 되듯이, 내인성 아편물질은 학습, 특히 강화의 기제에 관여한다. 이 연결은 놀라운 것이 결코 아닌데, 여러분이 알다시피 많은 사람이 모르핀 또는 헤로인과 같은 아편물질의 주사에 의해 높은 쾌감을 느낀다.

핵심 개념

청각

1. 중이의 소골들은 소리의 진동을 고막으로부터 청각 수용기인 모세포를 포함하고 있는 와우각으로 전달한다.
2. 모세포는 정보를 8번 뇌신경을 통해서 뇌간에 있는 핵에 전달하고, 그다음으로 그것은 내측슬상핵에 연결되고 끝으로 일차청각피질에 전달된다.
3. 귀는 분석적이므로, 장소 부호화와 비율 부호화에 의해서 개별 주파수를 탐지한다. 좌우 위치결정은 두 가지 수단에 의해서 성취되는데, 도착 시간(위상 차이)과 강도에서 두 귀 차이이다.

전정체계

4. 전정체계는 우리가 균형을 유지하는 것을 돕고 머리가 움직일 때 시선을 고정하는 것을 돕기 위해서 보상적인 안구운동을 하는 것을 돕는다. 반고리관은 머리의 회전을 탐지하고 전정낭은 머리가 기울어지는 변화를 탐지한다.

체감각

5. 피부에 있는 피부 수용기는 접촉, 압박, 진동, 온도 변화 그리고 조직손상을 초래하는 자극에 관한 정보를 제공한다.
6. 통증지각은 위험한 자극으로부터 우리를 보호하는 것을 돕는다. 통증의 감각적 요소는 시상과 체감각 피질을 포함하고, 통증의 즉시적 정서요소는 전대상피질과 뇌도를 포함하고, 장기적인 정서요소는 전전두피질을 포함한다.

미각

7. 혀에 있는 미각 수용기는 쓴맛, 신맛, 단맛, 짠맛 그리고 감칠맛(단백질을 확인하는 데 사용되는 글루탐산나트륨의 맛)에 대해 반응한다. 미각은 후각정보와 더불어 복합적인 풍미에 관한 정보를 제공한다.

후각

8. 후각체계는 방향성 분자의 존재를 탐지한다. 수백의 상이한 수용기족은 후각변별에 관여한다. 이 수용기들의 활성화 형태는 상이한 방향물질을 지각하도록 만든다.

CHAPTER

8 수면과 생물학적 리듬

Dmitriy Shironosov/Shutterstock.com

개요

- **수면에 대한 생리적 · 행동적 기술**
- **수면장애**
  - 불면증
  - 기면증
  - REM 수면 행동장애
  - 서파수면과 연관된 문제
- **왜 잠을 잘까?**
  - 서파수면의 기능
  - REM 수면의 기능
  - 수면과 학습
- **수면과 각성의 생리적 기제**
  - 수면에 대한 화학적 통제
  - 각성에 대한 신경적 통제
  - 서파수면에 대한 신경적 통제
  - REM 수면에 대한 신경적 통제
- **생물학적 시계**
  - 일일주기와 자연시계
  - 시교차상핵
  - 일일주기의 변화: 작업시간 변경과 시차

학습목표

1. 밤 수면의 과정, 즉 수면단계와 각 단계별 특징을 기술한다.
2. 불면증, 수면제, 수면무호흡에 대해 알아본다.
3. REM 수면 및 서파수면과 관련된 기면증과 수면장애에 대해 알아본다.
4. 수면박탈, 운동, 정신활동이 수면에 미치는 효과를 살펴보면서 수면이 회복기로 작용한다는 가설을 개괄한다.
5. REM 수면과 서파수면이 학습에 미치는 효과를 살펴본다.
6. 수면의 개시와 수면의 양이 화학적으로 조절된다는 증거를 평가하고, 각성에 대한 신경적 통제를 기술한다.
7. 수면/각성의 주기(플립-플롭)와 오렉신성 뉴런의 역할을 포함하여 서파수면에 대한 신경적 통제에 대해 논의한다.
8. REM 수면 플립-플롭을 포함하여 REM 수면에 대한 신경적 통제에 대해 설명한다.
9. 일일주기에 대해 설명하고, 이러한 주기의 신경적 · 생리적 기초에 관한 연구들을 살펴본다.

머리말 | 악몽에서 깨기

최근 마이클은 매일 밤 겪는 불쾌한 경험 때문에 잠자리에 들기가 무서워졌다. 꿈은 점점 더 사나워져서 그는 아주 혼란스러웠다. 최근 몇 달 동안 그는 자리에 누워 잠을 청하는 동안 몸이 마비된 것 같은 느낌을 여러 번 받았다. 정말 이상한 느낌이었다. 실제로 마비된 것일까, 아니면 애써 움직이려는 시도를 하지 않은 것뿐인가? 그는 항상 자신이 자려고 의도하기 전에 잠에 빠져드는 것 같았다. 몇 번은 자명종이 울리기 바로 전에 깨었는데, 잠에서 깨어나고도 그는 한동안 움직일 수가 없었다. 그다음 순간 자명종이 울렸고, 그는 재빨리 그것을 껐다. 그렇다면 실제로 마비되지는 않았다는 것이 아닌가? 정신이 이상해진 것인가?

지난밤은 최악이었다. 막 잠이 들려고 할 때 또다시 마비되는 느낌을 받았다. 그 순간 자신의 옛 동료가 침실로 들어오는 것이 보였다. 그러나 그것은 불가능한 일이 아닌가! 대학을 졸업한 이후 그는 줄곧 혼자 살았으며, 항상 문단속을 철저히 하였다. 그는 어떻게든 해보려 하였으나 꼼짝도 할 수가 없었다. 동료는 큰 쇠망치를 들고 침대 위로 올라가 그를 내려다보고는 이마를 내려칠 듯이 갑자기 쇠망치를 위로 들어 올렸다. 아침에 일어났을 때 그는 너무나 생생한 기억으로 몸서리를 쳤다. 틀림없이 꿈이었으나, 그는 자신이 잠들어 있었다고 생각되지 않았다. 그는 침대에 누워 있었다. 사람이 잠들지 않고 침대에 누워만 있어도 꿈을 꿀 수 있는가?

그날 그는 사무실에서 업무에 집중할 수가 없었다. 그는 이사회에 제시할 새로운 프로젝트의 세부사항에 관한 초안을 검토해야 했다. 이 일은 굉장한 기회로, 만약 자신의 기획안이 채택되면 그는 그 프로젝트의 팀장이 되고, 나아가 승진과 함께 연봉도 인상될 것이다. 그만큼 운명이 걸린 일이므로 당연히 회의실에 들어갔을 때 신경이 곤두섰다. 사장이 그를 소개하고 나서 보고를 시작하라고 했다. 그는 초안을 훑어보고 말하려고 입을 떼려는 순간 갑자기 무릎이 구부러지면서 온몸의 힘이 빠져나가는 것 같았다. 그는 맥없이 바닥으로 쓰러졌다. 사람들이 달려와서 무슨 일이냐고 웅성거리는 소리가 들렸으나 눈동자 외에는 아무것도 움직일 수가 없었다. 사장이 바닥에 엎드려서 그의 안색을 살피며, "마이클, 괜찮나?"라고 물었다. 그는 사장을 바라보고 대답하려고 하였으나 아무 말도 할 수 없었다. 몇 초가 지난 후 원기가 회복되는 것 같았다. 겨우 입을 열어 "괜찮습니다."라고 대답하였다. 그는 무릎을 짚고 간신히 일어나 의자에 앉았다. 허약함과 두려움이 몰려들었다.

"기면증 증상이 틀림없습니다." 마이클이 병원을 찾아가자 의사가 말하였다. "뇌가 수면을 통제하는 방식에 문제가 생긴 겁니다. 수면 진료소에서 하룻밤을 지내면서 몇 가지 기록을 해봅시다. 그렇지만 진단은 확실합니다. 최근에 와서 낮에 잠깐씩 졸았다고 말했죠. 졸음이 어떻게 왔나요? 갑자기 졸음이 엄습했습니까?" 마이클은 고개를 끄덕였다. "사장이 볼까 봐 걱정이 되는데도 불구하고 책상 위에 엎드려야 했습니다. 그렇지만 5분 이상 잠을 자지는 않았습니다." "깨고 난 후에도 여전히 졸렸나요?" "아니요. 다시 좋아졌어요." 의사는 고개를 끄덕이면서, "당신의 모든 증상－수면발작, 잠들기 전과 깬 후에 경험하는 마비 증세, 오늘 경험한 발병 등－이 맞아떨어집니다. 다행히도 기면증은 약으로 치료될 수 있습니다. 사실 약효가 뛰어난 새로운 약이 있습니다. 당신은 이제 곧 좋아질 것이고, 일도 계속할 수 있을 겁니다. 원하신다면 제가 사장에게 이야기해서 확신시켜 드릴 수 있습니다."

우리는 왜 잠을 잘까? 왜 우리는 약간의 기억만을 남기는 일에 인생의 1/3을 소비하는 것일까? 이 물음에 대해 몇 가지 방식으로 대답해 보겠다. 우선 이 장의 처음 두 부분에서는 불면증, 기면증, 몽유병, 그리고 기타 수면 관련 장애를 포함하여 수면과 수면장애에 대해서 알려진 사실을 소개할 것이다. 세 번째 부분에서는 수면의 기능에 대한 연구를 살펴보겠다. 네 번째 부분에서는 수면과 각성을 조절하는 화학물질과 신경회로에 대하여 기술할 것이다. 마지막 부분에서는 수면과 각성의 일일주기를 조절하는 기제인 뇌의 생물학적 시계에 대해 살펴볼 것이다.

수면에 대한 생리적 · 행동적 기술

수면은 행동이다. 우리는 대개 걷거나 이야기하는 것과 같이 움직임이 수반되는 활동을 행동으로 생각하기 때문에 이 말은 이상하게 들릴지 모른다. 특정 수면단계에서 나타나는 빠른 안구운동을 제외하면, 움직임의 여부로 수면을 구분할 수는 없다. 수면의 특징은 참을 수 없는 졸음으로 인해 조용하고 편안한 장소를 찾아서 몇 시간 동안 누워 있는 것이다. 우리는 잠자는 동안 일어난 일에 대해 거의 기억하지 못하기 때문에, 수면을 행동으로 간주하기보다는 의식의 상태로 여기려는 경향이 있다. 의식의 변화를 부인할 수는 없지만, 행동적 변화를 간과해서는 안 된다.

인간의 수면에 대한 훌륭한 연구가 수면 실험실에서 이루어져 왔다. 대학이나 병원의 수면 실험실은 작은 침실과 연구자들이 (깨어 있으려고 노력하면서) 밤샘을 하면서 지내는 관찰실로 구성되어 있다. 전기생리적 측정을 위해 수면자의 머리에 뇌파(EEG)기록용 전극을 부착하고, 턱에는 근육활동, 즉 **근전도**electromyogram; EMG를 탐지하기 위한 전극을 붙인다. 눈 주위에는 안구운동을 탐지하는 전극을 부착하여 **안전도**electro-oculogram; EOG를 측정한다. 그 외에도 심장박동률, 호흡, 피부전도 등의 자율반응을 측정하기 위해 다른 전극과 변환기가 사용된다(그림 8.1 참조).

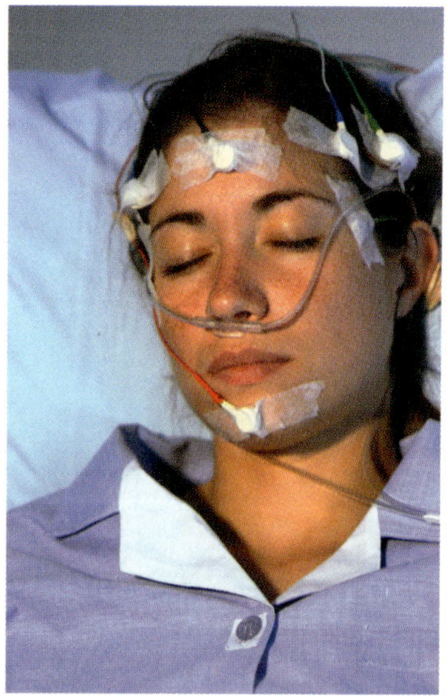

그림 8.1 수면 실험실에서 밤 수면을 취하는 피험자.

Philippe Platilly/Science Photo Library/Photo Researchers Inc.

깨어 있는 동안 정상인의 뇌파는 알파활동과 베타활동의 두 가지 기본 양상을 나타낸다. **알파활동**alpha activity은 규칙적이고 중간 주파수인 8~12Hz의 파형을 나타낸다. 우리가 조용히 휴식을 취할 때, 즉 특별히 각성되거나 흥분하지 않고 (문제해결과 같은) 심한 정신활동에 관여하지 않을 때 뇌는 이 활동을 산출한다. 알파파는 눈을 뜨고 있을 때에도 가끔 유발되지만 눈을 감은 상태에서 훨씬 더 잘 나타난다. 깨어 있을 때의 또 다른 각성 시 뇌파 유형인 **베타활동**beta activity은 불규칙적이고 낮은 진폭을 갖는 13~30Hz의 파형을 보인다. 베타파는 **비동기화**를 보여 주는데, 이것은 뇌의 많은 신경회로가 적극적으로 정보를 처리하고 있다는 사실을 반영하는 것이다. 비동기화된 뇌파는 정신을 바짝 차리고 어떤 상황이나 사건에 대해 주목하고 있거나 적극적으로 생각할 때 나타난다(그림 8.2 참조).

실험실에서 밤을 지낸 여대생의 전형적인 밤 수면단계를 살펴보자(물론 남자 피험자에게서도 한 가지만 제외하고 비슷한 결과를 얻을 수 있는데, 그 차이는 나중에 제시될 것이다). 실험자는 피험자에게 전극을 부착하고, 불을 끈 후, 문을 닫고 나간다. 피험자가 졸리기 시작하면서, 곧 신피질의 뉴런들의 발화가 점차 동기화됨을 나타내 주는 **세타활동**theta activity(3.5~7.5Hz)이 특징인 1단계 수면으로 들어간다. 이 단계는 실제로 수면과 각성의 과도기적 상태이다. 그녀의 눈꺼풀을 자세히 들여다보면 간간히 눈을 천천히 떴다 감았다 하고, 눈동자가 상하로 구르는 것을 볼 수 있을 것이다(그림 8.2 참조). 약 10분쯤 지나면 2단계 수면으로 들어간다. 이 단계 동안의 뇌파는 일반적으로 불규칙적이지만, 세타활동, **수면방추**(sleep spindle), 그리고 **K 복합**(K complex)이 나타난다. 수면방추는 12~14Hz의 짧은 연사인데, 1단계에서 4단계 수면에 이르기까지 분당 2~5번 정도 일어난다. K 복합은 기억을 단단하게 하는 데 중요한 역할을 하는 것으로 알려져 있는데, 수면방추의 횟수 증가와 지능검사 점수의 증가 간에 상관이 있다(Fogel and Smith, 2011). (기억에서 수면의 역할에 대

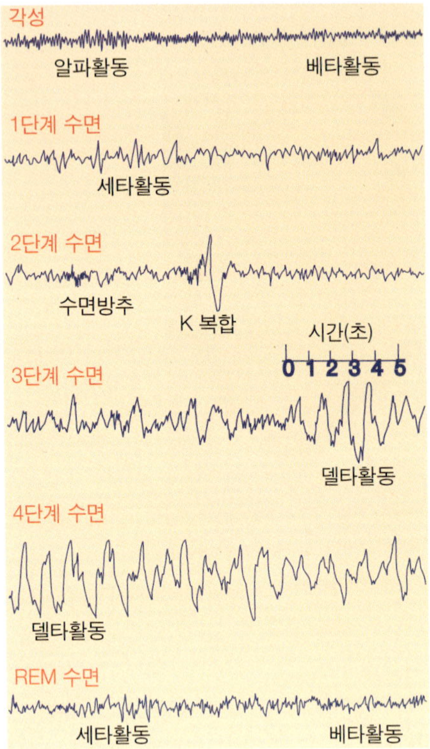

그림 8.2 수면단계별 뇌파 기록.

Based on Horne, J. A. *Why We Sleep: The Functions of Sleep in Humans and Other Mammals*. Oxford, England: Oxford University Press. 1988.

해서는 이 장의 뒷부분에서 다룰 것이다.) K 복합은 갑작스럽게 나타나는 날카로운 파형으로, 수면방추와는 달리 보통 2단계 수면에서만 나타난다. 이것은 분당 한 번 정도의 비율로 자발적으로 발생하나, 가끔씩 소음-특히 기대하지 않았던 소음-에 의해 유발되기도 한다. Cash 등(2009)은 수면 동안 인간의 대뇌피질에 있는 단일 뉴런의 활동을 기록한 결과 K 복합은 신경억제가 고립된 기간으로 되어 있다. (이 연구는 신경외과 수술을 받으려는 환자의 뇌에서 이루어진 것이다.) 또한 K 복합은 가장 깊은 수면상태를 나타내는 델타파의 전조로 나타난다(그림 8.2 참조).

이제 피험자는 완전히 잠들었다. 그러나 만일 이때 그녀를 깨우면 아직 잠들지 않았다고 말할지도 모른다. 이것은 간호사들이 간혹 보고하는 현상인데, 이른 밤에 심하게 코를 골며 자는 환자를 깨우면(아마도 약을 주기 위해서) 그 환자는 깨어 있는 상태에서 누워 있었다고 주장한다. 약 15분쯤 후 피험자는 3단계 수면으로 들어가는데, 3단계 수면의 신호는 진폭이 큰 **델타활동**delta activity(3.5Hz 이하)의 출현이다(그림 8.2 참조). 3단계와 4단계 수면 간의 구분은 명확하지 않다. 3단계에는 델타활동이 20~50% 정도 나타나고, 4단계에는 50% 이상 나타난다. 3단계와 4단계 수면 동안 느린 주파수의 뇌파가 지배적이기 때문에 이 기간을 통틀어서 **서파수면**slow-wave sleep이라 한다(그림 8.2 참조).

최근에 연구자들은 서파수면 동안 나타나는 뇌파활동의 세부적인 특징과 이러한 뇌파활동과 관련이 있는 뇌기제를 연구하기 시작했다(Steriade, 2003, 2006). 연구 결과 서파활동의 가장 중요한 특징이 1Hz 미만의 느린 진동(oscillation)이 나타나는 것으로 밝혀졌다. 각 진동은 진폭이 크면서 이상성인(biphasic, 감소했다 증가하는) 1Hz 미만의 단일파로 되어 있다. 이 파의 첫 번째 부분이 **하향상태**down state로서 대뇌 신피질의 뉴런이 완전히 침묵하고 있는 억제상태를 나타낸다. 아마도 이러한 하향상태 동안 신피질 뉴런은 휴식을 취할 수 있을 것이다. 두 번째 부분은 **상향상태**up state로서 이들 뉴런이 잠깐 높은 비율로 발화하는 흥분기간을 나타낸다. 그림 8.3은 잠자는 쥐의 뇌파 기록과 대뇌피질에서 6개의 미세전극을 통해 기록한 다단위 신경활동기록이다. 그림의 위 부분에 여러 개의 느린 진동들이 나타나 있다. 각 진동은 억제성 과분극을 나타내는 침묵상태(하향상태, 적색으로 표시)와 그다음에 뉴런이 높은 비율로 발화하는 흥분성 감분극 상태(상향상태, 녹색으로 표시)가 따라 나오는 것으로 되어 있다(그림 8.3 참조).

잠이 든 지 약 90분쯤 지나면(4단계 수면이 시작된 지 약 45분 후) 여러 가지 생리적 측정값이 급격하게 변화한다. 뇌파는 갑자기 비동기화되고 세타파가 산발적으로 나타나면서 1단계 수면에서와 매우 흡사해진다(그림 8.3 참조). 이때 감긴 눈꺼풀 아래에서 안구가 빠르게 이리저리 움직인다. 눈 주변 피부에 부착한 전극으로 안전도를 기록하거나, 각막으로 인해 감겨진 눈꺼풀이 부풀어 있어서 안구운동을 직접 관찰할 수도 있다. 또한 근전도가 고요해지는데, 이는 근 긴장도가 현저히 저하됨을 나타낸다. 실제로 생리적 연구에 의하면 REM 수면 동안에는 가끔 움찔하는 것을 제외하고 거의 마비상태에 빠진다고 한다. 이 특별한 수면단계는 앞에서 본 조용한 수면단계와는 판이하게 다르다. 이 단계

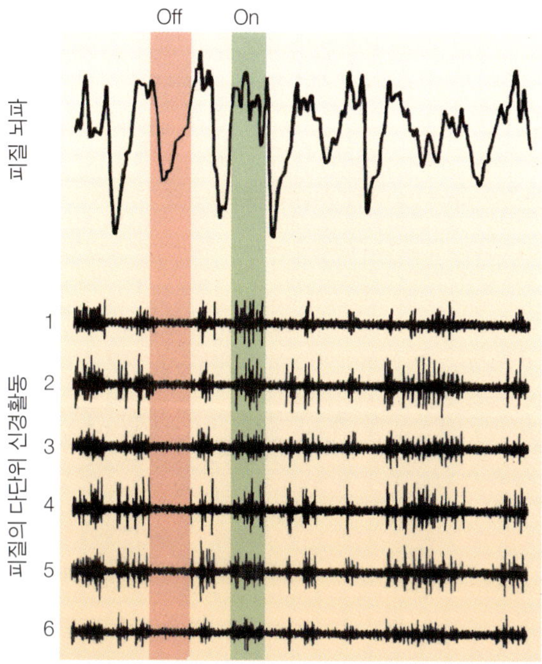

그림 8.3 뇌파와 단일세포 활동 기록. 서파수면 동안 쥐의 피질 뇌파와 다단위 신경활동 기록. 맨 위쪽 그림에서 여러 개의 느린 진동을 볼 수 있다. 느린 진동의 하향상태(적색으로 표시한 부분) 동안 뉴런은 과분극되어 발화하지 않는다. 상향상태(녹색으로 표시된 부분) 동안 뉴런이 발화한다.

From Vyazovskiy, V. V., Olcese, U., Lazimy, Y. M., et al. *Neuron*, 2009, *63*, 865-878. Reprinted with permission.

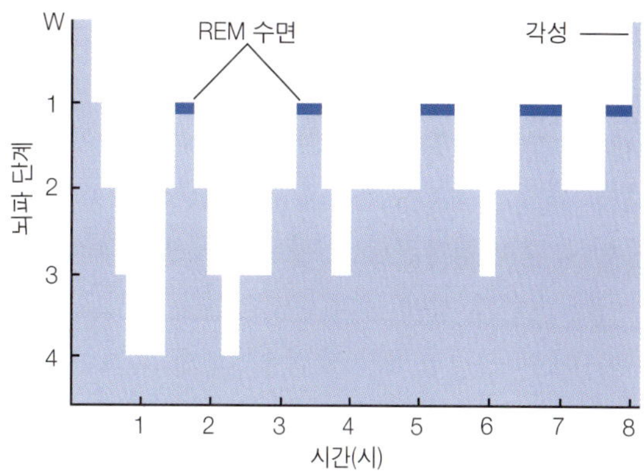

그림 8.4 하룻밤 동안의 수면단계. 수면단계의 이러한 전형적 패턴에서 짙은 부분이 REM 수면을 나타낸다.

를 통상 **REM 수면**REM sleep[급속 안구운동(**r**apid **e**ye **m**ovements)이 특징]이라고 한다.

대부분의 준거로 볼 때 4단계 수면은 가장 깊은 단계의 수면이다. 이 단계에서는 크게 소리를 질러야만 자는 사람을 깨울 수 있고, 그렇게 깨어난 사람은 정신을 못 차리고 비틀거리며 혼란스러워한다. REM 수면 동안에도 사람들은 소음에 반응하지 않지만, 자신의 이름을 부르는 것과 같은 의미 있는 자극에는 금방 깨어난다. 또한 REM 수면상태에서 깨어난 사람은 기민하고 주의력이 있어 보인다.

REM 수면 동안에 피험자를 깨워서 무슨 일이 있었는지 물어보면, 거의 대부분 꿈을 꾸었다고 대답한다. REM 수면 동안의 꿈은 이야기 형태로, 사건이 전개되는 줄거리가 있다. 반면에 서파수면 동안 피험자를 깨워서 "꿈을 꾸고 있었나요?"라고 물으면 대부분 "아니요."라고 대답할 것이다. 그러나 좀 더 세밀하게 물어보면, 그는 어떤 생각이나 심상 또는 어떤 감정이 있었다고 보고한다.

나머지 수면 동안에는 REM 수면과 비-REM 수면이 주기적으로 교대로 나타난다. 한 주기가 약 90분이며, 주기마다 20~30분 정도의 REM 수면이 나타난다. 따라서 8시간 동안 잠을 자면 4~5번 REM 수면을 취한다. 그림 8.4는 전형적인 밤 수면 양상을 보여 준다. 수직축은 기록된 뇌파활동 형태를 표시하는데, REM 수면과 1단계 수면은 뇌파활동 형태가 비슷하기 때문에 같은 수준에 그려져 있다. 서파수면(3~4단계)의 대부분이 밤의 전반부 동안에 나타남을 주목하라. 그 후에는 비-REM 수면에서 2단계 수면이 점점 더 많아지고, REM 수면의 기간(수평으로 진하게 표시된 부분)이 더 길어진다(그림 8.4 참조).

앞에서 본 것처럼 REM 수면 동안 우리는 거의 마비된다. 이것은 척수신경 및 뇌신경의 운동뉴런이 대부분 강하게 억제되기 때문이다(물론 호흡과 안구운동을 담당하는 부분은 예외이다.) 동시에 뇌는 매우 활동적이 되어, 대뇌 혈류 및 산소 소모량이 증가한다. 덧붙여서 남성의 음경이 부분적으로 발기하기도 하며, 여성의 질 분비도 증가한다(Schmidt and Schmidt, 2004). 그러나 Fisher, Gross 및 Zuch(1965)는 남성의 성기에 변화가 있다고 해서 꼭 그가 성적인 꿈을 꾸고 있는 것은 아니라고 하였다(물론 진짜 성적인 내용의 꿈을 꾸고 있을 수도 있다. 남성들은 꿈을 꾸면서 사정하기도 하는데, 이것을 몽정 또는 '축축한 꿈'이라고 한다. 여성들 또한 수면 중에 오르가슴을 경험하는 경우가 있다.)

성적 각성과 무관하게 REM 수면 동안 발기가 일어난

다는 사실은 임상적으로 발기부전의 원인을 진단하는 데 사용된다(Karacan, Salis, & Williams, 1978, Singer & Weiner, 1996). 피험자는 실험실에서 음경에 팽창 정도를 측정하는 기기를 부착하고 잠을 잔다. 만약 REM 수면 동안 음경이 팽창한다면, 성교 시의 발기부전은 신경 손상이나 순환계 장애 등의 생리적인 문제의 의한 것이 아니다(어떤 신경학자가 훨씬 더 싸게 그러한 진단을 하는 방법을 가르쳐 주었다. 우표 한 줄을 적셔서 음경 주위에 빙 돌려 붙여놓고 잠을 자는 것이다. 다음 날 아침에 그것이 찢어졌는지 확인해 보라).

REM 수면과 서파수면의 중요한 차이가 표 8.1에 서술되어 있다.

표 8.1 REM 수면과 서파수면의 주요 특징

REM 수면	서파수면
뇌파 비동기화(빠르고 불규칙적인 뇌파)	뇌파 동기화(느린 뇌파)
근 긴장도 상실	적절한 근 긴장도 유지
빠른 안구운동	안구운동이 느리거나 거의 없음
음경발기 또는 질 분비	생식기 활동이 없음
꿈	

절 요약

수면에 대한 생리적 및 행동적 기술

일반적으로는 수면을 상태로 여기지만, 그럼에도 불구하고 수면은 행동이다. 1~4 단계에 이르는 비-REM 수면단계는 뇌파활동으로 정의될 수 있다. 서파수면(3, 4단계)은 가장 깊은 수면단계이다. 경계를 하고 있을 때에는 비동기화된 베타활동(13~30Hz)이 나타나고, 이완해 있고 졸릴 때에는 알파활동(8~12Hz)이 나타난다. 1단계 수면에서는 알파활동과 불규칙적인 빠른 활동, 그리고 세타활동(3.5~7.5Hz)이 교대로 나타난다. 2단계 수면의 뇌파에는 알파활동이 없어지고 수면방추(짧은 기간 동안의 12~14Hz 활동)와 K 복합이 가끔 나타난다. 3단계의 수면에서는 20~50%가 델타활동(3.5Hz 이하)을 보이고, 4단계에서는 50% 이상이 델타활동으로 이루어진다. 잠을 자기 시작한 지 약 90분 정도가 지나면 REM 수면으로 들어간다. REM 수면과 서파수면은 대략 90분 주기로 번갈아 나타난다.

REM 수면은 빠른 안구운동, 비동기화된 뇌파, 외부 자극에 대한 민감성, 근육마비, 생식기의 활성화, 그리고 꿈이 특징이다. 정신활동이 서파수면에도 수반되기는 하지만 대부분의 서술적인 꿈은 REM 수면 동안 나타난다.

생각해 봅시다

1. 여러분이 조용히 쉬고 있는데 갑자기 누군가가 당신이 코를 골고 있기 때문에 분명히 자고 있다는 이야기를 하는 것을 들은 적이 있는가? 여러분은 그 사람의 말을 믿는가, 아니면 여러분이 분명히 깨어 있었다고 확신할 수 있는가? 여러분이 실제로 1단계 수면에 들어갔을 가능성이 있다고 생각하는가?
2. 꿈의 기능은 무엇인가? 어떤 연구자들은 꿈의 내용이 중요한 것이 아니라 REM 수면 그 자체가 중요하다고 생각한다. 또 다른 연구자는 꿈 내용이 중요하다고 한다. 우리가 꿈을 기억한다면 꿈이 제 기능을 다하지 못할 것이라는 연구자도 있고, 꿈을 기억하는 것은 자신의 문제에 어떤 통찰을 주기 때문에 유익하다고 생각하는 사람도 있다. 여러분은 이러한 논쟁에 대해 어떻게 생각하는가?
3. 어떤 사람들은 자신의 꿈을 '통제할 수' 있다고 생각한다. 그들은 단순히 수동적으로 꿈속으로 빠지는 것이 아니라 다음에 어떤 내용이 전개될 것인지를 결정할 수 있다고 느낀다. 여러분도 그런 경험을 한 적이 있는가? 스스로 꿈을 꾸고 있다는 사실을 인식하는 '자각몽(lucid dream)'을 꾼 적이 있는가?

수면장애

우리들은 전체 삶의 약 3분의 1을 자면서 보내기 때문에 수면장애는 우리 삶의 질에 중요한 영향을 미친다. 수면장애는 또한 우리가 깨어 있는 동안에도 영향을 미친다.

불면증

전체 인구의 9%가 정기적으로 불면증을 경험하고, 약 25%의 사람들이 가끔씩 불면증을 경험하는 것으로 추정된다(Ancoli-Israel & Roth, 1999). 불면증은 잠자리에 누워 잠들기가 어렵거나 밤에 깨어난 후 다시 잠들기 어려운 것이 특징이다. 불면증을 확인하는 데 중요한 문제는 자기보고의 신뢰도가 낮다는 것이다. 대부분의 사람들은 증상에 대한 자기보고를 근거로 수면제를 처방받는다. 즉, 그 사람들은 밤에 잠을 거의 자지 못한다고 의사에게 말하면 그러한 진술을 근거로 수면제를 처방받는다.수면 실험실에서 밤 수면 동안의 증상을 검사받는 사람은 거의 없다. 그래서 불면증은 의사들이 직접적인 임상증거 없이 다루는 소수의 의학적 문제 중 하나이다. 그러나 불면증을 호소하는 사람들의 수면을 연구한 결과 그들 대부분은 실제로 잠을 잔 시간을 과소평가하는 것으로 밝혀졌다.

오랫동안 수면제의 목표는 사람이 잠들 수 있게 도와주는 것인데, 제약회사가 약물의 잠재력을 평가할 때는 이익에 초점을 맞춘다. 그러나 우리가 수면제의 궁극적인 목표를 생각한다면 수면제는 다음 날 사람들의 기분을 상쾌하게 만들어야 한다. 만약 수면제가 곧 바로 잠들게 하기는 하지만 그다음 날 사람을 기진맥진하게 하고 주의집중하기 어렵게 한다면 사용하지 않는 것 보다 더 못하다. 사실 전통적으로 불면증 치료에 사용된 많은 약이 이러하다. 최근에 연구자들은 수면제에 대한 평가를 세내로 하려면 그다음 날 깼을 때 해야 하며, 궁극적으로는 '후유증이 없는' 약물을 개발해야 한다는 점을 인식하였다(Hajak et al., 1995; Ramakrishnan and Scheid, 2007).

많은 사람이 불면증 때문이 아니라 늦게까지 깨어 있거나 아침에 일찍 일어나야만 하는 일상의 스케줄 때문에 적정 수면량보다 잠을 적게 자는 수면박탈 상태에 있다. 만성적 수면박탈은 비만, 당뇨, 심혈관계 질환 등의 위험을 증가시키는 심각한 건강문제를 일으킨다(Orzel-Gryglewska, 2010).

불면증의 한 가지 특수한 유형은 수면과 호흡을 동시에 할 수 없기 때문에 야기되는 것이다. 이러한 장애를 **수면무호흡**sleep apnea이라 하는데, 잠이 들면 호흡이 중지된다(*Apnos*는 '무호흡'이라는 뜻의 그리스어). 거의 모든 사람들, 특히 코를 고는 사람들은 때때로 수면무호흡 상태에 빠지기도 하지만 그로 인해 잠을 못잘 정도는 아니다. 수면무호흡 기간 동안 혈중 이산화탄소 농도가 높아져서 화학적 수용기(특정 화학물질을 탐지하는 뉴런)를 자극하게 되고, 그 결과 사람이 깨어나 공기를 들이마시게 된다. 혈중 산소 농도가 정상으로 돌아오면 다시 잠들게 되고, 전체 주기가 다시 시작된다. 수면무호흡 환자들은 수면이 방해를 받기 때문에 낮 동안에 매우 졸리거나 탈진상태가 된다. 다행히도 수면무호흡의 많은 경우가 기도폐색에 의한 것인데, 이것은 외과적 수술에 의해 교정될 수 있고 또는 잠자는 사람의 얼굴에 어떤 장치를 부착하여 압력을 가하여 기도를 열어 줌으로써 경감될 수 있다(Sher, 1990; Piccirillo, Duntley, & Schotland, 2000).

기면증

기면증narcolepsy(*narke*는 '마비된', *lepsis*는 '발작'이라는 뜻이다)은 부적절한 때에 수면(또는 그 구성요소)이 나타나는 신경학적인 장애이다. 그 증상은 우리가 수면현상에 대해서 알고 있는 것을 바탕으로 기술될 수 있다. 기면증의 주 증상은 **수면발작**sleep attack이다. 기면증성 수면발작이란 아무 때나 일어나는 저항할 수 없는 잠에 대한 욕구를 의미하는데, 대개 단조롭고 지루한 상황에서 주로 일어난다. 일반적으로 갑자기 잠에 빠져들어 약 2~5분간 (정상적으로 보이는) 수면이 지속되며, 깨어나면 상쾌함을 느낀다.

기면증의 또 다른 증상—사실 가장 인상적인 증상—은 **탈력발작**cataplexy(*kata*는 '아래로', *plexis*는 '일격')이다. 탈력발작 동안 사람들은 다양한 정도로 근육의 힘이 빠진 상태를 유지한다. 어떤 경우에 환자는 완전히 마비되어 바닥에 쓰러져 버린다. 그런 후 의식이 완전한 상태에서 몇 초에서 몇 분까지 그대로 누워 있게 된다. 그때 일어나는 현상은 REM 수면에서 나타나는 현상 중 한 가지—근육마비—로서 그것이 부적절한 시간에 나타나는 것이다. 이렇게 긴장도가 상실되는 것은 척수에 있는 운동뉴런이 집단적으로 억제되기 때문이다. 각성 시에 이런 일이 발생하면 환자는 자신의 근육에 대한 통제를 상실한다. REM 수면에서 본 것처럼 환자는 숨을 쉴 수 있고 안구운동도 통제할 수 있다. (기면증과 관련 있는 뇌 이상에 대해서는 이 장의 뒷부분에서 설명할 것이다.)

탈력발작은 기면증성 수면발작과는 전혀 다르다. 이것은 대개 정서적으로 흥분해 있거나 갑작스럽게 신체적 힘을 가할 때 촉발되며, 특히 환자가 무의식에 사로잡히면 더욱 심화된다. 크게 웃거나, 분노할 때, 떨어지는 물체를 갑자기 잡으려 할 때 탈력발작이 유발되기도 한다. 사실 Guilleminault, Wilson, & Demant(1974)는 탈력발작이 없는 사람도 때로는 격렬하게 웃고 난 뒤에 근육이 풀리기도 한다고 지적하였다. (아마도 이것이 '웃음 후 약해지는' 이유일 것이다.) 탈력발작이 일어나는 공통적인 상황은 아이들에게 벌을 주려고 할 때나 사랑하려고 할 때(마비가 일어나기에는 이상한 때)이다. 머리말에 소개한 마이클은 이사회에서 보고하려고 할 때 처음으로 탈력발작이 급습하였다. Wise(2004)는 가끔 기면증 환자들이 강한 정서가 탈력발작을 촉발시킬 수 있다는 것을 알기 때문에 이러한 강한 정서를 일으킬 수 있는 생각이나 상황을 피하려고 노력한다고 지적했다.

종종 REM 수면 마비가 신체적으로 위험이 따르지 않는 수면 직전이나 직후와 같이 이미 누워 있을 때의 각성 중에 유발되기도 한다. 기면증의 이러한 증상을 **수면마비**sleep paralysis라고 하는데, 이것은 잠들기 직전이나 아침에 깨어난 직후에 움직일 수 없는 현상이다. 환자를 건드리거나 그의 이름을 부르는 것과 같은 자극을 주면 수면마비에서 벗어난다. 때때로 REM 수면의 정신적 성분이 수면마비에 끼어들기도 한다. 즉, 환자는 각성상태로 누워서 마비된 채로 꿈을 꾼다. 이것을 **입면환각**hypnagogic hallucination이라 하며, 놀란 나머지 심지어 공포를 느끼기도 한다. (*hypnagogic*이란 용어는 '수면'을 의미하는 그리스어 *hypnos*와 '이끌다'를 의미하는 *agogos*에서 왔다.) 입면환각 동안 마이클은 이전에 자신의 룸메이트였던 사람이 망치로 자기를 때리려고 한다는 생각을 했다.

다행히도 인간의 기면증은 매우 드문 질환으로 약 2천명에 1명 정도 발병한다. 기면증은 6번 염색체에 있는 어떤 유전자가 관련이 있지만 잘 알려져 있지 않은 환경적 요소에 의해 큰 영향을 받는 유전적인 장애이다(Mignot, 1998; Mahowald and Schenck, 2005; Nishino, 2007). 몇 년 전에 연구자들은 개의 기면증의 원인을 발견하면 인간 기면증의 원인을 이해하는 데 도움이 될 것이라는 희망을 가지고 기면증이 있는 개를 사육하는 프로그램을 시작하였다(그림 8.5 참조). 이 연구가 마침내 성과를 거두었다. Lin 등(1999)은 특정 유전자의 돌연

(a) (b) (c)

그림 8.5 탈력발작을 겪고 있는 개. 개가 바닥에 떨어진 음식을 찾고는 흥분하여 발작이 유발되었다. (a) 바닥 냄새 맡기, (b) 근육 이완, (c) REM 수면 동안에 나타나는 것과 같은 일시적인 근육마비.

Based on the research from the Sleep Disorders Foundation, Stanford University.

변이가 개의 기면증을 일으킨다는 것을 발견하였다. 이 유전자는 일부 연구자들은 **하이포크레틴**(hypocretin), 일부 연구자들은 **오렉신**(orexin)이라고 하는 펩타이드 신경전달물질에 대한 수용기를 만든다. **하이포크레틴**이란 명칭은 이 펩타이드를 분비하는 뉴런의 세포체가 모두 외측시상하부에 있다는 사실에서 유래되었다. **오렉신**이란 명칭은 이 펩타이드가 섭식과 신진대사의 조절에 중요한 역할을 한다는 데서 유래되었으며, 이에 관해서는 11장에서 살펴볼 것이다. (*orexis*는 그리스어로 '식욕'이다.) 이 펩타이드는 두 개의 독립적인 실험실에서 발견되었고, 그래서 두 가지 이름을 가지게 되었다. 대부분의 연구자들이 **오렉신**orexin이라는 용어를 사용하기 때문에 이 책에서도 오렉신으로 사용할 것이다. 오렉신 수용기는 두 가지이다. Lin과 동료들은 개의 기면증을 일으키는 돌연변이가 오렉신 B 수용기와 관련이 있다고 밝혔다.

Chemelli 등(1999)은 오렉신 유전자를 표적으로 한 돌연변이 생쥐를 만들었는데, 그 동물이 기면증의 증상을 보인다는 것을 발견하였다. 기면증이 있는 사람들처럼 그 동물은 각성상태에서 곧바로 REM 수면상태로 들어갔으며, 각성상태 동안 탈력발작이 나타났다. Gerashchenko 등(2001, 2003)은 오렉신 뉴런만 죽게 만드는 약물을 만들어 쥐에게 주입하였다. 오렉신 회로를 파괴한 결과 기면증의 증상이 나타났다.

인간의 경우 기면증은 유전적 자가면역 질환이 원인인 것으로 알려져 있다. 대부분의 기면증 환자들은 오렉신 뉴런을 가지고 태어났지만, 청소년기 동안 면역계가 이 뉴런을 공격하여 기면증의 증상들이 시작된다(Fontana et al., 2010).

기면증의 증상들은 약물로 치유될 수 있다. 수면발작은 카테콜아민 효능제인 메틸페니데이트(Ritalin)와 같은 중추자극제를 투여하면 완화된다(Vgontzas & Kales, 1999). REM 수면 현상들(탈력발작, 수면마비, 입면환각)은 세로토닌성 뉴런과 노르아드레날린성 뉴런의 활동을 촉진시키는 항우울제에 의해 완화될 수 있다(Mitler, 1994; Hublin, 1996). 최근에는 정확한 작용부위는 알려져 있지 않은 중추자극 약물인 모다피닐(modafinil)이 기면증의 치료에 사용되고 있다(Fry, 1988; Nishno, 2007). (머리말에서 언급했던 마이클은 지금 이 약을 사용하고 있다.)

수면과 각성에 관여하는 뇌의 다른 영역과 오렉신성 뉴런 간의 연결에 대해서는 이 장의 뒷부분에서 다룰 것이다.

REM 수면 행동장애

이미 알고 있듯이 REM 수면에는 마비가 동반된다. 비록 REM 수면 동안 운동피질과 피질하 운동계의 뉴런들은 매우 활성화되지만(McCarley and Hobson, 1979), 이때 사람들은 움직일 수 없다. (REM 수면 동안 가끔 볼 수 있는 강축은 완전히 억제되지 않은 운동뉴런들의 활성화에 대한 증거이다.) 사람들이 꿈을 꾸는 동안 마비가 된다는 사실은 만약 마비가 되지 않으면 꿈을 행동으로 옮길 것이라는 가능성을 암시한다. 실제로 그러했다. Schenck 등(1986)은 한 가지 흥미로운 수면장애인 **REM 수면 행동장애**REM sleep behavior disorder를 보고하였다. 이 장애가 있는 사람은 꿈의 내용과 일치하는 행동을 보인다. 다음의 사례를 살펴보자.

> 나는 하프백으로 미식축구 경기를 하고 있었다. 쿼터백이 센터로부터 공을 받아 나에게 측면으로 패스하였다. 내가 태클을 넘어서 달려 나가자, 이번에는 120kg이나 되는 엄청난 태클이 기다리고 있었다—너무나 생생하였다. 그래서 나는 미식축구의 정석에 따라 그를 어깨로 들이받아 밀어내었다……. 그때 나는 화장대 앞에 서 있었다. 나는 침대에서 일어나 달려 나와 진등과 거울, 그리고 화장대에서 떨어져 나온 모든 것을 걷어찼고, 머리로 벽을 들이받고 무릎으로 화장대를 넘어뜨리고 있었다(Schenk et al., 1986, p. 294).

기면증처럼 REM 수면 행동장애는 최소한 몇 가지 유전적 요인이 있는 퇴행성 신경학적 장애인 듯하다(Schenck et al., 1993). 이 장애는 종종 파킨슨병과 같은 잘 알려진 퇴행성 신경학적 장애와 관련이 있다(Boeve et al., 2007). REM 수면 행동장애의 증상은 탈력발작의 증상과는 반대이다. 즉, 탈력발작 환자들은 REM 수면이 아닐 때 마비를 일으키는 반면에, REM 수면 행동장애 환자들은 REM 수면 동안 마비가 되지 않는다. 예상했듯이, 탈력발작의 증상을 치료하기 위해 사용되었던 약물들은 REM 수면 행동장애의 증상을 악화시킬 것이다(Schenck & Mahowald, 1992). REM 수면 행동장애에는 대개 벤조다이아제핀 계열의 약물인 클로나제팜(clonazepam)을 사용한다(Aurora et al., 2010; Frenette, 2010).

서파수면과 연관된 문제

몇몇 부적응적인 행동이 서파수면 동안, 특히 4단계 수면 동안 발생한다. **야뇨증**(nocturnal enuresis), **몽유병**(somnambulism), **야경증**(pavor nocturnus)이 그 예이다. 이러한 증상들은 모두 어린이에게 주로 발생한다. 야뇨증은 처음 오줌이 몇 방울 흘러나왔을 때 그것을 감지하고 벨이 울리는 전자회로를 사용하여 훈련하면 치료될 수 있다(통상 본격적으로 오줌이 배설되기 전에 몇 방울이 먼저 흘러나온다). 야경증은 고통스런 절규와 전율을 일으키고 맥박이 매우 빨라지지만, 대부분 공포를 유발하는 원인에 대해 기억하지 못한다. 야경증이나 몽유병은 나이가 들어감에 따라 저절로 치유된다. 두 현상 중 어느 것도 REM 수면과는 관계가 없다. 몽유병 환자는 꿈을 행동으로 옮기는 것이 아니다. 특히 몽유병이 성인기에 나타난다면 그것은 유전적 소인이 있는 것으로 알려져 있다(Hublin et al., 1997).

가끔 사람들은 몽유병이 나타나는 동안 매우 복잡한 행동을 할 수도 있다. 다음의 사례를 보자.

▶▶▶

어느 날 저녁, 웨버는 소파에서 잠을 자다가 일어나 초콜릿 아이스크림을 1.9L나 먹어 치우고는 다시 꾸벅꾸벅 졸았다. 한 시간 후에 잠에서 깨어나 부엌에 간 그는 아내를 불러 "누가 아이스크림을 먹었다."고 아내가 놀랄 정도로 소리를 질렀다.

TV 토크쇼 진행자인 윌리엄스는 "아침에 일어나면 냉장고에 닭고기가 한입 베어져 떨어져 나간 채로 있어요……. 어떤 때는 햄이나 소시지를 0.5kg 정도 먹기도 해요……. 그러고는 다음 날 아침에 일어나면 그것을 먹었다는 사실을 전혀 알지 못하고 '누가 내 점심을 먹었지?'라고 물어요."라고 하면서 그는 요리하지 않은 날 음식을 자기 냉장고에서 전부 없앴다고 말했다. (Boodman, 2004, p. HE01) ◀◀◀

Schenck 등(1991)은 밤에 잠자는 동안 음식을 먹은 경험이 있는 사람 19명의 사례를 보고하면서 그들을 **수면관련 섭식장애**sleep-related eating disorder라 명명하였다. 그 환자들의 거의 절반이 자는 동안 먹는 것 때문에 과체중이었다. 일단 환자들이 그들이 잠을 자는 동안 음식을 먹는다는 사실을 깨닫고는 음식을 잠금장치가 있는 통 속에 넣어두거나 냉장고 문을 열면 경보가 울려 잠에서 깰 수 있도록 하는 전략을 사용하도록 하였다.

수면관련 섭식장애는 도파민성 효능제 또는 발작치료 약물인 토피라메이트(topiramate)에 잘 반응하지만, 불면증 치료제인 벤조다이아제핀 효능제 졸피뎀(zolpidem)에 의해 유발될 수도 있다. 이 질환을 가진 환자의 가족들 중에 야간 섭식을 하는 사람들이 많다는 사실은 이 질환이 유전적 소인이 있음을 암시하는 것이다(De Ocampo et al., 2002).

절 요약

수면장애

비록 많은 사람들이 불면증을 지니고 있지만—자신이 원하는 만큼 충분히 잠을 자지 못한다고 생각하지만—불면증은 질병이 아니다. 불면증은 우울이나 조증, 통증, 질병, 또는 즐거운 일에 대한 흥분되는 기대에 의해서도 생길 수 있다. 때때로 수면무호흡에 의해 불면증이 유발되기도 하는데, 이것은 외과적 수술 또는 압축공기를 공급하는 마스크를 착용함으로써 교정할 수 있다.

기면증은 네 가지 특징적인 증상을 나타낸다. **수면발작**은 몇 분간 수면에 대한 충동이 저항할 수 없을 정도로 나타나는 것이고, **탈력발작**은 의식이 있는 동안에 갑자기 마비가 일어나는 것이다. **수면마비**는 탈력발작과 유사하지만 잠들기 직전과 막 깨어났을 때 마비가 나타나는 것이고, **입면환각**은 잠들기 직전 수면마비가 일어나는 동안에 꿈을 꾸는 것이다. 수면발작은 암페타민과 같은 중추자극제로 치료하고, 다른 증상들은 세로토닌 효능제 또는 일반적으로 모다피닐로 치료한다. 기면증이 있는 개와 인간을 대상으로 한 연구 결과 이 장애는 오렉신(또는 하이포크레틴)으로 알려진 신경 펩타이드를 분비하는 뉴런의 비정상 때문인 것으로 밝혀졌다. REM 수면 행동장애는 REM 수면 동안 마비를 일으키는 뇌기제가 손상되는 신경학적 장애이다. 그 결과 환자들은 자신의 꿈을 행동으로 옮긴다.

서파수면, 특히 4단계 수면 동안에 어떤 사람들은 **야뇨증**, **몽유병**, **야경증** 등을 보인다. 이런 문제는 대부분 아동들에게서 나타나고, 이들이 성장하면 저절로 없어진다. 수면관련 섭식장애가 있는 사람들은 몽유병 증상이 나타나는 동안 음식을 찾아 먹는다.

생각해 봅시다

만일 당신이 친구 집에서 잠을 자고 있는데 한밤중에 이상한 소리가 들리고, 친구가 잠이 든 채 침대 밖으로 나와 걸어 다닌다고 가정해 보자. 당신은 친구에게 그의 행동이 몽유병인지 REM 수면 행동장애인지 어떻게 말해 줄 것인가?

왜 잠을 잘까?

잠을 자려는 욕구가 얼마나 끈질긴지, 그리고 잠을 자지 않고 버티는 것이 얼마나 힘든지 우리는 잘 알고 있다. 심한 통증의 영향이나 숨을 쉬는 욕구를 제외하면, 아마도 수면은 우리가 경험하는 가장 끈질긴 충동일 것이다. 식음을 전폐하여 자살하려는 사람은 있지만, 잠에 대한 충동을 무한정 억누를 수 있는 극기주의자는 없다. 깨어 있으려고 아무리 노력한다 해도 언젠가 잠이 들어버릴 것이다. 비록 이 문제가 아직까지 해결되지는 않았지만, 대부분의 연구자들은 서파수면의 일차적인 기능은 뇌를 쉬게 하는 것이라고 믿고 있다. 덧붙여서 서파수면과 REM 수면은 서로 다른 유형의 학습을 촉진시킨다. 또한 REM 수면은 뇌의 발달을 촉진하는 것으로 알려져 있다.

이 그림에서처럼 동물이 활동적일 때는 아니라고 하더라도, 돌고래와 같은 동물들은 두 개의 대뇌반구가 교대로 잠을 잔다.

Francois Gohier/Photo Researchers, Inc.

서파수면의 기능

수면은 척추동물에게는 보편적인 현상이다. 현재까지 알려진 바로는 모든 포유류와 조류가 잠을 잔다고 한다(Durie, 19981). 파충류 또한 잠을 자며, 어류와 양서류도 소위 수면이라고 할 수 있는 무활동 기간을 가진다. 그러나 항온 척추동물(포유류와 조류)만이 근육마비, 비동기적 뇌파와 급속 안구운동을 수반하는 분명한 REM 수면을 보인다.

수면은 생존에 필수적인 것으로 알려져 있다. 이러한 주장에 대한 증거는 수면을 취하지 않아야 더 나을 것

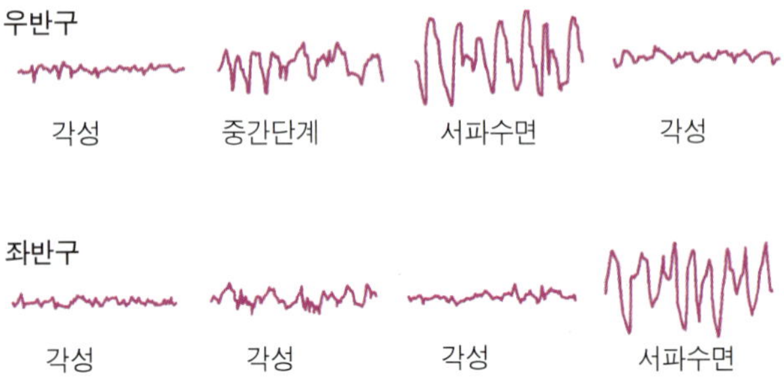

그림 8.6 돌고래의 수면. 두 개의 반구는 독립적으로 수면을 취하기 때문에 행동적으로 각성상태를 유지할 수 있다.

Based on Mukhametov, L. M., in *Sleep Mechanisms*, edited by A. A. Borbély and J. L. Valatx. Munich: Springer-Verlag, 1984.

같은 몇몇 포유동물들도 잠을 잔다는 사실에서 찾아볼 수 있다. 예를 들어 몇몇 해양 포유동물들은 이색적인 수면 양식을 발달시켰다. 이들은 양 대뇌반구가 교대로 수면을 취하는데, 이러한 책략은 적어도 한 쪽 대뇌반구를 늘 경계상태에 있도록 만들고 동물이 가라 앉거나 익사하지 않도록 한다. 그리고 활성화된 반구의 반대쪽 눈은 뜨고 있다. 또한 몇몇 새들(예: 청둥오리)은 포식자를 감시하기 위해 반대쪽 눈은 뜬 채로 한쪽 반구만 잠을 잔다(Rattenborg, Lima, and Amlaner, 1999). 주먹코 돌고래(*Turisops truncatus*)와 참돌고래(*Phocoena phocoena*)가 이런 식으로 잠을 잔다(Mukhametov, 1984). 그림 8.6은 돌고래의 양 대뇌반구에서 기록한 뇌파인데, 서파수면이 좌반구와 우반구에서 각기 독립적으로 일어남을 주목하라(그림 8.6 참조).

수면박탈 효과

우리는 억지로 밤을 새고 나면 매우 졸린다. 잠을 자는 것이 그토록 강렬한 동기라는 사실은 수면이 우리 삶에 필수적인 것임을 시사한다. 그렇다면 사람의 수면을 박탈하면 어떤 기능에 결함이 생기는가를 알아볼 필요가 있다. 그런 후 수면의 역할을 추론할 수 있을 것이다. 수면박탈 연구 결과는 수면의 회복 효과가 신체의 휴식보다 뇌의 휴식이 더 중요하다는 것을 암시하고 있다.

인간을 피험자로 한 수면박탈 연구에서는 신체 기능을 정상적으로 유지하기 위해 수면이 필수적이라는 증거를 얻지 못했다. Horne(1978)은 인간을 대상으로 실시한 50편이 넘는 수면박탈 실험연구를 개관하였다. 대부분의 연구에서 수면을 박탈하더라도 신체운동을 수행하는 능력은 방해를 받지 않는 것으로 나타났다. 또한 수면박탈에 의해 생리적 스트레스 반응이 나타난다는 증거도 발견되지 않았다. 그래서 수면의 일차적인 역할은 신체회복과 휴식이 아닌 것 같다. 그러나 사람들의 인지능력은 영향을 받는다. 어떤 사람들은 지각 왜곡이나 심지어 환각을 경험했다고 보고하며, 정신적 과제를 수행할 때 주의집중하기가 어렵다고 이야기한다. 아마도 수면은 뇌가 쉴 수 있는 기회를 주는 것 같다.

서파수면 동안 대뇌의 대사율과 혈류량이 줄어드는데, 4단계 수면 동안에는 각성 수준의 75%까지 감소한다(Sakai et al., 1979; Buchsbaum et al., 1989, Maquet, 1995). 특히 깨어 있을 때 활성화가 가장 높은 뇌 영역에서 서파수면 동안 델타파가 가장 많이 나타났다. 즉, 활성화가 가장 낮았다. 그래서 뇌의 특정영역에서 델타파가 나타난다는 것은 그 영역이 쉬고 있다는 것을 나타내는 것이다. 행동 관찰에서도 피험자들은 서파수면 동안 강한 자극을 제외한 대부분의 자극에 반응하지 않았으며, 그때 깨우면 불안정하고 혼란스러웠다. 마치 대뇌피질이 차단되었다가 다시 기능을 회복하지 못한 것 같았다. 더불어 몇몇 연구들에서는 하룻밤 수면박탈만으로도 인지기능이 저하되는 것으로 나타났는데, 이는 뇌가 효율적으로 기능하는 데 수면이 필요하다고 볼 수 있다(Harrison & Horne, 1998, 1999). 이러한 관찰을 통해 우리는 서파수면 동안 뇌가 실제로 쉬고 있음을 알 수 있다.

치사성 가족 불면증fatal familial insomnia이라는 유전적 신경학적 질환은 시상의 손상을 일으킨다(Sforza et al., 1995; Gallassi et al., 1996; Montagna et al., 2003). 이 질환의 증상은 크로이츠펠트-야콥병의 증상이나 뇌가 스펀지처럼 되는 광우병과 관련이 있는데, 주의와 기억 결함, 꿈꾸는 것과 같은 혼미상태, 자율신경계와 내분비계의 조절상실, 불면증 등이 수반된다. 수면장애의 첫 번째 신호는 수면방추와 K 복합이 감소하는 것이다. 병이 진행되면서 서파수면은 완전히 사라지고 잠깐 동안의 (마비가 없는) REM 수면만 남게 된다. 이 질환은 이름처럼 매우 치명적이다. 뇌손상에 의해 발생한 불면증이 어떻게 해서 다른 증상을 일으키고 심지어 죽음에 이르게까지 하는가에 대해서는 잘 모르고 있다.

Schenkein과 Montagna(2006a, 2006b)는 통상 12개월 이내에 사망하게 되는 치사성 가족 불면증 진단을 받은 어떤 남자의 사례를 보고하였다. 여러 명의 친척들이 이 병으로 사망했기 때문에 그 사람은 잠을 잘 수 있도록 하는 약물이나 치료를 받기 위해 여러 의사에게 도움을 요청하였다. 몇 개월 후 그러한 치료가 도움이 되었고 그 사람은 기대했던 것보다 1년 이상 더 생존하였다. 그의 생존기간이 더 길었던 것이 잠을 더 많이 잔 것의 직접적인 결과인지를 결정하기 위해서는 후속연구가 필요하다. 여하튼 질병을 앓고 있던 동안 그의 삶의 질은 훨씬 더 개선되었다.

운동이 수면에 미치는 영향

인간을 대상으로 실시한 수면박탈 연구는 낮 동안의 활동에서 회복되기 위해서 뇌는 서파수면을 필요로 한다는 것을 암시한다. 생리적인 기능을 회복하기 위하여 수면이 필요한가를 알아보기 위한 또 다른 방법은 낮 동안의 활동이 밤 수면에 미치는 영향을 살펴보는 것이다. 만약 수면의 기능이 깨어 있는 동안 수행한 신체활동의 영향을 보상해 주는 것이라면, 수면과 운동은 서로 관련되어 있을 것이다. 즉, 책상에 가만히 앉아서 보낸 날보다 격렬한 운동을 한 날에 잠을 더 많이 자야 할 것이다.

그러나 수면과 운동 사이의 관련성은 그리 밀접하지 않다. 예를 들어 Ryback과 Lewis(1971)는 건강한 피험자들이 침대에서 쉬기만 하면서 6주를 보낸 경우에도 서파수면이나 REM 수면에 아무런 변화가 없음을 발견하였다. 만일 수면이 피로를 보상해 주는 것이라면 이 피험자들은 밤에 더 적게 잘 것이라고 기대할 수 있다. Adey, Bors, 그리고 Porter(1968)는 전혀 움직이지 못하는 사지마비 환자 및 하반신불구 환자의 수면을 연구하였는데, 부상을 입지 않은 사람들에 비해 단지 서파수면이 약간 감소함을 관찰하였다. 그래서 비록 수면이 신체의 휴식을 제공한다고 하더라도, 수면의 일차적 기능은 다른 무엇인 것 같다.

REM 수면의 기능

분명, REM 수면은 생리적인 활동이 강하게 나타나는 시기이다. 안구가 빠르게 움직이고, 심장박동률이 갑자기 증가하거나 감소하며, 호흡이 불규칙해지고, 뇌가 보다 활동적이 된다. 이러한 REM 수면이 서파수면과 동일한 기능을 가지리라고 생각하는 것은 이치에 맞지 않는다. REM 수면박탈에 관한 초기의 연구(Dement, 1960)에 의하면, 박탈기간이 길어질수록 REM 수면에서 피험자를 깨우는 횟수가 더 빈번해졌는데 이는 REM 수면을 취하려는 성향이 이미 내재되어 있음을 의미한다. 더욱이 며칠간 REM 수면을 박탈한 후 정상적으로 잠을 자게 하면, 피험자들은 회복기의 밤 수면 동안 평상시보다 더 많은 비율의 REM 수면을 취하는 **반동현상**rebound phenomenon을 일으킨다. 이러한 반동현상은 일정한 양의 REM 수면이 필요하다는 것과 그것이 어떤 조절기제에 의해 통제된다는 것을 시사한다. 만약 REM 수면을 선택적으로 박탈시키고 나서, 그 후 방해를 받지 않고 잠을 잘 수 있게 해주면 REM 수면의 부족분이 보충된다.

연구자들은 뇌 발달이 가장 활발한 시기에 REM 수면의 비율이 가장 높다는 사실에 오랫동안 충격을 받았다. 아마도 REM 수면이 뇌 발달에 어떤 역할을 할 것이다(Siegel, 2005). 기니피그나 소와 같이 뇌가 충분히 발달된 상태에서 출생하는 동물보다 흰 족제비 또는 인간처럼 뇌가 덜 발달된 상태에서 태어나는 종이 유아기 동안 REM 수면에 더 많은 시간을 보낸다(Roffwarg, Muzio, & Dement, 1966; Jouvet-Mounier, Astic, & Lacote, 1970). 그러나 만약 REM 수면의 기능이 뇌 발달을 촉진하는 것이라면 왜 성인들도 REM 수면을 하는가? 한 가지 가능성은 뇌 발달 동안 일어나는 엄청난 변화뿐만 아니라 나중에 일어나는 학습과 관련된 다소 소소한 변화도 촉진하는 것 같다. 다음 절에서 보겠지만 지금까지의 증거로 보아 REM 수면뿐만 아니라 서파수면도 학습을 촉진시킨다.

수면과 학습

인간과 실험동물들을 대상으로 한 연구 결과 수면은

뇌가 휴식을 취하게 하는 것 이상의 역할을 하며, 또한 장기기억의 응고에 도움을 준다(Marshall and Born, 2007). 사실 서파수면과 REM 수면은 기억 응고 과정에서 서로 다른 역할을 한다.

12장에서 보겠지만 장기기억에는 서술적 기억(또는 외현기억)과 비서술적 기억(또는 암묵기억)이라는 두 가지 범주가 있다. 서술적 기억은 우리가 살면서 경험한 과거의 일화와 같이 말로 이야기할 수 있는 기억이다. 또한 서술적 기억에는 우리가 환경 속을 돌아다닐 수 있게 해주는 지형지물 간의 공간적 관계와 같은 자극이나 사상 간의 관계에 대한 기억도 포함된다. 비서술적 기억은 자동차 운전, 공 던지고 받기, 또는 사람의 얼굴재인 등과 같이 정보를 기억하려는 시도가 필요 없이 연습이나 경험으로 획득된 것이다. 연구 결과 서파수면과 REM 수면이 서술적 기억과 비서술적 기억에 각기 다른 역할을 하는 것으로 밝혀졌다.

이 연구 결과를 이야기하기 전에 수면의 각 단계에 있는 어떤 사람의 의식에 대해 생각해 보자. REM 수면 동안 정상적으로 사람들은 높은 의식수준을 유지하고 있다. REM 수면 동안 사람을 깨우면 그들은 각성되고 머리가 맑으며 통상 방금 꾼 꿈을 상세하게 기술할 수 있다. 그러나 서파수면 동안 사람을 깨우면 그들은 비틀거리고 혼미하며, 무슨 일이 있었는지 거의 이야기하지 못한다. 그렇다면 수면의 어떤 단계가 서술적 기억과 비서술적 기억 응고에 도움을 주는가?

REM 수면이 서술적 기억과 관계가 있고 서파수면이 비서술적 기억과 관계가 있을 것이라고 생각할 수 있다. 그러나 사실은 정반대이다. 낮잠이 기억 응고에 미치는 영향을 연구한 다음의 두 연구를 살펴보자. Mednick, Nakayama, 그리고 Stickgold(2003)는 아침 9시에 피험자들에게 비서술적 시각변별 과제를 학습시켰다. 그리고 10시간 후인 저녁 7시에 그 과제의 수행을 다시 검사하였다. 피험자 중 일부에게는 훈련과 검사 사이의 낮 동안에 90분간 낮잠을 자도록 했다. 그리고 그들이 REM 수면에 들어가는가 아닌가를 알아보기 위해 잠자는 피험자의 뇌파를 기록하였다. (건강한 사람의 경우 서파수면이 항상 먼저 오기 때문에 분명히 그들 모두 서파수면 단계에 들어갔다.) 낮잠을 자지 않은 피험자들은 훈련 직후 보다 저녁 7시에 검사했을 때 수행이 더 나빠졌다. 서파수면 단계에만 들었던 사람은 훈련 직후나 저녁 검사 때의 수행에 차이가 없었으나 REM 수면단계에 들어갔던 사람은 저녁 검사 때의 수행이 유의하게 향상되었다. 그래서 REM 수면이 비서술적 기억의 응고를 강하게 촉진했다(그림 8.7 참조).

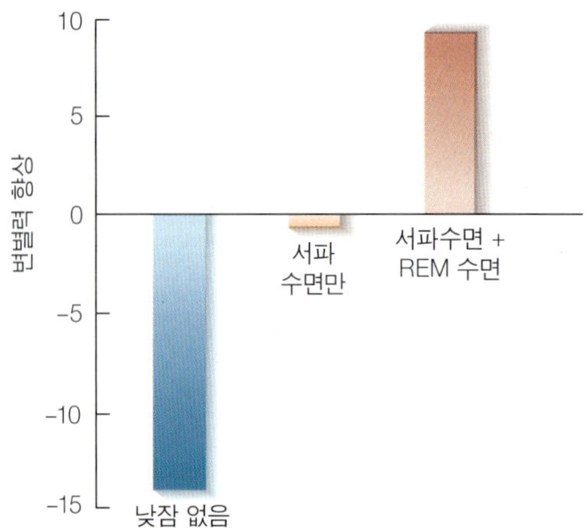

그림 8.7 REM 수면과 학습. 이 그림은 비서술적 시각변별 과제를 학습하는데 REM 수면의 역할을 보여 준다. 서파수면과 REM 수면 모두 포함된 90분 동안의 낮잠 후에만 수행이 향상되었다.

Based on data from Mednick, S., Nakayama, K., and Stickgold, R. *Nature Neuroscience*, 2003, *6*, 697–698.

두 번째 연구에서 Tucker 등(2006)은 피험자들에게 두 가지 과제, 즉 서술적 과제(쌍 단어 목록 학습)와 비서술적 과제(mirror-drawing task)를 훈련시켰다. 그런 다음 피험자들의 일부에게 한 시간 동안 계속 낮잠을 자도록 하였다. 그들의 뇌파를 기록하면서 REM 수면이 시작되기 전에 피험자들을 깨웠다. 훈련하고 나서 6시간 후 두 가지 과제의 수행을 검사하였다. 연구 결과 낮잠을 자지 않고 깨어 있었던 피험자들과 비교했을 때 서파수면 단계에만 있었던 사람들의 경우 서술적 과제의 수행은 향상되었지만 비서술적 과제의 수행은 영향이 없었다(그림 8.8 참조). 그래서 이들 두 실험은 (다른 많은 연구가 있지만 여기서는 기술하지 않음) REM 수면이 비서술적 기억 응고를 촉진시키고 서파수면이 서술적 기억 응고를 촉진시킨다는 것을 보여 준다.

Peigneux 등(2004)은 피험자에게 컴퓨터상의 가상현실세계의 길을 학습시켰다. 이 과제는 사람이 실제 도시의 길을 학습하는 것과 아주 유사하다. 피험자는 각기 다른 지점에서 출발하여 특정 위치를 찾아가기 위해

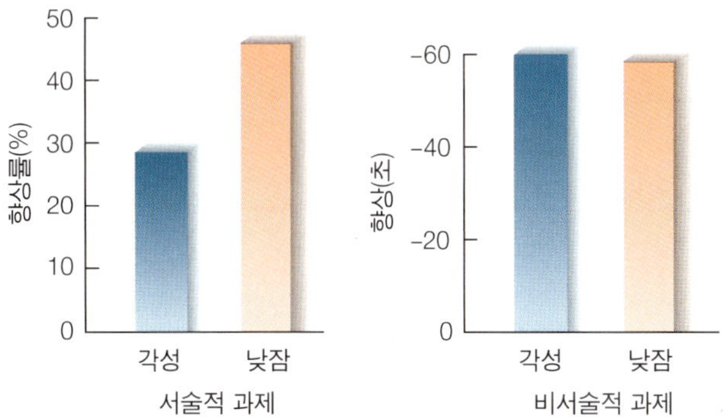

그림 8.8 서파수면과 학습. 피험자들은 서술적 과제(단어 쌍 목록)과 비서술적 과제(거울상 추적)를 학습하였다. 서파수면만 있는 낮잠을 잔 후, 깨어 있었던 피험자들와 비교했을 때 서술적 과제를 학습한 피험자만 수행이 향상되었다.

Based on data from Tucker, M. A., Hirota, Y., Wamsley, E. J., Lau, H., Chaklader, A., and Fishbein, W. *Neurobiology of Learning and Memory*, 2006, *86*, 241-247.

지형지물과 길거리의 상대위치를 학습해야만 한다. 12장에서 보겠지만 이런 종류의 학습에 해마가 필수적인 역할을 한다. Peigneux와 동료들은 국소적 뇌 활동을 측정하기 위해 기능적 뇌 영상 기법을 사용하였으며, 그 결과 경로학습을 하는 동안 활성화된 해마영역과 그날 밤 서파수면 동안 활성화된 영역이 동일한 것으로 나타났다. REM 수면 동안에는 이러한 형태가 나타나지 않았다.

이와 비슷한 가상현실 길 찾기 과제를 사용하여 Wamsley 등(2010)은 훈련 후 낮잠을 자는 동안 서파수면이 나오면 피험자를 깨우고 생각나는 것이 무엇이든 이야기하라고 하였다. 그 결과 그 과제와 관련된 생각을 했던 피험자가 그러한 생각을 보고하지 못했던 사람보다 이후 길 찾기 과제 수행을 더 잘한 것으로 나타났다. 그래서 서파수면 상태에서 깬 사람들이 비록 이야기가 있는 꿈을 보고하지는 못했지만 잠자는 뇌는 이전 각성 동안 획득하였던 정보를 암송한다고 볼 수 있다.

실험동물을 사용한 많은 연구는 동물의 뇌 속에 있는 개별 뉴런의 활동을 직접 기록하였다. 이들 연구 역시 서파수면 동안 뇌가 새로 학습한 정보를 암송하는 것으로 밝혀졌다. 12장에서 이러한 증거를 살펴보고 관련된 뇌기제에 대한 연구들을 기술할 것이다.

절 요약

왜 잠을 잘까?

잠을 자지 않는 것이 더 좋을 것 같은 동물을 포함하여 모든 척추동물이 잠을 잔다는 사실은 수면이 어떤 중요한 기능을 할 것임을 시사한다. 인간의 경우 며칠 동안 수면을 박탈하면 지각적 왜곡, (가끔) 약한 환각, 지속적인 주의를 요하는 과제를 수행하는 데 어려움 등이 생긴다. 이러한 수면박탈의 효과를 볼 때 수면박탈은 대뇌의 기능을 손상시키는 것 같다. 깊은 서파수면은 가장 중요한 수면단계로서, 아마도 뇌를 회복시키는 기능을 하는 것 같다. 치사성 가족 불면증은 시상의 일부에 변성을 일으키는 유전질환으로서, 주의결함, 기억결함, 꿈꾸는 것 같은 혼미상태, 자율신경계와 내분비선 조절의 결함, 불면증 등을 일으키며, 결국 환자는 사망한다.

수면의 일차적 기능이 낮 시간 동안의 활동으로 피로해진 신체를 회복하기 위한 기회를 제공하는 것이 아닌 것 같다. 운동수준의 변화가 그날 밤에 필요로 하는 수면의 양을 유의하게 변경시키지 않는다. 그 대신 서파수면의 가장 중요한 기능은 뇌의 대사율을 줄이고 뇌를 쉬게 하는 것 같다. 이 가설을 지지하는 증거로 연구자들은 서파수면이 실제로 뇌의 대사율을 감소시킨다는 것을 보여주었다.

REM 수면의 기능에 대해서는 서파수면보다도 이해된 바가 더 적다. REM 수면은 뇌 발달을 촉진시키는 것 같다. REM 수면과 서파수면 모두 학습을 촉진시킨다. REM 수면은 비서술적 학습을 촉진시키고, 서파수면은 서술적 학습을 촉진시킨다.

생각해 봅시다

이 절에서 제시된 증거는 수면의 일차적 기능이 뇌를 쉬게 하는 것이라고 시사한다. 그러나 수면은 또 다른 기능을 하는가? 예를 들어, 수면은 몇몇 대뇌반응뿐만 아니라 위험으로부터 보호해 주는 적응적 기능이 있는가? 수면 연구가 William Dement는 폐의 기능 중 하나가 의사소통이라고 하였다. 분명히 폐의 가장 중요한 기능은 산소를 공급하고 이산화탄소를 몸 밖으로 배출하는 것으로서 호흡계의 진화를 설명한다. 그러나 우리는 성대를 진동시켜 다른 사람과 의사소통하기 위한 소리를 만들기 위해 폐를 사용한다. 폐의 다른 기능은 (입김을 불어) 차가운 손을 따뜻하게 해주고, 숯에 불을 붙이고, 촛불을 끌 수 있다. 이러한 관점에서 수면의 또 다른 유용한 기능에 대해 생각해 보라.

수면과 각성의 생리적 기제

이제까지 수면의 특성과 기능, 수면과 관련된 장애에 관하여 살펴보았다. 이제 수면행동과 이와 반대 현상인 각성을 담당하는 생리적 기제에 대한 연구를 살펴보자.

수면에 대한 화학적 통제

앞에서 살펴보았듯이 수면은 조절된다. 즉, 유기체가 서파수면이나 REM 수면이 박탈되면 기회가 있을 때 부족한 잠을 부분적이나마 보충하려고 한다. 게다가 낮잠을 자면서 서파수면을 취한 날은 그날 밤 수면에서 그만큼 서파수면이 줄어든다(Karacan et al., 1970). 이런 사실은 어떤 생리적 기제가 유기체가 요구하는 수면의 양을 탐지한다는 것을 시사한다. 다시 말해서 어떤 생리적 기제가 각성 동안 손해를 본 수면을 추적한다는 것이다.

가장 단순한 설명은 신체가 각성 동안 축적하고 수면 동안 파괴되는 수면-촉진물질(sleep-promoting substance)을 생산한다는 것이다. 어떤 사람이 오래 깨어 있으면 이 물질을 불활성화시키기 위해 잠을 더 많이 잘 것이다. 앞에서 살펴보았듯이 어떤 종의 동물의 대뇌반구는 각각 다른 시간에 잠을 잔다(Mukhametov, 1984). 만약 수면이 혈액에 함유된 화학물질에 의해 조절된다면, 두 개의 대뇌반구는 동시에 잠을 자야 할 것이다. 이러한 관찰은 수면이 화학물질에 의해 통제된다면, 그 화학물질은 뇌에서 생산되고 뇌에서 작용한다고 생각할 수 있다. 이러한 생각을 지지하는 것으로서, Oleksenko 등(1992)은 각각의 대뇌반구는 자체적인 수면욕구가 있음을 보여 주는 증거를 얻었다. 이들은 한쪽 반구가 수면상태에 들어갈 때마다 동물을 깨워서 주먹코돌고래의 한쪽 반구에서만 수면을 박탈하였다. 그 후 정상적으로 잠을 자게 했을 때 수면이 박탈된 대뇌반구에서만 서파수면의 반동현상이 나타났다.

Benington, Kodali, 그리고 Heller(1995)는 핵산 신경조절물질인 **아데노신**adenosine이 수면을 통제하는 데 중요한 역할을 할 것이라고 제안했으며, 후속연구가 이 제안을 지지하였다. 간과 근육에 저장되는 불용성 탄수화물인 글리코겐을 성상세포도 조금 저장하고 있다. 뇌의 활성화가 증가하면 이 글리코겐은 뉴런의 연료로 전환된다. 그래서 오랫동안 각성상태에 있으면 뇌 속의 글리코겐 수준은 감소한다(Kong et al., 2002). 글리코겐 수준이 떨어지면 세포외액의 아데노신 수준이 증가하고, 이것이 신경활동에 억제적 효과를 일으킨다. 이러한 아데노신의 축적이 수면촉진 물질로 작용한다. 서파수면 동안 뇌의 뉴런은 휴식을 취하고 성상세포는 글리코겐을 다시 저장한다(Basheer et al., 2004; Wigren et al., 2007). 만약 각성이 지속되면 아데노신이 더 많이 축적되고 이것이 신경활동을 억제하며 수면박탈 동안 나타나는 인지적 정서적 효과를 일으킨다. (4장에서 본 것처럼 카페인은 아데노신 수용기를 차단한다. 그래서 카페인이 수면에 미치는 효과에 대해서는 더 이상 설명할 필요가 없을 것이다.) Halassa 등(2009)은 생쥐의 뇌 성상세포에서 아데노신이 방출되는 것을 방해하는 표적 돌연변이를 만들었다. 그 결과 돌연변이 생쥐는 정상동물보다 서파수면을 훨씬 더 적게 보였다.

우리 모두가 아는 것처럼 수면에 대한 욕구는 개인마다 다르다. 유전적 요인이 개인의 서파수면 적정 기간에 영향을 준다는 증거가 있다. Rétey 등(2005)은 이들 요인 중 하나―아데노신 분해효소인 아데노신 디아미나제(adenosine deaminase)라는 효소를 부호화하고 있는 유전자의 변이―를 발견하였다. 아데노신을 더 천천히 분해하는 효소형태를 부호화하고 있는 유전자의 G/A 대립유전자(allele)를 가지고 있는 사람이 일반적인 G/G 대립유전자를 가진 사람보다 약 30분 정도 서파수면을 더 많이 하는 것으로 밝혀졌다. G/A 대립 유전자를 가진 사람의 경우 서파수면 동안 아데노신 수준이 더 느리게 감소하였고, 결과적으로 이 사람의 서파수면이 더 길었다.

수면촉진 요인으로서 아데노신의 역할에 대해서는 수면에 대한 신경적 통제를 다루는 이 장의 뒷부분에서 더 자세하게 설명할 것이다.

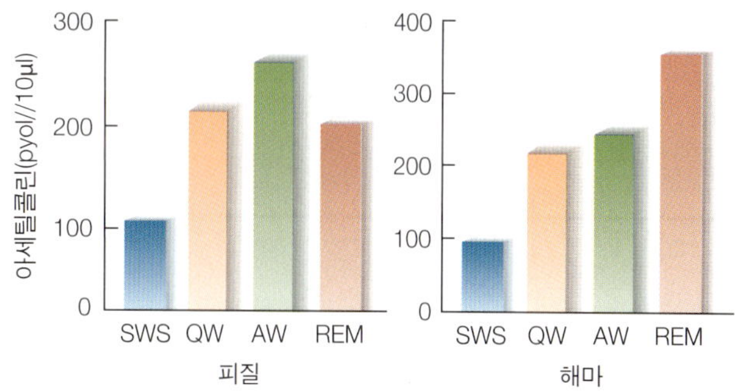

그림 8.9 아세틸콜린의 방출과 수면-각성주기. 이 그림은 수면-각성주기 동안 대뇌피질과 해마에서 방출된 아세틸콜린의 양을 보여 준다. SWS = 서파수면, QW = 조용한 각성, AW = 적극적 각성.

Based on data from Marrosu et al., 1995.

각성에 대한 신경적 통제

앞에서 살펴본 것처럼, 수면은 단일 상태가 아니라 각기 다른 특성을 가진 여러 단계로 이루어져 있고, 각성도 마찬가지로 단일한 형태가 아니다. 우리는 경계를 하고 주의를 기울일 때도 있으나, 어떤 때는 주변에서 일어나는 일을 알아차리지 못할 때도 있다. 물론 졸음은 각성에 영향을 미친다. 깨어 있으려고 애를 쓰게 되면, 그로 인해 다른 사물에 대한 집중력이 떨어진다. 그러나 일상생활을 들여다보면 졸리지 않을 때라도 우리의 경계 수준은 다양하다. 예를 들어, 아주 흥미로운 (또는 놀라운, 또는 경악스러운) 일이 있으면, 각성이 더 많이 되고 주위 환경을 훨씬 더 잘 인식할 수 있다.

최소한 다섯 가지의 신경전달물질－아세틸콜린, 노르에피네프린, 세로토닌, 히스타민, 오렉신－을 분비하는 신경회로가 동물의 경계와 각성의 어떤 측면에 관여한다(Wada et al., 1991; McCormick, 1992; Marrocco, Witte, & Davidson, 1994; Hungs & Mignot, 2001).

아세틸콜린

각성, 특히 대뇌피질의 각성에 관여하는 가장 중요한 신경전달물질 중 하나는 아세틸콜린이다. 뇌교와 전뇌기저영역에 있는 두 집단의 아세틸콜린성 뉴런들이 자극을 받으면 대뇌피질을 활성화시키고 뇌파가 비동기화된다(Jones, 1990; Steriade, 1996).

연구자들은 아세틸콜린 효능제가 피질 각성을 나타내는 뇌파 신호를 증가시키고 아세틸콜린 길항제가 그러한 뇌파 신호를 감소시킨다는 것을 오랫동안 알고 있었다(Vanderwolf, 1992). Marrosu 등(1995)은 미세투석법을 사용하여 동물의 행동적 각성 및 경계와 관련성이 높은 영역인 해마와 신피질에서 아세틸콜린의 방출량을 측정하였다. 이 영역에서 아세틸콜린의 수준은 각성과 REM 수면 동안에 높았으며, 서파수면 동안에 낮은 것으로 밝혀졌다(그림 8.9 참조). 게다가, Rasmusson, Clow 및 Szerb(1994)는 배측 뇌교의 어떤 영역을 전기자극하면 대뇌피질이 활성화되고, (미세투석법으로 측정했을 때) 대뇌피질에서 아세틸콜린의 방출이 350%까지 증가한다는 것을 밝혀냈다. 전뇌기저영역에 있는 아세틸콜린성 뉴런이 이러한 효과를 일으키는 통로의 핵심적인 부분이다. 만약 국소마취제나 시냅스 전달을 차단하는 약물을 주입하여 이 뉴런들을 비활성화시키면 뇌교자극의 활성화 효과가 사라진다. 반대로 Cape와 Jones(2000)는 이들 뉴런을 활성화시키는 약물이 각성을 유발한다는 것을 발견했다. Lee 등(2004)은 전뇌기저부의 대부분의 뉴런은 각성과 REM 수면 동안 높은 비율로 발화하고 서파수면 동안에는 발화율이 낮은 것을 발견하였다.

노르에피네프린

연구자들은 암페타민과 같은 카테콜아민 효능제가 각성과 불면증을 일으킨다는 것을 오래전부터 알고 있었다. 이런 효과들은 배측 뇌교에 있는 **청반**locus coeruleus의 노르아드레날린성 회로에 의해 주로 매개되는 것 같다. 청반의 뉴런은 신피질, 해마, 시상, 소뇌피질, 뇌교, 연수 등 뇌의 여러 영역으로 축색을 보내 노르에피네프린을 방출한다. 그래서 청반의 뉴런은 뇌의 중요한 여러 영역에 광범한 영향을 미칠 수 있다.

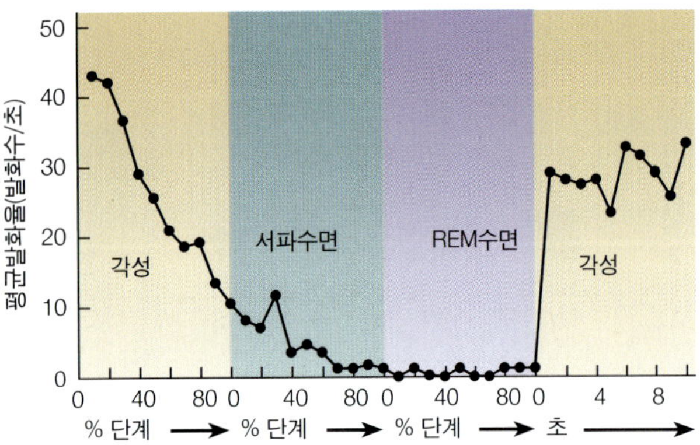

그림 8.10 노르에피네프린과 수면–각성주기. 이 그림은 수면과 각성의 여러 단계 동안 자유롭게 움직이는 쥐의 청반에 있는 노르아드레날린성 뉴런의 활동을 보여 준다.

Based on Aston-Jones, G., and Bloom, F. E. *The Journal of Neuroscience*, 1981, *1*, 876–886. Copyright 1981, The Society for Neuroscience.

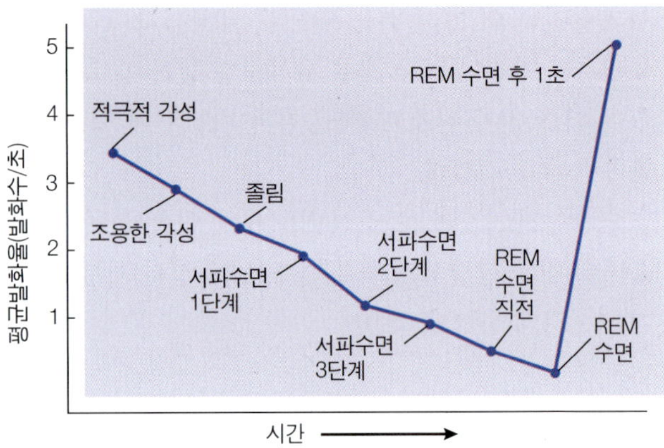

그림 8.11 세로토닌과 수면–각성주기. 이 그림은 수면과 각성의 여러 단계 동안 자유롭게 움직이는 고양이의 배측 봉선핵에 있는 세로토닌성 뉴런의 활동을 보여 준다.

Based on data from Trulson, M. E., and Jacobs, B. L. *Brain Research*, 1979, 163, 135–150.

Aston-Jones와 Bloom(1981)은 구금되지 않은 쥐의 수면–각성주기에 걸쳐 청반의 노르아드레날린성 뉴런들의 활동을 기록하였다. 그림 8.10에서 볼 수 있는 바와 같이 이 뉴런들의 활동은 행동적 각성과 밀접한 관계가 있다. 수면 전과 수면 동안 발화율이 감소하고, 잠에서 깨면 발화율이 갑자기 증가하는 것을 주목하라. 더욱이 REM 수면 동안 청반에 있는 뉴런의 발화율은 거의 영에 가까울 정도로 떨어지고, 동물이 잠에서 깨면 발화율이 극적으로 증가한다(그림 8.10 참조). Carter 등(2010)은 광유전적 방법을 사용하여 청반 뉴런의 자극이 즉각적인 각성을 일으키고, 청반 뉴런의 억제가 각성을 감소시키고 서파수면을 증가시킨다는 것을 발견하였다. 대부분의 연구자들은 청반의 노르아드레날린성 뉴런의 활동이 동물의 경계를 증가시켜 환경자극에 대해 주의를 기울일 수 있게 한다고 믿고 있다. 실제로 Aston-Jones 등(1994)의 연구 결과 청반의 노르아드레날린성 뉴런의 매순간의 활동이 경계가 요구되는 과제의 현재 수행과 직접 관련이 있는 것으로 나타났다.

세로토닌

세 번째 신경전달물질인 세로토닌(5-HT)도 행동을 활성화시키는 역할을 한다. 뇌의 세로토닌성 뉴런의 거의 전부가 연수와 뇌교 망상체에 위치한 **봉선핵**raphe nucleus에 있다. 이 뉴런의 축색은 시상, 시상하부, 기저핵, 해마, 신피질 등을 포함하여 뇌의 여러 영역으로 투사한다. 봉선핵을 자극하면 보행활동과 (뇌파로 측정한) 피질 활성화가 나타나며, 세로토닌의 합성을 방해하는 약물인 PCPA를 주입하면 피질각성이 감소된다(Peck & Vanderwolf, 1991).

그림 8.11은 Trulson과 Jacobs(1979)가 기록한 세로토닌성 뉴런의 활동이다. 그림에서 볼 수 있듯이, 이 뉴런의 활동은 Aston-Jones와 Bloom(1981)이 연구한 노르아드레날린성 뉴런과 마찬가지로 각성 동안 가장 활동적이었다. 서파수면 동안 이 뉴런의 발화율이 감소하고, REM 수면 동안에는 거의 영에 가깝다. 그러나 REM 수면이 끝나자마자 이 뉴런의 활동은 즉각 증가하였다(그림 8.11 참조).

히스타민

각성을 조절하는 것으로 추정되는 네 번째 신경전달물질은 히스티딘(histidine)이라는 아미노산에서 합성된 히스타민(histamine)이다. 알레르기 치료에 사용되는 일부 항히스타민 약물이 졸음을 유발할 수 있다는 것은 잘 알려져 있다. 그 약물들은 히스타민 H1 수용기를 차단하여 졸음을 유발시킨다. 최근에 개발된 항히스타민제는 혈뇌장벽을 통과하지 못하고, 따라서 졸음이 유발되지 않는다.

히스타민성 뉴런의 세포체는 시상하부의 유두체 바로 앞쪽 뇌의 기저부에 위치한 **유두체결절핵**tuberomammillary nucleus; TMN에 있다. 이 뉴런의 축색은 주로 대뇌피질, 시상, 기저핵, 전뇌기저영역, 시상하부 등으로 간다. 대뇌피질로 가는 축색은 직접 피질 활성화의 각성을 증가시키며, 전뇌기저영역과 배측 뇌교의 아세틸콜린성 뉴런으로 가는 축색은 대뇌피질에서 아세틸콜린의 방출을 증가시켜 간접적으로 작용한다(Khateb et al., 1995; Brown, Stevens, & Haas, 2001). 히스타민성 뉴런의 활동은 각성 동안에는 높지만, 서파수면과 REM 수면 동안에는 낮다(Steininger et al., 1996). 더욱이 히스타민의 합성을 차단하거나 히스타민 수용기를 차단하는 약물은 각성을 감소시키고 수면을 증가시킨다(Lin, Sakai, and Jouvet, 1998). 또한 쥐의 전뇌기저영역에 히스타민을 주입하면 각성이 증가하고 비-REM 수면은 감소한다(Ramesh et al., 2004).

오렉신

이미 수면장애에 관한 절에서 살펴본 것처럼, 기면증의 원인은 인간의 경우 오렉신 뉴런의 변성 때문이며, 개의 경우 유전적 결함으로 오렉신-B 수용기가 없기 때문이다. 오렉신(또는 하이포크레틴)을 분비하는 뉴런의 세포체는 외측시상하부에 있다. 인간의 뇌에 오렉신을 분비하는 뉴런이 약 7,000개 정도에 불과하지만 이 뉴런의 축색은 청반, 봉선핵, 유두체결절핵, 배측 뇌교와 전뇌기저영역의 아세틸콜린성 뉴런 등 각성과 관련된 모든 뇌 영역으로 간다(Sakurai, 2007). 오렉신은 이들 모든 영역에서 흥분적 효과를 일으킨다.

Mileykovskiy, Kiyashchenko와 Siegel(2005)은 마취되지 않은 쥐의 단일 오렉신 뉴런의 활동을 기록한 결과 그 뉴런은 경계 또는 적극적 각성 동안 높은 비율로 발화하고, 조용한 각성, 서파수면, 그리고 REM 수면 동안에는 낮은 비율로 발화하는 것으로 밝혀졌다. 쥐가 탐색활동을 할 때 뉴런은 가장 높은 비율로 발화하였다(그림 8.12 참조). Adamantidis, Carter, 그리고 de Lecea(2010)은 광유전적 방법을 사용하여 생쥐의 외측 시상하부의 뉴런을 활성화시킨 결과, 이러한 활성화가 REM 수면이든 또는 비REM 수면이든 동물을 잠에서 깨어나게 하였다.

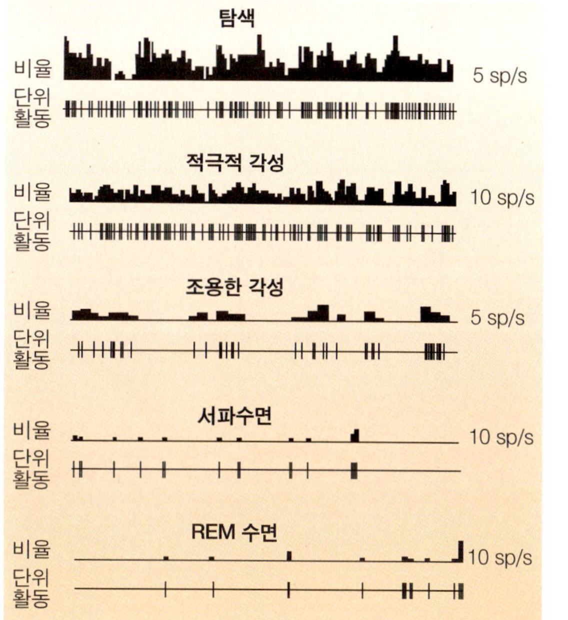

그림 8.12 오렉신과 수면–각성주기. 이 그림은 수면과 각성의 여러 단계 동안 단일 오렉신성 뉴런들의 활동을 보여 준다.

Based on data from Mileykovskiy, B. Y., Kiyashchenko, L. I., and Siegel, J. M. *Neuron*, 2005, *46*, 787-798.

앞서 본 것처럼 가장 많이 사용하는 기면증 치료제인 모다피닐은 졸음을 억제시킨다. Ishizuka, Murotani, 그리고 Yamatodani(2010)는 모다피닐의 각성 효과는 유두체결절핵에서 오렉신의 방출을 자극하여 그곳에 있는 히스타민성 뉴런을 활성화시키기 때문이라고 하였다.

서파수면에 대한 신경적 통제

수면은 **항상성**(homeostatic), **생체 적응**(allostatic), 그리고 **일일주기**(circadian)라는 세 가지 요인들에 의해 통제된다. 만약 우리가 오랫동안 잠을 자지 못하면 필연적으로 졸리게 되며, 일단 잠을 자게 되면 평소보다 너 많이 자고 우리의 수면 욕구를 최소한 어느 정도 채우게 된다. 이러한 수면 통제를 **항상성**이라 하는데, 이는 음식을 먹고 물을 마시는 것을 조절하는 원리와 같다. 그러나 어떤 조건, 예를 들어 위험한 상황에서 위협을 느끼거나, 갈증이 있을 때 마실 물을 찾는 상황에서는 깨어 있는 것이 매우 중요하다. 수면에 대한 이러한 통제를 **생체 적응**이라 하는데, 이는 항상성 기제로 통제할 수 없는 스트레스 상황(위험, 물 부족 등)에 대한 적응적 반응이다. 끝으로 **일일주기 요인**은 우리가 낮/밤 주기 가운데 특정 부분 동안 몰아서 잠을 자도록 한다. (수면에 대한 일일주기 통제는 이 장의 마지막 절에서 설명할 것이다.)

이 장의 앞부분에서 본 것처럼 수면을 통제하는 일차적인 항상성 요인은 각성 동안 뇌 속에 축적되고 서파수면 동안 파괴되는 화학물질인 아데노신의 존재 여부이다. 생체 적응적 통제는 스트레스 상황에 대한 호르몬적, 신경적 반응과 배고픔과 갈증에 관여하는 (오렉신 같은) 신경 펩타이드에 의해 매개된다.

이 절에서는 서파수면을 통제하는 신경회로와 아데노신이 항상성 효과를 일으키는 방식에 대해 서술할 것이다. 우리가 깨어 있고 각성되어 있을 때 우리 뇌의 대부분의 뉴런–특히 전뇌의 뉴런–은 활동적이다. 그래서 우리는 감각정보에 주의를 기울이고, 그 정보를 처리하고 우리가 지각한 것들에 대해 생각하고, 기억에서 관련 정보들을 인출하고, 낮 동안 수행해야 할 다양한 행동에 참여할 수 있다. 뇌 활동수준은 대개 이전 절에서 설명한 다섯 가지 각성뉴런들에 의해 통제된다. 이 뉴런의 활동이 높으면 우리는 깨어 있고, 활동수준이 낮으면 잠을 잔다.

그러나 각성뉴런의 활동을 통제하는 것은 무엇인가? 무엇이 이 뉴런의 활동을 떨어뜨리고 우리를 잠들게 하는가? 시상하부의 앞쪽 영역인 **시삭전 영역**(preoptic area)이 잠을 자게 하는 가장 중요한 뇌 영역이다. 시삭전 영역의 뉴런은 뇌의 각성뉴런과 억제적 시냅스 연결을 하고 있다. 시삭전 영역의 뉴런이(지금부터 수면뉴런이라 하겠다) 활성화되면 각성뉴런이 억제되고, 우리는 잠에 빠지게 된다(Saper, Scammell, and Lu, 2005).

수면뉴런의 대부분은 **복외측 시삭전 영역**ventrolateral preoptic area; vlPOA에 있다. vlPOA 뉴런을 손상시키면 수면이 억제되고(Lu et al., 2000), Fos 단백질의 양을 측정했을 때 잠자는 동안 이 뉴런의 활동이 증가한다. 실험 결과 수면뉴런은 억제성 신경전달물질인 GABA를 분비하는데, 그 축색을 각성에 관여하는 다섯 군데 뇌 영역으로 보내는 것으로 밝혀졌다(Sherin et al., 1998; Gvilia et al., 2006; Suntsova et al., 2007). 이들 다섯 군데 뇌 영역에 있는 뉴런의 활동은 피질 활성화와 행동적 각성을 일으킨다. 그래서 이 영역에 대한 억제는 수면을 위한 필수조건이다.

vlPOA에 있는 수면뉴런은 억제성 축색을 보내고 있는 유두체결절핵, 봉선핵, 그리고 청반으로부터 또한 억제성 입력을 받는다(Chou et al., 2002). Saper와 동료들(2001, 2010)에 따르면 이러한 상호억제가 수면과 각성의 주기를 확립하는 바탕이 될 수 있다고 한다. 또한 그들은 이러한 상호억제가 **플립-플롭**(flip-flop)이라는 전자회로의 특성을 가진다고 하였다. 플립-플롭은 두 가지 상태 중의 하나, 즉 일반적으로 회로가 켜지거나, 꺼지거나 또는 컴퓨터에서 0 또는 1 중 하나의 상태가 될 수 있다. 그래서 수면뉴런이 활성화되면 각성뉴런이 억제되고, 각성뉴런이 활성화되면 수면뉴런이 억제된다. 이들 영역은 상호 억제적이기 때문에 양쪽 영역이 동시에 활성화되는 것은 불가능하다. 사실 vlPOA에 있는 수면뉴런들은 동물들이 수면에서 각성으로 전환될 때까지는 조용하다(Takahashi, Lin, and Sakai, 2009)(그림 8.13 참조).

플립-플롭은 아주 중요한 장점이 있는데 한 가지 상태에서 다른 상태로 아주 빠르게 전환된다는 것이다. 분명히 수면 또는 각성 중 어느 한 가지 상태로 있는 것은 매우 큰 장점이 되는데, 만약 수면과 각성의 특성을 모두 가지는 상태는 비적응적일 것이다. 하지만 플립-플롭에 한 가지 문제가 있는데, 그것은 회로가 불안정할 수 있다는 것이다. 사실 기면증 환자와 오렉신 회로의 뉴런이 파괴된 동물은 이런 특성을 보인다. 이들은 흥미로운 일이 없을 때 각성을 유지하기가 아주 어렵고, 오랜 시간 동안 수면을 유지하기도 어렵다. (또한 그들은 부적절한 때에 REM 수면의 특성들을 보인다. 이러한 현상을 다음 절에서 이야기할 것이다).

Saper 등(2001, 2010)은 오렉신성 뉴런의 중요한 기능이 각성뉴런들에 대한 흥분성 연결을 통해 수면/각성 '플립-플롭'을 안정화시키는 데 도움을 주는 것이라고 제안하였다. 오렉신성 뉴런의 활동은 플립-플롭을 각성상태로 전환시켜서 각성을 촉진하고 수면을 억제한다. 아마 여러분이 지루한 강의를 듣는 동안 각성상태를 유지할 수 있는가는 여러분의 오렉신성 뉴런의 활동을 높은 비율로 유지할 수 있느냐에 달려 있을 것이며, 이것은 '플립-플롭'을 각성상태로 유지하는 것이다(그림

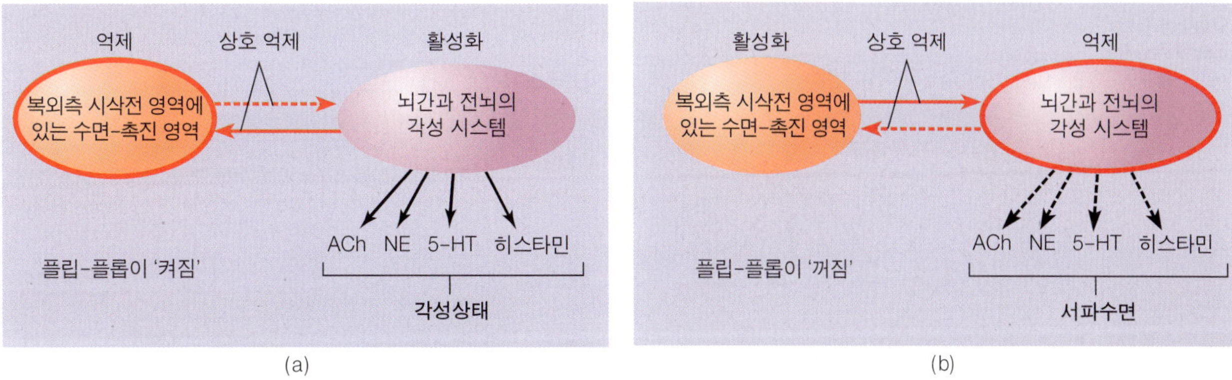

그림 8.13 수면/각성 플립-플롭. Saper 등(2001)에 따르면, 주요 수면 촉진 영역(vlPOA)과 주요 각성 촉진 영역(아세틸콜린성 뉴런들이 있는 전뇌기저부와 뇌교 영역, 노르아드레날린성 뉴런이 있는 청반, 세로토닌성 뉴런이 있는 봉선핵, 히스타민성 뉴런이 있는 시상하부의 유두체결절핵)이 억제성 GABA 뉴런에 의해 양방적으로 연결되어 있다. (a) 플립-플롭이 '각성' 상태가 되면, 각성 시스템이 활성화되고, 복외측 시삭전 영역은 억제되며, 동물은 잠에서 깬다. (b) 플립-플롭이 '수면' 상태가 되면, 복외측 시삭전 영역은 활성화되고, 각성 시스템은 억제되며, 동물은 잠들게 된다.

8.14 참조).

이 장의 앞부분에서 살펴본 것처럼 아데노신은 뉴런의 대사활동이 활발할 때 성상세포에서 방출되며, 아데노신의 축적은 졸음과 수면을 일으킨다. Porkka-Heiskanen, Strecker, 그리고 McCarley(2000)는 미세투석법을 사용하여 뇌의 여러 영역에서 아데노신 수준의 양을 측정하였다. 그 결과 특히 전뇌기저영역에서 각성 동안 아데노신의 양이 증가하고 수면 동안 서서히 감소하는 것으로 밝혀졌다. Scammell 등(2001)은 복외측 시삭전 영역에 아데노신 효능제를 주입하여 그곳에 있는 뉴런을 활성화한 결과 유두체결절핵의 히스타민성 뉴런의 활동이 감소하고, 서파수면이 증가하는 것을 발견하였다.

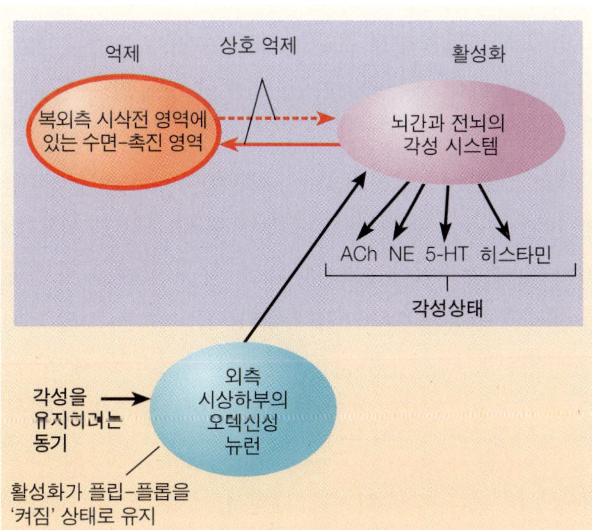

그림 8.14 수면에서 오렉신성 뉴런의 역할. 이 그림은 외측시상하부에 있는 오렉신성 뉴런들의 활성화가 수면/각성 플립-플롭에 미치는 효과에 대한 도식적 그림이다. 각성을 유지하려는 동기 또는 수면을 방해하는 사건이 오렉신성 뉴런을 활성화시킨다.

오렉신성 뉴런이 수면-각성 플립-플롭을 각성상태로 유지시킨다는 것을 보았는데, 그렇다면 어떤 요인이 오렉신성 뉴런의 활동을 통제하는가? 낮/밤 주기 중 각성 기간 동안 오렉신성 뉴런은 수면과 각성의 일일주기를 통제하는 생물학적 시계로부터 흥분성 신호를 받는다. 또한 이 뉴런은 동물의 영양상태를 탐지하는 뇌기제로부터도 신호를 받는다. 배고픔과 관련된 신호는 오렉신성 뉴런을 활성화하고, 포만과 관련된 신호는 오렉신성 뉴런을 억제한다. 그래서 오렉신성 뉴런은 동물이 음식을 찾아야 하는 기간 동안에 각성을 유지한다. 만일 정상 생쥐(오렉신성 뉴런에 대한 표적 돌연변이를 일으키지 않은 생쥐)가 정상적인 양보나 음식을 적게 먹으면 그날 더 오랫동안 깨어 있게 된다(Yamanaka et al., 2003; Sakurai, 2007). 끝으로 오렉신성 뉴런은 복외측 시삭전 영역에서 입력 신호를 받는데, 이는 아데노신의 축적에 의해 발생한 수면 신호가 오렉신성 뉴런으로 가는 흥분성 신호보다 더 크면 수면이 일어날 수 있다(그림 8.15 참조).

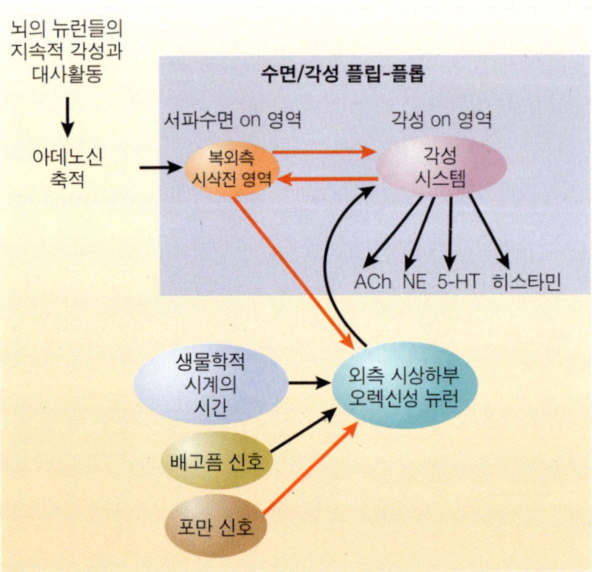

그림 8.15 아데노신, 시간, 그리고 배고픔. 이 그림은 아데노신, 시간, 배고픔과 포만 신호가 수면/각성 플립-플롭에 미치는 영향을 보여 준다.

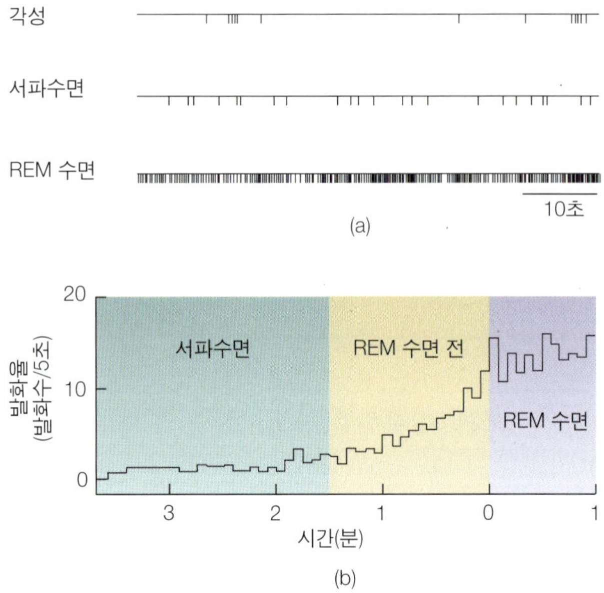

그림 8.16 REM-ON 세포의 발화 패턴. 아세틸콜린성 REM-ON 세포는 뇌교의 배측에 위치한다. (a) 각성, 서파수면, REM 수면 동안 60분간의 활동전위, (b) 서파수면에서 REM 수면으로 넘어가기 직전과 직후의 발화 비율. REM 수면이 시작되기 약 80초 전에 신경활동이 증가하기 시작한다.

Adapted from El Mansari, M., Sakai, K., and Jouvet, M. *Experimental Brain Research*, 1989, *76*, 519-529.

REM 수면에 대한 신경적 통제

이 장의 앞에서도 보았듯이, REM 수면은 비동기화된 뇌파활동, 근육마비, 빠른 안구운동, 그리고 생식기 활동의 증가 등의 특징을 지닌다. REM 수면 동안 대뇌의 대사율은 깨어 있는 때만큼 높으며(Maquet et al., 1990), 만일 마비상태가 아니라면 신체적 활동수준 또한 높을 것이다.

다음에 보겠지만, REM 수면은 수면과 각성의 주기를 통제하는 것과 유사한 플립-플롭에 의해 통제된다. 수면/각성 플립-플롭은 우리가 언제 깨고 언제 자는가를 결정하는데, 일단 잠이 들면 REM 플립-플롭은 REM 수면과 서파수면의 주기를 통제한다.

REM 플립-플롭

이 장의 앞부분에서 본 것처럼, 아세틸콜린성 뉴런은 각성 동안 대뇌의 활성화에 중요한 역할을 한다. 또한 연구자들은 이 회로가 REM 수면 시 동반되는 대뇌피질 활성화에도 관여한다는 사실을 발견하였다. 예를 들어, El Mansari, Sakai, 그리고 Jouvet(1989)는 배측 뇌교에 있는 아세틸콜린성 뉴런들이 REM 수면과 능동적 각성 동안 또는 REM 수면만 있을 때 높은 비율로 발화하는 것을 발견하였다(그림 8.16 참조). 이러한 발견은 배측 뇌교의 아세틸콜린성 뉴런이 REM 수면을 시작하게 격발기제로 작용한다는 것을 암시한다. 그러나 최근 연구에 따르면 아세틸콜린성 뉴런이 REM 수면에 수반된 대뇌피질 활성화에 관여하지만 REM 플립-플롭의 구성요소는 아니다.

Fort, Bassetti, 그리고 Luppi(2009)와 Saper 등(2010)은 개관 연구를 통해 REM 플립-플롭에 대한 증거를 요약하여 제시하였다. 청반의 바로 아래쪽 배측 뇌교의 특정영역에 REM-ON 뉴런이 있다. 쥐의 경우 이 영역은 **하외배측핵**sublaterodorsal nucleus; SLD으로 알려져 있다. 중뇌 배측의 특정영역인 **복외측 중뇌수도주변 회백질**ventrolateral periaquiductal gray matter; vlPAG에 REM-OFF 뉴런들이 있다. 단순화하기 위해서 이제부터 이 영역을 REM-ON 영역과 REM-OFF 영역이라 하겠다. REM-ON 영역과 REM-OFF 영역은 억제성 GABA 뉴런들로 상호 연결되어 있다. 글루타메이트 효능제를 주입하여 REM-ON 영역을 자극하면 REM 수면의 요소들 대부분이 나

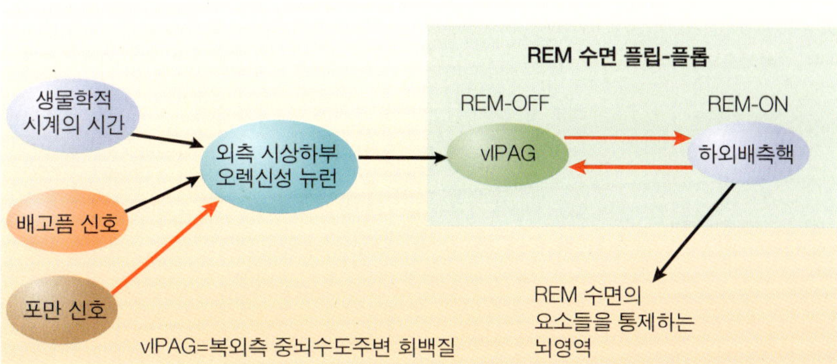

그림 8.17 REM 수면 플립-플롭.

타나며, GABA 효능제로 이 영역을 억제하면 REM 수면이 차단된다. 반대로 REM-OFF 영역을 자극하면 REM 수면이 억제되고 이 영역을 손상시키거나 GABA 효능제를 주입하면 REM 수면이 극적으로 증가한다(그림 8.17 참조).

이들 두 영역 간의 상호억제는 그들이 플립-플롭처럼 작동된다는 의미이다. 특정 시점에서 단지 한 영역만 활성화될 수 있다. 각성 동안 REM-OFF 영역은 외측 시상하부의 오렉신 뉴런들로부터 흥분성 입력을 받고, 이러한 활성화가 REM 플립-플롭을 OFF 상태로 만든다. REM-OFF 영역으로 들어오는 부가적인 흥분성 입력은 또 다른 각성뉴런인 청반의 노르아드레날린성 뉴런과 봉선핵의 세로토닌성 뉴런이다.

수면/각성 플립-플롭이 수면상태로 전환되면 서파수면이 시작된다. REM-OFF 영역으로 들어오는 오렉신, 노르아드레날린, 세로토닌성 입력들의 활성화는 감소하기 시작한다. 결과적으로 REM-OFF 영역으로 들어오는 흥분성 입력은 사라진다. 그러면 REM 플립-플롭은 ON 상태로 전환되고 REM 수면이 시작된다. 아마 뇌교에 있는 내부시계가 REM 수면과 서파수면이 교대로 나타나는 것을 통제하는 것 같다. 그림 8.18은 수면/각성 플립-플롭이 REM 수면 플립-플롭을 통제하는 것을 보여 준다(그림 8.18 참조).

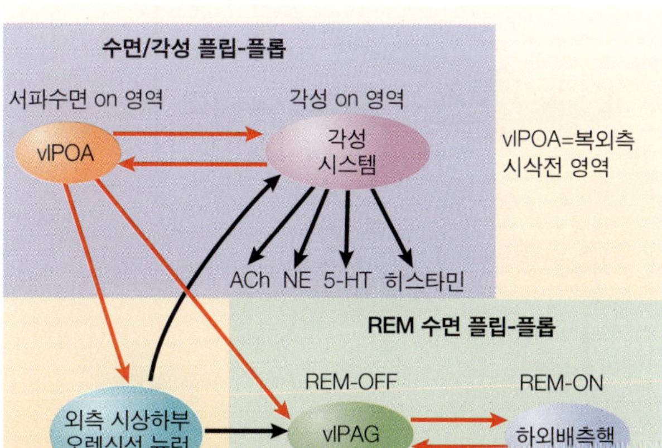

그림 8.18 REM 수면. 이 그림은 수면/각성 플립-플롭과 REM 수면 플립-플롭 간의 상호 작용을 보여 준다.

지금부터 오렉신 뉴런의 변성이 어떻게 기면증을 일으키는가에 대해 살펴보겠다. 낮에 졸리고 토막잠을 자는 것은 오렉신의 영향력이 사라져 수면/각성 플립-플롭이 불안정해졌기 때문에 나타난다. 정상적으로는 REM-OFF 영역에서 오렉신의 분비는 REM 플립-플롭을 OFF 상태로 유지한다. 오렉신 뉴런이 사라지면 웃음이나 분노와 같이 편도체를 활성화시키는 정서적 사건이 REM 플립-플롭을 ON 상태로 전환시키고, 심지어 각성 동안에도 수면발작이 일어난다(그림 8.18). 사실 Schwartz 등(2008)은 기능 영상 연구를 통해 기면증 환자가 일련의 유머러스한 사진을 볼 때 정상인보다 시상하부는 덜 활성화되고, 편도체는 더 많이 활성화되는 것을 발견하였다. 이러한 결과는 오렉신 뉴런이 없으면 편도체에 대한 시상하부의 억제적 영향이 제거된다는 것을 암시한다. 이러한 편도체 활성화의 증가는 수면발작이 있는 사람들에게서 깨어 있는 동안에도 나타나는 REM ON 뉴런들의 활성화 증가를 설명하는 것이다(그림 8.19 참조).

앞에서 본 것처럼, REM 수면 행동장애가 있는 사람들은 REM 수면 동안 마비가 일어나지 않고, 그래서 그들의 꿈을 행동으로 옮긴다. 똑같은 현상이 중뇌의 특정 영역이 손상된 고양이에게서도 나타난다. Jouvet(1972)는 이 현상을 다음과 같이 기술하였다.

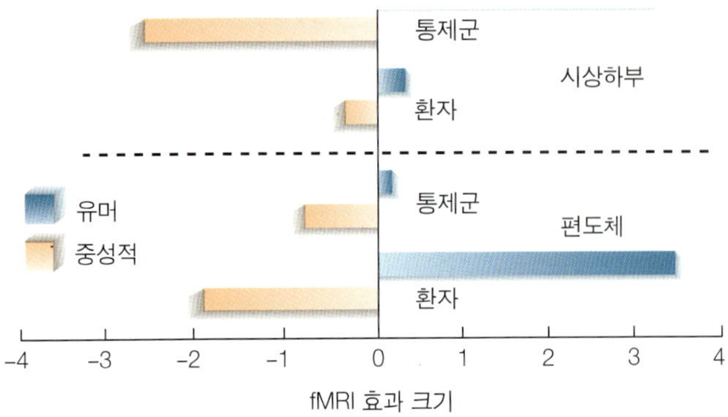

그림 8.19 유머와 기면증. 이 그래프는 중성적 사진과 유머가 있는 사진을 볼 때 정상 피험자와 기면증 환자의 시상하부와 편도체의 활성화를 보여 준다.

Based on data from Schwartz et al., 2008.

> 그냥 보기에 고양이는 깨어서 서 있는 것처럼 보인다. 그들은 보이지 않는 적을 공격하기도 하고, 있지도 않은 쥐를 가지고 놀거나, 뛰어오르기도 한다. 가상의 자극을 향해 머리나 눈을 돌리기는 하지만, 이들은 시각적 자극이나 청각적 자극에 대해서 반응하지 않는다. 이런 괴상한 현상은 …… REM 수면 동안 고양이도 '꿈을 꾼다'고 말할 수 있는 좋은 예이다(Jouvet, 1972, pp. 236-237).

Jouvet는 REM 수면 시 나타나는 근육마비와 관련된 뉴런을 손상시켰다. 이러한 '마비뉴런'은 이제는 REM-ON 영역의 한 부분으로 알려진 영역의 바로 복측에 있다(Lai et al., 2010). 이 영역에서 출발하는 축색은 척수를 향해 가고, 거기서 운동뉴런과 시냅스 연결을 하고 있는 억제성 개재뉴런을 활성화시킨다. 이것은 REM 플립-플롭이 ON 상태로 기울면, 척수의 운동뉴런이 억제되고, 꿈꾸는 동안 운동피질에서 나오는 신호에 대해 반응하지 못한다는 의미이다. '마비뉴런'이 손상되면 이러한 억제가 사라지고, 그 사람은(또는 Jouvet의 고양이는) 자신의 꿈을 행동으로 옮길 수 있다(그림 8.20 참조).

꿈을 꾸는 동안 뇌가 우리를 마비시켜서 꿈을 행동으로 옮기지 못하도록 하는 정교한 기제를 가지고 있다는 사실은 꿈의 운동요소가 감각요소만큼이나 중요한 것임을 시사한다. 어쩌면 REM 수면 동안 운동신경계가 연습을 하는 것이 우리가 그날 배운 행동의 수행을 향상시킬 수 있다. 이때 척수에 있는 운동뉴런을 억제하는 것은 손이나 발이 조금 꼼지락거리는 것을 제외하고는 연습되는 운동이 실제로 일어나지 못하게 한다.

REM 수면 동안 발생하는 생식기 활성화의 기능과 그것을 담당하는 신경회로에 대해서는 알려진 바가 거의 없다. Schmidt 등(2000)은 쥐의 외측 시삭전 영역을 손상시키면 각성 동안의 음경발기에는 영향이 없지만 REM 수면 동안의 발기가 억제된다는 것을 발견하였다. Salas 등(2007)은 REM 수면 동안 활성화되는 영역인 뇌교의 아세틸콜린성 뉴런을 전기자극하면 음경발기가 촉발되는 것을 발견하였다. 이러한 증거를 근거로 연구자들은 뇌교 뉴런이 외측 시삭전 영역의 뉴런들과 직접 연결되어 있고, 이 회로가 음경발기를 담당하는 것으로 보고 있다(그림 8.20 참조).

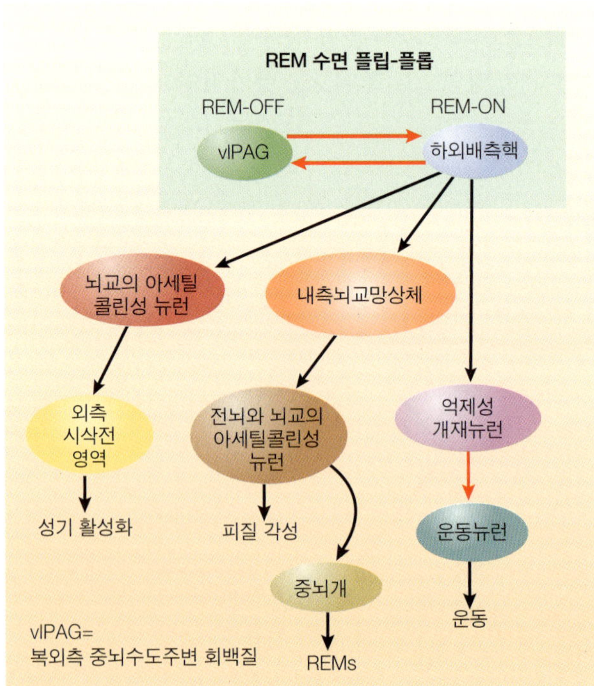

그림 8.20 REM 수면 통제. 이 도표는 REM-ON 영역에 의해 통제되는 REM 수면의 구성요소들을 보여 준다.

절 요약

수면과 각성의 생리적 기제

수면의 양이 조절된다는 사실은 깨어 있는 동안 생성되고 잠을 자는 동안 파괴되는 수면-촉진물질이 있음을 암시하는 것이다. 돌고래의 뇌의 수면형태는 이런 물질이 혈액 내에 축적되지 않음을 보여 주었다. 연구 결과 뉴런이 성상세포에 저장되어 있는 글리코겐을 사용해야 할 필요가 있을 때 분비되는 아데노신이 뇌의 대사증가와 수면욕구 간의 관계를 설명해 주는 것과 같다.

경계와 각성에 매우 중요한 다섯 가지 신경회로가 있다. 배측 뇌교와 전뇌기저영역에 있는 아세틸콜린성 회로는 대뇌피질 활성화에 관여한다. 청반의 노르아드레날린성 회로는 경계에 관여하고, 봉선핵의 세로토닌성 회로는 걷기와 같은 자동화된 행동을 활성화시키는 데 관여한다. 유두체결절핵의 히스타민성 회로는 각성을 유지하는데 관여한다. 그리고 외측시상하부의 오렉신성 회로도 각성을 유지하는 데 관여한다.

서파수면은 복외측 시삭전 영역(vlPOA)에 있는 뉴런이 활성화될 때 일어난다. 이 뉴런은 각성을 촉진시키는 뉴런을 억제한다. 나아가 vlPOA는 이들 각성-촉진영역에 의해 억제되는데, 이들 간의 연결은 우리가 각성 또는 수면 중 어느 한 가지 상태에 있을 수 있도록 해주는 일종의 플립-플롭 형태로 되어 있다. 아데노신이 축적되면 vlPOA의 수면-촉진 뉴런이 활성화되어 수면이 촉진되고, 각성-촉진 영역이 억제된다. 외측시상하부의 오렉신성 뉴런의 활동은 수면을 통제하는 플립-플롭을 '각성' 상태로 유지시켜 주므로 각성이 유지된다.

REM 수면은 또 다른 플립-플롭에 의해 통제 된다. REM-ON 영역은 하외배측핵(SLD)이고, REM-OFF 영역은 복외측 중뇌수도주변 회백질(vlPAG)이다. 이 플립-플롭은 수면/각성 플립-플롭에 의해 통제된다. 수면/각성 플립-플롭이 '수면' 상태에 있을 때만 REM 플립-플롭이 'REM' 상태로 전환된다. 꿈을 행동으로 옮기지 못하게 하는 근육마비는 SLD에 인접한 뉴런 간의 연결에 의해 일어나는데, 이 연결은 척수의 억제성 개재뉴런을 활성화시킨다. REM 수면 동안의(각성 동안이 아닌) 음경발기는 외측 시삭전 영역을 손상시키면 사라진다. 빠른 안구운동은 SLD와 중뇌개 간의 개별 연결, 즉 내측 교망상체와 뇌교의 아세틸콜린성 뉴런들 간의 연결에 의해 나타난다.

생각해 봅시다

여러분은 침대에 누워 거의 잠들려고 할 때 이제까지 잊어버리고 있던 어떤 중요한 일이 갑자기 생각났던 경험이 있는가? 그때 곧바로 완전한 각성상태가 되었는가? 만약 그렇다면 여러분의 뇌간 각성회로에 있는 뉴런이 활성화되고, 그것이 대뇌피질을 각성시켰을 것이다. 이러한 활성화의 근원은 무엇인가? 무엇이 여러분의 뇌간 각성회로를 활성화시켰는가? 이 물음에 답하기 위해서 어떻게 해야 하는가? 5장에서 다루었던 연구방법 중 어떤 방법을 사용하겠는가?

생물학적 시계

많은 행동이 규칙적인 주기를 나타낸다. 예를 들어 수면단계는 REM 수면과 서파수면이 약 90분 주기로 이루어진다. 물론 수면과 각성의 하루 패턴은 24시간 주기로 되풀이된다. 최근 연구자들은 이러한 주기를 담당하는 신경기제에 대하여 많은 것을 알아내었다.

일일주기와 자연시계

행동과 생리적 과정의 일일주기는 식물과 동물 세계에서 두루 발견된다. 이런 주기를 **일일주기**circadian rhythms라고 한다(*circa*는 '대하여'라는 뜻이고, *dies*는 '하루'라는 뜻이다. 그러므로 일일주기는 대략 24시간을 한 주기로 한다). 이런 주기들 중 일부는 일조량의 변화에 수동적인 반응이다. 그러나 다른 주기들은 유기체 내부에 있는 기제인 '내부시계'에 의해서 통제된다. 예를 들어, 그림 8.21은 다양한 조명 조건하에서 쥐의 이상적인 활동주기를 기록한 것이다. 각 수평선이 24시간을 나타낸다. 검은 선분은 쥐가 각성되어 있는 기간을 표시한다. 이미 아는 바와 같이 쥐는 야행성 동물이다. 물론 실제 기록은 쥐에 따라 약간의 차이가 있으며, 낮 동안에

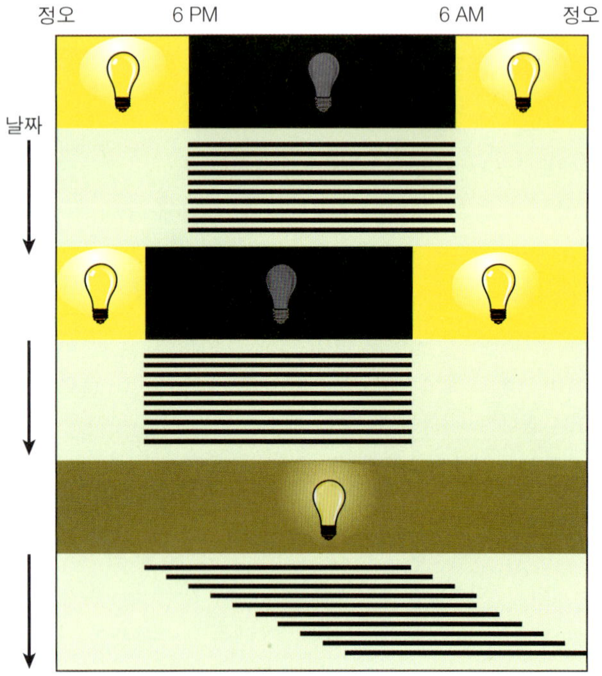

그림 8.21 쥐의 쳇바퀴 달리기 활동의 일일주기. 위: 동물의 활동은 '밤'(즉, 불이 꺼져 있는 12시간 동안)에 나타난다. 가운데: 빛 주기가 변화되면 각성주기도 새로운 밤 주기에 나타난다. 아래: 희미한 조명을 계속 켜 주면 자유롭게 달리는 활동이 약 25시간 주기로 나타나는데, 이는 각성주기가 매일 약 1시간씩 늦게 나타난다는 의미이다.

잠시 깨거나 밤에 고양이 잠(쥐 잠?)을 자기도 한다. 그림의 윗부분은 12시간 주기로 교대로 불을 켜 주고 끄는 정상적 낮-밤 주기 동안 쥐의 활동을 보여 준다(그림 8.21 참조).

그다음, 낮-밤 주기를 변경시켰다. 이제 밤 주기가 4시간 빨라졌다. 그러자 동물의 활동주기도 재빨리 변경되었다(그림 8.21의 가운데 부분을 참조하라). 끝으로 희미한 불빛을 하루 종일 켜 놓았다. 그래도 쥐의 활동 주기 패턴은 여전히 남아 있었다. 이 경우 쥐는 빛과 어둠의 주기가 없는 환경에 있었기 때문에 그럼에도 주기적 활동 패턴을 일으키는 근원은 동물의 내부에 있는 것이 틀림없다. 즉, 동물은 내부 생물학적 시계를 가지고 있어야 한다. 쥐의 시계가 정확하게 24시간으로 설정되어 있지 않다는 것을 알 수 있는데, 조명을 일정하게 해 주면 시계가 조금씩 느려진다. 동물은 매일 약 1시간씩 늦게 활동을 시작한다(그림 8.21의 아랫부분 참조).

그림 8.21에 그려져 있는 현상은 많은 종의 동물에게서 볼 수 있는 전형적인 일일주기이다. 자유롭게 작동되는 시계는 대략 25시간 주기인데, 이 시계는 여러 가지 생물학적 기능—여기서는 수면과 각성—을 통제한다. 조명수준의 규칙적인 일일 변화(즉, 해가 뜨고 지는 것)가 이 시계를 24시간 주기로 조정해 준다. 햇빛은 **자연시계**zeitgeber(독일어로 '시간제공자')로 작용하여 생체 내 주기를 동기화시킨다. 여러 종의 동물을 대상으로 연구한 결과 동물을 계속해서 어둠 속에 두면(또는 희미한 조명을 일정하게 비춰 주면) 순간적인 섬광으로도 동물의 내부시계를 재조정할 수 있는 것으로 나타났으며, 섬광이 제시되는 시기에 따라 더 빠르게 또는 느리게 재조정되었다(Aschoff, 1979). 예를 들어 어둠 직후에 섬광을 제시하면 내부시계는 마치 아직 어두워지지 않은 것처럼 이전 시간으로 되돌아간다. 이와 반대로 밤늦게 빛을 제시하면 생물학적 시계는 마치 날이 밝은 것처럼 더 빠르게 조정된다.

인간도 역시 일일주기를 가지며, 만약에 현대 문명의 이기가 없다면 우리는 지금보다 더 일찍 자고 일찍 일어났을 것이다. 우리는 잠자는 시간을 늦추기 위해 인공빛을 사용하고, 잠을 더 많이 자기 위해서 커튼으로 창문을 가린다. 일정한 조명 조건하에서 우리의 생물학적 시계가 자유롭게 작동하면, 마치 빨리 가거나 늦게 가는 시계처럼 시간을 더 얻거나 잃을 수 있다. 사람마다 주기의 길이는 다르지만, 대부분의 사람은 약 25시간을 '하루'로 하여 살게 된다. 이러한 문제는 아침 햇빛이 자연시계로 작동하여 내부시계를 재조정해 주기 때문에 쉽게 해결된다.

시교차상핵

두 실험실(Moore & Eichler, 1972; Stephan & Zucker, 1972)에서의 독립적인 연구 결과 쥐의 일차적인 생물학적 시계가 시상하부의 **시교차상핵**suprachiasmatic nucleus; SCN에 있는 것으로 밝혀졌다. 그들은 시교차상핵이 손상되면 바퀴 돌리기, 물 마시기, 호르몬 분비 등의 일일주기가 붕괴되는 것을 발견하였다. 또한 시교차상핵은 수면주기의 시간대를 조절하는 데에도 관여한다. 쥐는 야행성 동물이기 때문에 낮에는 자고 밤에 먹이를 찾아 먹는다. 시교차상핵이 손상되면 이러한 패턴이 사라지고, 밤낮을 가리지 않고 아무 때나 잠을 잔다(Ibuka &

Kawamura, 1975; Stephan & Nuñez, 1977). 그러나 시교차상핵이 손상된 쥐도 수면의 양은 정상 쥐와 동일하다. 따라서 시교차상핵 손상은 수면에 대한 항상성 통제에는 영향을 주지 않고 일일주기 통제만 붕괴시킨다.

해부와 신경 연결

그림 8.22는 쥐의 시상하부 횡단면에서 시교차상핵을 보여 준다. 시교차상핵은 시교차 바로 위 뇌의 기저영역에 위치한 진하게 염색된 두 개의 뉴런집단이다(그림 8.22 참조). 쥐의 시교차상핵은 0.036mm^3 부피에 약 8,600개 정도의 작은 뉴런들이 빽빽하게 밀집되어 있다(Moore, Speh, & Leak, 2002).

빛이 대부분 포유류의 활동주기에 영향을 미치는 일차적인 자연시계이므로, 우리는 시교차상핵이 시각계로부터 입력을 받으리라고 예측할 수 있다. 실제로 해부학적 연구 결과 망막에서 시교차상핵으로 직접 투사하는 신경섬유가 있는 것으로 밝혀졌는데 이를 **망막시상하부 회로**(retinohypothalamic pathway)라고 한다(Hendrickson, Wagoner, & Cowan, 1972; Aronson et al., 1993).

시교차상핵에 빛 정보를 제공하는 망막의 광수용기는 시지각에 사용되는 정보를 주는 세포인 간상체나 추상체가 아니다. Freedman 등(1999)은 간상체와 추상체의 생산에 필수적인 유전자를 표적 돌연변이 시켜도 빛이 일일주기에 미치는 효과는 차단되지 않음을 밝혔다. 하지만 생쥐의 눈을 제거하면 이런 효과가 차단되었다. 이러한 결과는 일일주기를 동기화시키는 조명수준의 변화에 대한 정보를 제공하는 특수 광수용기가 존재함을 암시하는 것이다. Provencio 등(2000)은 **멜라놉신** melanopsin이라는 광화학물질이 이러한 효과를 담당한다고 밝혔다.

간상체와 추상체에 존재하는 다른 광색소와는 달리, 멜라놉신은 신경절세포에 존재하는데, 신경절세포는 시각정보를 눈에서 뇌로 전달하는 뉴런이다. 멜라놉신을 함유하고 있는 신경절세포는 빛에 민감하며, 그 축색은 시교차상핵과 동공반사에 관여하는 중뇌개로 연결되어 있다(Berson, Dunn, & Takao, 2002; Hattar et al., 2002)(그림 8.23 참조).

연구 결과 시교차상핵은 두 가지 방식, 즉 직접적인 신경 연결과 뇌의 다른 영역의 활동에 영향을 주는 화학물질의 분비를 통해 수면과 각성주기를 통제하는 것으로 알려져 있다. 연구자들은 시교차상핵에서 시교차상핵의 바로 배측에 있는 **실방하 영역**(subparaventricular zone; SPZ), 그리고 **시상하부 배내측핵**(dorsomedial nucleus of the hypothalamus; DMH)로, 그다음 vlPOA와 외측시상하부의 오렉신성 뉴런과 같은 수면과 각성을 통제하는 영역들로 연결되는 다중 시냅스 통로를 발견하였다. vlPOA로 가는 회로는 억제성으로 수면을 억제하는 반면에 오렉신 뉴런으로 가는 회로는 흥분성으로

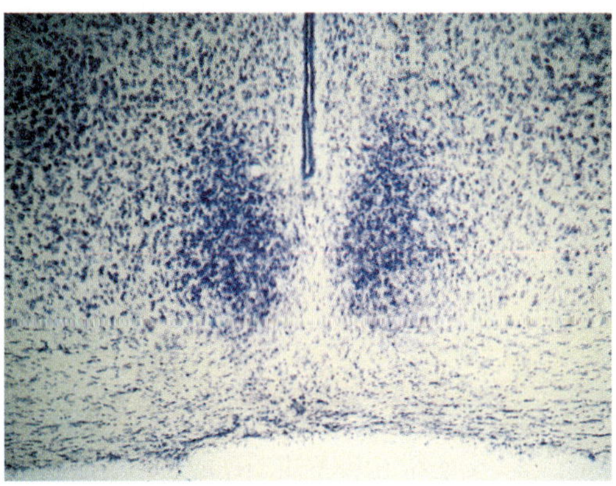

그림 8.22 시교차상핵. 이 사진은 쥐의 시교차상핵의 위치와 모양을 보여 준다. 쥐의 뇌 횡단면의 핵을 크레실바이올렛으로 염색하였다.

Courtesy of Geert DeVries, University of Massachusetts.

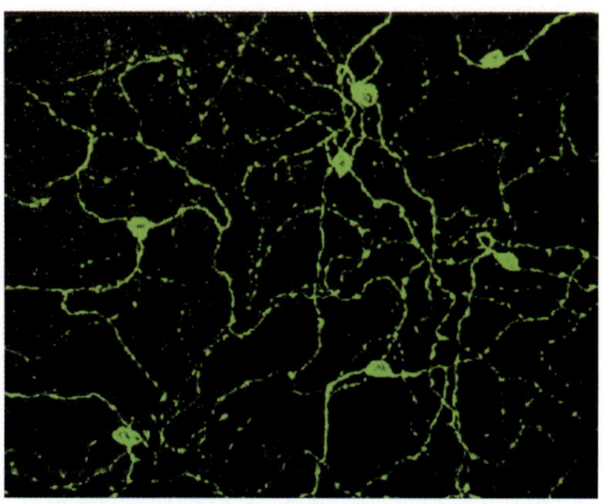

그림 8.23 망막에 있는 멜라놉신 함유 신경절세포. 이 신경절세포의 축색이 망막시상하부 회로를 구성한다. 이 뉴런들이 새벽 빛을 탐지하여 시교차상핵에 있는 생물학적 시계를 조정한다.

From Hattar, S., Liao, H.-W., Takao, M., et al. *Science*, 2002, *295*, 1065-1070. Copyright © 2002 The American Association for the Advancement of Science. Reprinted with permission.

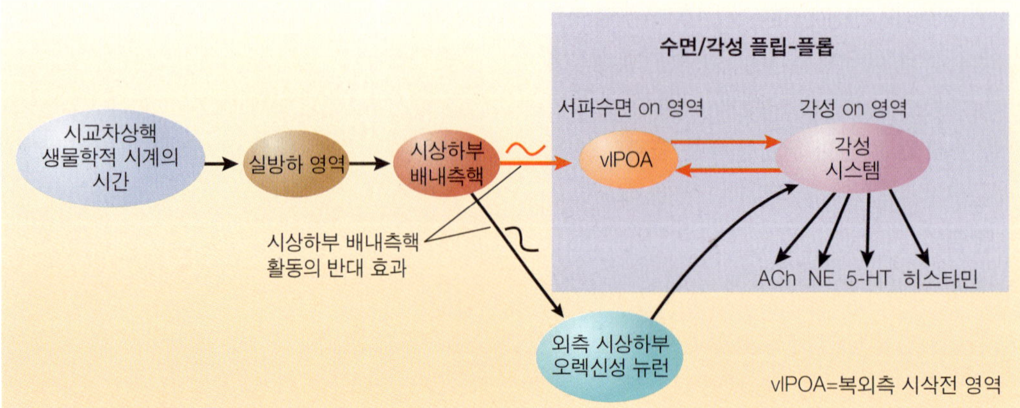

그림 8.24 일일주기에 대한 통제. 시교차상핵은 수면과 각성의 일일주기를 통제한다. 밤 주기 동안, 시상하부 배내측핵은 복외측 시삭전 영역을 억제하고 뇌간과 전뇌의 각성체계를 흥분시켜 각성을 자극한다.

각성을 촉진한다(Saper, Scammell, and Lu, 2005). 물론 이 회로들의 활동은 낮/밤 주기에 따라 변화한다. 사람처럼 낮에 활동하는 동물은 이 회로의 활동이 낮에는 높고 밤에는 낮다(그림 8.24 참조).

비록 시교차상핵의 뉴런이 뇌의 여러 영역으로 연결되어 있지만, 신경이식 연구 결과 시교차상핵이 화학물질을 방출하여 몇 가지 기능을 수행하는 것 같다. Lehman 등(1987)은 시교차상핵을 파괴하고, 그 자리에 다른 동물의 시교차상핵을 이식하였다. 이식 후 이식된 뇌와 원래의 뇌간의 원심성 연결은 별로 관찰되지 않았지만 일일주기가 재확립되었다. 이보다 더 확실한 증거는 Silver(1996)의 신경이식연구에서 찾아볼 수 있다. Silver와 동료들은 우선 햄스터의 시교차상핵을 파괴하여 일일주기를 없앴다. 몇 주 후 기증 동물의 시교차상핵을 적출하여 그것을 아주 작은 반투막의 캡슐 속에 넣어서 실험동물의 제3뇌실에 이식하였다. 영양소와 화학물질은 캡슐의 벽을 통과할 수 있기 때문에 시교차상핵 조직은 살 수 있지만, 캡슐 내의 뉴런은 주변조직과 새로운 시냅스 연결을 만들 수는 없다. 그럼에도 불구하고 시교차상핵을 이식받은 동물은 일일주기를 재확립하였다. 아마도 시교차상핵에서 방출된 화학물질이 실방하 영역으로 확산되고 그곳에 있는 뉴런의 수용기와 결합하여 수면과 각성주기에 영향을 주었을 것이다.

시계의 특성

모든 시계는 시간장치를 가지고 있어야 한다. 기계적 시계는 플라이휠이나 추를 사용하고, 전자시계는 수정 진동자를 사용한다. 시교차상핵 역시 시간단위를 분석하는 생리적 기제를 가지고 있을 것이다. 몇 년간의 연구 끝에 마침내 연구자들은 시교차상핵에 있는 생물학적 시계의 특성을 밝혀내기 시작했다.

여러 연구들에서 시교차상핵에서 일일 활동주기를 관찰했는데, 이것은 시계가 그곳에 있음을 나타내 주는 것이다. Schwartz와 Gainer(1977)의 연구에서 시교차상핵 활동의 밤-낮의 변화추세가 드러났다. 그들은 어떤 쥐에게는 낮에 2-DG를 주입하고 다른 쥐에게는 밤에 2-DG를 주입하였다. 그 후 동물을 희생시키고, 뇌 절편의 자가방사기록사진을 찍었다. 그림 8.25에 두 가지 횡단면 사진이 나와 있다. 낮에 2-DG를 주입한 동물의 시교차상핵에 방사성이 표지되어 있음(따라서 높은 대사율을 반영함)을 주목하라(그림 8.25 참조).

무엇이 시교차상핵 뉴런을 '똑딱거리게' 하는가? 오랫동안 연구자들은 특정 단백질의 생성에 의해 일일주기가 생긴다고 믿어 왔는데, 이 단백질은 시교차상핵 세포 내에 어느 정도 수준까지 도달하면 스스로 생산을 억제한다. 그 결과 단백질의 수준이 감소하기 시작하고, 억제가 풀리면서 생산주기를 다시 시작하게 된다(그림 8.26 참조).

이와 같은 기제가 노랑초파리(*Drosophila melanogaster*)에서 발견되었다. 포유류를 대상으로 한 후속연구에서도 비슷한 기제를 발견하였다(Golombeck and Rosenstein, 2010 참조). 이 시스템에는 최소한 일곱 개

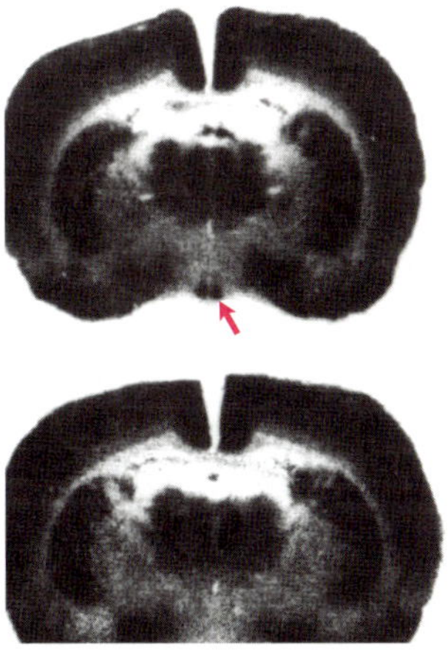

그림 8.25 시교차상핵에서의 일일 활동주기. 이 사진은 낮(위쪽) 또는 밤(아래쪽)에 탄소-14로 표지한 방사성 2-DG를 주입받은 쥐의 뇌 횡단절편의 자가방사기록사진이다. 뇌 기저부에 있는 검은 영역(화살표)이 시교차상핵으로 대사활동이 증가되었음을 나타낸다.

의 유전자와 그 단백질, 그리고 두 개의 연동식 피드백 고리가 관여한다. 첫 번째 피드백 고리에 의해 만들어진 단백질 중의 하나가 충분한 수준까지 도달하면, 두 번째 고리가 시작되고, 그 결과 첫 번째 고리에서의 단백질 생산은 억제되고, 주기는 다시 시작된다. 그래서 세포 내의 시계는 여러 단백질의 생산과 감소 시점에 의해 조절된다.

인간의 뇌에 있는 시계도 똑같은 방식으로 작동하는 것으로 나타났다. Toh 등(2001)은 이 피드백 고리에 관여하는 단백질 중의 하나를 생산하는 유전자(per2)가 있는 2번 염색체의 돌연변이가 **선행수면국면증후군** advanced sleep phase syndrome과 관계가 있음을 밝혀냈다. 이 증후군은 수면주기와 체온주기를 4시간 앞으로 당기게 한다. 이 증후군을 가진 사람은 오후 7시 30분경에 잠들고 오전 4시 30분경에 깨어난다. 이러한 돌연변이는 아침 햇빛에 대한 자연시계와 시교차상핵 세포 내에서 작동되는 일일주기 시계 간의 관계를 바꾸는 것 같다. Ebisawa 등(2001)은 이와 반대되는 장애, 즉 **지연수면국면증후군**delayed sleep phase syndrome이 1번 염색체에 있는 per3 유전자의 돌연변이 때문일 것이라는 증거를 발견했다. 이 증후군은 수면/각성주기를 4시간 지연시킨다. 이 장애가 있는 사람은 새벽 2시 전에는 잠들지 못하고, 오전 10시쯤 전에는 깨어나기가 아주 어렵다. Allebrandt 등(2010)은 사람들의 수면 길이에 영향을 주는 또 다른 유전자(시계 유전자) 변이를 발견하였다.

일일주기의 변화: 작업시간 변경과 시차

일일 활동주기가 갑자기 변화되면, 시교차상핵에 의해 조절되는 내부의 일일주기가 외부환경의 주기와 맞지

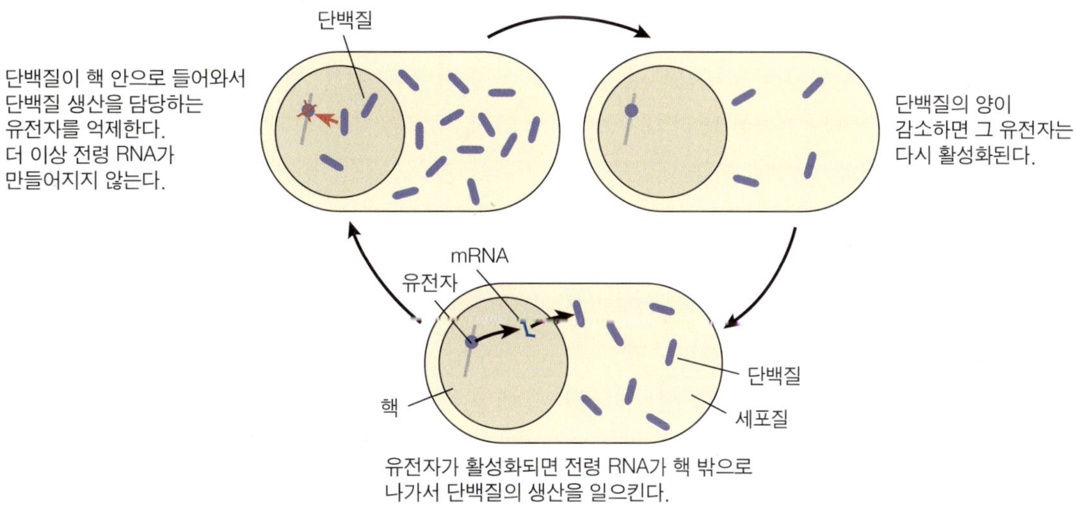

그림 8.26 시교차상핵에서의 일일주기 통제. 이 그림은 시교차상핵 뉴런의 '똑딱거림'에 대한 분자적 통제를 단순하게 도식적으로 설명한 것이다.

연구자들은 시차와 같은 현상에서 시교차상핵과 송과선의 역할을 이해하기 시작했다.

않게 된다. 예를 들어 보통 낮에 일하던 사람이 밤에 일을 시작하게 되거나, 또는 시차가 존재하는 곳으로 멀리 여행하게 되면, 그 사람의 시교차상핵은 변경된 작업시간 동안 (또는 제트기를 타고 여행하면 낮 동안) 잠을 잘 시간이라는 신호를 뇌에 보낼 것이다. 내부주기와 외부환경 간의 이러한 불일치는 수면장애와 기분변화를 일으키고, 작업시간 동안의 수행능력을 방해하게 된다. 암, 우울, 졸음과 관련된 사고와 같은 문제는 작업시간이 규칙적으로 변경되는 사람들에게 흔히 발생하는 문제이다(Drake et al., 2004).

시차는 일시적인 현상으로서, 여러 시간대를 지나 여행한 사람도 며칠만 지나면 적절한 때에 잠을 자기가 보다 쉬워지고, 낮 동안의 각성수준도 증가한다. 근무시간이 자주 바뀌는 교대근무자에게는 보다 지속적인 문제가 발생하게 된다. 분명히 시차나 교대근무로 인해 발생하는 문제에 대한 해결책은 가능한 빨리 내부시계를 외부환경에 맞추는 것이다. 이렇게 하는 데 가장 좋은 방법은 적절한 때에 강력한 자연시계를 제공하려고 노력하는 것이다. 하루 중 체온이 가장 낮은 시간 직전(보통 잠에서 깨기 한두 시간 전)에 사람들을 밝은 빛에 노출시키면, 그 사람의 일일주기는 지연된다. 만약 체온의 최저시점 이후에 빛에 노출되면 일일주기는 당겨진다(Dijk et al., 1995). 사실 적절한 때에 밝은 빛을 쪼이면 시차적응에 도움이 된다는 연구 결과가 많이 있다(Boulos et al., 1995). 마찬가지로 만약 작업장에는 인공빛을 아주 밝게 켜 놓고, 침실을 가능한 어둡게 하면 교대근무로 인한 문제에 보다 빨리 적응할 수 있다(Eastman et al., 1995).

뇌의 또 다른 영역인 **송과선**pineal gland도 생물학적 리듬을 통제하는 데 관여한다(Bartness et al., 1993). 송과선은 중뇌의 꼭대기, 소뇌의 바로 앞에 위치하고 있다. 송과선은 **멜라토닌**melatonin이라는 호르몬을 분비하는데, 멜라토닌이라는 이름은 어떤 동물(주로 어류, 파충류, 양서류)의 피부색을 일시적으로 진하게 바꿀 수 있기 때문에 붙여졌다. (짙은 색은 멜라닌이라는 화학물질에 의해 만들어진다.) 시교차상핵에 있는 뉴런은 시상하부 실방핵(paraventricular nucleus of hypothalamus; PVN)에 있는 뉴런과 시냅스를 연결한다. 실방핵의 축색은 모두 척수로 내려가서, 그곳에서 교감신경계의 절전뉴런과 시냅스를 형성한다. 절후뉴런은 송과선을 지배하여 멜라토닌의 분비를 조절한다.

시교차상핵에서 들어오는 입력 신호에 대한 반응으로 송과선은 밤 동안에 멜라토닌을 분비한다. 이러한 멜라토닌은 (멜라토닌 수용기를 가지고 있는 시교차상핵을 포함하여) 뇌의 여러 구조물에 작용하여 여러 가지 호르몬의 분비, 생리적 과정, 그리고 행동을 통제한다. 여러 연구들에서 시교차상핵에 있는 수용기에 작용하는 멜라토닌이 자연시계에 대한 시교차상핵 뉴런의 민감성에 영향을 주고, 스스로 일일주기를 변경시킬 수 있는 것으로 밝혀졌다(Gillette and McArthur, 1995; Starkey et al., 1995). 연구자들은 멜라토닌이 일일주기를 조절하는 데 어떤 역할을 하는지 아직까지 정확하게 알지 못하지만, 이미 실제 상황에서 사용할 수 있는 것을 발견했다. 보통 멜라토닌은 잠들 무렵인 밤의 전반부에 가장 많이 분비된다. 연구자들은 적절한 때(대부분의 경우 잠자기 직전)에 멜라토닌을 복용하면 시차나 교대근무로 인한 유해 효과가 현저히 감소된다는 것을 밝혀냈다(Arendt et al., 1995; Deacon & Arendt, 1996). 안구를 잃었거나 또는 간상체와 추상체뿐만 아니라 멜라토닌 함유 신경절세포가 있는 망막이 손상된 시각장애인의 경우 일일주기가 비동기화되고 제멋대로 돌아간다. 이런 경우 잠자기 직전에 복용하는 멜라토닌은 그들의 일일주기를 동기화시켜 잠을 잘 잘 수 있게 도와준다(Skene, Lockley, & Arendt, 1999).

절 요약

생물학적 시계

우리의 일상생활에서 신체적 활동, 수면, 체온, 호르몬 분비, 그 외의 여러 가지 생리적 변화가 주기적으로 나타난다. 거의 하루를 주기로 돌아가는 일일주기는 뇌에 있는 생물학적 시계에 의해 통제된다. 주된 생물학적 시계는 시상하부의 시교차상핵에 있는 것으로 밝혀졌다. 이 핵이 손상되면 대부분의 일일주기가 사라지고, 시교차상핵 뉴런의 활동은 낮-밤 주기와 상관이 높다. 시지각과 관련이 없는 망막상의 특수세포에 의해 탐지된 빛이 대부분의 일일주기에 대한 자연시계로 작용한다. 인간의 생물학적 시계는 다소 느려서 대략 25시간의 주기를 가진다. 아침 햇빛이 망막에 존재하는 멜라놉신-함유 광수용기에서 탐지되어 시교차상핵으로 전달되고, 하루 주기가 재조정된다.

시교차상핵에 있는 생물학적 시계를 구성하는 뉴런의 '똑딱거림'은 단백질의 합성과 분해주기에 의해 나타난다. 이 과정에 최소한 일곱 개의 유전자의 관련 단백질, 그리고 두 개의 연동식 피드백 고리가 관여한다. 인간의 유전질환인 선행수면국면 증후군과 지연수면국면 증후군은 일일주기와 관련이 있는 두 가지 유전자의 돌연변이 때문이다. 시교차상핵에서 나온 정보는 실방하 영역을 거쳐 수면과 각성에 관여하는 뇌 영역인 시상하부 배내측핵으로 전달된다.

밤 동안 시교차상핵은 송과선에 신호를 보내 멜라토닌을 분비하도록 하며, 그 결과 일일주기가 동기화된다. 멜라토닌은 교대근무 또는 시차로 인한 문제에 적응하는 데 도움을 주며, 심지어 빛이 자연시계로 작용하지 못하는 시각장애인들의 일일주기를 동기화시켜 주기도 한다.

생각해 봅시다

최근까지(인간의 진화 맥락에서), 우리 조상들은 해가 뜨면 잠에서 깨고 해가 지면 잠을 자는 경향이 있었다. 그러다가 불을 사용하는 것을 학습한 후에는 좀 더 늦게까지 불 앞에 앉아 있을 수 있었다. 그러나 값싸고 효율적인 불빛을 발명한 후에야 비로소 대부분의 인간이 해가 진 후 몇 시간씩이나 늦게까지 깨어 있는데 적응하게 되었다. 우리의 생물학적 시계와 그것을 통제하는 신경기제가 오래전에 진화되었음을 고려할 때, 일일주기의 변화가 우리의 신체적 능력과 정신적 능력을 손상시킨다고 생각하는가?

맺는말 | 꿈의 기능

아직까지 REM 수면이 왜 일어나는지 확실히 알지 못하지만, REM 수면을 통제하는 데 정교한 신경회로가 관여한다는 사실은 이 수면단계가 아주 중요한 것이 틀림없다는 것을 보여 주는 것이다. REM 수면이 중요하지 않다면 자연이 그러한 신경회로를 만들었을 리가 없다. 머리말에 나온 마이클이 수면마비, 입면환각, 탈력발작은 REM 수면(마비와 꿈)이 부적절한 시기에 나타나서 일어난 것이다. 보통 이 현상을 담당하는 뇌기제는 깨어 있는 동안 억제되어 있는데, 마이클의 경우 오렉신성 뉴런의 변성이 수면/각성 플립플롭을 불안정하게 만들었고, 그 결과 REM 수면의 몇몇 현상이 부적절한 때에 나타난 것이다.

앞서 본 것처럼 REM은 학습과 뇌 발달에 중요한 역할을 하는 것으로 알려져 있다. 그러나 REM 수면의 주관적인 측면인 꿈에 대해서는 어떠한가? 우리가 자는 동안 경험하는 생생하고 줄거리가 있는 환각이 어떤 특별한 목적을 지니고 있는가, 아니면 꿈이란 뇌에서 진행되는 보다 중요한 일에 수반되는 무의미한 현상일 뿐인가?

고대로부터 사람들은 꿈을 중요한 것으로 인식해 왔다. 미래를 예측하고, 전쟁을 할 것인지 말 것인지, 또는 피의자가 무죄인지, 유죄인지를 결정하는 데 꿈을 사용했다. 20세기에 프로이트는 꿈에 대한 매우 영향력 있는 이론을 제시하였다. 그는 꿈이 무의식적 욕망(주로 성적인 것)과 사회에서 학습한 이런 욕망을 표출하는 것에 대한 금지 사이의 내적 갈등에서 비롯된다고 하였다. 그에 따르면 모든 꿈은 충족되지 못한 소망을 나타내는 것인데, 그 내용은 위장되어 나타난다고 한다. 꿈의 잠재된 내용('감추어진' 내용)은 표출되는 내용(실제 이야기)으로 변형된다. 액면 그대로 받아들이면 표출되는 내용은 중요하지 않지만, 노련한 정신분석가는 꿈에서 상징으로 위장된 무의식적 욕망을 인식할 수 있다. 예를 들어, 계단을 오르는 것은 성교를 나타내는 것일 수 있다. 프로이트 이론의 문제점은 증명될 수 없다는 것이다. 비록 그것이 틀렸을지라도 정신분석가는 언제나 모호한 상징으로 위장된 숨겨진 갈등을 밝혀내어 꿈을 그럴듯하게 해석한다.

많은 수면 연구가들, 특히 꿈의 생물학적 측면에 관심이 있는 사람들은 프로이트 이론에 동의하지 않고 다른 이론을 제안하였다. 예를 들어, Hobson(1988)은 REM 수면 동안에 일어난 뇌 활동이 우리가 다소 그럴듯한 이야기를 만들어 내어 의미를 부여하려고 하는 환각을 일으킨다고 주장하였다. 이 장에서 살펴본 것처럼 REM 수면 동안 빠른 안구운동과 피질 각성이 나타난다. 특히 시각계가 활성화된다. 운동계도 활성화되지만, 운동계가 활성화되어 실제로 잠자리에 일어나 자신을 해치는 것을 방지해 주는 마비기제도 가지고 있다. (이완 없는 REM 수면으로 고통당하는 사람들은 꿈을 행동으로 옮겨 다치기도 한다. 이들이 다른 사람과 싸우는 꿈을 꿀 때는 실제로 배우자를 공격하기도 한다.)

뇌에서 가장 활동적인 두 체계인 시각계와 운동계가 꿈을 꾸는 동안에 나타나는 대부분의 감각을 설명해 준다. 조용한 꿈도 많지만, 거의 대부분의 꿈이 시각 상으로 가득 차 있다. 게다가 많은 꿈에는 운동감각이 따르는데, 이는 아마도 운동계가 활성화됨으로써 나오는 피드백에 의해 생긴 것이다. 꿈에서 촉감이나 냄새, 맛을 경험한다는 사람은 거의 없다. 포도주 애호가인 Hobson은 꿈에서 자신이 포도주를 마셔도 아무런 맛이나 냄새를 경험하지 못했다고 보고하였다. (그는 곰곰이 생각하면서 이 사실을 말하였다. 그래서 나는 술병마개를 열지 않은 채 포도주 맛을 감상한 것이 아닌가 의심스럽다). 왜 그런 감각은 없는 것일까? 우리의 '감추어진 욕망'이 단지 시각 또는 운동에만 관련되기 때문일까? 아니면 REM 수면 동안 일어나는 신경활성화가 다른 체계에는 관여하지 않기 때문일까? Hobson은 후자를 주장하였고, 나도 그에 동의한다.

핵심 개념

수면에 대한 생리적 · 행동적 기술

1. 수면은 네 단계로 구분되는 서파수면과 REM 수면으로 구성된다. REM 수면 동안에 꿈이 나타난다.

수면장애

2. 사람들은 때때로 불면증, 수면무호흡, 기면증, 이완 없는 REM, 야뇨증, 몽유병, 야경증과 같은 수면장애를 경험한다. 기면증의 세 가지 증상(탈력발작, 수면마비, 입면환각)은 REM 수면의 성분이 부적절한 시기에 나타나는 것이라고 생각된다. 기면증은 유전적 장애로서, 청소년기 동안 오렉신 분비 뉴런이 죽어가기 때문이다.

왜 잠을 잘까?

3. 서파수면은 대뇌를 쉬게 하는 것으로 알려져 있다. REM 수면은 뇌 발달에 중요하며, 비서술적 기억을 형성하는 데 중요한 역할을 한다. 서파수면은 서술적 기억을 형성하는 데 관여한다.

수면과 각성의 생리적 기제

4. 대뇌 신진대사의 부산물로 만들어지는 신경조절물질인 아데노신이 수면을 개시하는 데 중요한 역할을 한다.
5. 뇌간에는 다섯 가지 주요 각성기제가 있다. 배외측교와 전뇌기저영역의 아세틸콜린성 회로, 청반의 노르아드레날린성 회로, 봉선핵의 세로토닌성 회로, 시상하부 유두체결절핵의 히스타민성 회로, 그리고 외측시상하부의 오렉신성 회로이다. 복외측시삭전 영역(vlPOA)은 수면에 필수적인 것으로 드러났으며, 이 뉴런들은 각성을 담당하는 뇌 영역을

억제한다.

6. 오렉신 뉴런은 수면/각성의 '플립-플롭' 회로를 안정화시키는 데 도움을 주는데, 수면/각성 플립-플롭은 복외측 시삭전 영역과 각성을 담당하는 영역 간의 상호억제적 연결로 구성되어 있다.
7. REM 수면은 REM 수면 플립-플롭에 의해 통제되는데, 이 플립-플롭은 (REM-ON 영역인) 하외배측핵과 (REM-OFF 영역인) 복외측 중뇌수도주변 회백질, 그리고 그들 간의 상호억제적 연결로 구성되어 있다.

생물학적 시계

8. 일일주기는 주로 시교차상핵에 있는 기제에 의해 조절된다. 시교차상핵은 낮-밤의 햇빛 주기에 의해 동기화되는데, 이것은 망막에 있는 특수한 광수용기에 의해 탐지된다. 이런 주기를 담당하는 내부시계의 '똑딱거림'은 단백질의 합성과 분해와 관련이 있는 것으로 밝혀졌다.

CHAPTER

9 생식행동

ⓒYuri Arcurs/Fotolia

개요

성의 발달
- 생식체의 생성과 수정
- 성 기관의 발달
- 성적 성숙

성행동의 호르몬 통제
- 암컷 생식주기의 호르몬 통제
- 실험동물의 성행동에 대한 호르몬 통제
- 행동에서 안드로겐의 구조화 효과: 남성화와 탈여성화
- 페로몬 효과
- 인간의 성행동
- 성적 지향

성행동의 신경 통제
- 수컷
- 암컷
- 암수 일대일 관계 형성

어버이 행동
- 설치류의 모성행동
- 모성행동의 호르몬 통제
- 모성행동의 신경 통제
- 부성행동의 신경 통제

학습목표

1. 포유류의 성 발달에 대한 기술과 그것을 통제하는 요인에 대해 설명한다.
2. 여성 생식주기와 남여 성행동에 대한 호르몬 통제를 기술한다.
3. 생식 생리와 성행동에서 페로몬의 역할을 기술한다.
4. 남성과 여성의 성행동에서 성호르몬의 활성 효과를 논의한다.
5. 성적 지향과 유전적 남성의 남성화 실패와 유전적 여성의 태아기 남성화의 효과를 논의한다.
6. 남성 성행동의 신경 통제에 대해 논의한다.
7. 여성 성행동의 신경 통제에 대해 논의한다.
8. 설치류의 모성행동에 대한 기술과 모성행동과 부성행동을 통제하는 호르몬과 신경 기전에 대해 논의한다.

머리말 | 소년에서 소녀로

비극적인 수술사건의 여파는 사람의 성적 정체와 성적 지향이 강한 생물학적 요인의 통제하에 있지 않고 아이의 양육방법에 의해 형성된다는 것을 암시한다(Money & Ehrhardt, 1972). 일란성 쌍둥이 소년들은 생후 7개월까지 정상적으로 성장했지만 이들 중 한 명의 생식기가 포경수술 중에 사고로 손상되었다. 소작기(cautery: 전류를 사용하여 조직을 절단하는 장비)의 전류가 너무 강하게 설정되어 있어서 포피를 제거하는 정도를 넘어 전체 생식기를 태워버린 것이다. 부모들은 어떻게 해야 할지 결정하지 못하고 괴로운 시간을 보낸 후, 인간 성에 대한 전문가의 조언에 따라 그 아이를 여아로 키우기로 결정했다. 브루스(Bruce)가 브렌다(Brenda)가 되었다.

브루스의 부모는 그에게 여자 옷을 입히고 어린 소녀처럼 다루기 시작했다. 의사는 그 아이의 고환을 제거했다. 이 사례의 보고서에는 브렌다가 정상적이고 행복한 소녀가 되었다고 기술되어 있다. 많은 전문가는 아동의 성적 정체는 그들의 염색체나 성호르몬에 의해 결정되는 것이 아니고 그들의 양육방법에 의해 결정된다고 결론지었다. 그 이후 브렌다의 일란성 쌍둥이 형제는 완벽한 통제를 보여 주었다. 많은 저자는 이러한 사례를 생물학을 넘어선 사회화의 승리로 받아들였다.

이 장의 '맺는말'에서 보게 되겠지만 이러한 결론은 너무 이른 것이다.

생식행동은 가장 중요한 사회행동의 범주를 구성한다. 왜냐하면 이러한 행동 없이는 대부분의 종들이 생존할 수 없기 때문이다. 연애, 결혼, 어버이 행동 및 대부분의 공격행동 양식을 포함하는 이러한 행동은 **성적 이형 행동**sexually dimorphic behaviors(*di*+*morphous*, '두 개의 형태') 중 가장 두드러진 범주이다. 성적 이형 행동은 남성과 여성에서 차이가 있는 행동을 의미한다. 여러분도 보게 되겠지만 출생 전후에 나타나는 호르몬은 성적 이형 행동의 발달과 통제에 매우 특수한 역할을 발휘한다.

이 장은 남성과 여성의 성적 발달을 기술하고 생식에서 가장 중요한 두 개의 성적 이형 행동(성행동과 어버이 행동)에 대한 신경과 호르몬의 통제를 논할 것이다.

성의 발달

한 사람의 염색체 성은 수정기에 결정된다. 그러나 이 사건은 남성이나 여성 발달을 완성하는 일련의 단계 가운데 첫 단계에 불과하다. 이 단원은 성 발달의 중요한 특징을 다룬다.

생식체의 생성과 수정

인간 신체의 모든 세포는(정자와 난자보다는) 23쌍의 염색체를 가지고 있다. 인간의 발달을 계획하는 유전적 정보는 이러한 염색체를 구성하는 DNA 내에 있다. 우리는 실리콘 칩에 컴퓨터 회로를 소형화하는 우리의 능력에 대해 자부심을 갖지만 인간에 대한 청사진이 너무 작아 그냥 눈으로 볼 수 없다는 것을 고려하면 그 성취는 원시적인 것으로 보인다.

생식체gametes(난자와 정자, *gamein*는 '결혼하다'를 의미한다) 생성은 특수한 형태의 세포분열이 필요하다. 이 과정은 염색체의 23쌍 각각의 한쪽 구성자를 가지고 있는 세포를 생성한다. 인간 발달은 수정에서 시작되는데 이때 하나의 정자와 하나의 난자가 만나 23개 한쪽 염색체들이 서로 합쳐져 23개 쌍을 재구성한다.

사람의 유전적 성은 아버지의 정자가 난자와 수정하는 시점에 결정된다. 23쌍의 염색체 중에 22쌍의 염색체는 성과 독립적인 유기체의 신체적 발달을 결정한다. 마지막 한 쌍은 두 개의 **성염색체**sex chromosomes를 구성하는데 이것이 자손의 성별을 결정하는 유전자를 갖고 있다.

성염색체는 두 가지 형태가 있다. 하나는 X 염색체이

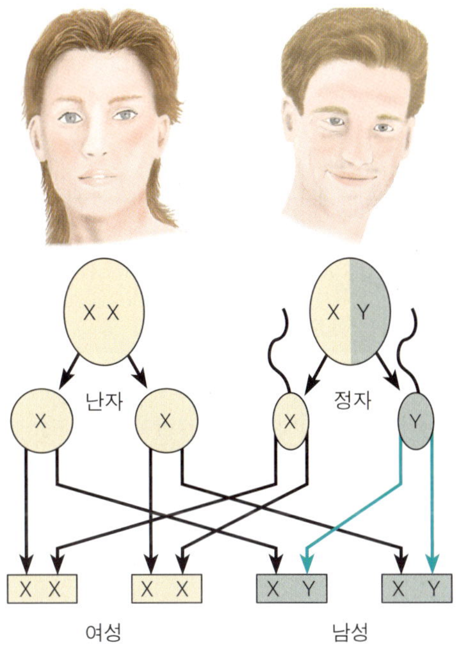

그림 9.1 **성의 결정.** 자식의 성은 난자와 수정하는 정자세포가 X 또는 Y 염색체를 가지고 있는지에 따라 결정된다.

고 다른 하나는 Y 염색체이다. 여성은 두 개의 X 염색체(XX)를 가진다. 그래서 여성이 생성하는 모든 난자는 X 염색체를 가지고 있다. 남성은 X 염색체와 Y 염색체를 가지고 있다. 남성의 성염색체가 분리될 때, 정자의 반은 X 염색체를 가지고 나머지 반은 Y 염색체를 가진다. Y를 가진 정자는 XY로 수정된 난자를 생성하여 남성이 되는 반면 X를 가진 정자는 XX로 수정된 난자를 생성하여 여성이 된다(그림 9.1 참조).

성 기관의 발달

남성과 여성은 여러 면에서 다른데, 그들의 신체와 뇌의 부분이 다르며 그들의 생식행동도 다르다. 이러한 모든 차이는 남성과 여성을 구분하는 유전적 재료의 단일 조각인 Y 염색체에 부호화되어 있는가? 그 대답은 '아니요'이다. 남성과 여성 모두의 세포에서 발견되는 X 염색체와 22개의 비성적 염색체는 양쪽 성의 신체를 발달시키는 데 필요한 모든 정보를 가지고 있다. 출생 전후에 성호르몬에 대한 노출은 우리의 성적 이형과 관련성이 있다. Y 염색체가 통제하는 것은 남성 성호르몬을 생성하는 분비선의 발달이다.

생식선

성 기관들은 일반적으로 세 개의 범주를 갖는다. 즉, **생식선**gonads, 내부 성 기관 및 외부 성 기관이다. 생식선은 고환(testes)과 난소(ovaries)를 말하는데 이것은 첫 번째로 발달한다. 생식선(*gonos*는 그리스어로 '출산'을 의미한다)은 이중 기능을 갖는데 난자와 정자를 생성하고 호르몬도 분비한다. 태아기 6주 동안에는 남성 태아와 여성 태아가 동일하다. 양쪽 성은 미분화된 동일한 생식선의 짝을 갖는데 이것들은 고환이나 난소로 발달된다. 이 발달을 통제하는 요소는 Y 염색체에 있는 **Sry** sex-determining region Y(성 결정 영역 Y)로 불리는 단일 유전자로 밝혀졌다. 이 유전자는 하나의 단백질을 생성하는데 이것은 미분화된 생식선 세포의 DNA와 결합하여 생식선이 고환이 되도록 한다(고환은 *testicles*로도 알려져 있는데 라틴어로 '작은 고환'을 의미한다). 믿든 말든, '고환(testis)'과 '증언하다(testify)'라는 단어는 동일한 어원을 가지고 그 의미는 '증언(witness)'이다. 고대 로마사람들은 법정에서 진실만을 말하겠다는 선서를 할 때 오른손을 그의 고환 위에 얹었다는 전설이 있다(오직 남자들만이 증언할 수 있었다). 만약 Sry 유전자가 없다면 미분화된 생식선은 난소가 된다. 실제로 XX인 남성의 사례가 보고되고 있다. 이례적인 이러한 일은 아버지의 정자가 생성되는 과정에서 Sry 유전자가 Y 염색체에서 X 염색체로 위치가 바뀌었을 때 일어날 수 있다.

생식선이 발달되면 일련의 사건이 개인의 성을 결정하는 활동에 맞추어진다. 이러한 사건은 호르몬에 의해 관리되는데 호르몬은 두 가지 방법으로 성 발달에 영향을 미친다. 태아 발달 동안에 이 호르몬은 **조직화 효과**organizational effect를 갖는다. 이것은 개인의 성 기관과 뇌의 발달에 영향을 끼친다. 이 영향은 영구적이다. 발달과정에서 하나의 특정 방향이 정해지면 뒤로 돌아가지는 못한다. 성호르몬의 두 번째 역할은 **활성화 효과**activational effect이다. 이 효과는 성 기관이 발달된 후에 나타난다. 예컨대 호르몬은 정자 생성을 활성화하고 발기와 사정을 가능하게 하고 배란을 유발한다. 성인 남성과 여성의 신체가 상이하게 조직화되어 있기 때문에 성호르몬은 두 성에 있어서 상이한 활성화 효과를 갖는다.

내부 성 기관

배아 발달의 초기에 내부 성 기관은 **양성적**이다. 즉, 모든 배아는 여성과 남성의 성 기관 모두의 전구체(precursors)를 가지고 있다. 그러나 임신 3개월 동안 이러한 전구체 중의 하나만 발달하고 다른 전구체는 사라진다. **난관채**(fimbriae)와 **난관**(Fallopian tubes), **자궁**(uterus) 및 **내부 질**(vagina)의 3분의 2로 발달되는 내부 여성 성 기관들의 전구체를 **뮬러계**Müllerian system라 한다. **정소**(epididymis), **정관**(vas deferens) 및 **정낭**(seminal vesicles)으로 발달하는 내부 남성 성 기관의 전구체를 **볼프계**Wolffian system라고 한다(이 체계의 이름은 발견자 Müller와 Wolff의 이름을 따서 붙여졌다. 그림 9.2 참조).

태아의 내부 성 기관들의 성별은 고환에서 분비되는 호르몬의 여부에 의해 결정된다. 이러한 호르몬이 분비되면 볼프계가 발달하고, 만약에 분비되지 않으면 뮬러계가 발달한다. 뮬러계(여성)가 발달하기 위해 생식선으로부터의 호르몬 자극은 필요 없다. 그것은 그대로 정상적이 된다. [뒤에서 논의될 성발달 장애인 터너 증후군(Turner's syndrome)은 이러한 주장을 위한 증거를 제공한다.] 반대로 볼프계(남성)의 세포는 호르몬에 의해 자극받을 때까지 발달하지 않는다. 그래서 고환은 두 가지 유형의 호르몬을 분비한다. 하나는 **항뮬러호르몬**anti-Müllerian hormone으로 불리는 펩타이드 호르몬으로 그 이름이 말하는 것처럼 이것은 뮬러계(여성)의 발달을 차단한다. 따라서 **탈여성화 효과**defeminizing effect를 갖는다. 다음은 **안드로겐**androgens으로 불리는 스테로이드 호르몬으로 이것은 볼프계의 발달을 자극한다(이 부류의 호르몬의 이름도 적절하게 붙여졌다. *Andros*는 '남성'을 의미하고 *gennan*은 '생성하다'라는 의미를 갖는다). 안드로겐은 **남성화 효과**masculinizing effect를 갖는다.

두 가지 상이한 안드로겐은 남성화와 관련이 있다. 처음 **테스토스테론**testosterone은 고환에 의해 분비되는데 이 이름은 그 분비선에서 따서 붙여졌다. 한 효소는 테스토스테론을 다른 안드로겐인 **디하이드로테스토스테론**dihydrotestosterone으로 변화시킨다.

여러분이 2장에서 살펴본 것처럼 호르몬은 적절한 호

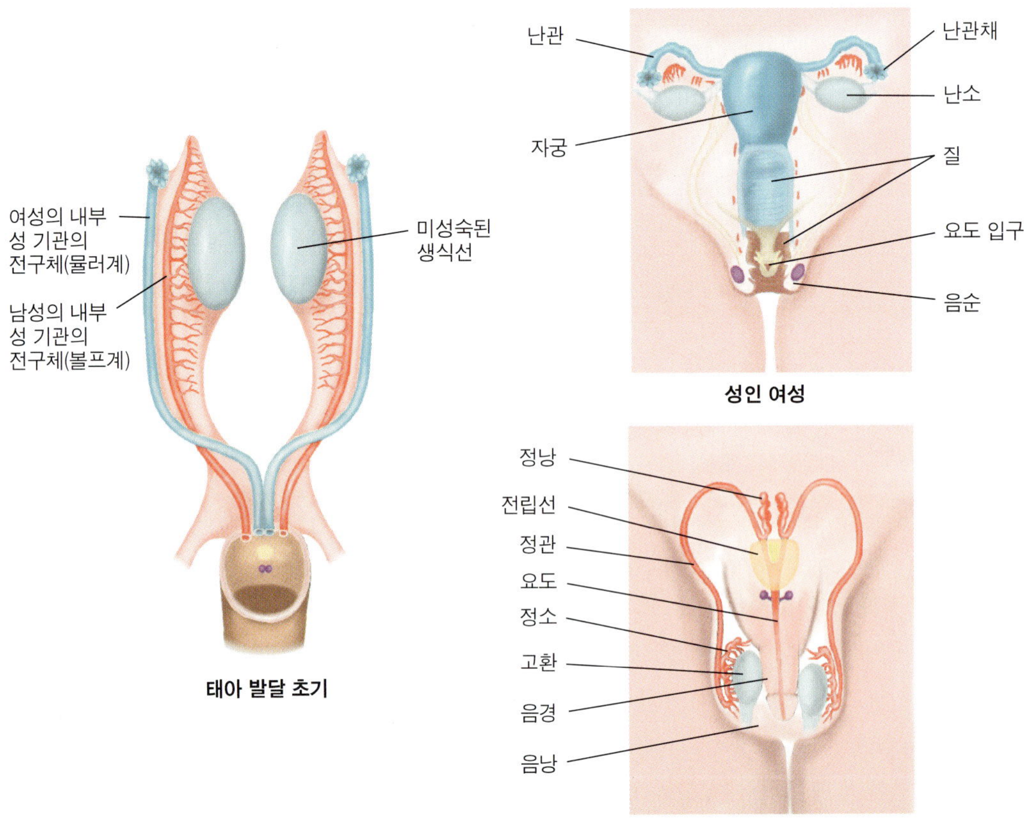

그림 9.2 **내부 성 기관의 발달.**

르몬 수용기를 자극하여 목표 세포에 효과를 발휘한다. 그래서 남성의 내부 성 기관의 전구체인 볼프계는 안드로겐 수용기를 가지고 있는데 이 수용기는 성장과 분화를 조장하는 세포 기전과 연결되어 있다. 안드로겐 분자가 이 수용기와 결합했을 때 정소, 정관 및 정낭이 발달하고 성장한다. 반대로, 뮬러계의 세포는 항뮬러호르몬에 대한 수용기를 가지고 있다. 이 수용기는 이들의 성장과 분화를 억제한다. 그래서 항뮬러호르몬은 여성의 내부 성 기관의 발달을 차단한다.

인간 태아의 내부 성 기관들은 양성적이고 잠정적으로 남성과 여성으로 발달될 수 있다는 사실은 두 가지 유전장애인 안드로겐 둔감성 증후군(androgen insensitivity syndrome)과 영속적 뮬러관 증후군(persistent Müllerian duct syndrome)에 의해 극적으로 드러난다. 몇몇 사람들은 안드로겐에 둔감하다. 이들은 **안드로겐 둔감성 증후군**androgen insensitivity syndrome을 가지고 있다. 이 이름은 매우 적절하게 명명된 장애 중의 하나이다(Money & Ehrhardt, 1972; MacLean, Warne, & Zajac, 1995). 안드로겐 둔감성 증후군의 원인은 안드로겐 수용기의 기능 조직화를 방해하는 유전적 돌연변이다(안드로겐 수용기의 유전자가 X 염색체에 있다). 안드로겐 둔감성 증후군을 가지고 있는 유전적으로 남성인 태아의 일차 생식선은 고환이 되고 항뮬러호르몬과 안드로겐을 모두 분비한다. 안드로겐 수용기의 부족은 안드로겐의 남성화 효과를 방해한다. 그래서 정소, 정관, 정낭 및 전립선이 발달되지 않는다. 그러나 항뮬러호르몬은 여전히 탈여성화 효과를 가지고 있다. 즉, 여성의 내부 성 기관들이 발달하는 것을 차단한다. 자궁, 자궁채 및 난관이 발달되지 못하고 질은 얕아진다. 이 사람은 여성의 외부 생식기를 가지고 사춘기에 여성의 소년으로 발달한다. 물론 자궁과 난소가 결핍되어 있기 때문에 아이를 가질 수는 없다.

두 번째 유전장애인 **영속적 뮬러관 증후군**persistent Müllerian duct syndrome은 두 가지의 원인을 갖는데, 그 원인은 항뮬러호르몬의 생성 실패거나 이 호르몬의 수용기 부재이다(Warne & Zakac, 1998). 이 증후군이 유전적 남성에서 발생될 때 안드로겐은 남성화 효과를 가지지만 탈여성화는 발생되지 않는다. 그래서 이 사람은 남성과 여성 모두의 내부 성 기관을 갖고 태어난다. 이 추가적인 여성 성 기관의 존재는 일반적으로 정상적인 남성 성 기관의 기능을 방해한다.

지금까지 남성 성호르몬에 대해서만 살펴보았다. 여성에 있어서 태아 성 발달은 어떨까? 한 염색체 이상이 보여 주는 사실은 여성의 성 기관에서 생성되는 호르몬이 뮬러계의 발달에 필수적이지 않다는 것이다. 이러한 사실은 '자연의 추진은 여성을 만드는 것이다'라는 견해를 갖게 한다. **터너 증후군**Turner's syndrome을 가진 사람들은 오직 하나의 성염색체, 즉 X 염색체를 가지고 있다[그래서 이들은 XX 세포를 갖는 대신에 X0 세포를 가지고 있다—0(zero)는 성염색체가 없음을 의미한다]. 대부분의 경우 가지고 있는 X 염색체는 어머니로부터 받는다. 이것은 곧 이 장애의 원인이 결함 있는 정자와 관련이 있음을 의미한다(Knebelmann et al., 1991). 이 경우 Y 염색체가 존재하지 않기 때문에 고환이 발달되지 않고, 나아가 난소를 만들기 위해 두 개의 XX 염색체가 필요하기 때문에 난소도 만들어지지 않는다. 그러나 터너 증후군을 가진 사람들은 전혀 생식선을 가지고 있지 않지만 정상적인 여성의 내부 성 기관과 외부 생식기를 가진 여성으로 발달한다. 이것은 태아가 여성으로 발달하는 데 있어서 난소와 이것의 호르몬이 필요하지 않음을 증명한다. 물론 이들은 사춘기와 성적 성숙을 위해 에스트로겐 알약을 먹어야 하며, 난자를 생성하는 난소가 없기 때문에 아이를 가질 수도 없다.

외부 생식기

외부 생식기는 볼 수 있는 성 기관으로 남성의 경우 음경(penis)과 음낭(scrotum)이 포함되고, 여성의 경우 음순(labia), 음핵(clitoris) 및 질의 바깥 부분이 포함된다(그림 9.3 참조). 우리가 조금 전에 본 것처럼, 여성이 되기 위해 여성의 생식기가 여성의 성호르몬에 의해 자극받을 필요가 없다. 그들은 자연스럽게 그 방향으로 발달한다. 디하이드로테스토스테론이 제시되면 외부 생식기는 남성이 된다. 그래서 개인의 외부 생식기의 성은 안드로겐의 존재 여부에 결정된다. 이것은 왜 터너 증후군을 가진 사람들이 난소가 결핍되었을지라도 여성의 외부 생식기를 갖는지를 설명한다. 안드로겐 둔감성 증후군을 가진 사람들 역시 여성의 외부 생식기를 가진다. 왜냐하면 안드로겐 수용기가 없으면 생식기 세포

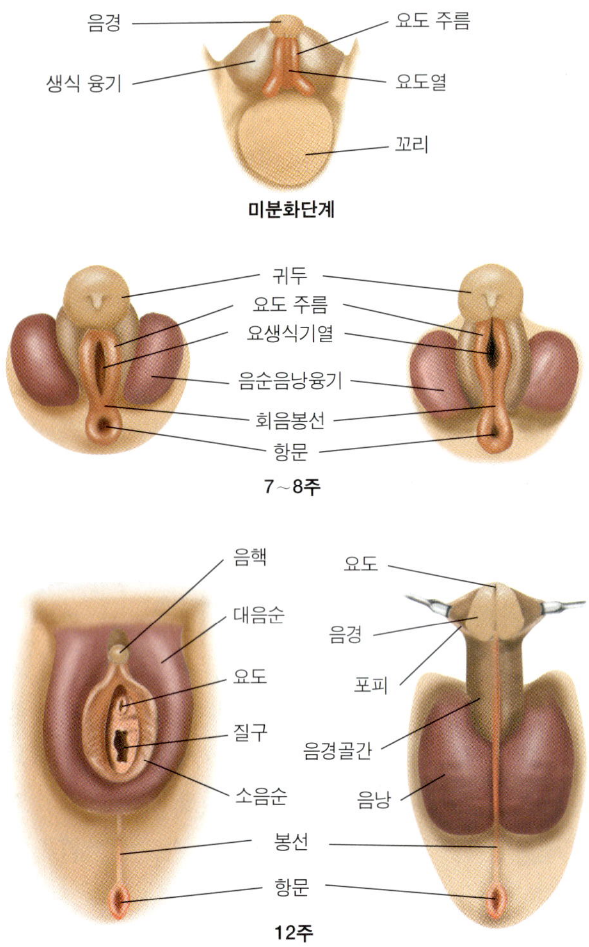

그림 9.3 외부 생식기의 발달.

Adapted from Spaulding, M. H., in *Contributions to Embryology*, Vol. 13. Washington, DC: Carnegie Institute of Washington, 1921.

가 고환에서 생성되는 안드로겐에 반응할 수 없기 때문이다.

그림 9.4는 생식선, 내부 성 기관 및 생식기의 발달을 통제하는 요인들을 요약해 놓았다(그림 9.4 참조).

성적 성숙

일차 성징은 생식선, 내부 성 기관 및 외부 생식기를 포함한다. 이러한 기관들은 출생 때 보인다. 이차 성징인 큰 가슴과 넓은 엉덩이 또는 수염과 저음은 사춘기까지 나타나지 않는다. 사춘기 전 아동의 경우 생식기를 보지 않으면 그들의 머리형이나 옷을 통해 그들의 성을 추측해야 한다. 어린 소년과 소녀의 신체는 매우 유사하다. 그러나 사춘기에는 생식선이 자극되어 호르몬을 생성하고 호르몬은 사람들로 하여금 성적으로 성숙하게 한다. 사춘기의 개시는 시상하부에 있는 세포들이 **생식선자극방출호르몬**gonadotropin-releasing hormones; GnRH을 분비할 때 나타난다. 이 호르몬은 뇌하수체 전엽(anterior pituitary gland)의 두 가지 **생식선자극호르몬**gonadotropic hormones=gonadotropins 생성과 분비를 자극한다. 생식선자극호르몬은 생식선을 자극하여 생식선의 호르몬을 생성하게 하고 이것이 궁극적으로 성적 성숙에 관여한다(그림 9.5 참조).

두 가지의 생식선자극호르몬은 **난포자극호르몬**follicle-stimulating hormone; FSH과 **황체형성호르몬**luteinizing hormone; LH인데 이 이름은 여성에서 이들이 유발하는 효과를 따서 명명되었다(난포를 생성하고 이후 황체화된다는 것이다. 이 장의 다음 절에서 기술될 것이다). 그

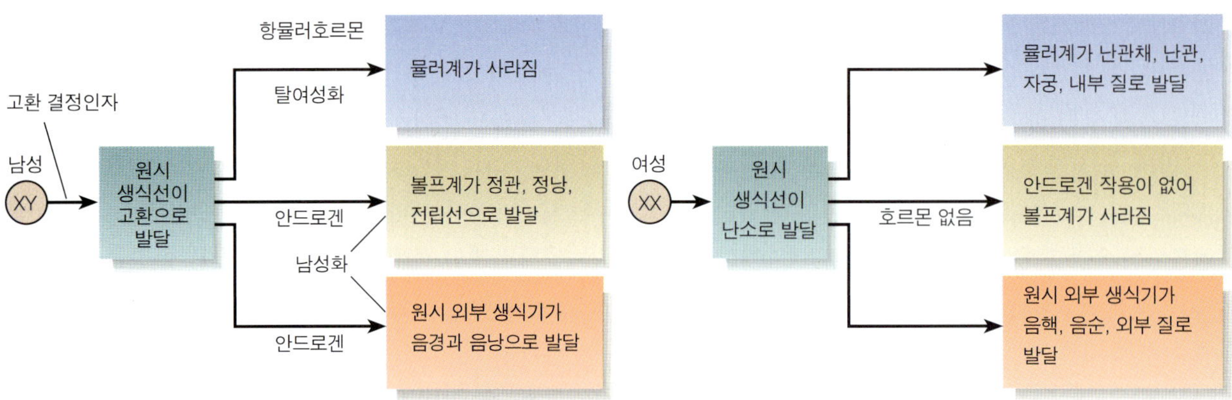

그림 9.4 내부 성 기관 발달의 호르몬 통제.

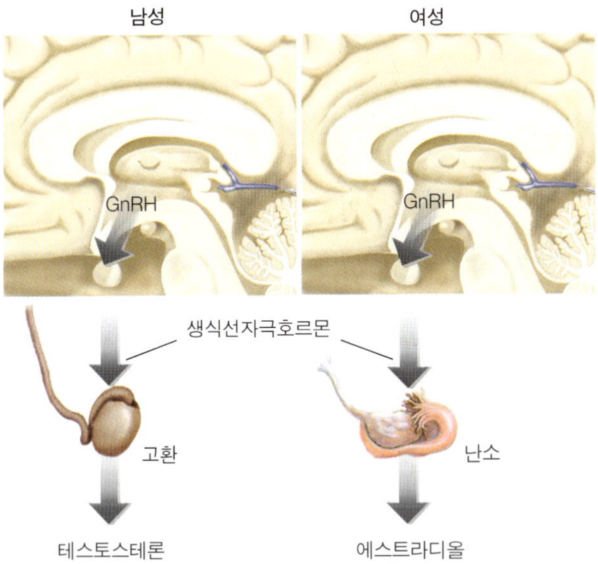

그림 9.5 성적 성숙. 시상하부에서 생식선자극방출호르몬(GnRH)을 분비할 때 사춘기가 시작된다. 이 호르몬은 뇌하수체 전엽을 자극하여 생식선자극호르몬을 분비하게 한다.

러나 동일한 호르몬도 남성에서 생성된다. 이 호르몬은 고환을 자극하여 정자를 생성하게 하고 테스토스테론을 분비하게 한다.

생식선자극호르몬 분비를 통제하고 사춘기 개시를 자극하고 생식선에서 분비되는 성호르몬 생성을 자극하는 GnRH 분비는 **키스펩틴**kisspeptin이라는 펩타이드의 통제를 받는다. [독특한 이 펩타이드의 이름은 성행위의 처음에 나타나는 행동을 의미하는 것이 아니다. 이것은 펜실베이니아의 허시(Hershey)를 말하는 것으로 이곳은 이 펩타이드를 부호화하는 유전자가 발견된 실험실이 있는 곳이다. 이 도시는 또한 Hershey's Kisses 초콜릿 캔디를 만드는 회사의 본 고장이다.] 키스펩틴은 시상하부의 궁상핵(arcuate nucleus)에 있는 뉴런에 의해 분비되고 사춘기를 촉발시키고 남성과 여성의 생식력을 유지하도록 하는 데 중요하다(Millar et al., 2010).

생식선자극호르몬에 대한 반응으로 생식선은 스테로이드 성호르몬을 분비한다. 난소는 **에스트라디올**estradiol을 생성하는데 이것은 **에스트로겐**estrogens으로 알려진 호르몬계 중의 하나다. 우리가 앞에서 살펴본 바와 같이 고환은 테스토스테론을 생성하는데 이것은 안드로겐 중의 하나이다. 고환과 난소 또한 적은 양의 다른 성호르몬을 생성한다. 생식선 스테로이드는 신체의 많은 부위에 영향을 미친다. 에스트라디올과 안드로겐 모두 뼈의 성장부위를 폐쇄시켜 골격 성장을 멈춘다. 또한 여성의 경우, 에스트라디올은 가슴 발달, 자궁 내벽 발달, 신체 지방 축적의 변화 및 여성 생식기 성숙의 원인이 된다. 남성의 경우, 안드로겐은 수염, 겨드랑이 털 및 음모의 성장을 자극하고, 저음을 갖게 하고, 모발선을 변화시키고(나중에 대머리의 원인이 종종 된다), 근육 발달을 자극하고, 생식기 성장의 원인이 된다. 이 설명은 여성의 두 가지 이차 성 특징인 겨드랑이 털과 음모에 대해 간과되었다. 여성의 이 특징은 에스트라디올에 의해 발생되는 것이 아니고 부신피질에서 분비되는 안드로겐에 의해 나타난다. 사춘기 전에 거세된 남성도 겨드랑이 털과 음모가 자라는데 이것은 그 자신 부신의 안드로겐에 의해 자극되었기 때문이다. 중요한 성호르몬과 그 효과의 예에 대한 목록이 표 9.1에 제시되어 있다. 이러한 효과들 중의 몇 가지는 이 장의 뒤에서 논의될 것이다(표 9.1 참조).

이차 성 특징에 대한 몇 가지 양성 잠재성은 일생을 걸쳐 남아 있다. 한 남성이 에스트로겐으로 처치된다면(예: 안드로겐 의존 종양을 통제하기 위해) 그는 가슴이 커지고 수염은 가늘어지고 부드러워진다. 그러나 그의 목소리는 저음이 유지되는데 이것은 큰 후두의 크기가 영구적이기 때문이다. 반대로 높은 수준의 안드로겐을 받게 되는 한 여성은(일반적으로 안드로겐을 분비하는 종양에 의해) 수염이 자라고 목소리는 낮아진다.

절 요약

성의 발달

성은 성염색체에 의해 결정된다. XX는 여성이 되게 하고 XY는 남성이 되게 한다. 남성은 Y 염색체에 있는 Sry 유전자에 의해 남성이 되는데, 이 유전자는 원시 생식선이 고환이 되도록 하는 단백질 생성을 위한 부호를 가지고

표 9.1 성 스테로이드 호르몬의 분류

종류	인간의 주요 호르몬(생성되는 곳)	효과의 예
안드로겐	테스토스테론(고환)	볼프계 발달, 정자 생성, 수염 · 음모 · 겨드랑이 털 성장, 근육 발달, 후두 성장, 뼈성장 억제, 남성의 경우 성적 추동(여성?)
	디하이드로테스토스테론(효소의 작용에 의해 테스토스테론에서 생성)	남성 외부 생식기의 성숙
	안드로스틴다이온(부신선)	여성의 경우 음모와 겨드랑이 털 성숙, 남성에 있어서 테스토스테론과 디하이드로테스토스테론보다 중요하지 않다.
에스트로겐	에스트라디올(난소)	여성 생식기 성숙, 가슴 성장, 지방 축적의 변화, 자궁 내벽 발달, 뼈성장 억제, 여성의 성 추동(?)
게스타겐	프로게스테론(난소)	자궁 내벽 유리
시상하부 호르몬	생식선자극방출호르몬(시상하부)	생식선자극호르몬 분비
생식선자극호르몬	난포자극호르몬(뇌하수체 전엽)	난포 발달
	황체형성호르몬(뇌하수체 전엽)	배란, 황체 발달
기타 호르몬	프로락틴(뇌하수체 전엽)	젖 분비, 남성 불응기(?)
	옥시토신(뇌하수체 후엽)	젖 배출, 오르가슴, 짝짓기(특히 여성), 유아와 유대 형성
	바소프레신(뇌하수체 후엽)	짝짓기(특히 남성)

있다. 고환은 두 가지 종류의 호르몬을 분비하는데 이 호르몬들은 남성으로 발달하는 데 필요한 것이다. 테스토스테론과 디하이드로테스토스테론(모두 안드로겐)은 볼프계의 발달을 자극하고(남성화), 항뮬러호르몬은 뮬러계의 발달을 억제한다(탈여성화). 안드로겐 둔감성 증후군은 안드로겐 수용기에서의 유전적 결함 때문이고, 영속적 뮬러관 증후군은 항뮬러호르몬의 생성과 그 수용기의 유전적 결함 때문이다.

애초에 신체는 여성이다('자연의 추진은 여성을 만드는 것이다'). 오직 고환의 호르몬 활성화에 의해서만 남성이 된다. 남성화와 탈여성화는 **조직화** 효과로 언급될 수 있다. **활성화** 효과는 발달이 완료된 후에 나타난다. 터너 증후군(XO)을 가진 사람은 생식선이 발달되지 않지만 그럼에도 불구하고 여성의 내부 성 기관과 외부 생식기가 발달된다. 외부 생식기는 공통의 전구체로부터 발달한다. 생식선호르몬이 없으면 그 전구체는 여성의 형태로 발달한다. 안드로겐(일차적으로 디하이드로테스토스테론으로 이것은 5α 환원제 작용에 의해 테스토스테론으로부터 파생된 것이다)이 있으면 전구체는 남성의 형태로 발달한다(남성화).

성적 성숙은 시상하부의 궁상핵에 있는 뉴런이 키스펩신을 분비하기 시작할 때 일어난다. 키스펩신은 생식선자극방출호르몬의 분비를 자극하고 생식선자극방출호르몬은 뇌하수체 전엽이 난포자극호르몬과 황체형성호르몬을 분비하도록 자극한다. 이 호르몬은 생식선을 자극하여 생식선의 호르몬을 분비하게 한다. 그래서 생식기를 성숙시키고 신체의 이차 성 특징을 발달시킨다(활성화 효과).

생각해 봅시다

1. 예비부모들이 임신하기 전에 약을 먹어 아이들의 성을 쉽게 결정할 수 있다고 상상해 보라. 그 결과는 어떻게 되겠는가?
2. 적절한 호르몬 처치에 의해 폐경기 후 여성이 다른 여성의 난자를 이식받을 수 있고, 시험관에서 수정될 수 있고, 그리고 엄마가 될 수도 있다. 실제로 40대와 50

대 몇몇 여성들이 그렇게 했다. 이러한 과정에 대해 여러분은 어떻게 생각하는가? 이러한 방법 사용에 대한 결정을 부부와 의사에게 맡겨야 되는가? 혹은 사회의 나머지 구성원들(입안자들이 주장하는 것같이)이 개입해야 되는가?

성행동의 호르몬 통제

우리는 호르몬이 신체의 구조와 성 기관에 있어서 성적 이형에 관여한다는 것을 살펴보았다. 호르몬은 내부 성 기관, 생식기 및 이차 성 특징에 구조화 효과와 활성화 효과를 갖는다. 남성이나 여성의 체형과 생식기를 가지고 있다는 그 하나만으로도 강력한 효과를 미친다. 그러나 호르몬은 남성의 신체나 여성의 신체를 갖게 하는 것 이상을 한다. 호르몬은 신경계와의 직접적인 상호작용을 통해 행동에도 영향을 미친다. 태아 발달 동안 나타나는 안드로겐은 신경계 발달에 영향을 준다. 나아가 남성과 여성의 성호르몬은 생리적 과정과 행동에 영향을 미치는 성인의 신경계에 활성화 효과를 갖는다. 이 단원은 이러한 호르몬의 효과를 살펴본다.

암컷 생식주기의 호르몬 통제

암컷 영장류의 생식주기를 **월경주기**menstrual cycle; (*mensis*는 '달, 월'을 의미한다)라고 한다. 다른 포유류 종의 암컷들 또한 생식주기를 갖는데 이것을 **발정주기**estrous cycles라고 한다. *estrus*는 '쇠파리(gadfly)'를 의미한다. 암컷 쥐가 발정 났을 때 암컷의 호르몬 조건은 이 암컷을 다른 때와 다르게 행동하도록 부추긴다(그것 때문에 수컷이 또한 다르게 행동하게 된다). 월경주기와 발정주기를 구분하는 일차적인 특징은 자궁 내벽의 발달과 소실이 한 달 주기 여부이다. 쥐의 발정주기가 4일인 것을 제외한 나머지 특징들은 거의 동일하다. 또한 발정주기를 가진 암컷 포유류의 성행동은 배란과 연관이 있지만 대부분의 암컷 영장류들은 그들의 월경주기 동안 언제든지 교미할 수 있다.

월경주기와 발정주기는 일련의 사건들로 구성되어 있는데 이것들은 뇌하수체와 난소에서 분비되는 호르몬에 의해 통제된다. 이 내분비선들은 상호작용하는데, 한 내분비선의 호르몬 분비는 다른 내분비선의 호르몬 분비에 영향을 준다. 한 주기는 뇌하수체 전엽의 생식선자극호르몬의 분비와 함께 시작된다. 이러한 호르몬(특히 FSH)은 **난소의 난포**ovarian follicles 발달을 자극한다. 난포는 난자를 싸고 있는 작은 구형의 상피세포이다. 여성들은 정상적으로 한 달에 하나의 난포를 생성한다. 한 달에 두 개가 생성되어 수정되면 이란성 쌍둥이가 된다. 난포가 성숙되었을 때 이것은 에스트라디올을 분비하는데 이것은 정자로 수정된 난자의 착상을 준비하기 위해 자궁의 내벽을 발달시킨다. 에스트라디올 수준의 증가에 대한 피드백은 전뇌하수체에 의해 황체형성호르몬의 급증적 분비를 촉발시킨다(그림 9.6 참조).

급증한 황체형성호르몬은 배란(ovulation)을 유발한다. 즉, 난포가 터지면서 난자가 배출된다. 황체형성호르몬의 지속적인 영향하에서 파열된 난포가 **황체**corpus luteum가 된다. 이것은 에스트라디올과 **프로게스테론**progesterone을 생성한다(그림 9.6 참조). 후자의 호르몬

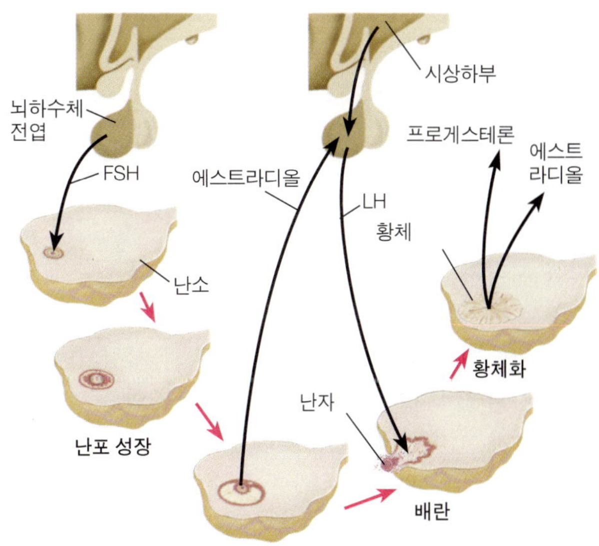

그림 9.6 **월경주기의 신경내분비 통제.**

은 임신을 조장한다. 이것은 자궁 내벽을 유지하고 다른 난포를 생성하는 난소를 억제한다. 이러한 과정 중에 난자는 난관으로 들어가 자궁 쪽으로 나아간다. 난자가 난관을 지나는 동안 정자를 만나 수정되면 이것이 분화되기 시작하고 며칠 후에 자궁벽에 착상된다.

난자가 수정되지 않거나 수정이 너무 늦어 자궁으로 가는 동안 충분히 발달하지 못하면 황체는 에스트라디올과 프로게스테론 생성을 멈추게 되고 자궁의 내벽은 허물어진다. 이 시점에서 월경이 시작된다.

실험동물의 성행동에 대한 호르몬 통제

성호르몬과 인간 뇌 사이의 상호작용을 연구하기는 어렵다. 우리는 두 가지 정보원, 즉 동물을 이용한 실험과 자연 자신의 실험이 되는 인간의 다양한 발달장애에 관심을 돌려야 한다. 먼저 실험동물을 대상으로 한 연구에서 모은 증거를 살펴보자.

수컷

수컷 성행동의 기본 특징은 **삽입**(intromission: 음경을 여성의 질로 넣는 것), **골반 찌르기**(pelvic thrusting: 엉덩이와 뒷다리의 반복적인 운동으로 생식기에 마찰을 유발한다) 및 **사정**(ejaculation: 정액을 방출)과 같은 모든 포유류의 수컷이 갖는 특징일지라도 그 성행동은 아주 다양하다. 물론 인간도 모든 종류의 성교 행동과 비성교 행동을 고안해 왔다. 예를 들면, 사정을 유도하는 골반 찌르기는 여성에 의해 수행될 수 있고, 성적 유희는 삽입 없이 오르가슴을 유도할 수 있다.

쥐들의 성행동은 다른 실험동물보다 많이 연구되었다(Hull and Dominguez, 2007). 수컷 쥐가 수용적인 암컷을 만났을 때 수컷은 코로 암컷을 비비고, 생식기 냄새를 맡고 핥으며, 암컷에게 올라타서 골반 찌르기를 한다. 수컷은 여러 번 암컷에게 올라타는데 올라탈 때마다 거의 대부분 삽입을 한다. 대략 1분 간격으로 8번에서 15번 삽입한 후(삽입의 지속시간은 오직 4분의 1초 정도) 수컷은 사정을 한다.

사정 후에 수컷은 얼마 동안(쥐의 경우 수 분) 성적 활동을 자제한다. 대부분의 포유류는 여러 번 성교를 하는데 마지막에는 **불응기**refractory period라는 긴 휴지 시간을 보여 준다('불응기'라는 용어는 '휴식하다'라는 의미의 라틴어 *refringere*에서 유래되었다). 어떤 포유류에서는 흥미로운 현상이 나타난다. 한 수컷이 동일한 암컷과 반복된 성교에 의해 '녹초'가 된 후에도 새로운 암컷이 나타나면 첫 번째 암컷을 만났을 때만큼 빠르게 다시 반응하기 시작한다. 연속적으로 새로운 암컷에 대한 노출은 장시간 동안 그의 수행을 유지시킬 수 있다. 이러한 현상은 하나의 수컷이 그의 후처로 있는 모든 암컷에게 씨를 심는 종들에게는 매우 중요하다. 생식활동이 거의 암수 일대일로 이루어지는 종들은 이러한 방법으로 성적 활동을 하지 않는 것 같다.

내가 읽은 가장 독특한 연구 중의 하나로, Beamer, Bermant, Clegg(1969)이 발표한 연구가 있다. 그들은 숫양이 자신과 교미한 암양을 재인하는 능력을 검사했다. 숫양은 매번 새로운 암양이 나타나자 신속하게 교미를 시작하고 2분 내에 사정을 마쳤다(한 연구에서 숫양은 이러한 행위를 12마리 암양과 지속했다. 실험자는 양들이 혼란스럽게 돌아다녀 결국 지쳤지만 그 숫양은 여전히 계속하려고 했다). Beamer와 동료들은 그 숫양과 교미한 암양에게 트렌치코트를 입히고 핼러윈 가면을 씌워 속이려고 했으나, 숫양은 이러한 위장에 넘어가지 않았다. 숫양은 냄새로 이전 상대를 명확하게 인식했고 상대에 대해 더 이상 흥미를 보이지 않았다.

수탉에서 볼 수 있는 것처럼, 새로운 여성에 의한 회춘 효과(rejuvenating effect)를 **쿨리지 효과**Coolidge effect라고 한다. 다음의 이야기는 사실로 받아들여지지만 나는 그것이 사실인지는 단언할 수 없다(사실이 아니면 아닐 것이다.) 역대 미국 대통령인 Calvin Coolidge는 부인과 함께 농장을 견학하고 있을 때, 부인이 농부에게 한 마리의 수컷이 암컷 무리들과 지속적이고 활력적인 성적 활동을 하는지 물었다. 그는 그렇다고 대답했다. 그녀는 미소를 지으며 말했다. "당신이 이 점을 대통령께 말하는 것이 좋겠어요." 대통령은 그 닭들을 유심히 보고 나서 그 수컷이 매번 다른 암탉과 교미하는지를 농부에게 물었다. 그는 또 그렇다고 대답했다. "당신이 이 점을 영부인께 말하는 것이 좋겠소."라고 그가 말했다.

수컷 설치류의 성행동은 테스토스테론에 달려 있다. 이러한 사실은 오랫동안 인식되어 온 것이다(Bermant & Davidson, 1974). 수컷이 거세되면(즉, 고환이 제거되면) 그의 성 활동은 궁극적으로 멈추게 된다. 그러나 그 행동은 테스토스테론의 주입에 의해 회복될 수 있다. 이 장의 뒷부분에 이러한 활성화 효과에 대한 신경적 기초를 기술할 것이다.

암컷

포유류의 암컷은 교미에서 수동적으로 참여하는 것으로 기술된다. 이것은 사실인데, 어떤 종들에서 교미 행위 동안 암컷의 역할은 단지 자신의 생식기가 수컷에 노출될 수 있는 자세를 취하는 것이다. 이러한 행동을 **척추전만**lordosis 반응이라고 한다(그리스어로 *lordos*는 '뒤로 젖히다'라는 뜻이다). 암컷은 자신의 꼬리를 옆으로 치우고(꼬리가 있다면) 수컷의 무게를 지지할 수 있도록 단단히 버틴다. 그러나 교미를 시작하려고 할 때 암컷 설치류의 행동이 매우 능동적인 경우가 자주 있다. 분명한 것은 수컷이 발정되지 않은 암컷과 교미하려고 하면 암컷은 적극적으로 달아나거나 저지시킨다. 그러나 암컷이 수용적 상태에 있을 때 암컷은 수컷에게 다가가서 코로 수컷을 문지르고 그의 생식기 냄새를 맡고 그 종들의 행동 특징을 자주 보여 준다. 예컨대, 암컷 쥐는 빠르고 짧은 뛰는 움직임과 빠른 귀 흔들기를 보여 주는데 이때 대부분의 수컷 쥐들은 참지 못한다(McClintock & Adler, 1978).

암컷 설치류의 성행동은 발정 동안 존재하는 생식선 호르몬(에스트라디올과 프로게스테론)에 달려 있다. 쥐의 경우, 암컷이 수용적이 되기 전 40시간 동안 에스트라디올이 증가한다. 수용성이 나타나기 직전에 황체는 많은 양의 프로게스테론을 분비하기 시작한다(Feder, 1981). 난소가 제거된 쥐는 성적으로 수용적이지 않다. 성적 수용성이 난소가 제거된 설치류에 많은 양의 에스트라디올 하나의 처치에 의해 나타날 수 있지만 가장 효과적인 처치는 정상적인 호르몬 분비의 순서, 즉 적은 양의 에스트라디올과 뒤이은 프로게스테론 순서를 따르는 것이다. 프로게스테론 단독으로는 효과가 없다. 그래서 에스트라디올이 프로게스테론의 효과를 발화시킨다. 에스트라디올에 의한 발화는 약 16~24시간이 걸린다. 이 후 프로게스테론의 주사는 한 시간 내에 수용행동을 유발한다(Takahashi, 1990). 이러한 효과에 관여하는 신경 기전은 이 장의 뒤에서 기술하게 될 것이다.

에스트라디올 이후 프로게스테론의 순서는 암컷 쥐들에게 세 가지 효과를 갖는다. 이것은 **수용성**(receptivity), **교태성**(proceptivity) 및 **매력**(attractiveness)을 높인다. 수용성은 짝짓기에 대한 능력과 의도를 말하는 것으로 수컷이 암컷에게 올라타려고 할 때 조용히 척추전만을 보여 주며 수컷의 유혹을 받아들이는 것이다. 교태성은 짝짓기에 대한 암컷의 열망을 말하는 것으로 암컷이 수컷을 찾아다니고 수컷의 성적 흥미를 각성시킬 수 있는 행동들을 하는 것이다. 매력은 수컷을 자극하는 생리적 행동적 변화를 말한다. 수컷 쥐(많은 다른 포유류의 수컷과 마찬가지로)는 발정 난 암컷에 가장 반응적이다. 수컷은 난소가 제거된 암컷을 무시하지만 에스트라디올과 프로게스테론의 주입은 매력을 회복시킨다(또한 수컷에 대한 암컷의 행동을 변화시킨다). 수컷의 성적 흥미를 각성시키는 자극은 암컷의 냄새와 행동이다. 몇몇 종에서, 즉 암컷 원숭이의 생식기 부위가 부풀어 오르는 것 같은 시각적인 변화 또한 성적 호소력에 영향을 준다.

여성들은 생리주기에서 수정기 동안에 뚜렷한 신체적 변화를 보여 주지 않을지라도 어떤 미묘한 변화는 일어난다. Roberts 등(2004)은 여성의 생리주기에서 수정기와 비수정기 동안 얼굴 사진을 찍었고 남성과 여성 모두 비수정기 동안 찍은 사진보다 수정기 때 사진을 더 매력적으로 평가했다. (사진이 찍힌 여성들은 연구의 목적을 모르게 했다. 자신도 모르게 얼굴 표정이 변해 결과를 편향시키는 것을 막기 위해서다.)

행동에서 안드로겐의 구조화 효과: 남성화와 탈여성화

'자연의 추진은 여성을 만드는 것이다'라는 견해는 성적 기관뿐만 아니라 성적 행동에도 적용된다. 즉, 설치류의 뇌가 발달의 결정적 시기 동안 안드로겐에 노출되지 않으면 그 동물은 성숙되었을 때(에스트라디올과 프로게스테론이 주어지면) 암컷의 성행동을 갖게 될 것이다. 실험자들에게는 다행스럽게도, 이 결정적 시기는 쥐와 미숙한 상태로 태어나는 다른 몇몇 설치류 종의 경우 출생 후 잠깐 동안 나타난다. 그래서 수컷이 출생 직후 거세되고 성인 쥐로 성장했을 때 에스트라디올과 프로게스테론을 주입한다면 이 수컷은 다른 수컷에게 등을 굽혀 그의 엉덩이를 보여 준다. 다르게 말하면, 수컷이 마치 암컷처럼 행동하게 된다(Blaustein & Olster, 1989).

반대로 설치류의 경우 뇌 발달 중에 안드로겐에 노출된다면 두 가지 현상이 나타난다. 즉, 행동적 탈여성화와 행동적 남성화이다. **행동적 탈여성화**는 성숙했을 때 수컷이 암컷의 성행동을 차단하는 안드로겐의 조직화 효과를 말한다. 우리가 나중에 살펴보겠지만 이 효과는 암컷 성행동을 통제하는 신경회로의 발달을 억제하여 나타난다. 예컨대 암컷 설치류가 출생 직후 난소가 제거되고 테스토스테론이 주어지면 암컷이 성숙했을 때 에스트라디올과 프로게스테론을 주입해도 수컷에게 반응하지 않는다. 행동 남성화는 동물이 성숙되었을 때 수컷의 성행동을 할 수 있도록 하는 안드로겐의 조직화 효과를 말한다. 이 효과는 수컷의 성행동을 통제하는 신경회로의 발달을 자극하여 나타난다. 예컨대 이전의 예처럼 암컷 설치류가 성숙했을 때 에스트라디올과 프로게스테론이 아닌 테스토스테론을 주입한다면 그 암컷은 수용적인 암컷에게 올라타서 짝짓기를 하려고 할 것이다(더 전문적인 연구들을 위해서는 Breedlove, 1992와 Carter, 1992를 참조하라. 그림 9.7 참조).

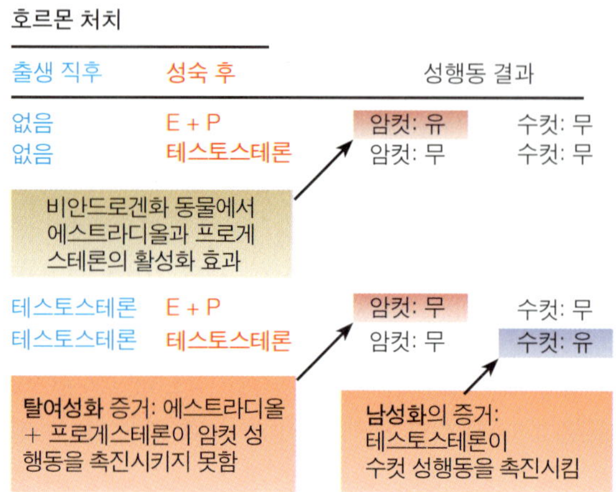

그림 9.7 테스토스테론의 조직화 효과. 출생 무렵 테스토스테론은 설치류 성행동을 남성화시키고 탈여성화시킨다.

페로몬 효과

호르몬은 신체의 한 부위(내분비선)로부터 다른 부위(목표 조직)로 메시지를 전달한다. 화학물의 다른 한 부류인 **페로몬**pheromones은 한 동물에서 다른 동물로 메시지를 전달한다. 호르몬처럼 이런 화학물의 몇 가지는 생식행동에 영향을 준다. Karlson과 Luscher(1959)는 페로몬을 '옮기다'라는 의미의 그리스어 *pherein*과 '흥분하다'라는 의미의 그리스어 *horman*을 합성하여 만들었다. 페로몬은 한 동물에 의해 분비되어 다른 동물의 생리 또는 행동에 직접적으로 영향을 미친다. 포유류 종의 페로몬은 대부분 후각을 통해 감지된다.

페로몬은 생식 생리 또는 생식 행동에 영향을 줄 수 있다. 첫 번째, 생식 생리에 있어서의 효과를 고려해 보자. 암컷 생쥐를 집단으로 사육했을 때 이들의 발정주기는 느려지다가 궁극적으로 멈추게 된다. 이러한 현상을 **Lee-Boot 효과**Lee-Boot effect(van der Lee & Boot, 1955)라고 한다. 암컷 집단을 수컷의 냄새(또는 수컷의 오줌 냄새)에 노출시키면 발정주기가 다시 시작되고 이 주기들이 동기화(synchronization)되는 경향이 있다. 이러한 현상은 **Whitten 효과**Whitten effect(Whitten, 1959)로 알려져 있다. **Vandenbergh 효과**Vandenbergh effect(Vandenbergh, Whitsett, & Lombardi, 1975)는 수컷의 냄새 때문에 암컷 설치류의 사춘기 시작이 촉진되는 것이다. Whitten 효과와 Vandenbergh 효과 모두 온전히 성숙된 수컷의 오줌에 있는 화합물 집단에 의해 나타난다(Ma, Miao, & Novotny, 1999; Novotny et al., 1999). 어린 수컷이나 거세된 수컷의 오줌은 효과가 없다. 그래서 페로몬의 생성은 테스토스테론의 존재를 필요로 한다.

Bruce 효과 Bruce effect(Bruce, 1960a, 1960b)는 특히 흥미로운 현상이다. 최근에 수정된 암컷 생쥐가 이전에 짝짓기를 한 수컷이 아니고 다른 수컷을 만났을 때 유산되는 경향성이 높다. 이러한 효과 또한 거세된 수컷이 아닌 온전한 수컷의 오줌에서 분비되는 물질이 원인이 된다. 그래서 임신된 암컷을 만나는 수컷 생쥐는 다른 수컷의 유전자를 가진 새끼의 출산을 막을 수 있고 궁극적으로 자기가 암컷을 임신시킨다. 이런 현상은 암컷의 관점에서도 유리하다. 새로운 수컷이 이전 수컷의 영역을 차지하여 관리한다는 사실은 그 수컷이 더 건강하고 더 강력하므로 그의 유전자는 생존력이 더욱 높은 후손을 갖는 데 기여할 것이다.

여러분이 7장에서 살펴본 것처럼, 냄새의 감지는 일차 후각계를 구성하는 후구에 의해 수행된다. 그러나 페로몬이 생식주기에 갖는 효과는 다른 감각기관인 **서골비기관**vomeronasal organ; VNO에 의해 중재되는 것으로 나타났다. 이 기관은 코의 통로관에 의해 연결된 하나의 주머니(pouch)로 이 주위에 배열된 감각 수용기의 작은 집단으로 구성되어 있다. 고래류를 제외한 모든 포유류에 있는 서골비기관은 후구 바로 뒤에 있는 **부후구**accessory olfactory bulb로 투사된다(Wysocki, 1979; 그림 9.8 참조).

서골비기관이 공기 중의 몇몇 분자에 반응할 수 있지만 오줌에 있는 비휘발성 화합물이나 다른 물질에 일차적으로 민감하다(Brennan & Keverne, 2004). 실제로 햄스터의 코 영역에서 작용하는 신경에 대한 자극은 서골

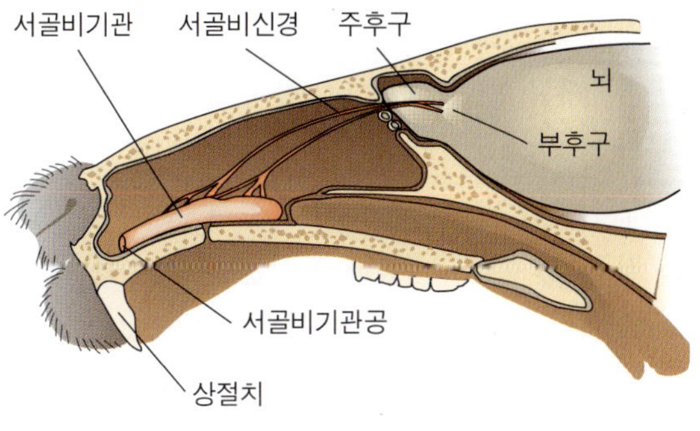

그림 9.8 설치류의 부후각계.

Based on Wysocki, C. J. *Neuroscience & Biobehavioral Reviews*, 1979, *3*, 301-341.

비기관으로 액체를 분비하게 하여 그 수용기를 제시된 어떤 물질에 노출시킨다(Meredith & O'Connell, 1979). 이러한 분비는 동물이 새로운 자극을 접할 때마다 활성화된다(Meredith, 1994). 부후구의 제거는 Lee-Boot 효과, Whitten 효과, Vandenbergh 효과 및 Bruce 효과를 없앤다. 그래서 서골비계는 본질적으로 이러한 페로몬을 위한 것이다(Halpern, 1987).

생식 생리에 대한 효과 외에도 몇몇 페로몬은 직접적으로 행동에 영향을 미친다. 예를 들면, 암컷 햄스터의 질 분비물에 있는 페로몬은 수컷의 성행동을 자극한다. 수컷은 암컷의 분비물에 이끌려 짝짓기 전에 암컷의 생식기의 냄새를 맡고 생식기를 핥는다(Powers & Winans, 1975; Winans & Powers, 1977). 나아가 어떤 종들의 수컷은 암컷의 행동에 영향을 주는 성적 유혹 페로몬을 분비한다. 예를 들면, 수컷 돼지의 침에 있는 한 페로몬은 암컷 돼지의 성행동을 유발한다(Dorries, Adkins, & Halpern, 1997). 암컷을 매혹하는 어떤 수컷의 페로몬은 주후각계에 의해 감지된다. 예컨대 Mak 등(2007) 수컷 쥐의 사육상자에서 채취된 분뇨 깔짚의 냄새는 주후각계와 해마의 뉴런을 활성화시킨다는 것을 확인했다. 그 냄새는 신경발생(neurogenesis: 새로운 뉴런의 생성)을 자극하기도 했다. Mak과 동료들은 후구와 해마에서 새로운 뉴런을 발견했다. 더욱이 상위 수컷 사육상자의 깔짚은 하위 수컷의 깔짚보다 더 효과적으로 신경발생을 자극했다. 나아가 그 뉴런들은 생쥐의 상이한 종간을 구분하고 암컷과 수컷을 구분하는 예민한 동조 반응 특징을 보여 준다.

한 연구에서(Stowers et al., 2002) 서골비기관이 페로몬을 감지하는 데 중요한 단백질을 변성시키면 수컷과 암컷을 구분하는 수컷 생쥐의 능력이 차단된다. 결과적으로 이 변성을 가진 수컷 생쥐는 수컷과 암컷 모두에게 짝짓기를 시도했다. 다른 한 연구에서(Luo, Fee, & Katz, 2003) 연구자들은 생쥐의 부후구에 있는 단일 뉴런을 기록하여 생쥐가 다른 동물의 얼굴이나 항문과 생식기 부위를 적극적으로 탐색할 때만 반응하는 특수 뉴런을 발견했다. 나아가 이 뉴런은 생쥐의 상이한 종간의 구분을 할 때 그리고 숫컷과 암컷 간의 구분을 할 때 신속하게 조정되는 반응 특징을 보여 준다.

적어도 페로몬과 관련된 몇몇 현상이 인간에서도 나

인간에 있어서 페로몬 관련 현상의 존재는 규칙적으로 함께 시간을 보내는 여성들이 생리주기가 동기화되는 경향이 있다는 발견에서 확인된다.

Kelly-Mooney Photography/Corbis.

타난다는 것이 밝혀졌다. McClintock(1971)은 여자 대학에 다니는 여대생들의 월경주기를 연구했다. 연구자는 많은 시간을 함께 보내는 여대생들은 동기화된 주기를 갖는 경향성이 있음을 발견했다. 이들의 월경주기는 서로 간에 하루 또는 이틀의 차이를 두고 시작했다. 나아가 규칙적으로 일정한 시간을 남성과 함께 보내는 여성은 남성과 함께 있는 시간이 거의 없는 여성에 비해 월경주기가 짧은 경향성이 있었다.

페로몬이 여성의 월경주기를 동기화할 수 있다는 직접적인 증거를 얻은 연구(Russell, Switz, & Thompson, 1980)가 있다. 이 연구자들은 매일 여성의 겨드랑이 땀 표본을 수집했다. 이들은 그 표본을 알코올에 녹여 원래 수집된 순서에 따라 매주 3번씩 한 여성 집단의 입술 위에 면봉으로 그것을 발랐다. 이 추출물을 바른 여성들의 주기는 냄새 기증자의 주기와 동기화되기 시작했다(통제 피험자들은 순수한 알코올을 발랐다).

몇몇 연구는 인간의 땀에 있는 화합물이 남성과 여성에게 상이한 효과를 갖는 것을 발견했다. Singh과 Bronstad(2001)은 남성에게 여성이 며칠간 입었던 티셔츠의 냄새를 맡게 했다. 그 남성들은 여성의 생리주기에서 수정기 동안 입었던 셔츠를 비수정기 동안 입었던 것보다 더 즐겁고 섹시한 냄새가 난다고 보고했다.

Jacob과 McClintock(2000)은 남성의 땀에서 발견되는 안드로겐 화학물인 **안드로스타디에논**(androstadienone; AND)이 여성에게는 각성도(alertness)와 긍정적 기분을 증가시키는 반면에 남성에게는 긍정적 기분을 감소시킨다는 것을 입증했다. Wyart 등(2007)은 AND를 냄새 맡은 여성들이 높은 수준의 코르티솔(cortisol: 다양한 정서행동과 관련이 있는 부신호르몬)을 보여 주고 더욱 긍정적인 기분과 성적 각성의 증가를 보고함을 확인했다. Saxton 등(2008)은 AND를 포함하는 용액이나 위약을 여성의 윗입술에 바르고 그 지역의 술집에서 사적 알선업체에서 주최한 '급속 만남' 이벤트에 참가하도록 했다. 그 이벤트 동안 여성들은 매 3분 동안 한 번에 한 번씩 다양한 남성을 만나 이야기했다. 이후 여성에게 남성의 매력도를 평가하도록 했다. AND에 노출된 여성의 대부분은 자신이 만났던 남성을 더욱 매력적으로 인식했다.

어떤 감각기관이 인간의 페로몬 존재를 감지하는가? 인간은 비중격(nasal septum: 콧구멍 사이 조직의 다리)을 따라 있는 작은 서골비기관(콧구멍 입구에서 약 2cm: Garcia-Velasco and Mondragon, 1991)을 가지고 있더라도 인간의 VNO는 퇴화되어 기능하지 않는 것으로 밝혀졌다. VNO에 있는 뉴런의 밀도는 매우 빈약하고 연구자들은 이 기관과 뇌 간의 신경 연결을 발견하지 못했다(Doty, 2001). 인간의 생식 생리는 페로몬에 의해 영향을 받는다는 증거는 명확하다. 이러한 화학적 신호는 VNO에 있는 세포가 아니고 후각상피에 있는 수용기 세포, 즉 표준 후각계에 의해 감지되는 것으로 나타났다. 실제로 Savic, Hedén-Bloomqvist 및 Berglund(2009)는 EST(estratetraene: 에스트로겐 화학물) 냄새는 정상 후각계를 가진 남성의 뇌를 확성화시키지만 VNO가 정상일지라도 후각상피가 비폴립(nasal polyps)에 의해 손상된 남성에게서는 활성화되지 않는다는 것을 확인했다.

인간에게서 페로몬의 성적 유혹의 역할 여부는 친숙성에 달려 있다. 성 파트너의 냄새에 대한 친숙성이 성 파트너의 모습이나 목소리처럼 성적 각성에 긍정적 효과를 갖는 것 같다. 남성과 여성은 상대의 목소리에 의해 유혹되는 학습이 될 수 있는 것처럼 그들 상대의 특징적 냄새에 의해 유혹되는 학습이 일어나는 것 같다. 이와 같은 예시에서 냄새는 단순히 감각 단서로 작용하지만 페로몬은 그렇지 않다.

인간의 성행동

다른 포유류와 마찬가지로 인간의 성행동은 생식선 호르몬의 활성화 효과와 구조화 효과에 의해 영향을 받는다. 호르몬이 인간 성행동에 조직화 효과를 가진다면 호르몬은 뇌 발달을 변화시켜 이러한 효과를 발휘해야 한다. 출생 전 안드로겐의 노출은 인간 뇌 발달에 영향을 미친다는 좋은 증거가 있을지라도 이러한 노출의 결과는 아직 완전히 이해하지 못하고 있다. 이러한 문제와 관련된 증거는 이후 성적 지향에 대한 단원에서 논의된다.

여성에서 성호르몬의 활성화 효과

앞에서 살펴본 것처럼, 고등의 영장류가 아닌 대부분의 암컷 포유류의 성행동은 난소 호르몬인 에스트라디올과 프로게스테론에 의해 조절된다(고양이와 토끼 같은 몇몇 종들은 오직 에스트라디올만 필요하다). Wallen (1990)이 지적한 것처럼 난소 호르몬은 발정 난 암컷의 교미에 대한 **의지**(willingness)뿐만 아니라(혹은 열망까지) 교미할 수 있는 **능력**(ability)을 통제한다. 즉, 수컷 쥐는 발정되지 않은 암컷과 짝짓기를 할 수 없다. 수컷이 암컷을 제압하여 올라타더라도 암컷의 척추전만 반응이 나타나지 않아 수컷은 삽입할 수 없다.

그래서 진화과정은 암컷이 임신할 수 있을 때 교미하는 동물들을 선택해 온 것으로 보인다(척추전만 반응의 신경 통제와 이에 대한 난소 호르몬의 효과는 이 장의 뒤에서 기술된다).

고등의 영장류(인간을 포함한)에서 교미할 수 있는 능력은 난소 호르몬에 의해 통제되지 않고, 월경주기의 어느 때라도 성교에 대한 물리적 장벽이 없다. 여성이나 다른 영장류의 암컷이 언제라도 성적 활동에 대한 동의만 한다면(수컷에 의해 수용이 강요되거나) 성교는 일어날 수 있다.

난소 호르몬이 여성의 성적 활동을 **통제하지** 않지만 여전히 성적 흥미에는 영향을 미친다. 초기 연구는 난소 호르몬의 수준에서의 변동이 여성의 성적 흥미에 작은 효과만 미친다고 보고했다(Adams, Gold, & Burt, 1978; Morris et al., 1987). 그러나 Wallen(1990)이 지적한 것처럼 이런 연구들은 대부분 남편과 살고 있는 결혼한 여성들이 참여한 것이다. 파트너가 매일 함께하는 안정적인 일부일처제 관계에서 성적 활동은 이들 중에 한쪽에 의해 부추겨질 수 있다. 정상적으로 남편이 성교를 위해 아내를 강요하지 않지만 아내가 그 순간에 성적 활동에 대한 흥미가 없을지라도 남편에 대한 자신의 감정 때문에 그렇게 하기를 원한다는 것을 아내는 알게 될 것이다. 그래서 성적 흥미와 각성도(arousability)에서의 변화는 성행동에서의 변화를 항상 반영하는 것이 아니다.

Goozen 등(1997)의 연구는 이런 생각을 지지한다. 이 연구자들은 남성과 여성에 의해 시작되는 성적 활동은 여성의 월경주기(난소 호르몬의 수준)와 매우 다른 관계를 보여 준다는 것을 발견했다. 남성은 여성의 주기 전체에서 거의 비슷한 비율로 성적 활동을 시작하지만 여성의 주도에 의한 성적 활동은 에스트라디올 수준이 최고점인 배란기 주위에서 뚜렷한 정점을 보여 주었다(그림 9.9 참조). Bullivant 등(2004)은 여성이 배란을 자극하는 황체형성호르몬의 쇄도 직전과 쇄도 동안에 성 활동을 시작하고 성적 환상에 빠지는 성향이 높음을 확인했다.

Gangestad와 Thornhill(2008)의 개관에 의하면 여성의 성적 성향은 생리주기에 걸쳐 특정한 방식으로 변화한다. 여성들은 수정기 동안에 성적 접촉에 대한 흥미

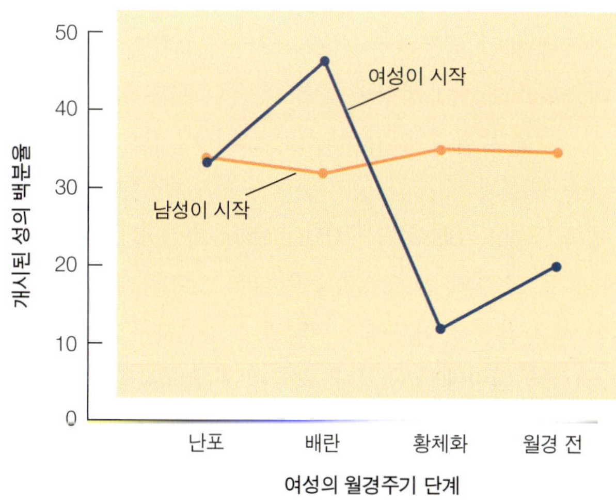

그림 9.9 이성애 짝의 성적 활동. 이 도표는 남성과 여성에 의해 시작되는 이성애 짝의 성적 활동의 분포를 보여 준다.

Based on data from Wallen, K. *Hormones and Behavior*, 2001, 40, 339–357.

가 더욱 무분별적이 되는 것이 아니고 배란기에 주위에 그렇게 나타난다. 반면에 여성이 비보호적인 성관계를 하게 된다면 임신이 될 것 같기 때문에 매우 까다로워진다. 특히 여성은 유전적 특질이 높은 것을 가르키는 남성의 특징에 더욱 끌리게 된다. 예컨대 Gangestad와 Thornhill가 언급한 바에 의하면 생리주기의 중간 시점에 여성의 선호도가 얼굴과 신체의 남성미 모습, 드러나는 남성적 행동, 남성적인 목소리, 안드로겐 관련 냄새 및 신체의 대칭성에 높아지는데 이것은 유전적인 적합성과 관련이 있는 것이다. (물론, 이러한 변화는 일부일처의 관계에 있는 여성과는 관련성이 없는데 이들은 이미 그들의 상대를 선택했기 때문이다. 또한 피임약을 먹은 여성의 경우도 마찬가지인데 이 약은 순환하는 호르몬의 수준을 안정화시키기 때문이다.) 이러한 경향성은 암컷 침팬지에서 강하게 나타난다(Stumpf and Boesch, 2005). 비수정기 동안에는 암컷 침팬지는 그 집단의 많은 수컷과 성적 활동을 시작한다. 그러나 수정 가능성이 최고 시기 동안에는 암컷들이 많이 까다로워지고 몇몇 같은 수컷과 교미하는 경향성이 있는데 아마도 이것은 후손들에게 좋은 유전자를 전달할 수 있는 최고의 유망성을 보였기 때문일 것이다.

남성에서 성호르몬의 활성화 효과

발정주기를 가진 여성과 포유류들이 성호르몬에 대한 행동반응성에서 차이가 있을지라도 남성들은 테스토스테론에 대한 행동반응성에서 다른 포유류들과 닮았다. 테스토스테론의 정상 수준을 가진 이들은 성적 능력과 생식력을 가질 수 있다. 테스토스테론이 없으면 정액 생성을 멈추게 되고 곧 성적 능력도 멈추게 된다. 한 이중맹목(double-blind) 연구(Bagatell et al., 1994)에서 연구자들은 고환의 안드로겐을 일시적으로 억제시키기 위해 젊은 남성 참여자에게 위약과 생식선자극방출호르몬(GnRH) 길항제를 주었다. 2주 내에 GnRH 길항제를 받은 피험자들은 성적 흥미, 성적 환상 및 성교가 감소했음을 보고했다. 길항제와 함께 테스토스테론의 대체 용량을 받은 남성들은 그러한 변화를 보여 주지 않았다.

거세 후 성적 활동의 감소는 아주 다양하다. Money와 Ehrhardt(1972)의 보고에 따르면 어떤 남성은 즉각적으로 그 능력을 상실하는 반면에 어떤 사람들은 몇 년에 걸쳐 느리고 점진적인 감소를 보여 주었다. 아마도 몇 가지 변이성은 사전 경험의 함수일 것이다. 훈련은 완전함을 만들어 낼 뿐만 아니라 기능의 감소를 방해한다. 인간에 있어서 이러한 가능성에 대한 관점에 맞는 직접적인 증거는 없다. Wallen과 동료들은(Wallen et al., 1991; Wallen, 2001) 큰 무리 중 일부인 성숙한 일곱 마리의 수컷 붉은털원숭이에게 GnRH 길항제를 주사했다. 이 주사는 테스토스테론을 감소시켰고 1주일 후에 성적 행동이 감소되었다. 그러나 이 감소는 동물의 사회적 지위와 성적 경험과 관련이 있었다. 성적 경험이 많은 높은 지위의 수컷은 짝짓기를 계속했다. 실제로 최고 지위에 있는 수컷은 자신의 테스토스테론 분비가 거의 8주 동안 억제되어 있었지만 이전과 같은 비율로 짝짓기와 사정을 계속했다. 낮은 지위의 원숭이는 올라타는 행동을 완전히 멈추었고 그 행동은 테스토스테론 분비가 항 GnRH 처치로부터 회복될 때까지 다시 시작되지 않았다.

테스토스테론은 성적 활동에 영향을 미칠 뿐만 아니라 성적 활동에 의해(또는 그것에 대한 생각에 의해서까지) 영향을 받는다. 외딴 섬에 주재했던 한 과학자(익명, 1970)가 매일 전기면도기로 수염을 깎고 그 털의 무게를 쟀다. 본토에 방문하기 위해(여성 친구의 회사를 방문하기 위해) 섬을 떠나기 직전에 그의 수염은 빠르게 자라기 시작했다. 수염이 자라는 비율은 안드로겐 수준과 관련이 있기 때문에 이 효과는 성적 활동에 대한 그의 예상이 테스토스테론 생성을 자극했다는 것을 나타낸다. 이러한 결과를 확증하는 것으로 Hellhammer, Hubert, Schurmeyer(1985)는 에로틱 영화의 시청은 남성의 테스토스테론 수준을 높인다는 것을 발견했다.

한편 여성들 또한 테스토스테론 수준에 유사한 변화를 보여 준다. (나는 이전 하위 단원에서보다 여기에서 언급하는 것은 방금 기술한 '익명'의 연구를 추적한 것이기 때문이다.) Hamilton과 Meston(2010)은 장거리의 관계로 상대와 간헐적으로 만나는 여성들을 연구했다. 이 연구자들은 그 여성들의 테스토스테론 수준이 상대와 재회 전날에 증가하는 것을 발견했는데 이것은 그들의 재회에 대한 예상 때문으로 생각된다. ('익명'의 연구와 다르게, 면도한 수염을 모은 것이 아니고 여성의 타액을 모은 샘플에서 테스토스테론의 수준을 측정했다.)

이러한 결과는 테스토스테론뿐만 아니라 에스트라디올은 여성의 성적 흥미와 활동에 어떤 역할을 한다는 이전 하위 단원의 결과를 지지한다.

성적 지향

개인의 성적 지향(선호하는 성적 파트너의 성별)을 통제하는 것은 무엇인가? 어떤 연구자들은 성적 지향이 어린 시절의 경험, 특히 아이와 부모 간의 상호작용에 의해 결정된다고 믿는다. Bell, Weinberg, Hammersmith(1981)에 의해 보고된 수백 명의 남성과 여성 동성애자에 대한 대규모 연구는 이런 요인에 대한 평가를 위해 시도되었다. 이 연구자들은 몇몇 임상가가 제안한 것처럼 동성애자들이 지배적인 어머니 또는 순종적인 아버지에 의해 양육되었다는 증거를 찾지 못했다. 성인 동성애에 대한 최고의 예측자는 동성애 감정에 대한 자기보고였다. 이러한 감정이 있은 후 3년이 지나면 동성애를 하게 되었다. 연구자들은 이 연구 자료가 동성애에 대한 사회적 설명을 지지하지 않지만 동성애가 적어도 부분적으로는 생물학적으로 결정될 가능성과는 일치되었다고 결론지었다.

동성애가 생리학적인 원인을 가지고 있다면, 성인기 동안 성호르몬의 수준에서 분명히 변동이 없을 것이다. 많은 연구는 남성 동성애자들의 성 스테로이드의 수준을 조사해 왔고(Meyer-Bahlburg, 1984), 연구들의 절대 다수가 호르몬 수준이 이성애자들의 수준과 비슷하다는 것을 발견했다. 소수의 연구는 여성 동성애자들의 약 30%가 테스토스테론이 증가된 수준을 가지고 있다는 것을 발견했다(그러나 남성에 비해 여전히 낮은 수준이다). 이러한 차이가 여성 동성애의 생물학적 원인과 관련되는지 또는 생활양식에서의 차이가 테스토스테론의 분비를 증가시키는지는 아직 밝혀지지 않았다.

동성애에 대해 가장 가능성이 있는 생물학적 원인은 출생 전 안드로겐에 노출된 양의 차이에서 기인된 뇌 구조의 미묘한 차이이다. 아마도 남성 동성애자들의 뇌는 남성화와 탈여성화가 되지 않았고, 여성 동성애자의 뇌는 남성화와 탈여성화가 되었고, 그리고 양성애자의 뇌는 남성화는 되었지만 탈여성화는 되지 않았을 것이다. 물론 이것은 가설이지 결론은 아니다. 이것들은 다음 연구를 위해 제안으로 고려되어야 한다.

유전적 여성들의 출생 전 안드로겐화

증거에 의하면 출생 전 안드로겐은 인간의 사회 행동과 성적 지향에 영향을 미치고 해부학에서도 마찬가지다. **선천성 부신 비대증**congenital adrenal hyperplasia; CAH으로 알려진 장애의 경우, 부신선이 안드로겐을 비정상적으로 분비한다(*hyperplasia*는 '초과 형성'을 의미한다). 안드로겐의 분비는 출생 전에 시작된다. 그래서 이 증후군은 출생 전 남성화의 원인이 된다. 선천성 부신 비대증을 가지고 태어난 남아는 정상적으로 발달한다. 부수적인 안드로겐이 유의미한 효과를 갖는 것으로 보이지는 않는다. 그러나 선천성 부신 비대증을 가진 여아는 큰 음핵을 가지고 태어나고 음순(labia)은 부분적으로 함께 융합된다(그림 9.3이 보여 주는 것처럼 음낭과 음순은 태아의 동일한 조직에서 발달된다). 생식기의 남성화로 판정된다면 때때로 그것을 교정하기 위해 수술이 시행된다. 어떤 경우, 그러한 증후군이 확인되면 그 사람은 안드로겐의 비정상적인 분비를 억제하는 합성 호르몬으로 처치한다.

선천성 부신 비대증을 가진 여성은 다른 여성에게 성적으로 끌릴 가능성이 높아진다. 대략 이들 중의 3분의 1은 스스로를 양성애자 또는 동성애자로 진술한다(Cohen-Bendahan, van de Beek, & Berenbaum, 2005). 아마도 출생 전 안드로겐화가 남성화된 성적 지향의 발생률 증가에 원인이 되는 것 같다. 성적 지향에서 보여 준 이러한 차이가 뇌 발달에서 출생 전 안드로겐의 효과에 의한 것이라면 또한 우리는 논리적으로 남성 뇌의 출생 전 안드로겐에 노출은 여성을 향한 성적 지향을 확립하는 역할을 하는 것으로 결론지을 수 있을 것이다. 즉, 남성에서의 성적 지향은 뇌에서 안드로겐의 남성화(그리고 탈여성화) 효과에 의해 영향을 받는 것 같다.

아동은 장난감 선호와 같은 행동에서 전형적으로 성차를 보여 준다(Alexander, 2003). 소년들은 능동적으로 사용할 수 있는 장난감, 특히 움직이거나 아이들이 추진시킬 수 있는 것을 일반적으로 선호한다. 소녀들은 양육할 기회를 주는 장난감을 일반적으로 선호한다. 물론, 보호자와 동료들이 '성 유형'의 장난감 선택을 격려한다는 사실은 부인할 수 없다. 그러나 증거가 보여 주

그림 9.10 **성 유형 장난감 선택.** 새끼 버빗원숭이가 성 유형 장난감 선택을 보여 준다. (a) 암컷은 인형을 가지고 논다. (b) 수컷은 장난감 자동차를 가지고 논다.

Gerianne M. Alexander.

는 것은 생물학이 이러한 선택의 본성에 한 역할을 한다는 것이다. 예컨대, 출생 1일째임에도 불구하고 남아는 움직이는 모빌을 보는 것을 선호하고, 여아는 여성 얼굴을 보는 것을 선호한다(Connellan et al., 2000). Alexander와 Hines(2002)는 어린 버빗원숭이들이 어린아이들과 마찬가지로 장난감 선택에서 동일한 성적 이형 선호를 보여 준다는 것을 발견했다. 수컷은 차와 공을 가지고 노는 것을 선택하는 반면에 암컷은 인형과 그릇을 가지고 노는 것을 선호했다(그림 9.10 참조).

Pasterski 등(2005)은 선천성 부신 비대증을 가진 소녀들은 선천성 부신 비대증이 없는 자매나 여자 사촌들보다 더 많이 남자 장난감을 선택하는 것을 발견했다. 그 소녀의 부모는 선천성 부신 비대증을 가진 딸이 '소녀들의 장난감'을 가지고 놀도록 격려하는 노력을 많이 기울였음에도 불구하고 그들의 노력은 성공하지 못했다고 보고했다. 그래서 소년의 장난감을 선택하는 그 소녀의 경향성은 부모의 압력의 결과로 보이지는 않는다.

유전적 남성의 안드로겐화 실패

앞에서 살펴본 바와 같이, 안드로겐 둔감성 증후군을 가진 유전적 남성들은 고환을 가지고 있고 자궁과 자궁관이 없는 여성의 외형 생식기를 가진 여성으로 발달한다. 이 증후군을 가진 개인이 소녀로 성장한다면 모든 것이 좋다. 정상적으로 고환이 종종 암의 형태가 되기 때문에 제거된다. 그러나 만약 고환이 제거되지 않으면 그 소년은 고환에서 분비되는 적은 양의 에스트라디올의 효과를 통해 사춘기 동안 여성으로 성숙된다(고환이 제거되면 동일한 효과를 얻기 위해 그 사람에게 에스트라디올이 처치된다). 성인기에 이 사람은 여성과 같은 성적 기능을 한다. 물론 질의 길이를 확장하는 수술은 필요하다. 이 증후군을 가진 여성들은 성교에 의한 정상적인 빈도의 오르가슴을 포함한 평균적인 성적 추동을 보고한다. 대부분 결혼을 하여 정상적인 성적 삶을 누린다.

안드로겐 둔감성 증후군을 가진 XY 여성들의 양성애 또는 동성애(여성에 대한 성적 지향)에 대한 보고는 없다. 안드로겐 수용기 결핍은 개인의 성적 흥미에서 안드로겐의 남성화와 탈여성화 효과를 차단하는 것으로 나타났다. 물론 안드로겐 둔감성 증후군을 가진 XY 아동을 소녀로 양육하는 것은 개인의 성적 지향에 한 역할을 담당하는 것이 가능하다.

성적 지향과 뇌

인간 뇌는 성적으로 이형 기관이다. 해부학적 연구와 기능적 영상 연구로부터 확정되기 전까지도 이러한 사실은 오랫동안 추측되어 왔다. 예를 들면, 신경학자들은 여성의 좌우반구가 남성의 좌우반구보다 더욱 기능적으로 공유하는 것을 발견했다. 만약 남성이 뇌의 좌측에 손상이 있는 뇌졸중을 가지고 있다면 그 남성은 비슷한 손상을 가진 여성에 비해 언어장애를 더 많이 보여 준다. 아마도 여성의 우반구는 좌반구의 언어 기능을 공유하기 때문에 한쪽 반구의 손상은 남성보다 덜 심각한 것 같다. 물론 평균적으로 남성의 뇌는 외형적으로 여성의 뇌보다 조금 크다. 왜냐하면 남성의 신체가 여성의 신체보다 일반적으로 더 크기 때문이다. 나아가 종뇌와 간뇌의 몇 개의 특수 영역의 크기는 남성과 여성에서 차이가 있고 뇌량의 형태 또한 성적 이형이다(전문적 참조를 위해 Breedlove, 1994; Swaab, Gooren, & Hofman, 1995; Goldstein et al., 2001을 보라).

대부분의 연구자들은 인간 뇌의 성적 이형성은 출생 전과 출생 후 초기에 안드로겐에 대한 상이한 노출의 결과라고 믿는다. 물론 안드로겐에서의 다른 변동이 일어나는 사춘기 동안에 추가적인 변화가 나타날 수 있다. 인간 뇌의 성적 이형은 남성과 여성의 사회적 환경 차이의 결과일 수 있다. 우리는 실험동물들에게 할 수 있는 것처럼 출생 전후에 인간의 호르몬 수준을 조작할 수 없어 명확한 결론을 내리기 위한 충분한 증거를 수집하는 데 오랜 시간이 걸렸다.

몇몇 연구는 사망한 이성애자와 동성애자인 남성과 이성애자인 여성의 뇌를 조사했는데, 뇌의 세 가지 상이한 하위영역의 크기에 차이가 있음을 발견했다(Swaab & Hofman, 1990; LeVay, 1991; Allen & Gorski, 1992). 그러나 추적연구는 시상하부에서 성적 이형핵의 존재를 확인했지만 남성에서 이것의 크기와 성적 지향 사이의 관계를 확인하지는 못했다(Byne et al., 2001). 이러한 점에서 성적 지향에서의 차이를 설명하는 뇌 구조의 차이에 대한 좋은 증거는 없다.

이전에 본 바와 같이 기능 영상 연구들은 이성애 남성과 여성의 뇌는 인간 페로몬으로 작용하는 두 개의 화학물인 AND와 EST의 냄새에 다르게 반응한다는 것을 발견했다. Savic, Berglund, Lindström(2005)은 AND와 EST에 대한 동성애 남성의 뇌 영역 반응이 이성애 여성의 반응과 유사하다는 것을 발견했다. Berglund, Lindström 및 Savic(2006)은 그 물질에 대한 동성애 여성의 뇌 영역의 반응은 이성애 남성의 반응과 유사하다는 것을 확인했다. 이러한 연구들은 개인의 성적 지향은 이러한 잠재적 성 페로몬에 대한 반응의 양식에 영향을 주거나 또는 영향을 받을 수 있음을 함의한다.

Blanchard와 동료들(Blanchard, 2001)의 연구와 Bogaert(2006)의 연구는 동성애 남성은 이성애 남성보다 누나나 남녀 동생보다는 형이 있는 경향성이 많다는 것을 발견했다. 반대로 동성애와 이성애 여성의 형제자매의 수는 차이가 없고 부모의 연령에서도 차이가 없거나 출생 간격에서도 차이가 없다. 오빠와 언니의 존재는 여성의 성적 지향에 영향을 미치지 않는다. Blanchard와 동료들에 의해 얻은 자료는 동성애가 되는 데 있어서의 소년의 여분의 수는 각 형들마다 약 3.3%로 증가된다는 것을 암시한다. 형이 없는 소년의 경우 동성애 비율이 2%라고 가정하면 두 명의 형이 있는 소년의 예상률은 3.6%이고 4명의 형이 있는 경우는 6.3%가 될 것이다. 그래서 여러 명의 소년이 있는 가족에서 여분의 형들은 동성애 발생률에 여전히 강력하다.

왜 형의 존재가 소년이 동성애가 되는 가능성을 증가시킬까? 저자가 제안하기를, 엄마가 여러 명의 남자 태아에 노출될 때 엄마의 면역계는 오직 남성이 갖는 단백질에 민감화된다. 그 결과로 엄마의 면역계 반응이 이후 남자 태아의 출생 전 뇌 발달에 영향을 미칠 수 있다는 것이다. 물론 형을 가졌던 남성들의 대부분은 이성애자이다. 이러한 가설이 옳을지라도 오직 소수의 여성만이 그 남자 태아에 의한 단백질에 민감화되는 것으로 보인다. 나아가 많은 동성애 남성들은 형을 가지고 있지 않다. 그래서 Blanchard와 동료들에 의해 발견된 이 현상은 남성 동성애의 핵심 원인이 될 수 없다.

유전과 성적 지향

성적 지향을 담당하는 다른 요인은 유전이다. 일란성 쌍둥이는 동일한 유전자를 가지고 있는 반면에 이란성 쌍둥이들 간의 유전적 유사성은 평균 50%라는 사실은 쌍둥이 연구의 이점이다. 한 연구자들(Bailey & Pillard, 1991)은 적어도 쌍둥이의 한쪽이 동성애자로 확인된 남성 쌍둥이 쌍을 연구했다. 양쪽 쌍둥이가 모두 동성애자이면 이들은 이 특질에 대해 일치(concordant)된다고 이야기한다. 한쪽만 동성애자이면 그 쌍둥이는 불일치(discordant)된다고 이야기한다. 따라서 동성애가 유전적 기반을 갖는다면 동성애에 대해 일치하는 일란성 쌍둥이의 백분율이 이란성 쌍둥이의 백분율보다 높아야 한다. 이것은 Bailey와 Pillard에 의해 정확하게 증명되었다. 일란성 쌍둥이의 경우 일치율이 52%였고, 이란성 쌍둥이의 경우 오직 22%, 그 차이는 30%이다. 다른 연구에서는 그 차이를 60%까지 보여 준다(Gooren, 2006).

유전적 요인은 또한 여성의 동성애에 영향을 미치는 것으로 나타났다. Bailey 등(1993)의 연구에서 동성애에 대한 여성 일란성 쌍둥이의 일치율이 48%인 반면에 이란성 쌍둥이들은 16%였다. 다른 연구(Pattatucci & Hamer, 1995)는 동성애 여성의 자매, 딸, 질녀 및 사촌에서 동성애와 양성애의 발생률이 증가됨을 발견했다.

몇 년 동안 연구자들은 명백한 역설에 의해 당혹해하고 있다. 평균적으로 남성 동성애는 남성 이성애보다 거의 80%나 적은 자녀를 가졌다(Bell and Weinberg, 1978). 이렇게 감소된 생식력은 남성이 동성애가 되도록 하는 유전자에 저항하는 강한 선택적 압력을 발휘하는 것 같다. Camperio-Ciani, Corna 및 Capiluppi(2004)는 가능한 설명을 제안했다. 그들은 남성 동성애자의 엄마 여성친척(예: 이모와 외할머니)은 남성 이성애자의 엄마 여성친척보다 더 높은 생식력 비율을 가지고 있다는 것을 발견했다. 동성애자와 이성애자의 아버지 여성친척에서는 차이가 없었다. 남성은 엄마 여성친척과 X 염색체를 공유할 수 있지만 아버지의 여성친척들과는 그렇지 않기 때문에 연구자들은 남성 동성애자가 될 가능성을 증가시키는 X 염색체의 유전자(들) 또한 여성의 생식력을 증가시킨다고 말했다.

요약하면 증거들은 두 개의 생물학적 요인, 즉 출생 전 호르몬 노출과 유전이 개인의 성적 지향에 영향을 미침을 제안하고 있다. 이러한 연구 결과는 개인의 성적 지향이 도덕적 문제라는 제안과 분명히 모순적이다. 동성애자는 이성애자보다 성적 지향에 더 많이 개입하는 것은 아닌 것으로 나타났다. Morris 등(2004)은 개인의 성적 지향은 단순히 선택의 문제일 가능성이 없다고 지적했다. 어떤 사람이 자신에게 다음과 같이 말하는 것은 상상하기 어렵다. "보자, 나는 오늘 학교에서 운동할 거니까 하얀 양말과 테니스화를 신을 거야. 그래! 내가 이렇게 결심을 하고 있는 동안 나의 삶은 여학생들에게 더 매력적이 될 거야"(Morris et al., 2004, p. 475). '어떤 사람은 왜 동성애자가 되는가?'라는 물음은 어떤 사람들이 왜 이성애자가 되는가를 밝힐 때 그 해답을 얻을 수 있을 것이다.

절 요약

성행동의 호르몬 통제

성행동은 호르몬의 조직화 효과와 활성화 효과에 의해 통제된다. 여성의 생식주기(월경주기 또는 발정주기)는 하나 이상의 난포 성숙과 함께 시작되는데, 이것은 뇌하수체 전엽의 난포자극호르몬(FSH) 분비에 대한 반응으로 나타난다. 난포가 성숙될 때 에스트라디올이 분비되는데 에스트라디올은 자궁 내벽을 발달시킨다. 에스트라디올이 결정적인 수준에 도달하면 뇌하수체가 황체형성호르몬(LH)을 급속적으로 분비시키게 되고 이것이 배란을 일으킨다. 빈 난포는 황체가 되어 지속적인 황체형성호르몬의 영향하에서 에스트라디올과 프로게스테론을 분비한다. 임신이 되지 않으면 황체는 죽고 호르몬의 분비가 중단되고 월경이 시작된다.

모든 포유류의 수컷 성행동은 안드로겐 존재에 따라 나타난다. 영장류보다 포유류 암컷의 교태성, 수용성 및 매력은 일차적으로 에스트라디올과 프로게스테론에 달려 있다. 특히 에스트라디올은 이후 프로게스테론의 출현에 점화 효과를 갖는다.

대부분의 포유류에서 암컷의 신체와 암컷의 성 기관이 기준인 것처럼 암컷의 성행동도 기준이 된다. 즉, 출생 전 안드로겐이 동물의 뇌를 남성화와 탈여성화를 하지 않으면, 그것의 성행동은 여성적이 된다. 행동적 남성화는 안드로겐 자극에 의한 신경회로의 발달을 말하는데 이 회로가 성숙했을 때 테스토스테론에 반응하여 남성의 성행동을 유발한다. 행동의 탈여성화는 성숙되었을 때 에스트라디올과 프로게스테론에 반응하여 암컷 성행동을 유발하는 신경회로의 발달을 안드로겐이 억제하는 효과를 말한다.

페로몬은 성 생리학과 성행동에 영향을 미칠 수 있다. 암컷 생쥐의 오줌에 있는 냄새(odorants)는 발정주기에 영향을 미쳐 주기를 길게 하고 궁극적으로 멈추게 한다(Lee-Boot 효과). 반면에 수컷 생쥐의 오줌에 있는 취기제는 이러한 효과를 차단하고 암컷의 주기를 동기화되도록 한다(Whitten 효과). (Lee-Boot 효과와 Whitten 효과와 유사한 현상이 여성에서도 나타난다.) 냄새는 또한 암컷의 사춘기를 촉진한다(Vandenbergh 효과). 나아가 암컷 생쥐를 임신시킨 수컷의 것이 아닌 다른 수컷의 오줌 냄새는 암컷을 유산시킨다(브루스 효과). 실험실 동물의 생식 생리학과 행동에서의 페로몬 효과의 대부분은 서골비계/부후구계에 의해 중재된다.

남성과 여성의 겨드랑이 땀에 있는 페로몬은 여성의 월경주기에 영향을 미치고 남성 땀에 있는 물질은 여성의 기분을 개선시킨다. 인간의 서골비계는 감각 기능이 없는 것으로 나타나 이 효과는 주로 후구에 의해 중재되어야만 한다. 인간에 있어서 성적 매력 페로몬에 대한 연구가 결정적인 결과를 내놓지 못했지만 안드로스타디에논(남성에 의해 분비됨)과 에스트로겐 화학물(여성에 의해 분비됨)의 냄새는 뇌 활성화에 영향을 주고 사람의 매력도 평가를 변화시킨다. 또한 연구는 우리들이 성 상대의 냄새로 성 상대를 잘 인식한다는 것을 지적한다.

테스토스테론은 다른 수컷 포유류의 행동에서처럼 남성의 성행동에 영향을 미친다. 여성은 성행동을 하거나 성적 흥미를 경험하기 위해 에스트라디올이나 프로게스테론을 필요로 하지 않을지라도 에스트로겐은 여성의 성적 추동의 질과 강도에 영향을 미친다.

성적 지향(즉, 이성애 또는 동성애)은 안드로겐에 대한 출생 전 노출에 의해 영향을 받는 것 같다. 출생 전 안드로겐화된 소녀의 연구들은 안드로겐의 구조화 효과가 성적 지향의 발달에 영향을 미친다는 것을 보여 준다. 즉, 안드로겐화는 소년들이 선호하는 활동과 장남감에 대한 흥미를 높이고 여성으로의 성적 지향 가능성을 높이는 것으로 보인다. 안드로겐이 작용할 수 없다면(안드로겐 둔감 증후군처럼) 그 사람의 해부학과 행동은 여성적이다. 지금까지 특정 뇌 구조와 성적 지향과의 관계 증거는 결론이 나지 않았다. 남성의 동성애자는 남성의 이성애자보다 더 많은 형이 있는 경향이 있다는 사실은 여성의 면역계가 남자 태아에서만 나타나는 단백질에 민감화된다는 것을 시사한다. 마지막으로 쌍둥이 연구는 남성과 여성 모두에서 유전이 성적 지향에 관여한다는 것을 보여 준다.

생각해 봅시다

생물학적 요인과 환경적 요인에 의해 상대적인 역할이 나타날 수 있지만, 대부분의 연구자는 개인의 성적 지향은 선택의 문제가 아니라고 믿는다. 여러분은 왜 많은 사람이 성적 지향을 도덕적 문제로 보고 있다고 생각하는가?

성행동의 신경 통제

적어도 실험동물에서 성행동의 통제는 암컷과 수컷의 뇌 기전 차이와 관련이 있다. 이 단원은 그 기전을 설명한다.

수컷

발기와 사정은 척수 내에 있는 신경회로에 의해 통제된다. Coolen과 동료들(Coolen et al., 2004; Coolen, 2005)은 쥐의 척수 요부에 있는 뉴런집단을 확인했는데 이것은 척수 사정 발생기의 결정적 부분을 구성하는 것으로 나타났다. 그러나 뇌 기전은 그 회로의 흥분과 억제 통제를 모두 가지고 있다. 시상하부의 바로 미측에 있는 **내측 시삭전 영역**medial preoptic area; MPA은 수컷 성행동에 가장 결정적인 전뇌 영역이다(이 장의 뒤에서 살펴보겠지만 이것은 또한 모성행동을 포함한 다른 성적 이형 행동에 중요하다). 이 영역의 전기적 자극은 수컷의 짝짓기 행동을 일으키고(Malsbury, 1971) 성적 활동은 내측 시삭전 영역(MPA)에 있는 단일 뉴런의 발화율을 증가시킨다(Shimura, Yamamoto, & Shimokochi, 1994; Mas, 1995). 나아가 짝짓기 행동은 내측 시삭전 영역의 활성화를 증가시킨다(Oaknin et al., 1989; Robertson et al., 1991; Wood & Newman, 1993). Domingues, Gil 및 Hull(2006)은 교미가 내측 시삭전 영역에서 글루타메이트 분비를 증가시키고 내측 시삭전 영역으로의 글루타메이트 확산은 사정의 빈도를 증가시킨다는 것을 확인했다. 마지막으로 내측 시삭전 영역의 파괴는 수컷 성행동을 사라지게 한다(Heimer & Larsson, 1966/1967).

안드로겐의 구조화 효과는 뇌 구조의 성적 이형에 원인이 된다. Gorski 등(1978)은 쥐의 내측 시삭전 영역 내의 한 핵을 발견했는데 이것은 수컷이 암컷보다 3배에서 7배까지 컸다. 이 영역은 시삭전 영역의 **성적 이형핵**sexually dimorphic nucleus; SDN으로 불린다. 이 핵의 크기는 태아 발달 동안 존재하는 안드로겐의 양에 의해 통제된다. Rhees 등(Rhees, Shryne, & Gorski, 1990a, 1990b)에 따르면, 성적 이형핵(SDN)의 남성화 결정시기는 임신 8일째에 시작해서 생후 5일째에 끝나는 것으로 나타난다(정상적으로 쥐들은 임신 22일 때 태어난다). 성적 이형핵의 손상은 남성적 성행동을 감소시킨다(De Jonge et al., 1989)(그림 9.11 참조).

물론 내측 시삭전 영역 혼자 담당하는 것이 아니다.

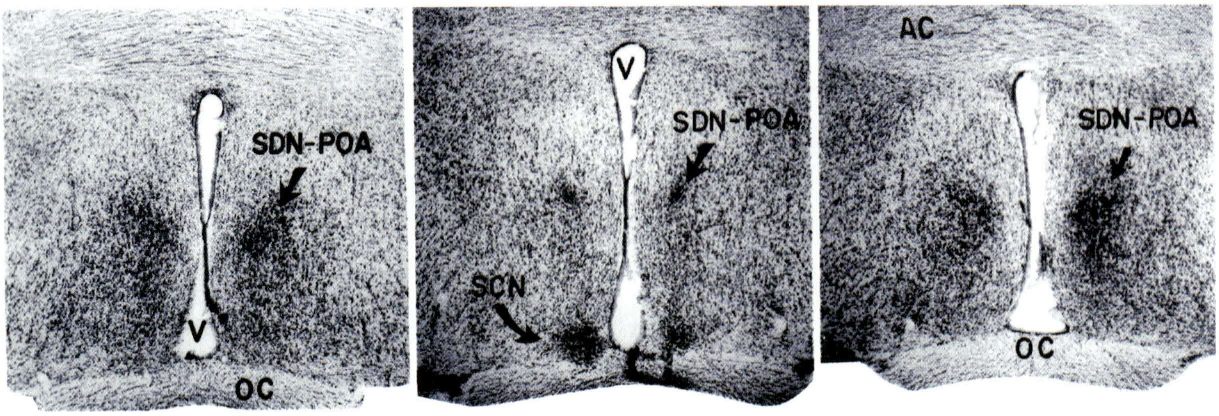

(a) 남성 (b) 여성 (c) 여성 + 테스토스테론

그림 9.11 쥐 뇌의 시삭전 영역. 쥐 뇌의 시삭전 영역을 절단한 현미경 사진은 (a) 정상 수컷, (b) 정상 암컷, (c) 출생 직후 테스토스테론을 주입하여 안드로겐화된 암컷을 보여 준다. SDN–POA = 시삭전 영역의 성적 이형핵(sexually dimorphic nucleus of the preoptic area); OC = 시교차(optic chiasm); V = 제3뇌실(third ventricle); SCN = 시교차상핵(suprachiasmatic nucleus); AC = 전교련(anterior commissure).

From Gorski, R. A., in *Neuroendocrine Perspectives*, Vol. 2, edited by E. E. Müller and R. M. MacLeod. Amsterdam: Elsevier-North Holland, 1983. Reprinted with permission.

이것은 분계선조의 침상핵(bed nucleus of the stria terminalis; BNST)과 내측 편도체와의 연결을 통해 서골비계로부터 화학감각 정보를 받는다. 또한 내측 시삭전 영역은 생식기, 중뇌의 중심피개야(central tegmental field) 및 내측 편도체로부터 체감각 정보를 받는다.

안드로겐은 내측 시삭전 영역과 연합된 뇌 영역에 있는 뉴런에 활성화 효과를 발휘한다. 수컷 설치류가 성인기에 거세된다면 그의 성행동은 멈추게 된다. 그러나 그 행동은 내측 시삭전 영역 또는 내측 시삭전 영역으로 축색을 투사하는 두 개의 영역(중심피개야와 내측 편도체)에 적은 양의 테스토스테론을 직접 주입하면 회복될 수 있다(Sipos & Nyby, 1996; Coolen & Wood, 1999). 수컷 쥐 뇌의 이 영역들 모두 고밀도의 안드로겐 수용기를 가지고 있다(Cottingham & Pfaff, 1986).

짝짓기와 관련 있는 골반 기관에 분포된 운동뉴런은 척수의 요부 내에 있다(Coolen et al., 2004). 해부학적 추적 연구들은 내측 시삭전 영역과 척수의 운동뉴런 간의 가장 중요한 연결은 중뇌의 **수도주변회백질**periaqueductal gray matter; PAG과 연수의 **거대주변세포핵**nucleus paragigantocellularis; nPGi을 통해 이루어져 있다는 것을 보여 준다(Marson and McKenna, 1996; Normandin and Murphy, 2008). nPGi는 척수 성 반사에 억제 효과를 가지고 있어 내측 시삭전 영역에서 출발하는 경로의 과제 중 하나는 이러한 억제를 억제하는 것이다. 내측 시삭전 영역은 억제 경로를 통해 거대주변세포핵(nPGi)을 직접 억제하고 수도주변회백질(PAG)의 활성화를 억제하여 간접적으로 억제하여 정상적으로 거대주변세포핵을 흥분시킨다.

거대주변세포핵의 뉴런과 사정 발생기의 뉴런 간의 억제 연결은 세로토닌성이다. Marson과 McKenna (1996)가 보여 준 것처럼, 척수의 세로토닌(5-HT)의 처치는 사정을 억제한다. 이 연결은 잘 알려진 선택적 세로토닌 재흡수 억제제(selective serotonin reuptake inhibitors; SSRIs)의 부작용을 설명한다. 우울 치료를 위해 SSRIs를 복용한 남성들이 자주 보고하는 바에 의하면 그들이 발기하는 데는 문제가 없지만 사정하기가 어렵다는 것이다. 아마도 척수의 세로토닌 시냅스에 대한 효능제로인 이 약물 작용은 사정을 담당하는 척수뉴런인 거대주변세포핵 뉴런에 대한 억제 영향을 증가시켰기 때문일 것이다.

그림 9.12은 이 단원에서 지금까지 제시한 증거들이 요약되어 있다(그림 9.12 참조).

Holstege 등(2003b)의 기능 영상 연구는 수동적인 자극 수단을 통해 남성이 여성 상대에 의해 발생되는 남성의 사정 동안 뇌 활동 형태를 조사했다. 사정은 중뇌와 간뇌 간의 연결을 포함한 많은 뇌 영역의 신경활동에 의

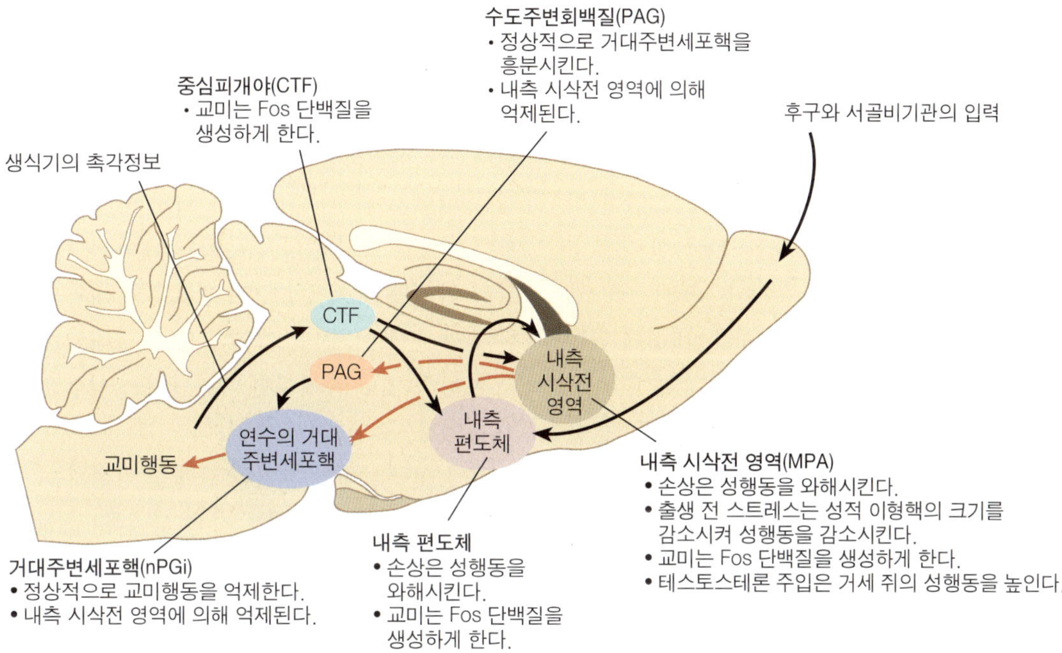

그림 9.12 **수컷 성행동.** 이 도식 그림은 페로몬, 생식기 자극, 테스토스테론의 흥분성 상호작용 효과에 대한 가설적 설명을 보여 준다.

해 수행되었다. 여기에 포함되는 뇌 영역은 복측 피개영역(오르가슴의 쾌와 강화 효과와 관련되는 것으로 생각됨), 다른 중뇌 영역, 몇몇 시상핵, 외측 피각(lateral putamen: 기저핵의 일부) 및 소뇌이다. 편도체와 이와 인접한 후내피질(entorhinal cortex)에서는 활동성 감소를 보인다. 10장에서 살펴보겠지만 편도체는 방어행동과 공포 및 불안 같은 부정적 정서에 관여하는데 이러한 정서는 발기와 사정을 확실히 방해한다. 깊은 사랑에 빠진 사람들이 사랑하는 사람의 사진을 볼 때 이 구조에서의 활동성 감소가 또한 나타난다(Bartels & Zeki, 2000, 2004).

암컷

내측 시삭전 영역이 남성의 성행동에 중요한 역할을 하는 것처럼, 복측 전뇌의 다른 영역, 즉 **시상하부 복내측핵**ventromedial nucleus of the hypothalamus; VMH은 여성 성행동에 비슷한 역할을 한다. 복내측핵의 양측 손상을 입은 암컷 쥐는 에스트라디올과 프로게스테론의 처치가 있어도 척추전만을 보여 주지 않는다. 반대로 복내측핵에 대한 전기적 자극은 암컷 성행동을 촉진한다(Pfaff & Sakuma, 1979).

수컷의 내측 편도체는 서골비계로부터 화학적 감각정보를 받고 생식기로부터 체감각 정보를 받는다. 그리고 내측 편도체는 내측 시삭전 영역으로 원심성 축색을 보낸다. 이러한 연결은 암컷에서도 발견된다. 나아가, 내측 편도체에 있는 뉴런은 원심성 축색을 시상하부 복내측핵(VMH)으로도 보낸다. 실제로, 짝짓기 또는 생식기나 옆구리의 기계적 자극은 내측 편도체와 시상하부 복내측핵 모두에서 뉴런의 활성화를 증가시킨다(Pfaus et al., 1993; Tetel, Getzinger, & Blaustein, 1993).

우리가 앞에서 살펴본 바와 같이, 암컷 쥐의 성행동은 프로게스테론을 수반하는 에스트라디올의 점화 용량에 의해 활성화된다. 에스트로겐은 대화의 장을 마련한다면 프로게스테론은 성행동을 자극한다. 이러한 호르몬을 직접 시상하부 복내측핵에 주입하면 난소가 제거된 암컷조차도 성행동이 자극받는다(Rubin & Barfield, 1980; Pleim & Barfield, 1988). 그리고 프로게스테론 수용기들의 생성을 차단하는 화학물을 시상하부 복내측핵에 주입하면 그 동물의 성행동이 차단된다(Ogawa et al., 1994). 그래서 에스트라디올과 프로게스테론은 이 핵에 있는 뉴런을 활성화시켜 암컷 성행동에 영향을 끼친다.

복내측핵의 뉴런은 수도주변회백질(PAG)로 축색을 보낸다. 이 영역 또한 암컷의 성행동과 연관되어 있다

(Sakuma & Pfaff, 1979a, 1979b, 1980a, 1980b).

Daniels, Miselis 및 Flanagan-Cato(1999)은 뉴런통과성 퇴행 추적자(transneuronal retrograde tracer)인 가성광견병 바이러스(pseudorabies virus)를 암컷 쥐의 척추전만 반응을 담당하는 근육에 주사하였다. 그들은 이 근육으로 분포된 경로가 이전 연구들이 예상한 대로임을 발견했는데, 그 경로는 다음과 같았다. VMH → PAG → nPGi → 척수 요부영역의 전각(ventral horn)에 있는 운동뉴런.

그림 9.13은 지금까지 이 단원에서 제시한 증거들을 요약한 것이다(그림 9.13 참조).

Holstege 등(2003a)의 기능 영상 연구는 남성 상대가 제공하는 음핵에 대한 손 자극에 의해 유발된 여성의 오르가슴에 관여하는 신경활성화를 연구했다. 그들은 남성에서 관찰된 것과 같이(Holstege et al., 2003b) 중뇌와 간뇌, 외측 피각 및 소뇌 사이의 연결이 활성화됨을 관찰했다. 또한 그들은 암컷 실험동물의 짝짓기 행동에 대한 결정적인 영역인 수도주변회백질에서의 활성화도 관찰했다.

암수 일대일 관계 형성

포유류 종의 약 5%에서, 이성애 짝들은 일부일처제의 장기결속을 형성한다. 인간의 경우, 이러한 결속은 동성애 짝들에서도 형성될 수 있다. 박물학자와 인류학자들이 지적한 것처럼 일부일처제가 항상 독점적이지는 않다. 인간을 포함한 많은 종에서 개체들은 그들의 상대를 때때로 속인다. 나아가 어떤 사람은 지속적인 일부일처제를 보여 준다. 즉, 한 상대와 장기간 지속되는 강한 관계를 보여 주고, 또 새로운 상대와도 유사한 강한 관계를 보여 준다. 그러나 암수 일대일 관계가 우리를 포함한 몇몇 종에서만 나타난다는 사실은 의심의 여지가 없다.

몇몇 연구실에서 친밀한 관계를 형성하는 들쥐류(종종 생쥐로 잘못 인식되는 작은 설치류) 종들을 대상으로 암수 일대일 관계 형성에 대한 연구를 했다. 대초원 들쥐(prairie voles: 학명 *Microtus ochrogaster*)는 일부일처제이다. 암컷과 수컷은 교미 후에 일대일 관계를 형성하고 아버지 쥐는 새끼를 돌보는 것을 돕는다. 야생에서 대초원 들쥐의 대부분은 배우자가 죽어도 다른 상대를 찾지 않는다(Getz & Carter, 1996). 반면에 목초지 들쥐(meadow voles: 학명 *Microtus pennsylvanicus*)는 문란하며, 교미 후에 수컷은 떠나고 어미만 새끼를 돌본다.

몇몇 연구는 일부일처제와 뇌의 두 가지 펩타이드인 바소프레신(vosopressin)과 옥시토신(oxytocin) 사이의 관계를 밝혔다. 이 화합물 둘 다 뇌하수체 후엽에 의

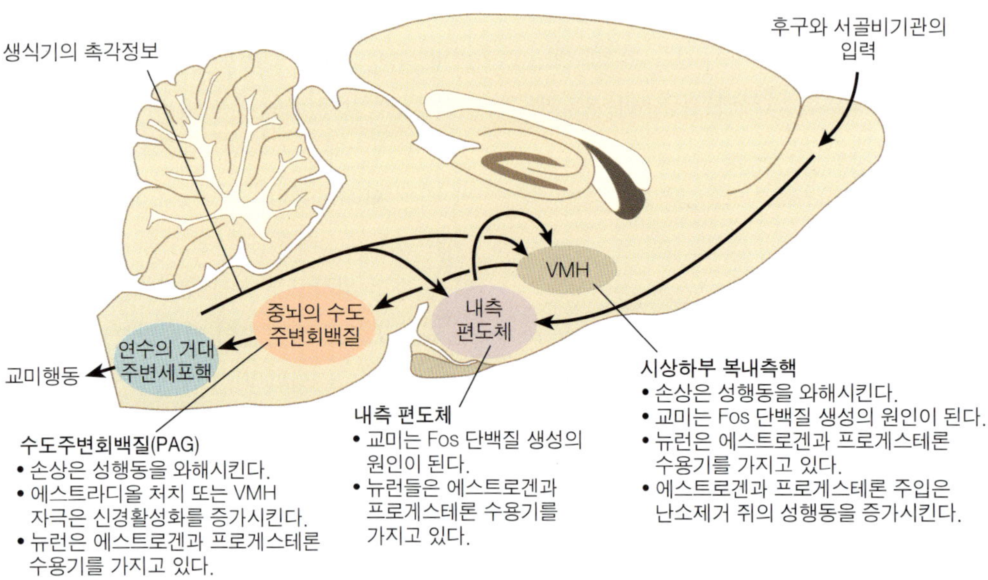

그림 9.13 암컷 성행동. 이 도식적 그림은 암컷 성행동에서 페로몬, 생식기 자극, 에스트라디올과 프로게스테론의 흥분성 상호작용 효과에 대한 가설적 설명을 보여 준다.

해서는 호르몬으로, 뇌의 뉴런에 의해서는 신경전달물질로 분비된다. 수컷의 경우 바소프레신은 매우 중요한 역할을 하는 것으로 보인다. 일부일처제의 들쥐는 일부다처제의 들쥐보다 복측 전뇌에 높은 수준의 바소프레신 수용기를 가지고 있다(Insel, Wang, & Ferris, 1994). 이런 차이는 일부일처제 유무의 원인이 되는 것으로 보인다. Lim과 Young(2004)은 교미는 수컷 대초원 들쥐의 복측 전뇌에 있는 뉴런을 활성화하고 바소프레신 차단제를 이 부위에 주입하면 일대일 관계 형성이 와해되는 것을 확인했다. 암컷 들쥐의 경우, 옥시토신이 일대일 관계에 중요한 역할을 하는 것으로 보인다. 교미는 옥시토신의 분비를 자극하고 뇌실에 옥시토신을 주입하면 암컷 대초원 들쥐의 일대일 관계를 촉진한다(Williams et al., 1994). 반대로 옥시토신 수용기 차단제는 일대일 관계 형성을 와해시킨다(Cho et al., 1999).

많은 연구자는 옥시토신과 바소프레신이 인간에 있어서 일대일 관계 형성에 관여하는 것으로 믿는다. 예컨대 성교 후 혈액의 옥시토신 수준이 증가되었을 때 사람들은 안녕감과 평온감을 보고하는데 이것은 상대와의 관계 형성과 같은 것이다. 실험자는 실험동물의 일대일 관계 형성에서의 호르몬이나 그것의 길항제 효과에 대해 연구할 수 있지만 인간을 대상으로는 할 수가 없다. 그러나 연구는 옥시토신이 일대일 관계보다 덜 중요한 사회행동에 영향을 미친다는 것을 확인해 왔다. 예컨대, Rimmele 등(2009)은 얼굴 사진을 보기 전에 코 안으로 옥시토신 스프레이를 받은 사람은 이후 그 사진을 더욱 잘 기억하는 것을 확인했다. 이 호르몬은 집, 조각 및 경치 같은 비사회적 자극의 사진에 대한 기억에는 영향이 없었다.

절 요약

성행동의 신경 통제

실험동물의 경우, 상이한 뇌 기전이 암컷과 수컷의 성행동을 통제한다. 내측 시삭전 영역은 전뇌의 영역으로 수컷의 성행동에 가장 중요한 역할을 한다. 이 영역의 자극은 교미행동을 유발하고 이곳의 손상은 영구적으로 이러한 행동을 제거한다. 내측 시삭전 영역에 있는 성적 이형핵은 동물이 생애 초기에 안드로겐에 노출되면 발달한다. 성적 이형핵은 인간에게서도 발견된다. 실험동물에서 내측 시삭전 영역의 일부인 성적 이형핵의 파괴는 교미행동을 손상시킨다.

내측 시삭전 영역의 뉴런은 안드로겐 수용기를 가지고 있다. 교미행위는 이 영역의 뉴런 활성화를 증가시키는 원인이 된다. 이 내측 시삭전 영역에 직접 테스토스테론을 주입하는 것은 성인기에 거세에 의해 이전에 제거된 교미행동을 회복시킨다. 다른 성적 이형 뇌 영역인 내측 편도체는 후각정보를 내측 시삭전 영역으로 보낸다. 내측 시삭전 영역의 뉴런들은 수도주변회백질, 연수의 거대주변세포핵(nucleus paragigantocellularis) 및 척수에서 생식기 반사를 통제하는 운동뉴런을 포함하는 회로의 일부이다. 거대주변세포핵과 척수의 연결은 억제적이다. 남성의 사정은 뇌의 강화기전, 몇 개의 시상핵, 외측 피각 및 소뇌에서 증가된 활동에 의해 수행된다. 편도체의 활성화는 감소된다.

여성 성행동에 가장 중요한 전뇌 영역은 시상하부의 복내측핵(VMH)이다. 이곳의 손상은 짝짓기 행동을 제거하고, 이곳의 자극은 이 행동을 촉진한다. 에스트라디올과 프로게스테론 모두 이 영역의 여성 성행동에 촉진 효과를 갖는다. 그리고 연구들은 이곳에 프로게스테론과 에스트로겐 수용기의 존재를 확인했다. 에스트라디올의 점화 효과는 VMH에 있는 프로게스테론 수용기의 증가에 의해 나타난다. 이러한 수용기를 가지고 있는 뉴런은 중뇌의 수도주변회백질에 축색을 보낸다. 이 뉴런들은 연수의 망상체와의 연결을 통해 여성 성행동을 구성하는 특정 반응을 통제한다. 여성의 오르가즘은 남성이 사정하는 동안 활성화되는 것과 유사하게 이 영역의 활성화와 더불어 수도주변회백질의 증가된 활성화에 의해 수반된다.

뇌에서 호르몬과 신경전달물질로 작용하는 펩타이드인 바소프레신과 옥시토신은 암수 일대일 관계 형성을 촉진하는 것으로 나타났다. 바소프레신은 수컷에게 가장 중요한 역할을 하고 옥시토신은 암컷에서 가장 중요한 역할을 한다.

어버이 행동

대부분의 포유류 종에서 생식행동은 새끼가 태어난 후 또한 임신시기가 지난 후에 나타난다. 이 단원은 모성행동의 개시와 유지에서의 호르몬의 역할과 모성행동의 표현을 담당하는 신경회로의 역할을 살펴본다. 대부분의 연구는 설치류를 대상으로 했다. 그래서 영장류에 있어서의 모성행동에 대한 신경적 근거와 내분비 근거에 대해서는 아직 잘 알려져 있지 않다.

어버이 행동에 대한 생리학적 연구의 대부분이 모성행동에 초점이 맞추어져 있지만 오늘날 몇몇 연구자는 설치류 종의 수컷에서 나타나는 어버이 행동을 연구하고 있다. 아버지의 어버이 행동이 우리 종의 아이들에게 매우 중요하다는 것을 말할 필요도 없지만, 이러한 행동의 생리적 근거는 아직 연구되지 않았다.

설치류의 모성행동

동물 유전자의 적합성에 대한 최후의 검증은 생식 연령까지 살아남는 새끼의 수이다. 자연선택의 과정이 생식적으로 유능한 동물을 선호하는 것처럼, 자연선택의 과정은 어린 새끼들이 보호가 필요하다면 그 새끼들을 적절하게 보호하는 동물을 선호한다. 쥐와 생쥐의 새끼들이 실제로 그러한데 이들은 그들의 요구에 주의를 기울이는 어미가 없이는 생존할 수 없다.

어미 생쥐가 새끼들에게 젖을 먹이고 있다.

분만parturition 시기에 암컷은 질 주위 부위를 치장하고 핥는다. 새끼가 보이기 시작할 때 어미는 이빨로 새끼를 끌어당겨 자궁 수축을 돕는다. 그 후 어미는 태반과 탯줄을 먹고 아주 세심하게 태아막을 제거한다(출생한 새끼는 아주 얇은 싸개로 싸인 것처럼 보인다). 모든 새끼가 태어나고 깨끗이 정리하고 난 후에 어미는 새끼를 양육하게 된다. 일반적으로 출산일이 가까워지면 유선에서 젖이 나온다.

주기적으로 어미는 새끼의 항문과 생식 부위를 핥아서 반사적인 배뇨와 배변을 자극한다. Friedman과 Bruno(1976)는 이러한 기전의 유용성을 살펴왔다. 그들은 수유하는 암컷 쥐는 수유 10일째 약 48g의 젖을 생성한다는 것을 알았다. 이 젖은 약 35ml의 물을 포함한다. 이 실험자들은 새끼에게 삼중수(tritiated water: 방사능 물)를 주입하고 이 후에 어미와 새끼들에서 방사능을 확인했다. 그들이 결론내리기를 정상적으로 수유하는 쥐는 새끼의 오줌을 통해 21ml의 물을 마시고 어미가 젖을 통해 새끼에게 주는 물의 약 3분의 2를 재활용한다는 것이다. 어미와 새끼 간의 주고받는 물은 젖에 있는 영양분 즉, 지방, 단백질 및 당을 위한 수송체로 작용한다. 수유하는 쥐의 일일 젖 분비는 그의 체중의 약 14%가 되기 때문에(54kg 체중을 가진 인간의 경우에 약 7.6L 정도) 이러한 재활용은 유용한데 특히 물의 공급이 어려울 때 매우 유용한다.

모성행동의 호르몬 통제

이 장의 앞에서 살펴본 바와 같이, 대부분의 성적 이형 행동은 성호르몬의 구조화와 활성화 효과에 의해 통제된다. 모성행동은 이러한 측면에서 조금 차이가 있다. 첫째, 호르몬의 조직화 효과가 이러한 역할을 한다는 증거가 없다. 우리가 알고 있는 것처럼, 적절한 조건하에서 수컷도 새끼를 보살핀다(분명한 것은 수컷이 새끼에게 젖을 줄 수는 없다). 둘째, 모성행동이 호르몬에 의해 영향을 받지만 그것에 의해 통제될 수 없다. 대부분의 처녀 암컷 쥐들은 자신들 앞에 며칠 동안 새끼를 놓아두면 그 새끼를 데리고 와서 보살피기 시작한다(Wiesner & Sheard, 1933). 그리고 한 번 민감화되면 그 쥐는 새끼를 보자마자 새끼를 돌본다. 이 민감화는 평생 지속된다.

임신한 암컷 쥐는 임신 중에 그에게 주어진 수양(foster) 새끼를 즉각적으로 보살피지는 않지만 자신의 새끼를 출산한 직후에는 그들을 보살핀다. 자신의 새끼에 대한 암컷 설치류의 반응성에 영향을 주는 호르몬은 분만 전에 잠깐 나타나는 호르몬이다. 그림 9.14는 모성행동과 연관이 있는 것으로 보이는 세 가지 호르몬, 즉 프로게스테론, 에스트라디올 및 프로락틴의 수준들을 보여 준다. 분만 직전에 에스트라디올의 수준이 증가하기 시작하고 그때 프로게스테론의 수준은 극적으로 떨어지고 이후 프로락틴(뇌하수체 전엽에 의해 생성되는 호르몬으로 젖을 생성하게 한다)이 급격히 증가함에 유의하라(그림 9.14 참조). 난소가 제거된 처녀 암컷 쥐에게 이러한 과정을 모사하는 형태로 프로게스테론, 에스트라디올 및 프로락틴을 주입하면 모성행동을 민감화하는 데 걸리는 시간이 급격히 줄어든다(Bridges et al., 1985).

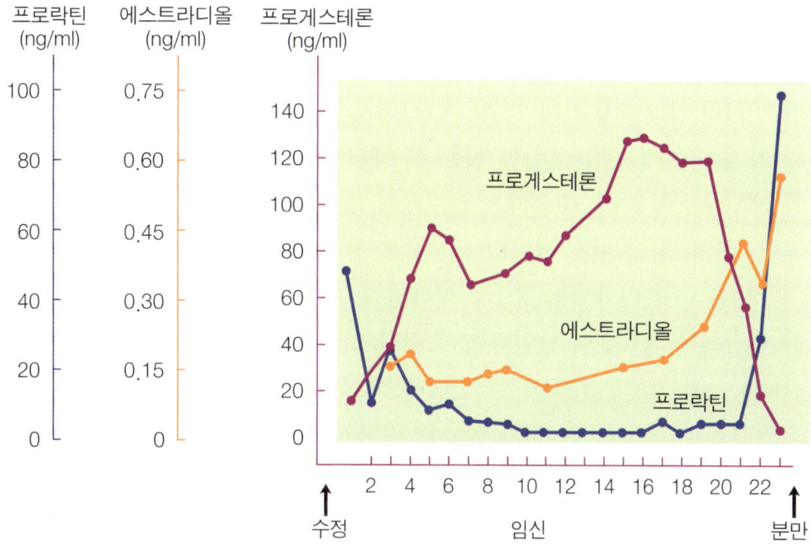

그림 9.14 임신한 쥐의 호르몬. 이 그래프는 임신한 쥐의 혈액에서 프로게스테론, 에스트라디올, 프로락틴의 수준을 보여 준다.

Based on data from Rosenblatt, J. S., Siegel, H. I., and Mayer, A. D. *Advances in the Study of Behavior*, 1979, *10*, 225–310.

이전 절에서 살펴본 것처럼, 암수 일대일 관계는 바소프레신과 옥시토신과 관련이 있다. 적어도 어떤 종에서 옥시토신 또한 어미와 새끼 사이의 관계 형성에 개입하는 것으로 나타났다. 쥐의 경우, 옥시토신의 처치는 모성행동 확립을 조장한다(Insel, 1997). Van Leengoed, Kerker, Swanson(1987)은 출산하려는 어미 쥐에게 옥시토신 길항제를 뇌실에 주입하고 새끼가 태어나자 곧 그들을 사육상자에서 데려왔다가 40분 후에 어미에게 다시 데려다 주었을 때 어미 쥐는 그들을 무시했다. 위약을 주입한 통제 쥐는 새끼가 돌아오자 곧 새끼를 돌보기 시작했다.

모성행동의 신경 통제

내측 시삭전 영역은 수컷의 성행동에 결정적인 역할을 하는 전뇌의 영역이다. 이 영역은 모성행동에도 유사한 역할을 하는 것으로 나타났다. Numan(1974)은 내측 시삭전 영역이 손상되면 둥지 짓기와 새끼 돌보기 모두 그만두는 것을 발견했다. 어미는 단지 그들의 새끼를 무시했다. 그러나 암컷의 성행동은 이 영역의 손상에 따른 효과는 없었다. Del Cerro 등(1995)은 2-DG 방사선 사진으로 측정하여 내측 시삭전 영역의 신진대사 활성화가 출산직후 증가하는 것을 발견했다. 또한 새끼에 노출되어 모성행동이 민감화된 처녀 쥐도 내측 시삭전 영역에서 증가된 활성화를 보여 준다. 따라서 새끼 돌보기를 촉진하는 자극은 내측 시삭전 영역을 활성화시킨다.

이전에 수컷 성행동의 신경적 근거에 대한 논의에서 살펴본 바와 같이 내측 시삭전 영역은 중뇌와 뇌간의 하위 부위로 축색을 보낸다. Numan과 Numan(1997)은 모성행동의 수행에 의해 활성화되는 내측 시삭전 영역의 뉴런은 복측피개야(ventral tegmental area; VTA)로 축색을 보낸다. 내측 시삭전 영역과 뇌간 간의 연결을 끊으면 모성행동이 사라진다(Numan & Smith, 1984).

쥐를 대상으로 한 fMRI 연구는(쥐의 작은 머리를 특수 fMRI 스캐너에 넣었다) 어미에게 그들의 새끼를 제시할 때 강화와 관련된 뇌 영역이 활성화됨을 발견했다

(Ferris et al., 2005). 이 동일한 영역은 코카인과 같은 인위적인 강화자에 의해서도 활성화되었다. 그러나 코카인은 처녀 암컷에게만 이 영역을 활성화시켰다. 수유하는 암컷에게 이 약을 주입할 때는 이 영역의 활성화가 감소됨을 보여 준다. 수유하는 암컷에게 새끼의 존재는 극단적으로 강화된다. 어미의 보살핌을 방해하는 다른 자극들은 더욱 약화되는 것으로 나타난다. 아마도 이러한 현상에 옥시토신이 관여하는 것 같다고 저자들은 말한다.

인간을 대상으로 한 fMRI 연구는 엄마가 자식의 사진을 볼 때 강화와 관련된 뇌 영역과 옥시토신과 바소프레신 수용기를 가지고 있는 영역의 활성화가 증가됨을 보여 주었다. 편도체와 같은 부정적 정서와 관련된 영역은 활동성이 감소됨을 보여 주었다(Bartels & Zeki, 2004). 엄마들(아빠들도 마찬가지로)은 아이들과 강한 결속을 형성한다는 것을 이미 잘 알고 있다. 그래서 강화와 관련된 영역이 아이의 얼굴을 보기만 해도 활성화된다는 사실은 그리 놀랄 만한 일이 아니다.

부성행동의 신경 통제

포유류의 대부분 종에서 새로 태어난 새끼들은 그들의 어미로부터 보살핌을 받는다. 그들을 양육하는 것은 그들의 어미이다. 그러나 설치류의 몇몇 종의 수컷은 어미와 새끼돌보기를 분담한다. 그리고 새끼를 돌보는 아버지의 뇌는 다른 종에서 그렇지 않은 아버지의 뇌와 비교할 때 흥미로운 차이가 있다.

일부일처제 대초원 들쥐는 그들의 배우자와 암수 일대일 관계를 형성하고 새끼를 돌보는 것을 돕지만, 일부다처제인 목초지 들쥐의 수컷은 교미 후에 암컷을 떠난다는 것을 기억할 것이다. 우리가 앞에서 살펴본 바와 같이 교미에 의해 유발되는 바소프레신의 분비는 이러한 과정을 촉진한다. 모성행동에 실질적인 역할을 하는 내측 시삭전 영역의 크기는 일부다처제의 들쥐보다 일부일처제 들쥐에게서 성적 이형이 적은 것으로 나타난다(Shapiro et al., 1991).

한 연구에서(Kirkpatrick, Kim, & Insel, 1994) 대초원 들쥐의 수컷에게 새끼를 노출시킬 때 내측 시삭전 영역의 뉴런이 활성화됨을 보여 주었다. 나아가 내측 시삭전 영역의 손상은 수컷 쥐들과 다른 종의 일부일처제 들쥐의 부성행동에 심각한 결함을 유발한다(Rosenblatt, Hazelwood, & Poole, 1996; Sturgis & Bridges, 1997; Lee and Brown, 2007). 그래서 내측 시삭전 영역은 수컷과 암컷 모두의 어버이 행동에서 유사한 역할을 하는 것으로 나타난다.

인간의 부성행동에 관연하는 뇌기제에 대해 알려진 것은 별로 없지만 증거에 의하면 프로락틴과 옥시토신 둘 다 유아를 돌보는 데 있어서 아버지의 역할을 촉진시킨다. Fleming 등(2002)은 혈액의 프로락틴 수준이 높은 아버지는 유아의 울음소리를 들을 때 강한 공감과 활성감을 보고하는 것을 확인했다. Gordon 등(2010)은 프로락틴의 높은 수준은 유아와 탐구적인 장난감 조작 놀이행동과 상관이 있고, 옥시토신의 높은 수준은 아버지와 유아 간의 동시적이고 대등한 정서행동과 상관이 있음을 확인했다.

절 요약

어버이 행동

많은 종은 그들의 새끼를 보살펴야 한다. 대부분의 설치류 중에 이러한 의무는 어미에게 주어진다. 어미는 둥지를 짓고, 새끼를 낳고, 깨끗이 하고, 따뜻하게 하고, 양육하고, 새끼들이 둥지를 벗어나면 데리고 온다. 어미는 새끼들이 소변과 대변을 보도록 해야 하고 물의 재활용을 위해 소변을 섭취해야 한다. 물이 부족할 때가 자주 있다.

처녀 암컷에게 어린 새끼의 노출은 며칠 내로 모성행동을 자극한다. 모성행동을 정상적으로 유도하는 자극은 분만 행위와 임신 말경에 나타나는 호르몬이다. 임신 중에 일어나는 과정을 모사한 프로게스테론, 에스트라디올 및 프로락틴의 주입은 모성행동을 촉진한다. 이 호르몬은 내측 시삭전 영역(MPA)에서 작용한다. 암컷 설치류에서 암수 일대일 관계 형성을 촉진하는 옥시토신은 또한 어미와 새끼 간의 결속 형성에도 관여한다.

쥐를 대상으로 한 fMRI의 한 연구는 어미가 새끼들과 함께 있을 때 뇌의 강화 기전이 활성화됨을 보여 주었다. 자신의 아이 사진을 보는 여성은 비슷한 뇌 영역에서 활성화가 증가됨을 보여 준다.

부성행동은 포유류 중에서 상대적으로 드물지만 한 연구는 내측 시삭전 영역의 성적 이형이 일부일처제인 수컷 들쥐들에서는 덜 뚜렷하지만 일부다처제의 종에서는 뚜렷함을 보여 준다. 내측 시삭전 영역의 손상은 수컷 쥐의 부성행동을 사라지게 한다. 인간의 아버지에서 어버이 보살핌의 어떤 측면은 혈액의 프로락틴과 옥시토신의 수준과 관련이 있을 것이다.

생각해 봅시다

여러분도 알고 있는 것처럼, 수컷의 성행동과 모성행동 모두 내측 시삭전 영역의 손상에 의해 사라진다. 그래서 내측 시삭전 영역은 양쪽 행동에 필요한 기능을 수행한다. 여러분의 생각에 이 기능은 양쪽 행동범주에 모두 공통적으로 작용할까 아니면 상이한 기능에 포함될까? 여러분이 전자의 기능을 사실로 생각한다면 이러한 기능은 무엇일까? 여러분은 수컷의 성행동과 모성행동으로부터 어떤 공통적인 특징을 생각할 수 있는가?

맺는말 | 소년에서 소녀로, 그리고 다시 돌아오다

불행하게도 브루스/브렌다(Bruce/Brenda)의 사례는 있을 법하지 않다(Diamond & Sigmundson, 1997). 브렌다가 자신이 소년으로 태어났다는 것을 몰랐다고 해도 소녀로서 불행했던 것으로 드러났다. 그녀의 쌍둥이 오빠가 말하는 것처럼, "나는 브렌다를 여동생으로 알았지만 그녀는 결코 그렇게 행동하지 않았다. …… 내가 브렌다에 대해 여성적이지 않다고 말할 때 …… 내가 의미하는 것은 그녀에게는 여성스러움이 없었다. 그녀는 남자처럼 걷고 다리를 벌려 앉았다. 그녀는 남자의 물건들에 대한 이야기를 했고 집청소, 결혼, 화장 …… 등에 대한 어떤 농담도 하지 않았다. 그녀는 내 장난감인 팅커토이(미국제 조립 장난감), 덤프트럭을 가지고 놀았다. 그녀는 이 재봉틀 장난감을 앉는 데만 사용했다."(Colapinto, 2000, p. 57).

브렌다의 어린 시절은 외롭고 비참했다. 그녀는 진정한 친구도 없었다. 그녀가 좀 다르다는 것을 안 학급친구들은 그녀를 괴롭혔다. 브렌다는 학급의 소녀들에게 소년들이 하는 게임을 하자고 요구했지만 실패했다. 그녀의 한 급우가 선생님께 물었다. "브렌다는 화장실에서 어떻게 서서 일을 보나요?"(Colapinto, 2000, p. 61). 일곱 살 때 브렌다가 그녀 스스로를 스포츠카인 무스탕을 가지고 있는 남자로 상상했다. 지금까지 그녀의 사례에 대한 보고는 다음과 같이 기술하고 있다. "일란성 쌍둥이인 한 소년의 생식기가 그 아이가 아기였을 때 사고로 태워졌고, 부모들이 그가 여자로 보이도록 외과적 재생술을 선택함에 따라 지금은 진정한 소녀로 어린 시절을 잘 보내고 있다."(Wolfe, 1975, Colapinto, 2000, p. 107에서 인용).

1977년 여름, 브렌다는 사춘기에 정상적으로 나타나는 변화를 자극하기 위해 에스트로겐 알약을 먹기 시작했다. 그 호르몬은 그녀의 가슴을 키웠고, 이것이 그녀를 고통 속으로 빠뜨렸다. 그녀는 과식하기 시작해서 그녀의 가슴은 살에 의해 감추어졌다. 실제로 그녀의 허리는 40인치로 불어났다. 그녀는 에스트로겐 알약을 변기에 버리기 시작했는데 그녀의 부모는 그 사실을 알고 그들이 보는 앞에서 그 약을 먹도록 했다.

14세 때 브렌다는 여자 옷을 입지 않았다. 그녀는 낡은 데님 재킷과 코르덴 바지를 입고 큰 작업화를 신었다. 급우들은 그녀를 계속 놀렸다. 한 친구는 "너는 고릴라야."라고 했다(Colapinto, 2000, p. 165).

가족들도 혼란에 빠졌다. 마침내 브렌다의 아버지가 그녀에게는 무슨 일이 일어났었는지를 설명했다. "아버지는 나에게 내가 남자로 태어났었고 포경수술할 때 일어난 사건을 이야기했습니다. 그리고 모든 전문가들에게 나를 보여 주고 그때 얻은 최고의 조언을 선택했다고 했습니다. 이 모든 것이 나를 완전히 바꿔버렸습니다. 아버지는 매우 괴로워했습니다."(Colapinto, 2000, p. 180).

브렌다는 큰 위안을 받고 이러한 고백을 받아들였다. 그녀는(지금부터는 '그'라고 말하겠다.) 에스트로겐 약을 복용하는 것을 멈추고 유방절제술을 받은 뒤 테스토스테론 알약을 먹기 시작했다. 이후 그는 몇 가지 수술을 받았다. 생식기를 만들고 가능한 정상적인 모습이 되도록 설계된 플라스틱 고환보철을 심었다. 그는 이름을 데이비드로 바꿨다. 그는 결혼을 하고 아내의 아이들을 입양했다. 몇 년간 익명의 시절을 거친 후에 데이비드는 그의 정체를 밝히려고 결심했다. 그의 이야기를 다룬 책이 나왔고(Colapinto, 2000), 2002년 텔레비전 다큐멘터리(NOVA's 'Sex: Unknown')는 데이비드, 그의 어머니 그리고 이 불행한 사례와 관련된 사람들과의 인터뷰를 방영했다. 슬프게도 데이비드는 계속 직업을 잃었고 이혼했으며, 2004년 5월 38세의 나이로 자살했다.

이 사례는 사람의 성 정체와 성적 지향이 생물학적 요인에 의해 강하게 영향을 받고 아이의 양육방법에 의해 쉽게 변화될 수 없음을 시사한다. 아마도 출생 전 테스토스테론에 대한 브루스 뇌의 노출과 출생 후 몇 개월간 그것의 영향을 받은 뇌 발달은 남성의 성 정체성 출현과 낭만적이고 성적 상대로서의 여성에 대한 지향을 선호하게 한 것 같다. 다행스럽게도 이러한 사례는 드물다. 그러나 **배설강 외번**(cloacal exstrophy)으로 알려진 발달 이상은 소년으로 태어나지만 이들은 정상의 고환, 비정상의 비뇨생식기 및 음경의 부족한 경우가 자주 있다. 과거에 이러한 조건으로 태어난 많은 소년은 여성으로 키워지는데 그러한 일차적인 이유는 성교를 할 수 있는 기능으로 음경을 수술로 만드는 것보다 질로 만드는 것이 더 쉽기 때문이다. 그러나 연구에 의하면 이러한 사람 중에 거의 50%는 나중에 성의 할당에 대해 불만을 표현하고 남자로 살기 시작하고 자주 성 전환 절차를 받았다(Meyer-Bahlburg, 2005; Reiner, 2005; Gooren, 2006). 이러한 사람들은 거의 항상 여성으로 성적 지향을 한다. Meyer-Bahlburg(205)는 외번 환자의 한 사례를 보고했는데 이 환자는 여성으로 길러졌는데 부모님 모두 돌아가시고 난 후 52세에 성 전환을 받았다. 분명한 것은 부모의 반대에 대한 공포가 빨리 전환하는 것을 막는다는 것이다. 반대로 배설강 외번 소년 중에 소년으로 자라 나중에 이 성 할당에 대한 불만족을 갖는 사례는 없는 것으로 보인다. Reiner(2005)는 단호히 결론지었다. "남성형 출생 전 안드로겐 효과를 가진 유전적 남성들은 남성으로 길러져야 된다"(p. 549).

핵심 개념

성의 발달

1. 성은 성염색체에 의해 결정된다. 이 염색체는 생식선의 발달을 통제한다. 고환에서 분비되는 두 가지 호르몬인 테스토스테론과 항뮐러호르몬은 각각 남성화와 탈여성화의 원인이 된다. 반면에 유기체는 여성이 된다.
2. 성적 성숙은 뇌하수체 전엽이 생식선자극호르몬을 분비할 때 일어난다. 이 호르몬은 생식선으로 하여금 성 스테로이드 호르몬을 분비하도록 지시한다.

성행동의 호르몬 통제

3. 여성의 생식주기는 난소와 뇌하수체 전엽 간의 상호작용에 의해 나타난다.
4. 안드로겐은 뇌 발달에 영향을 미쳐 행동적 남성화와 탈여성화의 원인이 된다.
5. 영장류보다 다른 포유류에서 에스트라디올과 프로게스테론은 암컷 성행동을 활성화시킨다. 테스토스테론은 모든 종의 포유류에 수컷 성행동을 활성화시킨다.
6. 서골비기관이나 후구 수용기에 의해 감지되는 페로몬은 동물이 그들 종의 다른 구성원에게 성적 흥미와 생식상태에 영향을 미친다.
7. 인간의 경우, 안드로겐의 조직화 효과는 성적 선호에서 명백하게 나타난다. 안드로겐은 남성에게 있

어서 가장 중요한 활성화 효과를 갖고 있고 에스트라디올은 여성에게 있어서 가장 중요한 활성화 효과를 갖고 있는 것으로 나타난다.

성행동의 신경 통제

8. 실험동물에서 내측 시삭전 영역의 성적 이형핵은 수컷의 성행동에 결정적이고 시상하부의 복내측핵은 암컷의 성행동에 결정적이다. 나아가 성호르몬은 이러한 뇌 영역의 뉴런에서 그리고 페로몬과 관련된 정보를 받는 내측 편도체에 있는 뉴런에서 이러한 행동 효과를 발휘한다.

어버이 행동

9. 모성행동은 일차적으로 에스트라디올과 프로락틴 호르몬에 의해 영향을 받지만 또한 암컷 새끼에 의한 자극에도 달려 있다. 이러한 행동을 통제하는 몇몇 신경회로는 내측 시삭전 영역에서 복측피개야로 가는 통로를 포함한다. 또한 내측 시삭전 영역은 부성행동에도 관여하는 것으로 나타난다.

CHAPTER

10 정서

Corbis Cusp/Alamy

개요

학습목표

1. 정서반응의 행동, 자율신경 및 호르몬의 구성요소 그리고 이것들을 통제하는 편도체의 역할을 논의한다.
2. 공격행동의 성질, 기능 및 신경 통제를 논의한다.
3. 분노, 공격성 및 충동 통제에서 복내측전전두피질의 역할을 논의한다.
4. 정서의 표현과 이해에 대한 문화비교 연구를 논의한다.
5. 정서표현의 재인에 대한 신경 통제를 논의한다.
6. 정서표현의 신경적 통제를 논의한다.
7. 정서 느낌에 관한 제임스-랑게 이론을 논의하고 관련된 연구를 평가한다.

머리말 | 지성과 정서

수년 전, 내가 안식년 휴가를 보내고 있는 동안 한 동료가 내 연구실을 방문하여 나에게 흥미로운 환자를 만나 볼 의향이 있는가를 물었다. 그 환자는 72세의 노인으로 우반구에 심한 뇌졸중을 당하여 좌반신이 마비되었다.

V씨는 오른팔을 올려놓을 수 있는 커다란 판이 부착된 휠체어에 앉아 있었는데, 왼팔은 벗어나는 것을 방지하기 위해서 줄에 고정되어 있었다. 그는 우리에게 정중하게 인사를 했고 약간 유럽풍의 어감을 풍기면서 조심스러우나 거의 정상적으로 말을 하였다.

V씨는 지능이 손상되지 않은 것처럼 보였고 이런 인상은 우리가 웩슬러 성인지능검사 일부를 실시하였을 때 확인되었다. 그의 언어지능은 인구의 상위 5%에 속하는 것처럼 보였다. 영어가 모국어가 아니라는 사실이 그의 수행을 더 두드러지게 했다.

뇌졸중을 당한 후 V씨 행동의 가장 흥미로운 측면은 자신의 증상에 대한 반응의 결핍이었다. 검사를 끝낸 후 우리는 그에게 자신과 생활방식에 대해 조금 이야기해 달라고 요청했다. 예를 들면, 자신이 좋아하는 오락은 무엇인가?

그는 "나는 걷기를 즐깁니다. 나는 매일 도시를 최소한 2시간 정도 걷지만, 대부분 숲에서 걷기를 즐깁니다. 내 서재 벽에는 미국에 있는 대부분의 국립 수목원의 지도를 걸어 놓고, 내가 거닐었던 모든 오솔길을 표시합니다. 나는 약 6개월 동안 내가 하루에 충분히 걸을 수 있는 짧은 모든 오솔길을 걷기로 하였습니다."라고 말하였다.

"앞으로 6개월 동안 그 오솔길을 모두 걸으려고 하신다고요?"라고 W 박사가 물었다.

"예, 그런 다음에 다시 시작할 것입니다."라고 그는 대답했다.

W 박사가 "V 선생님, 혹시 어떤 곤란을 겪고 있지 않으십니까?" 하고 물었다.

"곤란이라뇨? 무슨 말씀을 하시는 겁니까?"

"저는 신체의 어려움을 말하고 있는 겁니다."

"아니요." V씨는 약간 의아한 시선으로 W 박사를 바라보았다.

"자, 선생님은 지금 어디에 앉아 있습니까?"

V씨는 W 박사에게 매우 어리석은—또는 아마도 모욕적인—질문을 한다고 생각하는 것 같은 시선을 던졌다. 그는 "물론 휠체어죠."라고 대답하였다.

"선생님은 왜 휠체어에 앉아 있습니까?"

지금 V씨는 솔직히 화가 난 것처럼 보였고, 바보 같은 질문에 대답을 하는 것을 분명히 좋아하지 않았다. 그는 "왜냐하면 나의 왼쪽 발이 마비되었기 때문이죠."라고 고함을 쳤다.

V씨는 자신의 문제가 무엇인지를 분명이 알았으나 그것이 의미하는 바를 이해하지 못했다. 그는 언어적으로 자신의 장애를 설명할 수 있으나 그것의 중요성을 파악할 수는 없었다. 그래서 그는 자신이 휠체어에 얽매여 있다는 사실을 담백하게 받아들였다. 자신의 장애가 갖는 의미는 그에게 정서적으로 영향을 주지 않았거나 혹은 자신의 계획에서 고려되지 않았다.

정서(emotion)라는 단어는 특정 상황에 대해 발생하는 긍정적 또는 부정적 반응을 의미한다. 예를 들면, 부당한 대우를 받는 것은 우리를 화나게 만들고, 누군가 고통을 받는 것을 보는 것은 우리를 슬프게 만들고, 사랑하는 사람과 함께 있는 것은 우리를 행복하게 만든다. 정서는 생리적 반응과 동반하는 행동—혹은 최소한 이런 행동을 하려는 욕구—으로 구성된다. 이런 반응은 느낌을 동반한다. 사실상 우리 대부분은 행동이 아니라 느낌을 의미하기 위해서 정서라는 단어를 사용한다. 그러나 그것은 사적인 경험이 아니라 생존과 번식을 위한 결과를 가져오는 행동이다. 그래서 정서행동이 제공하는 유용한 기능은 우리의 뇌의 진화를 인도해 왔던 것이다.

이 장은 세 개의 주요 절로 나누어진다. 처음은 공포

나 분노 같은 부정적 정서를 구성하는 행동과 생리반응의 형태를 고려한다. 그것은 이런 반응형태와 정서에 대한 신경 및 호르몬 통제의 성질 그리고 도덕판단과 사회행동에서 정서의 역할을 기술한다. 두 번째 절은 정서의 의사소통—정서의 표현과 재인—을 기술한다. 세 번째 절은 정서에 동반하는 감정의 성질을 검토한다.

반응형태로서 정서

정서반응은 세 가지 유형의 구성요소, 즉 행동, 자율신경계 및 호르몬 요소로 구성된다. **행동요소**는 행동을 일으키는 상황에 적절한 근육운동으로 이루어진다. 예를 들면, 침입자로부터 자신의 세력권을 방어하는 개는 먼저 공격적인 자세를 취하거나 으르렁거리고 이빨을 드러낸다. 침입자가 퇴각하지 않으면, 방어자는 침입자에게 대들어 공격한다. **자율신경계** 반응은 그 행동을 촉진하고, 격렬한 운동을 위한 에너지를 신속히 사용하도록 해 준다. 이 예에서 교감신경계의 활동은 증가하는 반면에 부교감신경계의 활동은 감소한다. 결과적으로 개의 심박률은 증가하고, 혈관의 크기 변화는 혈액순환을 소화기관으로부터 근육으로 방향을 바꾸어 준다. **호르몬** 반응은 자율신경계 반응을 강화시킨다. 부신수질에 의해 분비된 호르몬—에피네프린과 노르에피네프린—은 근육에 대한 혈액의 흐름을 증가시키고, 근육에 저장된 영양분을 글루코스로 전환한다. 게다가 부신피질은 스테로이드 호르몬을 방출시켜서 근육이 글루코스를 이용하는 것을 돕는다.

이 절은 외현적인 정서적 행동과 이것에 동반하는 자율신경계 및 호르몬 반응에 관한 연구를 논의한다. 실제적 공격에 선행하는 위협적인 자세나 인간의 미소와 얼굴 찌푸림같이 정서적 상태를 다른 동물에게 전달하려는 특별한 행동은 이 장의 두 번째 절에서 다룰 것이다. 앞으로 살펴보겠지만 부정적인 정서는 긍정적인 정서보다 더 많은 주의를 끈다. 정서의 생리학에 관한 대부분의 연구는 공포와 분노—우리가 자신 또는 사랑하는 사람을 방어해야만 하는 상황과 연합된 정서—에 국한되어 왔다. 긍정적 정서와 관련된 행동—사랑하기, 자손 돌보기, 또는 맛있는 식사나 시원한 물이나 음료수를 마시기—의 생리학은 다른 장들에서 기술되지만 특별한 정서맥락에서 기술되는 것은 아니다. 16장은 부정적 정서를 유발하는 상황의 결과를 논의할 것이다.

공포

앞에서 살펴보았듯이, 정서반응은 행동, 자율신경계 및 호르몬의 요소를 포함한다. 이 요소는 별개의 신경계에 의해 통제된다. 공포의 구성요소의 **통합**은 편도체에 의해 조절되는 것 같다.

실험동물에 대한 연구

편도체는 통증이나 다른 불쾌한 결과를 경고하는 것을 포함하는 생물학적 중요성을 가진 대상과 상황에 대한 생리적 및 행동적 반응에서 특수한 역할을 한다. 몇몇 다른 실험실의 연구자는 편도체의 여러 핵에 있는 단일 뉴런이 정서적으로 적절한 자극이 존재할 때 활동적이 된다는 것을 보여 주었다. 예를 들면, 이 뉴런은 동물의 입에 나쁜 맛이 나는 용액 또는 단맛이 나는 용액을 분출시키는 장치를 보는 것, 다른 동물이 내는 소리, 실험실 문을 여는 소리, 연기 냄새, 다른 동물의 얼굴 등과 같은 자극에 의해서 흥분된다(O'Keefe & Bouma, 1969; Jacobs & McGinty, 1972; Rolls, 1982; Leonard et al., 1985). 그리고 우리가 9장에서 이미 살펴보았듯이, 편도체는 생식과 관련된 생리학과 행동에 대한 후각 자극의 중개 효과에 관여한다. 이 절은 혐오적 자극에 의해 발생하는 정서적 반응을 조직화하는 데 있어서 편도체의 역할에 관한 연구를 기술한다.

편도체[또는 더욱 정확하게는 **편도 복합체**(amygdaloid complex)]는 측두엽의 내부에 위치한다. 이것은 각각 상이한 입력과 출력을 보이는, 즉 상이한 기능을 하는 것을 시사하는 몇몇의 핵 집단으로 구성된다(Amaral et al., 1992; Pitkänen et al., 1997; Stefanacci & Amaral, 2000). 편도체는 약 12개의 영역으로 나누어지는데, 이것은 각각 몇 개의 하위영역을 포함한다. 그러나 우리는 세 가지 주요 영역인 **외측핵**, **기부핵** 및 **중심핵**에 대해서만 관심을 가질 필요가 있다.

외측핵lateral nucleus; LA은 복내측전전두피질, 연합피질, 시상 및 해마로부터 정보를 받는다. 외측핵은 **기부**

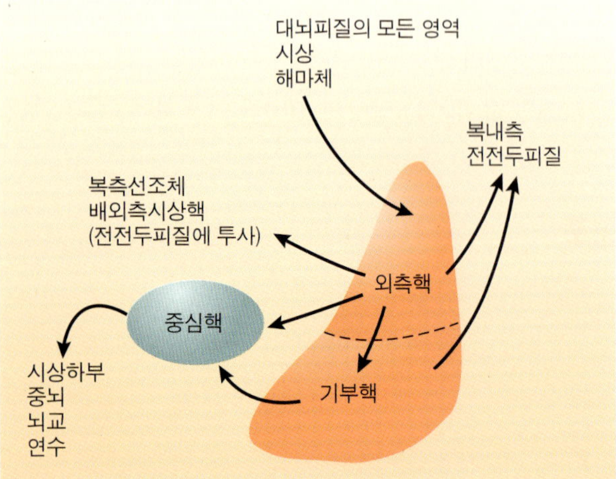

그림 10.1 편도체. 이 간략한 도해는 정서에서 역할을 하는 편도체의 네 가지 하위영역과 연결을 보여 준다.

핵basal nucleus; B에게 그리고 복측 선조체(학습에서 강화자극의 효과에 관여하는 뇌 영역)와, 전전두피질과 신경 연결을 갖는, 시상의 배내측핵을 포함하는 뇌의 다른 부위에 정보를 보낸다. LA와 B 핵은 복내측전전두피질에게 그리고 정서반응의 다양한 구성요소의 표현과 관련이 있는 시상하부의 영역, 중뇌, 뇌교 및 연수와 신경 연결을 갖는 **중심핵**central nucleus; CE으로 정보를 보낸다. 우리가 앞으로 살펴보겠지만 중심핵의 활성화는 행동, 자율신경계 및 호르몬 반응과 같은 다양한 정서반응을 유발한다(그림 10.1 참조).

편도체의 중심핵은 혐오적 자극에 의해 유발되는 정서반응의 표현에 관여하는 하나의 가장 중요한 뇌 영역이다. 위협적인 자극이 존재할 때, 중심핵에 있는 뉴런이 활성화된다(Pasco & Kapp, 1985; Campeau et al., 1991). 중심핵의 손상 또는 중심핵에 감각정보를 전달하는 핵에 대한 손상은 광범위한 정서행동과 생리적 반응을 감소시키거나 사라지게 한다. 동물은 중심핵이 손상된 후에 혐오적 사건과 짝지어진 자극에 직면하여서도 더 이상 공포의 증상을 보이지 않는다. 그들은 사람이 만져도 순하게 행동했고, 그들의 혈중 스트레스 호르몬 수준도 낮았고, 위궤양 또는 다른 유형의 스트레스성 질병에 걸릴 가능성도 낮았다(Coover, Murison, & Jellestad, 1992; Davis, 1992; LeDoux, 1992). 정상적인 원숭이는 뱀을 보았을 때 공포의 신호를 보이지만 편도체가 손상된 원숭이는 그렇지 않았다(Amaral, 2003). 대조적으로 중심핵이 전기적 수단 또는 흥분성 아미노산의 주입에 의해 자극을 받으면, 동물은 공포 또는 흥분의 생리적 및 행동적 신호를 나타내고(Davis, 1992), 중심핵의 장기적 자극은 위궤양과 같은 스트레스성 질병을 발생시킨다(Henke, 1982). 이런 관찰은 중심핵에 의해 조절되는 자율신경계 및 호르몬 반응이 16장에서 논의될 장기적인 스트레스의 유해 효과와 관련이 있음을 시사해 준다. 편도체가 신경 연결을 갖는 영역과 이 영역에 의해 조절되는 반응을 기술하기보다 저자는 여러분이 이 내용을 요약하고 있는 그림 10.2를 참조하기 바란다.

우리가 앞에서 보았듯이 편도체 중심핵에 있는 뉴런은 정서반응의 다양한 요소들의 표현에 관여하는 뇌 영역에 축색을 보낸다. 저자는 이 각각의 영역과 이것이 통제하는 반응을 기술하기보다 여러분이 요약된 그림 10.2를 참조하기 바란다.

소수의 자극이 자동적으로 편도체의 중심핵을 활성화시켜서 공포반응을 일으킨다—예를 들면, 예기치 못한 큰 소리, 커다란 동물의 접근, 높은 곳 혹은 (어떤 종들에게서) 특수한 소리나 냄새 등이다. 그러나 더욱 중요한 것은 우리가 특정한 상황이 위험하거나 또는 위협적이라는 것을 학습하는 능력이다. 일단 그런 학습이 일어나면, 그 자극 혹은 상황은 두려움을 일으키고, 심박과 혈압이 상승할 것이고, 근육은 더욱 긴장되고, 부신은 에피네프린을 방출하고 그리고 그 동물은 조심스럽게 앞으로 나아가고 경계를 하면서 반응할 준비를 할 것이다.

가장 기본적인 형태의 정서학습은 **조건정서반응**conditioned emotional response으로 정서를 유발하는 자극과 짝지어진 적이 있는 중립적 자극에 의해서 발생된다. 조건(conditioned)이란 단어는 **고전적 조건형성** 과정을 의미하는데, 12장에서 더 상세하게 기술될 것이다. 요약하면, 고전적 조건형성은 중립적 자극에 따라 어떤 반응을 자동적으로 유발하는 자극이 오면 발생한다. 예를 들면, 개가 침을 분비시키는 먹이를 받기 바로 전에 규칙적으로 종소리를 들으면, 종소리를 듣자마자 침을 흘리기 시작할 것이다. (여러분은 아마도 이 현상이 이반 파블로프에 의해 발견되었다는 것을 이미 알고 있을 것이다.)

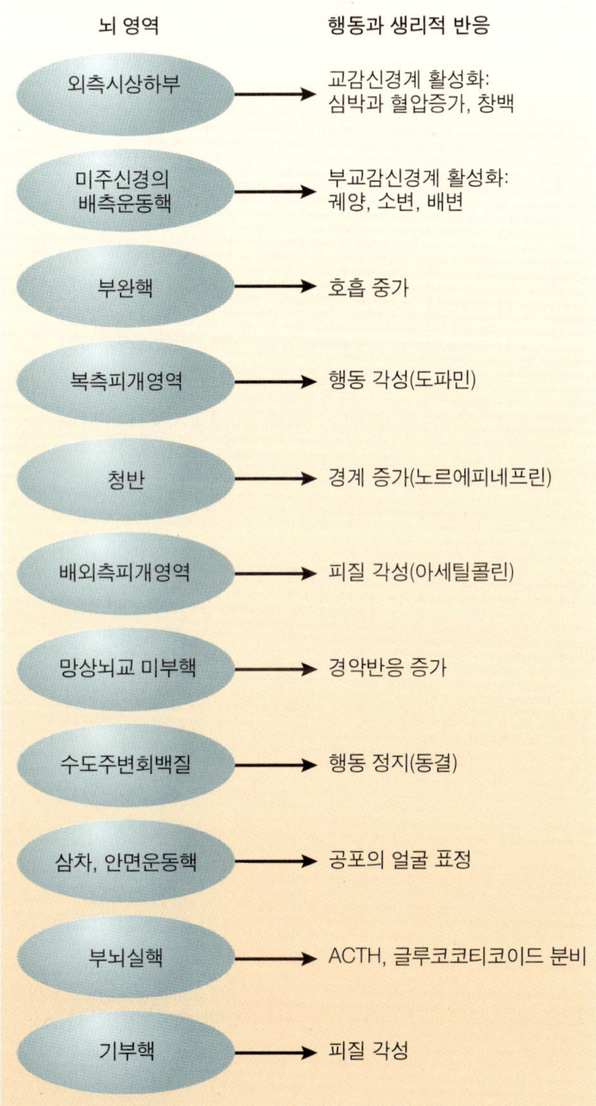

그림 10.2 편도체의 연결. 이 도식적 도표는 편도체의 중심핵으로부터 입력을 받는 몇몇 중요한 뇌 영역과 이 영역에 의해 통제되는 정서반응을 보여 준다.

Based on Davis, M., *Trends in Pharmacological Sciences*, 1992, *13*, 35–41.

몇몇 연구팀이 고전적으로 조건화된 정서반응의 발달에서 편도체의 역할을 연구하였다. 예를 들면, 조건정서반응은 어떤 소리자극을 제시하고, 동물이 서 있는 바닥을 통해서 발바닥에 가해지는 짧은 전기충격이 따라옴으로써 발생할 수 있다(그림 10.3 참조). 충격 자체는 **무조건정서반응**(unconditioned emotional response)을 발생시키는데, 동물은 공중으로 뛰어오르고, 심박과 혈압은 증가하고, 부신은 카테콜아민과 스테로이드 호

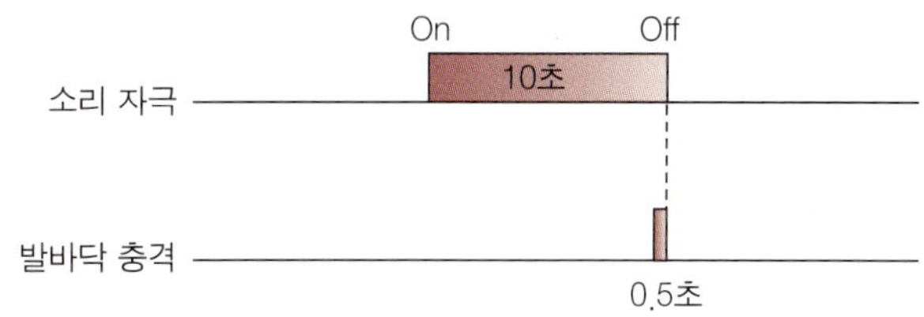

그림 10.3 조건정서반응. 이 도표는 조건정서반응을 일으키는 데 사용되는 절차를 보여 준다.

르몬을 분비한다. 고전적 조건형성은 정상적으로 소리와 전기충격 자극이 몇 번 짝지어진 후에 이루어진다.

다음 날 소리가 전기충격 없이 홀로 제시된 경우 생리적 검사에 의하면 동물들은 훈련 중에 전기충격을 받을 때 보였던 것과 동일한 유형의 생리적 반응을 나타내었다. 게다가 그들은 행동의 중지를 보였는데, 이것은 **행동동결**(freezing)이라고 불리는 종 특유의 방어반응이다. 달리 말하면 그 동물은 자신이 전기충격을 받을 것을 기대하고 있는 것처럼 행동을 한다. 소리는 **조건정서반응**(conditioned response; CR)인 행동동결을 유발하는 **조건자극**(conditioned stimulus; CS)이 된다.

연구는 조건정서반응의 형성과 관련된 신체적 변화가 편도체의 외측핵에서 발생한다는 것을 보여 준다(Paré, Quirk, & LeDoux, 2004). 외측핵에 있는 뉴런은 중심핵에 있는 뉴런과 소통하고, 그다음으로 조건정서반응의 행동, 자율신경계 및 호르몬의 요소들에 관여하는 시상하부, 중뇌, 뇌교 및 연수에 있는 영역과 소통한다. 더 최근의 연구는 고전적 조건형성과정에 관여하는 신경회로가 실제로는 그보다 더 복잡하지만(Ciocchi et al., 2010; Haubensak et al., 2010; Duvarci, Popa, & Paré, 2011), 이 과정의 세부적인 것은 학습과 기억의 생리학을 논의하는 12장으로 미루어 다룬다.

고전적으로 조건화된 정서반응과 관련이 있는 신경기제는 그 반응이 동물이 혐오적 사건을 당했던 장소와 같은 위험한 상황을 피할 수 있는 가능성을 증가시킴으로써 동물의 생존에서 역할을 하였기 때문에 신화하였다. 실험실에서 CS(소리)가 혼자서 반복적으로 제시되면, CR(정서반응)이 마침내 **사라진다**—조건정서반응이 소거된다. 결국 어떤 조건정서반응의 가치는 동물이 혐오적 자극을 직면하는(또는 회피하는) 것을 준비시키는 데 있다. 조건자극이 반복적으로 나타나지만 혐오적

자극이 따라오지 않는다면, 정서적 반응—그 자체가 파괴적이고 불쾌한 반응—이 사라지는 것이 더 유리하다. 그리고 그것이 정확하게 일어난다.

행동연구는 소거(extinction)와 망각(forgetting)이 동일하지 않다는 것을 보여 주었다. 대신에 동물은 조건자극에 따라 혐오적 자극이 더 이상 나타나지 않는다는 것을 학습하고, 이 학습의 결과로 그 조건정서반응의 표현이 억제되지만, 조건자극과 혐오적 자극의 연합은 사라지지 않는다. 이 억제는 **복내측전전두피질**ventromedial prefrontal cortex; vmPFC에 의해 제공된다. 이런 결론에 대한 증거는 몇 개의 연구로부터 나타났다(Amano, Unal, & Paré, 2010; Sotres-Bayon & Quirk, 2010). 예를 들면, 복내측전전두피질의 손상은 소거를 방해하고, 이 영역에 대한 자극은 조건정서반응을 억제하고, 소거훈련은 그곳의 뉴런을 활성화시킨다. 복내측전전두피질은 조건정서반응의 소거에서 필수적인 역할을 할 뿐만 아니라 상이한 환경에서 공포의 표현을 조절할 수 있다. 상황에 따라 전전두피질의 하위영역은 활동적이 되고 조건공포반응을 억압할 수 있고, 다른 하위영역은 활동적이 되면 그 반응을 증가시킬 수 있다.

인간에 대한 연구

우리 인간들도 조건정서반응을 습득한다. 특수한(다소 꾸민 듯한) 예를 살펴보자. 여러분이 식사를 준비하고 있는 친구를 돕는다고 가정하자. 여러분은 케이크 반죽을 혼합하기 위해서 전기믹서를 집어 들었다. 여러분이 믹서의 전원을 켜기 전에, 그 기계가 털털거리는 소리를 내고 여러분에게 고통스런 전기충격이 가했다. 여러분의 첫 번째 반응은 방어적 반사인데, 믹서로부터 손을 떼어서 그 충격을 피할 것이다. 이 반응은 특수적인데, 즉 고통스런 자극을 종료시키는 것을 목표로 한다. 게다가 고통스런 자극은 여러분의 자율신경계에 의해 통제되는 비특수적 반응들을 유발하는데, 눈은 커지고, 심박과 혈압은 증가하고, 호흡이 빨라지는 것 등이다. 고통스런 자극은 스트레스 관련 호르몬의 분비를 초래할 수도 있는데, 이것은 또 다른 비특수적 반응이다.

얼마 후에 여러분이 친구를 다시 찾아가서 한 번 더 케이크를 만드는 데 동참한다고 가정하자. 친구는 여러분에게 전기 믹서가 전적으로 안전하다고 말한다. 그것은 수리를 받았다. 그 믹서를 보고 다시 잡는다고 생각하는 것은 여러분을 조금 괴롭히겠지만, 여러분은 친구의 주장을 받아들이고 그것을 집어 들었다. 바로 그때에 그 기계가 여러분에게 전기충격을 주었을 때 생겼던 것과 같은 털털거리는 소리를 낸다. 여러분의 반응은 어떨 것인가? 비록 여러분이 전기충격을 다시 받지 않는다고 하더라도, 그 믹서를 떨어뜨릴 것이 거의 확실하다. 그러면 여러분의 눈동자는 확장되고, 심박과 혈압은 증가하고, 내분비선은 스트레스 호르몬을 분비할 것이다. 달리 말하면, 털털거리는 소리는 조건정서반응을 유발한 것이다.

증거는 편도체가 인간의 정서반응에 관여한다는 것을 보여 준다. 초기의 연구 중 하나는 심각한 발작장애를 치료하려고 뇌의 일부를 외과적 수술로 제거하기 전에 뇌 기능을 평가하고 사람들의 반응을 관찰하였다. 이 연구는 뇌의 부위(예: 시상하부)에 대한 자극이 공포나 불안과 관련된 자율신경계 반응을 발생시켰으나, 편도체가 자극되었을 때에만 사람들이 실제로 두려움을 느꼈다고 보고하였다(White, 1940; Halgren et al., 1978; Gloor et al., 1982).

많은 연구는 편도체의 손상이 사람의 정서반응을 감소시킨다는 것을 보여 주었다. 예를 들면 Bachara 등(1995)과 LaBar 등(1995)은 편도체에 손상이 있는 사람이 쥐의 경우와 마찬가지로 조건정서반응의 습득에 장애를 보인다는 것을 발견하였다.

대부분 인간의 공포는 고통스런 자극에 대한 직접 경험을 통해서보다는 사회적으로 습득될 것이다(Olsson, Nearing, & Phelps, 2007). 예를 들면 아동이 개에 대한 공포를 발달시키기 위해서 반드시 개로부터 공격을 받을 필요는 없다. 그들은 공격을 받는 다른 사람을 보는 것 혹은 다른 사람이 개를 만났을 때 공포의 신호를 나타내는 것을 봄으로써 공포를 발달시킬 수 있다. 사람은 지시에 의해서도 조건공포반응을 습득할 수도 있다. 예를 들면 어떤 사람이 제어판에 경고 불빛이 켜지는 것을 보면 불빛이 유독 가스를 탐지하는 센서와 연결되었기 때문에 즉시 방을 떠나야만 한다는 말을 들었다고 가정하자. 그 사람은 불빛이 켜지면 방을 떠날 것이고 그러는 중에 공포반응을 경험할 가능성이 있을 것이다.

우리는 실험동물을 이용한 연구가 복내측전전두피질

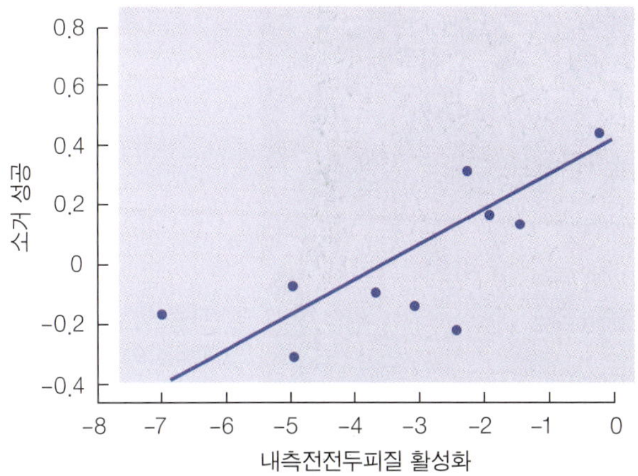

그림 10.4 소거의 통제. 이 그래프는 내측전전두피질의 활성화가 조건정서반응의 소거와 관계가 있음을 보여 준다.

Based on data from Phelps et al., 2004.

이 조건정서반응의 소거에서 결정적인 역할을 한다는 것을 알려 주는 것을 보았다. Phelps 등(2004)은 인간 피험자에서 시각자극의 출현과 손목에 대한 전기충격을 짝지음으로써 조건정서반응을 직접 형성하였고, 어떤 충격도 없이 사각형만을 제시함으로써 그 반응을 소거시켰다. 그림 10.4가 보여 주듯이 내측전전두피질의 증가된 활동은 조건반응의 소거와 상관이 있다(그림 10.4 참조).

우리가 7장에서 보았듯이 청각피질에 영속적인 손상을 가진 여성 환자 I.R.은 음악의 선율 또는 리듬을 지각하거나 산출할 수 없었다(Peretz et al., 2001). 그녀는 또한 협화음(유쾌한 음)과 불협화음(불쾌한 음)을 구별하지 못했다. 그러나 그녀는 음악이 전달하는 기분을 알 수가 있었다. Gosselin 등(2005)은 편도체에 손상이 있는 환자들은 반대의 증상을 보인다는 것을 발견했다. 그들은 음악 지각에는 어려움이 없었으나 무서운 음악을 인식하지는 못했다. 그들은 아직 행복한 음악과 슬픈 음악을 인식할 수가 있었다. 그래서 편도체 손상은 공포와 연합된 음악 유형을 인식하는 데 장애를 초래한다.

분노, 공격성 및 충동 통제

거의 대부분 종의 동물들은 공격행동을 하는데, 이것은 다른 동물을 향한 위협적인 자세 또는 실제적 공격을 포함한다. 공격행동은 종 전형적인데, 즉 움직임의 형태(예: 자세를 취하기, 깨물기, 때리기 및 쉿 소리를 내기)는 동물의 유전자에 의해 프로그램되어 발달하는 신경회로에 의해 조직화된다. 대부분의 공격행동은 생식과 관련이 있다. 예를 들면, 교미대상에게 접근하기 위해, 교미대상을 유혹하기 위해 또는 둥지를 틀기 위한 자리를 확보하기 위해 필요한 혹은 침입자로부터 새끼를 방어하기 위한 공격행동들은 모두 생식행동으로 간주될 수 있다. 다른 공격행동은 경쟁자 또는 포식자에 의해 위협을 받는 동물에게서 나타나듯이 자기방어적일 수가 있다.

실험동물 연구

공격행동의 신경 통제. 공격행동의 신경 통제는 위계적이다. 즉, 동물이 공격을 하거나 또는 방어하기 위해서 하는 특정 근육운동은 뇌간에 있는 신경회로에 의해 프로그램되어 있다. 동물이 공격을 하는가 또는 그렇지 않은가는 환경의 유발자극의 성질과 동물의 사전 경험을 포함하는 여러 요인에 달려 있다. 뇌간회로의 활동은 많은 다른 종의 전형적 행동에도 영향을 주는 시상하부와 편도체에 의해 조절되는 것 같다. 그리고 변연계의 활동은 다른 동물의 존재를 포함하는 환경의 상태를 탐지하는 지각체계에 의해 조절된다.

세로토닌의 역할. 세로토닌성 시냅스의 활동이 공격성을 억제함을 시사한다는 많은 증거가 있다. 대조적으로 전뇌에서 세로토닌성 축색의 파괴는 공격적 행동을 촉진하는데, 아마도 억제 효과를 제거하는 것 같다(Vergnes et al., 1988).

일단의 연구자들이 자유 서식지의 붉은털원숭이를 대상으로 세로토닌 활동과 공격성 사이의 관계를 연구하였다[Howell 등(2007)에 의해 개관]. 그들은 원숭이를 포획하여, 뇌척수액의 표본을 취하고, 세로토닌(5-HT)의 대사물인 5-HIAA를 측정하여 세로토닌 활동을 평가하였다. 5-HT가 방출될 때 이 전달물질의 대부분은 재흡수에 의해서 종말단추로 되돌려지나, 일부는 빠져나와서 5-HIAA로 분해되어 뇌척수액으로 들어간다. 그래서 뇌척수액에서 높은 수준의 5-HIAA은 세로토닌 활동의 증가를 나타낸다. 연구자들은 낮은 수준의 5-HIAA를

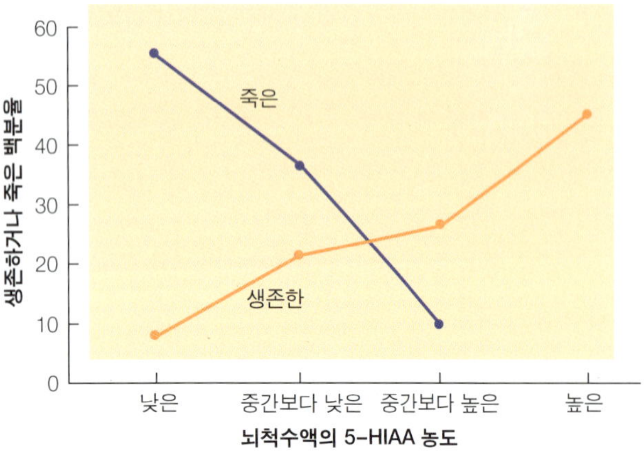

그림 10.5 세로토닌과 위험감수 행동. 이 그래프는 4년 전에 측정된 뇌척수액 내의 5-HIAA 수준의 함수로서 생존한 혹은 사망한 어린 수컷 원숭이의 비율을 보여 준다.

Based on data from Higley, J. D., Mehl, p. T., Higley, S. B., et al., *Archives of General psychiatry*, 1996, 53, 537-543.

자유 서식지에서 붉은털원숭이에 대한 연구는 위험감수 행동과 공격성에 있어서 세로토닌의 역할에 관한 중요한 정보를 제공한다.

보이는 어린 수컷 원숭이들이 자신보다 나이가 많거나 덩치가 더 큰 동물을 향해 공격성을 나타내는 것과 같은 위험한 형태의 행동을 나타내었다. 그들은 7m 높이의 나무와 나무 사이로 위험하면서 이유가 없는 먼 도약을 할 가능성이 높았고, 또한 이길 가능성이 없는 싸움을 도발할 가능성도 높았다. 연구자들이 4년 동안 추적한 청년기 이전의 수컷 원숭이 중 가장 낮은 5-HIAA 수준을 나타내었던 원숭이들은 대부분 죽은 반면에 가장 높은 수준을 보여 주었던 원숭이들은 모두 생존하였다(그림 10.5 참조). 사망한 대부분의 원숭이들은 다른 원숭이들에 의해 살해당했다. 사실상 최초로 살해당한 원숭이는 가장 낮은 수준의 5-HIAA를 보였고, 죽기 전날 밤 두 마리의 다른 수컷들을 공격하는 것이 관찰되었다. 세로토닌이 단지 공격성을 억제할 뿐만 아니라 공격성을 포함한 위험한 행동을 조절하는 것이 분명하다.

다른 종을 대상으로 한 유전연구는 세로토닌이 공격성을 억제하는 역할을 한다는 결론을 확증시켜 주었다. 예를 들면, 흰쥐나 은빛여우의 선택적 번식은 인간의 접촉에 대해 순하고 우호적인 반응을 나타내는 동물을 생산했다. 이 동물들은 뇌에서 세로토닌과 5-HIAA의 수준 증가를 보인다(Popova, 2006).

인간에 대한 연구

인간의 폭력과 공격성은 심각한 사회적 문제이다. 다음의 사례를 살펴보자.

스티브는 알코올 남용자인 의붓아버지와 함께 자신을 양육해 준 10대의 알코올 중독 어머니로부터 태어났고, 아이 때에도 과활동적이고, 쉽게 화를 내고, 반항하였다……. 스티브는 14세에 학교를 중퇴한 후에 10대 시절을 싸움, 절도, 약물복용 그리고 여자 친구 때리기를 하면서 보냈다……. 학교상담, 보호관찰관 및 아동복지기관의 회합도 재앙을 방지하는 데 실패하였다. 스티브는 19세에 연구자들과 최근 면담을 한 지 몇 주 후에 최근에 자신을 버린 여자 친구를 찾아가서 다른 남자와 같이 있는 것을 목격하고 총으로 쏘아 죽였다. 같은 날 그는 자살을 시도했다. 그는 지금 가석방이 없는 무기징역을 살고 있다(Holden 2000, p. 580).

그 당시에 조수아는 두 살이 되었다……. 그는 집을 벗어나서 거리로 뛰어들었다. 그는 친척과 친구들을 걷어차고 박치기하는 공격성을 보였다. 그는 연필로 햄스터 무리를 찌르고 목 졸라 죽이려고 하였다. 그는 일상적으로 울화통을 터뜨리고, 장난감을 던지는 발광을 하였다. 어떤 시점이 되어서 그는 자해를 했는데, 머리로 벽을 들이박고, 자신을 꼬집고, 게다가 냉장고에 뛰어들기도 하였다……. 조수아에게 사랑을 베푸는 것도…… 별다른 차이가 없었다. 세 살이 되었을 때 그의 행동은 유치원으로부터 쫓겨나게 만들었다(Holden, 2000, p. 581).

유전의 역할. 초기 경험은 공격행동의 발달을 확실히 조장할 수 있으나 연구들은 유전도 중요한 역할을 한다는 것을 보여 주었다. Viding 등(2005, 2008)은 동성의 쌍둥이 집단을 7세와 9세에 연구를 하였고, 이란성 쌍둥이 사이보다 일란성 쌍둥이 사이에서 반사회적 행동의 측정치와 냉담한 무정서 행동 간의 더 높은 상관을 발견하였는데, 이것은 이 특질의 발달에서 유전적 요소를 보여 준다. 공유된 환경이 어떤 역할을 한다는 증거는 발견되지 않았다.

세로토닌의 역할. 여러 연구는 세로토닌 뉴런이 인간의 공격성에 대해 억제 역할을 한다는 것을 발견하였다. 예를 들면, CSF에서 낮은 수준의 5-HIAA에 의해 나타나는 억제된 세로토닌 방출 비율은 공격성 그리고 폭행, 방화, 살인 및 아동학대를 포함하는 다른 형태의 반사회적 행동과 관련이 있다(Lidberg et al., 1984, 1985; Virkkunen et al., 1989).

낮은 수준의 세로토닌 방출이 공격성에 기여한다면, 아마도 세로토닌 효능제로 작용하는 약물은 반사회적 행동을 감소시키는 데 도움을 줄 것이다. 사실상 Coccaro와 Kavoussi(1997)에 의한 연구는 세로토닌 효능제인 플루옥세틴(프로작)이 심리검사에 의해 측정된 과민성과 공격성을 감소시킨다는 것을 발견하였다. 이 절의 도입부에서 기술하였던 어린 소년인 조수아는 모노아민 효능제를 처방한 정신과 의사의 치료를 받게 되었고 폭력의 폭발과 위험감수행동을 관리할 수 있도록 행동치료를 받기 시작했다.

복내측전전두피실의 역할. 많은 연구자는 충동적 폭력이 부적절한 정서조절의 결과라고 믿는다. 우리 대부분에 있어서 좌절은 정서적으로 반응하려는 충동을 유발하지만 우리는 자신을 진정시키거나 이런 충동을 억압한다. 앞으로 보게 되겠지만 복내측전전두피질은 그런 상황에서 우리의 반응을 조절하는 데 중요한 역할을 한다. 사회적 상황의 분석은 감각적 분석 이상을 요구하고, 경험과 기억, 추론과 판단을 포함한다. 사실상 그 기술은 우리가 소유한 가장 복잡한 기술을 포함한다. 그 기술은 비록 연구자가 우반구가 좌반구보다 중요하다는 것을 제안한다고 할지라도, 대뇌피질의 어떤 한 부분에만 국소화되지는 않는다. 그러나 복내측전전두피질이—내측안와전두피질과 슬하전두대상피질을 포함하는—특별한 역할을 한다.

우리가 소거과정의 논의에서 이미 보았듯이 복내측전전두피질은 정서반응을 억제하는 역할을 한다. 복내측전전두피질은 이름이 암시하듯이 대뇌반구의 전방 아래쪽에 위치하고 있다(그림 10.6 참조). 복내측전전

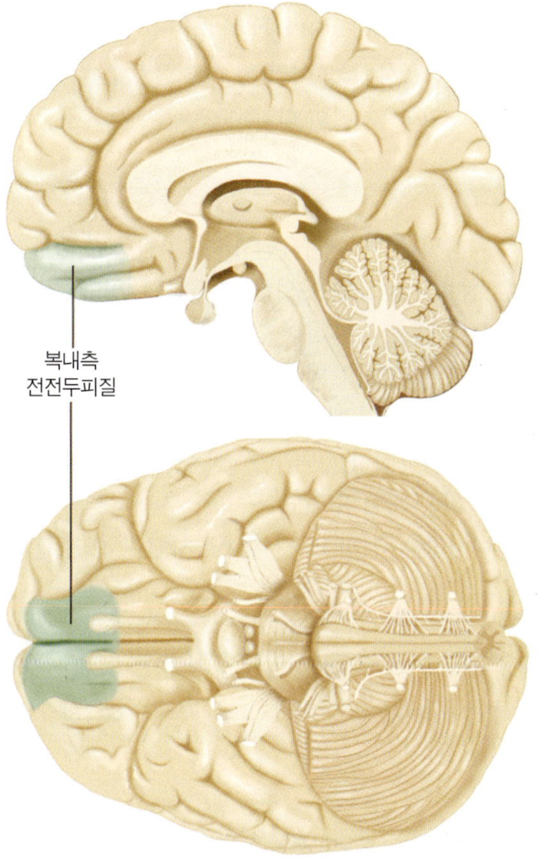

그림 10.6 복내측전전두피질의 위치.

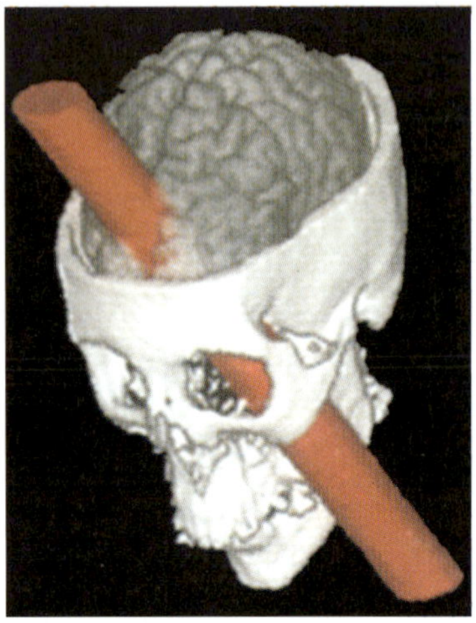

그림 10.7 Phineas Gage의 사고. 이 사고에서 강철 막대는 그의 왼쪽 빰을 뚫고 들어와서 머리의 상부를 통해서 빠져나갔다.

Science Magazine. Damasio, H., Grabowski, T., Frank, R., Galaburda, A. M., and Damasio, A. R. *Science*, 1994, *264*, 1102-1105. Copyright © 1994. Reprinted with permission from AAAS.

Phineas Gage는 자신의 뇌를 통과한 막대로 인해 성격의 변화를 겪었다.

Collection of Jack and Beverly Wilgus.

두피질은 배내측시상, 측두피질, 복측피개영역, 후각체계 및 편도체로부터 직접적인 입력을 받는다. 이 피질의 출력은 대상피질, 해마체, 측두피질, 외측시상하부 및 편도체를 포함하는 여러 뇌 영역들로 간다. 마지막으로 이것은 전두피질의 다른 영역과 정보를 소통한다. 그래서 복내측전전두피질에 대한 입력은 환경에서 무엇이 일어나고 있는가와 나머지 전두피질영역에 의해 이루어지는 계획에 대한 정보를 제공하고, 또한 그 출력은 편도체에 의해 조직화되는 정서반응을 포함하는 다양한 행동과 생리적 과정에 안와전두피질이 영향을 미칠 수 있도록 한다.

복내측전전두피질이 정서행동의 통제에서 중요한 역할을 한다는 사실은 이 영역의 손상 효과에 의해서 나타난다.

최초로 가장 유명한 사례는 1800년대 중엽에 출현하였다. 철도건설 노동자의 직장이었던 Phineas Gage는 강철 막대를 사용하여 단단한 바위의 천공된 구멍에 폭약을 장전하고 있었다. 갑자기 폭약이 폭발하였고 그 막대는 그의 빰으로 들어와서 뇌를 통과하여 정수리로 빠져나갔다(그림 10.7 참조). 그는 살아남았으나 전혀 다른 사람이 되었다. 그는 부상을 당하기 전에는 진지하고, 근면하고, 활력적인 사람이었다. 그 후로 그는 아이 같고 무책임하고 그리고 타인에 대해 무심하였다. 그의 폭발적 성질은 다른 사람들로 하여금 지킬박사가 하이드로 된 것처럼 보인다는 언급을 하도록 했다. 그는 계획을 세우거나 실천을 할 수 없었고, 행동은 변덕이 심한 것처럼 보였다. 그가 당한 사고는 대체로 안와전두피질을 파괴시켰다(Damasio et al., 1994).

질병이나 사고에 의해 복내측전전두피질이 손상된 사람들은 그래도 특정 상황의 중요성을 정확하게 평가하나 단지 이론적인 의미에서만 그렇다.

Eslinger와 Damasio(1985)는 악성 종양이 발생했지만 성공적으로 제거되었고, 이로 인해 복내측전전두피질의 양측 손상을 갖게 된 환자가 우수한 사회적 판단을 내리는 것을 발견하였다. 그는 등장하는 사람이 무엇을 해야만 하는가에 대한 결정을 내리도록 요구되는 가상적인 상황—도덕적, 윤리적 또는 실용적 딜레마를 포함하고 있는 상황—에 처했을 때 항상 합리적인 대답을 하였고 그 대답을 주의 깊게 추론된 논리로 정당화하였다. 그러나 그 자신의 생활은 별개의 문제였다. 그는 가족과 친구들이 실패할 것이라고 지적하는 투자에 자신의 저축을 쏟아부었다. 그는 무책임으로 인해 연달아 실직하였다. 그는 사소한 결정과 중요한 결정을 구분하지 못했는데, 어디에서 저녁을 먹을까를 결정하려고 여러 시간을 쓰지만 자신의 직업과 가족의 생활과 관련된 상황에서는 양호한 판단을 하는 데 실패했다. (그의 아내는 마침내 그와 별거하고 이혼소송을 하였다.) 연구자들이 "그는 자신의 뇌손상 전에는 정상적인 패턴의 사회적 행동을 학습하여 사용하였으나, 그것들의 적용에 관해 물음을 받았을 때는 그런 패턴을 회상할 수는 있다고 할지라도, 실생활의 상황은 그것들을 환기시키는 데에는 실패했다."라고 언급하였다(p. 1737).

증거에 따르면 복내측전전두피질은 자동적 정서반응에 관여하는 뇌기제와 복잡한 행동의 통제에 관여하는 뇌기제 사이의 인터페이스로 역할하는 것 같다. 이 역할은 우리의 행동을 안내하는 데 정서반응을 사용하고 그리고 다양한 사회상황에서 정서반응의 발생을 조절하는 것을 포함한다. ◀◀◀

복내측전전두피질의 손상은 행동 통제와 의사결정에 심각하고 종종 심신을 약화시키는 장애를 초래한다. 이런 장애는 정서조절장애의 결과인 것처럼 보인다. Anderson 등(2006)은 복내측전전두피질에 손상을 가진 환자의 정서행동—좌절 내성, 정서불안정성, 불안 및 과민성—에 대해 환자의 친척들로부터 평정을 받았다. 그들은 또한 환자의 실생활 역능—판단력, 계획력, 사회적 부적절성 그리고 재정 및 직업 상태—에 대한 평정도 친척과 임상전문가를 통해서 얻었다. 그들은 정서조절장애와 실생활 역능 사이의 유의한 상관을 발견하였다. 그러나 이 장애들과 인지장애 사이의 상관은 없었는데, 이것은 복내측전전두피질 손상을 가진 사람들이 보이는 실생활에서의 애로의 바탕은 정서문제이지 인지문제가 아니라는 것을 강력히 시사한다.

증거로 보면 정서적 반응이 개인적 위험과 보상을 포함하는 결정과 동시에 도덕적 판단을 안내하고 전전두피질은 이런 판단에서 어떤 역할을 한다는 점이 시사된다. 다음의 도덕적 딜레마를 살펴보자(Thompson, 1986). 당신은 다섯 명의 사람들이 탑승한 활차가 절벽에 이르는 선로를 따라 달려 내려가는 것을 본다. 당신의 도움이 없다면 그들은 곧 죽음을 당할 것이다. 어쨌든 당신은 그 활차를 다른 선로로 돌릴 수 있는 스위치 옆에 서 있고 그래서 그 스위치를 작동하면 활차는 안전하게 멈출 수 있다. 그러나 한 작업자가 그 선로 위에 서 있어서 다섯 명의 승객을 구하기 위해서 스위치를 작동하면 그는 죽게 될 것이다. 당신은 그대로 서서 활차가 절벽으로 떨어지는 것을 볼 것인가 아니면 그들은 구해야만 할 것인가—그래서 선로에 있는 사람을 죽일 것인가?

대부분의 사람은 더 나은 선택이 스위치를 켜는 것이라고 결론을 내리는데, 다섯 명을 구하는 것이 한 사람을 희생하는 것을 정당화시킨다. 그러나 이 딜레마의 한 변형을 살펴보자. 전과 같이 활차는 파국을 향해 달려가나 그것을 다른 선로로 돌릴 스위치가 가까이에 없다. 대신에 당신은 선로 위에 있는 다리에 서 있다. 다른 뚱뚱한 사람도 그곳에 함께 서 있는데, 당신이 그를 밀친다면 그의 몸이 선로에 떨어져서 활차를 멈출 수 있다. (당신은 너무 작아서 그 활차를 멈출 수 없어서, 다섯 명의 사람을 구하기 위해서 자신을 희생시킬 수는 없다.) 당신은 무엇을 할 것인가?

대부분의 사람들은 한 사람은 죽고 다섯 사람이 구조된다는 결과가 첫 번째 딜레마와 동일함에도 불구하고 그 사람을 다리에서 밀치기를 망설인다. 우리가 활차를 누구에게 보내어 그를 죽이거나 또는 그를 다가오는 활차의 경로에 밀어버림으로써 죽이든지 간에 그는 활차에 치일 때 죽는다. 그러나 어떤 사람의 몸을 밀어서 죽음에 이르게 한다는 것은 활차의 진로를 변경시키는 스위치를 작동시키는 것보다 정서적으로 더 괴로운 것 같다. 그래서 도덕적 판단은 정서적 반응에 의해 안내되는 것처럼 보이고, 단순히 합리적, 논리적 결정과정의 산물이 아닌 것이다.

기능적 영상법 연구에서 Greene 등(2001)은 사람들에게 내가 조금 전에 기술했던 것과 같은 도덕적 딜레마를 제시하였고, 그것에 대해 생각하는 것이 복내측전전두피질을 포함하여 정서적 반응에 관여하는 몇몇 뇌 영역을 활성화시킨다는 것을 발견하였다. 어떤 목적지에 가기 위해서 버스 또는 기차를 탈 것인가와 같은 무해한 결정을 내리는 것은 이 영역을 활성화시키지 않는다. 아마도 누구를 죽음으로 내모는 것에 대한 우리의 혐오는 우리가 그런 행위를 생각할 때 느끼는 정서적 반응에 의해 안내되는 것 같다.

다섯 명의 생명을 구하고 한 명의 생명을 희생하기 위해서 스위치를 켜는 것을 고려하는 것은 동일한 목적을 위해서 선로 위로 누군가를 밀어야 하는 것을 고려할 때보다 훨씬 낮은 정서적 반응을 유발한다. 실제로 첫 번째가 아닌 두 번째 딜레마를 고려하는 것은 복내측전전두피질을 강력하게 활성화시킨다. 그러므로 우리는 복내측전전두피질 손상을 가진 사람이 두 번째 딜레마에서 그 남자를 선로 위로 밀어버리려는 의지가 더 높을 것이라고 기대할 수 있다. 사실상 그들은 바로 그렇게 하는데, 즉 **공리주의적** 도덕적 판단을 보여 주는 것으로 한 명의 생명을 뺏는 것이 다섯 명의 생명을 뺏는 것보다 더 선이라는 것이다. Koenigs 등(2007)은 도적적이지 않은, 비개인적이고 도덕적 그리고 개인적이고 도덕적인 시나리오를 각기 복내측전전두피질 손상을 가진 환자, 이 영역의 손상을 포함하고 있지 않은 환자 그리고 정상 통제집단의 사람들에게 제시하였다. 예를 들면 우리가 방금 고려한 스위치를 켜는 시나리오는 비개인적인 도덕적 딜레마이고 사람을 미는 딜레마는 개인적인 도덕적 딜레마이다. 표 10.1은 현재의 연구자들이 자신의 피험자들에게 제시한 시나리오의 예를 나열한다(표 10.1 참조).

그림 10.8은 구명정 시나리오와 같은 높은 갈등의 개인적인 도적적 딜레마 조건에서 행동을 결정하는 세 집단의 피험자들의 비율을 보여 준다. 여러분들이 볼 수 있듯이 복내측전전두피질 손상을 가진 환자들이 그 시

표 10.1 Koenigs 등(2007)의 연구로부터 나온 비도덕적, 비개인적 도덕적 및 개인적 도덕적 판단을 포함하고 있는 시나리오의 예

초콜릿 케이크(비도덕적 시나리오)
당신은 스스로 한 회분의 초콜릿 케이크를 만들기로 결정했다. 당신은 조리법 책을 열고 초콜릿 케이크의 조리법을 찾았다. 조리법은 한 컵의 썰은 호두를 필요로 한다. 당신은 호두를 좋아하지 않으나 마카다미아 열매는 좋아한다. 으레 그랬듯이, 당신은 두 종류의 열매를 모두 갖고 있다.

당신은 호두를 먹는 것을 피하기 위해서 호두를 마카다미아 열매로 대체할 것인가?

고속 모터보트(비개인적 도덕적 시나리오)
당신은 멀리 떨어진 섬에서 휴가를 보내는 중에 바닷가의 부두에서 낚시를 하고 있다. 당신은 한 무리의 관광객이 작은 보트를 타고 인근에 있는 섬으로 가는 것을 본다. 그들이 떠난 직후 당신은 심한 폭풍우의 조짐이 있다는 라디오 뉴스를 들었는데, 그 폭풍우가 그들을 가로막을 것이 분명하다. 당신이 그들의 안전을 지켜줄 수 있는 유일한 방법은 가까이 있는 고속 모터보트를 빌려서 그들에게 경고해 주는 것이다. 그 모터보트는 당신이 자신의 소유물을 빌리는 것에 대해 친절하게 응해 주지 않을 것 같은 구두쇠 거부의 것이다.

당신은 관광객에게 폭풍우에 대한 경고를 하기 위해서 고속 모터보트를 빌릴 것인가?

구명선(개인적 도덕적 시나리오)
당신은 승선 중에 화재가 발생한 크루즈선을 타고 있고, 그 배로부터 탈출해야만 한다. 구명선은 수송하려고 설계된 것보다 많은 인원을 싣고 있다. 당신이 타고 있는 구명선은 수면 위에 위태롭게 떠 있다—몇 센티만 낮아지면 가라앉을 것이다. 바다는 거칠어지기 시작하고, 보트에는 물이 스며들기 시작한다. 어떤 조치가 없으면 구조선이 도착하기 전에 보트는 가라앉고 타고 있는 모든 사람은 사망할 것이다. 그런데 어떤 경우에도 생존할 수 없는 부상자가 있다. 당신이 그 사람을 보트 밖으로 버린다면, 보트를 계속 떠 있을 것이고 나머지 승객은 생명을 구할 것이다.

당신이 나머지 승객의 생명을 구하기 위해서 그 사람을 보트 밖으로 버릴 것인가?

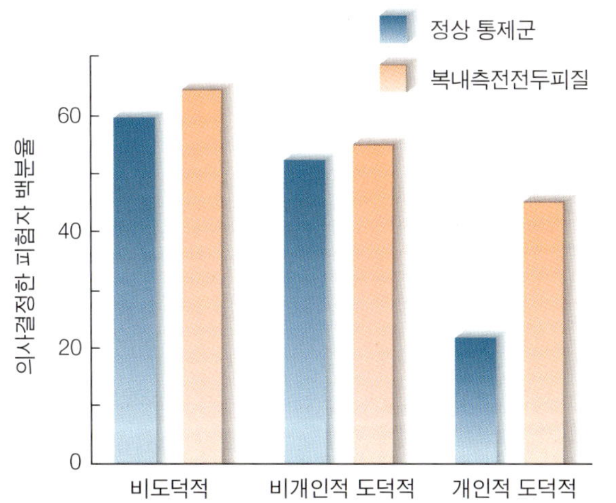

그림 10.8 도덕적 결정과 복내측전전두피질. 이 그래프는 복내측전전두피질을 손상당한 사람과 정상적 통제군의 사람들이 표 10.1에 있는 비도덕적, 비개인적 도덕적 및 개인적 도덕적 시나리오에 대해 의사결정한 비율을 보여 준다.

Based on data from Koenigs et., 2007.

나리오의 끝에 제시되는 물음에 대해 "예"라고 답할 가능성이 높았다(그림 10.8 참조).

저자는 몇 단락 전에 비록 누구를 밀어서 죽음에 이르게 하는 행위가 다른 사람의 생명을 구한다고 할지라도 그 행위를 하는 것에 대한 혐오가 그 행위를 저지르고 그 사람이 떨어져 죽는 것에 대해 어떻게 느낄 것인가에 대한 불유쾌한 생각에 의해 초래될 수 있을 것이라는 점을 시사하였다. 그것이 사실이라면 아마도 복내측전전두피질 손상을 가진 사람들은 자신이 그 남자를 기꺼이 다리에서 밀어버린다고 말하였는데, 왜냐하면 그렇게 하는 것에 대한 생각이 불쾌한 정서반응을 일으키지 않기 때문이다. 사실 Moretto 등(2009)은 뇌손상이 없는 사람이 그 남자를 다리 위에서 민다는 것을 생각할 때 불쾌한 정서반응의 생리적 신호를 보여 준다는 것을 발견하였다—그리고 그들은 그를 밀지 않을 것이라고 말하였다. 복내측전전두피질에 손상을 가진 환자는 이런 정서적 반응의 신호를 보이지 않았다—그리고 그들은 그를 밀 것이라고 말하였다.

이제 나는 이 절의 주제인 분노와 공격성으로부터 벗어나야 될 것 같다. 그러나 많은 연구자가 충동적 폭력은 잘못된 정서조절의 결과라고 믿는다는 것을 상기하자. 편도체는 분노와 폭력적인 정서반응을 촉발하는 데 중요한 역할을 하고, 전전두피질은 우리에게 부정적인 결과를 보여 줌으로써 그런 행동을 억압하는 데 중요한 역할을 한다. 우리가 앞서 보았듯이 반사회적 행동은 전전두피질의 부피 감소와 관련이 있고, 그래서 전전두피질의 활성화는 공격행동을 억제하는 역할을 반영한다. Raine 등(1998)은 살인범의 뇌에서 전전두피질의 활동 감소와 편도체를 포함하는 피질하 영역의 활동 증가를 발견하였다. 이런 변화는 주로 충동적, 정서적 살인범에서 나타난다. 냉정하고, 계산적인 약탈 살인범들—범죄가 분노와 격노를 동반하지 않은 살인범—의 전전두피질의 활동성은 정상에 더 가깝다. 아마도 편도체의 활동 증가는 부정적인 정서를 나타내는 경향성의 증가를 반영하고, 전전두피질의 활성화 감소는 편도체의 활동성을 억제하고 그래서 정서를 조절하는 능력의 감소를 나타낸다. Raine 등(2002)은 반사회적 성격장애를 가진 사람들이 전전두피질의 회백질 양에서 11%의 감소를 보였다는 것을 발견했다.

이 장의 앞부분에서 우리는 세로토닌 뉴런의 활동성 감소가 공격성, 폭력 및 위험감수와 관련이 있다는 것을 보았다. 우리가 이 소절에서 보듯이, 전전두피질의 활동성 감소는 반사회적 행동과 관련이 있다. 이 두 가지 사실은 관련이 있는 것 같다. 전전두피질은 세로토닌 축색과 주요한 신경 연결을 갖는다. 연구에 따르면 전전두피질에 대한 세로토닌 입력은 이 영역을 활성화시킨다. New 등(2004)에 의한 기능적 영상법 연구는 특수한 세로토닌 재흡수 억제제 처치를 받기 전과 12주 처치를 받은 후 충동적인 폭력 내력을 지닌 사람의 국소 뇌활동을 측정하였다. 그들은 그 약물이 전전두피질의 활동성을 증가시키고 공격성을 감소시킨다는 것을 발견하였다. Crockett 등(2010)은 한 번의 고용량의 5-HT 효능제 투여가 피험자가 도덕적 딜레마를 제시하는 시나리오에서 도움을 초래하는 결정을 할 확률을 감소시킨다는 것을 발견하였다. 달리 말하면 세로토닌 활동의 증가는 그들에게 공리주의적 결정을 할 가능성을 낮추어 준다. 그러므로 비정상적으로 낮은 수준의 세로토닌 방출은 전전두피질의 활동성 감소를 초래할 수 있고, 공리적 판단 혹은 극도의 반사회적 행동을 할 가능성을 증가시키는 것 같다.

절 요약

반응형태로서 정서

정서라는 단어는 행동, 생리적 반응 및 느낌을 의미한다. 이 절은 특정 상황을 다루는 행동과 그 행동을 지지하는 생리적(자율신경계 및 호르몬) 반응으로 구성되는 정서 반응형태를 논의한다. 편도체는 공포, 분노 또는 혐오를 산출하는 상황을 포함하는 다양한 상황에 대한 행동, 자율신경계 및 호르몬 반응을 조직화한다. 편도체는 후각체계, 측두엽의 연합피질, 전두피질 및 나머지 변연계로부터 입력을 받는다. 편도체의 출력은 전두피질, 시상하부, 해마체 그리고 자율신경기능과 어떤 종 전형적인 행동을 통제하는 뇌간핵으로 간다. 편도체에 있는 단일 뉴런에 대한 전기적 기록은 그것들 중 일부는 동물이 정서적 중요성을 가진 특별한 자극을 지각할 때 반응한다는 것을 보여 준다. 편도체의 자극은 정서반응을 초래하고, 파괴는 그 반응을 방해한다. 중립 자극과 정서반응을 유발하는 자극을 짝짓는 것은 고전적 조건정서반응을 초래한다. 이런 반응의 학습은 주로 편도체에서 일어난다. 조건정서반응의 소거는 복내측전전두피질에 의한 편도체 활동의 억제적 통제를 포함한다.

편도체 손상을 가진 사람에 대한 연구와 인간을 대상으로 한 기능적 영상 연구는 편도체가 인간에서도 정서반응에 관여한다는 것을 보여 준다. 그러나 우리의 많은 조건정서반응은 다른 사람의 반응을 관찰함으로써 또는 언어적 지시를 통해서도 습득된다.

공격적 행동은 종 전형적이고 대부분의 경우에 유용한 기능을 한다. 이 행동들은 뇌간에 있는 회로에 의해 조직화되고, 편도체와 시상하부에 의해 조절된다. 세로토닌 뉴런의 활동은 공격행동을 포함하여 위험감수행동을 억제하는 것처럼 보인다. 전뇌에 있는 세로토닌 축색의 파괴는 공격성을 증가시키고, 세로토닌 전달을 촉진하는 약물의 투여는 공격성을 감소시킨다. 뇌척수액 내의 낮은 5-HIAA(세로토닌 대사물질) 수준은 원숭이와 인간에서 위험감수행동과 공격적 행동의 증가와 상관이 있다.

복내측전전두피질은 정서반응에서 중요한 역할을 한다. 이 영역은 배내측시상, 측두피질, 복측피개영역, 후각체계, 편도체, 대상피질, 외측시상하부 및 전두피질의 다른 영역과 신경 연결을 갖는다. 복내측전전두피질의 손상을 가진 사람은 충동적 행동을 보이고, 종종 부적절한 분노의 폭발을 나타낸다. 그들에 있어서 자신에게 중요한 결과를 갖는 상황에서 정서반응의 결핍은 종종 빈약한 의사결정을 초래한다.

증거에 의하면 전전두피질은 도덕적 판단을 내리는 데 관여한다. 사람들이 공리주의 판단(한 사람을 죽이고 다섯 사람을 구하는 것)과 개인적 도덕적 판단(어떤 사람을 기꺼이 밀어서 죽음에 이르게 할 것인가?) 사이의 갈등이 포함된 판단을 할 때, 복내측전전두피질이 활성화된다. 복내측전전두피질에 손상이 있는 사람은 공리주의 도덕적 판단을 나타낸다. 증거에 따르면 정신병자가 아닌 사람은 다른 사람에게 해를 끼치는 것을 혐오하는데 왜냐하면 그런 행위를 하는 것에 대한 생각은 불쾌한 정서반응을 일으키기 때문이다. 전전두피질에서 세로토닌의 방출은 이 영역을 활성화시키고, 어떤 연구자는 이 영역에 대한 세로토닌 입력은 공격성과 위험감수행동을 억제하는 세로토닌의 능력과 관련이 있다고 믿는다. 한 번의 고용량의 5-HT 효능제의 투여는 사람이 도덕적 딜레마 과제에서 공리주의적 결정을 내릴 가능성을 감소시킨다.

생각해 봅시다

1. 공포증은 조건정서반응의 극적인 예로 보일 수 있다. 이런 반응은 전염성도 가질 수 있는데, 우리는 혐오자극에 대한 직접적인 경험이 없이도 조건정서반응을 습득할 수가 있다. 예를 들면 부모가 개가 있을 때 놀라는 신호를 보이는 것을 관찰한 아이는 개에 대한 공포반응을 발달시킬 수 있다. 당신은 어떤 편견도 이와 같은 방식으로 학습될 수 있다고 생각합니까?
2. 어떤 사람이 자신의 복내측전전두피질에 영구적인 뇌손상을 당하였고 그 후 곧 반사회적 행동을 나타내기 시작하였던 것을 생각하자. 어떤 날 그는 자신의 자동차에서 빨간 신호로 바뀌는 것을 기다리고 있는 동안 이전에 격렬한 언쟁을 했던 사람이 자신의 앞에서 도로를 건너가고 있는 것을 보았다. 그는 갑자기 가속을 하여, 그 사람을 치어서 사망을 시켰다. 그의 뇌손상 사실이 법정에서 기소와 재판에서 어떤 역할을 하는가? 왜 그런가 혹은 왜 그렇지 않은가?
3. 진화의 관점에서 공격행동과 지배성을 확립하려는 경

향성은 유용한 기능을 제공한다. 특히 그것들은 가장 건강하고 활력 있는 동물이 생식을 할 가능성을 증가시킨다. 당신은 인간에서 이런 경향성의 좋은 효과와 나쁜 효과의 예를 생각할 수 있는가?

정서 전달

앞 절은 정서를 동물로 하여금 유기체에 위협을 가하는 사건과 같은 환경에서 존재하는 상황을 처리하도록 준비시키는 체제화된 반응(행동, 자율신경계 및 호르몬의)으로 기술했다. 우리의 초기 포유류 선조에게는 정서가 전부였음이 틀림없다. 그러나 시간이 흐름에 따라 새로운 기능을 가진 다른 반응들이 진화했다. 인간을 포함한 많은 종의 동물들은 몸짓의 변화, 얼굴 표정 및 비언어적 신호(한숨, 신음, 으르렁거림 등)에 의해서 서로 정서를 전달한다. 이런 표현들은 유용한 사회적 기능을 갖는데 다른 개체에게 우리가 어떻게 느끼고 있는가를 그리고 더 중요하게는 무엇을 할 가능성이 높은가를 말해 준다. 예를 들면 그것은 우리가 경쟁자에게 분노하고 있다는 것을 경고하거나 또는 친구에게 슬퍼서 위안과 재확신을 원한다는 것을 이야기해 준다. 그것은 위험이 존재할 수 있다는 것 또는 어떤 흥미로운 것이 일어나고 있는 것처럼 보인다는 것을 나타낸다. 이 절은 그런 정서의 표현과 전달을 검토한다.

정서의 얼굴 표정: 선천적 반응

찰스 다윈(1872/1965)은 인간의 정서표현이 다른 동물의 유사한 표현으로부터 진화하였다고 제안하였다. 그는 정서표현이 복잡한 운동의 세트로 구성되는 선천적이고 학습되지 않은 반응이라고 말했다. 그래서 어떤 사람의 냉소와 늑대의 으르렁거림은 기침이나 재채기와 같이 선천적인 뇌기제에 의해 통제되는 생물학적으로 결정된 반응형태이다. (물론 매우 상이한 이유로 해서 사람들은 냉소를 짓고, 늑대는 으르렁거릴 수 있다.) 이런 운동의 일부는 행동 자체와 닮았고 그것으로부터 진화되었을 수가 있다. 예를 들면, 으르렁거림은 이를 드러내고, 물어뜯기의 예상으로 보일 수 있다.

다윈은 자신의 아이에 대한 관찰과 세상에서 다양한 고립된 문화에서 살고 있는 사람들과 교류함으로써 정서표현이 선천적이라는 결론에 대한 증거를 얻었다. 그는 모든 세상 사람이 서로 고립되어 있다고 하더라도 동일한 정서의 얼굴 표정을 보여 준다면, 그 표현이 학습되었다기보다는 유전되었다고 추리하였다. 그 논리적 논증은 다음과 같은데, 일단의 사람이 오랫동안 격리되었다면, 서로 상이한 언어를 발달시킨다. 그래서 우리는 사람이 사용하는 단어가 임의적이고 특정 개념을 표상하기 위해서 특정 단어를 사용하는 데 생물학적 기반이 없다고 말할 수 있다. 그러나 얼굴 표정이 유전된 것이라면 모든 문화의 사람이 서로 고립되었음에도 불구하고 대략 동일한 형태의 표정을 취할 것이다. 다윈은 실제로 상이한 문화의 사람이 특정 정서상태를 표현하기 위해서 동일한 패턴의 얼굴근육 운동을 나타냄을 발견하였다.

Ekman과 동료들(Ekman & Friesen, 1971; Ekman, 1980)에 의한 연구는 얼굴의 정서표현이 선천적으로 종전형적인 얼굴근육의 운동방식을 사용한다는 다윈의 가설(Darwin, 1872/1965)을 확인해 주었다. 예를 들면 Ekman과 Friesen(1971)은 뉴기니의 고립된 부족을 대상으로 서양 사람이 짓는 정서의 얼굴 표정을 재인하는 능력을 연구하였다. 그들은 그것을 하는 데 곤란을 겪지 않았고, 스스로 서양 사람이 쉽게 재인할 수 있는 얼굴 표정을 지었다. 그림 10.9는 그 부족의 한 사람이 행복, 슬픔, 분노 및 혐오의 얼굴 표정을 유발하도록 고안된 이야기에 대해 반응하는 것을 녹화한 비디오테이프로부터 발췌한 네 가지 사진을 보여 준다. 저자는 여러분이 어느 표정이 어디에 해당하는가를 재인하는 데 곤란을 겪지 않을 것이라고 확신한다(그림 10.9 참조).

동일한 얼굴 표정이 서로 이전에 만난 적이 없는 사람들에게 사용되기 때문에, Ekman과 Friesen은 그 표정이 학습되지 않은 행동패턴이라고 결론지었다. 대조적으로 상이한 문화는 특정 개념을 표현하기 위해서 상이한 단어를 사용한다는 것인데, 이런 단어의 생성은 선천적

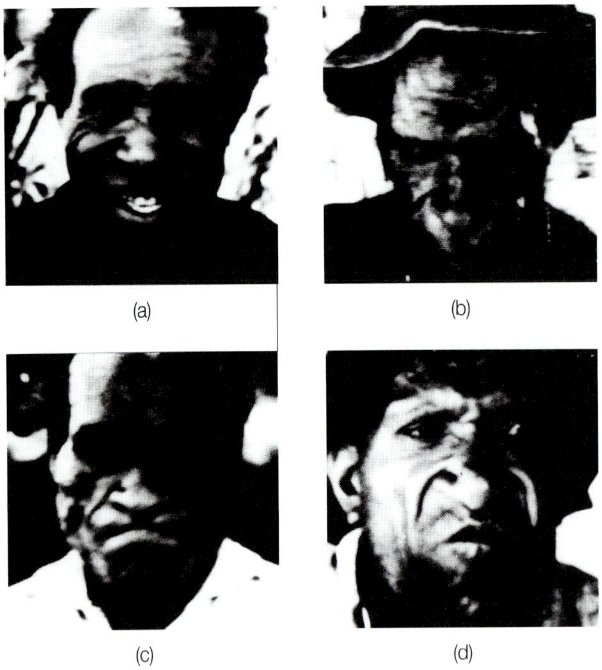

그림 10.9 뉴기니 부족인의 얼굴 표정. 이 부족인은 다음과 같은 이야기를 들을 때 짓는 표정들이다. (a) "당신의 친구가 와서 당신은 행복하다." (b) "당신의 아이가 죽었다." (c) "당신은 화가 나서 싸우려고 한다." (d) "당신은 오랫동안 버려져 있는 죽은 돼지를 본다."

From Ekman, P., *The Face of Man: Expressions of Universal Emotions in a New Guinea Village*. New York: Garland STPM Press, 1980. Reprinted with permission.

반응과 관련이 없고, 학습된 것이어야만 한다.

다른 연구자들은 시각장애인과 정상시를 가진 사람의 얼굴 표정을 비교하였다. 그들은 두 집단의 얼굴 표정이 유사하다면 그 표현이 인간에 있어서 선천적이고 모방에 의한 학습을 필요로 하지 않는다고 추론하였다. 사실상 눈이 먼 아이들과 정상시를 가진 아이들 사이의 얼굴 표정은 매우 유사하다(Woodworth & Schlosberg, 1954; Izard, 1971). 게다가 2004년도 장애인 올림픽 경기에서 승리하고 있는 혹은 패배하고 있는 운동경기에서 경쟁하는 사람들의 정서표현에 대한 연구는 선천적 시각장애인, 후천적 시각장애인 및 정상시의 선수 사이에서 차이를 발견하지 못하였다(Matsumoto & Willingham, 2009). 그래서 문화 간 비교연구와 시각장애인에 대한 연구는 정서의 얼굴 표정의 선천성을 확인해 준다.

Sauter 등(2010)에 의한 연구는 동일한 결론을 내렸

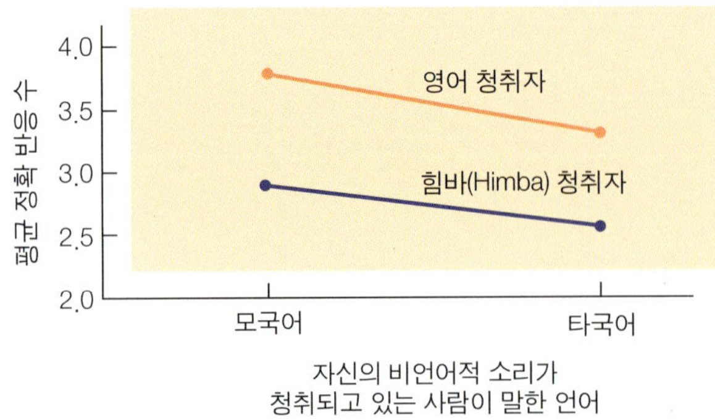

그림 10.10 상이한 문화에서 정서의 비언어적 음성표현에 대한 확인. 이 그래프는 영어권 사람과 힘바 사람(북부 나미비아의 거주자)의 비언어적 정서표현의 음성기록을 확인하는 데 있어서 정확반응의 평균수를 보여 준다. 교차문화 간 확인의 정확성은 문화 내 확인만큼이나 양호하다.

Based on data from Sauter et al., 2010.

다. rm들은 Ekman과 Friesen에 연구를 음성자료를 사용하여 수행하였다. 그들은 유럽의 영어사용자와 고립된 북부 나미비아 마을의 원주민에게 정서적으로 분노, 혐오, 공포, 슬픔, 놀람 혹은 재미의 정서를 발생시킬 것으로 기대되는 상황에 대한 비언어적 발성의 소리를 녹음한 것을 제시하였다. 참가자는 어떤 이야기를 들은 다음 두 개의 상이한 발성(한숨, 신음, 웃음 등)을 들었는데, 그중 하나는 그 이야기에 의해 발생하는 정서에 적절하였다. 두 문화에 속한 구성원은 자신과 타인의 문화 구성원의 정확한 발성을 선택하는 데 어려움을 보이지 않았다(그림 10.10 참조).

정서 전달의 신경적 기반: 재인

효과적인 의사소통은 양방 과정이다. 즉, 표현의 변화에 의해서 자신의 정서상태를 나타내는 능력은 다른 사람이 표현의 변화를 재인할 수 있을 때만 유용하다. 사실 Kraut와 Johnston(1979)은 사람을 행복하게 만들어 줄 가능성이 높은 환경에서 비침습적으로 관찰하였다. 그들은 행복한 상황(볼링에서 스트라이크를 치는 것, 홈팀의 점수를 보는 것 또는 아름다운 날을 경험하는 것 등)이 사람이 혼자 있을 때에는 단지 미약한 행복의 신호만을 발생시킨다는 것을 발견하였다. 그러나 사람이 다른 사람과 사회적으로 상호작용할 때 웃을 가능성이

더 높다. 예를 들면, 스트라이크를 친 사람은 공이 핀을 때릴 때는 웃지 않았으나, 돌아서서 동료의 얼굴을 볼 때 종종 웃었다. Jones 등(1991)은 10개월 된 아이조차도 이런 경향성을 보인다는 것을 발견하였다.

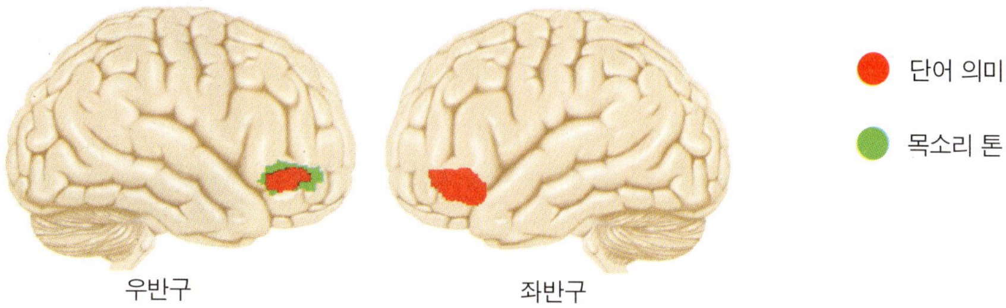

그림 10.11 정서의 지각. PET 스캔은 목소리의 톤(녹색) 혹은 단어의 의미(적색)에 의해 표현되는 정서를 청취하는 동안 활성화되는 뇌 영역을 보여 준다.

George et al., 1996으로부터 뇌활동을 복사.

다른 사람의 얼굴 표정을 재인하는 것은 일반적으로 자동적이고, 신속하고, 정확하다. Tracy와 Robbins(2008)은 관찰자가 다양한 정서의 짧은 표정도 신속하게 재인하는 것을 발견하였다. 그들은 자신이 본 표정에 대해 생각할 시간이 더 많이 갖는다고 할지라도 더 이상의 좋은 결과를 보이지 않았다.

사람은 얼굴의 근육운동과 동시에 몸짓 언어로 정서를 표현할 수 있다(de Gelder, 2006). 예를 들면 움켜쥔 주먹은 분노의 얼굴 표정을 동반할 것이고, 두려운 사람은 도망을 갈 것이다. 공포의 자세를 취한 몸의 사진을 보는 것은 공포를 나타내는 얼굴의 사진을 보는 것과 마찬가지로 편도체를 활성화시킨다(Hadjikhani & de Gelder, 2003). Meeren, van Heijnsbergen, de Gelder(2005)는 컴퓨터로 수정하여 몸의 자세와 일치하는(예: 공포의 얼굴 표정과 몸의 자세) 혹은 일치하지 않는(예: 분노의 얼굴 표정과 공포의 몸의 자세) 정서의 얼굴 표정을 나타내는 사람의 사진을 준비하였다. 연구자는 사람에게 사진에 나타난 얼굴 표정을 알아내도록 요청했는데, 얼굴 표정과 몸의 표현이 일치할 때 평정이 더 신속하고 정확하다는 것을 발견하였다. 달리 말하면 우리가 다른 사람의 얼굴을 볼 때 그들의 정서에 대한 지각은 그들의 얼굴 표정과 동시에 몸의 자세에 의해 영향을 받는다.

정서재인의 편재성

우리는 다른 사람들의 감정을 시각과 청각−그들의 얼굴 표정을 보거나 목소리의 톤과 단어의 선택을 듣는 것−에 의해 재인한다. 많은 연구는 우반구가 좌반구보다 정서의 이해에서 더 중요한 역할을 한다는 것을 발견하였다. 예를 들면, George 등(1996)은 피험자들이 어떤 문장을 듣고 정서적 내용을 확인하는 동안에 그들의 국소 대뇌 혈류량을 측정하였다. 한 조건에서 피험자들은 단어의 의미를 듣고, 누군가가 행복한, 슬픈, 분노한 혹은 중립적인 상황에 있는지를 말했다. 다른 조건에서 그들은 목소리의 톤으로부터 정서상태를 판단하였다. 연구자는 단어 의미로부터 정서의미를 이해하는 것은 양 반구의 전전두엽의 활동을 모두 증가시켰는데, 우반구보다는 좌반구의 활동이 더 증가했다는 것을 발견했다. 목소리의 톤으로부터 정서를 이해하는 것은 단지 우반구 전전두피질의 활동만을 증가시켰다(그림 10.11 참조).

Heilman, Watson 및 Bowers(1983)는 좌측 측두피질의 손상에 기인하는 **순수단어농**(pure word deafness)이라고 불리는 장애를 가진 특별히 관심거리가 되는 한 남자의 사례를 기술하였다. (이 증상은 13장에서 기술될 것이다.) 이 사람은 말의 의미를 이해할 수는 없으나 말의 어조에 의해 표현되는 정서를 확인하는 데는 어려움이 없었다. 이 사례는 George 등(1996)의 기능적 영상법 연구처럼 단어이해와 목소리 톤의 재인이 독립적 기능이라는 것을 보여 준다.

편도체의 역할

우리가 앞 절에서 살펴보았듯이 편도체는 정서반응에서 특수한 역할을 한다. 그것은 정서의 재인에서도 어떤 역할을 한다. 예를 들면, 몇몇 연구는 편도체의 손상(퇴행성 질환 또는 간질발작의 제거를 위한 외과적 수술)이 정서의 얼굴 표정, 특히 공포의 표정을 재인하는 능력에 장애를 초래함을 발견하였다(Adolphs et al.,

1994, 1995; Young et al., 1995; Calder et al., 1996). 게다가 기능적 영상법 연구(Morris et al., 1996; Whalen et al., 1998)는 사람들이 공포를 나타내는 얼굴 사진을 볼 때 편도체의 활동이 매우 증가하고, 행복한 얼굴을 보고 있을 때는 증가가 미미하다는(또는 감소하기조차도 한다는) 것을 발견하였다. 그러나 편도체의 손상은 목소리의 톤에서 정서를 재인하는 능력에 영향을 미치지 않는 것처럼 보인다(Anderson & Phelps, 1998; Adolphs & Tranel, 1999).

Krolak-Salmon 등(2004)은 발작장애를 경감시키기 위한 신경외과시술을 평가받기 위해서 사람에게 이식된 전극을 통해서 편도체와 시각연합피질의 전기 전위를 기록하였다. 그들은 그 사람에게 중립적 표정 또는 공포, 행복이나 혐오의 표정을 나타내는 얼굴 사진을 제시하였다. 그들은 공포를 나타내는 얼굴이 가장 큰 반응을 일으키고, 편도체는 시각피질보다 먼저 활동을 보인다는 것을 발견하였다. 이 신속한 반응은 편도체가 피질하의 시각체계로부터 직접 받는(정보를 매우 신속하게 전달하는) 시각정보가 공포의 얼굴 표정을 재인할 수 있게 해준다는 것을 알려 준다.

정서표현의 재인에서 모방의 역할: 거울뉴런 체계

Adolphs 등(2000)은 체감각과 정서재인 사이의 가능한 연결을 발견하였다. 그들은 국소 뇌손상을 가진 108명의 환자들에게서 뇌손상의 위치에 관한 컴퓨터화된 정보를 수집하였고, 이 정보를 얼굴 정서표현을 재인하고 알아내는 환자의 능력과 서로 관련시켰다. 그들은 이 능력에 대한 가장 심각한 손상은 우반구 체감각피질의 손상에 의해서 초래된다는 것을 발견하였다(그림 10.12 참조). 그들은 우리가 어떤 정서의 얼굴 표정을 보았을 때, 무의식적으로 그런 표현을 하는 우리 자신을 상상한다고 제안하였다. 종종 우리는 상상 이상을 한다—우리는 실제로 우리가 본 것을 모방한다. Adolphs 등은 지각된 표정을 짓는 데서 느껴지는 것에 대한 체감각 표상이 우리가 보고 있는 얼굴에서 표현된 정서를 재인하는 데 사용하는 단서를 제공한다고 제안하였다. Adolphs와 동료들은 이 가설을 지지하기 위해서 우반구 손상 환자의 얼굴 표정으로 정서를 재인하는 능력은 체감각자극을 지각하는 능력과 상관이 있다고 보고하였다. 즉, 체

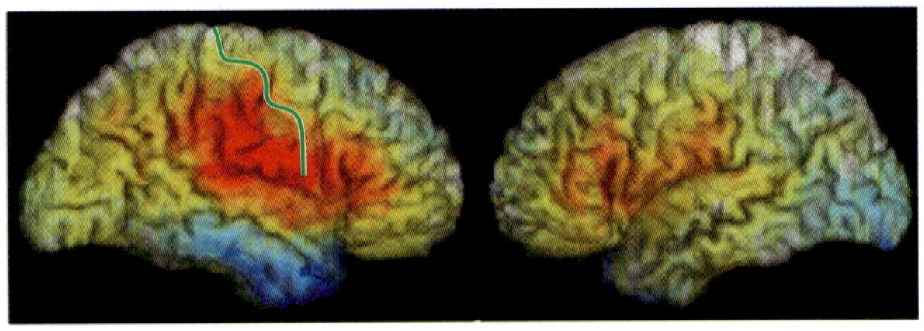

그림 10.12 뇌손상과 정서의 얼굴 표정 재인. 컴퓨터로 구성된 영상은 국소적 뇌손상을 가진 피험자의 정서를 표현하는 얼굴 표정 재인 과제에서 수행을 보여 준다. 색깔이 칠해진 영역은 손상의 위치의 윤곽을 보여 준다. 양호한 수행을 나타낸 손상은 청색의 음영으로 표시되고, 빈약한 수행을 나타낸 손상은 적색과 황색으로 표시된다.

From Adolphs, R., Damasio, H., Tranel, D., Cooper, G., and Damasio, A. R. *The Journal of Neuroscience*, 2000, *20*, 2683-2690.

감각장애를 지닌(우반구 손상으로 인한) 환자는 정서의 재인에도 장애를 나타낸다는 것이다.

Hussey와 Safford(2009)는 이 가설(소위, **모사주의** 가설)을 지지하는 상당한 양의 증거를 개관하였다. 예를 들면 신경영상 연구는 특정 정서표현이 관찰될 때 활성화되는 뇌 영역은 그 표현이 모방될 때에도 활성화된다는 것을 보여 주었다. 게다가 Pitcher 등(2008)은 얼굴의 시각적 자극 혹은 자신의 얼굴로부터 온 체감각 피드백의 지각에 관여하는 뇌 영역의 정상 활동을 방해하기 위해서 경두개자기자극을 사용하였다. 그들은 두 영역 중 어떤 영역에 대한 손상도 정서의 얼굴 표정을 재인하는 사람의 능력에 장애를 일으킨다는 것을 발견하였다. 끝으로 Oberman 등(2007)에 의한 연구는 사람에게 미소를 짓는 것을 방해하기 위해서 치아 사이에 연필을 물게 하였다. 그들은 그렇게 했을 때 행복의 표정을 재인하는 데 어려움을 보였으나 미소 짓기보다는 얼굴 상부의 근육을 사용하는 혐오, 공포 및 슬픔의 표정을 재인하는 데는 어려움을 보이지 않았다.

우리는 이런 유형의 피드백을 제공하는 신경회로를 이해하기 시작하고 있다. 연구는 **거울뉴런**(mirror neuron)이 운동 통제의 맥락에서 중요한 역할을 한다는 것을 발견했다(Gallese et al., 1996; Rizzolatti et al., 2001; Rizzolatti & Sinigaglia, 2010). 거울뉴런은 동물이 특정 행동을 수행할 때 혹은 다른 동물이 그 행동을 수행하

는 것을 보고 있을 때 활성화된다. 아마도 이 뉴런은 다른 대상의 행위를 모방하는 학습에 관여할 것이다. 전두엽의 복측전운동피질에 위치한 이 뉴런은 상측두구(superior temporal sulcus)와 후두정피질로부터 입력을 받는다. 이 회로는 우리가 다른 사람이 목표지향적 행위를 수행하는 것을 볼 때 활성화되고, 이 활동으로부터의 피드백은 우리에게 그 사람이 성취하려고 노력하는 것을 이해하는 것을 돕는다. Carr 등(2003)은 우리가 다른 사람의 얼굴근육 운동을 관찰할 때 활성화되는 거울뉴런체계가 다른 사람이 느끼고 있는 감정을 이해하는 것을 도와주는 피드백을 제공한다고 제안한다. 달리 말하면 거울뉴런체계는 다른 사람들의 정서를 공감하는 우리의 능력에 관여한다.

뫼비우스 증후군(Moebius syndrome)이라고 알려진 신경학적 장애는 이 가설을 추가적으로 지지해 준다. 뫼비우스 증후군은 얼굴근육 운동에 관여하는 신경의 발달결함에 의해 초래된다. 뫼비우스 증후군을 지닌 사람들은 이런 마비로 인해 얼굴로 정서표정을 지을 수가 없다. 이와 더불어 그들은 다른 사람들의 정서표현을 재인하는 데도 어려움을 보인다(Cole, 2001). 아마도 정서에 따른 얼굴 표정을 짓지 못하는 것이 다른 사람의 표정을 모방하지 못하게 하고, 따라서 운동체계로부터 체감각피질에 가는 내적 피드백의 결핍은 얼굴재인 과제를 더욱 어렵게 만들 것이다.

정서전달의 신경적 기반: 표정

정서의 얼굴 표정은 자동적이고 불수의적이다(그래도, 그것들은 표현규칙에 의해 수정될 수는 있다). 우리가 실제로 그렇게 느끼지 않으면서 실제적인 정서의 얼굴 표정을 짓는 것은 쉬운 일이 아니다. 사실 Ekman과 Davidson은 진정한 웃음이, 가짜 웃음 또는 타인에게 인사할 때 짓는 사교적 웃음과는 대조적으로, 눈 근처의 근육, 즉 안륜근(orbicularis oculi)—지금도 때때로 Duchenne 근육이라고 불림—의 외측 부위의 수축을 포함한다는 19세기 신경학자인 Guillaume-Benjamin Duchenne de Boulogne에 의한 초기 관찰을 확인했다(Ekman, 1992; Ekman & Davidson, 1993). Duchenne은 이것에 대해 '첫 번째[협골근]는 의지에 복종을 하지만 두 번째[안륜근]는 영혼의 달콤한 정서에 의해서만 움직인다. 가짜의 기쁨, 거짓의 웃음은 이 후자의 근육을 수축시킬 수 없다'라고 기술하였다(Duchenne, 1862/1990, p. 72)(그림 10.13 참조). 정서의 얼굴 표정을 수의적으로 짓는 데 있어서 배우들이 겪는 어려움은 Constantin Stanislavsky로 하여금 배우가 원하는 정서를 초래하는 상황에 자신이 있는 것을 상상하는 **메소드 연기법**(method acting)을 개발하게 만들게 한 이유 중 하나이다. 일단 정서가 유발되면 얼굴 표정은 저절로 따라온다(Stanislavsky, 1936).

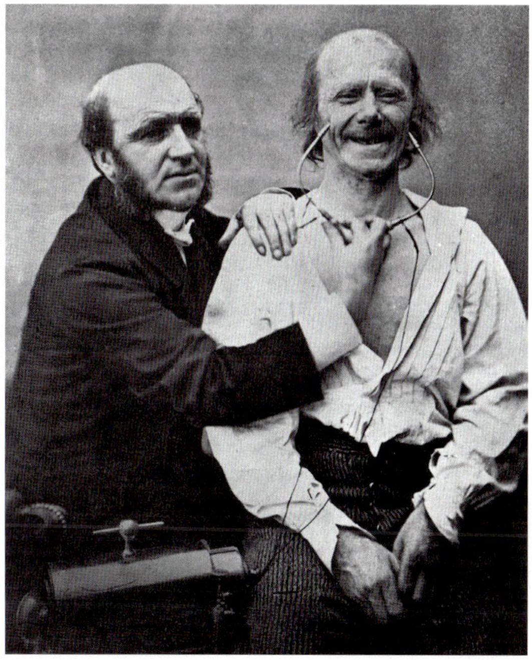

그림 10.13 인공적 미소. 이 사진은 전기적으로 한 자원자의 얼굴에 있는 근육을 자극하고 있는 Duchenne 박사를 보여 주고 있는데, 미소를 짓는 동안 활동적이 되는 입 주변의 근육의 수축을 초래한다. 그러나 Duchenne이 발견하였듯이 진정한 미소는 눈 주위의 근육도 포함한다.

Hulton-Deutsch Collection/CORBIS.

이 관찰은 상호보완적인 증상을 갖는 두 신경적 장애에 의해서 확증되었다(Hopf et al., 1992; Topper et al., 1995; Urban et al., 1998; Michel et al., 2008). 첫 번째, **수의적 얼굴마비**volitional facial paresis는 일차운동피질의 얼굴영역 또는 이 영역을 얼굴근육의 운동과 관련이 있는 근육을 통제하는 안면신경의 운동핵과 연결하는 섬유의 손상에 의해 초래된다. (*Paresis*는 그리스 어원을

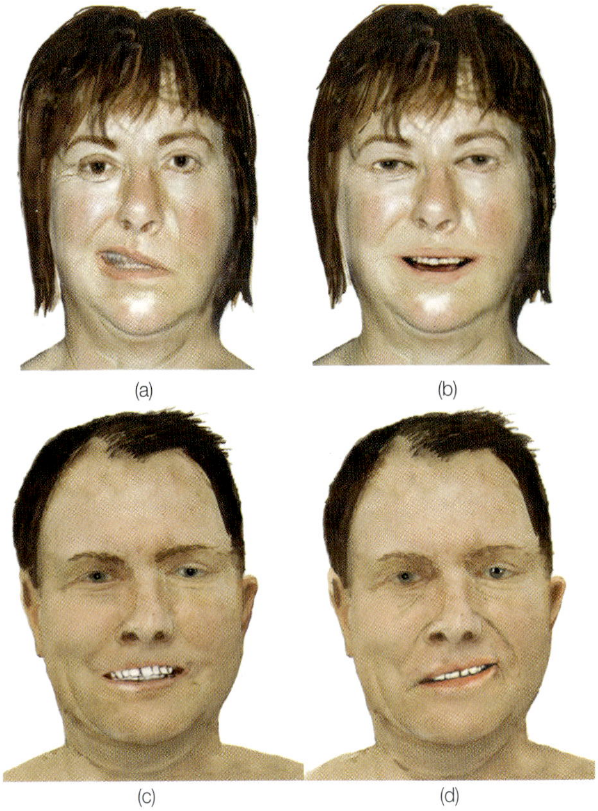

그림 10.14 정서적 및 수의적 마비. (a) 우반구 손상에 의해 초래된 수의적 얼굴마비를 갖고 있는 여성이 입술을 벌려서 이를 내보이려고 애쓴다. 얼굴의 우측만이 반응한다. (b) 동일한 여성이 진정한 미소를 보인다. (c) 좌반구 손상에 의해 초래된 정서적 얼굴마비를 갖고 있는 남성은 자신의 이를 드러낸다. (d) 동일한 남자가 미소를 짓고 있다. 단지 얼굴의 좌측만이 반응한다.

가진 단어로 부분마비를 의미한다.) 수의적 얼굴마비에 관한 흥미로운 사실은 그 환자가 수의적으로 얼굴근육을 움직일 수는 없으나, 그 근육을 사용하는 진정한 정서는 표현한다는 것이다. 예를 들면 그림 10.14a는 자신의 입술을 늘려서 이를 보이려고 애쓰고 있는 여성을 보여 준다. 그녀는 우반구 일차운동피질의 얼굴영역에서의 손상 때문에 얼굴의 좌측을 움직일 수가 없다. 그러나 그녀가 웃을 때(그림 10.14b), 얼굴의 양측이 정상적으로 움직인다(그림 10.14a와 10.14b 참조).

대조적으로 **정서적 얼굴마비**emotional facial paresis는 전전두피질의 뇌도 영역, 전두엽의 백질, 또는 시상의 일부에 대한 손상에 의해 초래된다. 이 체계는 연수 또는 미측 뇌교에 있는 얼굴근육의 수의적 운동에 관여하는 체계와 연결되어 있다. 이 장애를 가진 사람들은 얼

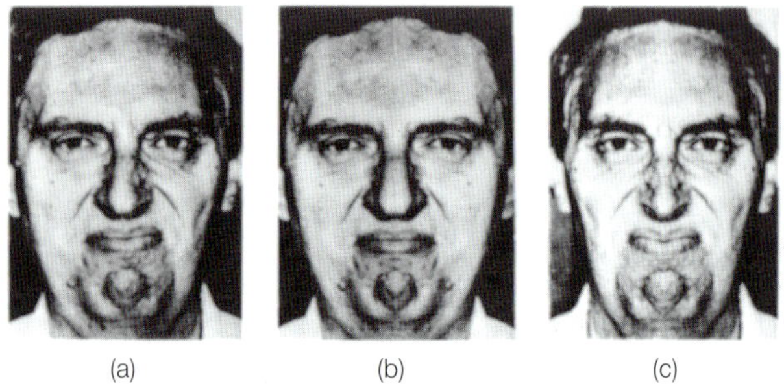

그림 10.15 비현실적 얼굴. (a) 원래 사진, (b) 오른쪽 얼굴의 합성사진, (c) 왼쪽 얼굴의 합성사진.

굴의 근육을 수의적으로 움직일 수 있으나 영향을 받는 얼굴에서 정서를 표현하지는 못한다. 그림 10.14c는 한 남자가 자신의 입술을 벌려서 이를 내보이려고 애쓰는 것을 보여 주는데, 그렇게 하는 데 곤란을 겪지 않는다. 그림 10.14d는 그가 미소를 짓는 것을 보여 주는데, 여러분이 볼 수 있듯이 그의 입술의 좌측만이 올라간다. 그는 뇌졸중으로 인해 좌측 전두엽의 백질이 파괴되었다(그림 10.14c와 10.14d 참조). 이 두 증상은 상이한 뇌기제가 얼굴근육의 수의적 운동과 동일한 근육을 포함하는 자동적이고 수의적인 정서표현에 관여한다는 것을 지적한다.

우리가 앞 절에서 살펴보았듯이, 우반구는 다른 사람의 목소리 또는 얼굴 표정에서 정서—특히, 부적 정서—를 재인하는 데 중요한 역할을 한다. 동일한 반구전문화는 정서의 표현에서 사실인 것처럼 보인다. 사람들이 얼굴근육을 이용하여 정서를 나타낼 때, 보통 얼굴의 좌측은 더 강한 표현을 한다. 예를 들면, Sackeim과 Gur(1978)는 정서를 표현하는 얼굴을 좌측 반과 우측 반으로 잘랐고, 그것들 각각의 거울상을 준비하였고 그리고 서로 합성하여 이른바 **괴물얼굴**(chimerical faces)을 만들었다. 그들은 좌측 얼굴이 우측 얼굴보다 더 표현적이라는 것을 발견하였다(그림 10.15 참조). 운동 통제는 대측성이기 때문에, 그 결과는 우반구가 좌반구보다 더 표현적이라는 것을 시사한다.

Moscovitch와 Olds(1982)는 레스토랑과 공원에서 사람을 자연적으로 관찰하고 그들의 얼굴의 좌측이 정서

를 더 강하게 표현함을 발견하였다. 그들은 사람이 슬픈 이야기를 하는 것 또는 유머 이야기를 하는 것에 대한 비디오테이프를 분석함으로써 실험실에서 그 결과를 확인하였다. Borod 등(1998)에 의한 문헌의 개관은 동일한 결과를 얻은 48개의 다른 연구들을 찾았다.

좌반구 손상은 보통 정서의 음성적 표현을 손상시키지 않는다. 예를 들면, 13장에서 기술되는 베르니케실어증을 가진 사람은 말하는 단어가 의미가 없다고 할지라도 보통 목소리를 기분에 따라 조절한다. 대조적으로 우반구 손상은 얼굴과 목소리 톤에 의한 정서표현에 장애를 초래한다.

우리는 편도체가 정서의 얼굴 표정에 대한 재인에 관여한다는 것을 앞 절에서 살펴보았다. 그러나 연구는 편도체가 정서표현에는 관여하지 않는다고 지적한다.

Anderson과 Phelps(2000)는 심한 간질발작 장애를 치료받기 위해서 우측 편도체가 제거된 54세 여성 S.P.의 사례를 보고했다. 좌측 편도체에 있는 기존의 손상 때문에 그 수술은 양측성 편도체 제거를 초래했다. 수술 후에 S.P.는 공포의 얼굴 표정을 재인하는 능력을 상실했으나, 개인의 얼굴을 재인하는 데는 어려움이 없었고, 남자와 여자의 얼굴을 쉽게 확인하고 나이를 정확하게 판단할 수 있었다. 특히 흥미로운 것은 편도체 손상이 공포의 얼굴 표정을 짓는 S.P.의 능력에 장애를 초래하지 않았다. 그녀는 공포, 분노, 행복, 슬픔, 혐오 및 놀람을 정확하게 표현하는 데 어려움을 보이지 않았다. 그러나 그녀가 공포를 나타내는 자신의 사진을 보았을 때 자신의 얼굴이 어떤 정서를 표현하는지를 식별할 수가 없었다.

절 요약

정서의 전달

우리(그리고 다른 종의 구성원)는 주로 얼굴 표정을 통해서 정서를 전달한다. Darwin은 그런 정서표현이 선천적—그 근육운동이 유전된 행동패턴—이라고 믿었다. Ekman과 동료들은 뉴기니에 있는 고립된 종족의 구성원에 대한 비교문화적 연구를 수행하였다. 그들의 결과는 Darwin의 가설을 지지하였다. 우리는 또한 사람들의 몸자세 혹은 운동을 통해서 그들의 정서에 관한 정보를 받는다.

다른 사람들의 정서표현을 재인하는 것은 좌반구보다 우반구를 더 포함한다. 기능적 영상은 사람들이 목소리의 정서를 판단하는 동안에 좌반구보다 우반구가 더 활성화된다는 것을 보여 준다. 이와 더불어 좌반구의 손상에 따른 순수단어농을 지닌 사람은 단어를 재인할 수는 없으나, 목소리의 톤에 의해 나타나는 정서는 재인할 수 있었다. 편도체는 공포의 얼굴 표정을 재인하는 역할을 하고, 편도체의 손상은 이 능력을 파괴하고, 기능적 영상 연구는 피험자가 얼굴 표정 재인과제를 수행하는 동안에 편도체의 활동이 증가함을 보여 준다. 사람의 목소리 톤으로 정서를 판단하는 능력은 영향을 받지 않는다.

편도체는 피질 아래에 있는 뇌 영역으로부터 원시적인 시각정보를 받고, 이 정보는 공포의 표정을 판단하는 데 사용된다. 다른 사람의 정서표정을 모방하는 선천적인 경향성이 있다—복측 전운동피질에 있는 거울뉴런을 포함하는 반응이다. 이 활동으로부터 오는 피드백은 체감각피질로 전달되는데 다른 사람의 정서적 의도를 이해하는 것을 도와주는 것 같다.

정서의 얼굴 표정(그리고 웃기와 울기 같은 다른 정형적인 행동)은 모사하기가 거의 불가능하다. 예를 들면 즐거움에 따른 진정한 웃음은 안륜근(Duchenne 근육)의 외측 부분의 수축을 초래한다. 정서의 진정한 표현은 특수한 신경회로에 의해 통제된다. 이 주장에 대한 가장 훌륭한 증거는 정서적 얼굴마비와 수의적 얼굴마비라는 상호보완적인 증상에 의해 유래된다. 정서적 얼굴마비를 갖고 있는 사람은 자신의 얼굴을 수의적으로 움직일 수 있으나 정서에 대한 반응으로 그렇게 할 수는 없는 반면에 수의적 얼굴마비를 지닌 사람은 반대의 증상을 나타낸다. 게다가 사람의 좌측 얼굴의 반은 우측 얼굴의 반보다 더 표현적이다.

생각해 봅시다

1. 여러분은 다른 사람의 정서를 재인할 수 있는 것이 중요하다고 생각하는가? 왜 그런가? 여러분이 다른 사람의 정서의 얼굴 표정을 더 이상 재인할 수 없다고 가정하자. 그런 상실이 당신에게 어떤 결과를 초래하는가?
2. 소설가는 때때로 어떤 사람의 미소가 자신의 눈에서 표현되지 않는다고 말한다. 그들은 그것으로 무엇을 의미하려 하는가?

정서의 느낌

이제까지 우리는 정서의 두 가지 측면을 검토하였는데 정서를 유발한 상황을 다루는 반응형태의 조직화와 종의 다른 구성원에 대한 정서상태의 전달이다. 이 장에서 검토할 마지막 정서의 측면은 주관적 요소인 정서의 느낌(feeling of emotion)이다.

James-Lange 이론

미국 심리학자인 William James(1842~1910)와 덴마크 생리학자인 Carl Lange(1834~1900)는 정서에 대한 유사한 설명을 독자적으로 내놓았는데, 대부분의 사람들은 통합하여 **제임스 랑게 이론**James-Lange theory이라고 부른다(James, 1884; Lange, 1887). 기본적으로 이 이론은 정서를 산출하는 상황이 몸을 떨기, 땀 흘리기 및 심장박동의 증가와 같은 적절한 생리적 반응세트를 유발한다고 말한다. 그 상황은 주먹을 쥐거나 또는 싸움을 하는 것 같은 행동을 유발한다. 뇌는 근육과 이런 반응을 산출하는 기관으로부터 감각 피드백을 수용하고, 그것은 정서의 느낌을 구성하는 피드백이다.

James는 우리 자신의 정서적 느낌이 우리가 자신이 무슨 행동을 하는가를 아는 것과 우리가 근육과 내장기관의 활동으로부터 수용하는 감각 피드백에 기초를 둔다고 말한다. 그래서 우리는 자신이 떨고 있음을 알고 불쾌함을 느낄 때, 공포를 경험한다. 이 장의 처음 두 절에서 보고된 정서의 두 측면(정서반응의 패턴과 정서의 표현)은 세 번째 것, 즉 느낌을 발생시킨다(그림 10.16 참조).

정서과정에 대한 James의 설명은 여러분 자신의 경험에 비추어 보면 이상하다는 인상을 준다. 많은 사람

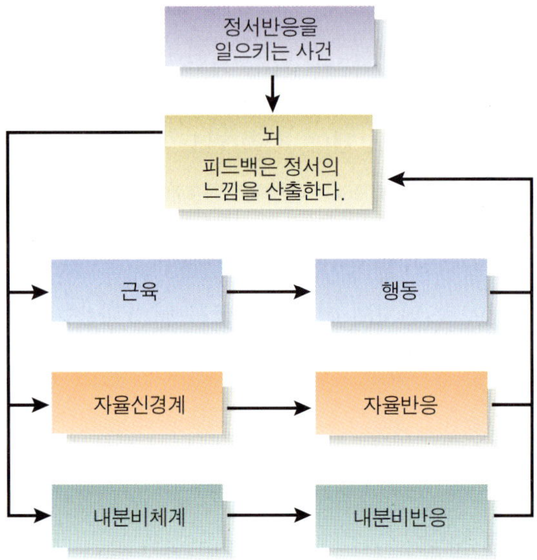

그림 10.16 **James-Lange 정서이론.** 이 도식은 환경의 어떤 사건이 행동적, 자율신경적 및 내분비 반응을 촉발하는 것을 나타낸다. 이런 반응으로부터의 피드백이 정서의 느낌을 산출한다.

이 정서를 직접적이고 내적으로 경험한다고 생각한다. 그들은 정서의 외적 표현을 이차적 사건이라고 여긴다. 그러나 당신은 어떤 다른 사람과 불쾌한 대면을 하고 있는 상황에 있고, 비록 당신이 만난 사람에 의해 그렇게 성가셔하고 있지 않다고 생각할지라도 몸이 떨고 있었던 적이 있는가? 또는 당신은 자신에 대한 어떤 공식적인 언급에 대한 반응으로 얼굴이 붉어진 적이 있는가? 또 당신은 당신에게 그리 감명을 주지 않는다고 생각하는 영화를 보고 있는 동안에 눈에서 눈물이 흐른 적이 있는가? 이와 같은 상황에서 자신의 정서상태에 대해 어떤 결론을 내릴 것인가? 당신은 자신의 생리적 반응으로부터 오는 증거를 무시할 것인가?

James의 이론은 정서반응의 원인이 아니라 정서의 느낌을 설명하려고 시도하고, 느낌은 사적 사건이기 때문

에 실험적으로 증명하기가 어렵다. 일부 일화적 증거가 그 이론을 지지한다. 예를 들면, Sweet(1966)는 심혈관계 질환을 치료하기 위해서 신체의 한쪽에 있는 교감신경계를 절단한 어떤 사람의 사례를 보고하였다. 음악애호가인 그 사람은 음악을 들을 때 수술을 받지 않은 쪽의 신체에서만 느끼는 전율감을 보고하였다. 그는 그래도 음악을 듣는 것을 즐겼으나 수술은 그의 정서적 반응을 변경시켰다.

James 이론에 대한 소수의 검증 중 하나에서 Hohman (1966)은 척수가 손상된 사람으로부터 자료를 얻었다. 그는 그 사람에게 자신의 정서적 느낌의 강도를 질문하였다. 피드백이 중요하다면 우리는 손상이 하부보다는 상부에 있는 경우(뇌에 가까우면) 정서적 느낌이 약할 것으로 기대할 수 있다. 왜냐하면 상부 척수손상은 그 사람으로 하여금 대부분의 신체에 대해 무감각하게 만들기 때문이다. 사실 그 결과는 정확하게 Hohman이 발견한 것이었다. 손상의 위치가 상부일수록 느낌이 더 약해졌다. Hohman의 피험자 중 하나는 다음과 같이 기술되었다.

> 나는 앉아서 마음속에서 어떤 것을 구상하였고, 상당히 걱정하였으나 생각만큼 강하지는 않았다. 나는 어느 날 집에서 침대에 홀로 있었고 내 손이 닫지 않는 곳에 담배를 떨어뜨렸다. 나는 그것을 찾다가 마침내 끄집어내었다. 나는 그 당시에 그 자리에서 화상을 입을 수가 있었으나 재미있는 것은 내가 그것에 대해 전적으로 동요하지 않았다는 것이다. 나는 여러분이 생각하는 것 같은 두려움을 전연 느끼지 않았다(Hohman, 1966, p. 150).

다른 피험자는 분노행동(어떤 정서반응)이 정서의 느낌에 의존하지 않는 것처럼 보인다는 것을 보여 주었다. 대신에 비록 척수손상이 그 사람의 정서적 느낌의 강도를 감소시켰다고 할지라도, 그 행동이 상황(그리고 그 상황에 대한 그 사람의 평가)에 의해 유발된다.

> 지금, 나는 신체적 동요를 전혀 느낄 수가 없고, 그것은 일종의 냉담한 분노이다. 때때로 나는 어떤 부당한 것을 보면 화가 나서 행동을 한다. 나는 소리치고 저주를 하는데, 왜냐하면 당신이 때때로 그러지 않으면 사람들이 당신을 이용할 것이란 점을 나는 알기 때문이다. 그러나 그것은 이전처럼 열을 받게 하지는 않는다. 그것은 일종의 심적인 분노이다(Hohman, 1966, p. 151).

정서표현으로부터 피드백

James는 정서반응의 두 가지 측면, 즉 정서행동과 자율신경계 반응을 강조하였다. 이 장의 앞에서 살펴보았듯이 특정 세트의 근육—얼굴의 근육—은 우리의 정서상태를 다른 사람에게 전달하는 것을 돕는다. 몇몇 실험은 얼굴근육의 수축으로부터 오는 피드백이 사람의 기분에 영향을 미칠 수 있고 자율신경계의 활동조차 변화시킬 수 있다고 시사한다.

Ekman과 동료들(Ekman, Levenson, & Friesen, 1983; Levenson, Ekman, & Friesen, 1990)은 공포, 분노, 놀람, 혐오, 슬픔 및 행복의 정서표정을 모사하기 위해서 피험자에게 특정 얼굴근육을 움직이도록 요청하였다. 그들은 피험자에게 어떤 정서를 생성하려고 시도하는지는 말하지 않았고, 단지 그들이 어떤 운동을 해야만 하는가를 말하였다. 예를 들면 공포를 모사하기 위해서 그들은 피험자에게 "눈썹을 치켜올리시오. 눈썹을 치켜올린 상태를 유지한 채로, 함께 모으시오. 자 이제 당신의 위 눈꺼풀을 치켜올리고 아래 눈꺼풀을 팽팽하게 하시오. 이제는 여러분의 입술을 수평으로 늘리시오."라고 말하였다. (이 운동은 공포의 얼굴 표정을 만들어 낸다.) 피험자가 이런 표정을 만드는 동안에, 연구자는 자율신경계에 의해 통제되는 여러 생리적 반응을 검사했다.

모사된 표정은 자율신경계의 활동 패턴을 변화시켰다. 사실 상이한 얼굴 표정은 상이한 패턴의 활동을 생성했다. 예를 들면 분노는 심장박동과 체온을 증가시켰고, 공포는 심장박동은 증가시켰으나 체온을 감소시켰다. 또한 행복은 체온에 영향을 미치지 않으면서 심장박동을 증가시켰다.

특정 패턴의 얼굴근육 운동이 기분 또는 자율신경계 활동의 변화를 초래하는 이유는 무엇인가? 아마도 그 연결은 경험의 결과인데, 달리 말하면 아마도 특정 얼굴근육운동의 발생에 따른 자율신경계 변화가 고전적 조건형성을 일으켜서, 얼굴운동으로부터 피드백이 자율신경계 반응을 유발할 수 있게 되었을 것이다—그리고 지각된 정서의 변화를 초래할 수 있었을 것이다. 아마도 그 연결이 선천적일 수도 있다. 앞에서 살펴보았듯이 정서표현의 적응적 가치는 다른 사람에게 감정과 의도를 전달하는 것이다. 이 장의 앞에서 제시되었던 거울뉴런과 체감각피질의 역할에 관한 연구는 우리가 타인의 감정을 재인하는 한 가지 방법이 무의식적 모방을 통한다는 것을 시사한다.

Lewis와 Bowler(2009)의 연구는 특정 정서와 관련된 근육운동을 방해하는 것은 그 정서를 경험하는 사람의 능력을 감소시킨다는 것을 발견하였다. 여러분이 알다시피 얼굴근육에 대한 희석된 보툴리눔 독소(보톡스)의 주사는 얼굴근육의 장기적 수축에 의해 발생한 피부의 주름을 감소시킬 수 있다. Lewis와 Bowler는 수축을 하면 찌푸린 얼굴 표정을 발생시켜 부정적 정서와 관련이 있는 추미근에 보톡스를 주사 받은 사람을 연구했다. 그들은 이 사람을 다른 형태의 성형시술을 받은 사람과 비교해 보면 부정적 기분이 유의하게 낮아 보인다는 것을 발견했다. 이 소절에서 일찍이 기술된 결과처럼 이 결과는 어떤 사람의 얼굴 표정으로부터의 피드백은 그의 기분에 영향을 미칠 수 있음을 시사한다.

Damasio 등(2000)에 의한 기능적 영상 연구는 사람에게 자신의 삶에서 슬픔, 행복, 분노 및 공포를 유발했던 과거의 일화를 회상하고 재경험하도록 요청했다. 연구자는 이 정서를 회상할 때 피험자의 체감각피질 그리고 내장기관을 통제하고 이 기관들로부터 오는 감각을 탐지하는 데 관여하는 상부 뇌간핵을 활성화시키는 것을 발견했다. 이 반응은 확실히 James의 이론과 일치한다. Damasio 등이 기술하였듯이

> [정서는 신경기제의 일부로] 얼굴이나 자세의 표현에서부터 복잡한 행동에 이르는 근골격계를 경유한 특수한 작용을 실행함으로써 그리고 내장과 전뇌의 신경회로와 같은 내적 환경을 목표로 하는 화학적 및 신경적 반응을 발생시킴으로써 유기체의 현재 상태를 조절하는 구조에 기초를 둔다. 그런 반응의 결과는 피질하의 조절구조 …… 그리고 대뇌피질 …… 모두에서 표상되고, 그 표상은 감정의 신경적 기초의 결정적 측면을 이룬다(p. 1049).

나는 James가 아직 생존해 있다면 그가 이 설명을 수용할 것인가를 의심한다.

다른 사람의 정서를 모방하는 경향은 선천적인 것처럼 보인다. Field 등(1982)은 성인에게 유아 앞에서 얼굴 표정을 짓도록 하였다. 유아 자신의 얼굴 표정은 비디오테이프에 기록되었고, 나중에 성인이 나타내고 있는 표정이 무엇인가를 알지 못하는 사람들에 의해 평정되었다. Field와 동료들은 신생아(출생 후 평균 36시간)조차도 자신이 본 표정을 모방하는 것을 발견했다. 그 효과는 생의 아주 초기에 발생하므로 학습의 결과로 보

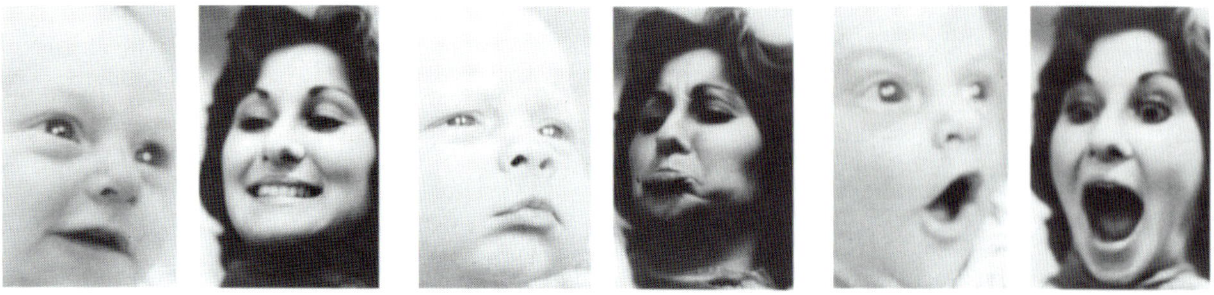

그림 10.17 유아의 모방. 이 사진은 성인이 지은 행복한, 슬픈 및 놀란 얼굴 표정과 유아의 반응을 보여 준다.

Tiffany Field.

기가 어렵다. 그림 10.17은 성인의 얼굴 표정 사진과 그것들이 아기에게서 유발한 표정을 보여 준다. 여러분은 자신의 얼굴 표정을 조금도 변화시키지 않고 그것을 볼 수가 있는가? (그림 10.17 참조).

아마도 모방은 유기체가 자신의 정서를 전달하는 채널 중의 하나일 것이다—그리고 공감의 느낌을 일으킨다. 예를 들면 우리가 슬퍼 보이는 어떤 사람을 본다면, 스스로 슬픈 표정을 따라 하는 경향이 있다. 우리 자신의 표정으로부터 오는 피드백은 우리에게 다른 사람의 처지를 이해하는 것을 도와주고, 위로 또는 도움을 주는 반응을 할 가능성을 높여 준다. 아마도 우리가 다른 사람을 미소 짓게 만듦으로써 즐거움을 얻는 이유 중 하나는 그들의 미소가 우리를 미소 짓게 하고 행복을 느끼게 만들기 때문일 것이다.

절 요약

정서의 느낌

옛날부터 사람들은 정서가 신체의 내부로부터 오는 것처럼 보이는 느낌을 동반한다는 것을 인정하였고, 그것이 정서의 생리학적 이론을 발달시키는 자극제가 되었을 것이다. James와 Lange는 정서가 일차적으로 상황에 대한 반응이라고 제안하였다. 정서를 유발하는 상황에 대한 생리적 및 행동적 반응으로부터 오는 피드백은 정서의 느낌을 발생시킨다. 따라서 느낌은 정서반응의 원인이 아니라 결과이다. 척수손상을 지닌 사람에 대한 Hohman의 연구는 James-Lange 이론을 지지하였는데, 자신의 신체 대부분으로부터 오는 반응을 느낄 수 없는 사람은 더 이상 강한 정서상태를 경험하지 못한다고 보고하였다.

Ekman과 동료들은 정서반응을 모사하는 것이 자율신경계 활동을 변화시킨다는 것을 보여 주었다. 아마도 이런 변화로부터 오는 피드백은 어떤 정서가 '전염'될 수 있는 이유를 설명해 준다. 우리는 누군가가 즐거워서 미소 짓는 것을 본다면 그 미소를 모방하게 되므로, 내적 피드백은 우리를 어느 정도 더 행복감을 느끼도록 만든다. 다른 사람의 얼굴 표정을 모방하는 경향성은 뇌의 거울뉴런 체계의 활동 결과인 것처럼 보인다

생각해 봅시다

1. 어떤 사람은 자신의 신체반응에 대해 대부분의 사람보다 더 의식적으로 느낀다. 이런 민감성이 그들의 기분에 어떤 효과를 미칠 것인가?
2. 유아가 성인의 정서 얼굴 표정을 모방할 수 있다는 사실이 갖는 어떤 진화적 이점을 생각할 수 있는가?

맺는말 | V씨에 대한 재방문

우리는 머리말에서 기술된 V씨를 방문한 후, 그 사례에 대해 논의하였다. 한 학생은 V씨가 걷지 못하는 것이 분명한데 왜 자신의 산책 일정에 대해 계속 이야기하는 이유를 물었다. 그는 자신이 곧 회복되리라고 생각하는 걸까?

"아니요, 그렇지 않습니다,"라고 W 박사가 대답했다. "그는 자신의 문제를 알고 있으나 그것을 실제로 이해하지는 못합니다. 재활센터의 사람들은 그와 불화를 겪는데 왜냐하면 그가 계속 산책하러 나가려고 하기 때문입니다. 처음에 그는 계단 꼭대기에서 휠체어를 움직이려고 하였는데 그때 누군가가 그를 붙잡았습니다. 지금 그들은 그의 방의 창틀에 체인을 장치하여 그는 보조자가 없으면 홀에 들어갈 수 없습니다. V씨의 문제는 그가 상황이 어떤가를 언어적으로 인정할 수 없는 것이 아니라 그가 상황의 중요성을 파악할 수 없는 것입니다. 우반구는 많은 것을 한 번에 보는 데 전문화되어 있고, 기하학적 형태의 모든 부분을 보면서 또는 어떤 상황의 모든 요소를 보면서 그것이 의미하는 바를 이해합니다. 그것이 잘못된 것입니다. 그는 자신의 마비된 다리, 휠체어에 앉아 있다는 사실 등에 대해서 말할 수는 있으나 그 사실들은 한꺼번에 종합할 수가 없고 자신이 더 이상 걸을 수 없다

는 것은 깨달을 수가 없는 것입니다."

"여러분이 보다시피, V씨는 아직도 정서를 표현할 수 있습니다." 우리는 V씨의 얼굴에 있는 오만한 표정을 생각하고 웃음을 지었다. "그러나 우반구는 어떤 상황의 중요성을 평가하는 데 그리고 우리를 행복하게 또는 슬프게 만드는 결론을 내리는 데 특히 중요합니다. 우반구가 손상된 사람은 자신의 상태를 조금도 괴로워하지 않습니다. 그들은 당신에게 자신의 문제를 이야기할 수 있지만 나는 그들이 언어적으로는 이해하나 그들의 문제가 정서적으로 영향을 주지 않는다고 추측할 수 있습니다."

그는 나를 향해서 "Neil씨, 당신은 P씨를 기억합니까?"라고 물었다. 나는 머리를 끄덕이며, "P씨는 좌반구에 손상을 가졌습니다. 그는 심각한 실어증을 갖고 있었으며, 한 마디도 말을 할 수가 없었습니다. 우리는 그에게 어떤 대상의 사진을 보여 주고 그것을 명명하도록 요청했습니다. 그는 그것을 보고 울기 시작했습니다. 비록 그는 말을 할 수가 없으나 자신이 심각한 문제를 갖고 있고 자신의 상황이 전과 동일하지 않다는 것을 알고 있었습니다. 그의 우반구는 아직 기능을 했습니다. 그것은 상황을 평가할 수 있었고 슬픔과 절망의 감정을 불러일으켰습니다."라고 말했다.

W 박사는 정서과정에서 우반구의 특수한 역할은 동시적으로 발생하는 자극패턴의 지각과 평가를 다루는 능력과 관련이 있다고 제안하였다. 그의 제안은 가능성이 있으나 우리는 그것이 정확하다는 것을 확신하기에는 아직 반구의 차이에 관해 충분히 알고 있지 못하다. 어쨌든 많은 연구는 우반구가 어떤 상황의 정서적 중요성을 평가하는 데 있어서 특수한 역할을 한다는 것을 보여 주었다. 나는 이런 연구의 일부를 이 장에서 기술하였으나 몇 가지 예를 더 살펴보자. Bear와 Fedio(1977)는 일차적으로 좌반구가 포함된 간질을 가진 사람은 사고의 장애를 갖는 경향이 있는 반면에 우반구의 간질을 가진 사람은 정서장애를 가질 경향성이 높다고 보고하였다. Mesulam(1985)은 우반구에 손상을 지닌(좌반구는 손상되지 않은) 사람은 사회적 단서에 대한 민감성을 상실할 가능성이 높다고 보고하였다. 이 관찰은 뇌손상 전에 사회적 단서에 민감했던 환자에게만 의미가 있음이 분명하고, 누군가가 뇌졸중을 겪기 전에 사회적으로 둔감했다면 우리는 그 행동이 뇌손상의 탓으로 돌릴 수가 없다. 특히 우반구에 손상이 있는 사람은 나쁜 매너를 보이는 경우가 많다. 그들은 자신이 하고 싶을 때 이야기하고 다른 사람이 말할 여지를 주지 않는다. 그들은 예의 바른 사람이 단순히 지켜야 하는 사회적 단서를 무시한다. 그들은 또한 정상적으로는 공대해야 하는 사람(예: 자신을 치료하는 의사)과 스스럼없는 대화스타일을 취한다.

아마도 반구전문화에 관해 내가 좋아하는 예는 최면일 것이다. Sackeim(1982)은 사람이 최면에 걸렸을 때, 신체 좌측면은 우측면보다 최면적 암시에 대해 더 민감하다고 보고했다. 좌측 신체는 우반구에 의해 통제되기 때문에 이 관찰은 우반구가 최면의 암시에 더 감수성이 있을 수 있음을 나타낸다. 게다가 Sackeim, Paulus, Weiman(1979)은 쉽게 최면에 걸리는 학생들이 교실의 우측에 앉는 경향이 있음을 발견하였다. 그들은 그 위치에서 우반구로 교실의 전면을 보는데, 그 선택은 다른 사람을 보는 데 있어서 우반구의 선호를 나타낸다.

내가 이 '맺는말'을 쓰기를 즐기는 이유 중 하나는 내가 실제 장의 내용에서 할 수 있는 것보다 더 추측할 수 있다는 것이다. 왜 우반구가 최면과 더 관련이 있는가? 내가 발견한 한 가지 매력적인 설명은 그것이 어떤 이야기에 정서적으로 빠져드는-필름 또는 소설에서 등장인물에서 발생하는 것을 요약하는-우리의 능력으로부터 유도된다는 것이다(Barber, 1975). 우리가 어떤 이야기에 빠져들면 우리는 진정한 정서적 느낌-행복, 슬픔, 공포 또는 분노-을 경험한다. 우리는 웃고, 울면서, 그 이야기가 마치 우리에게 실제로 일어난 것처럼 동일한 생리적 변화를 경험한다. 유사하게 Barber에 의하면 우리는 최면술사가 우리를 위해 만든 '이야기'에 빠져들고, 불신을 버리고 그것을 연기한다. 이 설명에 의하면 최면은 우리의 감수성을 사회적 상황 그리고 타인과 공감하는 능력과 연관 짓는다. 사실상 명료한 심상을 산출하는 능력, 상상적 활동을 하는 능력 그리고 풍부하고 명료한 상상을 가진 사람들은 최면에 대한 감수성이 가장 높을 것이다(Kihlstrom, 1985).

우리가 이 장에서 살펴보았듯이 우반구는 사회적 상황을 평가하고 그것의 정서적 중요성을 이해하는 데 있어서 특수한 역할을 하는 것처럼 보인다. Barber의 최면에 대한 설명이 정확하다면, 우리는 우반구가 최면에서 특수한 역할을 할 수 있는 이유를 이해할 수 있다. 아마도 최면에 흥미를 가진 연구자들은 우반구 또는 좌반구에 손상이 있는 환자를 연구하기 시작할 것이고, 이미 이런 사람을 연구하고 있는 신경학자는 최면과 최면이 사회적 및 정서적 변인과 가질 수 있는 관계를 연구하기 시작할 것이다. 그들의 연구를 통해서 이런 추측은 입증되거나 또는 부정될 것이다.

핵심 개념

반응형태로서 정서

1. 정서반응은 세 가지 구성요소인 행동, 자율신경계 및 호르몬 요소로 구성된다.
2. 편도체는 위협적 또는 혐오적 자극에 대한 반응에서 모든 세 가지 구성요소를 조정하는 데 중요한 역할을 한다. 특히 중심핵은 조건정서반응에 관여한다.
3. 종 전형적인 공격행동은 뇌간에 있는 신경회로에 의해 통제되는데, 이것은 시상하부와 편도체에 있는 신경회로에 의해 조절된다.
4. 복측 전전두피질은 정서반응의 억제적 통제와 도덕적 판단을 포함하고 있는 상황의 평가에서 특수한 역할을 한다.

정서 전달

5. 정서의 얼굴 표정은 인간에서조차도 종 전형적 반응인 것 같다.
6. 얼굴 표정의 정서에 대한 재인은 모방을 포함하는데, 그것은 체감각피질로부터 오는 피드백을 발생시킨다.
7. 편도체는 정서의 얼굴 표정에 대한 시각적 재인에 관여하지만 얼굴 표정을 짓는 데는 관여하지 않는다.
8. 진정한 정서표현을 가장하는 것의 어려움 그리고 정서적 및 수의적 안면마비의 존재는 특수한 신경회로가 정서의 표현에 관여한다는 것을 보여 준다.
9. 정서의 표현과 재인은 대체로 우반구에 있는 신경기제에 의해 이루어진다.

정서의 느낌

10. James-Lange 이론은 우리가 생리적 및 행동적 구성요소의 표현으로부터 나오는 피드백을 통해서 자신의 정서를 경험한다고 제안한다. 척수손상을 가진 사람으로부터 얻은 증거는 이 이론을 지지한다.

CHAPTER

11 섭식행동

© D. Hurst/Alamy

개요

학습목표

1. 조절기제의 특성을 설명한다.
2. 신체의 체액 구성을 설명한다.
3. 삼투압성 갈증과 용량성 갈증의 조절, 그리고 앤지오텐신의 역할을 설명한다.
4. 두 가지 영양소 저장기의 특성과 흡수기와 공복기의 대사과정을 설명한다.
5. 식사를 시작하게 하는 여러 가지 신호들, 즉 환경에서 오는 신호, 위에서 오는 신호, 그리고 대사 신호에 대해 논의한다.
6. 식사를 멈추게 하는 장기적 요인과 단기적 요인에 대해 논의한다.
7. 배고픔과 포만에서 뇌간과 시상하부의 역할에 관한 연구를 살펴본다.
8. 비만에 관여하는 사회적 요인과 생리적 요인에 대해 논의한다.
9. 비만에 대한 수술적 · 행동적 · 약물적 치료법에 대해 논의한다.
10. 신경성 거식증과 신경성 폭식증에 관여하는 생리적 요인에 대해 논의한다.

머리말 | 통제 불능

캐리는 허약하고 작은 아기였다. 그녀는 부실하게 양육되었고 아주 약했다. 몇 년 동안 그녀는 저체중이었다. 그녀의 운동 발달과 인지 발달은 정상보다 훨씬 느렸으며, 종종 호흡에 곤란을 겪는 것 같았고 손과 발이 특히 작았다. 마침내 그녀의 식욕이 향상되었다. 그녀는 체중이 늘기 시작했고 또래 아이들의 체중을 능가하게 되었다. 예전에 그녀는 소극적이고 예의 바르게 행동했지만, 점차 까다롭고 많은 것을 요구하게 되었다. 그녀는 또한 충동적인 행동－피부를 꼬집거나, 물건을 모아서 줄을 세우거나, 부모님이 물건을 치우려고 할 때 폭력적으로 저항하는 행동－을 보였다.

그중 가장 나쁜 문제는 그녀의 식욕이었다. 그녀는 먹을 수 있는 만큼 충분히 먹고도 결코 만족하지 않았다. 처음에 그녀의 부모는 그녀의 체중이 증가하는 것을 보고 기뻐서 그녀가 원할 때마다 음식을 주었다. 그러자 얼마 후 그녀는 비만해졌다. 그녀의 상태를 진단한 전문의는 부모에게 캐리의 음식 섭취를 엄격하게 제한하라고 충고했다. 그녀는 근육이 약하고 대사 속도가 느리기 때문에 정상 체중을 유지하기 위해 하루에 1,200칼로리밖에 필요하지 않았다. 그러나 캐리는 항상 음식을 찾았다. 그녀는 부모가 냉장고와 찬장에 자물쇠를 설치할 때까지 냉장고를 뒤졌다. 부모는 남은 음식물이나, 채소 껍질, 먹다 남은 고기조각을 버릴 때에도 주의해야 했다. 왜냐하면 캐리가 쓰레기통을 뒤져서 그것들을 먹기 때문이다.

캐리가 학교에 다니면서부터 그녀의 체중이 다시 증가하기 시작했다. 그녀는 자기 것을 빨리 먹고 나서 급우들이 아직 먹지 않은 것을 다 먹었다. 누가 그녀의 주변 바닥에 음식을 떨어뜨리면 그녀는 그것을 주워서 먹었다. 이러한 캐리의 특별한 식탐 때문에 학교는 캐리가 저칼로리 음식만 섭취하는가를 감시하는 도우미를 두었다.

프랑스의 생리학자 Claude Bernard(1813～1878)는 "내적 환경의 항상성은 자유로운 삶을 위해 필수적이다."라고 하였다. 이 유명한 말은 유기체가 자신을 구성하는 살아 있는 세포에게 적대적인 환경 속에서도 생존할 수 있어야 함을 (즉, '자유로운 삶'을 살기 위해) 간결하게 표현한 것이다. 즉, 유기체는 세포와 외부 환경 사이에 장벽을 가져야 한다－포유류의 경우 이 장벽은 피부와 점막이다. 이 장벽 내에서 유기체는 세포가 담겨져 있는 내부 체액의 특성을 조절해야만 한다.

우리 신체를 구성하는 세포의 생리적 특성은 오래전에 진화된 것으로서, 그 당시의 세포들은 바닷물 속에서 자유롭게 떠다녔다. 진화과정에서 우리는 세포를 담을 바닷물을 만들고, 그 바닷물에 세포가 필요로 하는 산소와 영양소를 첨가하고, 세포에 해를 끼치는 노폐물을 제거하는 능력을 갖추었다. 이런 기능을 수행하기 위해 소화계, 호흡계, 순환계, 배설계를 가지게 되었다. 또한 우리는 음식과 물을 찾고 섭취하기 위한 행동을 한다.

세포를 담고 있는 체액을 조절하는 것은 **항상성**homeostasis('일정하게 유지하기')이라는 과정의 일부이다. 이 장에서는 인간과 같은 포유동물이 소금과 같은 무기물이나 음식이나 물을 섭취하는 **섭식행동**ingestive behavior을 통해 세포외액의 필수적인 특성을 일정하게 조절하는 방식에 대하여 다룬다. 먼저 조절기제의 일반적인 성질을 살펴본 다음에 물 마시기와 먹기, 그리고 이런 행동에 관여하는 신경기제를 살펴볼 것이다. 마지막으로 섭식장애에 대한 몇몇 연구들을 살펴볼 것이다.

생리적 조절기제

생리적 조절기제란 외부의 조건이 변화되어도 유기체의 내적 특성을 항상 일정하게 유지하는－예를 들면 주변의 온도가 변화함에도 불구하고 체온을 항상 일정하게 유지하는－것이다. 조절기제는 네 가지 필수적인 특징을 가지고 있다. 조절되는 특성인 **체계변인**system

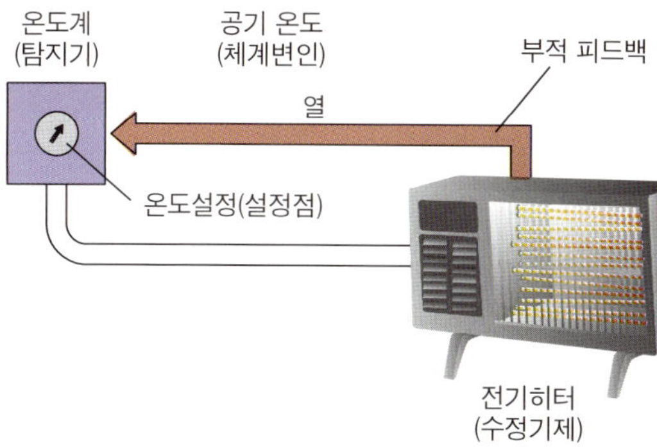

그림 11.1 **조절기제의 예.**

variable, 체계변인의 최적 수준인 **설정점**set point, 체계변인의 값을 감시하는 **탐지기**detector, 체계변인을 설정점으로 복귀시키는 **수정기제**correctional mechanism가 그것이다.

조절기제의 한 예로 자동 온도조절장치를 갖춘 히터에 의해 실내 온도가 조절되는 방을 생각해 보자. 체계변인은 방의 온도이고, 이 변인에 대한 탐지기는 온도조절장치이다. 이 장치는 실내 온도가 일정한 값(설정점) 이하로 떨어지면 스위치의 접점이 연결된다. 접점이 연결되면 수정기제인 히터의 코일이 작동한다(그림 11.1 참조). 만약 실내 온도가 설정점 이하로 떨어지면 온도조절장치가 히터를 가동하여 방이 따뜻해지고, 실내 온도가 올라가면 온도조절장치에 의해 히터가 꺼진다. 수정기제(열을 생성하는)의 활동이 온도조절장치로 피드백되어 히터가 꺼지는 과정을 **부적 피드백**negative feedback이라고 한다. 이 부적 피드백이 모든 조절기제의 필수적인 특성이다.

이 장에서는 먹고 마시는 섭식행동에 관련된 조절체계를 다룬다. 섭식행동은 물이나 영양소가 고갈된 신체의 저장고를 다시 채우는 수정기제이다. 섭식과 고갈된 저장고의 재충전 간에는 시간 지연이 있기 때문에, 섭식행동은 체계변인을 감시하는 탐지기뿐만 아니라 **포만기제**satiety mechanism에 의해서도 조절된다. 포만기제는 우리 소화계의 생리적 특성 때문에 필요한 것이다. 예를 들어 당신이 덥고 건조한 환경에서 운동을 하여 신체의 수분을 상실했다고 생각해 보라. 수분이 상실되면 내부의 탐지기가 수정기제를 작동시켜 물을 마시도록 유발한다. 당신은 물 한두 잔을 급히 마시고는 물 마시기를 멈출 것이다. 무엇이 섭식행동을 멈추게 하였는가? 물은 아직 소화계 내에 머물러 있는 것이지, 물을 필요로 하는 세포 주변의 체액이 된 것은 아니다. 그러므로 물 마시기는 신체의 물 수요량을 측정하는 탐지기에 의해 시작되었으나, 그것을 멈추는 것은 다른 방식에 의한다. 따라서 포만기제가 '그만－이 정도의 물이면 소화계에서 혈액으로 흡수되어 신체의 수요를 충족시킬 것이다'라는 신호를 보내는 것이 틀림없다. 포만기제는 수정기제의 활동(이 경우에는 물 마시기)을 감시하는 것으로, 체계변인 자체를 감시하는 것은 아니다. 충분한 양의 물을 마셨을 때 포만기제는 곧 재충전될 것이라고 예측하여 물 마시기를 중지시킨다(그림 11.2 참조).

물 마시기

내부 환경을 최적 상태로 유지하기 위하여 우리는 때때로 물을 어느 정도 마셔야 한다. 이 절에서는 물을 마시는 행동의 조절에 대해 설명하겠다.

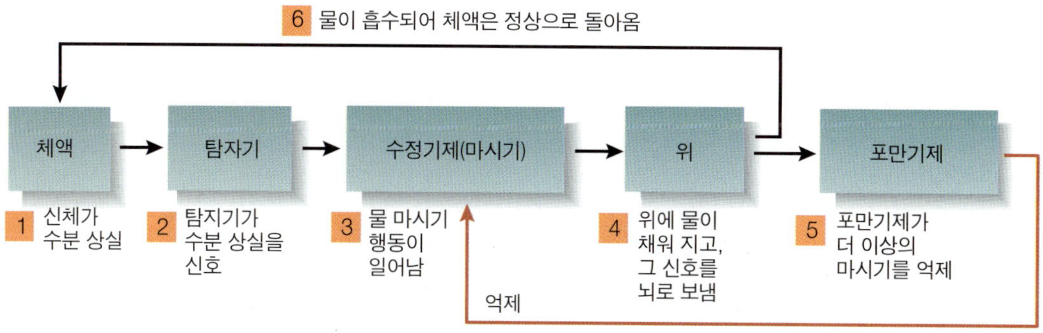

그림 11.2 **물 마시기를 조절하는 체계의 개요.**

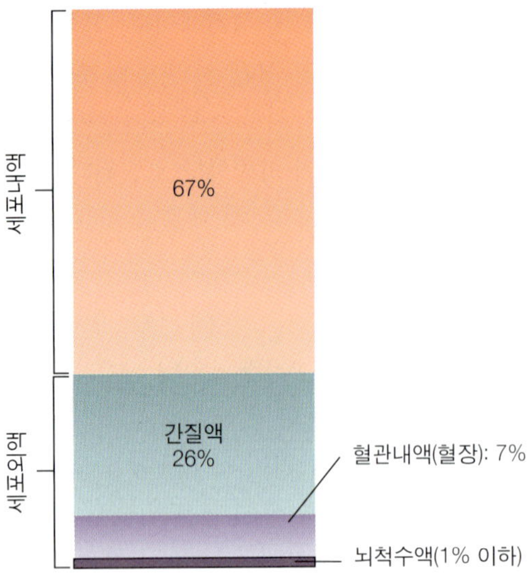

그림 11.3 체액 구성의 상대적 크기.

체액 균형에 대한 몇 가지 사실

물 마시기의 생리적 조절을 이해하기 위해서는 먼저 신체의 체액 구성과 그들 간의 관계에 대해서 알아야 한다. 신체의 체액은 네 부분으로 나뉘어져 있다. 하나는 **세포내액**intracellular fluid이고, 다른 셋은 **세포외액**extracellular fluid 부분이다. 체내 수분의 거의 3분의 2가 세포내액, 즉 세포질의 체액이다. 나머지가 세포외액으로, **혈관내액**intravascular fluid(혈장), 뇌척수액(cerebrospinal fluid), **간질액**interstitial fluid이 그것이다. 간질(interstitial)이라는 말은 '사이에 위치한다'라는 뜻인데, 실제로 간질액은 세포 사이를 채우고 있어서 세포를 담고 있는 '바닷물'이다. 이 장의 목적상 뇌척수액을 제외한 세 가지 구성요소만 다룰 것이다(그림 11.3 참조).

신체의 체액 구성 중 세포내액과 혈관내액은 정확한 범위 내에서 유지되어야 한다. 세포내액은 간질액 속에 녹아 있는 용질의 농도에 의해 조절된다. (용질이란 용액 속에 녹아 있는 물질을 의미한다.) 보통 간질액은 세포내액과 **등장성**isotonic(*isos*는 '동일하다'는 의미이고, *tonos*는 '긴장'을 의미한다)이다. 즉, 세포 안에 있는 용질의 농도와 세포를 담고 있는 간질액의 용질의 농도가 균형을 이루어서, 물이 세포 안이나 바깥으로 이동하지 않는 상태이다. 만약 간질액의 물이 상실되면(농도가 진하게 되어 **고장성**hypertonic이 되면) 물이 세포 바깥으로 이동하게 된다. 반대로 간질액의 물이 증가되면(농도가 희석되어 **저장성**hypotonic이 되면) 물이 세포 안으로 이동하게 된다. 어느 경우에도 세포에 위험을 초래한다. 물이 부족하면 세포가 수행하는 많은 화학반응을 할 수 없게 되고, 물이 너무 많으면 세포막이 파열된다. 그러므로 간질액의 농도는 엄밀하게 조절되어야 한다(그림 11.4 참조).

심장의 작동기제 때문에 혈장의 양도 엄격하게 조절되어야 한다. 만약 혈액의 양이 너무 적으면 심장이 더 이상 혈액을 효과적으로 뿜어 내지 못하고, 혈액의 양이 정상으로 회복되지 않으면 심장이 멈추고 만다. 이런 상태를 **저혈량증**hypovolemia이라고 하는데, 이는 말 그대로 '혈액의 양이 적다'[-*emia* 란 그리스어 *haima*('혈액'을 의미)에서 유래]라는 의미이다. 신체의 혈관계가 작은 정맥과 동맥의 근육을 수축시킴으로써 어느 정도 조절하기 때문에 혈액이 약간 부족할 때에는 보상이 가능하지만, 이런 수정기제에는 분명 한계가 있다.

체액의 두 가지 중요한 특성—세포내액의 용질 농도와 혈액의 양—은 두 종류의 상이한 수용기에 의해 탐지된다. 한 종류의 수용기만으로는 제대로 기능할 수가 없는데, 그 이유는 체액 구성이 다른 것에 영향을 미치지 않고 한 가지만 변하는 경우가 있기 때문이다. 예를 들어, 피를 흘리면 혈관내액의 양은 감소하지만 세포내

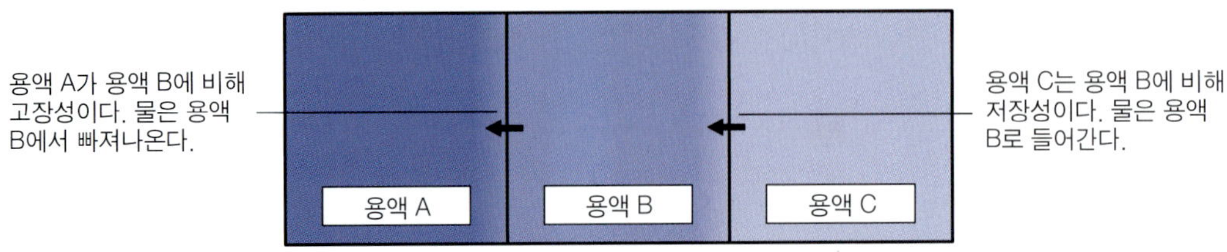

그림 11.4 용액의 농도. 이 그림은 용액의 농도차이가 물 분자의 움직임에 미치는 영향을 보여 준다.

액의 양에는 아무런 영향이 없다. 또한 음식을 짜게 먹으면 간질액의 용질 농도가 증가하여 세포로부터 물을 뽑아내지만, 저혈량증을 일으키지는 않는다. 따라서 신체는 두 종류의 수용기를 필요로 하는데, 하나는 혈액의 양을 측정하고 다른 하나는 세포의 용적을 측정한다.

갈증의 두 가지 유형

방금 본 것처럼 신체의 기능이 적절하게 유지되기 위해서는 두 가지 체액 구성－세포내액과 혈관내액－의 양이 조절되어야만 한다. 대부분의 경우 우리는 필요 이상으로 많은 물과 나트륨을 섭취하여, 신장이 그 잉여분을 배출시킨다. 그러나 물이나 나트륨 수준이 너무 낮은 경우에는 수정기제가 활성화되어 물을 마시고 나트륨을 섭취한다. 우리는 물을 섭취해야 할 필요가 있을 때 나타나는 갈증 감각에 익숙하다. 그러나 나트륨에 대한 욕구는 거의 일어나지 않는데, 그것은 사람들이 음식에 소금을 따로 첨가하지 않더라도 식사를 통해서 충분한 양의 나트륨을 섭취할 수 있기 때문이다. 그럼에도 불구하고 나트륨 섭취를 증가시키는 기제가 존재하지만, 인간의 경우에는 거의 작동하지 않는다.

세포내액이나 혈관내액의 수분이 감소하면 물을 마시도록 자극하기 때문에 연구자들은 이를 기술하기 위하여 **삼투압성 갈증**(osmometric thirst)과 **용적성 갈증**(volamometric thirst)이라는 용어를 사용하였다. **용적성**이란 용어는 혈장의 양을 측정한다는 의미이다. **삼투압성**이란 용어는 약간의 설명을 필요로 하는데 이것은 다음 절에서 다루겠다. **갈증**(thirst)이란 용어는 경우에 따라서 다른 것을 의미하기도 한다. 원래의 정의는 사람들이 탈수상태일 때 느끼는 감각을 가리키는 것인데, 여기에서는 그 용어를 기술적인 의미로 사용할 것이다. 우리는 다른 동물들이 어떻게 느끼는지 알 수 없기 때문에, 갈증이란 물을 찾고 그것을 섭취하려는 경향을 의미하는 것으로 간주한다.

삼투압성 갈증

삼투압성 갈증osmometric thirst은 간질액의 용질 농도가 증가할 때 나타난다. 이때에는 수분이 세포 바깥으로 빠져나가 세포의 용적이 줄어든다. **삼투압성**이란 용어는 탐지기가 실제로 주변 간질액의 농도 변화에 반응(측정)한다는 것을 의미한다. **삼투압**(osmosis)이란 반투과성 막을 통해 용질 농도가 낮은 부분에서 용질 농도가 높은 부분으로 물이 이동해 가는 것이다.

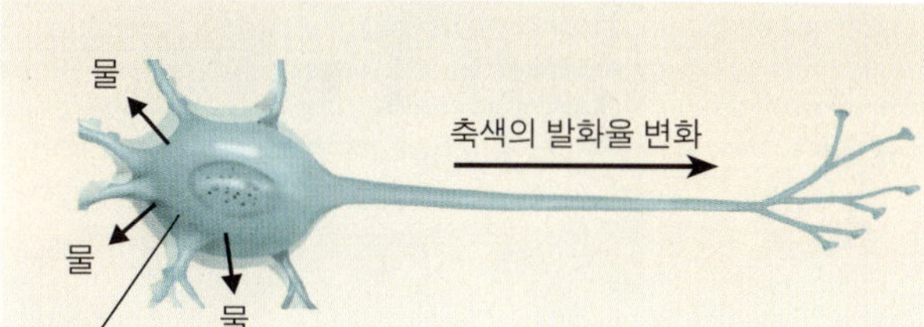

그림 11.5 삼투압 수용기. 이 그림은 삼투압 수용기의 작용에 대한 가설적 설명이다.

간질액 용질의 농도 변화에 반응하는 뉴런이 있을 것이라는 생각은 Verney(1947)에 의해 최초로 제기되었다. Verney는 이들 탐지기가 탈수 정도에 따라 발화율이 영향을 받는 뉴런이라고 제안하였고, 이것을 **삼투압 수용기**osmoreceptor라고 명명하였다. 즉, 주변을 둘러싸고 있는 간질액의 농도가 높아지면 이 뉴런은 삼투압에 의해 수분을 잃게 된다. 수분이 빠져나가 쭈그러지면 발화율이 변화하여 뇌의 다른 부분으로 신호가 전달되는 것이다(그림 11.5 참조).

우리가 음식을 짜게 먹으면 순수한 삼투압성 갈증이 일어난다. 염분이 소화계에서 혈장으로 흡수됨에 따라 혈장은 고장성이 된다. 그렇게 되면 간질액에서 수분을 끌어들이게 되고 따라서 간질액 역시 고장성으로 변하여 다시 세포의 수분을 끌어들인다. 그러면 혈장의 양이 증가하고, 신장은 과량의 나트륨과 물을 배출하기 시작한다. 결국 과량의 나트륨이 간질액 및 세포내액에서 빠져나온 수분과 함께 배설된다. 그 전체 결과는 세포의 수분 상실이다. 어느 순간에도 혈장의 용적이 감소하지는 않는다.

오늘날 대부분의 연구자들은 삼투압성 갈증에 관여하는 삼투압 수용기가 제3뇌실의 전복측 끝의 경계가 되는 전측시상하부 영역(AV3V)에 있다고 생각한다. Buggy 등(1979)은 AV3V에 고장성 식염수를 직접 주입하면 물 마시기를 유발한다고 하였다.

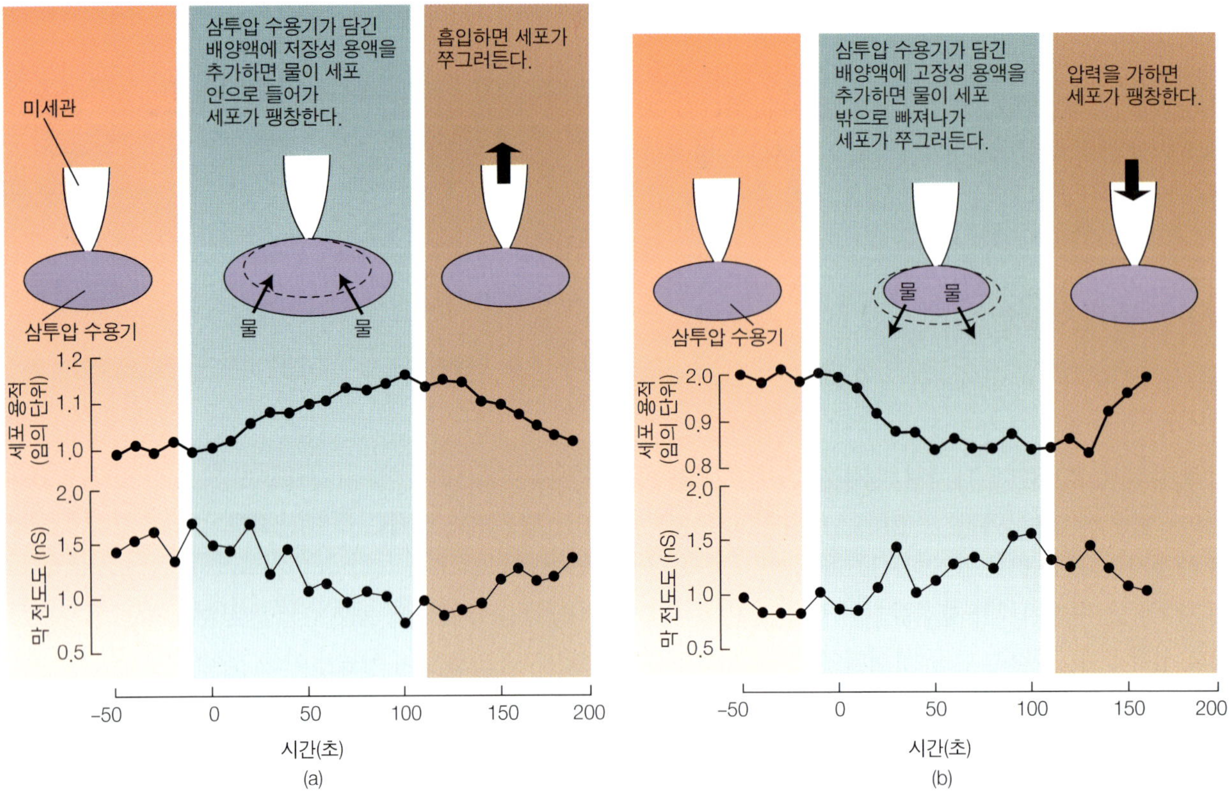

그림 11.6 삼투압 수용기의 작용. 뇌 삼투압 수용기의 액틴 세사가 세포막이 팽창하거나 수축할 때 간질액의 용질 농도 변화를 탐지한다. 세포 용적의 변화는 막전위의 변화를 일으키고, 이것이 삼투압성 갈증의 신호로 작용한다. (a) 분리해 낸 삼투압성 수용기의 배양액에 저장성 용액을 추가해 주면 세포용적이 증가하고, 막전위는 감소한다. 미세관으로 세포내액을 빼내면, 세포용적은 감소하고, 막전위는 증가한다. (b) 고장성 용액을 추가하여 세포용적을 감소시키거나, 미세관으로 세포에 압력을 가하여 세포용적을 증가시키면 반대 효과가 나타난다.

Based on data from Zhang, Z., Kindrat, A. N., Sharif-Naeini, R., and Bourque, C. W. *Journal of Neuroscience*, 2007, *27*, 4008–4013.

후속연구는 Verney의 가설적 삼투압 수용기의 기본 특성을 지지하였다(Bourque, 2008). Zhang 등(2007)은 삼투압 수용기가 세포의 용적 변화를 막전위의 변화, 나아가 신경활동의 변화로 전환하는 일종의 특수 기계수용기라고 하였다. 또한 그들은 액틴 세사가 세포 용적 변화에 대한 삼투압 수용기의 민감성에 필수적이라고 밝혔다. (7장에서 본 것처럼 음파 진동을 탐지하는 내이의 기계수용기도 액틴 세사를 가지고 있다.) 연구자들은 개별 삼투압 수용기의 막에 미세관을 갖다 대고 압력을 가하거나 흡입함으로써 그 세포의 막전위를 변경시킬 수 있었다. 예를 들어, 만약 세포를 고장성 용액에 노출하면, 세포는 수분을 상실하고 막전위가 감소하였다. 그때 세포에 압력을 주면, 그 세포의 용적은 증가하고 막전위는 정상으로 돌아왔다(그림 11.6 참조).

Egan 등(2003)은 기능적 영상 연구 결과 사람의 AV3V에도 삼투압 수용기가 있는 것을 발견했다. 연구자들은 피험자의 뇌를 스캔하는 동안 고장성 식염수를 정맥주사 하였다. 그 결과 AV3V와 전 대상피질을 포함하여 뇌의 여러 영역이 강하게 활성화되는 것을 관찰하였다. 피험자에게 물을 마시도록 허락하고, 그들이 물을 마시자 갈증은 거의 즉시 해소되었다. 동시에 전대상피질의 활동이 기저선 상태로 돌아갔다. 그러나 AV3V의 활동은 여전히 높은 상태로 남아 있었다. 이러한 결과는 전대상피질의 활동은 물을 마시면 즉시 사라지는 피험자의 갈증을 반영하는 것이라 할 수 있다. (7장에서 살펴보았듯이 이 영역의 활동은 고통스런 자극에 대한 불쾌감 지각과 관련이 있다.) 대조적으로 AV3V의 지속적인 활동은 혈장이 아직 고장액인 것을 반영한다. 섭취한 물이 순환계에 흡수되기까지 약 20분 정도 걸린다. 그림 11.2에서 보았듯이, 포만은 물을 마시는

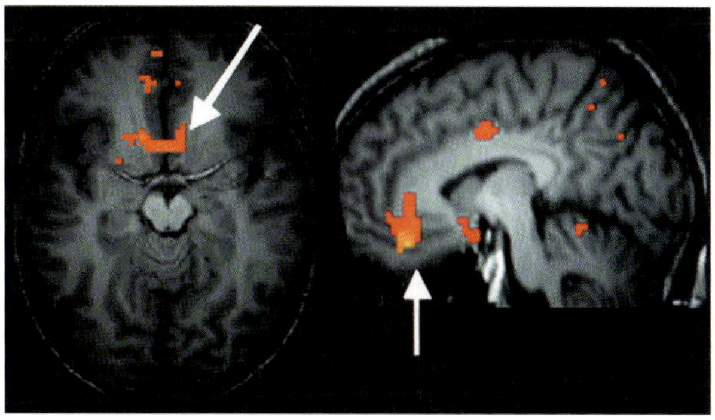

그림 11.7 인간의 삼투압성 갈증. 삼투압성 갈증에 의해 유발된 뇌 활성화를 보여 주는 기능적 MRI 사진. (a) 갈증 감각과 상응하는 전대상피질과 시상하부의 활성화, (b) 뇌의 삼투압 수용기가 있는 종말판(lamina terminalis)의 활성화

Egan, G., Silk, T., Zamarripa, F., et al. *Proceedings of the National Academy of Science, USA*, 2004, *100*, 15241-15246. Reprinted with permission.

행동에 의해 촉발되는 예측 기제이다. 전대상피질의 활동 감소는 이러한 포만기제의 활동을 반영하는 것으로 보인다(그림 11.7 참조).

두 개의 다른 영상 연구들(Farrell et al., 2006; Xiao et al., 2006)에서도 갈증이 전대상피질을 활성화시키는 것으로 밝혀졌다. Hollis 등(2008)의 해부학적 추적 연구에서도 쥐의 AV3V에 있는 삼투압 수용기 뉴런이 시상의 배측 정중핵을 경유하여 대상피질과 연결되어 있는 것으로 밝혀졌다. 아마도 AV3V에 있는 삼투압 수용기와 대상피질 간의 이러한 연결이 기능영상 연구에서 나타난 활성화와 관련이 있을 것이다.

용적성 갈증

용적성 갈증volumetric thirst은 혈장의 양, 즉 혈관 내의 용적이 감소할 때 일어난다. 증발에 의해 수분을 상실할 때에는 세 가지의 체액, 즉 세포내액, 간질액, 혈관내액 모두에서 수분이 상실된다. 따라서 증발은 용적성 갈증과 삼투압성 갈증을 모두 일으킨다. 출혈, 구토, 설사 등은 세포내액을 고갈시키지 않은 채 혈액의 양만 감소시킨다(저혈량증).

출혈은 순수한 용적성 갈증을 일으킨다. 고대 역사 기록에서 부상한 생존자가 물을 달라고 요청하는 전쟁 이야기를 볼 수 있다. 저혈량증은 물뿐만 아니라 나트륨(즉, 상실된 등장액에 들어 있던 나트륨)도 함께 상실되기 때문에 용적성 갈증은 염분에 대한 욕구도 일으킨다.

앤지오텐신의 역할. 신장으로 유입되는 혈류가 감소할 때 이를 탐지하는 세포가 신장에 있다. 보통 혈류가 감소하는 원인은 혈액량의 감소이므로 이 세포는 저혈량증을 탐지하는 것이다. 신장으로 유입되는 혈류가 감소하면, 이 세포는 **레닌**renin이라는 효소를 분비한다. 레닌은 혈액 속으로 들어가 **앤지오텐시노겐**(angiotensinogen)이라는 단백질을 **앤지오텐신**angiotensin이라는 호르몬으로 전환한다. 사실 앤지오텐신은 두 가지 종류가 있다. 안지오텐시노겐이 앤지오텐신 I이 되면, 그것은 효소에 의해 재빨리 앤지오텐신 II로 전환된다. 앤지오텐신 II가 활성화 형태이기 때문에 약자로 A II라 하겠다.

앤지오텐신 II는 여러 가지 생리 작용을 한다. 뇌하수체 후엽의 호르몬 분비를 자극하고, 부신피질에 작용하여 신장으로 하여금 수분과 나트륨을 저장하도록 하며, 작은 동맥을 수축시켜 혈압을 높인다. 이외에도 A II는 두 가지 행동적 효과, 즉 물 마시기와 염분에 대한 욕구를 일으킨다. 그러므로 신장으로 유입되는 혈류가 감소하면 수분과 나트륨이 체내에 머물게 되고, 혈관의 크기를 감소시켜 상실된 부분에 대한 보상이 이루어지며, 동물이 물과 염분을 찾아 섭취하게 된다(그림 11.8 참조).

▶▶▶

어린 빌리는 소금을 먹기 시작했다. 그는 항상 음식에 소금을 많이 넣는 것을 좋아했고, 결국 그의 욕구는 통제할 수 없을 정도가 되었다. 소금 한 통이 며칠 만에 사라지는 것을 발견한 그의 어머니는 어느 날 부엌에서 빌리가 소금통이 놓여 있는 식탁 옆에 서서 뭔가를 먹고 있는 것을 보았다. 그것은 소금, 순수 소금이었다. 그녀는 빌리의 손을 잡아 싱크대에 소금을 털어 버리고, 소금상자를 빌리의 손이 닿지 않는 선반 위에 올려 두었다. 빌리는 "엄마, 그러지 마세요, 나는 소금을 먹어야 해요."라고 하면서 울기 시작했다.

다음 날 아침 그녀는 부엌에서 쿵 소리가 나는 것을 듣고 부엌으로 갔다. 빌리는 바닥에 넘어진 채 뒤집힌 의자 옆에 있었다. 빌리는 소금상자를 꺼내려 했던 모양이다. "왜 이러는 거야?" 그녀는 소리쳤다. 빌리는 눈물을 흘리며 대답했다. "엄마, 나는 소금을 먹고 싶어요! 소금 줘요!" 당황스럽지만 빌리가 졸라서 그녀는 소금상자를 내려 빌리에게 소금을 주었다. 빌리는 소금을 열심히 먹었다.

주치의와 상담 후에, 그의 부모는 빌리의 엽기적인 욕구를 조사할 수 있는 병원에 그를 입원시키기로 했다. 빌리가 애처롭게 울면서 소금을 요구했지만, 병원은 또래 아이들이 섭취하는 만큼만 소금을 주었다. 그는 몇 번 그의 방을 떠나서 소금을 찾으려고 노력했지만, 항상 잡혀서 되돌아왔다. 마침내 그의 방은 잠겼다. 불행히도 결정적인 검사를 실시하기도 전에 빌리는 죽고 말았다.

빌리를 도와주기에는 그의 욕구에 대한 진단이 너무 늦었다. 빌리는 병이 진행되면서 부신에서 알도스테론(신장을 자극해서 나트륨을 간직하게 만드는 스테로이드 호르몬)의 분비가 중단되었다. 알도스테론이 없으면 신장에서 과도한 양의 나트륨이 배설되고, 그것은 혈액의 양을 감소시킨다. 빌리의 경우, 소금에 대한 접근이 차단됨으로써 혈류의 양이 감소하였고 그 결과 혈압이 치명적 수준으로 떨어졌다. 이 불행한 사건은 수십 년 전에 일어났는데, 이제 우리는 의사들이 과도한 소금에 대한 욕구가 부신 기능부전의 중요한 증상임을 인식하기를 희망한다.

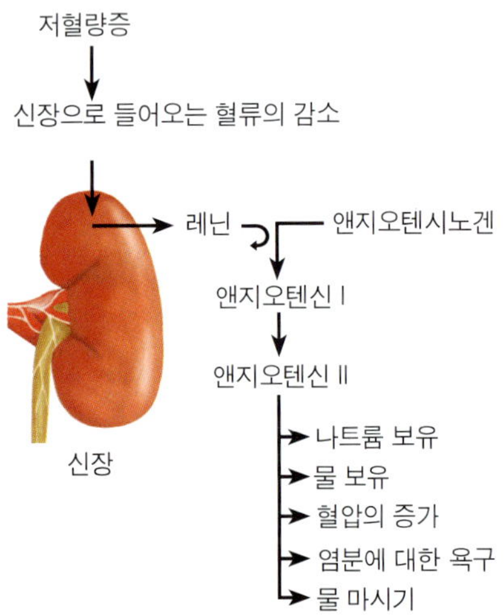

그림 11.8 신장과 레닌–앤지오텐신 시스템에 의한 저혈량증의 탐지.

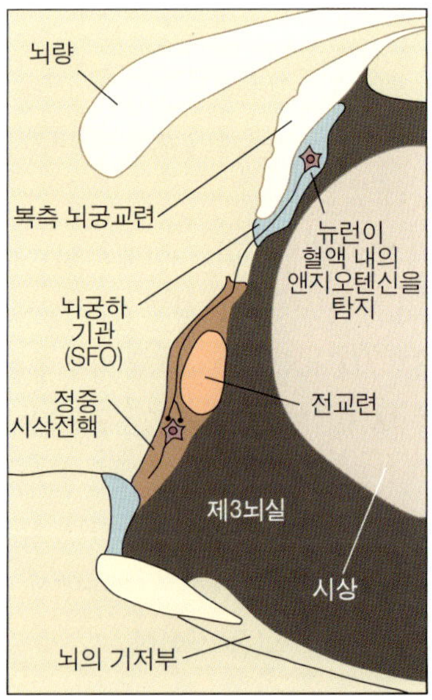

그림 11.9 뇌궁하 기관. 쥐의 간뇌의 시상단면. 뇌궁하 기관의 위치와 정중 시삭전핵과의 연결을 보여 준다.

앤지오텐신은 혈뇌장벽 바깥쪽에 있는 뇌의 한 기관인 **뇌궁하 기관**surfornical organ; SFO에 있는 뉴런에 작용한다(Philips & Felix, 1976; Simpson, Epstein, & Camardo, 1978). 이 구조물은 복측 뇌궁교련 바로 아래에 있다고 해서 이렇게 명명되었다.

뇌궁하 기관에 있는 뉴런은 **정중 시삭전핵**median preoptic nucleus(내측 시삭전핵과 혼동하지 마라)으로 축색을 보내는데, 정중 시삭전핵은 편도체와 측두엽 앞부분을 연결하는 섬유 다발인 전교련의 앞쪽을 둘러싸고 있는 작은 핵이다. 정중 시삭전핵의 뉴런은 물 마시기에 관여하는 운동계에 신호를 전달한다(그림 11.9 참조).

절 요약

생리적 조절기제와 물 마시기

조절기제는 체계변인(조절되는 변인), 설정점(체계변인의 최적치), 체계변인을 측정하는 탐지기, 그리고 그것을 변화시키는 수정기제와 같은 네 가지 특질을 갖는다. 체액이나 영양소를 조절하는 등의 생리적 조절기제는 수정기제의 효과를 예측하기 위하여 포만기제를 필요로 하는데, 그 이유는 섭식과 물 마시기에 의해 야기되는 변화는 상당한 시간이 경과한 후에야 나타나기 때문이다.

신체에는 세 가지의 중요한 체액 구성—세포내액, 간질액, 혈관내액—이 있다. 나트륨과 물은 혈관내액과 간질액 사이는 쉽게 통과하지만, 나트륨은 세포막을 통과하지 못한다. 간질액의 용질 농도는 엄밀하게 조절되어야 한다. 만약 간질액이 고장성이면 세포는 수분을 잃을 것이고, 저장성이면 수분을 얻을 것이다. 혈관내액(혈장)의 용적 또한 일정 범위 내에서 유지되어야만 한다.

삼투압성 갈증은 간질액이 고장성이어서 세포가 수분을 빼앗길 때 유발된다. 이러한 일은 신체의 수분이 증발되거나 짠 음식을 먹을 때 나타나며, 제3뇌실 전복측 영역(AV3V)에 있는 삼투압 수용기에 의해 탐지된다. 이들 삼투압 수용기의 활성화가 물 마시기를 자극한다. 삼투압성 갈증은 인간의 AV3V를 활성화시키고, 전대상피질이 갈증 감각에 관여하는 것 같다.

증발에 의해 체액이 상실되면 삼투압성 갈증과 함께 용적성 갈증이 일어난다. 순수한 용적성 갈증은 출혈, 구토, 설사 등에 의해 일어난다. 용적성 갈증을 일으키는 한 가지 자극은 신장으로 들어가는 혈류가 감소되는 것이다. 이 사건은 레닌의 분비를 촉발시켜 혈장 속의 앤지오텐시노겐을 앤지오텐신 I로 전환한다. 그다음에 앤지오텐신 I은 그 활성화 형태인 앤지오텐신 II로 전환되는데, 앤지오텐신 II는 뇌궁하 기관에 있는 뉴런에 작용하여 갈증을 일으킨다. 이 호르몬은 또한 혈압을 상승시키고, 뇌하수체 호르몬과 부신 호르몬 분비를 자극하여 신장에서 물과 나트륨이 배출되는 것을 억제하고, 나트륨에 대한 욕구를 유발시킨다(나트륨은 혈장 용적을 회복시키는 데 필요하다).

생각해 봅시다

갈증의 느낌은 무엇인가? 우리는 갈증이 난다는 것을 알지만 그 감각을 기술하기는 어렵다. (대조적으로 대부분의 사람은 위에서 오는 배고픔의 느낌은 알 수 있다.) 갈증은 단순히 입이나 목이 마른 것이 아닌데, 그 이유는 입과 목을 축일 수 있는 정도의 소량의 물로는 갈증을 효과적으로 해소할 수 없기 때문이다.

섭식: 대사에 관한 몇 가지 사실

음식을 먹는 것은 우리가 행하는 가장 중요하고, 가장 즐거운 일 중의 하나이다. 동물이 학습하는 대부분의 행위는 먹이를 얻기 위한 끊임없는 투쟁에 의해 동기화된 것이다. 따라서 먹으려는 욕구야말로 인간의 진화적 발달을 도모하였음이 분명하다. 섭식 조절은 물 마시기나 나트륨 섭취를 조절하는 것보다 훨씬 복잡하다. 우리는 물과 염분이라는 두 가지 성분을 섭취함으로써 수분의 균형을 유지할 수 있다. 음식을 먹을 때에 우리는 나트륨 이외에 적절한 양의 탄수화물, 지방, 아미노산, 비타민, 그리고 무기물을 섭취해야 한다. 따라서 우리의 음식 섭취 행동은 훨씬 더 복잡하며, 이 행동을 조절하는 생리적 기제 또한 매우 복잡하다.

생명을 유지하기 위해서 세포는 연료와 산소를 공급받아야 한다. 연료는 소화관을 통해 흡수되는데, 이것은 섭식의 결과이다. 그러나 소화관은 가끔 텅 비게 되는데, 사실 대부분의 사람이 아침에 이런 상태로 일어난다. 그래서 장이 비어 있을 때에도 신체세포가 영양을 공급받을 수 있도록 영양소를 저장할 저장기가 있어야 한다. 실제로 우리에게는 두 가지 저장기가 있는데, 단기 저장기와 장기 저장기이다. 단기 저장기는 탄수화물을 저장하고, 장기 저장기는 지방을 저장한다.

단기 저장기는 간과 근육에 있는 세포에 있으며, **글리코겐**glycogen이라는 불용성 복합 탄수화물로 채워져 있다. 설명을 단순하게 하기 위해 간에 있는 저장기만 살

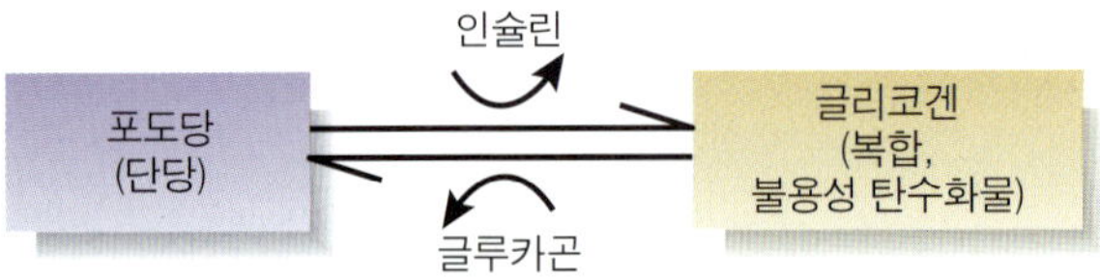

그림 11.10 인슐린과 글루카곤이 포도당과 글리코겐에 미치는 효과.

펴보자. 간에 있는 세포는 포도당(glucose: 가용성 단순 탄수화물)을 글리코겐으로 전환시켜 이 글리코겐을 저장한다. 이러한 과정은 췌장에서 생산되는 펩타이드 호르몬인 **인슐린**insuline에 의해 자극된다. 그러므로 혈액 속에 포도당과 인슐린이 존재하면 포도당의 일부는 연료로 사용되고, 나머지는 글리코겐으로 저장된다. 모든 음식물이 소화관에서 완전히 흡수되고 나면 혈액의 포도당 수준이 떨어지기 시작한다.

포도당 감소는 췌장과 뇌에 있는 세포에 의해 탐지된다. 이렇게 되면 췌장은 인슐린 분비를 억제하고 다른 펩타이드 호르몬인 **글루카곤**glucagon을 분비한다. 글루카곤은 인슐린과 반대로 작용하여 글리코겐을 포도당으로 전환시킨다(*glucose*, *glycogen*, *glucagon*, 그리고 곧 나올 *glycerol* 등의 용어는 비슷하여 혼동되기 쉬우므로 주의를 요한다.)(그림 11.10 참조). 그래서 간은 포도당의 양이 충분하면 여분의 포도당을 흡수하여 글리코겐으로 저장했다가, 소화관이 비고 혈액 내 포도당 수준이 떨어지기 시작하면 저장기에서 포도당을 방출한다.

간에 있는 탄수화물 저장기는 일차적으로 중추신경계를 위한 것이다. 아침에 일어날 때 뇌는 간에서 에너지를 공급받는데, 글리코겐이 포도당으로 바뀌어 혈액 속으로 방출된다. 포도당이 중추신경계에 도달하면 뉴런과 교세포에 의해 흡수되고 대사 작용이 일어난다. 이 과정은 간에 있는 탄수화물 저장기가 바닥이 날 때까지 몇 시간 동안 계속될 수 있다. (간에는 평균 300칼로리의 탄수화물이 저장된다.) 우리는 보통 이 저장기가 고갈되기 전에 음식을 먹게 되고 따라서 저장기가 다시 채워진다. 그러나 우리가 음식을 먹지 않으면, 중추신경계(그리고 신체의 다른 부분들)는 장기저장기에서 연료를 공급받아야 한다.

인간의 장기저장기는 지방조직으로 이루어져 있다. 이 저장기는 지방, 정확히 말해서 **트리글리세라이드** triglyceride로 채워져 있다. 트리글리세라이드는 복잡한 분자로서, 세 가지 **지방산**fatty acid(스테아르산, 올레산, 팔미트산)과 결합된 **글리세롤**glycerol(글리세린이라고도 불리는 가용성 탄수화물)로 되어 있다. 지방조직은 피부 아래와 복강 안의 여러 부위에 존재한다. 지방조직은 혈액으로부터 영양소를 흡수하여 그것을 트리글리세라이드로 전환하여 저장할 수 있는 세포로 구성되어 있다. 이 세포는 엄청난 크기로 팽창할 수 있다. 사실 비만인과 정상 체중인 간의 주된 신체적 차이는 그들이 지닌 지방세포의 크기 차이로서, 지방세포의 크기는 세포에 저장되어 있는 트리글리세라이드의 양에 의해 결정된다.

장기 지방 저장기 덕분에 우리는 단식을 하여도 생명을 유지할 수가 있다. 단기 탄수화물 저장기의 내용물을 사용하기 시작할 때, 지방세포들은 트리글리세라이드를 다른 세포가 사용할 수 있는 연료로 전환하여 혈류 속으로 방출한다. 앞에서 언급했듯이 소화관이 텅 빈 상태로 아침에 깨어날 때 우리의 뇌(사실 모든 중추신경계)는 간에서 공급되는 포도당을 사용한다. 그렇다면 신체의 다른 세포는 어떻게 하는가? 다른 세포는 뇌를 위해 포도당을 남겨 두고 지방산을 이용한다. 3장에서 살펴보았듯이 교감신경계는 기본적으로 저장된 영양소를 분해하고 이용하는 데 관여한다. 소화관이 비어 있는 경우에는 지방조직과 췌장, 부신수질 등에 분포한 교감신경계의 활동이 증가한다. 세 가지 효과(직접적인 신경자극, 글루카곤의 분비, 카테콜아민의 분비)가 모두 장기 지방 저장기에 있는 트리글리세라이드를 글리세롤과 지방산으로 분해한다. 지방산은 포도당을 필요로 하는 뇌를 제외한 신체의 모든 세포에서 직접 대사될 수 있다. 그 결과 글리세롤이 남게 된다. 간은 글리세롤을 흡수하여 포도당으로 전환시킨다. 이 포도당 또한 뇌에서 사용될 수 있다.

여러분은 왜 신체의 다른 세포들이 뇌에게 그토록 관대해서, 간이 탄수화물 저장기에서 방출한 포도당과 글리세롤로부터 생성한 포도당의 거의 대부분을 뇌가 소비하도록 내버려 두는지 의아해할 것이다. 대답은 간단하다. 인슐린은 포도당을 글리코겐으로 바꾸는 것 이외에도 여러 가지 기능을 한다. 이런 기능들 중 하나가 세포로 유입되는 포도당을 조절하는 것이다. 포도당이 세포 안으로 들어가기 위해서는 **포도당 수송체**(glucose transporters)에 의해 운반되어야 하는데, 포도당 수송체는 세포막에 있는 단백질 분자로서 전달물질의 재흡수를 담당하는 기제와 유사하다. 포도당 수송체에는 수송체의 활동을 조절하는 인슐린 수용기가 있어서 인슐린이 그 수용기와 결합될 때에만 포도당이 세포 안으로 들어갈 수 있다. 그러나 신경계의 세포는 이 규칙에서 예외이다. 그들의 포도당 수송체에는 인슐린 수용기가 없기 때문에 이 세포는 인슐린이 없을 때에도 포도당을 흡수할 수 있다.

그림 11.11은 소화관이 비어 있을 때 나타나는 대사에 대해서 지금까지 언급한 내용을 보여 주고 있는데, 생리학자들은 이를 **공복기**fasting phase 대사라고 한다. 혈당수준이 저하되면 췌장은 인슐린 분비를 중단하고 글루카곤을 분비하기 시작한다. 인슐린이 없다는 것은 신체에 있는 대부분의 세포가 더 이상 포도당을 사용할 수 없음을 의미하며, 그래서 혈액에 들어 있는 모든 포도당은 중추신경계를 위해 사용된다. 글루카곤의 존재와 인슐린의 부재는 간으로 하여금 단기 탄수화물 저장기에서 에너지를 끌어내도록 지시하여 글리코겐이 포도당으로 전환되기 시작한다. 또한 교감신경계 활동 증가와 함께 글루카곤의 존재와 인슐린의 부재는 지방세포로 하여금 장기 지방 저장기에서 에너지를 끌어내도록 하여 트리글리세라이드가 지방산과 글리세롤로 분해되기 시작한다. 신체의 대부분은 지방산으로 살아가고, 글리세롤은 간에서 포도당으로 전환되어 뇌가 사용한다. 공복기가 지속되면, 단백질(특히 근육에 있는 단백질)이 아미노산으로 분해되는데, 아미노산은 중추신경계를 제외한 신체의 모든 세포에서 대사된다(그림 11.11 참조).

소화관에 음식물이 있을 때 일어나는 대사단계를 **흡수기**absorptive phase라고 한다. 여러분이 공복기를 이해했다면, 흡수기는 매우 간단하다. 우리가 탄수화물, 단백질, 지방이 골고루 포함된 균형 잡힌 식사를 했다고 가정하자. 탄수화물은 포도당으로 분해되고, 단백질은 아미노산으로 분해된다. 지방은 기본적으로 지방 그대

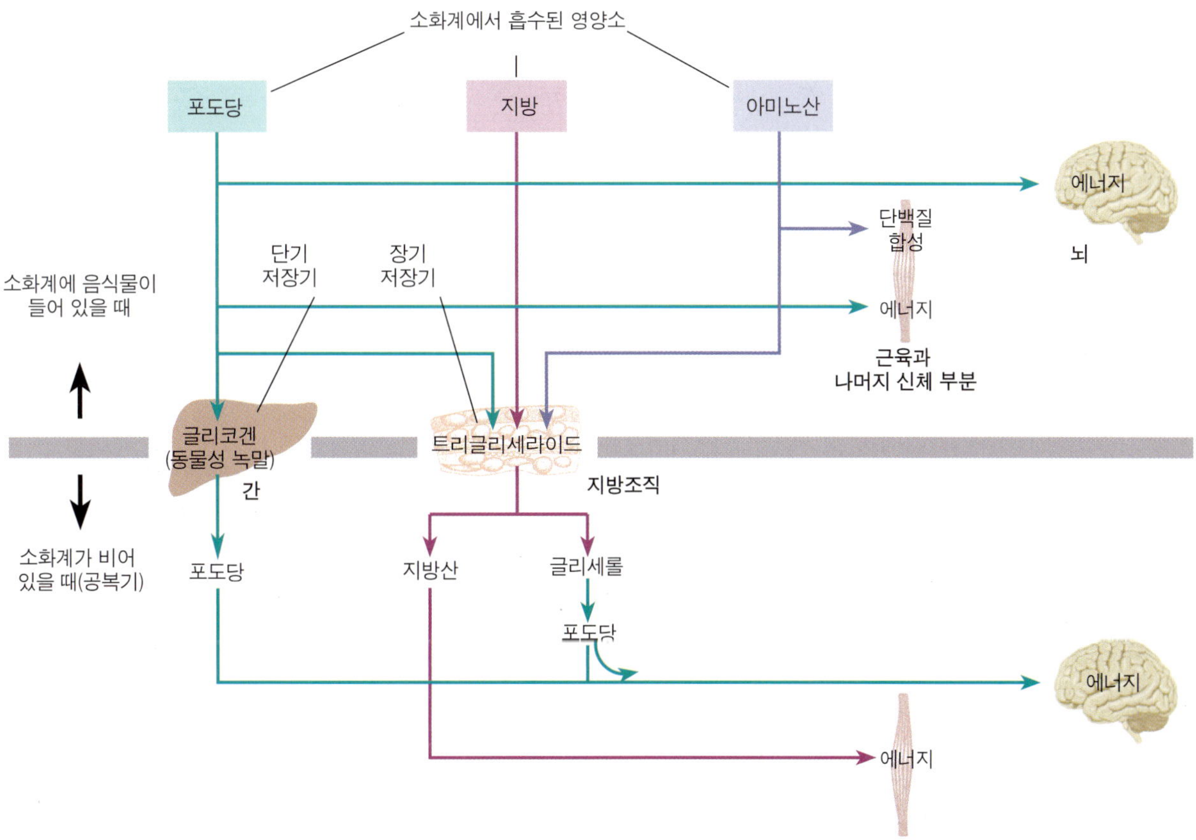

그림 11.11 공복기와 흡수기 동안의 대사 경로.

로 남는다. 이 세 가지 영양소에 대해 생각해 보자.

1. 영양소가 흡수되기 시작하면서 혈액 내 포도당 수준이 상승한다. 혈당 상승이 뇌에 있는 세포에 의해 탐지되면 교감신경계의 활동은 감소하고 부교감신경계의 활동은 증가한다. 이러한 변화는 췌장으로 하여금 글루카곤의 분비를 중단하고 인슐린의 분비를 시작하게 한다. 인슐린은 신체의 모든 세포가 포도당을 연료로 사용할 수 있도록 해준다. 잉여 포도당은 글리코겐으로 전환되어 단기 탄수화물 저장기에 저장된다. 만약 그러고도 남는 포도당이 있으면 지방으로 전환되어 지방세포에서 흡수된다.
2. 소화관에서 흡수한 아미노산 중에서 소량만이 단백질이나 펩타이드를 만들기 위해 사용되고, 나머지는 지방으로 전환되어 지방조직에 저장된다.
3. 이 시기에 지방은 연료로 사용되지 않고, 단지 지방조직에 저장된다(그림 11.11 참조).

절 요약

섭식: 대사에 관한 몇 가지 사실

대사는 두 단계로 구성된다. 흡수기 동안 우리는 장에서 포도당, 아미노산, 지방을 받아들인다. 혈중 인슐린의 수준이 높으면 모든 세포가 포도당을 대사할 수 있다. 또한 간과 근육은 포도당을 글리코겐으로 전환하여 단기 저장기를 채운다. 여분의 탄수화물과 아미노산은 지방으로 바뀌어 지방조직에 있는 장기 저장기에 저장된다.

공복기 동안에는 부교감신경계의 활동이 떨어지고 교감신경계의 활동이 증가한다. 이에 따라 인슐린의 수준은 낮아지고 글루카곤과 부신 카테콜아민의 수준이 높아진다. 그 결과 간에서 글리코겐이 포도당으로 바뀌고, 트리글리세라이드는 글리세롤과 지방산으로 분해된다. 인슐린이 없을 때에는 중추신경계만 혈액 속의 포도당을 이용할 수 있고, 신체의 나머지 부분은 지방산을 이용한다. 글리세롤은 간에서 포도당으로 전환되는데, 이 포도당은 뇌에서 대사된다.

무엇이 섭식을 시작하게 하는가?

체중 조절은 음식 섭취와 에너지 소비 간의 균형이 요구된다. 우리가 소비하는 에너지보다 많은 칼로리를 섭취하면 체중이 증가한다. 에너지 소비가 일정하다고 가정하면, 우리는 체중을 일정하게 유지하기 위해 두 가지 기제가 필요하다. 하나는 우리의 장기 영양 저장고가 고갈되면 음식을 섭취하려는 동기를 증가시키는 것이고, 다른 하나는 우리가 필요한 것보다 많은 칼로리를 섭취할 때는 음식 섭취를 제한하는 것이다.

환경에서 오는 신호

우리 조상들의 환경이 이러한 조절기제를 진화시켰다. 과거에는 굶주림이 과식보다 생존에 훨씬 더 큰 위협이었다. 사실 과식하려는 경향은 음식이 부족할 때를 대비해서 음식이 풍부할 때 많이 먹는 것에서 비롯된 것이다. 풍년 또는 기근이라는 환경이 장기 저장고의 영양분 손실을 재빨리 탐지하여 음식을 찾고 섭취하는 것을 신호해 주는 기제를 진화시켰다. 체중 증가를 탐지하고 과식을 억제하는 기제의 진화는 훨씬 덜 중요한 것이었다.

이번 절의 제목인 '무엇이 섭식을 시작하게 하는가?'에 대한 대답은 간단하지 않다. 사람들에게 왜 음식을 먹는지에 대해서 물어보면 대부분의 사람은 배고프기 때문에 먹는다고 대답한다. 그것은 음식을 먹고 싶다는 감각을 일으키는 어떤 것이 신체 내부에서 발생한다는 것을 의미한다. 하지만 이것이 사실이라면, 우리 신체 내부에서는 무슨 일이 일어나는 것일까? 음식을 쉽게 구할 수 있을 때 음식을 먹도록 동기화시키는 요인은 음식이 부족할 때 우리를 동기화시키는 요인과는 아주 다르다. 음식이 풍부할 때에는 우리의 위와 장의 윗부분이 비었을 때 먹는 경향이 있다. 이러한 공복이 음식을

생리적 요인이 아닌 사회적 요인이 우리가 언제, 얼마나 많이 먹는가에 영향을 미친다.

Barnabas Kindersley, Dorling Kindersley.

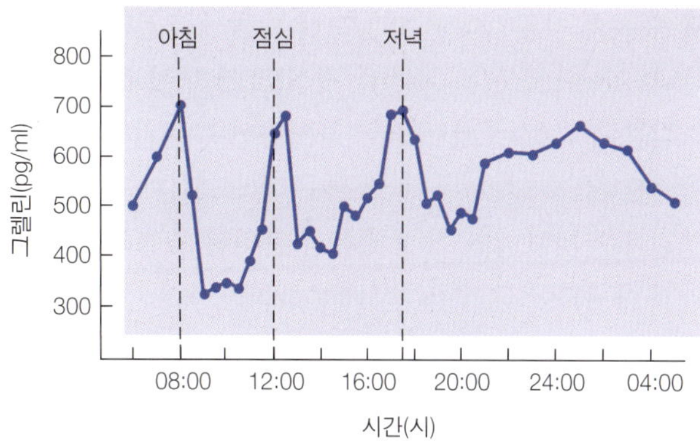

그림 11.12 인간의 혈장에 있는 그렐린의 수준. 이 그림은 매끼 식사에 앞서 그렐린의 수준이 증가하는 것을 보여 준다.

Adapted from Cummings, D. E., Purnell, J. Q., Frayo, R. S., et al., *Diabetes*, 2001, *50*, 1714–1719.

먹기 시작해야 한다는 것을 뇌에 전해 주는 배고픔 신호이다. 음식이 위를 떠나는데 걸리는 시간이 우리가 하루에 세끼 식사를 하는 패턴을 확립해 준 것 같다. 게다가 우리의 조상은 많은 사람의 음식을 준비해서 모든 사람이 한꺼번에 식사를 하는 것이 가장 효율적이라는 것을 발견했다. 또한 대부분의 현대인의 근무 일정도 이런 패턴을 따른다.

비록 비어 있는 위가 중요한 신호지만, 음식 접시를 보거나, 음식 냄새를 맡거나, 식탁 주변에 앉아 있는 다른 사람의 존재나, "밥 먹자!"라는 말과 같은 많은 요인이 식사를 시작하게 하는 신호이다. 내가 지금 늦은 오후에 글을 쓰고 있지만, 오늘 저녁에 맛있는 식사를 할 것이라 기대하고 있다. 내가 딱히 배고픔을 느끼지는 않지만, 나는 맛있는 음식을 좋아하고 저녁 식사를 즐기기를 기대한다. 나의 단기 영양 저장고와 장기 영양 저장고가 잘 채워져 있으므로 음식을 먹으려는 저자의 동기는 영양분에 대한 생리적 욕구를 근거로 한 것은 아닐 것이다.

위에서 오는 신호

앞서 보았듯이, 위와 장의 윗부분이 비어 있는 것이 뇌가 먹을 것을 찾으려는 생각을 시작하도록 하는 중요한 신호를 제공한다. 최근에 연구자들은 이 신호가 뇌에 전달되는 한 가지 방식을 발견했다. 위와 장(특히 위)은 **그렐린**ghrelin이라는 펩타이드 호르몬을 방출한다(Kojima et al., 1999). 그렐린이라는 이름은 **성장호르몬 방출자**(GH releasin)의 약자로서, 이 펩타이드가 성장호르몬(약자로 *GH*)의 분비를 통제하는 데 관여한다는 사실을 반영한 것이다. 연구자들은 그렐린의 혈중 농도가 공복 시 증가하고, 식사 후에는 감소한다는 것을 발견하였다. 사람의 경우 매 식사 직전에 그렐린의 혈중 농도가 잠깐 상승하는데, 이는 그렐린이 식사를 시작하는 데 관여함을 의미한다(그림 11.12 참조). 그렐린은 음식 섭취를 자극하는 요인이며, 심지어 음식에 대한 생각을 자극하는 요인이다. Schmid 등(2005)은 그렐린을 단 한 번만 정맥주사를 해도 정상 피험자의 식욕이 증가할 뿐만 아니라 좋아하는 음식에 대한 생생한 심상이 유발되는 것을 발견하였다. 실험동물에게 그렐린을 피하주사하거나 또는 뇌실에 직접 주입하면 음식 섭취는 증가하고 지방대사는 감소하여 체중이 증가한다(Tschöp, Smiley, & Heiman, 2000; Ariyasu et al., 2001; Bagnasco et al., 2003).

무엇이 그렐린의 분비를 조절하는가? 동물이 음식을 먹거나 실험자가 동물의 위에 음식을 주입할 때 이 호르몬의 분비는 억제된다. 혈액 속으로 영양분을 주사하는 것은 그렐린의 분비를 억제하지 않는다. 그러므로 호르몬의 분비는 소화계의 내용물에 의해 조절되는 것이지 혈액 속의 이용 가능한 영양분에 의해서 조절되는 것은 아니다(Schaller et al., 2003). 사실, 소장의 윗부분, 즉 **십이지장**duodenum으로 음식이 들어가면 그렐린의 분비가 억제된다(Overduin et al., 2005). 그러므로 비록 위가 그렐린을 분비하지만 이 호르몬의 분비를 조절하는 것은 위가 아니라 소장의 윗부분에 존재하는 수용기이다. (그리스어로 십이지장은 *dodekadaktulon*이다. 좀 더 정확하게 십이지장은 손가락 12개 폭 정도의 길이다.)

비록 그렐린이 단기적인 배고픔에 대한 중요한 신호이지만, 그것이 유일한 신호는 아니다. 예를 들어, 성공적인 위 우회술을 받은 사람의 혈중 그렐린 농도는 매우 낮다. 비록 그들이 적게 먹고 체중이 감소하지만 그들이 식사를 중단하지 않는 것은 분명하다. 더욱이 그렐린 유전자나 그렐린 수용체에 돌연변이를 일으킨 생쥐도 정상적인 음식 섭취를 하고 체중을 유지한다(Sun, Ahmed, & Smith, 2003; Sun et al., 2004). 그러나 Zigman 등(2005)은 이러한 돌연변이가 정상 생쥐에게 비만을 일으킬 수 있는 맛있는 고지방 식사를 먹었을 때의 과식이나 체중 증가를 막을 수 있는 것을 밝혀냈다. 그래서 음식 섭취를 자극하는 다른 기제가 있으며, 이는 음식이 생존에 필수적이라는 점에서 볼 때 놀라운 것이 아니다. 사실 섭식행동에 대한 연구를 복잡하게 만드는 이유 중 하나가 중복체계가 존재한다는 것이다.

대사 신호

대부분의 경우 우리는 이전 식사를 하고 몇 시간 후에 새로운 식사를 시작한다. 그러므로 우리의 영양 저장고를 보충하려는 욕구가 심각한 경우는 거의 없다. 그러나 우리가 몇 끼의 식사를 거르면, 장기 영양 저장고에서 영양소가 인출되었다는 생리학적인 신호 때문에 우리는 점점 더 배고픔을 느낀다. 식사 후 시간이 경과함에 따라 우리 신체의 영양분의 수준은 어떻게 될까? 이 장이 앞부분에서 살펴보았듯이 대사의 흡수기 동안에 우리는 소화관을 통해 흡수되는 음식으로 살아간다. 그 후 우리는 영양 저장고에서 영양소를 인출한다. 뇌는 포도당으로 살아가고, 신체의 나머지 부분들은 지방산으로 살아간다. 비록 신체세포들의 대사 욕구가 충족되더라도, 우리는 비축하기보다는 인출을 주로 하는 장기 저장고에서 연료를 꺼낸다. 분명 이때가 다음 식사를 생각하기 시작하는 때이다.

혈당이 내려가는 것[**저혈당 상태**(hypoglycemia)]은 배고픔에 대한 강력한 자극이다. 동물에게 인슐린을 다량 주입하여 실험적으로 저혈당증을 만들 수 있는데, 이렇게 되면 간과 근육, 그리고 지방조직은 포도당을 흡수하여 저장한다. 또한 동물에게 포도당 대사를 방해하는 약물을 주사하여 세포에서 포도당을 박탈할 수 있다. 이러한 처치는 **당박탈**glucoprivation을 일으킨다. 즉, 세포에서 포도당을 박탈한다. 그리고 당박탈은 그 원인이 무엇이든 음식 섭취를 자극한다. 또한 배고픔은 세포에서 지방이 박탈된 **지방박탈**lipoprivation에 의해서 유발될 수 있다. 더 정확하게 지방박탈은 지방 대사과정을 방해하는 약물을 주입하여 지방산 대사능력을 박탈하는 것이다.

대사 연료의 수준을 탐지하는 탐지기는 무엇이며, 이러한 탐지기는 어디에 있는가? 현재까지 수집된 증거에 따르면 두 종류의 탐지기가 있는데, 하나는 뇌에 다른 하나는 간에 있다.

먼저 간에 있는 탐지기에 대한 증거를 보자. Novin, Vanderweel 및 Rezek(1973)은 간에 있는 수용기가 당박탈성 배고픔을 자극할 수 있다고 제안했다. 이 뉴런의 영양소가 박탈되었을 때 음식 섭취가 유발되었다. 그들은 2-DG를 **간문맥**hepatic portal vein에 주사하였다. 이 정맥은 장의 혈액을 간으로 보내므로 간문맥에 주입된 약물은 간으로 바로 들어간다(그림 11.13 참조). 연구자들은 간문맥에 포도당 대사를 방해하는 약물을 주입하면 즉각적인 음식 섭취가 유발되는 것을 발견했다. 그리고 간과 뇌를 연결하는 미주신경을 절단하면, 약물 주입이 더 이상 음식 섭취를 자극하지 않는다. 따라서 뇌는 미주신경을 통해 간에서 오는 배고픔 신호를 받는다.

이제 뇌가 그 자체에 영양소 탐지기를 가지고 있다는 증거들을 살펴보자. 뇌는 포도당만 사용하기 때문에 뇌에 있는 탐지기는 당박탈에 대해 반응해야 할 것이고, 실제로 그렇다. 예를 들어 Ritter, Dinh 및 Zhang(2000)은 연수에 포도당 대사를 방해하는 약물을 주입하면 섭식이 유발된다는 것을 발견했다. 음식 섭취와 대사 조절에 관한 연수의 역할은 이 장의 뒷부분에서 설명하겠다.

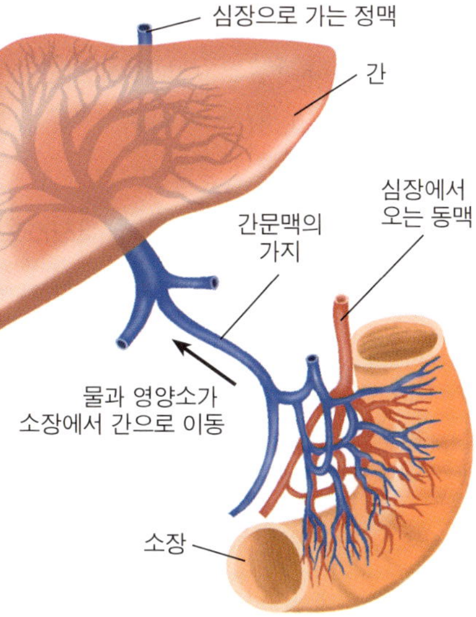

그림 11.13 간문맥의 혈액공급. 간은 이 문맥을 통해 소화계로부터 물과 무기물, 그리고 영양소를 받아들인다.

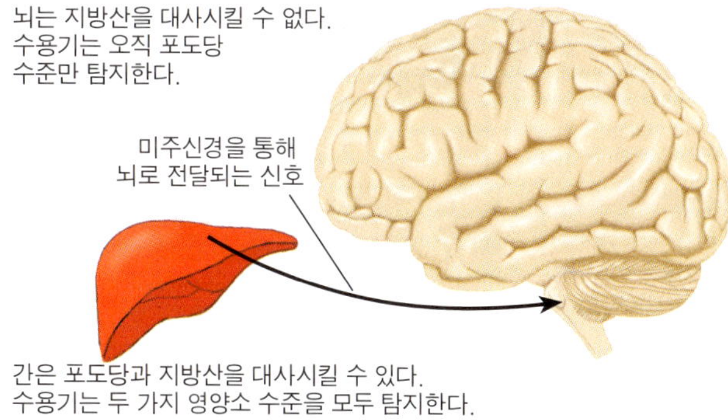

그림 11.14 영양소 수용기. 이 그림은 배고픔 신호를 탐지하는 영양소 수용기의 위치를 보여 준다.

지방박탈성 배고픔은 간에 있는 수용기에 의해서 자극되는 것으로 알려져 있다. Ritter와 Taylor(1990)는 지방박탈성 배고픔을 유도하고 미주신경을 절단하자 이 배고픔이 사라지는 것을 발견했다. 그래서 간은 포도당 또는 지방산의 이용 가능성이 낮은 것(당박탈 또는 지방박탈)을 탐지하고, 이 정보를 미주신경을 통해 뇌로 보낸다.

요약하면, 뇌는 혈뇌장벽 내에 (자신의 유일한 연료인) 포도당의 이용 가능성을 탐지하는 탐지기를 가지고 있으며, 간은 혈뇌장벽 바깥에 영양소(포도당과 지방산)의 이용 가능성을 탐지하는 탐지기를 가지고 있다 (그림 11.14 참조).

절 요약

무엇이 섭식을 시작하게 하는가?

많은 환경자극과 생리적 자극이 섭식을 일으킨다. 자연선택은 우리에게 음식 섭취를 자극하는 데는 강력한 기제를 부여하였고, 과식과 체중 증가를 막는 데는 약한 기제를 부여했다. 먹는 것과 연합된 자극들–점심 또는 저녁 식사를 알리는 시계, 음식 냄새나 모습, 또는 비어 있는 위 등–이 식욕을 증가시킨다. 위나 장의 상부가 비어 있을 때 분비되는 호르몬인 그렐린은 음식 섭취에 대한 강한 자극제이다.

포도당과 지방산 대사를 억제하는 약물을 사용한 연구들은 포도당이나 지방의 농도 저하가 모두 배고픔과 관련이 있음을 보여 준다. 즉, 동물은 당박탈과 지방박탈에 대한 반응으로 먹이를 먹으려고 한다. 보통 이 신호들은 한 끼 이상의 식사를 걸렀을 때만 나타난다. 간에 있는 수용기는 당박탈과 지방박탈을 모두 탐지하여 이 정보를 미주신경의 감각 축색을 통해 뇌로 보낸다. 또한 당박탈성 섭식은 연수에서 포도당 대사가 방해받을 때 생길 수 있다. 그래서 뇌간은 그 자체에 포도당에 민감한 탐지기를 가지고 있다.

무엇이 섭식을 멈추게 하는가?

포만 신호, 즉 식사를 멈추게 하는 신호의 원천은 두 가지이다. 단기 포만 신호는 특정 식사를 한 직접적인 결과인데, 이는 음식이 소화되기 한참 전에 일어난다. 이 신호를 찾기 위해 음식물이 소화되는 경로인 위, 소장,

간의 순서로 설명할 것이다. 이 신체부위들이 음식물이 소화, 흡수되는 과정에 대한 신호를 뇌로 보낸다. 장기 포만 신호는 장기 영양분 저장고인 지방조직에서 나온다. 이 신호는 특정 식사의 시작과 끝을 조절하지는 않지만, 장기적인 면에서 배고픔과 포만 신호에 대한 뇌기제의 민감성을 조절하여 영양 섭취를 통제한다.

위(gastric) 요인

위에는 영양소의 존재를 탐지할 수 있는 수용기가 있다. Deutsch와 Gonzalez(1980)는 쥐가 원하는 만큼 먹게 한 후 위에서 음식을 제거하면, 동물은 제거된 양을 다시 보충할 수 있는 만큼만 먹는다는 것을 발견했다. 심지어 음식 대신에 영양가가 없는 식염수로 대체하여도 쥐는 동일한 양을 먹었다. 식염수를 주입하여도 속지 않는 것으로 보아 쥐는 단순히 위 속에 있는 음식물의 부피만을 측정하는 것은 아니었다. 물론 이러한 연구는 위 속에 영양소 수용기가 존재한다는 것만을 증명하는 것이지 장에 그러한 탐지기가 없다는 것을 증명하는 것은 아니다.

장(intestinal) 요인

사실 장에도 영양소 탐지기가 있다. 십이지장에서 나오는 구심성 축색이 포도당, 아미노산, 지방산에 민감하다는 것을 보여 주는 연구들이 있다(Ritter et al., 1992). 십이지장에서 발견되는 일부 화학적 수용기들은 혀에서도 발견된다. 이 축색이 뇌에 포만 신호를 보내는 것 같다.

Feinle, Grundy 및 Read(1997)는 사람의 위에 팽창시킬 수 있는 주머니를 넣었다. 위와 십이지장이 비어 있을 때, 주머니를 팽창시켜 위를 채우면 사람은 단순히 부풀었다는 느낌만 보고하였다. 그러나 주머니가 팽창되어 있는 동안 십이지장에 지방이나 탄수화물을 주입하면 사람은 식사 후에 경험하는 포만감과 같은 느낌을 보고하였다. 따라서 위와 장의 포만 요인은 상호작용한다. 정상적인 식사 후에 위가 채워지고 소량의 영양소가 십이지장에서 흡수된다는 사실을 생각하면 놀라운 일은 아니다.

음식물이 위에 도달하면 염산 및 펩신과 혼합되는데, 펩신은 단백질을 아미노산으로 분해시키는 효소이다. 소화가 진행되면서 음식물은 점차 십이지장으로 들어간다. 그곳에서 음식물은 담즙 및 췌장 효소와 혼합되어 소화가 계속된다. 십이지장은 **콜레시스토키닌**cholecystokinin; CCK이라는 펩타이드 호르몬을 분비하여 위가 비어 있는 정도를 조절한다. 이 호르몬의 이름은 담낭(cholecyst)을 수축시켜 담즙을 십이지장으로 방출하는 데서 붙여진 것이다. (담즙은 지방을 작은 입자로 분해하여 장에서 흡수될 수 있게 해준다.) 지방이 있을 때 이에 대한 반응으로 콜레시스토키닌이 분비되는데, 지방의 존재는 십이지장의 벽에 있는 수용기에 의해 탐지된다. 콜레시스토키닌은 담낭을 수축시키는 것 외에도 유문부를 수축시키고 위 수축을 억제하여 더 많은 음식물이 십이지장으로 가지 않고 위에 머물도록 해준다.

분명히 혈중 콜레시스토키닌 수준은 십이지장이 위에서 받아들인 영양소(특히 지방)의 양과 관련이 있다. 그래서 이 호르몬은 위에서 십이지장으로 음식물이 내려왔다는 포만 신호를 뇌로 보낼 수 있다. 실제로 많은 연구에서 콜레시스토키닌 주입이 섭식을 억제하는 것으로 밝혀졌다. 그러나 콜레시스토키닌 생산을 담당하는 유전자가 표적 돌연변이된 생쥐가 정상적인 양의 음식을 먹으며 비만해지지 않는다. 아마도 펩타이드 Y-Y 분비와 같은 보충적인 기제가 동물이 과식하는 것을 막은 것 같다. 콜레시스토키닌은 뇌에 직접적으로 작용하지는 않는 대신 위와 십이지장 사이의 연결 부위에 있는 수용기에 작용한다(Moran et al., 1989).

연구자들은 위장관에서 생산되는 또 다른 화학물질이 부가적인 포만 신호로 작용한다는 사실을 발견하였다. **펩타이드 Y-Y_{3-36}**pptide Y-Y_{3-36}(지금부터 PYY라 함)이라는 이 화학물질은 한 끼 식사 후 방금 섭취한 칼로리에 비율적으로 소장에서 방출된다(Pedersen-Bjergaard et al., 1996). 영양소만이 PYY의 분비를 일으키며, 물은 아무리 많이 먹어도 효과가 없다. 쥐나 인간의 경우 마른 사람이나 비만인 사람 모두에서 PYY를 주입하면 식사량이 감소된다(Batterham et al., 2007; Schloegl et al., 2011). 덧붙여서 Stoeckel 등(2008)은 한 끼 식사 후 방출된 PYY의 양은 그 사람의 포만 정도와 정적 상관이 있는 것을 발견하였다(그림 11.15 참조).

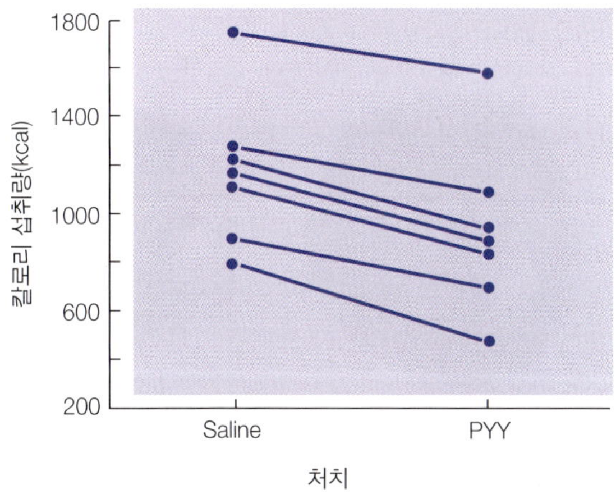

그림 11.15 PYY가 배고픔에 미치는 효과. 이 그림은 사람들이 90분간 식염수 또는 PYY를 정맥주사 맞은 후 뷔페식당에서 30분간 먹은 음식의 양(kcal)을 보여 준다. 각 피험자로부터 얻은 자료 점을 직선으로 연결하였다.

Data from Batterham, R. L., ffytche, D. H., Rosenthal, J. M., et al. *Nature*, 2007, *450*, 106–109.

간(liver) 요인

위와 십이지장 요인에 의해 발생하는 포만감은 예언적인 것이다. 즉, 이 요인은 소화계에 있는 음식물이 흡수되어 결국은 배고픔을 일으킨 체계변인을 회복시킬 것이라고 예측한다. 영양소가 장에서 흡수될 때까지는 신체세포가 연료로 사용할 수 없으며, 영양분 저장고가 채워질 수 없다. 포만의 마지막 단계는 간에서 일어나는데, 간은 음식물이 장에서 흡수되었음을 제일 먼저 알아차리는 기관이다.

간에 있는 영양소 탐지기가 포만에 어떤 역할을 담당한다는 증거는 여러 곳에서 찾아볼 수 있다. 예를 들면, Tordoff와 Friedman(1988)은 소량의 포도당과 과당을 간문맥으로 주입하였다. 이들이 사용한 양은 한 끼의 식사가 소화되었을 때 생성되는 것과 비슷한 양이었다. 이러한 처치는 간을 속여서, 두 영양소 모두 쥐의 음식 섭취량을 감소시켰다. 과당은 혈뇌장벽을 통과하지 못하고 극히 일부만이 신체세포에 의해 대사되지만, 간에서는 쉽게 대사된다. 그러므로 이 영양소에 대한 신호는 간에서 시작된 것이 틀림없다. 이러한 결과는 간이 장에서 영양소를 받아들일 때 포만을 일으키는 신호를 뇌로 보낸다는 것을 강하게 시사한다. 더 정확히 말하자면 이 신호는 위와 장에서 발생한 신호에 의해 이미 시작된 포만을 지속시킨다.

인슐린

여러분도 알겠지만, 흡수기 대사에는 혈중 인슐린의 증가가 수반된다. 인슐린은 뇌 이외의 다른 기관들이 포도당을 대사하도록 해주며, 영양소가 지방세포 속으로 들어가 트리글리세라이드로 전환될 수 있도록 한다. 또한 뇌세포는 포도당을 대사하기 위해 인슐린이 필요하지 않다는 것도 알고 있을 것이다. 그럼에도 불구하고 뇌는 인슐린 수용기를 가지고 있다(Unger et al., 1989). 이러한 인슐린 수용기의 목적은 무엇인가? 그것은 수용기가 혈액 내의 인슐린을 탐지하여 신체가 흡수기 대사 과정에 있다는 것을 뇌에다 알려 주는 것이다. 따라서 인슐린은 포만 신호로 작용한다.

인슐린은 펩타이드로서 일반적으로 뇌로 갈 수 없다. 하지만 수송기제가 인슐린을 혈뇌장벽을 통과시켜 배고픔과 포만을 조절하는 데 관여하는 시상하부의 뉴런에 도달하도록 한다. 인슐린을 제3뇌실에 주입하면 음식 섭취가 억제되고 체중 감소를 야기한다(Woods et al., 1979). 더욱이 Brüning 등(2000)은 신체의 나머지 부분에는 영향을 주지 않고 단지 뇌 속에 있는 인슐린 수용기의 합성만 차단된 돌연변이 생쥐를 만들었다. 그 생쥐는 비만해졌고, 특히 맛있고 고지방 음식을 많이 먹었는데, 이는 포만감을 촉진하는 요인 중 하나가 없을 때 예상될 수 있는 바와 같다.

장기 포만: 지방조직에서 오는 신호

지금까지 한 끼 식사 후 발생하는 단기 포만에 대해 살펴보았다. 그러나 대부분 사람의 경우 체중은 장기적으로 조절되는 것 같다. 정상보다 더 살이 찐 정도로 강제 급식을 하면, 음식 섭취량을 선택할 수 있는 조건에서는 동물 스스로 음식 섭취량을 줄인다(Wilson et al., 1990)(그림 11.16 참조). 유사한 연구들에서 고칼로리나 저칼로리 음식을 주면 동물은 음식 섭취를 적절히 조절한다는 것을 보여 주었다. 그리고 동물이 체중을 줄이는 식단을 받으면 단기 포만 요인은 훨씬 덜 효과적이게 된다

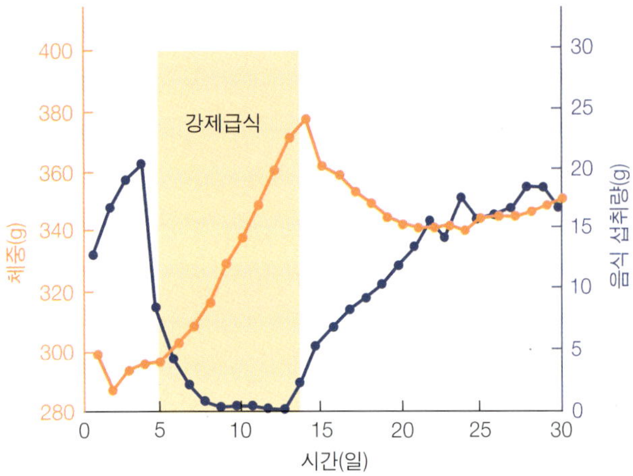

그림 11.16 강제급식의 효과. 정상적인 먹이보다 더 많은 양을 강제 급식받은 쥐는 이후 먹이 섭취량이 줄어들고, 체중이 정상으로 된 후에만 음식 섭취가 정상으로 회복되었다.

Based on research from Wilson, B. E., Meyer, G. E., Cleveland, J. C., and Weigle, D. S. *American Journal of Physiology*, 1990, *259*, R1148–R1155.)

그림 11.17 렙틴이 생쥐의 비만에 미치는 효과. 왼쪽의 비만 생쥐는 렙틴 주사를 맞지 않았고, 오른쪽 생쥐는 매일 렙틴 주사를 맞았다.

HO Agence France Presse/Newscom.

(Cabanac & Lafrance, 1991). 따라서 장기 영양분 저장고에서 오는 신호가 배고픔 또는 단기 포만 신호에 대한 뇌의 민감도를 변화시키는 것 같다.

대부분의 유기체가 체중을 비교적 일정하게 유지하도록 해주는 체계변인은 정확히 무엇인가? 체중이 저절로 조절되는 것 같지는 않다. 이 변인은 발바닥 또는 (앉아서 일하는 사람들의 경우) 엉덩이 피부에 있는 탐지기에 의해 측정되는 것 같다. 체지방과 관련이 있는 어떤 변인이 조절될 가능성이 크다. 비만과 보통 사람들 사이의 기본적인 차이는 지방조직에 저장된 지방의 양이다. 아마도 지방조직은 그곳에 지방이 얼마나 있는지에 대한 신호를 뇌에다 보내는 것 같다.

지방조직에서 오는 장기 포만 신호를 발견한 것은 유전적으로 비만인 생쥐에 대해 몇 년 동안 연구한 결과이다. **비만 생쥐**ob mouse는 대사가 저조하고 과식하여 지방을 지나치게 많이 축적한다. 또한 성숙한 후 대부분의 비만인 사람과 마찬가지로 당뇨병에 걸렸다. 여러 실험실의 연구자들이 비만의 원인을 밝혀냈다(Campfield et al., 1995; Halaas et al., 1995; Pelleymounter et al., 1995). 소위 OB라는 특정 유전인자는 정상적으로는 **렙틴**leptin(그리스어 *leptos*는 '얇은'이라는 의미이다)이라는 펩타이드를 만든다. 정상적으로 렙틴은 영양소가 많이 축적된 지방세포에서 분비된다. 유전적 돌연변이로 인해 비만 생쥐는 렙틴을 생산하지 못한다.

렙틴은 대사와 음식 섭취에 강력한 영향을 주어 항비만 호르몬처럼 작용한다. 만약 비만 생쥐에게 매일 렙틴을 주사하면 대사율과 체온이 증가하고, 더욱 활동적이 되며, 음식을 더 적게 먹는다. 결과적으로 체중은 정상적으로 돌아온다. 그림 11.17은 렙틴 주사를 맞지 않은 비만 생쥐와 주사를 맞은 비만 생쥐의 사진이다(그림 11.17 참조).

절 요약

무엇이 섭식을 멈추게 하는가?

단기 포만 신호는 식사의 양을 조절한다. 이 신호는 음식물이 위로 들어올 때 활성화되는 위 요인과, 위를 통해 십이지장으로 음식물이 지나갈 때 활성화되는 장 요인, 그리고 간문맥을 통해 전달되는 혈액 속의 새로 소화된 영양소에 의해 활성화하는 간 요인 등의 피드백이다.

위에서 오는 신호는 음식물의 부피와 화학물질에 대

한 정보들이다. 소장에서 오는 포만 신호는 십이지장이 위로부터 지방이 풍부한 음식물을 받을 때 십이지장에서 분비되는 CCK에 의해 제공된다. CCK 분비에 대한 정보는 미주신경의 구심성 축색을 통해 뇌로 전달된다. 또한 식사 후 소장에서 분비되는 펩타이드인 PYY도 포만 신호로 작용한다. 또 다른 포만 신호는 간에서 오는데, 이 신호는 장에서 간문맥을 통해 장에서 받은 영양소를 탐지한다. 끝으로 흡수기 대사와 관련하여 혈중 인슐린 농도의 증가는 뇌에 포만 신호를 제공한다.

지방조직에서 오는 신호는 단기 배고픔과 포만 신호의 효율성을 조절함으로써 장기적인 음식 섭취에 영향을 미친다. 강제급식은 포만을 촉진하고, 음식박탈은 포만을 억제한다. 비만 생쥐에 대한 연구 결과 렙틴을 발견했는데, 이 펩타이드는 영양소가 아주 많이 축적된 지방조직에서 분비되며, 동물의 대사율을 증가시키고 음식 섭취를 감소시킨다.

생각해 봅시다

1. 당신은 배고픔이 불쾌할 때가 있는가? 내가 좋아하는 음식을 기대하고 있을 때 나는 그 음식을 훨씬 더 많이 먹을 것이라는 것을 알고 배고픈 상태에 대해 염려하지는 않는다. 하지만 나는 며칠간 식사를 거른 적은 없다.
2. 동기와 강화에 대한 추동감소가설에 따르면 추동은 혐오스럽고 포만은 기분이 좋다고 한다. 배고픔을 충족시키는 것은 분명 기분 좋은 것이다. 하지만 포만을 충족시키는 것은 어떠한가? 여러분은 배고플 때 식사하는 것과 식사 후 배가 부른 느낌 중 어느 것을 더 좋아하는가?

뇌기제

비록 배고픔과 포만 신호가 소화계와 신체의 영양분 저장고에서 비롯되지만, 이들 신호의 표적은 뇌이다. 이 절에서는 음식 섭취와 대사를 통제하는 뇌기제에 대한 연구를 살펴보자.

뇌간

섭식행동은 계통발생학적으로 매우 오래된 것으로서, 분명 우리 조상들도 먹고 마시고 죽었을 것이다. 그러므로 우리는 씹고 삼키는 것과 같은 기본적인 섭식행동이 계통발생학적으로 오래된 뇌 회로에 의해 프로그램되어 있을 것이라고 추측할 수 있다. 실제로 간뇌와 중뇌 사이가 절단된 제뇌동물들도 그러한 행동을 수행한다는 연구 결과들이 있다(Norgren & Grill, 1982; Flynn & Grill, 1983; Grill & Kaplan, 1990). **제뇌술**decerebration이란 뇌간과 척수에 있는 운동뉴런을 정상적으로 그들 뉴런을 통제하는 대뇌반구의 신경회로(대뇌피질과 기저핵 등)와 차단하는 것이다. 제뇌동물이 할 수 있는 유일한 행동은 뇌간 내에 위치한 신경회로에 의해 직접 통제되는 행동뿐이다(그림 11.18 참조).

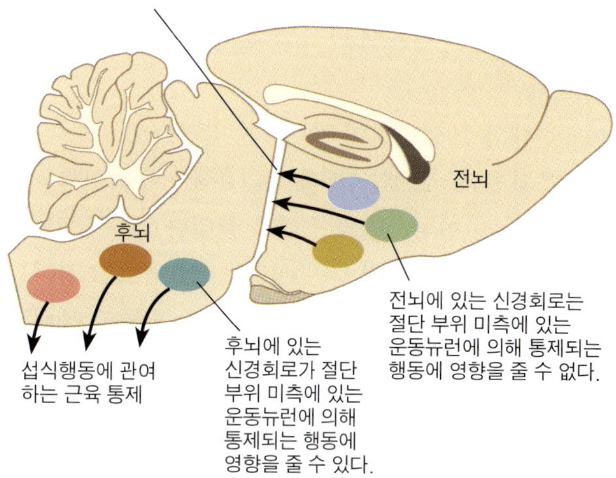

그림 11.18 제뇌. 이 수술은 섭식행동에 관여하는 근육이 후뇌기제에 의해서만 통제되도록 전뇌와 후뇌의 연결을 차단한다.

제뇌동물은 음식으로 다가가서 먹는 행동을 할 수 없으므로, 실험자가 액체상태의 음식을 동물의 입에 넣어 주어야만 한다. 제뇌동물도 여러 가지의 맛을 구분할 수 있어서 달거나 약간 짠 유동식은 마시고 삼키지만 쓴맛이 나는 것은 뱉어 버린다. 심지어 이들도 배고픔과 포만 신호에 대해 반응한다. 24시간 동안 굶은 후에는 설탕물을 더 많이 마시고, 위 속으로 설탕물을 먼저 주입받은 후에는 더 적게 마신다. 또한 이들은 당박탈에 대한 반응으로 음식을 먹기 시작한다. 이러한 결과는 배고픔과 포만 신호를 탐지하여 음식 섭취의 몇몇 측면을 통제할 수 있는 신경회로가 뇌간에 있음을 보여 주는 것이다.

연수에 있는 두 구조물인 **최후야**(area postrema)와 **고속로핵**(nucleus of the solitary tract, 지금부터 AP/NST라 함)은 혀에서 오는 미각정보와 위, 십이지장, 간의 탐지기로부터 오는 신호를 포함하여 내부 장기로부터 오는 다양한 감각정보를 받는다. 게다가 이 영역에는 뇌의 연료로 사용되는 포도당에 민감한 탐지기들이 있다. 이런 모든 정보는 섭식과 대사 조절에 더 직접적으로 관여하는 전뇌의 영역으로 전달된다. 배고픔을 유발하는 사건들이 AP/NST에 있는 뉴런의 활동을 증가시킨다는 증거가 있다. 게다가 이 영역을 손상시키면 당박탈성 섭식과 지방박탈성 섭식이 모두 중단된다(Ritter & Taylor, 1990; Ritter, Dinh, & Friedman, 1994).

시상하부

1940년대와 1950년대에 이루어진 발견으로 인하여 시상하부의 두 영역—외측핵과 복내측핵—이 섭식행동에 관심을 가진 연구자들의 주의를 끌었다. 오랫동안 연구자들은 이 두 영역이 각기 배고픔과 포만을 조절하는 것이라고 믿었다. 즉, 외측핵은 먹도록 만들고, 복내측핵은 그만 먹도록 만든다는 것이다. 기본적인 연구 결과는 다음과 같다. 외측시상하부가 파괴된 동물은 먹고 마시기를 멈추었다(Anand & Brobeck, 1951; Teitelbaum & Stellar, 1954). 같은 영역을 전기적으로 자극하면 먹기나 마시기 또는 두 행동이 모두 유발되었다. 반대로 복내측 시상하부를 손상하면 과식을 하여 비만하게 되고, 이 부위를 전기자극하면 섭식이 억제되었다(Hetherington & Ranson, 1942).

배고플 때의 역할

지난 십 년간의 연구 결과 섭식과 대사에 특별한 역할을 하는 여러 가지 펩타이드가 시상하부의 뉴런에서 생산된다는 사실이 밝혀졌다. 이런 펩타이드 가운데 두 가지, 즉 **멜라닌-응축 호르몬**melanin-concentrating hormone; MCH과 **오렉신**orexin이 외측시상하부의 뉴런에서 생산되는데, 이들 펩타이드가 배고픔을 자극하고 대사율을 낮춰서 신체의 에너지 저장을 높이고 에너지를 보존한다.

멜라닌-응축 호르몬이라는 이름은 이 호르몬이 어류나 비포유류 척추동물의 피부 색소 변화를 조절하는 역할을 한다는 점에서 유래되었다(Kawauchi et al., 1983). 포유류에서는 이것이 신경전달물질로 작용한다. 오렉신(그리스어 *orexis*에서 유래된 것으로 '식욕'이라는 의미이다)은 Sakurai 등(1998)에 의해 발견되었다. (이 펩타이드는 **하이포크레틴**으로도 알려져 있다.) 8장에서 살펴본 바와 같이 오렉신을 분비하는 뉴런이 변성되면 기면증이 유발된다. 8장에서 살펴본 증거들은 오렉신이 뇌의 수면-각성 스위치를 '각성' 위치로 유지시키는 역할을 한다고 하였다.

연구자들은 MCH와 오렉신을 **오렉시겐**(orexigens), 즉 '식욕-유발 물질'이라 한다. MCH 또는 오렉신을 측뇌실 또는 다른 뇌 영역에 주입하면 섭식이 유발된다. 만약 쥐에게 음식을 박탈하면 외측시상하부에서 MCH와 오렉신의 생산이 증가된다(Qu et al., 1996; Sakurai et al., 1998; Dube, Kalra, & Kalra, 1999). 이들 두 가지 시상하부 펩타이드 중에서 MCH가 섭식을 자극하는 데 더 중요한 역할을 한다. MCH 유전자에 돌연변이를 일으킨 생쥐 또는 MCH 수용기 길항제를 주사 받은 생쥐는 정상 생쥐보다 적게 먹고, 결과적으로 저체중이 되며(Shimada et al., 1998). 유전자 조작으로 시상하부에서 MCH가 과다하게 생산되는 생쥐는 과식하여 과체중이 된다(Ludwig et al., 2001).

MCH와 오렉신 뉴런의 축색은 동기와 운동에 관여하는 것으로 알려진 여러 뇌 구조물, 즉 신피질, 중뇌수도주변회백질, 망상체, 시상, 청반 등으로 연결된다. 또한 이 뉴런들은 자율신경계를 통제하는 척수뉴런과도 연결되어 있는데, 이는 이 물질이 어떻게 대사율에 영향을 주는가를 설명할 수 있는 것이다(Sawchenko, 1998; Nambu et al., 1999). 그림 11.19는 이 연결을 보여 주고 있다(그림 11.19 참조).

앞서 보았듯이 위가 비거나 또는 당박탈이나 지방박탈에 의한 배고픔 신호는 복강과 뇌간에 있는 탐지기에서 발생한다. 이들 신호가 외측시상하부에 있는 MCH 뉴런과 오렉신 뉴런을 어떻게 활성화시키는가? 그 과정

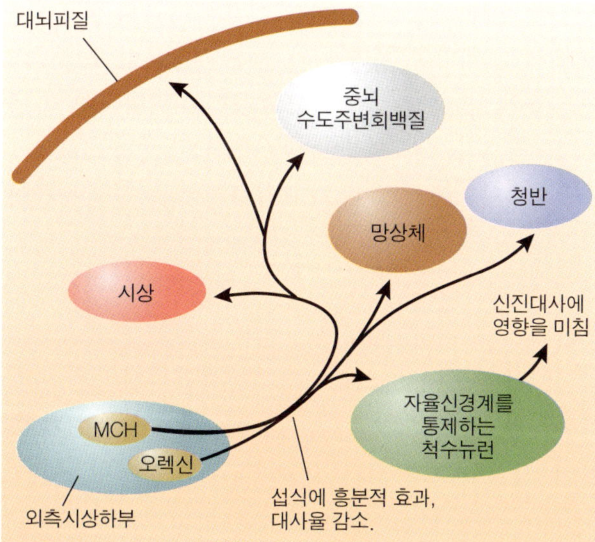

그림 11.19 뇌의 섭식회로. 이 그림은 외측시상하부의 오렉신 뉴런과 MCH 뉴런의 신경 연결을 보여 준다.

중 일부는 아주 강력한 음식 섭취 자극제인 **신경 펩타이드 Y**neuropeptide Y; NPY라는 신경전달물질을 분비하는 뉴런이 관여한다(Clark et al., 1984). NPY를 시상하부에 주입하면 게걸스럽고 격렬한 섭식행동이 유발된다.

Yang 등(2009)은 쥐에게 유전자 조작을 하여 외측시상하부에서 NPY의 생산을 증가시키면 음식 섭취가 증가되는 것을 발견하였다. 반대로 NPY의 생산을 감소시키는 유전자 조작은 선택적 교배를 통해 과식하고 비만해진 쥐의 음식 섭취와 비만, 그리고 당뇨를 감소시켰다.

NPY를 분비하는 뉴런의 세포체는 대부분 제3뇌실 바닥부분의 시상하부에 있는 **궁상핵**arcuate nucleus에 있다. 또한 궁상핵은 뇌하수체 전엽의 호르몬 분비를 조절하는 신경분비세포도 가지고 있다(그림 11.18 참조). NPY를 분비하는 뉴런은 배고픔과 포만 신호에 의해 영향을 받는다. Sahu, Kalra, Kalra(1988)는 시상하부의 NPY 수준이 음식박탈에 의해 증가하고 음식 섭취에 의해 낮아진다는 것을 발견했다. 또한 연수의 포도당-민감 뉴런도 NPY 뉴런을 활성화시킨다. Sindelar 등(2004)은 정상 생쥐에게서 당박탈이 시상하부의 NPY 분비를 증가시키는 것을 발견하였다. 그들은 또한 NPY 유전자를 표적 돌연변이시킨 생쥐에게서 당박탈에 대한 반응으로 음식 섭취에 결함이 있는 것을 발견하였다.

앞에서 살펴본 것처럼, 위에서 분비되는 그렐린은 뇌로 보내는 강력한 배고픔 신호이다. Shuto 등(2002)은 그렐린 수용기가 시상하부에서 생기지 못하도록 차단하는 표적 돌연변이를 시킨 쥐가 정상 쥐보다 먹이를 적게 먹고 체중 증가가 더 느린 것을 발견하였다. 이러한 증거는 음식 섭취를 자극하는 그렐린 수용기가 NPY 뉴런에 있음을 보여 주는 것이다(Willesen, Kristensen, Romer,1999; Nakazato et al., 2001; Van den Top et al., 2004). 그래서 두 가지 중요한 배고픔 신호인 당박탈과 그렐린은 식욕유발 NPY 뉴런을 활성화시킨다.

어떤 신경회로를 통해 NPY가 섭식과 대사 기능에 영향을 주는가? 궁상핵의 NPY 뉴런은 음식 섭취를 자극하는 외측시상하부의 MCH와 오렉신 뉴런으로 직접 축색을 보낸다(Broberger et al., 1998; Elias et al., 1998a). 또한 NPY 뉴런은 NPY 주입이 대사과정에 영향을 미치는 시상하부의 한 영역인 **실방핵**paraventricular nucleus; PVN으로도 축색을 보낸다(Bai et al., 1985).

시상하부 NPY 뉴런의 축색 종말은 신경 펩타이드 Y 이외에도 또 다른 식욕유발 펩타이드인 **아구티-관련 펩타이드**agouti-related peptide; AGRP를 방출한다(Hahn et al., 1998). 두 가지 호르몬이 함께 작용한다. NPY와 마찬가지로 AGRP는 아주 강력하고 지속적인 식욕유발 물질이다. 이 펩타이드를 쥐의 제3뇌실에 극소량만 주입하여도 음식 섭취가 6일 동안이나 증가한다(Lu et al., 2001).

다른 종류의 식욕유발 물질인 엔도카나비노이드(endocannabinoid)에 대해서도 간략하게 소개하겠다. (이 절에서 언급된 내용의 확인을 위해서는 Di Marzo and Matias, 2005와 Bellocchio, 2010을 참고하라.) 마리화나의 활성 성분인 THC의 효과 중 하나는 음식–특히 맛있는 음식–에 대한 식욕의 증가이다. 엔도카나비노이드는 THC를 흉내 내어 MCH와 오렉신 분비를 증가시킴으로써 섭식을 자극한다. (4장에서 살펴본 것처럼 카나비노이드 수용기는 종말단추에 있는데, 이것은 다른 신경전달물질의 분비를 조절한다.) 엔도카나비노이드 수준은 공복기 동안에는 높고, 섭식 중에는 가장 낮다. 엔도카나비노이드가 분비된 후 이를 분해하는 효소의 생산을 방해하는 유전적 돌연변이는 과체중과 비만을 일으킨다. 카나비노이드 효능제는 암 환자들의 식욕

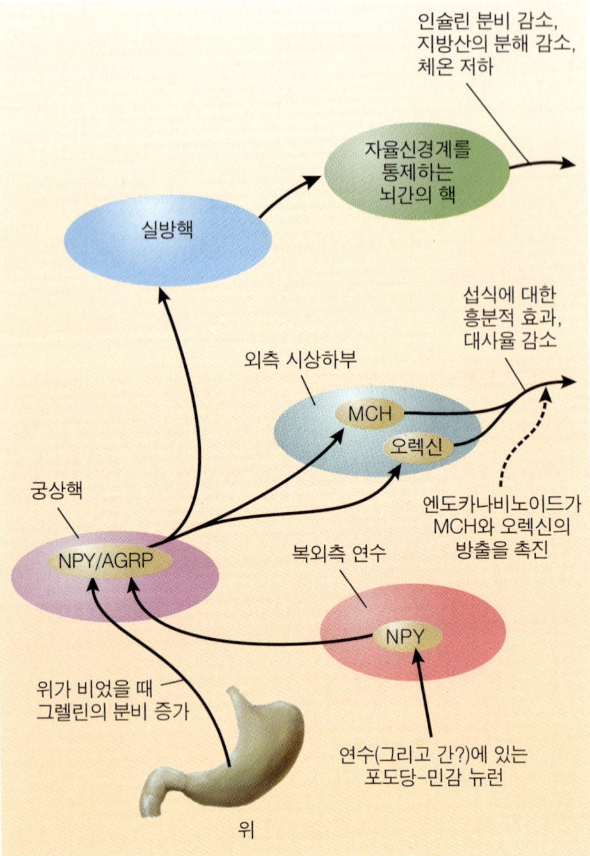

그림 11.20 뇌의 섭식회로에 대한 배고픔 신호의 작용. 이 그림은 궁상핵의 NPY 뉴런의 신경 연결을 보여 준다.

을 촉진하는 데 사용되어 왔고, 카나비노이드 길항제는 체중을 감소시키는 데 사용되어 왔다. (이 내용에 대해서는 이 장의 뒷부분에 있는 비만에 대한 절에서 더 논의할 것이다.)

요약하면 외측시상하부의 MCH 뉴런과 오렉신 뉴런의 활동은 음식 섭취를 증가시키고 대사율을 감소시킨다. 이 뉴런은 궁상핵에 있는 NPY/AGRP-분비 뉴런에 의해 활성화되며, 또한 실방핵으로 그 축색을 보내는데, 이것은 인슐린의 분비와 대사를 통제하는 데 중요한 역할을 한다. 엔도카나비노이드는 MCH와 오렉신의 방출을 증가시켜 식욕을 자극한다(그림 11.20 참조).

포만할 때의 역할

이 장의 앞에서 살펴본 바와 같이, 꽉 채워진 지방조직에서 분비되는 호르몬인 렙틴은 음식 섭취를 억제하고 동물의 대사율을 증가시킨다. 이제부터 이러한 장기 포만 신호와 배고픔에 관여하는 신경회로 간의 상호작용에 대해 살펴보자. 렙틴은 뇌, 특히 식욕유발 펩타이드인 NPY와 AGRP 뉴런에 있는 수용기와 결합하여 그 행동적 · 대사적 효과를 일으킨다.

궁상핵의 NPY/AGRP-분비 뉴런에 있는 렙틴 수용기의 활성화는 이 뉴런을 억제하는 작용을 한다(Glaum et al., 1996; Jobst, Enriori, and Cowley, 2004). 정상적으로는 NPY/AGRP 뉴런들이 오렉신과 MCH 뉴런을 활성화시키기 때문에 궁상핵에 렙틴이 존재하게 되면 이들 식욕유발 물질의 분비가 감소한다. 렙틴은 음식과 연합된 후각자극과 미각자극에 대한 민감성을 억제한다. Getchell 등(2006)은 렙틴 유전자가 없는 비만 생쥐가 정상 생쥐보다 숨겨진 먹이를 더 빨리 찾는다는 것을 발견하였다. 돌연변이 생쥐에게 렙틴을 주사하면 먹이를 찾는 데 걸리는 시간은 증가한다. 덧붙여서, Kawai 등(2000)은 렙틴이 설탕과 사카린에 대한 단맛 수용기의 민감도를 감소시키는 것을 발견하였다.

궁상핵 안에는 두 가지 다른 펩타이드-분비 뉴런이 있는데, 이 두 가지 뉴런은 모두 **식욕억제 물질**(anorexigens)로 작용한다. Douglass, Mckinzie와 Couceyro(1995)는 **CART** cocaine-and amphetamine-regulated transcript라는 펩타이드를 발견하였다. 동물에게 코카인이나 암페타민을 주입하면 CART 수준이 증가하는데, 이는 코카인이나 암페타민이 식욕을 억제한다는 사실과 관계가 있다. CART 뉴런은 포만에 아주 중요한 역할을 한다. 만약 동물에게 먹이를 박탈시키면 CART 수준을 감소한다. CART를 뇌실에 주입하면 NPY에 의해 자극된 먹기를 포함하여 먹기가 억제되는 반면에 CART 분자를 파괴하는 CART 항체를 주입하면 먹이 먹기가 증가한다(Kristensen et al., 1998).

CART 뉴런은 궁상핵에 있으며, 그 축색은 여러 영역으로 연결된다(Koylu et al., 1998). 섭식행동과 관련하여 가장 중요한 연결은 실방핵과의 연결과 외측시상하부의 MCH 뉴런과 오렉신 뉴런과의 연결이다. CART 뉴런은 실방핵과의 연결을 통해 대사율을 증가시키고, MCH 뉴런과 오렉신 뉴런을 억제하여 섭식을 억압하는 것 같다. CART 뉴런은 흥분적 효과를 일으키는 렙틴 수용기도 가지고 있는데, 그래서 CART-분비 뉴런은 렙틴의 포만 효과에도 약간 관여하는 것 같다(Elias et al.,

1998b).

두 번째 식욕억제물질인 **알파-멜라닌세포-자극 호르몬**α-melanocyte-stimulating hormone; α-MSH 역시 CART 뉴런에서 방출된다. 이 펩타이드는 **멜라노코르틴-4 수용기**melanocortin-4 receptor; MC4-R의 효능제로서, 이 수용기와 결합되면 섭식이 억제된다. NPY 뉴런은 섭식을 자극하는 AGRP를 방출한다는 것을 기억할 것이다. α-MSH와 AGRP 모두 MC4-R과 결합한다. 그러나 (이전 절에서 본 것처럼) AGRP는 MC4 수용기와 결합하여 섭식을 일으키는 반면에, α-MSH가 MC4 수용기와 결합하여 섭식을 억제한다. CART/α-MSH 뉴런은 렙틴에 의해 활성화되고, NPY/AGRP 뉴런은 렙틴에 의해 억제된다. (세부적인 것은 Elmquist, Elias, & Saper, 1999와 Wynne, Stanley, & McGowan, 2005를 참고하라.) 그래서 렙틴의 수준이 높으면 식욕억제물질인 CART와 α-MSH의 방출이 자극되고 식욕유발물질인 NPY와 AGRP의 방출은 억제된다. 렙틴의 수준이 낮으면 반대 효과를 일으킨다. 식욕억제 CART/ α-MSH 뉴런은 활성화되지 않고 식욕유발 NPY/ AGRP 뉴런은 억제되지 않는다.

이 장의 앞부분에서 식욕억제 펩타이드인 PYY에 대해 언급했는데, 이 펩타이드는 방금 섭취한 칼로리에 비례해서 위장관에 있는 세포에서 생산된다고 하였다. PYY는 시상하부 궁상핵에 있는 NPY/AGRP 뉴런의 억제성 자가수용기와 결합한다. PYY가 이 수용기와 결합하면 NPY와 AGRP의 방출이 억제되고 음식 섭취가 억제된다(Batterham et al., 2002).

요약하면, 렙틴은 궁상핵에 있는 뉴런의 수용기와 결합하여 그것의 포만 효과 중 일부를 일으키는 것으로 밝혀졌다. 렙틴은 NPY/AGRP 뉴런을 억제하여 섭식을 억제하고, 대사율의 감소를 방지한다. 또한 렙틴은 CART/α-MSH 뉴런을 활성화시켜 외측시상하부의 MCH 뉴런과 오렉신 뉴런을 억제하고 식욕자극 효과를 방지한다. 식사 직후 위장관에서 방출되는 PYY는 식욕유발 NPY/AGRP 뉴런을 억제한다(그림 11.21 참조).

유식에 대한 식욕은 식욕유발 요인과 식욕억제 요인

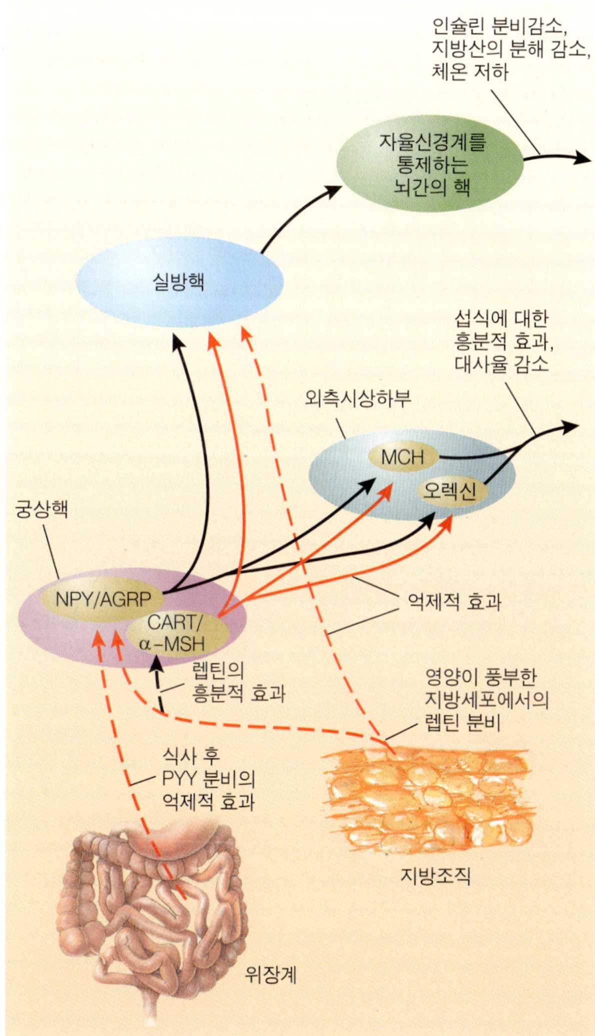

그림 11.21 배고픔과 포만에 관여하는 시상하부 뉴런들에 대한 포만 신호의 작용.

간의 균형에 의해 통제된다. 그렐린이 NPY/AGRP 뉴런을 활성화시켜 직접적으로 식욕을 증가시키는 것을 보았다. 또한 그렐린은 CART/α-MSH 뉴런을 억제하여 이들 펩타이드의 식욕억제 효과를 감소시킨다(Cowley et al., 2003). 또 다른 식욕자극 펩타이드인 오렉신도 CART/α-MSH 뉴런을 억제한다(Ma et al., 2007). 그래서 두 가지 중요한 식욕유발 펩타이드가 식욕억제 펩타이드의 활동을 억제한다.

절 요약

뇌기제

뇌간에는 단맛 또는 쓴맛이 나는 음식을 섭취하거나 거부하는 것을 조절할 수 있고 심지어는 포만이나 또는 포도당 대사의 감소나 소화계 내에 음식의 존재와 같은 생리적 배고픔 신호에 의해 조절될 수 있는 신경회로가 있다. 최후야와 고속로핵(AP/NST)은 혀, 위, 소장, 그리고 간으로부터 신호를 받아 전뇌의 여러 영역으로 정보를 보낸다. 이 신호는 음식 섭취를 조절하기 위해 서로 도우며 상호작용한다. AP/NST를 손상시키면 당박탈성 섭식과 지방박탈성 섭식이 모두 방해를 받는다.

외측시상하부에는 섭식을 증가시키고 대사율을 감소시키는 두 가지 뉴런 집단이 있다. 이들 뉴런은 펩타이드인 오렉신과 MCH(멜라닌-응축 호르몬)를 분비한다. 먹이 박탈은 이들 펩타이드의 분비를 증가시키고, MCH가 표적 돌연변이가 된 생쥐는 먹이를 적게 먹는다. 이들 뉴런의 축색은 동기, 운동, 대사에 관여하는 뇌 영역과 연결되어 있다.

외측시상하부에서 신경 펩타이드 Y의 방출은 게걸스런 먹기 행동을 일으키는데, 이러한 효과는 NPY-분비 뉴런과 오렉신, MCH 뉴런 간의 연결에 의해 일어난다. 시상하부에 있는 NPY 뉴런은 연수에 있는 포도당-민감 뉴런으로부터 입력을 받는다. 또한 이 뉴런은 그렐린의 혈중 농도가 높을 때 활성화된다. 실방핵에 NPY를 주입하면 대사율이 감소된다. 동물의 경우 먹이가 박탈되면 NPY 수준이 증가하고 먹이를 먹게 되면 다시 감소한다. 또한 NPY 뉴런은 AGRP라는 펩타이드를 방출한다. AGRP는 NPY와 마찬가지로 MC4 수용기에 길항제로 작용하여 섭식을 자극한다. 마리화나의 활성 성분인 THC의 효과를 모방하는 엔도카나비노이드도 MCH와 오렉신의 방출을 증가시켜 섭식을 촉진한다.

속이 꽉 찬 지방조직에서 분비되는 장기 포만 호르몬인 렙틴은 뇌가 배고픔 신호에 둔감하도록 한다. 렙틴이 시상하부의 궁상핵에 있는 수용기와 결합하면 NPY-분비 뉴런을 억제하여 대사율을 증가시키고 섭식을 억제한다. 그러나 지방조직의 상실을 나타내는 렙틴 수준의 감소는 지방조직이 증가를 나타내는 렙틴 수준의 증가보다 훨씬 더 강력한 배고픔 신호이다. 또한 궁상핵에는 섭식을 억제하는 펩타이드인 CART를 분비하는 뉴런도 있다. 이들 뉴런은 렙틴에 의해 활성화되고, 외측시상하부에 있는 MCH와 오렉신 뉴런과 억제적 연결을 하고 있다. 또한 CART 뉴런은 α-MSH라는 펩타이드를 분비하는데, 이 펩타이드는 MC4 수용기에 효능제로 작용하여 섭식을 억제한다. 그렐린은 NPY/AGRP 뉴런을 활성화시켜 배고픔을 자극하고, CART/α-MSH 뉴런을 억제하여 포만 신호를 억제한다. 위장관에서 방출되는 식욕억제 펩타이드 PYY는 NPY와 AGRP의 방출을 억제한다.

비만

비만은 심각한 의학적 결과를 초래할 수 있는 광범위한 문제이다. 미국에서는 남성의 67%, 여성의 62% 정도가 체질량지수(BMI) 25를 초과하는 과체중이다. 비만을 BMI 30 이상으로 정의할 때 과거 20여 년 동안 비만 인구는 2배로 증가하였으며, 청소년들의 경우 3배로 증가하였다. 또한 가계 수입이 증가함에 따라 개발도상국에서도 비만이 증가하고 있다. 예를 들어, 지난 10년 동안 중국 도시지역 청소년들의 비만은 8배까지 증가하였다(Ogden, Carroll, & Flegal, 2003; Zorrilla et al., 2006). 비만으로 인한 건강상의 문제로 잘 알려진 것으로는 심혈관계 질환, 당뇨병, 뇌졸중, 관절염, 그리고 몇 가지 암 등이 있다. 100년 전에는 40세 이하의 사람에서 제2형 당뇨병이 거의 없었다. 그러나 소아 비만이 늘어나면서 이제는 10세 아동에게까지 제2형 당뇨병이 나타나고 있다(그림 11.22 참조).

가능한 원인

무엇이 비만을 유발하는가? 나중에 살펴보겠지만 유전적 차이—음식 섭취를 통제하는 내분비계와 뇌기제의 발달에 미치는 효과—가 극단적 비만인 사람들의 대부분의 사례와 관련이 있는 것으로 밝혀졌다. 그러나 앞

특히 산업화 사회에서 비만의 급증은 심각한 건강 문제를 일으킨다. 이러한 증가는 아마도 값이 싼 고칼로리 음식을 쉽게 먹을 수 있는 등의 라이프스타일의 변화 때문일 것이다.

Robin Nelson/PhotoEdit, Inc.

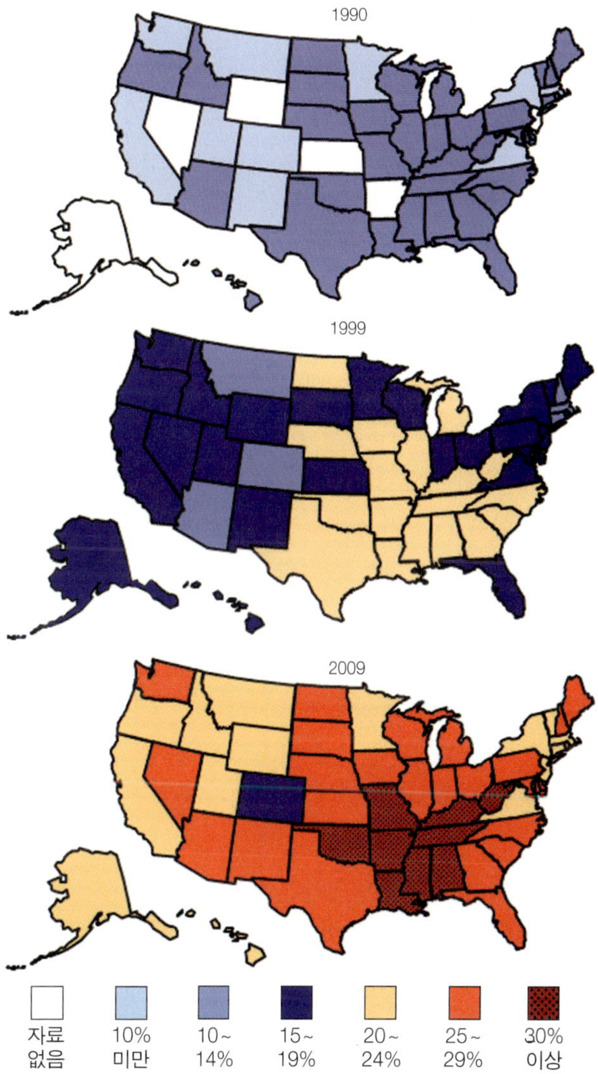

그림 11.22 미국에서 비만 발생분포.

Based on data from the Centers for Disease Control and Prevention.

서 본 바와 같이 비만의 문제는 최근 들어 점점 커지고 있다. 분명히 유전자의 문제만으로 이러한 증가를 설명할 수는 없다. 그 대신 우리는 사람들의 행동에 변화를 일으키는 환경적 원인을 살펴보아야만 한다.

체중은 칼로리 섭취와 에너지 소비라는 두 가지 요인 간의 차이 때문이다. 만약 우리가 열이나 일로 소비하는 것보다 더 많은 칼로리를 섭취하면 체중은 증가하지만, 우리가 섭취하는 것보다 더 많이 소비하면 체중은 감소한다. 현대 산업사회에서는 값이 싸고, 간편하고, 맛있고, 지방이 많은 음식을 쉽게 이용할 수 있어서 음식 섭취의 증가를 촉진한다. 패스트푸드 음식점이 근처에 널려 있고, 주차하기도 편리하며 (심지어 자동차를 탄 채 음식을 주문하고 받는 경우에는 주차할 필요도 없으며), 최근에는 패스트푸드 음식점에서 제공하는 음식의 양도 증가하고 있다. 사람들은 값싼 패스트푸드 음식점에서 더 많이, 더 자주 먹기 시작했다.

물론 패스트푸드 음식점이 비만 발생을 증가시키는 유일한 환경요인은 아니다. 젊은 학생들이 편의점이나 자판기, 심지어는 학교 매점에서 사 먹는 간식도 고칼로리, 고지방 음식과 당도가 높은 음료들이다. 사실 교장은 학교수입 때문에 자판기 설치를 환영하기도 한다. Bray, Nielsen, 그리고 Popkin(2004)이 지적한 것처럼, 소프트 음료, 과일 음료, 향이 있는 요거트, 과자나 빵 등 제조 음식에 들어 있는 과당이 많은 시럽도 비만에 기여한다. 포도당과 달리 과당은 인슐린의 분비를 자극하지 않고, 렙틴의 생산을 증가시켜 뇌의 포만기제를 활성화시키지 못한다(Teff et al., 2004). 1994~1996년까지의 조사 결과 2세 이상 미국인들의 하루 평균 과당 섭취량이 318kcal인 것으로 나타났다. 지금은 이 수치보다 훨씬 더 높을 것이 확실하다.

비만 발생의 증가에 기여하는 또 다른 요인은 사람들의 에너지 소비 변화이다. 신체적 활동이 아주 많이 요구되는 직업에 종사하는 사람들의 비율이 상당히 감소하였는데, 이는 이전보다 평균적으로 음식을 더 적게 먹어야 함을 의미한다.

체중의 개인차는—아마도 대사기제, 활동수준, 또는

식욕 등의 생리적 차이를 반영하는-유전적 토대를 많이 가지고 있다. 쌍둥이 연구 결과 체지방의 변산성의 40~70%는 유전적 차이 때문인 것으로 밝혀졌다. 또한 쌍둥이 연구 결과 고칼로리 음식 또는 저칼로리 음식을 주었을 때의 체중 증가 또는 체중 감소 정도에 유전적 효과가 매우 큰 것으로 밝혀졌다(Bouchard et al., 1990; Hainer et al., 2001). 그래서 유전이 개인의 대사 효율성에 영향을 준다고 할 수 있다. 그러나 최근까지 인간 비만에 영향을 주는 유전자 변이는 단지 두 개만 발견되었는데, MC4 수용기 유전자와 FTO 유전자(지방 양과 비만-관련 유전자)이다. FTO 유전자는 에너지 균형과 관련된 시상하부 영역, 즉 PVN과 궁상핵에 작용하는 효소의 생산을 부호화하고 있다(Olszewski et al., 2009; Willer et al., 2009). 145명의 연구자에 의해 이루어진 대규모 연구(Willer et al., 2009)에서 BMI와 관련된 여섯 개의 유전자 위치를 새로 발견하였다. 그러나 이 유전자들은 매우 희귀해서 그중 어느 것도 전체 비만의 발병을 설명할 수 없다. 비만에 대한 유전성이 매우 높은 것은 각각 BMI에 조금씩 영향을 주는 많은 유전자의 효과가 합쳐진 것으로 설명해야만 한다. 어떤 경우든, 우리는 오늘날의 비만과 제2형 당뇨병에 대해 유전자 탓만 할 수는 없다. 인간 게놈은 지난 몇십 년 동안에 바뀌지 않았다. 결국, 최근의 비만 증가에 대한 가장 그럴듯한 설명은 값싸고, 맛있고, 칼로리가 높은 음식을 많이 먹고 운동을 덜 하기 때문이라는 것이다.

자동차에 따라 연료의 효율이 다르듯이 유기체도 마찬가지로 유전적 요인이 효율성에 영향을 준다. 예를 들어, 먹이가 근육으로 전환되는 효율성을 근거로 농부는 소, 돼지, 닭 등을 사육하고, 연구자는 똑같은 이유로 쥐를 사육한다(Pomp & Nielsen, 1999). 사람도 마찬가지로 효율성에 차이가 있다. 대사가 효율적인 사람은 여분의 칼로리가 남아 장기 영양소 저장고에 저장되기 때문에 저장고가 불어나지 않도록 하는 것이 매우 힘들다. 연구자들은 이런 조건을 '절약 표현형(thrifty phenotype)'이라 한다. 반대로 대사가 비효율적인 사람들('낭비 표현형': spendthrift phenotype)은 많이 먹어도 살이 찌지 않는다. 연료의 효율성이 높은 자동차는 바람직하지만, 연료 효율성이 높은 신체는 최소한 음식이 싸고 풍부한 환경에서는 비만이 될 위험이 크다.

역학 연구 결과 대사 효율성에 대한 유전적 요인의 중요성이 밝혀졌다. Ravussin 등(1994)은 미국 남서부와 멕시코 북서부에 사는 두 집단의 피마(Pima) 인디언을 연구하였다. 두 집단의 사람들은 동일한 유전적 배경을 가지고 있는 것으로 나타났다. 그들은 똑같은 언어를 사용하고, 동일한 역사적 전통을 가지고 있다. 두 집단은 약 700~1,000년 전에 분리되어, 이제는 아주 다른 환경에서 살고 있다. 미국 남서부의 피마 인디언은 고지방의 미국식 음식을 먹고, 남성과 여성을 합친 평균 체중이 90kg이었다. 반면에 멕시코 피마 인디언의 생활 습관은 그들의 선조들과 비슷하다. 멕시코 피마 인디언은 오랜 시간 동안 생계유지를 위한 농사일을 하고, 저지방 음식을 먹으며, 평균 체중은 64kg이었다. 미국 피마 인디언의 콜레스테롤이 멕시코 인디언보다 훨씬 더 높았으며, 미국 피마 인디언의 당뇨병 발병률이 5배 이상 높았다. 이러한 결과는 효율적 대사를 촉진하는 유전인자가 섭취한 칼로리보다 더 많은 일을 하는 사람에게는 이득이 되지만, 동일한 유전인자가 신체활동이 덜 요구되고 고칼로리 음식이 싸고, 풍부한 환경에 사는 사람에게는 불리한 것이 된다.

앞서 보았듯이 비만 생쥐에 대한 연구 결과 살찐 지방조직에서 분비되는 호르몬인 렙틴을 발견하게 되었다. 현재까지 연구자들은 가족력이 있는 비만의 몇몇 사례는 렙틴의 생산 또는 렙틴 수용기 생산과 관련이 있는 유전인자의 돌연변이로 인해 렙틴이 없기 때문인 것으로 밝혔다(Farooqi & O'Rahilly, 2005). 렙틴이 결핍된 환자들에게 렙틴을 주사하면 체중 변화에 굉장한 효과가 있다(그림 11.23 참조). 그러나 불행하게도 렙틴 수용기가 없는 사람들에게는 렙틴이 효과가 없다. 어쨌든 렙틴이나 렙틴 수용기의 유전자 돌연변이는 매우 드물기 때문에 매우 많은 비만 사례를 설명할 수는 없다. 이러한 희귀한 사례를 제외하면 렙틴은 비만에 효과적인 치료제로 입증되지 않았다. 게다가 비만인 사람들은 이미 혈액 내 렙틴의 농도가 높기 때문에 추가적인 렙틴은 음식 섭취나 체중변화에 효과가 없다. 다시 말하자면 비만인 사람은 **렙틴 저항성**을 보인다는 것이다.

그러나 여러 연구자는 혈중 렙틴 수준이 떨어지는 것이 배고픔 신호로 간주된다고 제안하였다. 음식박탈은 혈중 렙틴 수준을 감소시켜서 NPY/AGRP 뉴런에 대한

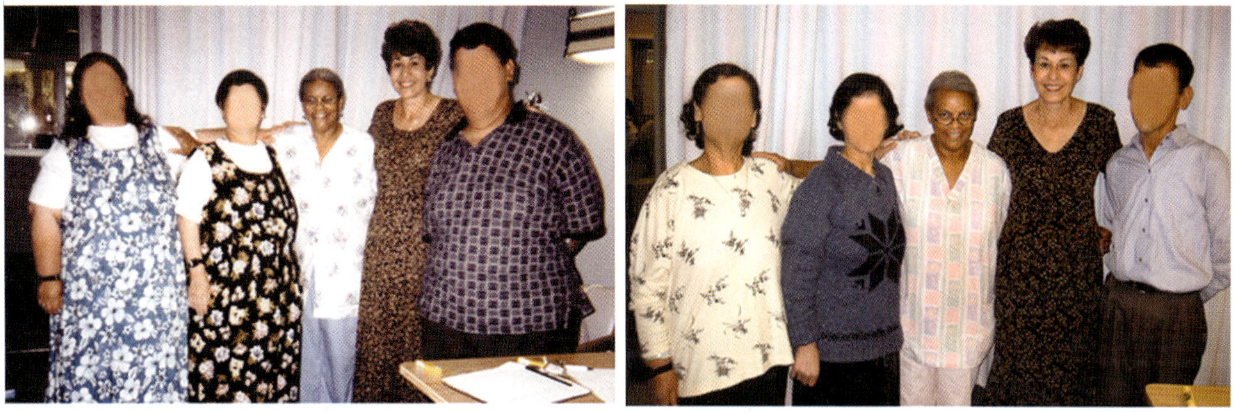

(a) (b)

그림 11.23 유전적 렙틴 결핍. 이 사진은 유전적으로 렙틴이 결핍된 3명의 환자들이 치료를 받기 전(a)과 18개월 동안 렙틴 치료를 받은 후(b)의 모습이다. 사생활 보호를 위해 환자들의 얼굴을 가렸다. 비교의 목적으로 두 명의 정상 체중 간호사의 모습을 제시했다.

Licinto, J., Caglayan, S., Ozata, M., et al. *Proceedings of the National Academy of Science*, *USA*, 2004, *101*, 4531–4536.

억제적 영향과 CATR/α-MSH 뉴런에 대한 흥분적 영향을 제거한다. 즉, 렙틴 수준이 낮으면 식욕유발 펩타이드의 방출은 증가하고, 식욕억제 펩타이드의 방출은 감소한다. 그리고 Flier(1998)는 절약형 대사기제를 가진 사람은 높은 수준의 렙틴에 저항성을 보이고, 그래서 장기간 체중이 증가한다고 하였다. 이와 대조적으로 낭비형 대사기제를 가진 사람은 렙틴 저항성을 보이지 않기 때문에 렙틴 수준이 올라가면 음식을 적게 먹는다.

치료

비만은 치료가 매우 힘들다. 다이어트 서적, 헬스장, 그리고 체중 감소 프로그램이 호황을 누린다는 사실은 사람들이 체중을 줄이기가 아주 어렵다는 것을 입증해 주는 것이다. 더 정확하게 말하자면 많은 프로그램이 처음에는 체중 감량에 효과를 보이지만 곧 다시 체중이 증가하게 된다. Kramer 등(1989)은 15주간의 행동적 체중 감량 프로그램에 참여했던 사람들 중 프로그램에 참여하는 동안 달성했던 체중을 4~5년 후에도 유지하는 사람은 3% 이하에 불과하다고 보고하였다.

비만의 원인이 무엇이든 대사에서는 섭취하는 칼로리가 소모하는 칼로리보다 많으면 체지방이 증가하게 된다. 비만인 사람들은 소모하는 칼로리를 높여 정상 체중으로 돌리는 것이 어렵기 때문에 대부분의 치료법은 섭취 칼로리를 줄이려는 것이다. 비만인 사람들은 지속적으로(즉, 평생) 칼로리 섭취를 줄이는 것이 매우 어렵기 때문에 약간은 극단적인 방법을 개발하게 되었다. 이 절에서 비만인 사람들이 적게 먹도록 하기 위해 개발된 수술, 약물, 행동적 방법을 소개할 것이다.

외과의사들은 비만인 사람들의 체중 감량에 도움을 주기 위한 방법을 개발하였다. 그들은 한 끼 식사 동안 먹을 수 있는 음식의 양을 줄이거나 또는 장에서 칼로리가 흡수되는 것을 방해하기 위한 소위 **비만 수술**(bariatric surgery)이라는 시술법을 개발하였다. 이 시술은 위나 소장 또는 그 두 곳 모두에서 행해진다.

가장 효과적인 비만 수술은 특별한 형태의 위 우회술인 **위장문합술**(Roux-en-Y gastric bypass; RYGB)이다. 이 시술은 위의 위쪽 끝 부분에 작은 주머니를 만든다. 공장(소장의 두 번째 부분으로 십이지장의 바로 아래쪽)을 잘라 위쪽 끝 부분을 위장의 주머니에 연결한다. 결과적으로 위장을 작게 만들고 축소된 위장의 내용물이 십이지장을 우회하여 공장으로 들어가게 만드는 것이다. 십이지장으로 분비된 소화효소는 소장의 상부를 거치지 않고 위장 주머니에서 바로 내려온 음식물과 만나게 된다(그림 11.24 참조).

위장문합술 시술은 때때로 철분과 비타민 B12 결핍을 유발하기도 하지만 매우 효과적인 것으로 보인다. 미국에서만 매년 약 20만 명의 사람들이 비만 수술을 받

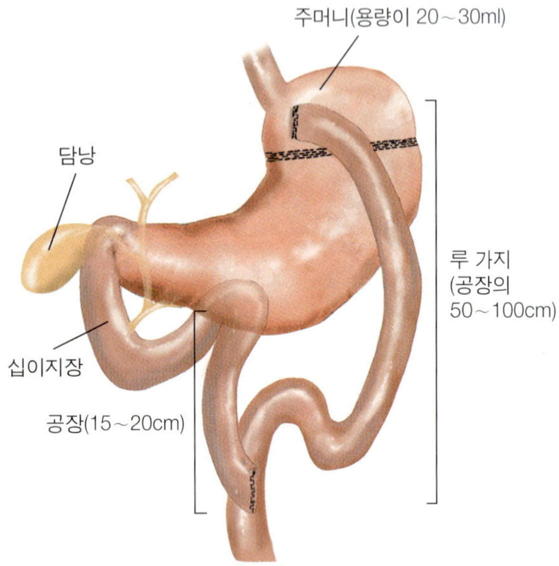

그림 11.24 위장문합술(RYGB). 이 수술은 그렐린의 분비를 거의 완전하게 억제한다.

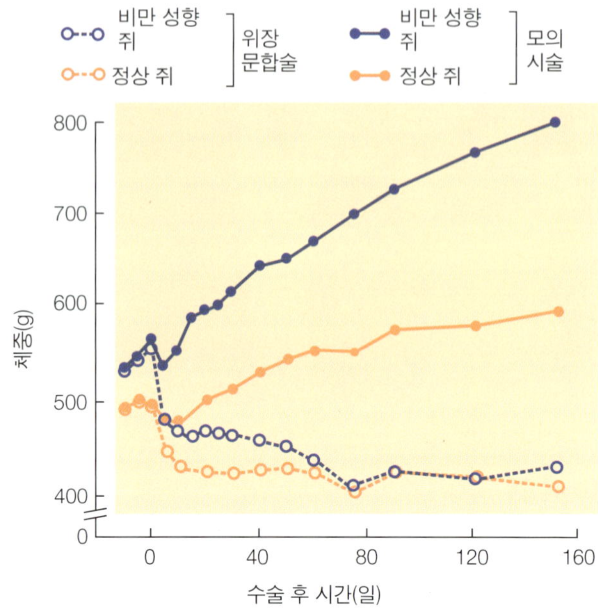

그림 11.25 쥐에게 위장문합술 시술을 한 효과. 유전적으로 비만해지기 쉬운 쥐가 위장문합술 수술을 받은 후 먹이 섭취가 감소하고 체중이 줄었다. 나중에는 그 쥐의 체중이 모의시술을 받은 정상 쥐와 같아졌다.

Data from Shin, A. C., Zheng, H., Pistell, P. J., and Berthoud, H. R. *International Journal of Obesity*, 2011, *35*, 642-651.

는다. Brolin (2002)은 수술 후 비만 환자들의 초과 체중의 65~75%가 감소하였으며, 처음 체중의 약 35% 정도가 감소하였다고 보고했다. 체중 감량이 적었던 환자들도 고혈압과 당뇨가 줄어든 것을 포함하여 건강이 증진되었다. Maggard 등(2005)은 147개의 연구들을 대상으로 메타분석한 결과 RYGB 수술 후 체중이 1년 후 평균 43.5kg, 3년 후 41.5kg 정도 감소한 것으로 보고하였다. 비록 음식박탈에 대한 생물학적 반응이 매우 강하지만—성공적으로 체중을 줄인 비만인에게서 볼 수 있는 것처럼—RYGB 수술이 이런 변화를 일으키지는 않는다. 대신에 수술 후 그들은 배고픔을 덜 느끼고 운동을 더 많이 한다고 보고하였다(Berthoud, Shin, and Zheng, 2011). Berthoud와 동료들은 이러한 결과가 '사실이라고 하기 에는 너무 좋은' 것이라고 지적하였다. 그러나 다른 형태의 큰 수술과 마찬가지로 가끔씩 (사망을 포함하여) 역효과가 나타나지만, 수술 부작용의 비율은 수술 경험이 평균치보다 높은 외과의사에게서 가장 낮았다(Smith et al., 2010).

RYGB 수술이 성공을 거둔 한 가지 중요한 이유는 그렐린의 분비를 방해하기 때문인 것으로 보인다. 또한 이런 수술이 혈중 PYY의 수준을 증가시킨다(Chan et al., 2006; Reinehr et al., 2007). 이런 변화가 모두 음식 섭취를 감소시킬 것이라 기대할 수 있다. 그렐린의 감소는 배고픔을 감소시키고, PYY의 증가는 포만을 증가시킨다. 그렐린의 분비 감소에 대한 그럴듯한 설명은 소장의 윗부분과 위장 사이의 소통이 차단되었기 때문인데, 앞에서 본 것처럼 비록 그렐린이 위에서 분비되지만 소장 상부가 이 분비를 통제하기 때문이다. 아마도 수술을 통해 음식물이 소장까지 도달하는 시간이 빨라졌기 때문에 PYY가 더 많이 분비되었을 것이다.

Suzuki 등(2005)은 RYGB 수술을 받은 쥐가 (모의수술을 받은 쥐보다) 적게 먹고, 체중이 감소하고, 그렐린의 수준이 감소하고, PYY 수준이 증가하는 것을 발견하였다. 그림 11.25는 두 종의 쥐, 정상 쥐와 과식하게 사육하여 비만이 된 쥐에서 나타난 RYGB 수술의 효과를 보여 준다(Shin et al., 2011). 그림에서 볼 수 있듯이, 먹이를 자유롭게 먹을 수 있는 우리에서 사육했을 때 정상 쥐도 체중이 증가하였지만, 비만 수술을 한 경우 두 종의 쥐 모두가 체중 증가가 억제되었다(그림 11.25 참조).

보다 덜 과격한 비만 치료법인 운동은 상당히 유익하

다. 앞에서 언급한 것처럼 신체활동의 감소는 과체중 사람들의 수가 증가하는 중요한 원인이다. 운동은 칼로리를 태워 없애는 것은 물론 대사율에 대해 유익한 효과가 있는 것으로 보인다. Bunyard 등(1998)은 6개월간 에어로빅에 참여한 중년 남성의 경우, 비만 남성은 5%, 마른 남성은 8%, 그들의 체지방이 줄고 에너지 요구량이 증가한 것을 발견하였다. (대사의 효율성 감소는 체중 증가를 방지하기 쉽다는 의미이다.) 또한 Gutin 등(1999)은 운동이 비만 아동들의 체지방을 줄이고 골밀도를 증가시키는 부가적인 효과가 있는 것을 발견하였다. Hill 등(2003)은 대부분의 사람이 하루에 단 100kcal만 운동으로 소모시켜도 체중 증가를 막을 수 있다고 하였다. 매일 14분 정도 걷는 것 같은 작은 행동의 변화만 있으면 된다. 물론 사람들이 운동 프로그램에 참여하도록 납득시키기 쉽다면, 비만 발생은 상당히 낮아질 것이다.

또 다른 형태의 비만치료법인 약물치료는 제약회사들의 적극적인 연구 프로그램의 주제이다. 약물이 체중 감소에 도움을 주는 방식은 세 가지인데, 음식 섭취량을 줄이거나, 먹은 음식물 중 일부의 소화를 막거나, 또는 대사 효율을 높이는 것(즉, '낭비 표현형'을 제공하는 것)이다. 불행하게도, 부작용이 없이 성공적으로 음식 섭취를 감소시키는 약물은 아직까지 시중에 판매되지 않고 있다.

몇몇 세로토닌성 길항제는 섭식을 억제한다. Bray(1992)는 관련 문헌을 조사한 결과 이들 약물이 체중 감량에 효과가 있을 수 있다는 결론을 내렸다. 그러나 이러한 목적으로 가장 널리 사용되는 약물인 펜플루라민은 폐고혈압과 심장 판막의 손상 등 심각한 부작용이 발견되어 미국에서 판매가 중지되었다(Blundell & Halford, 1998). 펜플루라민은 5-HT 분비를 자극하는 작용을 한다. 다른 약물인 시부트라민도 섭식에 비슷한 치료적 효과를 보이지만, 그 약을 복용한 사람들에 대한 연구 결과 심장마비와 뇌졸중의 발병률이 증가하는 것으로 밝혀졌고, 그래서 이 약도 시장에서 퇴출되었다(Li and Cheung, 2011).

또 다른 약물인 오르리스타트(orlistat)는 소장의 지방 흡수를 방해한다. 그 결과 섭취한 음식 중 일부 지방은 소화기관을 거쳐 배설물로 배출된다. 가능한 부작용은 소화되지 않은 지방이 항문으로 빠져나오는 것이다(얼마나 불쾌한가!). Hill 등(1999)은 이중맹목과 위약통제를 한 연구 결과 오르리스타트가 보통의 체중 감량 프로그램에 참여하여 줄인 몸무게를 유지하는 데 도움을 준다는 것을 발견했다. 위약을 투여받은 사람은 줄었던 체중이 다시 늘어나는 경향이 강했다.

앞에서 언급한 것처럼 마리화나가 맛있는 음식에 대한 탐욕을 일으킨다는 사실을 토대로 엔도카나비노이드가 식욕유발 효과가 있다는 것이 밝혀졌다. CB1 카나비노이드 수용기를 차단하는 약물인 리모나반트(rimonabant)라는 약물은 식욕을 억제하여 체중이 유의미하게 감소하였고, 혈중 트리글리세라이드와 인슐린이 감소하였으며, HDL(좋은 콜레스테롤) 수준이 증가하였고, 이에 반하는 부작용은 극히 적은 것으로 밝혀졌다(Di Marzo & Matias, 2005). 그러나 후속연구 결과 리모나반트 복용이 우울장애, 불안, 자살 위험 증가 등과 관련이 있는 것으로 알려지면서 더 이상 비만치료제로 사용할 수 없게 되었다(Christensen et al., 2007). 16장에서 살펴보겠지만 리모나반트는 금연에도 도움을 주는 것으로 밝혀졌다. 비록 이 약물이 금연 목적으로 승인된 것은 아니지만, 그 효과로 보아 음식을 갈망하는 것처럼 니코틴에 대한 갈망이 뇌에서의 엔도카나비노이드의 분비와 관련이 있다.

앞에서 살펴본 것처럼 식욕은 NPY, MCH, 오렉신, 그리고 그렐린 수용체의 활성화에 의해 자극될 수 있으며, 렙틴, CCK, CART, 그리고 MC4 수용기의 활성화에 의해 억제될 수 있다. 또한 이러한 대부분의 식욕유발 물질과 식욕억제 물질은 대사에도 영향을 미친다. 식욕유발 물질은 대사율을 감소시키고, 식욕억제 물질은 대사율을 증가시킨다. 덧붙여서 **비결합 단백질**uncoupling protein은 영양소가 지방세포로 전환되는 대신 열로 전환시켜 영양수를 태워버린다. 이러한 발견이 비만의 치료에 희망을 줄 수 있을까? 연구자들이 이들 수용기를 자극하거나 차단하는 약물을 발견하여 사람들의 식욕을 감소시키고 칼로리를 저장하는 대신 태워버리는 비율을 높일 수 있는 가능성은 있을까? 이러한 약물을 구입하려는 사람들이 매우 많은 것을 알기 때문에 제약회사들은 이러한 작용을 하는 약물 개발에 힘을 기울이고 있다. 만약 우리가 배고픔 신호와 포만 신호, 그리고 섭식에 의해 제공되는 강화와 관련된 생리적 기제에 대해 더 많이 알게 된다면, 우리는 섭식을 촉진하는 신호를 줄이고 섭식을 중단시키는 신호를 강화시키는 안전하고 효과적인 약물을 개발할 수 있을지도 모른다.

절 요약

비만

비만은 심각한 건강상의 문제를 야기한다. 앞에서 본 것처럼 자연선택은 우리에게 강한 배고픔 기제와 약한 장기 포만기제를 주었다. 비만은 유전적 요인이 강하다. 어떤 사람들은 유전적으로 절약형 대사기제를 가지고 있어서 체중을 줄이기가 힘들다. 미국에 사는 많은 피마 인디언들이 고지방 음식을 먹고 비만이 되며, 나중에 당뇨병이 생겼다. 이와 대조적으로 힘든 농사일을 하고 저지방 음식을 먹는 멕시코 피마 인디언들은 마르고 비만 발생률이 아주 낮다.

인간 비만은 일부 가계에서만 유전적으로 렙틴 또는 렙틴 수용기가 없는 것과 관련이 있다. 대개 비만인 사람들은 혈중 렙틴의 농도가 아주 높다. 그러나 이들은 렙틴의 혈뇌장벽 투과율이 낮아 이 펩타이드의 효과에 대해 저항을 보인다. 심각한 비만의 가장 중요한 유전적 원인은 MC4 수용기를 생산하는 유전자와 FTO 유전자이다. MC4 수용기는 식욕유발 물질인 AGRP와 식욕억제 물질인 α-MSH에 대해 반응하며, FTO 유전자는 에너지 균형에 관여하는 시상하부 영역에 작용하는 효소를 부호화하고 있다. 덧붙여서, 렙틴 또는 렙틴 수용기의 생산을 담당하는 유전자의 돌연변이가 비만을 일으킨다.

연구자들은 비만을 치료하기 위해 다양한 수술요법, 행동요법, 약물요법 등을 시도하였으나, 아직까지 만병통치약을 찾지 못하였다. 특수한 형태의 위 우회술인 RYGB시술이 가장 성공적인 비만 수술이었다. 이 수술의 효과는 아마도 그렐린 분비를 억제하고 PYY 분비를 자극하기 때문일 것이다. 미래의 비만 치료법에 대한 최선의 희망은 약물이다. 처음에는 두 가지 약물이 비만 치료에 희망적인 조짐이 약간 나타났다. 세로토닌 효능제인 펜플루라민과 카나비노이드 길항제인 리모나반트가 식욕을 억제하는 것으로 밝혀졌지만, 부작용 때문에 사용이 금지되었다. 현재 많은 제약회사들이 비만 치료제를 개발하기 위해 이 장에서 소개된 식욕촉진제와 식욕억제제에 대한 연구 결과를 응용하려고 애쓰고 있다.

이 절과 앞의 절에서 섭식과 대사를 통제하는 데 중요한 역할을 하는 여러 가지 신경 펩타이드와 말초펩타이드에 대해 언급하였다. 표 11.1에 이러한 화합물에 대한 정보를 요약해 놓았다(표 11.1 참조).

생각해 봅시다

사람들이 공공연하게 받아들이는 편견 가운데 하나가 뚱뚱한 사람을 싫어하는 것이다. 대사의 유전적 차이가 비만의 중요한 원인임을 고려할 때, 이러한 편견은 과연 공정한 것인가?

신경성 거식증과 신경성 폭식증

섭식장애가 있는 대부분의 사람은 과식하는 경향이 있다. 그러나 어떤 사람들, 특히 젊은 여성들은 정반대의 문제를 가지고 있다. 즉, 그들은 거의 아사할 정도까지 아주 적게 먹는데, 이러한 장애를 **신경성 거식증**anorexia nervosa이라 한다. 또 다른 섭식장애인 **신경성 폭식증**bulimia nervosa은 음식 섭취를 통제하지 못하는 것이 특징이다[*bulimia*는 그리스어 *bous*(숫소)와 *limos*(배고픔)에서 유래된 것이다]. 신경성 폭식증 환자들은 주기적으로 폭식하는데, 특히 오후와 저녁에 후식이나 스낵 등의 음식물을 게걸스럽게 먹는다. 이런 과식 후에는 흔히 인위적으로 구토를 하거나 설사약을 복용하고 우울감과 죄의식을 느낀다. 폭식증의 일화는 일부 신경성 거식증 환자에게도 나타날 수 있다. 신경성 거식증의 발병률은 0.5~2% 정도로 추정되며, 신경성 폭식증의 발병률은 1~3% 정도로 추정된다. 여성이 남성보다 거식증에 걸릴 확률이 10~20배 더 높으며, 폭식증에 걸

표 11.1 섭식과 대사 조절에 관여하는 신경 펩타이드와 말초펩타이드

신경 펩타이드				
이름	**세포체의 위치**	**종말단추의 위치**	**다른 펩타이드와 상호작용**	**생리적 · 행동적 영향**
멜라닌 응축 호르몬(MCH)	외측시상하부	신피질, 중뇌수도주변회백질, 망상체, 시상, 청반, 교감신경계를 통제하는 척수뉴런	NPY/AGRP에 의해 활성화, 렙틴과 CART/α-MSH에 의해 억제	먹기, 대사율 감소
오렉신	외측시상하부	MCH 뉴런과 유사	NPY/AGRP에 의해 활성화, 렙틴과 CART/α-MSH에 의해 억제	먹기, 대사율 감소
신경 펩타이드 Y(NPY)	시상하부의 궁상핵	실방핵, 외측시상하부의 MCH 뉴런과 오렉신 뉴런	그렐린에 의해 활성화, 렙틴에 의해 억제	먹기, 대사율 감소
아구티-관련 단백질(AGRP)	시상하부의 궁상핵(NPY와 함께 있음)	NPY 뉴런과 같은 부위	렙틴에 의해 억제	먹기, 대사율 감소, MC4 수용기의 길항제 역할
코카인과 암페타민을 조절하는 물질(CART)	시상하부의 궁상핵	실방핵, 외측시상하부, 중뇌수도주변회백질, 교감신경계를 통제하는 척수뉴런	렙틴에 의해 활성화	먹기 억제, 대사율 증가
알파-멜라닌세포 자극 호르몬(α-MSH)	시상하부의 궁상핵(CART와 함께 있음)	CART 뉴런과 같은 부위	렙틴에 의해 활성화	먹기 억제, 대사율 증가, MC4 수용기의 효능제 역할

말초펩타이드			
이름	**생성 장소**	**활성화 장소**	**생리적 · 행동적 영향**
렙틴	지방조직	NPY/AGRP 뉴런을 억제, CART/α-MSH 뉴런을 자극	먹기 억제, 대사율 증가
인슐린	췌장	렙틴과 유사	렙틴과 유사
그렐린	소화계	NPY/AGRP 뉴런을 활성화	먹기
콜레시스토키닌(CCK)	십이지장	유문에 있는 뉴런	먹기 억제
펩타이드 YY_{3-36}(PYY)	소화계	NPY/AGRP 뉴런을 억제	먹기 억제

릴 확률도 10배 정도 더 높다(Klein과 Walsh, 2004의 연구를 참조하라).

가능한 원인

거식증(anorexia)의 사전적 의미는 식욕의 상실이지만, 이 장애가 있는 사람들은 일반적으로 음식에 흥미가 많다. 그들은 다른 사람이 먹을 수 있도록 음식을 만들기를 즐기며, 조리법을 찾고, 심지어 자신이 먹지 않는 음식을 저장하기도 한다. 비록 거식증이 음식에 미치는 효과는 분명하지 않지만, 거식증 환자는 살찌는 데 대한 강한 공포를 가지고 있으며, 심지어 위험한 수준까지 야위어도 계속해서 음식을 먹지 않는다. 많은 사람이 자전거 타기, 달리기 또는 일정한 속도로 걷기 등의 운동

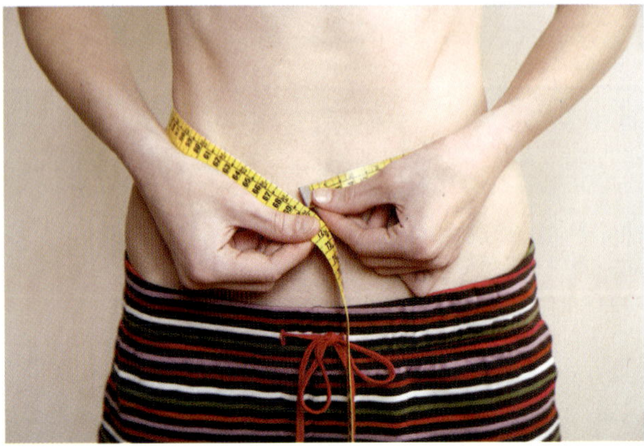

신경성 거식증은 젊은 여성에게 가장 많이 발생한다.

OLIVE/Glow Images.

을 한다.

거식증은 매우 심각한 장애이다. 5~10%의 환자는 자살 또는 다른 질병과의 합병증으로 사망하였다. 많은 거식증 환자들은 골다공증을 앓고 있으며 골절상을 쉽게 입는다. 거식증 여성의 체중 감소가 아주 심해지면 월경이 중단된다.

많은 연구자들과 임상가들은 신경성 거식증과 신경성 폭식증이 정신장애의 증상이라고 한다. 그러나 증거는 그 반대인 것 같다. 섭식장애의 증상은 굶주림의 실제 증상이다. Ancel Keys와 동료들(Keys et al., 1950)은 반쯤 굶주린 상태의 효과를 관찰하기 위하여 미네소타 대학에서 신체적, 심리적으로 건강한 젊은 남성 36명을 모집하여 연구하였다. 연구 참가자들은 6개월 동안 평소에 먹던 양의 50%만 먹었으며, 그 결과 그들의 원래 체중의 약 25%가 감소되었다. 연구 참가자들은 체중이 감소하자 음식에 심취하여 먹거나, 의례적으로 먹거나, 변덕스러운 기분, 인지 수행 결함, 체온 감소와 같은 생리적 변화 등 여러 가지 장애 증상을 보이기 시작했다. 그들은 음식과 음식이 아닌 물건을 비축하기 시작했고 왜 자신이 사용할 수 없는 물건을 비축하려고 했는지 설명하지 못했다. 우선 그들은 게걸스러워졌는데, 그들이 고립되었을 때만 그러하였다. 그리고 그들은 성적 관심을 상실하였고, 심지어 "젊은 남성에게서 정상적으로 나타나는 성적 긴장과 좌절로부터 자유로운 것을 좋아했다"(Keys et al., p. 840).

신경성 거식증 환자들에게서 나타나는 음식과 체중 감소에 대한 강박과 충동적인 의식행동은 강박-충동 장애와 관련이 있을 가능성을 시사한다. 그러나 이러한 강박과 충동이 (이전에는 그런 증상을 보이지 않았던) 미네소타 대학 연구의 참가자들에게도 나타났는데, 이는 강박과 충동이 섭식장애의 원인이 아니라 결과임을 시사해 주는 것이다.

거식증과 반쯤 굶주린 상태 모두에서 기분 변화, 우울, 불면과 같은 증상이 나타난다. 거식증 환자의 자살 비율은 그렇지 않은 사람보다 높다(Pompili et al., 2004). 미네소타 대학 연구의 참가자들은 아무도 자살하지 않았지만, 한 사람은 자신의 손가락 3개를 잘랐다. 이 참가자는 "나는 이제까지보다 훨씬 더 우울해졌다……. 나는 (이 실험)에서 떨어져 나와 이 침울함에서 벗어나는 것만 생각했다. 나는 손가락 몇 개를 자르기로 결심했다……. 이미 계획되었다."라고 하였다(Keys et al., 1950, pp. 894-895).

폭식이 거식증의 증상이지만, 아주 천천히 먹는 것 또한 증상이다. 거식증 환자들은 한 끼 식사를 하는 데 매우 꾸물거리는 경향이 있는데, 미네소타 대학 연구 참가자들도 그렇게 하였다. "몇몇 사람들은 굶주림이 끝나갈 때쯤 예전에는 몇 분 만에 먹던 한 끼 식사를 하는데 거의 두 시간이 걸릴 정도로 꾸물거렸다"(Keys et al., 1950, p. 833).

앞서 본 것처럼 과도한 운동도 거식증의 두드러진 증상이다(Zandian et al., 2007). 실제로 Manley, O'Brien, 그리고 Samuels(2008)는 많은 운동 지도자들이 그들의 수강생 중의 일부가 섭식장애를 가지고 있다는 것을 알고 있으며 그런 사람들을 자신의 강습에 참여시키는 것에 대한 윤리적 또는 법적 문제에 대해 관심을 가지고 있다는 것을 발견하였다.

동물을 대상으로 한 연구는 활동 증가가 실제로 공복의 결과임을 보여 주었다. 쥐에게 하루에 한 시간만 먹이에 접근할 수 있게 했더니, 그 쥐는 쳇바퀴 달리기를 점점 더 많이 하고 체중이 감소하여 결국 쇠약해져 사망하였다(Smith, 1989). Nergårdh 등(2007)은 쥐를 개별 우리에 넣었다. 그 우리 중 몇 개에는 쥐의 달리기 활동을 측정할 수 있도록 쳇바퀴를 부착시켰다. 우리에 적응된 후 동물들이 하루에 한 번 한 시간 동안 또는 24시간 내내(먹이 제한이 없는 조건) 음식에 접근할

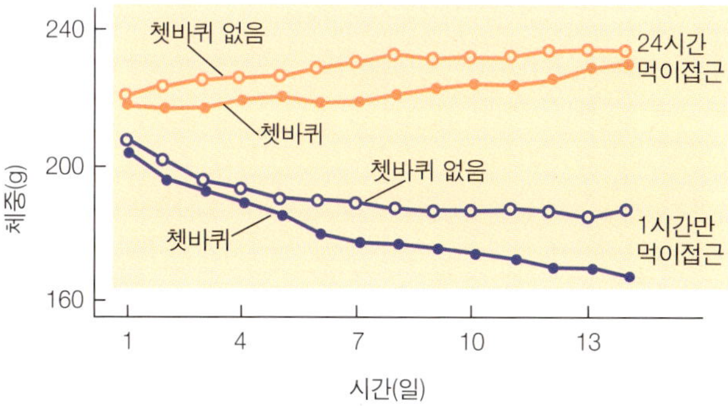

그림 11.26 활동, 먹이 제한, 그리고 체중 감소. 이 그림은 하루에 한 시간 또는 24시간 먹이에 접근할 수 있도록 한 쥐의 체중 변화를 보여 준다. 쳇바퀴에 접근할 수 있는 쥐, 특히 하루 한 시간만 먹이를 먹을 수 있도록 한 쥐들은 달리기를 많이 하고 체중이 감소하였다.

Data from Nergårdh, R., Ammar, A., Brodin, U., et al. Psychoneuroendocrinology, 2007, 32, 493-502.

수 있도록 하였다. 쳇바퀴가 있는 우리에서 제한급식을 받은 쥐는 달리기에 더 많은 시간을 보내기 시작했다. 사실 먹이 제한을 가장 많이 받은 쥐가 달리기도 가장 많이 하였다. 분명히 이 동물은 쳇바퀴가 없는 우리에서 사육된 동물보다 체중이 더 많이 감소했기 때문에 이러한 달리기의 증가는 역효과를 낳는 것이다(그림 11.26 참조).

반쯤 굶주림으로 인한 쥐들의 활동증가에 대한 한 가지 설명은 먹이가 없을 때 먹이를 찾으려는 선천적 경향성을 반영한다는 것이다. 정상적으로는 쥐들이 환경을 탐색하고 먹이를 찾는 활동에 시간을 보내지만, 우리에 갇혀 있기 때문에 쓸모없는 쳇바퀴 달리기만 하게 된다. 굶은 쥐가 활동을 많이 한다는 사실은 거식증 환자와 배고픈 겨울 동안의 극단적인 조건에 처한 사람의 과도한 활동은 체중-감소 전략이 아니라 굶주림의 증상임을 암시하는 것이다.

거식증 환자는 혈중 NPY 수준이 높다. 이 장의 앞에서 본 것처럼, 정상적으로는 NPY가 음식 섭취를 자극한다. Nergårdh 등(2007)은 NPY를 뇌실 내부에 주입하면 제한급식을 받은 쥐의 달리기 시간이 더욱 증가하는 것을 발견했다. 정상적으로는 NPY가 음식 섭취를 자극하지만 (먹이 제한이 없는 조건의 쥐처럼), 먹이가 제한된 조건하에서는 NPY가 쳇바퀴 달리기 활동을 자극한다.

이제 여러분은 거식증을 먼저 다루었는지 궁금할 것이다. 만약 거식증 증상이 대부분 굶주림의 증상이라면, 무엇이 굶주림을 이끄는 행동을 시작하게 하는가? 단순한 대답은 아직까지 잘 모른다는 것이다. 한 가지 가능성은 이러한 행동을 일으키는 유전적 소인이 있다는 것이다. 주로 쌍둥이 연구에서 나온 증거는 유전적 요인이 신경성 거식증의 발병에 중요한 역할을 한다는 것이다(Russell and Treasure, 1989; Walters and Kendler, 1995; Kortegaard et al., 2001). 사실, 신경성 거식증의 발병의 변산 중 58~76%가 유전적 요인의 통제하에 있는 것으로 나타났다(Klein and Walsh, 2004). 덧붙여서, 신경성 거식증의 발병은 미숙아로 태어난 소녀 또는 출산과정에서 출생 외상을 입은 소녀에게서 매우 높은데(Cnattingius et al., 1999), 이는 유전과는 관계없는 생물학적 요인이 어떤 역할을 할 것이라는 점을 시사한다. 아마도 젊은 여성들 (일부 젊은 남성들)은 그들이 이상적이라고 지각하는 체중에 근접하려고 다이어트를 한다. 일단 그들이 이 과정에 들어가면 체중을 줄이기 시작하고, 생리적, 내분비적 변화가 일어나 앞에서 보았던 굶주림의 증상들을 일으키고, 잔혹한 순환이 시작된다. 사실 Keys와 동료들은 미네소타 대학 연구가 끝나고 참가자들이 정상적인 식사를 할 수 있도록 허용했을 때 그들 중 일부는 거식증의 증상을 보였으며, 다이어트 행동에 참여하고, 자신의 복부와 허벅지에 있는 지방에 대해 불평하는 것을 발견했다(Keys et al., 1950). 이러한 현상은 음식에 대한 엄격한 제한이 거식증의 유전적 소인을 가진 사람들에게 거식증을 일으킬 수 있다는 것을 시사한다.

신경성 거식증이 주로 젊은 여성에게서 나타난다는 사실은 생물학적 설명과 사회적 설명을 모두 촉발시켰다. 대부분의 심리학자는 사회적 설명을 선호하는데, 대부분의 현대 산업사회에서—특히 여성들에게—마른 몸매를 강조하는 것이 거식증과 관련 있다고 한다. 또 다른 가능한 원인은 사춘기 때 나타나는 호르몬의 변화일 수 있다. 원인이 무엇이든, 젊은 남성과 여성은 단기간의 굶주림에 대해 다르게 반응한다. Södersten, Bergh, 그리고 Zandian(2006)은 고등학생들에게 정오에 자신의 실험실을 방문하게 하고 그들에게 점심식사로 그들이 먹고 싶은 음식을 모두 먹을 수 있도록 해주었다. 일주일 후 다시 실험실로 오게 하였다. 이때는 전날 점

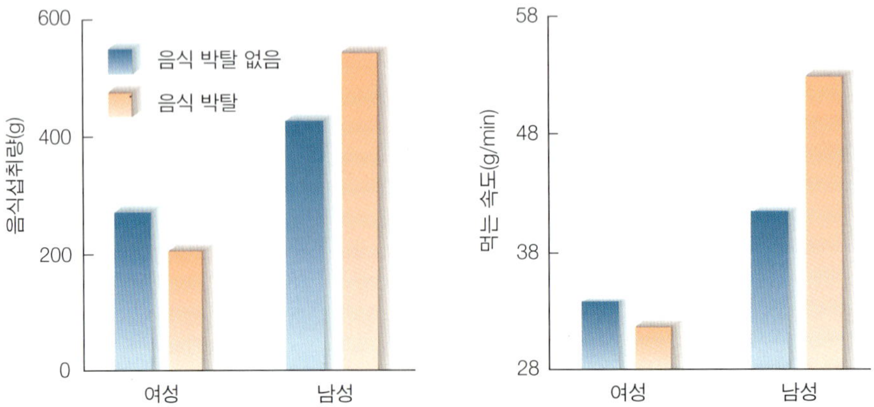

그림 11.27 공복에 대한 젊은 남성과 여성의 반응. 이 그림은 24시간 음식박탈 후 또는 정상적인 시간에 식사를 하고 난 이후 점심 뷔페에서 젊은 남성과 여성이 섭취한 음식량과 먹는 속도를 보여 준다.

Data from Södersten, P., Bergh, C., and Zandian, M. Hormones and Behavior, 2006, 50, 572-578.

심 이후에 단식하도록 하였다. 그러자 남학생들은 처음 방문 때 먹었던 것보다 더 많은 음식을 먹었다. 그러나 여학생들은 처음보다 더 적게 먹었다(그림 11.27 참조). 분명히 여성들은 음식을 더 많이 먹음으로써 음식 박탈 기간을 보상하기가 더 어려웠다. 이 저자들은 "다이어트가 여성, 특히 신체활동이 많은 여성에게는 위험할 수 있으므로 음식을 더 많이 먹을 필요가 있다."라고 지적하였다(p. 575).

치료

거식증은 성공적으로 치료하기가 매우 어렵다. 많은 임상가가 가장 효과적이라고 생각하는 인지행동치료의 성공 비율은 50% 미만이며, 1년 치료기간 동안 재발 비율이 22%이다(Pike et al., 2003). Steinhausen(2002)은 메타분석 결과 지난 50년 동안 거식증 치료의 성공 비율이 개선되지 않았다고 하였다. Ben-Tovim(2003)에 따르면, "섭식장애의 치료와 효과에 대한 대부분의 문헌은 방법론적 강점이 부족하거나 역학론적 원리를 무시하였다. 치료 효과에 대한 믿을 만한 증거가 없어서 거식증과 신경성 폭식증에 대한 원천적인 집중 치료를 보호하기가 점점 더 어려워졌고, 이들 장애의 원인에 대한 현재의 이론도 효과적인 예방 프로그램을 개발하기에 구체성이 너무 없으므로 새로운 모델이 시급히 요구된다"(p. 65).

연구자는 정상인이나 실험동물의 식욕을 증가시키는 여러 약물을 사용하여 신경성 거식증을 치료하려고 시도했는데, 예를 들면 아드레날린성 α_2 수용기를 자극하는 약물, L-DOPA, THC(마리화나의 활성 성분), 항정신병 약물 등을 사용하였다. 그러나 불행히도 이 약물 중 어느 것도 거식증 치료에 도움이 되지 않았다(Mitchell, 1989). 아무튼 거식증 환자가 일반적으로 음식물에 대해 강박적이라는 (그리고 신경 펩타이드 Y와 그렐린 수준이 높다는) 사실은 이 장애가 배고픔을 느끼지 않기 때문에 생기는 것이 아님을 시사한다. 신경성 폭식증의 경우에는 보다 운이 좋은데, 몇몇 연구에서 플루옥세틴과 같은 세로토닌 효능제가 이 장애의 치료에 도움을 줄 수 있는 것으로 나타났다(Advokat & Kutlesic, 1995; Kaye et al., 2001). 그러나 플루옥세틴은 거식증 환자에게는 효과가 없다(Attia et al., 1998).

Bergh, Södersten, 그리고 동료들(Zandian et al., 2007; Court, Bergh, and Södersten, 2008)은 거식증에 대한 새롭고 매우 효과적인 치료 프로토콜을 개발하였다. 환자에게 이상적인 음식 섭취시간과 그들의 실제 섭취시간을 볼 수 있도록 컴퓨터와 연결된 전자저울 위에 음식접시를 올려놓고 음식을 빨리 먹도록 훈련시켰다. 식사 후 환자를 따뜻한 방으로 데려가서 그들의 불안과 활동수준을 감소시켰다.

신경성 거식증과 신경성 폭식증은 심각한 질병으로, 그 원인을 밝히는 것은 학문적인 것보다 더 중요한 의미를 갖는다. 우리는 섭식 및 대사에 대한 생물학적, 사회적 통제와 충동적 행동의 원인에 관한 연구가 이처럼 난해하고 위협적인 장애를 이해하는 데 도움이 되기를 바란다.

절 요약

신경성 거식증/신경성 폭식증

신경성 거식증은 심한 경우 생명을 빼앗을 수도 있는 위험한 장애이다. 거식증 환자들이 먹는 것을 회피하지만, 때때로 음식을 탐닉하기도 한다. 신경성 폭식증은 주기적으로 과식을 하고, 구토를 하며 저체중이다. 반면에 신경성 거식증은 강한 유전적 요소가 있으며 주로 젊은 여성에게서 나타난다.

일부 연구자들은 거식증의 증상–음식에 심취하여 먹거나, 의례적으로 먹거나, 변덕스러운 기분, 과도한 운동, 인지 수행 결함, 체온 감소와 같은 생리적 변화 등–이 굶주림의 증상이지 거식증의 원인이 아니라고 믿는다. 약 60여 년 전에 이루어진 한 연구 결과 몇 개월 동안 반쯤 굶주린 상태가 되면 이전에 건강했던 사람도 비슷한 증상을 보이는 것으로 밝혀졌다. 만약 쥐에게 매일 제한된 시간 동안만 먹이를 먹을 수 있도록 먹이 제한을 해 주면, 쥐가 쳇바퀴가 달린 우리에 있는 경우 쳇바퀴 달리기를 훨씬 더 많이 하고, 그 결과 먹이를 적게 먹고 체중이 감소한다. 이러한 반응은 자연환경에서 먹이를 찾기 위한 탐색활동의 증가를 반영하는 것이며 또한 공복기 동안 떨어진 체온을 올리기 위한 시도를 반영하는 것이다. 정상 청소년을 대상으로 한 연구 결과 24시간 동안의 공복기 후 음식을 더 많이 먹는 게 아니라 여성의 경우 오히려 더 적게 먹는 것으로 밝혀졌는데, 이는 여성은 음식이 박탈된 기간을 보충하기 어렵다는 것을 시사한다. 아마도 일정 기간의 다이어트는 일부 젊은 여성에게 굶주림과 그로 인한 증상이 반복되는 잔혹한 주기가 시작되게 만든다. 이러한 발견을 근거로 만들어진 치료 프로토콜이 환자가 거식증을 극복하는 데 도움을 줄 수 있다는 조짐을 보인다. 연구자는 식욕을 증가시키는 약물로 거식증을 치료하고자 노력했으나, 어떤 약물도 도움이 되지 않았다. 그러나 우울증 치료에 사용되는 세로토닌 효능제인 플루옥세틴이 폭식증 증상을 억제하는 데 도움을 준다.

생각해 봅시다.

의심할 여지없이, 거식증은 환경적 원인과 생리적 원인을 모두 가지고 있다. 이 장의 마지막 절을 읽은 후, 여러분은 이 장애의 발생에서 성차(실제로 거식증환자의 대부분은 여성이다)의 원인이 무엇이라고 생각하는가? 전적으로 사회적 요인(사회에서 날씬한 것을 강조하는 것과 같은)에 의한 것이라고 생각하는가, 아니면 생물학적 요인이 중요한 역할을 한다고 생각하는가?

맺는말 | 만족할 줄 모르는 식욕

이 장의 머리말에서 언급한 것처럼 캐리는 태어날 때부터 어떠한 건강상의 상태 때문에 고통을 받았다. 그녀는 연약한 아기였으며 양육도 힘들었고 좁은 이마와 아몬드 모양의 눈, 약간의 사시, 얇은 윗입술, 작은 손발, 그리고 아래로 접힌 입과 같은 심한 신체장애를 보였다. 그녀는 아동기 초기에 과식하기 시작하여 비만이 되었다. 다른 행동들도 바뀌었는데 그녀는 성질이 불 같았고 피부를 뜯는 강박행동을 보였으며 약간의 정신지체 증상도 보였다.

캐리의 이러한 원인은 유전적이다(Wattendorf and Muenke, 2005; Bittel and Butler, 2006). 캐리의 15번 염색체에 유전자 결함이 발견되었는데, 이 유전자는 뇌, 특히 시상하부의 정상적인 발달과 기능에 결정적인 역할을 하는 단백질 생산에 관여하는 것으로 알려져 있다. 과식은 배고픔의 증가 때문이 아니라 뇌의 포만기제의 결함 때문인 것으로 밝혀졌다. 정상적으로는 사람들이 한 끼 식사를 할 때, 처음에는 빨리 먹지만, 포만기제가 작동되면서 점차 천천히 먹고 마침내 그만 먹게 된다. 그러나 Lindgren 등(2000)은 프라더-윌리 증후군(Prader-Willi syndrome) 환자들이 비만이거나 마른 대조군 사람들에 비해 처음에는 음식을 더 천천히 먹기 시작하지만, 이들보다 훨씬 오랜 시간 동안 먹고, 시간이 지나도 먹는 속도가 일정하거나 오히려 더 빨라지기도 한다는 것을 발견하였다. 섭식이 부적절한 포만 신호를 제공하는 것으로 보인다.

프라더-윌리 증후군 환자들은 그렐린 수치가 비정상적으로 높은데, 이는 과식이 배고픔의 증가에 따른 결과라는 것을 시사한다. 하지만 Tan 등(2004)은 췌장에서 분비되는 펩타이드인 성장억제 호르몬을 주사하여 그렐린 분비를 억제하는 것이 식욕에 효과가 없다는 것을 발견했다.

우리는 아직 포만기제의 손상 원인을 알지 못한다. 프라더-윌리 증후군 환자들의 렙틴 수치는 다른 비만 환자들처럼 높지만, 렙틴 수용기는 정상인 것으로 보인다. 그리고 NPY와 AGRP의 생산도 정상적이다(Bittel & Butler, 2006). 프라더-윌리 증후군에 대한 후속연구가 섭식행동을 조절하는 뇌기제에 대해 더 많은 것을 알려 줄 수 있을 것이다.

핵심 개념

생리적 조절기제

1. 조절체계에는 체계변인, 설정점, 탐지기, 수정기제와 같은 네 가지의 필수적인 특성이 있다. 음식물이 소화계를 통해 흡수되기까지는 시간이 걸리기 때문에 음식 섭취와 물 마시기 행동은 포만기제에 의해서 조절된다.

물 마시기

2. 신체의 수분은 세포 내 구획 및 세포외 구획에 있다. 후자는 간질액과 혈장으로 구성된다.
3. 정상적인 수분 상실은 주요 구획의 수분을 고갈시키고, 삼투압성 갈증 및 용적성 갈증을 모두 일으킨다.
4. 삼투압성 갈증은 전복측 시상하부에 있는 뉴런에 의해 탐지된다. 용적성 갈증은 신장에 의해 탐지되는데, 신장은 앤지오텐신을 생산하는 효소를 분비하고, 심방의 압수용기는 뇌와 직접 교신한다.

섭식: 대사에 관한 몇 가지 사실

5. 신체에는 두 개의 영양소 저장기가 있는데, 하나는 글리코겐(탄수화물)을 저장하는 단기 저장기이고, 다른 하나는 지방을 저장하는 장기 저장기이다.
6. 대사는 흡수기와 공복기로 나누어지며, 이들은 주로 인슐린과 글루카곤이라는 호르몬에 의해 조절된다.

무엇이 섭식을 시작하게 하는가?

7. 배고픔은 식사시간이나 다른 사람의 존재와 같은 사회적, 환경적 요인의 영향을 받는다.
8. 배고픔에 대한 가장 중요한 생리적 신호는 간과 뇌에 있는 수용기들이 이용할 수 있는 영양소 수준이 낮아졌음을 탐지할 때 발생한다.

무엇이 섭식을 멈추게 하는가?

9. 포만은 여러 곳에 위치하는 수용기에 의해 통제된다. 위의 영양소 수용기는 뇌로 신호를 보내고, 소화계에서 분비되는 CCK와 PYY는 음식 섭취를 감소시킨다. 소장과 간에 있는 수용기는 음식물이 소화되어 신체로 흡수되는 영양소 수준을 탐지한다.

뇌기제

10. 뇌간의 신경기제는 음식물을 수용하고 거부하는 것을 통제하는데, 이것은 뇌간이 전뇌와 격리되어도 가능하다.
11. 시상하부가 섭식 조절에 관여한다. MCH와 오렉신을 분비하는 외측시상하부의 뉴런은 식욕을 증가시키고 대사율을 감소시킨다. 이 뉴런들은 신경 펩타이드 Y와 AGRP를 분비하는 뉴런에 의해 활성화된다. 위에서 분비되는 그렐린은 NPY/AGRP 뉴런을 활성화시키고 배고픔을 자극한다.
12. 잘 축적된 지방조직은 렙틴이라는 호르몬을 방출하는데, 이 호르몬은 시상하부의 실방핵에 있는 신

경 펩타이드 Y 분비 뉴런의 렙틴 수용기와 결합하여 섭식을 억제한다. 또한 렙틴은 MCH와 오렉신을 분비하는 외측시상하부 뉴런을 억제하고, 섭식을 억제하는 CART 분비뉴런과 α-MSH 분비뉴런을 자극한다.

비만

13. 비만의 중요한 원인은 효율적인 대사인데, 이것은 유전적인 바탕을 가지고 있다. 비결합 단백질은 개인의 대사 효율성을 결정하는 데 관여한다.
14. MCH, 오렉신, NPY, CART, MC-4 수용기와 상호작용하거나 또는 비결합 단백질의 활성화를 변경시키는 약물들이 비만 치료에 도움을 줄 수 있다.

신경성 거식증과 신경성 폭식증

15. 신경성 거식증은 주로 젊은 여성에게 나타나는 심각한 섭식장애로서, 음식 섭취가 극적으로 감소하고 체중이 감소하는 것이 특징이다. 신경성 폭식증은 주기적으로 과식을 하고, 구토를 하거나 설사를 하는 것이 특징이다.
16. 최근 연구 결과 거식증의 증상은 실제는 공복감에 수반되는 증상과 같다. 민감한 사람의 경우, 자발적 단식이 이러한 증상을 유발하고 악순환이 시작된다.
17. 이런 분석을 토대로 한 성공적인 치료법은 거식증 환자에게 음식을 더 빨리 먹도록 훈련시키고, 식사 후 불안과 활동수준을 감소시키기 위해 그들을 따뜻한 방에 머물도록 해주는 것이다.

CHAPTER

12 학습과 기억

© JDC/LWA/Corbis/Glow Images

개요

- 학습의 본질
- 시냅스의 가소성: 장기증강과 장기억제
  - 장기증강의 유발
  - NMDA 수용기의 역할
  - 시냅스 가소성의 기전
  - 장기억제
- 지각학습
- 고전적 조건형성
- 도구적 조건형성
  - 기저핵의 역할
  - 강화
- 관계학습
  - 인간의 순행성 기억상실증
  - 여분의 학습능력
  - 서술적 기억과 비서술적 기억
  - 순행성 기억상실증의 해부학
  - 서술적 기억의 응고에서 해마체의 역할
  - 일화기억과 의미기억
  - 공간기억
  - 실험동물에서의 관계학습

학습목표

1. 네 가지 기본학습 형태, 지각학습, 자극-반응학습, 운동학습 및 관계학습을 기술한다.
2. 해마의 해부학과 장기증강의 확립을 기술하고 이 현상에서의 NMDA 역할을 논한다.
3. 장기증강과 장기억제 동안 시냅스 가소성에 대한 생리학적 기초에 대한 연구를 논한다.
4. 시지각학습에서 하측두피질의 역할에 대한 연구를 기술한다.
5. 혐오자극에 대해 고전적 조건형성된 정서반응의 생리학을 기술한다.
6. 도구적 조건형성에서 기저핵의 역할을 기술한다.
7. 뇌자극을 강화하는 도파민의 역할을 기술하고 도파민 효능제와 길항제 처치의 효과를 논한다.
8. 인간의 순행성 기억상실증의 본질을 기술하고 그것이 학습 조직화에 대해 암시하는 바를 설명한다.
9. 일화적 기억과 공간적 기억을 포함하는 관계학습에서 해마의 역할을 기술하고 해마의 장소세포에 대한 기능을 논한다.

머리말 | 하루하루가 혼자다

H.M.은 상대적으로 순수한 기억상실증 환자였다. 그의 지적 능력과 순간적인 언어기억은 정상이었다. 그는 앞에서부터는 7개 숫자를, 뒤에서부터는 5개의 숫자를 반복할 수 있었고, 대화, 문장 되뇌기 및 암산을 할 수 있었다. 그는 뇌수술 이후 수년 동안 일어난 사건들은 기억하지 못했지만 오래된 기억은 잘 회상할 수 있었다. 그는 수술 후에 성격이 변화되지 않았고 그저 공손하고 착한 성격을 보여 주었다.

그러나 수술 후에 H.M.은 새로운 것을 학습할 수 없었다. 그는 수술 이후로부터 그가 만난 사람의 이름을 기억할 수 없었다(수술은 그가 27세 때인 1953년에 행해졌다). 수술 후 그의 가족이 새로운 집으로 이사했는데 그는 집 주위를 어떻게 다녀야 하는지를 학습할 수 없었다. (그의 부모가 돌아가신 후, 그는 보살핌을 받을 수 있는 요양원에 살았다.) 그는 자신의 장애를 알고 있고 자주 다음과 같이 말했다.

> 내가 어떤 즐거움을 갖든지 어떤 슬픔을 갖든지 간에 나는 하루하루가 혼자예요……. 바로 지금 나는 의심스러워. 내가 뭘 잘못했거나 잘못 말했나요? 이봐요, 이 순간 모든 것이 나에게 명료해요. 그러나 조금 전에 무슨 일이 있었나요? 그것이 나에게 걱정거리예요. 마치 꿈에서 깨어난 것 같아요. 나는 곧 기억할 수 없어요(Milner, 1970, p. 37).

H.M.은 혼란스럽지 않는 한에서 적은 양이지만 언어적 정보를 기억할 수 있었다. 지속적인 되뇌기는 그의 순간적인 기억에서 장시간 동안 정보를 유지할 수 있었다. 그러나 되뇌기가 장기적인 효과를 갖고 있는 것처럼 보이지 않는다. 그는 한 순간 혼란스러워지면 그가 되뇌기 해왔던 모든 것을 완전히 잊어버릴 것이다. 그는 반복적인 과제는 잘 수행했다. 실제로 그는 조금 전에 일어난 것을 빨리 잊어버리기 때문에 쉽게 지루해하지 않았다. 그는 같은 잡지를 계속 읽고 또 읽을 수 있고 같은 농담에 계속 웃을 수 있었다. 그러한 것의 발견은 매 순간 새롭고 신선했다. 그는 단어 맞추기 문제를 풀고 텔레비전을 보는 데 그의 시간을 다 보냈다.

2008년 12월 2일, 지금 Henry Molaison으로 알려진 H.M.은 82세 나이에 죽었다.

경험은 우리를 변화시킨다. 환경과의 만남은 우리 신경계를 수정하여 우리의 행동을 변화시킨다. 많은 연구자가 이야기하는 것처럼, 기억의 생리학에 대한 이해는 신경과학 연구의 궁극적인 도전이다. 뇌는 복잡하다. 또한 학습과 기억도 마찬가지다. 그러나 이러한 어려움에도 불구하고 장기간의 연구는 마침내 그 결과를 보는 것 같다. 새로운 접근과 새로운 방법은 옛것으로부터 발달되어 왔고 실질적인 진전은 학습과 기억의 해부학과 생리학에 대한 이해에서 이루어져 왔다.

학습의 본질

학습(learning)은 경험이 우리의 신경계를 변화시켜 행동을 변화시키는 과정을 말한다. 우리는 이러한 변화를 기억(memory)이라고 한다. 편의상 기억을 캐비닛에 가득 차 있는 노트로 기술하더라도 이것은 분명히 경험이 뇌에서 반영되는 그 방식이 아니다. 경험은 '저장'되지 않고 단지 우리가 지각하고 수행하고 사고하고 계획하는 방식을 변화시킨다. 경험은 신경계의 구조를 물리적으로 변화시키고 지각, 수행, 사고 및 계획에 관여하는 신경회로를 변경시킨다. 학습은 적어도 네 가지 형태, 즉 지각학습, 자극-반응학습, 운동학습 및 관계학습에서 일어날 수 있다. **지각학습**perceptual learning은 이전에 지각된 자극을 재인할 수 있는 학습능력이다. 지각학습의 일차적 기능은 사물(자신 종의 다른 구성원을 포함하여)과 상황을 범주화하고 알아볼 수 있는 능력이다. 우리가 사물을 인식하는 것을 터득하지 않으면 그것과 관련된 행동을 어떻게 해야 하는지를 배울 수 없다. 그것에 대한 우리의 경험은 우리에게 도움이 되지 않는다. 경험으로부터의 이익은 그것에 대한 학습이다.

우리의 각 감각계는 지각학습이 가능하다. 우리는 사물의 시각적 외형, 그 사물의 소리, 사물의 느낌 또는 사물의 냄새를 통해 사물을 인식하는 것을 학습할 수 있다. 우리는 사람의 얼굴 형태, 걸을 때의 움직임, 또는 그들의 목소리를 통해 사람을 인식할 수 있다. 우리가 사람의 대화를 들을 때, 우리는 그들이 말하는 단어를 인식할 수 있고 그들의 정서상태도 인식할 수 있다. 우리가 본 바와 같이, 지각학습은 일차적으로 감각연합피질에서의 변화에 의해 이루어지는 것으로 보인다. 즉, 복잡한 시각자극을 인식하는 학습은 시각연합피질에서의 변화를 내포하고, 복잡한 청각자극을 인식하는 학습은 청각연합피질에서의 변화를 내포하는 등이다.

자극-반응학습stimulus-response learning은 특정 자극이 있을 때 특정 행동을 수행하는 것을 학습하는 능력이다. 그래서 이것은 지각과 연관된 회로와 수행과 연관된 회로 간의 연결을 확립하는 것이다. 그 행동은 방어반사와 같이 자동적 반응이 되거나 이전에 학습된 일련의 복잡한 움직임이 될 수 있다. 자극-반응학습은 심리학자들이 광범위하게 연구해 온 두 가지 주요한 학습 범주인 **고전적 조건형성**(classical conditioning)과 **도구적 조건형성**(instrumental conditioning)을 포함한다.

고전적 조건형성classical conditioning은 중요하지 않은 자극이 중요한 자극 속성을 갖게 되는 학습의 한 형태이다. 이것은 **두 가지 자극 간의 연합**을 내포하고 있다. 이전에 행동에 영향을 미치지 않은 자극이 반사적인 종 특유의 행동을 유발할 수 있게 된다. 예를 들면, 방어적인 눈 깜빡임 반응은 소리에 조건형성될 수 있다. 만약에 토끼의 눈에 공기를 짧게 뿜으면 눈은 자동적으로 깜빡인다. 이 반응을 **무조건반응**unconditional response; UR이라고 하는데 이것이 특별한 훈련 없이 무조건적으로 일어나기 때문이다. 이 반응을 일으키는 자극(공기 뿜기)을 **무조건자극**unconditional stimulus; US이라고 한다. 지금 우리가 훈련을 시작한다. 우리는 일련의 짧은 1,000Hz 소리를 제시하고 각 소리 500ms 후에 공기를 뿜어 준다. 일련의 시행 후에 그 토끼의 눈은 공기를 뿜기 전에 감기 시작한다. 고전적 조건형성은 **조건자극**conditional stimulus; CS(1,000Hz 소리)이 **조건반응**conditional response; CR(눈 깜빡임)을 일으키는 것이다(그림 12.1 참조).

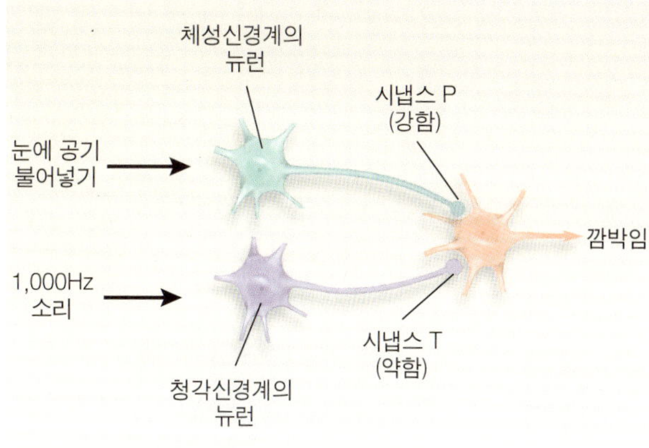

그림 12.1 고전적 조건형성의 단순한 신경 모형. 눈에 공기를 불어넣기 직전에 1,000Hz 소리가 제시될 때 시냅스 T가 증가된다.

고전적 조건형성이 일어날 때, 뇌에서는 어떤 종류의 변화가 일어나는가? 그림 12.1은 이러한 형태의 학습을 설명할 수 있는 단순화시킨 신경회로를 보여 준다. 단순화를 위해 우리는 무조건자극(공기 뿜기)은 체감각계에 있는 단일 뉴런에 의해 감지되고 조건자극(1,000Hz 소리)은 청각계에 있는 단일 뉴런에 의해 감지되는 것으로 가정한다. 또한 반응(눈 깜빡임)은 운동계에 있는 단일 뉴런에 의해 통제되는 것으로 가정한다. 물론 학습은 실제로 수천 개의 뉴런, 즉 감각뉴런, 개재뉴런 및 운동뉴런들이 개입된다. 그러나 시냅스 변화의 기본 원리는 이 단순화된 그림으로 묘사될 수 있다(그림 12.1 참조).

이러한 회로가 어떻게 작용하는가를 보자. 우리가 1,000Hz 소리를 제시하면 동물이 반응하지 않는데 왜냐하면 소리 민감 뉴런과 운동계의 뉴런 사이의 연결이 약하기 때문이다. 즉, 활동전위가 시냅스의 종말단추 T(소리)에 도달할 때 운동뉴런의 수상돌기에서 발생되는 흥분성 시냅스후 전위(EPSP)가 너무 작아 그 뉴런을 발화시키지 못한다. 그러나 우리가 눈에 공기를 뿜어 주면 눈은 깜빡인다. 이 반응은 자연이 눈 깜빡임의 원인(공기 뿜음에 대한 시냅스 P)이 되는 체감각뉴런과 운동뉴런 간의 강한 시냅스를 동물에게 주었기 때문에 일어난다. 고전적 조건형성을 확립하기 위해, 처음에 1,000Hz 소리를 제시하고 나서 거의 즉각적으로 공기 뿜기를 한

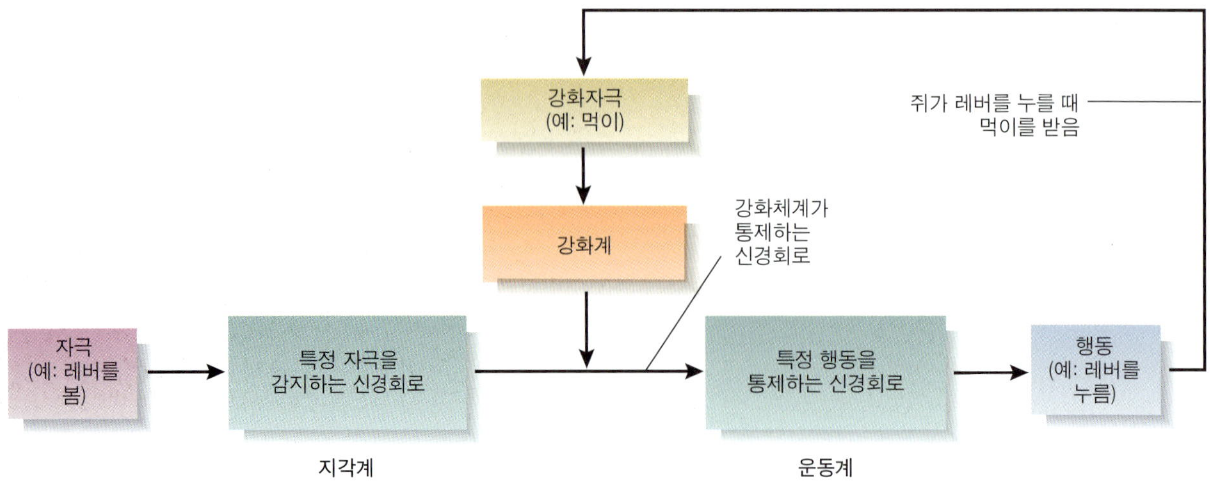

그림 12.2 도구적 조건형성의 간단한 신경 모형.

다. 이러한 자극들의 짝이 몇 번 반복된 후에 우리는 공기 뿜기를 하지 않아도 된다. 왜냐하면 1,000Hz 소리 그 자체가 눈의 깜빡임을 일으키기 때문이다.

50여 년 전, Donald Hebb(1949)는 행동 변화의 원인이 되는 방식으로 경험에 의해 뉴런들이 어떻게 변화되는가를 설명하는 하나의 법칙을 제안했다. **Hebb 법칙** Hebb rule은 한 시냅스가 시냅스후 뉴런이 발화하는 횟수와 동일하게 계속적으로 활성화되면 시냅스에서 그것을 강화하는 구조적 또는 화학적 변화가 나타난다는 것이다. Hebb 법칙은 우리의 회로에서 어떻게 적용될 수 있을까? 만약 처음에 1,000Hz의 소리가 제시되면 약한 시냅스 T('소리'에 대해)는 활성화된다. 그 직후 공기 뿜기가 제시되면 강한 시냅스 P가 활성화되어 운동뉴런이 발화하게 한다. 발화 작용은 **방금 활성화된** 운동뉴런과의 시냅스를 강화시킨다. 물론 여기에서 의미하는 것은 시냅스 T이다. 몇 번의 두 자극 짝짓기와 몇 번의 강화증가 후에 시냅스 T는 스스로 운동뉴런을 발화시키는데 충분하게 강해진다. 학습이 일어난 것이다(그림 12.1 참조).

Hebb가 이러한 법칙을 공식화했을 때, 이것이 사실인지 아니면 거짓인지에 대해 그는 확신할 수 없었다. 마침내 오늘날 개개의 시냅스 강도를 측정할 수 있는 실험기술이 큰 진전을 이루어 연구자들이 학습의 생리적 근거를 연구하고 있다. 우리는 이 장의 뒤에서 이러한 접근의 결과를 보게 될 것이다.

자극-반응학습에서 두 번째로 중요한 부분은 **도구적 조건형성**instrumental conditioning[**조작적 조건형성**(operant conditioning)으로도 불린다]이다. 고전적 조건형성이 자동적이고 종 특유의 반응을 포함하는 반면에, 도구적 조건형성은 학습된 행동을 포함한다. 그리고 고전적 조건형성이 두 자극 간의 연합을 내포하는 반면에 도구적 조건형성은 **자극과 반응** 간의 연합을 내포한다. 도구적 조건형성이 더 유연한 형태의 학습이다. 이 학습은 유기체로 하여금 행동의 결과에 따라 그 행동을 수정할 수 있게 한다. 즉, 하나의 행동이 좋은 결과를 수반할 때 그 행동은 더 자주 일어나는 반면에 행동이 나쁜 결과를 수반할 때는 그 행동은 적게 나타난다. 종합하면 '좋은 결과'는 **강화자극**reinforcing stimuli이라고 하고 '나쁜 결과'는 **처벌자극**punishing stimuli이라고 한다. 예를 들면, 배고픈 유기체가 먹이를 찾을 수 있는 행동은 강화되고 고통을 초래하는 반응은 처벌된다. [심리학자들은 이러한 용어를 **강화자**(reinforcers)와 **처벌자**(punishers)로 자주 사용한다.]

강화과정을 고려해 보자. 간단히 말해서 강화는 특정 자극이 특정 반응을 유발할 가능성을 증가시키는 동물 신경계 내의 변화를 초래한다. 예를 들면, 배고픈 쥐를 처음으로 조작적 상자(스키너 상자)에 둘 때 그 쥐가 벽에 있는 레버를 누를 가능성은 없다. 그러나 그 쥐가 레버를 눌러 그 직후 먹이를 받는다면 그 쥐가 다른 반응을 할 가능성은 높아진다. 달리 말해 강화는 레버를 보

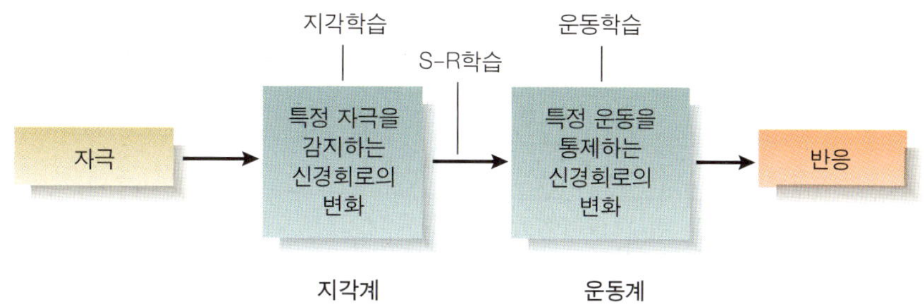

그림 12.3 **지각학습, 자극-반응(S-R)학습 및 운동학습의 개관.**

는 것이 레버를 누르는 반응을 유발하는 자극으로 작용하도록 한다. 특정 행동이 더 자주 나타난다고 간단히 진술하는 것은 정확하지 않다. 레버가 없다면 레버를 누르도록 학습된 쥐는 허공에서 발을 휘젓지는 않는다. 그래서 강화과정은 지각(레버를 봄)과 관련된 신경회로와 운동(레버를 누르는 행위)과 관련된 신경회로 간의 연결을 강하게 한다. 이 장의 뒤에서 보게 되겠지만 뇌는 이러한 과정을 통제하는 강화기전을 가지고 있다(그림 12.2 참조).

학습의 중요한 세 번째 범주인 **운동학습**motor learning은 실제로는 자극-반응학습의 한 요소이다. 간단히 말하면, 지각학습은 뇌 감각계 내에서 변화의 확립으로, 자극-반응학습은 감각계와 운동계 간의 연결의 확립으로, 그리고 운동학습은 운동계 내에서 변화의 확립으로 생각할 수 있다. 그러나 실제로는 운동학습이 환경으로부터의 감각 안내 없이는 일어날 수 없다. 예를 들면, 대부분의 숙련된 움직임은 자전거, 비디오 게임 조절기, 테니스 라켓, 뜨개질바늘 등의 사물과 상호작용을 한다. 혼자서 하는 춤 스텝과 같이 자신 혼자만의 숙련된 움직임까지도 관절, 근육, 전정기관, 눈 및 발과 바닥 간의 접촉으로부터 피드백을 받는다. 운동학습은 새로운 형태의 행동이 학습되는 정도에서는 다른 형태의 학습과 기본적으로 다르다. 행동이 새로우면 새로울수록 뇌의 운동계에 있는 신경회로는 더욱더 수정되어야 한다(그림 12.3 참조).

특정 학습상황은 지금까지 기술한 세 가지 학습형태, 즉 지각, 자극-반응 및 운동학습 모두가 다양한 수준으로 개입될 수 있다. 예를 들면, 우리가 이전에 본 적이 없는 자극을 제시하여 새로운 반응을 하도록 동물을 가르친다면 그 동물은 자극을 인식하는 것을 학습하고(지각학습) 반응하는 것을 학습하고(운동학습) 그리고 이 두 가지 새로운 기억들 간의 연결이 이루어져야 한다(자극-반응학습). 우리가 새로운 자극을 제시하여 이전에 학습된 반응을 가르친다면 오직 지각학습과 자극-반응학습만 일어난다.

지금까지 언급한 세 가지 형태의 학습은 일차적으로 하나의 감각계 내에 또는 감각계와 운동계 간에, 아니면 운동계 내에서의 변화로 이루어져 있다. 그러나 분명한 것은 일반적으로 학습은 그것보다 더욱 복잡하다. 학습의 네 번째 형태인 **관계학습**relational learning은 개별적인 자극 중에 관계성(relationship)을 학습하는 것이다. 예를 들면, 우리가 방의 구조물에 익숙해지기 위해 학습해야 되는 것을 고려해 보자. 처음에 우리는 개개 사물을 인식하는 것을 학습해야 한다. 나아가, 우리는 개개 사물의 관점에서 사물의 상대적인 위치를 학습해야 한다. 그 결과로, 우리가 방의 특정 위치에 있는 자신을 찾을 때 그 사물과 우리와 상대적인 사물의 위치에 대한 우리의 지각이 우리가 어디에 있는지를 정확하게 알려 준다.

관계학습의 다른 형태는 더욱 복잡하다. 우리가 목격한 사건(일화)의 과정을 기억하는 일화학습(episodic learning)은 개별적인 자극뿐만 아니라 이것이 일어난 순서를 추적하고 기억하는 것을 필요로 한다. 이 장의 마지막에서 볼 수 있는 것처럼, 해마와 이것과의 연결된 구조를 포함하는 특수한 체계가 많은 형태의 학습에서 필요한 기능의 통합을 수행하는 것으로 나타났다. 이것은 단순한 지각학습, 자극-반응학습, 또는 운동학습을 넘어서는 것이다.

절 요약

학습의 본질

학습은 우리가 지각하고 행동하고 사고하고 느끼는 방법에서의 변화를 초래한다. 이것은 신경계 내의 지각을 담당하는 회로와 운동을 담당하는 회로 및 이 두 가지 간의 연결을 담당하는 회로에서 변화를 유발하여 나타나는 것이다.

지각학습은 우리가 자극을 인식하여 이에 대해 적절하게 반응할 수 있게 하는 지각계에서의 일차적 변화에 기인된다. 자극-반응학습은 지각계와 운동계 사이의 연결에 의해서 나타난다. 가장 중요한 학습의 형태는 고전적 조건형성과 도구적 조건형성이다. 고전적 조건형성은 중립 자극이 자연적으로 무조건반응(UR)을 유발하는 무조건자극(US)을 수반할 때 나타난다. 이러한 짝이 형성된 후에 중립 자극은 조건자극(CS)이 되어 스스로 반응을 유발하게 되는데 이것을 조건반응(CR)이라고 한다.

도구적 조건형성은 목마른 동물이 물을 마시는 것처럼 반응이 강화자극을 수반할 때 일어난다. 강화자극은 그 반응이 만들어질 때 있었던 다른 자극이 그 반응을 유발할 가능성을 증가시킨다. 자극-반응학습의 이 두 가지 형태는 Hebb 법칙으로 기술된 강화된 시냅스 연결의 결과로 일어난다.

운동학습이 운동을 통제하는 신경회로 내에서의 일차적 변화를 내포할지라도 이것은 감각자극에 의해 유도된다. 그래서 이것은 실제로 자극-반응학습의 한 형태이다. 관계학습은 학습 중에 가장 복잡한 형태로 하나 이상의 감각양식을 통해 사물을 인식하고, 환경 내에서 사물의 상대적 위치를 인식하고, 특정 일화에서 사건이 발생되는 과정을 기억하는 능력을 포함한다.

생각해 봅시다

여러분은 이 단원에서 기술된 개개 학습 범주의 특별한 예를 생각할 수 있는가? 여러분은 하나의 범주 이상을 포함하는 예를 생각할 수 있는가?

시냅스의 가소성: 장기증강과 장기억제

하나의 이론적 고찰에 의하면 학습은 시냅스의 가소성이 있어야 되는 것으로 보인다. 시냅스의 가소성이란 시냅스후 뉴런에 끼치는 영향을 변화시키는 시냅스의 구조적 또는 생화학적 변화를 의미한다. 최근 몇 년 사이에 이 주제에 대한 연구가 급격히 증가했는데 그 이유는 극히 작은 구조인 시냅스의 시냅스전 요소와 시냅스후 요소에서의 구조적 그리고 생화학적 변화를 관찰할 수 있는 방법이 개발되었기 때문이다.

장기증강의 유발

해마체 내의 회로에 대한 전기적 자극은 학습과 관련된 것으로 보이는 장기적인 시냅스 변화를 유도할 수 있다. Lømo(1966)는 후내피질(entorhinal cortex)에서 치상회(dentate gyrus)로 가는 축색에 대한 강한 전기적 자극은 시냅스후 뉴런에서의 흥분성 시냅스후 전위 크기를 장기적으로 증가시키는 원인이 된다는 것을 발견했다. 이러한 증가를 **장기증강**long-term potentiation; LTP이라고 한다.

먼저, 약간의 해부학을 검토해 보자. **해마체**hippocampal formation는 측두엽에 위치한 전문화된 변연피질의 영역이다. (인간 뇌에서의 이 위치는 그림 3.13에서 볼 수 있다.) 해마체는 한 차원에서는 포개져 있고, 다른 차원에서는 휘어져 있기 때문에 이것은 복잡한 3차원 형태를 가지고 있다. 그래서 이것의 형태를 2차원 종이의 그림으로 나타내는 것은 어렵다. 다행히도 해마체의 구조는 질서정연하여, 휘어 있는 긴 축의 직각으로 얻어진 조직은 같은 회로 세트를 포함한다.

그림 12.4는 해마체의 절편을 보여 주는데 이것은 장기증강의 발생에 대한 전형적인 과정을 나타낸다. 해마체에 대한 일차적인 입력은 **후내피질**로부터 들어온다. 후내피질에 있는 뉴런의 축색은 **관통로**(perforant path)를 통과하여 **치상회**(dentate gyrus)의 과립세포와 시냅스를 형성한다. 자극 전극은 관통로에 두고 기록 전극

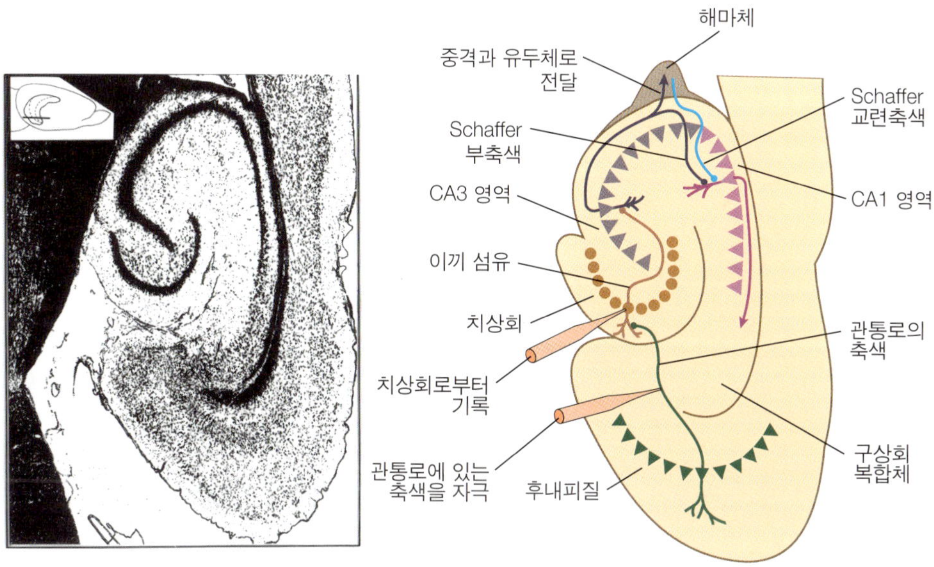

그림 12.4 해마체와 장기증강. 이 도식적 그림은 해마체의 구성요소들 간의 연결과 장기증강 유발을 위한 과정을 보여준다.

Photograph from Swanson, L. W., Köhler, C., and Björklund, A., in *Handbook of Chemical Neuroanatomy. Vol. 5: Integrated Systems of the CNS, Part I*. Amsterdam: Elsevier Science Publishers, 1987. Reprinted with permission.

은 과립세포와 인접한 치상회에 위치시킨다(그림 12.4 참조). 첫 번째로 단일 펄스의 전기자극이 관통로에 제공되고 그 결과로 나타나는 EPSP 무리들을 치상회에서 기록한다. **EPSP 무리**population EPSP는 흥분성 시냅스후 전위의 세포외 측정으로 관통로 축색과 치상 과립세포와의 시냅스에서 유발된다. 첫 번째 EPSP 무리의 크기는 장기증강이 나타나기 전 시냅스 연결의 강도를 나타낸다. 장기증강은 관통로의 축색을 수초 내에 거의 100회의 전기자극 펄스로 연속적으로 자극함으로써 유발될 수 있다. 장기증강이 나타난다는 증거는 관통로에 주기적으로 단일 펄스를 제시하고 치상회에서 그 반응을 기록하여 얻는다. 만약 그 반응이 연속적인 펄스가 제시되기 전의 것보다 크다면 장기증강이 발생된 것이다(그림 12.5 참조).

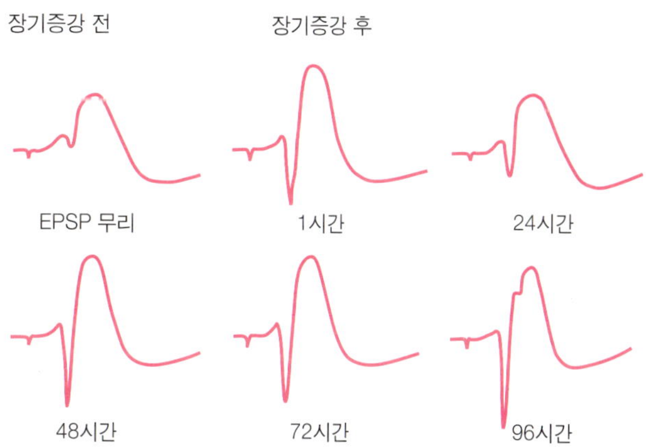

그림 12.5 장기증강. 장기증강을 유도하는 전기자극 전후에 치상회에서 기록된 EPSP 무리

From Berger, T. W. *Science*, 1984, *224*, 627–630. Copyright 1984 by the American Association for the Advancement of Science..

해마체의 다른 영역과 뇌의 많은 다른 영역들에서 유발되는 장기증강은 몇 개월간 지속될 수 있다(Bliss & Lømo, 1973). 장기증강은 해마체의 분리된 절편에서뿐만 아니라 살아 있는 동물의 뇌에서도 유발될 수 있는데 이것은 연구자들로 하여금 개개의 뉴런을 자극하여 기록할 수 있게 해주며 생화학적 변화를 분석할 수 있게 해준다. 두개골로부터 뇌를 적출하여 해마 복합체를 절단하고 절편을 간질액과 유사한 액체가 채워진 온도조절 상자에 둔다. 적절한 조건하에서 그 절편은 40시간까지 살아 있다.

많은 실험자들은 해마 절편에서의 장기증강이 Hebb 법칙을 지지할 수 있음을 입증해 왔다. 즉, 단일 뉴런과의 약한 시냅스와 강한 시냅스가 거의 동시에 자극받을 때 약한 시냅스가 강화되게 된다. 이러한 현상을 **연합적 장기증강**associative long-term potentiation이라고 한다. 왜냐하면 이것이 두 조의 시냅스 활동 사이의 연합에 의해 유발되기 때문이다(그림 12.6 참조).

NMDA 수용기의 역할

비연합적 장기증강은 일종의 가합적 효과(additive ef-

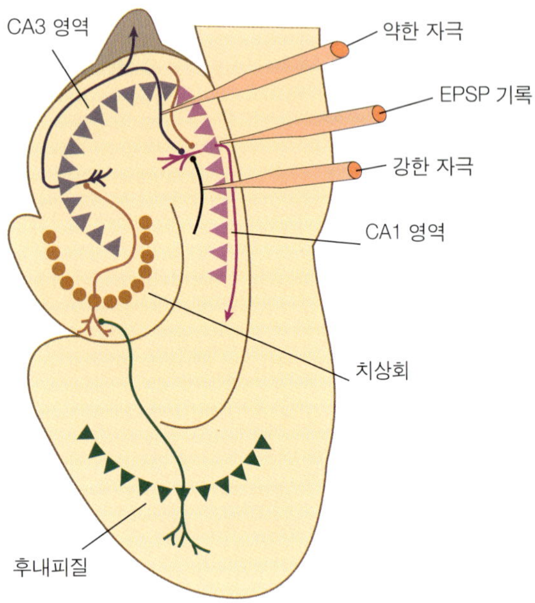

그림 12.6 연합적 장기증강. 약한 자극과 강한 자극이 동시에 제시되면 약한 자극에 의해 활성화된 시냅스는 강하게 된다.

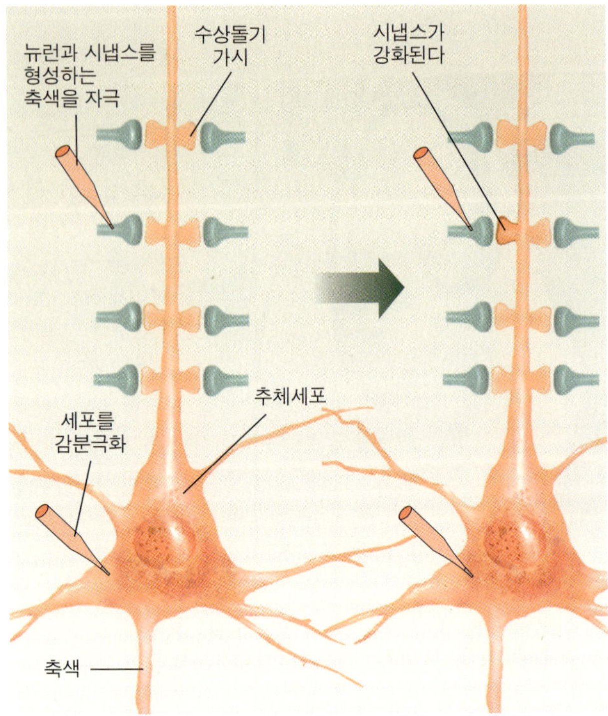

그림 12.7 장기증강. 시냅스 강화는 시냅스후 세포막이 감분극되어 있을 동안 시냅스가 활성화될 때 일어난다.

fect)를 필요로 한다. 즉, 한 번의 폭발에서 일련의 높은 비율 펄스들이 장기증강을 유발하지만 동일한 횟수의 펄스가 느리게 주어지면 나타나지 않는다. 이 현상의 원인에 대해서는 지금 잘 알려져 있다. 실험들은 신경전달물질의 분자가 이미 감분극된 수상돌기 가시에 위치하는 시냅스후 수용기와 결합될 때 시냅스 강화가 발생된다는 것을 보여 주었다. Kelso, Ganong 및 Brown(1986)은 CA1 영역의 뉴런들을 인위적으로 감분극화하기 위해 미세전극을 사용하여 이 뉴런과 시냅스를 형성하고 있는 축색을 자극하면 그 시냅스가 더욱 강해진다는 것, 즉 그것들이 수상돌기 가시에서 더욱 강한 시냅스후 전위를 발생시킨다는 것을 발견했다. 그러나 시냅스에 대한 자극과 뉴런의 감분극화가 다른 시점에 발생되면 그 효과는 나타나지 않았다. 즉, 신경전달물질의 분비와 시냅스후 막의 감분극이 동시에 일어나야 한다(그림 12.7 참조).

방금 언급한 것과 같은 실험은 장기증강에는 두 가지 사건, 즉 시냅스의 활성화와 시냅스후 뉴런의 감분극이 필요하다는 것을 보여 준다. 적어도 뇌의 몇몇 영역에서 이러한 현상에 대한 설명은 특수한 유형의 글루타메이트(glutamate) 수용기의 특징에 기반을 두고 있다. **NMDA 수용기**NMDA acceptor는 몇 가지 독특한 특성을 가지고 있다. 이 수용기는 해마체, 특히 CA1 영역에서 발견된다. 이 수용기 이름은 그것을 특별하게 활성화시키는 약물인 N-methyl-D-aspatate에 의해 붙여졌다. NMDA 수용기는 칼슘이온통로를 통제한다. 그러나 이 통로는 정상적인 상황에서 마그네슘이온(Mg^{2+})에 의해 차단되어 있다. 마그네슘이온은 수용기가 글루타메이트에 의해 자극받을 때 칼슘이온이 세포 내로 들어오는 것을 막는다. 그러나 시냅스후 막이 감분극되면 Mg^{2+}이 이온통로에서 퇴출되고 그 통로는 Ca^{2+}이 세포 내로 들어오는 것을 허용하게 된다. 그래서 글루타메이트가 있고 시냅스후 막이 감분극될 때만 NMDA 수용기에 의해 통제되는 이 통로를 통해 칼슘이온이 세포 내로 들어간다. 이것은 NMDA 수용기에 의해 통제되는 이온통로는 신경전달물질과 전압 의존적 이온통로라는 것을 의미한다(그림 12.8 참조).

세포 생물학자들은 이 칼슘이온이 많은 세포에서 여러 가지 효소를 활성화시키고 생화학 과정을 촉발시키는 이차전령으로 이용된다는 것을 밝혀왔다. NMDA 수용기에 의해 통제되는 이온통로를 통해 칼슘이온

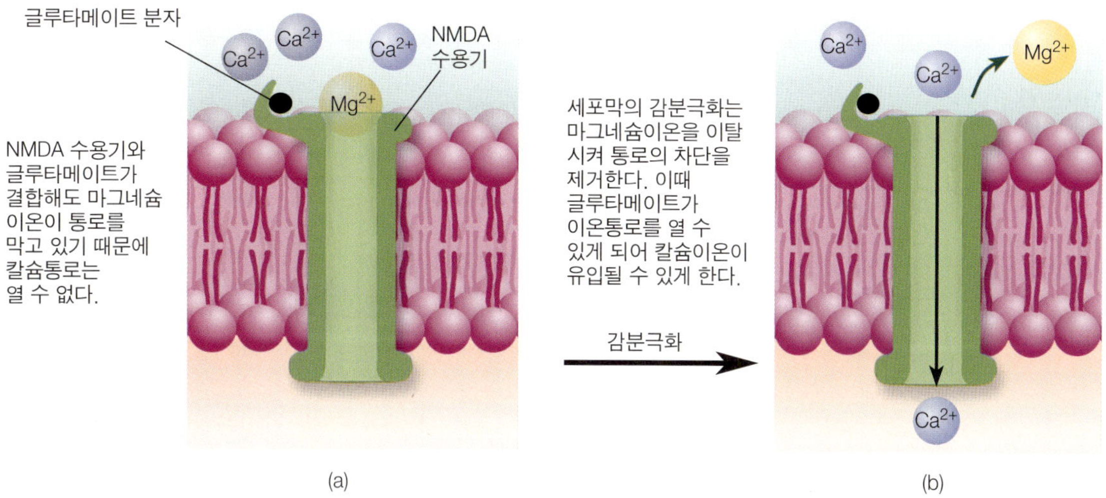

그림 12.8 NMDA 수용기. NMDA 수용기는 신경전달물질 그리고 전압 의존적인 이온통로이다. (a) 시냅스후 막이 안정전위일 때 Mg^{2+}은 이온통로를 차단하여 Ca^{2+}의 유입을 막는다. (b) 세포막이 감분극될 때 마그네슘 이온은 이탈된다. 따라서 결합부위에 대한 글루타메이트의 부착은 이온통로를 개방하게 되어 칼슘이온이 수상돌기 가시로 유입될 수 있게 한다.

의 유입은 장기증강의 핵심 단계이다(Lynch et al., 1984). NMDA 수용기를 차단하는 약물인 **AP5**(2-amino-5-phosphonopentanoate)는 칼슘이온이 수상돌기 가시로 유입되는 것을 방해하여 장기증강 발생을 차단한다(Brown et al., 1989). 이러한 결과들은 NMDA 수용기의 활성화를 위해 장기증강을 유발하는 일련의 사건들의 첫 단계로 수상돌기 가시로의 칼슘이온 유입이 필수적이라는 것을 보여 준다.

2장에서 여러분은 오직 축색만이 활동전위를 유발할 수 있다고 배웠다. 실제로는 이 활동전위가 해마체의 CA1 영역에 있는 것을 포함한 몇 가지 유형의 추체세포(pyramidal cell)의 수상돌기에서 발생될 수 있다. **수상돌기 발화**dendritic spikes의 흥분역치는 오히려 높다. 지금까지 우리가 알고 있는 것처럼, 수상돌기 발화는 추체세포의 축색에서 활동전위가 촉발될 때만 일어난다. 세포체를 경유한 감분극화의 역류는 수상돌기 발화를 촉발하는데 이것은 수상돌기 줄기들로 전파된다. 이것은 추체세포의 축색이 발화할 때마다 모든 수상돌기 가시들이 잠깐 동안 감분극된다는 것을 의미한다.

여러분이 연합적 장기증강에 대해 이미 알고 있는 것을 고려할 때 여러분은 이 현상에서 NMDA 수용기 역할을 예측할 수 있다고 생각한다. 약한 시냅스가 스스로에 의해 활성화되면 아무런 일도 일어나지 않는다. 왜냐하면 수상돌기 가시의 막이 NMDA 수용기에 의해 통제되는 칼슘통로가 개방하기에 충분하도록 감분극되지 않기 때문이다. (이러한 칼슘통로가 개방되기 위해서 시냅스후 막이 감분극되어야 하고 정상적인 상황에서 통로를 막고 있는 Mg^{2+} 이온이 제거되어야 된다는 것을 기억하라.) 그러나 시냅스후 세포의 어느 곳에 위치하고 있는 강한 시냅스의 활성화가 세포를 발화시키는 원인이 된다면 그때 수상돌기 발화는 칼슘이 NMDA 수용기에 의해 통제되는 이온통로로의 유입에 충분한 시냅스후 막을 감분극화할 것이다. 따라서 이러한 NMDA 수용기의 특수한 성질은 장기증강의 발생뿐만 아니라 그것의 연합적 성질을 설명할 수 있다(그림 12.9 참조).

시냅스 가소성의 기전

장기증강 동안 발생되는 시냅스 강도의 증가 원인은 무엇인가? CA1 추체세포에 있는 수상돌기 가시는 2유형의 글루타메이트 수용기인 NMDA 수용기와 AMPA 수용기를 가지고 있다. 연구에 의하면, 개개 시냅스의 강화는 **AMPA 수용기**AMPA receptor가 수상돌기 가시의 시냅스후 막에 대한 추가적인 유착에 의해 일어나는 것으로 보인다(Shi et al., 1999). AMPA 수용기는 나트륨통로를 통제한다. 그래서 이 수용기가 글루타메이트에 의해 활성화될 때 이 수용기들이 수상돌기 가시의 막에 EPSP를 유발한다. 그래서 많은 AMPA 수용기가 있으면 종말

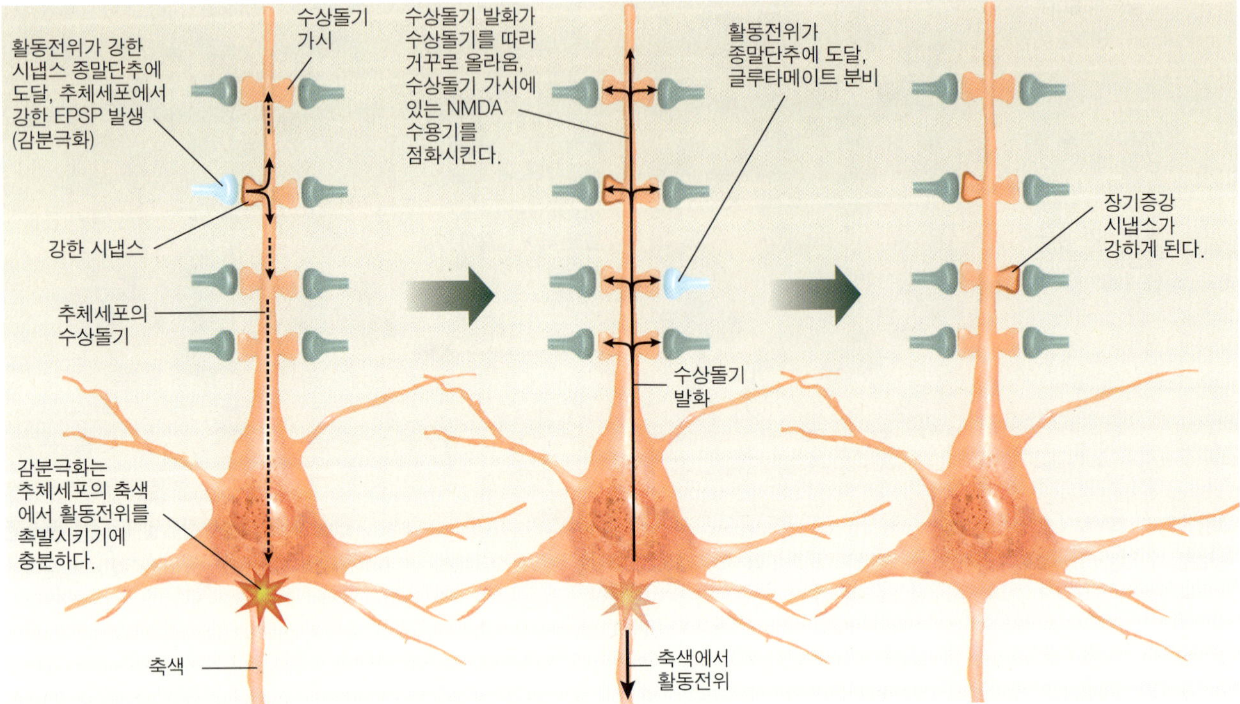

그림 12.9 연합적 장기증강. 강한 시냅스의 활성화가 뉴런에서 활동전위를 유발시킬 만큼 충분하다면 수상돌기 발화가 수상돌기 가시의 막을 감분극화시키고, NMDA 수용기를 점화시켜 그때 약한 시냅스의 활성화는 강하게 된다.

단추의 글루타메이트의 방출은 더 큰 흥분성 시냅스후 전위를 발생시킨다. 환언하면 그 시냅스가 더 강하게 된 것이다.

새로운 AMPA는 어디에서 오는가? Makino와 Malinow(2009)는 2양자 레이저 스캔 현미경을 사용해서 해마의 절편에서 CA1 추체뉴런의 수상돌기에 있는 AMPA 수용기의 움직임을 관찰했다. 이들의 발견에 의하면 장기증강 확립의 첫 번째 이유는 수상돌기의 인접한 비시냅스 영역에서 수상돌기 가시의 시냅스후막으로 AMPA 수용기의 이동이다. 수 분 후에 AMPA 수용기가 세포 내에서 수상돌기 줄기로 이동하는데 이곳에서 수상돌기 가시의 시냅스후막에 자리 잡고 있는 AMPA 수용기와 대체된다(그림 12.10 참조).

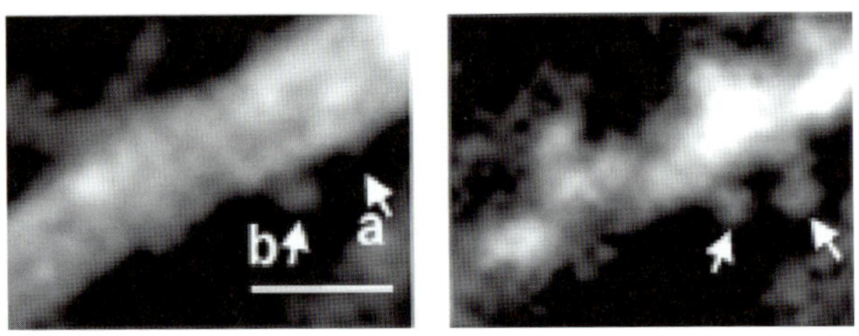

그림 12.10 장기증강에서 AMPA 수용기의 역할. 해마절편의 CA1 영역에 대한 2양자 레이저 스캐닝 현미경이 장기증강 후 AMPA 수용기들이 수상돌기 가시로 도달하는 것을 보여 준다. AMPA 수용기들은 형광염료 분자가 붙어 있다. 위의 두 사진 중 하나는 더 크게 확대되었다. a와 b의 화살표는 장기증강 발생 후에 AMPA 수용기가 채워지는 수상돌기 가시를 가리킨다.

수상돌기 가시로의 칼슘이온의 유입이 어떻게 AMPA 수용기가 시냅스후 막으로 이동하게 하는가? 이 과정은 수상돌기 가시에서 발견되는 **CaM-KII**(type II calcium-calmodulin kinase)를 포함한 몇몇 효소의 활성화와 함께 시작되는 것으로 보인다. CaM-KII는 **칼슘 의존성 효소**(calcium-dependent enzyme)로 이것은 칼슘이온이 자신과 결합하여 자신을 활성화시킬 때까지 활성화되지 않는다. 많은 연구에 의하면 CaM-KII는 장기증강에 결정적인 역할을 한다. 예컨대 Silva 등(1992)은 CaM-KII의 생성을 담당하는 유전자를 표적으로 돌연변이시킨 생쥐로부터 해마 절편의 CA1 영역에서 장기증강을 확립할 수 없음을 발견했다. Shen과 Meyer(1999)의 2양자 레이저 스캔 현미경 연구는 배양된 해마의 뉴런에서 장기증강이 확립되고 난 후에 CaM-KII 분자가 수상돌기 가시의 시냅스후 밀집영역(density)에 축적된다는 것을 보여 주었다. Lledo 등(1995)는 CA1 추체세포에 활성화된 CaM-KII의 직접 주입은 그 세포에 있는 시냅스 전도를 강화한다는 것을 발견했다.

장기증강을 수반하는 다른 두 가지 변화는 시냅스 구조의 변화와 새로운 시냅스의 생성이다. 많은 연구는 장기증강 확립은 수상돌기 가시의 크기와 형태의 변화를 포함한다는 것을 또한 발견했다. 예컨대 Bourne와 Harris(2007)는 장기증강이 가는 가시를 두껍고 버섯 모양의 가시로 확대시킨다고 했다. 그림 12.11은 수상돌기 가시와 연관된 시냅스후 밀집영역에서 갖게 되는 다양한 형태를 보여 준다(그림 12.11 참조). Nägerl 등(2007)은 장기증강의 확립은 또한 새로운 수상돌기 가시의 성장 원인이 된다는 것을 발견했다. 약 15시간에서 19시간 후에 새로운 가시는 인접 축색의 종말단추와 시냅스 연결을 형성했다(그림 12.12 참조).

연구자들은 장기증강은 형성된 시냅스에서 시냅스전 변화를 또한 포함한다고 믿는다. 즉, 종말단추에서 분비되는 글루타메이트 양의 증가와 같은 것이다. 무엇보다도 시냅스에서의 변화는 시냅스전과 시냅스후의 요인 모두에서 공동의 변화가 요구될 것이다. 수상돌기 가시에서 시냅스후에서 시작된 과정이 어떻게 시냅스전 변화를 일으킬까? 일산화질소와 같은 단순한 분자는 한 세포에서 다른 세포로 메시지를 전달할 수 있다는 발견에서 가능한 해답을 얻을 수 있다. 4장에서 살펴본 바와 같이 산화질소(nitric oxide)는 **산화질소합성효소**nitric oxide synthase로 알려진 효소의 활성화에 의해 아르지닌 아미노산(amino acid arginine)으로부터 생성되는 용해성 가스이다. 한번 생성된 산화질소(NO)는 소실되기 전

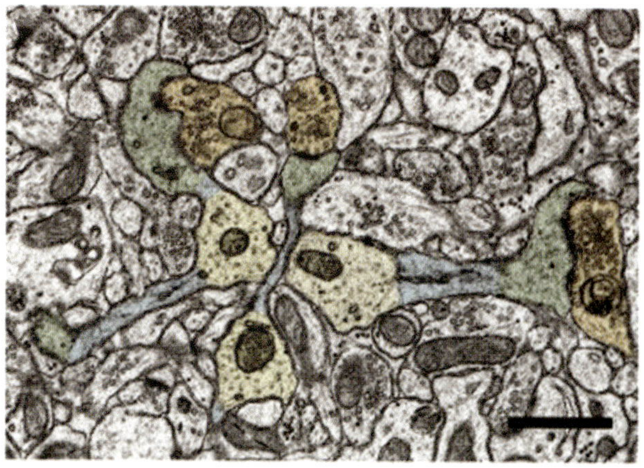

(a)

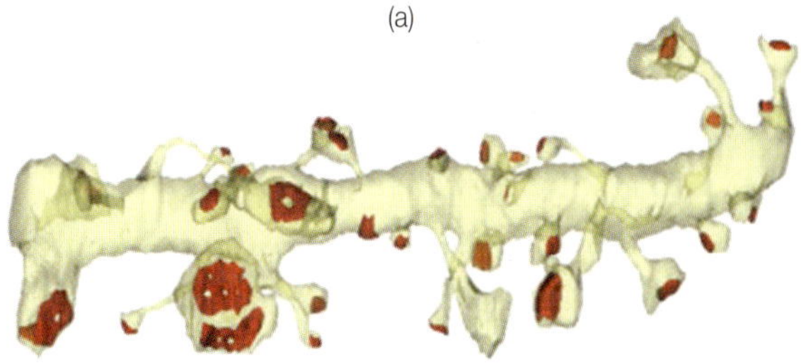

(b)

그림 12.11 CA1 영역에서 수상돌기 가시. Bourne와 Harris (2007)에 따르면, 장기증강은 가는 수상돌기 가시를 버섯 모양의 가시로 전환시킨다. (a) 채색된 현미경 사진. 수상돌기 기둥은 노란색, 가시 목은 파란색, 가시의 머리는 녹색, 시냅스전 종말은 오렌지색, (b) 수상돌기(노란색) 부분의 3차원 재구성은 크기의 다양성과 시냅스후 수상돌기의 형태(적색)를 보여 준다.

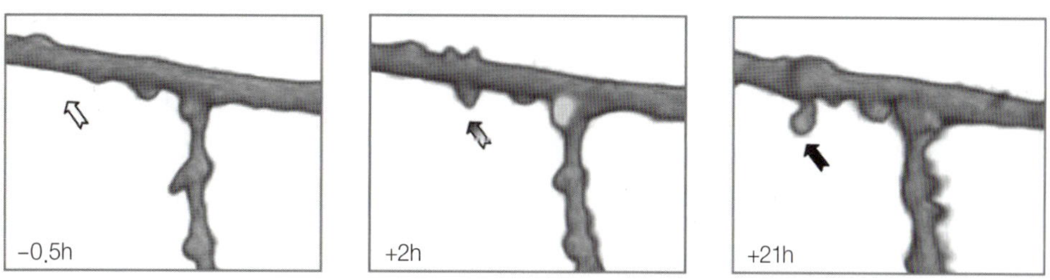

그림 12.12 장기증강 후의 수상돌기 가시의 성장. 2양자 현미경 영상은 장기증강을 확립하기 위한 전기자극 전과 후의 CA1 추체뉴런의 수상돌기 부분을 보여 준다.

잠깐 동안만 존재한다. 그래서 이것이 수상돌기 가시에서 생성되면 가까이 있는 종말단추까지만 확산될 수 있는데 이곳에서 장기증강 유발과 관련된 변화를 일으킬 것이다.

몇몇 실험에 의하며 산화질소는 장기증강을 형성하는 데 관여하는 후향 메시지일 것이다. (후향의 의미는 '뒤로 움직이다'라는 의미이다. 이 문맥에서는 수상돌기 가시에서 종말단추로 거꾸로 메시지를 보내는 것을 말한다.) Endoh, Maiese와 Wagner(1994)는 칼슘에 의해 활성화된 산화질소의 합성은 해마의 치상회, CA1 영역과 CA3 영역을 포함하는 뇌의 여러 영역에서 발견된다는 것을 확인했다. Arancio 등(1995)은 산화질소가 시냅스전 종말에서 이차전령인 주기성 GMP 생성을 자극하는 기능을 한다는 증거를 얻었다. 산화질소가 수상돌기 가시가 종말단추와 소통하는 신호 중에 하나라는 좋은 증거가 있지만 대부분의 연구자는 장기증강 확립에서 시냅스후의 변화가 더 중요한 역할을 한다고 믿고 있다. 다른 신호들이 또한 있어야 한다.

이러한 발견 후 몇 년 동안 연구자들은 장기증강이 신호과정에 관여한다고 믿었다. 이후 장기증강은 몇 단계로 구성되어 있다는 것이 명확해졌다. **초기 장기증강**(E-LTP)은 지금까지 언급해 온 과정을 포함한다. 즉, 막의 감분극, 글루타메이트의 분비, NMDA 수용기의 활성화, 칼슘이온 유입, CaM-KII 같은 효소의 활성화 및 시냅스후막으로의 AMPA 수용기의 이동 등이다. **장기 지속 장기증강**(long-lasting LTP: L-LTP), 즉 장기증강이 몇 시간 이상 지속은 단백질 합성이 요구된다. Frey 등(1988)은 단백질 합성을 차단하는 약물이 CA1 영역에서 L-LTP의 발생을 방해한다는 것을 발견했다. 지속적인 자극 폭발이 제시되기 전, 동안 또는 직후에 이 약물의 처방은 E-LTP를 일으키지만 몇 시간 후에 사라진다. 그러나 그 시냅스가 자극받고 나서 한 시간 후에 그 약물이 처치되면 장기증강은 지속된다. 분명한 것은 L-LTP의 이후 단계를 확립하기 위해 필요한 단백질 합성은 자극 후 한 시간 내에서 이루어진다는 것이다. 분명한 것은 단백질 합성이 E-LTP를 확립하는 데 필수적이지 않지만 L-LTP의 이후 단계를 확립하는 데는 필요하다. 이것은 E-LTP가 확립된 한 시간 내에 정상적으로 발생된다.

L-LTP의 확립을 위해 어떤 단백질이 필요할까? 몇 년 동안 연구자들은 PKMζ라는 특수 효소가 이 과정에 관여하는 것을 확인해 왔다. (이 이상한 표식은 그리스어 소문자 Zeta이다. 여기에서 이렇게 인쇄된 것은 여러분이 이것을 사용한 논문을 본다면 그것을 알 수 있도록 하기 위해서다. 지금부터는 이 효소를 PKM-zeta라고 부르겠다.) 지난 몇 년간 수행된 연구는 이것의 정확한 역할의 성질을 명확하게 하기 시작했다.

심호흡을 하라. 이것은 긴 이야기가 될 것이다. 각 단계는 복잡하지 않지만 많은 단계가 있다(Yao et al., 2008; Migues et al., 2010; Sacktor, 2010; Westmark et al., 2010; Westmark, 2011). PKM-zeta의 생성에 관여하는 유전자는 지속적으로 활성화되는데 유전자의 DNA를 전령 RNA로 전사하면 이것은 수상돌기 가시 근처에 전달된다. Pin1이라는 효소는 PKM-zeta의 전령 RNA가 PKM-zeta 단백질 번역을 억제한다. 전령 RNA는 제한된 수명이 있기 때문에 전령 RNA의 한정된 양만 축적된다(그림 12.13a 참조). 지금부터 장기증강을 위한 조건이 만나게 되는 것을 상상해 보자. 수상돌기 가시는 분극화되고 종말단추에 의해 글루타메이트가 분비된다. NMDA 수용기가 열리고 칼슘이온이 수상돌기 가지에 들어온다. 우리가 방금 본 것처럼, 칼슘이온의 유입은 CaM-KII를 포함한 몇 가지 효소를 활성화시킨다. 활성화된 효소는 Pin1과 결합하고 그것을 비활성화시킨다. 이것은 PKM-zeta 합성이 일어나는 것을 허용하게 된다. PKM-zeta는 AMPA 수용기를 수상돌기 가시의 시냅스후막으로 전달을 자극한다. AMPA 수용기의 추가는 첫 단계 E-LTP를 유발한다(그림 12.13b 참조).

PKM-zeta는 AMPA 수용기를 시냅스후막으로 이동을 자극하는 것 외에 몇 가지 효과를 가진다. 이것은 또한 정적 피드백 고리를 시작하게 하고 Pin1과 결합하고 그것을 비활성화시킨다. 이것은 자신의 합성을 지속할 수 있는 것을 보장받게 한다. 처음 Pin1을 비활성화하고 E-LTP의 과정이 일어날 수 있게 하는 CaM-KII와 다른 효소들은 더 이상 필요없게 된다. 스스로 지속되게 하는 PKM-zeta의 합성은 장기적으로 장기증강을 가능하게 한다(그림 12.13c 참조).

다시 요약하면, E-LTP는 (1) 칼슘이온 유입, (2) CaM-KII과 다른 칼슘에 의해 활성화되는 효소들, (3)

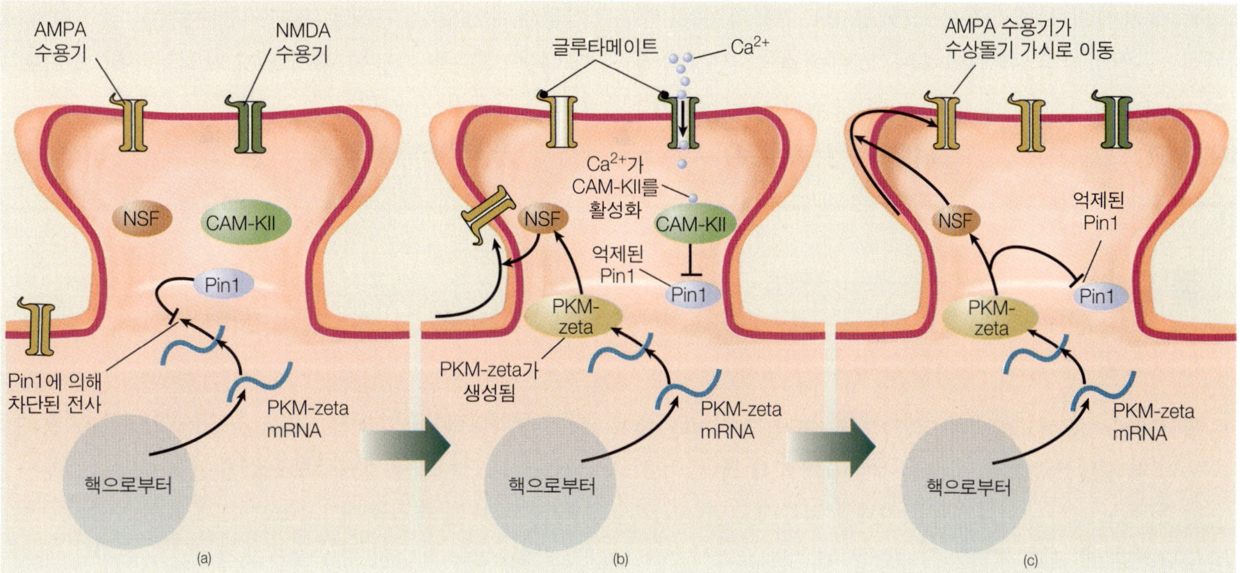

그림 12.13 장기지속 장기증강에서의 PKM-zeta의 역할. (a) PKM-zeta를 위한 mRNA는 핵에 있는 DNA로부터 지속적으로 전사되어 수상돌기 가시로 수송된다. 그러나 Pin1 효소의 활동은 PKM-zeta 단백질로의 mRNA 번역을 차단한다. (b) 장기증강을 위한 조건이 맞아떨어졌을 때 Ca^{2+} 이온이 가시로 유입되고 CaM-KII를 포함한 몇몇 효소를 활성화한다. 이 효소들은 Pin1을 억제시켜 PKM-zeta mRNA가 PKM-zeta단백질 생성을 통제할 수 있도록 한다. 이것은 NSF 효소를 활성화시킨다. 활성화된 NSF는 AMPA 수용기를 수상돌기 가시로 이동을 개시한다. (c) PKM-zeta는 NSF를 활성화할 뿐만 아니라 Pin1을 억제시켜 PKM-zeta 단백질 분자를 지속적으로 생성되도록 한다.

Pin1의 비활성화, (4) 전령 RNA에 의한 PKM-zeta의 합성, (5) AMPA 수용기를 시냅스후막으로 수송한다. E-LTP가 L-LTP로의 전환은 PKM-zeta의 다른 효과를 통해 일어난다. Pin1의 지속적인 억제, 오래된 PKM-zeta가 마침내 부서져 사라질 때 새로운 PKM-zeta 분자의 합성 허용이다. PKM-zeta의 유전자는 계속 활성화되어 세포의 핵에서 전령 RNA를 계속 뿜어내는 것을 기억하라(그림 12.13 참조).

내가 PKM-zeta의 역할에 대해 이렇게 많은 공간을 할애한 이유는 무엇일까? 오랜 세월 동안 신경과학자들은 우리 뇌의 어떤 기제가 우리와 같이 수명이 긴 동물이 수십 년같이 긴 시간 동안 기억을 가능하게 하는지를 이해하려고 시도해 왔다. 우리가 볼 수 있는 것처럼 L-LTP가 매우 중요한 기억형성의 근거가 된다는 것이 지금 명료해졌다. 이것은 우리가 L-LTP가 그렇게 지속되게 하는 것이 무엇인지를 이해해야 한다는 의미이다.

PKM-zeta는 L-LTP를 위한 필요충분조건이다. CA1 추체세포로 주입은 NMDA 수용기의 자극이나 칼슘이온의 유입 없이도 장기증강을 유발하고 PKM-zeta의 생성 차단제인 ZIP 주입은 L-LTP와 많은 뇌 영역에서의 장기기억 형성 모두를 차단한다(Sacktor, 2011).

이 장의 뒤에서도 PKM-zeta의 기여를 포함한 기억에서의 장기증강의 역할에 대해 더 많이 이야기하게 될 것이다.

장기억제

앞에서 세포에 주어지는 저주파 자극의 시냅스 입력은 그것의 강도를 높이기보다는 감소시킬 수 있다고 언급했다. 이러한 현상은 **장기억제**long-term depression; LTD로 알려져 있으며 이것 또한 학습에 한 역할을 한다. 기억을 담고 있는 신경회로는 몇몇 시냅스의 강화와 다른 시냅스의 약화에 의해 확립된다. 이전에 본 바와 같이 장기증강은 시냅스후막이 강하게 감분극이 되어 있을 때 시냅스 입력이 활성화될 때 발생된다(그림 12.7 참조). 반대로 장기억제는 시냅스후막이 약하게 감분극되어 있거나 과분극되어 있는 동안에 시냅스 입력이 활성화될 때 발생된다(Debanne, Gähwiler, and Thompson, 1994; Thiels et al., 1996).

우리가 살펴본 바와 같이 장기증강의 초기 형태는 수

상돌기 가시의 시냅스후막에서 AMPA 수용기 수의 증가와 관련이 있다. 장기억제는 그 반대로 그 수상돌기의 가시에서 AMPA 수용기 수의 감소와 관련이 있다 (Carroll et al., 1999). 그리고 장기증강 동안 AMPA 수용기들이 수상돌기 가시로 유착되는 것처럼 장기억제 동안에는 그 수용기들이 수상돌기 가시로부터 제거된다 (Lüscher et al., 1999).

절 요약

시냅스의 가소성: 장기증강과 장기억제

해마체에서의 장기증강에 대한 연구는 학습 동안 발생되는 몇몇 시냅스 변화와 관련된 기전을 제시해 왔다. 뉴런의 한 회로는 후내피질에서 해마체를 경유해 간다. 이 회로의 축색에 대한 고빈도 자극은 시냅스를 강화시킨다. 이것은 시냅스후 뉴런의 수상돌기 가시에서 EPSP의 크기를 증가시키게 된다. 또한 연합적 장기증강이 일어날 수 있다. 여기에서는 약한 시냅스가 강한 시냅스의 활동에 의해 강화된다. 실제로 장기증강을 위한 유일한 요구조건은 시냅스가 활성화되는 동일한 시점에 시냅스후 막이 감분극되는 것이다.

CA1 영역, 치상회 및 몇몇 다른 뇌 영역에서 NMDA 수용기들이 장기증강에 특별한 역할을 한다. 글루타메이트에 민감한 이 수용기들은 칼슘통로를 통제하는데 그 막이 이미 감분극되어 있을 때만 그 통로를 개방할 수 있다. 그래서 막의 감분극(예: 강한 시냅스 활동에 의해 일어나는 수상돌기 발화로부터)과 NMDA 수용기 활성화와의 결합이 칼슘이온 유입을 결정한다. 칼슘의 증가는 AMPA 수용기를 수상돌기 가시의 막으로 수송을 자극하는 몇몇 칼슘 의존성 효소를 활성화시킨다. 이것은 종말단추에 의해 분비되는 글루타메이트에 대한 반응 강도를 증가시킨다. 이러한 변화는 수상돌기 가시의 형태에서 구조적 변화와 새로운 가시의 성장에 의해 수반되는데 이것은 새로운 시냅스를 형성한다. 장기증강은 또한 산화질소 합성효소의 활성화에 의해 시냅스전에서의 변화를 포함한다. 이 효소는 산화질소를 생성한다. 이 용해성 가스는 근처의 종말단추로 확산되어 여기에서 글루타메이트 분비를 촉진한다. L-LTP는 단백질 합성이 요구된다. PKM-zeta 효소의 생성을 부호화하는 유전자는 핵에서 지속적으로 행성되어 수상돌기 가시로 수송된다. 이곳에서 이것의 전사는 다른 효소 Pin1의 활성화에 의해 차단된다. LTP를 위한 조건이 맞을 때, 칼슘이온의 유입은 CaM-KII을 포함한 몇몇 효소들을 활성화시킨다. 이 효소들은 Pin1을 불활성화시켜 PKM-zeta 합성이 발생되도록 허용된다. PKM-zeta의 출현은 AMPA 수용기를 지속적으로 막으로 이동하도록 하고, Pin1을 억제한다. 이것은 PKM-zeta의 생성을 유지하게 한다. 장기억제는 시냅스후막이 과분극되었거나 아주 조금 감분극되어 있을 때 시냅스가 활성화되면 나타난다.

생각해 봅시다

뇌는 신체 중에서 가장 복잡한 기관이고 또한 가장 가변적이다. 모든 경험은 변경된 시냅스 형태로 작은 흔적을 남긴다. 우리가 어떤 사람에게 어떤 말을 하거나 다른 사람들이 기억하는 만남에 참여할 때 우리는 그 사람의 뇌에 있는 연결을 변화시키고 있다. 매일 얼마나 많은 시냅스가 변화될까? 개개의 기억이 혼란되지 않도록 보호하는 것은 무엇일까?

지각학습

학습은 우리를 환경에 적응할 수 있도록 하고 환경에서의 변화에 반응할 수 있도록 한다. 특히 학습은 적절한 상황에 맞는 적절한 행동을 수행하는 능력을 제공한다. 상황은 버저 소리만큼 단순할 수 있거나 한 집단의 사람들과 사회적 상호작용처럼 복잡할 수도 있다. 학습의 첫 부분은 특정 자극을 지각하는 학습을 수반한다. 간단한 흥미의 예로, 이 절에서는 오직 시각학습만을 논의할 것이다. 그러나 동일한 일반 원리는 다른 감각양

타인의 얼굴을 재인하는 학습은 지각학습의 중요한 한 형태이다.

Kevin Dodge/Corbis

식인 자극인식 학습에 대한 연구 결과에서도 나타난다. 나아가 13장에서는 언어의 획득과 사용에서의 학습역할을 논의할 것이다.

지각학습은 사물이 제시되었을 때 무엇을 할 것인가가 아닌 그것을 인식하는 학습을 의미한다. (무엇을 할 것인가에 대한 학습은 이 장의 다음 두 단원에서 논의된다.) 지각학습은 새로운 자극을 전체적으로 인식하는 학습을 수반하거나 친숙한 자극에서의 변화와 변이를 인식하는 학습을 수반할 수 있다. 예를 들면, 한 친구가 새로운 헤어스타일을 했거나 안경을 콘택트렌즈로 바꾸었다면 그 사람에 대한 우리의 시각기억은 변한다. 또한 우리는 특정 자극이 특정 장소나 맥락에서 발견되거나 다른 자극이 있는 곳에서 발견된다는 것을 학습한다. 우리는 특정 일화, 즉 특정 장소와 때에서 일어나는 사건의 과정을 학습하고 기억할 수 있다. 지각학습의 더 복잡한 형태는 이 단원의 마지막 단원인 관계학습에서 논의될 것이다.

6장에서 살펴본 바와 같이 일차시각피질은 시상의 외

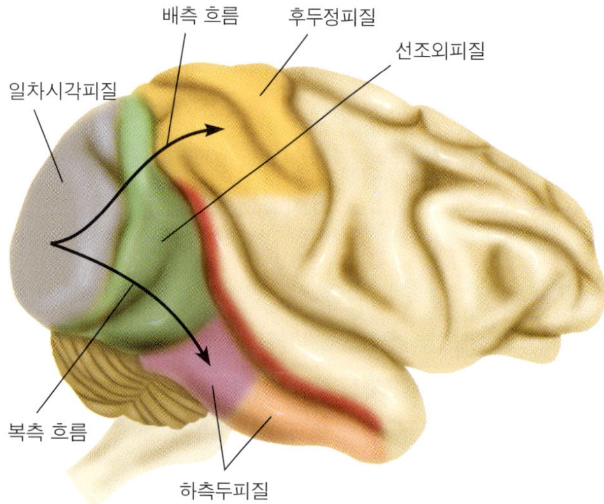

그림 12.14 붉은털원숭이의 시각피질의 주요 부분들. 화살표는 배측과 복측 흐름에서 정보 흐름의 일차적인 방향을 나타낸다.

측슬상체에서 정보를 받는다. 일차 수준의 분석 후에 그 정보는 일차시각피질(선조피질)의 주위에 있는 선조외피질로 보내진다. 시각 장면의 특정 속성인 형태, 색채 및 운동 등을 분석한 후에 선조외피질의 하위영역은 이러한 분석 결과를 다음 수준의 시각연합피질로 보내는데, 이 연합피질은 두 개의 '흐름'으로 나누어져 있다. 대상 인식에 관여하는 **복측 흐름**은 복측으로 하측두피질까지 이어진다. 대상의 위치 지각에 관여하는 **배측 흐름**은 배측으로 후두정피질까지 이어진다. 대부분의 연구자가 동의하는 것처럼, 복측 흐름은 시각 지각에서의 무엇과 관련이 있고 배측 흐름은 어디와 관련이 있다(그림 12.14 참조).

복측 흐름의 끝인 하측두피질의 손상은 상이한 시각자극 간의 차이를 변별하는 능력을 잃게 한다는 것을 많은 연구에서 보여 주었다. 이러한 손상은 특정 종류의 시각정보를 지각하는(그래서 인식하는 학습) 능력을 상실하게 한다. 6장에서 살펴본 바와 같이, 하측두피질에 손상을 입은 사람들은 뛰어난 시력을 갖고 있다고 하더라도 가위, 옷핀, 또는 전구와 같이 친숙한 일상의 사물을 인식할 수 없고 친구와 친척의 얼굴조차도 인식할 수 없다.

지각학습은 새로운 신경회로를 형성하는 시각연합피질에서 시냅스 연결의 변화와 분명히 연관이 있다. 이러한 변화는 이 장의 앞 절에서 기술되었다. 동일한 자극이 다시 제시된 후에 동일한 신경활동의 형태가 피질로 전달되고 그 회로는 다시 활성화된다. 이 활성화는 그 자극을 인식하게 한다. 즉, 시각기억에서 읽어 내어 말을 하게 된다. 예를 들어 Yang과 Maunsell(2004)은 시각자극에서의 작은 차이를 감지하도록 훈련을 시켰다. 이 자극의 상은 망막의 특정 부위에 투사되었다. 훈련을 마친 후에 그 원숭이는 훈련이 시작될 때 감지할 수 있었던 것보다 더 작은 차이를 감지할 수 있었다. 그러나 원숭이는 그 자극형태가 망막의 다른 부위에 투사되었을 때에는 그러한 차이를 감지할 수 없었다. 시각연합피질에 있는 단일 뉴런 기록은 훈련받은 망막부위에서 들어오는 정보를 받는 뉴런의 반응 속성이 자극에서의 작은 차이에 민감하게 되었음을 보여 주었다. 분명히 이 부위에 있는 신경회로만 훈련에 의해 수정되었다.

감각연합피질에 있는 신경회로의 활성화가 지각적 기억을 '읽어 냄'에 관여한다는 결론을 지지하는 인간 연구의 증거를 살펴보자. 과거 Penfield와 Perot (1963)은 발작 수술을 받고 있는 환자에게 시각과 청각의 연합피질을 자극했을 때, 그 환자는 친숙한 거리의 상과 환자 어머니의 목소리 같은 심상이나 소리의 기억을 보고함을 발견했다. (발작 수술은 국부마취 상태에서 수행되는데, 이것은 의사들이 중요한 기능을 수행하는 뇌조직을 제거하지 않기 위해 환자의 인지적 능력에 대한 뇌자극의 효과를 검사하기 위해서다.)

시각 지각과 관련이 있는 뇌 영역의 손상은 시각자극의 인식력뿐만 아니고 친숙한 자극의 시각적 속성의 기억도 손상시킨다. 예컨대 Vandenbulcke 등(2006)은 오른쪽 방추상회에 손상을 입은 J. A. 환자는 다양한 동물, 과일, 채소, 도구, 자동차 또는 가구를 그리거나 기술하는 과제의 수행이 저조함을 발견했다. 그러나 사물의 비시각적 속성을 기술하는 능력을 포함한 다른 인지적 능력은 정상이었다. 나아가 fMRI 연구는 정상 통제집단 참가자에게 그 환자가 저조한 수행을 보여 주었던 시각과제 수행을 요청했을 때 J. A. 환자의 손상과 상응하는 뇌 영역에서 활성화가 나타난다는 것을 발견했다.

Kourtzi와 Kanwisher(2000)은 특정 종류의 시각정보는 시각연합피질의 특정 부위를 활성화시킬 수 있음을 발견했다. 6장에서 살펴본 바와 같이, 시각연합피질의 영역인 MT와 MST는 운동 지각에서 중요한 역할을 한다. 연구자들은 공을 던질 준비하는 운동선수와 같은 움직임을 내포한 사진을 실험참가자들에게 제시했다. 가만히 있는 사람에 대한 사진과 달리 이러한 사진은 MT/MST 영역을 활성화시킴을 확인했다. 분명한 것은 이 사진은 움직이지 않았지만 아마도 그 실험참가자의 기억은 이전에 본 운동에 대한 정보를 가지고 있다는 것이다(그림 12.15 참조).

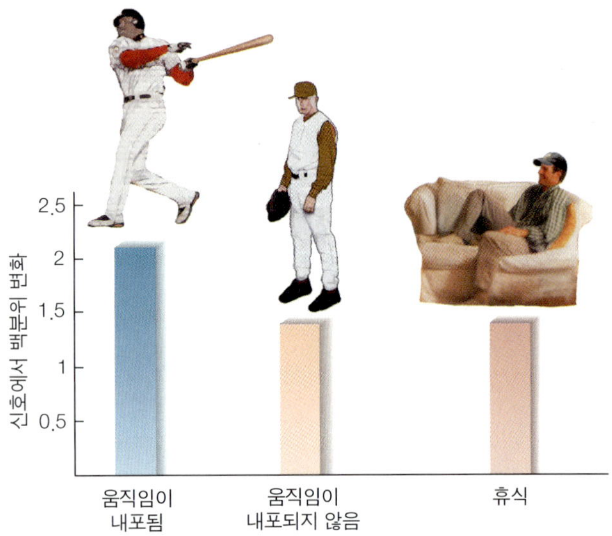

그림 12.15 운동 시각 기억의 인출 증거. 막대는 운동에 반응하는 시각연합피질의 MT/MST 영역을 fMRI로 측정한 활성화 수준을 나타낸다. 실험참가자는 여기서 보는 것과 비슷한 움직임이 내포된 장면의 사진을 보았다.

Based on data from Kourtzi, A., and Kanwisher, N. *Journal of Cognitive Neuroscience*, 2000, *12*, 48–55.

Goldberg, Perfetti 및 Schneider(2006)의 기능 영상 연구는 시각, 청각, 촉각 및 미각 정보와 관련된 의문을 갖게 했다. 이들은 이 의문의 해답은 상관 있는 감각정보의 지각과 관련이 있는 연합피질의 영역이 활성화된다는 것을 발견했다. 예컨대 맛에 대한 의문은 맛의 피질을 활성화했고 촉각정보에 대한 의문은 체감각피질을 활성화시키고 시각과 청각에 대한 의문은 시각과 청각 연합피질을 활성화한다는 것이다.

절 요약

지각학습

지각학습은 감각연합피질 내에서 시냅스 연결 변화의 결과로 일어난다. 시각연합피질에서 복측 흐름의 최상위 수준인 하측두피질의 손상은 시지각학습을 손상한다. 인간을 대상으로 한 기능 영상 연구는 그림, 소리, 움직임, 또는 공간 위치에 대한 기억 회상이 감각연합피질의 특정 부위를 활성화시킴을 보여 주었다.

생각해 봅시다

1. 얼마나 많은 지각기억이 여러분의 뇌를 차지하고 있을까? 여러분은 많은 상, 소리 및 냄새를 어떻게 인식할 수 있으며, 촉감으로 많은 사물과 표면을 어떻게 인식할 수 있는가? 우리는 이러한 것을 평가할 수 있는 방법은 있는가?
2. 여러분은 기억할 필요가 있는 것을 본 때를 기억할 수 있는가? 그리고 여러분이 지각한 자극의 상보다 여러분이 할 필요가 있는 반응을 마음에 담아둔 때를 기억할 수 있는가?

고전적 조건형성

신경과학자들은 군소(*Aplysia*: 바다 무척추동물)의 아가미 철회반사와 토끼의 눈 깜박임 반사와 같은 많은 모형을 사용하여 고전적 조건형성의 해부학 및 생리학을 연구해 왔다(Lavond, Kim, & Thompson, 1993; Bailey and Kandel, 2008). 이러한 연구 결과를 예증하기 위해 고전적 조건형성의 단순한 포유류 모형(조건화된 정서반응)을 기술하고자 한다.

편도체는 자극-반응학습의 한 특정 형태인 고전적 조건형성된 정서반응과 관련된 중요한 구조의 한 부분이다. 통증을 수반하는 발바닥 쇼크와 같은 혐오적 자극은 다양한 행동적, 해부학적 및 호르몬 반응들, 예컨대 동결반응, 혈압 증가, 부신스트레스 호르몬의 분비 등을 유발한다. 고전적 조건형성된 정서반응은 중립자극(특정 주파수의 소리)과 혐오자극(짧은 발바닥 쇼크) 간의 짝짓기에 의해 이루어진다. 우리가 11장에서 살펴본 바와 같이, 이러한 자극이 짝지어진 후에 그 소리는 조건자극(CS)이 된다. 이것 하나만 제시될 때 이것은 무조건자극이 하는 것과 같은 동일한 형태의 반응을 일으킨다.

조건형성된 정서반응은 청각피질이 없어도 일어날 수 있기 때문에 이러한 과정의 피질하 요소에 국한하여 논의할 것이다. CS(소리)에 대한 정보는 편도 외측핵에 도달한다. 이 핵은 또한 체감각계로부터 US(발바닥 쇼크)에 대한 정보도 받는다. 그래서 이 두 가지 근원의 정보들은 외측핵에 수렴되는데, 이것은 학습에 관여하는 시냅스 변화가 이곳에서 일어난다는 것을 의미한다.

가설적 신경회로는 그림 12.16에 제시되어 있다. 편도 외측핵은 중심핵으로 축색을 투사하는 뉴런을 가지고 있다. 청각과 체감각 정보를 외측핵에 전달하는 뉴런의 종말단추는 외측핵 뉴런의 수상돌기 가시와 시냅스를 형성한다. 한 마리의 쥐가 통증자극을 받았을 때 그 체감각 입력이 외측핵에 있는 시냅스를 강하게 활성화시킨다. 그 결과로, 이 핵에 있는 뉴런이 발화하기 시작하고, 이것이 중심핵의 뉴런을 활성화시켜 학습되지 않은(무조건적) 정서반응을 유발한다. 소리가 통증자

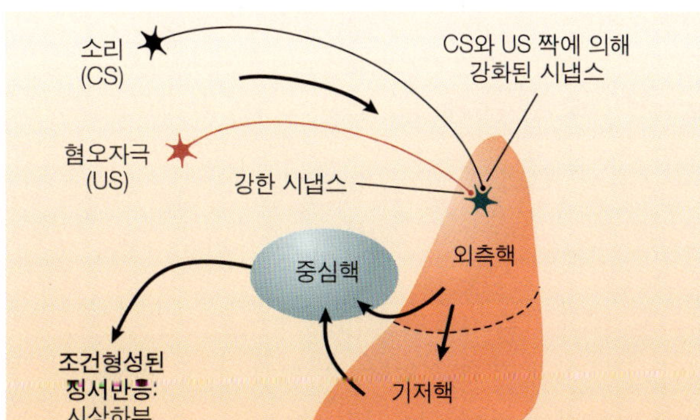

그림 12.16 **조건정서반응.** 이 그림은 소리와 발바닥 쇼크와 짝지어진 결과로 고전적 조건형성된 정서반응에 의해 유도된 시냅스 강도의 변화가 일어날 수 있는 부위를 보여 준다.

극과 짝지어진다면 소리에 반응하는 외측편도체의 약한 시냅스가 Hebb 법칙의 작용을 통해 증강된다(그림 12.16 참조). 10장에서 본 바와 같이 이러한 가설은 많은 지지를 받고 있다. 따라서 학습과 관련된 시냅스 변화는 이 회로 내에서 일어난다.

많은 연구로부터 얻게 된 증거는 조건정서반응의 획득과 관련이 있는 외측편도체에서의 변화는 장기증강과 연관된다는 것을 보여 준다. 이 장의 앞에서 본 바와 같이 편도체를 포함한 뇌의 많은 영역에서의 장기증강은 NMDA 수용기와 활성화와 시냅스후막으로의 AMPA의 유착을 통해 이루어진다. 예컨대 Rumpel 등(2005)은 소리와 쇼크를 짝짓고 조건정서반응을 확립했다. 그들은 학습경험은 외측편도체 뉴런과 청각정보를 입력하는 축색 간 시냅스의 수상돌기 가시에 AMPA 수용기가 유착되게 한다는 것을 발견했다. 또한 그들은 수상돌기 가시에 AMPA 수용기 유착을 방해하는 과정은 공포 조건형성을 방해한다는 것도 확인했다. 나아가 Migues 등(2010)은 ZIP를 외측편도체에 주입하여 PKM-zeta의 활성화를 차단하면 조건정서반응 수립이 손상된다는 것을 확인했다. 실제로 결손의 크기는 시냅스후 AMPA 수용기의 감소와 직접적으로 관련성이 있다.

이러한 연구의 결과들은 NMDA 수용기에 의해 중재되고 PKM-zeta의 유지에 의해 나타나는 외측편도체의 장기증강은 조건정서반응의 형성에 결정적인 역할을 한다.

절 요약

고전적 조건형성

여러분은 이미 10장에서 조건형성된 정서반응을 보았다. 청각자극(CS)이 발바닥 쇼크(US)와 짝짓게 될 때 이 두 가지 정보는 편도체의 외측핵으로 수렴된다. 이 핵은 기저핵과 부기저핵을 통하거나 아니며 직접적으로 중심핵과 연결되어 있고, 이 중심핵은 정서반응의 여러 가지 요소를 통제하는 뇌 영역과 연결되어 있다. 이 회로의 손상은 정서반응을 사라지게 한다.

이 핵에 있는 단일 뉴런에 대한 기록은 고전적 조건형성이 CS에 대한 뉴런의 반응을 변화시킨다는 것을 보여 준다. 이 계통의 시냅스 가소성에 대한 기전은 NMDA 중재에 의한 장기증강으로 보인다. 외측편도체에 대한 청각정보의 전기적 자극은 이곳에서 장기증강을 유발하고 이 뉴런은 청각자극에 더욱 민감하게 된다. 장기증강을 차단하는 약물을 외측핵에 주입하면 조건형성된 정서반응의 확립이 차단되고 외측편도체에 있는 PKM-zeta를 차단하면 조건정서반응이 차단된다.

도구적 조건형성

도구적(조작적) 조건형성은 우리뿐만 아니라 동물도 경험으로부터 이득을 얻는 수단이다. 특정 상황에서 좋은 결과를 갖게 하는 반응을 한다면 우리는 그 반응을 다시 하는 경향성을 가질 것이다. 이 절에서 첫 번째로 도구적 조건형성에 관여하는 신경 경로를 기술하고 다음으로 강화의 신경 기초를 논의할 것이다.

기저핵의 역할

이 장의 앞에서 살펴본 바와 같이, 도구적 조건형성은 특정 자극을 감지하는 신경회로와 특정반응을 유발하는 신경회로 사이의 연결을 강화하게 된다. 도구적 조건형성에 관여하는 회로는 지각이 일어나는 감각연합피질의 여러 영역에서 시작해서 운동을 통제하는 전두엽의 운동연합피질에서 끝난다. 그러나 이러한 연결에 어떤 통로가 이러한 연결에 관여할까? 그리고 이 학습에 관여하는 시냅스의 변화는 어디에서 일어날까?

감각연합피질과 운동연합피질 사이에 두 개의 주요 통로가 있다. 하나는 피질을 관통하는 연결이고(대뇌피

사람이 자동차 운전과 같은 복잡한 기술을 처음으로 학습할 때 모든 주의를 운전에 두어야 한다. 나중에 그들은 운전에 많은 생각을 하지 않고도 운전할 수 있고, 동시에 승객과 자연스럽게 대화를 나눌 수도 있다.

Joe Bator/Corbis

질의 한 영역에서 다른 영역으로의 연결) 다른 하나는 기저핵과 시상을 경유하는 연결이다. 이 통로 모두 도구적 조건형성에 관여하는 것으로 나타나지만 이들의 역할은 상이하다.

해마체와 연결되어 있는 피질관통 연결은 스스로에게 기술하거나 목격한 일련의 사건에 대한 복잡한 지각적 기억인 일화기억 획득에 관여한다. (이 기억형태의 획득은 이 장의 마지막 단원에서 논의된다.) 피질관통 연결은 계획이나 훈련을 내포한 복잡한 행동의 획득과도 관련이 있다. 예컨대, 수동변속 자동차를 운전하는 것을 배우는 사람은 이렇게 말할 것이다. '보자, 클러치를 밟고, 기어를 왼쪽으로 넣고, 다음으로 손을 놓고, 이것은 기어에서 하는 것이고, 지금은 클러치에서 발을 떼고. 오! 꺼졌다. 좀 더 액셀러레이터를 밟았어야 했는데……. 다시, 클러치를 밟고 키를 돌리고 …….' 기억된 일련의 규칙(또는 옆에 앉아 있는 교관)은 우리가 따라야 할 스크립트를 준다. 물론 이러한 과정은 들을 수 있거나 말할 때 관여하는 근육의 실제적인 운동이 포함될 필요는 없다. 이 사람은 행동을 일으키지 않는 신경활동을 통해 말로 생각할 수 있다.

우선적으로, 관찰을 통해서 아니면 일련의 규칙을 따른 행동수행은 느리고 서툴다. 뇌의 많은 재원이 규칙을 회상하고 그것을 우리의 행동에 적용하는 데 관여되기 때문에 우리는 환경에 있는 다른 자극에 반응할 수 없다. 우리는 우리를 혼란시키는 사건을 무시해야 한다. 그러나 훈련을 통해 그 행동은 매우 유연해진다. 궁극적으로 우리는 생각 없이 행동을 수행하고 동시에 다른 일들—차를 운전하면서 승객과 대화를 나누는 것 같은—을 쉽게 할 수 있다.

증거는 학습된 행동이 자동화되고 일상화될 때 그 행동은 기저핵으로 '이전'된다는 것을 보여 준다. 그 과정은 다음과 같이 작용하는 것으로 보인다. 우리가 계획적으로 복잡한 행동을 수행할 때 기저핵은 제시된 자극과 우리가 행하는 반응에 대한 정보를 받는다. 처음에는 기저핵이 상황에 대한 수동적인 '관찰자'지만 그 행동이 반복되면 기저핵은 해야 되는 것에 대한 학습을 시작한다. 궁극적으로 기저핵은 그 과정의 세부사항에 대한 대부분을 떠안음으로써 피질관통 회로가 자유롭게 어떤 일을 할 수 있도록 한다. 우리는 우리가 해야 하는 것에 대한 더 이상의 생각이 필요 없게 된다.

신선조체(미상핵과 피각)는 대뇌피질의 모든 영역으로부터 감각정보를 받는다. 또한 이것은 전두엽으로부터 계획된 운동이나 실제로 진행 중인 운동에 대한 정보도 받는다. (여러분도 알 수 있듯이, 기저핵은 어떤 사람이 차를 운전하는 것을 배우는 과정을 모니터하는 데 필요한 모든 정보를 가지고 있다.) 미상핵과 피각의 출력은 기저핵의 다른 부분인 담창구로 보내진다. 이 구조의 출력은 운동계획이 이루어지는 전두피질의 운동전피질과 보조운동피질, 그리고 운동을 실행하는 일차운동피질로 보내진다(그림 12.17 참조).

실험동물을 대상으로 한 연구는 기저핵 손상이 도구적 조건형성을 방해하지만 다른 형태의 학습에는 영향이 없음을 발견했다. 예컨대 Fernandez-Ruiz 등(2001)은 복측 흐름으로부터 시각정보를 받는 미상핵과 피각 부위를 손상시켰다. 이들은 원숭이에 대한 이 손상이 시지각학습에는 장애를 일으키지 않았지만 시각적으로 유도되는 조작적 반응을 학습하는 능력은 손상된다는 것을 발견했다.

Williams와 Eskandar(2006)는 원숭이들이 특정 시각자극을 볼 때 조이스틱을 특정 방향(좌, 우, 앞, 뒤)으로 움직이도록 훈련시켰다. 정확한 반응은 과일주스 한 모

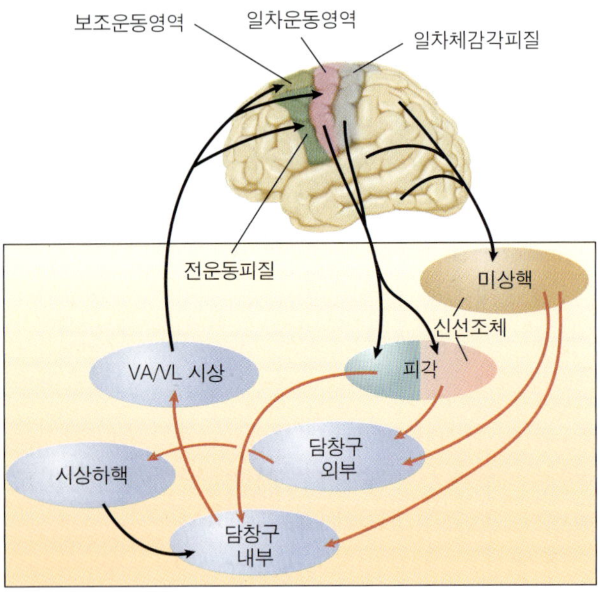

그림 12.17 기저핵과 그들의 연결.

금으로 보상을 받았다. 원숭이가 그 과제를 학습했을 때 미상핵에 있는 단일 뉴런의 발화율이 증가되었다. 실제로 미상핵 뉴런의 활성화는 동물의 학습률과 상관이 있다. 연구자들이 강화기간 동안 저강도 고주파의 전기적 자극으로 미상핵 뉴런의 활성화를 증가시켰을 때 그 원숭이는 특정 자극-반응 연합을 더 신속하게 학습했다. 이 결과는 도구적 조건형성에서 기저핵의 역할에 대한 증거를 제공한다.

행동 연결의 획득과 관련된 뇌 계통으로부터 자동적 과정의 저장과 관련된 영역으로 기억의 이전은 기저핵에서 볼 수 있다. 쥐의 배내측(DM) 선조체(인간과 다른 영장류의 미상핵과 상응하는 곳)는 전전두피질과 상호 연결되어 있다. 쥐의 배외측(DL) 선조체(영장류의 피각에 상응하는 부위)는 피질의 감각과 운동영역과 상호연결되어 있다. Yin 등(2009)와 Thorn 등(2010)은 DM 선조체는 새로운 기술의 초기학습에 관여하지만 지속적으로 훈련하고 행동이 더욱 습관적이 자동적이 되었을 때 DL 선조체가 동물행동의 통제를 맡기 시작했다.

우리가 앞에서 살펴본 바와 같이 장기증강은 고전적 조건형성에서 중요한 역할을 하는 것으로 드러났다. 이러한 시냅스의 가소성이 도구적 조건형성에도 관여하는 것으로 나타났다. Packard와 Teather(1997)는 AP5의 주입으로 기저핵에 있는 NMDA를 차단했을 때 단순한 시각단서의 유도에 의한 학습이 일어나지 않음을 발견했다.

강화

학습은 우리가 경험(좋은 결과를 얻게 하는 반응)으로부터 이득을 얻게 되는 수단을 제공한다. 좋은 일이 일어날 때(즉, 강화자극이 나타날 때) 뇌에 있는 강화기전은 활성화되고 시냅스 변화의 확립이 촉진된다. 그러나 이러한 강화기전의 존재에 대한 발견은 우연히 이루어졌다.

강화와 관련된 신경회로

1954년, 젊은 조교수였던 James Olds와 대학원생이었던 Peter Milner는 망상체에 대한 전기적 자극이 쥐의 미로학습을 촉진하는지를 알아보고 있었다. 그들은 동물이 미로의 선택지점에 도달했을 때마다 짧은 시간 동안 자극기를 작동하도록 계획했다. 그러나 먼저 그들은 그 자극이 혐오적이 아님을 확인해야 했다. 왜냐하면 혐오적 자극은 학습을 방해하는 것이 자명하기 때문이다. Olds의 보고에 따르면,

> 나는 동물이 담으로 둘러막혀 있는 구석으로 들어갈 때마다 60Hz 사인파 전류를 짧게 제공했다. 동물은 그 구석에서 벗어나지 않고 오히려 첫 번째 자극이 짧게 주어진 후에 신속히 돌아왔고 두 번째 자극이 주어진 후에는 더 빨리 돌아왔다. 세 번째 전기자극이 제공된 후에 그 동물이 '더 자주 돌아오게 된다는 것이' 분명해 보였다(Olds, 1973, p. 81).

어떤 대단한 것이 있음을 인식한 Olds와 Milner는 그들의 본래 연구를 포기하고 그들이 발견한 이 현상을 연구하기로 결심했다. 그들은 지속된 연구를 통해 몇몇 다른 강화기제가 있지만 도파민성 뉴런의 활성화가 강화에 특히 중요한 역할을 한다는 것을 발견했다. 4장에서 본 바와 같이, 도파민성 뉴런의 중뇌변연계(mesolimbic system)는 중뇌의 **복측피개야**ventra tegmental area; VTA에서 시작되어 문측으로 편도체, 변연계 및 **측핵**nucleus accumbens; NAC을 포함한 몇몇 전두영역으로 투사

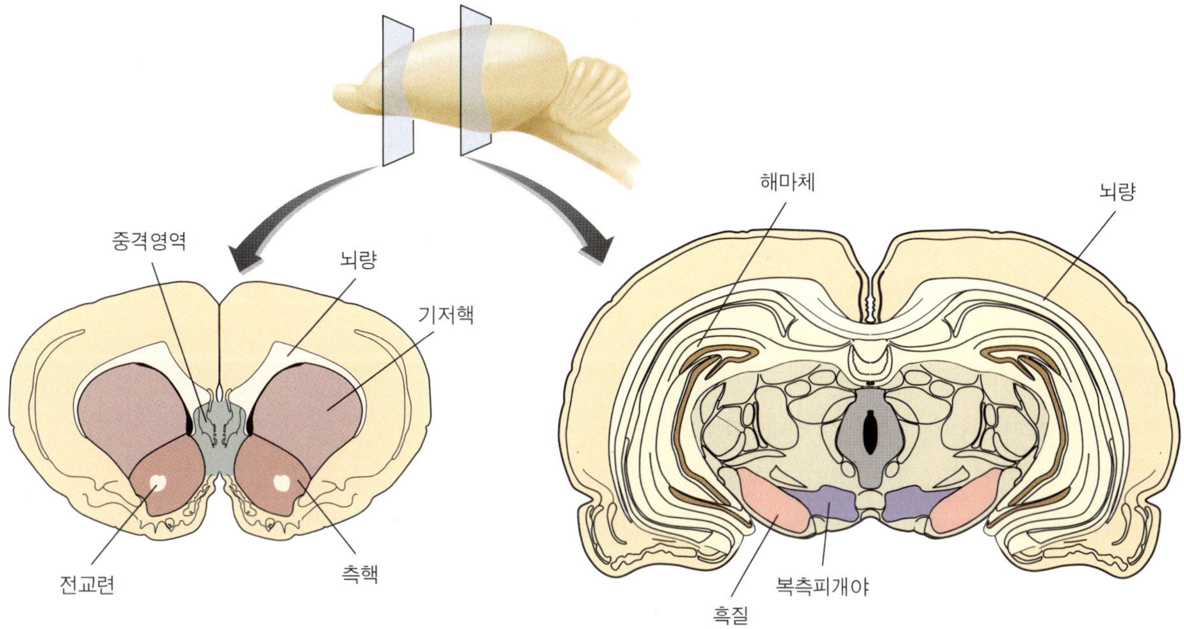

그림 12.18 복측피개야와 측핵. 쥐 뇌의 절편은 이러한 부위들의 위치를 보여 준다.

Based on Swanson, L. W. *Brain Maps: Structure of the Rat Brain*. New York: Elsevier, 1992.

된다. 측핵은 시삭전 영역의 문측 그리고 중격(septum)에 바로 인접한 기저전뇌에 있다. (실제로 이 영역의 전체 이름은 *nucleus accumbens septi*, 또는 '중격에 기대어 있는 핵'이다. 그림 12.18 참조). 측핵의 뉴런은 기저핵의 복측부위로 투사된다. 방금 본 바와 같이 이곳은 학습에 관여한다. 중뇌피질계 또한 강화에 역할을 한다. 나아가 이 체계는 복측피개영역에서 출발하지만 전전두피질, 변연피질 및 해마로 투사된다.

5장에서 **미세투석**(microdialysis)이라는 연구방법에 대해 살펴보았는데, 이 방법은 연구자로 하여금 뇌의 특정부위 내에 있는 간질액(interstitial fluid)의 성분을 분석할 수 있도록 해준다. 이 방법을 사용한 연구자들은 **내측전뇌속**medial forebrain bundle; MFB과 복측피개야에 대한 강화적 전기자극이나 코카인 또는 암페타민의 처치가 측핵에서 도파민을 분비시킨다는 것을 알았다(Moghaddam & Bunney, 1989; Nakahara et al., 1989; Phillips et al., 1992; 그림 12.19 참조). 미세투석 연구는 또한 자연적 강화물, 즉 물, 음식 및 성적 대상이 측핵에서 도파민 분비를 자극한다는 것도 발견했다. 따라서 뇌자극 강화 효과는 여러 면에서 자연적 강화물의 효과와 유사한 것으로 보인다.

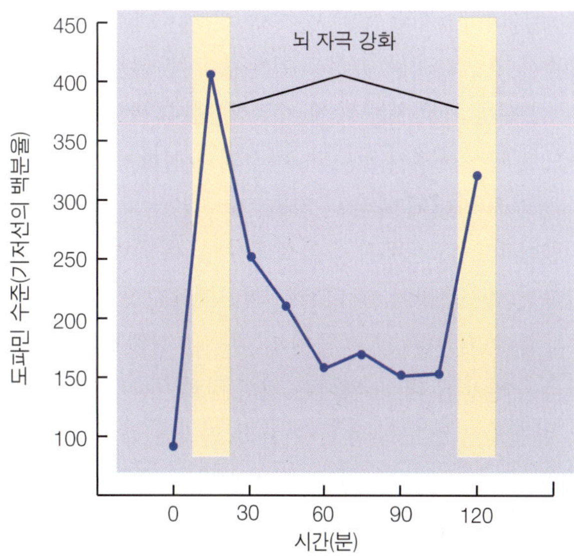

그림 12.19 도파민과 강화. 쥐가 복측피개야에 전기자극을 주는 레버를 누를 때 미세투석법으로 측정된 측핵의 도파민 분비

Based on data from Phillips, A. G., Coury, A., Fiorino, D., LePiane, F. G., Brown, E., and Fibiger, H. C. *Annals of the New York Academy of Sciences*, 1992, *654*, 199-206.

실험을 위해 인간의 뇌에 미세투석 탐침을 넣지 않았지만 기능 영상 연구는 강화적 사건이 인간의 측핵을 활성화시킨다는 것을 보여 주었다. 예컨대, Knutson 등(2001)은 사람들이 돈을 곧 받게 될 것이라는 것을 알려 주는 자극이 제시될 때 측핵이 매우 활성화된다는 것을(아마도 이곳에 도파민이 분비되었을 것이다) 발견했다. Aharon 등(2001)은 젊은 이성애자인 남성이 아름다운 여성이 제시되는 레버를 눌러 그 그림을 볼 때, 측핵의 활성화가 증가됨을 발견했다.

강화체계의 기능

강화체계는 두 가지 기능을 수행해야 한다. 강화자극의 존재를 감지하고(어떤 좋은 일이 일어난 것을 인식) 변별자극(레버의 모습)을 감지하는 뉴런과 도구적 반응(레버 누르기)을 유발하는 뉴런 간의 연결을 강화해야 한다(그림 12.2 참조).

강화는 신경회로가 강화자극을 감지하고 복측피개야에 있는 도파민 뉴런이 활성화될 때 일어난다. 강화자극에 대한 감지는 단순한 문제가 아니다. 어떤 경우에는 강화자로 작용하는 자극이 다른 경우에는 그렇지 않기 때문이다. 예를 들면, 음식의 제시는 배고픈 동물의 행동을 강화하지만 음식을 먹은 동물에게는 그렇지 않다. 그래서 강화계는 특정 자극이 제시되었을 때 자동적으로 활성화되지 않는다. 이것의 활성화는 또한 동물의 생리적 상태에 따라 다르다.

일반적으로 자극이 동물로 하여금 욕구행동을 일으킨다면(즉, 동물이 그 자극을 피하기보다는 그 자극에 접근한다면) 자극은 그 동물의 행동을 강화할 수 있다. 자극이 발생될 때 그 자극은 뇌의 강화기전을 활성화하고 변별자극과 도구적 반응 간의 연결은 강화된다. 예컨대, Knutson과 Adcock(2005)의 기능 영상 연구에 의해 강화자극에 대한 기대(돈을 받을 수 있는 기회)로 인간의 경우 복측피개야와 이것의 투사영역(측핵을 포함하여)의 활성화가 증가되었다는 것이 밝혀졌다. 또한 실험참가자들은 돈을 받을 기회가 예상되는 동안 그들이 본 사진을 더욱 잘 기억하였다.

전전두피질은 복측피개야에 중요한 정보를 제공한다. 이 두 영역을 연결하는 축색의 종말단추는 흥분성 신경전달물질인 글루타메이트를 분비하고 이 시냅스의 활성화는 복측피개야에 있는 도파민성 뉴런을 폭발적인 형태로 발화하게 하는데 이것은 측핵에서 분비하는 도파민의 양을 크게 증가시킨다(Gariano & Groves, 1988). 일반적으로 전전두피질은 전략을 세우고, 계획을 세우고, 목표를 향하는 과정을 평가하고, 자신의 행동이 적절한지 판단하는 데 관여한다. 아마도 전전두피질이 현재의 전략이 적용되는 상황에서 현재 진행되고 있는 행동이 유기체로 하여금 목표에 근접하게 한다고 결정할 때 전전두피질은 강화기전을 작동시키는 것 같다.

정확하게 도파민의 분비가 도구적 조건형성에 관여하는 시냅스 변화를 어떻게 조장할까? 문헌연구를 통해, Wise(2004)는 다양한 뇌 영역에서의 도파민 분비는 다양한 과제의 학습에 영향을 미치는데 도파민은 기저핵, 편도체 및 전두피질을 포함한 많은 뇌 영역에서 오랫동안 지속되는 장기증강과 장기억제에 중요한 역할을 한다고 결론지었다. 이전에 본 바와 같이 연구는 장기증강이 도구적 조건형성의 핵심이고 도파민은 오래 지속되는 장기증강에 핵심물질임을 보여 주었다. Tsai 등(2009)은 광유전 자극(optogenetic stimulation)을 이용하여 복측피개영역에 있는 도파민성 뉴런들을 활성화시켜서 그 자극이 도구적 조건형성 선호과제를 강화하는 것을 발견했다. Navakkode 등(2010)은 해마의 CA1 영역에 도파민과 글루타메이트 뉴런에 대해 유사한 적용이 L-LTP를 유발하며 ZIP의 적용에 의해서는 그 효과가 차단되는 것을 발견했다. 이것은 PKM-zeta가 CA1 영역에서 L-LTP의 도파민 의존적 확립과 해마에서 시냅스 가소성과 연관된 학습에 본질이라는 것을 보여 준다.

실제로 해마에 대한 ZIP의 주입은 공간기억과 대상위치기억을 손상시켰다(Serrano et al., 2008). 많은 약물이 새로운 기억형성을 방해하지만 ZIP는 실제로 잘 형성된 기억 심지어 몇 달된 기억까지 지워버린다. 더욱이 ZIP가 분해되고 나면 동물은 다시 기억을 획득할 수 있어서 ZIP는 접하게 되는 뉴런들을 단순히 손상시키지는 않는다. 지금까지 다른 화학물은 이러한 효과가 없었다.

절 요약

도구적 조건형성

도구적 조건형성은 자극을 감지하는 신경회로와 반응을 유발하는 신경회로 간의 연결을 강하게 한다. 이러한 변화가 일어나는 위치 중의 하나가 기저핵으로 드러났는데, 기저핵은 특히 자동화된 행동과 정형적 행동과 관련된 변화에 관여한다. 기저핵은 감각정보와 신피질로부터 운동계획에 대한 정보를 받는다. 도구적 조건형성은 기저핵을 활성화시킨다. 반면에 기저핵의 손상이나 그곳에 있는 NMDA 수용기 차단에는 도구적 조건형성을 손상시킨다.

Olds와 Milner는 쥐들이 그들의 뇌에 위치한 전극을 통해 전달되는 전류의 흐름을 유도하는 반응을 수행하는 것을 발견했다. 이와 같은 자극이 강화되는 것이다. 몇몇 신경전달물질이 강화에 어떤 역할을 할지라도 특히 중요한 것은 도파민이다. 도파민 뉴런의 가장 중요한 체계의 세포체는 복측피개야에 있으면 이것의 축색은 측핵, 전전두피질, 변연피질 및 해마로 투사된다.

미세투석 연구는 자연적인 강화물과 인위적인 강화물이 측핵의 도파민 분비를 자극한다는 것을 확인했고, 기능적 영상 연구는 인간에게서 강화자극이 측핵을 활성화시키는 것을 확인했다. 도파민성 강화체계는 강화물 발생을 예측하게 하는 강화물이나 자극에 의해 활성화되는 것으로 보인다. 도파민은 연합적 장기증강을 촉진함에 의해 시냅스 가소성을 유발한다. 장기기억의 확립은 PMK-zeta 생성과 관련이 있다.

생각해 봅시다

여러분은 하나의 문제를 해결하기 위해 열심히 노력하여 갑자기 가능한 해결책이 생각난 적이 있는가? 그 생각이 여러분을 흥분시키고 행복하게 해주었는가? 우리가 여러분의 측핵에 미세투석 탐침을 삽입했다면 무엇을 발견하게 될까?

관계학습

지금까지 이 장은 상대적으로 단순한 형태의 학습에 대해 논의해 왔다. 이러한 형태의 학습은 특정 자극의 존재를 감지하는 뉴런의 회로에서의 변화나 감각정보를 분석하는 뉴런과 반응을 유발하는 뉴런 간의 강화된 연결로 이해할 수 있었다. 그러나 대부분의 학습형태는 더욱 복잡하다. 실제 사물과 사건에 대한 대부분의 기억은 다른 기억과 연관되어 있다. 오랜 친구의 사진을 보는 것은 당신으로 하여금 그 친구 이름의 소리와 그 이름을 소리 낼 때 당신이 하게 되는 운동을 기억하게 할 것이다. 또한 당신은 친구와 함께 했던 일, 즉 당신이 만났던 장소, 당신이 나누었던 대화 및 당신과 공유하고 있는 경험을 기억할 것이다. 이러한 기억의 각각은 모습과 소리로 이루어진 일련의 사건으로 순차적으로 당신이 회상할 수 있는 것이다. 분명히 당신의 친구 얼굴을 인식하는 시각연합피질의 신경회로가 뇌의 다른 부위에 있는 회로와 연결되어 있을 것이고 이러한 회로는 많은 다른 회로와 연결되어 있을 것이다. 이 절에서는 관계학습에 대한 연구를 논의하게 되는데 이것은 사건, 일화 및 장소의 기억 확립과 인출을 포함한다.

인간의 순행성 기억상실증

뇌손상에 의해 가장 극적이고 당혹하게 하는 현상 중의 하나는 **순행성 기억상실증**이다. 이것은 얼핏 보면 새로운 정보를 학습하는 능력이 없는 것으로 보인다. 그러나 우리가 이러한 현상을 좀 더 주의 깊게 살펴볼 때 지각학습, 자극-반응학습 및 운동학습은 온전하지만 방금 언급한 유형 I의 복잡한 관계학습은 사라진다. 이 절은 인간의 순행성 기억상실증의 본질과 이것의 해부학적 근거를 논의한다. 뒤이은 절은 관련성이 있는 실험동물의 연구를 논한다.

순행성 기억상실증anterograde amnesia이란 용어는 새로운 정보에 대한 학습의 어려움을 나타낸다. 순수한 순행성 기억상실증을 가진 사람은 뇌손상이 일어나기

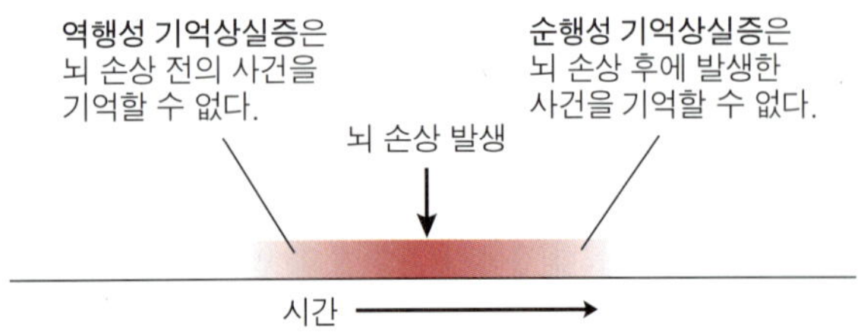

그림 12.20 도구적 조건형성의 간단한 신경 모형.

전인 과거에 일어난 사건을 기억할 수 있지만, 손상 이후 만난 사건에 대한 정보를 보유할 수 없다. 반대로 **역행성 기억상실증**retrograde amnesia은 뇌손상이 일어나기 전에 발생한 사건들을 기억할 수 없음을 말한다(그림 12.20 참조). 순수한 순행성 기억상실증은 드물다. 일반적으로 뇌손상이 일어나기 전에 발생한 사건에 대한 역행성 기억상실증도 있다.

1889년 러시아의 의사인 Sergei Korsakoff는 처음으로 뇌손상에 의한 심각한 기억장애를 기술하였고 그 장애는 그의 이름이 붙여졌다. **코르사코프 증후군**Korsakoff's syndrome의 가장 심각한 증상은 심각한 순행성 기억상실증이다. 이 환자는 오래된 기억을 기억할 수 있지만 새로운 기억을 형성할 수 없는 것으로 보였다. 그들은 정상적으로 대화를 할 수 있고 뇌손상이 일어나기 오래 전에 일어난 사건은 기억할 수 있지만 그 이후에 발생된 사건은 기억할 수 없었다. 코르사코프 증후군의 원인이 되는 뇌손상은 일반적으로 장기적인 알코올 남용의 결과였다.

코르사코프 증후군의 다른 증상은 **작화증**confabulation이다. 이 장애를 가진 사람들에게 최근에 일어난 사건에 대해 물었을 때 그들은 단순히 "기억이 나지 않아요."로 말하기보다는 가공적 사건을 기술하는 경우가 종종 있다(*confabulate*는 *fable*과 같은 어근을 가지고 있다). 작화증은 실제로 발생되었거나 그들이 완전히 심상화할 수 있는 사건의 혼합을 내포할 수 있다. 작화하는 사람들은 속이기 위해 계획적으로 시도하지는 않는다. 그들은 그들이 말한 것이 실제로 일어난 것으로 믿는 것처럼 보인다. 이 장의 맺는말에서 작화증을 논의할 것이다.

순행성 기억상실증은 측두엽의 손상에 의해 기인될 수도 있다. Scoville와 Milner(1957)는 인간에 있어서 내측측두엽의 양쪽 제거는 기억장애를 초래했는데 이것은 코르사코프 증후군에서 나타나는 것과 동일한 것으로 보인다고 보고했다. 이 장의 머리말에서 기술된 남성인 H.M.은 심각한 간질을 처치하기 위해 수술을 받았는데 고용량의 항경련성 약물로 통제가 되지 않았기 때문이다. 그 간질은 아홉 살 때 자전거와 부딪쳐서 입게 된 뇌손상 때문인 것으로 보인다(Corkin et al., 1997).

그 수술은 성공적으로 H.M. 발작을 치료했지만 그 수술이 심각한 기억장애를 유발한 것으로 드러났다. 이후 조사에서 손상의 결정적 위치가 해마인 것으로 밝혀졌다. 내측측두엽 양측 절제술이 순행성 기억상실증의 원인이 된다는 것이 알려진 후, 신경외과의사들은 이러한 수술 시행을 그만두게 되었고 지금은 한쪽 측두엽을 조심스럽게 수술하고 있다.

H.M.의 이야기와 기억 손상은 이 장의 머리말에 언급되어 있다(Milner, Cortkin, & Teuber, 1968; Milner, 1970; Corkin et al., 1981). 상대적으로 그의 순수한 기억상실증 때문에 그의 기억결핍은 광범위하게 연구되었다. Milner와 동료들은 다음의 결론을 그의 결핍형태에 기반을 두고 있다.

1. 해마는 장기기억의 위치가 아니며 장기기억의 인출에도 그것이 필요하지 않다. 만약에 해마가 장기기억에 관여한다면, H.M.은 생의 초기에 있었던 사건을 기억할 수 없고, 어떻게 말해야 되는지도 모르고, 스스로 옷을 입는 법도 모를 것이다.
2. 해마는 즉각적인 기억(단기기억)의 위치도 아니다. 만약에 그렇다면, H.M.은 대화를 수행할 수 없다. 왜냐하면 그는 다른 사람이 응답하기 위해 오랫동안 생각해서 이야기한 것을 기억할 수 없기 때문이다.
3. 해마는 즉각적인 기억(단기기억)을 장기기억으로 전이하는 데 관여한다. 이러한 결론은 기억기능에 대한 특정 가설에 기반을 두고 있다. 즉, 사건에 대한 우리의 즉각적인 기억은 신경활동에 의해 유지되고 있고 장기기억은 상대적으로 영구적인 뉴런에서의 생화학적 또는 구조적 변화를 구성한다는 것이다. 이 결론은 H.M.에게 새로운 정보를 제시했을 때 그는 그것을 이해하고 그것에 대해 생각하는 동안 그것을 기억할 수 있지만 그 정보에 대한 영구적인 기억을 만들

수 없다는 사실에서 합리적인 설명으로 보인다.

우리가 살펴본 바와 같이 이러한 세 가지 결론은 너무 단순하다. 순행성 기억상실증을 가진 환자에 대한 지속적인 연구들이 보여 주는 것은 흥미롭게도 사실이 처음 드러나는 것보다 더 복잡하다는 것이다. 더욱 최근의 연구 결과의 의미를 이해하기 위해 우리는 이 세 가지 결론을 이해하고 그 결론을 도출하게 한 사실을 기억해야 한다.

대부분의 심리학자는 학습은 적어도 두 단계, 즉 단기기억과 장기기억으로 구성된다고 믿고 있다. 이들은 단기기억을 일시적으로 정보의 제한된 양을 저장하는 수단으로 인식하고 장기기억을 무한한 양(적어도 거대하게 큰 양)의 정보를 영구적으로 저장하는 수단으로 인식한다. 우리는 특정 행동(되뇌기)을 통해 우리가 원하는 동안 새로운 항목의 정보(전화번호)를 기억할 수 있다. 그러나 그 정보에 대한 되뇌기를 멈추게 되면 이후 그것을 기억할 수 있거나 기억할 수 없게 된다. 즉, 정보가 장기기억에 저장되었거나 저장되어 있지 않다.

기억과정의 가장 단순한 모형은 감각정보가 단기기억으로 들어오고 이곳에서 되뇌기로 그것을 유지하면 궁극적으로 그 정보는 장기기억으로 넘어가는데 이곳에서 그 정보가 영구적으로 저장된다고 한다. 단기기억에서 장기기억으로의 전환을 **응고**consolidation라고 하는데 왜냐하면 그 기억이 '단단하게 되었다'는 것이다(그림 12.21 참조).

지금 여러분은 Milner와 동료들이 내린 본래의 결론을 이해해야 한다. 만약 H.M.의 단기기억이 온전하다면 그리고 그가 수술 전의 사건들을 기억할 수 있다면 문제는 응고가 일어나지 않아야 된다는 것이다. 따라서 기억에서의 해마체의 역할은 응고(단기기억에서 장기기억으로의 전환)이다.

여분의 학습능력

H.M.의 기억장애는 놀랍고도 극적이다. 그러나 그와 순행성 기억상실증을 가진 다른 환자들에 대해 더욱 주의 깊게 연구했을 때 기억상실증은 학습능력의 전반적인 실패를 보여 주는 것이 아님을 보여 준다. 환자들이

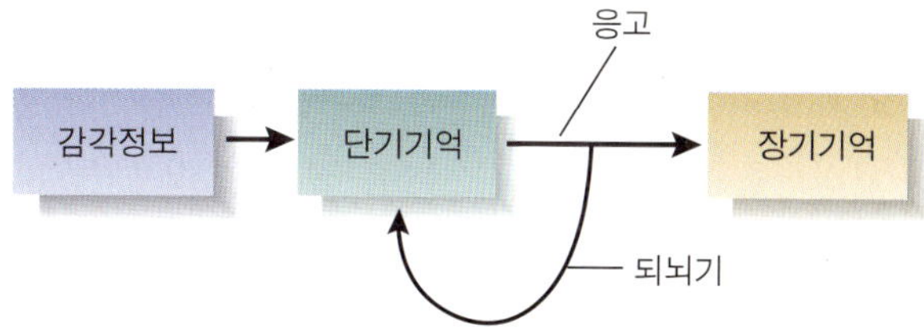

그림 12.21 학습과정의 단순 모형.

적절하게 훈련받고 검사되었을 때, 이들은 이 장의 앞에서 기술한 네 가지 중요한 학습형태 중의 세 가지, 즉 지각학습, 자극-반응학습 및 운동학습이 가능하다는 것이다. Spiers, Maguire 및 Burgess(2001)의 문헌연구는 다음의 기술과 일치되는 순행성 기억상실증의 147건의 사례를 요약했다.

첫째, 지각학습을 고려해 보자. 그림 12.22는 깨어진 그림을 인식하는 능력 검사의 두 개 표본 항목을 보여 준다. 그 그림이 어떻게 성공적으로 완성되는지를 보라(그림 12.22 참조). 실험참가자는 처음에 20개의 상이한 그림의 최소로 완성된 세트(세트 1)를 보게 된다. 그들이 그 그림을 인식할 수 없다면(대부분의 사람은 세트 1을 인식하지 못한다), 그들은 그것을 확인할 때까지 조금씩 더 완성된 세트를 보게 된다. 한 시간 후, 참가자

그림 12.22 깨어진 그림의 예.

Based on Gollin, E. S. Developmental studies of visual recognition of incomplete objects. *Perceptual and Motor Skills*, 1960, *11*, 289-298.

들은 파지를 확인하기 위해 다시 검사를 받는데 세트 1을 가지고 시작한다. H.M.이 이 검사를 받고 한 시간 후에 재검사를 받았을 때 그는 많은 진전을 보여 주었다(Milner, 1970). 그가 4개월 후에 재검사를 받았을 때에도 그는 여전히 이러한 진전을 보여 주었다. 그의 수행은 정상적인 통제집단의 사람만큼 우수하지 않았지만 그는 분명히 장기파지의 증거를 보여 주었다.

Johnson, Kim 및 Risse(1985)는 순행성 기억상실증을 가진 환자들이 얼굴과 멜로디를 재인하는 학습을 할 수 있다는 것을 발견했다. 연구자들은 기억상실증 환자에게 친숙하지 않은 한국 노래의 멜로디를 들려주고 이후 검사했을 때, 이전에 듣지 못한 것보다 이 멜로디를 더 선호한다는 것을 발견했다. 또한 실험자들은 두 남자의 사진을 그들의 삶 이야기와 함께 제시하였다. 한 남자는 정직하지 않고, 비열하고, 사악하다고 이야기했고, 다른 남자는 저녁만찬에 초대할 만큼 좋은 사람이라고 이야기했다. (환자들의 반은 두 남자 중에 한 사람이 나쁜 사람이라고 듣게 되고, 나머지 반은 다른 남자가 그렇다고 듣게 된다.) 20일 후에, 그 기억상실증 환자들은 '불쾌한' 사람보다 '좋은' 사람의 사진을 좋아한다고 말했다.

연구자들은 H.M.과 다른 기억상실증 환자를 대상으로 자극-반응학습을 계속하여 입증해 왔다. 예컨대, Woodruff-Pak(1993)은 H.M.과 순행성 기억상실증 환자들이 고전적 조건형성된 눈 깜박임 반응을 획득할 수 있음을 발견했다. H.M.은 2년 후에도 이 과제의 파지를 보여 주었다. 그는 이전에 필요했던 시행 수의 1/10 시행 수에서 그 반응을 다시 획득했다. Sidman, Stoddard 및 Mohr(1968)는 H.M.에게 도구적 조건형성 과제(정확한 반응에 돈이 주어지는 시각적 변별과제)를 성공적으로 훈련시켰다.

마지막으로 몇몇 연구들은 순행성 기억상실증 환자들에서 운동학습을 입증했다. 예컨대, Reber와 Squire(1998)는 순행성 기억상실증을 가진 실험참가자들이 연속반응시간과제(serial reaction time task)에서 연속적인 버튼 누르기를 학습할 수 있음을 발견했다. 참가자들은 컴퓨터 스크린 앞에 앉아 별표의 출현을 살폈다. 이 별표는 무선적으로 4곳의 위치 중에 한 곳에 나타난다. 이들의 과제는 별표의 위치와 일치하는 4개 버튼 중에 하나를 누르는 것이다. 그들이 누르는 직후 그 별표는 다른 위치로 이동하고 그들은 상응하는 버튼을 눌렀다(그림 12.23 참조).

그림 12.23 일련의 반응시간 과제. Reber와 Squire(1998)의 연구 절차, 실험참가자들은 컴퓨터 화면의 별표 움직임에 따라 버튼을 눌렀다.

실험자들이 말하지 않았지만, 움직이는 별표에 맞추어 버튼을 누르는 과정은 무선적이지 않았다. 예컨대, 계속 반복되는 10개의 항목의 과정은 D B C A C B D C B A였다. 실행과 함께 참가자들은 이 과제에서 더욱 빨라졌다. 그들의 반응률의 증가는 그 과정을 학습했기 때문이라는 것이 자명한데, 왜냐하면 그 과정이 변할 경우 그들의 수행은 감소되었다. 기억상실증 참가자는 이러한 과제를 정상적인 참가자만큼 학습했다.

Cavaco 등(2004)의 연구는 뜨개질, 그림 그리기, 비디오 화면을 조절하는 막대를 조작하기 및 작은 항아리에 물 담기와 같은 실생활을 모형화한 다양한 과제를 통해 기억상실증 환자를 검사했다. 기억상실증 환자와 정상적인 참가자 모두 처음에는 이 과제 수행이 저조했으나 시행과 더불어 그들의 수행은 개선되었다. 그래서 여러분도 알 수 있듯이 순행성 기억상실증을 가진 환자도 지각학습, 자극-반응학습 및 운동학습을 요구하는 다양한 과제를 수행할 수 있다.

서술적 기억과 비서술적 기억

기억상실증 환자들이 이와 같은 과제를 학습할 수 있다면 여러분은 왜 우리가 그들을 기억상실증이라고 불러야 하는지를 물을 것이다. 이 환자들이 이러한 과제를 수행하는 것을 학습할 수 있을지라도 그들은 학습한 것 중에 어떤 것을 기억하지 못한다. 그들은 실험자, 훈련이 있었던 방, 사용된 장비, 또는 훈련 동안 일어났던 사건 등을 기억하지 못한다. H.M.이 끊어진 그림을 인식하는 것을 배웠지만 이전에 그것을 본 사실을 부인했다. Johnson, Kim 및 Risse 연구에서의 기억상실증 환자들은 한국 멜로디의 어떤 것을 더 좋아하는 것을 학습했지만 이전에 그것을 들었다는 사실을 인식하지 못했고, 두 젊은 남자의 사진을 보았었다는 사실을 기억하지 못한다. H.M.이 고전적 조건형성된 눈 깜박임 반응을 성공적으로 획득했을지라도 그는 실험자, 장비, 또는 눈에 공기를 불어넣는 장치가 달려 있는 머리띠를 자신이 쓴 사실을 기억하지 못했다.

Sidman, Stoddard 및 Mohr의 연구에서, H.M.이 정확한 반응(원의 그림이 있는 판을 누르는 것)을 학습했을지라도 그렇게 한 사실을 기억할 수 없었다. 실제로, H.M.이 그 과제를 학습했을 때, 실험자는 그를 방해하고 그의 동전을 세게 하고(잠깐 동안 주의를 끌기 위해) 그리고 그가 했던 것이 무엇인지를 추측하여 이야기 하라고 요구했었다. 그는 그 질문이 생소한 것처럼 보였고 그는 어떠한 기억도 없었다. 그러나 실험자들이 다시 자극을 제시했을 때 그는 즉각적으로 정확한 반응을 했다. 마지막으로 Reber와 Squire의 연구에서 기억상실증 참가자들이 버튼 누르기 순서를 분명히 학습했을지라도 그들은 그 순서에 대해 전혀 알지 못했고 별표의 움직임이 무선적인 것으로 생각했다.

순행성 기억상실증을 가진 사람들이 학습할 수 있는 것과 없는 것의 구분이 중요한데 왜냐하면 이것은 학습 과정의 기본적인 조직화를 반영하기 때문이다. 두 개의 기억범주가 있는 것이 분명하다. 심리학자들은 이것에 대해 몇 가지 상이한 이름을 붙였다. 예컨대, 어떤 연구자들(Eichenbaum, Otto, & Cohen, 1992; Squire, 1992)은 순행성 기억상실증을 가진 환자들은 **서술적 기억** declarative memories을 형성할 수 없다고 말했다. 이 기억은 '사실, 사건, 또는 특별한 자극에 대한 의식적 회상에 유용한' 것으로 정의되어 있다(Squire, Shimamura, & Amaral, 1989, p. 218). *declarative*라는 *declare*로부터 온 것인데 이것은 '선언하다, 알리다'의 의미이다. 이 용어는 순행성 기억상실증 환자들이 뇌손상 시점 이후 갖게 되는 경험에 대해 이야기할 수 없다는 사실을 반영한다. 그래서 Squire와 동료들에 따르면, 서술적 기억은

자전기를 디는 것에 대한 학습은 지극 반응학습과 운동학습의 결합이다. 이 학습 모두 본질적으로 비서술적이다. 우리가 자전거 타는 것을 학습한 때에 대한 기억은 일화기억이고 이것은 관계학습의 한 형태이다.

Corbis

우리가 생각하고 말할 수 있는 사건과 사실에 대한 기억이다.

서술적 기억은 단순히 언어적인 기억이 아니다. 예컨대 당신의 지난 생일과 같은 생활사건을 생각해 보라. 당신이 있었던 곳, 그 사건이 있었던 시간, 함께한 사람들, 그 사건이 일으켰던 일 등등을 생각해 보라. 여러분이 이 일화를 말로써 기술할 수 있을지라도 이 기억 자체는 언어적이 아니다. 실제로 이것은 당신의 머리에서 돌아가는 비디오 클립과 같다. 당신은 앞뒤로 빠르게 출발점과 정지점을 통제할 수 있다.

비서술적 기억nondeclariative memories이라는 다른 범주의 기억은 우리가 의식할 필요가 없는 지각, 자극-반응 및 운동기억들의 예를 내포한다. [어떤 심리학자들은 이 두 범주를 각각 외현적 기억(explicit memories)과 암묵적 기억(implicit memories)으로 언급한다.] 비서술적 기억은 자동적으로 작동하는 것으로 보인다. 이것은 학습자가 기억하고 있는 일부를 기억하기 위해 의도적으

로 시도할 필요가 없다. 이것은 사실과 경험을 포함하지 않고 대신에 행동을 통제하는 것으로 보인다. 예컨대, 여러분이 자전거 타는 것을 배울 때를 생각해 보라. 여러분은 아주 의식적으로 그렇게 했고 여러분의 시도에 대한 서술적 기억을 발전시켰다. 즉, 그 기억은 당신을 가르쳐 준 사람, 탔던 장소, 어떻게 느꼈는지, 얼마나 많이 넘어졌는지 등등의 기억이다. 그러나 여러분은 비서술적인 자극-반응과 운동기억을 또한 형성했고 자전거 타는 것을 배웠다. 여러분은 손과 몸을 이용해 바퀴 위에서 여러분의 무게 중심을 유지하기 위해 자동적으로 조절하는 것을 배웠다.

특별한 행동과 기술 획득은 암묵적 기억의 가장 중요한 형태일 것이다. 차를 운전하고, 책장을 넘기고, 악기를 연주하고, 춤을 추고, 공을 주고받고, 식탁에서 일어날 때 걸상을 뒤로 밀고 하는 이 모든 기술은 환경과 움직이는 신체부위로부터 들어오는 감각정보와 운동을 통합하는 것과 관계가 있다. 우리는 그렇게 하기 위해 이러한 활동을 기술할 필요가 없다. 우리가 그것을 수행하는 동안 우리가 하고 있는 모든 운동을 인식하지 않는다.

표 12.1 서술적 기억과 비서술적 기억 과제의 예

서술적 기억 과제	
과거 경험을 기억하기	
새로운 단어를 학습하기	
새로운 환경에서 길 찾기	
비서술적 기억 과제	**학습형태**
깨어진 그림들	지각
얼굴 재인하기	지각(및 자극-반응?)
멜로디 재인하기	지각
고전적 조건형성(눈 깜빡임)	자극-반응
도구적 조건형성 (원 선택)	자극-반응
버튼 누르기 순서	운동

표 12.1은 지금까지 언급한 서술적 기억 과제와 비서술적 기억 과제를 정리해 놓았다(표 12.1 참조).

환자 E.P.는 내측측두엽의 많은 부분을 손상시키는 바이러스성 뇌염으로 고통을 받고 있는 동안 심한 진행성 기억상실증이 발달했다. Bayley, Frascino 및 Squire(2005)는 일련의 사물 짝 8개에서 특정 일부를 지적하도록 그 환자를 가르쳤다. 그는 궁극적으로 그렇게 하는 것을 학습했지만 그 사물이 옳은지에 대한 외현적 기억은 없었다. 왜 그 특정 사물을 선택했는지를 물으면 그는 "그것이 그렇게 보여서. 그것이 어쨌든 여기(머리를 가리키며)에 있고 다른 것은 손이 그것으로 가니까……. 나는 기억을 말할 수 없다. 나는 이것이 그것으로 느낀다……. 이것이 나에게로 뛰어 올라왔다. 내가 그것. 내가 그것"(Bayley, Frascino, and Squire, 2005, p. 551). 명확한 것은 그는 그가 학습하는 것에 대한 서술적 기억 획득 없이 동시에 비서술적 자극-반응 과제를 학습한다는 것이다.

순행성 기억상실증의 해부학

관계학습의 본질에 대한 함의를 갖는 순행성 기억상실증의 현상은 연구자들로 하여금 실험동물에서 이러한 현상을 연구하도록 했다. 그러나 이러한 연구들(몇 가지 매우 흥미로운 결과를 제공한다)을 살펴보기 전에 우리는 순행성 기억상실증을 초래하는 뇌손상에 대해 살펴보아야 한다. 분명한 한 가지 사실은 해마나 정보를 제공하고 그 결과를 받아들이는 뇌 영역의 손상은 순행성 기억상실증의 원인이 된다.

이 장의 앞에서 살펴본 바와 같이, 해마체는 치상회, 해마 자체의 CA 영역 및 구상회(subiculum)로 구성되어 있다. 해마체에 대한 가장 중요한 입력 부위는 후내피질(entorhinal cortex)인데 이곳에 있는 뉴런들의 축색은 치상회, CA3 및 CA1에 연결되어 있다. 후내피질은 편도체, 변연피질의 여러 영역 및 변연피질의 두 개의

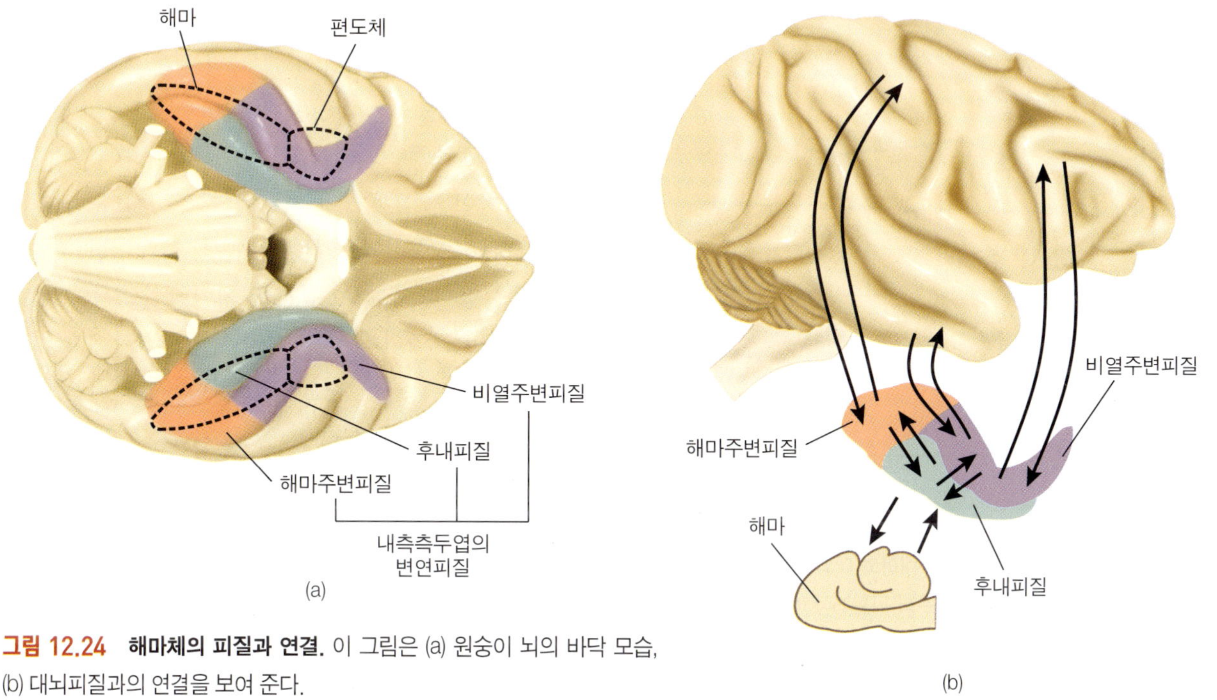

그림 12.24 해마체의 피질과 연결. 이 그림은 (a) 원숭이 뇌의 바닥 모습, (b) 대뇌피질과의 연결을 보여 준다.

인접영역인 **비열주변피질**perirhinal cortex과 **해마주변피질** parahippocampal cortex의 직간접적인 경로를 통한 신피질의 모든 연합영역으로부터 정보를 받는다. 해마체계의 출력은 일차적으로 CA1과 구상회로부터 나온다. 이러한 출력의 대부분은 거꾸로 후내피질, 비열주변피질 및 해마주변피질을 통해 정보를 제공한 동일한 연합피질영역으로 전달된다(그림 12.24 참조).

서술적 기억의 응고에서 해마체의 역할

이 장의 앞에서 살펴본 바와 같이 해마는 단기기억이나 장기기억의 장소가 아니다. 어쨌든 해마체에 손상을 입은 환자는 뇌가 손상되기 전에 일어난 사건을 기억할 수 있고 그들의 단기기억은 상대적으로 정상이다. 그러나 해마체는 서술적 기억 형성과정에 관여하는 것이 분명하다. 대부분의 연구자는 이러한 과정이 다음과 같은 어떤 것을 한다고 믿는다. 해마는 감각과 운동연합피질과 기저핵과 편도체 같은 피질하영역으로부터 진행되고 있는 것에 대한 정보를 받는다. 해마는 이 정보를 처리하여 이 영역과 함께 원심성 연결을 통해, 기억요소들 간의 관계를 기억할 수 있는 방법으로 요소를 연결하는 응고화 과정에 있는 기억을 수정한다. 기억요소의 연결에 관한 예를 들면 사건이 발생된 순서, 특정 항목을 지각할 때의 맥락 등등이다. 해마체가 없으면 우리는 일화와 맥락을 기억할 수 있게 하는 연결이 없는 개별적이고 고립된 기억을 갖게 될 것이다.

환자 E.P.는 입학 전 시기의 사건들을 기술할 것을 요청받았을 때 다음의 반응을 보였다.

> 내가 다섯 살 때, 우리는 오클랜드에서 시골로 이사를 했다. 나는 매우 흥분되어 있었고 앞으로의 변화를 고대했었다. 나는 아버지가 빌린 트럭을 기억한다. 우리는 가구가 많지 않아 그것을 다 채울수가 없었다. 떠날 때 엄마는 차를 타고 트럭 뒤를 따라왔다. 나는 아버지와 트럭에 탔었다. (Reed and Squire, 1998, p. 3951)

환자 E.P.는 그가 자란 인근의 길을 찾을 수가 있었지만 그가 상실증이 되고 난 이후 이사한 인근의 길은 완전히 잊어 버렸다(Teng and Squire, 1999).

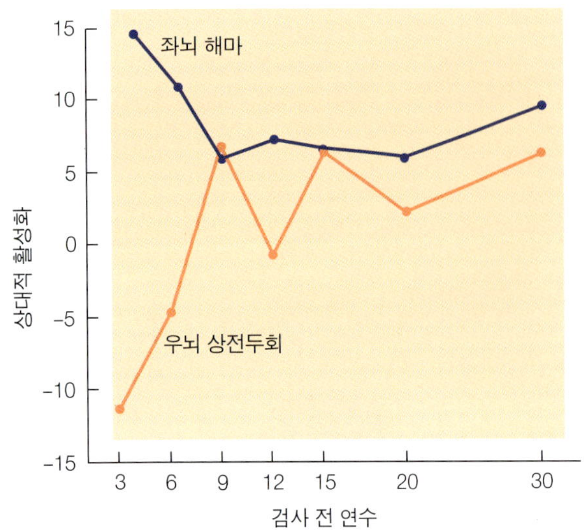

그림 12.25 장기기억 저장에서의 해마와 대뇌피질의 역할. 기능영상은 최근 장기기억의 인출은 상전두회 피질보다 해마를 더 활성화시키지만 오래된 기억의 인출은 해마를 낮게 그리고 피질은 높게 활성화한다. 9년 전까지는 두 영역 모두 거의 비슷하게 활성화된다.

Based on data from Smith and Squire, 2009.

우리가 본 것처럼 진행성 기억상실증은 일반적으로 역행성 기억상실증(뇌가 손상되기 이전의 기간 동안 발생된 사건들을 기억 못하는 것)을 동반한다.

정상적인 기억을 가진 사람에 대한 기능 영상 연구는 최근 기억과 과거 기억에서 해마체의 상이한 역할을 지지하는 증거를 발견했다. Smith와 Squire(2009)는 다양한 연령의 기억을 인출하기 위해 사람들에게 지난 30년 동안 일어난 새로운 사건에 대해 질문을 했다. 가장 최신의 기억 인출은 해마의 가장 큰 활성화를 일으켰고, 가장 오래된 기억의 인출은 가장 적은 활성화를 일으켰다. 반대의 효과는 전두엽에서 나타났다. 이러한 결과는 처음에 해마에 저장된 기억은 점진적으로 전두엽으로 전이된다는 제안과 일치된다(그림 12.25 참조).

일화기억과 의미기억

서술적 기억은 적어도 두 개의 형태로 이루어진다. 하나는 일화적이고 다른 하나는 의미적이다. **일화기억** episodic memories은 맥락을 내포하고 있다. 즉, 이 기억은 특정 일화가 발생된 때와 상황, 그리고 일화적 사건이 발생된 순서 등에 대한 정보를 내포하고 있다. 일화기억은 특정 시간과 장소에 전문화되어 있다. 왜냐하면 일화는 오직 한 번 일어나기 때문이다. **의미기억** semantic memories은 사실을 포함하고 있지만 그 사실이 학습될 때의 맥락에 대한 정보는 가지고 있지 않다. 다시 말하면, 의미기억은 일화기억보다 덜 전문적이다. 예컨대, 태양은 하나의 별이라는 것을 아는 것은 이러한 것을 배우게 된 사람, 때, 그리고 장소를 기억할 수 있는 것보다 덜 전문적인 기억이다. 의미기억은 시간경과에 따라 점진적으로 획득될 수 있다. 반대로 일화적 기억은 한 번에 모든 것을 학습해야 된다.

여러분이 알 수 있듯이, 의미적 치매의 증상은 진행성 기억상실증의 증상과 아주 다르다. 의미정보는 상실되었지만 최근 사건에 대한 일화적 기억은 가질 수가 있다. 해마체와 내측측두엽의 변연피질이 서술적 기억인 일화적 기억과 의미적 기억 모두의 응고와 인출에 관여하는 것으로 드러났지만 의미적 기억 그 자체는 신피질, 특히 전외측측두엽의 신피질에 저장되는 것으로 드러났다. Pobric, Jefferies 및 Lambon Ralph (2007)는 이 영역의 정상적인 신경 활성화를 방해하기 위해 좌반구의 전측측두엽에 경두개자기자극을 주었을 때 의미적 치매 증상이 유발됨을 확인했다. 이 참가자들은 사물 사진의 이름 말하기와 단어의 의미를 이해하기가 어려웠지만, 여섯 개의 숫자 말하기와 숫자의 크기에 따라 숫자를 맞추는 것과 같은 비의미적 과제를 수행하는 데는 어려움이 없었다.

공간기억

이 장의 앞에서 H.M. 환자가 현재 그의 환경 주위의 길을 찾을 수 없었다고 말했다. 공간정보가 언급될 필요가 없었다고 해도(우리는 지속적인 장소 이동에 의한 지형적 기억을 입증할 수 있다.), 순행성 기억상실증을 가진 사람들은 방, 복도, 건물, 길 및 환경의 다른 중요한 항목에 대한 정보를 응고화할 수 없다.

내측측두엽의 양측 손상은 공간기억에 매우 심각한 장애를 유발한다. 그러나 중요한 장애는 우반구의 제한된 손상에 의해 나타날 수 있다. 예컨대, Luzzi 등(2000)은 우측 해마주변회에 손상을 입은 한 남성의 사례를 보고하였는데, 그는 새로운 주위 환경에서 그의 길을 찾을 환자인 A.M.은 국제적으로 유명한 회사에서 일을 하고 있었는데 그곳에서 450명 직원을 관리하는 책임자이다. 그는 외측측두피질의 점진적 퇴행성 장애를 가지고 있어 그의 의미기억에는 장애가 있지만 그의 일화기억은 온전하게 남아 있었다(Murre, Graham, & Hodges, 2001).

검사자: 당신은 작년 4월을 기억할 수 있습니까?

A.M.: 작년 4월, 그것은 첫 번째였습니다. 그리고 음 월요일에, 예를 들어 그들은 나의 거시기 모든 것을 점검했고 그리고 그것은 첫 번째였는데, 나의 뇌가 음, 보였을 때, 알겠지만, 뇌의 막대(왼쪽을 가리킨다), 그건 아니고, 다른 것은 괜찮지만 그것은 엉망이고 그래서 그들은 그것을 했고 그때 하는 모든 일이 그것 같고, 이것처럼 그리고 지금 나보다는 조금 나은, 당신은 알지만(손을 그의 머리 위에서 움직이며 스캔을 가르킨다)(Murre, Graham, & Hodges, 2001, p. 651)

A.M.의 의미정보의 상실은 그의 일상활동에 심각한 영향을 미쳤다. 그는 평범한 사물의 기능을 이해하지 못하는 것으로 보였다. 예를 들면, 그는 폭우가 올 때 접힌 우산을 수평으로 머리 위에 올려놓았고 그의 아내가 사다리를 찾을 때 그녀에게 잔디 깎는 기계를 갖다주었다. 그는 설탕을 와인 잔에 넣고 해동시킨 생연어스테이크에 요구르트를 부어 먹었다. 그럼에도 불구하고 그는 놀랄 만한 복잡한 행동을 보여 주었다. 그는 운전이 금지되었기 때문에 그의 아내는 그의 열쇠고리에서 자동차 열쇠를 몰래 빼서 숨겼다. 그는 그것을 알고 오히려 그녀에게 불평했다(아마도, 그것이 부질없는 짓이라는 것을 알고 있었던 것 같다). 그는 몰래 아내의 열쇠고리에서 자동차 열쇠를 뽑아 열쇠공에 가서 그것을 복사했다.

그의 의미기억이 심각할 정도로 손상을 입었다고 해도, 그의 일화기억은 놀랄 정도로 좋았다. 연구자들은 그의 치매가 의미정보의 검사에서 우여 수준으로 진행되고 있을 때도, 집 밖에 있는 아내를 위해 설치된 폰콜에 그는 응답했다. 그리고 아내가 돌아왔을 때 폰콜에서 그녀에게 이야기한 것을 기억했다.

수 없었다. 그가 그의 방을 찾는 유일한 방법은 복도 끝에서부터 방문을 세거나 그의 방문 옆 테이블 위에 있는 붉은 냅킨을 찾는 것이다.

기능적 영상 연구는 사람들이 항법 과제를 기억하거나 수행할 때 우측 해마체가 활성화된다는 것을 확인했다. 예컨대, Maguire, Frackowiak 및 Frith(1997)는 런던 택시 기사들을 대상으로 한 장소에서 다른 장소로 운전해 가는 경로를 기술하라고 했다. 이러한 기술하는 동안에 측정한 PET에서 우측 해마체가 활성화되는 것을 확인했다. 런던 택시 기사는 그 도시를 효과적으로 운행할 수 있는 방법을 광범위하게 훈련받았다. 실제로 이 훈련은 약 2년이 걸렸고 기사들은 엄격한 검사를 통과한 후에 면허증을 받았다. 우리는 이러한 지형학습이 해마체를 포함한 뇌의 여러 영역에서 변화가 일어날 수 있을 것이라고 기대할 수 있었다. 실제로 Maguire 등(2000)은 런던 택시 기사들의 후측해마의 부피가 통제집단 참가자들보다 더 커졌다는 것을 확인했다. 더욱이 이 업종에 오래 종사한 기사일수록 우반구의 후측해마의 부피가 더 컸다. 우리가 이 장의 뒤에서 보겠지만 쥐의 배측해마(인간의 후측해마에 상응)는 공간 운행에 직접 관련이 있는 뉴런인 **장소세포**(palce cell)를 가지고 있다.

Iaria 등(2003)은 실험 참가자들에게 컴퓨터의 가상현실 프로그램에서 훈련을 시켰다. 이 프로그램은 거리 공간 단서의 방법이나 일련의 회전을 하면서 미로를 학습할 수 있도록 해준다. 참가자의 거의 반은 자발적으로 공간 단서를 사용했고 나머지 반은 자발적으로 특정 장소에서 특정 연속적인 회전하는 것을 학습했다. 기능 영상은 공간적 전략을 따르는 참가자는 해마가 활성화되고 반응전략을 따르는 사람들은 미상핵이 활성화되는 것을 보여 주었다. 나아가 Bohbot 등(2007)에 의한 구조적 MRI 연구는 가상 미로에서 공간적 전략을 따르는 경향성이 있는 사람들은 평균 이상의 큰 해마를 가지고 있었고, 반응적 전략을 따르는 경향성이 있는 사람은 평균 이상의 큰 미상핵을 가지고 있다는 것을 발견했다. (여러분은 기저핵의 일부인 미상핵이 자극-반응 학

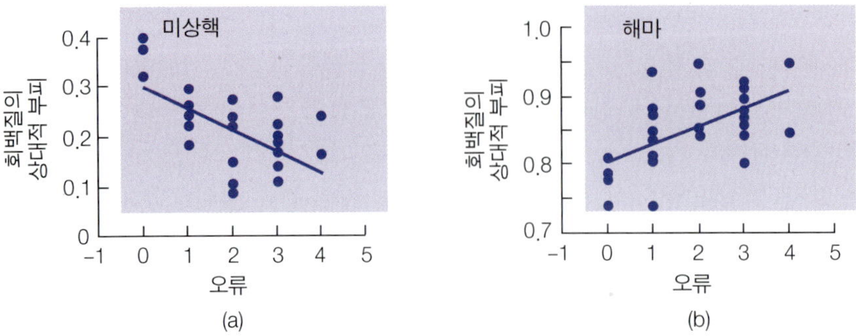

그림 12.26 공간과 반응 전략. 이 그림은 반응전략을 사용해서 수행해야만 하는 가상미로의 검사시행에서 얻은 오류와 미상핵(왼쪽)과 해마(오른쪽)의 회백질 부피 간의 관계를 보여 준다. 미상핵의 증가된 밀도는 높은 수행과 상관이 있지만 해마의 증가된 밀도는 저조한 수행과 상관이 있다.

Based on data from Bohbot et al., 2007.

습에 관여한다는 것을 회상할 것이다.) 그림 12.26은 반응전략을 이용하여 수행할 수 있는 검사시행에서 수행간 관계를 보여 준다. 여러분도 볼 수 있듯이 미상핵이 크면 클수록(해마가 적으면 적을수록) 참가자의 실수가 적어진다(그림 12.26 참조).

실험동물에서의 관계학습

인간에 있어서 해마 손상이 순행성 기억상실증을 유발한다는 사실은 이 구조가 학습과정에서 하게 되는 정확한 역할에 대한 흥미를 자극했다. 이러한 흥미를 추구하기 위해 실험자는 관계학습을 요하는 과제를 개발해 왔고 이러한 과제에서 해마가 손상된 실험동물은 인간처럼 기억장애를 보여 주었다.

공간 지각과 학습

우리가 살펴본 바와 같이, 해마 손상은 공간 위치를 기억하고 그것을 추적하는 능력을 상실하게 한다. 예컨대, H.M.은 수술 후에 그의 부모가 이사를 갔을 때 그는 집으로 가는 길을 찾는 것을 학습하지 못했다. 실험동물도 운행에 있어서 유사한 문제를 보였다. Morris 등(1982)은 설치류의 공간능력에 대한 표준 검사로 다른 연구자들도 채택하여 사용하는 한 과제를 개발하였다. 이 과제는 쥐가 실험장치의 외적 시각 단서에 의해서만 공간의 특정 위치를 찾는 것을 요구한다. 이 '미로'는 지름 1.3m인 원형 풀로 되어 있는데 이곳은 물과 물의 투명도를 낮추는 물질, 이를테면 분말 우유와의 혼합된 물이 채워진다. 이 물은 수면 바로 밑에 있는 작은 플랫폼의 위치를 숨기게 된다. 실험자는 쥐를 그 물에 넣고 그들이 숨겨진 플랫폼을 찾아 올라설 때까지 수영하도록 했다. 이들은 매 시행마다 새로운 위치에서 쥐를 넣었다. 몇 번의 시행 후에, 정상적인 쥐들은 그들이 어디에서 출발하든지 숨겨진 플랫폼으로 막바로 수영해 가는 것을 학습했다.

모리스 수중 미로(Morris water maze)는 관계학습을 요구한다. 동물들이 미로 주위를 돌면서 미로의 바깥에 있는 가구, 창문, 문 등의 자극의 상대적 위치로부터 그들의 방위를 갖게 된다. 이 미로는 자극-반응학습과 같은 비관계학습에도 사용될 수 있다. 만약 동물들이 항상 같은 위치에 놓인다면 이들은 미로의 벽 위로 볼 수 있는 특정 이정표로 향하게 되어 머리를 특정 방향을 잡게 하는 것을 학습한다(Eichenbaum, Stewart, & Morris, 1990).

만약 해마가 손상된 쥐를 항상 같은 장소에 놓으면 이들은 비관계적인 자극-반응 과제를 정상 쥐만큼 잘 학습한다. 그러나 쥐는 매 시행마다 새로운 위치에 놓여지면 이들은 궁극적으로 플랫폼을 만날 때까지 무작정 수영을 한다(그림 12.27 참조).

해마체에서의 장소세포

해마체에 대한 가장 흥미로운 발견들 중의 하나는 O'Keefe와 Dostrovsky(1971)에 의해 얻어졌다. 이들은 동물이 주위환경을 돌아다닐 때 해마에 있는 개개의 추체세포들의 활성화를 기록했다. 실험자들은 쥐가 특정 위치에 있을 때만 몇몇 뉴런이 높은 비율로 발화된다는 것을 발견했다. 상이한 뉴런은 상이한 **공간수용장**(spatial receptive fields)을 가지고 있었다. 즉, 이 뉴런은 그 동물이 상이한 위치에 있을 때 반응했다. 특정 뉴런은 동물이 특정 위치에 있을 때 초당 20회의 발화를 했지만

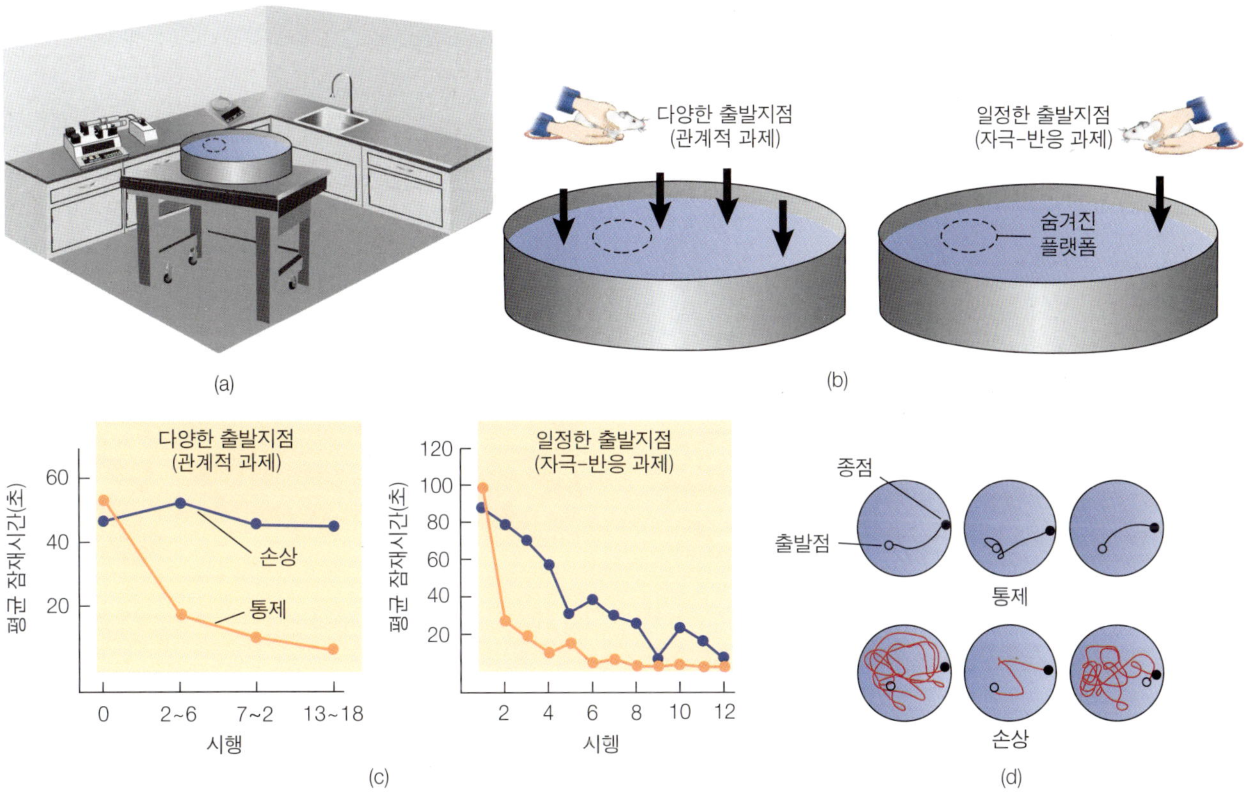

그림 12.27 모리스 수중 미로. (a) 방에 있는 환경 단서들은 그 공간에서 동물 스스로 방향을 잡을 수 있도록 한다. (b) 다양한 출발지점과 고정된 출발지점 – 보통 쥐는 매 시행마다 다른 지점에서 놓아 준다. 만약 매번 동일한 지점에서 놓아 준다면 쥐는 자극-반응학습을 통해 숨은 플랫폼을 찾는 것을 학습할 수 있다. (c) 다양한 출발지점이나 고정된 출발지점을 이용한 통제 쥐와 해마 손상 쥐의 수행 – 해마 손상은 관계학습의 획득을 방해한다. (d) 관계적 과제(다양한 출발지점)에서 통제 쥐와 손상 쥐에 의해 나타난 대표적인 경로 표본

Based on Eichenbaum, H. *Nature Reviews: Neuroscience*, 2000, *1*, 41-50. Data from Eichenbaum et al., 1990.

다른 곳에 있을 때는 시간당 몇 번만 반응했다. 이러한 명확한 근거에 의해 이 뉴런들은 장소세포(place cells)라고 명명되었다.

그림 12.28은 사각으로 둘러싸인 환경을 쥐가 탐색하는 동안 쥐가 가졌던 경로(회색 선)를 보여 준다. 적색 점은 해마의 단일 장소세포의 발화를 나타낸다. 여러분도 알 수 있듯이 쥐가 특정 위치에 있을 때 일차적으로 발화되었다(Derdikman and Moser, 2010)(그림 12.28 참조).

쥐가 실험장치의 한쪽 방과 다른 쪽 방을 구분할 수 있는 단서가 없는 대칭적인 방에 있을 때, 이 동물은 미로의 바깥 환경에 있는 보거나 들을 수 있는 사물로부터 자신의 위치에 대해 추적해야 한다. 이러한 항목의 변화는 그들의 항행능력뿐만 아니라 쥐의 장소세포의 발화에도 영향을 미친다. 실험자들이 쥐의 한 집단에서 자극을 옮겼지만 그들의 상대적인 위치를 유지시켰을 때, 동물들은 단지 그들의 반응을 재순응시켰다. 그러나 실험자들이 새로운 순서에 맞게 자극을 상호 변화시켰을 때, 동물들의 수행(그리고 장소세포의 발화)은 무너졌다. (당신이 친숙한 방에 들어갔는데 그 방의 창문, 문 및 가구들이 새로운 자리에 있다면 당신은 얼마나 혼란스러울지 상상해 보라.)

해마체에 있는 뉴런이 공간수용장을 가지고 있다는 사실은 각각의 뉴런이 특정 장소를 부호화한다는 것을 의미하지는 않는다. 반면에 이 정보는 해마체 내에 있는 많은 뉴런의 회로에서 특정 **형태**의 활성화에 의해 표상되는 것이 분명하다. 설치류의 경우, 대부분의 해마 장소세포는 배측 해마에서 발견되는데 이곳은 인간의 후측 해마와 상응하는 곳이다(Best, White, & Minai, 2001).

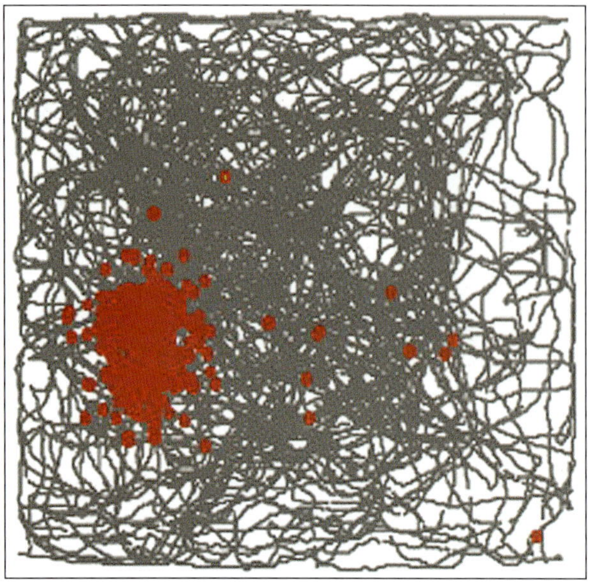

그림 12.28 해마 장소세포의 활성화. 회색선은 사각 울타리를 탐색하는 동안 쥐가 가진 경로를 보여 준다. 적색 점은 해마체에 있는 특정 세포의 발화를 표시한다. 여러분이 볼 수 있는 것처럼 이 세포의 발화는 쥐가 특정 위치에 있을 때 증가했다.

From Derdikman, D., and Moser, E. I. Trends in Cognitive *Science*, 2010, *14*, 561-568. Reprinted with permission.

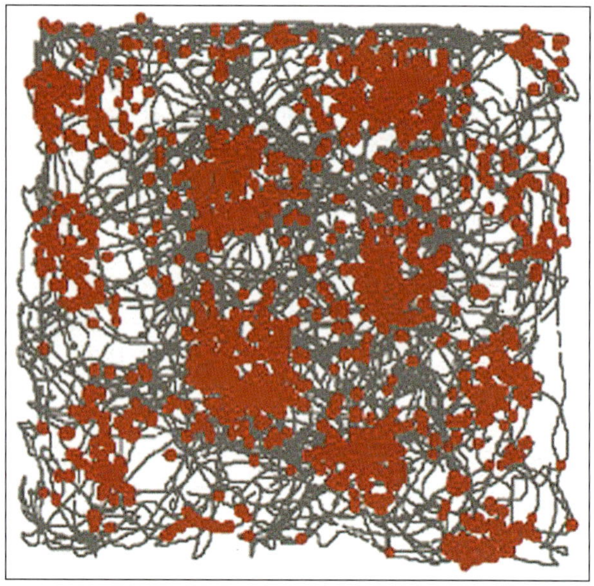

그림 12.29 해마 격자세포의 활성화. 이 세포는 쥐가 울타리 내에서 격자 같은 모양으로 배열된 일련의 지점의 한 곳에 들어갔을 때 발화했다.

From Derdikman, D., and Moser, E. I. *Trends in Cognitive Science*, 2010, 14, 561-568. Reprinted with permission.

장소세포의 발견 이후, 연구자들은 해마영역은 또한 **격자세포**(grid cell), **머리방향 세포**(head direction cell) 및 **가장자리 세포**(border cell)를 가지고 있음을 확인했고 이 모든 것이 후내피질에서 발견되었다. 격자세포는 동물이 있는 전체 환경에 대한 균등한 간격의 크리스탈 같은 범위를 보여 준다(Derdikman and Moser, 2010)(그림 12.29 참조). 가장자리 세포는 동물이 상자의 벽과 같은 환경의 경계 가까이 있을 때 발화한다. 그림 12.30은 사각상자에서 가장자리 세포의 발화율을 보여 주는데 그 상자는 수평과 수직의 길이가 같은 상자이다(Solstad et al., 2008). 여러분도 알 수 있듯이 이 세포는 오른쪽 벽을 따라 지속적으로 발화한다(그림 12.30 참조).

머리방향 세포는 특정 환경에 있는 거리 단서에 관심을 가지고 동물의 머리가 특정 방향으로 향할 때 단순히 발화된다. 동물이 회전을 하면 동물이 바라보는 방향에 따라 다른 세포가 발화된다. 이 세포는 환경에서 동물의 위치를 반영하는 것이 아니고 오직 동물의 머리 방향을 반영한다. 이러한 모든 세포에 의해 주어지는 정보는 동물의 위치와 머리방향을 명확히 반영한다. 이러한 정보는 뇌의 다른 영역에게 유용할 수 있다. 사실, 이러한 정보는 동물의 뇌에 다중배열 미세전극을 심으려는 연구자들에게 유용할 수 있다. 컴퓨터가 이러한 세포의 활동을 동물이 환경을 탐색할 때 동물의 위치와 관련짓게 되면 뉴런의 활성화를 동물의 움직임을 보여 주는 도면을 그리는 데 사용할 수 있다. 우리가 알 수 있는 것처럼 동물이 잠을 자거나 움직임 없이 쉬고 있다면 컴퓨터는 동물의 상상적(imaginary) 움직임을 도면으로 그릴 수 있다. [아마도 **가상적 움직임**(virtual movements)이라는 용어가 동물의 사고에 대한 가정을 덜 만들 것이다.]

해마의 장소세포 회로의 활성화는 공간보다 더 많은 것을 제공한다. Wood 등(2000)은 T 미로에서 쥐에게 공간적 교번 과제(spatial alternation task)를 훈련시켰다. 이 과제는 쥐가 교번시행에서 한 번은 왼쪽 통로, 다음 번은 오른쪽 통로로 들어가는 것을 요구한다. 그렇게 하면 쥐는 T 미로 통로 끝에 있는 목표 상자에서 먹이 조각을 받는다. 목표 상자와 연결된 통로는 T 미로의 기둥으로 되돌아오게 유도한다. 여기에서 다음 시행이 시작된다(그림 12.31 참조). Wood와 동료들은 CA1 영역의 추상세포에서 기록을 했는데 예상대로 쥐들이 미

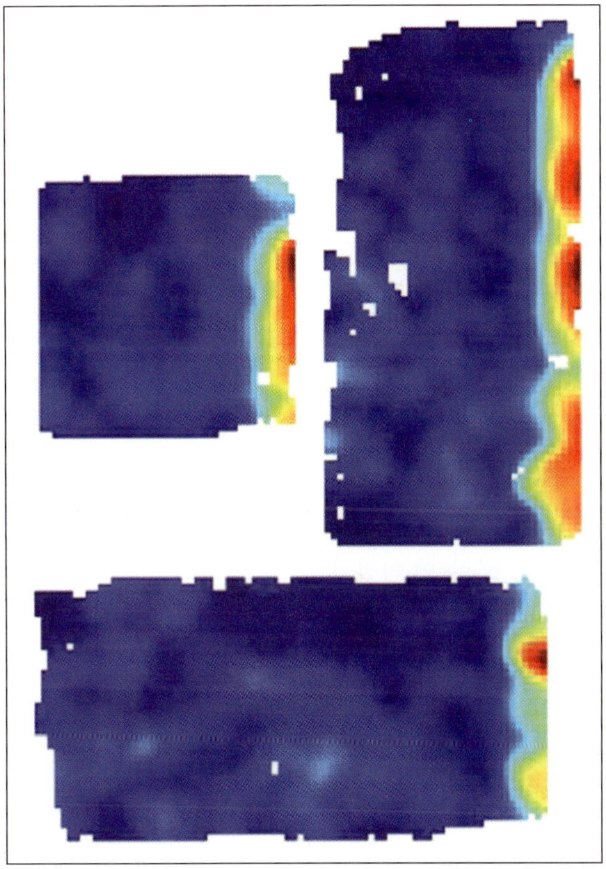

그림 12.30 해마 가장자리 세포의 활성화. 이 세포의 발화율은 색으로 표시되어 있다. '가장 뜨거운" 색은 가장 높은 발화율을 나타낸다. 여러분이 볼 수 있듯이 이 세포는 울타리의 크기와 상관없이 쥐가 사각 울타리의 오른쪽 경계에 따라 위치할 때 우선적으로 발화했다.

From Solstad, T., Boccara, C. N., Kropff, E., et al. *Science*, 2008, *322*, 1865-1868. Reprinted with permission.

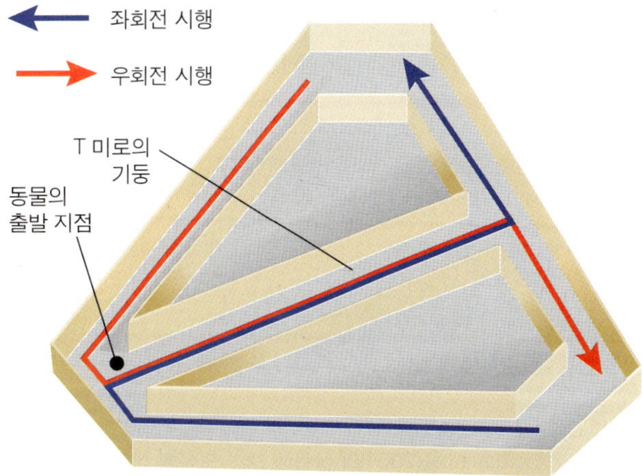

그림 12.31 해마의 장소세포는 공간정보 이상의 것을 부호화한다. 교번시행에서 쥐는 T 미로 기둥 끝에서 왼쪽과 오른쪽으로 돌도록 훈련받는다. 미로의 기둥에서 공간수용장을 가진 해마 장소세포의 발화 형태는 쥐가 왼쪽이나 오른쪽으로 돌 때마다 상이했다.

Based on Wood, E. R., Dudchenko, P. A., Robitsek, R. J., and Eichenbaum, H. *Neuron*, 2000, *27*, 623-633.

로의 상이한 부분에 있을 때 상이한 세포가 발화하는 것을 발견했다. 그러나 뉴런들의 2/3는 왼쪽 회전과 오른쪽 회전 시 T의 기둥에서 상이하게 발화했다. 환언하면 그 세포들은 미로에서 쥐의 위치에 대한 부호화뿐만 아니라 쥐가 선택점에 온 후에 오른쪽으로 돌지 왼쪽으로 돌지를 나타냈다. 그래서 CA1 뉴런의 활성화는 현재의 위치와 의도된 목적지 모두를 부호화한다.

기억응고에서 해마체의 역할

우리는 기능 영상 연구와 인간의 뇌손상 효과로부터 해마체가 관계기억의 응고와 대뇌피질로의 이전에 결정적인 역할을 한다는 증거를 이미 보았다. 예컨대, Maviel 등(2004)은 생쥐를 모리스 수중 미로에서 훈련시킨 후에 플랫폼의 위치에 대한 기억을 검사했다. 그 동물의 수행을 검사한 직후, 연구자들은 국부 마취제인 리도카인(lidocaine)을 뇌의 특정영역에 주입하여 일시적으로 활동을 정지시켰다. 훈련을 마친 날 해마를 억제하면 생쥐는 그 과제에 대한 기억을 보여 주지 못했다. 그러나 훈련 후 30일째 되는 날에 해마를 억제시키면 그들의 수행은 정상적이었다. 반대로, 대뇌피질의 몇몇 영역에 대한 훈련 30일 후 불활성화는 기억인출에 장애를 보이지만, 훈련이 끝난 그 날의 불활성화는 기억장애를 보여 주지 않는다. 이러한 결과는 해마가 새로 학습한 공간정보를 위해서는 필요하지만 30일 전에 학습한 정보에 대해서는 필요하지 않다는 것을 보여 준다. 또한 이 결과는 30일 동안의 시간은 대뇌피질이 이 정보를 파지하는 데 관여한다는 것을 암시한다(그림 12.32 참조).

우리가 8장에서 본 바와 같이 서파수면은 인간 피험자에서 서술적 기억의 응고를 촉진시키고 REM 수면은 비서술적 기억의 응고를 촉진시킨다. 동물이 공간 과제를 수행할 동안 해마에 있는 장소세포를 기록하는 하나의 이점은 연구자가 동물이 상이한 환경에서 움직이거나, 그 환경에서 움직임에 대한 생각을 할 때 변화하는 세포에서 상이한 활성형태를 감지할 수 있다는 것이다. 한 환경에서 움직임의 재생은 대부분 서파수면 동안 나

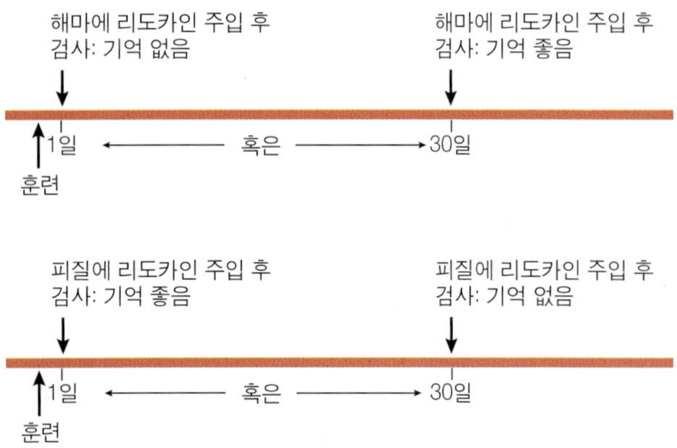

그림 12.32 Maviel 등(2004)의 실험에 대한 도식적 설명.

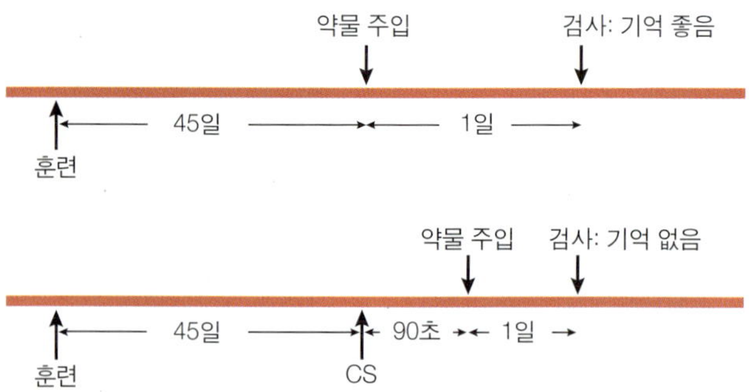

그림 12.33 Debiec 등(2002)의 실험에 대한 도식적 설명.

타나고 또한 동물이 미로나 자신의 사육상자에 조용히 앉아 있을 때도 나타난다. 이러한 재생 일화는 **예각파동 복합**sharp-wave-ripple-complexes; SWRs 동안에 발생되는데 이 기간에 해마의 CA1 영역과 CA3 영역에서 발생하여 대뇌피질로 파급되는 강한 고주파 파동이 나타난다(Taxidis et al., 2011). 예각파동 복합 동안 해마의 장소세포는 쥐들이 미로를 달리는 것을 학습하는 동안 발생되었던 발화의 연속을 재생한다. 이러한 연속은 동물이 실제로 미로를 달리는 동안 발생된 것보다 더 빠른 속도로 재생될 수 있다(Karlsson and Frank, 2009). 그 연속은 전방 또는 후방 어느 쪽으로도 갈 수 있다(Diba and Buzsáki, 2007). 동물이 새로운 공간 과제를 학습할 때 예각파동 복합 동안 재생되는 그 연속은 동물이 학습해서 가졌던 새로운 경로를 반영한다(Dupret et al., 2010). 아마도 예각파동 복합 동안 나타나는 형태의 재생은 이전의 행동 연속에 대한 기억을 반영하고 대뇌피질에서 이 기억의 응고를 촉진한다. 실제로 Peyrache 등(2009)은 훈련 동안 보여 준 전전두피질에서의 신경발화의 형태는 동물이 잠을 자고 있을 때 예각파동 복합이 발생하는 동안 다시 나타났다.

재응고화

시간이 지남에 따라 사건기억에서는 무슨 일이 일어날까? 우리가 특정 대상에 대해 새로운 것을 배운다면 그 대상에 대해 가지고 있는 기억은 어떻게든 변해야 되는 것은 분명하다. 예컨대, 이 장의 앞에서 언급한 것처럼, 한 친구가 새로운 헤어스타일을 했거나 안경을 콘택트렌즈로 바꿨다면 그 사람에 대한 우리의 시각기억은 변해야 한다. 그리고 당신이 어떤 것에 대해 더 많이 학습한다면, 예를 들어 이전에 친숙하지 않은 이웃의 레이아웃(layout)처럼, 당신은 더 많은 상호연결된 기억을 획득할 것이다. 이러한 예들은 확립된 기억들이 변경되거나 새로운 기억들과 연결될 수 있음을 보여 준다. 최근 몇 년 동안, 연구자들은 **재응고화**reconsolidation라는 현상을 연구하고 있다. 이것이 장기기억의 수정에 관여하는 것으로 보인다.

사실, 연구는 장기로 잘 응고된 관계기억 또한 쉽게 붕괴될 수 있음을 발견했다. 아마도, 최초 응고화에 관여하는 것과 유사한 신경과정인 재응고화 과정은 이전에 확립된 기억이 변화될 수 있도록 하거나 또는 새로운 정보를 추가할 수 있도록 할 것이다(Nader, 2003). 응고화를 방해하는 사건은 또한 재응고화를 방해할 것이고 기억을 지워버리거나 적어도 유용하지 못하게 할 것이다. 예컨대, Debiec, LeDoux, Nader(2002)는 해마의 개입이 요구되는 관계적 공포-조건형성 과제를 쥐에게 훈련시켰다. 단백질 합성을 방해하는 약물을 훈련 직후 해마에 주입하면 응고화가 나타나지 않고, 그 약물을 45일 후에 주입하면 효과는 보이지 않는다. 그 기억은 이미 응고화되어 있다. 그러나 최초의 학습회기의 CS를 45일 후 제시하여 기억이 재활성화되고 해마에 약물을 주입하면, 이후 검사에서 훈련에 대한 기억상실증을 보인다(그림 12.33 참조).

학습에서 해마의 신경발생의 역할

3장에서 살펴본 바와 같이, 성인의 뇌에 있는 해마와 후구에서 새로운 뉴런이 발생될 수 있다. 해마의 하과

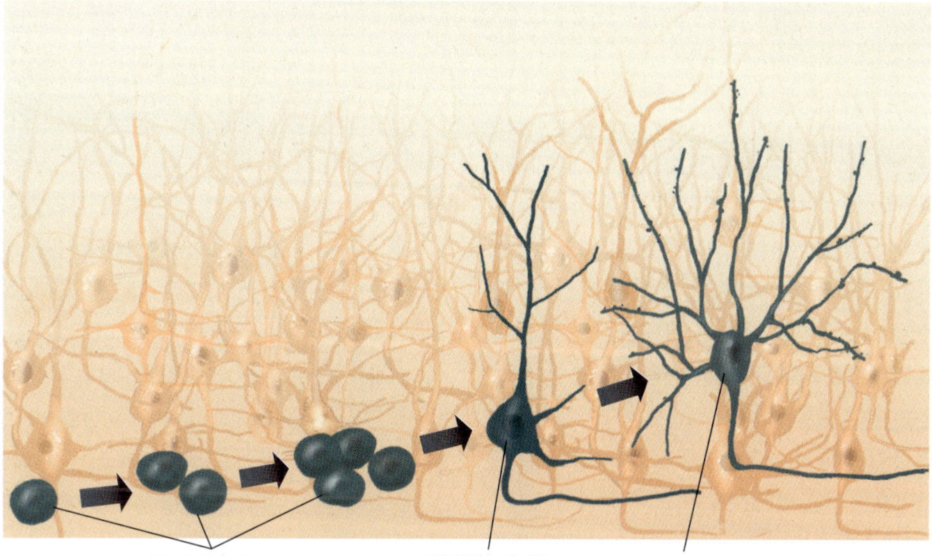

그림 12.34 성인의 신경발생. 해마의 하과립영역에 있는 줄기세포는 분열되고 과립세포로 성장한다. 이것은 치상회로 이동을 한다.

립 영역에 있는 줄기세포는 분화되고 쥐의 경우, 하루에 5,000개에서 10,000개의 과립세포를 증가시킨다. 이것은 치상회로 이동하여 치상회의 다른 뉴런과 CA3 영역에 있는 뉴런과 연결을 형성하는 축색으로 뻗는다(Kempermann, Wiskott, & Gage, 2004; Shors, 2009)(그림 12.34 참조).

Gould 등(1999)은 두 가지 종류의 모리스 수중 미로에서 흰쥐들을 훈련시켰다. 하나는 관계학습을 요구하는 것이고 다른 하나는 자극-반응학습을 요구하는 것이다. 해마가 관여하는 관계적 과제의 훈련은 치상회에서 태어난 뉴런의 수가 두 배나 되었다. 해마가 관여하지 않는 자극-반응 과제의 훈련은 신경발생에 영향이 없었다. 새로 태어난 뉴런의 대부분은 수 주 내에 죽지만 동물이 새로운 학습을 하면 뉴런의 많은 수는 생존한다. 증거들이 또한 보여 주는 것은 치상회의 새로운 뉴런이 학습에 관여한다는 것이다. Tronel 등(2010)은 새로 태어난 뉴런의 수상돌기 가지의 성숙과 해마의 신경회로로의 통합은 동물이 공간학습 과제에서 훈련을 받을 때 가속된다는 것을 확인했다. 그들은 또한 NMDA 차단제인 AP5의 측뇌실 주입은 신경발생률에는 영향을 미치지 않지만 학습을 방해하고 정상적으로 학습에 의해 유도되는 신경발생에서의 변화를 차단한다는 것을 확인했다. 이러한 결과는 장기증강이 새로 태어난 뉴런이 새로운 기억을 저장하는 회로로 통합되도록 한다는 것을 의미한다.

후구에서 신경발생의 역할에 대한 연구가 적을지라도 몇몇 증거는 후구에서의 신경발생은 또한 학습과 관련이 있다는 것을 암시한다. Nissant 등(2009)은 LTP는 새로 태어난 후구세포가 후구에 도착한 직후 새로운 뉴런에서 발생될 수 있지만 능력은 그 뉴런이 나이가 들수록 감소된다는 것을 발견했다. Belnoue 등(2011)은 후구에서 새로 태어난 뉴런이 후구학습에 참여한다는 것을 확인했다.

우리는 여전히 신경발생이 뇌의 두 곳에서만 일어나는지에 대해 모르고 있다. 그것이 그곳에 유용하기 때문이라면 왜 뇌의 여러 영역에서는 일어나지 않을까?

절 요약

관계학습

뇌의 손상은 순행성 기억상실증을 유발할 수 있는데, 이것은 단기기억(대화를 나누는 데 필요한)은 거의 정상인 반면에 손상 후에 발생한 사건들을 기억할 수 없다. 환자들은 또한 몇 년간의 역행성 기억상실증도 갖지만 먼 과거의 사건을 기억할 수 있다. 순행성 기억상실증은 장기 알코올중독(코르사코프 증후군)이나 내측측두엽의 양쪽 손상에 의해 초래될 수 있다.

순행성 기억상실증에 대한 첫 번째 설명은 뇌가 단기기억을 장기기억으로 응고화하는 능력의 손상이다. 그러나 일상적인 지각학습, 자극-반응학습, 또는 운동학습은 손상되지 않는 것처럼 보인다. 이 사람들은 새로운 자극을 재인하는 것을 학습할 수 있고, 도구적 조건형성과 고전적 조건형성이 가능하며, 운동기억을 획득할 수 있다. 그러나 이들은 자신들에게 발생한 사건을 기술하는 **서술적 학습**을 할 수 없다. 이러한 기억상실증은 외현적 기억장애로 불리기도 한다. 실험동물뿐만 아니라 인간에게도 적용할 수 있는 더욱 기술적인 용어는 **관계학습**이다.

연구자들은 순행성 기억상실증에 다른 구조가 관여한다고 하더라도, 이것의 일차적인 원인은 해마체의 손상 또는 이것의 입출력 손상으로 믿고 있다. 해마체는 뇌의 여러 영역으로부터 정보를 받아 이 정보를 처리한 후, 이 영역과의 **원심성** 연결을 통해 이곳에서 응고화되는 기억을 수정한다. 즉, 기억요소들 간의 관계를 기억이 용이하도록 서로 연결 짓는다.

서술적 기억은 적어도 두 가지 형태가 있다. 일화기억은 특정 시간과 장소에 전문화되어 있는 반면에 의미기억은 그들이 학습된 맥락에 대한 사실(정보가 아닌)과 관련이 있다. 해마 손상은 일화기억에 장애를 유발한다. 반면에 외측두피질의 손상은 의미기억을 손상시킬 수 있다.

해마체의 손상은 공간기억을 방해한다. 가장 심한 결함은 양측 손상에 기인되지만 우측 해마에 대한 손상만으로도 수행에 장애를 일으킨다. 기능 영상 연구는 공간과제의 수행이 우측 해마체의 활성화를 증가시킨다. 이러한 이유 때문에 런던 택시 기사의 뇌는 평균보다 큰 우반구 후측해마를 가지고 있다.

실험동물에 대한 연구는 해마체의 손상이 공간관계를 학습하는 능력을 붕괴시킨다는 것을 보여 준다. 예컨대, 해마 손상을 가진 쥐는 모리스 수중 미로에서 항상 동일한 장소에 놓아 주어도 그 미로를 학습할 수 없다. 이것은 자극-반응학습 과제로 전환한 것이다. 해마체는 동물이 특정 위치에 있을 때 반응하는 뉴런인 장소세포를 가지고 있다. 이것은 동물이 위치를 알려 주는 환경자극 간의 관계를 알게 하는 신경망을 해마가 갖고 있다는 것을 의미한다. 해마체에 있는 뉴런은 동물이 그렇다고 '생각하는' 장소를 반영한다. 장소세포는 공간보다 더 많은 것을 부호화한다. 이것은 동물이 다음에 수행할 반응에 대한 정보를 포함할 수 있다. 해마영역은 장소세포 외 격자세포, 머리방향 세포 및 가장자리 세포를 가지고 있는데 이러한 세포는 공간 지각과 기억에 역할을 한다.

연구는 해마체가 기억응고화에 관여한다는 것을 보여준다. 배측 해마를 모리스 수중 미로 훈련을 마친 날에 불활성화시키면 응고화가 방해받지만 30일 후에 불활성화는 그 효과가 없다. 반대로 훈련 후 30일에 대뇌피질의 영역을 불활성화시키면 수행을 방해하지만 훈련 후 당일에 불활성화시키면 30일 후의 수행에는 영향이 없다. 서파수면은 서술적 기억의 응고를 촉진하고 REM 수면은 비서술적 기억의 응고를 촉진한다. 서파수면 동안, 쥐의 CA1 영역에 있는 장소세포는 실험실에서 환경을 탐색하는 동안 보여 주었던 활성화의 연속이 재생된다. 예각파동 복합(SWRs)은 서파수면과 조용히 깨어 있을 때 일어나는데 이것이 나타난 동안 해마 장소세포가 공간학습 과제에서의 경험을 반복하고 정보를 전전두피질로 전이하는 연속적인 발화를 보여 준다.

기억은 재응고화라는 과정을 통해 변경되거나 새로운 기억과 연결될 수 있다. 장기기억이 최초 경험의 '기억인출자'가 되는 자극에 의해 재활성활될 때, 그 기억은 단백질 합성을 억제하는 약물의 처치와 같은 기억응고화를 방해하는 사건에 취약하다. 취약한 기간은 미래의 경험에 의해 기억이 수정될수 있는 기간이기도 한다.

치상회는 줄기세포가 분화되어 새로운 뉴런을 증가시키는 두 곳 중의 하나이다. 이러한 뉴런은 CA3 영역에 있는 뉴런과 연결을 이루고 학습에 관여하는 것으로 드러났다.

생각해 봅시다
우리가 오직 현재에만 살 수 있을지라도, 기억은 우리의 정체성 측면에서 중요하다. H.M. 같은 기억장애를 가지고 있다면 당신은 무엇을 생각하겠는가? 30년 간의 경험에 대한 회상이 전혀 없다고 상상해 보라. 당신이 거울을 통해 자신을 볼 때마다 그 사람을 자신으로 받아들이기보다는 30세가 넘은 어떤 사람으로 받아들이며 매번 놀라게 되는 것을 상상해 보라.

맺는말 | 작화증의 원인은 무엇인가?

기억회상은 창의적 과정이다. 우리는 우리가 이 책에서 사실을 점검하는 방법대로 저장된 정보를 단순히 회상하는 것은 아니다. 반면에, 우리는 조각난 정보를 가지고 그 정보가 의미하는 것을 해석한다. 당신이 춥고 비 내리는 날 버스를 기다리고 있다고 가정해 보자. 거기에 서서 생각에 잠겨 있을 때, 당신은 며칠 전에 지불했어야 할 집세를 잊었다는 것을 알게 된다. 당신은 집에 도착하는 순간 그것을 해결한다. 실제로, 당신은 책상 앞에 앉아서 수표를 쓰고 봉투에 넣어 모퉁이에 있는 우체통에 그 봉투를 넣는 것을 상상한다. 그러나 당신은 버스에서 친구를 만나 재미있는 대화를 나누는 동안 집세를 지불해야 한다는 생각을 잊게 된다. 밤에 당신이 잠들려는 순간, 갑자기 집세에 대한 생각이 났다. 당신은 수표를 쓰고 그것을 부치는 것에 대한 어렴풋한 기억을 가졌지만 잘 되짚어 보고는 그렇게 하지 않은 것을 알게 된다. 왜냐하면 당신이 젖은 우의를 벗을 때 다시 밖에 나갈 필요가 없어 다행이라고 생각한 것을 기억했기 때문이다. 조금 더 깊이 생각해 보았을 때, 당신은 수표를 쓰고 그것을 붙이는 기억은 단지 당신이 그렇게 할 것에 대한 생각의 기억이라는 것을 알게 된다.

당신은 코르사코프 증후군의 증상 중의 하나가 작화증이라는 것을 기억할 것이다. 작화증은 실제로 일어나지 않은 사건에 대한 기억을 보고하는 것이다. 이러한 사건 중의 몇몇은 그럴듯하지만 다른 몇몇은 다른 정보와 모순되기 때문에 사실일 가능성이 전혀 없다. 그러나 이야기는 항상 실제 사건의 요소들을 가지고 있고 그래서 사람은 가끔 잘못된 믿음에 따라 행동한다(Schnider, 2003). 예컨대, 58세인 한 여성은 자신이 병원이 아닌 집에 있었으며 그녀는 키워야 할 아기가 있다고 주장했다. 실제로, 그녀의 아기는 30세였다. 한 회계사는 병원을 떠났는데 왜냐하면 그를 회의에 데려다줄 택시가 기다리고 있다고 믿었기 때문이다. Schnider가 말한 것에 따르면, 작화하는 환자들은 그들의 기억에 있는 정보와 연관이 없는 질문에는 대답하지 않는다. 예컨대, 그들은 가공의 사람, 장소, 또는 사물에 대해 대답하지 않는다(Premola는 어디에 있나? 공주 Lolita는 누구인가? waterknube는 무엇인가?). Schnider에 따르면 작화하는 환자들은 현재 자극에 의해 야기되는 과거 사건과 무관한 기억을 억제하는 데 어려움을 갖는다. 그는 환자의 작화가 사실이 아니라는 것을 환자가 믿도록 하는 것은 거의 불가능하다고 했다. 예컨대, 아기를 키우기를 원하는 여성에게 아기가 다 자랐다고 하는 것보다는 아기가 이미 키워졌다고 하는 것이 더 쉽게 믿겨질 수 있다. 이와 유사하게, 회계사에게는 스케줄에 회의가 없다고 하는 것보다 그 회의가 연기되었다고 하는 것이 좀 더 잘 믿을 것이다.

Benson 등(1996)의 연구는 작화증이 전전두피질의 정상적인 기능을 못하게 하는 뇌손상이 원인이라고 제안했다. 이 연구자들은 코르사코프 증후군을 가진 한 남성이 작화증을 보여 주는 사례를 보고했다. 신경심리 검사에서 전두엽 오기능을 보여 주는 증상을 확인했고, PET 검사는 내측전전두피질과 안와전전두피질에서의 활성 저하를 발견했다. 4개월 후, 작화증이 사라졌는데 신경심리 검사는 전두엽 증상을 보여 주지 않았고 PET 검사에서도 전전두피질이 정상적으로 활성화된 것을 확인했다. O'Connor 등(1996)은 보완적인 결과를 가진 사례를 보고했다. 수년간 기억상실증을 가진 한 환자는 폐쇄성 머리손상을 입고 갑자기 작화증을 보이기 시작했다. 신경심리 검사는 전두엽 오기능에 대한 증거를 발견했다.

Johnson과 Raye(1998)는 전두엽의 기능 중의 하나는 제안의 가능성이나 불명확한 지각을 평가하는 데 도움을 준다고 주장한다. 정보가 불명확할 때, 전두엽은 주어진 해석이 이치에 맞는지 여부를 평가하는 데 도움을 주는 기억 인출에 관여하게 된다는 것이다.

핵심 개념

학습의 본질

1. 학습에는 많은 형태가 있다. 가장 중요한 범주들은 지각학습, 자극-반응학습, 운동학습 및 관계학습이다.
2. Hebb 법칙은 자극-반응과 관련된 시냅스 변화를 기술한다. 처음에는 약한 시냅스가 시냅스후 뉴런의 발화와 함께 반복적으로 발화되면, 그 시냅스는 강하게 된다.

시냅스 가소성: 장기증강과 장기억제

3. 장기증강은 해마체의 축색이 반복적으로 자극될 때 일어난다.
4. 연합적 장기증강은 Hebb 법칙을 따르는 것으로 보이는데, 이에 대한 이해는 학습의 생리학적 기반을 이해하는 데 도움이 된다.
5. NMDA 수용기의 특수 속성인 전압 의존성과 신경전달물질 의존성 모두는 연합적 장기증강을 설명한다.
6. 수상돌기 가시로의 칼슘 유입은 효소를 활성화시키는데 이 효소들은 AMPA 수용기를 시냅스후막에 삽입시키고 시냅스의 생화학적 변화와 구조적 변화를 일으킨다. PKM-zeta는 이러한 과정에 핵심적인 역할을 하고 장기증강이 장기적으로 지속되도록 하는 데 관련이 있다.

지각학습

7. 복잡한 자극을 재인하는 학습은 타당 감각양식 연합피질에서의 변화를 내포한다.

고전적 조건형성

8. 조건화된 정서반응학습에서 편도체와 연합된 구조들의 역할에 대한 연구는 고전적 조건형성의 생리학적 근거에 대한 이해를 증진시킨다.

도구적 조건형성

9. 기저핵은 자동화되어 정형화되는 학습된 행동의 파지에 관여하는 것으로 보인다.
10. 뇌의 몇몇 부위, 특히 내측전두다발의 전기적 자극은 동물행동을 강화시킬 수 있다.
11. 강화적 뇌자극과 자연적 강화자가 효과적인 이유는 이것이 중뇌변연계와 중뇌피질계에 있는 뉴런을 활성화시키고, 이것이 측핵, 전전두피질, 변연계 및 해마에서 도파민을 분비시키기 때문이다.
12. 측핵에서 도파민 전달을 차단하는 약물은 뇌의 전기적 자극에 의한 강화 효과를 차단한다.

관계학습

13. 해마체의 손상은 순행성 기억상실증 증후군의 원인이 된다. 이 사람들은 지각학습 과제, 자극-반응 학습 과제, 또는 운동학습 과제를 수행하는 것은 학습할 수 있지만 새로운 환경에서 길 찾는 것은 학습할 수 없고 뇌손상 이후 일어난 생활 속의 일화를 기술할 수도 없다.
14. 실험동물에 대한 연구는 해마체가 맥락의 재인과 뇌의 다른 영역에서 일어난 학습의 통합에 의해 관계학습을 촉진한다는 것을 보여 준다. 장소세포는 공간적 맥락의 기억과 운행에 관여한다.
15. 해마는 재응고화(이미 있는 기억을 수정)에 관여한다. 신경발생은 해마의 기억기능과 관련이 있다.

CHAPTER

13 인간의 의사소통

개요

© Ariel Skelley/age fotostock

학습목표

1. 언어연구에서 뇌손상을 가진 피험자의 사용을 기술하고 편재화의 개념을 설명한다.
2. 브로카실어증과 브로카영역의 손상에 따른 세 가지 주요한 결함, 즉 실문법증, 명칭실어증, 발음장애를 기술한다.
3. 베르니케실어증, 순수단어농, 연결피질 감각실어증을 기술하고 그것들이 관련된 방식을 설명한다.
4. 단어의 의미를 이해하고, 우리 자신의 사고를 표현하는 능력과 단어 지각의 배후에 있는 뇌기제를 논의한다.
5. 전도실어증과 명명실어증의 증상을 기술하고, 이중 언어의 신경적 기초에 관한 연구를 기술한다.
6. 청각장애인의 실어증 연구를 논의한다.
7. 운율—말에서 리듬과 강세의 사용—의 뇌기제와 말더듬기에 관한 연구를 논의한다.
8. 순수실독증을 기술하고 이런 장애가 뇌의 두 가지 특수한 부위의 손상에 의해 초래되는 이유를 설명한다.
9. 전체-단어와 음독을 기술하고 세 가지 후천적 난독증, 즉 표면난독증, 음운난독증 및 직접난독증을 논의한다.
10. 말하기와 쓰기 사이의 관계를 설명하고, 음운난필증, 철자난필증 및 의미(직접)난필증을 기술한다.
11. 발달성 난독증의 신경적 기초를 기술한다.

머리말 | 단어를 들을 수 없다

D 박사가 한 사례를 제시하였다. "S씨는 약 10년 전에 두 번의 뇌졸중을 겪었고, 그것은 그의 양 측두엽을 손상시켰습니다. 음향학자에 의해 검사된 그의 청력은 정상범위 안에 있었습니다. 그러나 여러분이 보게 되겠지만 그의 말의 이해는 결손을 보입니다."

실제로 본 S씨에게서 말의 이해는 존재하지 않았다. S씨는 회의실에 안내되었고, 그는 우리 모두가 그를 보고 들을 수 있는 탁자의 끄트머리에 있는 빈자리에 앉았다. 그는 조용하고 걱정이 없어 보였고, 사실상 스스로 즐기는 것 같았는데, 나는 그가 관심의 중심에 있는 것이 처음이 아니라는 생각이 들었다. 나는 내가 보려고 하는 증상에 대해 읽었고 그것이 매우 희귀하다는 것을 알고 있었다.

"S씨, 지금 기분이 어떤가를 말해 주시겠습니까?"라고 D 박사가 물었다.

그는 소리가 들려오는 쪽으로 머리를 돌리고, "미안합니다. 나는 당신의 말을 이해할 수가 없습니다."라고 말했다.

그는 "**기분이 어떠세요**?"라고 큰 소리로 물었다.

그는 "아, 나는 당신의 말을 들을 수 있습니다. 그러나 정확히 이해할 수 없습니다."라고 말하였고, D 박사에게 연필과 작은 종이판을 넘겨주었다.

D 박사는 종이와 연필을 잡고 무언가를 썼다. 그는 S씨에게 그것을 되돌려 주었고, S씨는 그것을 보고 "좋아요. 매우 좋아요."라고 말했다.

D 박사는 "당신이 최근에 무엇을 하였는가에 대해서 이야기해 줄 수 있습니까?"라고 질문하였고, S씨는 웃으면서 머리를 흔들며 다시 연필과 종이를 넘겨주었다.

그는 새로운 질문을 읽은 후에 "오, 알았습니다."라면서 자신의 정원과 다른 취미에 대해서 말하기 시작했다. "나는 입술을 해독할 수 있도록 해주는 클로즈업이 없으면 TV를 많이 이해할 수가 없습니다. 나는 라디오에서 나오는 음악을 즐겨 듣지만 물론 가사는 나에게 그리 의미가 없습니다!" 그는 이미 많이 해온 것 같은 농담을 하면서 웃었다.

누군가가 "당신은 입술을 해독할 수 있다고 말하시는 겁니까?"라고 물었다.

S씨는 즉시 목소리가 나는 곳으로 머리를 돌리고 "무어라고 말씀하셨습니까? 천천히 말해 주십시오. 그러면 당신의 입술을 읽을 수 있습니다."라고 말하였고, 우리는 모두 웃었다. S씨도 그 질문을 이해할 수 있을 정도로 천천히 반복해 주었을 때 함께 웃었다. 다른 사람도 그에게 질문하려고 하였으나 그의 스페인식의 발음은 S씨가 입술을 읽는 것을 불가능하게 하였다.

갑자기 전화가 울렸다. S씨를 포함한 우리 모두는 전화가 걸려 있는 벽을 쳐다보았다. 그는 "누군가 받았으면 좋겠습니다. 나는 전화를 잘 받지 못합니다."라고 말했다.

S씨가 회의실을 떠난 다음 누군가가 S씨의 말이 이해하기는 쉬웠으나 좀 이상하다고 말했다. 한 언어치료사는 "그렇습니다. 그는 말하기를 배운 귀먹은 사람처럼 발음하지만 바로 전의 단어 발음을 거의 알지 못합니다."라고 말했다.

D 박사는 머리를 끄덕이고 우리에게 테이프를 틀어 주었다. "이 기록은 10년 전 그가 뇌졸중을 당하고 몇 달 후에 녹음된 것입니다." 우리는 동일한 목소리를 들었으나, 이때에는 아주 정상으로 들렸다.

언어치료사는 "오! 그는 자신의 말을 모니터하는 능력을 상실했군요. 그래서 수년에 걸쳐서 그는 다양한 단어들이 발음되는 방법의 세부적인 것을 망각한 거예요."라고 말했다.

D 박사는 "그렇습니다. 그 변화는 서서히 일어났습니다."라고 말했다.

언어행동은 인간의 가장 중요한 사회행동 중의 하나이다. 우리 문화의 진화는 말하고 듣고, 쓰고, 읽기를 할 수 있었기 때문에 가능했다. 언어는 우리의 발견을 축적하는 것을 가능하게 했고, 한 세대에 의해 획득된 지식은 다음 세대로 전수되었다.

언어적 의사소통의 기본적 기능은 다른 사람에게 미

치는 효과에서 관찰된다. 우리가 누군가에게 이야기를 할 때, 말이 그 사람으로 하여금 어떤 종류의 행동을 하게 만들기를 항상 기대한다. 때때로 그 행동은 우리가 물건을 요청하거나 또는 과제를 하는 데 도움을 청할 때처럼 우리에게 분명한 이점이 있다. 다른 때에, 우리는 주의를 끄는 것과 대화를 하는 것처럼 단순히 사회적 교환을 요청하고 있을 수 있다. 심심풀이 대화도 심심풀이만은 아닌데, 왜냐하면 그것은 다른 사람이 나를 보고, 대답으로 어떤 말을 하도록 만들기 때문이다.

말의 산출과 이해: 뇌기제

언어의 생리학에 대한 지식은 주로 뇌손상이 사람들의 언어행동에 미치는 영향을 관찰함으로써 얻어졌다. 말의 장애에서 가장 중요한 범주는 **실어증**aphasia인데, 일차적인 장애는 말의 이해 혹은 산출에 있는 것으로 뇌손상에 의해 초래된다. 모든 말의 장애가 실어증은 아니고, 어떤 환자는 의미 있는 말을 이해하기, 반복하기 또는 산출하기에 곤란을 겪는데, 이런 곤란은 단순한 감각 또는 운동 결손이나 동기의 결핍에 의해서 초래되지는 않는다. 예를 들면 난청 또는 말과 관련된 근육의 장애로 인해 말을 못하는 것은 실어증으로 인정되지 않는다. 게다가 그 결손은 비교적 동떨어진 것이 틀림없는데, 즉 그 환자는 자신의 환경에서 무엇이 발생하고 있는지를 자각하고, 다른 사람이 의사소통을 하려고 시도하고 있다는 것을 인식하고 있는 것 같다.

의미 있는 말을 하는 능력에 필요한 첫 번째 요건은 말할 거리를 갖고 있는 것이다.

언어의 생리학에 대한 두 번째 정보원은 기능적 영상장치를 사용하는 연구에서 유래된다. 최근 연구자는 정상인의 언어과정에 대한 정보를 수집하기 위해서 PET와 기능적 MRI를 사용해 왔다. 일반적으로 이 연구는 우리가 뇌손상을 가진 환자를 연구함으로써 알게 된 것을 확인하거나 보완해 주었다.

편재화

언어행동은 편재화된 기능이다. 대부분의 언어장애는 그 사람이 오른손잡이든지 또는 왼손잡이든지 간에 뇌의 좌측 손상 후에 발생한다. Knecht 등(2000)은 사람들이 언어 과제를 수행하는 동안 대뇌 혈류량 변화를 측정하기 위해 초음파 절차를 이용하여 어떤 알려진 뇌손상이 없는 사람에서 손잡이와 언어기제의 편재화(lateralization) 사이의 관계성을 평가하였다. 그들은 우반구의 말 우세는 오른손잡이의 4%, 손잡이가 불분명한 사람의 15%, 그리고 왼손잡이의 27%에서 나타남을 발견하였다. 전체 인구 90%의 좌반구가 말의 우세를 보인다.

비록 말의 이해와 산출에 일차적으로 관여하는 신경회로들이 한 반구(거의 좌반구)에 위치한다고 할지라도, 다른 반구가 언어에 있어서 전혀 아무런 역할을 하지 않는다고 결론을 내리는 것은 잘못일 것이다. 우리가 단어를 듣고 이해하고, 자신의 지각 또는 기억에 대해 이야기하거나 생각할 때, 말에 직접적으로 관여하는 신경회로 이외의 회로들도 사용한다. 그래서 그 회로들도 언어행동에서 나름대로 역할을 한다. 예를 들면 우반구 손상은 사람에게 지도를 읽는 것, 공간적 관계를 지각하는 것, 그리고 복잡한 기하학적 형태를 재인하는 것을 어렵게 만든다. 우반구 손상을 가진 사람은 지도와 복잡한 기하학적 형태에 관해 이야기하는 것 또는 다른 사람이 그것에 대해 이야기하는 것을 이해하는 데 곤란을 겪는다. 우반구는 또한 이야기를 조직하는—우리가 말하기 원하는 요소를 선택하고 조합하는—데 관련되어 있는 것처럼 보인다(Gardner et al., 1983). 우리가 10장에서 살펴보았듯이 우반구는 목소리 톤에 포함된 정서의 표현과 재인에 관여한다. 그리고 우리가 이 장에서 보게 되듯이 우반구는 운율(prosody)—말에 존재하는 정상적인 억양과 강세—의 통제에 관여한다. 그러므로 뇌의 양반구는 모두 우리의 언어능력을 사용하는 데 기여한다.

말의 산출

이야기를 할 수 있는 것—즉 의미 있는 말을 산출하는 것—은 몇 가지 능력을 필요로 한다. 첫째, 그 사람은 이야깃거리를 갖고 있어야만 한다. 이것이 의미하는 바를 살펴보자. 우리는 현재 일어나고 있는 어떤 것 또는 과거에 일어났던 어떤 것에 관해 이야기할 수 있다. 처음의 경우에 우리는 자신의 지각에 대해 이야기할 수 있는데, 자신이 보고 있는 것, 듣고 있는 것, 느끼고 있는 것, 냄새 맡고 있는 것 등이다. 두 번째 경우에 우리는 과거에 일어났던 것에 대한 기억을 이야기한다. 현재 사건의 지각 그리고 과거에 일어났던 사건의 기억은 모두 대뇌반구의 뒷부분(후두엽, 측두엽 및 두정엽)에 있는 뇌기제를 포함한다. 그래서 그 영역은 대체로 우리의 말할 거리와 관련이 있다.

어떤 사람이 말할 거리를 갖고 있다면 실제로 그것을 말하는 데에는 추가의 뇌 기능을 필요로 한다. 우리가 이 절에서 보게 되듯이 지각, 기억 및 사고를 말로 전환하는 것은 전두엽에 있는 뇌기제를 이용한다.

좌측 하전두엽에 위치한 어떤 영역(브로카영역)의 손상은 말하는 능력을 방해하는데, **브로카실어증**Broca's aphasia을 발생시킨다. 이 장애는 느린, 힘이 드는, 유창하지 않은 말을 특징으로 한다. 우리가 브로카실어증을 가진 사람과 대화하려고 시도할 때, 대부분의 사람은 그 환자가 찾고 있는 단어를 알려 주려고 애쓴다. 그러나 비록 그들이 종종 잘못 발음을 할지라도, 입 밖에 내어 놓으려고 하는 단어는 보통 의미가 있다. 대뇌의 후부가 말할 거리를 보유하고 있으나 전두엽의 손상은 환자가 생각을 표현하는 것을 어렵게 만든다.

브로카실어증을 가진 사람이라도 어떤 유형의 단어를 말하는 것은 상대적으로 쉽다. 그들은 문법적 의미를 가진 소단어(*a*, *the*, *some*, *in*, 혹은 *about*)를 말하는 것을 어려워한다. 이 단어는 **기능단어**function word로 불리는데 왜냐하면 그것은 중요한 문법적 기능을 하기 때문이다. 그들이 어떻게든 말하려고 하는 단어는 거의 전적으로 **내용단어**content word인데, 사과, 집, 던지다 또는 무거운 같은 명사, 동사, 형용사 및 부사를 포함하는 의미를 전달하는 단어들이다.

브로카실어증을 지닌 사람들은 말을 산출하는 것보다는 이해를 더 잘할 수 있다. 사실상 어떤 관찰자는 그들의 이해는 장애가 없다고 말했으나 우리가 보기에는

그림 13.1 실어증의 평가. 이 주방 이야기의 그림은 보스턴 진단용 실어증 검사(Boston Diagnostic Aphasia Test)의 일부이다.

어떤 장면을 설명하려고 애쓰는 브로카실어증을 지닌 어떤 사람이 말한 표본이 있다(그림 13.1 참조). 여러분이 보듯이 그의 단어는 의미가 있으나 그가 말하려고 하는 것은 분명히 문법에 맞지 않다. 점은 오랜 침묵을 나타낸다.

> kid ... kk ... can ... candy ... cookie ... well I don't know but it writ ... easy does it ... slam ... early ... fall ... men ... many no ... girl. Dishes ... soap ... soap ... water... water ... falling pah that's all ... dish ... that's all.
>
> Cookies ... can ... candy ... cookies cookies ... he ... down ... That's all. Girl ... slipping water ... water ... and it hurts ... much to do ... her ... clean up ... Dishes ... up there ... I think that's doing it. (Obler & Gjerlow, 1999, p. 41).

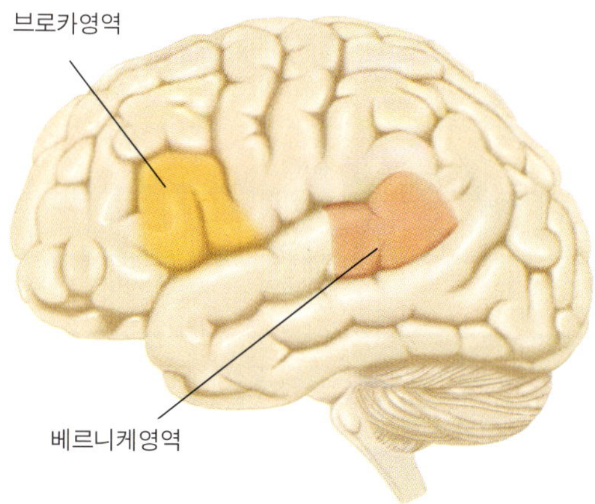

그림 13.2 언어영역. 이것은 뇌에서 일차언어영역의 위치를 보여 준다. (베르니케영역은 나중에 기술될 것이다.)

그것은 전혀 사실이 아니다. Broca(1861)는 이런 형태의 실어증이 일차운동피질의 얼굴영역의 바로 전방에 있는 전두 연합피질의 손상에 의해서 발생한다고 제안하였다. 추후의 연구는 그가 본질적으로 옳다는 것을 입증하였고, 우리는 현재 그 영역을 **브로카영역**Broca's area이라고 부른다(그림 13.2 참조).

브로카실어증을 발생시키는 손상은 분명히 브로카영역의 인접부를 중심으로 한다. 그러나 브로카영역의 피질에만 국한된 손상은 브로카실어증을 일으키는 것처럼 보이지는 않고, 그 손상이 전두엽을 둘러싸고 있는 영역과 그 아래의 피질하부 백질까지 확장되어야 한다(H. Damasio, 1989; Naeser et al., 1989). 게다가 기저핵—특히 미상핵의 머리 부분—의 손상은 브로카실어증과 유사한 증상을 발생시킨다(Damasio, Eslinger, & Adams, 1984).

Watkins 등(2002a, 2002b)은 구성원의 반수가 7번 염색체에서 발견되는 단일 유전자의 돌연변이에 의해서 초래된 심각한 말하기와 언어장애를 갖고 있는 KE 가족 3대를 연구하였다. 일차적 결손은 말하기에 필요한 순차적 운동을 수행하는 능력을 포함하는 것같이 보이지만, 장애를 가진 사람은 자신이 들은 소리를 반복하거나 동사의 과거시제를 표현하는 데 어려움을 겪었다. 그 돌연변이는 미상핵과 브로카영역을 포함하는 좌측 하전두피질의 기형적 발달을 초래한다.

브로카영역 내부와 주변에 있는 신경회로는 무엇을 하는가? Wernicke(1874)는 브로카영역이 운동기억—특히, 단어를 발음하는 데 필요한 근육운동의 순서에 대한 기억—을 포함한다고 제안하였다. 이야기하기는 혀, 입술 및 턱의 빠른 운동을 포함하고, 이런 운동은 서로 간에 그리고 성대의 운동과 조정되어야만 하므로 이야기하기는 일부 매우 세련된 운동통제기제를 요구한다. 우리의 뇌 어딘가에 있는 뉴런의 회로가 적절히 활성화될 때 이런 순차적 운동이 수행될 수 있게 하는 것이 분명하다. 브로카영역을 포함하는 좌측 아래쪽 뒷부분의 전두엽 손상은 단어를 발음하는 능력을 파괴하기 때문에, 이 영역이 이런 '프로그램'을 담당하는 위치로서 후보일 가능성이 있다. 이 영역이 말하는 데 사용되는 근육을 통제하는 일차운동피질과 직접적으로 연결되었다는 사실이 이런 결론을 지지한다.

그러나 좌측 전두엽의 말 기능은 말하는 것에 사용되는 운동을 프로그램하는 것 이상을 포함한다. 브로카실어증은 단어를 발음하는 것 이상의 결손이다. 일반적으로 세 가지 주요한 말의 결손이 브로카영역 내부와 인접부위의 손상에 의해 초래되는데, 실문법증, 명칭실어증 및 발음장애이다. 브로카실어증을 가진 대부분의 환자가 이 결손의 모두를 어느 정도 갖고 있더라도, 그것의 심각성은 사람에 따라 상당히 차이가 난다—그것은 아

Saffran, Schwartz 및 Marin(1980)에 의한 연구는 이런 장애의 예를 보여 준다. 다음의 인용문은 그림을 설명하려고 노력하는 실문법증 환자로부터 나온 것이다.

머리에 야구공을 맞은 소년의 그림

The boy is catch ... the boy is hitch ... the boy is hit the ball. (Saffran, Schwartz, & Marin, 1980, p. 229).

선생님에게 꽃을 드리는 소녀의 그림

Gir ... wants to ... flowers ... flower and wants to ... The woman ... wants ... to ... The girl wants to ... the flowers and the woman. (Saffran, Schwartz, & Marin, 1980, p. 234)

마도 각자의 뇌손상 정도가 틀리기 때문일 것이다.

실문법증agrammatism은 문법적 구조를 사용하는 데 있어서 환자의 장애를 의미한다. 이 장애는 단어를 발음하는 데 어떤 어려움 없이 그 자체만으로도 나타날 수 있다(Nadeau, 1988). 우리가 보았듯이 브로카실어증을 가진 사람은 기능단어를 거의 사용하지 않는다. 게다가 그들은 과거형(*-ed*)과 같은 문법적 표지 또는 *have*와 같은 조동사를 거의 사용하지 않는다. 어떤 이유에선지 그들은 종종 동명사(*-ing*)를 사용하는데 아마도 이 접미어는 동사를 명사로 바꾸어 주는 것이기 때문일 것이다.

이제까지 저자는 말의 **산출**장애로서 브로카실어증을 기술하였다. 일상적인 대화에서 브로카실어증 환자는 자신에게 말해진 것을 모두 이해하는 것처럼 보인다. 그들은 자신의 생각을 잘 표현할 수 없다는 것에 의해 과민하거나 괴로움을 겪는 것처럼 보이고, 종종 자신의 빈약한 말을 보충하기 위한 몸짓을 한다. 브로카실어증을 가진 사람의 말과 이해 사이의 놀라운 불일치는 종종 다른 사람으로 하여금 그들의 이해가 정상이라고 가정하게 한다. 그러나 그렇지 않다. Schwartz, Saffran 및 Marin(1980)은 브로카실어증 환자에게 행위자와 대상이 역전되어 있는 그림의 쌍을 보여 주었다. 예를 들면, 말이 암소를 차는 것과 암소가 말을 차는 것, 트럭이 승용차를 끄는 것과 승용차가 트럭을 끄는 것, 그리고 무용수가 광대에게 박수갈채를 하는 것과 광대가 무용수에게 박수갈채를 하는 것 등이다. 그들은 각 쌍의 그림을 보여 주면서, 피험자에게 예를 들면 "말이 암소를 찬다."라는 하나의 문장을 읽어 주었다. 피험자들의 과제는 자신이 문법적 구조를 이해하였는가를 나타내기 위해서 적절한 그림을 지적하는 것이다(그림 13.3 참조). 그들은 수행을 잘하지 못했다.

그림 13.3 문법능력의 평가. 이것은 Schwartz, Saffran 및 Marin (1980)의 실험에서 사용된 자극의 한 예이다.

Schwartz와 동료들의 연구에서 정확한 그림은 특정 측면의 문법, 즉 어순에 의해서 정해진다. 브로카실어증이 동반되는 실문법증은 문장의 의미를 해독하기 위해서 어순을 포함하는 문법정보를 사용하는 환자의 능력을 방해하는 것처럼 보인다. 그래서 그들의 이해결손은 산출결손과 병행한다. Opitz와 Friederici(2003, 2007)에 의한 기능적 영상 연구는 사람이 인공적 문법을 학습할 때 브로카영역이 활성화되는 것을 발견했는데, 이것은 그 영역이 문법적 규칙—특히, 복잡한 규칙—을 학습하는 데 관여한다는 결론을 지지한다.

브로카실어증에서 나타나는 두 번째 주요 언어결손은 **명칭실어증**anomia이다. 명칭실어증은 단어 찾기의 어려움을 말하고, 모든 실어증 환자가 단어를 생략하고 부적절한 단어를 사용하기 때문에 명칭실어증은 실제로 모든 형태의 실어증의 일차적 증상이다. 그러나 브로카실어증 환자의 말은 유창성이 부족하기 때문에, 그들의 명칭실어증이 특히 분명히 나타나는데, 그들의 얼굴 표정과 '어(uh)'와 같은 소리를 빈번히 사용하는 것으로 보아 그들이 정확한 단어를 찾고 있음이 분명하다.

브로카실어증의 세 번째 주요 특징은 **발음장애**(difficulty with articulation)이다. 환자는 단어를 잘못 발음하고, 종종 소리의 순서를 바꾼다. 예를 들면, 립스틱(lipstick)이 '릭스팁(likstip)'으로 발음된다. 브로카실어증을 가진 사람은 자신의 발음이 잘못이라는 것을 인정하고 보통 그것을 교정하려고 노력한다.

말의 이해

말의 이해는 소리를 탐지하고 분석하는 청각체계에서 시작한다. 그러나 단어를 재인하는 것과 단어를 이해하는—단어의 의미를 이해—것은 별개이다. 말한 단어를 재인하는 것은 소리의 순서에 대한 기억에 의존하는 복잡한 지각적 과제이다. 이 과제는 좌반구의 상측두회의 중앙과 후방부에 있는 **베르니케영역**Wernicke's area이라고 알려진 영역에 있는 신경회로에 의해 성취된다(그림 13.2 참조).

베르니케실어증: 설명

베르니케실어증Wernicke's aphasia의 일차적 특징은 빈약한 말의 이해와 의미 없는 말의 산출이다. 브로카실어증과는 달리 베르니케실어증 환자는 말을 유창하고 힘이 들지 않게 하는데, 단어를 발음하는 데 긴장을 하지 않고 단어를 찾고 있는 것처럼 보이지도 않는다. 그들은 정상적으로 올라가고 내려가는 목소리를 갖고 멜로디의 선율을 유지한다. 당신이 베르니케실어증을 가진 사람의 말을 들으면, 그것은 마치 문법적으로 적합한 것처럼 보인다. 즉, 그 사람은 *the*나 *but* 같은 기능어를 사용하고 복잡한 동사시제와 종속절을 사용한다. 그러나 그 사람은 내용단어를 거의 사용하지 않고 함께 엮어 사용하는 단어는 의미가 없다.

베르니케실어증을 지닌 사람의 언어결손 때문에 우리는 그들의 말 이해 능력을 평가할 때 그들에게 비언어적 반응을 사용하도록 요청해야만 한다. 즉, 우리는 그들이 적당한 대답을 할 수 없기 때문에, 그들이 다른 사람이 말하는 것을 이해하지 못한다고 가정할 수는 없다. 보통 사용되는 이해검사는 그들이 앞에 있는 탁자 위에 놓인 대상을 지적함으로써 질문을 이해하는 능력을 평가한다. 예를 들면 그들은 '잉크를 사용하는 것을 지적하라.'고 요청을 받는다. 그들이 펜 이외의 대상을 지적하면, 요청을 이해하지 못한 것이다. 이런 방식으로 검사를 받을 경우에도 심각한 베르니케실어증을 가진 사람은 실제로 빈약한 이해를 보인다.

베르니케실어증: 분석

상측두회가 청각연합피질영역이고 이해결손이 베르니케영역에서 두드러지기 때문에, 이 장애는 수용성(receptive) 실어증으로 특징지어졌다. 베르니케는 현재 그의 이름에 따라 명명된 영역이 단어를 구성하는 소리의 순서 기억을 담당하는 부위라고 제안하였다. 이 가설은 합리적인데, 하측두회의 시각연합피질이 대상의 시각적 모양을 재인하는 것과 마찬가지로 상측두회의 청각연합피질이 단어의 소리를 재인한다고 시사한다.

그러나 말한 단어를 재인하는 능력과 관련이 있는 영역에 대한 손상이 사람의 말하는 능력을 방해하는가? 사실상 그렇지는 않다. 브로카실어증처럼 베르니케실어증은 실제로 여러 결손으로 구성된 것처럼 보인다. 결손된 능력은 구어단어의 재인, 단어 의미의 이해 그리고 사고를 단어로 전환하는 능력을 포함한다. 이 능력을 차례로 각각 살펴보자.

재인: 순수단어농. 저자가 이 절의 소개에서 말했듯이, 단어를 재인하는 것은 그것을 이해하는 것과 동일한 것이 아니다. 당신이 외국어 단어를 여러 번 듣는다면 그것을 재인하는 것을 학습할 수 있다. 그러나 누군가 그것이 의미하는 바를 알려 주지 않으면 당신은 그것을 이해하지 못할 것이다. 재인은 지각적 과제이고, 이해는 기억에서 추가적 정보를 인출하는 것을 포함한다.

좌반구 측두엽에 대한 손상은 다른 문제들이 혼합되

극단적인 경우에는 베르니케실어증을 지닌 사람의 말은 다음의 인용에서 예증되듯이 무의미한 뒤섞임으로 나빠진다.

> 검사자: 병원에 오시기 전에 무슨 일을 하셨습니까?
>
> 환자: Never, now mista oyge I wanna tell you this happened when happened when he rent. His-his kell come down here and is—he got ren something. It happened. In thesse ropiers were with him for hi—is friend-like was, and it happened so I don't know, he did not bring around anything. And he did not pay it. And he rode n all o these arranjen from the pedis on from iss pescid. In these floors now and so. H hadn't had em round here. (Kertesz, 1981, p. 73)

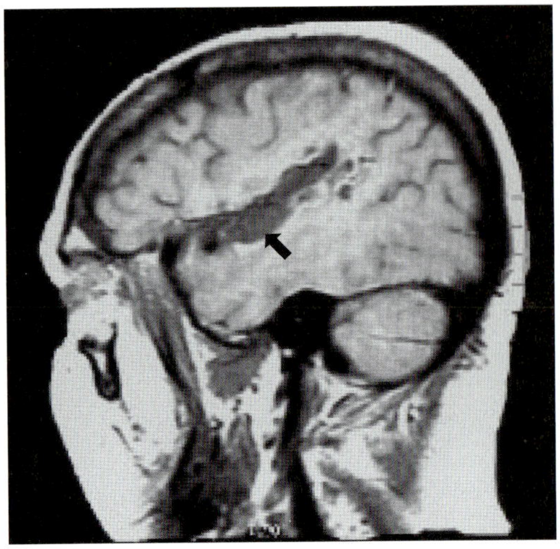

그림 13.4 순수단어농. MRI 스캔은 순수단어농을 가진 환자의 상측두엽에 대한 손상(화살표)을 보여 준다.

Gerry A. Stefanatos, Arther Gershkoff, and Sean Madigan(2005). On pure word deafness, temporal processing, and the left hemisphere. *Journal of the International Neuropsychological Society*, *11*, pp. 456-470, doi: 10.1017/S1355617705050538. Reprinted with the permission of Cambridge University Press.

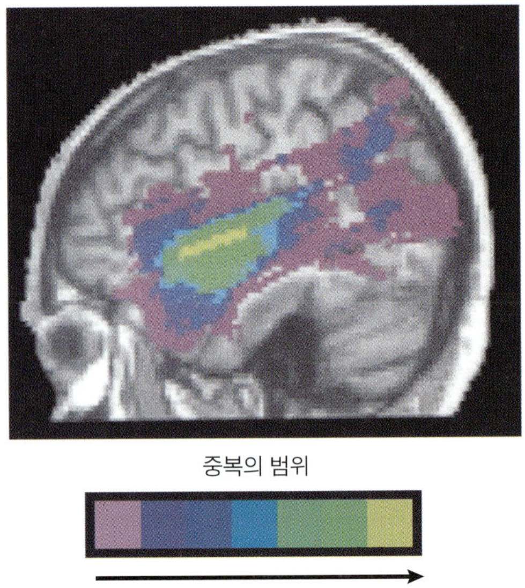

그림 13.5 말의 이해. 이 스캔은 말의 이해에 결손을 가진 9명의 환자에서 손상의 중복을 보여 준다. 그림 13.4에서 보이는 손상영역과 최대로 중복되는 영역(노란색과 녹색)의 유사성을 주목하라.

From Sharp, D. J., Scott, S. K., and Wise, R. J. *Annals of Neurology*, 2004, *56*, 836-846. Reprinted with permission of John Wiley & Sonc, Inc.

지 않은 청각 단어 재인의 장애를 산출할 수 있다. 이 증후는 **순수단어농**pure word deafness이라고 불린다. 이 장의 머리말에서 기술된 환자인 S씨는 이런 장애를 갖고 있다(그림 13.4 참조). 비록 순수단어농을 가진 사람들은 청각장애인은 아닐지라도, 말을 이해할 수는 없다. 한 환자는 "나는 당신이 말하는 것을 들을 수 있으나, 당신이 말하는 것을 그대로 이해할 수는 없다."라고 말하였다. 다른 환자는 "그것은 마치 우회로가 있는 것처럼 보이는데, 내 귀는 내 목소리와 연결되어 있지 않다."라고 말하였다(Saffran, Marin, & Yeni-Komshian, 1976, p. 211). 이 환자들은 개 짓는 소리, 현관 벨소리, 자동차 경적의 빵빵거리는 소리와 같은 비언어적 소리를 재인할 수 있다. 종종 그들은 비록 들은 말을 이해하지는 못한다고 할지라도 말의 강세에 의해 표현된 정서를 재인할 수는 있다. 더욱 중요한 것은 그들 자신의 말은 장애를 겪지 않는다는 점이다. 그들은 종종 입술을 읽음으로써 다른 사람이 말하고 있는 것을 이해할 수 있다. 그들은 읽거나 쓸 수가 있고, 때때로 글로 써서 다른 사람과 의사소통하기를 요청한다. 분명히 순수단어농은 단어의 의미를 이해하지 못하는 것이 아닌데, 만약 그렇다면 이 장애를 가진 사람은 다른 사람의 입술을 읽거나 또는 종이에 필기된 단어를 읽을 수 없을 것이다. 기능적 영상 연구는 말소리의 지각이 상측두회의 청각연합피질영역에 있는 뉴런을 활성화시킨다는 것을 확인해 준다(Scott et al., 2000).

Sharp, Scott 및 Wise(2004)는 말 이해의 결손이 이해 가능한 말을 들을 때 활성화되는 영역인 상측두엽의 손상에 의해 발생한다는 것을 발견하였다. 그림 13.5는 말 지각을 방해하는 뇌손상을 가진 환자에서 손상이 중복되는 정도를 컴퓨터를 이용하여 묘사한 것을 보여 준다(그림 13.5 참조). 노란색과 녹색으로 나타나는 가장 중복도가 높은 영역을 그림 13.4에서 보이는 영역과 비교해 보라. 분명히 두 유형의 뇌손상이 순수단어농을 초래할 수 있는데, 상측두피질에 대한 청각입력의 방해 혹은 상측두피질 자체의 손상이다(Poeppel, 2001; Stefanatos, Gershkoff, & Madigan, 2005). 두 유형의 손상 어느 것이라도 단어의 소리를 분석하는 것을 방해해서 사람이 다른 사람의 말을 재인하는 것을 방해한다.

우리의 뇌는 거울뉴런(mirror neurons)—우리가 어떤 행동을 하거나 또는 다른 사람이 잡기, 껴안기 또는 조작하는 운동 같은 것을 수행하고 있는 것을 볼 때 혹은 우리 스스로 그런 운동을 할 때 활성화되는 뉴런–의 회로를 포함하고 있다(Gallese et al., 1996; Rizzolatti et al., 2001). 이런 뉴런으로부터 받는 피드백은 우리에게 다른 사람이 하고 있는 행동의 의도를 이해하는 것을 돕는다. 비록 말의 재인은 청각적 사건임이 분명하지만, 연구는 단어를 듣는 것이 자동적으로 말을 통제하는 뇌 기제를 참여시킨다는 것을 보여 주었다. 달리 말하면, 이 기제들은 단어의 소리에 의해 활성화되는 거울뉴런을 포함하고 있는 것 같다. 예를 들면 Fridriksson 등(2008)은 사람이 다른 사람이 말과 관련된 운동을 하고 있는 것을 보면(그러나 듣지는 않으면), 측두(청각)와 전두(운동)피질의 언어영역이 활성화된다는 것을 관찰하였다. 이 영역은 피험자가 입으로 비언어적 운동을 하고 있는 사람을 볼 때는 활성화되지 않는다.

몇몇 연구자는 목소리를 거의 내지 않는 발성(실제로 분명한 운동을 초래하지 않는 말에 관여하는 근육의 매우 미약한 운동)으로부터 오는 피드백이 말의 재인을 촉진한다고 제안했다(Pulvermüller & Fadiga, 2010). 예를 들면 Pulvermüller 등(2006)에 의한 기능적 영상 연구는 피험자에게 입술과 혀의 운동이 관여하는 자음 p 혹은 t를 포함하고 있는 음절을 발음하도록 시켰다. 피험자는 그 음절을 큰 소리로 말하거나, 자신에게 소리 없이 말하거나 그리고 누군가가 말하는 그 음절을 들었다. 그림 13.6은 이 세 조건 모두에서 입술운동(녹색) 및 혀운동(적색)과 관련된 뇌 영역이 활성화되는 것을 보여 준다(그림 13.6 참조). 따라서 말하기, 다른 사람이 말하는 것을 보기, 말하기에 대해 생각하기 및 말소리를 듣는 것 모두 뇌의 언어영역을 활성화하는데, 이것은 거울뉴런회로가 말의 이해에서 역할을 한다는 것을 시사한다.

Schultz 등(2005)에 의한 기능적 영상 연구는 청각피질이 사람들이 큰 소리로 발할 때는 강하게 활성화되지만 속삭일 때는 그렇지 않다는 것을 발견하였다. 연구자들은 이 영역–다른 동물의 뇌에서 목소리 발성 중에 활성화되지 않는 영역–이 말에 대한 자기감시에 관여한다고 제안한다. 아마도 우리의 목소리로부터 받는 청각 피드백은 자신의 말을 조절하는 것을 돕는다. 우리

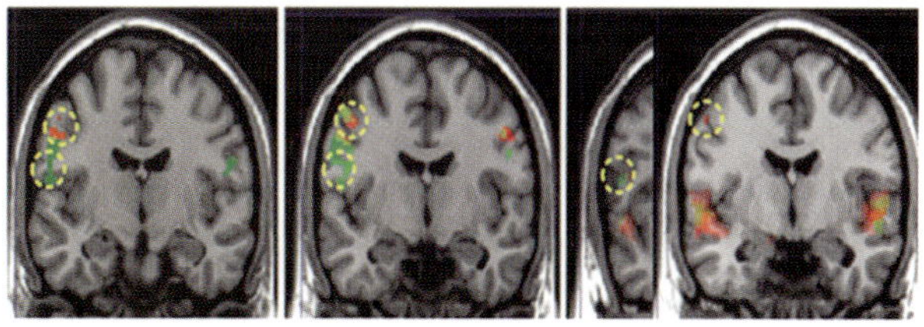

그림 13.6 거울뉴런과 말. 사람들이 철자를 크게 말하거나, 자신에게 소리 없이 말하거나 혹은 누군가 말하는 것을 들을 때 발생하는 일차운동피질의 뇌활성화. 두 영역은 노란색 원으로 표시된 두 영역은 혀운동(t 소리를 포함하는 철자들, 녹색으로 나타남)과 입술운동(p 소리를 포함하는 철자들, 적색으로 나타남)의 통제에 관여한다.

From Pulvermüller, F., Huss, M., Kherif, F., et al. *Proceedings of the National Academy of Sciences, USA*, 2006, *103*, 7865–7870. Reprinted with permission.

가 머리말에서 보았듯이 수년에 걸쳐서 S씨의 말은 정상적인 억양과 강세를 상실하였는데, 그것은 자신의 말을 감시하는 것의 중요성을 강조한다.

이해: 연결피질 감각실어증. 베르니케실어증의 다른 증상–단어의 의미를 이해하는 것의 실패와 의미 있는 말로 생각을 표현하는 능력의 부재–은 베르니케영역을 넘어서 측두엽, 후두엽 및 두정엽의 연결부 근처에 있는 외측열의 후방부를 둘러싸고 있는 영역으로 확장된 손상에 의해서 발생되는 것 같다. 더 좋은 용어가 없으므로 이 영역을 후언어영역(posterior language area)으로 부르겠다(그림 13.7 참조). 후언어영역은 나머지 감각연합피질에서 기억으로 저장된 단어의 청각적 표상과 의미 사이의 정보를 상호 교환하는 장소로 역할을 하는 것 같다.

후언어영역만의 손상은 베르니케영역을 나머지 후언어영역과 격리시켜서 **연결피질 감각실어증**transcortical sensory aphasia으로 알려진 장애를 산출한다(그림 13.7 참조). 연결피질 감각실어증과 베르니케실어증 사이의 차이는 연결피질 감각실어증 환자는 다른 사람이 자신에게 말한 것을 반복할 수 있어서 단어를 재인할 수 있다는 것이다. 그러나 그들은 자신이 듣거나 반복한 것의 의미를 이해할 수 없고, 의미 있는 자신만의 말을 산출할 수도 없다. 그 사람들은 어떻게 자신이 들은 것을 반복할 수

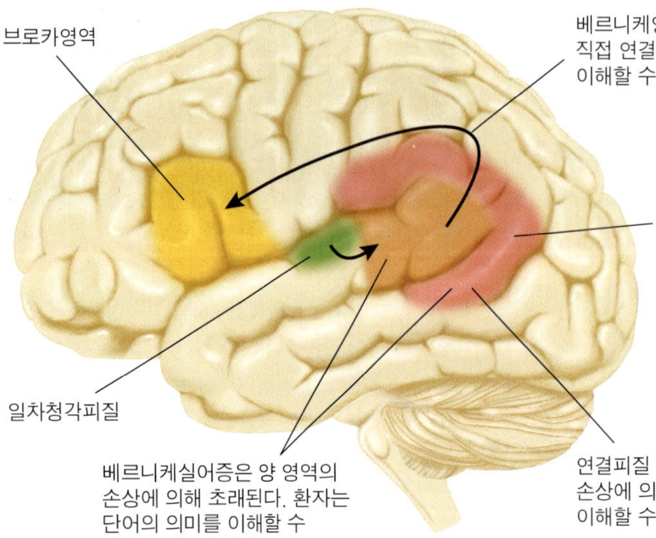

그림 13.7 연결피질 감각실어증과 베르니케영역. 이 그림은 후언어영역의 위치와 상호연결 그리고 연결피질 감각실어증과 베르니케실어증에서 그 역할에 관한 설명을 보여 준다.

있는가? 후언어영역이 손상되었기 때문에 반복은 이 뇌 부위와 관련되어 있지 않다. 베르니케영역과 브로카영역 사이에 후언어영역을 우회하는 직접적인 연결이 있음이 틀림없다(그림 13.7 참조).

결론적으로 연결피질 감각실어증은 반복의 결손이 없는 베르니케실어증으로 보일 수 있다. 이것을 달리 설명하면 베르니케실어증(WA)의 증상은 순수단어농(PWD)과 연결피질 감각실어증(TSA)이 결합한 것이다. 나는 학생들에게 이야기할 때 WA = TSA＋PWD라고 한다. 단순한 대수식에 의해 TSA = WA－PWD 등이다(그림 13.7 참조).

의미는 무엇인가? 우리가 보았듯이 베르니케영역은 말소리의 분석과 단어의 재인에 관여한다. 후언어영역에 대한 손상은 단어를 재인하는 능력을 파괴하지 않지만, 단어를 이해하거나 의미 있는 자신의 말을 산출하는

Geschwind, Quadfasel 및 Segarra(1968)는 연결피질 감각실어증의 흥미로운 사례를 기술하였다. 한 여성은 고장 난 보일러에서 발생한 일산화탄소로 인해 광범위한 뇌손상을 입었다. 그녀는 자신에 관한 어떤 의미 있는 말을 하지 못한 채로 사망하기 전까지 병원에서 수년간을 보냈다. 그녀는 언어적 지시를 따르지 못하였고 달리 그것에 대한 이해의 신호도 보이지 않았다. 그러나 그녀는 종종 자신이 들은 말을 반복하기는 하였다. 예를 들면 검사자가 "오른손을 드세요"라고 말하면, 그녀는 "오른손을 드세요"라고 대답하였다. 그 반복은 앵무새 같지는 않았는데, 그녀는 자신과 다른 말투는 모방하지 않았고, 누군가가 그녀에게 어떤 것을 말하는 동안 문법적 오류를 범한 경우에 때때로 오류가 없이 그 문장을 정확하게 반복하였다. 그녀는 다른 사람이 시작하면 자신도 시를 낭송할 수도 있었다. 예를 들면 검사자가 "장미는 붉고, 바이올렛은 푸르다."라고 말하면 그녀는 "설탕은 달고 그리고 당신도 그렇다."라고 계속하였다. 그녀는 노래를 할 수 있었고, 다른 사람이 그녀가 알고 있는 노래를 시작할 때 그렇게 했다. 그녀는 병원에 있는 동안 라디오로부터 들리는 새로운 노래를 학습하기조차 하였다. 그녀가 자신이 듣거나 말한 것을 이해한다는 신호를 보여 주지 않았다는 것을 기억하라. 이 장애는 순수단어농과 더불어 말로 들은 단어를 재인하는 것과 그것을 이해하는 것이 별개의 과정이고 상이한 뇌기제를 포함한다는 결론을 분명히 확인해 준다.

능력을 방해한다. 그러나 단어의 의미(meaning)라는 것이 정확하게 무엇을 의미하는가? 그리고 어떤 유형의 뇌기제가 관여하는가?

단어는 세상에 있는 대상, 행위 또는 관계를 의미한다. 그래서 단어의 의미는 그것과 연합된 특정 기억에 의해 정의된다. 예를 들면, **나무**(tree)라는 단어의 의미를 아는 것은 나무가 어떤 모양인가, 바람이 나뭇잎 사이를 통과할 때 어떤 소리가 들리는가 그리고 나무껍질은 어떤 느낌을 주는가 등과 같은 나무의 물리적 특성을 상상할 수 있음을 의미한다. 그것은 또한 뿌리, 싹, 꽃, 열매, 목재 및 잎에 있는 엽록소 등과 같은 나무에 관한 사실을 아는 것을 의미한다. **던지다**(throw)와 같은 동작단어(action word)는 누군가가 어떤 것을 던지는 것을 보는 것에 대한 경험을 포함하고 그리고 자신이 어떤 것을 던지는 것을 어떻게 느끼는가를 상상하는 것도 포함한다. 이런 기억은 일차언어영역에 저장되는 것이 아니고 다른 뇌 영역, 특히 연합피질영역에 저장된다. 상이한 범주의 기억은 특정 뇌 영역에 저장되지만 그것은 어쨌든 서로 연결을 갖고 있으므로, **나무**(tree) 혹은 **던지다**(throw)라는 단어를 들으면 그 영역은 모두 활성화된다. (우리가 12장에서 보았듯이 해마체는 연관된 기억을 함께 연결하는 과정에 관여한다.)

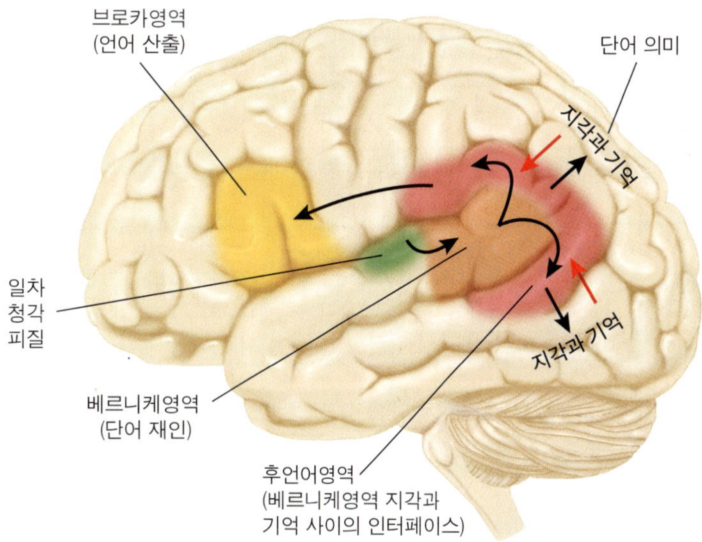

그림 13.8 뇌에 있는 '사전'. 베르니케영역은 단어의 청각적 표제어를 포함하고, 그 의미는 감각연합영역에 기억으로 포함된다. 검은색 화살표는 단어의 이해—단어 의미에 대응하는 기억의 활성화—를 나타낸다. 적색 화살표는 사고 혹은 지각이 단어로 번역되는 것을 나타낸다.

단어 재인과 단어 의미를 이해하는 데 관여하는 뇌의 언어기제에 대해 생각하면서, 저자는 사전의 개념이 유용한 비유로 역할을 하는 것을 알았다. 사전은 표제어(단어)와 정의(단어의 의미)를 포함한다. 우리는 뇌에 최소한 두 종류의 표제어, 즉 청각적 및 시각적 표제어를 갖고 있다. 즉, 우리는 어떻게 소리 나는가 또는 어떻게 보이는가(필기에서)에 따라 단어를 찾을 수 있다. 지금은 한 가지 유형의 표제어, 즉 단어의 소리를 고려하자. (나는 읽기와 쓰기에 대해서는 이 장의 뒷부분에서 논의할 것이다.) 우리는 친숙한 단어를 듣고 그 의미를 이해한다. 우리가 어떻게 그렇게 할 수 있는가?

첫째로, 우리는 단어를 구성하고 있는 소리의 순서를 재인해야만 한다—우리는 자신의 '사전'에서 그 단어에 대한 청각적 표제어를 찾는다. 우리가 보았듯이 그 표제어는 베르니케영역에 나타난다. 다음으로 그 단어의 의미를 이루는 기억이 활성화되어야만 한다. 아마도 베르니케영역은 기억을 포함하고 있는 신경회로와—후언어영역을 통해서—연결되어 있을 것이다(그림 13.8 참조).

말은 대상 혹은 동작을 의미하는 단순한 단어 이상을 전달한다. 그것은 추상적 개념도 전달하는데, 이것의 일부는 매우 미묘하다. 뇌손상 환자에 대한 연구(Brownell et al., 1983, 1990)는 말의 더 미묘하고 비유적인 측면에 대한 이해—예를 들면 "함부로 남을 비난하지 마라(people who live in glass houses shouldn't throw stones)"와 같은 속담의 배후에 있는 의미 혹은 거북이와 토끼의 경주와 같은 이야기의 교훈—가, 특히 우반구를 포함한다는 것을 시사한다.

기능적 영상 연구는 이런 관찰을 확인해 준다. Nichelli 등(1995)은 이솝 우화의 교훈을 판단하는 것이(그 이야기의 피상적인 측면을 판단하는 것과 대조적으로) 우반구를 활성화시킨다는 것을 발견하였다. Sotillo 등(2005)은 '도시의 녹색 허파'(즉, 공원)와 같은 비유를 이해하는 것을 필요로 하는 과제가 우반구의 상측두피질을 활성화시킨다는 것을 발견하였다(그림 13.9 참조).

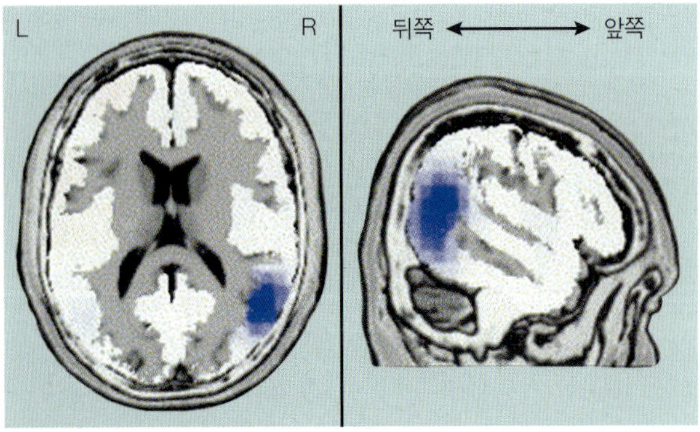

그림 13.9 비유를 평가하기. 우반구의 신경활동 영상은 피험자들이 비유의 의미를 평가할 때 기록되었다.

Reprinted from *Neuroscience letters*, 373, Sotillo, M., Carretie, L., Hinojosa, J. A., et al., Neural Activity Associated with Metaphor Comprehension: Spatial Analysis, 5-9, Copyright 2004, with permission from Elsevier.

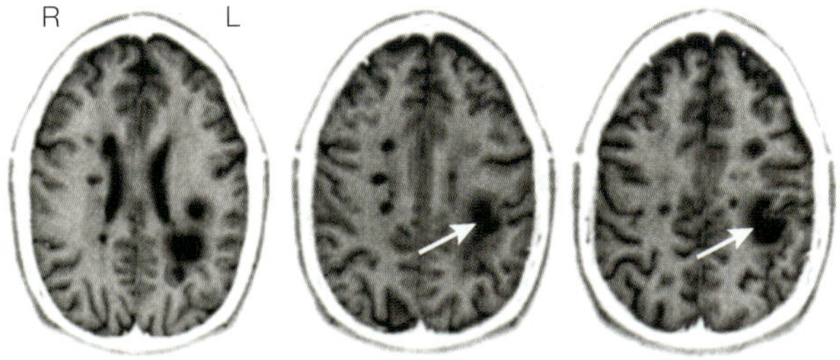

그림 13.10 전도실어증. MRI 스캔은 전도실어증 사례와 관련된 피질하부의 손상을 보여 준다. 이 손상은 베르니케영역과 브로카영역을 연결하는 섬유다발인 궁상다발을 파괴한다.

From Arnett, P. A., Rao, S. M., Hussain, M., et al. *Neurology*, 1996, *47*, 576-578. Reprinted with permission.

반복: 전도실어증. 우리가 이 절의 앞에서 살펴보았듯이, 연결피질 감각실어증을 가진 사람들이 자신이 들은 것을 반복할 수 있다는 사실은 베르니케영역과 브로카영역 사이에 직접적인 연결이 있다는 것을 시사한다—즉, **궁상다발**arcuate fasciculus이 있다. 이 축색의 다발은 인간 뇌에서는 발견되나 인간이 아닌 영장류의 뇌에서는 없거나 매우 작다(Rilling et al., 2008). 궁상다발은 단어의 소리에 관한 정보를 전달하나 그 의미는 전달하지 않는다. 이런 결론에 대한 가장 양호한 증거는 전도실어증이라고 알려진 증상으로부터 오는데, 그것은 피질하의 백질까지 확장되고 궁상다발을 손상시키는 하두정엽의 손상에 의해 발생한다(Damasio & Damasio, 1980)(그림 13.10 참조).

전도실어증conduction aphasia은 의미 있고 유창한 말, 비교적 양호한 이해로 특징지어지나, 매우 빈약한 반복을 보인다. 예를 들면, 환자 L. B.(Margolin & Walker, 1981)의 자발적인 말은 우수하고, 거의 오류를 범하지 않고, 대상을 명명하는 데 어려움이 없다. 그는 개별단어를 반복할 수 있으나 비단어(예: *blaynge*)를 반복하는 데는 실패하였다. 이와 더불어 그는 의미 있는 세 단어구를 반복할 수 있었으나 무관한 세 단어들을 반복하지 못하였다. 전도실어증을 가진 사람은 자신이 들은 말소리가 의미가 있을 경우에만 반복할 수 있다.

때때로 전도실어증을 가진 사람이 어떤 단어를 반복하도록 요청받았을 때, 그는 동일한 의미를 가진 단어를 말한다—또는 최소한도 연관된 단어를 말한다. 예를 들면 검사자가 *house*라고 말을 하면, 그 환자는 *home*이라고 말할 것이다. 검사자가 *chair*라고 말하면, 그 환자는 *sit*이라고 말할 것이다. 한 환자는 전체 문장을 반복하라고 요청받았을 때 다음과 같은 반응을 하였다.

> 검사자: 그 자동차의 새고 있는 연료탱크는 도로를 오염시켰다(The auto's leaking gas tank soiled the roadway).

> 환자: 그 자동차의 탱크는 새고 그래서 거리를 난장판으로 만들었다(The car's tank leaked and made a mess on the street).

연결피질 감각실어증과 전도실어증에서 나타나는 증상은 측두엽의 언어기제와 전두엽의 언어기제를 연결하는 경로가 존재한다는 결론을 가져왔다. 궁상다발을 통하는 직접 경로는 베르니케영역으로부터 브로카영역까지 말소리를 단순히 전달한다. 우리는 친숙하지 못한 단어를 반복하는 데 이 경로를 사용한다—예를 들면, 우리가 외국어 또는 우리말의 새로운 단어를 학습하고 있을 때 또는 우리가 *blaynge*와 같은 비단어를 반복하려고 노력하고 있을 때이다. 후언어영역과 브로카영역 사이의 두 번째 경로는 간접적이고, 단어의 소리가 아니라 의미에 기초를 두고 있다. 전도실어증을 가진 환자가 어떤 단어 또는 문장을 들었을 때, 그들이 들은 것의 의미는 그 의미와 관련된 일종의 심상을 유발한다. (이전의 예에 제시된 환자는 아마도 자동차에서 새어 나온 연료가 포장도로 위에 흘려진 장면을 상상하였을 것이다). 그때 그들은 자신의 사고를 단어로 옮기는 것과 마찬가지로, 그것의 심상을 기술할 수 있다. 물론 그들이 선택했던 단어는 그들에게 말했던 사람이 사용했던 것과 동일하지 않을 수가 있다(그림 13.11 참조).

Catani, Jones 및 Ffytche(2005)에 의한 연구는 저자가 그림 13.11에서 제시했던 베르니케영역과 브로카영역 사이의 두 개의 경로의 존재에 대한 해부학적 증거를 제공한다. 연구자들은 뇌에 있는 커다란 섬유다발을 추적하기 위해서 확산 텐서 MRI(diffusion tensor MRI; DTI)를 사용했다. 그들은 이 두 영역을 직접 연결하는 하나의 심층 경로와 두 개의 분절로 구성된 표층 경로를 발견하였다. 전분절은 브로카영역을 하두정피질과 연결하고, 후분절은 베르니케영역을 하두정피질과 연결한다. 직접 경로의 손상은 전도실어증을 초래하는 반면에, 간접 경로에 대한 손상은 말을 반복하는 능력을 허용하지만 말의 이해에 장애를 초래할 것으로 예상된다(그림 13.12 참조).

전도실어증의 증상은 베르니케영역과 브로카영역 사이의 연결이 방금 전에 들은 단어와 말소리의 단기기억에 중요한 역할을 하는 것처럼 보인다는 것을 알려 준다. 아마도 그런 정보의 되뇌기는 실제로 소리를 내어 이야기하지 않고 머릿속에서 '자신에게 이야기하기'에 의해 성취될 수 있다. 자신이 그 단어를 말하는 것을 상상하는 것은 브로카영역을 활성화시키는 반면에 우리가 그것을 듣고 있는 것을 상상하는 것은 측두엽의 청각연합영역을 활성화시킨다. 이 두 영역은 궁상다발로 연결되어 있고 정보를 단기기억에서 유지하기 위해 전후로 순환시킨다. Baddeley(1993)는 이 회로를 **음운론적 고리**(phonological loop)라고 부른다.

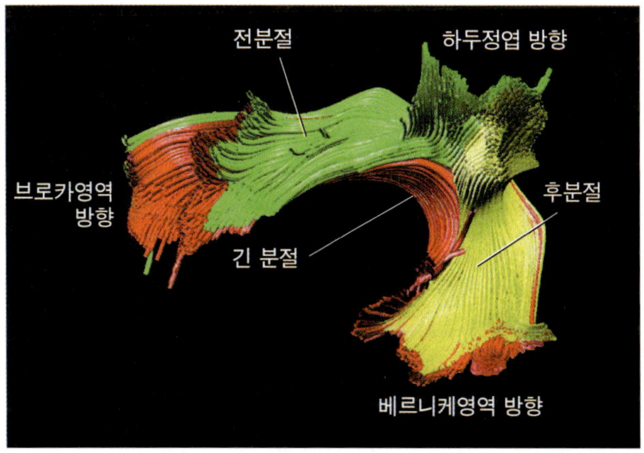

그림 13.12 궁상다발의 구성요소. 컴퓨터로 합성된 궁상다발의 구성요소의 재구성이 확산 텐서 MRI를 통해서 얻어졌다.

From Catani, M., Jones, D. K., and ffytche, D. H. *Annals of Neurology*, 2005, 57, 8-16. Reprinted with permission.

Aziz-Zadeh 등(2005)은 우리가 자신에게 이야기할 때 브로카영역을 사용한다는 증거를 얻었다. 연구자들은 사람들이 조용히 스크린에 제시되는 단어의 철자 수를 세고 있는 동안 브로카영역에 경두개자기자극(transcranial magnetic stimulation; TMS)을 하였다. 연구자가 사용한 사극변인은 외현적(실제의) 말을 방해한다. 그들은 그것이 내현적 말도 방해함을 발견했는데, 피험자들이 경두개자기자극을 받는 동안 철자를 세는 데 더 많은 시간을

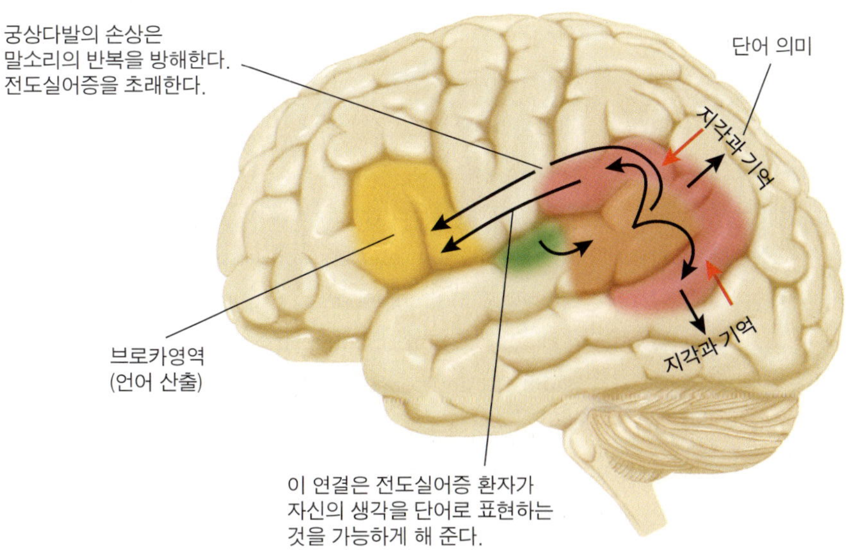

그림 13.11 전도실어증의 가설적 설명. 궁상핵을 파괴하는 손상은 청각정보의 전달을 방해하나 전두엽에 대한 의미와 관련된 정보의 전달은 방해하지 않는다.

필요로 했다.

단어의 기억: 명칭실어증

이미 언급했듯이, 어떤 형태로든지 명칭실어증은 실어증의 대표적 특징이다. 그러나 한 범주의 실어증은 거의 순수 명칭실어증만으로 이루어지고, 다른 증상은 중요하지 않다. 명칭실어증을 가진 환자의 말은 유창하고 문법적이고 이해는 우수하나, 그들은 적절한 단어를 찾는 데 어려움을 보인다. 그들은 빠뜨린 단어를 해결하기 위해서 종종 **완곡하게 말하기**circumlocutions(글자 그대로, 우회적 방식으로 말하기)를 이용한다. 명칭실어증을 가진 사람들은 다른 사람이 말한 것을 이해할 수 있고, 비록 그들이 종종 말을 하기 위해서 우회적 방식을 택한다고 하더라도 말한 것은 완전히 의미가 있다.

명칭실어증은 단어에 대한 부분적 기억상실증으로 설명되었다. 그것은 뇌의 전 혹은 후 영역 중 어느 것의 손상에 의해서도 초래될 수 있으나, 단지 후영역의 손상만이 유창성 명칭실어증(fluent anomia)을 초래한다. 이해의 결손, 실문법증 혹은 발음장애와 같은 다른 실어증의 증후가 없이 명칭실어증을 초래할 가능성이 가장 높은 손상의 위치는 보통 베르니케영역을 제외한 좌측 측두엽 혹은 두정엽이다. 이전에 기술된 여성의 사례에서 그 손상은 좌반구 중하측 측두회를 포함하는데, 이것들은 시각연합피질의 중요한 영역을 포함한다. 베르니케영역은 손상되지 않았다.

저자와 동료들이 이 명칭실어증 환자를 연구하였을 때, 그녀가 다른 유형의 단어보다 명사를 찾는 데 곤란을 겪는 것처럼 보인다는 사실에 놀랐다. 저자는 그녀에게 일련의 사진에 나타난 사람들이 무엇인가를 하고 있는가를 물음으로써 행동을 명명하는 능력을 약식으로 검사하였다. 그녀는 동사를 찾는 데는 오류를 범하지 않았다. 예를 들면, 비록 그녀는 소년이 손에 잡고 있는 것을 말할 수는 없었지만, 그것을 던지고 있다는 것을 말하는 데는 어려움이 없었다. 유사하게 그녀는 소녀가 어떤 것에 올라가고 있다는 것은 알았으나 소녀가 올라가고 있는 곳(울타리)의 이름을 말할 수는 없었다. 여러 연구가 동사 실어증(averbia)이 브로카영역과 주변에 있는 전두엽의 손상에 의해 초래된다는 것을 발견하였다(Damasio & Tranel, 1993; Daniele et al., 1994; Bak et al., 2001). 여러분이 그것에 대해 생각해 본다면 의미를 이해할 것이다. 전두엽은 행위를 계획하고, 조직화하고, 실행하는 데 기여하므로 행위의 이름을 기억하는 과제에 관여한다는 것이 놀라운 것이 아니다.

몇몇의 기능적 영상 연구들이 동사의 산출에 있어서 브로카영역과 이를 둘러싸고 있는 영역의 중요성을 확인시켜 주었다. 예를 들면 Hauk, Johnsrude 및 Pulvermüller(2004)는 피험자에게 신체의 상이한 영역의 운동과 관련된 동사를 읽게 하였다. 예를 들면 깨물다(bite), 때리다(slap)와 걷어차다(kick)는 각기 얼굴, 팔 및 다리의 운동을 포함한다. 연구자들은 피험자가 동사를 읽을

다음의 인용은 나의 동료와 내가 연구했던 어떤 환자로부터 나온 것이다(Margolin, Marcel, & Carlson, 1985). 우리는 그녀에게 앞의 그림 13.1에서 보여 준 주방 그림을 기술하도록 요청하였다. 세 점으로 표시된 것은 그녀가 멈춘 곳으로 단어를 찾아내는 것의 어려움을 나타낸다. 어떤 경우에 그녀가 단어를 찾지 못했을 때 그 대신 정의를 제공하거나(일종의 우회적 방식으로 말하기) 또는 새로운 경로를 채택한다. 나는 그녀가 말하려고 의도한 것이라고 생각하는 단어를 괄호 속에 첨부하였다.

검사자: 나에게 그 그림에 대해 말해 주세요.

환자: It's a woman who has two children, a son and a daughter, and her son is to get into the ... cupboard in the kitchen to get out [take] some ... cookies out of the[cookie jar] ... that she possibly hadmade, and consequently he's slipping[falling] ... the wrong direction[backward] ... on the ... what he's standing on [stool], heading to the ... the cupboard[floor] and if he falls backwards he could have some problems [get hurt], because that [the stool] is off balance.

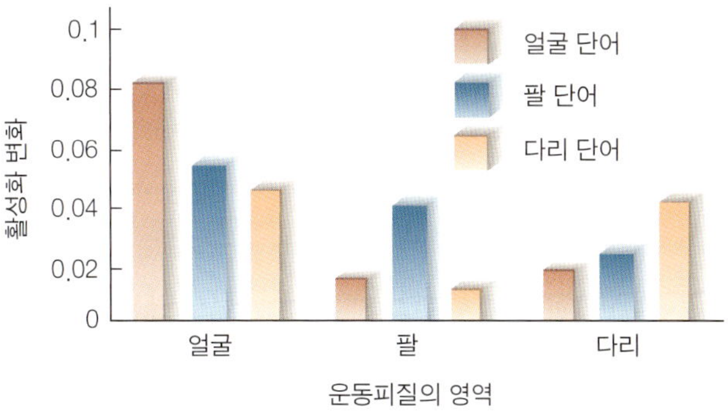

그림 13.13 동사와 운동. 이 그림은 사람들이 '깨물다', '때리다', '걷어차다'와 같이 각 영역의 운동을 기술하는 동사를 읽을 때 얼굴, 팔 및 다리의 운동을 통제하는 운동피질영역의 상대적 활성화를 보여 준다.

Based on data from Hauk et al., 2004.

때 해당하는 신체부위를 통제하는 운동피질의 영역에서 활성화가 나타난다는 것을 발견했다(그림 13.13 참조). Buccino 등(2005)에 의한 유사한 연구는 손의 운동을 포함하는 문장(예: 그는 열쇠를 돌렸다)을 듣는 것은 운동피질에서 손영역을 활성화시키고, 발운동을 포함하는 문장(예: 그는 풀 위에 올라갔다)을 듣는 것은 발영역을 활성화시킨다는 것을 발견했다. 아마도 특정 행위에 대한 생각은 이 운동을 통제하는 영역을 활성화시키는 것 같다.

저자가 이제까지 그렸던 그림은 말의 이해가 베르니케영역으로부터 후언어영역으로 해서 단어에 의미를 제공하는 기억을 포함하고 있는 다양한 감각 및 운동연합피질까지 정보의 흐름을 포함한다는 것을 제안한다. 자발적 말의 산출은 감각 및 운동연합피질로부터 후언어영역을 경유해서 브로카영역에 이르는 지각과 기억에 관한 정보의 흐름을 포함한다. 이 모형은 지나치게 단순하지만, 기본적인 심적 과정을 개념화하는 데 있어서 유용한 출발점이 될 것이다. 예를 들면 단어를 생각하는 것은 언어영역과 주변의 연합피질(그리고 물론 해마와 내측측두엽과 같은 영역)의 양방적 전달을 포함할 것이다.

청각장애인의 실어증

이제까지 나는 구어와 문어의 뇌기제에만 논의를 국한하였다. 그러나 청각장애인 사회(Deaf community)의 구성원 사이의 의사소통은 다른 매체－수화(sign language)－를 통해서 이루어진다. 수화는 영어가 아니고, 또한 프랑스어, 스페인어 혹은 중국어도 아니다. 북아메리카에서 가장 통용되는 수화는 미국 수화(American Sign Language; ASL)이다. 미국 수화는 완성된 언어로서 명사, 동사, 형용사, 부사 및 구어에 포함된 말의 모든 측면을 갖고 있다. 사람들은 수화에 의해서 신속하고 효과적으로 대화할 수 있고, 농담할 수 있고, 신호 간의 유사성에 따라 동음이의어로 익살을 떨 수도 있다. 그들은 단어로 생각을 하기 위해서 자신의 언어능력을 사용할 수도 있다.

어떤 연구자는 우리 종의 역사에서 수화가 구어를 선행하였다고 믿는다－우리의 조상이 말을 사용하기 전에는 의사소통을 위해 몸짓을 사용하기 시작했다. 이 장에서 일찍이 언급했듯이, 거울뉴런은 우리가 특정한 잡기, 껴안기 혹은 조작운동을 보거나 수행할 때 활성화된다. 이 뉴런 중 일부는 브로카영역에서 발견된다. 아마도 이 뉴런은 다른 사람의 손운동을 모방하는 학습에서 중요한 역할을 할 것이다. 실제로 그것은 우리의 조상에서 의사소통을 위한 손짓의 발달에 관여하였고, 청각장애인이 수화로 의사소통을 할 때 사용되었음이 확실하다. Iacoboni 등(1999)에 의한 기능적 영상 연구는 사람이 손가락운동을 관찰하거나 모방할 때 브로카영역이 활성화된다는 것을 발견하였다(그림 13.14 참조).

여러 연구가 말과 손운동 사이의 연결을 발견했는데, 이것은 현재 인간의 구어가 손짓으로부터 진화하였다는 제안을 지지한다. 예를 들면 Gentilucci(2003)는 피험자들이 상이한 크기의 대상을 잡고 있는 자신을 보는 동안에 *ba* 또는 *ga* 라는 음절을 말하게 했다. 실험자가 작은 대상을 잡고 있을 때보다 큰 대상을 잡고 있을 때, 피험자는 입을 더 크게 열고 그 음절을 더 큰 소리로 말했다. 이 결과는 잡기를 통제하는 뇌 영역이 말하는 운동을 통제하는 데 관여한다는 것을 시사한다(그림 13.15 참조).

미국 수화의 문법은 시각적 및 공간적 성질에 기초를 둔다. 예를 들면 어떤 여성이 한 장소에 있는 John에게 손짓을 하고, 나중에 다른 장소에 있는 Mary에게 손짓을 한다면, 사랑(love)의 손짓을 하면서 John의 위치에

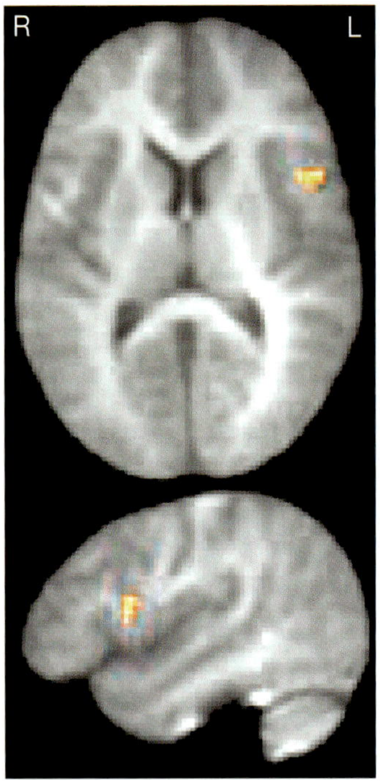

그림 13.14 브로카영역의 거울뉴런. PET 스캔은 어떤 사람이 손가락 운동을 보거나 그것을 모방할 때 활성화되는 좌측 하전두엽의 영역을 보여 준다. 위 그림: 수평절편. 아래 그림: 좌반구의 외측면.

From Iacoboni, M., Woods, R. P., Brass, M., et al. *Science*, 1999, *286*, 2526–2528.

놓았던 손을 Mary 위치로 이동할 수 있을 것이다. 여러분이 틀림없이 이해하듯이, 그녀는 "John은 Mary를 사랑한다."라고 말하고 있는 것이다. 미국 수화의 문법이 공간적이라는 사실은 수화를 사용하고 있는 청각장애인의 실어증 장애는 공간 지각과 기억에 부분적으로 관여하는 우반구의 손상에 의해 초래될 수 있다는 것을 시사한다. 그러나 이제까지 문헌에서 보고된 수화실어증을 가진 청각장애인의 사례들은 좌반구의 손상을 포함하였다(MacSweeney et al., 2008a). 당신이 생각할 수 있듯이 정상 청력을 가진 사람이 한 쌍의 그림을 보고 자신이 보는 항목의 이름이 운이 맞는가를 말하도록 요청을 받을 때, 기능적 영상은 그 사람이 두 단어를 목소리를 내지 않고서도 '말하기' 때문에 브로카영역에서 활성화의 증가를 보인다. 그리고 당신이 이야기할 수 있는 청각장애인에게 이 과제를 수행하도록 요청한다면, 동일한 영역이 활성화된다(MacSweeney et al., 2008a) (그림 13.16 참조).

우리는 우반구가 청력이 있는 사람들에서 말의 매우 미묘한 비유적 측면에 기여한다는 것을 일찍이 보았다. 동일한 것이 청각장애인 수화자에서도 사실이다. Hickok 등(1999)은 우반구에 손상을 가진 두 청각장애인 수화자의 사례를 설명하였다. 둘 다 수화를 사용하여 대화를 하는데 문제를 보였는데, 한 사람은 일관성 있는

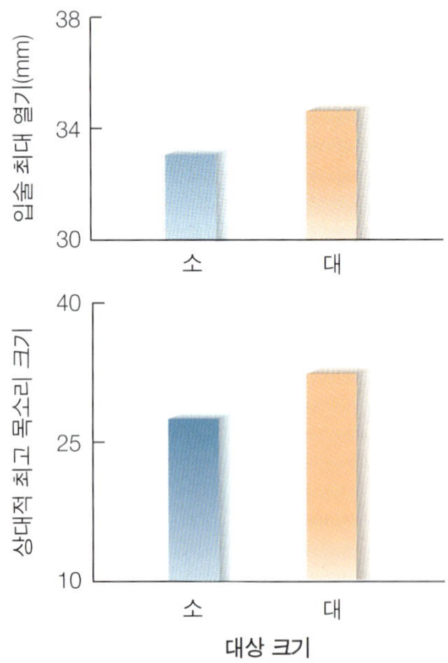

그림 13.15 손과 입의 연결. 이 그래프는 피험자가 다른 사람이 작은 대상과 큰 대상을 잡는 것을 보고 있는 동안 음절을 반복하는 피험자의 입술 열기와 목소리 크기를 보여 준다.

Based on data from Gentilucci, M. *European Journal of Neuroscience*, 2003, *17*, 179–184.

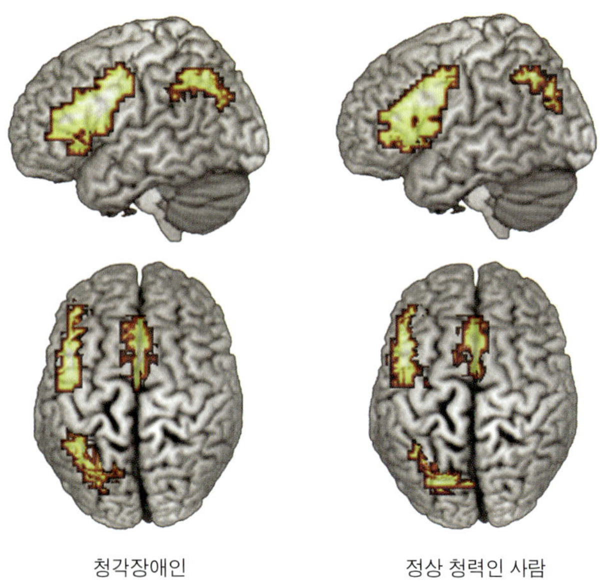

그림 13.16 운 과제 동안 뇌활성화. 두 필기단어가 운을 갖고 있는가를 결정할 때, 청각장애인과 정상 청력인 사람에서 뇌의 동일한 언어 관련 영역이 활성화된다.

From MacSweeney, M., Waters, D., Brammer, M. J., et al. *NeuroImage*, 2008, *40*, 1369–1379. Reprinted with permission.

주제를 유지하는 데 어려움을 보였고 다른 사람은 미묘한 공간적 특징의 사용에 어려움을 보였다. Newman 등(2010)에 의한 기능적 영상 연구는 청각장애인이 얼굴 표정 혹은 머리, 눈 및 몸의 운동과 같은 이야기 도구의 사용을 포함하고 있는 수화를 관찰할 때 기대되는 좌반구의 언어영역과 더불어 우반구의 하전두피질과 상측두피질이 활성화되는 것을 발견했다.

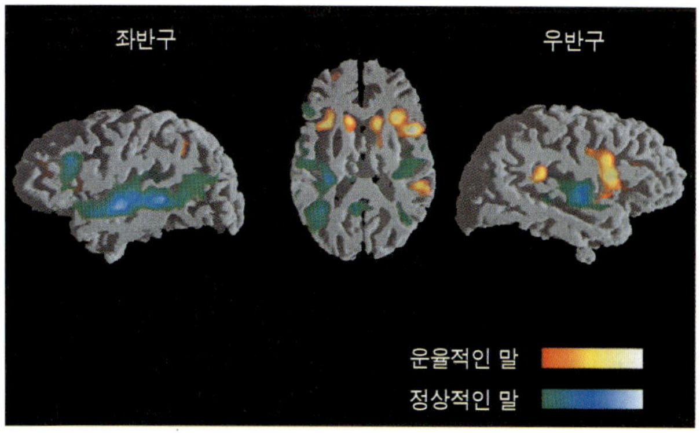

그림 13.17 정상적인 말 혹은 그것의 운율 요소를 듣기. 기능 MRI 스캔이 피험자가 정상적인 말(청색과 녹색 영역) 혹은 그 말의 운율 요소(오렌지색과 노란색 영역)를 듣는 동안 이루어졌다.

From Meyer, M., Alter, K., Friederici, A. D., et al. *Human Brain Mapping*, 2002, 17, 73-88. Reprinted with permission.

운율: 말에 있어서 리듬, 톤 및 강세

우리는 말을 할 때 단순히 단어만을 말하지 않는다. 우리의 말은 규칙적인 리듬과 억양을 갖고 있는데, 즉 우리는 어떤 단어에는 강세를 주고(즉 강하게 발음을 하고), 어법을 나타내거나 주장과 물음 사이를 구분하기 위해서 목소리의 고저를 변화시킨다. 이와 더불어 우리는 말의 리듬, 강세 및 톤을 통해서 우리의 정서상태에 대한 정보를 전한다. 이런 말의 리듬, 강세 및 멜로디 측면을 **운율**prosody이라고 한다. 언어에서 이런 측면이 중요한 것은 우리가 글을 쓸 때 어떤 운율의 요소를 나타내는 구두점을 사용함으로써 예증된다. 예를 들면 콤마는 잠깐 중지를 나타내고, 마침표는 목소리의 고저에서 하강을 동반하는 오랜 중지를 나타내고, 물음표는 중지와 목소리의 고저에서 상승을 나타내고, 감탄사 표기는 그 단어가 특별히 강하게 발음된다는 것을 나타낸다는 등이다.

후측 손상에 의해 초래되는 유창성 실어증을 가진 사람의 운율은 정상적으로 들린다. 그들의 말은 구와 문장 다음에 중지가 있는 리듬이 있고, 그리고 선율을 갖고 있다. 심각한 베르니케실어증을 가진 사람의 말은 의미가 없을 때조차도 그 운율이 정상적으로 들린다. Goodglass와 Kaplan(1972)이 주목하였듯이, 베르니케실어증을 가진 사람은 "얼마 떨어져 있는 정상적으로 말하는 사람처럼 소리를 낼 수 있는데, 그들의 언어가 갖고 있는 유창성과 정상적인 멜로디 윤곽 때문이다." (물론 가까이에서는 우리는 그 말이 의미가 없다는 것을 깨닫기에 충분할 정도로 분명하게 듣는다.) 대조적으로 브로카실어증을 초래하는 손상은 문법을 파괴하는 것과 마찬가지로 운율도 심각하게 파괴한다. 브로카실어증 환자에 있어서 발음은 힘이 들고 단어는 느리게 표현되어서 어떤 리듬 요소를 나타낼 기회가 거의 없다. 게다가 상대적으로 기능적 단어의 결핍 때문에 목소리의 강세나 고정에서 변동이 거의 없다.

정상 뇌의 사람과 뇌손상을 가진 환자에 대한 연구에서 얻은 증거는 운율이 우반구의 특수한 기능임을 시사한다. 이 기능은 음악적 기술 및 정서의 표현과 재인에 있어서 우반구의 일반적인 역할과 관련이 있음이 분명하다. 운율의 산출은 노래하는 것과 같고, 운율은 종종 정서를 전달하는 도구로서 역할을 한다.

Meyer 등(2002)에 의한 기능적 영상 연구에서 피험자는 정상 문장 혹은 의미 있는 소리가 여과된 단지 말의 운율적 요소만을 포함하고 있는 문장을 들었다. 당신이 그림 13.17에서 볼 수 있듯이 말의 의미 구성요소는 일차적으로 좌반구(청색 및 녹색 영역)를 활성화시키는 반면에 운율적 요소는 일차적으로 우반구(오렌지색 및 노란색 영역)를 활성화시킨다(그림 13.17 참조).

사람의 목소리 재인

우리가 이제까지 보았듯이, 말에 포함된 단어들은 사건, 아이디어 및 다른 형태의 의미에 관한 정보—글쓰기에서와 같이 전달될 수 있는 정보—를 전달한다. 말의 운율은 말하는 사람의 정서상태 혹은 강조하기를 원하는 것에 관한 정보를 전달한다. 마지막으로 말은 단어의 의미와 전적으로 독립적인 정보를 전달할 수 있는데, 말하는 사람의 정체성, 성별 및 연령에 대한 암시 등이다.

사람은 특정 개인의 목소리를 재인하는 것을 어린 시절에 학습한다. 신생아조차도 자신의 부모의 목소리를 재인할 수 있는데, 그들은 엄마의 자궁 속에 조용히 있는 동안에도 학습을 하는 것이 분명하다(Ockleford et al., 1988). 국소적 뇌손상을 가진 일부 사람은 목소리를 재인하는 데 있어서 많은 어려움—목소리 실인증(phonagnosia)—을 보인다. 최초로 기록된 발달적 목소리 실인증 사례(즉, 목소리 실인증이 뇌손상에 의해 초래되지 않음)는 Garrido 등(2009)에 의해 보고되었다. 60세의 경영 컨설턴트인 K. H.는 평생 사람을 목소리로 재인하는 것에 어려움을 보였다. K. H.는 사람의 얼굴을 재인하는 데 있어서의 장애—혹은 무능력—인 얼굴 실인증에 대해 기고한 대중 과학잡지에 있는 기사를 읽었다. 그녀는 자신의 장애가 이런 장애의 청각적 유형이라는 것을 알았다. 검사는 그녀의 지능이 보통 이상이고 그녀가 얼굴재인, 말 지각, 환경적 소리의 재인 및 음악의 지각을 포함하는 다양한 지각 과제에서 정상 혹은 평균 이상을 받았음을 보여 주었다. 구조적 MRI는 뇌 기형의 증거를 보여 주지 않았으나 그녀의 무능력을 설명할 수 있는 뇌의 조직화에서 어떤 미묘한 차이가 있음이 틀림없었다.

대부분의 목소리 실인증 사례는 뇌손상에 의해 초래된다. 특정 목소리의 재인은 단어나 그 의미의 재인과는 독립적인데, 어떤 단어를 이해하는 능력은 상실하지만 목소리는 재인할 수 있다. 반면에 다른 사람은 반대의 결손을 나타낸다(Belin, Fecteau, & Bédard, 2004). 이제까지 후천적 목소리 실인증(즉, 뇌손상에 의한 목소리 실인증)의 모든 사례는 우반구의 손상을 보이는데, 보통 두정엽 혹은 전상측두피질(anterior superior temporal cortex)에서 손상이 나타난다. 기능적 영상 연구에 따르면 우측 전상측두피질이 목소리 재인에 관여한다. 예를 들면 von Kriegstein 등(2003)은 이 영역이 피험자에게 특정 목소리를 재인하나 특정 단어를 재인하지 않도록 요구하는 과제에 의해 활성화된다는 것을 발견했다.

말더듬기

말더듬기는 말의 정상적 흐름을 방해하는 빈번한 멈춤, 소리의 연장 혹은 소리, 음절 또는 단어의 반복으로 특징지어지는 말하기 장애이다. 유전적 요인에 의해 영향을 받는 것처럼 보이는 말더듬기는 인구의 약 1%에 영향을 미치고, 여성보다 남성에서 약 세 배가 많이 발병한다(Brown et al., 2005; Fisher, 2010)). 말더듬기는 어떤 사람이 단일 단어를 말하거나 혹은 단어들의 목록을 읽도록 요청받았을 때는 거의 일어나지 않고, 특히 계획된 문장이 길거나 문법적으로 복잡할 때 문장의 시작에서 가장 빈번하게 발생한다. 이 사실은 말더듬기가 "유창한 말의 산출을 위해 필요한 동작의 순서의 선택, 개시 및 실행의 장애라는 것을 시사한다"(Watkins et al., 2008, p. 50). 아마도 말을 더듬는 사람은 발성에 필요한 운동을 계획하는 데 더 많은 시간을 필요로 하는 것 같다.

말더듬기는 말을 위한 운동프로그램을 담고 있는 신경회로의 이상의 결과는 아니다. 예를 들면 말더듬기는 한 사람이 다른 사람에게 큰 소리로 읽어 주거나, 노래하거나 또는 리듬 자극을 지닌 운율에 따라 읽을 때는 감소하거나 제거된다. Brown 등(2005)은 문제의 근원이 말더듬이 자신의 말의 소리로부터 오는 잘못된 청각적 피드백일 것이라고 제안한다. 그들은 Salmelin 등(2000)에 의한 뇌자도(magnetoencephalographic; MEG) 연구가 말 산출에 관여하는 뇌 영역의 정상적 활성화 타이밍의 장애를 발견했다는 점을 언급한다.

이런 제안을 지지하는 증거는 지연된 청각 피드백이 대부분의 유창하게 말하는 사람의 말을 방해하나 말더듬이의 말을 실제로 촉진한다는 사실을 포함한다(Foundas et al., 2004a). **지연된 청각 피드백**(delayed auditory feedback)은 헤드폰을 쓴 사람이 보통 50~200 msec까지 전자적으로 지연되어 들리는 자신의 목소리를 들으면서 정상적으로 말하려고 시도하는 절차이다. (사실상, 지연된 소리를 들려주는 마이크, 헤드폰 그리고 전자장치를 포함하는 휴대용 장치는 상용화되어 있다.) 말을 더듬는 사람에 있어서 조음의 통제가 문제라면, 지연된 청각 피드백은 그들의 유창성에 어떤 효과를 미칠 것으로 기대되지 않는다.

Watkins 등(2008)에 의한 기능적 영상 연구는 확산텐서 영상을 사용하였고, 말을 더듬는 사람의 복측 전운동피질 아래 백질의 감소를 발견했다. 그들은 백질의 축색이 복측 전운동피질(말하는 것과 관련된)과 자신의 목소리로부터 오는 청각적 피드백을 갖고서 말의 계획을 통합하는 데 관여하는 상측두피질 및 하두정피질의 영역과 연결된다고 제안한다.

Neumann 등(2005)은 말더듬이에서 비정상적인 청각 피드백이 측두엽의 활성화 감소에서 반영되는 것이 분명하다는 추가 증거를 제공한다. 그들은 fMRI를 사용하여 성공적인 12주간의 유창성 조성 치료를 받기 전후 2회기 동안 문장을 큰 소리로 읽는 말더듬이의 국소적 뇌 활성화를 측정하였다. 그림 13.18은 치료 후－Brown 등(2005)이 활성화의 감소를 나타내는 것으로 발견하였던 영역인－측두엽의 활성화가 증가되었음을 보여 준다(그림 13.18 참조).

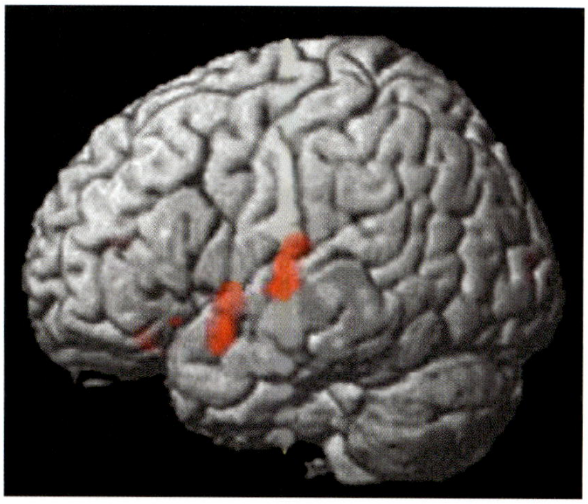

그림 13.18 말더듬기에 대한 치료 효과. 기능 MRI 스캔은 성공적인 말더듬기 치료과정을 거친 지 1년 후 증가된 활동을 나타내는 상측두엽의 영역을 보여 준다.

From Neumann, K., preibisch, C., Euler, H. A., et al. *Journal of Fluency Disorders*, 2005, *30*, 23-39.

절 요약

말의 산출과 이해: 뇌기제

뇌의 두 영역이 말을 이해하거나 산출하는 데 있어서 특히 중요하다. 말을 하는 데 사용되는 근육을 통제하는 일차운동피질의 영역의 바로 앞쪽에 있는 좌측 전두엽 영역인 브로카영역은 말의 산출에 관여하고 있다. 이 영역은 단어를 산출하는 근육운동의 순서에 대한 기억을 포함하는데, 이것들 각각은 뇌의 후방에 있는 청각 대응영역과 연결을 갖는다. 브로카실어증—전두엽에 인접한 브로카영역과 그 아래에 있는 백질의 손상에 의해 초래—은 다양한 정도의 실문법증, 명칭실어증 및 발음장애로서 이루어진다.

후상측두엽에 있는 베르니케영역은 말의 지각에 관여한다. 후언어영역으로 불리는 바로 베르니케영역에 인접한 영역은 말의 이해 및 사고를 단어로 전환하는 데 필요하다. 아마도 베르니케영역은 단어의 소리에 대한 기억을 포함하고 있는데, 그것 각각은 후언어영역을 통해서 단어가 내포하는 사물의 속성에 대한 기억을 포함하고 있는 회로 그리고 그 단어를 발음하는 것과 관련이 있는 회로와 연결된다. 베르니케영역에 국한된 손상은 순수단어농—말을 이해하는 능력은 상실되나 말의 산출, 읽기와 쓰기는 정상—을 초래한다. 베르니케영역과 후언어영역의 손상에 의해 초래되는 베르니케실어증은 빈약한 언어이해, 빈약한 반복 및 유창하나 의미가 없는 말로 이루어진다. 후언어영역의 손상에 의해 초래되는 연결피질 감각실어증은 빈약한 언어의 이해와 산출로 이루어지나, 환자는 자신이 들은 것을 반복할 수는 있다. 그래서 베르니케실어증(WA)의 증상은 연결피질 감각실어증(TSA)의 증상과 순수단어농(PWD)의 증상이 합쳐진 것이다(WA = TSA + PWD). 사람들이 다른 사람의 말을 들을 때 활성화되는 거울뉴런으로부터 오는 피드백은 말의 재인을 촉진할 것이다. 우반구는 말의 좀 더 미묘한 비유적 측면에서 어떤 역할을 한다.

연결피질 감각실어증을 지닌 사람이 이해하지 못하는 단어를 반복할 수 있다는 사실은 베르니케영역과 브로카영역 사이에 직접적인 연결이 있다는 것을 시사한다. 실제로 그 연결이 존재하는데, 궁상다발이다. 이 축색 다발의 손상은 전도실어증을 산출하는데, 이것은 의미 있는 말을 이해하거나 또는 산출하는 능력이 없어지지 않고 들은 것을 정확하게 반복하는 능력을 상실한다. 하두정

표 13.1 뇌손상에 의해 발생하는 실어증 증후

장애	손상 영역	자발적 말	이해	반복	명명
베르니케실어증	후상측두회 영역(베르니케영역)과 후언어영역	유창	빈약	빈약	빈약
순수단어농	베르니케영역 또는 일차청각영역과의 연결	유창	빈약	빈약	양호
브로카실어증	일차운동피질의 기저부 앞쪽의 전두피질(브로카영역)	어눌	양호	빈약[a]	빈약
전도실어증	외측열의 상부에 있는 두정엽 아래의 백질	유창	양호	빈약	양호
명칭실어증	두정엽과 측두엽의 다양한 부위들	유창	양호	양호	빈약
연결피질 감각실어증	후언어영역	유창	빈약	양호	빈약

[a] 자발적 말보다는 나을 수 있다.

피질에서 연결되는 전다발과 후다발로 구성된 병행경로는 순수 전도실어증을 지닌 사람이 자신이 들은 것을 이해하고 바꿔 말하는 능력과 관련이 있다고 볼 수 있다.

단어의 의미는 대상, 행위 및 그것과 연합된 다른 개념에 관한 우리의 기억이다. 이 의미는 기억이고, 언어영역이 아닌 연합피질영역에 저장된다. 측두엽 또는 두정엽의 손상에 의해 초래되는 순수 명칭실어증은 단어를 찾는 것, 특히 대상을 명명하는 데 있어서 장애이다. 뇌손상은 심적 사전에서 '표제어'와 동시에 '정의'를 방해하는데, 연합피질의 특수한 영역에 대한 손상은 특정 범주의 단어 의미를 효과적으로 삭제한다. 브로카영역과 인접한 영역에 대한 손상은 행위를 명명하는 능력—적절한 동사를 생각하는 것—을 파괴한다. 우반구는 말의 좀 더 미묘하고, 비유적인 측면에서 역할을 한다.

좌반구는 음성을 사용하여 의사소통을 하는 사람들에서와 마찬가지로 수화를 사용하는 청각장애인의 언어능력에서도 중요한 역할을 한다. 몸짓 언어는 음성 언어를 선행하는 것처럼 보이는데, 브로카영역의 거울뉴런은 손운동에 의해서 활성화된다.

운율은 우리가 말하는 문장에 대해 억양, 리듬 그리고 의미, 특히 정서적 의미를 첨가하는 강세의 변화를 포함한다. 말의 운율적 요소를 통제하는 신경적 기제는 우반구에 있는 것처럼 보인다.

특정 개인들의 목소리를 재인하는 것은 우반구의 두정엽 혹은 전상측두피질을 포함하는 것처럼 보인다.

말더듬기는 조음을 위한 운동프로그램을 담당하는 신경회로가 아니라 말의 피드백, 계획 및 개시와 관련된 신경회로의 이상에 의해 초래되는 것 같다. 기능적 영상 연구는 말더듬이 자신의 목소리에 의해 산출되는 결손이 있는 청각 피드백을 보여 준다. 매우 유창하게 말하는 사람의 말에 장애를 초래하는 지연된 청각 피드백이 종종 말더듬이의 말을 촉진한다.

많은 용어와 증상이 이 부분에서 기술되었기 때문에, 나는 그것을 요약하는 표를 제공한다(표 13.1 참조).

생각해 봅시다

1. 여러분이 실어증을 지닌 사람의 능력과 결손을 검사하도록 요청받았다고 가정하자. 여러분이 특정 결손의 존재를 검사하기 위해서 어떤 과제를 포함하겠습니까?
2. 심각한 베르니케실어증을 지닌 사람의 사고는 어떤가? 그들은 의미가 거의 없는 말을 산출한다. 여러분은 그들의 사고가 단어보다 더 일관성이 있는가를 알아보기 위해서 그들을 검사할 수 있는 어떤 방법을 생각해 낼 수 있는가?

읽기와 쓰기의 장애

읽기와 쓰기는 듣기와 말하기와 밀접한 관계가 있으므로, 구어와 문어 능력은 공통적인 뇌기제를 갖는다. 이 절은 읽기와 쓰기 장애의 신경적 기초를 논의한다. 여러분이 보듯이, 이 장애의 연구는 얼마간의 유용하고 흥미로운 정보를 우리에게 제공한다.

여러 해 전에 나와 동료들은 흥미로운 방식으로 자신의 쓰기 능력을 보이는 순수실독증이 있는 남자를 연구하였다. 그가 자신의 뇌손상을 초래한 머리 상해를 당한 지 몇 달 후에, 아내와 함께 세탁기를 수리해 주고 있는 기술자를 보고 있었다. 그 환자는 아내에게 사적으로 어떤 것을 말하기를 원하였고, 그래서 종이쪽지를 들고 메모를 적었다. 그가 아내에게 그것을 넘겨주었을 때, 그들은 비록 그가 읽을 수는 없지만 쓸 수가 있다는 것에 갑자기 놀라움을 느꼈다. 그의 아내는 자신의 신경학자에게 그 메모를 가져갔는데, 신경학자는 환자에게 그것을 읽도록 요청하였다. 비록 환자는 메시지의 핵심은 기억하고 있었지만, 그 단어를 읽을 수가 없었다. 불행하게도 나는 그 메모의 사본을 갖고 있지 않으나 그림 13.19는 순수실독증을 지닌 다른 사람이 쓴 것을 보여 준다(그림 13.19 참조).

순수실독증

Dejerine(1892)은 현재 **순수실독증**pure alexia, 때때로 순수단어맹(pure word blindness) 또는 실서증 없는 실독증(alexia without agraphia)이라고 불리는 주목할 만한 증상을 기술하였다. 그의 환자는 좌측 시각피질과 뇌량의 후방 끝쪽에 손상을 지니고 있었다. 환자들은 비록 읽기 능력은 상실했지만 그래도 필기는 할 수 있었다. 실제로 그는 자신이 필기한 것을 보고도, 그것을 읽지 못했다.

비록 순수실독증 환자는 읽을 수는 없지만 자신에게 큰 소리로 철자를 말한 단어를 재인할 수는 있으므로 단어 철자의 기억을 상실한 것은 아니다. 순수실독증은 분명히 지각장애이고, 그 환자가 청각적 입력이 아니라 시각적 입력에 대해 어려움을 겪는다는 점을 제외하고는, 순수단어농과 유사하다. 이 장애는 시각정보가 좌반구의 선조외피질에 도달하는 것을 방해하는 손상에 의해 초래된다(Damasio & Damasio, 1983, 1986; Molko et al., 2002). 그림 13.20은 Dejerine의 환자가 읽을 수

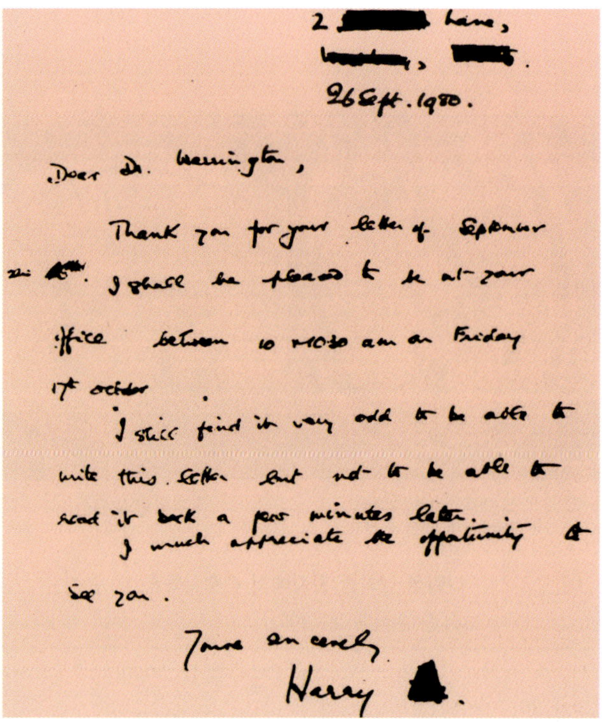
2 Lane,
26 Sept. 1980.

Dear Dr. Warrington,

Thank you for your letter of September 16th. I shall be pleased to be at your office between 10 & 10.30 am on Friday 17th October.

I still find it very odd to be able to write this letter but not to be able to read it back a few minutes later.

I much appreciate the opportunity to see you.

Yours sincerely
Harry

그림 13.19 순수실독증. 이 편지는 순수실독증을 가진 환자가 Elizabeth 박사에게 썼다. 이 편지는 다음과 같이 읽힌다. "친애하는 Warrington 박사님, 9월 16일에 보내주신 편지를 감사드립니다. 나는 10월 17일 금요일 오전 10시에서 10시 30분 사이에 선생님의 연구실에 가는 것을 기뻐합니다. 나는 아직도 이 편지를 쓸 수 있으나 몇 분 후에 이 편지를 읽을 수 없다는 사실을 이상하게 여깁니다. 나는 선생님을 만날 기회를 가진 것을 매우 감사합니다. Harry X 올림."

From McCarthy, R. A., and Warrington, E. K. *Cognitive Neuropsychology: A Clinical Introduction*. San Diego: Academic Press, 1990. Reprinted with permission.

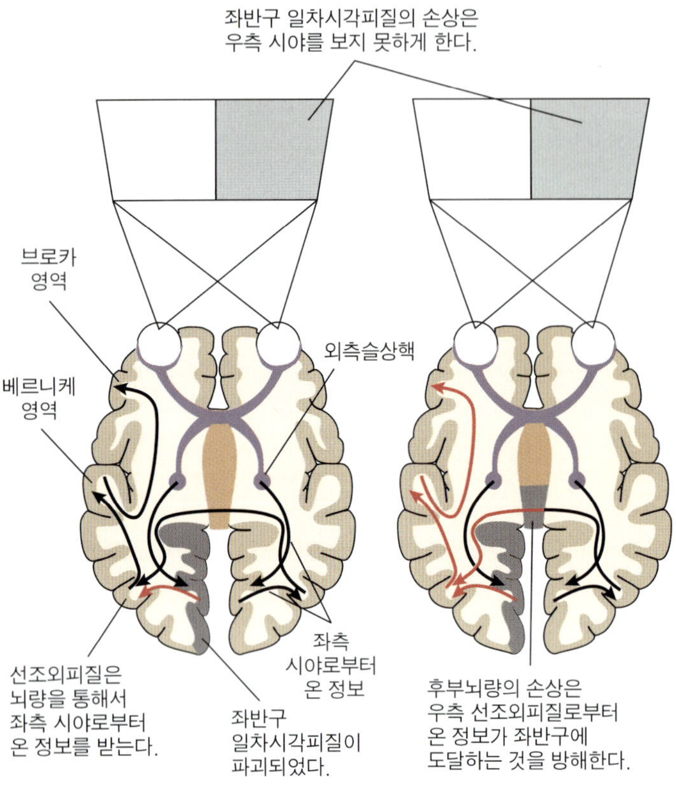

그림 13.20 순수실독증. 이 도표에서 적색 화살표는 뇌손상에 의해서 방해를 받는 정보의 흐름을 나타낸다. (a) 좌측 일차시각피질에 손상을 가진 사람이 큰 소리로 읽을 때 정보가 흐르는 경로이다. (b) 후부뇌량에 대한 추가적 손상은 정보의 흐름을 방해하고 순수실독증을 발생시킨다.

없었던 이유를 설명해 준다. 첫 번째 그림은 어떤 사람의 좌반구 일차시각피질에만 손상이 있다면 시각정보가 진행하는 경로를 보여 준다. 이 경우에 그 사람의 우측 시야는 시각을 잃고, 그는 응시점의 우측에 있는 어떤 것도 보지 못할 것이다. 그래도 이 장애를 지닌 사람도 읽을 수는 있다. 그들의 유일한 문제는 그들이 단어의 우측 편을 보아야만 전부를 볼 수가 있는데, 그것은 그들이 완전한 시야를 가진 사람들보다는 어느 정도 더 느리게 읽는다는 것을 의미한다.

이런 유형의 뇌손상을 가진 사람들에 있어서 시각정보의 흐름을 추적해 보자. 시야의 좌측으로부터 오는 정보는 우측 선조피질(일차시각피질)에 전달되고 그 다음으로 우측 시각연합피질로 간다. 거기에서부터 그 정보는 뒤쪽 뇌량을 건너서 시각 단어-형태 영역(visual word-form area; VWFA)으로 알려진 좌측 시각연합피질로 전달되는데, 그곳에서 추가적으로 분석된다. (저자는 VWFA에 대해서는 나중에 더 설명할 것이다.) 그 정보는 다음으로 좌측 전두엽에 위치한 언어기제로 전달된다. 그래서 그 사람은 단어를 큰 소리를 내어 읽을 수가 있다(그림 13.20a 참조).

두 번째 그림은 Dejerine의 환자를 보여 준다. 뇌량에 대한 추가적인 손상은 필기된 텍스트에 관한 시각적 정보가 좌반구의 VWFA에 도달하는 것을 차단한다. 이 뇌 영역은 단어를 재인하는 능력에 필수적이기 때문에, 환자는 읽을 수가 없다(그림 13.20b 참조).

Mao-Draayer와 Panitch(2004)는 좌측 후두엽의 피질하 백질과 후뇌량이 모두 파괴됨으로써 지속적인 손상을 당한 후 순수실독증의 증후를 나타내는 다발성 경화증을 가진 사람의 사례를 보고했다. 여러분이 그림 13.21에서 볼 수 있듯이 좌측 시각피질과 연결된 백질은 손상되었으나 피질 자체는 손상되지 않았다는 점을 제외하고는, 손상이 Dejerine이 이 증후를 초래할 것이라고 예측한 바로 그 위치에 있다(그림 13.21 참조).

저자는 그림 13.20에 있는 그림이 가능한 한 단순하고 도식적이라는 것을 언급한다. 그것은

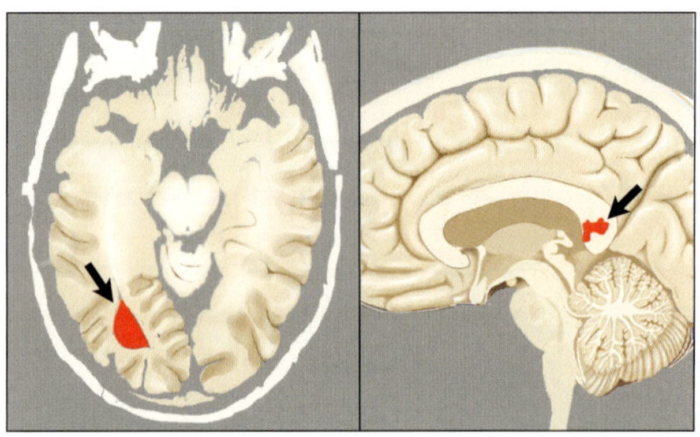

좌반구 시각피질과 관련된 백질의 손상

후부뇌량의 손상

그림 13.21 다발성 경화증 환자에서 순수실독증. 이 손상은 그림 13.20b에서 보여 준 손상에 대응한다.

Based on Mao-Draayer, Y., and Panitch, H. *Multiple Sclerosis*, 2004, *10*, 705-707.

단지 단어를 보고 발음을 하는 데 관여하는 경로만을 예시하고 단어의 의미를 이해하는 데 관여할 것으로 여겨지는 신경구조를 무시한다. 우리가 나중에 이 장에서 보게 되듯이 뇌손상을 가진 환자들로부터 온 증거는 단어를 보는 것이나 발음하는 것이 이해하는 것과 독립적으로 일어날 수 있음을 보여 준다. 그래서 비록 그 그림이 단순할지라도 우리가 읽기과정의 신경적 구성요소에 관해 알고 있는 점을 바탕으로 보면 비합리적이지는 않다.

읽기의 이해

읽기는 최소한도 두 가지 상이한 과정, 즉 단어를 전체로서 직접 재인하기와 그것을 철자 하나하나로 발음하기를 포함한다. 우리는 친숙한 단어를 볼 때, 정상적으로는 그것을 재인하고 발음을 한다—**전체-단어 읽기** whole-word reading이다. (매우 긴 단어의 경우 우리는 그 대신 몇몇의 철자의 단위를 지각한다.) 두 번째 방법은 우리가 친숙하지 않은 단어에 대해 사용하는 것으로 개별 철자의 재인과 그것이 내는 소리에 대한 지식을 요구한다. 이 과정은 **음성 읽기**phonetic reading라고 알려져 있다.

단어를 발음하는 우리의 능력에 대한 증거는 얻기 쉽다. 사실상 여러분은 다음 단어들을 읽으려고 노력해 봄으로써 음성 읽기가 존재한다는 것을 스스로 입증할 수 있다.

glab trisk chint

자, 보다시피 이것은 실제 단어가 아니지만 여러분이 이것을 발음하는 데 곤란을 겪지 않을 것으로 생각한다. 여러분은 이것을 재인할 수가 없는데 왜냐하면 전에 본 적이 없기 때문이다. 그러므로 여러분은 그 단어를 발음하는 방법을 일아내기 위해서 특정 철자(또는 철자의 소집단, 예: *ch*)에 의해 표상되는 소리에 관해 알고 있는 지식을 사용해야만 한다.

사람들이 단어를 소리 내어 읽지 않고서도 전체 읽기 방법을 사용하여 단어를 읽을 수 있다는 것을 입증하는 가장 좋은 증거는 후천성 난독증 환자에 대한 연구로부터 나온다. **난독증**(dyslexia)은 '불완전한 읽기'를 의미한다. **후천성**(acquired) 난독증은 이미 읽는 방법을 알고 있는 사람들의 뇌손상에 의해 초래된다. 대조적으로 발달(developmental) 난독증은 아이들이 읽기를 배우기 시작할 때 나타나는 읽기장애를 의미한다. 뇌회로의 이상을 포함하고 있는 발달성 난독증은 나중의 절에서 논의될 것이다.

그림 13.22는 읽기과정의 어떤 요소들은 설명한다. 이 그림은 매우 복잡한 과정을 지나치게 단순화하고 있으나 연구자들이 얻은 일부 사실을 조직화하는 것에 도움을 준다. 그것은 단일 단어의 읽기와 발음만을 고려하고 텍스트의 의미를 이해하기를 포함하지 않는다. 우리는 어떤 친숙한 단어를 보았을 때, 정상적으로는 단어를 전체로서 재인하고 발음한다. 우리가 어떤 친숙하지 않은 단어 또는 발음 가능하지 않은 비단어를 보았을 때, 우리는 그것을 음성적으로 읽으려고 시도해야만 한다(그림 13.22 참조).

연구자가 몇 가지 유형의 후천성 난독증을 보고하였지만, 나는 이 절에서 그것 중 세 가지, 즉 표면난독증, 음운난독증 및 직접난독증을 언급할 것이다. **표면난독증**surface dyslexia은 전체-단어 읽기의 결손이다. 표면이라는 용어는 이 장애를 지닌 사람들이 단어의 시각적 모

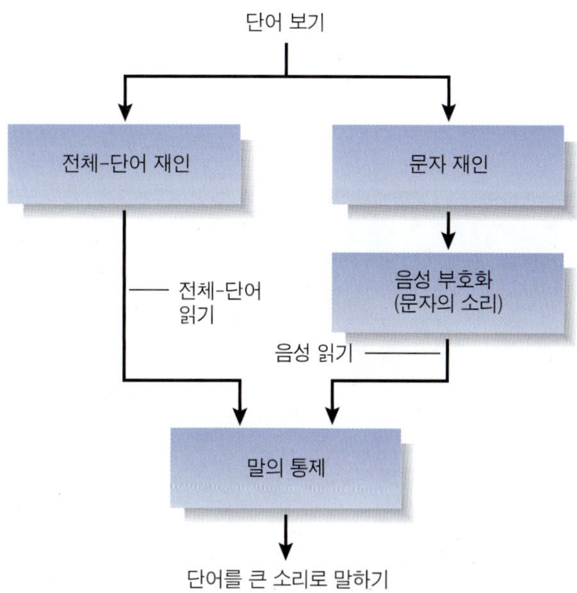

그림 13.22 읽기과정의 모형. 이 단순한 모형에서 전체-단어 읽기는 가장 친숙한 단어에 대해 사용되고 음성 읽기는 친숙하지 않은 단어와 *glab*, *trisk* 혹은 *chint* 같은 비단어에 대해 사용된다.

양과 발음규칙과 관련된 오류를 범하지만 외양보다는 비유적으로 '더 심층적'인 단어의 의미에 대해서는 오류를 범하지 않는다는 사실을 나타낸다.

표면난독증을 가진 환자들은 단어를 전체로 재인하는 것에 곤란을 겪기 때문에, 소리 내어 보아야만 한다. 그래서 그들은 *hand*, *table* 또는 *chin*과 같이 규칙적인 철자를 갖고 있는 단어는 쉽게 읽지만, *sew*, *pint* 및 *yacht*와 같은 불규칙한 철자를 읽는 데는 어려움을 보인다. 사실상 그들은 이 단어를 *sue*, *pinnt* 및 *yachet*로 읽을 것이다. 그들은 *glab*, *trisk* 및 *chint*와 같은 발음 가능한 비단어를 어려움 없이 읽는다. 표면난독증을 가진 사람은 전체-단어를 그것의 모양에 의해 재인할 수 없기 때문에, 결과적으로 자신이 읽고 있는 것을 이해하기 위해서 자신의 발음을 들어야만 한다. 그들이 *pint*를 읽고서 *pinnt*라고 발음한다면 그것이 영어단어가 아니라고 말할 것이다(즉 그렇게 발음되는 것은 영어단어가 아니다). 그 단어가 동음이의어의 하나라면, 문장의 맥락에서 읽히지 않는다면 이해하는 것은 불가능할 것이다. 예를 들면 당신이 추가 정보 없이 'pair'라는 한 단어를 듣는다면, 말하는 사람이 *pair*, *pear* 또는 *pare* 중 어느 것을 의미하는지를 알 수가 없다. 그래서 pair라는 단어를 읽는 표면난독증 환자는 "…… 그것은 한 쌍, 사과 …… 혹은 당신의 손톱을 갖고 하는 것일 수 있다."라고 말할 수 있다(Gurd & Marshall, 1993, p. 594)(그림 13.23 참조).

음운난독증phonological dyslexia 환자는 반대의 문제를

일본어 쓰기는 두 유형의 문자를 사용하는데, 정보를 음성적으로 혹은 비음성적으로 부호화한다.

Jed and Kaoru Share / Corbis.

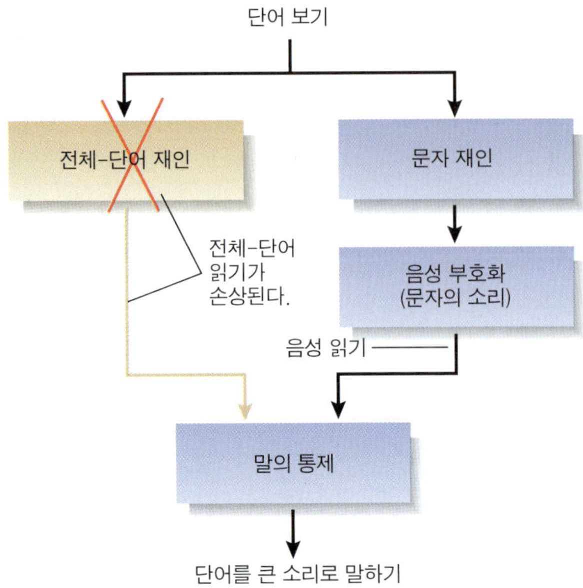

그림 13.23 표면난독증. 이 가설적 예에서 전체-단어 읽기는 방해를 받고, 단지 음성 읽기만 남아 있다.

갖는데, 전체-단어법으로 읽을 수는 있으나 단어를 소리 내어 읽을 수는 없다. 그래서 그들은 이미 친숙한 단어를 읽을 수는 있으나 친숙하지 않은 단어 또는 발음 가능한 비단어를 읽는 방법을 알아내는 데 매우 어려움을 겪는다(Beauvois & Dérouesné, 1979; Dérousené & Beauvois, 1979). (이 맥락에서 음운론—대충 '소리의 규칙'으로 번역됨—은 문자와 그것이 표상하는 소리 사이의 관계를 의미한다.) 음운난독증을 가진 사람은 뇌가 손상되기 전에 훌륭한 어휘력을 습득했다면 우수하게 읽을 수가 있다.

음운난독증은 전체-단어 읽기와 음운 읽기가 상이한 뇌기제를 포함한다는 추가 증거를 제공한다. 음운 읽기는 우리가 비단어 또는 아직 학습하지 않은 단어를 읽는 유일한 방법으로 일종의 문자-대-소리 부호화를 포함한다. 영어에 대한 음성 읽기는 단일 철자에 의해 산출되는 소리의 부호화 이상을 요구하는데, 예를 들면, 어떤 소리는 두 철자의 계열(*th* 또는 *sh*와 같은)로 나타나고 단어의 끝에 철자의 첨가는 내부 모음을 길게 한다(*can*이 *cane*가 된다)(그림 13.24 참조).

일본어는 음성 읽기와 전체-단어 읽기 사이의 특별히 흥미로운 구분을 제공한다. 일본어는 우리에게 두 종류의 필기 글자를 이용한다. 간지(Kanji) 글자는 중국어로

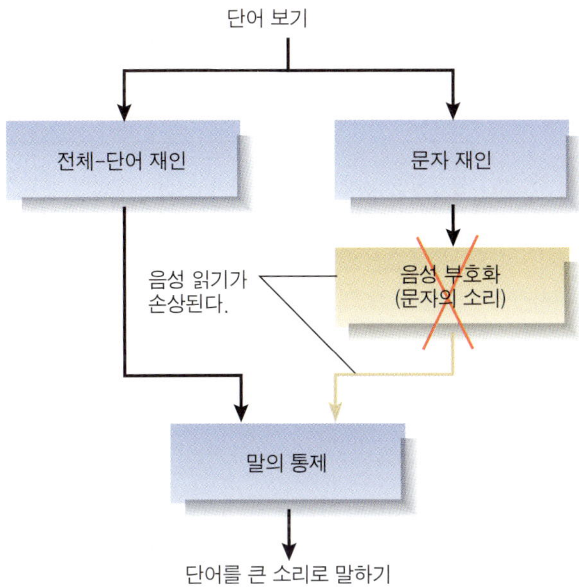

그림 13.24 음운난독증. 이 가설적 예에서 음성 읽기는 장애를 받고 단지 전체-단어 읽기만 남아 있다.

부터 채택한 상형문자이다(비록 그것은 일본어 단어로 발음이 된다고 할지라도). 그래서 그것은 시각적 글자에 의해 개념을 표상하지만 그것의 발음에 대한 지침을 제공하지 않는다. 간지 글자로 표현된 단어를 읽는다는 것은 전체-단어 읽기와 유사하다. 가나(Kana) 글자는 철자의 음운적 표상이고, 그래서 청각정보를 부호화한다. 그 글자들은 일차적으로 외래어 단어 혹은 간지 글자로 표기한다면 평균적인 독자가 재인할 가능성이 낮은 일본어 단어를 표기하기 위해서 사용된다. 가나 글자로 표현된 단어를 읽은 것은 분명히 음성적이다.

국소적인 뇌손상을 가진 일본 사람들에 대한 연구는 가나와 간지 글자의 읽기가 상이한 뇌기제를 포함한다는 것을 보여 주었다(Iwata, 1984; Sakurai et al., 1994; Sakurai, Ichikawa, & Mannen, 2001). 간지 글자를 읽기 어려운 것은 표면난독증과 유사한 반면에, 가나 기호를 읽기 어려운 것은 음운난독증과 유사하다. 어떤 영역이 이 두 종류의 읽기에 관여하는가?

영어, 중국어 및 일본어 독자를 대상으로 한 손상과 기능적 영상 연구는 전체 읽기는 측두엽의 기저에 위치한 방추상회에 이르기까지 시각체계의 복측 흐름을 따른다는 점을 시사한다. 예를 들면 Thy 등(2004)과 Liu 등(2008)에 의한 기능적 영상 연구는 간지 단어 혹은 한자(전체-단어 읽기)의 읽기는 좌측 방추상회를 활성화시킨다는 것을 발견하였다. 이 영역은 **시각 단어-형태 영역**visual word-form area; VWFA으로 알려지게 되었다. 6장에서 보았듯이 방추상회의 일부분은 얼굴과 구분의 전문성을 요구하는 다른 형태의 지각에 관여한다—전체-단어 혹은 간지 글자를 재인하는 것은 분명히 전문성을 요구한다.

음운 읽기에 관여하는 신경회로의 위치는 덜 분명하다. 많은 연구자는 그것이 하두정엽과 상측두엽의 연결을 둘러싸고 있는 대뇌피질영역(측두두정피질)을 포함하고 다음으로 이 영역으로부터 하전두피질(브로카영역을 포함)까지 신경섬유다발을 보낸다고 믿는다(Sakurai et al., 2000; Jobard, Crivello, & Tzourio-Mazoyer, 2003; Thuy et al., 2004; Tan et al., 2005). 그러나 VWFA에 국한된 손상—아래의 백질의 손상이 없이—은 순수실독증을 발생시킨다(Beversdorf et al., 1997). 그래서 비록 음운 읽기가 측두두정피질을 포함할지라도 VWFA는 두 형태의 읽기에 모두 필수적인 역할을 하는 것 같다. 음운 읽기가 브로카영역을 포함한다는 사실은 실제로 조음에 관여한다는 것을 시사한다—우리가 머릿속에 있는 소리를 '듣는 것'에 의해서라기보다는 스스로 소리 내지 않고 자신에게 발음하는 것을 느낌으로 단어를 소리 내어 읽는다는 것이다. (이 장의 처음에서 보았듯이 하전두피질로부터 오는 피드백이 구어 단어의 지각에 어떤 역할을 한다.) 일단 어떤 수단에 의해서라도 단어가 확인되면 그것의 의미가 접근되는 것은 틀림없는데, 이것은 두 경로들이 단어 의미, 문법적 구조 및 의미론의 재인에 관여하는 어떤 뇌 영역에서 합류한다는 것을 의미한다(그림 13.25 참조).

VWFA의 역할을 고려해 보자. 분명히 시각연합피질의 일부는 필기된 단어의 지각에 관여하는 것이 틀림없다. 여러분은 6장으로부터 시각실인증이 시각연합피질에 대한 양측 손상을 가진 사람들의 대상을 눈으로 보아서 재인할 수 없는 지각적 결손이라는 것을 회상할 것이다. 그러나 시각실인증을 가진 사람은 아직 읽을 수는 있는데, 그것은 대상과 단어의 지각적 분석이 상이한 뇌기제를 포함하고 있다는 것을 의미한다. 이 사실은 흥미롭고도 수수께끼 같다. 확실히 읽는 능력은 인간 뇌의 진화를 조성했는데, 왜냐하면 쓰기의 발명은 몇천 년

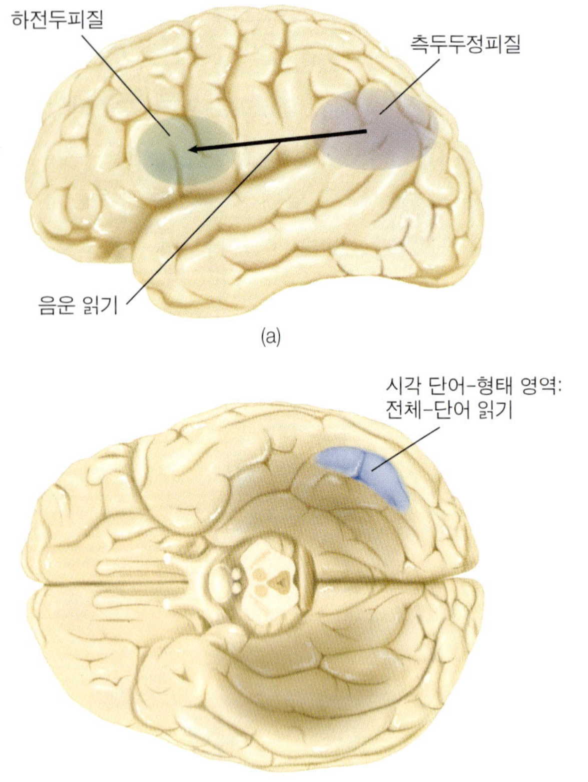

그림 13.25 음운 읽기와 전체-단어 읽기. 이 그림은 (a) 음운 읽기와 (b) 전체-단어 읽기에 관여하는 뇌 영역을 보여 준다.

영어		아랍어		힌디어		표준 중국어	
cars	ears	رمان	زمان	आज	आजा	夫	天
		pomegranate	time/era	today	come	man	sky

그림 13.26 필기된 단어에서 미묘한 차이. 당신이 아랍어, 힌디어 혹은 표준 중국어를 읽을 수 없다면, 아마도 미묘한 차이를 발견하기 위해서는 이 단어들을 조심스럽게 조사해야만 할 것이다. 그러나 영어의 독자인 경우 당신은 'car'와 'ear'라는 단어를 즉시 재인할 것이다.

Adapted from Devlin, J. T., Jamison, H. L., Gonnerman, L. M., and Matthews, P. M. *Journal of Cognitive Neuroscience*, 2006, *18*, 911-922.

이 되었고, 매우 최근까지 대다수의 세계 인구는 문맹이었다. 그래서 읽기와 대상재인은 분명히 쓰기의 발명보다 훨씬 이전에 존재했던 뇌기제를 사용한다. 그러나 얼굴을 보는 경험이 우반구 방추상 얼굴영역의 발달에 영향을 준 것과 마찬가지로 단어를 읽는 것을 학습하는 경험은 시각 단어-형태 영역에 있는 신경회로의 발달에 영향을 준다—그것은 아마도 동시 발생적인 것은 아닐지라도 좌반구의 방추상 피질에서 발견된다. Brem 등(2010)에 의한 기능적 영상 연구는 아직 읽기를 학습하지 않은 어린아이(평균 6.4세)의 뇌를 스캔하였다. 처음에는 인쇄된 글자의 시각자극이 복후측 후두측두엽의 영역을 양측으로 활성화시켰다. 필기된 문자와 그것의 소리를 연합하는 것을 서너 시간 가르친 후에, 시각적 단어자극이 좌반구를 활성화시켰다. 분명히 읽기를 학습하는 것은 신경계의 연결에 영향을 준다.

우반구의 방추상 얼굴영역은 두 사람의 얼굴차이가 매우 유사할 때조차도 그 사람의 얼굴에서 눈, 코, 입술 및 다른 특징의 독특한 형태를 신속하게 재인하는 능력을 갖고 있다. 예를 들면 일란성 쌍둥이의 부모와 친한 친구들은 자신이 어떤 쌍둥이를 보고 있는지를 흘낏 보고 알 수 있다. 유사하게 좌반구의 VWFA는 비록 어떤 단어가 다른 단어와 서로 매우 유사할지라도 그 단어를 재인할 수 있다(그림 13.26 참조). VWFA는 다른 필체, 폰트(font, 글꼴) 혹은 문자체로 써진 단어를 재인할 수도 있다. 동등하게 친숙한 세 문자 단어와 여섯 문자 단어를 읽는 것은 경험 있는 독자에게 동일한 시간을 필요로 하는데(Nazir et al., 1998), 그것은 전체-단어 읽기과정이, 우측 방추상 피질의 얼굴재인 과정이 얼굴을 재인하기 전에 얼굴의 각 특징을 개별적으로 확인할 필요가 없는 것과 마찬가지로, 그 문자는 한 번에 하나씩 확인하지 않는 것이 틀림없다는 것을 의미한다. 대신에 우리는 몇 개의 문자와 그것의 위치를 서로 상대적으로 재인한다.

Vinckier 등(2007)에 의한 기능적 영상 연구는 뇌가 전체-단어를 재인하는 수단을 검사하였다. 첫째로, 나는 어떤 정의를 제공할 필요가 있다. **이중글자**(bigram)는 두 문자의 배열로 이루어진다. 빈번한 이중글자는 특정 언어에서 종종 접하는 두 문자의 배열이다. 예를 들면 이중글자 *SH*는 영어에서 종종 나타난다. 대조적으로 *LQ*는 드물게 나타나는 이중글자이다. **사중글자**(quadrigrams)은 네 문자의 문자열이고 빈번한 혹은 드문 것으로 분류될 수 있다. 이제부터 알아보자. Vinkler와 동료들은 성인독자에게 다음의 자극을 보게 하였다. (1) 가짜 서체의 문자열(무의미한 문자 같은 상징들), (2) 드문 문자열, (3) 드문 이중글자를 포함하고 있는 문

자극의 유형

가짜 서체	드문 문자	빈번한 문자	빈번한 이중글자	빈번한 사중글자	단어
[illegible]	JZWYWK	QOADTQ	QUMBSS	AVONIL	MOUTON

예

그림 13.27 단어 재인검사에서 사용된 자극. 이 자극의 예는 Vinckier 등(2007)에 의해 실험에서 사용되었다. Mouton은 'sheep'에 해당하는 프랑스어 단어이다. (이 실험은 프랑스에서 실시되었다.)

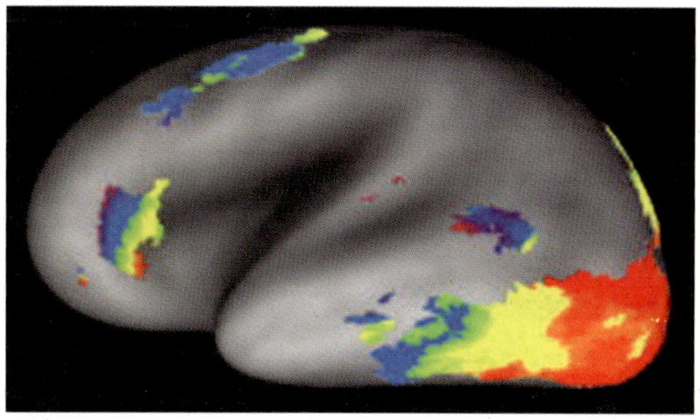

그림 13.28 VWFA에서 단어 재인. 이 스캔은 문자 같은 상징, 드문 문자, 빈번한 문자, 두 철자, 네 철자 및 단어에 대해 선택적으로 반응하는 뇌 영역을 보여 준다. 이 범위는 적색에서 보라색까지 범위를 나타내는 색깔에 의해 나타난다. 반응 기울기는 VWFA(시각 단어-형태 영역)와 브로카영역에서 보인다.

From Vinckier, F., Dehaene, S., Jobert, A., et al. *Neuron*, 2007, 55, 143–156. Reprinted with permission from Elsevier.

자열, (4) 빈번한 이중글자를 포함하고 있는 문자열, (5) 빈번한 사중글자를 포함하고 있는 문자열, 그리고 (6) 실제 단어 등이다(이 자극의 예는 그림 13.27 참조).

기능적 영상은 어떤 뇌 영역이 문자 같은 상징을 포함하는 모든 시각자극에 의해 활성화되는데, 어떤 뇌 영역은 문자에 의해 활성화되나 상징에 의해서는 활성화되지 않았고, 더 나아가서 어떤 영역은 실제 단어에 의해서 활성화된다는 것을 보여 주었다. 가장 선택적인 영역은 좌측 전방추상 피질(바로 VWFA)을 포함하는데, 그곳은 단지 실제 단어에 의해서만 활성화되었다. 사실상 그림 13.28이 보여 주듯이 스캔 영상은 좌측 후두엽과 측두엽을 따라서 상징으로부터 전체-단어까지 선택성의 후방→전방 기울기를 보여 준다. 두 번째 더 작은 기울기는 브로카영역에서 보인다. 아마도 이 기울기는 음성읽기를 나타내는데—피험자가 보고 있는 자극에 의해 표상되는 소리의 부호화이다. 매우 작은 활동이 문자 같은 상징(붉은색으로 나타남)에 의해 브로카영역에서 나타난다는 것을 주목하라. 이것은 의미가 있는데, 왜냐하면 이 상징을 발음하는 방법이 없기 때문이다(그림 13.28 참조).

많은 연구가 VWFA에 대한 손상이 표면난독증을 발생시킨다는 것을 발견하였다—즉, 전체-단어 읽기의 장애이다. Gaillard 등(2006)의 연구는 단일 피험자의 fMRI와 손상연구를 종합하여 좌측 방추상 피질이 실제로 그 영역을 포함한다는 증거를 제공한다. 심각한 발작장애를 가진 환자는 발작 초점의 제거를 초점으로 하는 수술대상이 되었다. 수술이 실시되기 전에 환자는 뇌가 스캔되고 있는 동안 인쇄된 단어와 얼굴, 집 및 도구들의 사진을 보았다. 그는 발작 초점이 읽기에서 결정적인 역할을 하는 영역이나 자신의 증후가 너무 심각하여 수술을 받는 대상으로 선택되었다는 고지를 받았나. 기대하듯이 수술은 전체 읽기에 결손을 초래하였다. 구조적 및 기능적 영상의 결합은 손상—매우 작은 손상—이 방추상회, 즉 VWFA에 위치한다는 것을 보여 준다(그림 13.29 참조).

우리가 현재 VWFA로 알고 있는 시각연합피질의 영역은 사람들이 필기언어를 발명하기 전에 무슨 역할을 하였는가? (그 문제에 대해서 이 영역이 문자를 사용하는 현재의 사람들에서 무슨 역할을 하는가?) Dehaene 등(2010)은 다음과 같이 표명한다.

> 읽기와 수학 같은 문화적 발명은 매우 최근의 것이어서 인간 게놈에 영향을 줄 수가 없다. 그러므로 그것은 다른 목적을 위해 진화한 뉴런의 네트워크의 재활용을 통해서 획득되어야만 한다. 그것의 원래 속성은 표적 기능과 충분히 유사하고, 부분적으로 이 신기한 과제로 전환되는 기능성을 위해서 충분한 가소성, 특히 아동기의 가소성을 소유한다. (p. 1837)

Szwed 등(2009)은 대상재인(시각체계의 일차적 과제)에 관한 가장 중요한 단서는 우리가 상이한 각도에서 대상을 볼 때조차도 상대적으로 항등성을 유지하는

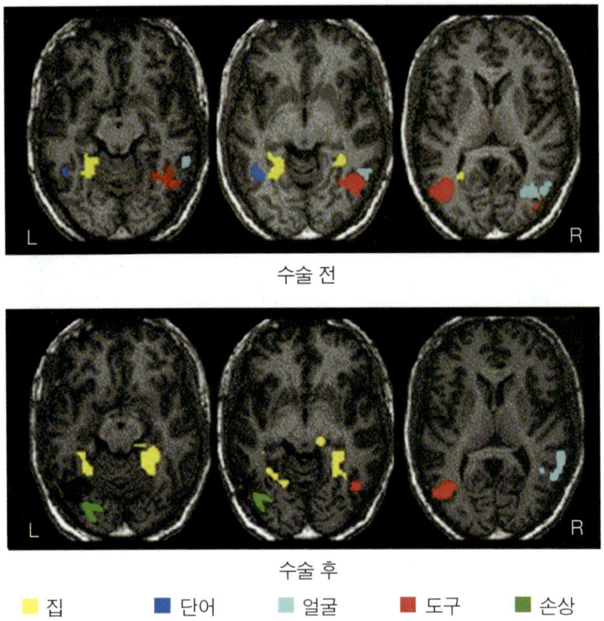

그림 13.29 VWFA 손상 효과. 이 스캔은 VWFA 중 작은 부위를 외과적으로 제거하기 전후의 단어, 얼굴, 집 및 도구에 대한 뇌 영역의 반응을 보여 준다. 단어에 대한 반응(짙은 청색)이 사라지나 얼굴, 집 및 도구에 대한 반응은 남아 있다는 것을 주목하라. 손상은 녹색 화살촉 모양에 의해 표시된다.

From Gaillard, R., Naccache, L., Pinel, p., et al. *Neuron*, 2006, *50*, 191-204. Reprinted with permission from Elsevier.

단서라고 말했다. 가장 신뢰성이 있는 단서는 L, T, X와 같은 특정 형상의 접합을 형성하는 선이 수직으로 만나는 것과 같은 방식이다. (나는 당신이 어디에서 이것이 발생하는지를 볼 수 있다고 생각한다.) Szwed와 동료들은 꼭짓점(선들의 접합)이 빠져 있거나 잘못된 분할의 부분(이 접합 사이의 선)들인 대상과 문자들의 불완전한 그림을 제시하였다. 그림 13.30은 꼭짓점이 누락된 그림이나 단어를 보여 준다. 여러분은 그것들이 무엇인지를 알 수가 있는가? (그림 13.30 참조) 이제 책장을 넘기고 그리고 같은 그림이나 단어에서 대신 중간부분이 누락된 것들을 단어를 살펴보자. 나는 여러분들이 재인하기 더 쉬워할 것이라고 생각한다(그림 13.31 참조). 저자는 (여러분이 그렇게 하리라고 생각하듯이) 꼭짓점이 유지되고 있는 그림이나 단어를 재인하는 것이 더 쉽다는 것을 안다—그리고 Szwed 등의 연구에서 피험자들도 그렇게 하였을 것이다.

Changizi 등(2006)은 전 세계에 걸쳐서 오랜 과거

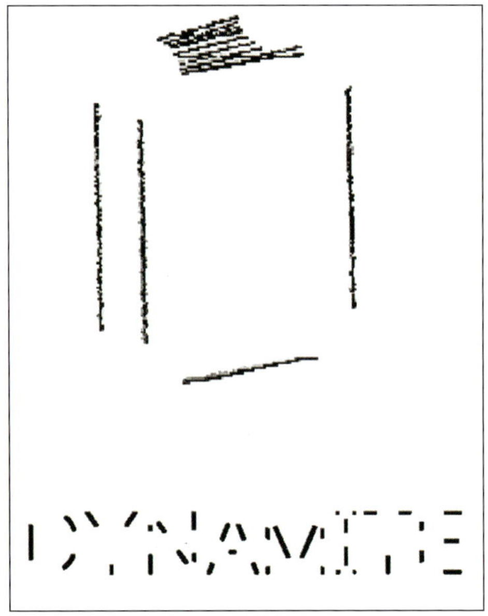

그림 13.30 꼭짓점이 제거된 후 대상과 단어 재인.

Adapted from Szwed et al., The role of invariant features in object and visual word recognition. *Vis Res 49*, 718-725.

와 현재의 다수의 필기체계에서 사용되는 문자나 상징의 외형을 분석하였다. 그들은 이 글자들이 자연 장면에 있는 대상에서 발견되는 특징에 대응하여 발명을 하였던 문화에 의해서 선택된 것처럼 보인다는 것을 발

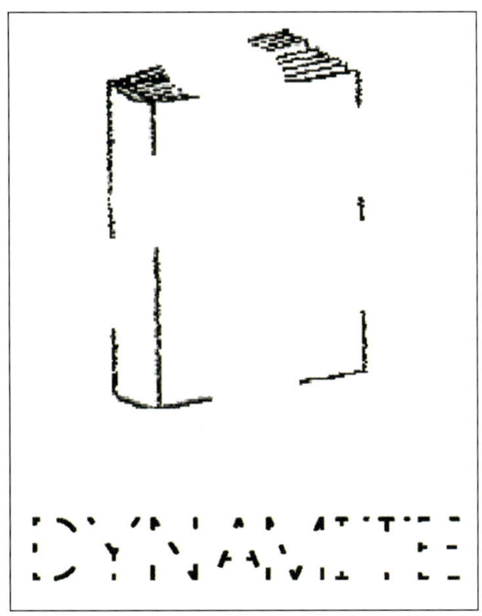

그림 13.31 중간 부분의 선이 제거된 후의 대상과 단어 재인.

Adapted from Szwed et al., The role of invariant features in object and visual word recognition. *Vis Res 49*, 718-725.

견하였다—그리고 그것들은 모두 선의 접합을 갖고 있다. 초기의 필기 형태는 실제의 그림을 사용하였으나 그 그림이 단순화되었고, 단순한 선 혹은 교차하는 선과 곡선으로 전환되기도 했다. 한자와 같은 복잡한 상징조차도 교차하는 붓놀림으로 구성된다. 아마도 원래 읽기를 학습하는 과정을 통해서 VWFA가 된 뇌의 영역이 선(직선과 곡선)들의 외형과 그것의 접합을 학습함으로써 대상을 재인하도록 진화했을 것이다. 우리의 선조들은 이런 특징에 의해 구분이 되는 상징을 사용하는 필기의 형태를 발명하였을 것이고, 방추상회의 일부가 '재활용'되어(Dehaene 등이 풀어 설명하듯이) VWFA가 되었을 것이다.

우리의 선조가 필기의 형태를 발명할 수 있었다는 사실은 그들의 뇌가 이미 필기의 상징을 재인하는 데 요구되는 시각기제를 소유하고 있었다는 것을 의미한다. 우리 종의 역사에서 이런 시각기제가 얼마나 먼 과거에 발달을 하였는가? Grainger 등(2012)에 의한 연구는 그 발달이 현대 인류가 진화하기 오래전에 나타났다는 증거를 얻었다. Grainger와 동료들은 사회적으로 집단을 이루는 개코원숭이들이 성공적으로 네 문자 영어단어와 네 문자 비단어를 구분할 때 작은 먹이조각을 얻을 수 있도록 해주는 컴퓨터로 통제되는 터치스크린 장치를 설치하였다. 실제 단어가 비디오스크린에 비친 경우, 동물이 스크린에 있는 + 신호를 만지면 먹이조각을 얻을 것이다. 반면에 비단어가 나타난 경우, 동물이 파란색 타원형을 만지면 먹이가 제공된다. 그 동물들은 놀라울 정도로 정확하게 단어를 재인하는 것을 학습하였다. 사실 그들이 이전에 보지 못했던 단어를 보았을 때에도 실제 단어에서 함께 발견되는 문자쌍의 출현에 의해서 그것 중 다수를 단어로 알아볼 수 있었다. 예를 들면 문자쌍 ED는 종종 영어단어의 일부이나 LG는 그렇지 않다. 분명히 개코원숭이는 영어단어와 이 단어에서 빈번하게 나타나는 문자배열을 재인하는 것을 학습할 수 있었다. 그들은 읽기는 학습을 하지 않았다. 그러나 이 연구는 대상, 얼굴 및 인간이 아닌 영장류에게도 중요한 다른 시각적 자극을 재인할 수 있는 시각체계가 또한 개별 문자나 그것의 조합을 재인하는 것을 할 수 있다는 것을 보여 준다.

우리가 이 장의 앞에서 언급했듯이, 구어단어를 재인하는 것은 이해하는 것과는 상이하다. 예를 들면 연결피질 감각실어증 환자는 자신이 듣거나 또는 말한 것을 이해한다는 징표를 보이지는 않지만 들은 것을 반복할 수는 있다. 읽기의 경우에도 동일하다. **직접난독증**direct dyslexia은 문제의 단어가 말로 표현한 단어라기보다는 필기 단어라는 것을 제외하고는 연결피질 감각실어증과 유사하다(Schwartz, Marin, & Saffran, 1979; Lytton & Brust, 1989; Gerhand, 2001). 직접난독증 환자들은 비록 자신들이 말하고 있는 단어를 이해할 수는 없다고 하더라도 크게 읽을 수는 있다. Lytton과 Brust의 환자는 자신의 좌측 전두엽과 측두엽을 손상시킨 뇌졸중으로부터 살아남은 다음에 말로 의사소통하는 능력을 모두 상실하였는데, 그의 말은 의미가 없고, 다른 사람들이 자신에게 말한 것을 이해할 수도 없었다. 그러나 그는 이미 친숙했던 단어는 읽을 수 있었다. 그는 발음 가능한 비단어를 읽을 수 없었으므로 표음으로 읽는 능력을 상실하였다. 그의 이해결손은 완전한 것처럼 보이는데, 연구사가 그에게 어떤 단어와 이 단어에 대응하는 그림을 포함하는 몇 개의 그림을 제시했을 때 그는 그 단어를 정확하게 읽었지만 어떤 그림이 그것과 일치하는지는 알지 못했다. Gerhand의 환자는 음운적으로 읽을 수 있다는 것은 제외하고는 유사한 형태의 결손을 보여 주었는데, 발음 가능한 비단어를 소리 내어 읽을 수 있었다. 이 발견은 음성 읽기와 전체 읽기에 관여하는 뇌 영역이 말과 관련이 있는 뇌 영역과 직접적인 연결이 있다는 것을 나타낸다.

발달난독증

어떤 아이들은 읽기를 배우는 데 상당한 어려움을 갖고 있고, 비록 다른 지능을 정상적으로 갖추었다고 하더라도 결코 유창하게 읽지는 못했다. **발달난독증**developmental dyslexias이라고 불리는 특수한 언어학습장애는 가계에서 발생하는 경향이 있기 때문에 이 발견은 유전적(그리고 생물학적) 요소임을 시사한다. 일란성 쌍둥이에서는 일치율이 84~100% 범위에 해당되고, 이란성 쌍둥이에서는 20~35%의 범위에 속한다(Démonet, Taylor, & Chaix, 2004). 연관된 연구는 염색체 1, 3, 6 및 15번 쌍이 이 장애의 상이한 요소들과 관련된 유전자를 포함할 수 있다는 것을 보여 주었다(Kang & Drayna, 2011).

우리가 앞에서 보았듯이, 필기언어가 최근의 발명품이라는 사실은 자연선택이 우리에게 전문적으로 필기된 언어를 이해하는 역할을 가진 뇌기제를 제공할 수 없었다는 것을 의미한다. 그렇다고 우리는 발달난독증이 읽기 결손만을 포함할 것으로 기대하지 말아야 한다. 실제로 연구자는 읽기를 포함하지 않는 다양한 언어결손을 발견하였다. 한 가지 공통적인 결손은 결핍된 음운적 자각이다. 즉, 발달난독증을 가진 사람은 들은 단어의 소리를 혼합하거나 또는 재정렬하는 데 어려움을 보인다(Eden & Zeffiro, 1998). 예를 들면 그들은 'cat'로부터 첫 번째 소리를 제거한다면 'at'라는 단어가 남겨진다는 것을 알지 못한다. 그들은 또한 소리의 순서를 구별하는 데 곤란을 겪는다(Helenius, Uutela, & Hari, 1999). 이와 같은 문제는 음운적으로 읽는 능력에 장애를 초래할 것으로 예상될 수 있다. 난독증을 가진 아이들은 쓰기에도 심한 장애를 보이는 경향이 있는데, 철자 쓰기의 오류를 보이고, 빈약한 문자의 공간적 정렬을 보이고, 문자를 생략한다. 그들의 쓰기는 취약한 문법 발달을 보이는 경향이 있다(Habib, 2000).

발달난독증은 이질적이고 복합적인 특질이어서, 하나 이상의 원인이 있는 것이 분명하다. 그러나 발달난독증을 가진 사람들에게서 나타나는 장애의 성질을 밀접하게 검토한 대부분의 연구는 음운적 장애가 가장 공통적이라는 것을 발견하였다. 예를 들면 Ramus 등(2003)에 의한 16명의 난독증 환자에 대한 연구는 그들 모두가 음운적 결손을 갖고 있음을 발견하였다. 그들 중 10명은 청각장애도 갖고 있었고, 4명은 운동결손도 갖고 있었고, 2명은 시각결손도 갖고 있었다. 이 결손–특히, 청각결손–은 그 사람들의 읽기장애를 악화시켰으나, 그 장애와 일차적으로 관련이 있는 것 같지는 않다. 그들 중 5명은 단지 음운적 결손을 갖고 있었고, 이 결손은 그들의 읽기능력을 방해하는 데 충분하였다.

기능적 영상으로부터 얻은 어떤 증거는 난독증 환자의 뇌가 유능한 독자와는 다른 방식으로 필기정보를 처리한다는 것을 시사한다(Shaywitz et al., 2002). 스캔된 영상은 VWFA, 좌측 측두두정피질과 후두측두피질의 활성화가 감소함을 보여 주었다. 스캔된 영상은 또한 브로카영역을 포함하고 있는 좌측 하전두피질의 과잉 활성화를 보여 주었다. 아마도 브로카영역의 활성화는 빈약하게 기능을 하는 읽기에 관여하는 후방 뇌 영역으로부터 받은 불완전한 정보의 음운을 해독하려는 노력을 반영한다.

영어를 포함한 대부분의 언어는 많은 불규칙 단어들을 포함한다. 예를 들면 *cough*, *rough*, *bough* 및 *through*를 살펴보자. 이 단어가 발음되는 방법을 기술하는 어떤 음운적 규칙도 없기 때문에, 영어를 읽는 사람은 그것을 암기해야 한다. 사실상 영어단어를 구분하는 40개의 소리가 1,120개에 달하는 상이한 방식의 철자를 구성할 수가 있다. 대조적으로 이탈리아어는 훨씬 더 규칙적인데, 25개의 상이한 소리가 단지 33개의 문자의 조합으로 철자를 이룰 수 있다(Helmuth, 2001). Paulesu 등(2001)은 발달난독증이 이탈리어를 말하는 사람들에서는 드물고 영어와 프랑스어(많은 불규칙 단어를 가진 다른 언어)를 말하는 사람에서 훨씬 더 흔하다는 것을 발견하였다. Paulesu와 동료들은 이탈리아, 프랑스 및 영국으로부터 온 난독증의 역사를 지닌 대학생을 확인했다. 이탈리아어 난독증인 사람은 영어 및 프랑스어의 난독증인 사람보다 발견하기가 어려웠고 그들의 장애는 상대적으로 덜 심각하였다. 그러나 세 집단 모두가 머리에 PET 스캐너를 부착하고 있는 동안 읽기를 요청받았을 때, 그들의 스캔 결과는 동일한 활성화 형태를 보였는데, Shaywitz 등(2002)이 확인하였던 영역과 일반적으로 동일한, 좌측 후두측두 영역의 활동이 감소하였다.

Paulesu와 동료들(2001)은 난독증을 초래하는 뇌의 이상은 자신이 연구한 세 나라에서 동일하지만 이탈리아어 철자의 규칙성이 이탈리아에서 난독증 가능성이 있는 사람이 읽기를 배우는 것을 더 쉽게 해준다고 결론지었다. 게다가 '난독증에 우호적인' 다른 언어는 스페인어, 핀란드어, 체코어 및 일본어를 포함한다. 이런 연구의 연구자들 중 하나인 Chris D. Frith는 일본에서 살았던 호주 소년의 경우를 인용하였다. 그는 일본어를 정상적으로 읽었으나 영어에서 난독증을 나타내었다(Recer, 2001). 영어의 단어철자가 규칙적이면(예: *friend* 대신 *frend*, *freight* 대신 *frate*, *cough* 대신 *coff*), 현재의 체계에서 난독증을 발달시킨 많은 아이가 더 나은 독자로 발달할 것이다. 어쨌든 저자는 가까운 미래에 그런 일이 일어나리라고 보지 않는다.

쓰기의 이해

쓰기는 사람들이 작성한 문장의 적절한 문법적 구조와 함께 단어의 지식에 의존한다. 그래서 우리는 어떤 환자가 말로 자신을 표현하지 못한다면, 쓰기 장애를 동시에 보여도 놀라지 않을 것이다. 게다가 대부분의 난독증 사례들은 **난필증**(dysgraphia)을 동반한다.

한 유형의 쓰기 장애는—문자와 단어를 쓰기 위한 펜 또는 연필의 운동을 지시하는—운동통제장애를 포함한다. 연구자는 놀랍게도 이 범주에 드는 몇 가지 유형의 쓰기 장애를 보고하였다. 예를 들면 어떤 환자는 숫자는 쓸 수 있으나 문자는 쓰지 못하고, 어떤 환자는 대문자는 쓸 수 있으나 소문자는 쓰지 못하고, 어떤 환자는 자음은 쓸 수가 있으나 모음을 쓰지 못하고, 어떤 환자는 필기체는 쓸 수 있으나 인쇄체 대문자는 쓸 수가 없고, 다른 환자는 문자를 정상적으로 쓰지만 종이 위에 질서 있는 형태로 배치하는 것에는 장애를 보인다(Cubelli, 1991; Alexander et al., 1992; Margolin & Goodman-Schulman, 1992; Silveri, 1995).

뇌의 많은 영역이 쓰기에 관여한다. 예를 들면 다양한 형태의 실어증을 산출하는 손상은 말하기에서 보이는 것과 유사한 장애를 쓰기에서도 발생시킨다. 쓰기의 운동 측면에 대한 조직화는 배측두정엽과 전운동피질을 포함한다. 이 영역(그리고 물론 일차운동피질)은 사람이 쓸 때 활성화되고, 이 영역에 대한 손상은 쓰기 장애를 초래한다(Otsuki et al., 1999; Katanoda, Yoshikawa, & Sugishita, 2001; Menon & Desmond, 2001). Rijntjes 등(1999)에 의한 또 다른 기능적 영상 연구는 사람에게 집게손가락 또는 엄지발가락을 갖고 자신의 이름을 사인하도록 했다. 두 경우에서 그렇게 하는 것이 손의 운동을 통제하는 선운동피질을 활성화시켰다. 이 발견은 우리가 일련의 복잡한 운동을 하는 것을 학습할 때 적절한 정보는 사용되는 신체부위를 통제하는 운동연합피질에 저장되지만, 이 정보는 다른 신체부위의 유사한 운동을 통제하는 데에도 사용될 수 있다는 것을 시사한다. Longcamp 등(2005)은 단순히 알파벳 철자를 보는 것도 전운동피질을, 즉 오른손잡이에서는 좌측을 그리고 왼손잡이에서는 우측을 활성화시킨다는 것을 발견하였다(그림 13.32 참조).

좀 더 기본적인 유형의 쓰기 장애는, 정확한 손가락 운동을 하는 문제와는 대조적으로, 단어철자를 쓰는 능력의 문제를 포함한다. 저자는 이 절의 나머지 부분을 이런 유형의 장애를 다룰 것이다. 읽기처럼 쓰기(또는 더 구체적으로 철자 쓰기)는 한 가지 이상의 방법을 포함한다. 첫 번째는 청각과 관련이 있다. 아이들이 언어 기술을 습득할 때 단어의 소리를 먼저 학습하고, 다음으로 단어를 말하는 것을 학습하고, 그다음으로 읽기를 학습한 후 쓰기를 학습한다. 읽기와 쓰기가 주로 초기에 학습된 기술에 많이 의존한다는 것이 분명하다. 예를 들면 우리는 대부분 단어를 쓰기 위해서 '머릿속에서 그것들을 소리 낼 수 있어야만 하는데', 즉 그것을 듣고서 목소리를 내지 않고 발음할 수 있어야 한다. 당신이 이것을 스스로 증명하기를 원한다면 기억으로부터 *antidisestablishmentarianism*[국교(國教) 폐지 조례 반대론] 같은 긴 단어를 기억으로부터 쓰려고 시도하고,

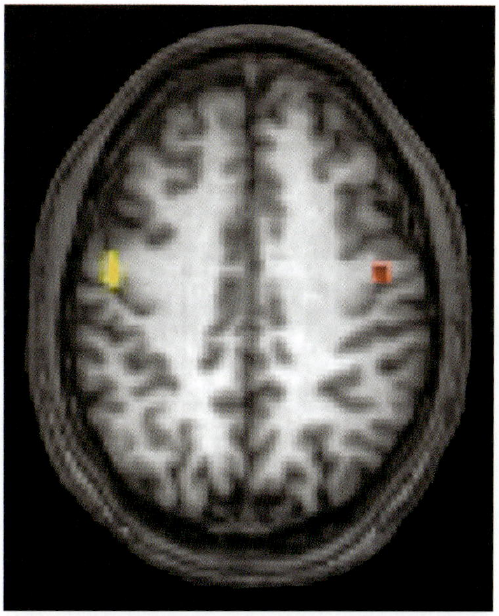

그림 13.32 쓰기와 복측 전운동피질. 문자를 보고 있는 피험자에서 쓰기에 사용하는 반구에 있는 복측 전운동피질이 활성화된다. 오른손잡이 피험자의 좌반구(노란색)와 왼손잡이 피험자의 우반구(적색).

From Longcamp, M., Anton, J. L., Roth, M., and Velay, J. L. *Neuropsychologia*, 2005, *43*, 1801-1809. Reprinted with permission.

그 단어를 자신에게 말하지 않고 쓸 수 있는가를 살펴보라. 당신이 동시에 어떤 시를 암송하거나 또는 작은 목소리로 혼자 노래할 때, 쓰기가 정지되는 것을 알게 될 것이다.

두 번째 쓰기의 방식은 특정 단어의 어떻게 보이는가의 이미지로 바꾸는 것—시각적 심상으로 옮기기—을 포함한다. 당신은 이전에 먼 곳으로 눈을 떼고 어떤 단어를 마음속에서 그려서 그것의 철자를 쓰는 방법을 기억한 적이 있는가? 어떤 사람은 음운적 철자 쓰기에 그리 익숙하지 않고, 어떤 단어가 정확한가를 알기 위해서는 써 보아야만 한다. 이 방법은 청각적 기억보다는 시각적 기억을 포함하고 있음이 분명하다.

신경학적 증거는 이런 추측을 지지한다. 뇌손상은 첫 번째 방식, 즉 음운적 쓰기에 장애를 초래할 수 있다. 이 결손은 **음운난필증**phonological dysgraphia이라고 불린다(Shallice, 1981). (**난독증**이 읽기 결손을 의미하는 것처럼 **난필증**은 쓰기 결손을 의미한다.) 이 장애를 지닌 사람들은 단어를 소리 내어 읽을 수가 없고 그리고 음운적으로 쓸 수도 없다. 그래서 그들은 친숙하지 않은 단어 또는 읽기에 관한 절에서 저자가 언급하였던 것과 같이 발음 가능한 비단어를 쓸 수가 없다. 그러나 그들은 친숙한 단어들을 시각적으로 상상할 수 있고, 그래서 쓸 수가 있다. 음운난필증은 음운적 처리와 발음에 관여하는 뇌 영역에 대한 손상에 의해 초래될 수 있는 것처럼 보인다. 브로카영역, 복측전중심회 그리고 뇌도피질에 대한 손상은 이런 장애를 초래하지만 음운적 철자 과제는 이 영역들을 활성화시킨다(Omura et al., 2004; Henry et al., 2007).

철자난필증orthographic dysgraphia은 음운난필증과는 반대로, 시각에 기초를 둔 쓰기 장애이다. 철자난필증을 가진 사람들은 단어를 **오로지** 소리로만 발음할 수 있고 그래서 *care* 또는 *tree* 같은 규칙적인 단어의 철자를 쓸 수가 있고, 발음 가능한 비단어를 쓸 수가 있다. 그러나 그들은 *half* 또는 *busy* 같은 불규칙 단어의 철자를 쓰는 데는 곤란을 겪는데(Beauvois & Dérouesné, 1981), *haff* 또는 *bizzy*로 쓸 것이다. 철자난필증(음운적 쓰기 장애)은 표면난독증처럼 측두엽의 기저에 있는 VWFA

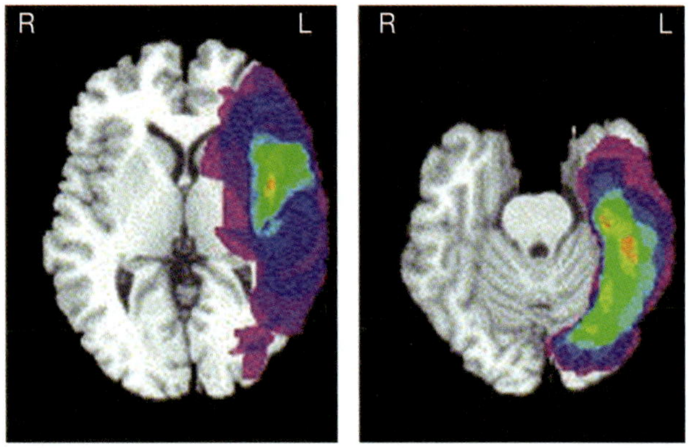

(a) (b)

그림 13.33 음운난필증과 철자난필증. 이 스캔은 (a) 13명의 음운난필증 환자와, (b) 8명의 철자난필증 환자에 있어서 손상의 중복을 보여 준다. 가장 높은 중복은 붉은색으로 나타나고 가장 낮은 중복은 자주색으로 나타난다. 음운난필증은 브로카영역을 중심으로 한 손상에 의해 초래되었고, 철자난필증은 좌측 방추상회에 있는 VWFA를 중심으로 한 손상에 의해 초래되었다.

From Henry, M. L., Beeson, P. M., Stark, A. J., and Rapcsak, S. Z. *Brain and Language*, 2007, *100*, 44–52. Reprinted with permission.

에 대한 손상에 의해 초래된다(Henry et al., 2007).

그림 13.33은 음운 및 철자 난필증을 초래하는 뇌손상을 보여 준다(그림 13.33 참조).

우리가 읽기 부분에서 보았듯이, 어떤 환자는 그들이 읽고 있는 것을 이해할 수 없으면서도 큰 소리로 읽을 수 있다. 유사하게 어떤 환자는 비록 단어를 이해하지는 못한다고 하더라도 그 단어에 대해 받아쓰기를 할 수는 있다(Roeltgen, Rothi, & Heilman, 1986; Lesser, 1989). 물론 그들은 생각을 단어로 바꿀 수 없기 때문에 쓰기에 의한 의사소통을 할 수가 없다. (사실, 이 환자의 대부분은 광범위한 뇌손상을 지니고 있기 때문에 그들의 사고과정 자체는 심각하게 파괴되었다). 이 환자 중 일부는 발음 가능한 비단어의 철자를 쓸 수가 있었는데, 그것은 음운으로 철자를 쓰는 그들의 능력이 손상되지 않았기 때문이다. Roeltgen 등(1986)은 이 장애를 의미실서증(semantic agraphia)이라고 불렀으나 아마도 그 용어는 직접난필증(direct dysgraphia)이 더 적합한데, 직접난독증과 유사하기 때문이다.

절 요약

읽기와 쓰기의 장애

뇌손상은 읽기와 쓰기의 장애를 초래한다. 순수실독증은 우측 시야의 장애를 초래하는 손상과 후방 뇌량섬유의 파괴에 의해서 초래되는 지각적 결손이다.

과거 수십 년간의 연구는 후천적 읽기장애(난독증)가 몇 가지 범주 중의 하나에 속할 수 있다는 것을 발견하였고, 이런 장애에 대한 연구는 신경심리학자와 인지심리학자에게 읽기와 관련된 뇌기제를 이해하는 것에 도움을 주는 정보를 제공하였다. 필기된 단어의 분석은 좌측 후하측두피질에서 시작하는 것처럼 보인다. 그다음으로 음운정보는 측두두정피질과 브로카영역에 의해 분석되는 반면에 단어-형태 정보는 방추상 피질에 위치한 시각 단어-형태 영역(VWFA)에 의해 분석된다. 표면난독증은 전체-단어 읽기능력의 상실이고, 음운난독증은 발음대로 읽는 능력의 상실이다. 일본사람이 가나(음성적) 기호를 읽는 것과 간지(그림문자) 기호를 읽는 것은 음성 읽기와 전체-단어 읽기에 해당하고, 뇌의 상이한 부위에 대한 손상이 이 두 형태의 읽기를 방해한다.

개코원숭이에 대한 연구는 인간이 아닌 영장류들이 영어단어와 영어단어들이 빈번하게 포함하는 문자순서를 재인할 수 있다는 것을 발견하였고, 그래서 문자 재인과 단어 재인은 인간언어에 필요한 언어적 기술에 관여하는 뇌기제의 존재에 의존하지 않는다.

직접난독증은 연결피질 감각실어증과 유사한데, 환자들은 단어를 큰 소리로 읽을 수 있으나, 읽은 것을 이해할 수는 없다. 일부 환자들은 실제 단어와 발음 가능한 비단어를 읽을 수 있으므로 음성 읽기와 전체-단어 읽기는 모두 보존될 수 있다.

뇌손상은 문자—또는 대문자, 소문자 또는 모음과 같은 특수한 유형의 문자—를 형성하는 능력에 장애를 초래함으로써 쓰기 능력을 붕괴시킬 수 있다. 배측 두정피질은 문자를 산출하는 운동에 관한 지식을 위한 가장 결정적인 영역인 것처럼 보인다. 다른 결손은 단어의 철자를 쓰는 능력을 포함한다. 우리는 정상적으로 단어의 철자를 쓰기 위해서 최소한 두 가지 방략을 사용하는데 음성적(단어를 소리 내기) 및 시각적(단어가 종이 위에서 어떻게 보이는가를 기억하기) 방략이다. 두 유형의—음운 및 철자—실서증은 각기 음운적 및 시각적 방략을 사용하는 데 있어서 어려움을 반영한다. 이 두 장애들의 존재는 몇 가지 상이한 뇌기제가 쓰기 과정에 포함된다는 것을 나타낸다. 이와 더불어 어떤 환자들은 직접난독증과 유사한 결손을 지니고 있는데, 자신들이 더 이상 이해할 수 없는 단어를 쓸 수가 있다.

발달난독증은 언어에서 역할을 하는 뇌부위의 비정상적인 발달을 포함하는 유전적 조건이다. 대부분의 발달난독증은—들은 단어와 필기된 단어의—음운적 처리에 장애를 갖고 있다. 기능적 영상 연구는 VWFA 그리고 좌측 후두측두피질과 측두두정피질의 활성화 감소와 동시에 브로카영역의 과잉활성화가 발달난독증과 관련이 있다는 것을 보고하였다. 철자와 발음을 규칙적으로 대응하여 쓰는 언어(이탈리아어)를 읽는 것을 학습한 아이들은 불규칙적으로 대응하는 언어(영어 또는 프랑스어)를 읽는 것을 학습한 아이들보다 난독증을 낮게 보였다. 읽기와 쓰기의 구성요소에 대한 더 나은 이해는 우리에게 난독증을 지닌 사람들이 자신들이 갖고 있는 능력을 이용할 수 있도록 해주기 위한 효과적인 교수법을 발전시키는 데 도움을 줄 것이다.

표 13.2는 이 절에서 기술된 장애를 요약하고 있다.

생각해 봅시다

당신과 가까운 누군가가 음운난독증을 초래하는 뇌손상을 당하였다고 가정하자. 당신은 이 사람이 더 잘 읽을 수 있도록 돕기 위해서 무엇을 할 것인가? (그것은 아마도 그 사람에게서 남겨진 능력을 바탕으로 훈련하는 것이 최선일 것이다.) 이 사람이 이전에 결코 본 적이 없는 단어를 읽는 것을 학습하는 것이 필요하다고 가정하자. 당신은 그 사람을 어떻게 도울 것인가?

표 13.2 뇌손상에 의해 산출되는 읽기와 쓰기 장애

읽기장애	전체-단어 읽기	음성 읽기	의견
순수실독증	빈약	빈약	쓸 수 있음
표면난독증	빈약	양호	
음운난독증	양호	빈약	
직접난독증	양호	양호	단어를 이해할 수 없음
쓰기 장애	**전체 쓰기**	**음성 쓰기**	
음운난필증	양호	빈약	
철자난필증	빈약	양호	
의미실서증(직접난필증)	양호	양호	단어를 이해할 수 없음

맺는말 | 말소리와 좌반구

이 장의 머리말에서 언급된 S씨는 순수단어농을 지니고 있다. 여러분이 이 장에서 살펴보았듯이 순수단어농은 사람의 일반적 언어능력과 비언어적 소리를 재인하는 능력에 영향을 주지 않는 지각적 결손이다.

무엇이 말소리의 분석에 관여하는가? 청각체계는 어떤 과제를 성취해야 하는가? 좌반구와 우반구의 청각연합피질의 기능 차이는 무엇인가? 대부분의 연구자는 좌반구가 신속히 변화하는 복잡한 소리의 구성요소 간의 타이밍을 판단하는 데 관여하는 반면에 우반구는 멜로디를 포함하여 느리게 변화하는 구성요소의 판단에 주로 관여한다고 믿는다. 증거에 따르면 말소리의 가장 결정적인 측면은 타이밍이지 음고가 아니라는 것이다. 우리는 단어가 남자의 저음 또는 여자와 아이의 고음으로 전달되더라도 그 단어를 재인할 수 있다. 우리는 톤의 정보가 거의 제거되고 인간의 말소리를 특징짓는 빠른 정지와 시작에 의해서 조절되는 잡음만이 남겨진 말을 이해할 수가 있다. 다른 한편으로 화자의 강세 또는 정서상태가 말의 고저와 멜로디 그리고 리듬에 있어서 매우 느린 변화에 의해 전달된다. 달리 말하면, 단어의 정체를 전달하는 소리는 매우 짧은 반면에 운율(강세 또는 정서의 표현을 위한)을 전달하는 소리는 긴 지속시간을 보인다. (우리가 알듯이 우반구는 운율의 재인에 전문화되어 있다.) 순수단어농을 가진 환자에 대한 연구는 그들이 상이한 모음을 구별할 수 있으나 상이한 자음, 특히 /t/, /d/, /k/ 또는 /p/와 같은 폐쇄자음 사이의 구별은 하지 못한다는 것을 보여 주었다. (언어학자들은 사선 사이에 문자 또는 특수한 발음기호를 넣음으로써 말소리를 표현한다.) 순수단어농 환자들은 일반적으로 /s/, /z/ 또는 /f/와 같은 장음의 자음들을 재인할 수 있다. (이 자음을 자신에게 말해 보라. 그러면 여러분은 처음 네 가지 예로부터 그것들이 어떻게 상이한 소리를 내는가를 들을 수 있을 것이다.) 그러므로 좌반구의 청각체계는 짧은 지속시간을 나타내는 청각사건의 재인에 전문화되어 있다(Phillips & Farmer, 1990; Stefanatos, Gershkoff & Madigan, 2005).

몇몇 연구는 이 결론을 지지하는 청각 지각의 결손을 발견하였다(Phillips & Farmer, 1990). 예를 들면, 정상적인 피험자들은 째깍거리는 소리가 단지 1~3msec으로 분리될 때는 그 소리를 분리된 사건으로서 지각할 수 있으나, 이와 대조적으로 순수단어농을 가진 환자들이 분리된 사건으로 지각하기 위해서는 15~30msec의 분리를 필요로 한다. 게다가 정상적인 피험자들은 초당 9~11회 비율로 제시되는 째깍거리는 소리를 셀 수가 있지만, 순수단어농을 가진 환자들은 초당 2회보다 빨리 제시되는 째깍거리는 소리를 셀 수가 없다. 한 연구는 순수단어농을 가진 환자가 비록 모스 방식으로 메시지를 보낼 수 있다고는 하더라도, 모스 부호의 메시지를 더 이상 이해할 수는 없었다고 보고하였다. 그래서 그의 결손은 운동이 아니라 지각적이었다.

핵심 개념

말의 산출과 이해: 뇌기제

1. 좌측 전두엽에 위치한 브로카영역은 단어를 발음하고, 문법적 구조를 산출하고 이해하는 데 중요하다.
2. 좌반구의 청각연합피질에 위치한 베르니케영역은 단어의 소리를 재인하는 데 중요하다.
3. 말의 이해는 베르니케영역과 단어를 정의하는 기억 간의 연결을 포함한다. 이 기억들은 감각연합피질영역에 위치하고, 그 연결은 후언어영역을 통해서 이루어진다.
4. 전도실어증은 베르니케영역과 브로카영역이 직접적으로 정보를 소통할 수 없을 때 발생한다.
5. 운율—말에서 억양과 강세의 사용—은 우반구와 관련이 있다. 말더듬기는 자신의 말에 대한 청각적 감시의 결손에 의해 초래될 수 있다.

읽기와 쓰기의 장애

6. 뇌손상은 다양한 읽기와 쓰기 장애를 산출할 수 있다. 이 장애에 대한 연구는 연구자들에게 이 행동에 필요한 뇌기제를 발견하는 데 도움을 준다.
7. 읽기는 두 가지 형태를 취하는데, 전체-단어 읽기와 음성 읽기이다. 쓰기는 단어가 만들어 내는 소리에 대한 기억 또는 그것의 시각적 형태에 의존한다.
8. 발달난독증은 언어능력에 관여하는 뇌 영역의 비정상 발달을 초래하는 유전적 장애일 수가 있다.

CHAPTER

14 신경학적 장애

개요

- 종양
- 발작장애
- 뇌혈관장애
- 외상성 뇌손상
- 발달장애
  - 독성 화학물질
  - 유전적 대사장애
  - 다운증후군
- 변성장애
  - 전염성 해면상 뇌질환(TSE)
  - 파킨슨병
  - 헌팅턴병
  - 알츠하이머병
  - 근위축성 측삭경화증
  - 다발성 경화증
- 간염성 질환에 의한 장애

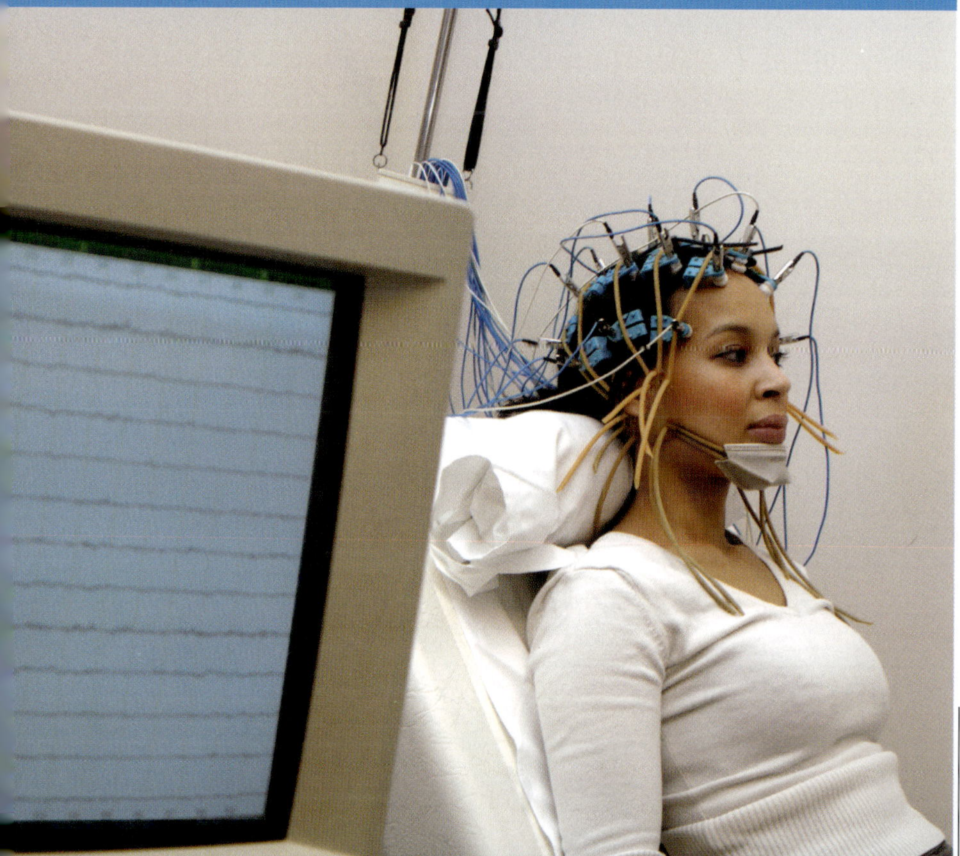

AJPhoto/Photo Researchers, Inc.

학습목표

1. 뇌종양, 발작장애, 뇌혈관장애의 원인과 증상 및 치료방법을 알아본다.
2. 독성물질에 의한 발달장애, 유전적 대사장애, 다운증후군에 대해 알아본다.
3. 전염성 해면상 뇌질환에서 변형 프라이온 단백질의 역할을 알아본다.
4. 파킨슨병, 헌팅턴병에서 나타나는 기저핵의 변성에 대한 원인과 증상 및 가능한 치료방법을 알아본다.
5. 알츠하이머병과 근위축성 측삭경화증, 다발성 경화증에 의해 야기되는 뇌변성의 원인과 증상 및 잠정적인 치료방법을 알아본다.
6. 뇌염, AIDS 바이러스에 의해 야기되는 치매, 뇌막염의 원인과 증상 및 치료방법을 알아본다.

머리말 | 발에서 시작됐다

R 부인은 50세 된 이혼녀로 초등학교 교사인데, 어느 날 차를 몰고 가다가 교차로에서 교통 신호가 바뀌기를 기다리고 있었다. 갑자기 오른쪽 다리가 떨리기 시작하였다. 자신의 다리가 가속 페달을 밟아 차가 횡단보도로 돌진할지도 모른다는 두려움에 재빨리 변속기를 중립으로 옮겨 놓았다. 처음에는 종아리가 떨리다가 나중에는 허벅지까지 떨려 왔다. 그녀는 겁에 질린 채로 다리와 함께 온몸과 팔도 떨리는 것을 느꼈다. 떨림은 차츰 느려지더니 마침내 멈추었다. 이때 신호등이 녹색으로 바뀌었고, 다른 차들이 그녀의 차를 향해 경적을 울려 대기 시작했다. 그러나 그녀는 신호를 놓칠 수밖에 없었고, 그다음 신호에 가서야 기어를 변속할 만큼 회복되어 집으로 돌아왔다.

R 부인은 그 경험에 매우 놀랐으며, 원인이 무엇인가를 생각하려고 노력하였으나 알 수가 없었다. 다음 날 저녁, 친한 친구들이 집에 놀러왔다. 그녀는 친구들과의 대화에 집중하기가 어려웠고, 어제의 일을 친구들에게 말해 볼까도 생각하였으나 이야기하지 않기로 하였다. 저녁 식사 후 식탁을 정리하고 있을 때, 오른쪽 다리가 또 다시 떨리기 시작하였다. 이번에는 서 있는 상태였고 다리가 이전보다 더 심하게 수축하였기 때문에 그만 넘어지고 말았다. 거실에 있던 친구들이 쿵! 하는 소리를 듣고 무슨 일인가 하고 달려왔다. R 부인은 바닥에 쓰러져 있었고, 팔과 다리를 뻣뻣하게 뻗친 채 걷잡을 수 없이 떨고 있었다. 머리는 뒤로 젖혀져 있었고 친구들이 불안해하며 소리치는 것을 알아듣지 못하는 것 같았다. 1분도 되지 않아 경련은 멈추었고 그녀는 의식을 회복하였으나 어리둥절하고 혼란스러워 보였다.

R 부인은 구급차에 실려 병원으로 옮겨졌다. 응급실 의사는 최초의 발작 사실과 친구들이 설명하는 경련 발작에 대해 이야기를 듣고는 곧바로 신경과 의사에게 연락하여 CT 촬영을 요청하였다. 검사 결과 신경과 의사가 예측한 대로 뇌량의 위쪽, 양쪽 전두엽 사이에 작고 하얀 점이 발견되었다. 이틀 후, 신경외과의사가 이 작은 양성 종양을 제거하였고, R 부인은 무사히 회복되었다.

그 후 나는 동료들과 함께 R 부인을 만나 보았는데, 그녀는 매우 명랑하고 지적이었으며, 자신과 같은 뇌종양은 적시에 제거되기만 하면 뇌손상을 거의 일으키지 않는다는 사실에 안심하고 있었다. 실제로 우리가 그녀를 검사한 결과 지적 결함이 있다는 증거를 전혀 발견할 수 없었다.

뇌는 철저히 보호되어 있는 기관이지만, 다양한 병리 과정에 의해 손상되기도 하고 기능에 결함이 생기기도 한다. 이제까지 배운 인간의 뇌 기능에 대한 지식 중 많은 부분이 뇌손상 환자들을 연구하여 얻은 것이므로, 여러분은 이미 여러 가지 신경학적 장애를 살펴본 셈이다. 파킨슨병과 같은 운동장애, 시각계 손상으로 인한 시력 상실이나 시각 실인증과 같은 지각장애, 그리고 실어증, 실독증, 실서증 등의 언어장애, 코르사코프 증후군과 같은 기억장애 등이 신경학적 장애이다. 이 장에서는 주요 신경병리적 질환—종양, 발작장애, 뇌혈관장애, 발달장애, 변성질환, 그리고 감염성 질환에 의해 야기되는 장애 등—을 설명하고, 이러한 질병의 행동적인 결과와 그 치료법에 대하여 논의할 것이다.

종양

종양tumor이란 걷잡을 수 없이 자라나는 세포 덩어리로 유용한 기능이 전혀 없다. 어떤 것은 **악성**malignant 또는 암과 같은 것이고, 다른 것은 **양성**benign으로 해롭지 않다. 종양이 막에 싸여(encapsulated) 있는가, 즉 종양이 다른 주변 조직과 분명히 구분되어 있는가에 따라 악성과 양성으로 구분된다. 종양 세포 덩어리와 주변 조직 간에 분명한 경계가 있으면 양성으로 수술로 제거하면 재발하지 않는다. 그러나 종양이 주변 조직으로 **침투하여** 자라면, 종양과 정상 조직 간에 분명한 경계가 없게 된다. 이 경우는 수술로 종양을 제거하더라도 일부 세포가 남아 있다가 새로운 종양을 만든다. 게다가 악성

표 14.1 뇌종양의 종류

신경교종(Gliomas) 다형성교아종(Glioblastoma Multiformae): 분류가 어려운 교세포의 종양 성상세포종(Astrocytoma): 성상세포의 종양 뇌실상의종(Ependymoma): 뇌실 안쪽 벽에 있는 상의세포에 생긴 종양 수아종(Medulloblastoma): 제4뇌실 천정에 있는 세포에 생긴 종양 희소돌기교세포종(Oligodendrocytoma): 희소돌기교세포의 종양
수막종(Meningioma): 뇌막의 종양
하수체선종(Pituitary adenoma): 뇌하수체 호르몬 분비 세포의 종양
신경초종(Neurinoma): 슈반세포 또는 뇌신경을 싸고 있는 결합조직의 종양
전이성 암(Metastatic carcinoma): 일차 종양의 특성에 따라 달라짐
혈관종(Angioma): 혈관세포의 종양
송과종(Pinealoma): 송과선의 종양

종양은 종종 **전이**metastases를 일으킨다. 전이성 종양은 세포를 떨어뜨리고, 이 세포가 혈류를 따라 순환하여 모세혈관에 머무르다가 신체의 다른 부위에서 새로운 종양을 만드는 종자로 사용된다.

종양은 압박과 침투라는 두 가지 방식으로 뇌조직을 손상시킨다. 악성이든 양성이든 뇌에 생긴 모든 종양은 신경학적 증상을 일으킬 수 있고 환자의 생명에 위협을 줄 수 있다. 양성 종양이라 하더라도 일정한 공간을 차지하게 되므로 뇌를 압박하게 된다. 이러한 압박이 직접적으로 뇌조직을 손상시킬 수도 있고, 간접적으로는 뇌척수액의 흐름을 방해하거나 뇌수종을 일으킴으로써 손상을 입힐 수 있다. 악성 종양은 더 나쁜 경우로, 압박과 침투를 모두 유발한다. 이들은 자라나면서 주변 세포에 침투하여 세포를 죽인다.

뉴런에서는 종양이 생기지 않는데, 이는 성숙한 뉴런은 세포분열을 하지 못하기 때문이다. 종양은 뇌에 있는 다른 종류의 세포에서 생겨나거나, 다른 신체부위에서 생겨서 뇌로 전이된다. 가장 흔한 뇌종양의 종류를 표 14.1에 제시하였다(표 14.1 참조). 가장 심각한 유형의 종양은 전이성 종양과 **신경교종**glioma(여러 종류의 교세포에서 발생하는 종양)인데, 이들은 대부분 악성이며 빠른 속도로 자라난다. 어떤 종양은 방사선에 민감하여 방사선에 노출되면 파괴된다. 일반적으로 신경외과의사들은 먼저 종양을 최대한 외과적으로 제거한 후에, 나머지 종양세포를 방사선으로 치료한다.

악성 뇌종양이 아주 희귀한 세포집단에 의해 발생한다는 증거가 있다(Hadjipanayis and Van Meir, 2009). 악성 신경교종은 **종양-개시 세포**tumor-initiating cells를 가지고 있는데, 이 세포는 신경 줄기세포가 전환될 때 만들어진 것이다. 이 세포는 매우 빨리 증식하여 신경교종으로 자란다. 이 세포는 대부분의 다른 종양세포보다 화학요법이나 방사선 요법에 대한 저항이 훨씬 더 크기 때문에, 신경교종이 있는 환자들의 생존율은 매우 낮다.

머리말에서 기술한 부인은 갑작스럽게 발작을 한 것으로 보아 일차운동피질의 꼭대기 부근에 종양이 있었던 것으로 추측된다. 실제로 그녀의 종양은 **수막종**meningioma으로, 경막이나 지주막을 구성하는 세포에서 양성 종양이 생긴 것이다. 이러한 종양은 두 대뇌반구 사이의 경막이나, 후두엽과 소뇌 사이의 얇은 경막층인 천막을 따라 나타나는 수가 많다(그림 14.1 참조).

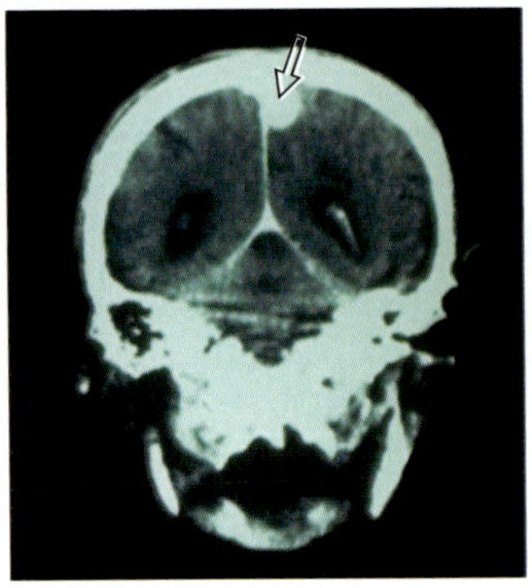

그림 14.1 수막종. 뇌 CT 스캔에서 수막종(화살표로 표시된 둥근 흰점)이 있는 것을 볼 수 있다.

J. McA. Jones.

발작장애

과거의 부정적인 의미 때문에 의사들은 간질(epilepsy)이라는 용어를 좋아하지 않는다. 그 대신 다양한 원인이 있는 상태들을 지칭하기 위해 **발작장애**seizure disorder라는 명칭을 사용한다. 발작장애는 뇌졸중 다음으로 중요한 신경학적 질병이다. 현재 약 250만 명의 미국인이 발작장애를 가지고 있다. 발작(seizure)이란 갑작스럽게 대뇌 뉴런이 한동안 과도하게 활성화되는 것이다. 때때로 운동계가 포함되는 경우, 발작은 심한 **경련**convulsion(통제할 수 없는 격렬한 근육활동)을 일으키기도 한다. 그러나 모든 발작이 경련을 일으키는 것은 아니며, 실제로 대부분의 발작에는 경련이 나타나지 않는다. 고대 종교적 관점에서는 발작이 신의 처벌 또는 악마의 짓이라고 여겼다. 그러나 B.C. 5세기 초 히포크라테스가 머리에 부상을 입은 병사나 검투사들이 자신이 보아 왔던 환자들과 비슷한 발작을 일으킨다는 것을 지적하였고, 이는 발작이 신체적 원인 때문이라는 것을 시사해 주는 것이다(Hoppe, 2006).

표 14.2에 중요한 발작장애를 요약해 놓았다. 두 가지 주된 구분은 부분발작과 전체발작, 그리고 단순발작 및 복합발작으로 나누는 것이다. **부분발작**partial seizure은 병소(focus)가 분명히 제한된 것으로, 대개 과거의 외상으로 생긴 흉터부위 또는 혈관 기형과 같은 발달적 이상 부위가 병소가 된다. 이 경우 발작을 일으키는 뉴런은 뇌의 작은 부분에만 국한된다. **전체발작**generalized seizure은 광범위한 것으로서 뇌의 대부분이 관련된다. 대부분의 경우 발작은 한군데 국소적인 병소에서 시작하지만, 발생부위가 발견되지 않는 경우도 있다. 단순발작과 복합발작은 부분발작의 두 가지 범주이다. **단순부분발작**simple partial seizure은 흔히 의식의 변화를 초래하지만, 의식을 상실하지는 않는다. 반면에 **복합부분발작**complex partial seizure은 독특한 병소 위치와 심각성 때문에 의식을 잃게 한다(표 14.2 참조).

표 14.2 발작장애의 분류

Ⅰ. 전체발작(두드러진 국소적 발생이 없음)
- A. 강직-간헐성 발작(대발작)
- B. 결여발작(소발작)
- C. 이완성(근긴장의 상실, 일시적 마비)

Ⅱ. 부분발작(단일 병소에서 시작)
- A. 단순발작(의식의 변화는 없음)
  1. 국소적 운동발작
  2. 운동발작, 발작이 일차운동피질을 따라 확산됨에 따라 순차적 운동이 수반됨.
  3. 감각발작(체감각, 시각, 후각, 전정감각)
  4. 정신발작(강요된 사고, 공포, 분노 등)
  5. 자율발작(땀 분비, 타액 분비 등)
- B. 복합발작(의식의 변화가 수반됨)
  위의 1~5 증상을 모두 포함

Ⅲ. 전체피질발작으로 진행되는 부분발작(단순 혹은 복합): ⅡA 또는 ⅡB로 시작하여 대발작이 됨.

가장 심각한 형태의 발작은 **강직-간헐성 발작**tonic-clonic seizure(흔히 대발작)이다. 이것은 전반적인 발작으로서, 뇌의 운동계가 포함되기 때문에 경련을 동반한다. 흔히 대발작이 일어나기 이전에, 환자들은 기분상태가 변화하거나 갑작스럽게 근육경련이 일어나는 등 경고 증상을 경험한다고 한다. (보통 사람들도 잠자는 동안에 간혹 이러한 근육경련을 경험하기도 한다.) 발작이 일어나기 불과 몇 초 전에는 흔히 **전조**aura를 경험하는데, 이는 발작의 병소 주변에 있는 뉴런의 흥분 때문에 일어나는 현상인 것 같다. 이와 같은 흥분은 바로 그 부위에 전기자극을 가한 것과 같은 효과를 일으킨다. 전조의 특성은 병소의 위치에 따라 다르다. 예를 들어, 측두엽의 구조물은 정서행동을 조절하는 데 관여하므로, 이곳에서 발작이 시작되면 종종 불안이나 공포감, 또는 행복감과 함께 시작된다.

강직-간헐성 발작이 시작되는 단계를 **강직기**tonic phase라고 한다. 이 시기에는 환자의 모든 근육이 강하게 수축한다. 팔은 뻣뻣하게 밖으로 뻗쳐지고, 내장근육의 강한 수축으로 폐의 공기가 내뿜어지면서 자기도 모르게 소리를 지르게 된다. (이때 환자들은 의식을 잃게 된다.) 약 15초 동안 이러한 경직된 자세가 계속된 후에 **간헐기**clonic phase가 시작된다(*clonic*은 '요동치다'라는 뜻이다). 근육이 약간 떨리다가 심한 경련이 일어나는데, 처음에는 빠르게 일어났다가 점차 느려진다. 그러는 동안 안구가 움직이고 환자의 얼굴이 심하게 일그러지며 혀를 깨무는 수도 있다. 자율신경계의 활동도 왕성해져서 땀과 침을 흘리게 된다. 약 30초 정도 지나면, 환자의 근육이 이완되며 그런 다음에야 호흡이 정상으로 되돌아온다. 그 후 환자는 인사불성의 무반응 수면상태에 빠지며, 이 상태가 약 15분간 지속된다. 그 후 환자는 잠시 깨어나는 수도 있으나, 대개는 너무 지쳐서 다시 잠이 들고 몇 시간 동안 계속 잠을 잔다.

다른 종류의 발작은 별로 극적이지 않다. 부분발작은 뇌의 비교적 작은 영역에서만 일어나며, 그 증상으로는 감각 변화와 운동활동 또는 두 가지가 모두 나타난다. 예를 들어, 운동피질 근처에서 시작된 단순부분발작은 흥분이 중심전회를 따라 퍼져 나가면서 처음에는 신체의 한 부분에서만 시작해서 경련이 신체 전체로 퍼져 나가게 된다. 머리말에서 수막종에 의해 발생한 이러한

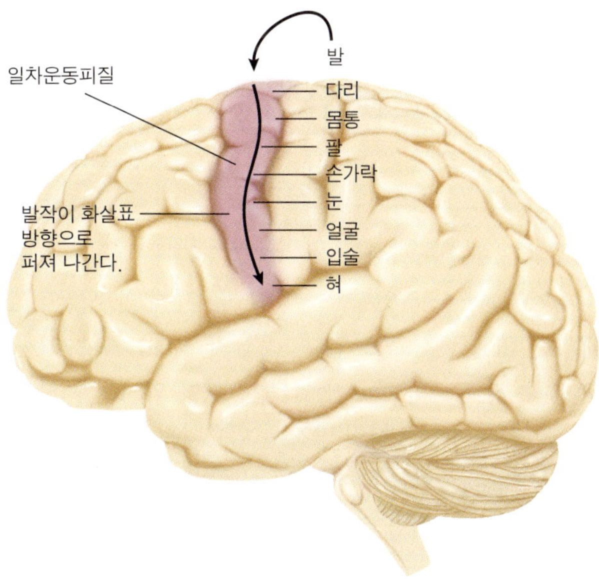

그림 14.2 일차운동피질과 발작. R 부인의 발작은 일차운동피질의 발 영역에서 시작하였으며, 발작이 퍼져 나감에 따라 다른 신체부위도 영향을 받았다.

경련의 진행을 서술하였다. 처음에는 종양이 좌반구 일차운동피질의 '발' 영역을 압박하였다. 발작이 시작되자 오른쪽 발에 경련이 일어났고, 차츰 다른 신체부위로 경련이 번져 갔다(그림 14.2 참조). R 부인의 첫 번째 발작은 단순부분발작이었으나, 두 번째 것은 의식을 상실하였으므로 훨씬 더 심각한 복합부분발작으로 분류되어야 한다. 후두엽에서 시작하는 발작은 얼룩무늬나 섬광, 또는 일시적인 시각상실 등과 같은 시각과 관련된 증상을 일으킬 수 있다. 두정엽에서 시작하는 발작은 바늘로 찌르는 것 같은 통증, 뜨거움이나 차가움과 같은 체감각을 일으킨다. 측두엽에서 시작하는 발작은 과거의 기억과 관련된 환각을 일으키기도 하는데, 아마도 흥분이 번져 감에 따라서 그러한 기억과 관련된 신경회로가 활성화되는 것 같다. 발작의 위치와 정도에 따라 환자는 의식을 잃을 수도 있고 아닐 수도 있다.

아동은 발작장애에 특히 취약하다. 강직-간헐성 발작을 보이는 경우는 드물며, **결여**absence발작이라는 아주 짧은 발작을 보이는 경우가 대부분이다. **전체발작장애**인 결여발작이 일어나면, 아동은 하던 것을 멈추고 몇 초 동안 먼 곳을 응시하며, 눈을 계속 깜박거린다[이러한 발작을 소발작(petit mal seizure)이라고도 한다]. 이때 아이들은 무반응 상태가 되며, 대체로 자신의 발작을

알아채지 못한다. 결여발작은 하루에도 수백 번씩 일어나기 때문에 그런 아동은 학교생활에 방해를 받게 된다. 불행하게도 이러한 아동 중 많은 수가 제대로 진단받지 못하고 주의 산만이나 동기결핍으로 오해를 받고 있다.

발작은 심각한 결과를 가져올 수 있는데, 심하면 뇌손상을 일으킬 수도 있다. 발작장애를 가진 환자들의 약 50%는 해마 손상을 보인다. 손상의 정도는 환자의 발작 횟수 및 정도와 관계가 있다. 환자가 의식을 찾지 못한 채 몇 번의 연속적인 발작을 일으키는 **간질중첩상태** status epilepticus의 경우 한 번의 발작만으로도 해마에 심각한 손상이 일어날 수 있다. 이러한 해마 손상은 발작 동안 글루타메이트가 과도하게 방출되기 때문인 것으로 보인다(Thompson et al., 1996).

발작에는 여러 가지 원인이 있다. 그중 가장 흔한 것이 뇌 속의 상처조직으로 인한 것인데, 이러한 상처는 외상, 뇌졸중, 뇌의 발달 이상, 또는 자라나는 종양에 의한 자극 효과 때문에 생길 수 있다. 외상으로 인해 발작이 일어나기까지는 상당한 시간이 소요된다. 흔히 교통사고로 인한 머리외상 환자들은 몇 달이 지난 후에야 발작을 일으키기 시작한다.

또한 여러 가지 약물이나 고열을 일으키는 감염이 발작을 일으킬 수 있다. 아동에게는 고열로 인한 경우가 가장 많은데, 5세 이하 아동의 약 3%가 고열로 인한 발작을 경험한다(Berkovic et al., 2006). 덧붙여서, 알코올 중독자나 바르비투르산염 중독자가 갑자기 약물을 끊으면 발작이 일어난다. 알코올이나 바르비투르산염의 억제 효과가 갑자기 사라지면 뇌가 과잉 흥분 상태에 놓이게 되는 것이다. 실제로 이러한 상태는 치명적일 수도 있기 때문에 의학적으로 응급 상황이다.

유전적 요인도 발작장애의 발병에 영향을 준다(Berkovic et al., 2006). 발작장애에 영향을 주는 것으로 확인된 유전자 대부분이 이온통로의 생산을 통제하는데, 이온통로가 신경 세포막의 흥분성을 통제하고 활동전위의 전파를 담당한다는 사실을 생각하면, 이것은 놀라운 것이 아니다. 그러나 대부분의 발작장애는 비유전적 요인에 의해 유발된다. 과거에 많은 사례는 **특발성**(idiopathic; 알려지지 않은 원인, 또는 '스스로 고통받는') 질환으로 간주되었다. 그러나 해상도와 민감도가 훨씬 높은 MRI가 개발되면서 발작을 촉발시키는 작은 뇌의 비정상까지도 쉽게 관찰할 수 있게 되었다.

발작장애는 항경련제를 사용하여 치료하는데, 이 약물의 대부분은 억제성 시냅스의 효율성을 증가시키는 작용을 한다. 이 약은 대부분의 발작장애에 효과가 있기 때문에 환자는 정상적인 생활을 영위할 수 있다. 그러나 어떤 경우에는 약이 거의 또는 전혀 도움을 주지 못한다. 때로는 발작병소가 계속 흥분하고 있어서 약물치료에도 불구하고 뇌수술을 해야 하는 경우가 있다. 의사들은 병소(대부분의 경우 내측측두엽) 주변의 뇌 영역을 제거한다. 대부분의 환자는 수술에서 잘 회복하며, 발작이 없어지거나 그 빈도가 상당히 감소한다. 머리말에서 기술한 R 부인은 다른 경우이다. 그녀의 경우에는 수막종을 제거함으로써 발작의 근원을 없앴고, 발작은 더 이상 일어나지 않았다. 건강한 뇌조직은 하나도 제거하지 않았다.

뇌혈관장애

뇌혈관장애, 즉 **뇌졸중**(strokes)의 결과에 대해서는 이미 앞에서 살펴보았다. 예를 들어, 뇌졸중이 지각, 정서의 재인과 표현, 기억, 그리고 언어 등에 결함을 일으킬 수 있다. 이 절에서는 그 원인과 치료에 대해서만 논하기로 한다.

미국에서 뇌졸중의 발생은 연간 약 750,000건에 이른다. 뇌졸중 발생 경향성은 연령과 관계가 있다. 45세 이후에 뇌졸중의 발생 확률은 10년마다 2배로 증가하고, 75세 이후로는 매년 1~2%씩 증가한다. 뇌졸중의 유형은 크게 보면 두 가지인데, **출혈성** 뇌졸중과 **허혈성** 뇌졸중이다. **출혈성 뇌졸중** hemorrhagic strokes은 주로 혈관 기형이나 고혈압에 의한 혈관 약화로 인해 뇌 안에서 출혈이 생기는 것이다. 문제가 생긴 혈관부위에서 새어 나온 혈액이 뇌 안에 고이면서, 주위의 뇌조직을 압박하여 그 부분을 손상시킨다. **허혈성 뇌졸중** ischemic storkes은 혈관 내의 혈전이나 색전 때문에 뇌혈관이 막혀서 혈액의 소통이 중단된 경우이다.[특정영역에 혈액이 상실된 것을 **빈혈**(ischemia)이라 하는데, 이것은 그리스어로 '걸어 들이다'라는 뜻의 *ischein*과 '혈액'이라는 뜻의

*haima*에서 유래된 것이다.] **혈전**thrombus이란 혈관 내에 생긴 피의 응고물로서, 특히 혈관 벽이 이미 손상되어 있는 곳에 주로 생긴다. 혈전이 너무 크면 혈관이 막혀서 혈액의 소통이 차단되므로 뇌졸중이 일어나게 된다. 혈전에 취약한 사람에게 종종 아스피린과 같은 약물을 처방하는데, 이 약은 혈액의 응고를 방지하는 데 도움이 된다. **색전**embolus이란 혈관 내에서 생성된 물질을 말하는데, 이것은 잘게 부서져서 혈류를 타고 떠다니다 더 이상 통과할 수 없을 정도로 가느다란 동맥까지 운반된다. 색전은 거기에 머무르면서 그 동맥에서 뻗어 나가는 혈관의 가지들을 모두 막아 버린다. 색전은 여러 가지 종류의 물질로 이루어지는데, 심장 내벽의 감염으로 인한 박테리아 조각일 수도 있고, 커다란 혈전에서 떨어져 나온 조각일 수도 있다. 다음 절에서 다시 논하겠지만, 색전은 뇌가 박테리아에 감염되도록 만들 수도 있다 (그림 14.3 참조).

뇌졸중은 영구적인 뇌손상을 일으키지만, 손상된 혈관의 크기에 따라 손상의 정도는 경미한 것에서 심각한 것까지 다양하다. 고혈압에 의한 출혈성 뇌졸중인 경우에는 혈압을 낮추기 위한 약물을 처방한다. 그러나 혈관의 약화나 기형에 의한 뇌출혈인 경우에는 또 다른 출혈을 막기 위해 문제의 혈관을 폐쇄하는 뇌수술을 한다. 혈전이 원인인 경우, 그리고 환자가 최대한 빨리 의료장비와 의사가 잘 갖추어진 뇌졸중 치료센터에 오면, 혈전을 녹이는 약물을 처방하거나 수술로 혈전을 제거할 수 있다. 즉각적인 처치를 할 수 없다 하더라도, 추가적인 뇌졸중의 발생 가능성을 감소시키기 위해 혈액 응고를 방지하기 위한 항응혈제를 처방할 수 있다. 박테리아 감염에 의한 색전성 뇌졸중의 경우에는 감염을 막기 위해 항생제를 투여한다.

뇌에 혈액 공급이 차단되었을 때 뉴런이 죽는 원인은 정확하게 무엇일까? 단순하게는 뉴런이 대사에 필요한 산소와 영양분을 공급받지 못해서 굶어 죽는 것이라고 생각할 수 있다. 그러나 연구에 의하면 뉴런이 죽는 직접적인 원인은 과다한 양의 글루타메이트 때문인 것으로 나타났다. 다시 말해서, 뇌 혈류의 차단으로 인한 뇌손상은 사실은 흥분성 독 손상으로, 이는 실험실에서 카이닌산과 같은 화학물질로 동물의 뇌를 손상시키는 것과 같은 이치이다(Koroshetz & Moskowitz, 1996 참조).

연구자들은 뇌졸중에 의한 뇌손상을 최소화시키기 위한 방법을 연구해 왔다. 한 가지 접근법은 뇌의 빈혈부위의 혈액순환을 회복시키기 위해 혈전을 용해시키는 약물을 처방하는 것이다. 이 접근은 다소 성공적이었다. 뇌졸중이 발생한 후 tPA(tissue plasminogen activator)라는 혈전 용해제를 투여하면 확실히 효과적이며, 특히 3시간 이내에 주어졌을 경우 더 효과적이라는 것을 발견하였다(NINDS, 1995). tPA는 혈전 형성에 관여하는 단백질인 피브린(fibrin)을 녹이게 하는 효소이다.

최근 연구 결과 비록 tPA가 혈전을 녹이고 뇌의 혈액순환을 회복시키는 도움을 주지만, 동시에 중추신경계에 유해한 영향을 끼치는 것으로 밝혀졌다. tPA는 혈뇌장벽을 지나 간질액에 도달하면 신경독성 물질이 된다.

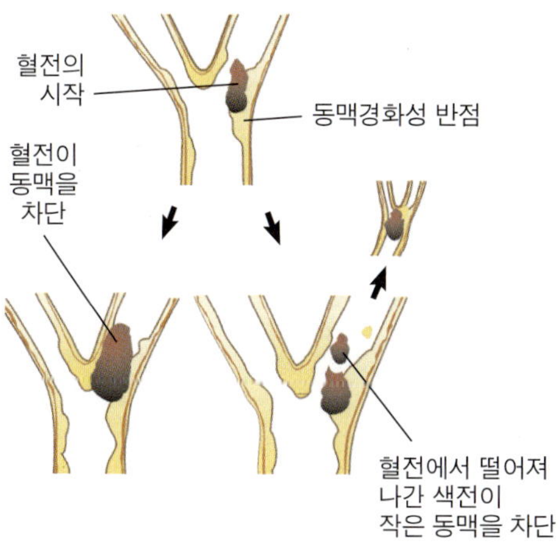

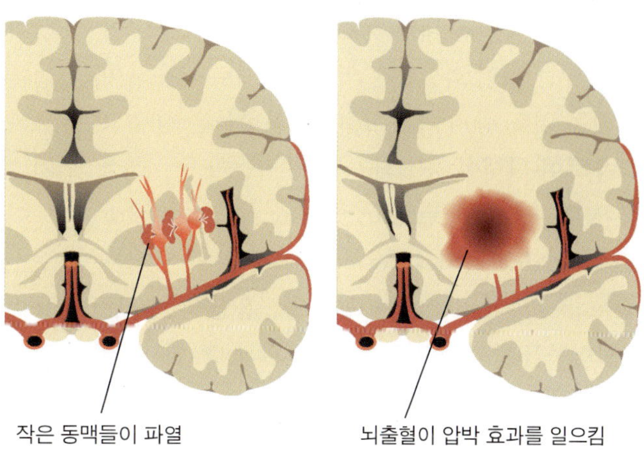

그림 14.3 뇌졸증. (a) 혈전과 색전의 형성, (b) 뇌출혈

동물이나 인간을 대상으로 한 연구 결과, 운동이나 감각자극이 뇌손상으로 인해 상실된 기능을 회복하는 데 도움을 주는 것으로 밝혀졌다.

Paul Conklin/PhotoEdit, Inc.

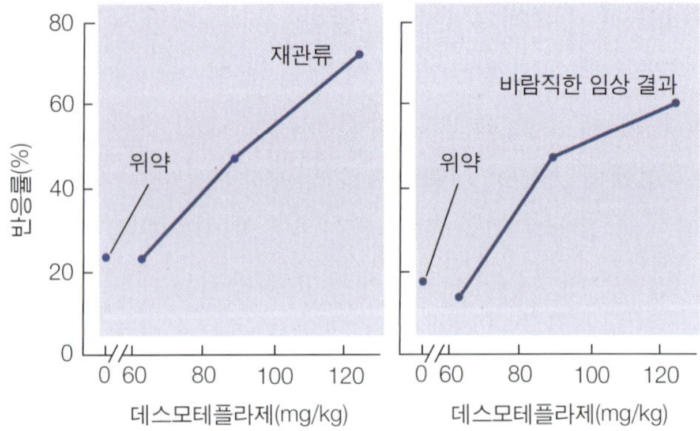

그림 14.4 뇌졸중 치료에서 데스모테플라제. 이 그림은 데스모테플라제와 위약이 손상된 영역에 대한 대뇌혈류 회복(재관류)과 바람직한 임상적 결과에 미치는 효과를 나타낸다.

Based on data from Hacke, W., Albers, G., Al-Rawi, Y., et al. *Stroke*, 2005, *36*, 66–73.

혈뇌장벽이 손상되는 심각한 뇌졸중의 경우 tPA는 흥분독성을 증가시키고, 혈뇌장벽을 더욱 손상시켜 뇌출혈을 일으킬 수 있다(Benchenane et al., 2004; Klaur et al., 2004; Medcalf, 2011). tPA가 혈류를 재빨리 회복시키는 경우, 혈뇌장벽이 손상될 가능성은 줄어들고, 그 효소는 순환계 속에 남아 있고, 유해 효과는 나타나지 않는다.

모두 알고 있듯이 흡혈박쥐는 다른 정온동물의 피를 먹고 산다. 이들은 날카로운 이빨로 잠자는 다른 동물의 피부에 작은 구멍을 내어 혀로 피를 핥아먹는다. 이들의 침에 있는 어떤 화합물은 국소마취제로 작용하여 동물이 깨는 것을 방지한다. 또 다른 화합물은 항응고제로 작용하여 혈액이 응고되는 것을 막는다. 이 효소의 이름은 *Desmodus rotundus plasminogen activator* (DSPA)로 **데스모테플라제**(desmoteplase)로도 알려져 있다. (*Desmodus rotundus*는 라틴어로 흡혈박쥐를 뜻한다.) 실험동물을 대상으로 한 연구 결과 tPA와 달리 데스모테플라제는 뇌 속에 직접 주입하여도 흥분독성 손상을 유발하지 않는다(Reddrop et al., 2005). 데스모테플라제의 효과에 관한 2단계 위약통제, 이중맹목 임상실험 결과(Hacke et al., 2005), 뇌졸중 발생 9시간 이내에 데스모테플라제를 투여하면 대다수의 환자에게서 혈류가 회복되고 증상이 감소되는 것으로 밝혀졌다(그림 14.4 참조).

또한 큰 대뇌혈관의 폐색은 기계적인 방법으로 제거할 수 있다(Frendl and Csiba, 2011). 두 가지 종류의 의료도구가 개발되었다. 두 가지 도구 모두 폐색 부위에 다다를 때까지 대뇌혈관 속으로 삽입한다. 한 가지 유형은 마치 코르크 따개처럼 도구가 폐색을 붙잡으면 의사는 그것을 잡아 빼낸다. 다른 유형의 도구는 흡입 방식이다. 도구의 끝 부분이 폐색에 닿으면, 진공펌프를 작동시켜 혈전을 빨아낸다. 이런 방법의 단점은 작은 혈전에 접근하기가 어렵고, 이러한 기계적 제거 방법이 혈관 천공을 일으킬 수 있다는 것이다. 이러한 방법들을 사용한 결과 흡입장비를 사용하는 것이 임상적 효과가 더 크고 대뇌 출혈을 덜 일으키는 것으로 알려져 있다.

어떻게 하면 뇌졸중을 예방할 수 있을까? 고혈압, 흡연, 당뇨, 높은 콜레스테롤 수치 등의 위험요소들은 약물이나 생활습관을 바꾸는 것으로 줄일 수 있다. 이러한 위험요소를 줄이기 위한 방법은 잘 알려져 있어 여기에서 설명할 필요는 없을 것으로 보인다. 동맥의 내벽에 콜레스테롤, 지방, 칼슘, 세포의 쓰레기 등으로 이루어진 플라크층이 생기는 과정인 **동맥경화**(atherosclerosis)는 심장마비(심근경색)와 허혈성 뇌졸중의 전조로

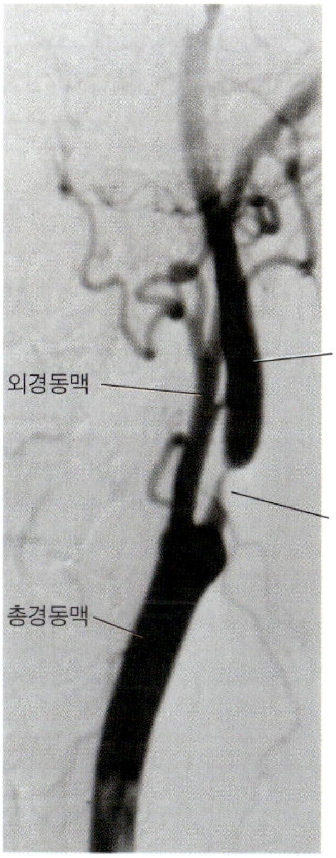

그림 14.5 동맥경화성 반점. 이 혈관조영사진은 동맥경화성 반점에 의한 내경동맥 폐색을 보여 준다.

From Stapf, C., and Mohr, J. P. *Annual Review of Medicine*, 2002, *53*, 453–475. Reprinted with permission.

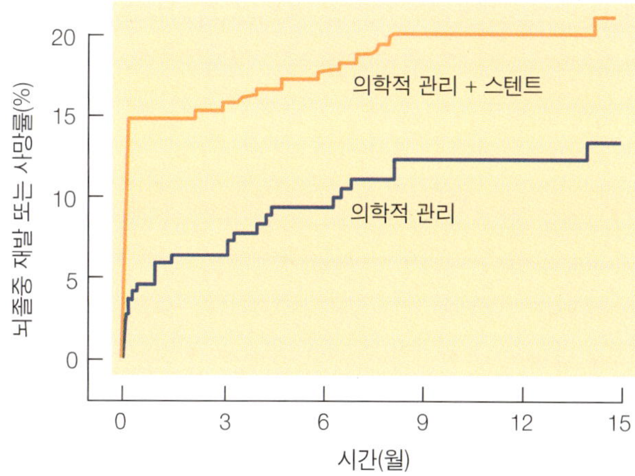

그림 14.6 경동맥 스텐트의 효과. 이 그림은 경동맥 스텐트를 삽입한 후 15개월 내에 뇌졸중 발병률과 사망률이 의학적 관리만 받은 환자보다 더 높은 것을 보여 준다.

Based on data from Chimowitz et al., 2011.

서, 뇌와 심장혈관의 동맥경화성 반점 주변에 형성되는 혈전에 의해 유발된다.

가끔 대뇌반구에 가장 많은 혈액을 공급하는 내경동맥에 동맥경화성 반점이 생긴다. 이 반점들은 동맥 내부를 매우 좁게 만들어 심각한 뇌졸중의 발생 위험을 증가시킨다. 이러한 좁아진 부분은 방사선 불투과성 염료를 혈액에 주입하고 컴퓨터 X선 촬영기로 관찰하는 혈관 조영술을 통해 눈으로 볼 수 있다(그림 14.5 참조). 만약 혈관이 좁아진 정도가 심하면 **경동맥 내막절제술**(carotid endarterectomy)을 할 수 있다. 외과의는 경동맥이 나오도록 목 부위를 절개하고, 동맥에 분류기를 삽입한 후 동맥을 잘라 열고, 반점을 제거한 후 다시 동맥을 봉합한다(물론 목도 봉합한다). 경동맥 절제술은 75세 이하 환자들의 뇌졸중 발생 위험을 50% 정도 감소시켜 주는 것으로 나타났다.

또 다른 수술법은 심하게 좁아진 경동맥에 스텐트(stent)를 넣는 것이다(Yadav et al., 2004). 동맥 스텐트는 부분적으로 막힌 동맥을 확장시켜 열어 주기 위해 금속 그물로 만든 삽입 가능한 장치이다. 이 도구는 처음에 심장으로 가는 동맥을 치료하기 위해 개발되었고, 나중에 관상동맥 치료에 사용하기 위해 개량되었다. 스텐트는 유연한 플라스틱 튜브인 카테터(catheter) 안에 접혀 있는 탄력성 있는 금속으로 된 그물 튜브이다. 외과의사는 서혜부의 대동맥을 절개하고, 스텐트가 경동맥의 막힌 부위에 도달할 때까지 대동맥을 따라 목까지 카테터를 삽입한다. 카테터를 빼면, 스텐트는 확장되어, 동맥의 좁아진 부위가 열린다.

경동맥 스텐트가 무조건적 승인을 받기 전에, 미국 정부의 지원으로 이루어진 연구에서 스텐트 시술을 통해 상태를 호전시키고자 원하는 지원 환자들을 무선적으로 두 집단 그리고 공격적인 의료 처치 더하기 스텐트 조건 또는 공격적인 의료처치만 하는 조건 중 한 조건에 배정하였다. 스텐트를 사용하여 경동맥을 확장시키는 데 성공한 것을 근거로, 연구자들은 이 연구가 경동맥 스텐트의 성공을 보여 주는 것이라 기대했다. 그러나 불행하게도, 스텐트 시술을 받은 환자들에서 뇌졸중 발생 사례가 더 많았고 사망률도 더 높았다(그림 14.6 참조).

그림 14.6은 이 책에서 신경계가 포함된 장애를 효과

적으로 치료하는 데 실패한 결과를 보여 주는 유일한 그림이다. 이 책의 이전 판에서 스텐트 시술 과정을 더 자세하게 설명하였고 연구자들은 이러한 최근에 개발된 시술이 경동맥 내막절제술(carotid endarterectomy)보다 훨씬 안전하고 효과적이라는 희망을 가지고 있다고 서술하였다. 이 개정판에서 스텐트 시술 절차에 대한 언급을 그냥 빼기보다는, 의학적 치료 효과를 평가할 때 과학적 연구의 중요성을 강조하기 위하여 무선화된 연구와 결과 그림을 제시하였다. 외과 의사와 병원은 최소한 2만 달러 이상의 비용이 드는 표준적인 경동맥 스텐트 시술을 할 준비가 되어 있지만, 오히려 사망률은 증가하였다. 어떤 치료법이 아무리 그럴듯하고 합리적인 것처럼 보여도 과학적 연구만이 그 가치를 확증할 수 있다.

뇌손상의 위치에 따라 뇌졸중 환자는 기능장애를 회복시키기 위하여 물리치료를 받기도 하고 언어치료를 받기도 한다. 몇몇 연구는 운동과 감각자극이 뇌손상의 영향으로부터 회복을 촉진시켜 준다는 것을 보여 주었다(Cotman, Berchtold, and Christie, 2007). 예를 들어, Taub 등(2006)은 한쪽 팔과 손에 장애가 있는 뇌졸중 환자들을 연구하였다. 이들은 환자들이 14일 동안 장애가 있는 팔을 온전한 팔에 걸어 움직이도록 하였다. 위약 집단은 동일한 기간 동안 인지치료, 이완, 피트니스 운동을 하게 하였다. 이 시술[**강제-유도 운동치료**(constraint-induced movement therapy)]은 일차운동피질의 연결을 바꿈으로써 장기적으로 장애가 있는 팔의 사용능력을 향상시켰다(Liepert et al., 2000.)(그림 14.7 참조).

어떤 뇌손상 또는 척수 손상의 경우, 환자들은 집중적인 치료 후에도 사지 운동을 제대로 할 수 없다. 연구자들은 이런 환자들이 유용한 활동을 할 수 있게 해주는 전자 기계 장치를 통제할 수 있는 뇌-컴퓨터 인터페이스 장치를 개발하고자 하였다. 그런 인터페이스 개발자들은 환자의 운동피질에 직접 미세전극을 이식하고 뇌파의 변화를 측정하기 위해 두피에 표면전극을 부착하였다. 아직까지 실험 중인 이 장치는 환자들이 인공 손을 움직이고, 다관절 로봇 팔을 움직이고, 컴퓨터 화면의 커서를 움직이고, 컴퓨터를 작동할 수 있게 해준다(Wolpaw and McFarland, 2004; Hochberg et al., 2006).

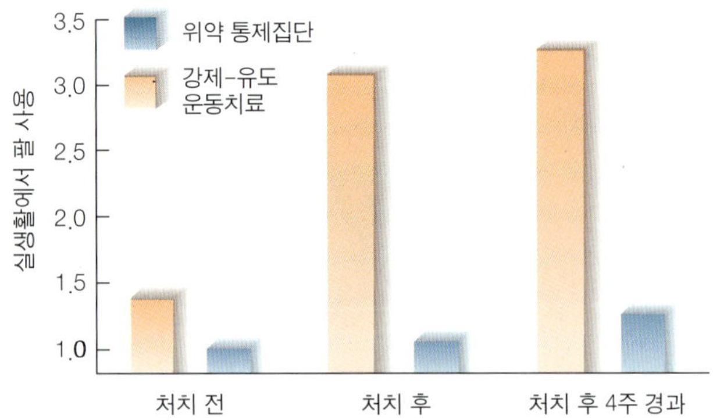

그림 14.7 강제-유도 운동치료. 이 그림은 강제-유도 운동치료와 위약치료가 뇌졸중에 의해 운동장애가 있는 사지의 운동에 미치는 효과를 보여 준다.

Based on data from Taub, E., Uswatte, F., King, D. K. et al. *Stroke*, 2006, *37*, 1045-1049.

외상성 뇌손상

외상성 뇌손상(traumatic brain injury, TBI)은 매우 심각한 건강 문제이다(Chen and D'Esposito, 2010). 미국에서만 TBI로 약 140만 명의 사람들이 응급실에서 치료받고 가며, 27만 명이 입원하고, 5만 2천명이 사망한다. 불행하게도 더 많은 사람이 뇌손상을 당하지만 진단을 받지 않는다. 손상으로 인한 사망원인 중 3위가 TBI이다. 외상성 뇌손상은 날카로운 물건이 발사되거나 떨어져서 두개골 골절을 일으키고, 그러한 물체나 부서진 두개골 조각에 의해 뇌가 손상되어 발생한다. 폐쇄성-머리 손상은 뇌를 침범하지 않지만, 이러한 손상 또한 심각한 부상을 일으키거나 사망에 이르게 한다.

침투성 뇌손상(개방-머리 손상)도 물체나 뼈에 의해 손상을 입은 뇌 부위에 분명히 영향을 준다. 더욱이, 혈관 손상은 뇌 부위로 가는 정상적인 혈류 흐름이 차단되고, 뇌 속에 혈액이 고이면 뇌 속의 압력이 증가하여 부가적인 손상의 원인이 된다. 폐쇄-머리 손상은, 예를 들어 뭉툭한 물체가 앞머리의 오른쪽을 때리면, 두개골 내부에서 강력한 충돌이 일어나 오른쪽 전두엽에 타박상을 입힌다. [이러한 뇌에 대한 강타를 **불의의 일격**(coup)라 한다.] 그러면 뇌는 반대방향으로 다시 튀면서 두개골의 왼쪽 뒷부분을 강타한다. [이런 강타를 **반격**(countercoup)이라 한다.] 많은 경우, 반격이 불의의 일격보다 더 큰 손상을 일으킨다.

폐쇄-머리 손상은 불의의 일격이나 반격보다 대뇌피질에 더 큰 손상을 일으킨다. 축색 다발이 찢어지고 꼬이며, 혈관이 파열되고, 뇌척수액이 뇌실 벽을 뒤틀어 버린다. 발작장애에 관한 절에서 본 것처럼, 외상성 뇌손상은 몇 개월 후 만성 발작장애를 수반할 수 있다. 외상성 뇌손상을 당할 위험이 가장 많은 사람은 참전군인, 권투 또는 미식축구 등의 운동선수들, 헬멧을 착용하지 않은 오토바이 운전자와 스키 타는 사람들이다.

심지어 가벼운 외상성 뇌손상 경우도 즉각적이고 두드러진 결함이 없더라도 나이가 들면서 결함이 나타날 위험이 증가한다. 예를 들어, 생애 초기에 머리에 충격을 받은 사람에게서 알츠하이머병이 발생할 가능성이 훨씬 더 높다. 뇌에 물리적 외상을 일으키는 것 외에도, 외상성 뇌손상은 외상을 입은 뇌조직에서 아데노신과 글루타메이트 수준을 증가시킨다. 글루타메이트가 증가하면 정상적으로는 소염제 역할을 하는 아데노신이 염증을 촉진하는 물질로 바뀌고, 그 결과 추가적인 손상이 나타난다. 글루타메이트의 방출을 억제하는 약물을 투여하면 아데노신의 역할이 이렇게 바뀌는 것을 막아 줄 수 있다(Dai et al., 2010).

외상성 뇌손상의 장기적인 행동적, 인지적 영향의 치료는 뇌혈관 사고로 인한 뇌손상을 치료하는 데 사용하는 것과 동일한 방법을 사용한다.

절 요약

종양, 발작장애, 뇌혈관장애, 외상성 뇌손상

신경학적 장애의 원인은 다양하다. 뇌종양은 뉴런이 아닌 다른 유형의 세포들이 급속도로 성장하기 때문이 생긴다. 종양에는 양성과 악성이 있다. 양성은 종양이 한정되어 있어 명확한 경계가 있기 때문에 수술을 통해 완전히 제거할 수 있다. 종양은 주변 뇌조직을 압박함으로써 손상을 가하며, 악성인 경우에는 뇌조직에 침투함으로써 손상을 일으킨다. 악성교종은 신경 줄기세포에서 분화된 종양-개시 세포를 가지고 있는데, 이것은 화학요법과 방사선에 대한 저항이 강하다.

발작은 뇌의 비정상적인 전기적 활동이 주기적으로 나타나는 것이다. 부분발작은 국소적인 병소에서 시작되는데, 이 병소는 과거에 입은 손상이나 종양에 의해 생긴 상처조직이다. 발작이 시작될 때, 가끔은 이상한 감각이나 기분의 변화와 같은 전조가 나타난다. 단순부분발작은 의식에 두드러진 변화를 일으키지 않지만, 복합부분발작은 의식의 변화를 일으킨다. 전체발작은 하나의 병소에서 시작될 수도 있고 그렇지 않을 수도 있지만, 뇌의 대부분이 관련된다. 어떤 발작에는 운동활동이 유발되기도 하는데, 가장 심각한 것은 강직-간헐성 발작의 전반적인 마비가 수반되는 경련이다. 경련은 뇌의 운동계가 개입되어 일어난다. 환자들은 처음 몇 초 동안에는 죽은 듯이 뻣뻣해지는 강직기를 경험하고, 그 후 경련이 일어나는 간헐적 경련기를 맞는다. 소발작이라고 하는 결여발작은 아동에게서 자주 나타나는데, 부수의와 일시적인 의식의 상실이 특징이다. 또한 지속적인 과량의 알코올 섭취 후 중단했을 때도 발작이 나타나는데, 이는 억제가 갑자기 풀렸기 때문이다. 발작은 항경련제로 치료하는데, 비정상적 병소에 의한 난치성 발작의 경우에는 통상 내측측두엽을 포함하여 발작수술로 치료한다. (발작수술은 이 장의 맺는말에 기술되어 있다.)

뇌혈관장애는 혈관의 파열이나 혈전 및 색전에 의한 혈관의 폐색으로 인해 뇌조직이 손상되는 것이다. 혈전이란 혈관 내부에 형성된 혈액의 덩어리이고, 색전은 혈류를 타고 떠다니다 동맥에 머무는 찌꺼기이다. 색전은 심실의 감염에서 비롯되는 수도 있고 혈전 조각일 수도 있다. 현재 뇌졸중의 가장 좋은 치료제는 혈전을 녹이는 약물을 투여하는 것이다. tPA(tissue plasminogen activator)는 반드시 뇌졸중이 발생한 후 3시간 이내에 주어져야 하며, 가끔은 이것 자체로 뇌손상을 일으키기도 하는 것으로 보인다. 흡혈박쥐의 침으로 분비되는 데스모테플리제라는 효소는 뇌졸중 후 9시간까지 효과가 있으며 뇌손상을 야기하지 않는 것으로 보인다. 뇌혈관이 막히지 않도록 혈전을 기계적으로 제거하는 방법들이 개발되고 있다. 경동맥 내막절제술은 경동맥을 막는 동맥경화성 플라크가 있는 사람들의 뇌졸중 발생을 줄일 수 있다. 불행하게도 경동맥 스텐트 삽입술은 이후 뇌졸중 발생 가능성을 증가시키는 것으로 밝혀졌다. 뇌졸중이 발생한 후에는 물리치료가 회복을 촉진시키고 환자의 장애를 최소화시킬 수 있다. 강제-유도 운동치료는 한쪽 운동피질의 손상으로 인한 사지의 운동을 회복시키는 데 특히 효과적인 것으로 보인다.

외상성 뇌손상은 심각한 문제이다. 폐쇄형-머리 손상에 의한 손상은 침투성 뇌손상보다 덜 두드러지지만, 두 가지 다 상당한 결함을 일으킬 수 있다. 경미한 외상성 뇌손상의 경우에도 나이가 들면 지속적 결함이 나타날 가능성이 증가하며 알츠하이머병 가능성이 증가한다. 외상성 뇌손상 증상을 감소시키기 위한 약물을 개발하고 있다.

생각해 봅시다

권투 경기에서 어떤 선수가 상대방의 머리를 아주 강하게 때려서 그 선수가 바닥에 쓰러져 의식을 잃게 했다면, 그 경기를 이길 것이다. 외상성 뇌손상의 결과에 대해 공부하였다면, 여러분은 이런 경기에 대해 어떻게 생각하는가?

발달장애

이 절에서 여러분은 임신 중에 독성 화학물질에 노출되거나 유전자에 이상이 있는 경우 태아의 뇌 발달이 심각한 영향을 받는다는 것을 보게 될 것이다. 어떤 경우에는 정신지체를 초래하기도 한다.

독성 화학물질

정신지체의 공통적인 원인은 임신 중 태아의 발달에 결함을 일으키는 독성물질이다. 예를 들어 임신 초기에 임산부가 풍진에 걸린 경우, 풍진 바이러스에서 방출되는 독성 화학물질이 정상적인 뇌 발달을 통제하는 화학적 신호를 방해하게 된다. 그러므로 건강관리를 잘하는 여성이라면 임신 중에 풍진에 걸리지 않기 위해서 미리 풍진 예방주사를 맞아야 한다.

바이러스가 만들어 내는 독성물질 이외에도 많은 약물들이 태아의 발달에 악영향을 미친다. 예를 들어 임신 중－특히, 3주에서 4주 사이－에 술을 마시면 정신지체아가 생길 수 있다(Sulik, 2005). 알코올 중독자 산모에게서 태어난 아이들은 대개 평균보다 몸이 작고 발달 또한 느리다. 많은 경우 이 아이들은 **태아 알코올 증후군**fetal alcohol syndrome을 보이는데, 얼굴이 비정상적으로 발달하고 뇌 발달에 결함이 있는 것이 특징이다. 그림 14.8에 태아 알코올 증후군을 가진 어린이의 얼굴 사진과 임신 동안 알코올을 먹인 어미 쥐의 태아, 정상 어미 쥐의 태아를 비교하였다. 사진을 보면 알코올이 두 종의 자손들에게 비슷한 영향을 미친다는 것을 알 수 있다. 물론 안면이상은 상대적으로 덜 중요한 편이다. 무엇보다 심각한 것은 뇌 발달의 이상이다(그림 14.8 참조).

자손의 정상적인 발달을 위해서도 여성들은 알코올 중독자가 되어서는 안 된다. 어떤 연구자들은 태아 발달의 결정적인 시기에는 단 한 번의 알코올 과다섭취로도 태아 알코올 증후군을 일으킬 수 있다고 주장한다. 이제 이러한 위험이 알려졌으므로, 임신한 여성들은 자신의 몸에서 또 다른 생명이 자라고 있는 동안에는 술(또한 의사가 처방한 것 이외의 모든 약물)을 절제해야 할 것이다.

유전적 대사장애

몇 가지 유전적 '대사 결함'도 뇌손상을 일으키거나 뇌 발달을 방해한다. 세포들이 정상적인 기능을 수행하기 위해서는 수많은 생화학적 체계들 간에 복잡한 상호작용이 이루어져야 한다. 이러한 체계는 특정 화학물질의 합성과 분해를 담당하는 효소에 의존한다. 효소는 단백질이므로 그것을 합성하기 위한 청사진을 가지고 있는 염색체의 기제에 의해 만들어진다. '대사 결함'이란 특정 효소를 만드는 방법에 문제가 생겨서 효소가 합성되지 못하는 유전적 비정상을 말한다. 만약 그 효소가 매우 중요한 것이라면 결과는 매우 심각할 수 있다.

최소한 백 가지 정도의 유전적 대사장애가 뇌 발달에

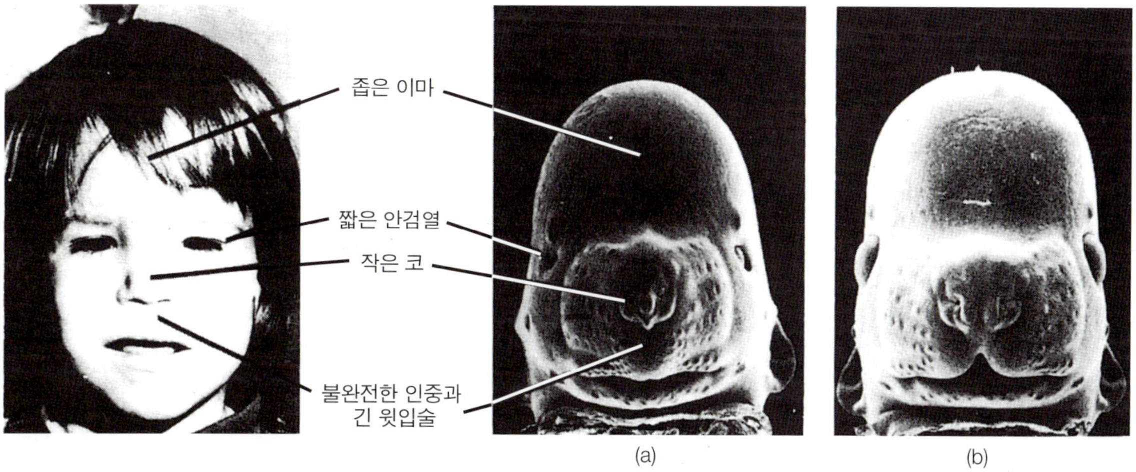

그림 14.8 태아 알코올 증후군의 얼굴기형. 태아 알코올 증후군을 가진 어린이와 쥐의 태아를 확대한 사진. (a) 임신 중에 알코올을 먹인 어미 쥐의 태아, (b) 정상 어미 쥐의 태아

Katherine K. Sulik.

영향을 미칠 수 있다. 그중 가장 흔하고 또 가장 잘 알려진 것이 **페닐케톤뇨증**phenylketonuria; PKU이다. 이 병은 페닐알라닌이라는 아미노산을 타이로신이라는 아미노산으로 전환시키는 효소가 선천적으로 부족한 경우에 생긴다. 혈액에 페닐알라닌이 지나치게 많으면 중추신경계에서 뉴런의 수초화가 방해를 받는다. 대뇌반구에서의 수초화는 거의 대부분 출생 이후에 이루어진다. 따라서 PKU를 지니고 태어난 유아가 페닐알라닌을 함유한 음식을 먹게 되면, 그 아미노산이 축적되어 뇌가 정상적으로 발달하지 못하게 된다. 그 결과 여섯 살이 되어도 IQ가 20 정도에 불과한 심한 정신지체아가 된다.

그러나 다행히도, PKU는 유아에게 페닐알라닌이 적게 함유된 음식을 먹이는 식이요법으로 치료가 가능하다. 이 식이요법은 혈중 페닐알라닌 수준을 낮게 유지하여 중추신경계의 수초화가 정상적으로 진행된다. 출생 직후 PKU라는 진단이 내려지면, 이는 유아의 뇌가 절대로 과량의 페닐알라닌에 노출되어서는 안 된다는 것을 의미한다. 따라서 많은 나라에서는 법적으로 모든 신생아에게 PKU검사를 의무적으로 실시하도록 하고 있다. 이 검사는 비용도 많이 들지 않고 정확하기 때문에 정신지체아를 예방하기 위해 유용한 절차이다.

일부 다른 유전적 대사장애들은 아직 제대로 치료되지 못하고 있다. 예를 들어, 동유럽 유대인 아동들에게 주로 나타나는 **테이-삭스병**Tay-Sachs disease은 뇌를 팽창시켜 두개골 내면이나 경막에 부딪쳐서 손상시킨다. 신경학적 증상은 생후 4개월경에 시작되는데, 소리에 대해 과장된 경악반응을 보이고, 생기가 없으며, 홍분을 잘하고, 경련과 발작, 치매 등의 증상을 보이다가 결국은 사망하게 된다.

테이-삭스병은 여러 가지 대사성 '저장'장애 중 하나이다. 모든 세포에는 막으로 둘러싸인 주머니 형태의 리소좀(분해효소)이 있다. 이들은 세포 내에서 쓰레기를 처리하는 시스템이다. 즉, 이 주머니에는 세포의 정상적인 활동과정에서 만들어진 노폐물을 분해하는 효소가 있다. 분해된 노폐물은 재활용되거나 세포에서 배출된다. 대사성 저장장애는 노폐물을 분해하는 데 필요한 중요한 효소가 한 가지 혹은 그 이상 결여된 유전적 대사장애이다. 분해효소가 없기 때문에 어떤 노폐물은 리소좀에서 파괴되지 못하고 축적된다. 노폐물이 축적되어 리소좀이 점점 커지면 세포도 따라서 점점 커지고, 결국은 뇌가 팽창하여 손상을 입게 되는 것이다.

유전적 대사장애를 연구하는 학자들은 그러한 질병을 예방하거나 치료할 수 있는 몇 가지 방법에 희망을 걸고 있다. PKU와 같은 일부 질병은 특정 물질을 피하는 식이요법으로 치료할 수 있다. 또 어떤 장애는 신체가 필요로 하는 물질을 투여하여 치료할 수 있다. 아직 치료법이 없는 질병들도 유전공학의 기법을 통하여 언젠가는 치료가 가능해질 것이다. 연구자들은 세포의 나머지 기능은 정상적으로 유지하면서 부족한 효소를 만드는 유전정보를 유아의 세포에 주입할 수 있는 유전자 조작된 바이러스가 개발되기를 바라고 있다.

다운증후군

다운증후군Down syndrome이란 뇌가 비정상적으로 발달하여 다양한 정도의 정신지체를 일으키는 선천적 장애이다. **선천적**(congenital)이라는 것이 반드시 **유전적**(hereditary)임을 의미하는 것은 아니다. 그것은 그 병을 가지고 태어남을 의미할 뿐이다. 다운증후군은 잘못된 유전자가 유전되었기 때문이 아니라 21번 염색체에 여분의 염색체가 하나 더 있기 때문이다. 사실 대략 300개 정도의 유전자가 들어 있는 21번 염색체의 조그만 부분이 결정적 영역이다(Belichenko et al., 2010). 이 증후군은 어머니의 나이와 밀접한 관련이 있다. 대부분의 경우 난자에 이상이 있어서 하나가 아닌 두 개의 21번 염색체가 만들어진다. 이런 상태에서 수정이 되면 아버지가 가지고 있는 21번 염색체와 합쳐져 21번 염색체는 두 개가 아니라 세 개가 된다. 이러한 여분의 염색체가 정상적인 뇌 발달을 방해하는 생화학적 변화를 일으키는 것 같다. 피하주사기로 임산부의 자궁에서 양수를 채취하는 **양수검사**(amniocentesis)가 개발됨으로써 태아 세포의 염색체 이상을 확인할 수 있게 되었고, 따라서 태아가 다운증후군을 가지고 있는지를 미리 알 수 있다.

1866년 John Langdon Down이 처음 소개한 다운증후군은 신생아 700명 중 1명꼴로 나타난다. 경험이 있는 사람들은 이 질병을 가진 환자를 알아볼 수 있다. 이들은 머리가 둥글고, 두껍고 돌출된 혀를 가졌으며 이로 인해 늘 입을 벌리고 있는 경향이 있으며, 손은 짤막하고, 키가 작으며, 귀의 위치가 낮고, 눈꺼풀이 약간 비뚤어져 있다. 이들은 말을 늦게 배우는 편이지만, 대부분은 다섯 살이 되면 말을 할 수 있다. 다운증후군인 사람의 뇌는 정상인의 뇌보다 10% 정도 가벼우며, 뇌의 주름(회와 구)이 단순하고 적으며, 전두엽이 작고, 상측두회(베르니케영역 부위)가 좁다. 서른 살 이후부터는 뇌에서 비정상적인 미세 구조들이 발달하고 변성이 시작된다. 이러한 변성은 알츠하이머병과 유사하므로, 이에 대해서는 다음 절에서 논하기로 한다. 만약 알츠하이머병에 대한 효과적인 치료법이 개발된다면, 그 치료법은 다운증후군이 있는 사람들의 뇌에서 일어나는 변성을 예방하는 데 유용할 것이다.

21번 염색체 이상으로 인한 다운증후군이 있는 사람들은 가끔 경도 정신지체만 있으며, 그들 대부분은 최소한의 지도만으로도 잘 생활할 수 있다.

Mika/Corbis Images.

절 요약

발달장애

발달장애는 정신지체가 될 정도로 심각한 뇌손상을 일으킬 수 있다. 임신 기간 동안 태아는 알코올이나 일부 바이러스에 의해 생성되는 화학물질 등의 독성물질에 아주 민감하다. 여러 가지 유전적 대사장애 역시 뇌의 발달을 방해한다. 예를 들어, 페닐케톤뇨증은 페닐알라닌을 타이로신으로 바꿔주는 효소가 부족할 때 발병한다. 유아에게 페닐알라닌이 적게 함유된 음식물을 먹이면 뇌손상을 막을 수 있으므로 조기 진단이 매우 중요하다. 테이-

삭스병과 같은 저장성 장애는 세포가 리소좀 내의 노폐물을 처리하지 못하는 것이 그 원인으로, 세포가 점점 팽창하다가 결국엔 죽는다. 아직까지 이 질병은 치료할 수 없다. 다운증후군은 21번 염색체가 하나 더 있기 때문에 발병한다. 이 증후군을 가진 사람들은 뇌 발달이 비정상적이며, 30세 이후부터는 알츠하이머병과 비슷한 양상을 나타낸다. 다운증후군에 대한 동물 모델을 이용한 연구는 GABA 길항제 처치가 유용할 수 있음을 시사한다.

생각해 봅시다

당신이 연구에 지출할 돈을 많이 가지고 있는 정부기관이나 자선단체의 책임자라고 가정하자. 행동적 요인(예: 태아 알코올 증후군)과 유전적 요인에 의해 발병하는 발달장애를 예방하는 데 가장 효과적인 접근은 무엇이라고 생각하는가?

변성장애

여러 가지 질병이 뇌세포에 변성을 일으킨다. 주로 이들은 특정 종류의 세포를 손상시키기 때문에, 연구자들은 손상의 원인을 밝히고, 변성을 중단시키는 방법과 손상을 예방할 수 있는 방안을 찾을 수 있을 것이라고 희망하고 있다.

전염성 해면상 뇌질환

1980년대 후반에서 1990년대 사이 영국에서 발생한 소의 해면상 뇌질환(bovine spongiform encephalopathy; BSE, 또는 '광우병')은 괴상한 형태의 뇌질환으로 사회의 주목을 받았다. BSE는 **전염성 해면상 뇌질환**transmissible spongiform encephalopathy; TSE으로 변성화 과정에서 뇌가 스펀지(혹은 스위스 치즈)처럼 되는 전염성 뇌질환이다. 광우병 외에도 TSE에는 크로이츠펠트-야콥병, 치명적인 유전성 불면증, 인간에 영향을 미치는 구루병, 그리고 주로 양에 영향을 미치는 스크래피 등이 있다. 스크래피는 인간에게 전염되지 않지만, 광우병은 인간에게 전염될 수 있고, 크로이츠펠트-야콥병의 변종을 유발할 수 있다(그림 14.9 참조).

다른 전염성 질환과는 달리, TSE는 미생물이 아니라 **프라이온**prions, 혹은 '전염작용단백질'이라는 단순 단백질에 의해 발생한다(Prusiner, 1982). 프라이온 단백질은 뉴런의 막에서 주로 발견되는데, 그곳에서 시냅스 기능과 수초의 보존에 어떤 영향을 주는 것 같다. 프라이온 단백질은 정상적인 단백질이 파괴될 수 있는 정도의 열에도 파괴되지 않기 때문에 광우병에 감염된 소고기를 요리해도 감염원이 파괴되지 않는다. 정상적인 프라이온 단백질(PrPc)과 전염성 프라이온 단백질(PrPSc)의 아미노산 배열은 같다. 그렇다면 어떻게 동일한 아미노산 배열을 가진 두 단백질이 서로 다른 기능을 하는 것일까? 답은 단백질의 기능이 단백질의 3차원 구조에 의해 결정된다는 것이다. PrPc와 PrPSc 간의 유일한 차이점은 단백질이 접힌 모양이다. 일단 비정상 PrPSc가 세포 내에 생기면 이것이 다른 정상 PrPc마저 변성시키고, 이런 비정상 단백질이 뉴런 내에 축적되어 결국 뉴런이 죽게 된다(Miller, 2009 참조).

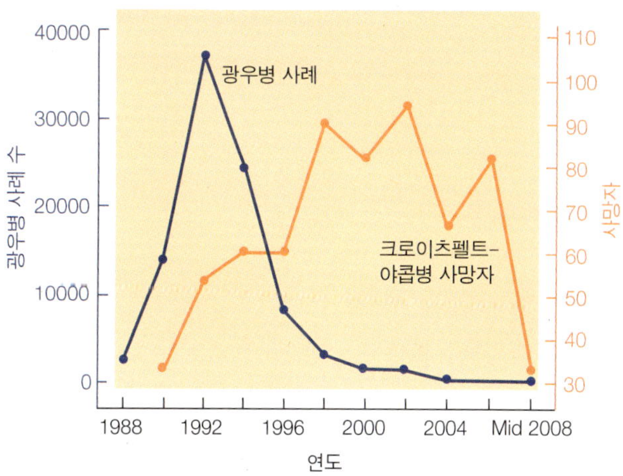

그림 14.9 광우병과 크로이츠펠트-야콥병. 이 그림은 1988년부터 2008년 3월 31까지 영국에서 발생한 소의 광우병(BSE)과 인간에게서 나타난 변종 크로이츠펠트-야콥병(vCJD)의 사례 수를 보여 준다.

Based on data from OIE-World Organisation for Animal Health and the CJD Surveillance Unit.

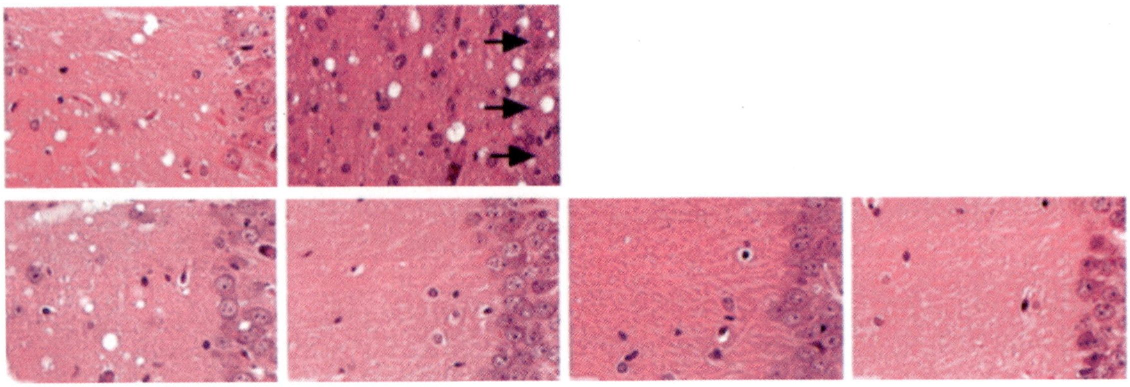

그림 14.10 프라이온 단백질 감염에 대한 실험적 치료. 생후 12주 유전공학적 효소가 PrPc를 파괴하기 시작한 후 스크래피에 감염된 생쥐의 뉴런 사망 방지 효과와 초기 해면체화를 역전시키는 효과. 화살표는 프라이온 파괴 효소가 없는 생쥐의 뉴런이 변성되는 것을 가리킨다. 해면체화는 뇌조직에서 구멍처럼 보인다(화살표의 끝 부분).

From Mallucci, G., Dickinson, A., Linehan, J., Klöhn, P. C., Brandner, S., and Collinge, J. *Science*, 2003, *302*, 871-874. © Copyright 2003. Reprinted with permission from AAAS.

우성 특질로 전염되는 크로이츠펠트-야콥병의 가족력 형태는 20번 염색체의 짧은 팔에 위치해 있는 PRNP 유전자의 돌연변이 때문에 나타나는데, 이 유전자는 인간 프라이온 단백질을 위한 유전정보를 가지고 있다. 크로이츠펠트-야콥병은 대부분 **산발적**sporadic이다. 즉, 이 질병은 프라이온 단백질의 가족력이 없는 사람에게도 나타난다. 프라이온 단백질 질병은 단순 단백질에 의해 전염될 수 있을 뿐만 아니라 유전적이든 산발적이든 모두 다른 사람에게 전염될 수 있는 특이한 질병이다. 인간에서 크로이츠펠트-야콥병이 전염되는 가장 흔한 형태는 프라이온 질병에 감염된 사체로부터 경막이나 각막 같은 조직을 이식하는 과정을 통해서이다. 인간 프라이온 단백질 질병 중 하나인 구루(kuru)병은 식인을 통해 전염된다. 남태평양의 한 부족은 죽은 친척에 대한 조의로 그 뇌를 먹는데 이로 인해 질병에 걸리기도 한다. 이 풍습은 이후 폐지되었다(Gajdusek, 1977).

Steele 등(2006)은 정상적인 프라이온 단백질은 태아의 신경발달과 분화 그리고 성인의 신경발생에 중요한 역할을 한다고 제안하였다. 연구자들은 PrPc를 더 많이 생산하도록 유전공학적으로 만든 생쥐를 개발하여 정상 생쥐와 비교한 결과 치상회의 뉴런이 더 많을 뿐만 아니라 뇌실하 영역에 있는 세포들이 많이 증식된 것을 발견하였다. 프라이온 단백질 유전자가 표적 돌연변이 된 생쥐는 세포증식이 거의 없었다. Málaga-Trillo 등(2009)은 제브라피시(zebra fish)의 프라이온 단백질 유전자에 대한 표적 돌연변이가 심각한 발달적 비정상을 일으키는 것을 발견하였다.

Mallucci 등(2003)은 유전자 조작으로 생후 12주에 뉴런이 정상 프라이온 단백질을 파괴하는 효소를 생성하는 생쥐를 만들었다. 생후 몇 주 후 실험자들은 이 동물에게 비정상 생쥐 스크래피 프라이온에 감염시켰다. 얼마 지나지 않아 동물의 뇌에 스펀지 구멍이 생기면서 생쥐 스크래피에 감염된 증상을 보였다. 그리고 생후 12주 때, 효소가 활성화되어 정상 PrPc를 파괴하기 시작했다. 분석결과 뇌의 교세포는 여전히 비정상 PrPSc를 가지고 있었지만, 질병의 진행은 멈추었다. 뉴런이 정상 PrPc 생산을 중단하면서, 더 이상 PrPSc로 전환되는 것이 없어지고, 생쥐들이 정상생활을 하게 된 것이다. 이러한 특수한 효소가 없는 생쥐의 경우 질병은 계속 진행되었고 동물은 곧 죽었다. 연구자들은 PrPc가 PrPSc로 바뀌는 과정에서 세포가 죽는다고 결론지었다. 단순히 뇌 속에 PrPSc가 존재하는 것만으로 질병이 발생하지 않는다는 것이다. 그림 14.10은 해면상의 변성과정과 12주 후 PrPc 파괴효소가 활성화된 후 해면상이 사라지는 것을 보여 준다(그림 14.10 참조).

어떻게 비정상 프라이온 단백질이 뉴런을 죽일 수 있을까? 이 장의 뒷부분에서 살펴보겠지만 파킨슨병, 알츠하이머병, 전두측두 치매, 근위축성 측삭경화증, 그리고 헌팅턴병 같은 변성장애를 가진 사람들의 뇌에는 비정상 단백질이 밀집해 있다(Miller, 2009; Lee et al., 2010). 또한 이런 비정상 단백질이 프라이온이 아니라도, 질병과정은 그 단백질을 가진 동물의 접종에 의해 다른 동물의 뇌로 전염될 수 있다는 것을 보게 될 것이다. 3장에서 본 것처럼, 세포는 **세포자멸**(apoptosis)이라는 자살행위를 할 수 있다. 세포자멸은 (예: 발달 동안) 그 세포가 더 이상 필요하지 않다는 화학적 신호와 같은 외부적 요인에 의해 일어날 수도 있고, 세포의 생화학적 기능이 붕괴되어 그 세포가 제 기능을 하지 못하는 내부적 요인에 의해 일어날 수도 있다. 비정상 단백질의 축적이 그러한 신호이다. 세포자멸에는 **카스파제**caspase라는 '자살효소'가 필요하다. Mallucci 등(2003)은 PrPSc에 감염된 뉴런의 죽음과 관련이 있는 카스파제-12의 비활성화가 전염성 해면상 뇌질환의 진행을 막는 치료법을 제공할 수 있을 것이라고 말한다. 이것이 사실이기를 바란다.

파킨슨병

파킨슨병은 가장 흔히 나타나는 퇴행성 신경학적 질환으로서, 기저핵으로 축색을 보내는 흑질 도파민성 뉴런인 흑질선조계의 변성이 원인이다. 파킨슨병은 65세 이상 사람의 약 1% 정도에서 관찰된다. 파킨슨병의 대표적인 증상은 근육의 경직과 움직임의 둔화, 계속되는 떨림, 그리고 자세의 불안정이다.

파킨슨병에 걸린 사람의 뇌를 검사해 보면 물론 흑질선조계 도파민성 뉴런이 거의 사라진 것을 볼 수 있다. 남아 있는 도파민성 뉴런의 대부분은 세포질에서 비정상적 원형구조인 **루이 소체**Lewy bodies를 가지고 있다. 루이 소체는 방사섬유의 테에 둘러싸인 고밀도의 단백질 중심을 가지고 있다(Forno, 1996)(그림 14.11 참조). 대부분의 파킨슨병은 유전적 요인이 없지만, 연구자들은 4번 염색체에서 이 병을 유발하는 특정 유전자의 돌연변이를 발견했다(Polymeropoulos et al., 1996). 이 유전자는 **알파-시누클레인**α-synuclein이라는 단백질을 생산하는데, 이 단백질은 시냅스전 종말부에 존재하며, 도파민성 뉴런의 시냅스 전달에 관여하는 것으로 보인다(Moore et al., 2005). 돌연변이는 세포에 독성 효과를 일으키는 단백질을 생산하기 때문에 **기능의 독성 증가**toxic gain of function라는 것을 일으킨다. 기능의 독성 증가를 일으키는 돌연변이는 보통 두 염색체 중 하나 또는 둘 모두 돌연변이 유전인자를 가지도록 만들기 때문에 우성이다. 비정상 알파-시누클레인은 비정상적 형태로 특히 도파민성 뉴런에서 집단을 이룬다(Goedert, 2001). 루이 소체의 고밀도 중심은 신경세사와 시냅스 소낭과 함께 주로 이러한 집단을 구성한다.

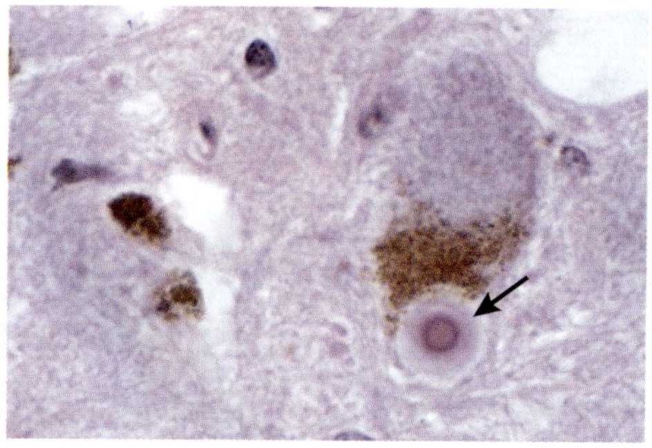

그림 14.11 루이 소체. 광학현미경으로 찍은 파킨슨병 환자의 흑질 사진에서 루이 소체(화살표)를 볼 수 있다.

Dr. Don Born.

파킨슨병의 또 다른 유전적 형태는 **파킨**parkin이라는 유전자를 생산하는 6번 염색체의 유전자 돌연변이에 의해 일어난다(Kitada et al., 1998). 이 돌연변이는 **기능의 상실**loss of function을 일으켜 열성장애를 만든다. 만약 돌연변이 파킨 유전자가 한쪽 염색체에만 있고 다른 염색체의 대립 유전자는 정상이라면, 정상 세포기능을 할 수 있을 만큼의 충분한 정상 파킨을 생산할 수 있고, 그 사람에게는 파킨슨병이 발병하지 않는다. 정상 파킨은 결함이 있는 단백질 또는 비정상 단백질을 **프로테아솜**proteasome으로 운반하는 역할을 하는데, 프로테아솜은 이러한 결함 단백질을 파괴시키는 세포 내 소기관이다(Moore et al., 2005). 이 돌연변이는 결함이 있는 단백질이 도파민성 뉴런에 축적되도록 하여 결국은 뉴런이 손상되도록 한다. 그림 14.12는 프로테아솜의 작용에서 파킨의 역할을 보여 준다. 파킨은 작고 조밀한 단백질인 **유비퀴틴**ubiquitin 분자들이 비정상 단백질에 꼬리표처럼 결합하는 것을 돕는다. 유비퀴티네이션(유비퀴틴 분자가 비정상 단백질과 결합하는 과정)은 프로테아솜이 이들 비정상 단백질을 분해하도록 한다. 결함이 있는 파킨은 비정상 단백질을 제대로 분해하지 못해 비정상 단백질이 세포에 축적됨으로써 세포는 결국 죽게 된다. 몇 가지 이유로 도파민성 뉴런은 특히 이러한 축적에 민감하다(그림 14.12 참조).

파킨슨병의 대다수(약 95%)는 특발성으로 일어난다. 즉, 가족 중에 파킨슨병 환자가 없는 사람들에게 나타난다. 그렇다면 무엇이 알파-시누클레인의 축적과 도파민성 뉴런의 파괴를 유발하는 것일까? 연구에 의하면 파킨슨병은 주변 환경에 존재하는 독소나 잘못된 신진대사, 혹은 밝혀지지 않은 감염성 장애 등에 의해서도 야기될 수 있다고 한다. 예를 들어 살충제 로테논과 제초제도 파킨슨병을 유발할 수 있다. 그리고 추측건대 다른 확인되지 않은 독소도 파킨슨병을 유발할 수 있을 것이다. 이 화학물질 모두가 미토콘드리아의 기능을 억제하여 도파민성 뉴런에 비정상 알파-시누클레인이 축적되게 한다. 이렇게 축적된 단백질은 결국 세포를 죽인다(Dawson and Dawson, 2003).

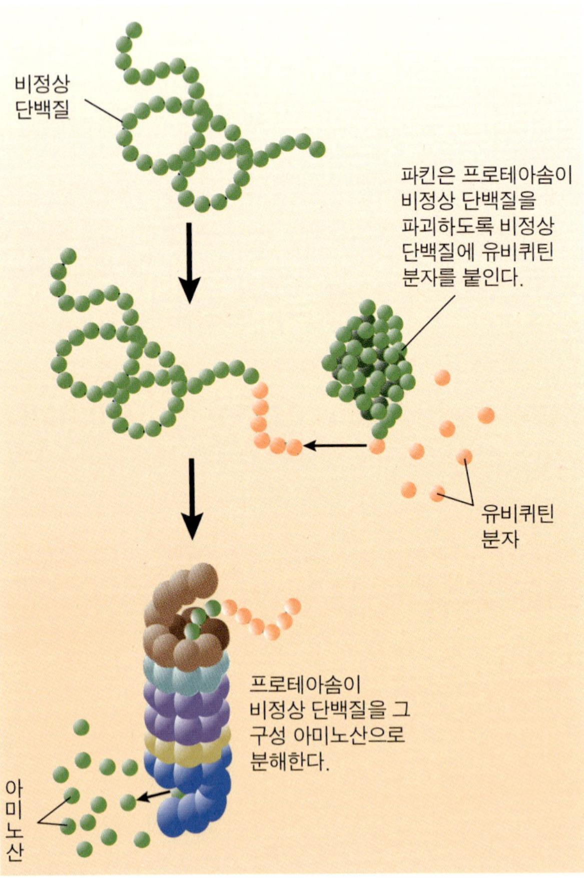

그림 14.12 파킨슨병에서 파킨의 역할. 파킨은 유비퀴틴-프로테아솜 시스템에 의한 비정상 단백질의 파괴에 관여한다. 만약 돌연변이로 인해 파킨에 결함이 생기면, 비정상 단백질이 파괴될 수 없고, 그래서 이들 비정상 단백질이 세포 내에 축적된다. 만약 돌연변이로 인해 알파-시누클레인에 결함이 생기면 파킨은 유비퀴틴을 비정상 단백질에 결합시키지 못하고, 그 결과 비정상 단백질이 세포 내에 축적된다.

4장에서 살펴본 것처럼 파킨슨병의 전형적인 치료제는 도파민의 선구물질인 L-DOPA이다. 뇌에 L-DOPA의 양이 많아지면 환자의 도파민성 뉴런이 더 많은 양의 도파민을 생산, 분비하고 그동안 병의 증상은 완화된다. 그러나 이 보충작용은 무기한 계속되지 않으며, 결국에는 흑질선조 도파민성 뉴런의 수가 계속 감소하여 증상이 더 악화된다. 게다가 L-DOPA는 중뇌변연/중뇌피질계의 도파민 뉴런에도 작용하여 환각과 망상과 같은 부작용을 일으킨다. 특히 비교적 젊을 때 발병한 몇몇 환자들은 침대에 누워만 있고, 거의 움직일 수 없게 된다.

또 다른 약물인 데프레닐(deprenyl)은 주로 L-DOPA와 함께 파킨슨 환자에게 사용되기도 한다. 4장의 '머리말'과 '맺는말'에서 본 것과 같이 MPTP로 오염된 환각제를 복용한 몇몇 사람은 파킨슨병의 증상을 보였다. 실험동물을 대상으로 한 후속연구에 따르면 이러한 약물의 독성 효과가 MAO-B 효소의 작용을 억제하는 데프레닐에 의해 예방될 수 있는 것으로 밝혀졌다. 파킨슨병 환자에게 데프레닐을 투여하는 본래의 이론적 근거는 이 치료가 유해물질이 도파민성 뉴런을 더 많이 손상시키는 것을 막을 수 있을지도 모른다는 것에서 비롯되었다. 많은 연구들(Mizuno et al., 2010; Zhao et al., 2011)에서 데프레닐 처치가 파킨슨병의 진행을 늦추었고, 특히 발병 후 곧 바로 데프레닐 치료를 한 경우 효과적인 것으로 밝혀졌다. 그러나 데프레닐이나 또 다른 MAO-B 억제제들의 효과는 증상을 감소시키는 것이다. 약물이 도파민성 뉴런의 변성을 막지는 못한다(Williams, 2010).

신경외과의사들은 더 이상 L-DOPA에 반응하지 않는 파킨슨 환자들의 증상을 완화시키기 위한 세 가지 입체정위 시술법을 개발하였다. 첫 번째 방법은 신선조체에서 도파민의 분비를 재확립하기 위하여 태아의 조직을 이식하는 것이다. 유산된 태아의 흑질에서 얻은 조직을 입체정위 시술법으로 환자의 미상핵과 피각에 이식하는 것이다. 5장에서 본 것처럼, PET 스캔 결과 태아의 도파민성 세포는 새로운 곳에서 자라나 도파민을 분비하여 환자의 증상을 줄여 주었다. 태아 조직을 이식한 32명의 환자를 연구한 결과, Freed(2002)는 이전에 L-DOPA 처치로 증상이 완화되었던 사람들 대부분이 수술로 좋은 결과를 얻었다는 것을 발견하였다. 아마도 이 환자들은 약물이나 수술에 의한 도파민 분비로 자극될 수 있는 수용기를 가진 기저핵 뉴런을 충분히 가지고 있었을 것이다. 불행히도 이식 수술을 받은 환자들에게 나중에 지속적이고 심각한 문제, 즉 **운동장애**(dyskinesias)—귀찮고 때로는 아픈 비자발적 움직임—가 발생하였다. 그 결과 이제는 도파민성 태아 조직이식을 권장하지 않는다(Olanow et al., 2003).

태아 조직이식에 대한 후속연구는 이식된 세포가 생존해서 이식받은 조직의 뉴런과 신경 연결을 만든다고 하더라도, 결국 이 세포는 알파-시누클레인을 축적하게 된다는 것을 보여 주었다. 파킨슨병의 동물 모델을 사용한 연구 결과 비정상 알파-시누클레인이 수혜자의 원래 뉴런에서 이식된 뉴런으로 전이되는 것으로 밝혀졌다(Kordower et al., 2011). 많은 연구자들은 파킨슨병을 포함하여 다양한 신경 변성질환을 일으키는 비정상 단백질이 세포에서 세포로 전이되면서 그곳에서 또다시 비정상 단백질을 만든다고 지적하였다(Lee et al., 2011). 결국 우리가 알파-시누클레인이 축적되는 과정을 차단하지 못한다면, 파킨슨병 환자의 기저핵에 건강한 세포를 추가시키는 방법은 실패할 것이다.

또 다른 치료방법은 **담창구 내측영역**internal division of the globus pallidus; GP_i을 파괴하는 것이다. 시상하핵(subthalamic nicleus; STN)을 거쳐 운동피질로 가는 담창구 내측영역의 출력은 억제성이다. 파킨슨병 환자들에게서 나타나는 미상핵과 피각의 도파민 방출 감소는 담창구 내측영역의 활동을 증가시킨다. 그래서 담창구 내측영역의 손상이 파킨슨병의 증상을 완화시킬 수 있다고 예측할 수 있다(그림 14. 13 참조).

그리고 그것은 사실이었다(Graybiel, 1996; Lai et al., 2000). 신경외과의사는 담창구 내측영역에 전극을 심고, 그리고 전극을 통해 뇌조직을 파괴할 정도로 열을

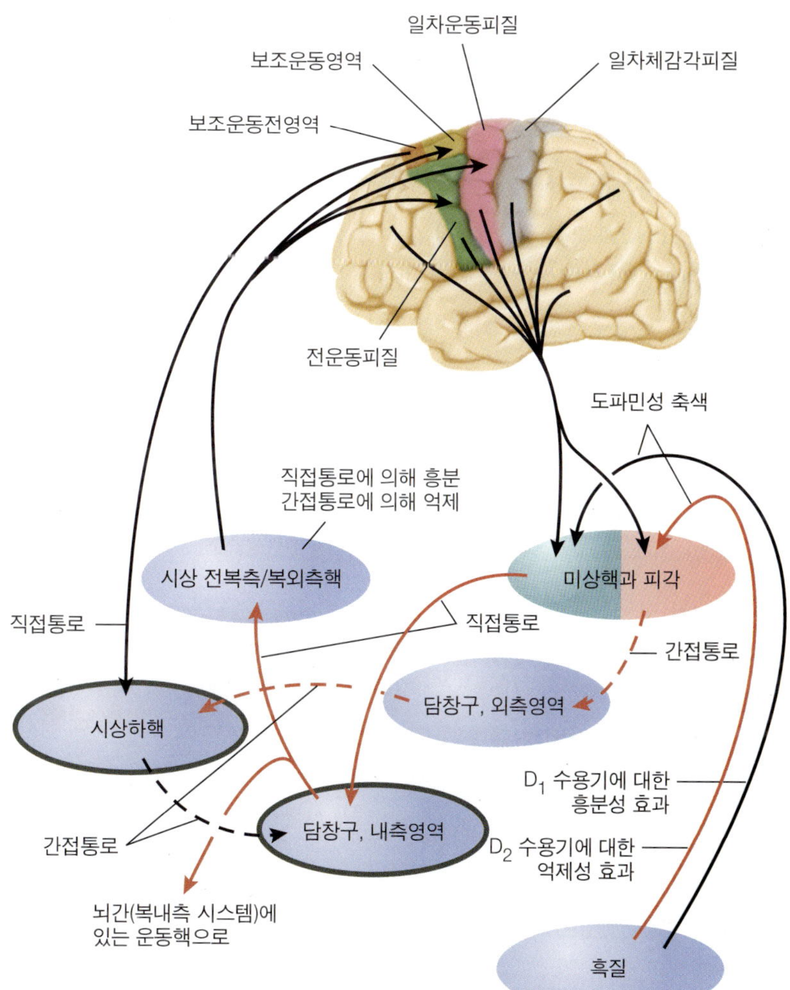

그림 14.13 기저핵의 연결. 이 그림은 기저핵과 관련 구조물 간의 주요 연결을 보여 준다. 흥분성 연결은 검은 선으로 표시하였고, 억제성 연결은 적색으로 표시하였다. 흑질에서 오는 입력과 같은 많은 연결이 생략되었다. 파킨슨병에 대한 입체정위 시술의 표적이 되는 두 영역, 담창구 내측영역과 시상하핵은 검은 테두리로 표시하였다. 이 영역에 대한 손상은 시상으로 가는 억제성 입력을 감소시켜서 운동을 촉진한다. 이 영역에 대한 심부 뇌자극도 비슷한 효과를 낸다.

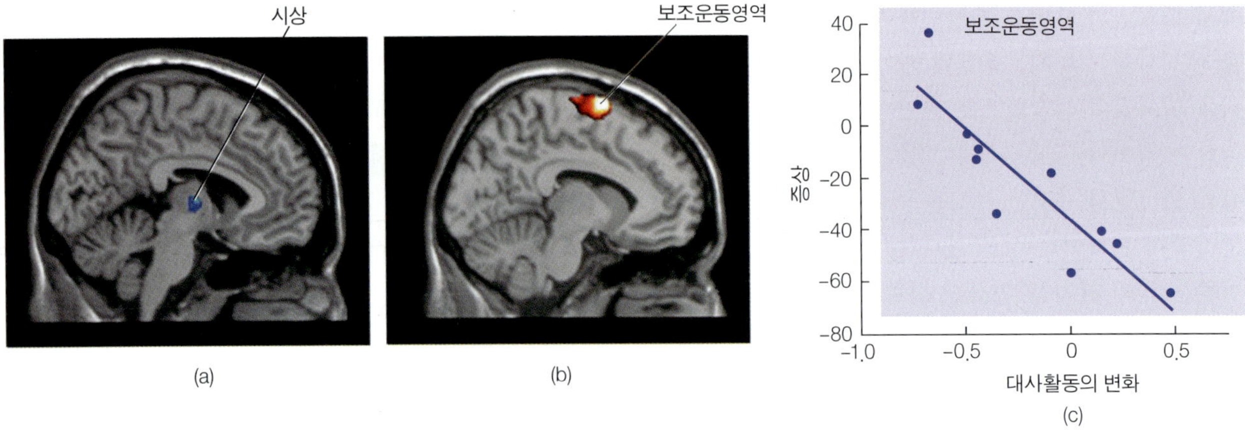

그림 14.14 파킨슨병에 대한 유전자 요법. GABA의 생합성을 담당하는 효소인 GAD 유전자를 유전공학적으로 만든 바이러스를 통해 파킨슨병 환자의 시상하핵 세포에 주입하였다. 기능적 MRI 스캔에서 (a) 시상하핵의 활동이 감소하고, (b) 보조운동영역의 활성화가 증기된 것을 볼 수 있다. (c) 이 그림은 보조운동영역의 활성화 변화와 파킨슨병의 증상 간의 관계를 보여 준다.

From Kaplitt, M. G., Feigin, A., Tang, C., et al. *Lancet*, 2007, *369*, 2097-2105. Reprinted with permission.

발생시킬 수 있는 강한 고주파 전류를 흘려 손상시켰다. PET 연구 결과 일반적으로 파킨슨병 환자들에게서 약화되어 있는 전두엽의 전운동영역과 보조운동영역의 대사활동이 담창구 절제술 이후에 다시 정상으로 돌아오는 것으로 밝혀졌다(Grafton et al., 1995). 이러한 결과는 담창구 내측영역의 손상이 실제로 운동피질을 억제에서 해방시킨다는 것을 나타내는 것이다. 또한 같은 원리로 신경외과의사는 담창구 내측영역에 흥분성 입력을 제공하는 시상하핵을 손상시켜 파킨슨병 증상을 성공적으로 치료하였다.

세 번째 입체정위 시술은 시상하핵과 담창구 내측영역에 전극을 삽입하고 환자가 그 전극을 통해 뇌에 전기자극을 줄 수 있는 장치를 달아 파킨슨병의 증상을 완화시키는 것을 목표로 하였다. 몇몇 연구에 의하면, 시상하핵에 대한 **심부 뇌자극**deep brain stimulation; DBS이 종양을 억압하기 위한 뇌손상법만큼이나 효과적이면서, 유해한 부작용이 거의 없었다(Esselink et al., 2009). 그리고 3년간의 추적 연구 결과 심부 뇌자극 장치를 이식받은 환자들에게서 인지능력이 와해된다는 증거가 없었다(Funkiewiez et al., 2004). 특히 심부 뇌자극이 파킨슨병의 운동증상에만 치료 효과가 있고 우울이나 치매와 같은 정서적, 인지적 증상에는 효과가 없다.

연구자들은 파킨슨병의 증상을 치료하기 위한 유전자요법을 개발하고자 하였다. Kaplitt 등(2007)은 유전자를 조작한 바이러스를 파킨슨병 환자의 시상하핵에 주입하였는데, 이렇게 해서 억제성 신경전달물질인 GABA의 합성에 관여하는 효소인 GAD를 위한 유전자를 넣어 주었다. GAD 생산은 시상하핵의 흥분성 글루타메이트 뉴런을 억제성 GABA 뉴런으로 바꾸었다. 결과적으로 담창구 내측영역의 활동은 감소하였고, 보조운동피질의 활동은 증가하였으며, 환자의 증상은 호전되었다. 대규모 이중맹목 임상시험 결과 이러한 절차의 효과와 안정성이 확인되었다(LeWitt et al., 2011)(그림 14.14 참조).

헌팅턴병

또 다른 기저핵 질병인 **헌팅턴병**Huntington's disease은 미상핵과 피각의 변성에 의해 유발된다. 파킨슨병이 운동을 잘 못 하게 한다면, 헌팅턴병은 사지의 떨림과 같은 통제할 수 없는 운동을 일으킨다. 헌팅턴병 환자의 움직임은 의도된 행동의 조각처럼 보이나 실제로는 불수의적 움직임이다. 이 병은 진행성이며, 인지적 정서적 변화가 수반되며, 결국은 증상이 시작된 지 10~15년 이내에 사망하게 된다.

헌팅턴병의 증상은 대개 30~40대에 시작되지만 가끔은 20대 초반부터 시작되는 경우도 있다. 신경변성의 첫 번째 신호는 피각에 있는 GABA성 매개뉴런인 억제성 뉴런 집단에서 나타난다. 이 뉴런들의 손상은 전두피질의 전운동영역과 보조운동영역에 대한 억제성 제어를 없앤다. 이러한 제어능력의 상실은 불수의적 움직임을 유발한다. 병이 진행되면서 대뇌피질을 포함하여 뇌의 많은 다른 영역에서도 변성이 일어난다.

헌팅턴병은 4번 염색체의 우성 유전자에 의한 유전성 질환이다. 실제로 유전자의 위치가 밝혀졌고, 그 결함은 아미노산인 글루타민을 만드는 염기코드가 계속 반복되는 것으로 확인되었다(Collaborative Research Group, 1993). 반복적인 염기 계열로 인해 유전자는 **헌팅틴**huntingtin; htt이라는 단백질을 만들어 길게 늘어난 글루타민을 담을 수 있게 한다. 비정상 헌팅틴은 변형된 집단을 이루어 핵에 축적된다. 보다 젊은 나이에 증상이 시작되는 환자일수록 글루타민의 길이가 더 길다는 것은 비정상적 헌팅틴 분자의 비율이 이 질환과 관련이 있음을 암시하는 것이다. 이러한 사실들은 돌연변이가 기능의 독성 증가를 일으켜 이 병을 발생시킨다. 즉 비정상 헌팅틴이 해를 끼친다는 것을 나타낸다. 그리고 헌팅턴병에서 뉴런의 사망원인은 세포자멸이다. Li 등(2000)은 HD 생쥐들에게 세포자멸을 억제하는 카스파제 억제제를 투여하면 더 오래 산다는 것을 발견하였다. 비정상 htt는 카스파제를 활성화시키는 유비퀴틴-프로테아제 시스템의 기능을 손상시켜 세포자멸을 유발할 수 있다(Hague, Klaffke & Bandmann, 2005).

현재로서는 이 질병에 대한 치료법이 없다. 그러나 Southwell, Ko, 그리고 Patterson(2009)은 Happ1이라는 세포 내에서 작용하는 **특수 항체**(intrabody)를 만들었다. 이 항체는 헌팅틴 단백질의 일부를 표적으로 한다. 헌팅턴병에 대한 다섯 가지 서로 다른 생쥐 실험모델을 사용하여 연구한 결과 동물의 뇌 속에 Happ1 유전자를 주입하면 돌연변이 헌팅틴의 생산이 억제되고 동물의 질병 증상이 완화되는 것으로 밝혀졌다. DiFiglia와 동료들(DiFiglia et al., 2007; Pfister et al., 2009)은 다른 방법을 사용하여 htt 유전자의 전사를 차단하는 소형 방해 RNA(small interfering RNA; siRNA)를 선조체에 주입하여 그곳에서 돌연변이 헌팅틴이 생산되는 것을 차단하였다. 그 결과 선조체 뉴런에서 봉입체(inclusion body)의 크기가 감소하였고, 선조체 뉴런의 수명이 늘어났으며, 동물의 운동장애가 감소되었다.

알츠하이머병

여러 가지 신경학적 장애가 **치매**dementia를 일으키는데, 치매는 뇌의 구조적 장애로 인해 지적 능력이 황폐화되는 현상이다. 치매 중 가장 흔한 것이 **알츠하이머병**Alzheimer's disease으로서, 이 병은 65세 이상의 사람들 가운데 약 10% 정도, 85세 이상에서는 약 50% 정도로 발병한다. 알츠하이머병은 해마와 후내피질, 신피질(특히, 전두엽과 측두엽의 연합피질), 기저부핵(nucleus basalis), 청반, 봉선핵 등에 심한 변성을 일으킨다. 치매는 기억과 기타 정신기능이 서서히 상실되어 가는 것이 특징이다. 처음에는 약속시간을 잊어버리기도 하고, 단어나 사람의 이름을 기억하는 데 어려움을 보인다. 시간이 갈수록 더욱 혼란스러운 상태가 되며, 통장의 잔액 정리도 하기 힘들게 된다. 이들의 기억 결함은 주로 최근의 사건과 관련되는 것으로, 마치 코르사코프 증후군에서 나타나는 순행성 기억상실증과 비슷하다. 알츠하이머병 환자들은 혼자 집을 나설 경우 길을 잃어버리기 쉽다. 나중에는 결국 침대에 누워 무기력하게 지내다가 사망하게 된다(Terry and Davies, 1980).

앞에서 다운증후군 환자들의 뇌 속에 알츠하이머병에서와 같이 비정상적인 구조, 즉 아밀로이드반과 신경섬유 덩어리가 형성된다고 하였다. **아밀로이드반**amyloid plagues은 세포외액의 침전물로서, **베타-아밀로이드**β-amyloid라는 단백질의 중심부를 구성하는데, 활성화된 미세교세포와 성상세포와 함께 변성된 축색과 수상돌기로 둘러싸여 있다. 결국에는 식세포성 교세포가 변성된 축색과 수상돌기를 파괴시키고 베타아밀로이드의 중심부(Aβ)만 남게 된다.

신경섬유 덩어리neurofibrillary tangles는 과인산화된 **타우 단백질**tau protein 섬유가 꼬인 형태로 세포질에 축적되어 죽어가는 뉴런들이다. 정상적인 타우 단백질은 원래 세포의 수송체계를 담당하는 미세관의 구성성분이다. 알츠하이머병이 진행되는 동안 과도한 양의 인 이온이 타우 단백질의 섬유에 부착되어 타우 단백질의 분자구조가 변하게 된다. 비정상 미세섬유들은 대뇌피질에 있는 추체세포의 세포체와 세포체에 가까운 부분의 수상돌기에서 발견되는데, 이 비정상 미세섬유는 세포 내 물질의 수송을 차단하게 되고, 그 결과 세포는 죽고

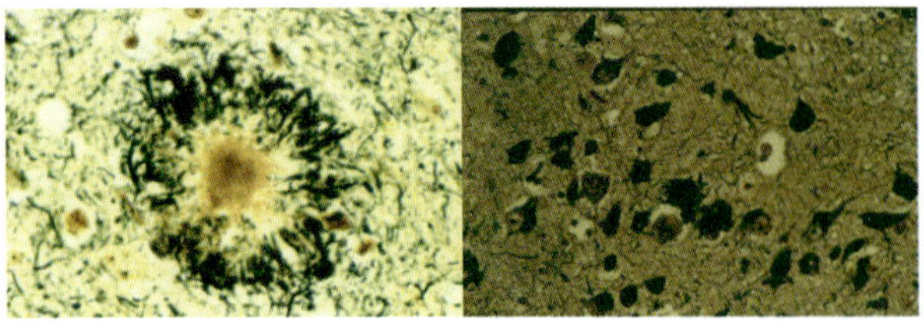

그림 14.15 알츠하이머병의 현미경적 특성. 사망한 알츠하이머 환자에게서 얻은 사진에서 (a) 베타-아밀로이드 단백질로 채워진 아밀로이드반과, (b) 신경섬유 덩어리가 보인다.

Dennis J. Selkoe.

단백질 섬유 덩어리만 남는다(그림 14.15 참조).

아밀로이드반의 형성은 불완전한 형태의 Aβ 생성에 의해 유발된다. Aβ의 생성은 몇 가지 단계로 일어난다. 먼저, 유전자는 약 700여 개의 아미노산의 사슬인 **베타-아밀로이드 전구단백질**β-amyloid precursor protein; APP을 생산하도록 부호화한다. 그러면 APP는 Aβ를 만들기 위해 **세크리타제**secretase라는 효소에 의해 두 부분으로 잘린다. 먼저 베타-세크리타제(β-secretase)는 APP 분자의 꼬리를 자른다. 그다음에 감마-세크리타제(γ-secretase)가 머리 부분을 자른다. 그 결과 40개 또는 42개의 아미노산을 가지는 Aβ 분자가 생성된다(그림 14.16 참조).

어떤 형태의 Aβ가 만들어지는가는 감마-세크리타제에 의해 잘리는 APP의 위치에 의해 결정된다. 정상적인 뇌에서 Aβ 분자의 90~95%는 짧은 형태이고, 나머지 5~10%가 긴 형태이다. 알츠하이머병의 경우 긴 형태의 Aβ 비율이 전체의 40%까지 차지하기도 한다. 긴 형태가 많을 경우 이들은 비정상적으로 꺾이고 공격성을 띠어 세포에 유해하다. (앞에서 본 것처럼, 비정상적으로 꺾인 프라이온과 알파-시누클레인 단백질이 군집을 형성하여 뇌를 변성시킨다.) 소량의 긴 Aβ는 세포에서 쉽게 제거될 수 있다. 분자들이 파괴될 때를 위한 표시를 가지고 있는데 이들은 프로테오솜으로 이동되어 해가 없는 상태가 되게 한다. 그러나 긴 Aβ 생성이 비정상적으로 높을 때는 이러한 시스템이 효과가 없다.

전뇌기저부의 아세틸콜린 뉴런이 알츠하이머병에서 맨 처음 영향을 받는다. Aβ는 정상적으로는 스트레스 신호에 반응하여 세포자멸을 자극하는 수용기인 p75 신경향성 수용기(p75 neurotrophic receptor)의 배위자로 작용한다(Sotthibundhu et al., 2008). 전뇌기저부의 아세틸콜린 뉴런은 이 수용기를 많이 가지고 있어서, 긴 형태의 Aβ 수준이 충분히 높은 수준으로 증가하면, 이 뉴런이 사망하기 시작한다.

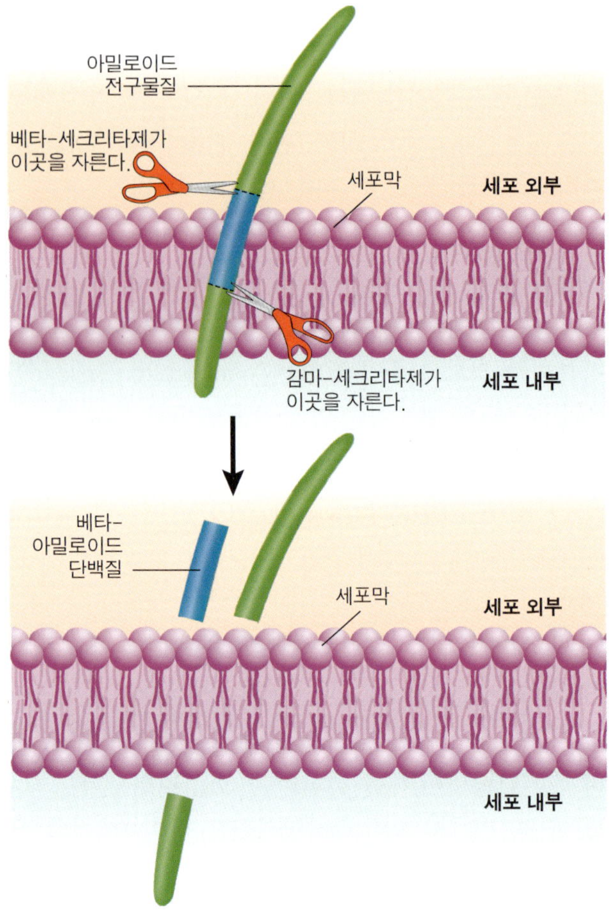

그림 14.16 β-아밀로이드 단백질. 아밀로이드 전구단백질에서 베타-아밀로이드 단백질(Aβ)이 생성되는 과정.

그림 14.17은 알츠하이머병 환자의 뇌 안에 Aβ가 비정상적으로 축적된 모습을 보여 준다. Klunk와 동료들(Klunk et al., 2003; Mathis et al., 2005)은 Aβ와 결합할 수 있고 혈뇌장벽을 쉽게 통과할 수 있는 화학물질인 PiB를 개발하였다. 이들은 환자와 건강한 사람에게 방사성 표지가 붙은 PiB를 주사하고, 그들의 뇌를 PET 스캔으로 검사하였다. 사진에서 환자의 대뇌피질에 이 단백질이 축적된 것을 볼 수 있다(그림 14.17 참조). 알츠하이머 환자 뇌의 Aβ 양을 측정할 수 있으면, 연구자들은 병에 대한 잠재적 치료 효과를 평가할 수 있다. 만약

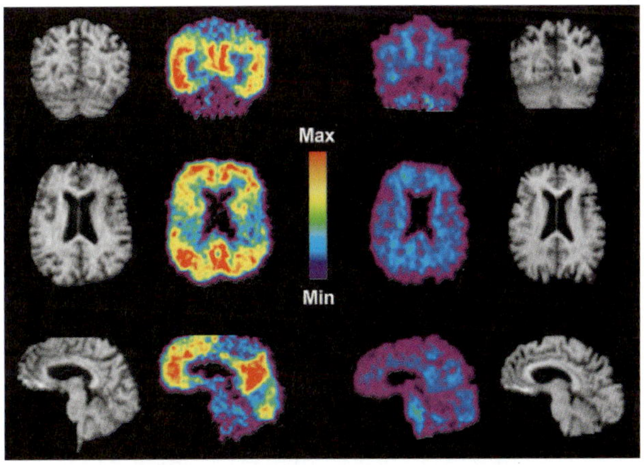

그림 14.17 β-아밀로이드 단백질 탐지. PET 스캔에서 알츠하이머병 환자의 뇌에 베타-아밀로이드 단백질(Aβ)이 축적된 것을 볼 수 있다. AD = 알츠하이머병, MR = 구조적 자기공명영상, [C-11]PIB PET = Aβ의 방사성 배위자를 주입한 후 촬영한 PET 영상.

Courtesy of William Klunk, Western Psychiatric Institute and Clinic, Pittsburgh, PA.

치료법이 개발되어, 발병 초기에 Aβ 축적을 알아내면, 환자의 인지능력이 떨어지는 심각한 변성이 오기 전에 치료를 시작할 수 있게 해줄 것이다.

연구 결과 최소한 몇몇 유형의 알츠하이머병은 가족력이 있고, 그래서 유전성일 가능성이 높은 것으로 밝혀졌다. 다운증후군 환자들의 뇌에도 Aβ 침전물이 있는 것으로 보아, 연구자들은 21번 염색체가 이 단백질의 생산과 관련이 있을 것이라는 가설을 제안하였다. 실제로 St. George-Hyslop 등(1987)은 21번 염색체에 APP를 생성하는 유전자가 있다는 것을 발견하였다.

APP 유전자 발견 이후 여러 연구에서 가족력이 있는 알츠하이머병을 유발하는 특정 돌연변이를 발견하였다(Martinez et al., 1993; Farlow et al., 1994). 또 다른 연구들에서는 1번과 14번 염색체에 있는 두 가지 **프리세닐린** presenilin 유전자에 많은 돌연변이가 있다는 것을 발견하였으며, 이것 역시 알츠하이머병을 유발하는 것으로 밝혀졌다. 비정상 APP와 프리세닐린 유전자는 결합이 있는 긴 형태의 Aβ가 생성되도록 만든다(Hardy, 1997). 두 가지 프리세닐린 단백질, PS1과 PS2는 감마-세크리타제의 하위단위인 것으로 드러났는데, 이것은 단순한 효소가 아니라 거대한 복합단백질 복합체를 구성한다 (De Strooper, 2003).

알츠하이머병의 또 다른 유전적 원인은 혈액 내에서 콜레스테롤을 운반하고 세포 재생에 관여하는 **아포리포프로테인 E** apolipoprotein E; ApoE 유전자의 돌연변이다. E4로 알려진 ApoE 유전자의 대립 유전자는 뇌에서 긴 형태의 Aβ를 세포 밖으로 배출하는 것을 방해하여 만발성 알츠하이머의 발병 위험을 증가시킨다(Roses, 1997; Bu, 2010). 반대로 ApoE2 대립유전자는 알츠하이머병 발병을 차단할 수 있다. 외상성 뇌손상 또한 알츠하이머병의 심각한 위험요소이다. 예를 들어 폐쇄두부외상(프로권투경기 중의 부상 포함) 환자들의 뇌를 조사해보면 종종 아밀로이드반이 넓게 분포하는 것을 볼 수 있다. 외상성 뇌손상 후 알츠하이머 발병의 위험은 ApoE4 대립형질을 가지는 사람에게서 특히 높다(Bu, 2005). 또한 비만, 고혈압, 고콜레스테롤, 당뇨병 등도 위험요인인데, 이 요인들 역시 ApoE4 대립유전자가 있을 때 더 큰 위험요인이 된다(Martins et al., 2006).

앞에서 언급한 연구들은 유전적으로 촉발된 비정상 Aβ의 생산이 알츠하이머병의 발달에 중요한 역할을 한다는 것을 보여 주는 것이지만, 대부분의 알츠하이머병은 실제로는 유전성이 아니라 산발적이다. 지금까지 비유전성 알츠하이머병 위험요인 중 (나이를 제외하고) 가장 강한 것은 외상성 뇌손상이다. 또 다른 요인은 교육 수준으로, 이 또한 중요한 역할을 하는 것으로 나타났다. 미국 국립노화연구소의 지원에 의해 이루어진 한 연구에서는 나이가 많은 가톨릭 성직자(신부, 수녀, 수도사)들의 인지기능을 측정하고, 이들이 사망한 후에 이들의 뇌를 검사하였다. Bennett 등(2003)은 비록 그들의 뇌에 아밀로이드반이 많이 있음에도 불구하고 그들의 교육 연한과 인지능력 간에 정적상관이 있다는 것을 발견하였다. 예를 들어 졸업 후에도 교육을 받은 사람들의 인지검사 점수는 같은 양의 아밀로이드반을 가지고 있으나 교육을 적게 받은 사람들보다 훨씬 높았다. 물론 인지능력의 개인차 같은 변인이 계속해서 공부하는 경향성에 영향을 줄 가능성도 있고, 이러한 개인차가 그 자체로 중요한 역할을 할 수도 있다. 여하튼 많은 지적 활동(그리고 전반적인 건강을 증진시킬 수 있는 생활습관)은 치매를 예방하기 위해 할 수 있는 가장 중요한 일일 것이다.

Billings 등(2007)은 AD 생쥐—유전적으로 조작하여 알츠하이머병을 일으키는 APP 돌연변이 유전자를 가진 생쥐—를 가지고 실험하였다. 연구자들은 생쥐에게 생애 초기에 수중미로 과제를 훈련시켰다. 생후 2개월에서 8개월 사이에 3개월 간격으로 훈련시켰다. 이러한 훈련이 Aβ의 축적을 지연시켰고, 생쥐의 수행 감소를 느리게 하였다. 이 연구는 지적 활동이 알츠하이머병의 발병을 지연시킨다는 결론을 지지해 주는 것이다.

비정상 프라이온 단백질에 의해 유발되는 전염성 해면상 뇌질환과 같이 알츠하이머병을 일으키는 비정상 Aβ도 세포에서 세포로, 동물에서 동물로 전파될 수 있다. Kane 등(2000)은 알츠하이머병으로 사망한 환자에게서 추출한 균질화한 뇌조직을 묽은 현탁액으로 만들어 생쥐의 뇌 속에 주입하였다. 3개월 후 다량의 아밀로이드 반과 혈관에 축적된 Aβ가 발견되었다. Eisele 등(2009)은 소량의 비정상 Aβ를 스테인리스 철사에 묻혀서 생쥐의 뇌 속에 심었다. 이러한 절차도 역시—심지어 이식하기 전에 철사를 물에 넣고 끓였음에도—이식받은 생쥐의 뇌에 Aβ가 나타났다. 앞서 본 것처럼, 프라이온 단백질은 끓는 온도 이상으로 열을 가해도 전염성을 가지고 있다. 분명히 비정상 Aβ는 수혜자의 뇌 속에 비정상 단백질을 유도하는 종자로 작용할 힘을 보유하고 있다. 다행스럽게도, Eisele와 동료들은 철사를 플라스마로 소독하면 Aβ가 비정상 단백질을 생산하도록 촉발시키는 것을 막을 수 있다는 사실을 발견하였고, 알츠하이머병이 수술도구를 통해 전염될 가능성은 별로 없다.

현재까지, 알츠하이머병의 치료제로 유일하게 승인받은 약물은 아세틸콜린 분해효소 억제제(도네페질, 리바스티그민, 그리고 갈란타민)과 NMDA 수용기 길항제(메만틴)이다. 아세틸콜린성 뉴런은 알츠하이머병에서 가장 먼저 손상되고 이 뉴런이 피질 활성화와 기억에 중요한 역할을 하기 때문에 아세틸콜린의 분해를 억제하여 아세틸콜린성 뉴런의 활동을 증가시키는 약물은 이 질병을 가진 환자의 인지능력을 약간 증진시키는 것으로 밝혀졌다. 그러나 이 약물은 신경변성 과정에는 효과가 없고, 환자의 생명을 연장시키지도 못한다. 비경쟁적 NMDA 수용기 차단제인 메만틴은 과도한 양의 칼슘 유입으로 인해 아세틸콜린성 뉴런이 파괴되는 것을 늦추어 주어 치매의 증상을 약간 호전시키는 것으로 보인다(Rogawski & Wenk, 2003).

아마도 알츠하이머병을 예방하기 위한 가장 확실한 접근은 AD 생쥐를 이용한 면역학적 연구이다. Schenk 등(1999)와 Bard 등(2000)은 Aβ에 대한 면역계를 민감화시키고자 시도하였다. 그들은 AD 생쥐에 Aβ를 파괴하도록 면역체계를 자극하는 백신을 투여하였다. 이러한 치료는 성공적이었다. 어릴 때 백신을 맞은 생쥐의 뇌에서 아밀로이드반의 생성이 억제되었고, 성장한 후에 백신을 맞은 생쥐에서도 아밀로이드반의 생성이 중지되거나 역전되기도 하였다.

알츠하이머 환자를 대상으로 한 임상연구는 환자의 면역체계를 민감화시켜 Aβ를 파괴하려는 시도를 하였다(Monsonego and Weiner, 2003). 이중은폐 방법으로, 30명의 경, 중 정도의 알츠하이머 환자에게 Aβ 단백질의 일부를 주사하였다. 이들 중 20명은 Aβ에 대한 항체를 생성하여 질병의 진행 속도를 늦추었는데, 아마도 면역체계가 Aβ를 파괴하고 Aβ 축적으로 인한 신경 손상을 감소시키기 때문일 것이다. Hock 등(2003)은 Aβ 항체가 생성된 환자와 그렇지 않은 환자의 인지능력을 비교해 보았다. 그림 14.18에서 볼 수 있듯이 항체 생성은 인지능력 상실을 확연히 감소시켰다(그림 14.18 참조).

면역계가 Aβ 항체를 만들었던 환자들 중 한 명은 폐색전증(폐혈관의 혈전)으로 사망하였다. Nicoll 등(2003)은 이 환자의 뇌를 조사한 결과 면역계가 대뇌피질의 많은 부분에서 Aβ를 제거하였다는 증거를 발견하였다. 불행히도 Aβ 항원 주사는 환자의 5%에서 뇌의 염증을 유발시켜 임상실험이 중단되었다. 이제는 염증반응이 없는 (없기를 희망하는) 새로운 면역요법을 준비 중이다(Fu et al., 2010).

근위축성 측삭경화증

근위축성 측삭경화증amyotrophic lateral sclerosis; ALS은 척수와 뇌신경의 운동뉴런을 공격하는 변성장애이다(Zinman and Cudkowicz, 2011). 이 질병의 발병률은 약 100,000명 중 5명이다. 증상으로는 강직성 경련(근육이 긴장되어 뻣뻣하고 이상한 움직임을 보임)과 과장된 신장반사, 근육의 점진적 약화와 근위축, 그리고 마지막

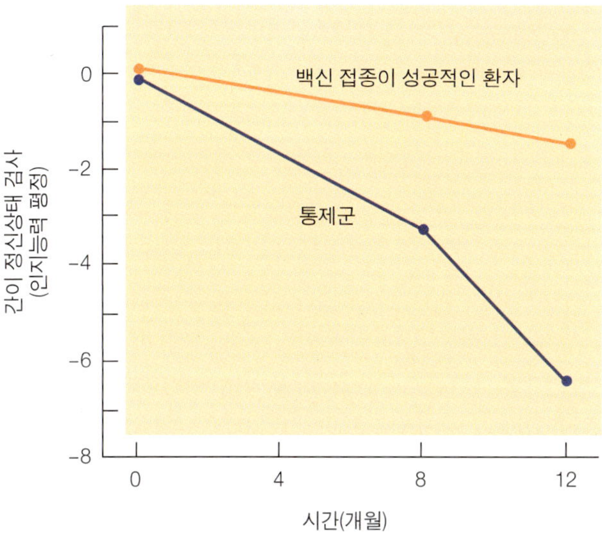

그림 14.18 Aβ에 대한 면역. Aβ에 대한 백신이 Aβ 항체가 생긴 환자(백신 접종이 성공적인 환자)와 그렇지 않은 환자(통제군)의 인지기능에 미치는 효과.

Based on data from Hock, C., Konietzko, U., Streffer, J. R., et al. *Neuron*, 2003, *38*, 547-554.

으로 마비가 있다. 호흡기 근육의 감퇴로 발병 후 5년에서 10년 후 대개 사망한다. 그러나 눈을 움직이는 근육과 인지능력은 거의 영향을 받지 않는다.

근위축성 측삭경화증의 10%는 유전성이고, 나머지 90%는 산발성이다. 유전성 중 10~20%는 21번 염색체에서 발견되는 **슈퍼옥사이드 디스뮤타제**(superoxide dismutase 1; SOD1)를 생산하는 유전자의 돌연변이에 의한 것이다. 이 돌연변이는 단백질의 비정상화와 집단화, 축색 수송의 장애, 그리고 미토콘드리아 기능장애 등 기능의 독성 추가를 일으킨다. 또한 글루타메이트가 교세포 내로 재흡수되는 것을 방해하여 세포 외부의 글루타메이트 수준을 증가시키고 운동뉴런에서의 흥분독성을 야기한다(Bossy-Wetzel, Schwarzenbacher, and Lipton, 2004). 비정상 단백질이 관여하는 다른 변성 뇌장애와 마찬가지로, 슈퍼옥사이드 디스뮤타제는 프라이온 단백질처럼 세포에서 세포로 선염될 수 있다. 그러나 현재까지 이 질병이 사람 간에 전염되는지에 대한 증거는 없다(Münch and Bertolotti, 2011).

슈퍼옥사이드 디스뮤타제의 해독효소의 정상적 기능은 세포원형질과 미토콘드리아에서 볼 수 있다. 슈퍼옥사이드 디스뮤타제는 초과산화기를 산소분자와 과산화수소로 분해한다(Milani et al., 2011). 초과산화기는 세포원형질에 자연적으로 존재하지만, 농도가 충분히 높아지면 독성을 가진다.

현재 근위축성 측삭경화증에 대한 유일한 약물치료제는 리루졸(riluzole)인데, 이 약물은 글루타메이트의 방출을 감소시켜 글루타메이트로 인한 흥분독성을 줄여 주는 작용을 한다. 임상실험 결과 리루졸 처치를 받은 환자가 위약을 투여한 환자보다 평균적으로 2개월 더 오래 살았다(Miller et al., 2003). 분명히, 더 효과적인 치료법을 찾기 위한 연구가 요구된다.

다발성 경화증

다발성 경화증(multiple sclerosis; MS)이란 자가면역성 탈수초화 질병이다. 중추신경계의 여기저기에서 수초들이 자신이 면역계에 의해 공격을 받아, **경화성반**(sclerotic plaque)이라고 하는 단단한 잔해를 남기게 된다. 수초가 떨어져 나간 축색을 통해서는 신경정보가 제대로 전달되지 못한다. 뇌와 척수의 여러 부위의 백질에서 손상이 일어나기 때문에, 아주 다양한 신경학적 장애가 나타나게 된다.

다발성 경화증의 증상은 가끔 증상이 갑자기 심해졌다가 감소하고, 시간이 지난 다음 다시 증가하는 특성이 있다. 대부분의 경우, 이러한 패턴[**완화-재발**(remitting-relapsing; MS)]은 이 질병의 후반에 **진행성 MS**(progressive MS)로 된다. 진행성 MS는 증상이 서서히, 꾸준하게 증가하는 것이 특징이다.

다발성 경화증은 남자보다는 여자에게 더 빈번히 나타나며, 보통 20대 후반 또는 30대에 나타난다. 또한 적도에서 멀리 떨어진 곳에서 아동기를 보낸 사람이 적도 근처에 사는 사람보다 발병률이 더 높다. 그러므로 바이러스가 유행하는 곳에서 아동기를 보내는 동안 감염된 어떤 질병이 자신의 면역계가 자신의 수초를 공격하도록 하는 것 같다. 게다가 늦은 겨울과 초봄에 출생한 사람들이 발병 위험이 더 높은데, 이는 산모에 의해 감염된 질병(예: 겨울 동안 감염된 바이러스성 질병)이 병에 대한 취약성을 증가시킨다는 것을 암시하는 것이다. 어떤 경우이든 그 과정은 오래 걸리는 것이어서 수십 년씩 걸린다.

다발성 경화증에 대한 치료법으로 두 가지만 희망적인 것 같다(Aktas, Keiseier, and Hartung, 2009). 첫 번째는 면역체계의 반응성을 조절하는 단백질인 **인터페론 β**(interferon β)이다. 인터페론 β는 몇몇 다발성 경화증 환자들의 발작 빈도나 강도를 낮추고 신경학적 장애의 진행을 더디게 하였다(Arnason, 1999). 그러나 이 치료법은 부분적인 효과밖에 없다. 다른 부분적으로 효과적인 치료제는 (코팍손 또는 코폴리머-1으로 알려져 있는) **글라티라머 아세테이트**(glatiramer acetate)이다. 글라티라머 아세테이트는 아미노산인 타이로신, 글루타메이트, 알라닌, 라이신의 무선적 서열로 이루어진 합성 펩타이드 혼합물이다. 이 복합물은 처음에는 실험동물에게 다발성 경화증의 증상을 유발시키기 위해 개발되었으나, 실제로는 그 증상을 완화시키는 것으로 드러났다. 인터페론 β와 글라티라머는 완화-재발형의 다발성 경화증에는 효과적이지만, 진행형에는 효과가 없다.

실험적 알레르기성 뇌염(experimental allergic encephalitis; EAE)으로 알려진 탈수초화 질병은 수초를 구성하는 단백질을 실험동물에게 주사함으로써 실험적으로 유도될 수 있다. 그러면 실험동물의 면역계는 수초 단백질에 민감해져서 자신의 수초를 공격한다. 글라티라머 아세테이트는 이와 반대로 작용하는 것으로 밝혀졌다. 즉, EAE를 일으키는 것이 아니라 오히려 EAE의 발생을 방지하는데, 이는 환자의 수초를 공격하는 면역세포의 작용을 억제하는 **인터류킨 4**(interleukin 4) 같은 항염물질을 분비하도록 특정세포를 자극하는 것으로 보인다(Farina et al., 2005). 연구자들은 다발성 경화증 환자를 대상으로 글라티라머 아세테이트를 처치한 결과 이 약물이 재발-완화 형태의 환자들의 증상을 경감시키는 것을 나타났다. 그래서 이제는 이 약이 치료제로 승인되었다. Sormani 등(2005)의 구조적 MRI 연구에서는 글라티라머 아세테이트를 투여한 환자들의 95%에서 백질 병변의 20~54%가 감소한 것으로 밝혀졌다.

비록 인터페론 β와 글라티라머 아세테이트가 증상을 약간 경감시키긴 하지만, 둘 중 어느 것도 다발성 경화증의 진행을 멈추지는 못한다. 여전히 더 나은 형태의 치료법이 필요한 실정이다. MS 치료에 대한 한 가지 고무적인 접근은 환자 자신의 혈액 또는 골수에서 채취한 자기 조혈 줄기세포를 이식하는 것이다. 21명의 MS 환자들을 대상으로 한 임상시험 결과 37개월 후 신경학적 증상이 유의하게 호전된 것으로 나타났다(Burt et al., 2009).

완화-재발형 MS의 증상은 부분적으로 회복되었다가 새로운 증상이나 악화된 증상이 다시 나타나는 형태이기 때문에, 환자와 가족들은 증상의 변화를 최근에 경험한 어떤 것 탓으로 돌린다. 예를 들어, 환자가 새로운 약을 복용하거나 새로운 식이요법을 실시하고 있을 때 증상이 악화된다면 약이나 식이요법에 문제가 있다고 생각하게 될 것이다. 반대로 환자가 호전된 경우에는 그 약이나 식이요법을 신뢰하게 될 것이다. 쓸모없는 치료를 빙자하여 환자를 착취하는 것을 막기 위한 최선의 방법은 매우 효과적인 치료법을 개발하는 것이다.

절 요약

변성장애

크로이츠펠트-야곱병, 스크래피, 그리고 광우병과 같은 전염성 해면상 뇌질환(광우병)은 전염성 질병 가운데 독특한 것이다. 이들은 바이러스나 미생물이 아닌 단순 단백질 분자에 의해 생긴다. 정상 프라이온 단백질(PrPc)과 감염성 프라이온 단백질(PrPSc)은 아미노산의 배열은 똑같지만 3차원 구조가 다르다. 여하튼 뉴런 내에서 생성된 비정상 프라이온 단백질은 정상 프라이온 단백질마저도 비정상적으로 만들고, 연쇄반응이 일어난다. PrPc가 PrPSc로 변형되는 것이 세포자멸을 유발하여 세포를 죽게 만든다. 크로이츠펠트 야곱병은 전염성일 뿐만 아니라 유전성이지만, 원인을 알 수 없는 산발성이 가장 흔하다. 정상 프라이온 단백질은 신경발달과 신경생성에 중요한 역할을 하는데, 이것이 장기기억의 형성과 유지에 영향을 줄 수 있다.

파킨슨병은 기저핵으로 축색을 보내는 흑질의 도파민성 뉴런이 변성되기 때문에 생긴다. 드문 유전성 파킨슨병에 대한 연구 결과 알파-시누클레인이라는 비정상 단백질의 군집에 의해 도파민성 뉴런이 죽는 것으로 밝혀졌다. 어떤 돌연변이는 결함이 있는 알파-시누클레인을 생성하고 또 다른 돌연변이는 결함이 있는 파킨(프로테아솜에 의해 비정상 단백질이 파괴될 수 있도록 이들을 표지하는 것을 돕는 단백질)을 생성한다. 또한 알파-시누클레인의 축적은 독성물질에 의해 촉발될 수도 있는데, 이는 비유전성의 경우 주변 환경의 독성물질에 의해 발병될 수도 있음을 암시하는 것이다. 파킨슨병의 치료법으로는 L-DOPA를 투여하거나, 기저핵에 태아 도파민성 뉴런을 이식하거나, 담창구나 시상하핵을 입체정위 시술로 손상시키거나, 또는 환자가 시상하핵을 전기적으로 자극할 수 있게 해주는 전극 이식법 등이 있다. 태아의 도파민성 뉴런을 이식하는 것은 처음에 생각했던 것보다 성공적이지 못한 것으로 드러났는데, 아마도 알파-시누클레인이 수혜자 자신의 뉴런에서 기증받은 뉴런으로 전염되기 때문인 것 같다. 시상하핵의 흥분을 감소시키기 위해 고안된 유전자 치료법이 희망적인 결과를 얻었다.

헌팅턴병은 상염색체-우성 유전질환으로 미상핵과 피각의 변성을 일으킨다. 돌연변이 헌팅틴은 비정상적 형태로 집단을 이루어 피각의 GABA성 뉴런 핵에 축적된다. 돌연변이 헌팅틴의 일차적 효과는 기능의 독성 증가이지만, 기능의 상실 또한 나타난다. 생쥐의 경우 헌팅틴 유전자에 대한 표적 돌연변이는 치명적이다. 또한 봉입체는 방어적 기능을 하고, 손상은 세포 내에 퍼져 있는 돌연변이 헌팅틴에 의해 일어난다는 증거들이 있다. 헌팅틴의 특정 부분을 표적으로한 세포 내 항체에 대한 동물연구와 헌팅틴 유전자를 표적으로 한 간섭 RNA를 주입한 동물연구들이 희망적인 결과를 얻었다.

또 다른 변성질환인 알츠하이머병은 광범위한 뇌 영역에서 일어나는데, 결국에는 해마와 피질 회백질의 대부분을 손상시킨다. 알츠하이머병 환자들의 뇌에는 아밀로이드반과 신경섬유 덩어리가 축적되어 있는데, 아밀로이드반은 변성된 축색과 수상돌기로 둘러싸인 긴 형태의 비정상 Aβ 단백질의 중심부이며, 신경섬유 덩어리는 타우 단백질이 꼬여진 신경세사가 세포 내부에 축적되어 죽어가는 뉴런들이다. 유전성 알츠하이머병은 아밀로이드 전구단백질(APP)이나 APP를 작은 조각으로 자르는 세크리타제, 혹은 콜레스테롤 수송과 세포막 재생에 관여하는 당단백질인 아포리포프로테인 E(ApoE)를 위한 유전자의 결함 때문이다. 알츠하이머 환자와 생쥐를 대상으로 한 초기연구는 Aβ에 대한 백신이 치료에 도움이 될 것이라고 제안하였다. 항콜린성 약물 또는 NMDA 길항제로 작용하는 약물로 치료를 받은 일부 환자에게서 증상이 일시적으로 완화되었다. 운동이나 지적 활동은 알츠하이머 발병을 늦출 수 있으며, 비만, 고콜레스테롤, 당뇨 등은 중요한 위험요인이다.

근위축성 측삭경화증은 운동뉴런을 공격하는 변성질환이다. 이 질병의 10%는 SOD1 유전자의 돌연변이에 의한 유전성이며, 나머지 90%는 산발성이다. 유일한 약물치료제는 글루타메이트에 의한 흥분독성을 줄여 주는 리루졸이다. 알파-시누클린, Aβ, 타우 단백질, SOD1 등 다양한 변성질환에 관여하는 비정상 단백질은 비정상 프라이온 단백질의 전염과 비슷한 방식으로 세포에서 세포로, 개인에서 개인으로 전염될 수 있다.

탈수초화 질병인 다발성 경화증은 신경학적 증상이 주기적으로 나타나는 것이 특징으로, 증상이 나타나는 사이에 부분적으로 회복이 나타나며 (완화-재발 MS), 나이가 들면서 진행성 MS가 된다. 이 질환은 자신의 면역계가 수초에 포함되어 있는 단백질을 공격함으로써 발생한다. 대부분의 연구자들은 어릴 때의 바이러스 감염이 면역계가 수초단백질에 다소 민감해지도록 만든다고 믿는다. 완화-재발 MS에 대한 유일한 효과적인 치료법은 인터페론 β와 글라티라머 아세테이트인데, 글라티라머 아세테이트는 특정 면역세포가 항염물질을 분비하도록 자극하는 합성 단백질 혼합물이다. 자가 조혈 줄기세포 이식 실험이 약간의 희망을 보여 준다.

감염성 질환에 의한 장애

여러 가지 신경학적 장애가 박테리아나 곰팡이, 기생충, 또는 각종 바이러스에 의해 전달되는 감염성 질환에 의해 야기될 수 있다. 가장 흔한 것이 뇌염과 뇌막염이다. **뇌염**encephalitis은 전체 뇌가 감염된 것이다. 뇌염의 가장 일반적인 원인은 모기에 의해 전염되는 바이러스인데, 모기는 말, 새, 쥐에게서 감염성 병원체를 얻는다.

급성 뇌염의 증상은 고열과 과민반응, 메스꺼움 등이며 가끔은 경련, 정신착란, 실어증이나 마비와 같은 뇌손상의 신호까지 나타나기도 한다. 불행하게도 아직까지 잘 간호해 주는 것 이외에는 뇌염에 대한 특별한 치료법이 없으며, 환자의 5~20%는 사망하고, 생존자의 20% 정도는 후유증으로 신경학적 증상을 나타낸다.

또한 뇌염은 **단순포진 바이러스**herpes simplex virus에 의해 생길 수도 있는데, 이 바이러스는 대부분의 사람들에게 가끔 입안이나 입 주위에 물집을 일으키는 것이다. 보통 이 바이러스는 얼굴에 분포된 체감각뉴런의 세포체가 모여 있는 5번 뇌신경의 신경절인 **삼차신경절**(trigeminal nerve ganglia)에서 조용히 살고 있다. 이들은 주기적으로 증식을 하여, 신경섬유의 종말까지 이동하고, 그곳에서 점막에 물집을 만든다. 불행히도 가끔(아주 드물게) 이 바이러스가 뇌로 들어가는 경우가 있다. 포진성 뇌염은 매우 심각한 질병으로서, 바이러스는 주로 전두엽과 측두엽을 공격하여 심각한 뇌손상을 일으킬 수 있다.

바이러스성 뇌염의 또 다른 두 가지 유형은 이미 잘 알려진 소아마비와 광견병이다. 다행히도 **급성척수전각염**acute anterior poliomyelitis(또는 소아마비)은 예방접종을 위한 백신이 개발되어 있어서 선진국에서는 아주 드물다. 이 바이러스는 뇌와 척수의 운동뉴런에 손상을 일으키는데, 일차운동피질에 있는 뉴런, 시상과 시상하부 그리고 뇌간의 운동핵, 소뇌에 있는 뉴런, 척수 전각의 회백질에 있는 뉴런들이 손상된다. 분명히 이들 운동뉴런은 바이러스를 끌어들이거나 바이러스가 치명적인 효과를 내도록 만드는 어떤 화학물질을 함유하고 있다.

광견병rabies은 감염된 포유동물의 타액 속에 있는 바이러스가 동물에게 물린 상처 부위를 통해 사람의 몸속으로 들어와 발병한다. 이 바이러스는 말초신경을 통해 중추신경계로 침입하여 그곳에 심각한 손상을 입힌다. 또한 타액선과 같은 말초기관으로도 가는데, 이로 인해 같은 방식으로 다른 사람에게 옮길 수도 있게 된다. 증상으로는 잠시 열이 나고 두통이 있다가, 그 후 불안감과 과도한 몸짓과 말, 삼키기의 곤란, 운동장애, 말하기 어려움, 발작, 혼미 등이 나타나며, 결국 증상이 나타난 지 2~7일 만에 사망하게 된다. 이 바이러스는 소뇌와 해마의 세포들과 특별한 친화력이 있는데, 아마도 초기에 나타나는 정서적 변화는 해마 손상과 관련된 것으로 짐작된다.

다행히도 광견병 바이러스가 말초신경을 타고 중추로 올라가는 데에는 몇 달 정도의 잠복기가 필요하다. (만약 물린 부위가 얼굴이나 목이라면 바이러스가 뇌에 도달하기까지의 거리가 가깝기 때문에 잠복기가 훨씬 짧을 것이다.) 잠복기 중에 백신을 접종하면 이 질병에 대한 면역이 생겨서, 환자의 면역계는 바이러스가 뇌에 도달하기 전에 바이러스를 파괴시킬 수 있다.

여러 가지 감염성 질환이 일차적으로는 중추신경계의 질환이 아니라고 하더라도 뇌손상을 일으킬 수 있다. 그중 하나가 인간 면역결핍 바이러스(HIV)에 의한 후천성 면역결핍증후군(AIDS)이다. 부검기록에 따르며, AIDS로 사망한 사람들 중 최소한 75% 이상에서 뇌손상의 증거가 발견되었다고 한다(Levy & Bredesen, 1989). HIV 감염과 관련된 뇌손상은 경증 신경인지 장애에서 HIV-관련 치매(AIDS 치매, 또는 ADC)에 이르기까지 다양한 증상을 일으킬 수 있다. HIV 감염에 의한 신경병리의 특징은 해마, 대뇌피질, 그리고 기저핵에 있는 시냅스 손상과 뉴런의 사망이다(Mattson, Haughey, and Nath, 2005; Valcour et al., 2011). 감염 직후에 항레트로바이러스 치료를 하면 뇌손상을 예방하거나 최소화시킬 수 있다. 그러나 활성 바이러스가 혈액에서는 발견되지 않더라도 뇌 속에는 여전히 존재할 수 있으므로 환자의 인지적 능력이나 정서적 상태를 세밀하게 관찰해야 한다. 만약 바이러스 감염이 치료되지 않으면, 뇌손상은 진행되고 인지기능과 운동기능을 상실하게 된다. 이것이 40세 이하 사람들의 인지기능 저하의 원인일 수 있다. 처음에 환자들은 무엇이든 잘 잊어버리는 경향이 있으며, 생각하고 추론하는 것이 느려지고, 단어 찾기의 어려움(명칭실어증)을 보인다. 결국에는 거의 벙어리가 된다. 운동 결함은 처음에는 진전이 일어나고 복잡한 운동을 잘하지 못하는 것으로 시작하여, 나중에는 침대에만 누워 있어야 할 정도로 진행된다(Maj, 1990).

몇 년 동안 연구자들은 HIV 감염이 신경손상을 일으키지만, 뉴런 자체는 바이러스에 감염되지 않는다는 사실에 당혹스러워했다. 대신에, 바이러스는 뇌의 성상세포에서 살면서 복제를 했다. 신경병리는 AIDS 감염에 책임이 있는 RNA를 뒤덮고 있는 교단백질 gp120에 의해 유발되는 것으로 밝혀졌다. gp120은 세포자멸을 촉발하는 다른 단백질과 결합한다(Mattson, Haughey, and Nath, 2005; Alirezaei et al., 2007).

뇌와 관련된 또 다른 감염성 질환은 중추신경계를 감싸고 있는 결합조직인 뇌막에 염증이 생기는 것이다. **뇌막염**meningitis의 원인은 바이러스 또는 박테리아다. 모든 경우에 두통과 목이 뻣뻣해지는 증상이 나타나고, 증상의 정도에 따라 경련이나 의식의 혼미와 상실이 나타나며 가끔은 사망할 수도 있다. 목이 뻣뻣해지는 것이 가장 중요한 증상이다. 목을 움직이면 뇌막이 당겨지므로, 뇌막에 염증이 있으면 이렇게 뇌막이 당겨질 때 심한 통증이 야기된다. 그래서 환자들은 목을 움직이려 하지 않는다.

바이러스성 뇌막염의 대부분은 그리 심각한 뇌손상을 일으키지 않는다. 그러나 박테리아성 뇌막염의 여러 가지 형태는 그렇지 않다. 가장 흔한 원인은 중이의 감염이 뇌로 퍼지는 것, 머리의 외상으로부터 뇌가 감염되는 것, 또는 심장의 심실 내에 감염된 박테리아로 인한 색전 등이다. 가끔은 제대로 소독되지 않은 피하주사 바늘이 원인이 되기 때문에, 약물중독은(다른 질병뿐만 아니라) 뇌막염을 일으키는 중요한 위험요인이 된다. 뇌막의 염증은 혈액순환을 방해하거나, 또는 지주막하강을 통한 뇌척수액의 순환이 차단되어 발생하는 수두증으로 인해 뇌손상을 일으킨다. 게다가, 뇌신경도 손상되기도 쉽다. 다행히도 박테리아성 뇌막염은 항생제로 치료될 수 있다. 물론 항생제나 다른 어떠한 치료법도 이미 손상된 뇌를 회복시킬 수 없으므로 조기 진단과 신속한 치료가 필수적이다.

절 요약

감염성 질환에 의한 장애

감염성 질환이 뇌를 손상시킬 수 있다. 뇌염은 주로 바이러스에 의해 유발되며, 뇌 전체에 영향을 미친다. 한 가지 유형은 단순포진 바이러스에 의한 것인데, 이 바이러스는 대부분 삼차신경절을 감염시킨다. 이 바이러스는 전두엽과 측두엽을 공격한다. 소아마비 바이러스는 뇌와 척수의 운동뉴런을 손상시켜, 운동장애를 유발하고 심하게는 마비를 일으킨다. 동물에게 물렸을 때 감염되는 광견병 바이러스는 말초신경을 통해 뇌로 전파되며, 특히 소뇌와 해마에 영향을 미친다. HIV 감염 역시 뇌에 손상을 일으키는데, HIV 바이러스를 싸고 있는 gp120 단백질이 세포자멸을 촉발하는 다른 단백질과 결합하기 때문이다. 항레트로바이러스 요법을 결합시킨 공격적인 치료가 뇌손상을 최소화시킬 수 있다. 뇌막염은 바이러스나 박테리아에 의해 발생한 뇌막의 염증이다. 박테리아에 의한 뇌막염이 일반적으로 더 심각한데, 귀의 감염이나 머리 외상, 또는 심장의 감염에서 비롯된 색전 등에 의해 유발된다.

맺는말 | 발작수술

R 부인은 우발적으로 발작을 일으키던 양성 뇌종양의 절제수술을 받았다. 이 장에서 언급하였듯이, 신경외과의사들은 가끔 발작병소가 포함된 뇌조직을 제거하는 수술을 한다. 소위 **발작수술**(seizure surgery)이라는 이러한 수술은 약물치료가 효과적이지 않을 때에만 실시한다.

발작수술은 뇌조직의 상당 부분(보통은 한쪽 측두엽)을 제거하기 때문에 행동적 결함을 일으킬 것이라고 생각하기가 쉽다. 그러나 대부분의 경우 그 반대이다. 신경심리학적 기능 검사에서 환자들의 수행은 오히려 **개선되는** 것으로 나타난다. 뇌조직의 제거가 어떻게 환자의 수행을 향상시킬 수 있는가?

발작이 일어나는 **동안**이 아니라 발작과 다음 발작 사이에 뇌에서 무슨 일이 일어나는가를 알아보면 그 해답을 찾을 수 있다. 발작의 병소, 대개는 상처조직 부위는 그 주변의 뇌조직을 흥분시켜서 신경활동을 증가시키고, 그러한 흥분은 인접 영역으로 퍼져 나가는 경향이 있다. 발작과 다음 발작 사이에 뇌는 보상적으로 억제성 활동을 증가시켜서, 흥분성 활동의 증가를 견제한다. 즉, 발작병소 주변에 있는 억제성 뉴런들이 매우 활성화된다. 이러한 현상을 **발작간 억제**(interictal inhibition)라고 한다. 흥분성 활동이 억제성을 압도할 때 발작이 일어나게 된다.

문제는 이 보상적인 억제가 흥분성을 견제하는 것 이상의 활동을 한다는 것이다. 이는 발작병소 주변의 넓은 뇌조직의 정상 기능까지도 억제하게 된다. 그래서 실제 병소의 크기는 작다고 하더라도 그 효과는 발작 사이에서도 훨씬 넓은 부위로 퍼져 나간다. 발작병소와 주변의 영역을 제거하여 흥분의 근원지를 없애면 보상적인 억제도 불필요하게 된다. 발작간 억제가 나타나지 않으므로 이전에 발작병소 근처에 있던 뇌조직이 이제는 정상적으로 작동하게 되고, 따라서 환자의 신경심리학적 기능이 호전된다.

이 장에서 언급한 것처럼 발작은 가끔 머리 외상 후에도 나타나는데, 이 경우에는 몇 달이 지난 후에야 나타난다. 이렇게 지연이 되는 이유는 학습을 가능하게 해주는 뉴런의 특성과 관련이 있다. Goddard(1967)는 쥐의 뇌에 전극을 심고, 하루에 한 번씩 짧고 약한 전기자극을 주었다. 처음에는 이런 자극이 아무런 효과도 일으키지 않았지만, 며칠 후에는 그 자극이 약간의 발작을 일으키기 시작했다. 날이 갈수록 그 발작은 점점 심해졌으며, 마침내 그 동물은 만성-긴장성 경련을 나타내게 되었다. Goddard는 이러한 현상을 작은 불씨가 큰불을 일으키도록 점화시키는 것과 유사하다고 보아 **점화**(kindling)라고 불렀다.

점화는 학습과 유사하게 보이는데, 이는 장기상승작용에서 볼 수 있는 것과 같은 시냅스 강도의 변화를 포함하는 것 같다. 장기상승작용은 측두엽에서 가장 잘 일어나는데, 측두엽은 발작이 가장 잘 일어나는 영역이기도 하다. 머리 외상 후 발작의 출현이 지연되는 이유는 점화현상이 나타나기 위해 시간이 필요하기 때문인 것 같다. 뇌손상으로 야기된 흥분은 결국 부근에 있는 흥분성 시냅스의 시냅스 강도를 증가시킨다.

점화 현상은 병소-발작장애의 동물 모델로 사용되며, 간질의 원인과 치료법을 연구하는 데 유용한 것으로 판명되었다. 예를 들어, Silver, Shin, McNamara(1991)는 점화 절차를 사용하여 쥐에게 발작병소를 만들고, 발작(뇌 속의 전기적 사건)과 경련(발작의 운동적 표현)을 치료하는 데 사용되는 몇 가지 약물의 효과를 비교하였다. 그 결과 어떤 약물은 경련을 방지하는 데는 효과적이지만 발작에는 효과가 없었으며, 반면에 어떤 약물은 두 가지 모두를 막았다. 발작은 뉴런(특히, 발작 동안에 활동을 하는 해마체의 뉴런)을 과잉 자극하면 뇌를 손상시킬 수 있으므로, 약물치료의 목적은 발작에 동반되는 경련을 없애는 것이 아니라 발작 자체를 없애는 것이어야 한다. 점화 현상을 이용한 동물 모델은 병소발작장애에 대한 효과적인 치료법을 개발하는 데 많은 기여를 할 것이다.

핵심 개념

종양

1. 뇌종양은 두개골 안에 있는 뉴런 이외의 세포들이 걷잡을 수 없이 자라나는 것으로 압박과 침투를 통하여 정상 조직을 손상시킨다.

발작장애

2. 발작은 비정상적인 신경발화가 주기적으로 나타나는 것으로, 다양한 증상을 일으킬 수 있다. 대개는 하나의 병소에서 시작되지만, 어떤 경우에는 발작의 근원지가 분명하지 않은 것도 있다.

뇌혈관장애

3. 뇌혈관사고, 대개 뇌출혈 또는 뇌경색은 국소적인 뇌손상을 일으킨다. 뇌경색의 가장 일반적인 두 가지 원인은 혈전과 색전이다.

발달장애

4. 발달장애는 약물이나 질병에 의해 생성된 독성물질, 또는 염색체나 유전자의 이상에 의해 발생한다.

변성장애

5. 전염성 해면상 뇌질환, 파킨슨병, 헌팅턴병, 알츠하이머병, 근위축성 측삭경화증, 다발성 경화증 등과 같은 다양한 신경계의 변성장애는 최근 많은 과학자들의 관심을 끌고 있다. 다발성 경화증을 제외한 이 질병들은 모두 비정상 단백질의 축적과 관련이 있는 것으로 보인다.

감염성 질환에 의한 장애

6. 바이러스 또는 박테리아에 의해 생기는 감염성 질환들은 뇌손상을 일으킬 수 있다. 중추신경계의 감염 중 가장 중요한 두 가지 병은 뇌염과 뇌막염이지만, AIDS가 성행하면서 AIDS 치매 복합증이 더 흔한 질병이 되고 있다.

CHAPTER

15 조현병, 정동장애, 불안장애

Hristo Shindov/Getty Images

개요

♥ 조현병

해설

유전가능성

조현병의 약리학: 도파민 가설

신경학적 장애로서의 조현병

♥ 주요 정동장애

해설

유전가능성

출생 시기

생물학적 처방

모노아민 가설

전두피질의 역할

신경발생의 역할

일일주기의 역할

♥ 불안장애

공황장애, 일반불안장애 및 사회불안장애

강박장애

학습목표

1. 조현병의 증상을 기술하고, 유전과 관련된 증거를 기술한다.
2. 조현병을 설명하는 도파민 가설을 요약하고 조현병의 양성 증상을 완화시키거나 유발시키는 약물을 논의한다.
3. 조현병이 비정상적인 뇌 발달의 결과라는 증거를 기술한다.
4. 양성 증상과 음성 증상이 전전두피질의 활동 저하와 관련된 증거를 기술한다.
5. 두 개의 주요 정동장애, 유전가능성, 그리고 이에 대한 생리적 처방을 기술한다.
6. 우울증을 설명하는 모노아민 가설을 요약하고, 정동장애를 가진 사람들의 뇌의 비정상성에 대한 증거를 개관한다.
7. 정동장애에서 일일주기의 역할을 설명한다: REM 수면박탈과 전체 수면박탈의 효과와 계절성 정동장애의 증상과 처방.
8. 공황장애, 일반불안장애 및 사회불안장애의 증상과 가능한 원인 및 치료를 기술한다.
9. 강박장애의 증상과 가능한 원인 그리고 강박장애의 치료를 기술한다.

머리말 | 불안 수술

1935년에 침팬지를 대상으로 수행되었던 실험 보고가 있었다. 그 실험은 큰 반향을 일으켰으며, 지금까지도 여전히 그 영향은 유효하다. Jacobsen, Wolfe 및 Jackson(1935)은 몇 마리 침팬지에게 어떤 한 행동 과제를 하도록 하였다. 그 과제는 동물이 얌전한 상태를 유지하면서 음식의 위치를 기억하는 것이었다. 음식은 스크린 뒤에 놓여 있었는데, 실험자가 미리 그 곳에 놓아두었다. Becky라는 한 암컷 침팬지는 자기가 그 과제에서 실수할 때마다 공격적인 정서반응을 보였다. "실험자가 컵을 향하고 있는 침팬지의 시선을 차단할 목적으로 설치되어 있었던 불투명한 문을 내리자, Becky는 그 즉시 짜증을 내면서 바닥에 뒹굴었으며, 똥을 싸고 오줌을 누었다. 훈련 기간 동안 이러한 반응을 몇 차례 보이긴 하였으나, 그 이후에는 더 이상 그렇게 반응하지는 않았다." Becky의 전두엽을 제거한 이 후에는, 이것이 바람직한 행동 모델이 되었다. Becky는 "의례적인 인사를 친절하게 하였으며, 현재 있는 곳에서 이동식 우리(cage)가 있는 곳으로 내달렸다. 그러고는 순순히 실험용 우리로 되돌아갔다. 실수를 하더라도, Becky는 정서적인 불안 증세를 보이지 않았으며, 조용히 다음 시행을 위한 컵이 나타나기를 기다렸다"(Jacobsen, Wolfe, & Jackson, 1935, pp. 9-10).

이 결과가 1935년에 포르투갈 정신과 의사인 Egas Moniz가 참석했던 한 전문가 모임에서 보고되었다. 그는 Jacobsen과 동료들의 보고를 들었으며, 또한 Brickner(1936)가 보고한 동일한 결과를 접하였다. Brickner는 종양이 있는 한 환자의 전두엽을 완전히 제거하더라도, 환자의 지적인 능력에서 손상이 나타나지 않았음을 보고하였다. 따라서 아마도 인간은 전두엽 없이도 살아가는 데 지장이 없어 보였다. 이 두 연구 보고는 Moniz로 하여금 다음과 같은 생각을 하게 만들었다. "만약 전두엽을 제거한다면, 좌절 행동도 사라질 것이다. 그렇다면 수술이라는 의료 행위에 따른 불안감도 줄어들지 않을까?"(Fulton, 1949, pp. 63-64). 실제로 Moniz는 한 신경외과의사에게 이러한 의료 행위를 시도할 것을 설득하기도 하였다. 그리고 Moniz의 지휘 아래 약 100회의 수술이 이루어졌다. 그리고 1949년에 Moniz는 이러한 시술을 개발한 공로로 노벨상을 수상하였다.

이 책에 있는 대부분의 논의는 정상적이고 적응적인 행동의 생리학에 집중되어 있다. 마지막 두 장에서는 부적응적인 행동을 보이는 증상의 본질과 그와 관련된 생리적인 현상을 밝힌 연구들을 요약한다. 이러한 증상에는 정신장애, 자폐증, 주의력결핍 과잉행동장애, 스트레스장애, 그리고 약물남용이 있다. 정신장애는 부적절한 사회행동(비논리적 사고, 비응집적 사고, 강박관념)과 부적절한 정서반응(우울, 조증, 망상, 환각)을 포함한다. 최근의 연구가 시사하는 바는, 이러한 많은 증상의 원인이 뇌의 구조적이고 생화학적인 비정상성에 있다는 것이다.

조현병

해설

조현병(정신분열증)은 심각한 정신장애로서, 세계 인구의 약 1%가 이 장애로 고통을 받고 있다. 이로 인한 사회적인 재정적 비용도 매우 높다. 미국의 경우에는 이 비용이 암에 의한 비용을 초과하였다(Thaker & Carpenter, 2001). 고대 기록물에도 이에 관한 증상이 기술된 것을 고려하면, 이 장애의 역사는 수천 년에 이른다(Jeste et al., 1985). 조현병의 주증상은 보편적이며, 임상가들은 다양한 문화권에 있는 사람들에게 모두 적용할 수 있고 신뢰할 수 있는 진단 기준을 개발하여 왔다(Flaum & Andreasen, 1990). **조현병**(Schizophrenia)은 아마도 현재 사용되고 있는 심리학 용어 가운데 가장 잘못 사용되고 있는 용어일 것이다. schizophrenia의 문자 그대로의 의미는 '분리된 마음'이다. 어떤 한 문제에 대하여 다양한 느낌이 들 때, 사람들은 자주 "정신분열증에 걸린 것 같다."라고 한다. 그래서 최근에 정신분열증은 조현병으로 개명되었다. 가끔씩은 황무지에 오두막을 짓고 땅을 일구면서 살고 싶고, 또 어떤 때는 가족 보험 대리점을 인수받고 싶은 사람이 결정을 내리지 못하고 있다고 해서 우리는 이 사람을 조현병 환자로 보지 않는다. Eugen Bleuler(1911/1950)는 사고와 감정이 더 이상 정상적으로 작동하지 않게 된, 즉 마음의 다양한 기능들 간의 유기적인 체제가 무너진 결과로 나타난 현실감의 붕괴상태를 기술하기 위하여 이 용어를 처음 사용하였다.

조현병schizophrenia 증상에는 양성적 · 음성적 · 인지적인 범주의 세 가지 범주가 있다(Mueser & McGurk, 2004). **양성 증상**positive symptom은 특정 증상의 출현으로 확인할 수 있다. 이러한 증상에는 사고장애, 망상 및 환각이 있다. 아마도 **사고장애**thought disorder—비체계적이고 비합리적인 사고—가 조현병의 가장 중요한 증상이다. 조현병 환자는 자신의 사고를 논리적으로 전개하고, 불합리한 결론과 가능한 결론을 구분하는 데 많은 어려움이 있다. 대화를 하다가도 그들은 마치 새로운 심리적인 연상이 생겨난 것처럼, 어떤 한 주제에서 다른 주제로 갑자기 대화 내용을 바꾼다. 가끔씩은 의미 없는 단어를 사용하기도 하고, 단어의 의미보다는 운율(rhyme)에 의존하여 단어를 선택하기도 한다. **망상**delusions은 사실과 완전히 상반되는 신념이고, 피해망상(delusions of persecution)은 다른 사람이 자신을 음해하고 음모한다는 잘못된 신념이다. 과대망상(delusions of grandeur)은 자신의 힘과 중요성에 대한 잘못된 신념을 말한다. 이들은 신적인 힘을 가지고 있다거나, 자신이 마치 다른 사람이 모르는 특별한 지식을 가지고 있다고 생각한다. 통제망상(delusions of control)은 피해망상과 관련이 있다. 예를 들어, 이들은 다른 사람이 레이더나 자신의 머릿속에 설치되어 있는 소형 라디오 수신기를 이용하여 자신을 통제한다고 믿는다.

조현병의 세 번째 양성 증상은 **환각**hallucination이다. 환각은 존재하지 않는 자극을 지각하는 증상을 말한다. 청각적 환각이 가장 일반적이기는 하지만 다른 종류의 감각도 환각을 일으킬 수 있다. 전형적인 정신분열적 환각은 다른 사람의 말소리가 들리는 현상이다. 때때로 그 말소리는 환각 경험자에게 무엇인가를 하도록 명령하는 것일 때도 있고, 때로는 그 목소리는 자신의 무가치함을 꾸짖기도 하고, 때로는 의미 없는 문구를 말하기도 한다. 후각적 환각 또한 아주 일반적인 증상인데, 다른 사람들이 독가스로 자신을 살해하려고 한다는 망상을 자주 보고한다(표 15.1 참조).

표 15.1 조현병의 양성, 음성 및 인지 증상

조현병 증상		
양성	**음성**	**인지**
환각	단조로운 정서반응	주의 지속 어려움
사고장애	말이 없음	느린 정신운동속도
망상	주도성과 지속성 부족	학습과 기억의 결함
피해	무쾌감증	추상적 사고 빈약
과대	사회적 철수	문제해결 빈약
통제		

양성 증상과는 대조적으로, 조현병의 음성 증상은 정상적인 행동이 부재하거나 위축되는 것으로 확인된다. 정서적인 반응이 단조로워진다든지, 말을 거의 하지 않는다든지, 주도성과 지속성이 결여된다든지, 무쾌감증(anhedonia: 쾌를 경험하는 능력의 부재)과 사회적 철수 증상을 보인다. 조현병의 **인지적 증상**cognitive symptoms은 음성적인 증상과 매우 관련이 있으며, 문제가 되는 뇌 영역도 두 증상에서 중복되어 나타난다. 이 두 증상에서 나타나는 장애로는, 주의 유지의 어려움, 느린 정신운동속도(psychomotor speed: 손가락, 손, 다리의 운동을 신속하고 유연하게 실행하는 능력), 학습과 기억에서의 문제, 추상적 사고에서의 문제 및 문제해결에 시의 어려움이 있다. 음성 증상과 인지적 증상이 조현병에만 국한되는 것은 아니다. 이러한 증상은 뇌, 특히 전두엽의 손상과 관련된 많은 신경장애에서도 나타난다. 이 장의 뒤에서 살펴보겠지만, 양성 증상은 몇몇 신경회로의 과잉활성화와 관련이 있어 보인다. 이 회로에는 도파민이라는 신경전달물질이 관여한다. 음성 증상

과 인지적인 증상은 몇몇 뇌 영역의 기능장애에 따른 발달적 혹은 퇴행적 과정이 원인일 가능성이 있다(표 15.1 참조).

조현병 증상은 보통 3년에서 5년 동안 점진적으로 서서히 나타난다. 음성 증상이 가장 먼저 나타나고, 조금 뒤에 인지적 증상이 나타난다. 양성 증상은 그로부터 몇 년이 지난 다음에 출현한다. 뒤에서 알게 되겠지만, 증상이 이렇게 연쇄적으로 진행된다는 사실은 각 증상에 관여하는 비정상적인 뇌 영역의 본질에 관한 단서를 제공하여 준다.

유전가능성

조현병이 일종의 생물학적 장애라는 것을 보여 주는 가장 강력한 증거 가운데 하나가 유전가능성이다. 입양아 연구(Kety et al., 1968, 1994)와 쌍둥이 연구(Gottesman & Shields, 1982; Tsuang, Gilbertson, & Faraone, 1991) 모두는 조현병이 유전적 특질일 가능성을 보여 주었다.

만약 조현병이 단일 유전자에 의한 하나의 단순한 특질이라면, 우리는 그 유전자가 우성일 경우, 적어도 양부모가 조현병인 아동의 75%에게 조현병이 있을 것을 기대할 수 있다. 만약 그 유전자가 열성 유전자라면, 양부모가 조현병인 모든 아동에게 조현병이 나타나야만 한다. 그러나 실제 유병률은 50% 이하이다. 이것은 몇 개의 유전자가 조현병에 관여할 가능성이 있는 것으로 해석할 수도 있고, 또는 한 개의 '조현병 유전자'가 이 장애에 대한 **민감성**(susceptibility)을 제공하고, 이후에 다른 요인들의 영향으로 이 장애가 발현됨을 의미한다.

지금까지 연구자들은 이러한 질환의 가능성을 증가시키는 것으로 드러난 많은 후보 유전자를 발견했을지라도, 아직까지 단일 조현병 유전자를 알아내지 못했다. Crow(2007)의 개관에 의하면 조현병에 대한 민감성과 연관된 증거는 23개 염색체 짝에서 21개 짝에 대해 보고되어 왔다. 그러나 그러한 결과들의 많은 것은 반복되지 않았다. γ-분비효소(secretase)나 아밀로이드 전구단백질(amyloid precursor protein)을 생산하는 유전자의 돌연변이가 분명하게 알츠하이머병을 유발하는 것처럼, 조현병의 원인이 되는 단일 유전자는 아직 밝혀지지 않았다. 예컨대, Walsh 등(2008)은 많은 수의 진기한 유전자들이 조현병 발달에 관여한다고 제안한다. 예를 들어 하나의 진기한 돌연변이는 DISC1(disrupted in schizophrenia 1)로 알려진 유전자를 가지고 있다. 이 유전자는 발달 동안 신경이동의 통제와 시냅스와 미토콘드리아의 기능과 관련이 있다(Brandon et al., 2009; Kim et al., 2009; Park et al., 2010; Wang et al., 2010). DISC1의 돌연변이는 조현병의 발생률이 높은 가족들에서 발견되어 왔다(Chubb et al., 2008; Schumacher et al., 2009). DISC1 돌연변이의 발생률이 매우 낮을 지라도 이것의 출현은 50가지 요인들에 의해 조현병 가능성을 증가시키는 것으로 보인다(Blackwood et al., 2001). 이 돌연변이 또한 양극장애, 주요 우울장애 및 자폐증을 포함한 다른 정신장애의 발생률을 증가시키는 것으로 드러났다(Kim et al., 2009). 이 장의 뒤에서 동물 모델에서의 DISC1 돌연변이 역할에 대한 연구를 기술할 것이다.

조현병의 약리학: 도파민 가설

조현병의 양성 증상의 원인이 도파민 뉴런의 이상에 있다는 약리학적 증거가 있다. **도파민 가설**(dopamine hypothesis)은 조현병의 양성 증상은 도파민 시냅스의 과잉활성화에 기인된다고 제안한다.

약 20세기 중반에 프랑스의 외과의사 Henri Laborit는 수술 충격을 예방하는 데 사용되고 있는 어떤 한 약물이 불안도 감소시킨다는 것을 알았다. 한 프랑스 약품 회사는 클로르프로마진(chlorpromazine)이라는 관련된 합성물질을 개발했는데, 이 물질의 효과가 더 커 보이기조차 하였다(Snyder, 1974). 클로르프로마진의 항정신성 효과는 의사가 조현병 환자를 다루는 방식을 크게 변화시켰으며, 환자도 병원에 장기간 입원할 필요가 없게 되었다.

클로르프로마진이 발견된 이후에 조현병의 양성 증상을 경감시키는 다른 많은 약물도 개발되었다. 이 약물의 공통된 속성은 도파민 수용기를 차단하는 데 있었다(Creese, Burt, & Snyder, 1976; Strange, 2008).

다른 범주의 약물들은 정반대의 효과를 발생시킨다. 즉, 조현병의 양성 증상을 **생성**(production)한다. 이러한 약물이 가지고 있는 하나의 공통된 약리 효과는 이

물질이 도파민 효능제로 작용하는 데 있다. 이러한 약물에는 암페타민, 코카인, 메틸페니데이트(methylphenidate: 도파민의 재흡수를 차단하는 물질) 그리고 L-도파(도파민의 합성을 자극하는 물질)가 있다. 이러한 약물에 의하여 생긴 증상은 항정신성 약물로 완화될 수 있다. 이러한 결과는 도파민 수용기를 차단하는 항정신성 약물의 치료적 효과를 지지한다.

도파민 시냅스의 과잉활동과 조현병의 양성 증상 간의 명백한 관계를 어떻게 설명할 수 있을까? 대부분의 연구자들은 중뇌변연계 경로(mesolimbic pathway)가 조현병 증상과 관련이 있을 것이라는 사실을 믿고 있다. 이 경로는 복측피개야에서 시작하여 측핵과 편도체로 이어지는 경로이다. 12장에서 살펴보았듯이, 측핵에서의 도파민 시냅스의 활동은 강화과정에 결정적인 역할을 하는 것 같다.

또한 사고의 혼란과 불쾌감, 그리고 빈번하게 일어나는 무시무시한 망상도 조현병의 양성반응에 속한다. 혼란한 사고의 원인은 아마도 주의 과정이 붕괴된 결과일 것이다. 측핵에서 도파민 시냅스가 무분별하게 활동하면 규칙적이고 합리적인 연쇄적 사고를 하는 데 장애가 발생한다. Fibiger(1991)에 따르면, 편집망상(paranoid delusion)의 원인은 편도체로의 도파민 입력 활동이 증가하는 데 있다. 10장에서 살펴보았듯이, 편도체의 중심핵은 혐오적 자극에 대한 조건화된 정서반응에 관여한다. 따라서 편도체의 중심핵이 중뇌변연 도파민 체계(mesolimbic dopaminergic system)의 강력한 투사를 받는다는 점을 고려하면 Fibiger의 이러한 제안은 매우 타당해 보인다. 실제로 Pinkham 등(2011)은 활동 편집증(active paranoia)을 가진 조현병 사람은 중립적 인상을 화난 인상으로 잘못 확인하는 경향성이 있다는 것을 확인했다. 편집증 증상을 보여 주지 않는 조현병 사람은 통제집단 사람들이 보는 것처럼 중립적 인상을 확인했다.

최근에는 **비전형 항정신약물**(atypical antipsychotic medications)의 발달로 조현병의 양성 증상과 음성 증상 모두를 경감시킬 수 있다—이전의 항정신약물로는 치료 효과가 없었던 환자의 경우에도 그렇다. 비전형 항정신약물의 최초 약물인 클로자핀(clozapine)은 리스페리돈(risperidone), 올란자핀(olanzapine), 지프라시돈(ziprasidone) 및 아리피프라졸(aripiprazole)과 동일 약물군이다. 이 약물들의 작용 방식을 이해하기 위해서는 우선적으로 조현병의 신경 병리학적 연구에 관한 더 많은 이해가 필요하다. 그 내용을 살펴보도록 하자.

신경학적 장애로서의 조현병

지금까지는 조현병의 양성 증상—주로 환각, 망상 및 사고장애—에 관여하는 생리적인 측면을 논의하였다. 이러한 증상은 도파민 뉴런의 기능 가운데 하나로 알려져 있는 강화와 매우 잘 연결된다고 볼 수 있다. 하지만 조현병의 음성 증상과 인지적 증상은 이와는 매우 다르다. 양성 증상이 조현병(그리고 암페타민 정신병이나 코카인 정신병)에서 특유하게 나타나는 증상인 데 반하여, 음성 증상과 인지적 증상은 뇌손상으로 생기는 증상과 유사하다. 물론, 뇌손상의 원인은 다양할 수 있다. (실제 몇몇 연구자들은 음성 증상과 인지적 증상을 구별하지 않는다.) 조현병에서 나타나는 이러한 증상의 원인이 뇌가 비정상적이라는 데 있다는 많은 증거가 있다. 세 가지 가능성이 있다. 선행요인(유전, 환경 혹은 양자 모두)이 다음 세 가지를 유발할 수 있다. (1) 도파민 전달과 전전두피질 양자의 이상, (2) 전전두피질에서 이상의 원인이 되는 도파민 전달에서의 이상, (3) 도파민 전달에 이상을 일으키는 전전두피질에서의 이상.

조현병에서 뇌의 비정상성에 대한 증거

보통은 조현병을 정신질환으로 취급하지만, 대부분의 조현병 환자들은 신경학적 증상을 보인다. 이러한 증상은 뇌손상—특히, 안구운동 통제와 안면 표정에서의 문제—을 반영한다(Stevens, 1982). 추가적으로 CT와 MRI 영상에서 뇌조직 손실이 있다는 많은 연구가 있다. 최근 연구에서 Weinberger와 Wyatt(1982)는 80명의 만성 조현병 환자와 66명의 정상인의 CT 영상을 비교하였다. 이 두 집단의 평균 연령은 29세로 동일하였다. 연구자들은 조현병 환자들의 측뇌실(lateral ventricle)의 상대적인 크기가 정상인보다 2배 이상 크다는 사실을 발견하였다(그림 15.1 참조). 뇌실이 확장된 가장 그럴듯한 이유는 뇌조직의 손실이다. 따라서 이 CT 촬영의 결과는 만성적 조현병이 뇌의 비정상성과 관련 있음을 시사

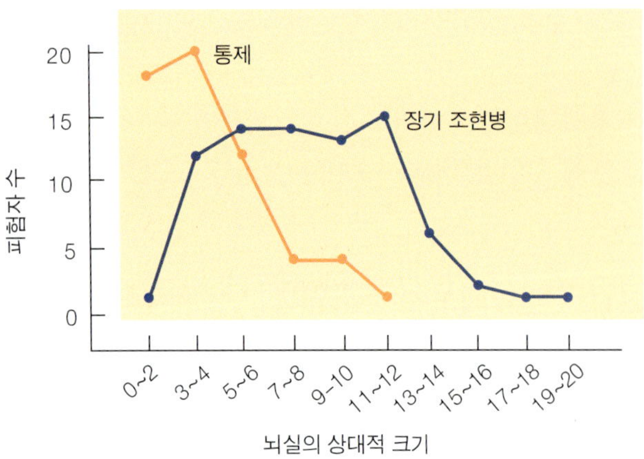

그림 15.1 장기 조현병 집단과 통제집단에서의 상대적 뇌실 크기.

Based on Weinberger, D. R., and Wyatt, R. J., in *Schizophrenia as a Brain Disease*, edited by F. A. Henn and H. A. Nasrallah. New York: Oxford University Press, 1982.

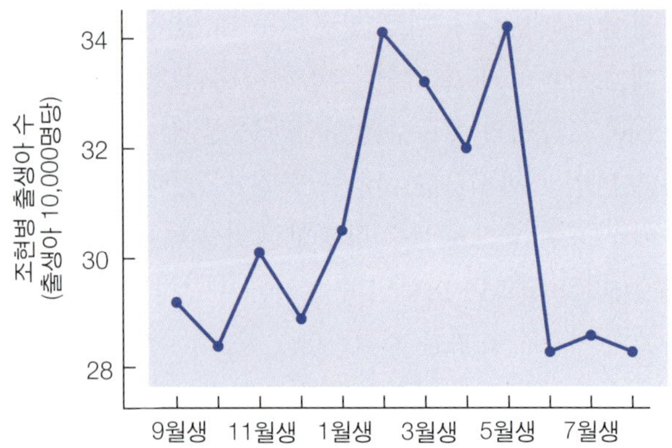

그림 15.2 계절성 효과. 그래프는 출생아 10,000명당 조현병 출생아의 수를 보여 준다.

Based on data from Kendell, R. E., and Adams, W. *British Journal of Psychiatry*, 1991, *158*, 758-763.

한다. 실제로 Hulshoff-Pol 등(2002)은 누구에게든지 나이가 들면서 몇몇 대뇌회백질(gray matter)의 감소가 있지만, 조현병 환자의 조직 손실률이 더 높음을 알았다. Gutierrez-Galve 등(2010)은 조현병 환자와 조현병이 아닌 그들의 친척 모두는 전두엽과 두정엽에서 회백질 상실을 보여 주는데 이것은 유전적 요인이 피질 발달에 영향을 미쳤고 조현병의 원인이 되는 요인들의 민감성을 높였음을 시사한다. 아마도 조현병이 아닌 친척들은 이러한 요인을 만나지 않았을 것이다.

뇌 비정상성의 가능한 원인

앞에서 살펴보았듯이 조현병이 하나의 유전적인 질환이기는 하지만, 유전성이 발병 원인을 완전하게 설명하는 것은 아니다. 양 부모가 만성 조현병인 아동에게 조현병이 발병할 가능성이 왜 50%가 되지 않는가? 아마 유전된 그것은 뇌 발달에 좋지 않은 영향을 주거나 이후 생애에서 뇌손상을 일으키는 어떤 환경적인 요인에 사람들이 민감하게 반응하게 하는 하나의 결함일 것이다. 조현병의 위험을 높이는 관련된 환경변인을 살펴보자.

역학연구. **역학**epidemiology은 전체 인구에서 질병의 분포와 원인에 대한 연구이다. 역학연구는 상이한 환경에 있는 집단에서 질병의 상대적인 빈도를 조사하고 질병의 빈도를 그들 환경에 있는 요인과 관련성을 짓는다. 이러한 연구의 증거에 의하면 조현병의 발생은 출생 시기, 바이러스 유행, 인구밀도 및 물질남용을 포함하는 여러 환경요인들과 관련이 있다(Brown and Derkits, 2010; King, St-Hilaire, and Heidkamp, 2010). 이러한 요인 각각에 대해 차례대로 알아보자.

늦은 겨울과 이른 봄에 출생한 사람에게서 조현병이 발병할 가능성이 더 크다는 보고가 많다. 이것은 **계절 효과**seasonality effect로 잘 알려져 있다. 예를 들어 Kendell과 Adams(1991)는 1914년에서 1960년 기간 동안 스코틀랜드 출신인 13,000명 이상의 조현병 환자들의 생년 월을 조사하였다. 그 결과 많은 환자가 2~5월에 출생하였다는 사실을 발견하였다(그림 15.2 참조).

어떤 요인이 계절 효과에 영향을 주는 것일까? 한 가지 가능성은 영유아 발달의 결정적 시기에 임산부가 바이러스성 질병에 감염되는 경우이다. 바이러스가 생산한 독소나 더 가능성이 있는 것은 바이러스에 대한 산모의 항체가 태반의 장벽을 넘어 발달 중인 태아의 세포를 공격하여 태아의 뇌 발달에 나쁜 영향을 줄 수 있다. Pallast 등(1994)에 의하면, 늦겨울과 초봄에 태어난 아기들의, 임신 기간 중 두 번째 3개월(second trimester)과 겨울철 유행성 감기 기간이 일치한다. 실제로, Kendell과 Adams(1991)는 늦겨울과 초봄의 조현병적 출생의 상대적인 빈도가 특히 더 높다고 보고하였다. 그것은 특히 그 시기의 기온이 이전 가을의 정상적인 기온보다 더 낮아지면 그렇다. 이러한 기후적 조건에서 사람들은 주로 실내에서 지낸다. 그리고 이 조건은 바이러스성 질병의 전파에 유리하다. 유사하게 Eaton, Mortensen, 및 Frydenberg(2000)는 조현병의 발생 확률은 한적한 지역에 거주하는 사람보다 대도시에 사는 사람들에게 약 3배 이상 높다고 보고했는데 이것은 아마도 감염질병의 전파가 증가된 인구 밀도에 의해 촉진되기 때문일 것이다.

만약 바이러스성 가설이 맞다면, 조현병의 발생수가 인플루엔자의 유행이 지난 이후 몇 달 이내에 출생한 아기들에게서 계절에 상관없이 높게 나타나야만 한다. 몇몇 연구들이 이러한 예상을 관찰했다(Mednick, Machon, and Huttunen, 1990; Sham et al., 1992). Brown 등(2004)의 연구는 이후 조현병이 된 아동의 어머니로부터 임신 동안 얻어 보관되고 있는 혈청 샘플을 검사했다. 이들은 면역계에서 분비되는 단백질인 인터류킨-8(interleukin-8)의 높은 수준을 확인했다. 이 화학물의 존재는 감염 또는 다른 염증과정의 존재를 나타내고 두 번째 3개월 동안 임산부의 감염은 그 여성의 아동에 있어서 조현병의 발생을 증가시킬 수 있다는 제안을 지지한다. 아마도 뇌 발달의 중요한 몇 가지 측면이 이 시기 동안 일어난다는 것이다. Brown(2006)이 언급하기를, 연구는 적어도 2개의 다른 감염질환, 즉 풍진과 톡소플라스마증(toxoplasmosis)을 가진 임산부의 감염은 조현병의 발생 증가와 상관이 있다는 것을 발견했다. 추운 날씨와 군중이 감염병 가능성의 증가에 의한 계절성 효과에 기여할지라도 비타민 D의 결핍과 같은 다른 변인도 관련될 수 있다. Dealberto(2007)는 북유럽 연구자들이 이민자와 이민자의 아이들, 특히 검은 피부 인종에서 3배 증가의 조현병 발생을 관찰해 왔다고 말했다. 비타민 D는 지방용해 화학물로 콜레스테롤에서 유도된 화학물에 자외선 작용에 의해 피부에서 생성된다. 조상이 햇빛이 강한 적도 근처에 살았던 사람들은 검은 피부를 갖고 있는 반면에 그들의 조상이 극단의 위도에 살았던 사람들(북유럽인)은 밝은 피부를 가진다. 북유럽인의 본래 검은 피부에서 밝은 피부로 피부색의 진화적 변화는 강한 햇빛이 적은 환경에서 비타민 D를 더 많이 만들도록 하는 적응 때문이다. 검은 피부를 가진 사람이 더 북쪽 지역으로 이주할 때 그들과 그들의 자손은 비타민 D 결핍이 될 수 있다. 그 이유는 그들에게 있는 피부의 색소가 많은 자외선 방사를 차단하기 때문이다. 나아가 아프리카가 뿌리인 많은 사람은 젖당에 과민성을 가지므로 비타민 D가 강화된 우유를 적게 마신다. 비타민 D는 뇌 발달에 중요한 역할을 하기 때문에 이것의 결핍은 조현병의 위험요소가 될 수 있다. 이러한 고찰은 도시 거주자와 추운 기후에 사는 사람들에서 조현병 발생의 증가 일부는 비타민 D의 결핍에 기인될 수 있다. 몇몇 연구자들은 피부에 의해 비타민 D 생성을 98%까지 감소시킬 수 있는 햇빛 차단제 사용의 증가 때문에 사람들은 피부에 의한 자외선 방사의 감소된 흡수를 보충하기 위해 비타민 D 일일 보충제를 먹어야 한다고 제안해 왔다(Tavera-Mendoza and White, 2007).

인구통계학적 연구는 조현병의 가능한 원인에 대한 중요한 정보를 제공한다. 예를 들면, 추운 겨울 기후를 가진 복잡한 도시에서 조현병이 더 많다는 것은 바이러스 감염의 역할을 암시한다.

Keith Bedford/Reuters/CORBIS.

조현병 발달에 대한 마지막 환경 위험요인은 임산부의 물질남용 특히 흡연이다. Zammit 등(2009)은 임신기간 동안 임산부의 담배, 마리화나 및 알코올의 사용 효과를 연구했고 담배 사용이 위험성의 증가와 관련이 있음을 발견했다. 동등하게 아버지의 담배 사용은 그 위험을 증가시켰는데 이것은 간접흡연이 태아 발달에 해로운 영향을 미치기에 충분하다는 것을 의미한다. 엄마가 주당 순수 알코올을 210ml 이상 마시면 이 과도한 음주는 조현병의 위험을 높였다. 물론 14장에서 본 것처럼 임신기간 동안 음주는 태아를 태아 알코올 증후군 발달의 위험에 빠지게 한다.

비정상적인 뇌 발달에 대한 증거. 행동적 증거와 해부적 증거에 의하면 비정상적인 태아 발달과 조현병은 관련성이 있다. 우선, 행동적인 증거를 보자. Cannon 등(1997)의 보고에 의하면, 조현병 아동들은 사회적 적응에 문제를 보인다. 그리고 재학 중에는 건강상에 문제가 있다. 1972년에, 11~13세 덴마크 아동 265명이 점심 식사를 하는 장면을 짧게 녹화한 사례가 있다(Schiffman et al., 2004). 많은 아동의 부모 가운데 한 명은 조현병 환자였다. 결국 많은 아동들이 조현병에 걸릴 위험 인자에 노출된 상태에 있었던 것이다. 이 연구자들은 이후 1991년에 당시 녹화 참가자들의 의료 기록을 조사하여, 그들 가운데 조현병으로 진행된 사람이 누구인지를 확인하였다. 아동의 신원을 전혀 알지 못하는 평가자들이 당시에 녹화했던 비디오를 분석하였다. 그 결과, 이후에 조현병으로 진행했던 사람들이 아동기 때에 사회성과 정신운동 기능에 결함이 있었던 것으로 밝혀졌다. 이러한 결과는, 비록 아동기 때 나타나는 조현병 증상이 정상적으로 보이지 않는 것도 맞지만, 이후에 조현병으로 발전한 아동들의 초기 뇌 발달이 매우 비정상이라는 가설과 일치한다.

구개(palate)의 모양이 뾰족하게 높거나, 중간 발가락에 있는 두 개의 부분적인 띠 혹은 미간이 특히 넓거나 좁은 것과 같이, 신체에 있어서의 작은 이형(anomalies) 또한 조현병의 발생 수와 관련이 있어 보인다(Schiffman et al., 2002). 이러한 차이점을 19세기 후반에 Kraepelin이 처음으로 보고하였다. Kraepelin은 조현병 연구의 선구자 가운데 한 명이다. Schiffman과 동료들이 언급한 바와 같이, 이러한 신체상의 비정상은 발달상에 좋지 않은 영향을 주는 요인에 대한 증거가 된다.

우리가 보았듯이, 일란성 쌍둥이의 조현병 일치율이 100%가 되지는 않는다. 과거 대부분의 연구자들은 일란성 쌍둥이에게서 조현병의 불일치가 있는 것이, 출생 이후 몇몇 환경적인 요인에 노출되는 방식이 서로 달랐기 때문이라고 생각하였다. 일란성 쌍둥이는 유전적으로 일치할 뿐만 아니라, 자궁 내 환경도 동일하다. 따라서 모든 태아기 요인이 동일하기 때문에 두 아이에게서 나타나는 차이는 생후 환경요인의 영향임에 틀림없다. 그렇지만 몇몇 연구자는 일란성 쌍둥이의 태아기 환경이 동일하지 않다고 지적한다. 실제로 일란성 쌍둥이의 유형에는 **단일융모막성**(monochorionic)과 **두융모막성**(dichorionic)이 있다. 일란성 쌍둥이는 배반포(blastocyst: 발달 중인 유기체)가 둘로 분할되는 시기－자신을 복제하는 시기－에 형성된다. 만약 쌍둥이 형성이 4일째가 되기 전에 일어난다면, 이 두 유기체는 독립적으로 발달하게 되고, 각각이 자신의 태반을 형성한다. [즉, 이때의 쌍둥이가 **두융모막성**이다. **융모막**(chorion)은 배반포의 바깥에 있는 막이다.] 만약 쌍둥이 형성이 4일이 지난 다음에 일어난다면, 이때의 두 유기체는 단일융모막성 쌍둥이이고, 하나의 태반을 공유한다(그림 15.3 참조).

태반은 산모의 순환계로부터 발달 중인 유기체로 영양분을 공급하고 노폐물은 산모에게로 보낸다. 산모는 간에서 이 노폐물을 신진대사를 하여 소변으로 배출시킨다. 또한 태반은 독소나 감염체가 태아의 발달에도 영향을 미치기 위해서 통과해야만 하는 장벽을 구성하고 있다. 하나의 태반을 공유하는 **단일융모막성** 쌍둥이의 출산 전 환경이 **두융모막성** 쌍둥이의 출산 전 환경보다 더 유사하다. 따라서 우리는 단일융모막성 일란성 쌍둥이에게서의 조현병 일치율이 두융모막성 일란성 쌍둥이의 일치율보다 더 높을 것을 기대할 수 있다. 실제로 그렇다. Davis, Phelps 및 Bracha(1995)가 조현병 일치율을 조사하였는데, 두융모막성 쌍둥이는 10.7%였고 단일융모막성 쌍둥이는 60%였다. 이러한 결과는 출생 전 발달 기간 동안에 유전과 환경이 서로 상호작용한다는 강력한 증거가 된다.

조현병을 갖게 되는 사람들이 아동기에도 어느 정도 비정상적인 증상을 보인다는 것을 발견한 연구가 있다고 해도, 조현병 그 자체의 증상이 청년기 후반이나 성인기 초기 이전에 나타나는 경우는 거의 드물다. 조현병이 아동기 동안에 시작된다면 그 증상은 더욱 심각할 수 있다. 그림 15.4의 그래프는 조현병 진단을 받은 남성과 여성에게 있어서, 정신장애의 일차 신호가 나타나는 연령을 보여 준다(그림 15.4 참조).

한 문헌연구에서 Woods(1998)는 MRI 연구에 의하면 조현병의 원인이 해가 갈수록 신경세포가 파괴되는 파킨슨병, 헌팅턴병, 혹은 알츠하이머병과 같은 퇴행성 과

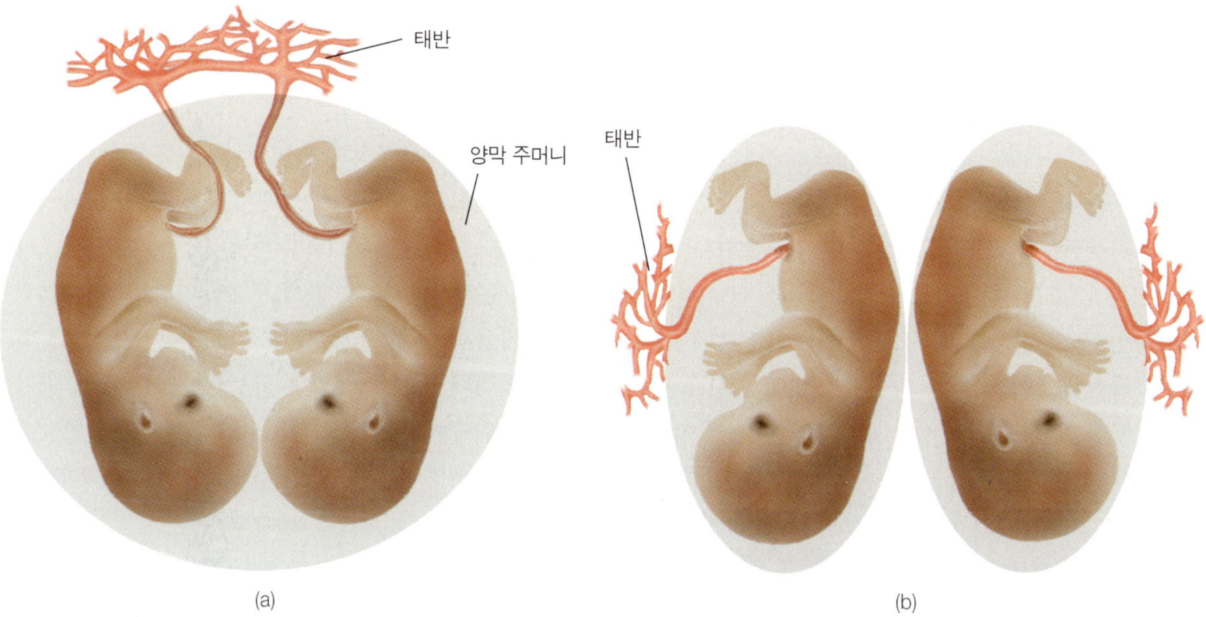

그림 15.3 일란성 쌍둥이. (a) 단일융모막성 일란성 쌍둥이는 하나의 태반을 공유한다. (b) 두융모막성 쌍둥이는 각각의 태반을 가진다.

정에 의한 것이 아니라고 제안하였다. 그 대신 초기 성인기에 뇌의 부피가 갑자기 줄어들지만 지속적인 퇴행에 대한 증거는 없다. 뇌 부피의 수축은 피질 속 회백질 부피의 작은 감소와 함께 일어난다. 정상적인 젊은 사람들에게서도 회백질의 감소는 있다. 아마도 조현병의 진행은 태아기부터 시작할 것이다. 그리고 사춘기까지 잠복해 있다가, 이때 발생하는 '시냅스 정리(synaptic pruning)'라는 정상적인 과정이 일군의 뉴런의 퇴행을 촉발한다. Cannon 등(2002)은 조현병에서 불일치하는 쌍둥이들을 비교하였다. 여기에서 대뇌피질 회백질의 손실이 조현병 쌍둥이에게서 매우 크다는 사실을 발견하였다. 또한 배측 전전두피질의 부피 변화에 유전적 요인의 영향이 가장 크다는 사실도 알았다. 이 장의 이후 절에서는 이러한 발견의 의미가 기술된다.

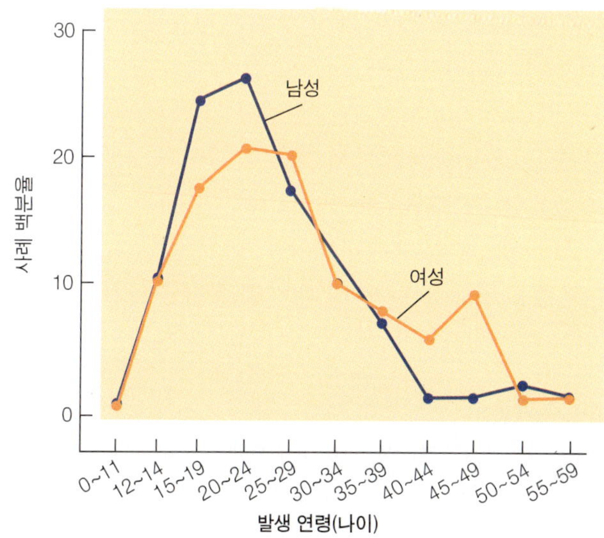

그림 15.4 조현병 환자에 있어서 정신병 증상의 첫 번째 신호의 연령.

Adapted from Häfner, H., Riecher-Rössler, A., an der Heiden, W., et al. Psychological Medicine, 1993, 23, 925-940.

양성 증상과 음성 증상 간의 관계: 전전두피질의 역할

앞서 보았듯이 조현병에는 양성, 음성 및 인지적 증상이 있다. 양성 증상은 도파민 시냅스의 과잉활동에 기인되는 것으로 보인다. 그리고 음성 증상과 인지적 증상은 뇌의 발달에서의 변화, 혹은 퇴화적인 변화에 기인되는 것 같다. (앞서 언급했던 바와 같이 이러한 사실 때문에, 대부분의 연구자는 음성 증상과 인지적 증상을 구별하지 않는다.) 이 세 개의 조현병 증상 간에 관련성이 있을까? 축적된 증거를 보면, 이 물음에 대한 답은 그렇다이다.

많은 연구는 MRI 스캔과 뇌조직의 시체부검으로부터 조현병은 뇌의 많은 영역, 특히 전전두피질의 이상과 관련이 있다는 증거를 보여 주었다. Weinberger(1998)는 최초로 조현병의 음성 증상의 주원인으로 **전두기능 저하**hypofrontality를 제안했는데, 이것은 전두엽, 특히 배외측전전두피질(dorsolateral prefrontal cortex; dlPFC)의 활동 감소를 의미한다. 사실, 조현병 환자들은 전두엽 손상에 민감한 신경심리검사의 수행이 저조하다. 예를 들어, 그림 15.5는 MacDonald 등(2005)의 연구에서 촬영된 합성 fMRI 영상이다. 조현병 환자와 정상인이 피험자로 참여했으며, 촬영은 피험자들이 집중과 초점 주의를 요구하는 어떤 한 과제를 수행하는 동안에 이루어졌다. 여러분이 알 수 있는 것처럼, 배외측전전두피질의 활성화가 정상인에게는 있었으나 조현병 환자에게서는 나타나지 않았다(그림 15.5 참조).

전두기능 저하는 이미 많은 연구에서 확인된 것인데, 이것이 일어나는 이유는 무엇일까? 앞서 설명했던 조현병에 대한 도파민 가설에서 보았듯이, 코카인과 암페타민 같은 도파민 효능제는 조현병의 양성 증상의 원인이 된다. 또 다른 두 개의 약물인 펜시클리딘(phencyclidine; PCP, 'angel dust'로 알려져 있다)과 케타민(ketamine, 'Special K')은 조현병의 세 가지 유형, 즉 양성 증상, 음성 증상, 그리고 인지적 증상 모두의 원인으로 작용할 수 있다(Adler et al., 1999; Lahti et al., 2001; Avila et al., 2002). 펜시클리딘 케타민이 모든 유형의 조현병을 일으킬 수 있기 때문에, 이러한 약물의 생리

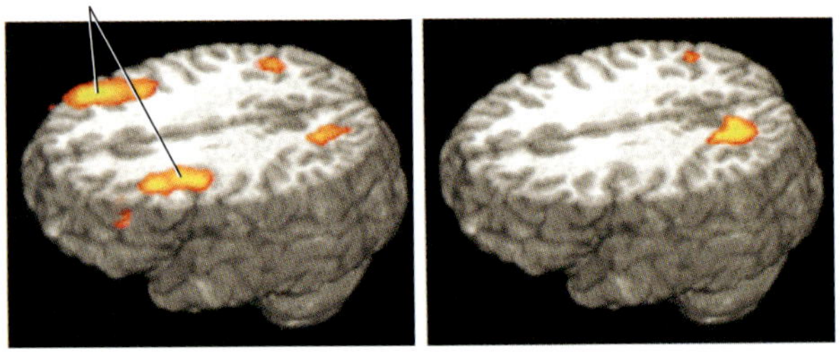

그림 15.5 조현병에서 전두기능 저하. 이 그림은 집중적이고 초점 주의를 요구하는 과제를 수행하는 동안 조현병 참가자와 정상 비교 참가자들의 기능 MRI 합성 스캔을 보여 준다. 조현병 참가자들은 배외측전전두피질의 활성 결핍을 보여 준다.

MacDonald, A. W., Carter, C. S., Kerns, J. G., Ursu, S., Barch, D. M., Holmes, A. J., Stenger, V. A., and Cohen, J. D. *American Journal of Psychiatry*, 2005, *162*, 475–484.

적인 효과와 행동적인 효과를 아는 것이 조현병의 수수께끼를 해결하는 데 도움이 될 것이라고 많은 연구자는 믿고 있다.

케타민과 펜시클리딘에 의한 음성 증상과 인지적 증상의 확실한 원인은 전두엽에서의 신진대사활동의 감소에 있다. Jentsch 등(1997)은 원숭이에게 펜시클리딘을 2주 동안 하루에 두 번씩 투여하였다. 그리고 1주가 지난 다음에 음식 조각이 들어 있는 상자에 손을 뻗어 먹이를 꺼내 먹는 과제로 검사를 했는데 전전두피질이 손상된 원숭이의 과제 수행은 저조했다. 정상 원숭이는 잘 수행했지만 펜시클리딘 처치를 받은 원숭이는 심각한 장애를 보였다.

4장의 내용을 회상할 때 펜시클리딘은 NMDA 수용기(NMDA receptors)의 간접 길항제이다(케타민도 마찬가지다). NMDA 수용기의 활성화를 억제시킴에 따라 펜시클리딘은 뇌의 배외측전전두피질의 몇몇 영역의 활성화를 억제시킨다. 또한 이러한 약은 이 영역에서 도파민 활용성의 수준을 감소시킨다(Elsworth et al., 2008). 이것은 NMDA 수용기에 대한 억제 효과의 결과로 가능한다. NMDA와 도파민 수용기의 저활성화는 음성 증상과 인지적 증상의 발생에 중요한 역할을 한다. 이러한 수용기의 억제는 전두기능 저하(hypofrontality)의 원인이 되는데 이것이 두 범주 증상의 일차적인 원인이 되는 것으로 드러났다.

우리가 앞에서 살펴보았듯이, 비전형 항정신약물인 클로자핀이 조현병의 양성, 음성, 그리고 인지적 증상을 완화시킨다. 원숭이를 대상으로 한 연구에서 Youngren 등(1999)은 클로자핀을 주입하면 전전두피질에서의 도파민 분비가 증가되고, 중뇌변연계에서의 도파민 분비가 줄어든다는 것을 알았다. 이것은 음성증상과 인지적 증상을 뚜렷하게 감소시킨다.

DISC1 유전자의 돌연변이가 조현병의 유전적 원인으로 알려졌다고 앞에서 언급했었다. Niwa 등(2010)은 DISC1 유전자를 표적으로 생쥐 태아의 뇌실영역 시조세포에 작은 간섭 RNA(a small interfering RNA; siRNA)를 주입했다. (3장에서 시조세포가 뇌의 뉴런으로 성장한다는 것을 회상할 것이다.) 이 과정은 태아 발달의 마지막 주 동안 전전두피질의 추체세포에서 DISC1 표현을 억제했다. 첫 번째로 이러한 뉴런이 정상으로 보이

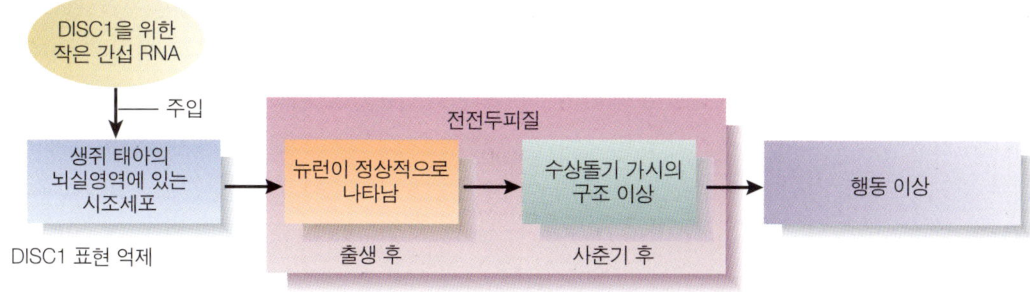

그림 15.6 조현병 발달에서 DISC1의 역할. Niwa 등(2010)은 생쥐 태아의 뇌실영역에 있는 시조세포에서 DISC1의 표현을 방해하는 siRNA를 주입했다. 전전두피질에 있는 뉴런은 출생 후 정상을 보여 주지만 사춘기 개시 후 이러한 뉴런의 수상돌기 가시에서 비정상을 발달시킨다. 이것은 조현병의 증상과 유사한 행동 이상을 유발한다. 인간의 경우, 조현병의 증상은 일반적으로 사춘기 개시 후에 나타난다.

지만 사춘기 개시의 시점에 전전두피질에서 추체뉴런의 생리학적 특징에서 이상을 보이게 되고 이것들의 수상돌기 가시의 구조에서도 이상이 관찰된다. 또한 이러한 이상은 전전두피질로 투사하는 중뇌피질 도파민성 체계에 나타나기 시작했다. 이것은 이 영역에서 도파민의 수준을 낮게 하는 결과를 초래했다. 이러한 변화가 일어나는 동안 조현병과 유사한 행동 이상이 나타나기 시작했다. 이러한 발견은 전전두피질의 추체뉴런에서의 이상이 조현병을 유도하는 과정의 일차적인 원인으로 기여한다는 것을 시사한다(그림 15.6 참조).

이 단원에서 제시된 연구 결과는 고전적 항정신약물이 음성 증상과 인지적 증상을 감소시키는 데 실패한 이유를 설명한다. 이러한 증상의 원인 중에 하나는 전전두피질에 있는 도파민 수용기의 활성화 감소이고 도파민 수용기를 차단하는 약물은 이러한 증상을 악화시킨다. 조현병의 세 가지 범주 모두를 감소시킬 수 있는 새로운 비정형적 항정신약물의 차이는 무엇일까?

비전형적인 항정신약물은 불가능한 것을 하는 것으로 보인다. 이것들은 전전두피질에서 도파민성 활성화를 증가시키고 중뇌변연계에서는 그것을 감소시킨다. 소위 3세대 항정신약물인 아리피프라졸(aripiprazole)의 작용을 살펴보자(Winans, 2003; Lieberman, 2004). 아리피프라졸은 도파민 수용기에서 부분효능제로 작용한다. **부분효능제**partial agonist는 어떤 한 특정 수용기에 매우 친화적이기는 하지만, 보통의 배위자(ligand)보다는 그 수용기를 덜 활성화시킨다. 이것은 조현병이 있는 환자에게 아리피프라졸이 도파민이 매우 많이 있는 중뇌변연계에서는 길항제로 작용하지만, 도파민이 거의 없는 전전두피질과 같은 영역에서는 효능제로 작용한다는 것을 의미한다. 따라서 이러한 작용이 조현병 증상의 세 가지 범주 모두를 감소시킬 수 있는 아리피프라졸 능력을 설명할 수 있음을 보여 준다(그림 15.7 참조).

조현병은 어렵고 심각한 장애로 많은 독창적인 가설

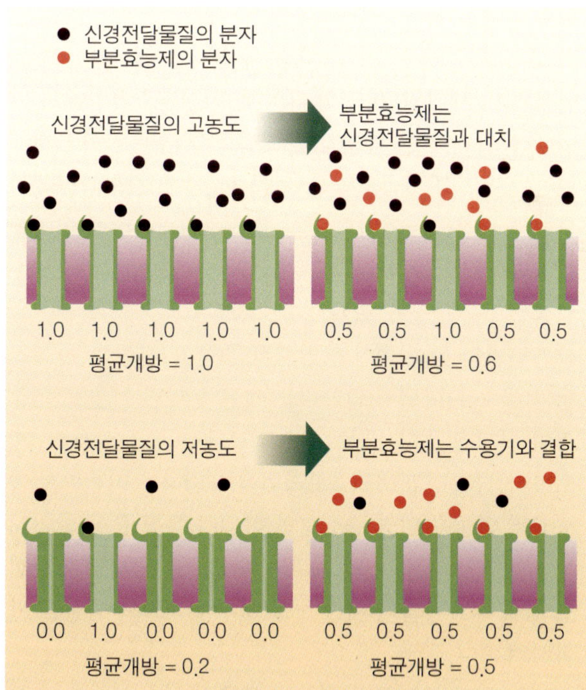

그림 15.7 부분효능제의 효과. 이 도식은 정상 배위자의 고농도와 저농도 부위에서 부분효능제의 상이한 효과에 대해 설명한다. 각각의 수용기 아래에 있는 숫자는 이온통로의 개방 정도를 나타낸다. 1.0=완전개방, 0.5=부분개방, 0.0=완전 폐쇄. 부분효능제는 신경전달물질의 세포외 농도가 높을 때 평균개방을 감소시키고, 전달물질의 농도가 낮을 때 증가시킨다.

과 많은 연구를 자극해 왔다. 몇몇 가설은 잘못된 것으로 증명되었고, 다른 것은 아직 적절하게 검증되지 않았다. 아마도 미래의 연구는 내가 논의한 것을 포함해 이러한 가설의 모두가 잘못되었거나 언급하지 않은 것이 옳은지에 대해 밝혀줄 것이다. 그러나 최근 연구에 감명을 받았고 가까운 시기에 조현병의 원인을 밝혀지기를 진심으로 희망한다. 이러한 원인에 대한 발견과 함께 치료법뿐만 아니라 예방법이 발견되기를 기대할 수 있다.

절 요약

조현병

연구자들은 과거 몇 년 동안 정신장애에 대한 생리학적인 연구에서 상당한 진전을 이루어 냈다. 하지만 많은 의문점이 여전히 남아 있다. 조현병은 양성, 음성, 그리고 인지적인 증상으로 이루어져 있다. 양성 증상은 이상한 행동과 관련이 있고, 음성 증상은 정상적인 행동의 부재와 관련이 있다. 조현병은 유전가능성이 매우 높기 때문에 생물학적인 요인이 이것의 발병에 분명히 영향을 줄 것이다.

도파민 가설이 있다. 이 가설은 도파민 길항제가 조현병의 양성 증상을 완화시킨다는 사실과, 도파민 효능제가 증상을 증가시키거나, 혹은 유발시킨다는 사실에 영향을 받아 제안되었다. 이 가설에 따르면 조현병에서 양성 증상의 원인은 측핵과 편도체로 가는 중뇌변연계에 있는 도파민성 시냅스의 과잉활동에 있다. 강화과정에의 도파민 개입은 조현병의 양성 증상을 그럴듯하게 설명할 수 있다. 부적절하게 강화된 사고는 지속될 수 있으며, 망상으로 연결될 수 있다.

조현병의 음성 증상과 인지적 증상이 '전형적' 항정신병 약물로 완화되지 않는다는 것은 도파민 가설로는 설명이 되지 않는다. 클로자핀, 리스페리돈, 올란자핀, 지프라시돈, 그리고 아리피프라졸을 포함하는 비전형적 항정신병 약물은 양성 증상뿐만 아니라 음성 증상과 인지적 증상도 줄여 준다. 그리고 이 약물은 전통적인 항정신병 약물의 도움을 받지 못하는 일부 환자들의 증상을 완화시켜 준다.

MRI 스캔, 그리고 신경학적 장애의 징후는 조현병 환자 뇌의 비정상성을 나타낸다. 조현병을 역학적으로 조사하여 보면, 출생 시기, 추운 날씨, 임신 중 바이러스성 유행, 그리고 인구 밀도 모두가 조현병 출현에 영향을 준다. 가장 민감한 시기는 임신 중 두 번째 석달로 보인다. 햇볕에 불충분한 노출 또는 비타민 자체의 섭취 부족에 의한 비타민 D 결핍은 출생 시기, 인구 밀집, 추운 날씨 및 임산부의 영양의 효과에 대한 부분적인 설명이 된다. 또한 조현병 환자의 어릴 적 비디오를 보면, 운동과 사회적 행동에서 비정상적임을 보여 준다. 또 많은 증거는 조현병 환자들이 확장된 측뇌실을 가지고 있음을 보여 준다. 단일융모막성 일란성 쌍둥이의 일치율이 높은 것은 유전요인과 출생 전 환경요인이 상호작용할 가능성을 보여 준다.

보통 조현병 증상은 사춘기 이후에 바로 나타난다. 이 시기는 뇌가 중요한 성숙적인 변화를 경험하는 시기이다. 일부 연구자들은 조현병의 진행이 태아기 때부터 시작하여, 사춘기 때 잠복하여 있다가, 증상이 출현하는 원인인 신경 퇴화가 일어나는 시기로 이어진다고 믿고 있다.

조현병의 음성 증상은 전두기능 저하(배측 전전두피질의 활동 감소)의 결과로 보인다. 전두기능 저하의 원인은 아마도 이 영역에서 도파민 분비의 감소에 있다. 도파민 분비의 감소는 글루타메이트성 NMDA 수용기의 활동 감소에 기인되는 것으로 보인다. 조현병 환자들은 전전두피질의 활동을 요구하는 과제를 잘 수행하지 못한다. 기능적 영상 연구에 의하면, 전전두피질의 활동 저하는 환자가 이러한 과제를 수행할 때 일어난다.

PCP와 케타민은 조현병의 양성과 음성 증상을 모두 모사한다. 원숭이가 PCP를 장기 복용하면, 손뻗기 과제를 수행하는 데 문제가 생긴다. 이 과제는 전전두피질의 사용을 필요로 한다. 더구나 이러한 장애는 이 약물에 의한 전전두피질에서의 도파민 활동의 감소와 관련이 있다. 전두기능 저하가 중뇌변연계에 있는 도파민성 뉴런의 활동을 증가시킨다는 증거가 있다. 이로 인하여 조현병의 양성 증상이 유발된다. 전전두피질과 VTA 간의 연결이 이러한 현상을 일으키는 것으로 보인다. 비전형 항정신병 약물인 클로자핀은 대상인출 과제에서 원숭이의 수행을 개선시키며, VTA에서의 도파민 분비를 증가시킨다. 그리고 조현병의 양성 증상과 음성 증상 모두를 줄여 준다. 새로운 3세대 비전형 항정신병 약물인 아리피프라졸은 도파민 수용기의 부분효능제 역할을 하는데, 도파민이 거의 없는 영역(전전두피질과 같은 영역)에 있는 DA 수용기의 활성화를 증가시키고, 도파민의 양이 지나치게 많은 영역(측핵과 같은 영역)에 있는 DA 수용기의 활성화를 감소시킨다.

생각해 봅시다

어떤 한 젊은 조현병 여성이 노숙 생활을 고집하면서, 항정신병 약물치료를 거부하고 있다고 가정해 보자. 그녀는 심각하게 혼란스러운 상태에 있다. 즉, 영양실조 상태이면서, 정맥을 통해 약물을 주입하고 있다. 이 약물 때문에 AIDS에 걸릴 수도 있다. 그녀의 부모는 도움을 구하기 위해서 그녀를 데리고 있으려고 하지만, 그녀는 부모가 자신에게 음해를 꾸민다고 믿고 있다. 또한 우리는 그녀가 몇 년 이내에 사망할 것이라고 90% 정확하게 예상할 수 있다고 가정해 보자. 그녀는 폭력적이지는 않다. 그리고 자살 실행에 대한 언급을 전혀 한 적도 없기 때문에 그녀가 자신과 다른 사람에게 직접적인 위협을 가할 것이라는 것을 우리는 증명할 수 없다. 그녀의 부모가 그녀의 치료를 강제하여야 할까? 아니면 비록 그녀가 정신적인 질병을 앓고 있기는 하지만, 그녀의 혼자 있을 수 있는 권리가 인정되어야 하는 것일까?

주요 정동장애

명사로서의 **정동**(affect)은 느낌(feelings) 혹은 정서(emotions)를 뜻한다. 조현병의 일차적 증상이 사고의 장애에 있다면, **주요 정동장애**major affective disorders(기분장애라고도 한다)는 감정에 있어서의 장애가 특징이다.

해설

감정과 정서는 인간의 경험과정에서 매우 본질적인 것이다. 즉, 이 두 가지는 삶에서 발생하는 사건에 대한 우리의 평가를 나타낸다. 아주 실제적인 의미에서, 감정과 정서는 거의 인간 삶 그 자체이다. 우리 대부분이 경험하는 정서상태는 현재 우리에게 일어나고 있는 것을 반영한다. 따라서 우리의 감정은 현실 세계에서의 사건과 연결되어 있으며, 우리 삶에서 이러한 사건들이 가지고 있는 중요성을 이성적으로 평가한 결과를 반영한다. 하지만 어떤 사람에게는 정동이 현실로부터 분리되어 있다. 이 사람은 극단적인 들뜸(조증) 혹은 절망감(우울)을 보이는데, 이러한 방식의 감정표현은 그들의 생활 속에서 일어나는 사건을 제대로 반영하는 것이 아니다. 예를 들면, 사랑하는 사람을 상실하여 생기는 우울은 정상적인 반응이다. 하지만 우울이 삶의 한 방식이 되어, 친구와 친척들이 공감하려는 노력 그리고 정신 치료적인 개입에조차도 반응하지 않게 된다면, 이것은 병적인 것이다. 우울은 남성에서 약 3%, 여성에서는 약 7%의 유병률을 갖는다. 이것은 네 번째 주요 질환의 원인이 된다(Kessler et al., 2003).

주요 정동장애에는 두 개의 대표적인 유형이 있다. 첫째 유형은 조증과 우울의 시기가 교차적이라는 특징이 있다. 이것을 **양극성 장애**bipolar disorder라고 한다. 이 장애로 고통받고 있는 남성과 여성의 수는 대략 비슷하다. 조증 일화는 며칠, 혹은 몇 달 동안 지속될 수 있다. 하지만 보통은 몇 주 동안 지속된다. 양극성 장애는 심각하고 불능적이고 치료가 어렵다(Chen, Henter, and Manji, 2010). 우울 일화는 보통 조증 기간의 3배 동안 지속된다. 둘째 유형은 조증이 없는 우울로 특징되는 **주요 우울장애**major depressive disorder; MDD이다. 조증 없는 우울이라고도 한다. 이 우울은 지속적이고 회복적이지 않거나 또는 더욱 전형적으로는 일화가 있기 마련이다. 단극성 우울증은 남성보다는 여성에게서 2~3배 더 많다. 우울 기간 없는 조증이 가끔 있기는 하지만 매우 드물다.

일반적으로 매우 우울한 사람은 자신이 무가치하다고 느끼고 강한 죄책감을 가지고 있다. 정동장애는 위

[한 정신과 의사]가 자살경험이 있는지 나에게 물었다. 나는 마지못해 그렇다고 답하였고, 자세하게 설명하지는 않았다. 왜냐하면 그럴 필요가 없어 보였기 때문이다. 그리고 실제 집에 있는 많은 인공물이 자살에 이용 가능한 잠재 도구라는 것을 그 의사에게 말하지 않았다. 즉, 다락방 서까래(그리고 바깥에 있는 단풍나무, 아니면 그 둘 모두)가 나를 매달 수 있는 장치이고, 창고는 일산화탄소를 흡입할 수 있는 장소이며, 욕조는 찢어진 동맥에서 흘러나오는 것을 받아낼 수 있는 용기이다. 서랍 속에 부엌칼이 많이 있지만, 나에게는 그 용도가 하나밖에 없다. 심장마비로 죽는 것이 특히 매혹적인 것 같다. 왜냐하면 현실적인 책임감을 덜어 주기 때문이다. 그리고 나는 스스로 폐렴에 걸리게 하는 것을 장난삼아 상상할 때도 있었다—몹시 추운 날씨에, 와이셔츠 차림으로 오랫동안 비오는 숲 속을 걷는 상상이다. 나는 고속도로에서 트럭 앞을 걷는 것과 같은 외면적 사건은 고려하지 않는다……. 사람들을 몸서리치게 하는 끔찍한 환상이 깊게 억압된 마음속에 있다. 호색적 공상의 억압이 강력한 성욕을 가진 사람이 되도록 하는 것과 같다. (Styron, 1990, pp. 52-53)

험하다. 주요 정동장애로 고통받고 있는 사람은 자살 위험에 상당히 노출되어 있다. Chen과 Dilsaver(1996)는 주요 우울장애를 가진 사람의 15.9%, 그리고 양극성 장애를 가진 사람의 29.2%가 자살을 시도한다고 보고하였다. Schneider, Muller, Philipp(2001)은 비정상적인 사망률의 원인을 조사하였다(모두가 자살인 경우는 아니다). 그 결과 정동장애를 가진 사람들의 사망률이 전체 모집단에 있는 동일 연령의 사람들에게서 기대할 수 있는 사망률보다 28.8배나 높았다. 우울한 사람들은 에너지를 거의 가지고 있지 않으며, 천천히 움직이고, 말도 천천히 한다. 때로는 거의 움직이지 않기도 한다. 어떤 때에는 목적 없이 쉬지 않고 걸으며, 심하게 울기도 한다. 이들은 즐거운 경험을 할 수도 없고 식욕과 성욕을 상실한다. 수면에 문제가 생겨 보통은 잠드는 데 어려움이 있으며, 금방 깨어나게 되고 다시 잠드는 데 애로가 많다. 신체 기능조차 저하되어 변비에 걸리기도 하고 침 분비량이 줄어든다.

조증의 일화적 특징은 환경적인 요인으로는 설명할 수 없는 도취감을 보인다는 데 있다. 조증 진단은 부분적으로 정도의 문제이다. 일반 사람들은 생활이 병리적이 될 만큼 풍요로움과 열정을 만들 수 없다. 보통 조증이 있는 사람들은 쉼 없이 말하고, 쉼 없이 움직인다. 그들은 매우 빠르게 대화 주제를 전환하고 자주 망상을 보고하기도 한다. 그렇기는 하지만 조현병에서 나타나는 심각한 분열을 보여 주지 않는다. 이들은 보통 자신이 중요하다는 생각이 충만하기 때문에 다른 사람의 반박이 있을 경우에는 자주 화를 내거나 방어한다. 빈번하게는, 잠을 자지 않고 오랫동안 깨어 있으면서 매우 비현실적인 계획을 열정적으로 수행한다. (가끔씩 그 과제가 효과적일 때도 있다. George Frideric Handel은 《메시아》를 작곡하였다. 이 곡은 합창의 명곡이다. 이 곡은 그가 조증상태일 때 만들어졌다.)

유전가능성

정동장애로의 발달 성향이 유전적 특징이라는 증거가 있다(Hamet & Tremblay, 2005 참조). 예를 들어, Rosenthal(1971)은 정동 정신병이 있는 사람들의 가까운 친척들은 그렇지 않은 사람들보다 그 장애를 발달시킬 가능성이 10배 이상이라는 점을 발견하였다. Gershon 등(1976)에 따르면, 일란성 쌍둥이 중의 하나가 정동장애이면 다른 하나가 유사한 장애를 보일 가능성이 69%이다. 반면, 이란성 쌍둥이의 일치율은 단지 13%에 불과하다. 정동장애의 유전가능성은 이 장애가 생리학적인 원인에 기인할 수 있음을 보여 준다.

유전자 연구에 의하면, 염색체 유전자가 정동장애의 발달에 영향을 준다는 증거가 있다. 하지만 다른 많은 연구는 이것을 반복 검증하는 데 실패하였다(Hamet & Tremblay, 2005). 광범위한 게놈 관련 연구들의 개관(Terracciano et al., 2010)에 의하면 일일주기의 통제와 관련이 있는 RORA 유전자가 주요 우울장애의 발생과 가장 강한 관련성을 보여 주었다. 한 증거에 의하면 다른 유전자 GRM8이 또한 연관이 있는데 이 유전자는 대사 글루타메이트 수용기의 생성을 위한 부호화를 한다. McGrath 등(2009)은 시계 유전자인 RORB는 아이들이 보여 주는 빠른 주기의 양극성 장애와 관련이 있다는 것을 확인했다. 이 장의 뒤에서 볼수 있듯이 수면과 일일 주기의 혼란은 정동장애 발달에 관여한다.

출생 시기

이 장의 앞에서 조현병의 논의에서 본 바와 같이 출생 시기는 조현병의 발생에 의미 있는 역할을 한다. 특히 늦겨울과 초봄에 출생한 사람은 다른 시기에 출생한 사람에 비해 조현병으로 발달할 가능성이 더 많다. 이러한 현상에 대해 제안된 설명의 하나는 태아 발달의 결정적 시기인 임신 두 번째 3개월이 겨울 독감 시기와 일치한다는 사실이다. 다른 계절성 효과는 주요 우울증 발생률에서 나타난다. Döme 등(2010)은 헝가리에서 1930년대, 1940년대 초중반 및 1969년에 자살을 시도한 8만 명의 출생 시기를 조사했다. (헝가리는 세상에서 가장 높은 자살률을 보이는 나라 중 하나) 자살 발생률은 7월의 정점을 갖는 여름에 유의미하게 높다(그림 15.8 참조). 지금까지 이러한 현상에 대해 어떠한 설명도 없다.

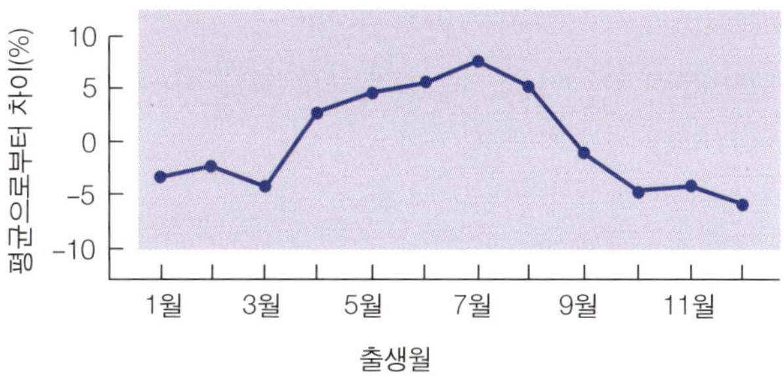

그림 15.8 자살과 출생 시기. 20세기 중반에 헝가리에서 자살을 시도한 8만 명의 출생 달의 함수로서의 자살 발생률.

Based on data from Döme et al., 2010.

생물학적 처방

주요 우울장애의 치료에 몇 가지 확립된 그리고 실험적인 생물학적 치료법이 있다. 여기에는 노르에피네프린이나 세로토닌의 재흡수를 억제하는 모노아민 산화효소(MAO) 억제제, 전기경련요법(ECT), 경두개자기자극(TMS), 심부 뇌자극, 미주신경자극, 빛 치료(광선요법), 그리고 수면박탈이 있다. (광선요법과 수면박탈은 이 장의 후반부에서 논의한다.) 양극성 장애는 리튬(lithium)과 항경련 약물(anticonvulsant drugs)을 이용하여 치료할 수 있다. 이러한 장애가 생물학적 처치에 영향을 받는다는 사실은 이 장애가 생리학적인 원인에 영향을 받는다는 것을 보여 준다. 더군다나 리튬이 주요 우울장애가 아닌, 양극성 정동장애를 치료하는 데 효과적이라는 사실은, 이 두 종류의 질병 간에 어떤 한 가지 기본적인 차이가 있다는 것을 보여 준다(Soares & Gershon, 1998).

1950년대 이전에는 우울 치료에 효과적인 약물이 없었다. 그러나 1940년대 후반에 임상의들은 결핵 치료에 주로 이용되고 있는 몇몇 약물이 환자의 기분을 고양시킨다는 것을 알았다. 뒤이어서 연구자들은 이 약물의 유도체인 이프로니아지드(iproniazid)가 정신병석 우울을 감소시킨다는 것을 알았다(Crane, 1957). 이프로니아지드는 MAO의 활동을 억제한다. MAO의 활성화는 종말단추에서 과잉 분비된 모노아민 전달물질을 분해한다. 따라서 이 약물은 도파민, 노르에피네프린, 세로토닌의 분비를 증가시킨다. 다른 MAO 억제제도 바로 발견되었다. 그러나 불행하게도 MAO 억제제는 부작용의 위험이 있으므로 주의해서 사용해야만 한다.

다행히 이러한 부작용이 없는 다른 항우울 약물류가 곧 발견되었다. 이것이 **삼환계항우울제**tricyclic antidepressants이다. 이 약물이 5-HT와 노르에피네프린의 종말단추로의 재흡수를 억제한다는 사실이 밝혀졌다. 재흡수가 지체됨으로써 5-HT와 노르에피네프린 신경전달물질과 시냅스후 수용기와의 접촉이 유지되고, 시냅스후 전위가 길게 연장된다. 따라서 MAO 억제제와 삼환계항우울제는 모노아민 효능제이다.

삼환계항우울제가 발견된 이후에도 이와 유사한 작용을 일으키는 다른 약물들이 발견되었다. 이 가운데 가장 중요한 약물이 **선택적 세로토닌 재흡수 억제제**specific serotonin reuptake inhibitors; SSRI이다. 이 약물들의 작용은 그 이름에 잘 나타나 있다. 예를 들어 플루옥세틴[fluozetine; 프로작(Prozac)], 시탈로프람[Citalopram; 셀

렉사(Celexa)], 그리고 파록세틴[Paroxetine; 팍실(Paxil)]이라는 약물이 항우울 처방제로 널리 이용되고 있으며, (이 장의 후반부에 설명되어 있는) 강박장애와 사회공포증의 증상을 완화시켜 준다. 최근에는 다른 항우울제가 개발되었는데, 이것이 **세로토닌과 노르에피네프린 재흡수 억제제**serotonin and norepinephrine reuptake inhibitors; SNRI이다. 이 약물이 어떤 기능을 하는지는 그 이름에서 알 수 있다. 이 약물은 비특정 반응이 거의 없기 때문에, 삼환계항우울제보다 부작용이 거의 없다. 또한 노르에피네프린과 세로토닌 모두의 재흡수에 영향을 준다(Stahl et al., 2005). SNRI 약물류에는 밀나시프란(milnacipran), 둘록세틴(duloxetine), 그리고 벤라팍신(venlafaxine)이 있다. 이 세 약물의 영향은 상대적이다. 즉, 5-HT와 노르아드레날린성 수송체에 각각 1:1, 1:10, 그리고 1:30의 비율로 영향을 준다(Stahl et al., 2005). SSRIs와 SNRLs는 삼환계항우울제보다 비전형적 작용이 적어 부작용이 적다.

우울증에 대한 다른 생물학적 치료는 흥미로운 역사를 가진다. 20세기 초, von Meduna라는 의사는 간질발작을 가지고 있는 정신병 환자가 간질발작 후에 즉각적으로 개선됨을 보여 준다는 것을 알았다. 그는 간질발작을 일으키는 뇌 신경회로의 격렬한 폭풍이 어떻게든 환자의 정신상태를 개선시킨다고 추론했다. 그는 약을 처방하여 발작을 일으키는 방법을 개발했지만 그 과정은 환자에게 위험했다. 1937년 이탈리아의 정신과 의사인 Ugo Cerletti는 발작을 일으키는데 덜 위험한 방법을 개발했다(Gerletti and Bini, 1938). 그는 지역 도살장에서 동물을 죽이기 전에 기절시키기 위해 동물의 머리에 전기충격을 준다는 것을 이미 알고 있었다. 그 전기는 간질발작과 유사한 발작을 유발함을 보여 주었다. 그는 좀 더 안전한 발작을 유발하기 위해 전기를 사용하기로 결정했다.

Cerletti는 이 과정을 개에게 시도했고 두개골에 대한 전기충격은 발작을 유발했고 그 동물은 뚜렷한 병적 효과없이 회복되는 것을 확인했다. 그후 그는 사람에게 이 과정을 사용했고 이전에 사용한 화학적 처치보다 더 안전하다는 것을 확인했다. Cerletti의 실험 결과처럼, **전기경련요법**electroconvulsive therapy; ECT이 정신장애의 일반적인 치료법이 되었다. 어떤 한 사람이 전기경련요법을 받기 전에, 마취되어 쿠라레(curare)와 유사한 약물을 주입받았다. 이 약물은 근육을 마비시켜 경련에 의한 상처를 예방해 준다. (물론, 그 환자는 이 약물의 효과가 중단될 때까지 호흡기를 착용한다.) 전극을 환자의 두피에 부착한다(대부분의 경우에는 비언어 우세 대뇌반구에 부착하여, 언어기억의 손상을 예방한다). 그리고 전기충격으로 발작을 유발한다. 보통은 최대의 개선을 보일 때까지 일주일에 3회의 처치를 받는데, 6회에서 12회 정도 처치 받는 것이 일반적이다. 전기경련요법의 효과는 어떤 환자집단에게 마취는 하지만 쇼크는 주지 않은 위약연구를 통해서 확인되었다(Weiner & Krystal, 1994). 전기경련요법이 원래 조현병을 포함한 다양한 장애를 치료하는 데 활용되어 왔지만, 현재 우리는 그것의 효과가 조증과 우울의 치료에서 제한적으로 나타나고 있음을 안다(그림 15.9 참조).

우울증 환자들이 항우울제 처방에 반응을 보일 때도 즉각적으로 반응하지 않는다. 보통 약물 처치 후 2~3주가 되기 전까지는 증상이 호전되지 않는다. 반면에 전기경련요법의 효과는 이보다는 빠르다. 전기경련요법으로 몇 차례 발작을 일으키면, 며칠 이내로 깊은 우울증에서 회복되게 할 수 있다. 증상의 완화는 50%보다 크지만 재발이 일반적인 문제이다(Holtzheimer and Mayberg, 2011). 전기경련요법을 장기적으로 과하게 이용하면 뇌손상에 따른 장기간의 기억장애를 불러올 수도 있지만(Squire, 1974), 항우울제 효과가 나타나기 전에 잠시 전기경련요법을 적절히 사용하면 자살충동을 가진 환자의 생명을 구할 수 있다.

전기경련요법이 항우울적 효과를 발휘하는 이유가 무엇일까? 발작이 항경련에 효과적이라는 것이 오랫동안 알려져 왔다. 전기경련요법은 뇌의 활동을 감소시키고 뇌의 발작 역치를 증가시켜 또 다른 발작이 일어날 가능성을 줄여 준다(Sackeim et al., 1983; Nobler et al., 2001). 이러한 효과와 관련된 이 변화들은 우울 증상의 감소 때문일 것이다. 그러나 전기경련요법의 항우울 효과의 본질에 대한 증거는 아직 결론지을 수가 없다(Bolwig, 2011).

연구자들은 인지적인 손상이나 기억 손실을 일으키지 않으면서 ECT가 가지고 있는 최소한의 이점을 이용할 수 있는 다른 절차를 연구해 왔다. 우리가 5장에서

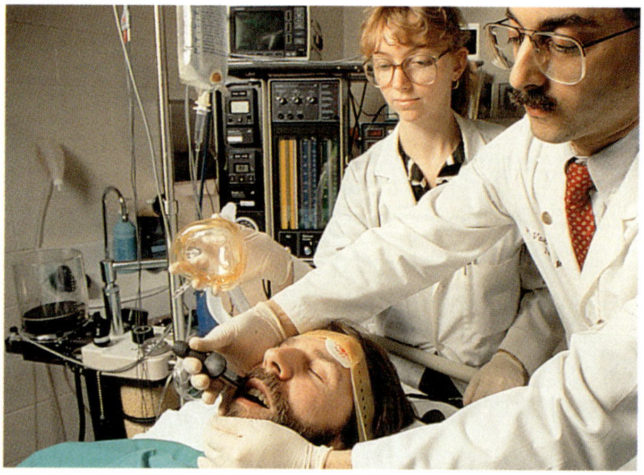

그림 15.9 전기경련요법을 받기 위해 준비 중인 환자.

W & D McIntyre/Photo Researchers, Inc.

살펴보았듯이, 경두개자기자극(TMS)은 두피 위에 있는 철사 코일에 전류를 통과시켰을 때 뇌에서 발생하는 강한 국소 자기장을 이용하는 방법이다. 이 자기장은 뇌에서 전류를 발생시킨다. 몇몇 연구에서는 경두개자기자극을 전전두피질에 적용할 경우, 어떤 두드러지는 인지적인 결함을 일으키지 않고서도 우울 증상이 경감된다고 보고하였다(Padberg & Moller, 2003; Fitzgerald, 2004; Kito, Hasegawa, and Koga, 2011). 많은 연구들은 30%보다 적은 반응률을 보여 주었고 장기 재발률은 전기경련요법에서 보여 준 것과 유사한 것으로 나타났다(Holtzheimer and Mayberg, 2011).

14장에서 본 바와 같이 시상하핵(subthalamic nucleus)에 대한 직접적인 전기자극은 파킨슨병 증상에 유의미한 완화를 유발한다. 예비연구 또한 심부 뇌자극(deep brain stimulation; DBS)은 치료가 어려운 우울을 위한 유용한 치료법이 될 수 있음을 시사한다(Mayberg et al., 2005; Lozano et al., 2008). Mayberg와 동료들은 내측전전두피질 영역인 **슬하전측대상피질**subgenual anterial cingulate cortex; 슬하 ACC 바로 아래 전극을 심었다. 만약 여러분이 뇌량의 시상면을 본다면 그 구조의 앞이 무릎(*genu*, 라틴어)을 굽힌 모양이 보일 것이다. 슬하전측대상피질은 뇌량의 앞에 있는 무릎 아래에 있다. 자극에 대한 반응은 신속하게 시작되었고 시간과 함께 증가되었다. 수술 한달 후, 환자의 35%가 증상의 개선을 보여 주었고 10%는 완전한 회복을 보여 주었다. 수술 6개월 후, 60%가 개선되었고 35%가 회복을 보여 주었다.

심부 뇌자극은 또한 측핵에 적용될 수 있다. 여러분은 12장에서 이 영역의 도파민 분비는 강화와 쾌 자극에 대한 반응에 결정적인 역할을 한다는 것을 회상할 것이다. 실제로 이 영역의 자극을 일으키는 레버를 동물은 누른다. 우울증은 슬픔, 무감동 및 쾌의 상실로 특징되기 때문에 이 영역은 심부 뇌자극의 목표로 보인다. Bewernick 등(2010)은 측핵에 대한 심부 뇌자극이 이전에 약물치료, 심리치료 또는 ECT에 반응이 없었던 치료저항 환자들의 50%에서 우울 증상이 감소되었다는 것을 발견했다.

우울에 대한 다른 실험적 치료인 미주신경자극은 우울 증상의 감소에 가능성을 보여 준다(Groves and Brown, 2005). 미주신경자극은 간접적인 뇌자극 형태를 제공한다. 이것은 통증도 없고 발작을 일으키지도 않는다. 본래 이 과정은 발작장애를 가진 환자의 발작을 방지하기 위해 개발되었다. 이 자극은 심부 뇌자극을 위해 사용되는 것과 유사한 몸에 심어져 있는 장치에 의해 주어지는데 자극 전극이 미주신경에 연결되어 있는 것이 차이점이다. 미주신경 축색의 약 80%는 구심성이라 미주신경에 대한 전기자극은 뇌간의 몇몇 영역을 활성화시킨다. Daban 등(2008)의 문헌 개관에 의하면 이러한 과정이 치료저항 우울증을 가진 환자들의 치료에 가능성을 보여 주지만 그 효과를 확신하기 위해 이후 이중맹목 임상시도가 필요한 것으로 결론지어진다.

양극성 정동장애 치료 약물인 **리튬**lithium의 효과는 매우 신속하게 나타난다. 리튬 탄산염 형태로 처방되는 이 약물은 양극성 정동장애의 조증단계를 치료하는 데 매우 효과적이다. 따라서 조증이 사라져도 보통은 우울증이 뒤따르지 않는다(Gerbino, Oleshansky, & Gershon, 1978; Soares & Gershon, 1998). 많은 임상가와 연구자는 리튬을 정신의학에서의 불가사의한 약물로 본다. 왜냐하면 이 약물은 정상적인 정서적 느낌을 억제하지 않아 환자가 생활 속 사건에 대하여 즐거움과 슬픔을 느끼고 표현할 수 있도록 해주기 때문이다. 또한, 이 약물은 지적 과정을 손상시키지도 않는다. 그렇기 때문에 많은 환자들은 드러나는 병적 효과 없이, 이 약물을 여러 해 동안 지속적으로 복용한다(Fieve, 1979).

양극성 장애가 있는 환자의 70~80%는 1~2주 이내에 리튬 처방에 대하여 긍정적인 반응을 보인다(Price & Heninger, 1994).

연구자들은 리튬이 일으키는 많은 생리적인 효과를 발견하였다. 하지만 아직까지 조증을 제거하는 약리적인 효과를 알아내지는 못하였다(Phiel & Klein, 2001). 어떤 연구자들은 리튬이 어떤 신경전달물질 수용기(특히 세로토닌 수용기) 집단을 안정시켜, 신경 민감성에서의 큰 변화를 방지한다고 주장한다. 연구자 중에는 리튬이 신경보호 단백질의 생산을 증가시킨다는 사실을 보여 주었다. 이 단백질은 세포의 죽음을 방지하는 역할을 한다(Manji, Moore, & Chen, 2001). 실제로, Moore 등(2000)은 양극성 장애 환자에게 리튬을 4주 동안 처방하였을 때, 환자의 뇌 속에서 대뇌회백질의 용량이 증가하는 것을 발견했다. 이것은 리튬이 신경 또는 교세포의 증가를 촉진한다는 것을 시사한다. 우리는 이 장의 앞에서 조현병은 DISC1 유전자의 돌연변이가 원인이 될 수 있다. 이것은 정상적으로 신경발생, 신경 이동, 흥분성 뉴런에서의 시냅스후 밀도의 기능 및 미토콘드리아의 기능과 연관이 있다. 연구는 리튬이 시냅스후 밀도에 DISC1의 기능에 효과를 갖는다는 것을 보여 준다. DISC1의 돌연변이는 조현병뿐만 아니라 양극성 장애의 가능성을 높인다. 리튬은 이러한 돌연변이의 유해 효과를 보상하는 것으로 보인다(Brandon et al., 2009; Flores et al., 2011)

모노아민 가설

MOA 억제제와 모노아민의 재흡수를 억제하는 약물이 우울을 효과적으로 치료할 수 있다는 사실을 근거로 **모노아민 가설**monoamine hypothesis이 제안되었다. 이 가설에 따르면, 우울의 원인은 모노아민성 뉴런의 활동이 부족한 데 있다. 암페타민이나 코카인과 같은 강력한 도파민 효능제를 사용하여도 우울 증상이 개선되지 않기 때문에, 대부분의 연구자는 다른 두 개의 모노아민인 노르에피네프린과 세로토닌에 연구를 집중하였다.

이 장의 앞부분에서 살펴보았듯이, 조현병을 설명하는 도파민 가설은 도파민 효능제가 조현병 증상을 유발시킬 수 있고 도파민 길항제는 증상을 감소시킬 수 있다는 사실로부터 제안되었다. 이와 유사하게, 우울증을 설명하는 모노아민 가설은 모노아민의 길항제가 우울증 증상을 유발할 수 있고 모노아민 효능제는 그것을 감소시킬 수 있다는 사실에 의해 제안되었다. 4장을 회상해 보면, 레세핀 약물은 모노아민성 종말에 있는 시냅스 주머니에 신경전달물질을 채우는 수송체의 활성화를 차단한다. 레세핀은 이전에 혈관벽에 있는 근육의 노르에피네프린의 분비를 차단하여 근육을 이완시킴에 의해 혈압을 낮추는 데 사용되었다 그러나 레세핀은 심각한 부작용이 있다. 뇌에서 세로토닌과 노르에피네프린의 분비를 방해함에 의해 우울증의 원인이 될 수 있다. 실제로, 고혈압제로 사용되었던 초창기에 이것을 복용한 사람들의 15% 정도가 우울증이 되었다(Sachar and Baron, 1979). 우리가 볼 수 있는 것처럼 모노아민 길항제는 우울 증상을 유발하고 모노아민 효능제는 그 증상을 완화시킨다.

Delgado 등(1990)은 우울증에서 세로토닌의 역할을 연구하기 위한 독창적인 접근법을 개발하였다. 이것이 **트립토판 고갈과정**tryptophan depletion procedure이다. 이들은 항우울제를 처방받고 기분이 좋은 상태에 있는 우울증 환자를 대상으로 연구를 진행하였다. 어느 날 연구자들은 환자들에게 저트립토판 식이요법(low-tryptophan diet: 예를 들면, 샐러드, 콘, 크림치즈 및 젤라틴 디저트)을 하도록 하였다. 그리고 다음 날, 환자들은 트립토판을 함유하지 않은 아미노산 '칵테일'을 마셨다. 아미노산은 아미노산 수송체에 의해 혈뇌장벽을 통과한다. 환자의 혈중 트립토판 수준은 매우 낮은 반면 다른 아미노산의 혈중 수준은 높았다. 따라서 뇌로 향하는 경로에 트립토판은 거의 없으며 그 결과 뇌에서의 트립토판 수준은 극적으로 저하되었다. 여러분도 기억하듯이 트립토판은 5-HT, 혹은 세로토닌의 전구물질이다. 따라서 이러한 처치는 뇌에서의 세로토닌 수준을 더 저하시킨다.

Delgado와 동료들은 대부분 환자에게서 우울증이 재발하는 원인이 트립토판의 고갈에 있다는 점을 알았다. 그들이 정상적인 식사를 재개하자 환자들은 다시 회복되었다. 이러한 결과는 적어도 몇몇 약물이 가지고 있는 치료 효과가 뇌에서의 세로토닌 가용성에 의존할 가능성을 보여 준다.

대부분의 연구자는 단순한 모노아민 가설, 즉 우울의 원인이 노르에피네프린 혹은 세로토닌 수준의 저하에 있다는 가설이 매우 단순하다고 믿는다. 트립토판의 고갈 효과는 세로토닌이 우울증에 어떤 한 역할을 한다는 사실을 보여 준다. 하지만 이것은 우울증에 관한 개인사나 가족사가 있는 사람들에게만 해당된다. 우울증에 관한 가족사를 가지고 있지 않은 건강한 사람의 경우에는, 세로토닌성 활동의 급성 저하가 기분에 아무런 영향을 주지 않는다. 따라서 우울증에 취약한 사람은 정상인과는 다른 뇌에서의 생리학적인 차이가 있어 보인다. 또한, SSRIs와 SNRIs가 뇌에서 5-HT와 노르에피네프린의 수준을 신속하게 증가시킬지라도 몇 주가 지나기 전까지는 그 약물들이 우울 증상을 완화시키지는 않는다. 연구자들은 치료 효과가 나타나는 데 장시간이 소요된다는 것은 모노아민성 활동의 단순한 증가보다는 다른 어떤 요인이 기분을 정상화하는 데 영향을 준다는 것을 시사한다. 많은 연구자들은 항우울제 처치에 의해 만들어진 세포외의 모노아민 수준 증가는 궁극적으로 항우울제 효과에 반응적이 되도록 뇌의 변화를 유발하는 일련의 사건을 시작하게 하는 것으로 믿고 있다. 이러한 사건의 연속에 대한 본질은 아직 밝혀지지 않았다.

전두피질의 역할

Mayberg와 동료들(Mayberg et al., 2005; Mayberg, 2009; Holtzheimer and Mayberg, 2011)은 우울증 발달에 전두피질이 결정적 역할을 한다고 제안했다. 특히, 그들은 슬하전측대상피질이 기분통제에 관련된 뇌 영역의 망에서 중요한 핵심으로 기능하고 이러한 영역의 활성화 감소가 성공적인 항우울제 치료 후에 일관되게 보여 준다고 가정한다.

앞에서 본 바와 같이, 슬하전측대상피질을 표적으로 한 심부 뇌자극은 우울 증상을 완화하는 것으로 확인되었다. 사실, 우울증 환자의 뇌 영상 연구의 신뢰로운 결과는 이 영역의 과잉활성화인데 이것은 배외측전전두피질, 복외측전전두피질, 복내측전전두피질 및 안와전두피질을 포함하는 다른 전두피질의 영역에서 감소된 활성화 후에 나타난다(Mayberg, 2009). 연구가 보여 주는 것은 다양한 성공적인 항우울제 치료는 슬하전측대상피질의 활성화를 신뢰롭게 감소시키고 일반적으로 전두피질의 다른 영역의 활성화를 증가시킨다.

그림 15.10은 심부 뇌자극, 전전두피질의 경두개자기자극, 전기경련요법, 미주신경자극, 그리고 SSRI, SNRI 및 위약 처치와 같은 다양한 치료법으로 성공적인 치료가 된 우울환자의 내측전두영역에 대한 기능영상의 결과를 보여 준다. 성공적 치료 후에 활성화 증가는 적색으로 보여 주고 감소는 청색으로 보여 준다. 성공적인 치료는 슬하전측대상피질의 활성화 감소를 초래한다(그림 15.10 참조).

우울 증상에 대한 성공적인 치료가 슬하전측대상피질의 활성화 저하와 전전두피질의 영역에서 활성화 증가와 연관 있는 것으로 나타난 이유는 무엇인가? 슬하전측대상피질은 전전두피질의 여러 영역과 상호연결되어 있고 또한 편도체, 해마 및 측핵과도 연결되어 있다. 10장에서 본 바와 같이 전전두피질은 편도체 억제에 중요한 역할을 한다. 이것은 공포와 같은 부정적 정서반응의 획득과 표현에 연관이 있다. 그래서 슬하전측대상피질의 활성화를 감소시키는 우울 증상의 성공적인 치료는 이들 두 구조의 직접적인 연결을 통해 그리고 전전두피질을 경유하는 간접적인 연결을 통해 편도체의 활성화를 감소시킨 결과일 것이다. 슬하전측대상피질의 명확한 역할은 이후 연구에 의해 명료화될 것이다.

신경발생의 역할

3장과 13장에서 본 바와 같이, 신경발생은 성인의 뇌에서 해마체 영역인 치상회에서 발생될 수 있다. 실험동물을 대상으로 이루어진 몇몇 연구에 의하면 우울 증상을 유발하는 스트레스 경험은 해마의 신경발생을 억제하고 MAO 억제제, 삼환계항우울제, SSRIs, 전기경련요법 및 리튬을 포함한 항우울제 치료의 적용은 신경발생을 증가시킨다. 나아가 항우울제 치료적 작용에서의 지연은 새로 만들어진 뉴런이 성숙되는데 걸리는 시간의 길이와 같다. 더욱이 낮은 수준의 X-선 양에 의한 신경발생이 억제되면 항우울제도 그 효과를 잃게 된다(개관을 위해 Sahay & Hen, 2007을 참조). 해마의 신경발생 감소가 우울증의 이유(또는 이유 중에 하나)로 결론짓고 싶어진다. 그러나 Sapolsky (2004)는 해마의 알려진

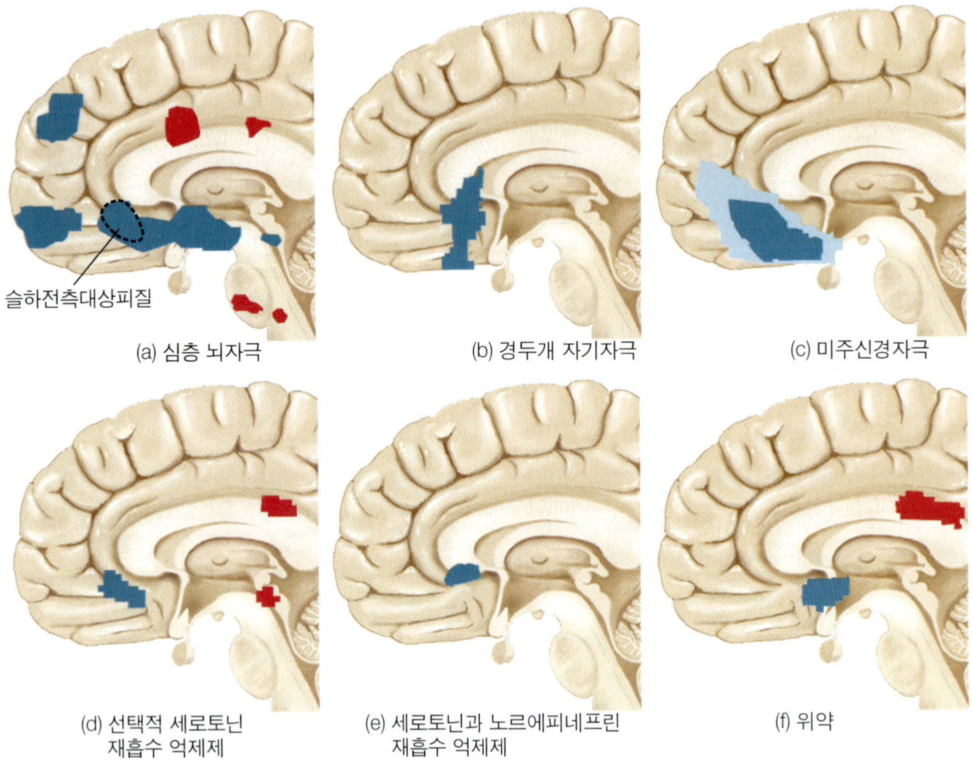

그림 15.10 우울증에 대한 성공적인 다양한 치료 후의 슬하전측대상피질의 감소된 활성화. 이 그림은 인간 뇌의 전측중뇌시상면의 표준그림을 보여 준다. 우울 증상에 대한 성공적인 치료에 대한 뇌 반응의 기능영상 연구에서 드러난 증가된 활성화 영역(적색) 또는 감소된 활성화 영역(청색)을 보여 준다.

Tracings of brain activity from (a) Mayberg et al. (2005), (b) Kito et al. (2011), (c) Pardo et al. (2008), (d) Mayberg et al. (2002), (e) Kennedy et al. (2007), (f) Mayberg et al. (2002).

기능과 우울증의 가능한 원인들 간의 연결을 찾는 것은 어렵다고 지적한다. 예를 들어 감정이 아닌 기억장애는 해마 손상을 입은 사람들에서 나타난다. 우리는 아직 신경발생이 우울증에 역할을 하는지 또는 이 둘 간의 관계가 일치하는지에 대해 결정하기에는 충분한 증거를 가지고 있지 못한다.

인간 뇌에서 신경발생률을 측정할 방법은 아직 없다. 지금까지 인간의 신경발생에 대한 모든 증거는 실험동물을 대상으로 한 연구로부터 추정된 것이다. 그러나 Pereira 등(2007)의 연구는 쥐와 사람 모두에서 해마체의 특정영역의 혈류량을 평가하기 위해 MRI 절차를 사용했다. 그들은 운동(생쥐의 경우 바퀴 달리기, 인간의 경우 에어로빅 운동 처방)이 양쪽 모두에서 신경발생이 일어나는 치상회의 혈류량이 증가하는 것을 확인했다. (이 장의 다음 단원에서 보게 되겠지만 운동은 우울증에 효과적인 치료법이다.) 조직학 절차는 생쥐 뇌에서 신경발생의 증가가 혈류량의 증가와 상관이 있음을 입증했다. 이것은 인간도 운동이 신경발생을 유도한다는 생각을 지지한다(그림 15.11 참조).

증거에 의하면 우울 일화의 경험을 가진 사람들의 거의 90%가 수면 양식에서의 변화를 보고하고 일반적으로 양질의 수면의 개시 및 유지에 어려움이 있다고 보고한다(Wulff et al., 2010). 나아가 우울 일화사를 가진 개인에서의 지속적인 불면증은 다른 질환으로 재발될 위험성을 증가시키고 첫아이 엄마가 경험하는 수면 와해는 산후 우울의 위험성을 높인다(Posmontier, 2008).

일일주기의 역할

우울증의 가장 두드러진 증상 가운데 하나는 수면장애이다. 우울증이 있는 사람들의 수면은 얕은 경향이 있다. 즉, 서파 델타 수면(3, 4단계)이 감소하고, 1단계 수

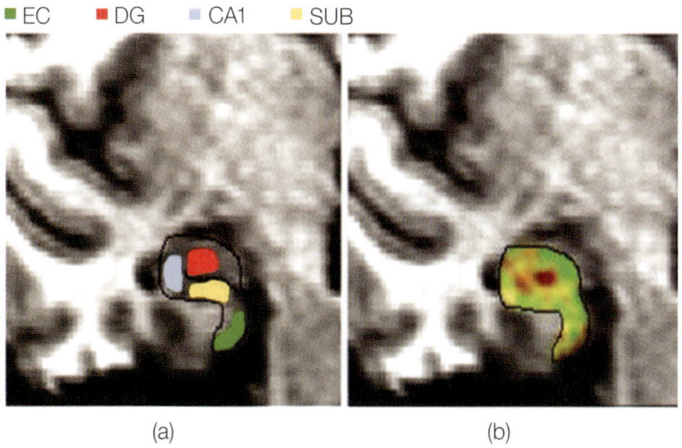

그림 15.11 운동과 신경발생. 이 스캔은 인간 해마체 영역의 혈류량에 대한 에어로빅 운동 프로그램의 효과를 보여 준다. 이 측정은 신경발생의 간접적인 측정으로 이루어졌다. (a) 해마의 하위영역. EC = 후내피질, DG = 치상회, SUB = 구상회 (b) 영역의 혈류량. '뜨거운' 색은 증가된 혈류량을 나타낸다.

Pereira, A. C., Huddleston, D. E., Brickman, A. M., et al. *Proceedings of the National Academy of Sciences, USA*, 2007, *104*, 5638-5643. Copyright 2007 National Academy of Sciences, U.S.A.

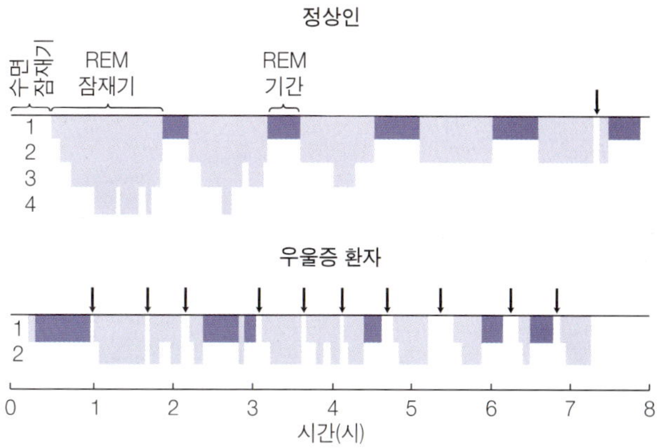

그림 15.12 수면과 우울. 이 그림은 정상 피험자와 주요 우울증을 가진 환자의 수면단계의 양상을 예시한다. 우울증 환자에서 감소된 수면 잠재기, 감소된 REM 잠재기, 서파수면(3,4 단계)의 감소 및 수면의 분열(화살표)에 주목하라.

From Gillin, J. C., and Borbély, A. A. *Trends in Neurosciences*, 1985, *8*, 537-542. Reprinted with permission.

면이 증가한다. 이들의 수면은 조각나 버린다. 다시 말하면, 수면 중에 자주 깨는 경향이 있는데, 특히 아침이 다가올수록 더 그렇다. 뿐만 아니라 REM 수면이 수면 초기에 출현하고, 전체 수면시간의 전반부에서는 REM 수면이 더 많은 비중을 차지한다. REM 수면 동안에는 빠른 안구운동의 빈도가 증가한다(Kupfer, 1976; Vogel et al., 1980; 그림 15.12 참조).

REM 수면박탈

가장 효과적인 항우울 처방 가운데 하나는 수면박탈이다. 전체적 박탈일 수도 있고 선택적 박탈일 수도 있다. REM 수면의 선택적 박탈은 사람들의 뇌파를 모니터하다가 REM 수면 신호가 나타날 때마다 잠을 깨우는 방식으로 진행된다. 이렇게 하면 우울증이 완화된다(Vogel et al., 1975, 1990). 항우울제 처방과 마찬가지로 수면박탈 치료 효과도 몇 주 지나 천천히 나타난다. 환자 중에는 박탈을 중단한 이후에도 치료 효과가 장기간 지속되는 환자도 있다. 이렇게 볼 때 이 치료는 실용적이면서도 효과적인 치료법으로 볼 수 있다. 또한, 특정 약리 효과와는 무관하게, 우울증에 이용되는 다른 처방들은 REM 수면을 억제하고, REM 수면의 시작을 지연시키고 REM 수면 기간을 단축시킨다(Scherschlicht et al., 1982; Vogel et al., 1990; Grunhaus et al., 1997; Thase, 2000). 이러한 결과가 시사하는 것은 성공적인 항우울 치료의 중요한 효과는 REM 수면을 억제하고 기분의 변화는 이러한 억압의 결과일 것이다. 그러나 적어도 하나의 항우울제는 이중맹목 위약통제 연구에서 REM수면을 억제하지 않았다(Mayers and Baldwin, 2005). 따라서 REM 수면의 억제는 항울제 작용의 유일한 방법이 될 수 없다.

서파수면 박탈

선택적 수면박탈의 다른 형태인 서파수면 박탈(SWS 박탈)은 어떤 환자들에게 우울 증상을 효과적으로 감소시킨다. Landsness 등(2011)의 1회 시행 연구는 주요 우울장애를 가진 사람들을 뇌파 검사 장비가 비치된 실험실에서 자도록 했다. 그 사람의 뇌파에서 서파가 나타날 때마다 사람은 깨우지 않고 서파를 억제하는 소리를 실험자가 제시했다. 그 결과는 고무적인데 자기평가 우울 증상이 대부분의 환자에서 감소되었다(그림 15.13 참조). 연구자들이 직접적으로 REM 수면을 조작하지 않았지만 서파수면 박탈은 REM 수면의 전체 수면시간의 퍼센트에 영향을 미쳤다. 실제로 REM 수면의 감소는 우울 증상의 평가에서의 감소와 정적 상관을 보였다. 따

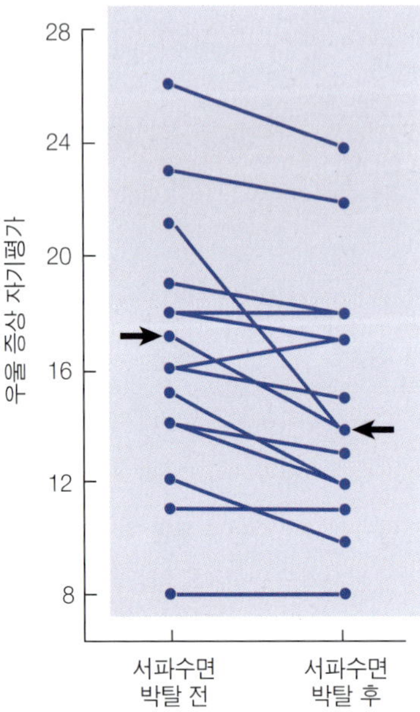

그림 15.13 서파수면 박탈. 이 그림은 소리자극으로 뇌전도 서파를 억제하는 상황에서 야간 수면 전후 주요 우울장애 환자의 우울 증상에 대한 자기평가를 보여 준다. 각 선은 한 명의 실험 참가자의 평가를 나타내고, 화살표는 집단의 중앙값을 나타낸다.

Based on data from Landsness et al., 2001.

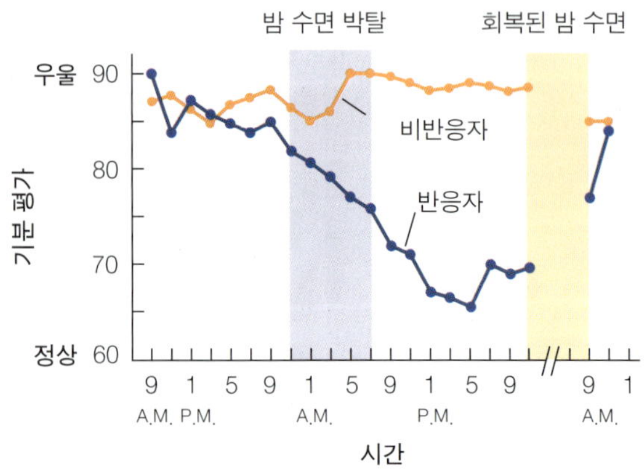

그림 15.14 전체 수면박탈의 항우울제 효과. 그래프는 일일 시간의 함수로 한 번 야간 수면이 박탈된 반응적 환자와 비반응적 환자의 평균 기분평가를 보여 준다.

Adapted from Wu, J. C., and Bunney, W. E. *American Journal of Psychiatry*, 1990, *147*, pp. 14-21.

라서 서파수면 박탈의 유익한 결과는 실제로 REM 수면의 억제에 의해 초래될 수 있다. 그러나 일반적으로 REM 수면박탈은 몇 주에 걸쳐 치료적 효과를 갖는데 이 연구의 이점은 단지 하룻밤 서파수면 박탈에서 나타났다는 것이다. 이러한 희망적인 접근은 미래의 연구를 가치롭게 할 것으로 보인다.

전체 수면박탈

전체 수면박탈 또한 항우울에 효과적이다. 우울 증상을 몇 주 동안 감소시키는 데 효과적인 REM 수면박탈과는 달리, 전체 수면박탈은 효과가 즉각적이다(Wu & Bunney, 1990). 전형적으로 우울증은 수면박탈에 의해 감소되지만 정상적으로 야간 수면을 하고 나면 다음날 회복된다. Wu와 Bunney는 수면 동안 어떤 물질이 생산되는데, 우울에 취약한 사람에게 이 물질이 우울생성 효과(depressogenic effect)를 일으킨다고 제안하였다. 깨어 있을 동안에는 이 물질이 점진적으로 대사활동을 한다. 그리고 점차 활동이 줄어든다. 이 가설을 지지하는 일부 증거가 그림 15.14에 제시되어 있다. 이 자료는 8개의 서로 다른 연구들의 결과이다(Wu & Bunney, 1990에서 인용). 그림에서 보여 주는 것은 수면박탈에 반응한 사람과 반응하지 않은 사람들의 우울에 대한 자기평정 결과이다. (전체 수면박탈은 주요 우울장애 환자들의 기분을 개선시켰다. 이러한 개선 효과는 전체 시간 범위의 대략 3분의 2 범위 동안에 나타났다.)(그림 15.14 참조).

왜 일부의 사람에게서만 수면박탈의 효과가 나타났을까? 이 질문에 아직까지 답할 수 있는 단계는 아니다. 하지만 몇몇 연구를 통해서 이러한 선택적인 효과에 대한 예측이 가능하다(Riemann, Wiegand, & Berger, 1991; Haug, 1992; Wirz-Justice & Van den Hoofdakker, 1999). 일반적으로 기분의 안정을 유지하고 있는 우울증 환자들에게서는 아마도 수면박탈의 이득이 없을 것이고, 기분이 불안정한 상태에 있는 우울증 환자들에게는 수면박탈의 효과가 나타날 수 있다. 가장 반응하기 쉬운 환자는 아침에 우울을 경험하는 환자이다. 하지만 곧 이들의 기분은 하루가 지남에 따라 호전된다. 이러한 환자에 대한 수면박탈은 수면에 의한 우울생성 효과의 발생을 저지하면서, 단순히 그러한 경향을 유지하는 것으로 보인다. 그림 15.14를 살펴보면, 반응자들은 이미 박탈일이 끝나는 시기에 기분이 나아졌다. 그리고 이 효과는 수면박탈일이 끝난 후 다음 날 하루 동안까지 지속되었다. 다음 날 밤에 정상적인 수면을 취하고 아침이 되자 이들의 우울 수준은 다시 원상태가 되었다. Wu와 Bunney는 이 자료가 수면이 우울생성 효과를 일으키는 어떤 물질을 생산한다는 가설과 일치한다고 하였다(그림 15.14 참조).

비록 전체 수면박탈이 우울증을 치료하는 데 하나의 실용적인 방법이지는 않지만 (무기한으로 사람들을 깨어 있도록 하기는 불가능하다.) 부분적인 수면박탈이 항우울 약물의 효과를 촉진할 수 있다는 몇몇 연구가 있다. 예를 들면 Leibenluft 등(1993)은 치료저항 환자의 수면을 밤 일찍 또는 밤 늦게 수면을 박탈하면 항우울제에 의한 치료를 촉진한다는 것을 확인했다. 어떤 연구자들은 간헐적 전체 수면박탈 (말하자면, 전체 4주 동안 일주일에 2번)이 결과에 도움이 된다고 보고하였다(Papadimitriou et al., 1993).

자연시계(Zeitgebers)의 역할

어떤 현상은 우울이 수면과 각성과 관련이 있다. 더 구체적으로는, 일일주기를 통제하는 기제와 관련이 있다. 어떤 사람들은 겨울에 우울 증상이 나타나는데, 이 시기에는 낮 시간이 짧고 밤 시간이 길다(Rosenthal et al., 1984). 우울에서의 이러한 증상을 **계절성 정동장애**seasonal affective disorder; SAD라고 한다. 이 증상은 주요 우울 증상과는 조금 차이가 있다. 즉, 두 증상 모두에서 졸음증과 수면장애가 나타나기는 하지만, 계절성 우울증에는 탄수화물 섭취 욕구가 뒤따른다. 그 결과 체중이 증가한다. (주요 우울증이 있는 사람들의 식욕은 줄어드는 경향이 있다는 것을 기억해 보라.)

계절성 정동장애는 주요 우울장애와 양극성 우울장애와 마찬가지로, 유전적 근거가 있어 보인다. 6,439명의 성인 쌍둥이를 대상으로 Madden 등(1996)은 계절성 정동장애의 원인이 혈통에 있다는 것을 알았다. 그리고 연구자들은 계절성 기분장애자들에게서 계산된 변량 가운데 적어도 29%가 유전적 요인으로 설명 가능하다는 것을 알았다. 계절성 정동장애의 취약성에 관여하는 유전적 요인의 하나는 빛의 존재를 감지하고 일일주기를 동기화하는 멜라놉신(melanopsin) 생성에 관여하는 유전자의 특정 대립유전자이다(Wulff et al., 2010).

계절성 정동장애는 **광선요법**phototherapy으로 치료할 수 있다. 이 요법은 하루에 몇 시간 동안 빛을 비추는 처방이다(Rosenthal et al., 1985; Stinson & Thompson, 1990). 여러분이 기억할 수 있는 것처럼, 수면과 깨어 있음의 일일주기는 시상하부의 시교차상핵(suprachiasmatic nucleus)이 통제한다. 광선이 자연시계의 역할을 한다. 다시 말하면 광선이 생물 시계의 활동을 밤낮 주기에 동조화시키는 것이다. 이러한 방법에 의해 광선요법은 항우울제 처방과 연결한다면 주요 우울장애를 가진 환자를 도울 수 있음을 확인했다(Terman, 2007).

겨울의 긴 밤과 짧은 낮에 의해 야기된 계절성 장애는 매일 밝은 빛에 노출시킴으로써 치료할 수 있다.

John Griffin/The Image Works.

광선요법은 계절성 우울장애를 위해 안전하고 효과적인 치료법이다. Wirz-Justice 등(1996)의 연구에 따르면, 특별한 장비가 필요하지 않다. 저자는 매일 아침 한 시간씩 걷기를 하면 계절성 정동장애의 증상을 감소시킬 수 있다는 것을 확인했다. 연구자들은 겨울에 날씨가 흐리더라도 이른 아침의 하늘이 보통의 실내 조명보다 상당히 더 높은 조도를 제공하기 때문에, 실외에서 걷는 것이 빛에 대한 노출을 증가시킨다는 점을 지적한다. 운동 또한 도움이 된다. 많은 연구들(예컨대 Dunn et al., 2005)은 운동 프로그램이 우울 증상을 개선한다는 것을 보여 주었다.

절 요약

주요 정동장애

주요 정동장애에는 주요 우울장애와 양극성 장애가 있다. 양극성 장애는 조증과 우울증의 순환적 일화가 나타나는 장애이다. 유전가능성을 조사한 연구에 의하면 비정상적인 유전자가 적어도 부분적으로 이 장애에 영향을 줄 수 있다. 주요 우울장애는 몇 가지의 생물학적인 처방으로 치료되어 왔다. 가능한 처방으로는 노르에피네프린과 세로토닌의 재흡수를 차단하는 MAO 억제 약물(삼환계항우울제, SSRIs, 그리고 SNRIs가 이러한 약물에 해당한다) 처방, ECT, TMS, 심부 뇌자극, 미주신경자극, 그리고 수면박탈법이 있다. 양극성 장애는 리튬염과 항경련 약물로 치료될 수 있다.

노르아드레날린성 효능제와 세로토닌성 효능제의 치료 효과와 모노아민성 길항제인 레세핀의 억제 효과는 우울을 설명하는 모노아민 가설로 설명이 가능하다. 이 가설에 의하면, 우울의 원인은 모노아민성 뉴런의 불충분한 활동에 있다. 뇌에 있는 트립토판(5-HT의 전구물질)이 고갈되면 우울증 회복 환자에게 우울 증상이 재발생된다. 이러한 현상은 5-HT가 기분에 영향을 줄 수 있음을 더욱 지지하게 한다. 그러나 SSRIs가 뇌의 세로토닌성 전달에 즉각적인 영향을 주기는 하지만, 우울 증상의 완화가 여러 주 동안 유지되는 것은 아니다. 따라서 단순하게 모노아민 가설이 정확하게 맞다고 말하기는 어렵다.

증거들은 전전두피질의 한 영역인 슬하전측대상피질은 기분조절과 관련된 뇌 영역의 망에서 핵심으로 작용한다. 심부 뇌자극, TMS, 미주신경자극 및 SSRIs 또는 SNRIs 치료를 포함한 우울 치료법은 슬하 ACC의 활성화를 감소시킨다. 이러한 저활성화는 편도체의 활성화를 감소시켜 우울 증상을 완화시킨다. 스트레스 경험은 해마의 신경발생을 억제시키고 항우울 치료는 그것을 증가시킨다. 나아가 항우울 치료의 효과는 신경발생의 억제에 의해 와해된다.

수면장애는 정동장애의 한 특징이다. 실제, 전체 수면 박탈은 신속하게(즉각적이지는 않다) 많은 사람들의 우울 증상을 줄여 준다. 그리고 REM 수면을 선택적으로 박탈하는 것도 천천히(더 지속적이지는 않다) 증상을 완화시킨다. 또한, 효과적이라는 항우울 처방법의 대부분은 REM 수면을 억제한다. 서파수면 박탁 또한 우울 증상을 감소시킨다. 우울증의 특수 형태인 계절성 정동장애는 밝은 광선에 노출시키는 것으로 치료가 가능하다. 분명한 것은 기분장애는 생물학적인 관련이 있다는 것이다.

생각해 봅시다

한 TV 논평가가 어떤 한 팝스타의 자살에 대하여 구체적으로 언급하면서 불행한 젊은이들에 관한 문제를 제기하는 와중에 매우 화가 나서 질문을 던졌다. "만약 우울증, 제2차 세계대전, 또는 베트남전과 같은 현실적인 문제를 젊은이들이 가지고 있다면, 이러한 모든 젊은이가 취해야 할 행동은 무엇인가?" 심각한 우울증을 가진 사람들은 그들의 고통을 자주 숨긴다. 왜냐하면 다른 사람들이 그들을 놀리고 공감해 주지 않을 수 있다는 것이 두렵기 때문이다. 만약 우울증의 원인이 비정상적인 뇌 기능에 있다면, 이러한 논평을 정당한 논평으로 볼 수 있을까? 만약 당신이 심한 우울상태인데, 가까이에 있는 다른 사람이 당신의 그런 슬픈 느낌에 대하여 꾸짖듯이 투덜대면서 말하고, 스스로 미안한 마음을 가지지 말 것을 주문한다면 당신은 어떤 느낌이 들겠는가? 우울한 사람에 대한 이러한 태도가 그 사람의 자살 실행 가능성을 줄여 줄 수 있는가?

불안장애

이 장의 바로 전 단원에서 보았듯이, 정동장애의 특징은 비현실적인 극단적 정서이다. 극단적 정서는 우울 혹은 들뜬 기분(조증)을 말한다. **불안장애**anxiety disorder의 특징은 비현실적이고 근거 없는 두려움과 불안이다. 생애 유병률이 거의 28%가 되는 불안장애는 가장 일반적인 정신병 장애이다. 나아가 불안장애는 우울과 물질남용 장애의 발생에도 관여한다(Tye et al., 2011). 이 단원에서는 세 종류의 불안장애를 소개한다. 이 세 장애는 생물학적인 원인이 있어 보이는 공황장애(panic disorder)와 일반불안장애(generalized anxiety disorder) 및 사회불안장애(social anxiety disorder)이다. 강박장애(obsessive-compulsive disorder)가 전통적으로 불안장애로 분류되었을지라도 이것은 다른 세 가지 장애와 상이한 증상을 가지고 있고 상이한 뇌 영역과 관련이 있어 이것은 분리되어 논의된다.

공황장애, 일반불안장애 및 사회불안장애

해설

공황장애panic disorder가 있는 사람들은 급성 불안이라는 일화적인 발작으로 고통스러워 한다—이때에는 느닷없이 끊임없는 공포가 얼마 동안 엄습한다. 짧으면 몇 초, 길면 몇 시간 동안 진행된다. 장애의 유병률은 약 3~5%이다(Schumacher et al., 2011). 남성보다는 여성이 2.5배 더 공황장애가 많다(그림 15.15 참조).

공황발작은 숨가쁨, 식은 땀, 불규칙한 심장박동, 현기증, 기절 및 비현실감 같은 많은 신체적 증상을 포함하고 있다. 공황발작의 경험자는 죽을 것 같은 느낌을 자주 경험하고 병원 응급실에 구조를 자주 요청한다. 공황장애가 있는 대부분의 사람은 발작과 발작 사이에 **예기 불안**anticipatory anxiety으로 힘들어한다. 이 불안은 또 다른 공황발작에 대한 두려움이다. 예기 불안은 자주 심각한 공포장애의 발달을 초래할 수 있다. 그것이 바로 **광장공포증**agoraphobia이다(여기에서 광장의 의미는 '개방된 장소'라는 뜻이다). 광장공포증은 심각한 무기력이 될 수 있다. 이러한 장애를 가진 어떤 사람들은 몇 년 동안 집 안에서 머물고 공황발작을 일어날 외부의 공공 장소로 나가는 것을 두려워한다.

일반불안장애generalized anxiety disorder의 일차적인 특징은 지나친 불안과 걱정, 이러한 증상을 통제하기 어려움 그리고 생활의 고통과 혼란이 임상적으로 유의미한 신호이다. 일반불안장애의 유병률은 거의 3%이고 발생률은 남성보다 여성에서 2배 더 높다.

사회불인장애social anxiety disorder(사회공포증이라고도 한다)는 타인의 시선에 노출되는 것에 대한 지속적이고 지나친 공포인데 이것은 대중 앞에서 이야기하거나 공연을 해야 하는 사회적 상황을 회피하게 한다. 이러한 상황을 피할 수 없다면 이 사람은 강한 불안과 고통을 경험한다. 사회불안장애의 유병률은 약 5%인데 남녀가 비슷하다.

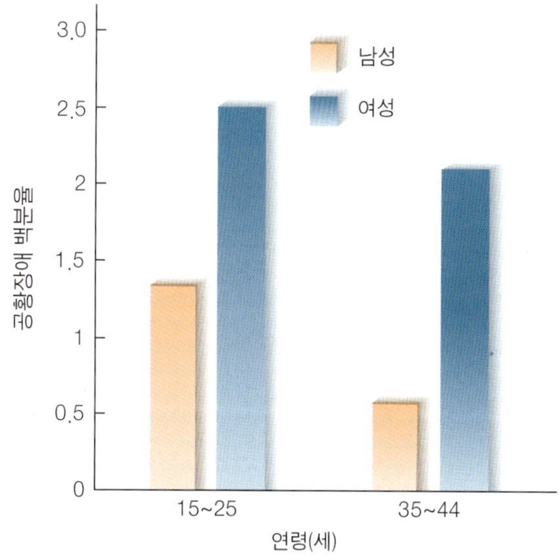

그림 15.15 공황장애의 유병률. 생애 초기와 후기에 공황장애의 진단을 받은 남성과 여성의 백분율

Based on data from Eaton, W. W., Kessler, R. C., Wittchen, H. U., and Magee, W. J. *American Journal of Psychiatry*, 1994, *151*, 413-420.

가능한 원인

가족연구와 쌍둥이 연구는 공황장애, 일반불안장애 및 사회불안장애 모두 유전적 요소를 가지고 있음을 보여준다(Hettema, Neale, and Kendler, 2001; Merikangas and Low, 2005). 공황발작은 젖산(근육활동의 부산물), 요힘빈(yohimbine: α_2 부신수용기의 길항제), 독사프람(doxapram: 마취과 의사가 호흡률을 증가시키기 위해 사용하는 약물)의 주입과 높은 양의 이산화탄소가 있는 공기 흡입과 같이 자율신경계를 활성화시키는 여러 처치에 의해 공황장애의 개인사가 있는 사람들에서 촉발될 수 있다(Stein and Uhde, 1995). 젖산과 이산화탄소 모두 운동이 그런 것처럼 심박률과 호흡률을 증가시킨다. 요힘빈은 신경계에 직접적인 약물 효과를 갖는다.

유전연구는 BDNF 단백질의 생산을 부호화하는 유전자의 변이가 불안장애에 한 역할을 한다는 것을 보여준다. **신경생장인자**(brain-drived neurotrophic factor; BDNF)는 신경 생존과 발달 동안의 분화를 조절하고 장기증강과 기억에 역할을 하고 불안과 우울과 연관이 있다(Yu et al., 2009). BDNF 유전자의 특정 대립유전자

(Val66Met)는 인간과 생쥐 모두에서 조건 공포 기억의 소거를 손상시켜 전두피질-편도체 회로의 비전형적인 활성화를 초래하게 된다. 이 대립유전자는 생쥐에서 정상적으로 발생되지 않지만 게놈으로 주입될 수는 있다. Soliman 등(2010)은 Val66Met 대립유전자의 존재는 복내측전전두피질의 회로를 변경시키고 생쥐와 사람 모두에서 조건 공포반응의 소거를 손상시킨다. 나아가 이 대립유전자의 존재는 소거 동안 복내측전전두피질의 활성화를 감소시킨다.

기능영상 연구들은 편도체와 대상피질, 전전두피질 및 도피질이 불안장애와 관련이 있다는 것을 보여 준다. Monk 등(2008)은 일반불안장애를 가지고 있는 청소년들은 분노얼굴을 주시하는 동안 편도체의 활성화는 증가하고 복내측전전두피질의 활성화는 감소됨을 확인했다. 또한 그들은 복내측전전두피질의 활성화는 건강한 통제 참가자에서 편도체 활성화를 억제했고 불안장애를 가진 사람들에서는 그렇지 않았다. (10장에서 회상할 수 있듯이 복내측전전두피질은 공포와 불안의 소거와 억제에 중요한 역할을 한다.) Stein 등(2007)은 높은 불안수준을 가진 대학생들은 편도체와 도피질의 증가된 활성화를 보여 주고 이 두 가지 모두 학생들의 불안 측정과 정적 상관이 있다는 것을 발견했다.

Tye 등(2011)은 편도체의 중심핵에 있는 뉴런과 시냅스를 형성하고 있는 편도체의 기저외측핵의 뉴런 종말에 대한 광유전자극은 생쥐의 불안행동을 즉각적으로 종결짓게 하는 원인이 된다는 것을 발견했다. 역으로 이 동일한 종말의 광유전억제는 불안행동을 유발했다. 5장에서 기술된 것처럼 광유전학 방법은 불안의 발달과 통제에 관여하는 신경회로의 발견에 대한 희망을 갖게 한다.

치료

불안장애는 때때로 벤조디아제핀(benzodiazepine)으로 치료된다. 우리가 방금 본 바와 같이 편도체의 증가된 활성화는 불안장애의 일반적인 특징이다. 편도체는 고농도의 $GABA_A$ 수용기를 가지고 있다. 이것은 벤조디아제핀의 얼굴을 보는 동안 편도체와 뇌도 모두에서 표적이다. Paulus 등(2005)은 벤조디아제핀(로라제팜: lorazepam)의 처치는 실험참가자가 정서적 활성화가 감소되었다. 벤조디아제핀 길항제(벤조디아제핀 진정제와 반대 작용하는 것)인 플루마제닐(flumazenil)의 처치는 공황장애를 가진 환자에게 공황을 유발하지만 통제 참가자에게는 그렇지 않았다(Nutt et al., 1990).

벤조디아제핀은 불안장애에 대한 응급 의학처치를 위해 자주 사용된다. 이 약물의 치료적 효과가 빨리 개시되기 때문이다. 그러나 이것은 장기 치료를 위해서는 만족스럽지 못하다. 이것은 늘어짐(sedation)을 일으키고 내성과 철회 증상을 유발하고 남용의 잠재성을 갖고 있다. 이러한 이유 때문에 연구자들은 불안장애를 치료할 수 있는 다른 약물을 찾아왔다. 검사를 통해 확인된 것으로 최근에 개발된 약물인 XBD173은 공황을 감소시키지만 처치 7일 후에 늘어짐이나 철회 증상을 유발하지 않는다(Nothdurfter et al., 2011). 이 약물은 불안장애의 치료를 위한 기대 후보로 드러났다.

이전에 본 바와 같이 세로토닌은 우울에 역할을 하는 것으로 드러났고, 또한 불안장애에도 관련이 있다는 많은 증거가 있다. 이 단원에서 논의된 불안장애의 증상이 강박장애의 증상과 많이 다를지라도 유력한 세로토닌 효능제(예: fluoxetine: 플루옥세틴)로 작용하는 전문 세로토닌 재흡수 억제제는 이러한 장애 모두를 치료하기 위한 제1선의 약물이 되었다. 이러한 장애는 되도록 인지행동치료와의 결합이 선호된다(Asnis et al., 2001; Ressler and Mayberg, 2007). 그림 15.16은 공황장애를 가진 환자에서 공황발작의 횟수에서 세로토닌 재흡수 억제제(SSRI)인 플루복사민(fluvoxamine)의 효과를 보여 준다(그림 15.16 참조).

강박장애

해설

이름이 함의하고 있듯이 **강박장애**obsessive-compulsive disorder; OCD가 있는 사람들은 **강박관념**obsession(어떤 관념에서 탈피할 수 없을 것 같은 사고)과 **강박행동**compulsion(중지할 수 없는 특정 행동)으로 고통을 받는다. 강박관념은 신체의 분비물, 오물, 병원균 등에 대한 관심과 혐오, 무서운 일이 발생될 것 같은 공포, 그리고 대칭, 순서 또는 정확성에 대한 욕구 등을 포함한다. 대부분의 강박행동은 네 가지 범주 가운데 하나에 속한

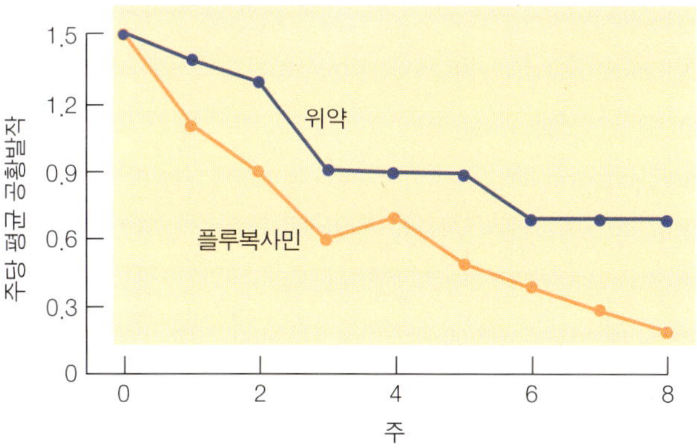

그림 15.16 플루복사민과 공황장애. 이 그래프는 공황장애의 심각성에서 플루복사민(SSRI)의 효과를 보여 준다.

Adapted from Asnis, G. M., Hameedi, F. A., Goddard, A. W., et al. *Psychiatry Research*, 2001, *103*, 1-14.

다. 계산(counting), 점검(checking), 청결(cleaning), 도피(avoidance)가 이 네 가지 범주이다. 예를 들어, 사람들이 난로 위에 있었던 버너를 내려놓았다는 것을 확인하기 위해서 반복적으로 난로 위의 버너를 점검한다든지, 창문과 자물쇠가 잠겨 있는지를 확인하기 위해서 반복적으로 창문과 자물쇠를 점검하는 경우가 있다. 어떤 사람들은 그들의 손이 쓰린 통증이 있을지라도 하루에 수백 번 이상 손을 씻는다. 다른 사람들은 자신의 집을 지나칠 정도로 깔끔하게 청소한다거나, 옷을 끝없이 씻고, 말리고, 갠다. 사람들 중에는 집에서 나가는 것을 두려워하기도 한다. 그 이유는 더러움에 대한 두려움 때문이다. 이런 사람들은 다른 가족 구성원과의 접촉도 거부한다. 만약 이 사람들이 우연히 '더럽혀졌다면', 보통 이들은 장시간의 정제의식(purification rituals)을 갖는다.

강박관념은 조현병을 포함한 다양한 정신장애에서 나타난다. 그러나 조현병과 다르게 강박장애를 가지고 있는 사람은 그들의 생각과 행동이 분별없고 그것이 없어지기를 집착적으로 바라고 있다는 것을 인식한다. 강박행동은 너무 지나쳐 생업과 일상생활이 방해받는다.

강박장애의 발생률은 1~2%이다. 남성보다 여성에게서 진단율이 조금 더 높다. 대부분의 강박장애는 청년기에 시작된다(Robbins et al.,1984). 이 장애의 심각한 증상을 가진 사람은 결혼하기가 쉽지 않은데, 이것은 불결함과 더러움에 대한 일반적인 강박적 두려움 때문일 수도 있고, 그들이 강제적으로 수행하는 의식과 연합된 수치심 때문일 수도 있다. 이러한 이유 때문에 이들은 사회적인 접촉을 회피한다(Turner, Beidel, & Nathan, 1985).

일부 연구자들은 강박장애에서 나타나는 강박행동을 종 특유의 행동형태로 본다. 예를 들면, 몸치장 행동(grooming), 청결행동(cleaning), 그리고 잠재적 위험원에 대한 주의와 같은 이 행동은 뇌의 역기능에 따른 정상적인 통제기제에서 나온 것이다(Wise & Rapoport, 1998). Fiske와 Haslam(1997)은 강박장애자가 보이는 이러한 행동을 단순히 사회적인 의식을 발달시키고 연습하기 위한 하나의 자연스러운 행동 경향성의 병리적인 예로 보았다. 예를 들면, 사람들은 사회적인 신분 변화를 나타내기 위해서, 질병을 진단하고 치료하기 위해서, 신과의 관계를 회복하기 위해서, 그리고 성공적인 사냥과 농작물 재배를 위해서 문화적인 의식을 치른다. 다음의 시나리오를 생각해 보자(Fiske & Haslam, 1997에서 인용).

> 당신이 어떤 한 새로운 나라를 여행하고 있다고 상상해 보라. 산책을 하는 중에 당신은 빨간색 옷을 입은 한 사람을 본다. 그 사람은 빨간색으로 칠해진 출입구의 빨간색 매트 위에 서 있다. …… 그 남자가 똑같은 기도문을 6번 반복하여 낭송한다. 그리고 그는 물이 채워진 6개의 대야를 가지고 나와서, 어떤 한 대칭적인 형태로 출입구 앞에 꼼꼼하게 배열한다. 그런 다음 그는 6개의 대야에서 각각 양손을 6번 반복하여 씻는데, 매번 정확하게 똑같은 동작으로 씻는다. 이렇게 할 동안, 그는 똑같은 문구를 반복하여 낭송한다. 때때로 오른손 손가락을 귓불에 댄다. 당신이 통역자를 통하여 그에게 무엇을 하는지 묻는다. 그가 지면에 위험한 더러운 물질이 있다고 답한다. …… [그것도] 그 사람은 자신을 청결하게 해야만 한다. 그렇지 않으면 끔찍한 일이 일어날 것이다. 그 사람은 자신의 염려를 당신에게 꼭 알리고 싶어 하는 듯하다. (p. 211)

이 남자는 왜 그런 행동을 하는 것일까? 성직자로서 어떤 종교적인 의식을 치른 것인가? 아니면 강박장애가 있는 것일까? 그 사람의 문화에서 형성된 영적인 의식에 대한 이해가 없다면, 우리는 질문에 어떤 답도 할 수 없다. Fiske와 Haslam은 강박장애와 다른 심리적 장애 간의 특징을 52개 문화의 의식, 직업, 또는 다른 활동 등을 기술하여 비교하였다. 이들은 강박장애의 특징을 그들 문화의 의식에서 찾아내었다. 그러나 심리적인 장애의 특징은 문화 간에 그다지 일치하지 않았다. 대체적으로 이러한 결과는 강박장애 증상이 인간의 자연스러운 행동 경향성이 과장되어 표현된 것임을 반영한다.

Zhong과 Liljenquist(2006)는 산업화된 국가의 고학력자들(미국의 Northwestern University 학생들)도 씻는 의식을 '죄를 씻어 내는 것'으로 무의식적으로 고려한다는 것을 확인했다. 연구자들은 실험참가자들에게 과거에 있었던 윤리적 행위나 비윤리적 행위를 자세히 회상할 것을 요구했다. 나중에 비어 있는 곳에 철자를 채워 단어 조각을 완성하도록 요구했다. 예를 들면, W__H, SH__ER, 및 S__P는 *wash*, *shower*, *soap*이 될 수 있거나 *wish*, *shaker*, *step*이 될 수도 있다. 비행(misdeed)을 했다고 하는 참가자들은 씻기와 관련된 단어를 더 많이 생각하는 경향이 있었다. 공짜 선물, 즉 연필 또는 무균 손수건을 줄 때 비행을 했다는 참가자들은 무균 손수건을 선택하는 경향이 있었다.

가능한 원인

강박장애에 유전적인 원인이 작용한다는 증거가 있다. 몇몇 연구에서 이란성 쌍둥이보다 일란성 쌍둥이가 강박관념과 강박행동에서의 일치율이 높다(Hettema, Neale, & Kendler, 2001). 9번 염색체에 강박장애와 관련 있는 영역이 있다는 적어도 두 편의 연구 보고가 있다(Hanna et al, 2002; Willour et al., 2004).

강박장애의 원인이 유전적인 것에만 있는 것은 아니다. 때때로 이 장애는 출산 외상, 뇌염 그리고 두부 외상과 같은 다양한 원인에 의한 뇌손상 이후에 나타난다(Hollander et al., 1990; Berthier et al., 1996). 특히, 이 증상은 기저핵, 대상회 그리고 전전두피질의 손상이나 역기능과 관련되어 나타난다(Giedd et al., 1995; Robinson et al., 1995).

감염성 병은 때때로 기저핵에 영향을 미쳐 강박증 증상을 유발할 수 있다는 증거가 있다. Bodner, Morshed, Peterson(2001)은 25세의 인후통을 치료 받지 않은 한 환자를 소개하였다(이 환자는 항생제를 금지하는 종교 집단에 거주하였다). 이 환자에게 자가면역병이 생기게 되었고, 강박관념과 강박행동이 동반되었다. 연구자들은 그의 혈액에서 특정 유형의 연쇄상구균 박테리아 항체를 발견하였고, MRI 스캔에서 기저핵의 비정상성을 확인하였다. 연쇄상구균과 연관된 틱이나 강박증을 가진 34명 아동들에 대한 MRI 연구(Giedd et al., 2000)는 이 영역의 자가면역 염증이 일어난 기저핵의 크기가 증가됨을 확인했다.

몇몇 기능적 영상 연구에서는 강박장애 환자에게서 전두엽과 미상핵의 활동이 증가함을 확인하였다. Whiteside, Port 및 Abramowitz(2004)의 개관은 기능 영상 연구가 일관되게 미상핵과 전전두피질의 활성화를 증가시킨다는 것을 보여 주었다. Guehl 등(2008)은 신경수술이 필요한 것으로 평가된 강박증을 가진 3명의 환자의 미상핵에 미세전극을 삽입했다. 수술 동안 강박사고가 있었다고 보고한 2명의 환자는 미상핵에 있는 뉴런의 활성화 증가를 보여 주었다. 강박사고를 보고하지 않은 세 번째 환자는 낮은 비율의 신경활성화를 보여 주었다.

치료

Saxena와 동료들(1998)은 약물이나 인지행동 치료 전과 성공적인 치료 후에 강박장애 환자의 국소적 뇌 활동을 측정한 몇 가지 연구들을 보고하였다. 대체적으로 환자의 증상이 개선되는 것은 미상핵과 전전두피질의 활동 저하와 상관이 있었다. 행동 치료와 약물치료의 효과가 유사하다는 것에 특히 주목할 필요가 있다. 왜냐하면 이렇게 매우 다른 절차가 어떤 한 심각한 정신장애를 완화시키는 생리학적인 변화를 일으키기 때문이다.

우리가 이미 10장에서 살펴본 바와 같이, 전전두피질과 대상회는 정서적인 반응과 관련이 있다. 따라서 이 두 영역이 강박장애에 영향을 줄 수 있다는 사실이 그리 놀라운 일은 아니다. 실제, 일부 심각한 강박장애 환자들은 **대상회 절제술**cingulotomy—대상속(cingulum) 다발(이 다발은 전전두엽과 측두엽의 변연피질이 포함되어 있는 대상피질을 연결한다)이 포함된 피질하 전두엽의 특정 섬유다발과 기저핵과 전전두피질을 연결하는 섬유가 포함된 한 영역을 파괴하는 외과적 수술—

로 성공적인 치료 효과를 보았다(Ballantine et al., 1987; Mindus, Rasmussen, & Lindquist, 1994). 이 수술은 어느 정도 괜찮은 성공률을 가지고 있다(Dougherty et al., 2002). 어느 정도 효과가 있는 다른 수술과정은 내포절제술(capsulotomy)인데 이것은 미상핵과 내측전전두피질을 연결하는 **섬유다발 영역**(internal captule: 내포)을 파괴한다(Rück et al., 2008). 물론 뇌손상은 원상 회복될 수 없다. 그래서 이러한 절차는 마지막 수단으로만 고려되어야 한다. Rück과 동료들이 보고한 것처럼, 몇 명의 환자들은 계획, 무감정 또는 반사회적 행동의 억제 곤란과 같은 수술 후 유해한 부작용을 겪고 있다.

우리는 14장에서 심부 뇌자극(deep brain stimulation; DBS)이 파킨슨병을 치료하는 데 유용하다는 것을 알았다. 파킨슨병과 마찬가지로, 강박장애도 기저핵의 비정상성과 관련이 있어 보이기 때문에, 몇몇 임상의들은 이 장애를 치료하기 위해 기저핵이나 그것과 연결되는 섬유로에 심부 뇌자극을 사용하였다. 심부 뇌자극은 일부 환자의 경우에는 강박장애 증상을 줄여 주는 것으로 보인다(Abelson et al., 2005; Larson, 2008). Le Jeune 등(2010)은 피질-기저핵 회로에 통합역할을 하는 시상하핵에 심부 뇌자극은 강박증의 증상을 감소시킨다는 것을 확인했다. 이 단원의 초기에 언급한 것처럼, 심리수술(Psychosurgery)의 더 현대적인 형태의 하나는 내포의 파괴이다. Goodman 등(2010)은 내포의 심부 뇌자극은 심각한 치료저항 강박증의 6명 환자 중에 4명에서 강박증 증상을 감소시켰다. 심부 뇌자극의 의미 있는 유익한 점은 뇌를 손상하는 심리수술 과정과 다르게 이것은 원상회복이 가능하다. 이 자극을 통해 어떤 이점이 얻어지지 않는다면 그 전극을 제거할 수 있다.

강박장애 증상을 치료하기 위해 사용되는 3개의 약물은 클로미프라민(clomipramine), 플루옥세틴(fluoxetine), 그리고 플로복세민(fluvoxamine)이다. 효과적인 항강박약물은 5-HT 재흡수 특수 차단제이다. 이 약물은 특수 세로토닌성 효능제이다. 보통 세로토닌은 종 특유의 행동을 억제한다. 바로 이러한 점이 일부 연구자로 하여금 이 약물이 이 장애로 인하여 나타나는 손 씻기, 청결 유지하기, 그리고 위험회피 행동의 선천적인 경향성의 강도를 약화시킴에 의해 강박장애 증상을 완화시킨다는 관점을 받아들이게 하였다. 강박장애에 관여하는 뇌 영역에는 안와전두피질과 기저핵이 포함되어 있으며, 세로토닌성 종말단추로부터 입력을 받는다(Lavoie & Parent, 1990; El Mansari & Blier, 1997).

강박행동을 억제하는 세로토닌성 활동이 중요한 것은, 세 개의 흥미로운 강박행동을 보면 더 확실해진다. 발모광, 교조증 그리고 말단 핥기 피부염이 바로 그 강박행동들이다. **발모광**(trichotillomania)은 강박적으로 머리카락을 뜯는 행동이다. 이 장애가 있는 사람들은 (대부분이 여성이다) 보통 머리카락을 하나씩 밤마다 몇 시간 동안 뜯는다. 때로는 뜯은 머리카락을 먹기도 한다(Rapoport, 1994). **교조증**(onychophagia)은 강박적으로 손톱을 물어뜯는 행동이다. 극단적인 경우에는 손가락 끝이 심하게 손상되기도 한다. (동작이 기민한 사람은 발톱도 쉽게 물어뜯는다.) 이중맹목 연구에 따르면, 이 두 장애는 강박장애에 선택적으로 이용 가능한 클로미프라민이라는 약물로 치료할 수 있다(Leonard et al., 1992).

▶▶▶ 환자가 자기 스스로 정신 외과적 수술을 시행한 특별한 사례가 하나 있다. Solyom, Turnbull, Wilensky(1987)는 의식적인 손 씻기 행동을 비롯한 기타의 강박행동으로 인해 더 이상 학교생활과 일상적인 생활을 제대로 수행하지 못하게 된 심각한 강박장애를 가진 한 사람을 소개하였다. 인생의 무가치함을 느낀 그 사람은 그만 생을 포기하기로 했다. 그리고 22구경 소총의 총구를 입에 겨누고 방아쇠를 당겼다. 탄환이 뇌의 기저부위를 통과하였으며, 전두엽이 손상되었다. 다행히 그 사람은 죽지 않고 살아났다. 그리고 놀랐다. 왜냐하면, 자신의 강박행동이 사라졌기 때문이었다. 운 좋게도, 뇌의 일부가 손상되었음에도 불구하고 계획을 짜거나 실행하는 능력은 그대로 보전되어 있었다. 그래서 그 사람은 학교생활을 계속 할 수 있게 되었고, 학업을 완전히 마칠 수 있게 되었다. 그는 지금 직업도 가지고 있고, IQ도 사고 이전과 차이가 없었다. 일반적으로 수술은 그다지 위험하지도 않으며, 깔끔하게 시술이 이루어진다. 하지만 수술이 항상 더 성공적이라는 보장은 없다. ◀◀◀

말단 핥기 피부염(acral lick dermatitis)은 사람이 아닌 개의 질병이다. 어떤 개들은 신체의 일부분을 계속 핥는다. 특히 손목과 발목을 핥는다[손목은 **수근**(carpus), 발목은 **비절**(hock)이라고 한다]. 핥기 행동으로 털이 제거되고, 피부 침식 또한 생길 수 있다. 이 장애는 유전적인 것 같다. 왜냐하면, 그레이트데인(Great Danes), 래브라도 리트리버(Labrador retrievers) 그리고 독일종 셰퍼드(German shepherds)와 같은 큰 품종에서만 나타나기 때문이다. 또 다른 이유는 이 장애가 가족 내에서 일어난다는 데 있다. 이중맹목 연구에서 클로미프라민이 이러한 강박행동을 감소시킨다는 것이 관찰되었다(Rapoport, Ryland, & Kriete, 1992). 처음에 저자가 Rapoport와 동료들의 보고서에서 '이중맹목'이라는 용어를 보았을 때, 저자는 그 연구의 피험동물들이 클로미프라민을 투약받는지, 위약을 투약받는지를 모르도록 통제하였다는 것으로 알고 재미있어 하였다. 물론, 그 이후에 개의 주인들에게 적용된 것이라는 사실을 알았다.

절 요약

불안장애

불안장애는 일부 사람의 삶을 심각하게 손상시킨다. 공황장애가 있는 사람은 주기적으로 공황발작을 경험한다. 이때 이들은 강력한 자동적 활성 증상을 경험하고, 마치 자신이 죽을 것 같다는 느낌을 자주 경험한다. 흔히, 공황발작은 공황공포증을 유발한다. 이 공포증은 집과 같은 안전한 공간에서 이탈을 기피한다. 가족 연구와 쌍둥이 연구는 공황장애가 적어도 부분적으로는 유전적인 요인의 영향이라는 점을 보여 주었다. 이것은 이 장애의 원인이 생물학적인 데 있다는 것을 뜻한다.

공황발작은 벤조디아제핀을 처방하면 완화된다. 이 장애가 벤조디아제핀 수용기의 감소, 또는 내인성 벤조디아제핀 효능제의 부적절한 분비와 관련이 있을 수 있다는 보고가 있다. 벤조디아제핀 길항제는 공황발작을 유도할 수 있다. 요즘에 공황발작 치료에 이용되는 일차적인 의학적 수단은 SSRIs이다. 또한 BDNF 유전자의 대립유전자는 불안 수준이 증가와 상관이 있다. 기능 영상 연구들은 편도체와 대상회, 전전두피질 및 도피질이 불안장애와 관련이 있다는 것을 보여 준다.

강박장애(OCD)의 특징은 강박관념(원하지 않는 사고)과 강박행동(통제할 수 없는 행동)이다. 강박행동은 특히 청결과 위험 주의와 관련된 행동이다. 일부 연구자들은 이러한 행동이 종 특유의 행동 경향성의 과잉활동을 반영하는 것으로 본다. 유전적인 요인이 강박장애에 영향을 준다. 뿐만 아니라 출생 시의 뇌손상과 뇌염, 그리고 뇌 외상도 원인으로 작용할 수 있는데, 특히 기저핵이 관련될 때 그렇다. 연쇄상구균 감염이 자가면역 발작(아마도 기저핵에서 일어날 것이다)을 자극하여 강박장애 증상을 일으킬 수 있다.

기능적 영상 연구에 의하면, 강박장애를 가진 사람은 전전두피질, 대상피질, 그리고 미상핵에서의 증가된 활동을 보인다. 강박장애 치료에 효과적인 약물치료나 행동 치료는 보통 전전두피질과 미상핵의 활동을 줄여 준다. 다른 치료에 반응이 없는 몇 개의 강박증 사례의 경우에 대상회절제술와 내포절제술 같은 수술 절차는 강박장애 증상을 줄여 준다. 더 최근에는 삽입된 전극을 이용하는 심부 뇌자극이 일부 환자에게 효과적이라는 것이 밝혀졌다. 그리고 이 방법은 대상회 절제술과 내포절제술과는 다르게, 원상회복의 이점도 있다. 가장 효과적인 약물은 클로미프라민과 같은 SSRIs이다. 어떤 연구자는 클로미프라민과 이과 관련된 약물이 세로토닌성 경로의 활동을 증가시켜 종 특유의 행동을 억제하는 방식으로 강박장애 증상을 완화한다고 믿고 있다. 세 종류의 다른 강박행동들[머리카락 뜯기, 손톱 물어뜯기 그리고 (개에게 있어서) 말단 핥기 증상] 또한 클로미프라민으로 억제될 수 있다.

생각해 봅시다

대부분의 합리적인 사람들은 정신장애가 있는 어떤 한 사람이 그 자신의 사고와 행동 때문에 비난받을 수 없다는 데 동의할 것이다. 우리 대부분은 공황발작이나 강박증으로 고생하는 사람들의 삶을 공감할 수 있다. 그리고 우리는 그들의 어려운 상태를 의지력의 부재로 이해하지는 않는다. 결국, 이러한 장애의 원인이 외상적 경험에 있든지, 비정상적인 뇌 구조에 있든지 간에, 고통 가운데 있는 그 사람은 자신이 현재 걷고 있는 그 길을 선택한 것이 아니다. 다음의 평범한 예를 한번 보자. 우리가 그 사람의 수줍음, 적대감, 그리고 역기능적인 성격 기질을 비난해야만 하는가? 만약, 많은 심리학자가 믿고 있는 바와 같이, 사람의 성격 특성이 대부분 유전(그리고 그 결과 나타나는 뇌의 구조적이고 화학적인 문제)에 기인한다면, 우리가 개념적으로 알고 있는 '비난'이라는 말과 '개인적인 책임'이라는 말이 함축하고 있는 의미는 무엇일까?

맺는말 | 전전두엽 절단술(Prefrontal Lobotomy)

이 장의 머리말에서 저자는 1935년 학술 대회의 영향을 소개하면서 침팬지 Becky의 시술 결과가 여전히 지금도 반향을 불러일으킨다고 기술하였다. 그 당시 수천 명 가운데 수십 명은 전전두엽 절단술을 시술받았다. 수술의 일차적인 이유는 정서적인 스트레스를 줄이는 데 있었다. 그리고 이 사람들의 대부분은 지금도 여전히 생존하고 있다. 맨 처음 의료 사회는 이 수술을 반겼다. 왜냐하면, 환자들이 정서적인 괴로움에서 벗어나는 데 도움이 되었기 때문이다. 불과 몇 년 후부터 이 시술이 가지고 있는 부작용에 대한 신중한 조사가 이루어지기 시작하였다. 이러한 연구로부터 환자들이 표준지능검사는 잘 수행하지만 성격에 큰 변화가 생기고, 무책임하고 어린애 같은 행동을 하게 된다는 것이 밝혀졌다. 또한 환자들의 계획 수행 능력에 문제가 발생하고, 대부분이 직장생활을 하지 못하게 되었다. 비록 병리적인 정서반응이 사라지기는 하지만, 정상적인 정서반응도 함께 사라진다. 이러한 부작용, 그리고 이제는 심각한 부작용 없이 환자들의 증상을 완화시켜 주는 약물과 치료법의 발견되었기 때문에, 신경외과의사들은 전전두엽 절단술을 마침내 금지하였다(Valenstein, 1986).

저자가 꼭 지적하고 싶어 하는 것은, Moniz의 감시하에 시술된 전전두엽 절단 수술과 그 이후 신경외과의사의 전전두엽 절단 수술이, Jacobsen과 동료들이 침팬지 Becky에게 시행한 수술만큼 무자비하지는 않았다는 점이다. 사실, 뇌조직이 제거되는 것은 아니었다. 내신에 그들은 다양한 종류의 절단장치를 전두엽에 삽입하여 백질(축색 다발)을 절단하였다. 더 무시무시한 것은 수술방에서 수술을 하지 않는 경우도 있었다는 데 있다. 즉, 수술은 의사의 사무실에서도 가능하였다. 얼음을 깨는 송곳 모양의 안와경유뇌엽절제용 메스(transorbital leucotome)가 뇌에 삽입되었는데, 그것은 안와골에 닿을 때까지 윗눈꺼풀 아래로 메스를 통과시키는 방식으로 이루어졌다. 메스가 안와골에 닿은 다음, 그것을 뇌로 진입시킬 때에는 메스를 망치로 때렸다. 그리고 메스가 백질을 뚫고 지나가게 하기 위하여 메스의 끝을 앞뒤로 흔들었다. 사무실에서의 수술은 보통 한 시간 이내에 끝났다.

'얼음 깨는 송곳'으로 수술하는 것을 거부하는 의사들이 많이 있다. 왜냐하면 그 방법이 맹목적(즉, 의사가 뇌엽절제 날의 현재 위치를 볼 수 없다)이기 때문이다. 또 다른 이유는 이 시술이 필요 이상의 손상을 초래한다는 데 있다. 한편으로, 이 시술이 매우 쉽다는 사실과 두 눈이 멍든 것과 같은 검은 눈 부위를 제외하고는 다른 외적인 표시를 전혀 남기지 않는다는 사실 때문에 의사들이 아무 생각 없이 이 시술을 시행하는 유혹에 빠질 수 있다. 실제로, 적어도 2,500명의 환자들이 이러한 형태의 수술을 받았다(Valenstein, 1986).

전전두엽 절단술(안와를 경유하는 방식이든, 혹은 더 전통적인 방식이든)의 효과에 대하여 오늘날 다시 한 번 재고하여 보자면, 이러한 식의 과격한 수술은 더 이상 시행되지 않아야만 한다. 매우 오랜 기간 동안 이 수술이 가지고 있는 위험한 부작용이 무시되었다. 이전 장에서도 설명하였지만, 신경외과의사들은 난치성 강박장애를 치료하기 위해서 대상회 절제술이라는 매우 엄격한 수술을 개발하였다. 다행히, 이 수술은 위험한 부작용 없이 강박장애의 증상을 완화시켜 준다.

핵심 개념

조현병

1. 조현병의 증상에는 양성, 음성, 그리고 인지적인 증상이 있다.
2. 조현병으로 발달하는 경향성은 유전적이다. 그렇기 때문에 생물학적인 요인이 이 장애의 발달에 중요한 역할을 하는 것 같다.
3. 도파민 효능제와 항효능제가 조현병의 양성인 증상에 미치는 효과를 기반으로 하여 도파민 가설이 제안되었다.
4. 조현병이 있는 사람들의 뇌가 비정상적이라는 증거가 있다. 많은 연구자는 생의 초기에 나타나는 뇌의 비정상성이 사춘기와 청소년기 때 병리적인 변화를 초래할 수 있다고 믿는다.
5. 조현병의 음성 증상과 인지적 증상의 우선적 원인이, 전전두피질의 활동 감소로 인한 측핵에서의 도파민 분비의 증가와 양성 증상의 유발에 있다는 증거가 있다.

주요 정동장애

6. 주요 정동장애는 주요 우울증과 양극성 장애를 포함한다. 두 장애에 유전적인 요인의 영향이 있다는 증거가 있다.
7. 단극성 우울증을 위한 생물학적인 치료법에는 노르아드레날린성, 혹은 세로토닌성 효능제, 전기충격요법(ECT), 경두개자기자극(TMS), 빛 치료법(광선요법) 그리고 수면박탈이 있다. 양극성 장애는 리튬과 몇몇 항경련 약물을 이용하면 효과적으로 치료할 수 있다.
8. 모노아민성 효능제와 항효능제가 정동장애 증상에 영향을 준다는 사실과 과거에 우울증 경험이 있는 사람들에게서 세로토닌을 고갈시키는 식이요법으로 우울 증상이 유발된다는 사실로부터 모노아민 가설이 제안되었다.
9. 심부 뇌자극, 경두개자기자극, 미주신경자극, SSRIs 또는 SNRIs를 이용한 성공적인 우울치료는 슬하 ACC의 활성화를 감소시킨다. 이것은 편도체의 활성화를 감소시키게 된다.
10. 정동장애는 수면장애와 관련이 있으며, REM 수면박탈이나 전체 수면박탈로 호전될 수 있다. 또한, 일부 사람들은 계절성 정동장애를 가지고 있다. 따라서 정동장애의 원인이 일일주기를 조절하는 신경 체계의 역기능에 있을 가능성이 있다.

불안장애

11. 가장 일반적인 불안장애는 공황장애, 일반불안장애 및 사회불안장애이다. 우울증처럼 이러한 장애는 유전적 요소를 가지고 있고 BDNF 유전자의 특정 대립유전자를 가진 사람들에서 더욱 잘 발생되는 것 같다. 치료는 벤조디아제핀과 SSRIs의 처방이다.
12. 강박장애는 몸치장 행동(grooming), 청결행동(cleaning) 그리고 위험에 대한 주의와 같은 종 특유의 행동과 관련이 있을 수 있다. 이것은 유전적 요소를 가지고 있고 기저핵의 이상이나 손상과 관련이 있는 것으로 보인다. 이 장애는 클로미프라민과 같은 전문 세로토닌 재흡수 억제제로 치료할 수 있다. 이 약물은 실험동물에게서 관찰되는 종 특유의 행동을 억제한다.

CHAPTER

16 자폐, 주의력결핍, 스트레스 및 물질남용장애

© Robin Nelson/PhotoEdit

개요

♥ **자폐장애**

해설

가능한 원인

♥ **주의력결핍/과잉행동장애**

해설

가능한 원인

♥ **스트레스장애**

스트레스 반응의 생리학

장기 스트레스가 건강에 미치는 영향

스트레스가 뇌에 미치는 영향

외상후 스트레스장애

스트레스와 전염병

♥ **물질남용장애**

중독이란 무엇인가?

일반적으로 남용되는 약물

유전과 약물남용

약물남용의 치료

학습목표

1. 자폐의 증상과 가능한 원인을 기술한다.
2. 주의력결핍/과잉행동장애의 증상과 가능한 원인을 기술한다.
3. 스트레스에 대한 생리적 반응과 그것이 건강에 미치는 효과를 기술한다.
4. 외상후 스트레스장애를 포함한 스트레스의 몇 가지 장기적 효과를 논의한다.
5. 스트레스와 면역계 및 전염병 간의 상관관계를 논의한다.
6. 중독의 일반적 특징과 결과를 살펴본다.
7. 갈망과 재발에 관여하는 신경기제를 논의한다.
8. 아편제, 코카인, 암페타민 및 니코틴의 행동 및 약리 효과를 기술한다.
9. 알코올과 대마초의 행동 및 약리 효과를 기술한다.
10. 인간의 중독에서 유전의 역할에 대한 연구를 기술한다.
11. 약물남용 치료에 사용되는 방법을 논의한다.

머리말 | 갑작스런 갈망

존은 어쩌면 자신의 삶을 다시 되돌릴 수 있을 것이라고 느끼기 시작했다. 그의 약물 습관이 호전되는 것처럼 여겨졌기 때문이다. 그는 몇 년 전부터 약물을 복용하기 시작했다. 처음엔 특별한 경우에만 복용하곤 했지만－대부분 주말에 친구들과－결국 헤로인은 그에게 파멸의 원인이 되었다. 그의 한 지인이 그에게 주사를 소개해 주었고, 그 쾌감이 어찌나 좋은지 다음번 주사를 맞기까지 한 주를 꼬박 기다리는 것이 어려웠다. 곧 그는 매일 주사를 맞기 시작했다. 그 후 얼마 되지 않아 그는 직장을 잃었고, 약물을 계속 투여하기 위해 차량 절도와 싸구려 약물 거래를 하며 돈을 벌기 시작했다. 그는 시간이 지나면서 점점 더 많은 헤로인을, 점점 더 짧은 간격으로 맞아야 했고, 이로 인해 더 많은 돈이 필요했다. 결국 그는 비밀단속반에 의해 헤로인 거래 혐의로 체포되고 말았다.

판사는 존에게 투옥과 약물재활 프로그램 둘 중 하나를 선택할 기회를 주었고 그는 후자를 선택했다. 프로그램을 시작하자마자 그는 체포된 것이 오히려 다행이라는 것을 깨달았다. 이제 그는 약물로부터 벗어났고, 자신의 삶을 되돌아보면서 자신이 약물을 계속 복용했다면 어떤 사람이 되었을까를 알게 되었다. 헤로인의 금단은 그가 다시는 반복하고 싶지 않은 경험이긴 했지만, 그가 이전에 두려워했던 것만큼 나쁘지는 않았다. 프로그램 상담자들은 그에게 옛 이웃들을 피하고 옛 친구들과의 접촉을 끊으라고 말했으며, 그는 그들의 조언을 따랐다. 그는 8주 동안 약물을 사용하지 않았으며, 직장을 얻었고 정말 자신을 이해해 주는 듯한 여성을 만났다. 그러나 그는 그의 습관을 완벽하게 버리지 못했다는 것을 알고 있었다. 왜냐하면 그의 최선의 의도에도 불구하고, 그는 헤로인이 자신에게 가져다주었던 황홀한 흥분을 때때로 생각했다. 그러나 상황은 분명히 나아지고 있었다.

그러던 어느 날, 퇴근 후 집으로 돌아오던 길에 그는 모퉁이를 돌다가 건물 벽에 붙은 새 포스터를 보았다. 약물방지협회에서 만든 그 포스터에는 온갖 종류의 약물 장비－하얀 가루가 떨어지고 있는 얇은 봉투, 주사기, 바늘 및 약을 녹이고 가열할 때 쓰는 숟가락과 양초－가 화려한 색상으로 인쇄되어 있었다. 존은 헤로인을 투약하고픈 갑작스럽고도 강한 충동을 느꼈다. 그는 눈을 감고 그 기분이 사라지도록 노력했다. 그러나 그는 오직 요동치는 위(胃)와 떨리는 팔다리만을 느낄 수 있었고, 생각할 수 있는 것이라곤 헤로인 한 방뿐이었다. 그는 버스에 뛰어올라 탔고 그의 옛 이웃에게로 돌아갔다.

15장에서는 부적응 정서와 사고과정으로 특징지어지는 정신장애에 대해 논의했다. 이 장은 생리적 기초를 가진 네 가지 장애를 더 생각해 보고자 하는데, 자폐장애, 주의력결핍/과잉행동장애, 스트레스장애 및 물질남용장애이다.

자폐장애

해설

아기가 태어날 때, 부모는 자연스럽게 아이를 사랑하고 소중히 여기며, 자신도 사랑받고 소중히 여겨질 것으로 기대한다. 하지만 불행하게도 어떤 유아는 부모의 애정에 반응하는 능력에 결함이 있는 장애를 지닌 채 태어난다. **자폐장애**autistic disorder의 증상은 타인과 정상적인 사회관계를 발전시키는 것의 실패, 의사소통 능력의 발달장애, 반복적이고 정형화된 행동의 존재를 포함한다. 자폐장애를 지닌 대부분의 사람은 인지결손도 보여 준다. 이 증후는 Kanner(1943)에 의해 명명되고 특징지어졌다. 그는 아이의 명백한 자기함몰을 일컫기 위해 그 용어(auto는 '자기'를 의미하고 -ism은 '조건'을 의미)를 선택했다.

Silverman 등(2010)의 견해에 의하면 자폐장애의 출현은 인구의 0.6~1.0%이다. 이 장애는 여성보다 남성에서 네 배나 더 흔히 출현한다. 그러나 정신지체를 동

자폐장애를 가진 아이들은 종종 의도적으로 오랫동안 혼자 하는 활동에 초점을 둔다.

Michael Macor/The Chronicle/CORBIS.

반한 자폐증 사례를 고려하면 그 비율을 2:1로 떨어지고, 높은 기능을 하는 자폐증 사례(평균 혹은 평균 이상의 지능과 상당히 양호한 의사소통 능력을 가진 사람)만을 고려하면 그 비율은 약 7:1로 올라간다(Fombonne, 2005). 이 자료는 사회적 장애가 남자에게서 더욱 흔하지만, 인지적 장애 및 의사소통장애는 남성과 여성에 의해 균등하게 공유되고 있음을 시사한다. 한때 임상가는 높은 사회경제적 지위를 가진 가족에서 자폐증이 더 일반적이라고 믿었으나 최근 연구는 자폐증의 빈도가 모든 사회계층에서 동일하다는 것을 발견하였다. 보고된 자폐증의 발생 정도는 과거 20년간 증가하였으나 이런 분명한 증가가 그 장애에 대한 높아진 자각과 진단기준이 확장된 결과라는 증거도 나타난다. 게다가 연구는 자폐증이 아동기 면역과 관련이 있다는 증거를 찾는 데 실패했다. 사실 면역과 자폐증 사이의 연결에 대한 증거를 얻었다고 주장하는 원래 연구자는 영국종합의료협의회(UK General Medical Council)로부터 부정직한 것으로 평결되었고, 이런 주장을 한 최초의 문헌은 출간된 잡지인 「The Lancet」으로부터 게재를 취소당했다(Dwyer, 2010).

자폐장애는 비슷한 증상을 가지고 있는 몇 가지 증가하고 있는 발달장애 중의 하나이다. **아스퍼거증후군**(Asperger's syndrome)은 일반적으로 **자폐스펙트럼장애**(autistic spectrum disorder)보다 덜 심각하고, 그 증상에는 언어발달 지연이라든지 심각한 인지 결함이 없다. 아스퍼거장애의 주요 증상은 사회적 상호작용의 결여나 부재, 반복적이고 판에 박힌 행동 그리고 한정된 대상에게 강박적 관심을 보인다. **레트장애**(Rett's disorder)는 여자아이에게서 발견되는 유전적 신경증후로, 유아기 동안 일어나는 정상 뇌 발달이 정체를 동반한다. **소아분열장애**(childhood disintegrative disorder)를 가진 아동들은 정상적인 지능과 사회성 발달을 보이다가 그 후 2세에서 10세 사이에 때때로 자폐증으로 심각한 퇴행을 보인다.

미국정신의학협회의 정신질환 진단 및 통계편람(DSM-IV)에 따르면 자폐장애의 진단은 세 가지 범주의 증후는 존재를 요구하는데, 손상된 사회적 상호작용, 의사소통능력의 부재 혹은 결핍 그리고 판에 박힌 행동의 존재이다. **사회적 장애**(social impairment)는 최초로 출현하는 장애이다. 자폐장애를 가진 유아는 안기든지 말든지 상관하지 않는 것처럼 보이거나, 안길 때 안기기 싫은 것처럼 등을 뒤로 젖힌다. 그들은 자신을 돌보는 이를 쳐다보거나, 보고 웃지도 않는다. 그들은 아프거나, 다쳤거나, 피곤할 때, 위로를 바라고 누군가를 찾지도 않는다. 그들은 자라면서 다른 아이와의 사회적 관계를 시작하지 않으며 눈을 마주치려 하지도 않는다. 그들은 다른 사람의 행동을 예측하지 못하거나 그들의 동기를 이해하지 못한다. 자폐증이 있는 사람은 심각한 경우에는 다른 사람의 존재를 인식하지 못하는 것처럼 보인다.

자폐증인 사람의 **언어발달**(language development)은 비정상적이거나 아예 존재하지 않기도 한다. 그들은 누가 자신에게 말한 것을 메아리처럼 되풀이하는데, 다른 사람이 타인이나 제3자에게 하는 대로 스스로 언급하기도 한다. 자폐증이 있는 사람은 일반적으로 **비정상적인 관심과 행동**을 보인다. 예를 들어 그들은 자신의 손을 앞뒤로 펄럭거리거나 앞뒤로 흔드는 것 같은 판에 박힌 동작을 보인다. 그들은 관찰대상에 집착하여 냄새를 맡거나 질감을 느끼거나 앞뒤로 움직여 보기도 하고, 특정 물건에 애착을 갖고 그것을 늘 자기 주변에 지니고 다니려고 한다. 그들은 주변에서 일어나는 다른 일은 둔감한 채, 물건으로 줄을 세우거나 그것으로 어떤 형태를 만드는 데 사로잡혀 있다. 종종 그들은 정확한 일과를 따를 것을 고집하고, 그렇게 하는 것이 방해받을 때는 폭력적으로 변하기도 한다. 그들은 가장 놀이를 하지 않으며, 공상을 내포한 이야기에 무관심하다. 비록 대부분의 자폐증인 사람은 정신지체를 보이지만 전부가 다 그렇지는 않다. 그리고 대부분의 정신지체자와 달리, 그들은 신체적으로 숙련되어 있고 멋있어 보이기도 한다. 일부는 별도의 기술을 가지고 있기도 한데, 예를 들면 두 개의 천 단위 숫자를 어려움없이 재빨리 곱하는 능력이다.

가능한 원인

Kanner가 처음 자폐증을 언급했을 때, 이것이 생물학적인 기원을 갖는다고 주장하였다. 그러나 그 후 오래 지나지 않아 영향력 있는 임상의는 자폐증은 학습된다고 주장하였다. 좀 더 정확하게 그들이 말하기를, 그것은 차고, 무신경하고, 냉담하고, 강요하는 내향적인 부모에 의해 학습된 것이다. Bettelheim(1967)은 자폐증이 제2차 세계대전 당시 독일의 집단수용소 생존자에게서 나타나는 무감정하고 의기소침하며 절망적인 행동과 비슷하다고 믿었다. 여러분은 정신건강 전문가로부터 자기 아이의 비참한 상태가 자신의 탓이라고 들은 부모가 느꼈을 죄책감을 상상할 수 있을 것이다. 어떤 전문가는 자폐증을 아동학대의 증거라고 보았으며, 자폐아를 자신의 가족으로부터 분리시켜 양부모에게 보내야 한다고 주장하였다.

요즘 연구자와 정신건강 전문가는 자폐증이 생물학적 요인으로 인해 생기며, 부모에게는 비난이 아니라 도움과 동정을 보여야 한다고 확신하고 있다. 신중한 연구는 자폐아동의 부모가 다른 부모와 마찬가지로 따뜻하고 사교적이며 책임감이 있다는 것을 보여 주었다(Cox et al., 1975). 게다가 한 명의 자폐아를 가진 부모는 종종 한 명 이상의 정상적인 자녀를 양육하고 있다. 만약 자폐증이 부모의 잘못이라면 다른 자녀 모두 자폐증이어야만 하지 않겠는가.

유전성

증거에 따르면 자폐증은 강력하게 유전성을 갖고 있다. 유전적 요인에 대한 최선의 증거는 쌍둥이 연구로부터 유래된다. 연구 결과, 일란성 쌍둥이에서 자폐증의 일치율(concordance rate), 즉 양쪽 다 자폐증일 확률이 약 70%인 반면에 이란성 쌍둥이에서는 약 5%였다. 좀 더 광범위하게 정의된 자폐스펙트럼장애의 일치율은 일란성 쌍둥이에서는 90%이고, 이란성 쌍둥이에서는 10%이다(Sebat et al., 2007). Ozonoff 등(2011)에 의한 연구는 자폐스펙트럼장애를 가진 한 명의 더 나이가 든 형제자매를 가진 유아들이 자폐스펙트럼장애를 보일 가능성이 18.7%임을 발견했다. 자폐스펙트럼장애를 보이는 다수의 더 나이가 든 형제자매를 갖는 것은 그 위험성을 32.2%까지 증가시켰다. 유전연구는 자폐장애가 다양한 희귀 돌연변이, 특히 신경발달과 의사소통을 방해하는 돌연변이에 의해 초래될 수 있다는 것을 알려 준다(Betancur, Sakurai, & Buxbaum, 2009).

뇌병리

자폐가 유전될 가능성이 크다는 사실은 이 장애가 뇌의 구조적 또는 생화학적 이상의 결과라는 것을 추정할 수 있는 근거가 된다. 게다가 다양한 의학적 조건—특히 태아 발달 동안에 일어나는 것—이 자폐증을 일으킬 수 있다. 모든 자폐증 사례의 약 20%는 임신기의 풍진(독일 홍역), 태아기의 탈리도마이드(thalidomide: 진정 및 수면제 일종), 헤르페스(herpes) 바이러스에 의한 뇌염 그리고 결핵 등과 같은 설명 가능한 생물학적 원인과 뇌를 포함한 여러 장기에 양성 종양을 초래하는 유전적 이상을 가지고 있다(DeLong, 1999; Rapin, 1999).

최근 증거는 자폐아동의 뇌발달에 심각한 이상이 있다는 것을 보여 주었다. Courchesne 등(2005, 2007)은 비록 자폐증 뇌가 대체로 출생 시에 약간 더 작지만 곧 비정상적으로 자라기 시작하여 2~3세에 정상 뇌보다 약 10% 정도가 더 커진다는 사실을 발표하였다. 이런 어린 시절의 급성장이 일어난 후에 자폐증 뇌의 성장은 느려지고, 청소년기에 이르면 정상 뇌보다 1~2% 정도밖에 더 크지 않다. 자폐증에서 장애를 보이는 기능에 많이 관여하는 것처럼 보이는 뇌 영역은 출생 초기에 큰 성장을 보이고 초기 아동기와 청소년기 사이에 느린 성장을 보인다. 예를 들면 자폐증 뇌의 전두피질과 측두피질은 초기 2년 동안 급히 성장하나 그다음 4년 동안 거의 성장을 보이지 않는 반면에 그 두 영역은 정상 뇌에서 각기 20%와 17% 정도 성장한다.

연구자는 세 범주의 자폐증상의 신경적 기초를 연구하기 위해서 구조적 및 기능적 영상법을 사용하였다. 예를 들면 Castelli 등(2002)은 정상 피험자와 고기능 자폐증인 사람 혹은 아스퍼거증후군을 가진 사람에게 다양한 목표지향적 방식으로(예: 단순히 뒤쫓거나 혹은 싸우는) 혹은 한 삼각형이 다른 삼각형을 속이거나 달래는 것을 시사하는 방식으로 상호작용하는 두 삼각형을 묘사하는 애니메이션을 보여 주었다. 예를 들면 한 명의 정상 피험자는 이런 방식으로 애니메이션을 설명하였다. "삼각형이 집안에서 포옹을 한다. 큰 것이 작은 것을 보고 나가자고 설득하기를 원한다. 그는 ……를 하기를 원하지 않고 다시 포옹을 한다"(p. 1843). 자폐증 집단의 사람들은 삼각형의 목표지향적 상호작용은 정확하게 설명을 하나 한 삼각형이 다른 삼각형을 속이거나 달래려는 '의도'를 정확하게 설명하는 데 어려움을 보인다. 애니메이션이 제시되는 동안 관찰된 기능적 영상은 초기 수준의 시각피질(선조외피질)에서는 정상적 활성화를 보여 주나 상측두구(superior temporal sulcus; STS)와 내측전전두피질의 활성화는 자폐증 집단의 구성원에서 훨씬 더 낮았다(그림 16.1 참조). 이전 연구는 상측두구가 다른 개인의 행위를 알려 주는 자극의 탐지에서 중요한 역할을 한다는 사실을 보여 주었다(Allison, Puce, & McCarthy, 2000).

다른 사람에 대한 관심이나 이해의 결핍은 인간 얼굴에 대한 자폐증 뇌의 반응에서 나타난다. 우리가 6장에서 보았듯이 뇌의 기저부에 있는 시각연합피질의 영역에 위치한 방추상 얼굴영역(fusiform face area; FFA)은 개인의 얼굴에 대한 재인에 관여한다. Schultz(2005)에 의한 기능적 영상 연구는 인간 얼굴 사진을 바라보고 있는 자폐증 성인의 방추상 얼굴영역에서 어떤 활동성도 발견하지 못했다(그림 16.2 참조). 자폐증인 사람은 정서의 얼굴 표정 혹은 다른 사람의 시선의 방향을 잘 재인하지 못하고, 다른 사람과 눈 맞춤도 적게 보인다. 자폐증인 사람의 방추상 얼굴영역은 인간 얼굴 모습에 반응을 하는 것에 실패를 보이는데, 그 사람은 다른 사람의 얼굴을 살피는 데 거의 시간을 쓰지 않고 이로 인해 정상적인 대인 상호작용을 통해 우리가 획득하는 전문지식을 발달시키지 못하기 때문인 것처럼 보인다.

우리가 10장에서 보듯이 호르몬과 신경조절물질로 기능을 하는 펩타이드인 옥시토신은 짝짓기를 촉진하고 타인에 대한 신뢰와 친밀을 증가시킨다. Modahl 등(1998)은 자폐아가 보다 더 낮은 수준의 옥시토신을 갖고 있다고 보고했다. 연구는 옥시토신이 자폐스펙트럼 장애를 가진 사람들의 사교성을 향상시킬 수 있다고 제

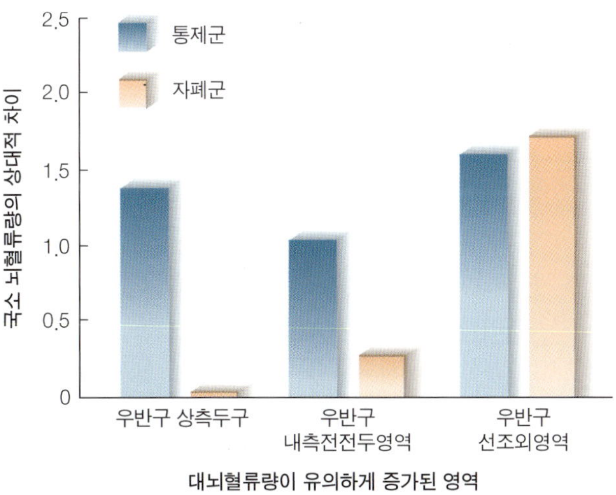

그림 16.1 의도추론. 이 그래프는 두 삼각형이 의도를 포함하고 상호작용하면서 움직이고 있는 애니메이션을 보고 있는 자폐증 성인과 정상인의 특수한 뇌 영역의 상대적 활성화는 보여 준다.

Based on data from Castelli, F., Frith, C., Happé, F., and Frith, U. *Brain*, 2002, *125*, 1839-1849.

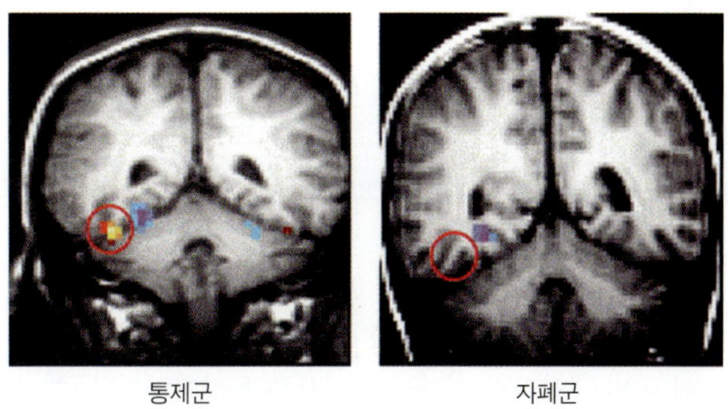

그림 16.2 방추상 얼굴영역과 자폐증. 이 스캔 사진은 인간 얼굴의 사진을 보고 있는 통제군 피험자의 방추상 얼굴영역의 활성화를 보여 주고, 자폐군 피험자의 비활성화를 보여 준다.

Reprinted from *International Journal of Developmental Neuroscience*, 23, Schultz, R. T., Developmental Deficits in Social Perception in Autism: The Role of the Amygdala and Fusiform Face Area, 125-141, Copyright 2005, with permission from Elsevier.

안한다. Guastella 등(2010)은 옥시토신의 투여가 정서 재인검사에서 자폐스펙트럼장애를 가진 청소년기 남자의 수행을 증가시킨다는 것을 발견하였다. Andari 등(2010)은 옥시토신이 고기능 자폐스펙트럼장애를 가진 성인에게서 가상적인 파트너와 사회적 상호작용을 요구하는 컴퓨터 공 던지기 게임의 수행을 향상시킨다는 것을 발견하였다.

Baron-Cohen(2002)은 자폐스펙트럼장애를 갖고 있는 사람의 행동특징이 남성과 관련된 경향이 있는 특질의 과장인 것처럼 보인다고 언급했다. 사실 자폐스펙트럼장애의 발병은 남성에서 네 배가 높고, 특히 아스퍼거장애의 출현은 9배나 더 유행한다. Baron-Cohen은 이 장애가 '극단적 남성 뇌'의 반영일 것이라고 시사했다. 예를 들면 여성은 남성보다 타인의 생각 혹은 의도를 추리하는 데 있어서 남성보다 더 양호하고, 얼굴 표정에 대해 더 민감하고, 타인의 고통에 대해 더 공감하여 반응할 가능성이 높고 그리고 타인과 공유하고 교대할 가능성이 높다고 언급했다. 대체로 남성은 이런 특징을 나타낼 가능성이 낮고, 동료와 경쟁하거나 거친 신체적 놀이를 하고, 지배의 위계를 형성할 가능성이 높다. 남성은 또한 장난감 자동차, 무기 및 조립용 블록과 공학, 철공작업 및 컴퓨터 프로그래밍과 같은 것을 추구하는 데 더 많은 관심을 보이는 경향이 있다. 그들은 일반적으로 지도를 읽는 데 더 능숙하다. 달리 말하면 남성은 일반적으로 사회적 관계보다는 물리적 대상과 논리적 체계를 갖고 작업하는 데 더 많은 흥미를 보인다. Baron-Cohen에 의하면 자폐스펙트럼장애를 가진 사람은 과장된 형태의 남성적 흥미와 행동을 보인다. 예를 들면 자폐증을 가진 많은 사람에서 보이는 다른 사람에 대한 관심의 부족과 대상을 세거나 일렬로 줄을 세우는 것에 대한 강박관념은 남성적 특질의 극단적인 예로 보인다.

우리가 9장에서 뇌의 성 분화가 대개 태아기의 안드로겐 노출에 의해 통제된다는 것을 보았다. Auyeung 등(2009)은 양수검사(임신기에 소량을 양수액을 추출)를 받은 어머니를 갖고 있는 정상아의 행동을 평가하기 위해서 자폐특질을 측정하는 두 가지 검사를 사용했다. 양수검사는 정상적으로 태아기의 테스토스테론 분비가 최고에 달하는 시기 동안 이루어지므로 양수액에서 테스토스테론의 측정은 태아 뇌가 노출되는 테스토스테론의 양을 나타낸다. Auyeung과 동료들은 태아기 테스토스테론의 수준과 검사 점수 사이에 유의한 정적 상관을 발견했다. 그 상관은 모든 아이를 결합한 집단과 동시에 남성과 여성으로 분리한 집단에서 관찰되었다. 비록 Baron-Cohen 가설이 정확하다고 할지라도 우리는 자폐증이 태아기의 과다한 양의 테스토스테론에 대한 노출에 의해서만 초래된다고 결론지을 수는 없다. '극단적 남성 뇌'는 안드로겐에 대한 발달 중인 뇌의 민감성을 증가시키는 유전적 이상에 의해 초래될 수도 있고, 뇌의 남성화와 무관한 다른 자폐증의 원인도 있을 수 있다.

절 요약

자폐장애

자폐장애의 출현은 0.6~1.0%이다. 이것은 사회적 관계나 의사소통 능력이 빈약하거나 없거나 동시에 반복적인 판에 박힌 운동을 나타내는 것으로 특징지어진다. 자폐증인 사람은 보통 정신지체를 보이나 항상 그런 것은 아니고 특별한 격리된 재능을 가질 수도 있다. 자폐증인 사람은 다른 사람의 행동을 예측하거나 그들이 그런 행동을 하는 이유를 이해하는 데 곤란을 겪는다. 그들은 다른 사람의 얼굴을 볼 때 방추상 얼굴영역의 활성화가 결핍된다는 점에서 반영되듯이 다른 사람의 얼굴에 주의를 쏟지 않는 경향이 있고, 다른 사람의 얼굴에서 정서적 표현을 지각하는 능력이 손상된다. 아동기 면역은 자폐증의 발달에 어떤 역할을 하지 않는다.

과거에 임상가는 자폐증에 대해 부모 탓을 하였으나 현재에는 그것이 일반적으로 생물학적 기원을 가진 장애로 수용된다. 유전학 연구는 자폐증이 유전가능성이 높으나 많은 상이한 유전자가 그것의 발달에 관여한다는 것을 보여 주었다. 자폐증은 또한 태아기 탈리도마이드 혹은 모체의 풍진 감염과 같은 태아기 발달을 방해하는 사건에 의해 초래될 수 있다. MRI 연구는 자폐증이 되는 아기의 뇌가 2~3세까지 비정상적으로 빠른 성장을 보이고 그 후로는 정상아의 뇌보다 더 느리게 성장한다는 것을 보여 준다. 의사소통 기능과 사회적 자극의 해석과 같은 고차적 과정에 관여하는 뇌 영역은 자폐아의 뇌에서 더 신속하게 발달하나 계속적으로 정상 발달을 하는 데 실패한다. 어떤 자폐증의 특징은 남성에서 더 빈번히 나타나는 행동의 과장으로 보일 수 있는데, 그것은 '극단적 남성 뇌' 가설을 내놓게 하였다.

생각해 봅시다.

여러분은 아동기 면역이 자폐증의 발달과 관련이 있다고 제안하는 연구에 관해 들어본 적이 있는가? 여러분은 (이 장을 읽기 전에) 이런 연구를 보고했던 출간된 논문과 그 주저자가 신빙성을 잃어버렸다는 것을 들어 본 적이 있는가? 당신은 많은 부모가 아직도 자신의 자녀에게 예방주사를 맞추는 것을 두려워하고 있다고 생각하는가?

주의력결핍/과잉행동장애

어떤 아이들은 집중하는 것, 가만히 앉아 있는 것 및 과제 수행하는 것에 어려움을 나타낸다. 대부분의 아이가 때때로 이런 특징을 보인다. 그러나 **주의력결핍/과잉행동장애**Attention-deficit/hyperactivity disorder; ADHD가 있는 아이들은 이러한 증상을 매우 자주 보여서 학습능력에 지장을 준다.

해설

ADHD는 아동기에 나타나는 가장 흔한 행동장애이다. 이것은 보통 아이들이 조용히 앉아서 교사에게 주의를 집중하거나 꾸준히 과제를 수행할 것을 기대하는 교실에서 처음 발견된다. 어떤 아이는 이러한 기대에 부응할 수 없는 것이 분명해진다. 그들은 반응을 참지 못하고 생각 없이 행동하며, 종종 조심성이 없고, 충동적인 행동을 보이며, 진행 중인 과제에 끼어드는 방해행동을 한다.

DSM-IV에 따르면 ADHD의 진단을 위해서는 적어도 6개월 이상 지속된 여섯 가지에서 아홉 가지 이상의 부주의 증상과 여섯 가지에서 아홉 가지 이상의 과잉행동 증상 및 충동성의 존재를 필요로 한다. 부주의 증상은 '과제나 놀이행동에서 주의를 지속하는 데 어려움을 자주 느낀다든지' 혹은 '외부자극에 의해 쉽게 산만해지는' 것들을 포함한다. 과잉행동과 충동성의 증상으로는 '종종 부적절한 상황에서 과도하게 뛰어다니거나, 기어오르거나, 타인을 자주 방해하거나, 끼어드는 것(예: 대화나 게임에 불쑥 끼어드는 것)' 등이 있다(미국정신의학회, 1994, pp. 64-65).

ADHD는 아동 자신의 교육과 같은 학급에 속한 다른 아이의 교육을 훼방 놓을 수가 있다. 이것은 4~5%의 취학아동에게서 발견된다. 남아가 여아보다 10배 정도 더 많이 ADHD로 진단받으나, 성인기에는 그 비율이 약 2대 1이 되는데, 이것은 이 장애를 가진 여아가 ADHD로 제대로 진단되지 않고 있음을 의미한다. 왜냐하면 증상이 다양해서—어떤 아이의 증상은 단순히 부주의 정도이고, 다른 아이는 과잉행동이고, 또 다른 아이는 이 둘이 합쳐진 증상을 보인다—대부분의 연구자는 이 장애가 하나 이상의 원인을 가지고 있다고 믿는다. 종종 진단이 어려운 이유는 이러한 증상이 잘 정의되어 있지 않기 때문이다. ADHD는 종종 공격성, 품행장애, 학습장애, 우울증, 불안 및 낮은 자존감과 관련되어 있다. ADHD에 대한 가장 흔한 치료법은 도파민의 재흡수를 억제하는 약물인 메틸페니데이트(methylphenidate, Ritalin)의 투약이다.

가능한 원인

유전인자가 어떤 사람에게 ADHD가 생길지를 결정하는 데 작용한다는 강한 증거가 가계 연구와 쌍둥이 연구에서 드러났다. 추정된 ADHD의 유전가능성은 75~91%이다(Thapar, O'Donovan, & Owen, 2005).

ADHD 증상은 전전두피질의 손상에 의해 발생하는 증상과 유사한데, 주의산만성, 태만, 충동성, 빈약한 계획하기 및 과활동 등이다(Aron, Robbins, & Poldrack, 2004). 우리가 12장에서 보았듯이 전전두피질은 단기기억에서 결정적인 역할을 한다. 우리는 자신이 방금 지각한 것을 기억하기 위해서, 자신이 장기기억에서 방금 회상한 것을 기억하기 위해서, 그리고 이런 모든 정보를 처리하기('노력을 들이기') 위해서 단기기억을 사용한다. 이런 이유로 단기기억은 종종 **작업기억**(working memory)으로 언급된다. 전전두피질은 사고나 행동을 안내하거나, 주의를 조절하거나, 자신의 행동의 효과를 점검하거나 미래의 행위를 위한 계획을 조직화하기 위해서 작업기억을 사용한다(Arnsten, 2006). 이런 기능을 수행하는 신경회로의 손상이나 이상은 ADHD 증상을 발생시킨다.

우리가 15장에서 보았듯이 도파민 길항제가 조현병의 양성 증상을 감소시킨다는 사실은 조현병이 도파민 전달의 과활동성에 의해 초래된다는 가설을 제안하도록 하였다. 유사하게 도파민 **효능**제인 메틸페니데이트가 ADHD의 증상을 경감시킨다는 사실은 이 장애가 도파민 전달의 **저활동성**에 의해 초래된다는 가설을 제안하게 하였다. 우리가 12장에서 보았듯이 전전두피질의 정상적 기능은 이 영역에서 낮은 수준의 도파민 수용기 자극에 의해 장해를 겪는데, 그래서 도파민 전달의 이상이 ADHD에서 어떤 역할을 한다는 제안이 합리적인 것처럼 보인다.

많은 연구가 전전두피질에서 도파민의 수준이 그 영역의 기능에 미치는 효과가 역전 U-형 곡선을 나타낸다는 것을 보여 주었다(그림 16.3 참조). 많은 행동기능의 그래프는 역전 U-형을 보인다. 예를 들면 중간 수준의 동기는 대부분의 과제에서 수행을 증가시키나 매우 낮은 수준의 동기는 사람들에게 수행하도록 유도하는 데 실패하고, 매우 높은 수준의 동기는 사람을 긴장시켜서 그들의 과제 수행을 방해한다. 메틸페니데이트의 효과에 있어서 용량-반응 곡선도 역전 U-형 함수를 따르는데, 너무 낮은 용량은 효과가 없고, 너무 높은 용량은 어린아이의 주의와 인지를 방해할 정도로 활동수준을 증가시킨다. 사실 Devilbiss와 Berridge(2008)에 의한 연구는 중간 수준의 메틸페니데이트가 흰쥐의 전전두피질에서 뉴런의 반응성을 증가시킨다는 것을 발견했다. 그러나 고용량의 메틸페니데이트는 신경활동을 심하게 억압한다.

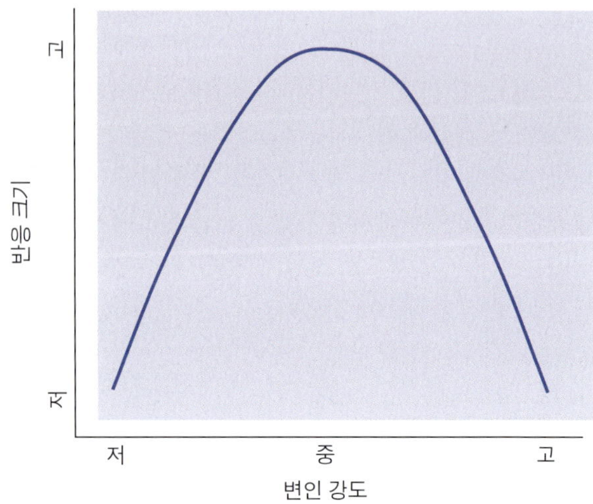

그림 16.3 역전 U 곡선. 이 그래프는 수평축의 낮은 값과 높은 값이 수직축의 낮은 값과 관련이 있고 수평축의 중간값이 수직축의 높은 값과 관련이 있는 역전 U-곡선 함수를 보여 준다. 아마도 뇌의 도파민 수준과 ADHD 증상 사이의 관계가 이런 유형의 함수를 따를 것이다.

절 요약

주의력결핍/과잉행동장애

주의력결핍/과잉행동장애는 아동기에 최초로 나타나는 가장 흔한 행동장애이다. ADHD를 가진 아이들은 부주의, 과잉행동 및 충동성을 보인다. 가장 흔한 의학적 치료는 도파민 효능제인 메틸페니데이트의 투여이다.

가계 및 쌍둥이 연구는 이 장애에서 유전적 요소를 알려 준다. ADHD 증상을 감소시키는 중간 용량의 메틸페니데이트는 전전두피질에 있는 뉴런의 반응성을 증가시킨다. 대부분의 연구자는 ADHD가 이 영역을 포함하는 뇌구조 신경망의 이상에 의해 초래된다고 믿는다.

스트레스장애

혐오자극은 사람의 건강을 해칠 수 있다. 그 유해한 효과 중 다수는 자극 자체 때문에 생기는 것이 아니라 자극에 대한 반응 때문에 생긴다. 저명한 20세기 생리학자 Walter Cannon은 **스트레스**stress라는 용어를 혐오적이거나 위협적인 상황의 지각에 의해 유발되는 생리적 반응을 일컫기 위해 도입하였다. 부정적인 정서에 동반하는 생리적 반응은 우리에게 경쟁자를 위협하거나, 그들과 싸우고, 또는 위험한 상황으로부터 도망치는 것을 준비시켜 준다. Cannon은 우리가 투쟁하거나 도주할 때 필요한 몹시 힘든 노력을 위해 우리를 준비시키는 생리적 반응을 일컬어 **싸움 혹은 도주반응**fight-or-flight response이라는 용어로 소개했다. 정상적으로 일단 우리는 적을 위협하거나 싸우거나 혹은 위험한 상황으로부터 도망치면, 이러한 위협이 지나가고 우리의 생리 상태도 정상으로 돌아갈 수 있다. 생리반응이 우리 건강에 장기적으로 해로운 효과를 미칠 수 있다는 사실은 그 반응이 짧기만 하다면 중요하지 않다. 그러나 때때로 위협적인 상황은 일시적이지 않고 지속되어서 다소간 지속적인 스트레스 반응을 유발한다. 그리고 우리가 외상 후 스트레스장애의 절에서 보게 되듯이 때때로 위협적 상황이 너무 심각하여서 수개월 또는 수년간을 지속될 수 있는 반응을 일으킨다.

스트레스 반응의 생리학

10장에서 살펴보았듯이 정서는 행동, 자율신경계 및 내분비계의 반응으로 이루어진다. 후자의 두 요소인 자율신경계와 내분비계는 건강에 유해한 효과를 미칠 수 있는 요소이다. (나는 행동적 요소도 그런 효과를 미칠 수 있을 것이라고 추측한다—예를 들어 만약 어떤 사람이 성급하게 자기보다 더 크고 강한 사람과 싸움에 말려들었다.) 위협적 상황은 일반적으로 격렬한 활동을 요구하기 때문에, 그에 수반하는 자율신경계와 내분비계 반응은 이화작용적(catabolic)인데, 즉 그러한 반응은 신체 에너지 자원을 동원하도록 돕는다. 자율신경계의 교감신경 분지는 활동적이고, 부신(adrenal gland)은 에피네프린과 노르에피네프린, 스테로이드 스트레스 호르몬을 분비한다. 교감신경 활동의 효과는 부신 호르몬의 효과와 비슷하므로, 여기서 저자는 호르몬 반응만을 설명하도록 하겠다.

에피네프린은 글루코스(포도당) 대사에 영향을 주고 영양분이 근육에 저장되게 하여 힘든 운동을 위해 에너지를 제공할 수 있도록 한다. 또한 이 호르몬은 노르에피네프린과 함께 심장의 출력을 늘려 근육으로 가는 혈액을 증가시킨다. 이 과정에서 그것은 혈압을 증가시키는데, 장기간 지속되면 심혈관질환을 초래한다.

스트레스 호르몬으로 작용하는 것 외에도, 노르에피네프린은 신경전달물질로 뇌에서 분비된다. 혐오적 자극에 의해 생기는 행동적 및 생리적 반응의 일부는 노르아드레날린성 뉴런에 의해 매개되는 것처럼 보인다. 예를 들어, 미세투석 연구는 스트레스 상황이 시상하부, 전두피질 및 외측 전뇌기저부에서 노르에피네프린의 방출을 증가시킨다는 사실을 발견하였다(Yokoo et al., 1990; Cenci et al., 1992). 아마도 스트레스로 인한 방출은 편도체의 중심핵으로부터 NE-분비 뉴런을 포함하고 있는 뇌간핵인 청반까지 가는 경로에 의해 통제되는 것 같다.

또 다른 스트레스 관련 호르몬은 부신피질에서 분비되는 스테로이드 호르몬인 **코르티솔**(cortisol)이다. 코르티솔은 글루코스 대사에 중요한 효과를 미치기 때문에 **글루코코르티코이드**glucocorticoid라고 불린다. 또한 글루코코르티코이드는 단백질 분해와 단백질이 포도당으로 전환하는 것을 돕고, 지방이 에너지로 사용되도록 하며, 혈액 흐름을 증가시키며, 뇌에 영향을 주어 행동적 반응성을 자극한다. 이것은 황체형성호르몬(LH)에 대한 성선(gonad)의 민감성을 감소시키고, 스테로이드 성호르몬의 분비를 억제한다. 실제로 Singer와 Zumoff(1992)는 남성 병원수련의의 혈중 테스토스테론 농도가 심각하게 저하된 것을 발견했는데, 아마도 그들이 해내야 하는 힘든 업무일과 때문에 그럴 것이라고 생각된다. 글루코코르티코이드는 다른 생리적인 효과도 보이는데, 이 중 일부는 아직 이해가 부족한 상태에 있다. 체내에 있는 거의 대부분의 세포는 글루코코르티코이드 수용기를 가지고 있는데, 이것은 이 호르몬에 의해 영향 받지 않는 세포는 거의 없다는 뜻이다.

글루코코르티코이드의 분비는 시상하부의 실방핵

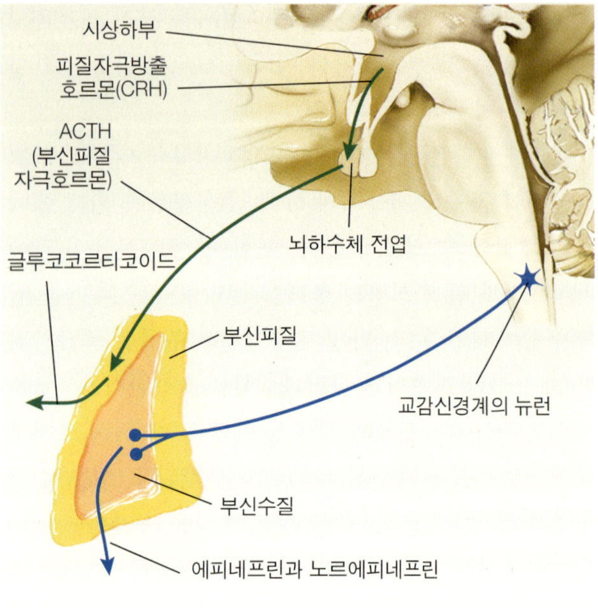

그림 16.4 스트레스 호르몬의 분비통제. 이 도식은 부신피질에 의한 글루코코르티코이드의 분비통제와 부신수질에 의한 카테콜아민 분비통제를 보여 준다.

(paraventricular nucleus; PVN)에 있는 신경에 의해 조절된다. PVN의 신경세포는 **피질자극방출호르몬**corticotropin-releasing hormone; CRH이라고 불리는 펩타이드(peptide)를 분비하는데, 이 호르몬은 뇌하수체 전엽을 자극하여 **부신피질자극호르몬**adrenocorticotropic hormone; ACTH을 분비한다. ACTH는 전체 순환계에 들어가 글루코코르티코이드를 분비하도록 부신피질을 자극한다(그림 16.4 참조).

CRH(CRF 또는 피질자극방출인자라고 불림)는 또한 뇌에서 분비되고, 특히 수도주변회백질(periaqueductal gray matter), 청반(locus coeruleus) 및 편도체의 중심핵과 같이 정서반응에 관여하는 변연계영역에서 신경조절요인/신경전달물질로서 기능한다. CRH를 뇌에 주입하여 생기는 행동 효과는 혐오 상황에 의해 발생하는 효과와 비슷하다. 따라서 스트레스 반응의 일부 요소는 뇌의 뉴런으로부터 CRH 분비에 의해 유발되는 것처럼 보인다. 예를 들면 CRH를 뇌실에 주입하면 쥐가 커다란 개방실의 중앙에서 보내는 시간을 줄여 주고(Britton et al., 1982), 고전적 조건화된 공포반응의 습득을 증가시키며(Cole & Koob, 1988), 갑작스런 큰 소음에 의해 유도되는 놀람반응(startle response)을 증가시킨다(Swerdlow et al., 1986). 반면에 CRH 길항제(antagonist)를 대뇌뇌실에 주입하면, 다양한 스트레스 상황에 의해 유발된 불안을 감소시킨다(Kalin, Sherman, & Takahashi, 1988; Heinrichs et al., 1994; Skutella et al., 1994).

글루코코르티코이드의 분비는 동물이 스트레스 상황에 대응하는 것을 돕는 것 이상의 역할을 한다. 이것은 동물이 생존하도록 돕는다. 만약 쥐의 부신선이 제거되면 쥐는 스트레스의 효과에 더욱 취약해진다. 사실 정상 쥐가 수용할 만한 스트레스 상황에서 부신이 제거된 쥐는 죽을 수도 있다. 그래서 의사들은 부신제거수술을 받은 사람이 스트레스 상황을 경험하게 되면, 반드시 추가적인 양의 글루코코르티코이드를 투여해 주어야 한다는 사실을 알고 있다(Tyrell & Baxter, 1981).

장기 스트레스가 건강에 미치는 영향

스트레스 상황을 경험한 사람에 대한 많은 연구는 그들의 건강이 나쁘다는 증거를 알아내었다. 예를 들면 장기 스트레스를 받은 것이 분명한 집단수용소 생존자들은 나중에 동일 연령의 다른 사람들보다 일반적으로 건강이 좋지 못했다(Cohen, 1953). 사람을 다치게 하거나 죽게 한 지하철 기관사는 몇 달 후 질병으로 고생하게 될 가능성이 높다(Theorell et al., 1992). 항공교통관제관, 특히 충돌 위험이 가장 큰 분주한 시설에서 근무하는 관제관들은 더 높은 고혈압의 발생률을 보이며, 나이가 들어가면서 점점 더 악화된다(Cobb & Rose, 1973). 그들은 궤양이나 당뇨병으로 고생할 가능성 역시 크다.

스트레스 연구의 선구자인 Hans Selye는 스트레스의 유해 효과의 대부분이 글루코코르티코이드가 오랫동안 분비되어서 생긴 것이라고 주장하였다(Selye, 1976). 비록 글루코코르티코이드의 단기 효과가 꼭 필요한 것이기는 하지만, 장기 효과는 해롭다. 이러한 효과에는 혈압상승, 근육조직의 손상, 스테로이드 당뇨병, 불임, 성장억제, 염증반응 억제, 그리고 면역계의 저하가 있다. 고혈압은 심장마비와 뇌졸중을 일으킬 수 있다. 오랫동안 스트레스에 노출된 아동에게 발생하는 성장억제는 온전한 신장으로 자라는 것을 막는다. 염증반응 억제는

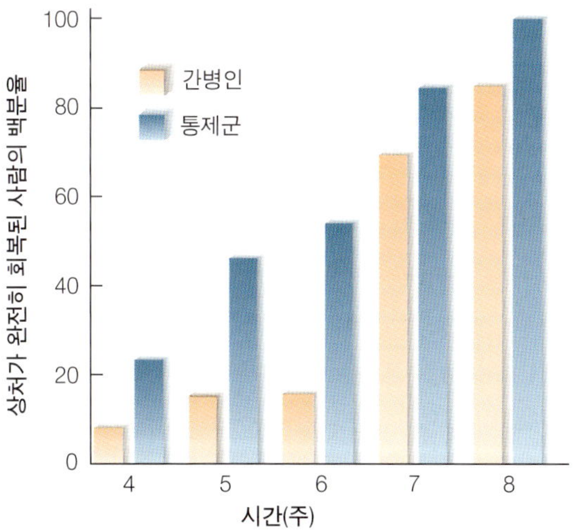

그림 16.5 스트레스와 상처의 치유. 이 그래프는 간병인과 통제군 피험자에서 상처가 생검용 조직이 적출된 후 시간의 함수로서 치료된 백분율을 보여 준다.

Based on data from Kiecolt-Glaser, J. K., Marucha, p. T., et al. *Lancet*, 1995, *346*, 1194-1196.

신체가 상처를 스스로 치료하는 것을 어렵게 만들고, 면역계의 저하는 개인을 감염에 취약하도록 만든다. 염증 질환을 치료하기 위한 스테로이드의 장기 투여는 종종 인지결손을 유발하고, **스테로이드 정신병**(steroid psychosis)을 일으킬 수 있는데, 그 증상은 과도한 주의산만, 불안, 불면증, 우울증, 환각 및 망상 등이다(Lewis & Smith, 1983; de Kloet, Joëls, & Holsboer, 2005).

치유에 미치는 스트레스의 유해효과는 Kiecolt-Glaser 등(1995)의 연구에서 확인되었는데, 그들은 의학연구에서 자주 사용되는 무해한 절차를 사용하여 피험자의 팔뚝에서 생체검사용 조직을 적출하여 상처를 내었다. 피험자는 알츠하이머병에 걸린 친척을 장기간 간호한—스트레스를 유발하는 것으로 알려진 상황—사람이며, 통제집단은 연령과 가계소득이 거의 비슷한 사람이었다. 연구자는 간병인의 상처 회복이 유의미하게 오래 걸리는 것을 발견하였다(48.7일 대 39.3일)(그림 16.5 참조). 추후연구(Kiecolt-Glaser et al., 2005)는 높은 수준의 적대적 행동을 나타내는 부부의 상처는 더 우호적 상호작용을 보이는 부부의 상처보다 더 느리게 치유된다는 것을 발견했다.

스트레스가 뇌에 미치는 영향

Sapolsky와 동료들(Sapolsky, 1992, 1995; McEwen & Sapolsky, 1995)은 스트레스의 다소 심각한 장기 효과인 뇌손상을 연구하였다. 여러분이 12장에서 살펴보았듯이, 해마체는 학습과 기억에 중요한 역할을 하고, 증거에 따르면 노화에 따라 일어나는 기억상실의 원인 중 하나가 바로 이러한 뇌 구조의 퇴화라는 것을 보여 주었다. 동물연구는 글루코코르티코이드에 장기 노출되면 해마체 CA1 부위에 위치한 신경세포가 파괴된다는 것을 보여 주었다. 아마도 그래서 사람들이 살아가면서 겪은 스트레스 자극은 나이가 들어감에 따라 기억력의 문제를 야기할 가능성을 증가시킨다. 사실 Lupien 등(1996)은 글루코코르티코이드의 혈중 농도가 증가된 노인이 정상 수준의 사람보다 미로 과제를 더 느리게 학습한다는 것을 발견하였다.

Brunson 등(2005)은 생애 초기의 스트레스가 성숙 후에 정상 해마 기능의 쇠퇴를 야기할 수 있다고 밝혔다. 분만 후 첫 주 동안 실험자는 암컷 쥐와 그 새끼를 딱딱한 바닥과 단지 적은 양의 바닥에 깔 것이 있는 우리에 두었다. 그 후 동물들이 4~5개월 되었을 때 실시한 검사에서 그들의 행동은 정상이었다. 그러나 동물들이 12개월 되었을 때 실시한 검사에서 실험자는 모리스 수중미로(Morris water maze)의 수행장애와 해마에서의 장기증강(long-term potentiation)의 발달 결함을 관찰했다. 또한 그들은 해마에서 수상돌기 위축도 발견했는데, 이는 공간적 학습과 시냅스 가소성의 장애를 설명해 준다.

Salm 등(2004)은 태아기의 가벼운 스트레스가 뇌의 발달에 영향을 미칠 수 있고, 동물에서 평생 지속되는 변화를 야기한다는 것을 발견하였다. 그들은 쥐의 임신기간 마지막 주 중 어느 날에 임신한 쥐를 사육상자에서 꺼내어 그들에게 적은 양의 무균 식염수를 주입하였는데, 이 절차는 5분 이하의 시간이 소요되었다. 이러한 가벼운 스트레스가 쥐의 편도체 발달에 변화를 가져왔다. 태아기 스트레스를 경험한 개체에서 성숙 후에 편도체 외측핵의 부피는 30% 정도 증가하였다(그림 16.6 참조). 이전 실험이 보여 주듯, 태아기 스트레스는 새로운 환경에서 공포심을 증가시킨다(Ward et al., 2000).

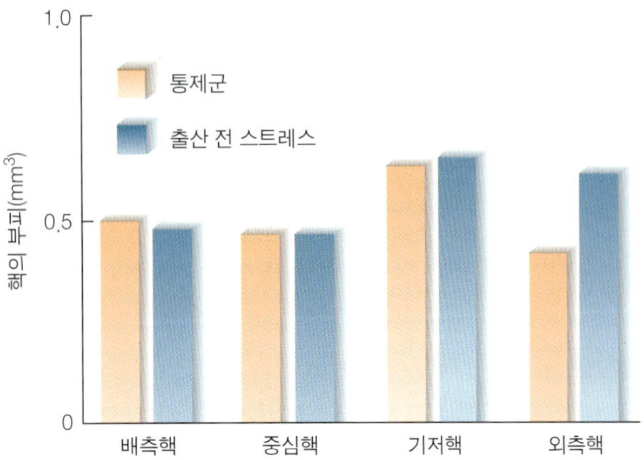

그림 16.6 태아기 스트레스와 편도체. 이 그래프는 통제군 쥐와 태아기 스트레스를 받은 쥐에 있어서 편도체 핵의 부피를 보여 준다. 외측핵만이 부피의 증가를 보여 준다.

Based on data from Salm, A. K., Pavelko, M., Krouse, E. M., et al. *Developmental Brain Research*, 2004, *148*, 159-167.

아마도 편도체 외측핵의 크기의 증가가 이러한 공포심에 기여하는 것 같다.

Fenoglio, Chen 및 Baram(2006)은 어린 시절에 발생하는 경험은 성인기에 스트레스 상황에 대한 반응성을 감소시킬 수 있다는 것을 발견했다. Fenoglio와 동료들은 흰쥐의 새끼를 사육상자에서 꺼내서, 15분 동안 어루만져 주고, 사육상자로 되돌려 놓았다. 그들의 어미는 즉시 새끼를 핥아서 몸을 다듬어 주기 시작한다. 이런 양육행동은 새끼의 뇌에서 편도체의 중심핵과 CRH를 분비하는 뉴런이 위치하는 시상하부의 실방핵을 포함하는 몇몇 영역을 활성화시킨다. 이 처치는 스트레스 자극에 대한 반응에서 CRH의 생산을 감소시키도록 고안되었고, 그것은 평생 스트레스 호르몬 반응을 약화시켜 준다.

Uno 등(1989)은 만약 장기 스트레스가 충분히 강하면, 이것이 어린 영장류의 뇌손상을 초래할 수 있다는 사실을 발견하였다. 연구자들은 케냐의 영장류센터에 서식하는 긴꼬리원숭이의 서식지를 조사하였다. 그들은 어떤 원숭이가 스트레스 때문에 죽는다는 사실을 분명히 알아냈다. 긴꼬리원숭이는 위계적인 사회를 가지고 있고, 서열의 하위에 가까이 있는 원숭이는 다른 원숭이로부터 괴롭힘을 당하여 거의 지속적인 스트레스를 경험한다. (인간만이 다른 구성원에게 스트레스 반응을 유발하는 사회구조를 가진 유일한 종은 아닌 것이다.) 사망한 원숭이는 위궤양과 확대된 부신을 가지고 있었는데, 이것이 만성 스트레스의 징후이다. 그리고 그림 16.7에서 보듯이 해마체의 CA1 영역에 있는 뉴런은 완전히 파괴되어 있다(그림 16.7 참조). 심한 스트레스는 사람에게도 뇌손상을 일으키는 것으로 보인다. Jensen, Genefke, Hyldebrandt (1982)는 고문을 받았던 사람의 CT 촬영에서 뇌손상의 증거를 발견하였다. 어린 시절에 부드러운 형태의 스트레스가 뇌의 발달에 영향을 주는 것처럼 보인다. van Harmelen 등(2010)은 아동기에 정서적 학대는 배내측전전두피질의 부피에서 평균 7.2%의 감소와 관련이 있음을 발견하였다(그림 16.8 참조).

만성적인 통증 스트레스가 뇌와 인지행동에 유해한 효과를 보인다는 것이 여러 연구에서 확인되었다.

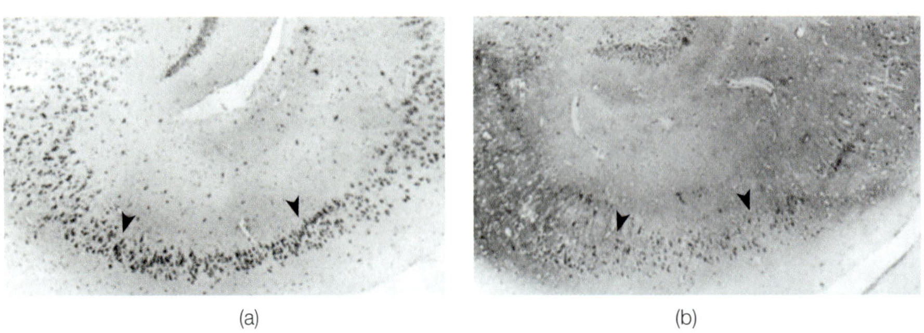

그림 16.7 스트레스로 인한 뇌손상. 이 현미경 사진은 해마의 절편을 보여 준다. (a) 정상 원숭이. (b) 스트레스를 받는 낮은 사회적 지위의 원숭이. 화살촉 영역 사이를 비교해 보면 정상적인 경우 커다란 원추체 세포로 채워져 있다.

From Uno, H., Tarara, R., Else, J. G., et al. *Journal of Neuroscience*, 1989, *9*, 1706-1711. Reprinted by permission of the Journal of Neuroscience.

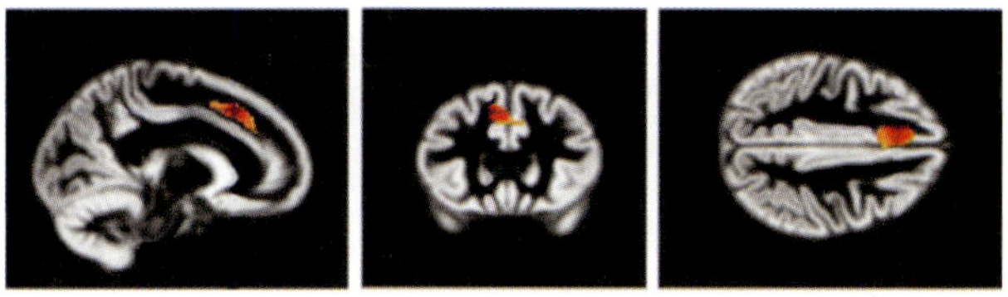

그림 16.8 초기 스트레스와 전전두피질. 이 스캔 사진은 아동기 동안 정서적 학대를 받은 성인에 있어서 7.2% 부피의 감소를 보여 주는 배외측전전두피질의 영역을 나타내 준다.

From van Harmelen, A. L., van Tol, M. J., van der Wee, N. J., et al. *Biological Psychiatry*, 2010, *68*, 832-838. Reprinted by permission.

Apkarian 등(2004b)은 심한 만성요통이 해마다 대뇌피질의 회백질의 1.3cm^{3}의 손실을 초래한다는 것을 발견했는데, 배외측전전두피질에서 가장 큰 감소가 나타난다. 또한 Apkarian 등(2004a)은 만성 요통이 전전두피질의 손상에 의해 영향을 받을 것으로 보이는 과제의 수행을 저하시킨다는 사실을 발견했다.

외상후 스트레스장애

전쟁이나 자연재해와 같이 비극적이고 충격적인 사건의 후유증은 종종 스트레스를 일으키는 사건이 끝난 후에도 오랜 시간 동안 지속되는 심리적 증상을 포함한다. DSM IV에 따르면, **외상후 스트레스장애**posttraumatic stress disorder; PTSD는 어떤 사람이 "실제적인 죽음이나 심한 부상 혹은 죽음의 위협이나 심각한 부상의 위협 또는 자기 혹은 타인의 신체적 온전성에 대한 위협을 경험하거나, 목격하거나 혹은 직면하고" 따라서 "강한 두려움, 무기력 혹은 공포를 포함하는" 반응을 유발하는 상황에 의해 초래된다. PTSD를 발달시킬 가능성은 외상적 사건이 폭행, 강간 혹은 전시경험과 같이 다른 사람으로부터의 위협이나 폭력을 포함하면 증가한다(Yehuda & LeDoux, 2007). 그런 사건에 대한 노출에 의해 생기는 증상은 그 사건을 되풀이해서 꿈꾸거나 회상하는 것, 충격적인 그 일이 다시 일어나는 것 같은 느낌('플래시백' 일화) 그리고 강한 심리적 고통 등이 있다. 이런 꿈, 회상 또는 플래시백 일화는 사람이 충격적 사건에 대해 생각하는 것을 피하도록 만들 수 있는데, 이것은 사회활동에 대한 관심의 감소, 다른 사람으로부터 고립된 느낌, 감정의 억제, 미래가 적막하고 공허한 것 같은 느낌을 유발한다. 특별한 심리적 증상은 잠들거나 수면을 유지하는 것이 힘들고, 신경질적이 되며, 분노가 폭발하고, 집중이 힘들고, 갑작스런 소음이나 움직임에 대한 과장된 반응이다. 이 기술이 시사하듯이 PTSD를 가진 사람은 정신건강 기능이 떨어진다. 그들은 또한 일반적으로 신체건강도 좋지 못한 경향이 있다(Zayfert et al., 2002). 비록 남성이 여성보다 충격적 사건에 더 많이 노출되지만, 여성은 이런 사건에 노출된 후 PTSD를 발달시킬 가능성이 약 4배 정도가 더 높다(Fullerton et al., 2001).

쌍둥이 연구에서 밝혀진 증거는 유전인자가 PTSD를 발병시키기 위한 개인의 민감성을 결정하는 역할을 한다는 것을 시사한다. 사실 유전인자는 충격적 사건에 노출된 후의 PTSD의 발병 가능성뿐만 아니라, 그 사람이 그러한 사건에 연루될 가능성에도 영향을 미친다(Stein et al., 2002). 예를 들어 신경질적이거나 화를 잘 내는 유전적 성향을 지닌 사람은 폭행을 당할 가능성이 높고, 위험한 행동을 하는 성향을 가진 사람은 사고를 당할 가능성이 높은 것이다.

소수의 연구는 PTSD를 발달시키는 가능한 위험요인으로 몇 가지 특수한 유전자를 확인하였다. 이 유전자는 도파민 D_2 수용기, 도파민 운반체 및 5-HT 운반체의 생산에 관여하는 유전자이다(Nugent, Amstadter, & Koenen, 2008). PTSD의 위험은 유전적 요인과 환경적 요인 모두에 의존하는 것 같다. Kolassa 등(2010)은 르완다의 집단학살을 겪은 424명의 생존자를 연구했다. 그들은 PTSD를 발달시킬 가능성이 그 사람이 경험했던 외상적 사건의 수에 따라 증가한다는 것을 알아내었다(그림 16.9 참조). 그들은 또한 세포간질액에 존재하는 카테콜아민을 파괴하는 효소인 COMT의 생산에 관여하는 특정 대립유전자를 가진 사람이 PTSD를 발달시킬 가능성이 높다는 것도 발견했다. 이 대립유전자(Val158Met polymorphism)는 카테콜아민의 느린 파괴와 관련이 있는데, 이것은 이 신경전달물질이 스트레스의 유해 효과와 연관이 있다는 다른 연구의 결론을 지지한다.

몇몇 연구는 편도체가 PTSD를 가진 사람의 정서반

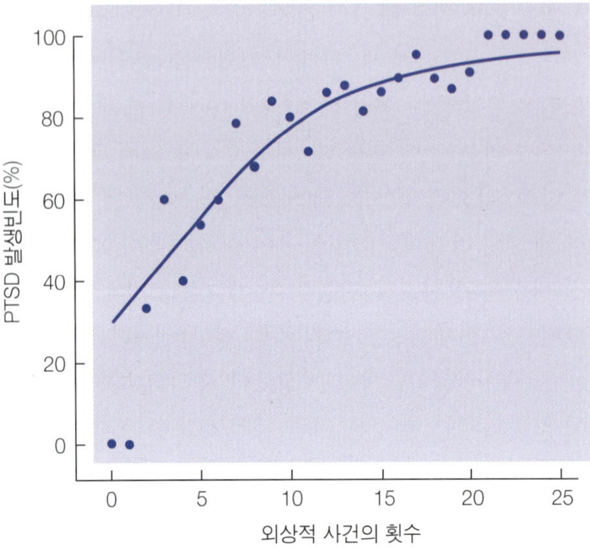

그림 16.9 PTSD의 유병률과 외상적 사건. 이 그래프는 르완다 대학살의 생존자에서 그들이 고통을 겪었던 외상적 사건의 수의 함수로서 PTSD의 유병률을 보여 준다.

Based on data from Kolassa et al., 2010.

미국의 많은 전쟁 재향군인은 동료의 전사를 매우 슬퍼하고 전쟁 중에 경험하였던 공포를 재생한다. 전쟁과 다른 재난의 경험은 일부 경험자에게서 외상후 스트레스장애를 출현시킬 수 있다.

AP Photo/Jim MacMillan.

응에 관여하고, 전전두피질이 편도체의 활동을 억제함으로써 PTSD가 없는 사람의 정서반응에서 역할을 한다는 증거를 발견했다(Rauch, Shin, & Phelps, 2006). 예를 들면 Shin 등(2005)에 의한 기능적 영상 연구는 PTSD를 가진 사람은 그렇지 않은 사람보다 공포를 표현하는 얼굴 사진을 보았을 때 편도체의 높은 활성화와 전전두피질의 낮은 활성화를 보여 준다.

PTSD에 대한 가장 흔한 치료는 인지행동치료, 집단치료 그리고 세로토닌 노르에피네프린 재흡수 억제제(SNRIs) 투약이다. Boggio 등(2010)은 30명의 PTSD 환자의 배외측전전두피질에 대한 임상적 경두개자기자극(TMS)의 결과를 보고하였다. 그들은 좌측 혹은 우측 배외측전전두피질의 10회기 자극이 PTSD 증상을 유의하게 감소시켰고 그 유익한 효과가 3개월 후에도 관찰된다는 것을 발견했다.

스트레스와 전염병

지금까지 보았듯이 장기간의 스트레스는 개인의 건강에 유해할 수 있고, 심지어는 뇌손상을 유발할 수도 있다. 이러한 효과의 가장 중요한 원인은 글루코코르티코이드의 농도가 증가하는 것인데, 에피네프린과 노르에피네프린에 의해 유발된 고혈압 역시 여기에 기여한다. 또한 스트레스 반응은 바이러스나 미생물, 곰팡이 그리고 다른 종류의 기생충으로부터 우리를 보호하는 면역계의 기능에 장애를 일으킬 수 있다.

면역계는 몸에서 가장 복잡한 체계 중의 하나이다. 이것의 기능은 감염으로부터 우리를 보호하는 것이다. 그리고 병원균은 진화과정 동안 기만적인 수법을 발달시켜 왔기 때문에 우리의 면역계도 역시 자신만의 기만적인 수법을 진화시켰다. 면역계는 골수(bone marrow)와 흉선(thymus gland)에서 만들어지는 백혈구로부터 생긴다. 이들 세포 중 일부는 혈액과 림프계를 돌아다니고 나머지는 한 곳에 영구히 정착한다. 전염성 미생물은 자신의 표면에 **항원**antigens이라고 부르는 고유한 단백질을 가지고 있다. 이러한 단백질은 침략자의 명함으로 작용하여 면역계에게 자신을 알린다. 미생물에 노출되면 면역계는 이러한 단백질을 재인하는 것을 학습한다. (나는 이러한 학습이 일어나는 기제에 대해서는 설명하지 않을 것이다.) 학습의 결과는 특수 **항체**antibodies–항원을 재인하여 침략한 미생물을 죽이는 것을 돕는 단백질–를 생산하는 특별한 세포군의 발달이다.

가끔 기혼자가 죽으면 그 배우자는 자주 감염으로 인해 곧 죽는다. 사실 한 사람의 삶에서 다양한 종류의 스트레스 유발 사건은 질병에 대한 민감성을 증가시킬 수 있다. 예를 들면 Glaser 등(1987)은 의대생이 급성 감염에 걸릴 가능성이 높고, 기말시험을 치는 시기에 면역계가 억압되는 증거를 보인다는 사실을 발견하였다.

Stone, Reed와 Neale(1987)은 사람들의 일상생활에서 스트레스를 유발하는 사건이 이들에게 상부 호흡기 감염에 쉽게 걸리는지를 알아보았다. 만약 어떤 사람이 질병을 일으킬 수 있는 미생물에 노출되면, 노출과 실제적 질병의 징후 사이에는 잠복기가 있기 때문에 그 증상이 며칠 동안은 나타나지 않는다. 그러므로 이들은 만약 스트레스 상황이 면역계를 억제한다면 그런 스트레스를 경험한 후 여러 날이 지나면 호흡기 감염의 가능성이 높을 것이라고 추론했다. 이 가설을 검증하기 위해 그들은 참가자들에게 그들의 생활에서 좋거나 좋지 못한 사건을 12주 동안 매일 기록하도록 요청하였다. 또한 참가자들은 어떤 불편함이나 질병의 증상이라도 매일 적도록 요청받았다.

결과는 예상대로 나왔는데, 상부 호흡기 감염의 증상을 보이기 전 사나흘 동안 사람들은 생활에서 좋지 못한 일이 늘어나고 바람직한 사건들이 줄어들었던 것을 경험하였다(그림 16.10 참조). Stone 등(1987)은 이러한 효과가 코, 입, 목 및 폐 등의 점액막에 있는 세포에 의해 생성되는 특수 항체의 생산이 줄어든 탓이라고 주장하였다. 이런 항체, 면역 글로불린 A(IgA)는 코나 입으로 들어오는 감염성 미생물에 대항하는 첫 방어망으로서 작용한다. 그들은 IgA가 기분과 연관이 있다는 것을 발견하였다. 피험자가 불행하거나 우울할 때 IgA 수치는 정상보다 낮았다. 이 결과는 아마도 IgA의 생산을 감소시키는 바람직하지 못한 사건에 의해 유발된 스트레스가 상부 호흡기 감염의 가능성을 증가시킨다는 것을 시사한다.

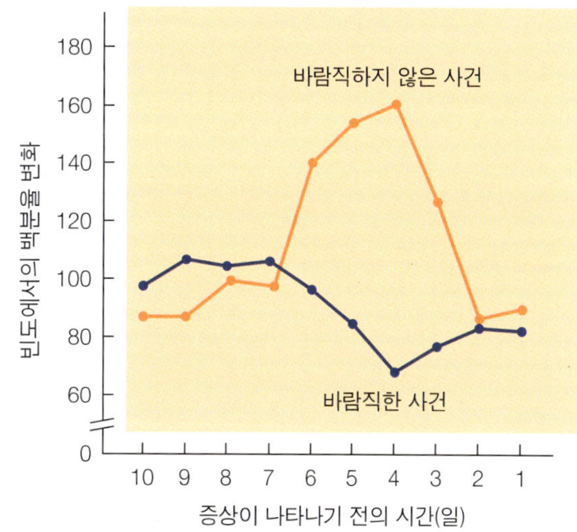

그림 16.10 상부 호흡기 감염의 민감성에 대한 바람직한 사건과 바람직하지 못한 사건의 역할. 이 그래프는 상부 호흡기 감염의 증상이 시작되기 전 10일 동안 바람직한 사건과 바람직하지 못한 사건의 빈도에 있어서 평균 백분율 변화를 보여 준다.

Based on data from Stone, A. A., Reed, B. R., and Neale, J. M. *Journal of Human Stress*, 1987, *13*, 70–74.

Stone과 동료들에 의한 연구 결과는 Cohen, Tyrrell, Smith(1991)가 수행한 실험에 의해 확증되었다. 이들은 감기 바이러스가 포함된 액체를 코에 떨어뜨린 피험자가 만약 지난해 동안 스트레스 경험을 보고했거나, 사건에 의해 위협을 받거나 통제하지 못하거나 압도당했을 때, 감기에 걸릴 가능성이 더 많다는 것을 발견했다.

절 요약

스트레스장애

혐오자극에 대한 사람들의 정서반응은 자신의 건강을 위협할 수 있다. Cannon이 싸움-혹은-도주 반응이라고 일컬었던 스트레스 반응은 위협자극에 대한 단기반응으로 유용하지만 장기간이 되면 해롭다. 이러한 반응에는 자율신경계 교감신경의 활동과 에피네프린, 노르에피네프린, 글루코코르티코이드같이 부신에서 분비되는 호르몬의 분비가 증가되는 것이 있다. 뇌하수체 전엽에서 ACTH의 분비를 자극하는 피질자극방출호르몬은 뇌에서 분비되고, 스트레스 상황에 대한 정서적 반응을 유발한다.

비록 에피네프린과 노르에피네프린의 증가가 혈압을 상승시킬 수 있다고 하지만, 건강에 대한 피해의 대부분은 글루코코르티코이드에 의해서 유발된다. 이 호르몬의 고농도에 장기 노출되면 혈압이 상승하고, 근육조직에 손상이 생기며, 불임과 성장억제, 염증반응 억제, 면역계의 저하 등이 생길 수 있다. 이것은 또한 해마를 손상시킬 수 있다. 출산 전이나 출산 후 초기에 스트레스에 노출되면 해마 기능의 손상과 편도체 크기의 증가와 같은 뇌의 발달과 행동에 영향을 미칠 수 있다. 이러한 변화는 동물에게 스트레스 상황에 더 반응적이 되도록 만드는 것처럼 보인다. 사람에서는 만성 통증 스트레스가 대뇌, 특히 전전두피질 회백질의 상실을 초래하여 전전두 피질과 관련된 행동의 결손을 초래한다.

극도의 스트레스에 노출되는 것도 역시 장기간 지속되는 효과를 나타낸다. 이것은 외상후 스트레스장애를 유발할 수 있다. 이 장애는 기억력 결손, 나쁜 건강 및 해마의 크기 감소와 관련 있다. 쌍둥이 연구는 PTSD의 민감성을 결정짓는 유전적 요소가 있음을 시사한다. 심각한 스트레스를 경험한 후 PTSD에 걸리는 것에 저항성을 보이는 사람의 전전두피질은 편도체를 억제하는 것처럼 보인다. 전전두피질은 PTSD 환자에서 낮은 활동을 나타낸다. 배외측전전두피질의 경두개자기자극은 PTSD의 증상을 감소시키는 것처럼 보인다.

면역계는 골수와 흉선에서 발생하는 백혈구로 이루어져 있다. 그것들은 감염 미생물의 표면에 있는 독특한 단백질인 항원을 재인하는 항체를 생성한다. 항원 재인은 침입자를 공격하도록 만든다. 다양한 스트레스 상황은 사람의 면역계를 억압하고 전염병에 대한 민감성을 증가시키는 것이 밝혀졌다.

생각해 봅시다

연구자는 글루코코르티코이드가 면역계를 억제한다는 사실에 의아해한다. 여러분은 위험이나 스트레스를 겪는 상황에서 우리의 면역계가 억제된다는 사실로부터 어떤 잠재적 유익을 생각해 볼 수 있는가?

물질남용장애

약물중독은 인류에게 심각한 문제를 제기한다. 우리의 가장 오래된 약물의 하나인 알코올의 남용으로 생기는 비참한 결과—자동차 사고, 태아 알코올 증후군, 간경화, 코르사코프 증후군(Korsakoff's syndrome), 심장질환의 증가, 뇌출혈의 증가—에 대해 생각해 보라. 흡연(니코틴 중독)은 폐암이나 심장마비, 뇌졸중으로 인한 사망 가능성을 엄청나게 증가시키고, 흡연 여성은 저체중의 건강하지 못한 아기를 낳는다. 코카인 중독은 정신병 행동, 뇌손상 그리고 과용으로 인한 사망을 초래할 수 있다. 수익성이 높은 불법 시장을 위한 경쟁은 이웃을 공포에 떨게 하고, 정치와 사법체계를 엉망으로 만들며, 많은 폭행치사를 초래한다. '합성 마약(designer drug)'의 투약은 검사된 적 없는 오염된 약품에 의해 알려지지 않은 위험에 투약자들을 종종 노출시키는데, 신경독소로 오염된 합성 아편제를 복용한 후 파킨슨병(Parkinson's disease)을 얻게 된 사람들의 경우가 그 예다. 약물을 정맥주사로 주입하는 중독자들은 에이즈나 간염 또는 다른 전염병에 걸릴 심각한 위험을 겪는다. 무엇이 많은 사람을 이러한 약물에 이끌리게 만드는가?

그 대답은 여러분이 아마도 12장 강화의 생리학에서 배운 것으로부터 예상할 수 있듯이, 이러한 모든 약물이 정적 강화를 일으키는 뇌기제를 자극한다는 것이다. 부연하자면, 그것들 대부분은 불쾌한 느낌을 줄이거나 없애는데, 그중 일부는 약물 자체로 인해 생긴 것이다. 이러한 약물의 즉각적인 효과가 오랜 시간 후에 나쁜 일이 일어날 것이라는 자각보다 더 강력하다.

갈망과 재발은 물질남용장애의 중요한 특징이다.

Oleg Golovnev/Shutterstock.com.

중독이란 무엇인가?

중독(addiction)이라는 말은 '선고하다(to sentence)'라는 의미를 지닌 라틴어 *addicere*에서 유래했다. 약물중독자는 어떤 면에서는 약물의존성으로 인한 요구를 충족시켜야만 하는 비자발적 구속을 선고받는다.

간단한 배경

오래전에 사람은 자연에 있는 많은 물질, 즉 주로 식물의 잎이나 씨, 뿌리 그리고 일부 동물의 생성물이 의학적 성분을 가지고 있다는 것을 발견했다. 그들은 감염을 막거나 치유를 촉진하거나, 위통을 가라앉히거나, 통증을 줄이거나, 수면을 돕는 식물을 발견했다. 그들은 또한 먹거나, 마시거나 혹은 피웠을 때, 쾌락적 효과를 제공하는 '기분전환 약물(recreational drugs)'도 발견했다. 가장 널리 알려진 기분전환 약물 그리고 아마도 우리 조상이 발견한 첫 번째 약물은 에틸알코올(ethyl alcohol)이다. 누룩 포자는 어디에나 존재하고 이러한 미생물은 설탕용액을 영양분 삼아 부산물로 알코올을 생산한다. 의심할 바 없이 세계 여러 곳의 사람들이 과일 용기의 아랫부분에 농축된 과즙같이 잠시 방치되었던 음료의 쾌락적 효과를 발견하였다. 이 과즙은 세균의 작용 때문에 시거나 나쁜 맛이 났을 수도 있으나, 알코올의 효과는 사람들에게 다양한 발효음료를 개발하는 실험을 하도록 부추겼다. 표 16.1은 가장 중요한 중독성 약물을 나열하고 그것의 작용부위를 보여 준다.

표 16.1 중독성 약물

약물	작용부위
에틸알코올	NMDA 수용기(간접 길항제); $GABA_A$ 수용기(간접 효능제)
바르비투르산염	$GABA_A$ 수용기(간접 효능제)
벤조디아제핀(신경안정제)	$GABA_A$ 수용기(간접 효능제)
대마초(마리화나)	CB_1 카나비노이드 수용기(효능제)
니코틴	니코틴 ACh 수용기(효능제)
아편제(헤로인, 모르핀 등)	μ와 δ 아편 수용기 효능제
펜시클리딘(PCP)과 케타민	NMDA 수용기(간접 길항제)
코카인	도파민(세로토닌, 노르에피네프린)의 재흡수 차단
암페타민	도파민 운반체를 역전 운행시켜 도파민의 방출을 초래

출처: Adapted from Hyman, S. E., and Malenka, R. C. *Nature Reviews: Neuroscience*, 2001, *2*, 695

정적 강화

의존성을 야기하는 약물은 무엇보다 사람의 행동을 강화한다. 12장에서 보았듯이, 정적 강화(positive reinforcement)는 어떤 자극이 자신을 선행하는 행동에 미치는 효과를 말한다. 만일 특정 상황에서 어떤 행동 다음에 식욕을 촉진하는(유기체가 접근하는 경향이 있는) 자극이 규칙적으로 뒤따르면, 다음에 그 행동은 그러한 상황에서 더욱 자주 나타날 것이다.

약물남용의 역할. 강화자극의 효과는 반응이 일어난 후 바로 그 자극이 나타날 때 가장 크다. 만일 강화자극이 지연되면 그 효과는 상당히 떨어진다. 그 이유는 도구적 조건화—우리 자신의 행동의 결과에 대한 학습—의 기능을 연구함으로써 밝혀졌다. 대개 원인과 결과는 시간과 밀접하게 관련되어 있다. 즉, 우리가 어떤 일을 하면, 좋건 나쁘건 어떤 일이 일어난다. 이런 행동의 결과는 그 행동을 반복해야 할지 말지를 우리에게 가르쳐 주고, 그리고 반응 뒤 몇 초 이상의 간격을 두고 일어난 사건은 아마도 그 반응의 결과로 일어난 것이 아닐 수 있다.

우리가 4장에서 살펴보았듯이 약물복용자는 헤로인을 모르핀보다 선호하는데, 이는 헤로인이 다른 효과를 보이기 때문이 아니라 더 빠른 효과를 나타내기 때문이다. 사실 헤로인은 뇌에 도달하자마자 모르핀으로 전환된다. 그러나 헤로인이 보다 더 지용성이기 때문에 혈뇌장벽(blood-brain barrier)을 더 빨리 통과하고, 이것이 뇌에 미치는 효과는 모르핀의 효과보다 더 빠르게 느껴진다. 대부분의 강력한 강화는 약물이 강화기제의 활동에서 갑작스런 변화를 일으킬 때 발생하므로, 느린 변화는 훨씬 덜 강화적이다. 중독성 약물을 복용하는 사람은 빠르게 작용하는 약물에 의해 일어나는 갑작스런 '도취감'을 추구한다. (나중에 확인하게 되겠지만, 아편 중독치료를 위한 메타돈과 담배중독치료를 위한 니코틴 패치의 사용은 이러한 현상에 근거를 둔다.)

신경기제. 12장에서 살펴보았듯이 지금까지 연구된 모든 자연 강화물(배고픈 동물에게는 먹이, 목마른 동물에게는 물, 또는 성적 접촉)은 한 가지 생리적 효과를 공통적으로 가진다. 그것들은 측핵(nucleus accumbens)에서 도파민(DA)의 방출을 야기한다(White, 1996). 이런 효과는 의심할 바 없이 강화자극의 고유 효과이고, 심지어 유해자극도 도파민의 방출을 유발할 수 있다(Salamone, 1992). 강화의 신경적 기초가 아직 완전히 이해된 것은 아니지만, 도파민의 방출은 정적 강화가 일어나기 위한 필요조건인(충분조건은 아닌) 것으로 보인다.

미세투석에 의해 측정된 바에 따르면, 중독성 약물—암페타민, 코카인, 아편제, 니코틴, 알코올, PCP 및 대마초—은 측핵에서 도파민의 방출을 유발한다(Di Chiara, 1995). 다른 약물은 각기 다른 방법으로 도파민의 방출을 자극한다. 특정 약물이 중뇌변연계(mesolimbic) 도파민체계와 상호작용하는 방법은 특정 범주의 약물을 다루는 나중의 절에 언급되어 있다.

중독성 약물의 강화속성이 천연적 강화물과 동일한 뇌기제를 공유한다는 사실은 이런 약물들이 정상적으로는 우리가 환경에 적응하는 것을 돕는 뇌기제를 '장악한다(hijack)'는 점을 보여 준다. 중독의 과정은 중뇌변연계 도파민체계에서 시작되고 이 뉴런으로부터 입력을 받는 다른 뇌 영역에서 장기적 변화를 산출하는 것처럼 보인다(Kauer & Malenka, 2007). 최초의 변화는 복측피개영역(ventral tegmental area; VTA)에서 일어나는 것 같다. Saal 등(2003)은 다양한 중독성 약물(코카인, 암페타민, 모르핀, 알코올 및 니코틴)의 1회 주사가 생쥐의 VTE 도파민 뉴런에 있는 흥분성 시냅스의 강도를 증가시키는 것을 발견하였다. 이 변화는 DA 뉴런의 시냅스후막에 AMPA 수용기를 증거시킴으로써 생기는 것 같다(Mameli et al., 2009). 우리가 12장에서 보았듯이 정상적으로는 글루타민성 NMDA 수용기에 의해 매개되는 이 과정이 많은 형태의 학습의 신경적 기초이다. 중독성 약물의 1회 주사가 VTA의 시냅스를 강화하는데, 이것은 약 5일간 지속한다. 동물이 약 2주 동안 코카인을 투여받으면 VTA의 변화는 지속된다.

VTA에서 변화의 결과로 인한 증가된 활성화는 복측 선조체를 포함하는 VTA로부터 도파민 입력을 받는 다양한 영역에서 나타나는데, 이것은 측핵을 포함하고, 또한 미상핵과 피각을 포함한다. 중독을 특징짓는 강박적 행동과 관련된 시냅스 변화는 중독성 약물을 지속적으로 투약한 후에 발생한다. 이런 변화들 중 가장 중요한 것은 배측 선조체에서 발생하는 것처럼 보인다. 우리는 기저핵(배측 선조체를 포함)이 도구적 학습에서 결정적인 역할을 한다는 것을 12장에서 보았는데, 중독과정이 바로 그것을 포함하고 있다.

부적 강화

아마도 어떤 사람이 자기 머리로 벽을 들이받는 원인이 "나는 중지할 때 기분이 좋기 때문이다."라고 말하는 오래된 농담을 들어본 적이 있을 것이다. 물론 아무도 그런 식으로 행동하지 않는다고 하더라도 우리의 머리로 벽을 받는 것을 중단하는 것이 계속 그렇게 하는 것보다 확실히 낫다는 것을 알기 때문에 이 농담은 웃긴다(또는 적당히 재미있다). 만약 어떤 사람이 우리의 머리를 때리기 시작한다면 우리는 그들을 중단시키기 위해 무언가를 할 것이다. 우리가 한 일이 무엇이든 간에 그것은 확실히 강화가 될 것이다.

혐오자극을 중단하거나 줄이는 행동은 강화될 것이다. 이런 현상은 **부적 강화**negative reinforcement로 알려져 있고 그것의 유용성은 분명하다. 예를 들어, 다음의 이야기를 생각해 보라. 셋집에 사는 어떤 여자가 보일러에서 나는 유쾌하지 못한 소음 때문에 잠을 이루지 못했다. 그녀는 소음의 근원을 찾기 위해 지하실로 가서, 마침내 기름 보일러의 옆을 발로 찼다. 소음이 그쳤다. 다음번에 보일러에서 소리가 나면 그녀는 즉시 지하실로 가서 보일러를 걷어찰 것이다. 불쾌한 소음(혐오자극)은 그녀가 기름 보일러의 옆을 걷어찼을(반응) 때 끝났으므로 그 반응은 강화를 받았다.

약물을 남용하는 사람은 신체적으로 약물에 의존적이 되는데, 즉 내성과 금단증상을 보인다. 4장에서 살펴보았듯이 **내성**tolerance은 약물의 지속적 사용으로 인해 약물 민감성이 감소되는 것으로, 투약자는 약물 효과를 보려면, 점점 더 많은 양의 약물을 복용해야 한다. 일단 어떤 사람이 내성이 생길 정도로 아편제를 정기적으로 사용했다면, 약물복용을 중단할 경우 **금단증상**으로 고통받을 것이다. **금단증상**withdrawal symptoms은 일차적으로 약물 자체 효과와 반대가 된다. 헤로인의 효과—도취감, 변비, 이완—는 불쾌감, 경련, 설사, 흥분 등의 금단효과를 초래한다.

대부분의 연구자는 내성이 헤로인 중독의 비정상 상태를 보상하려는 신체의 시도에 의해 생긴다고 믿고 있다. 이 약물은 뇌의 정상적인 항상성 기제를 교란시키고, 그리고 이 교란을 부분적으로 보상하려는 항상성 기제가 약물 효과와 반대 효과를 산출하기 시작한다. 이러한 보상기제 때문에 투약자는 자신이 처음 사용하기 시작했을 때 생기던 효과를 얻기 위해 증가된 양의 헤로인을 투약해야만 한다. 이러한 기제는 또한 금단증상을 설명해 준다. 그 사람이 약물복용을 중단하면, 보상기제는 그들에게 약물작용과는 반대 효과를 느끼도록 만든다.

비록 처음에는 정적 강화가 약물복용을 부추기는 것으로 보이나, 금단 효과의 감소도 확실히 사람의 약물중독을 유지시키는 역할을 한다. 금단 효과는 불쾌하지만, 약물을 복용하자마자 그 효과는 사라지는데, 이것이 부적 강화를 제공하는 것이다.

부적 강화는 어떤 조건 아래서 약물중독의 획득을 설명해 줄 수 있다. 만약 스트레스를 받은 사람이 불쾌한 느낌으로 고통받다가 이러한 느낌을 사라지게 하는 약물을 복용했다면, 그 사람의 약물복용 행동은 강화받을 가능성이 있다. 예를 들면 알코올은 불안감을 이완시킬 수 있다. 만약 어떤 사람이 불안감이 고조되는 상황에 있었고, 한두 잔의 술이 기분을 좀 나아지게 하는 것을 발견할 수도 있다. 사실 사람은 종종 이런 효과를 기대하고 그런 상황이 실제로 일어나기 전에 술을 마시기 시작한다.

갈망과 재발

왜 약물중독자는 약물을 갈망하는가? 왜 이 갈망(craving)은 오랜 금욕 이후에도 일어나는가? 심지어 중독성 약물을 중단한 지 수개월, 수년이 흐른 후에도 과거 약물중독자는 재발(relapse)로 이어지는 강한 갈망을 경험하곤 한다. 확실히 오랜 기간 약물을 복용하는 것은 뇌에서 어떤 변화를 일으킴으로써 재발 가능성을 증가시키는 것이 틀림없다. 이러한 과정을 이해한다면 임상의는 사람의 약물의존성을 완전히 끊도록 돕는 치료법을 고안하는 데 도움을 줄 수 있을 것이다.

실험동물을 이용하여 갈망을 연구하는 한 가지 방법은 약물추구의 **복귀모형**(reinstatement model)을 통해서이다. 동물은 처음에 코카인 같은 약물의 정맥주사에 의해 강화되는 반응(예: 레버 누르기)을 하도록 훈련된다. 다음에 이 반응은 약물 대신 식염수 용액의 투여를 통해 소거된다. 일단 동물이 반응하기를 중단하면 실험자는 약물의 '반응에 수반되지 않는' 주사를 통해 투여하거나(약물 복귀절차) 혹은 약물과 연관된 자극을 제시한다(단서 복귀절차). 이런 자극에 대한 반응으로 동물은 다시금 레버를 누르는 반응을 하기 시작한다 (Kalivas, Peters, & Knackstedt, 2006). 아마도 이런 종류의 재발(이전에 소거된 반응의 복귀)이 과거 중독자에게 약물추구 행동을 동기화시키는 갈망을 설명해 주는 좋은 모형일 것이다(그림 16.11 참조).

Volkow 등(2002)은 코카인 남용자들의 내측전전두피질의 활동이 금욕 중인 정상 피험자보다 낮다는 것을

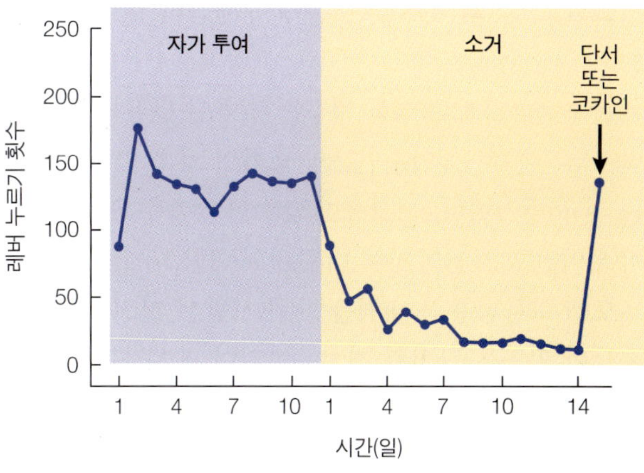

그림 16.11 복귀절차, 갈망의 측정. 이 그래프는 자가 투여 단계에서 중독성 약물의 주입을 위해 레버 누르기를 학습과 동시에 약물이 더 이상 주어지지 않을 때 레버 누르기의 소거를 보여 준다. 약물의 '반응에 수반되지 않는' 주사 혹은 학습 시에 약물과 연합된 단서의 제시는 반응을 복귀시킨다.

Based on data from Kalivas, p. W., Peters, J., and Knackstedt, L. *Molecular Interventions*, 2006, *6*, 339–344.

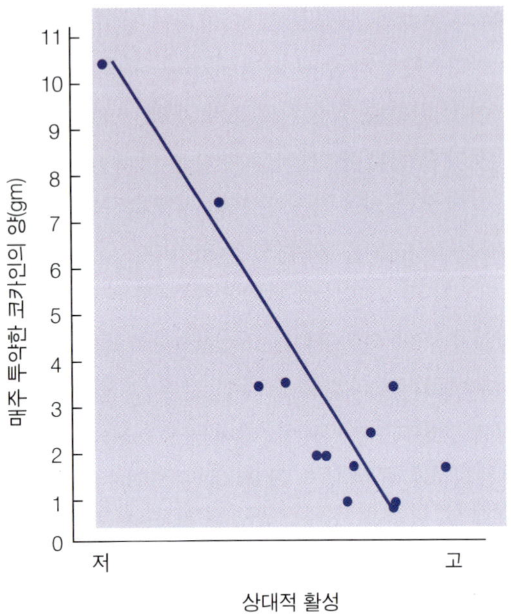

그림 16.12 코카인 투약과 내측전전두피질. 이 그래프는 코카인 남용자에 의해 매주 정상적으로 투약된 코카인 양의 함수로서 내측전전두피질의 활성화를 보여 준다.

Based on data from Bolla, K., Ernst, M., Kiehl, K., et al. *Journal of Neuropsychiatry and Clinical Neuroscience*, 2004, *16*, 456–464.

발견하였다. 게다가 중독자가 일반적으로 전전두피질을 활성화시키는 과제를 수행하고 있을 때, 그들의 내측전전두피질은 건강한 통제집단의 피험자보다 덜 활성화되며, 그 과제를 더 서툴게 수행한다(Bolla et al., 2004; Garavan & Stout, 2005). 사실 Bolla와 동료는 내측전전두피질의 활성화 정도는 코카인 남용자가 일상적으로 투약하는 일주일분의 코카인 양과 반비례한다는 것을 발견했다. 뇌활동이 낮으면 낮을수록, 그 사람이 투약한 코카인의 양이 더 많았다(그림 16.12 참조).

오랜 약물남용의 내력을 가진 사람은 전전두피질에 손상이 있는 사람처럼 전전두피질이 관여하는 과제의 수행에 결손을 보였을 뿐만 아니라, 그 부위의 구조적 이상도 보였다. 예를 들면 Franklin 등(2002)은 만성 코카인 남용자의 상측두피질(superior temporal cortex)과 전전두피질의 다양한 부위에서 회백질 부피가 평균 5~11% 감소된 것을 보고하였다. Thompson 등(2004)은 메스암페타민 투약자의 대상피질과 변연피질의 회백질 부피가 감소한다는 것을 발견했고, Ersche 등(2011)은 코카인 투약자의 뇌에서 유사한 감소를 확인했다. de Ruiter 등(2011)은 골초와 병적 도박꾼 모두에서 배내측 전전두피질의 활성화 감소에 의해 초래되는 행동통제의 상실을 발견했는데, 이것은 병리적 도박이 일종의 중독임이 틀림없다는 일부 연구자의 주장을 지지해 주는 것이다(Thomas et al., 2011). Zhang 등(2011)은 사람들이 평생 동안의 흡연량에 비례하는 전전두피질의 회백질 감소를 발견했다. 물론 이 연구 결과가 우리에게 전전두피질의 이상이 사람들에게 중독이 되게 만드는지 아니면 약물투약이 이런 이상을 초래하는지(혹은 양자 모두인지)를 결정할 수 있게 해주는 것은 아니다.

15장에서 살펴보았듯이 조현병의 부정적 및 인지적 증상은 전두엽 기능저하(hypofrontality)—전전두엽피질의 활동 감소—의 결과인 것 같다. 이 증상은 장기 약물남용에 수반하는 증상과 매우 유사하다. 사실 여러 연구는 조현병과 약물남용의 공존질환(comorbidity) 정도가 높다는 것을 보여 주었다. (공존질환이라는 용어는 한 사람에게 동시에 두 가지 이상의 장애가 함께 존재하는 것을 말한다.) 예를 들면 조현병을 가진 모든 사람의 반수 정도가 물질남용장애(알코올이나 불법 약품)를 가지고 있고, 70~90%가 니코틴에 의존적이다(Brady & Sinha, 2005). 사실 미국에서 정신과적 장애를 가진 흡연자가 인구의 7%에 해당하고 전체 담배소비량의 34%를 소비한다(Dani & Harris, 2005). Mathalon 등(2003)은 전전두엽 회백질 부피가 알코올 중독 환자에서 10.1% 작고, 정신분열환자에서 9% 작고, 두 질병을 모두 가진 환자에서 15.6% 작다는 것을 발견하였다. 이런 결과들은 전전두피질 이상이 조현병과 물질남용장애의 공통 요소라는 것을 시사한다. 이전부터 있던 이상이 이러한 장애의 위험을 증가시키는지, 또는 이러한 장애가 이상을 초래하는지는 아직 밝혀지지 않았다.

Weiser 등(2004)은 매년 청소년 징병대상자의 무선표본을 대상으로 흡연에 대한 설문을 실시하였다. 14~16년이 경과한 추후검사 시기에 그들은 조현병으로 입원한 비율이 비흡연자에 비해 하루에 최소 10개비를 흡연한 징병대상자에서 2.3배 높다는 것을 발견했다(그림 16.13 참조). 이 결과들은 전전두피질의 이상이 조현병과 약물남용장애의 공통원인일 가능성을 시사한다.

방금 확인했듯이 약물 관련 자극이 있으면 갈망과 약물추구 행동을 유발한다. 게다가 임상의는 스트레스 상

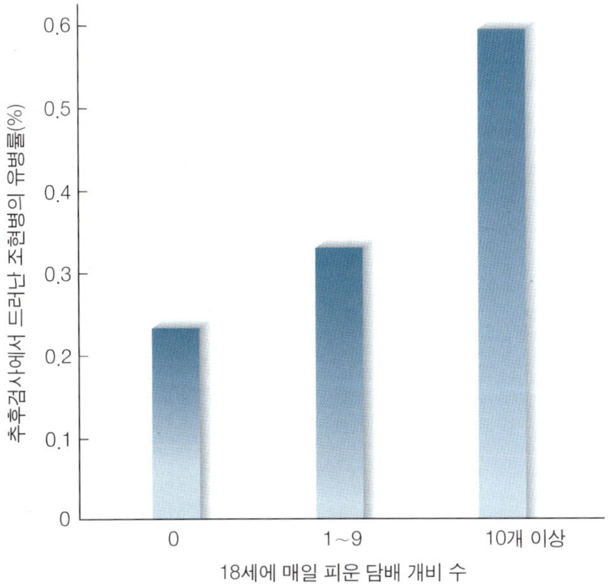

그림 16.13 흡연과 조현병. 이 그래프는 18세 때 하루에 피운 담배의 개비 수의 함수로서 14~16년 후의 추후검사 시기 동안 조현병의 유병률을 보여 준다.

Based on data from Weiser, M., Reichenberg, A., Grotto, I., et al. *American Journal of Psychiatry*, 2004, *161*, 1219-1223.

황이 과거 약물중독자의 재발을 초래할 수 있다는 사실을 오랫동안 관찰해 왔다. 이러한 효과는 이전에 코카인이나 헤로인의 자가 투여를 익힌 쥐에게서도 관찰되었다(Covington & Miczek, 2001). 재발을 촉발하는 기제는 스트레스에 의해 유발된 뇌에서 피질자극-방출호르몬(CRH)의 방출을 포함하는 것처럼 보인다. Hahn, Hopf 및 Bonci(2009)에 의한 연구는 CRH의 주입이 코카인에 노출되었던 생쥐의 복측피개영역에서 도파민 뉴런의 활성화를 증가시키는 것을 발견했다.

일반적으로 남용되는 약물

사람은 알코올과 바르비투르산염, 아편제, 담배, 암페타민, 코카인, 내마초, LSD 같은 환각제, PCP 그리고 본드, 가솔린, 에테르, 아산화질소(nitrous oxide) 같은 휘발성 용매를 포함한 엄청나게 다양한 약물을 남용하는 것으로 알려졌다. 아동이 어지러울 정도로 스스로 뱅뱅 도는 행동에서 즐거움을 느끼는 것은 역시 이러한 약물 일부의 효과와 유사할 수 있다. 이 장의 길이를 적당히 유지하기 위해 이러한 모든 약물에 관해 깊게 언급할 수는 없고, 단지 인기와 중독 가능성의 관점에서 가장 중요한 몇 가지만 다루기로 하겠다. 카페인 같은 약물은 대중적이고 중독성이 있긴 하지만, 일반적으로 그것들은 독성, 건강이상, 생산성의 방해를 초래하지는 않으므로 저자는 따로 언급하지 않겠다. (4장에서 카페인이 행동에 미치는 효과와 작용부위에 대해 언급하긴 하였다.) LSD나 PCP 같은 환각제에 대해서도 언급하지 않을 것이다. 비록 어떤 사람은 LSD의 기분전환 효과를 즐기지만, 많은 사람은 단순히 이것을 두려워하고, 어떤 경우에 LSD를 사용했다고 하더라도 중독이 되지는 않는다. PCP(phencyclidine)는 NMDA 수용기에서 간접 길항제로 작용하는데, 이 말은 그것의 효과가 알코올의 효과와 겹쳐진다는 것을 의미한다. 이런 약물에 지면을 할애하는 것보다 나는 알코올에 대해 좀 더 이야기하려고 하는데, 알코올은 어떤 환각제보다 훨씬 더 많이 남용되기 때문이다.

아편제

양귀비에 의해 만들어진 끈적끈적한 수지로부터 추출된 아편제는 수 세기 동안 복용되거나 연기로 흡입되었다. 아편제 중독은 어느 정도 높은 개인적 및 사회적 비용을 발생시킨다. 첫째, 가장 흔하게 남용되는 아편제인 헤로인이 대부분의 나라에서 불법약물이기 때문에, 정의상으로 중독자는 범죄자가 된다. 둘째, 내성으로 인해 사람은 '도취감'에 도달하기 위해 점점 더 많은 양의 약물을 복용하여야 한다. 이 습관은 점점 더 많은 비용이 들게 하고, 이 습관을 지탱하기에 충분한 돈을 구하기 위해 사람들은 범죄를 저지르게 된다. 셋째, 아편제 중독자는 종종 비위생적인 주삿바늘을 사용하기 때문에, 현재 불법약물을 주사하는 사람의 상당수가 간염이나 에이즈바이러스에 노출되고 있다. 넷째, 만약 중독자가 임신한 여성이면 약물이 태반의 경계를 쉽게 통과하므로 태아도 역시 약물에 의존적이게 된다. 이런 태아는 출생 후 곧바로 아편제를 투여받아야 하며, 점차 양을 줄여가면서 약물에서 벗어나게 한다. 다섯째, 주어진 헤로인 1회 용량의 약효가 불확실하므로 사용자는 이례적으로 과량의 약물을 투약할 가능성이 있고, 이는 치명적 결과를 가져온다. 그리고 헤로인을 희석하는 데 사용되는 일부 물질은 그 자체로 독성을 갖고 있다.

앞에서 보았듯이, 실험동물은 아편제를 자가 투여한다. 아편제가 전신체적으로 투여되면 이것은 뇌 여러 부분의 신경세포에 위치하는 아편제 수용기를 자극하여 진통, 저체온증(체온이 낮아지는 것), 진정상태(sedation) 및 강화를 포함하는 다양한 효과를 초래한다. 수도주변회백질(periaqueductal gray matter)에 있는 아편제 수용기는 주로 진통에, 시삭전영역(preoptic area)의 수용기는 저체온증에, 중뇌망상체의 수용기는 진정상태, 그리고 복측피개영역과 측핵의 수용기는 아편제의 강화 효과에 관여한다.

앞서 살펴보았듯이 강화자극은 측핵에서 도파민의 방출을 야기하며, 아편제 주입도 역시 이러한 일반적인 규칙에 예외가 아니다. Wise 등(1995)은 쥐가 헤로인의 정맥 주입을 시키는 레버를 누르는 동안 측핵에서 도파민의 수치가 150~300% 증가하는 것을 발견하였다. 쥐는 복측피개영역(Devine & Wise, 1994)과 측핵(Goeders, Lane, & Smith, 1984)에 직접적으로 도파민을 주입해 주는 지렛대도 누를 것이다. 다른 말로 하면, 중뇌변연 도파민 체계의 양쪽 말단에 대한 아편제의 주입은 강화적이다. 이러한 발견은 아편제의 강화 효과가 중뇌변연계의 뉴런의 활성화와 측핵에서 도파민의 방출에 의해 발생한다는 것을 시사한다.

흥분성 약물: 코카인과 암페타민

코카인과 암페타민은 둘 다 강력한 도파민 효능제로 작용하기 때문에 유사한 행동 효과를 보여 준다. 그러나 그것의 작용부위는 다르다. 코카인은 도파민 운반체 단백질을 비활성화시켜서 도파민이 종말단추(terminal button)에서 유리되면 이것의 재흡수를 차단한다. 암페타민 역시 도파민의 재흡수를 억제하나, 이것의 가장 중요한 효과는 종말단추로부터의 도파민 방출을 직접 자극하는 것이다. **메스암페타민**(methamphetamine)은 화학적으로 암페타민과 관련이 있으나 그 효과는 훨씬 더 강력하다. 코카인과 메스암페타민의 효능이 매우 강력하고 빠르기 때문에 그것은 아마도 모든 가용한 약물 중 가장 효과적인 강화물일 것이다. 사실 쥐나 원숭이에게 코카인의 자가 투여를 허용하는 레버에 계속 접근할 수 있게 하면, 그들은 종종 지나치게 많이 자가 투여를 하여 죽음에 이른다. Bozarth와 Wise(1995)는 코카인을 자가 투여한 쥐는 헤로인을 자가 투여한 쥐보다 죽을 가능성이 3배 정도 더 높다는 것을 발견하였다.

앞서 살펴보았듯이 중뇌변연계 도파민 체계는 모든 형태의 강화에 중요한 역할을 한다. 만약 도파민 수용기를 차단하는 약물을 NAC에 주입한다면 코카인은 그 강화 효과를 많이 잃게 된다(McGregor & Roberts, 1993; Caine et al., 1995). 이와 더불어 6-HD의 국소주입을 통해 NAC의 도파민 종말을 파괴하면 코카인과 암페타민의 강화 효과를 방해한다(Caine & Koob, 1994).

몇몇 증거는 흥분성 약물의 사용이 뇌에 장기적으로 유해한 효과를 나타낸다는 것을 시사한다. 예를 들어 McCann 등(1998)에 의한 PET 연구는 과거에 메스암페타민에 중독되었던 사람이 거의 3년 동안 이 약물을 멀리했음에도 불구하고 미상핵과 피각에서 도파민 운반체의 수가 줄어들었음을 보여 주었다. 도파민 운반체의 숫자가 감소했다는 것은 이 영역에서 도파민 신경종말의 수가 줄어든 것을 의미한다. 저자가 언급한 대로, 그들은 나이가 들어감에 따라 파킨슨병에 걸릴 위험성이 높아질 것이다(그림 16.14 참조). 실험동물을 이용한 실험은 메스암페타민이 세로토닌 축색의 종말을 손상시킬 수 있고, 대뇌피질과 선조체 및 해마에서의 세포자살(apoptosis)을 통해 사망을 초래할 수도 있다는 것을 밝혔다(Cadet, Jayanthi, & Deng, 2003).

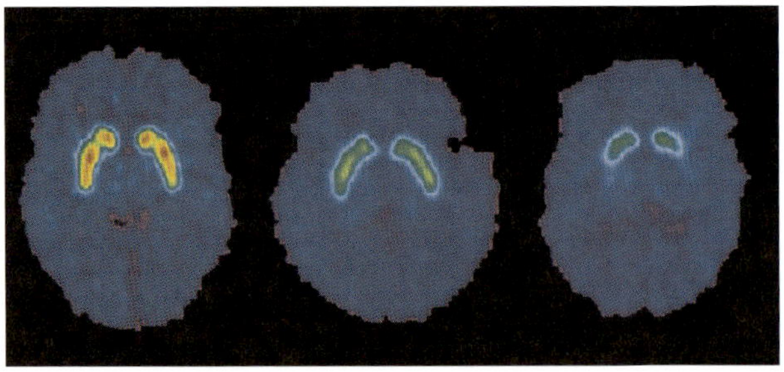

그림 16.14 도파민 운반체, 메스암페타민 남용 및 파킨슨병. 이 스캔 사진은 통제군 피험자, 이전에 메스암페타민을 남용하였던 피험자 및 파킨슨병에 걸린 피험자에서 도파민 운반체의 농도를 보여 준다. 도파민 운반체의 농도 감소는 도파민 종말의 상실을 나타낸다.

McCann, U. D., Wong, D. F., Yokoi, F., et al. *Journal of Neuroscience*, 1998, *18*, 8417–8422. By permission.

니코틴

니코틴은 아마 아편제나 코카인, 암페타민과 비교하여 다소 순하게 보일 것이다. 그럼에도 불구하고 니코틴은 중독성 약물이며, 소위 말하는 '마약'보다 더 많은 사망의 원인이 된다. 흡연 시 니코틴과 다른 물질의 결합은 발암성이 있어 폐, 구강, 후두, 식도에 암을 발생시킨다. 세계 성인 인구 3분의 1이 흡연을 하고 있으며, 흡연은 개발도상 국가에서 증가되고 있는 사망원인 중 하나였다. 세계보건기구(WHO)는 청소년기에 시작하여 평생 흡연을 계속한 사람 중 50%가 흡연관련 질병으로 사망하게 될 것이라고 추산했다. 연구자들은 몇 년 내에 담배가 매해 640만 명 이상을 사망을 초래하는 세계적으로 가장 커다란 단일의 건강문제가 될 것이라고 추정했다(Mathers & Loncar, 2006). 사실 흡연은 개발도상 국가에서 예방 가능한 주 사망원인이다(Dani & Harris, 2005). 미국에서만 니코틴 중독으로 해마다 43만 명 이상이 사망한다(Chou & Narasimhan, 2005). 임신한 여성에 의한 흡연 역시 그들의 태아의 건강에 악영향을 끼친다—확실히 코카인보다 더 나쁘다(Slotkin, 1998). 불행히도 미국에서 임신한 여성의 25%가 자신의 태아를 니코틴에 노출시킨다.

비록 담배회사의 중역과 자신의 경제적 복지가 담배 제품의 생산과 판매와 관련된 다른 사람들은 과거에 흡연은 '중독'이라기보다 '습관'이라고 주장했지만, 담배를 규칙적으로 피우는 사람의 행동은 강박적 약물복용자의 행동과 같다는 증거가 있다. 문헌개관 연구에서 Stolerman과 Jarvis(1995)는 흡연자들이 규칙적으로 흡연을 하거나 아니면 전혀 안 피운다는 점을 지적하였는데, 소량만을 흡연할 수 있는 사람은 거의 없다. 남성은 평균 하루에 17개비의 담배를 피우고, 여성은 평균 14개비를 피운다. 20명의 흡연자 중 19명이 매일 흡연을 하고, 3,500명 중 단지 60명만이 하루에 다섯 개비 이하의 담배를 피운다고 응답하였다. 게다가 40%의 사람이 후두절개수술(주로 후두암을 치료하기 위해 시행)을 한 후에도 흡연을 계속한다. 실제로 의사는 호흡할 수 있도록 관을 기도에 삽입한 환자도 때때로 담배를 관 입구에 갖다 대면서 흡연을 하려고 할 것이라고 보고했다(Hyman & Malenka, 2001). 50% 이상의 심장마비 환자들이 흡연을 계속하고, 약 50%의 사람들이 폐암 수술 후에도 흡연을 계속한다. 특별 프로그램에 등록하여 금연하려 했던 사람 중 20%가 1년 동안 금연을 간신히 유지한다. 이 기록은 혼자 노력으로 끊으려 했던 사람에게서는 더욱 형편없다. 3분의 1이 하루 동안 금연하는 데 성공했고, 4분의 1이 한 주 동안, 단지 4%만이 6개월 동안 간신히 금연했다. 흡연은 단지 그것이 주는 '쾌락'을 추구하는 '습관'이라는 주장과 이런 수치는 서로 위배된다.

현재 많은 고용주들이 사업장에서 흡연을 금지하므로 우리는 니코틴 중독을 만족시키기 위해서 건물 외부에 서 있는 사람들의 모습에 익숙하게 되었다.

Gianni Muratore/Alamy.

우리만이 기꺼이 니코틴을 자가 투여하는 종이 아니고, 실험동물도 그렇게 한다(Donny et al., 1995). 물론 니코틴은 니코틴성 아세틸콜린 수용기를 자극한다. 이것은 또한 중뇌변연계의 도파민 뉴런의 활동을 증가시키고(Mereu et al., 1987), 측핵에서 도파민을 방출시킨다(Damsma, Day, & Fibiger, 1989). 그림 16.15는 니코틴과 식염수가 측핵의 세포외 도파민 수준에 미치는 효과를 미세투석에 의해 측정한 결과이다(그림 16.15 참조).

연구들은 내인성 카나비노이드(cannabinoid; 대마초와 화학성분의 총칭)가 니코틴의 강화 효과에서 역할을 한다는 것을 밝혔다. 카나비노이드 CB_1 수용기를 차단하는 **리모나반트**(rimonabant)는, 분명히 측핵에서 도파민의 방출을 감소시킴으로써(De Vries & Schoffelmeer, 2005), 쥐에서 니코틴의 강화 효과를 차단한다(Cohen, Kodas, & Griebel, 2005; Forget, Hamon, & Thiebot, 2005). 이 장 뒷부분에서 살펴보겠지만, 리모나반트는 금연을 시도하고 있는 사람들에서 재발 방지에 도움을 준다.

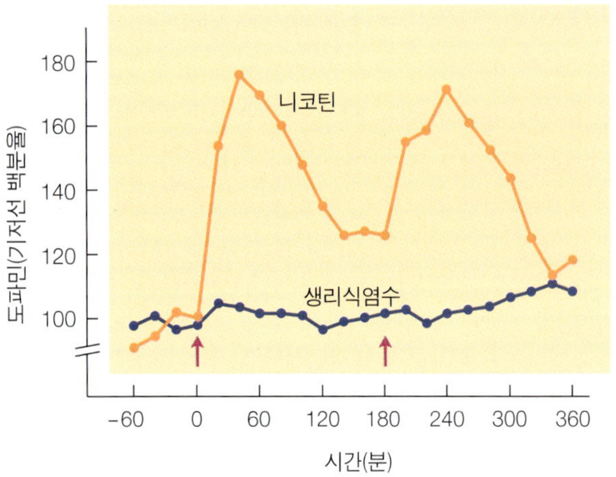

그림 16.15 니코틴과 측핵에서 도파민의 방출. 이 그래프는 니코틴 혹은 생리식염수의 주입에 대한 반응으로 미세투석법에 의해 측정된 측핵에서 도파민의 농도의 변화를 보여 준다. 화살표는 주사의 시기를 나타낸다.

Adapted from Damsma, G., Day, J., and Fibiger, H. C. *European Jorenal of Pharmacology*, 1989, *168*, 363-368.

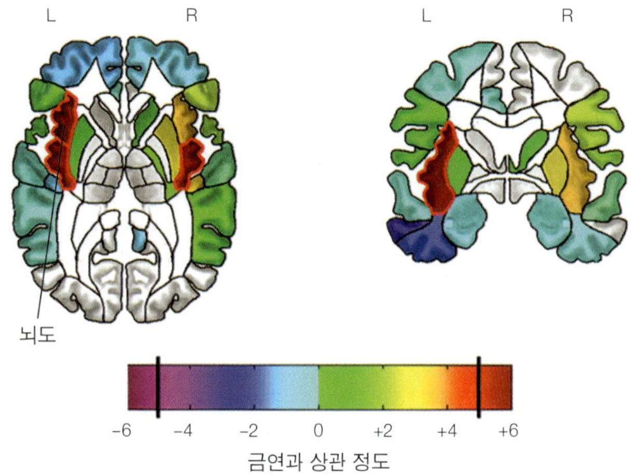

그림 16.16 뇌도 손상과 흡연중지. 이 도식은 손상이 흡연의 중지와 가장 높은 상관을 갖는 뇌의 영역(붉은색으로 보임)을 보여 준다.

From Naqvi, N. H., Rudrauf, D., Damasio, H., and Bechara, A. *Science*, 2007, *315*, 531-534. By permission.

Naqvi와 동료의 보고(Naqvi et al., 2007; Naqvi & Bechara, 2009)에 따르면 N씨는 자신의 뇌도(insula)를 손상시키는 뇌졸중을 겪었다. 사실 뇌도에 손상을 입은 몇몇 다른 환자는 흡연을 하려는 충동을 상실한다. Naqvi와 동료는 뇌도에 손상을 입은 19명의 흡연자와 이 영역이 손상을 입지 않은 50명의 흡연자를 확인했다. 그 환자 중 19명은 뇌도에 손상을 없앴고, 그들 중 12명은 "재발이나 흡연하려는 충동의 지속이 없이 즉각 쉽게 금연을 하였다"(p. 531). 뇌도에 손상을 입은 한 환자는 금연을 하였으나 아직 흡연충동을 느낀다고 보고했다. 그림 16.16은 흡연의 중단과 통계적으로 유의한 상관을 보이는 뇌손상에 대한 컴퓨터 합성 영상을 보여 준다. 여러분이 볼 수 있듯이 적색으로 나타나는 뇌도는 흡연의 중지와 가장 높은 관련성을 보였다(그림 16.16 참조).

다른 연구들은 Naqvi와 동료들의 보고에 대한 증거를 제공했다(Hefzy, Silver, & Silver, 2011). 게다가 Forget 등(2010)은 쥐의 뇌도에 억제성 약물을 주입하는 것은 니코틴의 강화 효과를 감소시킨다는 것을 발견했다(그림 16.17 참조). 저자는 앞서 Zhang 등(2011)이 흡연자의 전전두피질에서 회백질의 감소를 발견했다는 점을 언급하였는데, 그것은 흡연자가 자신의 흡연습관을 버리지 못하는 것과 최소한 부분적으로 관련이 있을 것이다. 이들 연구자는 또한 뇌도가 흡연자에서 더 크다는 것을 확인하였는데 그것은 니코틴 중독에서 뇌도의 분명한 역할과 일관성이 있다.

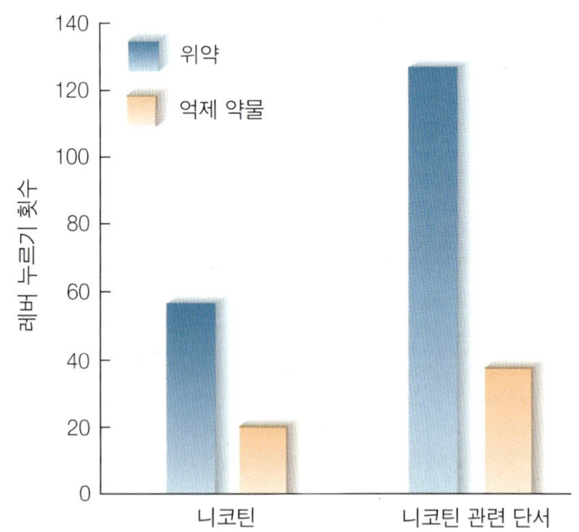

그림 16.17 쥐에서 약물추구행동의 복귀에 대한 뇌도의 비활성화 효과. 쥐가 니코틴의 주입을 위해 지렛대를 누르도록 훈련받았고 그 다음으로 행동이 소거되었다. 이 그래프는 억제성 약물의 주입에 의한 뇌도의 비활성화가 실제적으로 니코틴 혹은 이전에 니코틴과 연합된 단서에 의해 유발된 약물추구행동을 감소시킨다는 것을 보여 준다.

Based on data from Forget et al., 2010.

환자 N은 38세의 남자이고 14세경에 흡연을 시작했다. 뇌졸중을 당했던 시기에, 그는 하루에 40개비 이상의 필터가 없는 담배를 피웠고 흡연을 매우 즐겼는데…… 그는 특히 아침에 일어났을 때, 식후에, 커피나 술을 마실 때, 그리고 흡연을 하는 다른 사람들이 주변에 있을 때 담배를 피우려는 충동을 자주 경험하곤 했다. 그는 종종 부적절한 상황, 즉 일하거나 몸이 아파서 누워 있는 상황에서도 흡연을 하지 않는 것이 어려웠다. 그는 뇌졸중을 당하기 전에도 흡연에 따른 건강의 위험을 자각했으나 그 위험에 대해 특별히 관심을 갖지는 않았다. 그는 뇌졸중을 당하기 전에는 결코 금연을 시도하지 않았고, 그렇게 하려는 의도도 가져본 적이 없었다. N은 뇌졸중을 당하기 전날 저녁에 자신의 마지막 담배를 피웠다. 그에게 금연을 하게 된 이유를 물었을 때 그는 "나는 내가 흡연자라는 것을 망각했다."라고 담담하게 말했다. 좀 더 잘 설명해 보라고 요청을 받았을 때 그는 자신이 흡연자였다는 사실을 잊어버린 것은 아니고, "자신의 몸이 흡연하려는 충동을 잊어버렸다."라고 말했다. 그는 병원에 입원해 있는 동안 흡연하고 싶은 충동을 느끼지 못했는데, 그가 담배를 피우러 밖으로 나갈 기회가 있을 때도 그랬다. 그의 아내는 그의 이전의 중독 정도를 고려할 때 그가 병원에서 흡연을 원하지 않았다는 사실에 놀랐다. N은 병원에서 자신과 같은 방에 입원한 사람이 얼마나 자주 담배를 피우러 나갔는지, 그리고 그가 병실로 돌아왔을 때 냄새가 매우 싫어서 방을 바꾸어 달라고 요청한 것을 회상했다. 그는 뇌졸중 전에 쾌락을 주곤 하던 꿈의 흡연이 현재에는 혐오스러운 것이라고 말해버렸다. N은 비록 자신의 뇌졸중이 어떤 식으로든 흡연에 의해 초래되었다는 것을 믿게 된다고 할지라도 뇌졸중을 겪은 것이 자신이 금연한 이유는 아니라고 말했다. 사실 그는 금연을 하려는 어떤 노력을 한 것을 회상하지 않았다. 대신 그에게는 자신이 자발적으로 흡연에 대한 모든 흥미를 상실한 것처럼 보인다. 그의 뇌졸중이 자신에게 흡연을 원하도록 만들었던 …… 뇌의 일부를 파괴했다고 여기는지를 물었을 때 그는 그럴 가능성이 높다는 것에 대해 동의를 했다. (Naqvi et al., 2007, p. 534)

금연의 걸림돌 중 하나는 사람이 흡연을 중단할 때 과식을 하고 체중이 증가한다는 사실이다. 저자가 이 장과 11장에서 언급했듯이 섭식과 대사율의 감소는 뇌에서 MCH와 오렉신(orexin)의 방출에 의해 자극된다. Jo, Wiedl와 Role(2005)은 니코틴이 흑색소응집호르몬(MCH) 뉴런을 억제하여 식욕을 억제한다는 것을 발견했다. 사람들이 금연을 시도할 때, 니코틴이 그들의 뇌에 없으면 이것이 MCH 뉴런을 억제로부터 해방시켜, 식욕을 증가시킨다는 사실로 인해 자주 용기를 잃는다. 니코틴은 또한 오렉신의 방출을 자극하는데, 이 장의 앞에서 보았듯이 그것은 약물추구행동에 관여한다(Huang, Xu, & van den Pol, 2011). 오렉신은 뇌의 여러 부위에서 방출되나 한 영역, 즉 뇌도가 흡연에서 특히 중요한 역할을 한다. Hollander 등(2008)은 오렉신 수용기를 차단하는 약물을 뇌도에 주입하는 것은 니코틴을 주입하려는 쥐의 반응을 감소시킨다는 것을 발견하였다.

알코올

알코올로 인한 사회적 비용은 엄청나다. 자동차 사고로 사망하거나 부상을 입는 사례의 상당수가 음주로 인한 것이고 폭력과 공격성에도 알코올이 관련되어 있다. 만성 알코올 중독자는 종종 자신의 직장과 가정, 그리고 가족을 잃고, 다수가 간경화, 유해환경에 대한 노출, 열악한 생활조건과 신체의 혹사로 말미암아 질병으로 죽는다. 14장에서 살펴보았듯이 임신 기간 중에 술을 마신 여성은 머리와 뇌의 기형 그리고 정신지체를 동반하는 태아 알코올 증후군을 가진 아기를 낳을 위험이 있다. 사실 임신한 여성의 알코올 섭취는 오늘날 서양에서 정신지체의 주된 원인 중 하나이다. 그러므로 이 약물의 생리학과 행동 효과를 이해하는 것은 중요한 문제이다.

음주량이 적으면, 알코올은 가벼운 도취감을 유발하고 항불안 효과—즉, 불안으로 인한 불편감을 감소시키는 효과—가 있다. 음주량이 많아지면, 알코올은 운동실조증과 진정 효과를 초래한다. 동물실험 연구에서, 항불안 효과는 혐오자극의 처벌 효과로부터 동물을 자유롭게 해주는 것으로 나타난다. 예를 들면 어떤 동물이 특정 반응(음식물이나 물을 얻게 해주는 반응)을 할 때마다 전기충격을 받았다면 그 반응을 중단하게 될 것이다. 그러나 그 후에 동물이 알코올을 주입 받으면, 그 반응을 다시 하기 시작할 것이다(Koob et al., 1984). 이러한 현상은 왜 사람이 보통 때는 하지 않던 일을 술에 취하면 하게 되는지를 설명해 준다. 알코올은 그들의 행동에 대한 사회적 통제에 의한 억제 효과를 제거해 준다.

알코올은 정적 강화와 부적 강화를 모두 제공한다. 정적 강화는 가벼운 도취감으로 나타난다. 앞에서 살펴보았듯이 부적 강화는 혐오자극의 종결로 인해 일어난다. 만약 어떤 사람이 불안과 불편을 느낀다면 이러한 불편감을 경감시켜 주는 항불안 약물은 최소한 일시적으로라도 불유쾌한 상황으로부터 벗어나게 해준다.

알코올은 다른 중독성 약물처럼 중뇌변연계의 도파민 뉴런의 활동을 증가시키고 미세투석법으로 측정한 바에 따르면 측핵에서 도파민의 방출을 증가시킨다(Gessa et al., 1985; Imperato & Di Chiara, 1986). 도파민의 방출은 알코올이 산출하는 정적 강화와 관련이 있는 것으로 보인다. 도파민 길항제를 측핵에 직접 주입하는 것은, 도파민 뉴런의 활동을 감소시키는 약물을 복측피개야영역에 주입한 것(Hodge et al., 1993)처럼, 알코올 섭취가 줄어든다(Samson et al., 1993).

알코올은 신경계에 두 가지 주요 활동 부위를 가지는데, NMDA 수용기에 간접 길항제로 그리고 $GABA_A$ 수용기에는 간접 효능제로서 작용한다(Chandler, Harris, & Crews, 1998). 즉, 알코올은 $GABA_A$ 수용기에서 GABA의 작용을 증가시키고 NMDA 수용기에서 글루타메이트의 전달을 방해한다. $GABA_A$ 효능제의 항불안 효과는 분명히 알코올의 부적 강화 효과와 관련이 있다. 알코올의 진정 효과는 $GABA_A$ 수용기에서 일어나는 것처럼 보인다. Suzdak 등(1986)은 이 수용기의 알코올 결합 부위를 차단하여 알코올 만취상태를 역전시키는 약물(Ro15-4513)을 발견하였다. 그림 16.18은 뻗게 만들기에 충분한 양의 알코올을 주입받은 두 마리의 쥐를 보여 준다. 우리를 마주 보고 있는 한 마리는 알코올 길항제를 주입받았고 완전히 제정신인 것으로 보인다(그림 16.18 참조).

그림 16.18 알코올 길항제인 Ro 15-4513의 효과. 두 쥐는 알코올을 주입받았으나 우리를 쳐다보고 있는 쥐는 알코올 길항제도 주입받았다.

Steven M. Paul/National Institute of Mental Health.

그러나 이 기적의 약물이 시장에 나오지 않았고, 그런 가능성도 없어 보인다. 비록 알코올이 행동에 미치는 효과가 $GABA_A$ 수용기와 NMDA 수용기에 대한 작용에 의해 매개될지라도, 고용량의 알코올은 세포막의 불안정을 포함하는 신체의 모든 세포에 다른 잠재적으로 치명적인 효과를 미친다. 그러므로 알코올 길항제를 얼마간 투약받는 사람은 만취되는 과정이 없이도 죽음에 이르도록 음주를 계속할 수 있다. 제약회사는 자연히 이런 일이 발생하는 경우로 인한 책임소송의 가능성을 두려워한다.

헤로인 금단 효과는 과장되었다고 할지라도, 알코올로 인한 금단 효과는 심각하고 심지어 치명적일 수도 있다. 알코올의 억제 효과에 대한 반동으로 발생하는 NMDA 수용기의 민감성 증가는 경련과 발작을 일으킬 수 있다. 알코올 금단으로 인한 경련은 의학적 응급상태로 간주되며 주로 벤조디아제핀(Benzodiazepine)의 정맥주사로 치료를 받는다. Liljequist(1991)는 NMDA 수용기를 차단하는 약물을 생쥐에게 주면 알코올 금단으로 인한 발작을 방지할 수 있다는 것을 발견하였다.

아편제 수용기가 도파민 뉴런을 직접적으로 포함하지 않는 강화기제와 관련되어 있는 것처럼 보인다고 이전에 언급한 바가 있다. 알코올의 강화 효과는 적어도 부분적으로는 내인성 아편물질의 방출을 촉발하는 알코올의 능력에 의해 발생한다. 여러 연구가 쥐나 원숭이 및 인간을 포함하는 다양한 종에서 아편 수용기를 차단하는 약물이 알코올의 강화 효과도 차단하는 것을 보여 주었다(Altschuler, Phillips, & Feinhandler, 1980; Davidson, Swift, & Fitz, 1996; Reid, 1996). 또한 내인성 아편물질은 금주 중인 알코올 중독자의 갈망에서 어

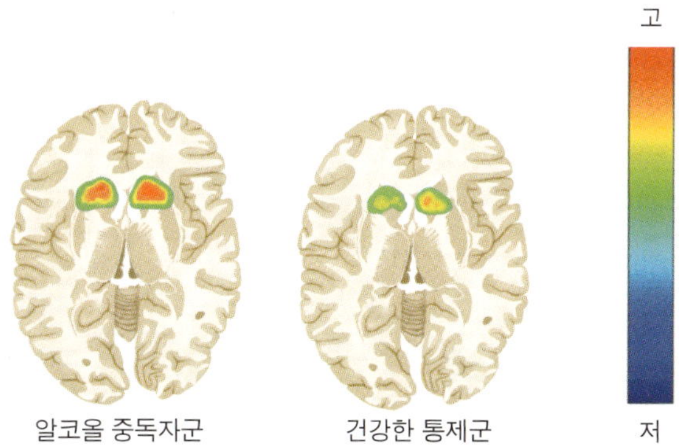

그림 16.19 알코올 갈망과 μ 아편 수용기의 효과. PET 스캔 사진은 알코올 중독이 치료된 환자와 건강한 통제군 피험자의 배측선조체에서 μ 아편 수용기의 존재를 보여 준다.

Based on data from Heinz, A., Reimold, M., Wrase, J., et al. *Archives of General Psychiatry*, 2005, *62*, 57-64.

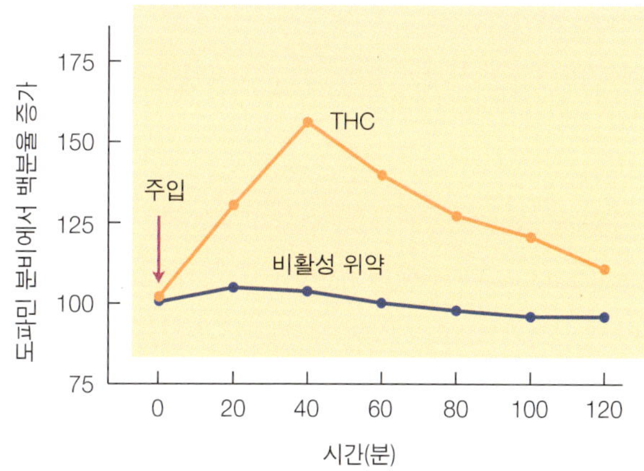

그림 16.20 THC와 측핵의 도파민 분비. 이 그래프는 THC 혹은 비활성 위약의 주입에 대한 반응에 따른 미세투석법에 의해 측정된 도파민 농도의 변화를 보여 준다.

Based on data from Chen, J., Paredes, W., Li, J., et al. *Psychopharmacology*, 1990, *102*, 156-162.

떤 역할을 할 수 있다. Heinz 등(2005)은 1~3주 동안 금주하면 측핵에서 μ 아편 수용기의 수가 증가한다는 것을 발견했다. 이 수용기의 수가 많으면 많을수록 갈망도 더 컸다. 추측건대 μ 수용기 수의 증가는 뇌에 대한 내인성 아편물질의 효과를 증가시키고 알코올에 대한 갈망을 일으키는 기여요인으로 작용할 것이다(그림 16.19 참조).

아편 수용기를 차단하는 약물인 날트렉손(naltrexone)이 알코올 중독의 치료에 유용한 보조제이기 때문에 저자는 이 장의 마지막 절에서 이것에 대해 더 이야기하도록 하겠다.

대마초

사람들이 규칙적으로—거의 전적으로 흡연을 통해—자가 투여하고 있는 또 다른 약물은 마리화나의 활성성분인 THC이다. 4장에서 배웠듯이 뇌에서 내인성 카나비노이드의 작용부위는 CB_1 수용기이다. CB_1 수용기를 차단하는 약물의 투여는 마리화나를 피울 때 나타나는 '황홀경'을 없애 준다(Huestis el al., 2001).

게다가 di Tomaso, Beltramo 및 Piomelli(1996)는 초콜릿이 세 가지 아난다미드(anandamide) 유사 화학물질을 포함하고 있다는 것을 발견했다. 이런 화학물질의 존재가 초콜릿이 많은 사람들에게 매우 매력이 있는 것과 관련이 있는지는 아직 알려지지 않았다. (저자는 여기가 초콜릿 중독자의 농담을 위한 장소라고 생각한다.)

남용될 소지가 있는 다른 약물과 마찬가지로 THC도 도파민 뉴런에 대해 흥분 효과를 갖는다. Chen 등(1990)에 의한 미세투석법 연구에서 낮은 용량의 THC는 측핵에서 도파민의 방출을 증가시키는 것이 관찰되었다(그림 16.20 참조).

생쥐에서 CB_1 수용기의 생산을 차단하는 표적 돌연변이(targeted mutation)는 카나비노이드뿐만 아니라 모르핀과 헤로인의 강화 효과까지 제거한다(Cossu et al., 2001). 이 돌연변이는 알코올의 강화 효과와 코카인의 자가 투여 학습을 감소시킨다(Houchi et al., 2005; Soria et al., 2005). 또한 앞 단락에서 살펴보았듯이 CB_1 수용기를 차단하는 약물인 리모나반트는 니코틴의 강화 효과를 감소시킨다.

마리화나의 일차적 강화성분인 THC는 대마초에 의해서만 생산되는 대략 70가지의 상이한 화학물질 중 하나이다. 다른 화학물질인 카나비디올(cannabidiol; CBD)은 전적으로 다른 역할을 한다. 고용량에서 불안과 정신병 같은 행동을 일으키는 THC와는 달리 CBD는 항불안 효과와 항정신병 효과를 보인다. THC는 카나비노이드 수용기의 부분 효능제이나 CBD는 길항제이다. CBD는 또한 THC와는 달리 정신자극 효과를 발생시키지 않는데, 강화적이지도 않고 '황홀경'을 일으키지도 않는다. 최근 마리화나의 THC 수준은 상당히 증가한 반면에 CBD 수준은 감소했다. 과거 10년 동안 대마초에 대한 의존성을 치료받으려는 사람들의 수도 증가하였다(Morgan et al., 2010). Morgan과 동료는 THC와 CBD의 효과에 관한 연구를 위해서 마리화나를 규칙적으로 사용하는 94명의 사람을 선택했다. 연구자는 연구참가자의 마리화나 표본과 소변 표본에서 THC와 CBD의 농도를 측정했다. 그들은 낮은 수준의 CBD와 높은 수준의 THC를 함유하고 있는 마리화나를 습관적으로 피우는 사람은 높은 수준의 CBD를 함유하고 있는 마리화나를 습관적으로 피우는 사람보다 대마초 관련 사진에 더 주의를 많이 쏟고 마리화나를 더 좋아한다고 말하는 것을 발견했다. 양 집단의 사람은 모두 음식 관련 사진에 대해 높은 평정을 하였으므로, CBD가 음식에 대한 그들의 흥미에 효과를 미치지 않았다.

4장에서 살펴보았듯이, 해마는 고농도의 THC 수용기를 가지고 있다. 마리화나는 사람의 기억에 영향을 미친다고 알려져 있다. 구체적으로 말해, 그것은 특정 주제의 기억을 유지하는 능력에 손상을 준다. 그런 사람은 잠깐만 주의가 분산되어도 금방 대화의 끈을 놓쳐버린다. 약물이 해마의 정상적인 기능을 방해하여 그렇게 만드는 것이라는 증거가 있는데, 해마는 기억에서 대단히 중요한 역할을 담당한다(Kunos & Batkai, 2001).

유전과 약물남용

모든 사람이 약물에 중독될 가능성이 동등한 것은 아니다. 많은 사람이 알코올을 적절하게 마실 수 있고, 코카인과 헤로인 같은 강한 약물의 사용자가 약물에 의존하지 않고 '기분전환'으로 투약을 한다. 유전적 및 환경적 요인 둘 다 개인의 약물 섭취와 약물에 의존할 가능성을 결정하는 데 역할을 한다는 증거가 있다. 또한 일반적 요인(다수의 약물을 복용하고 중독될 가능성)과 특이적 요인(특별한 약물을 복용하고 중독될 가능성)이 모두 존재한다.

남자 쌍둥이 연구(Kendler et al. 2003)는 모든 종류의 약물을 사용하는 것에 대한 강한 공통 유전요인을 발견하였고, 게다가 남용보다 사용에서 더 강한 효과를 미치는 공유된 환경요인을 발견했다. 달리 말하면 환경은

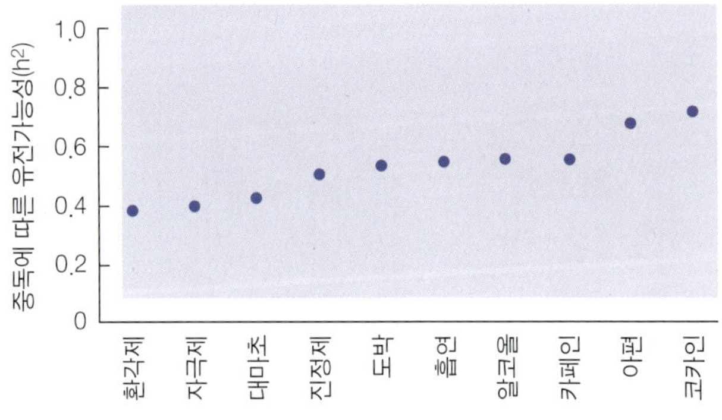

그림 16.21 특수 중독성 약제에 대한 중독의 유전가능성(h^2).

Adapted from Goldman, D., O ro szi, G., and Ducci, F. *Nature Reviews Genetics*, 2005, *6*, 521-532.

약물을 시도하거나 기분전환으로 그것을 계속 사용하도록 개인에게 미치는 영향에서 강한 역할을 하지만, 유전은 그 사람이 중독될 것인지 그렇지 않을 것인지를 결정하는 데 더 강한 역할을 한다.

Goldman, Oroszi와 Ducci(2005)는 다양한 부류의 중독성 장애의 유전가능성을 측정하기 위한 쌍둥이 연구를 살펴보았다. 유전가능성(h^2)이란 특정 전집에서 유전적 변산성에 기인할 수 있는 어떤 특질의 변산성의 백분율이다. 중독에 대한 h^2의 평균치의 범위는 환각성 약물에서 대략 0.4이고, 코카인에서는 0.7 이상이다. 그림 16.21에서 보듯이 저자는 약물이 아닌 도박중독도 여기에 포함했다(그림 16.21 참조).

알코올 중독의 유전적 기초는 다른 약물의 중독보다 더 많은 관심을 받아 왔다. 음주량은 전집에서 균등하게 분포되어 있지 않은데, 미국에서는 10%의 사람들이 50%의 알코올을 마신다(Heckler, 1983). 많은 쌍둥이와 입양연구는 이러한 편차의 원인이 유전 때문이라는 것이 확인하였다.

알코올 중독에 대한 민감성은 알코올을 소화시키거나 대사하는 능력의 차이 혹은 뇌의 구조나 생화학의 차이에 기인할 것으로 생각될 수 있다. 알코올 대사에 관여하는 효소인 알코올 탈수소효소(alcohol dehydrogenase)의 생산에 관여하는 유전자의 변산성이 알코올 중독에 대한 민감성에서 역할을 한다는 증거가 있다. 극동 아시아에서, 특히 유행하는 이 유전자의 특정 변이는

대부분의 사람이 혐오스러워하고 앞으로 더 음주를 하는 것을 조장하지 않는 알코올 섭취에 대한 반응과 관련이 있다(Goldman, Oroszi, & Ducci, 2005). 그러나 대부분의 연구자는 뇌생리학의 차이—예를 들면 약물의 강화 효과에 대한 민감성 혹은 다양한 환경 스트레스 요인에 대한 민감성을 통제하는 데 있어서의 차이—가 역할을 할 가능성이 높다고 믿는다.

연구자는 중독의 민감성이 특수한 신경전달물질체계의 기능 차이를 포함할 가능성에 초점을 맞추었다. 중뇌의 뉴런에서 발견되는 α5 서브유닛을 포함하고 있는 니코틴성 아세틸콜린 수용기는 니코틴의 강화 효과를 억제하는 역할을 한다. 유전연구는 이 수용기의 생산에 책임이 있는 그 유전자의 특정 대립유전자가 니코틴 중독에 대한 민감성의 증가와 이 결과로 인한 폐암의 발병과 관련이 있다는 것을 보여 주었다(Bierut, 2008). Kuryatov, Berrettini 및 Lindstrom(2011)의 연구는 이 대립유전자의 존재가 α5 아세틸콜린 수용기의 민감성을 감소시키고 따라서 높은 용량의 니코틴의 억제 효과를 감소시킨다는 것을 발견했다. 이 결과는 니코틴의 중독 효과에 대한 민감성의 증가일 것이다.

약물남용의 치료

약물남용의 생리학을 연구하게 만드는 많은 이유가 있는데, 여기에는 강화의 성질과 향정신성 약물의 약물학에 대한 관심과 같은 학문적 관심이 포함된다. 그러나 대부분의 연구자는 자신의 연구 결과가 인류 구성원들의 약물남용을 치료하고 나아가서는 예방하는 방법의 개발에 기여하게 될 것이라는 희망을 품는다. 알다시피 약물중독의 발생 정도가 너무 높은 데도 불구하고, 아직까지 어떤 연구도 이 문제를 풀지 못하고 있다. 그러나 진정한 진보는 이루어지고 있다.

가장 일반적인 아편중독 치료법은 메타돈(methadone) 보전이다. 메타돈은 모르핀이나 헤로인같이 강력한 아편제이다. 만약 이것이 주사하기 적합한 형태로 통용된다면 틀림없이 남용될 것이다. (사실 메타돈 진료소는 반드시 이것이 아편제 남용자에게 도난당하거나 팔리지 않도록 각별히 주의하여 그들의 재고를 관리해야 한다.) 메타돈 보전 프로그램은 이 약물을 환자에게 액체상태로 투약하는데, 환자는 이 절차를 감독하는 요원 앞에서 이것을 마셔야 한다. 구강을 통한 투약이 뇌의 아편물질 수준을 천천히 증가시키기 때문에 이 약은 헤로인 주사가 하는 방식과 같은 황홀감을 일으키지는 않는다. 게다가 메타돈의 효과가 오래 지속하기 때문에 환자의 아편 수용기는 오랫동안 점유된 채로 남아있고, 이것은 헤로인 주사의 효과가 거의 없다는 것을 의미한다. 물론 아주 높은 농도의 헤로인은 그래도 '격렬한 쾌감(rush)'을 일어나게 하므로 이 방법은 절대적으로 안전하지는 않다.

새로운 약물, **부프레노르핀**(buprenorphine)은 메타돈보다 아편중독을 치료하는 더 나은 치료 약품으로 기대된다(Vocci, Acri, & Elkashef, 2005). 부프레노르핀은 μ 아편 수용기의 부분효능제이다. [15장으로부터 부분효능제는 특정 수용기와 친화성이 높지만 그 수용기를 정상 배위자(ligand)보다 덜 활성화시킨다는 사실을 기억할 것이다. 그림 15.7에서 보듯, 이 작용은 고농도 영역에서 수용기 배위자 효과를 감소시키고 저농도 영역에서 그 효과를 증가시킨다.] 부프레노르핀은 아편 효과를 차단하고 그 자체로는 단지 약한 아편 효과를 산출한다. 메타돈과는 달리 이것은 불법 약물시장에서 가치가 거의 없다. 아편 수용기를 차단하는 약물인 날록손(naloxone)을 소량 첨가하면, 이 조합약물(combination drug)은 아무런 남용 가능성을 갖지 않도록 해준다—사실 이것이 현재 아편제를 투약하고 있는 중독자에게 투약되면, 금단현상을 초래한다. 효용성 외에도 부프레노르핀의 주요 이점은 사무실에 기반을 둔 치료에서 사용될 수 있다는 사실이다.

코카인 중독에 대한 흥미로운 접근은 Carrera(1995) 등의 연구로부터 제안되었고, 그들은 코카인을 이종 단백질과 결합하여 코카인에 대한 항체를 생성하도록 쥐의 면역체계를 자극하는 데 성공하였다. 이 항체는 코카인 분자와 결합하여 혈뇌장벽을 통과할 수 없게 만들었다. 결과적으로 '코카인 접종' 쥐는 코카인의 활성화 효과에 덜 민감하게 되었고, 이 동물에서 뇌의 코카인 수준은 코카인 주입 후 더 낮아졌다. 이런 연구가 수행된 후, 코카인과 헤로인, 메스암페타민, 니코틴에 대한 백신(vaccine) 연구가 동물에서 수행되었고, 인간을 대상으로 한 코카인과 니코틴 백신의 몇몇 임상실험이 이루어졌다(Cerny & Cerny, 2009; Carroll et al., 2011; Hicks et al., 2011; Stowe et al., 2011). 동물연구와 인간실험의 결과는 유망하고, 더 광범위한 인간실험이 진행 중이다. 최소한 이론적으로 면역치료를 이용한 중독의 치료는 중독성 약물의 작용만을 방해해야 하고, 사람의 정상적인 강화기제의 작용을 방해하지 말아야 한다. 그래서 치료는 정상적인 쾌락을 경험하는 능력을 감소시키지 않아야만 한다.

중독에 대한 또 다른 접근법이 연구되고 있다. 우리가 14장과 15장에서 보았듯이 심부 뇌자극(deep brain stimulation; DBS)은 파킨슨병, 우울증, 불안장애 및 강박장애의 증상에 치료 효과가 있다는 것을 보여 주었다. Luigjes 등(2011)에 의한 개관은 7개의 동물연구가 측핵, 시상하핵(subthalamic nucleus; STN), 배측 선조체, 고삐핵, 내측전전두피질 및 시상하부에 대한 자극의 효과성을 연구하였다고 보고하였다. 인간을 대상으로 한 11개의 연구는 측핵 혹은 STN을 목표로 하였다. 이제까지 연구자는 측핵이 가장 유망한 표적인 것처럼 보고하였다. 예를 들면 Mantione 등(2010)은 47세의 남성 흡연자의 측핵을 자극하였다. 연구자는 그 남자가 노력이 없이 금연했고 감량(그는 비만이었다)했다고 보고했다.

심부 뇌자극은 가볍게 다루어질 절차가 아니다. 그것은 뇌수술을 포함하므로 출혈이나 감염과 같은 합병증의 위험을 감수해야 한다. 물론 중독도 감염 혹은 폐암으로 인한 사망과 같은 심각한 건강상의 위험을 포함하므로, 각 사례는 잠재적 위험과 이익의 분석을 요구한다. 어쨌든 심부 뇌자극의 사용은 현재 실험적이고, 우리는 그런 극적인 절차가 위약 효과를 발생시킬 높은 가능성을 고려해야만 한다. (물론 수술절차는 위약 효과에 취약하다.) 경두개자기자극(TMS)과 같은 덜 침해적 절차도 중독의 치료를 위해 연구되고 있다. 예를 들면 Amiaz 등(2009)은 니코틴 중독자의 좌측 배외측전전두피질에 대한 TMS를 실시했다. 그 치료는 흡연을 감소시켰으나(소변분석에 의해 입증된), 끝내 치료 효과는 시간이 가면 감소하였다.

메타돈 보전과 유사한 처치가 니코틴 중독치료를 위한 보조적 수단으로 성공적으로 사용되었다. 여러 해 동안 니코틴을 함유한 껌이 처방으로 통용되었고, 더 최근에는 피부를 통해 니코틴을 전달하는 피부용 패치가 시장에 나왔다. 두 방법은 모두 뇌의 니코틴 수준을 충분히 높게 유지시켜서 사람의 니코틴에 대한 갈망을 감소시킨다. 일단 흡연습관이 줄어들면 사람이 약을 사용하지 않아도 되게 니코틴의 양을 감소시킬 수 있다. 신중하게 통제된 연구는 위약의 투여가 아닌 니코틴 보전 치료법이 니코틴 의존성에 대한 유용한 치료라는 것을 보여 준다(Raupach & van Schayck, 2011). 그러나 니코틴 보전 치료법은 이것이 상담 프로그램의 일부일 때 가장 효과적이었다.

흡연중독을 니코틴 보전으로 치료하는 것의 한 가지 제한점은 이 절차가 흡연에서 니코틴과 무관한 중요한 요소를 제공하지 않는 것인데, 즉 담배를 피우는 행위에 의해 발생하는 기도에서 느끼는 감각이다. 이 장의 앞에서 보았듯이 중독성 약물의 투여와 연합된 자극은 중독습관을 유지하는 데 중요한 역할을 한다. 니코틴이 폐를 떠나서, 혈액에 흡수되고 뇌에 도달하는 시간보다 적은 시간인 7초 이내에, 정상 담배와 니코틴을 없앤 담배의 연기를 내뿜는 것의 즐거움을 평가하는 흡연자는 니코틴이 없는 담배를 내뿜는 것도 동일하게 강한 도취감과 흡연욕구의 감소를 발생시킨다고 보고했다. 더구나 국소마취제를 흡입하여 기도에서 흡연으로 인한 감각을 차단하는 것은 비록 니코틴이 뇌에 도달한다고 할지라도 흡연 만족도를 감소시킨다.

니코틴을 제거한 담배는 정상적인 담배에 대한 전적으로 적당한 대체물은 아닌데, 흡연의 다른 요소가 아닌 니코틴 자체가 기도에서 느끼는 감각에 중요한 기여를 하기 때문이다. 사실 기도에서 니코틴 수용기를 차단하나 뇌에서는 니코틴 수용기를 차단하지 않는 약물인 트리메타판은 흡연의 감각적 효과를 줄이고 만족을 감소시킨다. 트리메타판은 니코틴이 뇌에 미치는 효과를 방해하지 않기 때문에, 이 발견은 니코틴의 중추효과가 니코틴 중독을 유지시키는 충분조건이 아니라는 것을 보여 준다. 대신에 기도에서 흡연의 감각적 효과로부터 나타나는 즉각적 단서와 니코틴의 좀 더 지연되고 계속적인 뇌에 대한 효과의 결합이 담배에 더 중독되게 만들어 주는 역할을 한다(Naqvi & Bechara, 2005; Rose, 2006).

이 장 앞부분에서 살펴보았듯이, 동물실험 연구는 내인성 카나비노이드가 마리화나와 마찬가지로 니코틴의 강화 효과에도 관여함을 보여 주었다. 임상실험은 CB_1 수용기를 차단하는 약물인 리모나반트가 흡연자의 금연을 돕는 데 효과적이었다고 보고했다(Henningfield et al., 2005). 그러나 그 약물이 부작용을 나타내기 때문에, 사람에게 사용하는 데는 승인이 되지 않았다.

또 다른 약물인 **부프로피온**(bupropion)은 카테콜아민 재흡수 억제제로 기능을 하는 항우울약물이다. 부프로피온은 많은 나라에서 니코틴 중독을 치료하는 용도로 승인되었다. Brody(2004) 등은 부프로피온을 처방받은 흡연자들이 내측전전두피질의 낮은 활성화를 보이고, 그들에게 담배와 관련된 단서를 주었을 때 갈망의 정도를 덜 보고하였다. 그러나 리모나반트에서 문제가 있었는데, 어떤 임상실험은 약물이 불안과 우울을 야기할 수 있다는 것을 발견하였는데, 그것은 비만억제 약물로서 승인된 것을 철회하도록 만들었다. 현재로는 니코틴 중독을 치료하기 위한 리모나반트의 승인은 가능성이 없는 것 같다.

또 다른 약물인 **바레니클린**(varenicline)은 니코틴 중독을 치료하기 위한 치료적 사용이 승인되었다. 바레니클린은, 특히 니코틴 중독을 치료하기 위해 개발되었다. 그 약물은 부프로피온이 μ 아편 수용기에 대해 부분효능제로 작용을 하는 것과 마찬가지로, 니코틴 수용기에 대해 부분효능제로 작용을 한다. 바레니클린은 니코틴 부분효능제로서 니코틴 수용기의 보통 수준의 활성화를 유지하나 높은 수준의 니코틴이 과도한 수준의 자극을 제공하는 것을 방지한다. 그림 16.22는 무선화된 이중맹목 위약 통제실험에 등록한 흡연자의 계속적 금연율에 대한 바레니클린과 부프로피온의 치료 효과를 보여 준다. 52주의 치료 프로그램이 끝날 무렵, 부프로피온과 위약을 받은 흡연자들이 각기 6.3%와 4.9%가 금연을 하고 있는 것과 비교하여 바레니클린 치료를 받은 흡연자들의 14.4%가 아직도 금연을 하고 있다(그림 16.22 참조).

앞에서 말한 바와 같이, 여러 연구들이 아편길항제가 우리를 포함한 여러 종에서 알코올의 강화가치를 감소시킨다는 것을 보여 주었다. 이런 발견은 알코올의 강화 효과가, 적어도 부분적으로는 뇌에서 내인성 아편물질의 분비와 아편 수용기의 활성화로 인해 일어난다는 것을 시사한다. O'Brien, Volpicelli 및 Volpicelli(1996)의 연구는 보다 더 전통적인 행동치료법과 병행하여 날트렉손(naltrexone)을 사용하는 두 개의 장기 프로그램의 결과를 보고하였다. 두 프로그램은 모두 날트렉손의 투여가 성공 가능성을 유의미하게 증가시킨다는 것을 발견하였다. 그림 16.23이 보여 주듯이, 날트렉손은 금주

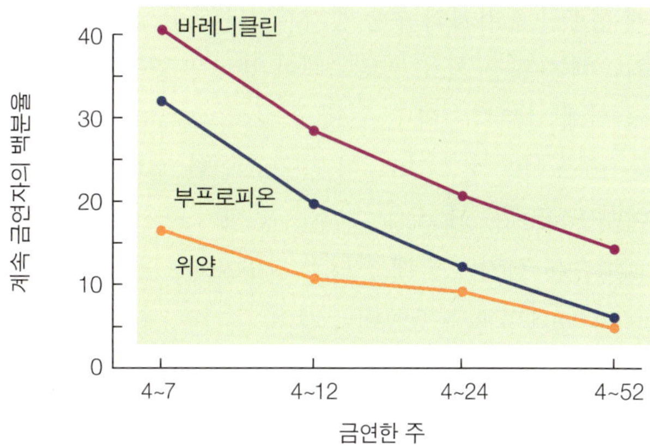

그림 16.22 흡연치료제로서 바레니클린. 이 그래프는 바레니클린, 부프로피온 및 위약으로 치료를 받은 흡연자 중 금연을 하고 있는 비율을 보여 준다.

Based on data from Nides, M., Oncken, C., Gonzales, D. et al. *Archives of Internal Medicine*, 2006, *166*, 1561-1568.

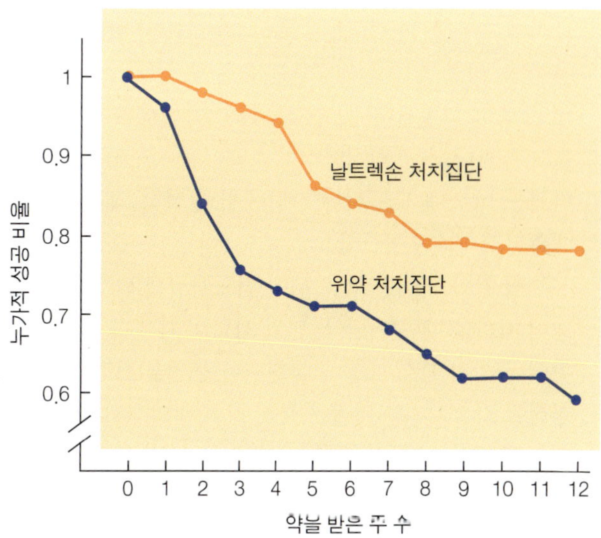

그림 16.23 알코올 중독 치료제로서 날트렉손. 이 그래프는 날트렉손 혹은 위약을 받는 동안 금주를 하였던 환자들의 평균 비율을 보여 준다.

Based on data from O'Brien, C. p., Volpicelli, L. A., and Volpicelli, J. R. *Alcohol*, 1996, *13*, 35-39.

에 성공한 참가자의 수를 증가시켰다(그림 16.23 참조). 최근에는 많은 치료 프로그램이 알코올 중독치료를 돕기 위해 날트렉손의 지속 방출 형식(sustained-release form)을 사용하고 있고, 이 약물로 인한 결과는 고무적이다(Kranzler, Modesto-Lowe, & Nuwayser, 1998). 날트렉손은 심지어 담배를 향한 갈망조차도 줄일 것이다(Vewers, Dhatt, & Tejwani, 1998).

알코올 중독을 치료하는 또 하나의 유망한 약물이 있다. 우리가 이 장 앞에서 살펴보았듯이, 알코올은 $GABA_A$ 수용기의 간접 효능제와 NMDA 수용기의 간접 길항제로 작용한다. 아캄프로세이트(acamprosate)는 유럽에서 발작장애를 치료하기 위해 사용되어 온 NMDA 수용기 길항제로서, 알코올 금단에 의한 발작을 중단하는 능력을 알아보기 위해 검사되었다. 연구자는 이 약물이 기대하지 않았던 이점을 갖고 있다는 것을 알아냈다. 이 약물을 투여받은 알코올 중독 환자들은 다시 음주를 시작할 가능성이 낮았다(Wickelgren, 1998). 여러 이중맹목 연구들은 아캄프로세이트의 치료적 이점을 확인했으나, 그 이점들은 평범한 것처럼 보인다(Rösner et al., 2010).

절 요약

물질남용장애

중독성 약물은 강화 효과가 너무 강력해서 일부 사람은 그것에 노출되면 그 약물을 복용하지 않고는 오래 견딜 수 없고, 그들의 삶은 그 약물을 복용하는 쪽으로 집중된다. 정적 강화는 행동 이후에 욕구를 충족시키는 자극-유기체가 접근하는 자극-이 규칙적으로 뒤따를 때 일어난다. 중독성 약물은 정적 강화를 제공함으로써 약물복용 행동을 강화시킨다. 실험동물은 이 약물을 제공해 주는 결과를 초래하는 반응을 하는 것을 학습할 것이다. 약물이 효과를 빨리 나타낼수록, 의존성도 더 빨리 형성될 것이다. 정적 강화를 제공하는 모든 중독성 약물은 강화에 중요한 역할을 하는 구조물인 측핵에서 도파민 방출을 자극한다. 복측피개영역과 측핵에서 시작하는 신경적 변화는 마침내 도구적 조건화에서 결정적 역할을 하는 배측선조체를 포함한다.

부적 강화는 어떤 행동 뒤에 혐오자극의 감소 또는 종결이 따라올 때 일어난다. 만약 사람이 자신의 사회적 상황이나 성격 특성 때문에 불행이나 불안을 느낀다면, 이 감정을 감소시키는 약물은 부적 강화에 의해서 약물복용 행동을 강화시킬 수 있다. 일정량의 약물의 투여에 의한 불쾌한 금단증상의 감소는 의심할 바 없이 약물중독을 유지하는 역할을 하지만 이것이 갈망의 유일한 원인은 아니다.

갈망-자신이 중독된 약물을 복용하려는 강한 욕구-은 금단증상으로 완전히 설명되지 않는다. 왜냐하면 이것은 심지어 중독자가 약물복용을 오랫동안 끊고 있은 후에도 일어날 수 있기 때문이다. 기능적 영상 연구는 중독성 약물에 대한 갈망은 전대상피질, 완와전두피질, 뇌도 및 배외측전전두피질의 활동을 증가시킨다는 사실을 발견했다. 장기 약물남용은 전전두피질의 활동을 감소시키고 전전두피질 회백질의 감소와도 관련되어 있는데, 이것은 사람들의 판단력 그리고 추가의 약물복용 같은 부적절한 반응을 억제하는 능력에 손상을 일으킨다. 조현병은 일반인의 전집보다 약물중독자에서 더 많이 출현한다. 약물의 중독력에 대한 청소년의 민감성은 전전두피질의 상대적 미성숙과 관련이 있을 것이다. 스트레스 자극이 갈망과 약물추구 행동을 초래할 수 있다. VTA에서 CRH의 방출은 이 과정에 중요한 역할을 한다.

아편제는 진통, 저체온증, 진정 효과 및 강화를 초래한다. 수도주변회백질의 아편 수용기는 진통 효과, 시삭전영역 전부의 수용기는 저체온증, 중뇌 망상체의 수용기는 진정 효과, 그리고 복측피개영역과 측핵의 수용기는 적어도 부분적으로 강화 효과와 관련이 있다. 내인성 아편물질의 방출은 천연자극 혹은 알코올과 같은 다른 중독성 약물의 강화 효과에서 역할을 한다.

코카인은 종말단추의 도파민 재흡수를 억제하고, 암페타민과 메스암페타민은 종말단추에서 도파민 운반체를 역으로 움직이게 하며, 종말단추로부터 도파민이 방출되도록 한다. 코카인과 암페타민의 강화 효과는 측핵의 도파민 증가에 의해 매개된다. 만성 메스암페타민 남용은 선조체에서 도파민 축색과 종말의 수의 감소(거기에 위치하는 도파민 운반체의 수의 감소에 의해 관찰된)와 연관되어 있다.

강력한 중독성 약물(사람과 실험동물 모두에 대해)로서의 니코틴의 위치는 오랫동안 무시되어 왔는데, 그 주된 이유는 그것이 도취감을 유발하지 않고, 담배와 기타 담배 제품을 쉽게 구할 수 있어서 중독자가 불법활동에 연루될 필요성이 없기 때문이다. 그러나 니코틴에 대한 갈망은 극히 자극적이다. 니코틴은 중뇌변연계 도파민 뉴런의 방출을 자극하고, 복측피개영역에 대한 니코틴 주입은 강화적이다. 카나비노이드 CB_1 수용기는 니코틴의 강화 효과에도 관여한다. 외측시상하부에서 니코틴에 의한 GABA 방출자극은 흑색소응집호르몬 뉴런의 활동을 감소시키고 음식물 섭취를 감소시키는데, 이것은 왜 금연이 종종 체중 증가로 이어지는 이유를 설명해 준다. 뇌도에 대한 오렉신 길항제의 주입은 니코틴 섭취를 억제한다.

알코올은 정적 강화 효과를 나타내고 항불안작용을 통해서 부적 강화 효과도 보여 준다. 이것은 NMDA 수용기의 간접 길항제와 $GABA_A$ 수용기의 간접 효능제로서 작용한다. 이것은 측핵에서 도파민 방출을 자극한다. 오랫동안 알코올 남용 후의 금주는 발작을 일으키는데, 이 현상은 금주에 의해 유도된 NMDA 수용기의 활성화로 인해 일어나는 것으로 보인다. 내인성 아편물질 역시 알코올의 강화 효과에 역할을 한다.

대마초의 활성성분인 THC는 아난다마이드(anandamide)가 원래 배위자인 수용기를 자극한다. THC는 다른 중독성 약물과 마찬가지로 NAC에서 도파민의 방출을 자극한다. CB_1 수용기는 THC와 내인성 카나비노이드의 생리적 및 행동적 효과의 원인이 된다. CB_1 수용기의 표적 돌연변이는 카나비노이드뿐만 아니라 알코올, 코카인, 아편제의 강화 효과를 감소시킨다. CB_1 수용기를 차단하면 니코틴의 강화 효과도 감소한다. 카나비노이드는 해마에 있는 뉴런에 작용하여 기억력 감퇴를 일으킨다.

중독성 약물—심지어 남용 가능성이 높은 약물—에 노출된 대부분의 사람은 중독자가 되지 않는다. 중독 가능성, 특히 알코올과 니코틴에 대한 중독 가능성은 유진의 영향을 강하게 받는다는 증거들이 있다. 약물복용과 중독은 모든 약물에 적용되는 일반적인 유전과 환경요인의 영향을 받고, 특정의 약물에 적용되는 특수 요인의 영향을 받는다. 예를 들면 α5 아세틸콜린 수용기에 대한 유전자의 변이는 니코틴 중독의 가능성에 영향을 준다.

비록 약물중독이 치료하기 어렵지만, 연구자는 여러 가지 유용한 치료법을 개발하였다. 예를 들면 메타돈 보존법은 구강으로 투여될 때 도취 효과를 나타내지 않는 아편제의 중독을 이용하여 헤로인 중독을 대체하는 것이다. μ 아편제 수용기의 부분효능제인 부프레노르핀은 아편제에 대한 갈망을 줄여 준다. 이것은 아편중독자에서는 관심 대상이 아니기 때문에 (특히 이것이 날트렉손과 결합되어 있을 때), 진료실 방문 시 의사에 의해 투여될 수 있다. 사람에게서 코카인과 니코틴 그리고 쥐에서 여러 다른 약물에 대한 항체의 발달은 언젠가는 사람이 중독성 약물에 대한 면역접종을 할 수 있고, 뇌로 약물이 들어가는 것을 차단할 수 있다는 가능성을 열어 주었다. 측핵, 시상하핵에 대한 심부 뇌자극과 전전두피질에 대한 경두개자기자극은 중독치료에 유망함을 보여 준다. 니코틴 함유 껌과 피부용 패치는 흡연자에게 자신의 중독과 싸울 수 있게 해준다. 그러나 담배 연기의 존재에 의해 발생하는 기도의 감각도 중독에서 중요한 역할을 하고, 구강과 피부를 통한 투여는 이런 감각을 제공하지 못한다. 항불안약물인 부프로피온은 흡연자가 흡연습관을 중지하는 것을 돕는다는 것으로 나타났다. 니코틴 수용기에 대한 부분효능제인 바레니클린은 좀 더 효과적일 수 있다. 알코올 중독에 대한 가장 효과적인 약리학 보조물은 아편 수용기 차단제인 날트렉손이고, 이것은 약물의 강화 효과를 감소시킨다. NMDA 수용기 길항제인 아캄프로세이트는 알코올 중독의 치료에서 전망이 밝다.

개인적 주: 당신은 이제 이 책의 끝 부분에 도달했고 (아마 알고 있겠지만), 저자의 글을 읽느라 상당히 많은 시간을 보냈다. 이 책을 쓰는 동안 저자는 행동의 생리학에 대한 어떤 것을 배우는 것에 관심이 있는 누군가에게 이야기하는 저자의 모습을 상상하려고 노력했다. 서문에서 언급했듯이, 글쓰기는 종종 외로운 활동이고 가상의 청취자는 저자와 동행하면서 도와주었다. 만약 당신이 이 의사소통을 양방의 대화로 전환하고 싶다면 저자에게 메일을 쓰기 바란다. nrc@psych.umass.edu.

생각해 봅시다

1. 중독성 약물이 강화체계를 '완전히 점유한다'고 말하는 것이 무엇을 의미하는지 설명하라.
2. 비록 담배회사의 중역은 담배는 중독적이지 않다고

주장하고, 사람은 단지 이런 행위가 자신에게 주는 즐거움 때문에 흡연을 하는 거라고 단언해 왔지만, 연구는 니코틴이 실제 강력한 중독성 약물이라는 것을 보여 준다. 이 사실을 인정하는 데 왜 이렇게 오래 걸렸다고 생각하는가?

3. 대부분의 나라에서 알코올은 합법이고 마리화나는 그렇지 않다. 당신의 입장에서, 왜 그럴까? 당신이라면 새로 개발된 약물이 합법인지 혹은 불법인지를 결정하는 데 무슨 기준을 적용할 것인가? 건강상의 위험이 있는가? 태아 발달에 어떤 효과를 미치는가? 행동에 어떤 효과를 미치는가? 의존성의 가능성이 있는가? 만약 당신이 지금 현재 사용되고 있는 여러 물질에 이 기준을 적용한다면, 그것 중 어떤 것의 법적 지위를 바꿔야만 할 것인가?

맺는말 | 고전적으로 조건화된 갈망

어떤 사람이 헤로인을 투약할 때, 그 약물의 일차적 효과는 항상성 보상기제를 활성화시킨다. 이러한 보상기제는 약물 효과에 맞서는 신경회로에 의해 제공된다. Siegel(1978)이 지적한 대로, 이러한 보상기제의 활성화는 약물을 투약할 때 존재하는 환경자극에 고전적 조건화될 수 있는 반응이다. 약물복용과 관련된 자극－즉, 약물을 준비하는 데 관련된 도구, 주사기, 바늘, 혈관에 꽂힌 바늘의 느낌, 거기 있는 동료의 모습, 약물복용을 하는 방－은 조건자극으로서 작용한다. 약물의 효과에 의해 나타난 항상성 보상반응은 무조건반응으로서 기능을 하는데, 이것이 환경자극에 대해 조건화된다. 그러므로 일단 고전적 조건화가 일어나면, 조건자극을 보는 것은 보상기제를 활성화시킬 것이다.

이 장의 머리말에서 과거 헤로인 중독자였던 존이 포스터를 보았을 때, 약물 준비 도구를 보는 것은 조건자극으로 작용하여 조건반응－보상기제－을 유발했다. 그가 그동안 약물을 복용하지 않았기 때문에, 단지 보상기제의 효과－불쾌감, 동요, 이 증상을 줄이고 도취감으로 바꾸고 싶은 충동－만을 느꼈다. 그는 이 충동에 대해 저항할 수 없었다.

동물실험은 이 설명이 올바른 것임을 확증하였다. 예를 들어, Siegel 등(1982)은 쥐에게 항상 동일한 사육상자에서 내성이 생기기에 충분한 기간 동안 매일 헤로인을 투여했다. 그리고 검사일에 실험자는 쥐에게 아주 과량의 약물을 주었다. 어떤 쥐는 익숙한 사육상자에서 약물을 투여받았고 나머지 쥐는 새로운 환경에서 투여받았다. 연구자들은 환경자극이 고전적 조건보상반응을 발생시킬 것이기 때문에, 친숙한 환경에서 약물을 투여받은 동물이 과량의 약물을 방어할 수 있을 것이라고 예언하였다. 그들의 예언은 정확했다. 친숙한 환경에서 과량의 약물을 주입한 쥐의 약 절반 정도가 죽은 반면, 새 환경에서 과량의 약물을 주입한 쥐는 거의 다 죽었다. Siegel과 동료는 헤로인 중독자가 익숙하지 않은 환경에서 약물을 투여하면 약물과다로 사망할 위험이 높다고 주장하였다.

그러나 이 장의 머리말 부분에서 언급한 존의 이야기는 요즘에는 일어날 가능성이 없다. 왜냐하면 자신의 투약습관을 끊으려고 노력하는 많은 헤로인 중독자가 약물 준비 도구를 목격하는 것이 자신이 절제하는 것을 어렵게 만든다고 말했기 때문에, 약물중독을 추방하려는 기관이 이런 물품을 특별히 포함하고 있는 포스터를 제작하는 것을 중단하였다.

핵심 개념

자폐장애

1. 자폐장애는 사회관계나 의사소통 능력 및 상상력의 결핍이나 부재와 반복적이고 목적 없는 운동의 존재라는 특성이 있다.
2. 비록 자폐증이 잘못된 양육행동 때문이라는 말이 있었지만, 이제 이 장애가 유전적 요인과 태아 발달을 방해하는 사건으로 인해 유발된다는 것이 인정된다.

주의력결핍/과잉행동장애

3. 주의력결핍/과잉행동장애(ADHD)는 아동기에 나타나고 집중하거나, 가만히 있는 것, 과제수행이 힘든 특징을 가지고 있다. ADHD가 있는 아동은 반응을 억제하지 못하고, 생각 없이 행동하며, 부주의하고 충동적인 행동을 보여 주며, 진행 중인 과제에 끼어들어 방해한다.
4. ADHD는 메틸페니데이트(리탈린) 같은 도파민 효능제를 처방받는다. 증거는 전전두피질과 미상핵의 이상이 있음을 보여 주었다.

스트레스장애

5. 스트레스 반응은 위협적 자극에 대한 정서적 반응의 생리적 요소로 이루어져 있다. 이러한 반응의 장기적 효과－특히, 글루코코르티코이드 분비－는 개인의 건강에 손상을 줄 수 있다. 스트레스와 연관된 카테콜아민의 분비는 아마도 심혈관질환 발병의 한 요인일 것이다.
6. 스트레스는 주로 글루코코르티코이드의 분비를 통해 면역계를 저해할 수 있고, 개인을 감염에 더 취약하게 만들 수 있다.

물질남용장애

7. 아편제와 코카인, 암페타민, 니코틴, 마리화나, 알코올을 포함한 지금까지 연구된 모든 중독성 약물은 측핵에서 도파민의 방출을 일으키는 것으로 보인다.
8. 아편제의 만성적 복용은 내성과 금단증상을 초래할지라도, 이러한 현상은 중독의 원인이 아니다. 중독은 이런 약물이 갖고 있는 도파민성 강화기제를 활성화하는 능력으로 인해 유발된다.
9. 갈망과 재발은 장기간의 중독성 약물복용이 판단능력과 부적절한 행동을 자제할 수 있는 능력에 장애를 주는 측핵과 전전두피질의 이상을 초래하기 때문이다.
10. 알코올은 두 가지의 작용부위를 가진다. 이것은 $GABA_A$ 수용기의 간접 효능제와 NMDA 수용기의 간접 길항제로서 작용한다.
11. 연구에 따르면 약물중독에 대한 민감성은 유전에 의해 강하게 영향을 받는다. 아세틸콜린 수용기의 α5 서브유닛 유전자에 대한 특수한 대립유전자는 사람의 니코틴 중독에 대한 민감성에 영향을 준다.
12. 약물중독에 대한 생리적 치료에는 아편제 중독을 위한 메타돈과 부프레노르핀, 니코틴 중독을 위한 니코틴 보존 치료(니코틴 껌이나 패치) 또는 바레니클린(니코틴 수용기에 대한 부분효능제), 알코올 중독을 위한 날트렉손(아편 수용기 차단제) 또는 아캄프로세이트(NMDA 수용기 길항제)를 포함한다.

용어 해설

간뇌(diencephalon) 제3뇌실을 둘러싸고 있는 전뇌영역으로 시상과 시상하부를 포함한다.

간문맥(hepatic portal vein) 소화계에서부터 간으로 혈액을 운반하는 정맥혈관.

간상체(rod) 망막의 수용기 세포 중의 하나로 낮은 강도의 빛에 민감하다.

간접 길항제(indirect antagonist) 수용기의 결합부위에 부착하여 그 수용기의 작용을 방해하는 약물이나, 주요 배위자의 결합부위를 방해하지 않는다.

간접 효능제(indirect agonist) 수용기의 결합부위에 부착하여 그 수용기의 작용을 촉진하는 약물이나, 주요 배위자의 결합을 방해하지 않는다.

간질액(interstitial fluid) 신체의 세포들 사이를 채우고 있는 액체.

간질중첩상태(status epilepticus) 환자가 의식을 찾지 못한 채 몇 번의 연속적인 발작을 일으키는 상태.

간헐기(clonic phase) 강직-간헐성 발작의 뒷부분으로서, 환자는 근육의 규칙적인 떨림을 보인다.

감각뉴런(sensory neuron) 내부, 외부의 변화를 탐지하여 그에 관한 정보를 중추신경계로 보내는 뉴런.

감각연합피질(sensory association cortex) 일차감각피질의 영역에서 정보를 받는 대뇌피질의 영역.

감분극(depolarization) 안정전위에 비해서 세포의 막전위가 (0 방향으로) 감소하는 것.

감칠맛(umami) 글루타민산에 의해 발생하는 미각이며, 음식 속에 아미노산의 존재를 알려준다.

강박관념(obsession) 사람을 압도하는 원하지 않는 사고와 생각.

강박장애(obsessive-compulsive disorder; OCD) 강박관념과 강박행동으로 특징화되는 정신장애.

강박행동(compulsion) 사람이 원하지 않더라도 그 행동을 수행해야만 된다는 느낌.

강직-간헐성 발작(tonic-clonic seizure) 근육이 뻣뻣해지는 강직기 다음에 근육의 떨림이 있는 간헐기가 나타나는 일반화된 경련발작

강직기(tonic phase) 강직-간헐성 발작의 첫 번째 단계로서, 환자의 모든 골격근이 강하게 수축한다.

강화자극(reinforcing stimuli) 특정 행동에 수반되는 욕구적 자극으로 그 행동을 증가시킨다.

개막(tectorial membrane) 기저막 위에 있는 막이며, 청각 모세포의 섬모를 움직이는 데 있어서 선반으로 역할을 한다.

개재뉴런(interneuron) 중추신경계 내부에만 존재하는 뉴런.

거대주변세포핵(nucleus paragigantocellularis; PGi) 내측 시삭전영역으로부터 정보를 받는 연수의 핵으로 수컷의 성 반사에 관여하는 척수의 운동뉴런과 시냅스를 이루는 뉴런을 가지고 있다.

검은과부독거미독(black widow spider venom) 검은과부독거미에 의해 생산되는 독으로 아세틸콜린의 방출을 자극한다.

게놈(genome) 특정 종의 DNA를 구성하는 전체 유전자 집합.

결여(absence) 아동기에 가끔 나타나는 발작장애의 유형으로서, 부주의 기간이 특징이며, 이로 인해 그 동안의 기억을 하지 못하며, 소발작(petit mal seizure)이라고도 한다.

결합부위(binding site) 배위자가 결합하는 수용기 단백질상의 위치.

경두개자기자극(transcranial magnetic stimulation; TMS)

두개골 위에 놓인 전선코일에 전기펄스를 흘려서 만든 자기장으로 대뇌피질을 자극한다. 자극받은 뇌 영역의 기능이 방해를 받는다.

경련(convulsion) 발작에 의해 야기되는 통제할 수 없는 격렬한 근육활동.

경막(dura mater) 가장 바깥에 있는 뇌막. 질기고 유연하다.

계절성 정동장애(seasonal affective disorder) 낮이 짧은 겨울에 우울, 무기력, 수면장애 및 탄수화물에 대한 갈망으로 특징화되는 기분장애.

계절 효과(seasonality effect) 늦겨울과 이른봄에 태어난 사람들에서 나타나는 조현병의 발생빈도 증가.

고리뼈(stapes) '등자(stirrup)'를 상징하며, 세 개의 소골 중 마지막 것.

고막(tympanic membrane) 고막(eardrum).

고속핵(nucleus of the solitary tract) 내장기관과 미각체계로부터 전달되는 정보를 수용하는 연수의 핵.

고장성(hypertonic) 삼투압 과정을 통해 세포 안에 있는 물이 세포 밖으로 빠져나가기에 충분한 정도의 용질을 가지고 있는 용액의 특성.

고전적 조건형성(classical conditioning) 처음에 특정 반응을 유발시키지 않은 자극이 방어적 또는 접근적 반응(무조건 반응)을 유발시키는 무조건 자극에 몇 번 수반될 때 첫 번째 자극(지금은 조건자극) 만으로 반응(지금은 조건반응)을 일으키는 학습과정.

고정제(fixative) 포르말린과 같은 화학물질로서, 조직을 단단하게 하고 보존하기 위해 사용된다.

공간 주파수(spatial frequency) 사인파 격자에서 상대적인 띠들의 폭으로 시각 각도당 주파수로 측정된다.

공복기(fasting phase) 소화계로부터 영양분을 사용할 수 없는 동안의 대사 기간. 이 기간 동안 글리코겐, 단백질, 그리고 지방조직으로부터 글루코스, 아미노산, 그리고 지방산을 얻는다.

공황장애(panic disorder) 호흡곤란, 불규칙적인 심장박동 및 강한 공포에 의해 수반되는 다른 자율신경 증상과 같은 에피소드 기간으로 특징화되는 장애.

과립세포하위층(koniocellular sublayer) 대세포층과 소세포층의 복측에 있는 배외측슬상핵의 뉴런 하위층의 하나로 단파장(파랑) 추상체로부터의 정보를 일차시각피질로 전달한다.

과복합세포(hypercomplex cell) 특정 방향을 가지고 있으며 수용장 내에 특정 지점에서 끝나는 선분의 제시에 반응하는 시각피질의 뉴런.

과분극(hyperpolarization) 안정전위에 비해서 세포의 막전위가 증가하는 것(- 방향으로).

관계학습(relational learning) 각각의 자극들 간의 관계를 학습하는 것.

광견병(rabies) 뇌 손상을 일으키는 치명적인 바이러스성 질환으로서, 보통 감염된 동물에게 물려서 감염된다.

광색소(photopigment) 레티날에 결합되어 있는 색을 띤 단백질로 비타민 A에서 파생된 물질이다. 시각정보 전달에 관여한다.

광수용기(photoreceptor) 망막의 수용기 세포 중의 하나로 광에너지를 전기적 에너지로 변환시킨다.

광유전적 방법(optogenetic method) 유전공학적으로 변형시킨 바이러스를 사용하여 뇌의 특정 뉴런의 빛에 민감한 이온통로를 만들어 넣는다. 특정 파장의 빛을 쪼이면 그 뉴런은 감분극하거나 과분극할 수 있다.

광장공포증(agoraphobia) 집이나 다른 보호구역으로부터 벗어나는 데 대한 공포.

교감부(sympathetic division) 자율신경계의 일부로 각성과 에너지 소비를 수반하는 기능들을 통제한다.

교감절(sympathetic ganglia) 교감신경계의 절전 뉴런과 절후 뉴런 사이의 시냅스를 가지고 있는 마디.

구(sulcus, 복수는 sulci) 대뇌반구에 있는 것으로 열보다 작은 고랑.

구강투약(oral administration) 어떤 약물을 입속으로 투약하여 삼키도록 하는 것.

구심성 축색(afferent axon) 감각정보를 전달하며 중추신경계로 향하는 축색.

구형낭(saccule) 전정낭의 하나.

국소투약(topical administration) 어떤 약물을 피부 또는 점막에 직접 투약하는 것.

궁상다발(arcuate fasiculus) 베르니케영역과 브로카영역을 연결하는 축색의 다발이며, 손상될 경우 전도실어증을 초래한다.

궁상핵(arcuate nucleus) 시상하부의 기저부에 있는 핵으로, 뇌하수체 전엽의 호르몬 분비를 통제하는데, 궁상핵 내의 NPY-분비 뉴런이 섭식과 대사의 통제에 관여한다.

그렐린(ghrelin) 위에서 방출되는 펩타이드 호르몬으로서, 음식 먹기를 증가시킨다. 또한 뇌에 있는 뉴런에서도 생산된다.

근위축성 측삭경화증(amyotrophic lateral sclerosis; ALS) 척

수와 뇌신경의 운동뉴런을 공격하는 변성장애.

근육주사[intramuscular(IM) injection] 어떤 약물을 근육에 직접 주사하는 것.

근전도(electromyogram; EMG) 근육의 위나 안에 부착된 전극을 통해 기록한 전위.

글라이신(glycine) 아미노산이며, 하위 뇌간과 척수에 있어서 중요한 억제성 신경전달물질.

글루카곤(glucagon) 췌장 호르몬으로서 간의 글리코겐이 글루코스로 전환되는 것을 촉진시킨다.

글루코코르티코이드(glucocorticoid) 단백질과 탄수화물의 대사에 중요한 부신피질 호르몬의 하나이며, 특히 스트레스를 받을 때 분비된다.

글루타메이트(glutamate) 아미노산이며, 뇌에서 가장 중요한 흥분성 신경전달물질.

글리세롤(glycerol) 지방산과 함께 트리글리세라이드가 분해되어 나온 물질. 간에서 글루코스로 변환될 수 있다.

글리코겐(glycogen) 동물성 전분이라고도 하는 다당류. 간과 근육에 저장되며, 영양소의 단기 저장기를 구성한다.

금단증상(withdrawal symptoms) 약물의 투약이 갑자기 중단될 때 약물에 의해 생기는 효과와 반대되는 증상이 출현하는 것을 말하며, 보상기제의 존재에 의해 초래된다.

금단증상(withdrawal symptoms) 어떤 약물이 반복적으로 투약되다가 갑자기 투약이 중지된 후에 그 약물에 의해 나타나는 증상과 반대되는 증상의 출현.

급성척수전각염(acute anterior poliomyelitis, 또는 소아마비) 뇌와 척수의 운동뉴런을 파괴하는 바이러스성 질환.

기관감각(organic senses) 신체의 내장기관 내에 위치한 수용기로부터 발생하는 감각양상.

기능단어(function word) 전치사, 관사 또는 문장의 의미를 거의 전달하지 않는 단어이나, 문장의 문법적 구조를 결정하는 데 있어서는 중요하다.

기능의 독성증가(toxic gain of function) 독성 효과를 일으키는 단백질을 생산하는 잘못된 유전인자를 지닌 우성 돌연변이에 의한 유전적 장애.

기능의 상실(loss of function) 건강에 필요한 단백질을 생산하지 못하는 열성 유전인자에 의한 유전적 장애.

기능적 영상(functional imaging) 특정 뇌 영역의 대사활동의 변화 또는 화학적 변화를 탐지하기 위한 컴퓨터 영상법

기능적 자기공명영상(functional MRI; fMRI) 뇌의 국소적 대사활동을 측정할 수 있도록 개량된 MRI 절차.

기능주의(functionalism) 생물학적 현상(어떤 행동 또는 생리적 구조)을 이해하기 위한 가장 양호한 방법은 유기체에 있어서 그것의 유용한 기능을 이해하려고 시도하는 것이라는 원리이다.

기면증(narcolepsy) 불가항력적인 수면, 탈력발작, 수면마비, 입면환각이 특징인 수면장애이다.

기본 주파수(fundamental frequency) 어떤 복합음의 가장 낮은, 그리고 보통 가장 강한 주파수이며, 대부분의 경우에 그 소리의 기본 음고로 지각된다.

기저막(basilar membrane) 내이의 와우각에 있는 막으로 코르티 기관을 포함하고 있다.

기저핵(basal ganglia) 종뇌에 있는 피질하 핵의 집단으로 미상핵, 피각, 담창구로 구성되어 있으며 운동계통의 중요한 부분들이다.

길항제(antagonist) 시냅스후 세포에 대한 특정 신경전달물질의 효과를 상쇄하거나 또는 억제하는 약물.

꼭대기(cupula) 반고리관의 팽대부에서 발견되는 젤라틴 물질이며, 관속에 있는 액체의 흐름에 반응하여 움직인다.

나트륨-칼륨 수송체(sodium-potassium transporter) 모든 세포막에서 발견되는 단백질로서, 나트륨을 세포 밖으로 내보내고 칼륨을 세포 안으로 운송한다.

난소의 난포(ovarian follicles) 난모세포를 싸고 있는 한 덩어리의 상피세포로 난자로 발달한다.

난포자극호르몬(follicle-stimulating hormone; FSH) 뇌하수체 전엽 호르몬으로 난포의 발달과 난자의 성숙에 관여한다.

난형낭(utricle) 전정낭의 하나.

난형창(oval window) 막을 드러내는 와우각을 둘러싸고 있는 뼈의 열린 구멍이며, 고리뼈에 의해 눌려지면 소리의 진동을 와우각 내의 액체에 전달한다.

날록손(naloxone) 아편 수용기를 차단하는 약물.

남성화 효과((masculinizing effect) 발달 초기에 나타나는 호르몬의 효과로 남성의 전형적인 해부학적 특징과 행동을 조장한다.

내두정구(intraparietal sulcus; IPS) 시각연합피질의 배측 흐름 끝으로 위치, 시각 주의 및 눈과 손 운동의 통제에 관여한다.

내분비선(endocrine gland) 분비물을 모세혈관 주변의 세포외액에 분비하여 혈류를 타고 다닐 수 있도록 하는 분비선.

내성(tolerance) 반복적 투약으로 인한 약물의 효과성 감소.

내성(tolerance) 특정 효과를 얻기 위해 점점 더 많은 양의 약물을 필요로 한다는 사실이며, 약물의 효과를 상쇄하는 보상기제에 의해 유발된다.

내용단어(content word) 의미를 전달하는 명사, 동사, 형용사 또는 부사.

내인성 아편물질(endogenous opioids) 아편제로 작용하는 뇌에서 분비되는 한 종류의 펩타이드.

내인성 카나비노이드(endocannabinoids) THC와 결합하는 수용기에 대한 내인성 배위자이며, 마리화나의 활성물질.

내측(medial) 신체의 바깥에서 중심 쪽.

내측슬상핵(medial geniculate nucleus) 시상의 내측슬상체 내에 있는 세포체의 집단으로 청각계에서 섬유를 받아 일차 청각피질로 섬유를 투사한다.

내측 시삭전 영역(medial preoptic area; MPA) 시상하부의 바로 문측에 있는 세포체 영역으로 남성의 성 행동에 중요한 역할을 한다.

내측전뇌속(medial forebrain bundle; MFB) 복측피개야(VTA)와 측핵(NAC)을 연결하는 축색을 가진 섬유다발로 이 축색들에 대한 전기적 자극은 강화를 한다.

네오스티그마인(neostigmine) 아세틸콜린 분해효소의 활동을 억제하는 약물.

노르에피네프린(norepinephrine; NE) 카테콜아민의 일종이며, 뇌와 자율신경계 중 교감신경계에서 발견되는 신경전달물질.

뇌간(brain stem) 소뇌를 제외한 연수에서 간뇌까지 이어지는 뇌의 '줄기'.

뇌교(pons) 연수의 문측, 중뇌의 미측 및 소뇌의 복측에 있는 후뇌의 영역.

뇌궁(fornix) 시상하부의 유두체를 포함한 뇌의 다른 영역과 해마를 연결하는 섬유다발로 변연계의 일부이다.

뇌궁하기관(subfornical organ; SFO) 측뇌실의 합류점, 뇌궁의 아래쪽에 붙어 있는 작은 기관으로서, 혈액 내의 앤지오텐신의 존재를 탐지하는 뉴런을 가지고 있으며, 물 마시기를 개시하게 하는 신경회로를 흥분시킨다.

뇌량(corpus callosum) 뇌의 한쪽 반구와 다른 쪽 반구의 대응되는 부분을 연결하고 있는 커다란 신경섬유의 다발.

뇌량(corpus callosum) 뇌의 한쪽 반구와 다른 쪽 반구의 대응되는 부위를 연결하고 있는 커다란 신경섬유의 다발.

뇌막(meninges; 단수는 meninx) 중추신경계를 둘러싸고 있는 3개 층, 즉 경막, 지주막, 유막의 조직.

뇌막염(meningitis) 바이러스 또는 박테리아에 의해 뇌수막이 감염된 질환.

뇌신경(cranial nerve) 뇌와 직접 연결되어 있는 말초신경.

뇌실(ventricle) 뇌 안에 있는 빈 공간의 하나로 뇌척수액이 채워져 있다.

뇌실영역(ventricular zone) 신경관의 내부에 정렬되어 있는 세포의 층으로 분열해서 중추신경계의 세포를 만드는 시조세포가 있다.

뇌염(encephalitis) 박테리아, 바이러스, 또는 독성 화학물질에 의한 뇌 감염 질환.

뇌자도(magnetoencephalography; MEG) 뉴런의 전기적 활동에 의해 유도된 자기장을 이용하여 동시에 활성화된 뉴런을 탐지하는 절차. 초전도 양자 간섭소자(SQUID) 배열을 사용한다.

뇌척수액(cerebrospinal fluid; CSF) 혈장과 유사하게 맑은 액체로 뇌의 뇌실과 지주막하강을 채워 뇌와 척수를 둘러싸고 있다.

뇌파(electroencephalogram; EEG) 전극을 두피 위에 붙여 기록한 뇌의 전기적 활동.

뇌하수체 전엽(anterior pituitary gland) 뇌하수체의 전측부분의 분비선으로 이것의 분비는 시상하부의 호르몬에 의해 통제된다.

뇌하수체 후엽(posterior pituitary gland) 뇌하수체의 후측부분의 분비선으로 시상하부에 세포체를 가진 축색의 호르몬 방출 종말단추를 가지고 있다.

니코틴성 수용기(nicotinic receptors) 니코틴에 의해 자극되고 쿠라레에 의해 차단되는 이온자극성 아세틸콜린 수용기.

다극성 뉴런(multipolar neuron) 축색은 하나이고 세포체에서 뻗어 나온 수상돌기가 대단히 많은 뉴런.

다운증후군(Down syndrome) 21번 염색체에 여분의 염색체가 하나 더 있기 때문에 생기는 장애로서, 정신지체와 신체적 비정상이 특징이다.

다이터스 세포(Deiters's cell) 코르티 기관에서 발견되는 지지세포이며, 청각 모세포를 유지한다.

단극성 뉴런(unipolar neuron) 세포체에서 뻗어 나온 하나의 축색으로 이루어진 뉴런. 축색은 두 개의 가지로 나누어지는데 한 가지는 감각 수용기로부터 감각정보를 받고, 다른 가지는 그 감각정보를 중추신경계에 보낸다.

단순부분발작(simple partial seizure) 특정 병소에서 시작하여 국소적 영역에만 한정되는 부분발작으로서, 의식을 상실하지는 않는다.

단순세포(simple cell) 선조피질에 있는 방향에 민감한 뉴런으로 이것의 수용장은 대립된 양식으로 구성되어 있다.

단순포진 바이러스(herpes simplex virus) 보통 입술 주변에 물집을 생기게 하는 바이러스로서, 뇌 손상을 일으킬 수 있다.

단일-단위 기록(single-unit recording) 단일 뉴런의 전기적 활동을 기록한다.

담창구 내측영역(internal division of the globus pallidus; GPi) 시상을 경유하여 운동피질로 억제성 신호를 보내는 담창구의 영역. 가끔 파킨슨병의 증상을 치료하기 위해 입체정위 시술로 이 영역을 손상시킨다.

당박탈(glucoprivation) 세포가 사용할 수 있는 글루코스의 수준이 극적으로 감소한 상태로서, 혈액 내 글루코스의 수준이 감소하거나 글루코스의 대사를 억제하는 약물이 원인이다.

대뇌뇌실투약[intracerebroventricular(ICV) administration] 어떤 약물을 대뇌뇌실 중 하나에 투약하는 것.

대뇌반구(cerebral hemisphere) 전뇌의 두 개의 중요한 부분 중의 하나로 대뇌피질로 덮여 있다.

대뇌반구(cerebral hemispheres) 두 대칭적인 반쪽 뇌로, 뇌의 주요 부위를 이룬다.

대뇌 색맹(cerebral achromatopsia) 시각연합피질의 V8 영역 손상에 의해 상이한 색상을 구별할 수 없는 결함.

대뇌투약(intracerebral administration) 어떤 약물을 뇌에 직접 투약하는 것.

대뇌피질(cerebral cortex) 대뇌반구의 회백질의 가장 바깥 층.

대립유전자(allele) 유전자를 구성하는 DNA의 특정 염기쌍의 계열. 예를 들어, 눈동자의 색깔이 푸른색 또는 갈색이 되는 유전자는 특정 유전자의 서로 다른 대립형질이다.

대사성 수용기(metabotropic receptor) 신경전달물질의 결합부위가 있는 수용기. 해당 신경전달물질에 의해 활성화되면 효소를 활성화시키고, 그것에 의해 일련의 작용이 일어나 세포막에 있는 이온통로가 열리게 된다.

대사자극성 글루타메이트 수용기(metabotropic glutamate receptor) 글루타메이트에 민감한 범주의 대사자극성 수용기.

대상회(cingulate gyrus) 뇌량의 바로 위에 있으며 대뇌반구를 분리하는 홈의 외측벽을 따라 있는 변연피질의 한 띠.

대상회 절제술(cingulotomy) 전전두피질과 변연계를 연결하는 대상 섬유다발을 수술로 파괴하는 것으로 강박증의 증상과 강한 불안을 감소시키는 데 도움이 된다.

대세포층(magnocellular layer) 배외측슬상핵에서 안쪽에 있는 두 개의 뉴런층 가운데 하나로 형태, 운동, 깊이 및 명도에서의 작은 차이의 지각에 필요한 정보를 일차시각피질로 전달한다.

대전극(macroelectrode) 뇌의 특정영역에 있는 많은 뉴런들의 전기적 활동을 기록하기 위해 사용하는 전극. 미세전극보다 훨씬 크다.

대측(contralateral) 신체의 반대편에 위치.

대칭적 분열(symmetrical division) 두 개의 동일한 시조세포를 생성하는 시조세포의 분열로 뇌실영역의 크기를 증가시켜 궁극적으로 뇌 크기를 증가시킨다.

데옥시리보핵산(deoxyribonucleic acid; DNA) 두 개의 서로 연결된 나선형의 사슬을 함유하고 있는 길고 복잡한 거대분자. DNA 사슬은 연결된 단백질 이외에 염색체를 구성하고 있다.

데프레닐(deprenyl) MAO-B의 활동을 차단하는 약물이며, 도파민 효능제로 작용한다.

델타활동(delta activity) 뇌에서 기록한 4Hz 미만의 규칙적이고 동기화된 전기활동. 서파수면의 가장 깊은 단계에서 일어난다.

도구적 조건형성(instrumental conditioning) 특정 상황에서 특정 행동의 효과가 그 행동의 가능성을 증가시키거나(강화하거나) 또는 감소시키는(처벌하는) 학습과정으로 조작적 조건형성이라고도 한다.

도약운동(saccadic movement) 시야를 주사할 때 사용되는 것으로 갑자기 움직이는 눈의 운동.

도약전도(saltatory conduction) 수초로 덮인 축색에서 일어나는 활동전위의 전도. 활동전위는 하나의 랑비에 결절에서 다른 결절로 도약한다.

도파민(dopamine; DA) 신경전달물질로서 카테콜아민 중의 하나이다.

돌연변이(mutations) 정자 또는 난자의 염색체에 담겨 있는 유전정보의 변화이며, 이것은 유기체의 후손에게 전달될 수 있고, 유전적 변산성을 제공한다.

동작맹(akinetopsia) 시각연합피질의 V5(MST) 영역의 손상에 의한 운동지각 장애.

동측(ipsilateral) 신체의 동일한 면에 위치.

두정엽(parietal lobe) 전두엽의 미측이고 측두엽의 배측인 대뇌피질의 영역.

등장성(isotonic) 세포이 내용물과 삼투압이 같은 상태. 등장성 용액 속에 있는 세포는 물을 얻거나 상실하지 않는다.

디하이드로테스토스테론(dihydrotestosterone) 5α 환원효소의 작용에 의해 테스토스테론에서 만들어지는 안드로겐.

랑비에 결절(node of Ranvier) 수초가 없이 노출된 부분. 핍돌기세포나 슈반세포들 사이가 여기에 해당된다.

레닌(renin) 신장에서 분비되는 호르몬으로, 혈액 속의 앤지오텐시노겐을 앤지오텐신으로 전환시킨다.

레세핀(reserpine) 시냅스 소낭에 모노아민이 저장되는 것을 방해하는 약물이다.

레티날(retinal) 비타민 A로부터 합성된 화학물질로 옵신과 결합하여 광색소를 형성한다.

렙틴(leptin) 지방조직에서 분비되는 호르몬으로 음식 섭취를 감소시키고 대사율을 증가시키는데, 일차적으로 궁상핵에 있는 NPY-분비 뉴런을 억제한다.

로돕신(rhodopsin) 간상체에 있는 특수 옵신.

루이 소체(Lewy body) 알파-시누클라인 단백질로 이루어진 고밀도의 단백질 중심을 가지고 있는 비정상적 원형구조로서, 파킨슨병 환자의 흑질선조계 뉴런의 세포질에서 볼 수 있다.

루피니 소체(Ruffini corpuscles) 털이 있는 피부에 위치해 있는 진동에 민감한 기관.

리모나반트(rimonabant) 카나비노이드 CB_1 수용기를 차단하는 약물.

리튬(lithium) 화학 성분으로 양극성 장애를 치료하기 위해 리튬탄산염이 사용된다.

마이스너 소체(Meissner's corpuscles) 상피를 뚫고 돌출한 진피의 작은 융기부인 꼭지에 위치한 촉각에 민감한 종말기관.

막전위(membrane potential) 세포막 사이의 전하로서 세포 안과 세포 밖의 전위의 차이.

말초신경계(peripheral nervous system; PNS) 중추신경계 바깥에 존재하는 신경계로, 뇌와 척수에서 뻗어 나온 신경들을 포함한다.

말총(cauda equina) 척수 끝 미측에 있는 척수근의 다발.

망막(retina) 눈의 후측 부위의 내부표면에 광수용기 세포가 있는 신경조직이다.

망막 부등(retinal disparity) 관찰자로부터 상이한 거리에 있는 대상들의 점이 양쪽 망막의 상이한 위치에 맺는 것. 이것은 입체시의 근거가 된다.

망상(delusions) 명확히 현실과 모순되는 신념.

망상체(reticular formation) 연수에서 간뇌까지의 뇌간 중심부분에 위치하는 큰 신경조직망.

망치뼈(malleus) '망치(hammer)'를 상징하며, 세 개의 소골 중 첫 번째 것.

맥락총(choroid plexus) 뇌실로 돌출된 높은 관 조직으로 뇌척수액을 생성한다.

머켈 디스크(Merkel's disks) 땀샘 부근에 있는 상피의 기저부에서 발견되는 촉각에 민감한 종말기관.

메틸페니데이트(methylphenidate) 도파민의 재흡수를 억제하는 약물.

멜라노코르틴-4 수용기(melanocortin-4 receptor; MC-4R) α-MSH와 아구티-관련 펩타이드와 결합하는 수용기로서 뇌 속에 있으며 식욕을 통제하는 역할을 한다.

멜라놉신(melanopsin) 망막의 신경절세포에 존재하는 광색소로서, SCN, 시상, 시개전올리브핵으로 정보를 전달한다.

멜라닌-응축호르몬(melanin-concentrating hormone; MCH) 외측시상하부에서 분비되는 두 가지 신경펩타이드 중의 하나로서 대사율을 감소시키고 식욕을 자극한다.

멜라토닌(melatonin) 송과선에서 밤 동안 분비되는 호르몬으로서, 일일주기와 계절성 주기에 어떤 역할을 한다.

면역세포화학적 방법(immunocytochemical method) 특정 단백질의 존재를 탐지하기 위해 염료분자와 결합할 수 있는 항체 또는 방사성 항체를 사용하는 조직학적 방법.

명도(brightness) 색채 지각차원의 하나인 밝기의 강도.

명칭실어증(anomia) 어떤 대상, 행위 또는 속성을 기술하는 적절한 단어를 찾는(기억하는) 데 있어서의 장애이며, 실어증의 증상 중의 하나.

모노아민(monoamine) 세로토닌과 같은 인돌아민 그리고 도파민, 노르에피네프린 및 에피네프린과 같은 카테콜아민을 포함하는 아민의 종류.

모노아민 가설(monoamine hypothesis) 우울증은 하나 이상의 모노아민 시냅스의 활성저하가 원인이라고 하는 가설.

모노아민 산화효소(monoamine oxidase; MAO) 도파민, 노르에피네프린 및 세로토닌과 같은 모노아민을 파괴하는 효소의 종류.

모루뼈(incus) '모루(anvil)'를 상징하며, 세 개의 소골 중 두 번째 것.

모세포(hair cell) 청각기관의 수용세포.

모의손상(sham lesion). 실제로 뇌를 손상시키는 것만 제외하고 뇌 손상 절차의 모든 단계를 똑같이 하는 '위약' 절차.

모형(model) 생리적 과정에 대한 수학적 또는 물리적 비유이며, 예를 들면 컴퓨터는 다양한 뇌 기능의 모형으로 사용된다.

무모 피부(glabrous skin) 털이 없는 피부이며, 손바닥과 발바닥에서 발견된다.

무스시몰(muscimol) $GABA_A$ 수용기의 GABA 결합부위에 대한 직접 효능제.

무스카린성 수용기(muscarine receptors) 무스카린에 의해 자극되고 아트로핀에 의해 차단되는 대사자극성 아세틸콜린 수용기.

무축색 세포(amacrine cell) 인접한 신경절 세포들과 양극 세포의 안쪽 정보처리 사이를 연결하는 망막의 뉴런.

문측(rostral) 부리 쪽. 중추신경계를 고려할 때 신경축을 따라 얼굴 앞쪽 방향.

뮬러계(Müllerian system) 여성의 내부 성 기관의 배아 전구체.

미세관(microtubule) 긴 단백질 사상체로 되어 있는 소기관. 세포의 구조를 유지시키고 세포 내에서의 물질이동에 관여한다.

미세아교세포(microglia) 교세포 중 가장 작은 세포. 식 세포처럼 활동하고 미생물의 침입으로부터 뇌를 보호한다.

미세전극(microelectrode) 매우 가는 전극. 단일 뉴런의 활동을 기록하는 데 사용한다.

미세전극(microelectrode) 매우 가는 전극. 단일 뉴런의 활동을 기록하는 데 사용한다.

미세절편기(microtome) 조직을 아주 얇게 자르는 기구.

미세투석법(microdialysis) 뇌 속에 심어진 반투막으로 된 작은 관을 통해 간질액에 있는 화학물질을 분석하는 절차.

미주신경(vagus nerve) 뇌신경에서 가장 크며 자율신경계 부교감 부분의 원심성 섬유를 흉강과 복강의 기관으로 전달한다.

미측(caudal) 꼬리 쪽. 중추신경계를 고려할 때 얼굴 앞에서 출발하는 신경축의 방향.

미측 차단(caudal block) 말총을 둘러싸고 있는 뇌척수액에 마취제를 주입하여 신체의 아랫부분을 마취시키는 것.

미토콘드리아(mitochondria) 영양소로부터 에너지를 뽑아내는 세포기관.

민감화(sensitization) 반복적 투약으로 인한 약물의 효과성 증가.

박막(lamella) 망막의 간상체와 추상체에서 발견되는 광색소를 가지고 있는 막의 층.

반고리관(semicircular canals) 머리회전의 변화를 탐지하는 전정기관의 세 개의 고리 모양의 구조 중 하나.

반동현상(rebound phenomenon) 어떤 현상이 일시적으로 억압된 후 그 현상의 빈도 또는 강도가 증가되는 현상. 예를 들어 REM 수면이 박탈된 후 REM 수면이 증가한다.

반사(reflex) 자극의 직접적 결과로 발생하는 자동적이고 정형화된 운동이다.

발달난독증(developmental dyslexias) 유전적(그래서 생물학적) 근원을 갖고 있는 특수한 읽기 장애.

발작장애(seizure disorder) 간질을 지칭하는 용어.

발정주기(estrous cycles) 영장류보다 포유류의 암컷 생식 주기.

방사교세포(radial glia) 뇌실영역에서 대뇌피질의 표면까지 방사형으로 자라는 섬유를 가진 특수한 신경교세포로 뇌 발달 동안 바깥으로 이동하는 뉴런을 안내한다.

방추상 얼굴영역(fusiform face area; FFA) 하측두엽에 있는 시각연합피질의 한 영역으로 얼굴 지각에 관여한다.

방출영역(release zone) 시냅스 소낭이 결합하는 시냅스전 막의 안쪽 부분으로 신경전달물질을 시냅스 간격으로 방출한다.

배외측슬상핵(dorsal lateral geniculate nucleus, LGN) 시상의 외측슬상체 내에 있는 세포체들의 집단으로 망막으로부터 입력을 받아 일차시각피질로 투사한다.

배외측슬상핵(dorsal lateral geniculate nucleus; LNG) 시상의 외측슬상체 내에 있는 세포체들의 집단으로 망막으로부터 입력을 받아 일차시각피질로 투사한다.

배위자(ligand) 수용기의 결합부위에 결합하는 화학물질.

배음(overtones) 기본 주파수의 복합에서 발생하는 복합음의 주파수.

배측(dorsal) 등 쪽. 중추신경계를 고려할 때 신경축에 대한 수직방향으로 머리 꼭대기나 등 쪽.

배측 흐름(dorsal stream) 상호 연결된 시각피질 영역의 체계로 공간위치 지각에 관여한다. 선조피질에서 시작하여 후두정피질에서 끝난다.

베르니케실어증(Wernicke's aphasia) 빈약한 언어 이해와 유창하지만 의미 없는 말로 특징지어지는 실어증의 한 유형.

베르니케영역(Wernicke's area) 인간의 좌반구 측두엽에 있는 청각 연합영역이며, 단어 이해와 의미 있는 말의 산출에 중요하다.

베타-아밀로이드(β-amyloid, Aβ) 알츠하이머병 환자의 뇌 속에 과도하게 많이 존재하는 단백질.

베타-아밀로이드 전구단백질(β-amyloid precursor protein; APP) 세포에서 생산, 분비되는 단백질로서 베타-아밀로이드 단백질의 전구물질이다.

베타활동(beta activity) 뇌에서 기록한 13~30Hz의 불규칙한 전기적 활동. 일반적으로 각성상태와 관련이 있다.

벤조다이아제핀(benzodiazepine) 한 범주의 항불안제이며, GABAA 수용기에 대한 간접 효능제이다.

벨트영역(belt region) 첫 번째 수준의 청각연합피질이며, 일차청각피질을 둘러싸고 있다.

변연계(limbic system) 전측시상핵, 편도체, 해마, 변연피질, 시상하부 부분 및 이들을 상호 연결하는 축색다발을 포함하는 뇌영역의 한 집단.

변연피질(limbic cortex) 계통발생적으로 오래된 피질로 대뇌반구의 내측 가장자리에 위치하고 있으며 변연계의 일부이다.

보툴리누스균독(botulinum toxin) 아세틸콜린 길항제로서 종말단추에서 아세틸콜린이 방출되는 것을 방지한다.

복강주사[intraperitoneal(IP) injection] 어떤 약물을 복강의 공동—위, 장, 간 및 다른 복부기관을 둘러싸는 공간—에 주사하는 것.

복내측전전두피질(ventromedial prefrontal cortex) 중심선에 인접한 전방 전두엽의 기저부에 있는 전전두피질의 영역이며, 정서표현을 억제하는 역할을 한다.

복외측 시삭전영역(ventrolateral preoptic area; vlPOA) 시삭전영역에 있는 GABA성 뉴런들의 집단으로서, 경계와 행동적 각성을 억제하고 수면을 촉진한다.

복외측 중뇌수도주변 회백질(ventrolateral periaqueductal gray matter; vlPAG) REM 수면 플립-플롭의 REM-OFF 부분을 구성하는 배측 중뇌 영역이다.

복외측핵(ventrolateral nucleus) 소뇌로부터 입력을 받아 일차운동피질로 축색을 보내는 시상의 핵.

복측(ventral) 복부 쪽. 중추신경계를 고려할 때 신경축에 대한 수직방향으로 두개골의 아래쪽 또는 신체의 전면.

복측피개야(ventral tegmental area; VTA) 복측중뇌에 있는 도파민성 뉴런들의 집단으로 이것의 축색들은 중뇌변연계와 중뇌피질계를 형성하며, 강화에서 중요한 역할을 한다.

복측 흐름(ventral stream) 상호 연결된 시각피질 영역의 체계로 형태지각에 관여한다. 선조피질에서 시작하여 하측두피질에서 끝난다.

복합부분발작(complex partial seizure) 특정 병소에서 시작하여 국소적 영역에만 한정되는 부분발작으로서, 의식을 상실한다.

복합세포(complex cell) 수용장 내에 특정방향을 갖는 선분의 제시에 반응하는 시각피질에 있는 뉴런으로 선분의 방향과 수직으로 움직일 때 특히 잘 반응한다.

볼프계(Wolffian system) 남성의 내부 성 기관의 배아 전구체.

봉선핵(raphe nuclei) 연수, 뇌교, 중뇌의 망상체에 있는 핵군으로서, 정중선을 따라 위치해 있으며 세로토닌성 뉴런이 있다.

부교감부(parasympathetic division) 자율신경계의 일부로 이완상태에서 나타나는 기능들을 통제한다.

부벨트영역(parabelt region) 두 번째 수준의 청각연합피질이며, 벨트영역을 둘러싸고 있다.

부분발작(partial seizure) 특정 병소에서 시작하여 국소적 영역에만 한정되어 나타나며, 뇌의 다른 부분에는 영향을 주지 않는다.

부신피질자극호르몬(adrenocorticotropic hormne; ACTH) CRH에 반응하여 뇌하수체 전엽에서 분비되는 호르몬이며, 글루코코르티코이드를 생성하도록 부신피질을 자극한다.

부적 강화(negative reinforcement) 특정 반응에 수반되어 혐오적 자극을 제거 혹은 감소시킴으로써 그 반응의 발생빈도를 증가시킨다.

부적 피드백(negative feedback) 어떤 작용에 의해 생긴 효과가 그 작용을 약화시키거나 종료시키는 과정으로서, 조절기제의 특성이다.

부후구(accessory olfactory bulb) 후구에 위치한 신경 구조로 서골비기관으로부터 정보를 받는다.

부후구(accessory olfactory bulb) 후구에 위치한 신경구조로 서골비기관으로부터 정보를 받는다.

분만(parturition) 출산 행동.

분할 뇌수술(split-brain operation) 어떤 유형의 간질을 치료하기 위해서 때때로 시술되는 뇌수술이며, 외과의사는 뇌의 양반구를 연결하고 있는 뇌량을 절단한다.

불안장애(anxiety disorder) 긴장, 자율신경계의 과잉활성화, 재앙발생 기대 및 위험에 대한 지속적인 경계로 특징화되는 심리장애.

불응기(refractory period) 특정 활동 후의 기간으로 이 기간 동안 그 활동이 다시 일어나지 않는다(예, 남성의 사정).

브레그마(bregma) 머리의 시상봉합과 관상봉합의 결합 부위. 입체정위 시술을 위한 기준점으로 자주 사용된다.

브로카실어증(Broca's aphasia) 실문법증, 명칭실어증 및 말의 발음에 있어서의 심한 장애로 특징지어지는 실어증.

브로카영역(Broca's area) 좌반구 일차운동영역 기저부의 바로 전방에 위치한 전두피질의 영역이며, 정상적인 말의 산출에 필요하다.

비결합 단백질(uncoupling protein; UCP) 영양소가 열로 전환되는 것을 촉진하는 미토콘드리아 단백질.

비경쟁적 결합(noncompetitive binding) 어떤 약물이 수용기의 어떤 부위에 결합하는 것으로 주요 배위자의 결합부위를 방해하지는 않는다.

비대칭적 분열(asymmetrical division) 다른 시조세포와 뇌실영역에서 뇌의 마지막 안착지까지 이동하는 뉴런을 생성하는 시조세포의 분열.

비만생쥐(ob mouse) 렙틴의 생산을 방지하는 돌연변이에 의해 비만하고 대사율이 낮은 생쥐.

비열주변피질(perirhinal cortex) 해마체에 인접한 변연피질의 한 영역으로 해마주변피질을 통해 후내피질과 뇌의 다른 영역 간의 정보를 전달한다.

비율법칙(rate law) 자극의 강도 또는 축색에서 전달되는 정보의 변화가 축색의 발화비율의 변화로 표상되는 원리.

비율 부호화(rate coding) 상이한 주파수에 관한 정보가 청각체계에 있는 뉴런의 발화율에 의해 부호화되는 체계.

비쿠쿨린(bicuculline) $GABA_A$ 수용기에서 GABA 결합부위에 대한 직접 길항제.

사고 장애(thought disorder) 비구조적이고 비합리적인 사고.

사인파 격자(sine-wave grating) 일련의 곧은 수평 띠들로 띠의 직각선에 따라 사인파 기능에 맞춰 명도가 지속적으로 변화한다.

사회불안장애(social anxiety disorder) 타인의 감시에 노출되었을 때 심한 공포로 특징지워지는 장애로 과제수행을 해야하는 사회적 상황을 회피하게 한다.

산발적 질병(sporadic disease) 유전적인지 감염성인지 분명하지 않은 매우 드물게 발생하는 질병.

삼투압성 갈증(osmometric thirst) 세포내액에 비해 간질액의 삼투압이 증가하여 생긴 갈증으로 세포탈수를 일으킨다.

삼투압 수용기(osmoreceptor) 주변을 둘러싸고 있는 간질액 용질의 농도 변화를 탐지하는 뉴런.

삼환계항우울제(tricyclic antidepressants) 우울증 치료제로 사용되는 약물군으로 노르에피네프린과 세로토닌의 재흡수를 억제하고 다른 신경전달물질에게도 영향을 준다. 분자구조에 의해 명명되었다.

상구(superior colliculi) 중뇌의 위쪽에 돌출된 부분으로 시각계의 일부이다.

상올리브 복합체(superior olivary complex) 연수에 있는 한 집단의 핵이며, 음원의 위치파악을 포함하는 청각기능에 관여한다.

상향상태(up state) 서파수면의 느린 진동 동안의 흥분기간. 신피질의 뉴런이 잠시 높은 비율로 발화한다.

색상(hue) 색채 지각차원의 하나인 우세한 파장.

색전(embolus) 원래의 위치에서 떨어져 나온 물질 조각(혈액 응고물, 지방, 박테리아 부스러기 등)으로서 동맥을 막는데, 뇌 속의 색전이 뇌졸중을 일으킨다.

색채 항상성(color constancy) 다양한 빛의 조건하에서도 사물의 색상이 상대적으로 일정하게 나타나는 모습.

생식선(gonad) 난소와 고환.

생식선자극방출호르몬(gonadotropin-releasing hormones; GnRH) 시상하부 호르몬으로 뇌하수체 전엽을 자극하여 생식선자극호르몬을 분비하게 한다.

생식선자극호르몬(gonadotropic hormone = gonadotropins) 뇌하수체 전엽 호르몬으로 생식선 세포를 자극한다.

생식체(gamete) 성숙한 생식세포로 정자나 난자.

서골비기관(vomeronasal organ; VNO) 특히 액체를 냄새 맡을 때 어떤 화학물의 존재를 감지하는 감각기로 몇몇 페로몬 효과를 중재한다.

서파수면(slow-wave sleep) 비-REM 수면으로 깊은 수면단계 동안 동기화된 뇌파활동이 특징적으로 나타난다.

선조외 체영역(extrastriate body area; EBA) 외측후측두엽에 있는 시각연합피질의 한 영역으로 얼굴보다는 인간의 신체와 신체 일부 지각에 관여한다.

선조외피질(extrastriate cortex) 시각연합피질의 한 영역으로 선조피질과 상구로부터 섬유를 받아 하측두피질로 투사한다.

선조피질(striate cortex) 일차시각피질.

선천성 부신비대증(congenital adrenal hyperplasia; CAH) 부신피질에서 안드로겐의 과잉분비로 특징화되는 상태로 여성의 경우 외형 생식기의 남성화 원인이 된다.

선택적 세로토닌 재흡수 억제제(specific serotonin reuptake inhibitors; SSRI) 항우울제로 다른 신경전달물질의 재흡수에 대해 영향을 주지 않고 세로토닌의 재흡수만 억제한다.

선택적 장점(selective advantage) 어떤 유기체가 자신의 종에서 평균적인 후손의 수 이상을 번식할 수 있게 해주는 특징이다.

선행수면국면증후군(advanced sleep phase syndrome) 수면과 체온주기가 4시간 앞당겨지는 증상으로서, SCN 뉴런의 주기성에 관여하는 유전자(per2)의 돌연변이에 의해 발생한다.

설정점(set point) 조절기제에 있는 체계변인의 최적 수준.

설하투약(sublingual administration) 어떤 약물을 혀 밑에 놓음으로써 투약하는 것.

섬모(cilium) 운동 또는 감각정보를 전달에 관여하는 세포에 부착된 털 모양의 기관이며, 청각 및 전정 체계의 수용기에서 발견된다.

섭식행동(ingestive behavior) 음식 섭취와 물 마시기.

성상세포(astrocyte) 중추신경계의 뉴런을 지지하는 세포. 영양분과 다른 물질들을 제공하며 세포외액의 화학적 농도를 조절한다.

성염색체(sex chromosomes) X와 Y의 염색체로 유기체의 성을 결정한다. 정상적으로 XX인 사람은 여성이고 XY인 사람은 남성이다.

성적 이형 핵(sexually dimorphic nucleus; SDN) 시삭전 영역에 있는 핵으로 여성에 비해 남성이 더 크다. 쥐에서 처음 관찰된 것으로 남성의 성 행동에 관여한다.

성적 이형 행동(sexually dimorphic behavior) 남성과 여성에서 상이한 형태의 행동 또는 상이한 환경이나 상이한 확률을 가지고 일어나는 행동.

세로토닌(serototine, 5-HT) 인돌아민계의 신경전달물질이며, 5-하이드록시트립타민으로 불리기도 한다.

세로토닌과 노르에피네프린 재흡수 억제제(serotonin and norepinephrine reuptake inhibitors; SNRI) 항우울제로 다른 신경전달물질의 재흡수에 대해 영향을 주지 않고 세로토닌과 노르에피네프린의 재흡수만 억제한다.

세크리타제(secretase) 베타-아밀로이드 전구단백질을 베타-아밀로이드를 포함하여 더 작은 조각으로 자르는 효소.

세타활동(theta activity) 서파수면의 초기단계와 REM 수면 동안 간헐적으로 나타나는 3.5~7.5Hz의 EEG활동.

세포골격(cytoskeleton) 미세관이나 기타 단백질 섬유로 되어 있으며, 응집된 형태로 세포의 형태를 유지한다.

세포내액(intracellular fluid) 세포 내부에 있는 액체.

세포막(membrane) 주로 지질분자로 구성되어 있는 구조물로 세포의 경계를 형성하며 많은 세포기관을 함유하고 있다.

세포외액(extracellular fluid) 세포 바깥에 있는 모든 액체로서, 간질액, 혈장, 뇌척수액이 있다.

세포자멸(apoptosis) 세포 내의 유전기제를 활성화시키는 화학적 신호에 의한 세포의 죽음.

세포질(cytoplasm) 점성이 있고 반 액체상태의 물질로서 세포 내에 있다.

세포체(soma/cell body) 핵을 함유하고 있는 뉴런의 세포체.

소뇌(cerebellum) 뇌교의 배측에 위치하는 뇌의 중요한 부분으로 소뇌피질이 덮여 있는 두 개의 반구를 가지고 있으며 운동계통의 중요한 요소이다.

소뇌각(cerebellar peduncle) 소뇌 반구를 배측 뇌교에 붙어 있게 하는 세 개의 축색다발 중의 하나.

소뇌심부핵(deep cerebellar nuclei) 소뇌 반구 내에 있는 핵들로 소뇌피질에서 정보를 받아 소뇌 밖의 다른 뇌영역으로 투사한다.

소뇌피질(cerebellar cortex) 소뇌의 표면을 덮고 있는 피질.

소세포층(parvocellular layer) 배외측슬상핵에서 바깥쪽 네 개의 뉴런층 가운데 하나로, 색채와 작은 세부적 사항을 지각하는 데 필요한 정보를 일차시각피질로 전달한다.

손상연구(lesion study) 실험적 제거의 동의어.

송과선(pineal gland) 중뇌개의 배측에 붙어 있는 분비선으로서, 멜라토닌을 생성하며, 일일주기와 계절성 주기에 관여한다.

수도주변회백질(periaqueductal gray matter; PAG) 대뇌수도를 둘러싸고 있는 중뇌의 영역으로 암컷의 성행동을 포함한 종 특유의 행동에 중요한 역할을 한다.

수도주변회백질(periaqueductal gray matter; PAG) 대뇌수도를 둘러싸고 있는 중뇌의 영역으로 암컷의 성행동을 포함한 종 특유의 행동에 중요한 역할을 한다.

수막종(meningioma) 뇌수막을 구성하는 세포에서 발생하는 양성 뇌종양.

수면관련 섭식장애(sleep-related eating disorder) 몽유병이 있을 때 침대에서 일어나 음식물을 찾아 먹는 장애로서, 보통 다음 날 아침에는 그 일을 기억하지 못한다.

수면마비(sleep paralysis) 기면증의 한 증상. 잠들기 바로 직전에 발생하는 마비증상.

수면무호흡(sleep apnea) 수면 동안의 호흡의 정지.

수면발작(sleep attack) 기면증의 한 증상. 낮 동안에 나타나는 수면에 대한 억누를 수 없는 충동으로서, 이 기간이 지나면 환자는 상쾌한 기분을 느끼며 깨어난다.

수상돌기(dendrite) 뉴런의 세포체에서 뻗어 나온 나무와 비슷하게 생긴 구조물. 다른 뉴런의 종말단추로부터 정보를 받는다.

수상돌기 가시(dendritic spine) 수상돌기의 표면에 붙어 있는 조그마한 봉오리. 그 위에서 다른 뉴런의 종말단추가 시냅스를 이룬다.

수상돌기 발화(dendritic spikes) 몇 가지 유형의 추체세포 수상돌기에서 일어나는 활동전위.

수용기 차단제(reactor blocker) 수용기와 결합하지만 수용기를 활성화시키지 않은 약물로서 천연적인 배위자가 자신의 수용기와 결합하는 것을 방해한다.

수용장(receptive field) 시각자극의 제시가 특정 뉴런의 발화율 변화를 유발하는 시야의 일부.

수의적 얼굴마비(volitional facial paresis) 얼굴근육을 수의

적으로 움직이는 데 있어서 나타나는 장애이며, 일차운동피질의 얼굴영역 또는 이것과 피질하영역 간의 연결의 손상으로 인해 초래된다.

수정기제(correctional mechanism) 조절과정에서 체계변인의 값을 변화시킬 수 있는 기제.

수평세포(horizontal cell) 양극 세포의 바깥쪽 정보처리와 인접한 광수용기들 사이를 연결하는 망막의 뉴런.

수평절편(horizontal section) 땅과 평행되게 뇌를 자른 조각.

순수단어농(pure word deafness) 듣기, 말하기 그리고 (보통) 읽기와 쓰기를 할 수는 있지만 말의 의미를 이해하는 능력이 없고, 베르니케영역의 손상 또는 이 영역에 대한 청각적 입력의 파괴에 의해 초래된다.

순수실독증(pure alexia) 쓰기 능력의 상실이 없는 읽기 능력의 상실이며, 뇌 손상에 의해 발생한다.

순행성 기억상실증(anterograde amnesia) 뇌 손상 또는 어떤 퇴행성 뇌질환과 같은 뇌의 장애 후에 일어나는 사건들에 대한 기억상실증.

순행성 표지법(anterograde labeling method) 특정영역에 세포체가 있는 뉴런의 축색과 종말단추를 표지하는 조직학적 방법.

슈반세포(Schwann cell) 말초신경계에 있는 세포로 유수축색을 둘러싸고 있으며 한 분절의 수초를 만든다.

스트레스(stress) 스트레스 반응 혹은 스트레스 원인(스트레스 상황) 양쪽 모두를 의미하는 일반적이고 불명확한 용어.

스트리크닌(strychnine) 글라이신 수용기에 대한 직접 길항제.

슬하전측대상피질(subgenual anterior cingulate cortex; subgenual ACC) 뇌량의 앞쪽에 있는 '무릎' 아래에 위치하는 내측전전두피질의 영역.

승모세포(mitral cell) 후각수용기로부터 전달되는 정보를 받는 후구에 위치한 뉴런이며, 승모세포의 축색은 나머지 뇌에 대해 정보를 전달한다.

시각 단어-형태 영역(visual word-form area; VWFA) 측두엽 기저부에 있는 방추상회의 영역이며, 전체-단어 재인에 있어서 결정적 역할을 한다.

시각 실인증(visual agnosia) 맹이 없는 상태에서의 시지각 결함으로 뇌 손상에 기인된다.

시각 원판(optic disk) 시신경을 형성하는 신경절 세포들의 신경섬유들이 망막으로부터 빠져나가는 위치. 맹점을 갖게 한다.

시각 흐름(optic flow) 관찰자와 환경 간의 상대적 운동에 의한 시야에서의 복잡한 점 운동으로 사물과 관찰자 간의 상대적인 거리와 운동의 상대적인 방향에 대한 정보를 제공한다.

시교차(optic chiasm) 교차하는 형태를 가진 시신경 간의 연결로 뇌 바닥의 아래 그리고 뇌하수체 바로 앞쪽에 위치한다.

시교차상핵(suprachiasmatic nucleus) 시교차 바로 위에 있는 핵. 이곳에 신체의 일일주기를 조직화하는 데 관여하는 생물학적 시계가 있다.

시냅스(synapse) 축색의 종말단추와 다른 세포의 막 사이의 연결부위.

시냅스 간격(synaptic cleft) 시냅스전막과 시냅스후막 사이에 있는 공간.

시냅스 소낭(synaptic vesicle) 종말단추에 있는 작고 속이 빈 구슬 모양의 구조물로 전달물질을 가지고 있다.

시냅스전막(presynaptic membrane) 시냅스후막과 평행하게 놓인 종말단추의 막으로 신경전달물질을 방출한다.

시냅스전 억제(presynaptic inhibition) 축색축색 시냅스에서 시냅스전 종말단추의 활동. 시냅스후 종말단추에 의해 방출되는 신경전달물질의 양을 감소시킨다.

시냅스전 촉진(presynaptic facilitation) 축색축색 시냅스에서 시냅스전 종말단추의 활동. 시냅스후 종말단추에 의해 방출되는 신경전달물질의 양을 증가시킨다.

시냅스후막(postsynaptic membrane) 시냅스에서 종말단추 반대편에 위치한 세포막. 이 세포막은 메시지를 받아들인다.

시냅스후 수용기(postsynaptic receptor) 신경전달물질에 대한 결합부위를 함유하고 있는 시냅스후 막에 있는 수용기 분자.

시냅스후 전위(postsynaptic potential) 시냅스후 뉴런의 막전위의 변화로 시냅스에서 전달물질의 작용에 의하여 발생한다.

시상(thalamus) 간뇌에서 가장 큰 부분으로 시상하부의 위에 있으며 대뇌피질의 특정영역에 정보를 투사하는 핵과 그곳에서 정보를 받아들이는 핵을 가지고 있다.

시상절편(sagittal section) 신경축과 평행하고 땅과 수직되게 뇌를 자른 조각.

시상하부(hypothalamus) 시상의 아래에 놓여 있는 간뇌 핵들의 집단으로 자율신경계 조절, 뇌하수체 전엽과 후엽 통제 및 종 특유 행동의 통합에 관여한다.

시상하부의 복내측 핵(ventromedial nucleus of the hypothalamus; VMH) 제3뇌실 벽 가까이에 위치하는 시상하부의 큰 핵으로 암컷의 성행동에 중요한 역할을 한다.

시조세포(progenitor cells) 뇌실영역에 있는 세포로 분열하여 중추신경계의 세포를 생성한다.

시토크롬 산화효소 블롭[cytochrome oxidase(CO) blob] 일차시각피질 모듈(정보처리단위)의 중간부위로 시토크롬 산화효소에 대한 염색에서 관찰된다. 이것은 파장에 민감한 뉴런을 가지고 있으며 소세포계의 일부이다.

식작용(phagocytosis) 세포 변질에 의해 다른 세포 또는 잔해를 삼키거나 소화시키는 과정.

신경관(neural tube) 문측 끝이 닫혀 있는 빈 관으로 태아 발달의 초기에 외배엽으로부터 형성되며 중추신경계의 근원이 된다.

신경교종(glioma) 여러 종류의 교세포에서 발생하는 악성 뇌종양.

신경분비세포(neurosecretory cell) 호르몬이나 호르몬 유사물질을 분비하는 뉴런.

신경섬유 덩어리(neurofibrillary tangles) 원래 세포의 내부 골격을 유지해 주는 기능을 하던 꼬인 상태의 단백질 섬유와 베타-아밀로이드 단백질이 세포 내에 축적되어 죽어가는 뉴런.

신경성 거식증(anorexia nervosa) 젊은 여성들에게서 가장 빈번하게 발생하는 장애로서, 과체중에 대한 지나친 관심으로 인해 극단적인 다이어트와 종종 충동적인 운동을 하게 되며 아사에 이를 수도 있다.

신경성 폭식증(bulimia nervosa) 극단적인 배고픔과 먹기를 반복한 후 그다음에 강제로 구토를 하거나 설사약을 복용한다. 가끔은 신경성 거식증이 있는 사람에게서도 나타난다.

신경전달물질(neurotransmitter) 종말단추에서 분비되는 화학물질로 다른 뉴런을 흥분시키거나 억제시킨다.

신경전달물질-의존성 이온통로(neurotransmitter-dependent ion channel) 신경전달물질의 분자가 시냅스후 수용기와 결합할 때 열리는 이온통로.

신경절 세포(ganglion cell) 양극 세포로부터 시각정보를 받아들이는 망막에 있는 뉴런으로 이것들의 축색들이 시신경을 이룬다.

신경조절물질(neuromodulator) 체내의 신경세포에서 분비되는 물질로서 신경전달물질같이 작용. 신경조절물질은 시냅스 틈에 국한되어서 존재하는 것이 아니라 간질액까지 확산된다.

신경축(neuraxis) 척수의 아래에서 전뇌(forebrain)의 앞부분까지 중추신경계의 길이 중앙을 통해 지나가는 선을 그린 상상의 선.

신경통합(neural integration) 흥분성 시냅스후 전위와 억제성 시냅스후 전위가 더해져서 뉴런의 발화율을 조절하는 과정.

신경펩타이드 Y(neuropeptide Y; NPY) 궁상핵의 뉴런에서 분비되는 신경펩타이드로서, 섭식을 자극하고 인슐린과 글루코코르티코이드의 분비를 촉진하며 트리글리세라이드의 분해 감소시키고 체온을 떨어뜨린다.

신피질(neocortex) 계통발생적으로 최신 피질로 일차감각피질, 일차운동피질 및 연합피질을 포함한다.

실무율(all-or-none law) 축색에서 하나의 활동전위가 일어나기만 하면 감쇠되지 않고 그 섬유의 말단까지 전파되는 상태.

실문법증(agrammatism) 브로카실어증의 통상적인 증상의 하나이며, 동사의 어미나 어순과 같은 문법적 구조를 이해하거나 또는 적절히 활용하는 데 있어서 나타나는 장애.

실방핵(paraventricular nucleus; PVN) 제3뇌실의 배측 부분에 인접해 있는 시상하부의 핵으로서, 그 속에 있는 뉴런이 자율신경계와 뇌하수체 후엽을 통제한다.

실어증(aphasia) 난청 또는 단순한 운동결손에 의해 발생하는 것이 아니면서, 말을 산출하거나 또는 이해하는 데 있어서의 장애로, 뇌 손상에 의해 초래된다.

실음악증(amusia) 유전적 요인 또는 뇌손상에 의해 발생하는 음악능력의 상실 또는 장애.

실험적 절제(experimental ablation) 실험동물의 뇌 일부를 손상한 후 그들이 더 이상 수행할 수 없는 행동을 관찰함으로써 손상된 뇌 부위의 기능을 추리하는 연구방법이다.

실험적 절제(experimental ablation) 실험동물의 뇌 일부를 제거하거나 파괴하는 방법. 수술 후 더 이상 수행할 수 없는 기능이 예전에 그 영역이 통제하던 기능일 것이다.

심부 뇌자극(deep brain stimulation; DBS) 뇌의 특정영역에 전극을 심고, 그 전극을 통해 해당 영역을 전기적으로 자극할 수 있는 장치를 부착시키는 수술 절차

십이지장(duodenum) 소장의 첫 번째 부분으로서, 위에 직접 붙어 있다.

싸움 혹은 도주반응(fight-or-flight response) 싸움 혹은 도주를 준비하는 종 전형적 반응이며, 스트레스 상황이 건강에 미치는 몇몇 해로운 효과와 관련이 있다고 생각된다.

아교(glia) 중추신경계의 지지세포.

아구티-관련 펩타이드(agouti-related protein; AGRP) MC-4 수용기의 길항제로 작용하는 신경펩타이드로서, 섭식을 증가시킨다.

아난다미드(anandamide) 최초로 발견된 카나비노이드이며, 아마도 가장 중요한 것이다.

아데노신(adenosine) 뉴클레오시드로서 리보스와 아데닌의

결합물질이고 뇌에서 신경조절물질로 기능한다.

아데노신(adenosine) 대사활동을 많이 할 때 뉴런이 분비하는 신경조절물질. 수면을 개시하는 데 중요한 역할을 한다.

아데노신 3인산(adenosine triphosphate; ATP) 세포의 에너지 대사에 가장 중요한 분자. 이것이 분해되면서 에너지가 산출된다.

아밀로이드반(amyloid plaques) 베타-아밀로이드 단백질로 된 고밀도 중심부를 변성된 축색과 수상돌기, 활성화된 미세교세포, 성상세포가 둘러싸고 있는 세포외액의 침전물.

아세틸 조효소 A(acetyl-CoA) 아세틸콜린의 합성을 위해 아세트산염을 공급하는 보조요인.

아세틸콜린(acetylcholine) 뇌, 척수에서 발견되는 신경전달물질로서 말초신경계의 일부이며 근육 수축을 담당한다.

아세틸콜린 분해효소(acetylcholinesterase) 아세틸콜린이 종말단추에서 방출된 직후 그것을 파괴하는 효소. 그렇게 함으로써 시냅스후 전위를 종결시킨다.

아트로핀(atropine) 무스카린성 아세틸콜린 수용기를 차단하는 약물.

아포리포프로테인 E(apolipoprotein E; ApoE) 혈액 내에서 콜레스테롤을 운반하고 세포 재생을 담당하는 당 단백질. ApoE 유전자의 E4 대립형질의 존재는 늦게 발병하는 알츠하이머병의 위험을 증가시킨다.

악성종양(malignant tumor) 암을 유발하는(해를 일으키는) 종양으로서, 뚜렷한 경계가 없고 전이될 수 있다.

안드로겐(androgen) 남성 성스테로이드 호르몬으로 포유류에서 중요한 안드로겐은 테스토스테론이다.

안드로겐 둔감성 증후군(androgen insensitivity syndrome) 선천적으로 안드로겐 수용기의 기능 결함에 의한 상황으로 XY 성염색체를 가진 사람을 고환을 가진 여성으로 발달하게 한다.

안전도(electro-oculogram; EOG) 눈에서 기록하는 전위, 눈 주위의 피부에 부착한 전극으로 기록하며, 이를 이용하여 눈 움직임을 탐지한다.

안정전위(resting potential) 시냅스후 전위가 흥분성 또는 억제성으로 바뀌지 않는 뉴런의 막전위. 오징어의 거대 축색에서 대략 −70mV인 경우.

안티센스 올리고뉴클레오티드(antisense oligonucleotide) 변형된 RNA 또는 DNA 사슬로서, 이들은 전령 RNA의 특정 분자와 결합하여 전령 RNA가 생산하는 단백질을 만들지 못하게 한다.

알릴글라이신(allylglycine) GAD의 활동을 억제하여 GABA의 합성을 차단하는 약물.

알츠하이머병(Alzheimer's disease) 원인이 알려져 있지 않은 뇌 변성장애로서, 점진적인 기억상실과 운동결함을 일으키고 결국 사망하게 된다.

알파-멜라닌세포-자극 호르몬(α-melanocyte-stimulating hormone; α-MSH) MC-4 수용기의 효능제로 작용하는 신경펩타이드로서, 섭식을 억제한다.

알파-시누클레인(α-synuclein) 정상적으로는 시냅스전막에 존재하는 단백질로서, 시냅스 가소성에 관여한다. 이 단백질의 비정상적인 축적이 파킨슨병의 신경변성의 원인이다.

알파활동(alpha activity) 뇌에서 기록한 8~12Hz의 평탄한 전기활동. 일반적으로 이완상태와 관련이 있다.

앤지오텐신(angiotensin) 혈관을 수축시키는 펩타이드 호르몬으로, 나트륨과 물을 저장하며 갈증과 염분에 대한 욕구를 일으킨다.

약동학(pharmacokinetics) 약물이 흡수되어 신체 내에서 분포하고, 대사되고, 배출되는 과정이다.

약물 효과(drug effects) 어떤 약물이 동물의 생리적 과정과 행동에서 일으키는 변화이다.

양극성 뉴런(bipolar neuron) 축색과 세포체에서 뻗어 나온 수상돌기가 하나인 뉴런.

양극성 장애(bipolar disorder) 조증과 우울증의 주기적 기간으로 특징화되는 심각한 기분장애.

양극 세포(bipolar cell) 망막의 중간층에 있는 양극 뉴런으로 광수용기들에서 신경절 세포로 정보를 전달한다.

양성종양(benign tumor) 암을 유발하지 않는(해롭지 않은) 종양으로서, 뚜렷한 경계가 있으며 전이되지 않는다.

양성 증상(positive symptom) 조현병 증거의 한 증상으로 망상, 환각, 또는 사고장애가 나타난다.

양자방출 단층촬영(positron emission tomography; PET) 살아 있는 뇌에서 방사선 표지자의 위치를 찾는 기능적 영상법.

억제성 시냅스후 전위(inhibitory postsynaptic potential) 종말단추에 의해 신경전달물질의 방출을 야기시키는 시냅스후 막의 억제성 과분극.

얼굴실인증(prosopagnosia, prahsohpagnozha) 얼굴 모습을 통해 특정인을 알아보지 못하는 것.

에스트라디올(estradiol) 인간과 포유류의 중요한 에스토로겐.

에스트로겐(estrogen) 성 호르몬의 하나로 여성 생식기의 성숙, 가슴 조직의 성장, 다른 여성의 신체적 특징의 발달에 관여한다.

에피네프린(epinephrine) 카테콜아민의 일종으로 부신수질에서 분비되는 호르몬이며 뇌에서는 신경전달물질로 역할을 한다.

엔케팔린(enkephalins) 내인성 아편물질의 하나이다.

역학(epidemiology) 집단 질병의 원인과 분포에 대한 연구.

역행성 기억상실증(retrograde amnesia) 뇌 손상이나 뇌충격쇼크와 같은 뇌의 장애 전에 있었던 사건들에 대한 기억상실증.

역행성 표지법(retrograde labeling method) 특정영역에 있는 세포와 시냅스를 형성하는 종말단추를 가지고 있는 세포체를 표지하는 조직학적 방법.

연결피질 감각실어증(transcortical sensory aphasia) 이해하는 것과 의미 있는 말을 산출하는 데 있어서 발생하는 언어장애이나, 말을 반복할 수 있으며, 베르니케 후방의 뇌 영역에 대한 손상에 의해 초래된다.

연수(medulla oblongata) 뇌의 가장 미측 부분으로 척수의 바로 문측인 수뇌에 있다.

연합적 장기증강(associative long-term potentiation) 한 뉴런의 약한 시냅스와 강한 시냅스에 전류 자극이 약한 시냅스를 강하게 하는 장기 증강.

열(fissure) 뇌 표면의 중요한 고랑으로 구보다 크다.

염색체(chromosome) 핵에 있는 DNA의 사슬로 단백질과 연관이 있으며 유전정보를 가지고 있다.

영속적 뮬러관 증후군(persistent Müllerian duct syndrome) 선천적으로 항뮬러호르몬이나 이 호르몬의 수용기 부족에 의한 상황으로 남성과 여성 내부 성 기관 모두 발달된다.

예각파동 복합(sharp-wave-ripple complexes; ;SWRs) 해마의 CA1과 CA2에서 발생하여 대뇌피질로 파급되는 강하고 높은 주파수 파동의 기간으로 최근에 획득된 정보의 재생에 관여한다.

예기 불안(anticipatory anxiety) 공황발작에 대한 공포로 광장공포증으로 발달된다.

오렉신(orexin) 외측시상하부에서 분비되는 두 가지 신경펩타이드 중의 하나로서 대사율을 감소시키고 식욕을 자극한다. 하이포크레틴이라고도 한다.

오렉신(orexin) 외측시상하부에서 분비되는 두 가지 신경펩타이드 중의 하나로서 대사율을 감소시키고 식욕을 자극한다. 하이포크레틴이라고도 한다.

오실로스코프(oscilloscope) 음극관의 표면에 시간에 대한 함수로 전압 그래프를 그려 주는 실험 도구.

옵신(opsin) 단백질의 한 부류로 레티날과 결합하여 광색소를 형성한다.

와우각(cochlea) 청각전도기제를 포함하는 내이에 있는 달팽이 모양의 구조.

와우신경(cochlear nerve) 청각정보를 와우각으로부터 뇌까지 전달하는 청각신경의 분지.

와우핵(cochlear nucleus) 와우각으로부터 청각정보를 수용하는 연수에 있는 한 집단의 핵들 중의 하나.

완곡하게 말하기(circumlocutions) 명칭실어증을 지닌 사람이 가장 적절한 단어를 생각해낼 수 없을 때 어떤 것을 말하기 위해 대안적인 방법을 발견하는 전략.

외상후 스트레스장애(posttraumatic stress disorder; PTSD) 심한 위험이나 스트레스 상황에 노출되어 발병하는 심리적 장애이며, 되풀이되는 꿈이나 회상의 증상을 포함하고, 사회활동을 방해하거나 절망감을 야기할 수 있다.

외측(lateral) 중심에서 신체의 바깥쪽.

외측 모대(lateral lemniscus) 연수와 뇌교를 통해서 전방으로 진행하는 섬유의 띠이며, 청각체계의 섬유를 전달한다.

외측열(lateral fissure) 위에 있는 전두엽과 두정엽으로부터 측두엽을 구분하는 열.

외측핵(lateral nucleus) 신피질, 시상 및 해마로부터 감각정보를 수용하는 편도체의 핵으로, 편도체의 기부핵, 부기부핵 및 중심핵과 신경 연결을 갖는다.

외측후두복합(lateral occipital complex; LOC) 시각연합피질의 복측흐름에서 상대적으로 큰 영역으로 아주 다양한 대상과 모양에 반응한다.

용량-반응 곡선(dose-response curve) 약물의 투약 용량의 함수로 나타낸 약물 효과의 크기 곡선.

용적성 갈증(volumetric thirst) 저혈량증에 의해 생긴 갈증.

운동감각(kinestheia) 신체 자체의 운동에 대한 지각.

운동뉴런(motor neuron) 근육 및 분비선의 수축을 통제하며 중추신경계 내부에 존재하는 뉴런.

운동연합피질(motor association cortex) 일차운동피질의 문측에 있는 전두엽의 영역으로 전운동피질이라고 한다.

운동학습(motor learning) 새로운 반응을 만드는 학습.

운율(prosody) 말에서 의미를 전달하기 위해서 특정 단어에 의해 구체화되는 것 이외의 억양과 강세의 변화를 사용하는 것으로 정서전달의 중요한 수단.

원심성 축색(efferent axon) 운동명령을 근육과 분비선으로 전달하며 중추신경계 밖으로 향하는 축색.

월경주기(menstrual cycle) 인간을 포함한 영장류의 여성 생식주기로 자궁내벽 발달, 배란, 황체 발달 및 (임신이 되지 않았으면) 월경으로 특징지어진다.

위상차(phase differences) 각각의 음파가 고막에 도착하는 시간 차이.

위약(placebo) 생리적으로 활성적인 약물 대신에 유기체에게 주어지는 어떤 비활성 물질로 약물의 단순 투약 효과를 실험적으로 통제하기 위해 사용된다.

유두체(mammillary bodies) 시상하부 후측 끝의 뇌 밑바닥 융기부로 몇몇 시상하부 핵을 포함하고 있으며 변연계의 일부이다.

유두체결절핵(tuberomammillary nucleus; TMN) 유두체 바로 문측, 복외측 시상하부에 있는 핵으로서, 피질 활성화와 행동적 각성에 관여하는 히스타민성 뉴런이 있다.

유막(pia mater) 뇌의 표면에 밀착되어 있는 뇌막의 층. 얇고 부드럽다.

유비퀴틴(ubiquitin) 스스로 결함이 있거나 비정상적인 단백질과 결합하는 단백질로서, 프로테아솜이 이들 비정상 단백질을 분해하도록 한다.

유전자(gene) 염색체의 기능적 단위로 하나 또는 그 이상의 단백질의 통합을 이끈다.

유착반(insertional plaques) 섬모에 대한 첨단 연결부의 접착점.

유형성숙(neoteny) 성숙과정의 지연이며, 성장을 위한 더 많은 시간을 허용하여 큰 뇌로 발달하게 해주는 중요한 요인이다.

음강(loudness) 소리의 지각적 차원으로 강도에 부합된다.

음고(pitch) 소리의 지각적 차원으로 기본 주파수에 부합된다.

음색(timbre) 소리의 지각적 차원으로 복합성에 부합된다.

음성 읽기(phonetic reading) 문자열의 음성적 유의성을 해독하여 읽는 것으로, '소리 읽기'이다.

음성 증상(negative symptom) 정상적으로 있어야 하는 행동의 부재로 특징화되는 조현병의 증상으로 사회적 도피, 감정 결여 및 동기저하 등이 있다.

음운난독증(phonological dyslexia) 친숙한 단어는 읽을 수 있으나 친숙하지 않은 단어 또는 발음 가능한 비단어를 읽는 데는 장애를 보이는 읽기장애.

음운난필증(phonological dysgraphia) 쓰기 장애로, 이 장애를 가진 사람은 단어를 소리 내어 읽을 수 없고 음성적으로 쓸 수도 없다.

음장소적 표상(tonotopic representation) 상이한 주파수의 소리에 대한 지형도적인 매핑으로 특별한 뇌 영역에 표상된다.

의미기억(semantic memory) 사실과 일반적인 정보의 기억.

이다족산(idazoxan) 시냅스전 노르아드레날린 $\alpha2$ 수용기를 차단하는 약물이며, 노르에피네프린의 합성과 방출을 자극하는 효능제로 작용한다.

이소골(ossicle) 중이의 세 가지 뼈 중의 하나.

이온(ion) 하전된 분자. 양이온은 양으로 하전되어 있고 음이온은 음으로 하전되어 있다.

이온성 수용기(ionotropic receptor) 신경전달물질의 결합부위와 이온통로가 있는 수용기. 신경전달물질 분자가 수용기와 결합하면 이온통로가 열린다.

이온통로(ion channel) 특정 이온의 세포 내 출입을 통제하는 역할에 전문화되어 있는 단백질 분자.

이차전령(second messenger) G 단백질이 효소를 활성화시킬 때 생성되는 화학물질. 이온통로를 열게 하거나 세포 내에서 발생하는 다른 작용을 야기시키는 신호를 보낸다.

인공와우(cochlear implants) 청각장애를 가진 사람을 들을 수 있게 해주는 내이에 외과적으로 이식된 전자장치.

인슐린(insulin) 췌장 호르몬으로서 글루코스와 아미노산이 세포 안으로 들어가는 것을 촉진하고, 글루코스를 글리코겐으로 변환하고 지방을 지방조직으로 이동시킨다.

인지적 증상(cognitive symptoms) 학습과 기억의 결함, 추상적 사고 결핍, 그리고 문제해결 결핍과 같은 인지적 어려움으로 특징화되는 조현병의 증상.

일반불안장애(generalized anxiety disorder) 일상생활을 방해할 만큼 심한 염려와 지나친 불안으로 특징지어지는 장애.

일반화(generalization) 과학적 설명의 유형이며, 유사한 현상에 대한 많은 관찰에 기초를 둔 일반적 결론이다.

일산화질소(nitric oxide; NO) 신경계의 세포에서 발생하는 가스, 세포 간의 정보전달수단으로 사용된다.

일산화질소 합성효소(nitric oxide synthase) 산화질소 생산에 관여하는 효소.

일일주기(circadian rhythm) 매일 나타나는 행동적 또는 생리적 과정의 규칙적인 변화.

일차시각피질(primary visual cortex) 후측후두엽의 영역으로 이것의 일차입력은 시각계로부터 온다.

일차운동피질(primary motor cortex) 후측 전두엽에 있는 영역으로 골격근의 움직임을 통제하는 뉴런들을 가지고 있다.

일차청각피질(primary auditory cortex) 상 측두엽에 있는 영역으로 이것의 일차입력은 청각계로부터 온다.

일차체감각피질(primary somatosensory cortex) 전측 두정엽의 영역으로 이것의 일차정보는 체감각계로부터 온다.

일화기억(episodic memory) 시간으로 구성된 사건 지각들의 기억으로 특정 맥락에 의해 확인된다.

입면환각(hypnagogic hallucination) 기면증의 한 증상. 잠들기 직전에 나타나는 생생한 꿈으로 수면마비를 동반한다.

입체정위 기구(stereotaxic apparatus) 외과의사가 전극 또는 미세관을 뇌의 특정 부위에 넣을 수 있도록 해 주는 장치.

입체정위 도감(stereotaxic atlas) 특정 동물의 뇌 단면 그림을 모은 책으로, 입체정위 시술을 위한 좌표를 제공해 준다.

입체정위 시술(stereotaxic surgery) 전극 또는 미세관을 뇌의 특정 부위에 넣기 위해 입체정위 기구를 사용하는 뇌수술.

자가방사기록(autoradiography) 조직 절편에서 방사능 물질의 위치를 확인하는 방법. 방사선이 조직을 덮고 있는 유화제 또는 필름을 감광시킨다.

자가수용기(autoreceptor) 어떤 뉴런이 신경전달물질을 분비하면서 그것에 대해서 반응하는 수용기분자를 스스로 가지고 있을 때 그런 수용기를 자가수용기라 한다.

자극-반응학습(stimulus-response learning) 특정 자극 제시에 의한 특정 반응이 자동적으로 나타나는 학습으로 고전적 조건형성과 도구적 조건형성이 있다.

자기공명영상(magnetic resonance imaging; MRI) 강한 자기장과 고주파의 상호작용을 이용하여 신체의 내부를 정확하게 영상화하는 기법.

자연선택(natural selection) 선택적 이점을 지닌(동물의 생존과 번식의 확률을 증가시키는) 유전 특질이 전집에서 더 우세하게 되는 과정이다.

자연시계(zeitgeber) 일일주기를 담당하는 생물학적 시계를 재가동시키는 자극(보통 새벽 햇빛).

자율신경계(autonomic nervous system; ANS) 말초신경계의 일부로 신체의 생장기능을 통제한다.

자폐장애(autistic disorder) 타인과 정상적인 사회관계를 형성하지 못하는 것, 의사소통 능력의 발달장애, 상상력의 결핍, 반복적이고 판에 박힌 동작을 증상으로 포함하는 만성장애.

작용부위(sites of action) 약물분자가 신체세포(내)에 위치한 분자와 상호작용하는 위치이며, 그래서 그 세포의 생화학적 과정에 영향을 미친다.

작화증(confabulation) 속이려는 의도 없이 일어나지 않은 사건 기억들에 대한 보고로 코르사코프 증후군을 가진 사람들에게서 나타난다.

장기억제(long-term depression; LTD) 시냅스후막이 과분극화되었거나 조금 탈분극되어 있는 동안 종말단추의 자극에 의해 특정 시냅스 입력에 대한 뉴런의 흥분가능성이 장기로 감소되는 것.

장기증강(long-term potentiation; LTP) 입력에 대한 고빈도의 반복 활성화에 의해 특정 시냅스 입력에 대한 뉴런의 흥분가능성이 오랫동안 증가하는 것.

장소 부호(place code) 상이한 주파수에 대한 정보가 기저막의 상이한 위치에 의해 부호화되는 체계.

장소세포(place cell) 동물이 특정 위치에 있을 때 활성화되는 뉴런들로 해마체에서 대부분 발견된다.

재응고화(reconsolidation) 본래의 응고화 이후 계속해서 일어나는 기억의 응고화 과정으로 기존에 존재하는 기억의 수정 수단을 제공하는 것으로 생각된다.

재흡수(reuptake) 종말단추에서 방금 방출된 전달물질이 종말단추의 막을 통해서 다시 들어오는 것. 따라서 시냅스후 뉴런에서 발생하는 시냅스후 전위를 종결시킨다.

저장성(hypotonic) 삼투압 과정을 통해 세포 안으로 물이 흡수될 정도로 용질을 적게 가지고 있는 용액의 특성.

저혈량증(hypovolemia) 혈관내액의 양이 감소된 상태.

적핵(red nucleus) 중뇌의 큰 핵으로 소뇌와 운동피질에서 정보를 받아 척수의 운동뉴런에 축색을 보낸다.

전극(electrode) 전도성이 있는 전도체로 전기자극을 줄 때나 전위를 기록할 때 사용한다.

전근(ventral root) 원심성 운동섬유를 가진 척수근.

전기경련요법(electroconvulsive therapy; ECT) 머리에 짧게 주어지는 전기쇼크로 전기적 발작을 유발한다. 이것은 심각한 우울증을 경감시키기 위해 치료목적으로 사용된다.

전뇌(forebrain) 뇌의 중요한 세 개의 구분 중에서 가장 문측에 있는 것으로 종뇌와 간뇌를 포함한다.

전도실어증(conduction aphasia) 청취한 단어를 반복하는 능력은 없으나 정상적으로 말할 수 있고 다른 사람의 말을 이해하는 능력을 갖고 있는 것으로 특징지어지는 실어증.

전두기능 저하(hypofrontality) 전전두피질의 활동성 감소로 조현병의 음성 증상과 관련이 있다고 생각된다.

전두엽(frontal lobe) 대뇌피질 앞쪽 영역으로 두정엽의 문측이고 측두엽의 배측이다.

전두절편(frontal section) 전두와 수평으로 뇌를 자른 조각.

전압-의존성 이온통로(voltage-dependent ion channel) 막전위의 수준에 따라 열리거나 닫히는 이온통로.

전염성 해면상 뇌질환(transmissible spongiform encephalopathy; TSE) 변성과정으로 인해 뇌가 스펀지처럼 되

는 전염성 뇌질환으로서, 비정상 프리온 단백질의 축적이 원인이다.

전이(metastasis) 종양에서 떨어져 나온 세포들이 순환계를 따라 이동하다가 신체의 다른 부위에서 자라는 과정.

전전두피질(prefrontal cortex) 운동연합피질의 문측에 있는 전두엽 영역.

전정낭(vestibular sacs) 머리의 기울임에 따른 변화를 탐지하는 내이에 있는 두 개의 수용기관 중 하나.

전정신경절(vestibular ganglion) 뇌까지 전정정보를 전달하는 양극성 뉴런의 세포체를 포함하고 있는 전정신경 위에 있는 작은 혹.

전조(aura) 발작이 일어나기 전의 경험으로서, 그 특성은 병소의 위치에 따라 다르다.

전체-단어 읽기(whole-word reading) 단어를 전체로 재인하여 읽는 것으로, '시각 읽기'이다.

전체발작(generalized seizure) 뇌의 국소적 영역에만 한정되는 부분발작과 반대로 뇌의 대부분이 관련된다.

전측(anterior) 중추신경계를 고려할 때 머리 가까이 또는 머리 쪽에 위치하는 것.

전해질(electrolyte) 이온화된 물질의 수용액(산, 염기, 염).

절전 뉴런(preganglionic neuron) 자율신경계의 원심성 뉴런으로 세포체는 뇌신경 핵이나 척수 회백질의 중간각에 있으며 이것의 종말단추는 자율신경절에 있는 절후 뉴런과 시냅스를 이룬다.

절후 뉴런(postganglionic neuron) 자율신경계의 뉴런으로 그들의 목표 기관과 직접 시냅스를 이룬다.

정맥주사[intravenous(IV) injection] 어떤 약물을 정맥에 직접 주사하는 것.

정서적 얼굴마비(emotional facial paresis) 얼굴근육을 수의적으로 움직이는 데는 장애가 없는 사람이 나타내는 정서반응으로 얼굴근육을 움직이지 못하는 것이며, 전전두 피질 영역, 전두엽의 피질하 백질 또는 시상의 일부에 대한 손상에 의해 초래된다.

정신약물학(psychopharmacology) 약물이 신경계와 행동에 미치는 영향에 관한 연구이다.

정원창(round window) 내이의 와우각을 둘러싸고 있는 뼈의 열린 구멍이며, 진동을 난형창을 통해서 와우각 내에 있는 액체에 전달되도록 해준다.

정전압(electrostatic pressure) 반대 극성의 전화를 가진 입자 사이의 끌어당기는 힘이나 같은 극성의 전하를 가진 입자 사이의 반발하는 힘.

정중시삭전핵(median preoptic nucleus) 전교련의 앞쪽 주위에 있는 작은 핵으로, 앤지오텐신에 의한 갈증에 어떤 역할을 한다.

정중시상면(midsagittal plane) 지면과 수직이 되게 신경축을 따라 자른 면으로 뇌를 두 개의 대칭 반쪽으로 나눈 것.

제1색맹(protanopia) 유전적인 색채지각의 결함으로 빨강과 녹색 색상이 혼동된다. '빨강' 추상체에 '녹색' 추상체 옵신이 채워져 있다.

제2색맹(deuteranopia) 유전적인 색채지각의 결함으로 빨강과 녹색 색상이 혼동된다. '녹색' 추상체에 '빨강' 추상체 옵신이 채워져 있다.

제3뇌실(third ventricle) 간뇌(diencephalon)의 중앙에 위치하는 뇌실.

제3색맹(tritanopia) 유전적인 색채지각의 결함으로 단파장 색상들이 혼동된다. '파랑' 추상체가 부족하거나 이상에서 기인된다.

제4뇌실(fourth ventricle) 후뇌(metencephalon)의 중앙에 있으며 소뇌와 배측 교(lateral pons) 사이에 위치하는 뇌실.

제뇌술(decerebration) 뇌간을 절단하여 후뇌와 전뇌를 분리시키는 외과적 수술.

제임스-랑게 이론(James-Lange theory) 행동과 생리적 반응이 상황에 의해 직접적으로 유발되고 정서의 느낌은 이 행동과 반응의 피드백으로부터 발생한다고 제안하는 정서 이론.

조거구(calcarine fissure) 뇌의 내측 면으로 후두엽에 위치한 열. 일차시각피질의 대부분이 이것의 상하 기슭에 따라 위치하고 있다.

조거구(calcarine fissure, kalkarine) 후측대뇌피질의 안쪽 표면에 있는 수평열, 일차시각피질이 있다.

조건정서반응(conditioned emotional response) 중립 자극에 따라 혐오적 자극이 따라올 때 발생하는 고전적 조건반응이며, 보통 심박의 변화, 행동동결 및 스트레스 관련 호르몬의 분비와 같은 자율신경적, 행동적 및 내분비적 요소들을 포함한다.

조절(accommodation) 눈의 렌즈 두께의 변화로 모양체근(ciliary muscle)에 의해 이루어지며 가까이 또는 먼 상을 망막에 초점을 맞추게 한다.

조직화 효과[organizational effect (of hormone)] 조직 분화와 발달에 대한 호르몬 효과.

조현병(schizophrenia) 사고장애, 망상, 환각 및 자주 나타나는 기이한 행동 등으로 특징화되는 심각한 정신장애.

종말단추(terminal button) 축색의 끝에 있는 작은 혹처럼 생긴 구조물로 다른 뉴런과 시냅스를 이루고 정보를 보낸다.

종양(tumor) 걷잡을 수 없이 자라나는 세포 덩어리로서, 유용한 기능이 전혀 없다.

종양-개시 세포(tumor-initiating cell) 신경줄기세포의 변형으로 생성된 세포로서 급속히 증식해서 악성교종으로 자란다.

주사 전자현미경(scanning electron microscope) 작은 구조물의 표면 형태에 대한 3차원적 정보를 제공해 준다.

주요 우울장애(major depressive disorder; MDD) 지속적인 우울 또는 조증 기간과 교번하지 않는 우울 기간을 보이는 심각한 기분장애.

주요 정동장애(major affective disorders) 심각한 기분장애로 단극성 우울증과 양극성 장애를 포함한다.

주의력결핍/과잉행동장애(attention deficit/hyperactivity disorder; ADHD) 억제되지 않은 반응, 지속적 집중 결핍 및 과잉행동을 특징으로 하는 장애이며, 아동기에 처음 나타난다.

중뇌(mesencephalon) 대뇌수도를 둘러싸고 있는 뇌의 영역으로 시개와 피개를 포함한다. (midbrain이라고도 함).

중뇌(midbrain) 뇌의 중요한 세 개의 분류 중에서 가운데 있는 것(mesencephalon이라고도 함).

중뇌개(tectum) 중뇌의 배측 부분으로 상구와 하구를 포함하고 있다.

중뇌변연계(mesolimbic system) 복측피개영역에서 시작하여 측핵, 편도체 및 해마에서 종료하는 도파민 뉴런의 체계.

중뇌피질계(mesocortical system) 복측피개영역에서 시작하여 전전두피질에서 종료하는 도파민 뉴런의 체계.

중심구(central sulcus) 전두엽과 두정엽을 구분하는 구.

중심와(fovea) 새나 고등 포유류의 가장 예민한 시각을 중재하는 망막의 영역으로 색채에 민감한 추상체가 중심와에서 발견되는 유일한 광수용기이다.

중심핵(central nucleus) 기부핵, 외측핵 및 부기부핵으로부터 정보를 받아들이는 편도체의 영역으로, 뇌의 광범위한 영역에 신경 연결을 가지며 정서반응에 관여한다.

중추신경계(central nervous system; CNS) 뇌와 척수.

지각학습(perceptual learning) 특정 자극을 재인하는 학습.

지방박탈(lipoprivation) 세포가 사용할 수 있는 지방산의 수준이 극적으로 감소한 상태로서, 보통은 지방산의 대사를 억제하는 약물이 원인이다.

지방산(fatty acid) 글리세롤과 함께 트리글리세라이드가 분해되어 나온 물질. 뇌를 제외한 신체 대부분의 세포에서 대사될 수 있다.

지연수면국면증후군(delayed sleep phase syndrome) 수면과 체온주기가 4시간 지연되는 증상으로서, SCN 뉴런의 주기성에 관여하는 유전자(per3)의 돌연변이에 의해 발생한다.

지주막(arachnoid membrane) 뇌막의 중간층으로 바깥에 있는 경막과 안쪽에 있는 유막 사이에 있다.

지주막하강(subarachnoid space) 뇌를 완충하는 액체가 채워진 공간. 지주막과 유막 사이에 있다.

직장투약(intrarectal administration) 어떤 약물을 직장에 투약하는 것.

직접 길항제(direct antagonist) 수용기 차단제의 동의어.

직접난독증(direct dyslexia) 뇌 손상에 의한 언어장애인데, 단어를 큰 소리로 읽을 수 있으나 이해하지는 못한다.

직접 효능제(direct agonist) 수용기와 결합하여 수용기를 활성화시키는 약물.

진화(evolution) 자연선택의 결과에 따른 식물과 동물 종의 구조와 생리에 있어서의—일반적으로 더 복잡한 유기체를 생산하는—점진적인 변화.

채도(saturation) 색채 지각차원의 하나인 순도.

처벌자극(punishing stimuli) 특정 행동에 수반되는 혐오적 자극으로 그 행동을 감소시킨다.

척수(spinal cord) 연수에서 미측으로 뻗어 있는 밧줄형태의 신경조직.

척수근(spinal root) 쌍으로 발생되는 연결조직에 의해 감싸인 축색들의 다발로 이것이 합쳐져서 척수신경이 된다.

척수신경(spinal nerve) 척수와 연결된 말초신경.

척추전만(lordosis) 4발 달린 암컷 포유류들 보여 주는 척수성 반사로 수컷의 접근이나 옆구리의 접촉에 대한 반응으로 등을 굽혀 엉덩이를 들어올리는 것.

철자난필증(orthographic dysgraphia) 쓰기 장애로, 이 장애를 가진 사람은 규칙적인 철자 단어의 철자를 쓸 수 있으나 불규칙적인 철자 단어의 철자를 쓸 수 없다.

첨단 연결부(tip links) 한 섬모의 꼭대기를 인접한 섬모의 측면에 부착하는 탄성 잔섬유.

청반(locus coeruleus) 뇌교에 있는 어두운 색을 띠는 노르아드레날린성 세포체의 집단으로 제4뇌실 바닥 문측 끝 부분에 있다. 각성과 경계에 관여한다.

청반(locus coeruleus) 뇌교에 있는 어두운 색을 띠는 노르아드레날린 세포체의 집단으로 제4뇌실 바닥 문측 끝 부분에 있다.

체계변인(system variable) 조절기제에 의해 통제되는 특성.

예를 들면 난방시스템에서의 온도.

체성신경계(somatic nervous system) 말초신경계의 일부로 골격근의 움직임을 통제하고 체성감각 정보를 중추신경계로 전달한다.

초뉴런성 추적법(transneuronal tracing method) 순행성이든 역행성이든 서로 시냅스 연결된 일련의 뉴런을 추적하는 방법. 약한 형태의 광견병 바이러스 또는 단순포진 바이러스를 사용하여 특정 뉴런을 감염시킨다.

추상체(cone) 망막의 수용기 세포 중의 하나로 세 개의 상이한 빛 파장의 하나에 최대로 민감하며 색채지각을 부호화한다.

추적운동(pursuit movement) 눈이 중심와에 있는 움직이는 대상의 상을 유지하기 위한 운동.

축색(axon) 정보를 뉴런의 세포체에서 종말단추로 보내는 길고 가는 관처럼 생긴 구조물.

축색원형질수송(axoplasmic transport) 축색 전체에 깔려 있는 미세관을 따라 물질을 이동시키는 능동적인 과정.

출혈성 뇌졸중(hemorrhagic stroke) 뇌혈관이 파열되어 발생하는 대뇌혈관 사고.

측뇌실(lateral ventricle) 종뇌(telencephalon)의 중앙에 위치하는 두 개의 뇌실 중 하나.

측두엽(temporal lobe) 후두엽의 문측이고 두정엽과 전두엽의 복측에 있는 대뇌피질의 영역.

측핵(nucleus accumbens; NAC) 중격 가까이에 있는 기저전뇌의 핵으로 복측피개야의 뉴런의 도파민 분비 종말단추와 연결되어 있으며 강화와 주의에 관여하는 것으로 생각된다.

치료지수(therapeutic index) 실험동물의 50%에서 바람직한 효과를 산출하는 용량과 50%에서 독성 효과를 산출하는 용량 간의 비율.

치매(dementia) 기억, 지각, 언어, 판단 등과 같은 인지능력이 상실된 상태로서, 일반적인 원인은 여러 번의 뇌졸중이나 알츠하이머병이다.

치사성 가족 불면증(fatal familial insomnia) 점진적인 불면증이 특징인 치명적인 유전적 장애.

친화성(affinity) 두 분자가 서로 결합하려는 준비성.

카스파제(caspase) 세포자살 또는 프로그램된 세포 사망에 어떤 역할을 하는 '사살효소'.

카이네이트 수용기(kainate receptor) 나트륨통로를 통제하는 이온자극성 글루타메이트 수용기이며 카이닌산에 의해 자극된다.

카테콜아민(catecholamines) 신경전달물질인 도파민, 노르에피네프린 및 에피네프린을 포함하는 아민의 종류.

카페인(caffeine) 아데노신 수용기를 차단하는 약물.

컴퓨터 단층촬영(computerized tomography; CT) X선 주사를 통해 얻은 자료를 컴퓨터로 분석하는 장비로서, 신체의 단면에 대한 2차원 사진을 얻을 수 있다.

코르사코프 증후군(Korsakoff's syndrome) 일반적으로 장기적인 알코올 중독에 의한 뇌 손상으로 갖게 되는 영구적인 진행성 기억상실증.

코르티 기관(organ of Corti) 청각 모세포를 포함하고 있는 기저막에 있는 감각기관이다.

콜레시스토키닌(cholecystokinin; CCK) 십이지장에서 분비되는 호르몬으로서 위의 운동을 조절하고 담낭의 수축시키며 미주신경을 통해 포만신호를 뇌로 보낸다.

콜린아세틸 전이효소(choline acetyltransferase; ChAT) 아세트산염 이온을 아세틸 조효소 A로부터 콜린으로 전환시키는 효소로서 신경전달물질인 아세틸콜린을 생산한다.

쿠라레(curare) 니코틴성 아세틸콜린 수용기를 차단하는 약물.

쿨리지 효과(Coolidge effect) 남성에게 새로운 여성 성 파트너의 노출에 따른 회복 효과로 성 활동에 의해 탈진되게 된다.

클로르프로마진(chlorpromazine) 도파민 D_2 수용기를 차단함으로써 조현병의 증상을 감소시키는 약물.

키스펩틴(kisspeptin) 사춘개 개시와 남녀의 생식능력의 유지에 중요한 펩타이드로 성선자극호르몬 생성과 분비를 통제하는 성선자극방출호르몬(GnRH)를 통제한다.

타우 단백질(tau protein) 정상적으로는 세포의 수송체계를 담당하는 미세관을 구성하는 단백질.

탈력발작(cataplexy) 기면증의 한 증상. 걷는 도중 갑자기 완전히 마비되어 버리는 것.

탈여성화 효과(defeminizing effect) 발달 초기에 나타나는 호르몬의 효과로 여성의 전형적인 해부학적 특징이나 행동적 특징의 발달을 감소 또는 방해한다.

탐지기(detector) 조절과정에서 체계변인의 값이 설정점에서 벗어날 때 신호해 주는 기제.

태아 알코올 증후군(fetal alcohol syndrome) 산모의 알코올 섭취 때문에 발생하는 출생 시 결함으로서, 얼굴이 비정상적으로 발달하고 뇌 발달에 결함이 있는 것이 특징이다.

터너 증후군(Turner's syndrome) 하나의 성염색체(하나의 X 염색체)가 있는 것으로 여성의 성 기관과 생식기를 가지고 있지만 난소가 없다.

테스토스테론(testosterone) 남성에게서 발견되는 중요한 안드로겐.

테이-삭스병(Tay-Sachs disease) 치명적인 유전적 대사성 저장장애로서, 리소좀에 효소가 없어서 노폐물이 축적되고, 그 결과 뇌 세포가 부풀어올라 죽게 된다.

투사섬유(projection fiber) 뇌의 한 영역에 있는 뉴런의 축색으로 이것의 종말은 다른 영역에 있는 뉴런과 시냅스를 이룬다.

트리글리세라이드(triglyceride) 지방이 지방세포에 저장된 형태. 세 개의 지방산과 결합한 글리세롤 분자이다.

트립토판 고갈과정(tryptophan depletion procedure) 저트립토판 식이요법과 트립토판이 없는 아미노산 칵테일을 포함하는 과정으로 뇌의 트립토판을 감소시켜 세로토닌 합성을 감소시킨다.

특수신경에너지설(doctrine of specific nerve energy) 모든 신경섬유가 동일한 유형의 메시지를 전달하기 때문에 감각 정보는 특수신경섬유의 활동에 의해 구체화된다는 Müller의 결론이다.

파시니 소체(Pacinian corpuscles) 기계적 자극, 특히 진동을 탐지하는 전문화된 캡슐로 싸인 체감각 신경종말.

파킨(parkin) 결함이 있거나 비정상 단백질을 프로테아솜으로 운반하는 역할을 하는 단백질로서, 돌연변이 파킨은 가족형 파킨슨병의 원인이다.

파킨슨병(Parkinson's disease) 진전, 사지의 경직, 균형상실, 운동개시의 어려움으로 특징지어지는 신경학적 질병으로 흑질선조체의 퇴화에 의해 초래된다.

팽대부(ampulla) 반고리관에 있는 확대된 부위로 꼭대기와 소릉을 포함한다.

페닐케톤뇨증(phenylketonuria; PKU) 페닐알라닌이라는 아미노산을 타이로신이라는 아미노산으로 전환시키는 효소가 부족하여 생기는 유전적 장애로서, 출생 직후 특별한 식이요법을 하지 않으면 페닐알라닌이 축적되어 뇌 손상을 일으킨다.

페로몬(pheromones) 다른 동물의 생리나 행동에 영향을 주는 한 동물에 의해 분비되는 화학물로 일반적으로 냄새 또는 맛에 의해 효과가 나타난다.

펜플루라민(fenfluramine) 세로토닌의 방출을 자극하는 약물.

펩타이드(peptide) 펩타이드 결합으로 연결된 아미노산 연쇄. 대부분의 신경조절물질과 몇몇 호르몬이 펩타이드 분자로 되어 있다.

펩타이드 YY_{3-36}(PYY) 위장관에 있는 세포에서 생산되는 화학물질로 식사 후 섭취한 칼로리 양에 비례해서 소장에서 방출되는 화학물질. 포만신호로 작용한다.

편도체(amygdala) 문측 측두엽의 안쪽에 있는 한 구조로 일련의 핵들로 구성되어 있으며 변연계의 일부이다.

포르말린(formalin) 폼알데하이드 가스의 수용액으로서, 가장 일반적으로 사용되는 조직 고정체이다.

포만기제(satiety mechanism) 영양소나 물이 적절하게 공급될 때 배고픔과 갈증을 종료시키는 뇌 기제.

포스(Fos) 시냅스 자극에 반응하여 뉴런의 핵에서 생산되는 단백질.

표면난독증(surface dyslexia) 단어를 음성적으로는 읽을 수 있으나, 전체 읽기 방법에 의해서 불규칙 철자 단어를 읽는 데는 곤란을 보이는 읽기 장애.

표적 돌연변이(targeted mutation) 돌연변이 유전자(일명 knockout 유전자)를 실험실에서 만들어서 생쥐의 염색체에 집어넣는다. 이러한 유전자는 기능성 단백질을 생산하지 못한다.

표적세포(target cell) 특정 호르몬에 대한 수용기를 가지고 있는 세포. 그 호르몬에 대해서만 반응한다.

푸사릭산(fusaric scid) 도파민-β-수산화효소의 활동을 억제하고 따라서 노르에피네프린의 생산을 차단하는 약물.

프라이온(prion) 삼차원 구조상으로만 차이가 있는 두 가지 형태로 존재할 수 있는 단백질로서, 비정상 프라이온 단백질의 축적이 전염성 해면상 뇌질환을 일으킨다.

프로게스테론(progesterone) 난소에서 분비되는 스테로이드 호르몬으로 월경주기의 후반부와 임신 동안 자궁내벽을 유지한다. 에스트라디올과 함께 발정주기에 있는 암컷 포유류의 수용성을 조장한다.

프로테아솜(proteasome) 결함이 있는 단백질을 파괴시키는 세포 내 소기관.

프리세닐린(presenilin) 결함이 있는 유전자에 의해 만들어진 단백질로서, 베타-아밀로이드 전구단백질을 비정상적인 짧은 형태로 전환되게 만들며, 알츠하이머병의 원인일 수 있다.

플루오르골드(fluorogold) 역행성 표지법에 사용되는 염료로서, 종말단추에서 흡수되어 세포체로 거꾸로 수송된다.

플루옥세틴(fluoxetine) 세로토닌의 재흡수를 억제하는 약물.

피개(tegmentum) 중뇌의 복측 부분으로 수도주변회백질, 망상체, 적핵 및 흑질을 포함하고 있다.

피부감각(cutaneous senses) 체감각 중의 하나이며, 피부와 관련된 자극에 대한 민감성을 포함한다.

피질자극방출호르몬(corticotropin-releasing hormone; CRH)

뇌하수체 전엽을 자극하여 부신피질자극호르몬을 분비시키는 시상하부 호르몬.

피질하영역(subcortical region) 피질 표면 아래, 뇌 안쪽에 위치한 영역.

피하주사[subcutaneous(SC) injection] 어떤 약물을 피부 아래에 있는 공간에 주사하는 것.

하구(inferior colliculi) 중뇌의 위쪽에 돌출된 부분으로 청각계의 일부이다.

하외배측핵(sublaterodorsal nucleus; SLD) 청반의 바로 복측에 있는 뇌교 영역. REM 수면 플립-플롭의 REM-ON 부분이다.

하측두피질(inferior temporal cortex) 시각연합피질의 복측 흐름의 최상위 수준으로 사람의 신체와 얼굴을 포함한 대상의 지각에 관여한다.

하향상태(down state) 서파수면의 느린 진동 동안의 억제기간. 신피질의 뉴런이 조용히 쉬고 있다.

항뮬러호르몬(anti-Müllerian hormone) 태아 고환에서 분비되는 펩타이드로 여성의 내부 성 기관이 되는 뮬러계의 발달을 억제한다.

항불안 효과(anxiolytic) 불안을 감소시키는 효과.

항상성(homeostasis) 신체의 물질과 특성(체온, 포도당 수준 등)을 적정 수준으로 유지하는 과정.

항원(antigen) 면역계가 미생물을 침입자로 알아차릴 수 있게 해 주는 미생물에 존재하는 단백질.

항체(antibody) 침입한 미생물에 존재하는 항원을 인식하는 면역계 세포에 의해 생산되는 단백질.

해마(hippocampus) 내측측두엽의 전뇌 구조로 변연계의 중요한 부분을 이루고 있으며 학습과 기억에 관여한다.

해마주변 장소영역(parahippocampal place area; PPA) 내측두피질의 한 영역으로 특정 장소(장면) 지각에 관여한다.

해마주변피질(parahippocampal cortex) 해마체에 인접한 변연피질의 한 영역으로 비열주변피질을 통해 후내피질과 다른 뇌영역 간의 정보를 전달한다.

해마체(hippocampal formation) 변연계의 중요한 부분으로 측두엽의 전뇌 구조로 해마 자체(Ammon's horn)와 치상회 구상회를 포함한다.

핵(nucleus) 염색체를 함유하고 있는 세포의 중심부를 의미하기도 하고, 중추신경계 내에 있는 신경세포체의 집단.

핵(nucleus, 복수는 plural; nuclei) 염색체를 함유하고 있는 세포의 중심부를 의미하기도 하고, 중추신경계 내에 있는 신경세포체의 집단.

핵심영역(core region) 일차청각피질이며, 측두엽의 배측 표면에 있는 회에 위치한다.

행동신경과학자(behavioral neuroscientist) 행동의 생리학을 연구하는 과학자로 생리심리학자라고도 불리며, 실험동물을 대상으로 생리적 및 행동적 실험을 주로 수행한다.

허혈성 뇌졸중(ischemic stroke) 혈관의 폐색으로 인한 대뇌혈관 사고.

헌팅턴병(Huntington's disease) 기저핵에 변성을 일으키는 유전성 장애로서, 통제할 수 없는 사지의 떨림과 뒤틀림 같은 운동장애와 치매가 점차 심해지는 것이 특징이며, 결국 사망하게 된다.

헌팅틴(huntingtin, htt) 뇌에서 생성되는 신경영양인자의 생산과 수송을 촉진하는 역할을 하는 단백질. 비정상적인 헌팅틴이 헌팅턴병의 원인이다.

헤르츠(hertz) 초당 주기.

혈관내액(intravascular fluid) 혈관 내에 있는 액체.

혈뇌장벽(blood-brain barrier) 모세혈관 내벽에 있는 세포에 의해 생성된 뇌와 혈액 사이의 반투과적 막.

혈전(thrombus) 혈관 내에 생긴 피의 응고물로서, 혈관을 막을 수 있다.

호르몬(hormone) 내분비선에서 분비되는 화학물질로서 다른 기관에 있는 표적세포에 효과를 미친다.

확산(diffusion) 농도가 높은 곳에서 낮은 곳으로 분자가 이동하는 것.

확산 텐서 영상(diffusion tensor imaging; DTI) 살아 있는 인간의 뇌 속의 유수축색 다발을 관찰하기 위하여 개량된 MRI 스캐너를 이용한 영상법

환각(hallucination) 존재하지 않는 사물이나 사건에 대한 지각.

환상지(phantom limb) 절단된 사지에서 기원하는 것처럼 보이는 감각.

환원(reduction) 과학적 설명의 유형이며, 현상은 그 배후에 있는 더욱 기본적인 과정에 의해 기술된다.

활동전위(action potential) 축색을 따라 정보를 전달하는 기초가 되는 짧은 전기적 충동.

활성화 효과(activational effect) 완전히 발달한 유기체에 일어나는 호르몬 효과로 호르몬 조직화 효과에 대한 유기체의 사전노출에 의존된다.

황체(corpus luteum) 난소의 난포로부터 발달하는 한 덩어리의 세포로 에스트라디올과 프로게스테론을 분비한다.

황체형성호르몬(luteinizing hormone; LH) 뇌하수체 전엽 호

르몬으로 배란을 하게 하고 난포를 황체로 발달시킨다.

회(gyrus, 복수는 gyri) 대뇌반구 피질의 회선으로 구나 열에 의해 분리되어 있다.

횡단절편(cross section) 중추신경계를 고려할 때 신경축에 직각으로 자른 조각.

효능제(agonist) 시냅스후 세포에 대한 특정 신경전달물질의 효과를 촉진하는 약물.

효소(enzyme) 화학적 반응을 통제하는 분자로 특정분자를 결합시키거나 따로 분리시키는 역할을 한다.

효소적 불활성화(enzymatic deactivation) 방출된 전달물질이 효소에 의해 파괴되는 것. 예로 아세틸콜린에스테라아제에 의해 아세틸콜린이 파괴되는 것.

후각상피(olfactory epithelium) 사상판을 덮고 있는 비강의 상피조직이며, 후각수용기의 섬모를 포함한다.

후구(olfactory bulbs) 후각경로의 말단에 있는 돌출부이며, 후각수용기로부터 오는 입력을 수용한다.

후근(dorsal root) 구심성 감각섬유를 가진 척수근.

후근절(dorsal root ganglion) 구심성 척수뉴런의 세포체를 가지고 있는 후근의 마디.

후뇌(hindbrain) 뇌의 중요한 세 부분 중에서 가장 미측에 있는 것으로 후뇌와 수뇌를 포함하고 있다.

후두엽(occipital lobe) 두정엽과 측두엽의 미측에 있는 대뇌피질의 영역.

후두정피질(posterior parietal cortex) 시각연합피질의 배측흐름에서 최고의 수준으로 운동과 공간 위치의 지각에 관여한다.

후사구체(olfactory glomeruli) 승모세포의 수상돌기의 다발과 관련된 후각수용기 축색의 종말단추.

후측(posterior) 중추신경계를 고려할 때 꼬리 가까이 또는 꼬리 쪽에 위치하는 것.

흑질(substantia nigra) 검게 염색된 피개의 영역으로 기저핵의 미상핵과 피각과 교신하는 뉴런을 가지고 있다.

흑질선조계(nigrostriatal system) 흑질에서 시작하고 신선조체(미상핵과 피각)에서 종료하는 뉴런의 체계.

흡수기(absorptive phase) 소화계로부터 영양분이 흡수되는 동안의 대사 기간. 이 기간 동안 글루코스와 아미노산이 세포의 주요 에너지원이며, 초과 영양소는 트리글리세라이드의 형태로 지방조직에 저장된다.

흡입(inhalation) 기화성 약물을 폐속으로 투약하는 것.

흥분성 독 손상(excitotoxic lesion) 카이닌산 같은 흥분성 아미노산을 대뇌에 주입하여 뇌를 손상시키는 방법.

흥분성 시냅스후 전위(excitatory postsynaptic potential) 종말단추에 의해 신경전달물질의 방출을 야기시키는 시냅스후막의 흥분성 감분극.

흥분역치(threshold of excitation) 활동전위를 일으키기 위하여 도달되어야 하는 막전위 수준.

희소돌기아교세포(oligodendrocyte) 수초를 형성하는 중추신경계에 있는 교세포의 종류.

히스타민(histamine) 깨어 있도록 자극하는 데 있어서 중요한 역할을 하는 신경전달물질.

2-디옥시글루코즈(2-deoxyglucose; 2-DG) 포도당과 함께 세포 안으로 들어가지만 대사는 되지 않는 당류.

AMPA 수용기(AMPA receptor) 나트륨통로를 통제하는 이온자극성 글루타메이트 수용기이며, AMPA에 의해 자극된다.

AMPA 수용기(AMPA receptor) 나트륨통로를 통제하는 이온자극성 글루타메이트 수용기이며 AMPA에 의해 자극된다. 이것이 개방되면 EPSP가 일어난다.

AMPT 타이로신 수산화 효소의 활동을 차단하여 카테콜아민의 합성을 방해하는 약물이다.

AP5(2-amino-5-phosphonopentanoate) NMDA 수용기에서 글루타메이트 결합부위를 차단하는 약물.

AP5(2-amino-5-phosphonopentanoate) NMDA 수용기에 있는 글루타메이트 결합부위를 차단하는 약물.

Bruce 효과(Bruce effect) 임신을 시킨 수컷이 아닌 다른 수컷의 오줌에 있는 페르몬 냄새에 의해 유산되는 것으로 생쥐에서 처음 확인되었다.

CaM-KII(type II calcium-calmodulin kinase) 칼슘에 의해 활성화되는 효소로 이것은 장기증강의 확립에 결정적인 역할을 한다.

CART 궁상핵의 뉴런에서 분비되는 펩타이드성 신경전달물질로서 섭식을 억제한다.

EPSP 무리(population EPSP) 한 무리 뉴런들의 EPSP를 나타내는 흥분 전위.

GABA(gamma-aminobutyric acid) 아미노산이며, 뇌에서 가장 중요한 억제성 전달물질.

G 단백질(G protein) 대사성 수용기와 짝을 이루는 단백질. 배위자가 수용기와 결합하거나 활성화될 때 다른 분자로 메시지를 보낸다.

Hebb 법칙(Hebb rule) 세포 수준의 학습 기초는 시냅스후 뉴런이 발화할 때 반복적으로 활성화되는 시냅스의 강화와 관련이 있다는 Donald Hebb의 가설.

L-도파(L-DOPA) 좌선성 형상의 도파(DOPA)로서 카테콜아민의 선구물질이고, 도파민 효능제로 작용하기 때문에 종종 파킨슨병을 치료하는 데 사용된다.

Lee-Boot 효과(Lee-Boot effect) 암컷 동물들이 함께 사육될 때 발정주기가 느려지다가 궁극적으로 멈추는 것으로 동물의 오줌에 있는 페르몬에 의해 나타난다. 생쥐에서 처음 관찰되었다.

LSD 5-HT2A 수용기를 자극하는 약물.

MDMA(methylenedioxymethamphetamine) 노르아드레날린 및 세로토닌 효능제로 기능하는 약물이며, 일명 '엑스터시'라고 알려졌으며 흥분 및 환각 효과를 갖고 있다.

NMDA 수용기(NMDA receptor) 정상적으로는 Mg2+에 의해 차단되는 칼슘통로를 통제하는 전문화된 이온자극성 글루타메이트 수용기이며, 여러 개의 다른 결합부위를 가지며 장기증강에 관여한다.

NMDA 수용기(NMDA receptor) 정상적으로는 Mg2+ 이온에 의해 차단되는 칼슘통로를 통제하는 전문화된 이온자극성 글루타메이트 수용기이며, 여러 개의 다른 결합부위를 갖고 있다.

PCP(phencyclidine) 펜사이클리딘, NMDA 수용기의 PCP 결합부위와 결합하여 간접 길항제로 기능하는 약물.

PCPA(p-chlorophenylalanine) 트립토판 산화효소의 활동을 억제하는 약물이며, 세로토닌의 합성을 방해한다.

PHA-L(Phaseolus vulgaris leukoagglutinin) 강낭콩에서 추출된 순행성 추적자로서 사용되는데, 수상돌기와 세포체에서 흡수하여 축색의 끝 부분까지 수송된다.

REM 수면(REM sleep) 수면 동안 비동기화된 뇌파활동이 나타나는 시기로 이때 꿈을 꾸고, 빠른 안구운동과 근육마비가 발생한다. 또한 역설적 수면이라고도 한다.

REM 수면 행동장애(REM sleep behavioral disorder) REM 수면 동안 마비가 되지 않는 신경학적 장애로서, 꿈이 행동으로 표출된다.

Sry 미분화된 태아 생식선을 고환이 되도록 하는 Y염색체의 유전자.

Vandenbergh 효과(Vandenbergh effect) 수컷과 함께 사육되는 암컷에서 나타나는 사춘기 개시가 빨라지는 것으로 수컷의 오줌에 있는 페르몬에 의해 나타난다. 생쥐에서 처음 관찰되었다.

Whitten 효과(Whitten effect) 한 집단 여성의 월경주기 또는 발정주기가 일치되어가는 것으로 남성 오줌의 페르몬에 의해서만 일어난다.

찾아보기

[ㄴ]

[ㄷ]

[ㄹ]

[ㅁ]

[ㅂ]

[ㅅ]

[ㅇ]

[ㅈ]

[ㅊ]

[ㅋ]

[ㅌ]

[ㅍ]

[ㅎ]

[기타]

역자 소개

■ **정봉교** (bkchung@ynu.ac.kr)

서울대학교 심리학과 학사 · 석사
서울대학교 심리학과 박사
현, 영남대학교 심리학과 교수

♣ 저 · 역서 및 논문

동기와 정서의 이해(2011, 박학사)
긍정심리학(2013, 박학사)
현대인의 생활심리학(2014, 박학사)

■ **현성용** (syhyun@daegu.ac.kr)

고려대학교 심리학 학사 · 석사
고려대학교 심리학 박사(실험 및 생리심리학)
현, 대구대학교 심리학과 교수

♣ 저 · 역서 및 논문

현대심리학 이해(2008, 공저, 학지사)
현대심리학 입문(2008, 공저, 학지사)
동기와 정서의 이해(2003, 공역, 박학사)

■ **윤병수** (bsyoon@yu.ac.kr)

영남대학교 심리학과 학사 · 석사
부산대학교 심리학과 박사
현, 대구가톨릭대학교 심리학과 객원교수

♣ 저 · 역서 및 논문

동기와 정서의 이해(2011, 박학사)
현대심리학 이해(2015, 학지사)
현대심리학의 입문(2015, 학지사)

생리심리학, 제9판
Foundations of Behavioral Neuroscience

발 행 일 | 2016년 2월 10일 초판 1쇄 발행
저 자 | Neil R. Carlson
역 자 | 정봉교 · 현성용 · 윤병수
발 행 인 | 구본하
발 행 처 | 도서출판 **박학사**
주 소 | 서울시 마포구 월드컵북로5길 33 동아빌딩 2층
전 화 | (02)3142-3764~5
팩 스 | (02)3142-3766
웹사이트 | www.pakhaksa.co.kr
등록번호 | 제10-2230호

정가 35,000원 ISBN 978-89-98521-47-9